牛津初階英

OXFORD ELEME
ENGLISH-CHINESE DICTIONARY

編　著

Shirley Burridge　柏萊麗

啓思出版社

啓思出版社
啓思爲牛津大學出版社（香港）有限公司之出版商標

牛津初階英漢雙解詞典
英語版之 Oxford Elementary Learner's Dictionary of English

此新英漢版（附印漢英小詞典）第一次印刷 1991
第三次印刷 1993

ISBN 0 19 585498 5（平裝版）
ISBN 0 19 585499 3（平裝袖珍版）
ISBN 0 19 585500 0（精裝袖珍版）

出版：牛津大學出版社（香港）有限公司
地址：香港鰂魚涌糖廠街和域大廈十八樓
印刷：香港

Contents 目 錄

Introduction 前 言

We have written this dictionary to help you in your first years of learning English. It is simple and clear and represents the experiences and interests of modern students.

The information for each headword is called an **entry**. The following notes explain the arrangement of entries, so that you can easily find the information you need.

我們編寫這部詞典, 是希望對初學英語的人士有所裨益。本詞典深入淺出, 簡明扼要, 內容符合現代英語學習者的經驗和興趣。

對每個首詞所作的全部注釋稱爲「條目」。下面我們就條目的編排加以說明, 以便讀者查檢所需的注釋。

advise /əd'vaɪz/ *v.* tell someone helpfully what to do or how to do it: *The doctor advised him to stop smoking.*

首詞 **Headword** 首詞就是條目的第一個詞, 用正黑體印刷。本詞典的首詞包括讀者在日常生活和學習中需要的所有重要詞彙。

double-decker /'dʌbl 'dekə(r)/ *n.* big bus with seats upstairs and downstairs

本詞典中多數複合詞 (compound word) 均作爲首詞而單獨立條。一個複合詞的意義和拼法如果非常接近某個首詞, 讀者便可在該首詞條目的末尾找到那個複合詞。

flew /flu:/ *past tense* of *v.* fly

hooves /hu:vz/ (*pl.*) of *n.* hoof

動詞的不規則變化形式和名詞的不規則複數形式都作爲首詞而單獨立條。

but[1] /bʌt/ *conj.* however: *She is American but she lives in England.*

but[2] *prep.* except: *Charles eats nothing but fruit.*

如果幾個首詞的拼法相同, 則按其詞類 (part of speech) 名稱的字母次序排列, 每個首詞的右上角標以阿拉伯數目字。

absolute /'æbsəlu:t/ *adj.* total: *I have absolute trust in my doctor.*

absolutely *adv.: He's absolutely right.*

派生詞 **Derivative** 派生詞是從另一個詞派生出來的詞。例如, **singer** (歌者, 歌唱家) 就是 **sing** (唱歌) 的派生詞。派生詞和首詞一樣, 也用正黑體印刷。

glimmer /ˈglimə(r)/ *n.* small, weak light: *the glimmer of a candle* **glimmer** *v.* send out a weak light

obstruct /əbˈstrʌkt/ *v.* stand in the way of something: *A bus broke down and obstructed the traffic.* **obstruction** /əbˈstrʌkʃn/ *n.* something that obstructs

foot /fʊt/ *n.* (*pl.* feet) **1** part of the leg that you stand on: *I wear sandals on my feet.* ***on foot,*** walking: *Shall we go by car or on foot?* **2** lowest part; bottom: *the foot of the mountain* **3** measure of length = 30.5 centimetres: *This fish is one foot long.*

發音和重音 Pronunciation and stress 每個首詞後面都注有國際音標和重音符號, 說明該詞如何發音。若無注音, 則該詞同上一首詞的發音完全相同。本詞典附有音標例釋表, 說明每個音標的發音。

派生詞的發音或重音同主要的首詞不一樣時, 本詞典則注出其音標。如果轉化字只包括首詞加上常見的字尾 (例如, **quick** + **-ly** = **quickly**), 則不注出音標。本詞典附有常見字尾發音表供讀者參閱。

詞類 Part of Speech 每個首詞和派生詞後面均用縮寫形式注明其詞類。詞類用白斜體印刷。

abbrev. 縮寫形式
adj. 形容詞
adv. 副詞
conj. 連詞
def. art. 定冠詞
exclam. 感嘆詞
indef. art. 不定冠詞
n. 名詞
past part. 過去分詞 (作爲首詞)
prefix 字首
pres. part. 現在分詞 (作爲首詞)
pron. 代詞
v. 動詞

複數 Plural (*pl.*) 大多數名詞在詞尾加 -s 即可構成複數 (如 bird → birds)。凡不按此規則構成複數時, 本詞典均有詳細說明。例如:

child /tʃaɪld/ *n.* (*pl.* children) young boy or girl

有些名詞的複數和單數完全不同。

aircraft /ˈeəkrɑːft/ *n.* (*pl.* aircraft) machine that flies; aeroplane

有些名詞的單數和複數完全一樣。

froth /frɒθ/ *n.* (no *pl.*) white mass of tiny bubbles: *the froth on a glass of beer*

有些名詞沒有複數形式。

braces /ˈbreɪsɪz/ *n.* (*pl.*) straps that a man wears over his shoulders to keep his trousers up

有些名詞總是用複數形式。

city /ˈsɪtɪ/ *n.* (*pl.* cities) big, important town

有些以 -y 結尾的名詞構成複數時, 要把 -y 變爲 -ies。

ice [1] /aɪs/ *n.* **1** (no *pl.*) water that has become hard because it is very cold: *In winter there is ice on the pond.* **2** (*pl.* ices) an ice-cream

有時一個詞的不同意義需用不同的複數形式。遇此情況時, 則在不同義項下分別注明其複數形式。

fly [2] *v.* (*past part.* flown /fləʊn/, *past tense* flew /fluː/) **1** move through the air: *In the autumn some birds fly to warmer lands.* **2** travel in an aeroplane: *I'm flying to Brussels tomorrow.* **3** move quickly: *Amanda flew to the telephone.*

不規則動詞 Irregular verb 大多數動詞在詞尾加 -ed 或 -d 即構成過去式和過去分詞 (例如 help → helped; fade → faded)。凡不按此規則構成過去式和過去分詞者, 本詞典均有詳細說明。

dab /dæb/ *v.* (*pres. part.* dabbing, *past part.* & *past tense* dabbed /dæbd/) touch something quickly and gently: *She dabbed her eyes with a handkerchief.*

big /bɪg/ *adj.* (bigger, biggest) **1** large: *Manchester is a big city.* **2** important: *I have some big news!*

子音重覆 Doubled consonant 凡需重覆動詞的最後一個子音字母以構成過去式、過去分詞和現在分詞者，本詞典均加以說明。凡需重覆形容詞的最後一個子音字母以構成比較級 (relative form) 和最高級形式 (superlative form) 者，也都加以說明。

abandon /əˈbændən/ *v.* **1** leave someone or something: *The driver abandoned his car in the snow.* **2** stop doing something: *When the rain started, we abandoned our game.*

釋義 Definition 釋義是對一個詞的意義的解釋。本詞典列出一個字的全部常用的意義，各義項前面標以黑體阿拉伯數目字。

abolish /əˈbɒlɪʃ/ *v.* stop or end something; say that something must never happen again: *The Americans abolished slavery in 1863.* **abolition** /ˌæbəˈlɪʃn/ *n.*

了解一個動詞是及物 (transitive) 的還是不及物 (intransitive) 的，亦即是它帶不帶賓語 object，是很重要的。

arise /əˈraɪz/ *v.* (*past part.* arisen /əˈrɪzn/, *past tense* arose /əˈrəuz/) **1** get up; stand up: *We arose at 5 a.m.* **2** happen; start: *A strong wind arose in the night.*

本詞典在解釋及物動詞 (transitive verb) 的意義時加上 someone (某人) 或 something (某物)，以顯示這種區別。例如，讀者可以看到 **abolish** 是及物動詞，它帶賓語，而 **arise** 是不及物動詞 (intransitive verbs)，它不帶賓語。

gleam /gli:m/ *v.* shine softly: *The cat's eyes were gleaming in the dark.* **gleam** *n.*

barrier /ˈbærɪə(r)/ *n.* something that stops you from passing; fence: *You must show your ticket at the barrier before you can get on to the train.*

例句 Example sentence 大多數條目都舉句子或短語 (phrase) 爲例來說明首詞 (派生詞和成語也常如此)。這些例句是詞典的重要部分——它們有助於解釋詞義, 說明詞語的用法和使用場合。例句用白斜體印刷。

about[1] /əˈbaut/ adv. **1** a little more or less than: *We waited for about twenty minutes.* **2** almost exactly: *Peter is about as tall as John.* **3** here and there; in different ways or places: *The children were running about in the rain.* **4** somewhere near; not far away: *Is Judy about?*

hard[1] /hɑ:d/ *adj.* **1** not soft; firm: *Rock is hard.* **2** difficult; not easy to do or understand: *hard work* **3** giving trouble, pain, etc.: *He's had a hard life.* **4** not kind; strict: *a hard father* ***be hard on,*** be strict with someone ***hard up,*** poor; not having much money

成語 Idiom 成語用黑斜體印刷。一個成語 (或習用短語) 是具有特殊意義的一組詞。本詞典對讀者可能需要的所有常用而重要的英文成語都詳加注解, 並常舉例說明。

feel like, **(*a*)** seem to be another person or thing: *I'm so happy I feel like a king!* **(*b*)** want something: *I'm so hot I feel like a swim.*

如果一個成語的意義不止一種, 則在每個義項之前標明 **(*a*)**, **(*b*)**, 等等。

pig /pɪg/ *n.* **1** fat farm animal **2** greedy or unkind person ***make a pig of yourself,*** eat too much

talk² *v.* say words; speak to someone: *She is talking to her boyfriend on the telephone.* ***talk something over,*** talk about something

high² *adv.* far up: *The plane flew high above the clouds.* ***high and low,*** everywhere: *Bill looked high and low for his lost shoe.*

怎樣查檢成語 如果要找的成語含有名詞, 便可在那個名詞的條目中找到。如果要找的成語不含名詞而含有動詞, 便列入那個動詞的條目中。如果要找的成語中既無名詞, 也無動詞時, 就得判斷其中起關鍵作用的第一個單詞。然後就可在那個詞的條目中找到那個成語。

Key to pronunciation symbols
音標例釋

Vowels 母音

symbol	*example word*	*phonetic spelling*	*symbol*	*example word*	*phonetic spelling*
/iː/	see	/siː/	/ɜː/	fur	/fɜː(r)/
/ɪ/	sit	/sɪt/	/ə/	ago	/ə'gəʊ/
/e/	ten	/ten/	/eɪ/	late	/leɪt/
/æ/	hat	/hæt/	/əʊ/	home	/həʊm/
/ɑː/	path	/pɑːθ/	/aɪ/	five	/faɪv/
/ɒ/	got	/gɒt/	/aʊ/	now	/naʊ/
/ɔː/	saw	/sɔː/	/ɔɪ/	join	/dʒɔɪn/
/ʊ/	put	/pʊt/	/ɪə/	near	/nɪə(r)/
/uː/	too	/tuː/	/eə/	hair	/heə(r)/
/ʌ/	cup	/kʌp/	/ʊə/	pure	/pjʊə(r)/

Consonants 子音

/p/	pen	/pen/	/s/	so	/səʊ/
/b/	bad	/bæd/	/z/	zoo	/zuː/
/t/	tea	/tiː/	/ʃ/	she	/ʃiː/
/d/	did	/dɪd/	/ʒ/	vision	/'vɪʒn/
/k/	cat	/kæt/	/h/	how	/haʊ/
/g/	got	/gɒt/	/m/	man	/mæn/
/tʃ/	chin	/tʃɪn/	/n/	no	/nəʊ/
/dʒ/	June	/dʒuːn/	/ŋ/	sing	/sɪŋ/
/f/	fall	/fɔːl/	/l/	leg	/leg/
/v/	voice	/vɔɪs/	/r/	red	/red/
/θ/	thin	/θɪn/	/j/	yes	/jes/
/ð/	then	/ðen/	/w/	wet	/wet/

(ˈ) shows the strong stress — it is in front of the part of the word that you say most strongly. 行上的短豎表示主重音，加在發音最重的音節前面。E.g. **about** /ə'baʊt/。

(ˌ) shows the weak stress — it is in front of the part of the word that you say less strongly. 行下的短豎表示次重音，加在發音次重的音節前面。E.g. **academic** /ˌækə-'demɪk/。

(r) An 'r' in brackets means that you say this sound only when the next word begins with a vowel. If the next word begins with a consonant, then you do not say the 'r'. 圓括號內的 r 表示後面的字開頭是母音時才發音，如果後面的字開頭是子音，就不發 r 音。

Key to pronouncing common suffixes
常見字尾發音

suffix 字尾	*phonetic spelling* 音標	*example word* 例子	*phonetic spelling of example word* 音標
-able	/-əbl/	fashionable	/ˈfæʃnəbl/
-ably	/-əblɪ/	comfortably	/ˈkʌmftəblɪ/
-al	/-l/ /-əl/	magical	/ˈmædʒɪkl/
-ance	/-əns/	assistance	/əˈsɪstəns/
-ate	/-ət/	affectionate	/əˈfekʃənət/
-er	/-ə(r)/	farmer	/ˈfɑːmə(r)/
-ery	/-ərɪ/	trickery	/ˈtrɪkərɪ/
-ily	/-ɪlɪ/	sulkily	/ˈsʌlkɪlɪ/
-ing	/-ɪŋ/	astonishing	/əˈstɒnɪʃɪŋ/
-ly	/-lɪ/	accurately	/ˈækjərətlɪ/
-ment	/-mənt/	arrangement	/əˈreɪndʒmənt/
-ness	/-nɪs/	kindness	/ˈkaɪndnɪs/
-or	/-ə(r)/	conjuror	/ˈkʌndʒərə(r)/
-ous	/-əs/	poisonous	/ˈpɔɪznəs/
-y	/-ɪ/	dusty	/ˈdʌstɪ/

Aa

a /ə/ *indef. art.* **1** one一: *Please give me a pen.* 請給我一枝筆。**2** each; every 每一: *twice a day* 每天兩次 **3** for each; for every 每個（須付）: *Milk costs $5 a litre.* 牛奶每升價格五元。

abandon /əˈbændən/ *v.* **1** leave someone or something 離棄; 拋棄: *The driver abandoned his car in the snow.* 司機把汽車棄置在雪地裏。**2** stop doing something 停止做某事: *When the rain started, we abandoned our game.* 開始下雨時, 我們停止了遊戲。

abbey /ˈæbɪ/ *n.* **1** building where men or women live to serve the Christian God 修道院 **2** church that is or was part of an abbey（現在是或曾經是修道院一部分的）教堂

abbreviate /əˈbriːvɪeɪt/ *v.* make a word, title, etc. shorter 使一個詞、稱號等短一些; 縮寫; 簡寫: *The word 'verb' is abbreviated to 'v.' in this dictionary.* Verb 這個詞在本詞典中縮寫成 *v.* **abbreviation** /əˌbriːvɪˈeɪʃn/ *n.* short form of a word or title 一個詞或稱號的縮寫式: *'Jan.' is the abbreviation of 'January'.* Jan. 是 January 的縮寫式。

A.B.C. /ˌeɪ biː ˈsiː/ *n.* alphabet; the letters of the English language from A to Z 字母表; 英語從A到Z字母表

ability /əˈbɪlətɪ/ *n.* **1** (no *pl.*) power to do something; cleverness 能力; 本領: *Bruce has the ability to score a goal, but will he do it?* 博思有本事射球, 但問題是他射不射。**2** (*pl.* abilities) what you can do 才能; 技能: *a man of many abilities* 多才多藝的人

ablaze /əˈbleɪz/ *adj.* on fire; bright like fire 着火; 發光: *Bring some water – the curtains are ablaze!* 拿水來, 簾子着火了!

able /ˈeɪbl/ *adj.* ***be able to do something***, can do something 能够; 有能力的: *Paul isn't able to come to the party because he is ill.* 保羅不能來參加聚會, 因爲他病了。

aboard /əˈbɔːd/ *prep.* on, on to, in, or into a ship, aeroplane, train, etc. 在船（飛機、火車）上; 上船（飛機、火車）: *The passengers are all aboard the ship.* 旅客全都上了船。 **aboard** *adv.: The captain went aboard.* 船長上了船。

abolish /əˈbɒlɪʃ/ *v.* stop or end something; say that something must never happen again 廢除; 取消: *The Americans abolished slavery in 1863.* 美國於1863年廢除奴隸制度。**abolition** /ˌæbəˈlɪʃn/ *n.*

about¹ /əˈbaʊt/ *adv.* **1** a little more or less than 大約; 差不多: *We waited for about twenty minutes.* 我們等了差不多二十分鐘。**2** almost exactly 幾乎完全一樣: *Peter is about as tall as John.* 彼得幾乎和約翰一樣高。**3** here and there; in different ways or places 到處; 各處: *The children were running about in the rain.* 孩子們在雨中跑來跑去。 **4** somewhere near; not far away 在附近某處; 不遠: *Is Judy about?* 朱廸在附近嗎?

about² *prep.* **1** here and there in a place 在…各處: *We walked about the town.* 我們在城裏四處散步。**2** to or in many places 到處; 四處: *Jean's clothes were lying about the room.* 房間裏到處是琴的衣服。**3** near 靠近: *Their house is about here on the map.* 從地圖上看, 他們的房子在這附近。**4** of 關於: *a book about American history* 一本美國歷史書 **5** a little before or after a time（時間）近於: *Come about 6 p.m.* 下午六點左右來。***about to***, just going to do something 即將; 正要: *It started to rain as I was about to leave the house.* 我正要離家, 天就開始下雨。

above¹ /əˈbʌv/ *adv.* at or to a higher place 在上面; 往上: *I live in the flat above.* 我住上面的單位。

above² *prep.* **1** higher than 在…上面: *The aeroplane flew above the clouds.* 飛機飛越雲層。**2** bigger in number, price, etc. than （數量、價格等）大於: *I hope the price of the dress will not be above $200.* 我希望這件衣服的價錢不超過二百元。***above all***, more than anything else 首先; 首要: *A clock must above all be exact.* 時鐘最重要的是準確。

abroad /əˈbrɔːd/ *adv.* to or in another country or other countries. 出國; 在國外: *Guy came back to Scotland after studying abroad.* 貴頤在外國留學後, 回到蘇格蘭。

abrupt /əˈbrʌpt/ *adj.* sudden 突然的; 出其不意的: *The train came to an abrupt stop when the driver put on the brake.* 司機煞車時, 火車突然停了下來。**abruptly** *adv.*

absence /ˈæbsəns/ *n.* (no *pl.*) being away 不在; 缺席: *In the absence of their parents, the girls stayed with their aunt.* 父母出門, 女孩子們便住在姨媽家裏。

absent /ˈæbsənt/ *adj.* not there; away 不在; 缺席: *Why is Diana absent from school today?* 黛安娜今天爲什麼没上學?

absolute /ˈæbsəluːt/ *adj.* total 完全的; 絶對的: *I have absolute trust in my doctor.* 我完全信任我的醫生。 **absolutely** *adv.: He's absolutely right.* 他完全正確。

absurd /əb'sɜ:d/ *adj.* foolish; so silly that it makes you laugh 愚蠢的; 可笑的: *The big man looked absurd on the little bicycle.* 那大個子騎在小腳踏車上, 看來真可笑。**absurdly** *adv.*

abuse /ə'bju:z/ *v.* shout at, or talk to, someone angrily and rudely 叫嚷; 辱罵: *She abused the driver who splashed her with mud.* 她罵那個司機濺了她一身污泥。**abuse** /ə'bju:s/ *n.*

academic /ˌækə'demɪk/ *adj.* of schools, colleges, universities, learning, or teaching 院校的; 學術的; 教學的: *A student does academic work.* 大學生做學問工夫。

accent /'æksənt/ *n.* way of saying words in a language 腔調; 口音: *I know he is not English because he speaks with a French accent.* 我知道他不是英國人, 因爲他說話帶有法國口音。

accept /ək'sept/ *v.* **1** take what someone wants to give you 接受; 領受: *to accept a gift* 接受禮物 **2** say 'yes' to a plan, etc. 同意; 接受: *I am pleased to accept your kind invitation.* 我很樂意接受你親切的邀請。

accident /'æksɪdənt/ *n.* something, often bad, that happens by chance 意外事件; 事故: *Bad driving causes bad accidents.* 不小心駕駛, 會釀成嚴重意外。***by accident***, by chance 偶然: *I found the key by accident when I was cleaning the room.* 我打掃房間時, 偶然找到了鎖匙。 **accidental** /ˌæksɪ'dentl/ *adj.* not planned 偶然的; 意外的; 非計劃的: *an accidental meeting* 偶遇 **accidentally** *adv.*

accommodate /ə'kɒmədeɪt/ *v.* have place for people to live 提供住宿; 容納: *The hotel accommodates 100 guests.* 這家酒店可容納一百位客人。

accommodation /əˌkɒmə'deɪʃn/ *n.* (no *pl.*) somewhere to live; rooms in a house or hotel 住宿; 招待設備: *Stay with us until you find your own accommodation.* 你找到住處之前, 就在我們這裏住吧。

accompany /ə'kʌmpənɪ/ *v.* **1** go with someone 伴隨; 陪同: *I accompanied my aunt to church.* 我陪姨母到教堂去。**2** happen at the same time as something else 同時發生; 伴着: *Strong winds accompanied the rain.* 風雨交加。**3** make music to help a singer or another music player 伴奏: *Derek accompanies Ann on the guitar.* 德禮用結他爲安伴奏。

accomplish /ə'kʌmplɪʃ/ *v.* do or finish something 做成; 完成: *He is so lazy that he will never accomplish anything.* 他那麼懶惰, 將一事無成。

accord /ə'kɔ:d/ *n.* (no *pl.*) ***of your own accord***, without being asked 自願地; 主動地: *Alice helps her mother of her own accord.* 愛麗斯主動地幫助母親。

according to /ə'kɔ:dɪŋ tə/ *prep.* as someone or something says 據…所說: *According to the radio, it will rain tomorrow.* 據電台廣播, 明天有雨。

accordion /ə'kɔ:dɪən/ *n.* sort of musical instrument 手風琴

account /ə'kaʊnt/ *n.* **1** piece of paper showing how much money must be paid 帳單 **accounts** *n.* writing that shows what money has been paid and received 出納帳; 帳目: *A shopkeeper must keep accounts.* 店主必須記帳。**2** way of keeping your money in a bank, post office, etc. 户口; 帳户: *He has an account with the bank in the High Street.* 他在高街那家銀行有個户口。**3** saying or writing about what happened 敍述; 描寫; 報導: *He gave us a long account of Scott's travels.* 他給我們寫了施恪長篇遊記。***on account of***, because of something 因爲; 由於: *We're late on account of the bad traffic.* 我們遲到, 是因爲交通擠塞。***on no account***, never; it is not good to 决不; 切勿: *On no account must you put your hand in the tiger's cage.* 千萬不要把手伸進虎籠。***take something into account***, keep something in your mind when thinking about other things 考慮到; 把…考慮在内: *I am sorry Eric was rude, but you must take his headache into account.* 對不起, 艾力對你無禮, 不過你得考慮到他當時頭痛。

accountant /ə'kaʊntənt/ *a.* someone whose job is to keep the money records of a business 會計

accurate /'ækjʊrət/ *adj.* correct; with no mistakes; right 正確的; 無誤的: *If your watch is accurate, you know the exact time.* 你的錶是準確的話, 你就知道正確的時間。**accurately** *adv.*

accuse /ə'kju:z/ *v.* say that someone has done wrong 控告; 指責: *The policeman accused the boy of stealing the bicycle.* 警察控告那男孩偷腳踏車。**accusation** /ˌækju:'zeɪʃn/ *n.*

accustomed /ə'kʌstəmd/ *adj.* ***be accustomed to***, know something well because you have done, seen, heard, tasted it, etc. a lot 習慣於: *English people are accustomed to driving on the left.* 英國人習慣靠左駕駛。

ache /eɪk/ *v.* have a pain 疼痛: *My legs ached after the long walk.* 我走了那段長路後覺得腿痛。 **ache** *n. toothache* 牙痛; *headache* 頭痛 **aching** *adj.*

achieve /ə'tʃi:v/ *v.* do or finish something well after trying hard 達到(目的); 取得(勝利); 完成: *Maurice has achieved his hope of becoming a doctor.* 莫禮思當醫生的願望實現了。**achievement** *n.*: *Climbing Mount Everest is a great achievement.* 登上額菲爾士峰是一項偉大成就。

acid /'æsɪd/ *adj.* with a sharp, bitter taste

酸的; 酸味的: *Lemons are acid fruit*. 檸檬是味道酸的水果。

acknowledge /əkˈnɒlɪdʒ/ *v.* say or write that you have received something 告知收到; 鳴謝: *Harry acknowledged my letter*. 漢立說已收到我的信。**acknowledgement** *n.*

acorn /ˈeɪkɔːn/ *n.* seed of an oak tree 橡子; 橡樹種子

acquaint /əˈkweɪnt/ *v.* ***be acquainted with***, know someone or something 認識; 熟悉: *Are you acquainted with the rules of chess?* 你熟悉國際象棋的規則嗎?

acquaintance /əˈkweɪntəns/ *n.* **1** (*pl.* acquaintances) someone you know a little 相識; 初交 **2** (no *pl.*) knowing someone or something 相識; 結識: *I am please to make your acquaintance*. 我很高興結識你。

acquire /əˈkwaɪə(r)/ *v.* buy, receive, or get something 買到; 得到: *Walter has just acquired a car*. 華德剛剛獲得一輛汽車。

acre /ˈeɪkə(r)/ *n.* measure of land = 4 074 square metres 英畝 (= 4 074 平方米): *a field of 20 acres* 一塊二十英畝的地

acrobat /ˈækrəbæt/ *n.* someone who does clever movements with his body 雜技演員 **acrobatic** /ˌækrəˈbætɪk/ *adj.* of or like an acrobat 雜技的

across¹ /əˈkrɒs/ *adv.* from one side to the other 橫越; 橫過: *If the road is busy, don't walk across*. 如果道路擁擠, 不要橫過。

across² *prep.* **1** over from one side to the other side of something 越過: *Walk across the field*. 步行越過這塊地。**2** on the other side of 在另一邊; 在對面: *Our house is across the river*. 我們家在河那邊。

act¹ /ækt/ *n.* **1** something that you do 行爲; 行動: *an act of kindness* 善良的行爲 ***in the act of***, while doing something 正在做…時: *He was caught in the act of stealing the sweets*. 他偷糖果時被捉住了。**2** law that parliament has made 法令; 條例 **3** part of a play (戲劇)幕: *'Macbeth' has five acts*. 《馬克白》有五幕。**4** piece of entertainment (馬戲、雜耍)一段表演: *the clown's amusing act* 小丑逗人發笑的表演

act² *v.* **1** do something 行動; 做; 幹: *We've talked enough; it's time to act!* 我們談論够多了, 該行動吧! **2** be in a play, film, etc. 扮演; 表演 ***act as***, work or help in place of the usual person or thing 充當; 擔任: *Helen sometimes acts as her father's secretary*. 海倫有時充任父親的秘書。

acting /ˈæktɪŋ/ *n.* (no *pl.*) the work of an actor or actress; being in a play, film, etc. 表演; 演出; 演技

action /ˈækʃn/ *n.* **1** (no *pl.*) doing things 行動: *A man of action gets things done more quickly than a man who only talks*. 實幹家做起事來, 要比空談家快得多。**2** (*pl.* actions) something that you do 行動; 行爲 **3** (no *pl.*) working 活動 ***in action***, working 在活動; 在運轉: *We watched the machine in action*. 我們瞧着機器運轉。***out of action***, not working 不運轉; 壞了: *I can't go because my car is out of action*. 我去不成, 因爲我的汽車壞了。

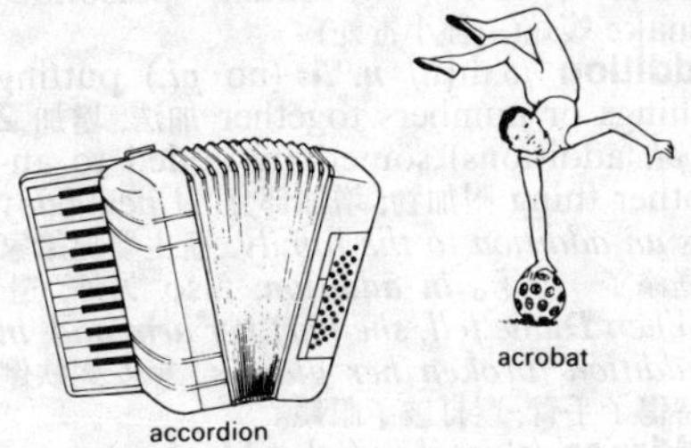

accordion

active /ˈæktɪv/ *adj.* **1** able to do things; moving quickly; working; doing a lot of things 能幹的; 行動快的; 活躍的; 積極的: *The old man is not as active as he was*. 這老人不如以前行動方便了。**2** form of a verb (語法)主動的: *In 'A dog bit Chris' the verb is active, but in 'Chris was bitten by a dog' the verb is passive*. 在 A dog bit Chris 句中, 動詞是主動語態, 但在 Chris was bitten by a dog 句中, 動詞是被動語態。

activity /ækˈtɪvətɪ/ *n.* **1.** (no *pl.*) doing things; moving quickly 能動性; 活躍; 敏捷: *On the day of the festival there was much activity in the streets*. 節日那天街上很熱鬧。**2** (*pl.* activities) what you do 活動: *His main activity after work is playing the drums in a band*. 他工餘的主要活動是在樂隊打鼓。

actor /ˈæktə(r)/ *n.* man or boy who acts in plays or films 男演員

actress /ˈæktrɪs/ *n.* (*pl.* actresses) woman or girl who acts in plays or films 女演員

actual /ˈæktʃʊəl/ *adj.* real; true 真的; 真正的; 真實的 **actually** *adv.* really 實際上; 真正地: *He said he was going to work but actually he went to the cinema*. 他說去上班, 但實際上去了看電影。

ad /æd/ *abbrev.* advertisement 廣告

add /æd/ *v.* **1** find the total of two or more numbers 加: *If you add two and five, you have seven*. 二加五得七。**2** put one thing with another 增加到…上; 增添: *Please add Angela's name to the list*. 請在名單上加上安琪拉的名字。**3** say something more 補充說; 又說: *'And don't come back again,' he added*. "別再回來了," 他又說。

adder /ˈædə(r)/ *n.* small, poisonous snake 蝮蛇(一種小毒蛇)

addition /əˈdɪʃn/ *n.* **1** (no *pl.*) putting things or numbers together 加法; 增加 **2** (*pl.* additions) something added to another thing 附加物; 增加部分: *A new baby is an addition to the family.* 新生嬰兒給家庭添了一分子。***in addition***, also 另外; 還: *When Diane fell, she hurt her arm and, in addition, broken her glasses.* 黛安妮跌倒時傷了手臂, 還打破了眼鏡。

address /əˈdres/ *n.* (*pl.* addresses) name of the place where someone lives or where a business has its offices 住址; 通訊處: *Write your address clearly at the top of your letter.* 把你的地址清清楚楚地寫在信的上方。**address** *v.* write the name and address of the person when you send a letter or parcel (在信封或包裹上)寫姓名地址: *I addressed the envelope to Mr. Jones.* 我在信封上寫了瓊斯先生的姓名和地址。

adequate /ˈædɪkwət/ *adj.* as much as you need; enough 充分的; 足够的: *They were cold because they were not wearing adequate clothing.* 他們冷, 因爲衣服穿得不够。

adjective /ˈædʒɪktɪv/ *n.* word that describes something or someone 形容詞: *The words 'small' and 'bad' are adjectives.* Small 和 bad 是形容詞。

administration /ədˌmɪnɪˈstreɪʃn/ *n.* (no *pl.*) controlling or managing a business, office, etc.; people in control 管理; 行政機關

admiral /ˈædmərəl/ *n.* commander-in-chief of a country's warships; senior officer in the navy 艦隊司令; 海軍高級將領

admire /ədˈmaɪə(r)/ *v.* **1** look at something or someone with pleasure, etc. 讚美; 欣賞: *The tourists admired the view from the tower.* 遊客欣賞登塔遠眺的景色。**2** think well of someone 欽佩; 羡慕: *I admire you for helping your sister so much.* 你給予妹妹這麼大的幫助, 令我很欽佩。**admiration** /ˌædməˈreɪʃn/ *n.* 羡慕; 欽佩: *When Charles won the prize, his friends were filled with admiration.* 查理得獎時, 他的朋友皆欣羡不已。

admission /ədˈmɪʃn/ *n.* (no *pl.*) **1** letting people into a place 允許進入: *Admission to the cinema was for adults only.* 這電影院只許成年人入場。**2** money that you pay to go into a place 入場費; 門票費: *Admission to the zoo is $5.* 動物園門票是五元。

admit /ədˈmɪt/ *v.* (*pres. part.* admitting, *past part. & past tense* admitted /ədˈmɪtɪd/) **1** say something that you did not want to say 承認: *I admit that I was rude and I am sorry.* 我承認當時没禮貌, 真是對不起。**2** let someone or something in 准許進來: *We do not admit children to this film.* 我們不讓孩子進來看這部電影。

adopt /əˈdɒpt/ *v.* take the child of another person into your family to become your own child 收養: *Mr. and Mrs. Williams adopted a child whose parents were dead.* 威廉斯夫婦收養了一個父母雙亡的孩子。

adorable /əˈdɔːrəbl/ *adj.* lovable 可愛的: *an adorable baby* 可愛的嬰兒

adore /əˈdɔː(r)/ *v.* **1** love someone or something very much 愛慕; 敬慕: *I adore you!* 我很愛慕你! **2** worship God, etc. 崇拜 **adoration** /ˌædəˈreɪʃn/ *n.*

adult /ˈædʌlt/ *n.* person or animal that is full size, not a child 成年人; 成體; 成蟲 **adult** *adj.*: *an adult ticket* 成人票; 大人票

advance /ədˈvɑːns/ *v.* come or go forward 前進: *The soldiers advanced towards the enemy.* 士兵向着敵方前進。**advance** *n.* ***in advance***, before others; ahead of others 在前面; 預先: *Neil went in advance to say that we were coming.* 尼爾先走一步, 說我們就來。

advanced /ədˈvɑːnst/ *adj.* **1** better than others in what you know or can do 超過别人的; 高深的: *Tim is very young, but his reading is very advanced.* 添雖然年紀小,但讀的書很深。**2** difficult; of or for a high class 艱深的; 高級的: *an advanced dictionary* 一本高級詞典

advantage /ədˈvɑːntɪdʒ/ *n.* something useful or helpful 有利條件; 優點: *Quick thinking is an advantage for a London taxi-driver.* 對倫敦計程車司機來說, 頭腦靈活是個有利條件。***take advantage of***, (***a***) use someone or something to help yourself 趁機; 利用: *Peter took advantage of his visit to Paris to improve his French.* 彼得利用遊覽巴黎的機會進修法語。(***b***) be unfair to someone so that you can please yourself 欺騙(或愚弄)某人: *He takes advantage of her kindness and borrows her bike too much.* 他知道她心地好, 便總是借用她的腳踏車。

adventure /ədˈventʃə(r)/ *n.* doing something exciting, dangerous, etc. 冒險; 驚險活動: *Sherlock Holmes had many adventures.* 福爾摩斯多次歷險。

adventurous /ədˈventʃərəs/ *adj.* **1** liking to do exciting, dangerous things 喜歡冒險的 **2** full of danger, excitement, etc. 充滿危險的; 驚險的: *an adventurous holiday on a boat* 在船上渡過的驚險假期

adverb /ˈædvɜːb/ *n.* word that answers questions beginning 'How?' 'When?' 'Where?' 回答以"怎樣?" "什麼時候?" "哪裏?"開頭的問句的單詞; 副詞: *The words 'quickly', 'tomorrow' and 'here' are adverbs.* Quickly, tomorrow 和 here 等字是

副詞。

advertise /ˈædvətaɪz/ *v.* tell people about something by printing a notice in a newspaper, etc. or by talking on radio or television 登廣告: *When Mr. Hilton wanted to sell his house he advertised it in the newspaper.* 希爾頓先生想賣房子，在報上登了廣告。 **advertisement** /ədˈvɜ:tɪsmənt/ *n.* notice telling people about jobs, things to sell, etc. 廣告

advice /ədˈvaɪs/ *n.* (no *pl.*) what you say to help people 忠告; 勸告; 意見: *I took my father's advice and went to the station early.* 我聽從父親的勸告，很早就去車站了。

advise /ədˈvaɪz/ *v.* tell someone helpfully what to do or how to do it 忠告; 勸告: *The doctor advised him to stop smoking.* 醫生勸他戒煙。

aerial /ˈeərɪəl/ *n.* part of a radio or television set that sends and gets radio signals 天線

aerodrome /ˈeərədrəʊm/ *n.* place where aircraft can land and take off 飛機場

aeroplane /ˈeərəpleɪn/ *n.* machine that has wings and can fly 飛機

affair /əˈfeə(r)/ *n.* **1** something that happens; event 事情; 事件: *Ruth's birthday party was a happy affair.* 露芙的生日會很熱鬧。 **2** business; something to talk about or do 事務: *Go away – this is my affair.* 走開! 這是我的事情。

affect /əˈfekt/ *v.* make something different 影響: *The noise from the street affected our work.* 街上的嘈雜聲影響我們工作。

affection /əˈfekʃn/ *n.* (no *pl.*) love 愛; 深情 **affectionate** *adj.*: *an affectionate smile* 深情的微笑 **affectionately** *adv.* with love 深情地 ***Yours affectionately***, way of ending a letter to a friend or relative 你親愛的(給親友寫信時結尾用語)

afford /əˈfɔ:d/ *v.* have enough money for something 買(付, 經受)得起: *I can't afford a holiday this year.* 我今年沒錢去渡假。

afloat /əˈfləʊt/ *adv.* on top of water or other liquid; moving on water or air 在水上或空中漂浮: *The boat was on the sand but when the tide came in, it was afloat.* 船擱淺在沙灘上, 但海潮來時就浮起來了。

afraid /əˈfreɪd/ *adj.* **1** having fear 害怕: *Are you afraid of snakes?* 你怕蛇嗎? **2** worried or sorry about something 擔心; 恐怕: *I'm afraid that I have broken your window.* 我恐怕已打破了你的窗子。

after¹ /ˈɑ:ftə(r)/ *adv.* later 在後; 後來: *You go first and I'll come after.* 你先走, 我隨後就來。

after² *conj.* at a later time than 晚於…; 在…之後: *Sandra arrived after the film had started.* 珊德拉在電影開映以後才到。

after³ *prep.* **1** later than 在…之後: *I'll meet you after dinner.* 我在飯後見你。 **2** next to; behind 在…後面: *Ten comes after nine.* 十在九的後面。 **3** trying to catch 追捕; 探求: *The cat ran after the mouse.* 貓追老鼠。 ***after all***, when you thought something else would happen 畢竟; 終歸; 究竟: *He was worried about the exam, but he passed it after all.* 他當初擔心考不好, 但畢竟還是通過了。 ***after that***, then; next 下一步; 然後: *What will you do after that?* 你下一步幹什麼? ***be after someone*** or ***something***, hunt or want someone or something 追求; 尋找: *That child is after a sweet!* 那孩子想要一粒糖!

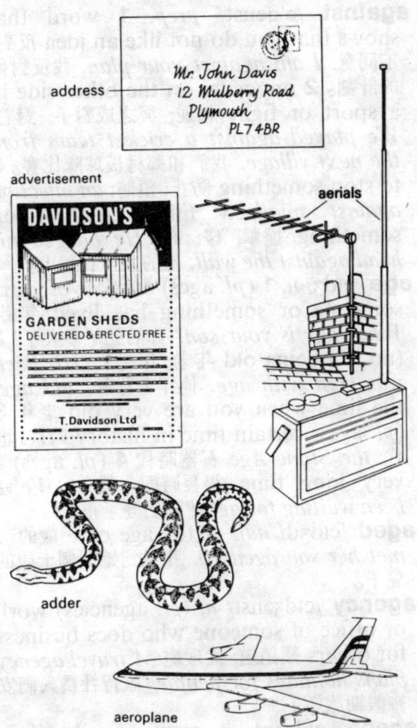

afternoon /ˌɑ:ftəˈnu:n/ *n.* time between midday and evening 下午

afterwards /ˈɑ:ftəwədz/ *adv.* later; after a happening 後來; 以後: *I did not remember the correct answer until afterwards.* 到後來我才記起正確答案。

again /əˈgen/ *adv.* **1** once more; another time 再一次: *If you fail the first time, try again!* 如果你第一次失敗, 再試一次! **2** any more 再; 又: *Never do that again!* 別再做那種事了! ***now and again***, sometimes, but not often 有時; 偶爾 ***again and again***, many times 再三; 多次 **3** as before 重新; 又: *You'll soon be well again.* 你很快就會康復的。

against /ə'genst/ *prep.* **1** word that shows that you do not like an idea 反對; 不同意: *I am against your plan.* 我反對你的計劃。**2** opposite; on the other side in a sport or fight 相逆; 與之成對手; 對着: *We played against a cricket team from the next village.* 我們和鄰村板球隊比賽。**3** to stop something 防止; 預防: *an injection against smallpox* 預防天花注射 **4** on something 撞擊; 碰; 靠: *He banged his head against the wall.* 他的頭撞在牆上。

age /eɪdʒ/ *n.* **1** (*pl.* ages) number of years someone or something has lived 年齡: *What age is your son?* 你的兒子多大了? **2** (no *pl.*) being old 年老; 年紀大: *His back was bent with age.* 他年老背彎。***old age***, the time when you are very old 老年 **3** (*pl.* ages) certain time in history 時代; 世代: *the Stone Age* 石器時代 **4** (*pl.* ages) a very long time 很長時間; 長久: *We've been waiting for ages!* 我們等了很久!

aged /eɪdʒd/ *adj.* at the age of …歲的: *I met her son aged 10.* 我見到她那個十歲的兒子。

agency /eɪdʒənsɪ/ *n.* (*pl.* agencies) work or office of someone who does business for others 經銷處; 代理處: *A travel agency plans holidays for people.* 旅行社為人們安排假期旅遊。

agent /'eɪdʒənt/ *n.* someone who does business for another person 代理人; 代理商: *The travel agent will get me a ticket for my flight to New York.* 旅行社會替我弄一張去紐約的機票。

aggressive /ə'gresɪv/ *adj.* wanting or ready to fight 好鬥的; 侵略的: *an aggressive dog* 一隻很兇的狗 **aggressively** *adv.*

ago /ə'gəʊ/ *adv.* before now; in the past 以前: *I learned to swim five years ago.* 我五年前學會了游泳。 ***long ago***, in the distant past 很久以前

agony /'ægənɪ/ *n.* (*pl.* agonies) great pain or suffering of mind or body 極度疼痛; 極大痛苦: *I was in agony with toothache.* 我牙痛極了。**agonizing** /'ægənaɪzɪŋ/ *adj.* giving you agony 使人極度痛苦的

agree /ə'gri:/ *v.* **1** say 'yes' when someone has asked you to do something 同意; 答應: *Tom agreed to lend me the money that I wanted.* 阿棠同意借給我需要的錢。**2** decide together on an idea; have the same ideas 取得一致意見; 商定: *They all agreed on the plan.* 我們對計劃取得一致意見。**3** say that something is true 贊成; 同意: *'It's hot.' 'I agree!'* "天氣很熱。" "的確熱!"

agreement /ə'gri:mənt/ *n.* **1** (no *pl.*) having the same answer or idea 同意; 意見一致: *We're all in agreement.* 我們看法一致。**2** (*pl.* agreements) written promise between people, countries, etc. 協定; 協議: *a trade agreement* 貿易協定

agriculture /ægrɪkʌltʃə(r)/ *n.* (no *pl.*) farming, growing crops and keeping animals 農業 **agricultural** /ˌægrɪ'kʌltʃərəl/ *adj.*: *agricultural land* 農田

aground /ə'graʊnd/ *adv.* touching the bottom in water 着地; 擱淺: *The ship is aground on the rocks near Plymouth.* 船在普里茅斯附近觸礁。

ahead /ə'hed/ *adv.* in front 在前面: *Frank ran faster than the others and was soon ahead.* 富林比其他人跑得快, 很快就跑在前頭了。***ahead of***, (***a***) in front of 在…之前 (***b***) better than another in work, etc. 勝過; 強於: *Peter's work is ahead of Jack's.* 彼得的工作勝過傑。***go ahead***, start, or go on with, something 開始; 繼續: *If you really need help then go ahead and ask.* 你如果真需要幫助, 那就去請人幫助吧。

aid /eɪd/ *n.* help; something that gives help 幫助; 援助; 輔助物: *The old woman walks with the aid of a stick.* 那老婦人扶着拐杖走路。***in aid of***, to be used for something or someone 以助…: *I am collecting money in aid of deaf people.* 我籌款以幫助聾人。***come to someone's aid***, help someone 幫助; 援助 ***first aid***, help that you give to a sick or hurt person before a doctor comes 急救 **aid** *v.* help someone 援助; 幫助

aim /eɪm/ *v.* **1** point a gun, etc. at something or someone 瞄準: *Pete aimed the gun at the bird, but did not fire.* 平德用槍瞄準鳥, 但沒有開槍。**2** send or throw something toward another thing 投擲; 對準: *He aimed the ball into the net, but missed.* 他向球網射球, 但沒有射進。**3** plan to do something 旨在; 立意: *He aims to go to university next year.* 他計劃明年進大學。**aim** *n.*: *Pete took aim and fired.* 平德瞄準目標開槍。*Catherine's aim is to be a doctor.* 凱瑟琳的目標是做醫生。

air [1] /eə(r)/ *n.* **1** (no *pl.*) what you take in through your nose and mouth when you breathe 空氣; 大氣 **2** ***by air***, in an aeroplane 乘飛機: *I travelled to Holland by air.* 我乘飛機去荷蘭旅行。 **air force** *n.* the military aircraft of a country and the people who fly them and look after them 空軍 **3** (no *pl.*) radio 無線電 ***on the air***, on the radio 廣播: *The news will be on the air at 6 p.m.* 新聞將於下午六點由無線電廣播。**4** (*pl.* airs) way someone behaves or looks 氣派; 風度; 樣子: *His uniform gives him an air of importance.* 他穿上制服, 神氣十足。

air [2] *v.* let air come into a place, or on to something, to make it fresh 通風; 晾: *Let's open the windows and air this smoky room.* 房内煙氣熏人, 我們打開窗子

通通風吧。

aircraft /ˈeəkrɑ:ft/ *n.* (*pl.* aircraft) machine that flies; aeroplane; helicopter 飛行器; 飛機; 直升機 **aircraft-carrier** /ˈeəkrɑ:ft kærɪə(r)/ *n.* ship with a flat deck where aeroplanes can take off or land 航空母艦

airfield /ˈeəfi:ld/ *n.* place where aircraft take off or land 飛機場

air-hostess /ˈeə həʊstɪs/ *n.* (*pl.* air-hostesses) woman who looks after passengers on an aeroplane 客機上的女服務員; 空中小姐

airline /ˈeəlaɪn/ *n.* business with aeroplanes that carry people or goods 航線; 航空公司: *Pan Am is an American airline.* 泛美是美國一家航空公司。 **airliner** /ˈeəlaɪnə(r)/ *n.* big aeroplane 班機; 客機

airmail /ˈeəmeɪl/ *n.* (no *pl.*) letters and parcels that go by aeroplane 航空信, 航空郵件: *I sent the letter by airmail.* 我以空郵寄這封信。

airport /ˈeəpɔ:t/ *n.* place where aeroplanes can land to pick up or put down people and goods 航空港; 機場

airways /ˈeəweɪz/ *n.* (*pl.*) business with aeroplanes that carry people or goods 航空公司

aisle /aɪl/ *n.* path or way between rows of seats in a church, cinema, or theatre (教堂、電影院、劇院的) 通道; 過道: *The bride walked up the aisle.* 新娘從通道走過來。

ajar /əˈdʒɑ:(r)/ *adv.* open a little (門)半開; 微開: *The door was ajar and I could hear the people talking in the room.* 門半開着, 我聽得見那些人在屋裏談話。

alarm¹ /əˈlɑ:m/ *n.* **1** (*pl.* alarms) sound or sign of danger 警報; 警鐘: *The fire alarm rang and everyone ran out of the building.* 火警的鐘聲響了, 人人都從大厦跑了出來。**2** (no *pl.*) sudden fear 驚恐; 恐慌: *She cried with alarm when the thunder started.* 打雷時她嚇得叫了起來。

alarm² *v.* make someone feel that there is danger 驚動; 使警覺: *The noise alarmed the bird and it flew away.* 小鳥給聲音驚動而飛走了。 **alarmed** /əˈlɑ:md/ *adj.* having a feeling of danger 感到害怕的

alarm-clock /əˈlɑ:m klɒk/ *n.* clock with a bell that rings to wake a sleeping person 鬧鐘

alas /əˈlæs/ *exclaim.* word that shows sadness or worry 哎呀; 天哪(表示傷心、憂慮): *Alas! The window is broken!* 哎呀! 窗子破了!

album /ˈælbəm/ *n.* **1** book with empty pages for photographs, stamps, etc. 相册; 集郵本 **2** set of long-playing records 唱片集: *Have you heard the singer's latest album?* 你聽過這位歌手的最新唱片嗎?

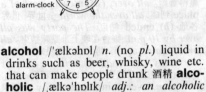

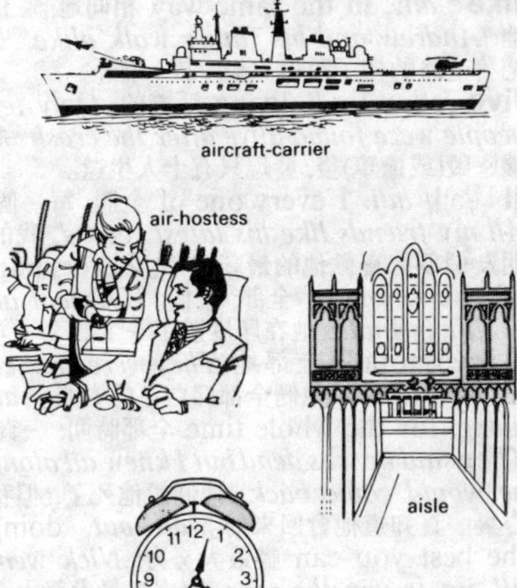

alcohol /ˈælkəhɒl/ *n.* (no *pl.*) liquid in drinks such as beer, whisky, wine etc. that can make people drunk 酒精 **alcoholic** /ˌælkəˈhɒlɪk/ *adj.*: *an alcoholic drink* 含酒精的飲料

ale /eɪl/ *n.* (no *pl.*) beer with a light colour (淡色)啤酒

alert¹ /əˈlɜ:t/ *adj.* awake; ready to do things 驚醒的; 警覺的

alert² *n.* signal that warns of danger 警報 ***on the alert***, watching for something to happen 警覺着; 戒備着: *Firemen stay on the alert for fires all day and night.* 消防隊員日夜警惕火災。 **alert** *v.* warn someone 使警覺

algebra /ˈældʒɪbrə/ *n.* (no *pl.*) sort of mathematics 代數

alibi /ˈælɪbaɪ/ *n.* showing that you were not there when a crime happened 不在案發現場的證據: *He was at a party with friends when the robbery happened so he has an alibi.* 搶劫發生時, 他同朋友聚會, 所以他有當時不在案發現場的證據。

alien /ˈeɪlɪən/ *n.* someone from another country 外國人; 外僑

alight¹ /əˈlaɪt/ *adj.* on fire; burning 燒着: *A fire started in the roof and soon all the house was alight.* 火從屋頂燒起來, 整間房子很快便燒着了。

alight² *v.* **1** get down from a bus, horse, etc. 下車; 下馬: *Don't alight before the bus stops.* 公共汽車未停定, 不要下車。**2** come down from the air on to something 飛下來; 落下: *The bird alighted on the fence.* 那小鳥落在籬笆上。

alike¹ /əˈlaɪk/ *adj.* almost the same; not very different 相同; 很像: *The twin sisters are very alike.* 那兩個孿生姐妹很像。

alike[2] *adv.* in the same way 相同地; 一樣地: *Andrew and his father walk alike.* 安德魯走路的樣子跟他父親一模一樣。

alive /ə'laɪv/ *adj.* living 活着的: *Only ten people were found alive after the crash.* 飛機墜毀(或撞車)後, 發現只有十人生還。

all[1] /ɔ:l/ *adj.* **1** every one of 全體; 每一個: *All my friends like his latest record.* 我的朋友個個都喜歡他的最新唱片。**2** every part of; the whole of 全部; 整個: *He spent all his life in India.* 他在印度過了一生。

all[2] *adv.* totally 全部地: *They were dressed all in white.* 他們全都穿白色的衣服。***all along***, for the whole time 全部時間; 一直: *They said he was dead but I knew all along he would come back.* 他們說他死了, 但我心裏一直知道他會回來的。***all out***, doing the best you can 盡最大努力: *Nick went all out to win the race.* 阿立盡最大努力去贏得賽跑。***all over***, ***(a)*** in every part of a place 到處: *all over the world* 全世界; 世界各地 ***(b)*** ended 結束: *The party was all over by 10 p.m.* 聚會在晚上十點鐘結束。***all over again***, again 再一次; 從頭來: *I lost my essay, so I had to write it all over again.* 我把文章遺失了, 所以只好再寫一遍。

all[3] *pron.* everything; everybody 全部東西; 全體人員: *I asked twenty people to my party but not all of them came.* 我邀請了二十人來聚會, 可並沒有全來。***all together***, everyone or everything at the same time 全體(部)一道; 同時 ***above all***, more than anything else 首先; 首要; 尤其: *Carol likes fruit and, above all, oranges.* 凱洛喜歡水果, 尤其是橙。***at all***, *in any way* (用於加强語氣)根本; 到底: *Can you swim at all?* 你到底會不會游泳? ***not at all***, ***(a)*** words that make the word 'not' stronger: (用來加强not 的語氣) 一點也不; 根本不: *He's not at all clever.* 他一點也不聰明。***(b)*** words that you say to someone who has just said 'thank you', etc. 别客氣; 没什麼: *'Thanks for helping me, Jill.' 'Not at all, Jack.'* "謝謝您幫忙, 姬兒。" "別客氣, 傑。"

alley /'ælɪ/ *n.* narrow street between high walls 胡同; 小巷

alliance /ə'laɪəns/ *n.* agreement between countries or people to work together or fight on the same side 結盟; 聯盟

allied /'ælaɪd/ *past part.* of *v.* ally 動詞 ally 的過去分詞: *The two countries were allied in the war.* 兩國在戰爭中結成同盟。

alligator /'ælɪgeɪtə(r)/ *n.* long, dangerous reptile that lives in hot countries 短吻鱷

allow /ə'laʊ/ *v.* say that someone can have or do something 允許; 許可: *Do they allow smoking in the cinema?* 他們允許在電影院裏吸煙嗎?

all right[1] /ˌɔ:l 'raɪt/ *adj.* good; well 不錯; 身體好: *Is she all right after the accident?* 她發生意外後無恙嗎?

all right[2] *exclam.* yes 行; 好的: *All right, I'll help you.* 好的, 我幫助你。

ally /'ælaɪ/ *n.* (*pl.* allies) person or country that has an agreement with another or gives help 盟友; 同盟國 **ally** *v.*

almost /'ɔ:lməʊst/ *adv.* nearly 幾乎; 近於: *Don't go away because dinner is almost ready.* 別走, 飯差不多好了。

alone /ə'ləʊn/ *adv.* **1** by yourself; with no other people 單獨; 獨自: *When his wife died, he lived alone.* 妻子死後, 他一個人生活。**2.** only 僅僅; 只有: *You alone can help me.* 只有你能幫我忙。

along[1] /ə'lɒŋ/ *adv.* **1** forwards; onwards 向前: *Move along the bus, please!* 請往車裏面去! **2** with you 和…一起; 一同: *Bring your friend along, too.* 把你的朋友也帶來吧。

along[2] *prep.* **1** from one end towards the other 沿; 順着: *We walked along the road.* 我們沿着路往前走。**2** at the side of something long 在長形物體邊: *There are trees along the river bank.* 河岸邊有樹。

alongside /əˌlɒŋ'saɪd/ *prep.* next to; beside 在…旁邊; 靠着: *He parked his car alongside a bus.* 他把汽車停在一輛公共汽車旁邊。

aloud /ə'laʊd/ *adv.* **1** speaking so that people can hear 出聲地: *Please read the story aloud.* 請朗讀這個故事。**2** in a loud voice 大聲地: *He shouted aloud for help.* 他大聲呼救。

alphabet /'ælfəbet/ *n.* the letters of the English language from A to Z 字母表

alphabetical /ˌælfə'betɪkl/ *adj.* in the order of the alphabet 按字母順序的 **alphabetically** *adv.*: *The teacher calls out the children's names alphabetically: Angela is first and Zoe is last.* 老師按字母順序叫孩子的名字; 安琪拉頭一個, 若漪最後。

already /ɔ:l'redɪ/ *adv.* **1** before that time 在那時以前(用於過去時間): *We ran to the station but the train had already left.* 我們跑到車站, 但火車已經開走了。 **2** before now 已經(用於現在時間): *I've been there already so I don't want to go again.* 我已經去過那裏, 所以不想再去了。

also /'ɔ:lsəʊ/ *adv.* too; as well 也; 還 *Emma speaks English and also French.* 愛瑪講英語, 也講法語。

altar /'ɔ:ltə(r)/ *n.* **1** table or flat stone where people offer things to a god 祭壇 **2** Communion table in a Christian church (基督教)聖壇: *The priest kneels in front of the altar.* 牧師跪在聖壇前。

alter /ɔ:ltə(r)/ *v.* **1** become different; change 變樣; 變化 **2** make something different; change something 改動; 改變: *The trousers are too big so I'll alter them.* 褲子太大了, 我要把它改一改。 **alteration** /ˌɔ:ltə'reɪʃn/ *n.* change 改動; 改變

alternate /ɔ:lˈtɜ:nət/ *adj.* first one and then the other, in turn 輪流的; 交替的: *We have sport and music on alternate days – sport on Monday, music on Tuesday, etc.* 我們的體育和音樂課隔天進行——星期一體育, 星期二音樂, 交替着來。**alternately** *adv.*

alternative[1] /ɔ:lˈtɜ:nətɪv/ *adj.* different; another 不同的; 另一; 兩者挑一; 替換的: *I can't come tomorrow – please suggest an alternative day.* 我明天不能來——請改一天吧。**alternatively** *adv.*

alternative[2] *n.* one of the things that you can choose 替換物; 取捨; 選擇: *We have three alternatives for the journey – bus, train, or car.* 我們這次旅行可有三種選擇——乘公共汽車、火車或汽車。

although /ɔ:lˈðəʊ/ *conj.* though 雖然: *Although I am tired, I must go on working.* 我雖然累了, 但必須繼續工作。

altogether /ˌɔ:ltəˈgeðə(r)/ *adv.* totally 完全; 全然; 全部地: *Some of what you say is true, but I don't altogether agree.* 你說的有些是真的, 但我不能全都同意。

always /ˈɔ:lweɪz/ *adv.* **1** again and again 一再; 老是: *Why do you always get up so late?* 你爲什麼老是起得這麼晚? **2** at all times 總是; 永遠: *There is always a doctor in a hospital.* 醫院裏總是有醫生。

a.m. /ˌeɪˈem/ *abbrev.* (Latin *ante meridiem*) between midnight and midday 上午; 午前: *9 a.m. is nine o'clock in the morning.* 9 a.m. 是上午九點鐘。

am /æm/ part of *v.* be, used with 'I' 動詞 be 的單數第一人稱: *I am tall.* 我個子高。

amateur /ˈæmətə(r)/ *adj.* who plays sport, music etc. but does not get money for it 業餘的: *an amateur cricket player* 業餘板球運動員

amaze /əˈmeɪz/ *v.* fill someone with great surprise or wonder 使驚奇; 使詫異 **amazing** *adj.*: *What an amazing sight!* 真是奇景! **amazingly** *adv.* **amazement** *n.* great surprise or wonder 驚奇; 詫異

ambassador /æmˈbæsədə(r)/ *n.* important person whose job is to speak and act for his government in another country 大使: *the French Ambassador in London* 法國駐倫敦大使

amber /ˈæmbə(r)/ *adj.* with an orange colour 琥珀色的 **amber** *n.*

ambition /æmˈbɪʃn/ *n.* **1** (no *pl.*) strong wish to do well 雄心; 野心: *Claire is full of ambition.* 凱萊爾雄心勃勃。**2** (*pl.* ambitions) what you want to do 抱負; 目的: *Samuel's ambition is to be a doctor.* 森勉的抱負是當醫生。**ambitious** /æmˈbɪʃəs/ *adj.* wanting to do well 雄心勃勃的

ambulance /ˈæmbjʊləns/ *n.* special van that carries people who are ill or hurt 救

ambulance alligator

護車; 急救車: *When Bob broke his leg, an ambulance took him to hospital.* 阿寶的腿跌斷了, 救護車把他送到醫院。

ambush /ˈæmbʊʃ/ *n.* (*pl.* ambushes) sudden attack by people who have hidden and waited 伏擊; 埋伏 **ambush** *v.*: *The robbers ambushed the travellers.* 强盗伏擊旅客。

ammunition /ˌæmjʊˈnɪʃn/ *n.* (*pl.*) military stores; bullets and bombs 軍火; 彈藥

among /əˈmʌŋ/ **amongst** /əˈmʌŋst/ *prep.* **1** in the middle of 在…中間: *The house stands among trees.* 房子坐落在樹叢中。**2** one of …中之一: *The Amazon is among the most famous rivers in the world.* 亞馬遜河是世界最有名的河流之一。**3** for or by more than two things or people 在(三者或更多)之間: *He divided the sweets among the children.* 他把糖果分給孩子。

amount /əˈmaʊnt/ *n.* **1** the total sum of money 總數; 總額: *He owed me $500, but could only pay half that amount.* 他欠我五百元, 但只能歸還總數的一半。**2** quantity 數量; 量: *He likes a large amount of sugar in his coffee.* 他喜歡在咖啡裏放很多糖。

ample /ˈæmpl/ *adj.* big; as much as you need 寬大的; 足够的: *There's ample room for five people in this car.* 這輛汽車有足够地方載五人。

amplifier /ˈæmplɪfaɪə(r)/ electric machine that makes sounds louder 放大器; 擴音器

amuse /əˈmju:z/ *v.* make someone smile or laugh 逗笑; 逗樂: *Richard's jokes amused them.* 潤才的笑話把他們逗樂了。***amuse yourself***, keep yourself busy and happy 自娛: *We amused ourselves with the cat while we waited.* 我們等候時逗貓爲樂。

amusement /əˈmju:zmənt/ *n.* **1** (*pl.* amusements) something that gives people fun or pleasure 文娛活動: *There are many amusements in Liverpool, such as discos and football matches.* 利物浦有許多娛樂活動, 如的士高、足球賽等。**2** (no *pl.*) smiling and laughing 娛樂; 消遣

amusing /əˈmju:zɪŋ/ *adj.* funny; making you smile and laugh 逗樂的; 使人發笑的: *an amusing story* 逗人發笑的故事

an /ən/ *indef. art.* **1** a; one 一; 一個: *I ate an egg.* 我吃了一個雞蛋。**2** each; every 每一個: *three times an hour* 每小時三次 **3** for each; for every 對每一個: *Parking is $3 an hour.* 停車費每小時是三元。

anaesthetic /ˌænɪsˈθetɪk/ *n.* something that a doctor gives you so that you will not feel pain 麻醉劑: *The dentist gave Audrey an anaesthetic before he pulled out her bad tooth.* 牙醫替奥德莉拔壞牙之前, 給她打了麻醉藥。

ancestor /ˈænsestə(r)/ *n.* someone who was in your family long ago; grandparents, great-grandparents, etc. 祖先;祖宗: *Paul's ancestors came from Holland in 1700.* 保羅的祖先於1700年由荷蘭遷居到這裏。

anchor /ˈæŋkə(r)/ *n.* heavy piece of iron dropped from a ship or boat to the bottom of the sea or river to keep the ship in one place 錨: *The sailor dropped anchor when he arrived at the port.* 那海員到達港口時, 拋下錨。**anchor** *v.: The ship anchored at Plymouth.* 那船泊在普里茅斯港。

ancient /ˈeɪnʃənt/ *adj.* of times long past; very old 古代的; 古老的: *There are ancient walls around the old city of York.* 約克舊城四週, 圍着古老的城牆。

and /ənd/, /ænd/ *conj.* joining word 連接詞: *Look at that horse and cart.* 瞧那匹馬和馬車。*We danced and sang.* 我們又跳舞又唱歌。

angel /ˈeɪndʒl/ *n.* messenger, with wings, who comes from God 天使

anger /ˈæŋgə(r)/ *n.* (no *pl.*) strong feeling when you are not pleased 生氣: *I was filled with anger when I saw him kicking the dog.* 我看到他踢那隻狗, 氣極了。**anger** *v.* 使…生氣: *His loud radio angered me.* 他的收音機聲音那麼大, 使我很生氣。

angle /ˈæŋgl/ *n.* space in a corner, where two lines join 角; 角度

angry /ˈæŋgrɪ/ *adj.* feeling or showing anger 生氣的; 憤怒的: *Claire was angry when she tore her new dress.* 凱萊爾很生氣, 把新裙子撕破。**angrily** /ˈæŋgrɪlɪ/ *adv.: 'Stop walking over my corn!' shouted the farmer angrily.* "别踩我的玉米!"農人生氣地叫道。

animal /ˈænɪml/ *n.* **1** any living thing that is not a plant 動物: *Men, dogs, birds, and insects are all animals.* 人、狗、鳥和昆蟲都是動物。**2** creature with four feet, such as a horse, goat, etc. 牲畜; 走獸

ankle /ˈæŋkl/ *n.* part where the foot and leg join 踝; 踝節部

anniversary /ˌænɪˈvɜːsərɪ/ *n.* (*pl.* anniversaries) same date when something happened in a past year 週年紀念日: *We have been married for one year, so today is our first wedding anniversary.* 我們結婚一年了, 所以今天是我們結婚一週年紀念。

announce /əˈnaʊns/ *v.* tell people some important news 宣佈; 宣告; 發表: *Jonathan announced that he had found a new job.* 喬納森宣佈他已經找到新工作。**announcement** *n.: The children were excited by the announcement that they could have an extra holiday.* 孩子們聽到通知說他們有一天額外假期, 都興高采烈。

announcer /əˈnaʊnsə(r)/ *n.* someone whose job is to tell us about programmes on radio and television 播音員

annoy /əˈnɔɪ/ *v.* make someone rather angry 使煩惱; 使生氣: *Loud music annoys Howard when he is studying.* 吵耳的音樂聲騷擾豪偉温習。**annoying** *adj.: This rain is annoying.* 這場雨真煩人。**annoyed** *adj.* rather angry 挺生氣的 **annoyance** *n.* ***to your annoyance***, making you rather angry 使你生氣: *To my annoyance, the telephone rang when I was in bed.* 我睡時電話鈴響了起來, 真討厭。

annual /ˈænjʊəl/ *adj.* **1** done or happening every year 每年的; 一年一度的: *Easter is an annual event.* 復活節是一年一度的節日。**2** of one year 年度的: *Britain's annual exports* 英國的年出口量

another[1] /əˈnʌðə(r)/ *adj.* **1** one more 再一; 另一: *May I have another potato?* 我可以再吃一個馬鈴薯嗎? **2** different 别的; 不同的: *The shop is closed today so we'll come another day.* 商店今天關門, 我們改日再來吧。

another[2] *pron.* (*pl.* others) one more; one of the same kind 另一個; 同類另一個: *If you finish the book I can give you another.* 你如果讀完這本書, 我可以再給你一本。***one another:*** *The three children enjoy playing with one another.* 這三個孩子愛在一塊兒玩。

answer /ˈɑːnsə(r)/ *v.* **1** say or write something when a question has been asked 回答; 答覆: *What a difficult question – I can't answer it.* 多難的問題啊——我回答不了。**2** write to someone who has written to you 回信: *Mr. Carter answered Mr. Brown's letter.* 卡特先生回信給白朗先生。***answer the door***, go to open the door when someone knocks or rings 去開門 ***answer the telephone***, pick up the telephone when it rings and speak to the person who is calling 接電話 **answer** *n.: Have you had an answer to your letter?* 你寄的信有没有回音?

ant /ænt/ *n.* very small insect 螞蟻

antelope /ˈæntɪləʊp/ *n.* wild animal that has horns and long, thin legs and that can run fast 羚羊

anthem /ˈænθəm/ *n.* song 歌; 聖歌: *When the Queen arrived, the band played the*

National Anthem. 女皇到達時, 樂隊奏起了國歌。

anti- /'æntɪ/ *prefix* **1** against 反; 反對; 抗: *an anti-aircraft gun* 高射炮 **2** not liking 反對; 不喜歡: *He is very anti-British*. 他是極爲反英的。

anticipate /æn'tɪsɪpeɪt/ *v*. think that something will happen 預期: *I took my umbrella to work because I anticipated rain*. 我帶了雨傘上班, 因爲我預料會下雨。

antique /æn'ti:k/ *adj*. made long ago 古老的; 古式的: *an antique chair* 古老的椅子 **antique** *n*. an old, valuable thing 古物; 古玩

anxiety /æŋ'zaɪətɪ/ *n*. **1** (no *pl*.) worry and fear 憂慮; 擔心; 焦急: *We waited with anxiety for our examination results*. 我們焦急地等待考試結果。 **2** (*pl*. anxieties) something that makes you worried and afraid 擔心的事; 焦慮

anxious /'æŋkʃəs/ *adj*. **1** afraid and worried 憂慮的; 擔心的; 焦急的: *I am anxious about the parcel because it hasn't arrived*. 包裹還沒到, 我很擔心。 **2** wanting something very much 渴望的; 急切的: *I'm anxious to see what the new neighbours are like*. 我非常急切想看看新鄰居是什麼樣的人。 **anxiously** *adv*.

any¹ /'enɪ/ *adj*. **1** some; word that you use with questions, 'if', and 'not' 一些; 什麼(用於疑問句, 或與 if 和 not 連用): *Have you any money? I don't have any money*. 你有錢嗎? 我一點錢也沒有。 **2** no special one 任一的: *Come any day this week*. 本星期任何一天來都可以。

any² *adv*. at all; a little 絲毫; 稍稍(可與比較級連用): *Is your father any better?* 你父親好一點了嗎? *If it's any good, I'll buy it*. 如果還有點兒用處, 我就把它買下來。

anybody /'enɪbɒdɪ/ *pron*. (no *pl*.) any person; no special person 任何人: *Anybody will tell you the way to the station*. 任何人都會告訴你怎樣去火車站。

anyhow /'enɪhaʊ/ *adv*. **1** with no order; without trying 隨便; 馬虎: *The chairs were left anyhow and the room looked untidy*. 椅子亂放, 房間看上去不整潔。 **2** no matter what happens 不論怎樣; 無論如何: *Anyhow, I'll see you tonight*. 無論如何, 今天晚上我要見你。

anyone /'enɪwʌn/ *pron*. (no *pl*.) any person; no special person 任何人: *Did anyone see the accident?* 有誰目睹這次意外嗎?

anything /'enɪθɪŋ/ *pron*. (no *pl*.) **1** a thing; something 什麼事(物); 某事(物): *Did anything come in the post today?* 今天有沒有郵件? **2** no matter what thing 任何事(物): *I want some food – anything will do*. 我需要一點食物——任何東西都行。

anyway /'enɪweɪ/ *adv*. **1** in any way; carelessly 隨便地; 粗枝大葉地 **2** whatever

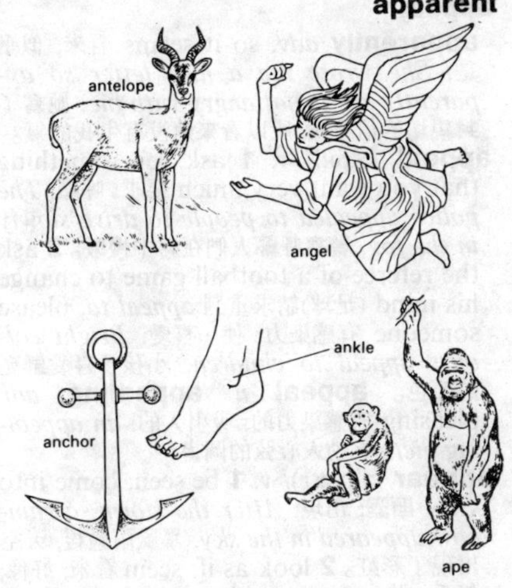

happens 無論如何: *It will probably rain, but we'll go anyway*. 天很可能下雨, 但不管怎樣, 我們都要走。

anywhere /'enɪweə(r)/ *adv*. at, in, or to any place 無論哪裏: *Is there anywhere I can put my books?* 我可以把書放在什麼地方呢?

apart /ə'pɑ:t/ *adv*. **1** free from each other 分開; 隔開: *The pages are stuck together and I can't pull them apart*. 這幾頁黏在一起了, 我弄不開。 **2** away from each other 相隔: *The two houses are 500 metres apart*. 這兩所房子相隔五百米。 ***apart from***, as well as; if you do not count 另外; 除去: *There are ten people in the queue, apart from me*. 除了我, 還有十個人在排隊。

apartment /ə'pɑ:tmənt/ *n*. flat; group of rooms in a building, where you can live 一套(公寓)房間

ape /eɪp/ *n*. sort of monkey 類人猿: *Gorillas are apes*. 大猩猩是猿。

apologetic /əˌpɒlə'dʒetɪk/ *adj*. showing that you are sorry for doing wrong 表歉意的 **apologetically** *adv*.: *'I'm sorry, Neville,' said George apologetically*. "對不起, 洛偉," 翹志抱歉地說。

apologize /ə'pɒlədʒaɪz/ *v*. say that you are sorry for doing wrong 賠禮; 道歉: *I apologized to the man for stepping on his foot*. 我踩了那人的腳, 於是向他道歉。

apology /ə'pɒlədʒɪ/ *n*.

apostrophe /ə'pɒstrəfɪ/ *n*. punctuation mark (') 標點 (') **1** to show that you have left a letter out of a word, e.g. *I'm* = *I am* 表示省略了一個詞的某個字母, 如 I'm = I am **2** to show who owns something 表示所有關係: *Peter's piano* 彼得的鋼琴

apparent /ə'pærənt/ *adj*. clear; easy to see; easy to understand 明顯; 清楚; 顯而易見: *It was apparent that she didn't hear what I said*. 很明顯, 她沒聽見我說什麼。

apparently *adv.* so it seems 看來; 似乎是: *She wrote me a nice letter so apparently she is not angry with me.* 她寫了封親切的信給我, 所以看來她沒有生我的氣。

appeal /ə'pi:l/ *v.* **1** ask for something that you want very much 要求; 呼籲: *The police appealed to people to drive slowly in the fog.* 警察呼籲人們在霧中慢駛。**2** ask the referee of a football game to change his mind (足球)請求重判 ***appeal to***, please someone 有感染力; 使…喜愛: *Bright colours appeal to children.* 小孩子喜愛鮮亮的顏色。 **appeal** *n.* **appealing** *adj.* pleasing 有感染力的; 吸引人的: *an appealing picture* 動人心弦的圖畫

appear /ə'pɪə(r)/ *v.* **1** be seen; come into view 顯露; 出現: *After the storm, a rainbow appeared in the sky.* 暴風雨過後, 天空出現了彩虹。**2** look as if; seem 看來; 好像; 似乎: *She appears older than she really is.* 她看上去比實際年齡大。

appearance /ə'pɪərəns/ *n.* **1** what someone or something looks like 外貌; 外表; 樣子: *She's ill – you can tell from her appearance.* 她病了——你可以從她的樣子看出來。**2** being seen; coming 顯出; 出現: *The appearance of clouds often means that rain will fall.* 雲層密佈, 常意味着要下雨。

appetite /'æpɪtaɪt/ *n.* strong wish to have something, usually food 胃口; 食慾: *Playing football gave Tony an appetite for dinner.* 踢足球使東尼吃飯胃口好。

applaud /ə'plɔ:d/ *v.* clap your hands, etc. to show that you are pleased 喝彩; 叫好; 歡呼: *We applauded the dancers.* 我們向舞蹈演員鼓掌叫好。 **applause** /ə'plɔ:z/ *n.: There was loud applause when our team scored a goal.* 我們的隊伍踢進一球時, 爆發了一陣喝彩聲。

apple /'æpl/ *n.* round fruit 蘋果

applicant /'æplɪkənt/ *n.* someone who asks for a job, etc. 申請人; 請求者: *There were six applicants for the job.* 有六個人申請這份工作。

application /ˌæplɪ'keɪʃn/ *n.* writing to ask for a job, etc. or to join a club, etc. 申請書; 申請: *Barbara made an application for a job as a nurse.* 巴巴拉申請當護士。

apply /ə'plaɪ/ *v.* ***apply for***, write to ask for something 書面申請: *Henry applied for a place at the university.* 恒立向這所大學申請一個名額。 ***apply to***, have to do with someone or something 適用; 適合: *This notice applies to all children under 11.* 此通知適用於所有十一歲以下的兒童。

appoint /ə'pɔɪnt/ *v.* choose someone for a position, job, etc. 任命; 委任; 指派: *The bank appointed Mr. Ford as the new manager.* 銀行委任福特先生爲新經理。

appointment /ə'pɔɪntmənt/ *n.* **1** a time that you have fixed to meet someone 約定的時間; 約會: *an appointment with the dentist* 與牙醫的預約 **2** position; job 職位; 工作: *an appointment as headmaster* 校長的職位

appreciate /ə'pri:ʃɪeɪt/ *v.* **1** understand and enjoy something 欣賞; 賞識: *You will appreciate that book about England after you have been there yourself.* 你親自去過英國的話, 就會欣賞那本關於英國的書。**2** be thankful for something 感激: *I appreciate your help.* 我感謝您的幫助。 **appreciation** /əˌpri:ʃɪ'eɪʃn/ *n.: Give Susan some flowers to show your appreciation of her help.* 送花給素珊以表示你感謝她的幫助。

apprentice /ə'prentɪs/ *n.* young worker who is learning his job or trade 學徒; 徒工

approach[1] /ə'prəʊtʃ/ *n.* (no *pl.*) going near or nearer to a place 靠近; 臨近; 接近: *We heard the approach of the train.* 我們聽見火車駛過來。

approach[2] *v.* come near or nearer to someone or something 走近; 靠近: *You must approach the bird very quietly or it will fly away.* 你必須悄悄地走近那隻鳥, 否則牠會飛走的。

appropriate /ə'prəʊprɪət/ *adj.* right for that time, place etc. 適合的; 合宜的; 恰當的: *Thin clothes are appropriate for hot weather.* 薄衣服適合於熱天穿。 **appropriately** *adv.*

approve /ə'pru:v/ *v.* think or say that something or someone is good and right 稱許; 贊成; 通過: *Do you approve of Jill's new hairstyle?* 你認爲姬兒的新髮型好嗎? **approval** *n: Yes, it has my full approval.* 是的, 我十分滿意(她的髮型)。

approximate /ə'prɒksɪmət/ *adj.* not exact; very nearly 近似的, 大約的: *Fifteen minutes is the approximate time for boiling potatoes.* 大約十五分鐘可以煮熟馬鈴薯。**approximately** *adv.*

apricot /'eɪprɪkɒt/ *n.* small, soft, yellow fruit 杏

April /'eɪprəl/ *n.* fourth month of the year 四月

apron /'eɪprən/ *n.* cloth that you tie over the front of your clothes to keep them clean 圍裙

arch[1] /ɑ:tʃ/ *n.* (*pl.* arches) curved part of a bridge or building 橋拱; 拱門; 弓形結構

arch[2] *v.* make something into a curve 使成弓形: *An angry cat arches its back.* 貓憤怒起來, 便弓起背。 **arched** /ɑ:tʃt/ *adj.* curved 弓形的; 弓形結構的; 拱起的: *an arched doorway* 弓形門道

archaeology /ˌɑ:kɪ'ɒlədʒɪ/ *n.* (no *pl.*) study of very old things like buildings, tombs, etc. 考古學 **archaeologist** /ˌɑ:-

kɪˈɒlədʒɪst/ *n.* someone who studies archaeology 考古學家; 考古工作者
archbishop /ˌɑːtʃˈbɪʃəp/ *n.* chief bishop 大主教: *the archbishop of Canterbury* 坎特布里大主教
architect /ˈɑːkɪtekt/ *n.* someone whose job is to plan buildings 建築師; 設計師
architecture /ˈɑːkɪtektʃə(r)/ *n.* (no *pl.*) **1** planning buildings 建築學: *John studied architecture.* 約翰修讀建築學。**2** shape and plan of buildings 建築式樣: *Coventry Cathedral has very modern architecture.* 科芬特里大教堂的建築風格非常現代。
are /ɑː(r)/ part of *v.* be, used with 'you', 'they', 'we' 動詞 be 的現在式的一種變化形式, 與 you, they, we 連用: *We are happy.* 我們很幸福。
area /ˈeərɪə/ *n.* **1** part of a country; part of the world 區域; 地區: *the desert areas of North Africa* 北非沙漠地區 **2** size of a flat place 面積: *If a room is 3 metres wide by 3 metres long its area is 9 square metres.* 如果一個房間是三米寬三米長, 面積就是九平方米。
aren't /ɑːnt/ = are not 不是: *Elephants aren't small.* 象的個兒不小。
argue /ˈɑːgjuː/ *v.* **1** say that something is wrong, not true; give a different idea 爭論; 異議: *Do as I say, and stop arguing!* 按我説的去做, 不要爭論了! **2** say why you think something is right or wrong 爭辯; 辯解: *Anita argued that she needed a holiday because she had been working hard.* 安妮妲爭辯説她需要休假, 因爲她一直很努力工作。
argument /ˈɑːgjʊmənt/ *n.* quarrel; fight; talk between people with different ideas 爭吵; 爭論; 辯論: *After a long argument, we decided where to go for our holiday.* 爭論了許久, 我們終於決定往哪裏渡假。
arise /əˈraɪz/ *v.* (*past part.* arisen /əˈrɪzn/, *past tense* arose /əˈrəʊz/) **1** get up; stand up 起牀; 起立: *We arose at 5 a.m.* 我們早晨五點起牀。**2** happen; start 發生; 產生; 開始: *A strong wind arose in the night.* 晚上刮起了大風。
aristocrat /ˈærɪstəkræt/ *n.* nobleman or noblewoman 貴族 **aristocratic** /ˌærɪstəˈkrætɪk/ *adj.: an aristocratic family* 貴族家庭 **aristocracy** /ˌærɪˈstɒkrəsɪ/ *n.* all the nobles (總稱)貴族
arithmetic /əˈrɪθmətɪk/ *n.* (no *pl.*) working with numbers to find an answer 算術; 計算
arm [1] /ɑːm/ *n.* part of the body from the shoulder to the hand 胳臂 ***arm in arm***, with your arm holding another person's arm 臂挽臂地: *Jack and Jill walked arm in arm.* 傑和姬兒臂挽臂地走着。
arm [2] *v.* get ready for war; give someone weapons for fighting 武裝; 裝備 **armed** /ɑːmd/ *adj.* with a gun, etc. 武裝的: *an armed robber* 武裝强盜 **the armed services**, the army, air force, and navy 海陸空三軍

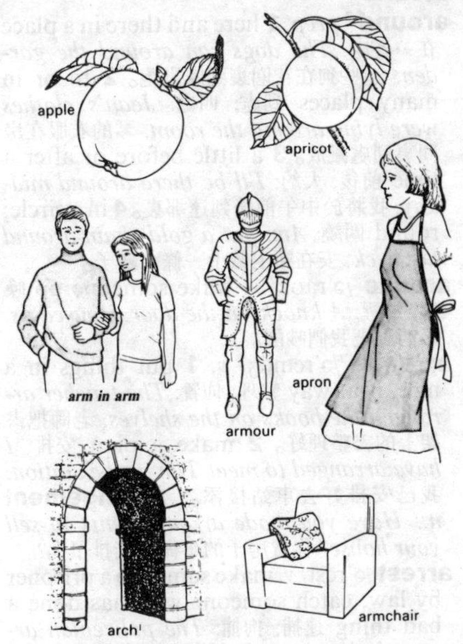

armchair /ˈɑːmtʃeə(r)/ *n.* comfortable chair with high sides where you can rest your arms 扶手椅; 安樂椅
armour /ˈɑːmə(r)/ *n.* (no *pl.*) **1** metal clothing to cover the body when fighting 盔甲: *Long ago, soldiers wore suits of armour.* 從前, 士兵穿盔甲。**2** metal to cover tanks, ships, cars, etc. when fighting (坦克等)裝甲(鋼板) **armoured** /ˈɑːməd/ *adj.: an armoured car* 裝甲車
arms /ɑːmz/ *n.* (*pl.*) weapons for fighting 武器; 兵器
army /ˈɑːmɪ/ *n.* (*pl.* armies) group of people who fight on land; all the soldiers of a country 陸軍; (總稱)軍隊: *the British Army* 英國軍隊
arose /əˈrəʊz/ *past tense* of *v.* arise 動詞 arise 的過去式
around [1] /əˈraʊnd/ *adv.* **1** a little more or less than 約; 左右: *The parcel weighs around three kilos.* 這個包裹重三公斤左右。**2** here and there; in different ways or places 到處; 不同地方; 以不同方式: *In London there are always tourists looking around.* 在倫敦, 總有遊客到處遊覽。**3** somewhere near; not far away 附近: *I'll be around if you need me.* 你如需要我, 我就在附近。**4** in a circle; round, 一圈; 繞圈: *Turn around!* 轉過來! **5** on every side; everywhere 各地; 處處: *From all around we heard music.* 我們到處都聽到音樂。

around² *prep.* **1** here and there in a place 在…各處: *The dogs ran around the garden.* 這些狗在花園裏到處亂跑。**2** to or in many places 到處; 四處: *Jean's clothes were lying around the room.* 琴的衣服在房間裏到處亂放。**3** a little before or after a time 前後; 大約: *I'll be there around midday.* 我將於中午前後到達那裏。**4** in a circle; round 圍繞: *Ann put a gold chain around her neck.* 安在頸上戴上一條金鏈子。

arouse /ə'raʊz/ *v.* wake someone up 喚醒; 驚醒: *A knock on the door aroused us.* 敲門聲把我們吵醒。

arrange /ə'reɪndʒ/ *v.* **1** put things in a nice, neat way 整理; 佈置: *The teacher arranged the books on the shelves.* 老師把書架上的書整理好。**2** make a plan 安排: *I have arranged to meet Tim at the station.* 我已安排好去車站接添。**arrangement** *n.*: *Have you made arrangements to sell your house?* 你賣房子的事做好安排了嗎?

arrest /ə'rest/ *v.* make someone a prisoner by law; catch someone who has done a bad thing 逮捕; 拘捕: *The policeman arrested the thief.* 警察逮捕那個小偷。**arrest** *n.* ***be under arrest***, be a prisoner of the police or soldiers 被逮捕

arrival /ə'raɪvl/ *n.* **1** (no *pl.*) getting to a place 到達: *My brother met me on my arrival in Dover.* 我到達多佛時, 哥哥來接我。**2** (*pl.* arrivals) something or someone that has come to a place 到達物; 來者: *Come and meet the new arrivals!* 來見見新來的人!

arrive /ə'raɪv/ *v.* **1** come to a place 來臨; 到達: *He was tired when he arrived home.* 他到家時很累。**2** be born 出生: *Her baby arrived yesterday.* 她的嬰兒昨天出生。**3** come; happen 來到; 發生: *At last, summer has arrived.* 夏天終於來了。

arrow /'ærəʊ/ *n.* **1** thin, pointed stick that you shoot from a bow 箭 **2** sign in the shape of an arrow that points to something or shows the way 箭號; 箭狀物

art /ɑ:t/ *n.* studying and making beautiful things 藝術; 美術 ***a work of art***, something beautiful that someone has made 藝術品; 美術品: *That painting by Rembrandt is a work of art.* 倫勃朗那幅畫是一件藝術品。

article /'ɑ:tɪkl/ *n.* **1** thing 東西; 物品; 物件: *The shop sells many articles of clothing.* 那商店出售各種衣服。**2** piece of writing in a newspaper or magazine (報刊)文章: *Did you read the article in the Sunday Times?* 你讀了《星期日泰晤士報》上那篇文章嗎? **3** sort of word in grammar (語法)冠詞: *definite article 'the'; indefinite articles 'a', 'an'* 冠定詞 the; 不定冠詞 a, an

artificial /ˌɑ:tɪ'fɪʃl/ *adj.* not natural; made by people 人造的; 人工的; 假的: *He has an artificial leg.* 他有一條假腿。**artificially** *adv.*

artisan /'ɑ:tɪzæn/ *n.* someone who works with his hands 手工業工人; 手藝人; 工匠

artist /'ɑ:tɪst/ *n.* someone who paints pictures, plays music, etc. 藝術家; 美術家 (尤指畫家): *Degas was a famous French artist.* 狄加是著名的法國藝術家。

artistic /ɑ:'tɪstɪk/ *adj.* **1** beautifully and cleverly made 藝術的: *an artistic flower arrangement* 富有藝術性的花卉佈置 **2** clever at making beautiful things 藝術家的; 藝術性强的: *an artistic man* 有藝術才能的人

as¹ /æz/, /əz/ *conj.* **1** while; when 當…的時候: *He waved as the train left the station.* 火車離站時, 他揮揮手。**2** because 因爲; 由於; 鑒於: *As he wasn't ready, we left without him.* 由於他没有準備好, 我們就先走。**3** like; in the same way 像…一樣; 如何: *Do as I do.* 像我這樣做。***as … as***, like 像; 如同: *He is as tall as I am.* 他和我一樣高。***as if, as though***, in a way that makes you think something 好像; 彷彿: *Fiona is walking slowly as if she were tired.* 翡奧娜走得很慢, 好像累了。

as² *prep.* in the job of 以…爲職業: *Marion works as a journalist.* 馬禮恩的職業是新聞工作者。

ascend /ə'send/ *v.* come up; go up 上升; 升高: *The lift ascended to the top floor.* 電梯上升到屋頂。

ascent /ə'sent/ *n.* way up; going up to the top 上升; 登高: *The first ascent of Mount Everest was in 1953.* 首次登上額非爾士峰是在1953年。

ash /æʃ/ *n.* (*pl.* ash or ashes) powder that is left after something has burnt 灰; 灰燼: *cigarette ash* 煙灰

ashamed /ə'ʃeɪmd/ *adj.* sorry because you have done something wrong; sad because you are not as good as other people in some way 慚愧; 難爲情: *Joan was ashamed of her rudeness.* 瓊爲自己的無禮感到慚愧。

ashore /ə'ʃɔ:(r)/ *adv.* on or on to the land 在岸上; 在陸上; 登陸: *The fisherman left his boat and went ashore.* 漁夫離船上岸。

ash-tray /'æʃ treɪ/ *n.* dish for cigarette ash and cigarette ends 煙灰缸

aside /ə'saɪd/ *adv.* on or to one side; away 到(向)一邊; 離開: *Clive put the book aside while he ate his meal.* 克萊夫吃飯時, 把書放在一邊。

ask /ɑ:sk/ *v.* try to get an answer by saying something 問: *She asked me the way to the market.* 她問我去市場的路。***ask for something***, say that you want someone to give you something 向…要; 索取: *Matthew asked his parents for a bicycle.* 馬修向父母要一輛腳踏車。***ask someone to***

something, invite someone to a place, happening, etc. 邀請: *Julian asked me to his house.* 朱利安請我去他家。

asleep /əˈsliːp/ *adv.* sleeping; not awake 睡着; 熟睡: *The cat was asleep in front of the fire.* 那隻貓在火爐前睡覺。***fast asleep, sound asleep***, sleeping very well 熟睡; 酣睡

aspirin /ˈæsprɪn/ *n.* medicine to stop pain and fever 阿司匹靈: *John took an aspirin for his headache.* 約翰吃了一片阿司匹靈治頭痛。

ass /æs/ *n.* (*pl.* asses) **1** donkey 驢 **2** someone who is stupid or does something silly 蠢人; 笨蛋

assassinate /əˈsæsɪneɪt/ *v.* kill a ruler or important person 行刺; 暗殺: *John F. Kennedy was assassinated in 1963.* 甘迺迪於1963年被暗殺。**assassination** /əˌsæsɪˈneɪʃn/ *n.* **assassin** /əˈsæsɪn/ *n.* someone who kills an important person 行刺者; 刺客

assault /əˈsɔːlt/ *v.* attack a place or person 攻擊; 襲擊

assemble /əˈsembl/ *v.* **1** meet; come together in a group 集合; 集會: *The football team assembled in the dressing-room.* 足球隊員在更衣室集合。**2** get the parts of something ready so that you can start doing something 裝配: *The carpenter assembled his tools.* 木匠裝配好他的工具。

assembly /əˈsemblɪ/ *n.* (*pl.* assemblies) meeting of a special group of people 集會: *a school assembly* 校會

assist /əˈsɪst/ *v.* help someone 幫助; 援助 **assistance** *n.*: *I need your assistance with this heavy load.* 我需要你幫我挑起這個重擔。

assistant /əˈsɪstənt/ *n.* someone who helps 助手; 助理: *a shop assistant* 售貨員; 營業員

associate /əˈsəʊʃɪeɪt/ *v.* **1** spend time with someone 交往; 結交: *He associates with criminals.* 他和犯罪分子交往。**2** put two ideas together 使發生聯繫; 聯想: *We associate smoke with fire.* 我們把煙與火相聯繫。

association /əˌsəʊsɪˈeɪʃn/ *n.* group of people with the same interests 協會; 社團: *the Automobile Association* 汽車協會

assorted /əˈsɔːtɪd/ *adj.* of different kinds; mixed 各種各樣的; 什錦: *a bag of assorted sweets* 一袋什錦糖

assortment /əˈsɔːtmənt/ *n.* group of different things 各種物品的配合; 貨色: *Kelly's shop has a large assortment of goods.* 凱利的商店貨色齊全。

assume /əˈsjuːm/ *v.* think or believe that something is true when you are not totally sure 假定; 設想: *Ellen is not here so I assume she is ill.* 愛倫没來, 我想她是病了。

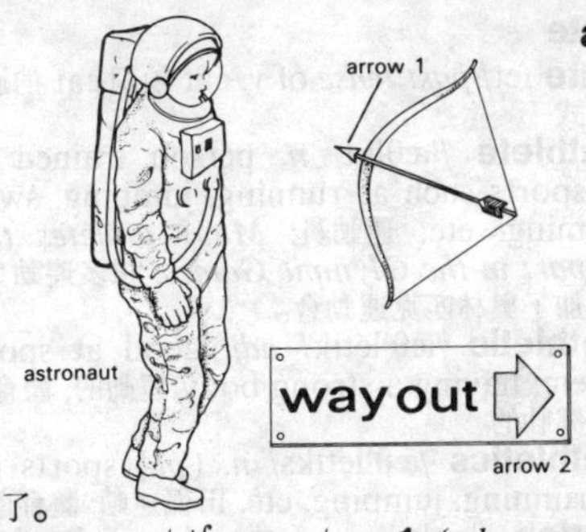

assurance /əˈʃʊərəns/ *n.* **1** (*pl.* assurances) promise 保證: *He gave me his assurance that he would mend my watch by tomorrow.* 他向我保證, 明天一定把我的錶修好。**2** (no *pl.*) sure feeling that you can do something 把握; 自信: *He plays the piano with assurance.* 他彈起鋼琴來很有自信。

assure /əˈʃʊə(r)/ *v.* make someone feel sure about something 使放心; 向…保證: *I assure you that the dog isn't dangerous.* 我保證那隻狗不會咬人。

astonish /əˈstɒnɪʃ/ *v.* surprise someone very much 使驚訝: *His rudeness astonishes me.* 他的無禮使我吃驚。**astonishing** *adj.* that astonishes you 使人大爲驚訝的: *astonishing news* 驚人的消息 **astonished** /əˈstɒnɪʃt/ *adj.* looking or feeling very surprised 感到(看上去)驚訝 **astonishment** *n.* great surprise 驚訝

astound /əˈstaʊnd/ *v.* surprise someone very much 使人驚訝不已: *The telegram astoundeed me.* 那份電文使我震驚。**astounding** *adj.* that astounds you 使人震驚的: *astounding news* 使人大爲驚訝的消息 **astounded** /əˈstaʊndɪd/ *adj.* looking or feeling very surprised 驚愕; 吃驚

astronaut /ˈæstrənɔːt/ *n.* someone who travels in a spaceship; spaceman 太空人

astronomy /əˈstrɒnəmɪ/ *n.* (no *pl.*) study of the sun, moon, planets and stars 天文學 **astronomer** /əˈstrɒnəmə(r)/ *n.* someone who studies astronomy 天文學家: *Galileo was a famous astronomer.* 伽里略是一位著名的天文學家。

at /æt/, /ət/ *prep.* **1** word that shows where (表示地點)在…: *Isabel is at home.* 伊莎蓓在家裏。**2** word that shows what 在…方面: *He is good at football.* 他擅長足球。**3** word that shows when (表示時間)在…時(刻): *We leave at two o'clock.* 我們兩點離開。**4** word that shows how fast, etc. (表示速度等)以: *We drove at 60 kilometres an hour.* 我們的駕駛時速是六十公里。**5** word that shows how much, etc. (表示價格等)以; 用: *I bought two lemons at $1 each.* 我買了兩個檸檬, 每個一元。**6** towards 向…; 對準: *He threw the stone at me.* 他向我扔石頭。

ate /et/ *past tense of v.* eat 動詞 eat 的過去式

athlete /ˈæθliːt/ *n.* person trained for sports such as running, jumping, swimming, etc. 運動員: *Many athletes took part in the Olympic Games.* 很多運動員參加了奧林匹克運動會。

athletic /æθˈletɪk/ *adj.* good at sports, etc; having a strong body 運動的; 體育的; 健壯的

athletics /æθˈletɪks/ *n.* (*pl.*) sports like running, jumping, etc. 田徑運動; 體育運動

atlas /ˈætləs/ *n.* (*pl.* atlases) book of maps 地圖册

atmosphere /ˈætməsfɪə(r)/ *n.* **1** (no *pl.*) all the gases around the earth 大氣; 大氣層 **2** (no *pl.*) air in a place 空氣: *The atmosphere in the hall was very hot.* 那大廳(裏的空氣)很熱。**3** (*pl.* atmospheres) feeling in a place 氣氛: *a happy atmosphere* 快樂的氣氛

atom /ˈætəm/ *n.* smallest part of a chemical 原子: *Water is made of atoms of hydrogen and oxygen.* 水是由氫原子和氧原子構成。**atomic** /əˈtɒmɪk/ *adj.*

attach /əˈtætʃ/ *v.* join or fix one thing to another thing 縛; 繫; 貼: *to attach a label to a parcel* 給包裹貼上標簽 ***be attached to***, like someone 喜愛; 愛慕: *I am very attached to my cousin.* 我非常喜愛我的表妹。

attack /əˈtæk/ *v.* **1** start fighting or hurting someone 進攻; 攻擊: *The robber attacked the old man.* 强盗襲擊那位老人。**2** make someone suddenly ill (疾病)侵襲: *Measles attacks many children.* 很多孩子患麻疹。**attack** *n.*

attacker /əˈtækə(r)/ *n.* someone who tries to hurt another person 攻擊者; 進攻者

attempt /əˈtempt/ *v.* try to do something 嘗試; 試圖: *Don is attempting to swim from England to France.* 東正試圖從英國游泳到法國。**attempt** *n.*: *a brave attempt* 一次勇敢的嘗試

attend /əˈtend/ *v.* go to a place where something is happening 出席; 參加: *Who attended the meeting?* 誰出席了會議? ***attend to***, (***a***) work or listen with care 專心於; 注意: *Please attend to what you are doing!* 請專心工作! (***b***) care for, or serve, someone or something 照顧; 護理; 侍候: *A good nurse attends to her patients.* 好護士專心照顧病人。

attendant /əˈtendənt/ *n.* **1** servant 侍者; 僕人 **2** helper 服務人員: *a cloakroom attendant* 衣帽間的服務員

attention /əˈtenʃn/ *n.* (no *pl.*) interest; thinking carefully about what you are doing 興趣; 注意; 留心 ***pay attention***, listen or look with care 注意: *Say that again, please – I wasn't paying attention.* 請再説一遍——剛才我沒留心聽。***stand at*** or ***to attention***, stand straight and still 立正: *The soldiers stood to attention while the governor was passing.* 總督走過時, 士兵立正致意。

attic /ˈætɪk/ *n.* room inside the roof of a house 頂樓; 屋頂室

attitude /ˈætɪtjuːd/ *n.* what you think about something 態度; 看法: *What is her attitude to school?* 她對學校的看法如何?

attract /əˈtrækt/ *v.* **1** make something come nearer 吸引: *Magnets attract pins.* 磁鐵吸大頭針。**2** make someone want to come nearer, look at it, etc. 吸引; 誘惑: *The concert attracted many people.* 音樂會吸引了很多人。

attraction /əˈtrækʃn/ *n.* something that makes you want to come nearer, look at it, etc. 吸引; 吸力; 吸引物: *The Tower of London is a great attraction to tourists.* 倫敦塔對遊客有很大吸引力。

attractive /əˈtræktɪv/ *adj.* pleasing to see, hear, etc. 迷人的; 有吸引力的: *an attractive girl* 迷人的姑娘

auction /ˈɔːkʃn/ *n.* public sale where each thing is sold to the person who will give the most money of it 拍賣

audience /ˈɔːdɪəns/ *n.* group of people listening to a speaker, singer, etc. 聽衆; 觀衆

August /ˈɔːgəst/ *n.* eighth month of the year 八月

aunt /ɑːnt/ *n.* sister of your father or mother; wife of your uncle 姑; 姨; 嬸; 伯母; 舅母

author /ˈɔːθə(r)/ *n.* someone who writes books, stories, etc. 作者; 著者: *Dickens was the author of 'Oliver Twist'.* 狄更斯是《苦海孤雛》的作者。

authority /ɔːˈθɒrətɪ/ *n.* **1** (no *pl.*) power to tell people what they must do; control 權力; 職權; 權威: *A manager has authority over his staff.* 經理對手下職員有領導權。**2** (*pl.* authorities) person or people who say what others must do 當局; 官方: *the city authorities* 市政當局

autobiography /ˌɔːtəbaɪˈɒgrəfɪ/ *n.* (*pl.* autobiographies) book that someone has written about his own life 自傳

autograph /ˈɔːtəgrɑːf/ *n.* person's name written by himself 親筆簽名: *Pete collects the autographs of cricketers.* 平德搜集板球運動員的親筆簽名。

automatic /ˌɔːtəˈmætɪk/ *adj.* **1** that can work by itself 自動的: *an automatic door* 自動門 **2** that you do without thinking 無意識的; 下意識的: *Breathing is automatic.* 呼吸是無意識的動作。**automatically** *adv.*

autumn /ˈɔːtəm/ *n.* time of the year between summer and winter 秋天; 秋季

available /əˈveɪləbl/ *adj.* free; ready when you need it 可用的; 可得到的: *The* *hotel is full, so there are no rooms available*. 酒店住滿了人, 没有房間可租了。

avenue /ˈævənjuː/ *n*. road with trees on each side; wide street 林蔭道; 大街

average /ævərɪdʒ/ *n*. **1** the middle number of a group 平均數: *The average of 3, 4, and 5 is 4*. 三、四、五的平均數是四。**2** what is ordinary, not special 一般水平; 平均標準 **average** *adj*.: *an average student* 成績普通的學生

avocado /ˌævəˈkɑːdəʊ/ *n*. avocado pear; fruit with soft, green flesh 鰐梨

avoid /əˈvɔɪd/ *v*. keep away or go away from something or someone that you do not like 避免; 回避; 躲開: *We crossed the road to avoid meeting her*. 我們横過馬路, 以免碰到她。

await /əˈweɪt/ *v*. be waiting or ready for something or someone 等待着; 等候: *A big welcome awaits Ben when he comes home*. 本恩回到家時, 熱烈的歡迎等着他。

awake /əˈweɪk/ *adj*. not sleeping 醒着的: *Is the baby awake or asleep?* 嬰兒醒了還是睡着了? **awake** *v*. (*past part*. awoken /əˈwəʊkən/, *past tense* awoke /əˈwəʊk/) stop sleeping 醒來

award /əˈwɔːd/ *n*. prize, etc. that you give to someone who has done something very well 獎; 獎品: *Jane saved the child from drowning and they gave her an award for bravery*. 珍救了遇溺的孩子, 他們獎勵她的勇敢行爲。 **award** *v*. give someone money, a prize, etc. 頒發; 授與: *They awarded her first prize when she won the race*. 她賽跑獲勝, 他們發給她冠軍獎牌。

aware /əˈweə(r)/ *adj*. ***be aware***, know something; know what is happening 知道; 意識到; 認識到: *The thief was not aware that I was watching him*. 那賊不知道我在盯着他。

away /əˈweɪ/ *adv*. **1** from here; from there 離; 遠離: *The sea is two kilometres away*. 海離這裏兩公里。**2** so that there is less, none 變少; 消失: *If you leave the pot on the cooker too long, all the water will boil away*. 如果你把壺放在火爐上太久, 水就會燒乾。**3** not here 不在這裏: *Lisa is away today but she will be back tomorrow*. 麗莎今天不在這裏, 但明天就會回來。

awe /ɔː/ *n*. (no *pl*.) respect and fear 畏懼; 敬畏

awful /ˈɔːfl/ *adj*. **1** making you very afraid, very sad, or shocked 令人恐懼的; 可怕的: *It is awful to read about poverty*. 閱讀關於貧困的情形, 真叫人難受。**2** very bad 很壞; 糟糕: *awful weather* 糟糕的天氣

awfully /ˈɔːflɪ/ *adv*. very 非常; 很: *That's awfully kind of you!* 你太好了!

awkward /ˈɔːkwəd/ *adj*. **1** not easy to use 使用不便的: *A narrow road is awkward for big lorries*. 狭窄的道路不便於大貨車通過。**2** not able to move easily 笨拙的; 不熟練的: *an awkward dancer* 不熟練的舞蹈演員 **awkwardly** *adv*.: *He walks awkwardly because his leg is hurt*. 他的腿受傷了, 行動不便。

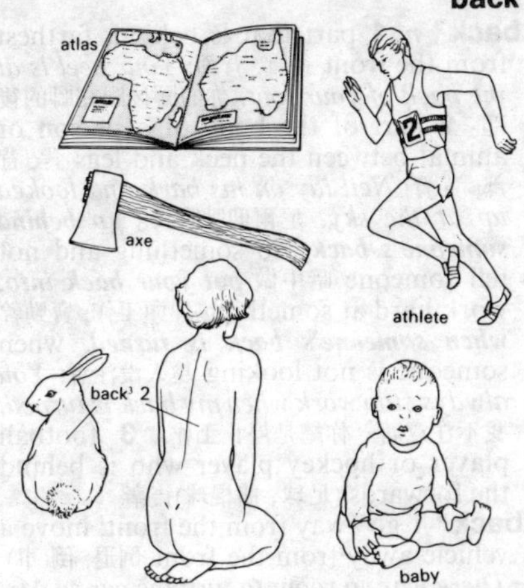

awoke /əˈwəʊk/ *past tense of v*. awake 動詞 awake 的過去式

axe /æks/ *n*. tool for cutting wood 斧

Bb

baby /ˈbeɪbɪ/ *n*. (*pl*. babies) very young child 嬰兒

babysit /ˈbeɪbɪsɪt/ *v*. (*pres. part*. babysitting, *past part. & past tense* babysat /ˈbeɪbɪsæt/) look after a child when the parents are away for a short time 臨時代人照顧嬰兒 **baby-sitter** /ˈbeɪbɪsɪtə(r)/ *n*. someone who babysits 臨時代人照顧嬰兒者

bachelor /ˈbætʃələ(r)/ *n*. **1** man who has never had a wife 單身漢 **2** person who has the first university degree (大學最低學位)學士: *a Bachelor of Arts* 文學士

back¹ /bæk/ *adj*. farthest from the front 最後面的: *John sits in the back row and cannot see the blackboard very well*. 約翰坐在最後一排, 看不清黑板。

back² *adv*. **1** away from the front 向後: *I looked back to see if he was coming*. 我向後瞧瞧, 看他跟上來了没有。**2** in or to the place where it was before 回原處: *Put the book back when you have read it*. 看完書請放回原處。**3** in return; in reply 回報; 回答: *Vincent hit me and I hit him back*. 文生打我, 我便還擊。

back[3] *n.* **1** part that is behind, farthest from the front 後部; 背面: *Your heel is at the back of your foot.* 你的腳後跟在腳的後部。**2** part of the body of a person or animal between the neck and legs 背; 背部; 背脊: *Neil lay on his back and looked up at the sky.* 尼爾仰卧瞧天。***go behind someone's back***, do something and not tell someone 暗中做 ***put your back into***, work hard at something 埋頭工作; 賣勁幹 ***when someone's back is turned***, when someone is not looking 趁人沒注意: *You always stop work when my back is turned.* 我不注意時, 你總是停止工作。**3** football player or hockey player who is behind the forwards (足球、曲棍球)後衛

back[4] **1** go away from the front; move a vehicle away from the front 倒退; 倒(車): *There was no room to turn the car so Mr. Jackson backed it down the road.* 傑遜先生的車沒地方轉向, 於是沿路倒退。**2** help someone; say that you think someone or something is best 幫助; 支持: *We all back our school team.* 我們都支持我們的校隊。***back away***, move away backwards 退出: *Sally backed away from the big dog.* 莎莉怕那隻大狗, 就往後退。***back out***, give up a plan, promise, etc. 放棄; 收回; 停止: *Paul backed out of the game so we only had ten players.* 保羅退出那場比賽, 所以我們只有十人出場。

backbone /'bækbəʊn/ *n.* line of bones down the back of the body 脊骨; 脊柱

background /'bækgraʊnd/ *n.* things at the back in a picture 背景; 後景: *This is a photo of my house with the mountains in the background.* 這是我家的照片, 背景是羣山。

backstroke /bækstrəʊk/ *n.* (no *pl.*) way of swimming on your back 仰泳; 背泳

backward /'bækwəd/ *adj.* **1** towards the back 向後的; 倒的: *a backward step* 倒退的一步 **2** not having modern things, ways, etc. 落後的; (進展)緩慢的: *a backward country* 落後的國家 **3** slow to learn; not as good as others 智力差的; 學習緩慢的: *a backward pupil* 智力差的學生

backwards /'bækwədz/ *adv.* **1** away from the front; towards the back 在後; 向後: *He looked backwards over his shoulder.* 他掉頭向後瞧。**2** with the back or the end first 倒; 逆: *Say the alphabet backwards, starting with the letter 'Z'.* 倒唸字母表, 從字母Z開始。***backwards and forwards***, first in one way, then in the other 來回地: *The ferry travels backwards and forwards between Dover and Calais.* 渡船在多佛和加來之間的海上來回行駛。

bacon /'beɪkən/ *n.* (no *pl.*) salted or smoked meat from a pig 鹹豬肉; 煙肉

bad /bæd/ *adj.* (worse, worst) **1** not good; doing wrong 壞的: *That bad boy steals money from his friends.* 那個壞孩子偷他朋友的錢。**2** nasty; not pleasant 使人不舒服; 臭: *There is a bad smell here.* 這裏有臭味。**3** rotten; old and not fresh enough to use 腐爛的 ***go bad***, *become rotten* 腐爛; 變質: *That meat will go bad if you leave it in the sun.* 如果你把肉放在太陽下曬, 就會變質。**4** serious 嚴重的: *a bad fire* 大火; 嚴重火災 **5** poor, not working well 不好; 不中用: *bad eyesight* 視力差 **6** not able to do something well 無能力的; 笨的: *a bad driver* 技術差的司機

badge /bædʒ/ *n.* sign that someone wears to show which school, club, army, etc. he belongs to 徽章: *a Scout badge* 童子軍徽章

badly /'bædlɪ/ *adv.* **1** in a bad way; not well 壞; 糟: *badly dressed* 穿得破舊 ***badly off***, poor 窮困 **2** very much 非常: *I badly want to go to the festival.* 我非常想去參加節日活動。

badminton /'bædmɪntən/ *n.* (no *pl.*) game like tennis, where the player hits a small piece of cork with feathers in it 羽毛球

bad-tempered /ˌbæd 'tempəd/ *adj.* often cross and angry 脾氣壞的: *a badtempered old man* 脾氣很壞的老人

baffle /'bæfl/ *v.* be too difficult for you to understand or do 難理解; 難完成; 使困惑: *This sum baffles me.* 這道算術題把我難倒了。

bag /bæg/ *n.* container made of cloth, leather, paper, etc., with an opening at the top, for holding things 包; 袋子: *a shopping bag* 購物袋

baggage /'bægɪdʒ/ *n.* (no *pl.*) luggage; bags, trunks, suitcases, etc. for travelling 行李

baggy /'bægɪ/ *adj.* hanging in loose folds 袋形的; 鬆垂的: *baggy trousers* 寬鬆的褲子

bagpipes /'bægpaɪps/ *n.* (*pl.*) musical instrument which Scotsmen often play (蘇格蘭人吹的)風笛

bait /beɪt/ *n.* (no *pl.*) food put on a hook or in a trap, etc. to catch fish or animals 餌; 誘餌

bake /beɪk/ *v.* **1** cook food in an oven 烤; 烘; 焙: *My mother bakes bread every day.* 我母親每天烤麵包。**2** make something hard with heat 烤硬; 燒硬; 焙乾: *The hot sun baked the ground hard.* 烈日把地烤硬了。

baker /'beɪkə(r)/ *n.* someone whose job is to make bread or cakes to sell 麵包師; 麵包店主人

bakery /'beɪkərɪ/ *n.* (*pl.* bakeries) place where bread, cakes, etc. are made or sold 麵包房; 麵包糕點店

balance¹ /ˈbæləns/ *n.* **1** (*pl.* balances) instrument for weighing things; scales 天平; 秤 **2** (no *pl.*) when two sides are the same; being steady 平衡; 均勢 ***keep your balance***, stay steady; not fall 保持身體平衡: *Derek kept his balance with his arms as he walked on the top of the high wall.* 德禮在高牆上走的時候, 用雙臂保持身體平衡。 ***lose your balance***, become unsteady; fall 失去平衡 **3** (*pl.* balances) the money that is left when you have paid out some of it 結餘; 收付差額; 尾數: *If you earn $1 000 and spend $600, your balance is $400.* 如果你賺一千元, 花掉六百元, 結餘是四百元。

balance² *v.* make or keep something steady, so it does not fall; stay steady 使平衡; 平衡: *That dog can balance a ball on his nose!* 那狗能用鼻子平衡一個球!

balcony /ˈbælkənɪ/ *n.* (*pl.* balconies) small place on the outside wall of a building above the ground 陽台; 露台: *They stood on the balcony to watch the festival in the street below.* 他們站在陽台上, 觀看下面馬路上的節日活動。

bald /bɔːld/ *adj.* with no hair or not much hair 禿的; 頭髮少的

bale /beɪl/ *n.* big bundle of wool, cotton, etc. 大包; 大捆 (的羊毛、綿等): *Farmers keep bales of hay in the barn for cows in winter.* 農夫在牲口棚裏存放大捆乾草, 留到冬天餵牛。

ball /bɔːl/ *n.* **1** round thing that you throw or hit in games and sports 球: *a football* 足球; *tennis balls* 網球 **2** anything rolled into a round shape 球狀物: *a ball of wool* 一團羊毛(毛線) **3** big party where people dance 舞會 **ballroom** *n.* big room for dances 舞廳; 跳舞場

ballerina /ˌbæləˈriːnə/ *n.* woman who dances in ballet 女芭蕾舞蹈員

ballet /ˈbæleɪ/ *n.* sort of dancing 芭蕾舞

balloon /bəˈluːn/ *n.* bag that becomes bigger when filled with air or with gas, and can float in the sky 氣球

ballot /ˈbælət/ *n.* **1** secret vote on a piece of paper (不記名)投票: *We held a ballot to choose a captain.* 我們用不記名投票選舉了隊長。**2** piece of paper for secret voting 不記名選舉用的票 **ballot box** *n.* box where people put their voting papers 投票箱

ballpoint /ˈbɔːlpɔɪnt/ *n.* pen that has a small ball at the end; biro 圓珠筆

ban /bæn/ *v.* (*pres. part.* banning, *past part. & past tense* banned /bænd/) say that something must stop or must not happen 禁止; 取締: *The baker bans dogs in his shop.* 麵包師不准狗進他店裏。 **ban** *n.: There is a ban on smoking in petrol stations.* 汽油站內禁止吸煙。

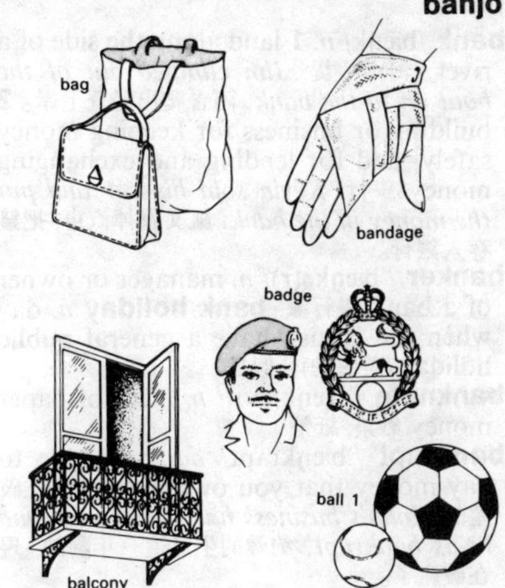

banana /bəˈnɑːnə/ *n.* long, thin, yellow fruit 香蕉

band /bænd/ *n.* **1** flat, thin strip of cloth, etc. to put round something 帶子: *Alan put a rubber band round his pencils.* 艾倫用橡皮筋捆緊鉛筆。**2** line of colour, etc. 彩條; 條紋: *The French flag has bands of red, white, and blue.* 法國國旗有紅、白、藍條紋。**3** group of people who do something together 隊; 伙; 組: *a band of robbers* 一伙强盗 **4** group of people who play music together 樂隊: *a jazz band* 爵士樂隊

bandage /ˈbændɪdʒ/ *n.* long strip of cloth to put round a part of the body that is hurt 綳帶 **bandage** *v.* put a bandage on to someone 用綳帶包紮

bandit /ˈbændɪt/ *n.* robber who attacks travellers 土匪; 强盗; 劫匪

bang¹ /bæŋ/ *n.* **1** strong blow 猛擊; 猛撞: *Arthur fell down and got a bang on the head.* 阿瑟跌倒, 腦袋狠撞了一下。**2** loud, sudden noise 砰: *He shut the door with a bang.* 他砰一聲關上門。

bang² *v.* **1** hit something hard 猛敲; 猛撞: *The tall man banged his head as he went through the door.* 那高個子出門時, 頭猛地撞了一下。**2** shut or hit something with a loud noise 砰然關上或敲打: *Don't bang the door!* 關門別太響!

bangle /ˈbæŋgl/ *n.* pretty piece of metal, etc. that you wear round your arm 手鐲

banish /ˈbænɪʃ/ *v.* send someone away from his own country as a punishment 流放; 放逐

banisters /ˈbænɪstəz/ *n.* (*pl.*) rail and posts at the side of the stairs 樓梯的扶手; 欄杆

banjo /ˈbændʒəʊ/ *n.* musical instrument with strings 班卓琴(一種弦樂器)

bank /bæŋk/ *n.* **1** land along the side of a river (河)岸; 堤: *Jim climbed out of the boat on to the bank.* 阿吉爬出船登上岸。**2** building or business for keeping money safely, and for lending and exchanging money 銀行: *Kevin sold his car and put the money in the bank.* 凱文賣掉汽車, 把錢存入銀行。

banker /ˈbæŋkə(r)/ *n.* manager or owner of a bank 銀行家 **bank holiday** *n.* day when the British have a general public holiday (英國的)公假日

banknote /ˈbæŋknəʊt/ *n.* piece of paper money 鈔票; 紙幣

bankrupt /ˈbæŋkrʌpt/ *adj.* not able to pay money that you owe 無力還債的; 破產的: *John's business had a bad year and he is bankrupt.* 約翰的生意這一年虧蝕, 現在破產了。

banner /ˈbænə(r)/ *n.* flag with words to show what people think 旗幟; (寫有標語等的)横幅

banquet /ˈbæŋkwɪt/ *n.* feast with speeches for a special happening 宴會; 盛宴

baptize /bæpˈtaɪz/ *v.* **1** put holy water on someone to show that he or she belongs to the Christian church (基督教)給…施洗禮 **2** give someone a Christian name 命名

bar¹ /bɑ:(r)/ *n.* **1** long piece of something hard 條; 杆; 棒: *a bar of soap* 一條肥皂; *an iron bar* 一根鐵棒 **2** room where people can buy and have drinks 酒吧

bar² *v.* (*pres. part.* barring, *past part.* & *past tense* barred /bɑ:d/) put something across an open place so that people or things cannot pass 阻擋; 攔住: *We had to stop the car because sheep were barring the road.* 我們必須停車, 因爲羊堵住了路。

barbed wire /ˌbɑ:bd ˈwaɪə(r)/ *n.* (no *pl.*) wire with short, sharp points, for making fences 有刺鐵絲

barber /ˈbɑ:bə(r)/ *n.* someone whose job is to cut men's hair (爲男人理髮的)理髮師

bare /beə(r)/ *adj.* **1** with no clothes, covering, etc. 赤裸的; 光秃的: *The baby is bare.* 那嬰兒光着身子。**2** empty 空的: *Mrs. Jones had no money to buy furniture so her room was bare.* 瓊斯夫人没錢買家具, 所以她的房間幾乎空無一物。

barefoot /ˈbeəfʊt/ *adv.* with no shoes 赤腳地: *If you go barefoot you will get cold.* 你光着腳會着涼的。

bareheaded /ˌbeəˈhedɪd/ *adj.* with no hat, cap, etc. 光着頭的

barely /ˈbeəlɪ/ *adv.* only just; hardly 僅僅; 勉强; 幾乎没有: *The poor family had barely enough money to buy food.* 那個貧困的家庭只有勉强够餬口的錢。

bargain¹ /ˈbɑ:gɪn/ *n.* **1** agreement to buy, sell, or exchange something; agreement about pay or work, etc. 買賣合同; 交易; 成交條件: *Let's make a bargain – if you help me today, I'll help you tomorrow.* 我們一言爲定——今天你幫助我的話, 明天我幫你。**2** something that is very cheap 廉價貨: *I bought this dress because it was a bargain at $20.* 這件連衣裙便宜, 才二十元, 所以我就買下了。

bargain² *v.* talk about making the price of something less 討價還價: *Perhaps he will sell his house more cheaply if you bargain with him.* 你如果跟他討價還價, 也許他的房子會賣得便宜些。

barge /bɑ:dʒ/ *n.* boat with flat bottom for carrying goods on rivers 駁船

bark¹ /bɑ:k/ *n.* (no *pl.*) outside covering of a tree-trunk and branches 樹皮

bark² *n.* cry of a dog or fox (狗、狐狸)叫聲 **bark** *v.* 犬吠; 狐叫: *The dog barked at the stranger.* 那狗向陌生人吠叫。

barley /ˈbɑ:lɪ/ *n.* (no *pl.*) plant that we use for food and to make beer and whisky 大麥

barn /bɑ:n/ *n.* building for hay, farm animals, etc. 草料房; 牲口棚; 穀倉

barometer /bəˈrɒmɪtə(r)/ *n.* instrument that helps to tell what the weather will be 氣壓計; 晴雨表

barracks /ˈbærəks/ *n.* (*pl.*) building where soldiers, etc. live 兵營; 營房

barrel /ˈbærəl/ *n.* **1** big container with flat ends and round sides; cask 桶; 圓筒; 木桶: *a beer barrel* 啤酒桶 **2** tube of a gun through which the bullet goes 槍管; 炮筒

barren /ˈbærən/ *adj.* where plants cannot grow 貧瘠的; 荒蕪的; 不毛的: *barren land* 荒蕪的土地; 不毛之地

barricade /ˌbærɪˈkeɪd/ *n.* wall of things that people build quickly to keep others away 路障; 擋牆: *There was a barricade of carts and branches across the road.* 路上横着大車和樹枝築成的障碍物。**barricade** *v.* block something with a barricade 阻塞; 設路障於: *He barricaded the door to keep the wolf out.* 他堵上了門不讓狼進屋。

barrier /ˈbærɪə(r)/ *n.* something that stops you from passing; fence 栅欄; 屏障; 關卡: *You must show your ticket at the barrier before you can get on to the train.* 你必須在關卡處出示車票, 才能上火車。

barrow /ˈbærəʊ/ *n.* small cart that you push or pull by hand 手推車

base /beɪs/ *n.* **1** bottom; part on which something stands 底部; 座子; 基礎: *This vase falls over a lot because the base is too small.* 這個花瓶常常翻倒, 因爲瓶底太小。**2** place to start from and go back to 基地; 根據地: *That pilot travels all over the world but London is his base.* 那位飛行員飛遍全世界, 但倫敦是他的基地。

baseball /ˈbeɪsbɔ:l/ *n.* **1** (no *pl.*) American ball game, with two teams of players 棒(壘)球運動 **2** (*pl.* baseballs) ball for this game 棒(壘)球

basement /ˈbeɪsmənt/ *n.* part of a building under the ground 地下室: *You can buy garden chairs in the basement of this shop.* 你可以在這個商店的地下室買到輕便椅子。

bash /bæʃ/ *v.* hit something very hard 猛擊; 狠撞

basin /ˈbeɪsn/ *n.* round, deep dish 盆: *The cook mixed the pudding in a basin.* 廚師在盆裏攪拌布丁。

bask /bɑ:sk/ *v.* enjoy heat and light 曬太陽: *The cat was basking in the sunshine.* 那貓在曬太陽。

basket /ˈbɑ:skɪt/ *n.* container made of thin straw, cane, etc. for carrying things 籃子; 筐子: *a shopping basket* 購物用的籃子

basket-ball /ˈbɑ:skɪt bɔ:l/ *n.* **1** (no *pl.*) game where players try to throw a big ball into a high net 籃球運動 **2** (*pl.* basketballs) ball for this game 籃球

bass /beɪs/ *adj.* with a deep sound 低音的: *a bass drum* 大鼓

bat /bæt/ *n.* **1** small animal like a mouse with wings, which comes out at night 蝙蝠 **2** piece of wood for hitting the ball in a game, etc. 球拍; 球棒 **bat** *v.* (*pres. part.* batting, *past part. & past tense* batted /ˈbætɪd/) hit or try to hit a cricket ball 打(板)球: *Tom batted for two hours.* 阿棠打了兩小時板球。

batch /bætʃ/ *n.* (*pl.* batches) group of things that you make at the same time 一次產量; 一批: *a batch of bread* 一爐麵包

bath[1] /bɑ:θ/ *n.* **1** washing the whole body 洗澡: *I have a bath every evening.* 我每天晚上都洗澡。**2** big basin where you sit to wash yourself 澡盆; 浴缸: *Amelia got into the bath.* 阿米莉亞進了澡盆。**3** (usually *pl.*) public swimming-pool 公共泳池

bath[2] *v.* wash the whole body in a big basin 洗澡: *'I'll bath after Amelia,' said Kim.* "阿米莉亞洗完澡後, 就到我洗," 阿慶說。

bathe /beɪð/ *v.* **1** wash a part of the body 浸; 洗; 冲洗: *The nurse bathed his cut finger.* 護士替他冲洗割傷的手指。**2** swim or play in the sea, river, etc. 在河或海裏洗浴; 游泳 **bather** /ˈbeɪðə(r)/ *n.* someone who is bathing in the sea (在海裏)洗澡的人; 游泳者

bathing-costume /ˈbeɪðɪŋ kɒstju:m/, **bathing-suit** /ˈbeɪðɪŋ su:t/ *n.* piece of clothing that a woman or girl wears for swimming (女子)游泳衣 **bathing trunks** /ˈbeɪðɪŋ trʌŋks/ *n.* piece of clothing that a man or boy wears for swimming (男子)游泳褲

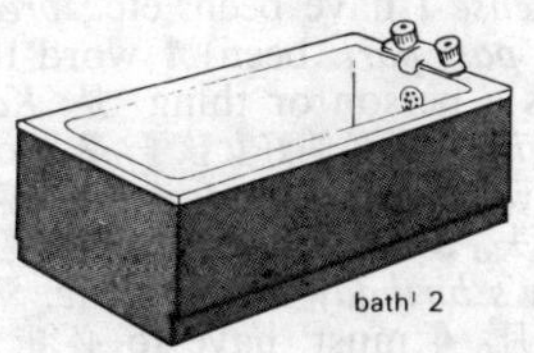
bath[1] 2

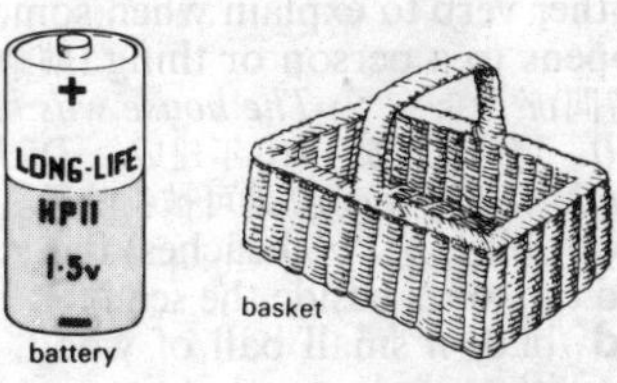

battery
basket

bathroom /ˈbɑ:θrʊm/ *n.* room where you can bath and wash 浴室

batsman /ˈbætsmən/ *n.* (*pl.* batsmen) someone who hits the ball with a bat in a cricket game (板球)擊球手

batter /ˈbætə(r)/ *v.* hit something very hard, again and again, so that it breaks 連續猛擊; 打碎: *The falling rocks battered the roof of the house.* 從上面跌下的石頭把屋頂擊碎了。

battery /bætərɪ/ *n.* (*pl.* batteries) group of cells in a container which give electricity 電池(組): *I put a new battery into my radio.* 我給收音機裏裝了新電池。

battle /ˈbætl/ *n.* **1** fight between soldiers, armies, ships, etc. 戰鬥; 戰役; 會戰: *The English beat the French at the Battle of Trafalgar.* 在特拉法加戰役中, 英國人打敗了法國人。**2** trying very hard to do something that is not easy 鬥爭; 苦鬥: *The doctors had a battle to save Jon's life.* 爲挽救喬恩的生命, 醫生艱苦地工作。 **battle** *v.* try very hard to do something that is not easy 戰鬥; 拼搏: *The doctors battled to save his life.* 醫生爲拯救他的生命, 進行了艱苦的工作。

bay /beɪ/ *n.* sea with land curving round three sides of it 海灣: *the Bay of Biscay* 比斯開灣

bazaar /bəˈzɑ:(r)/ *n.* **1** sale of goods to make money for a special reason 廉價市場; 義賣市場: *a church bazaar* 爲教堂籌款的義賣市場 **2** place in Africa or Asia where there are shops or where goods are sold in the streets (非洲、亞洲的)市場; 市集

be /bi:/ *v.* (*pres. tense* I am, you are, he is, we are, they are; *past tense* I was, you were, he was, we were, they were; *pres. perf. tense* I have been, etc.; *pres. part.* being; *past part.* been) **1** word that describes a person or thing 是: *Kate is a good girl.* 凱蒂是個好女孩子。**2** become 成爲: *Clive hopes to be a farmer.* 克萊夫希望做個農夫。**3** happen; take place 發生; 在: *Tracey's birthday was in June.* 翠西的生日在六月。**4** must; have to 必須; 不得不: *He is to take a tablet every day.* 他每天必得吃一片藥。**5** word that you use with another verb to explain when something happens to a person or thing (助動詞, 説明時間)於; 在; …了: *The house was built in 1910.* 這所房子於1910年建成。*Dick has been bitten by a dog.* 廸可被狗咬過。

beach /bi:tʃ/ *n.* (*pl.* beaches) flat strip of sand or stones beside the sea 海灘

bead /bi:d/ *n* small ball of wood, glass, etc. with a hole so that it can go on thread 有孔小珠: *My necklace broke and the beads rolled all over the floor.* 我的項鏈斷了, 珠子滾了一地。

beak /bi:k/ *n.* hard part of a bird's mouth (鳥的)嘴: *The bird opened its beak and sang.* 鳥兒張嘴唱歌。

beam[1] /bi:m/ *n.* **1** long piece of heavy wood, metal, or concrete that holds up a roof, part of a ship, etc. (房子)樑; 桁條; (船)横樑 **2** ray of light 光線: *sunbeams* 陽光

beam[2] *v.* smile in a happy way 微笑; 笑逐顔開

bean /bi:n/ *n.* vegetable with seeds in pots 蠶豆; 豆科作物

bear[1] /beə(r)/ *n* big, wild animal with thick fur 熊

bear[2] *v.* (*past part.* borne /bɔ:n/, *past tense* bore /bɔ:(r)/) **1** carry something 攜帶; 具有; 戴: *He bore the crown on a cushion.* 他把皇冠放在墊子上。**2** keep something up; hold the weight of something 負擔; 負荷; 承擔: *Is that bridge strong enough to bear a car?* 那座橋能負荷汽車的重量嗎? **3** have pain, problems, etc. 忍受: *She bore the pain bravely.* 她勇敢地忍着疼痛。***cannot bear***, do not like something 不能容忍; 不喜歡: *My mother cannot bear pop music.* 我母親不喜歡流行歌曲。**4** produce, or give birth to, a young one or a fruit 生下; 結果: *Sarah has borne three children.* 薩拉生了三個孩子。

beard /bɪəd/ *n.* hair on a man's chin and cheeks. (下巴上的)鬍鬚; 鬍子 **bearded** /'bɪədɪd/ *adj.*: *a bearded man* 留鬍子的男士

beast /bi:st/ *n.* **1** animal 獸; 牲畜 **2** bad or cruel person 兇殘的人

beat[1] /bi:t/ *n.* sound or stroke that comes again and again 敲擊聲; 跳動聲: *drumbeats* 鼓聲; *heartbeats* 心跳(聲)

beat[2] *v.* (*past part.* beaten /'bi:tn/, *past tense* beat) **1** hit a person or thing hard, again and again (不斷地)打; 敲: *He beat the donkey with a stick.* 他用棍子打驢。***beat eggs, etc.***, mix eggs well 攪拌蛋類(使出泡沫) **2** win a fight or game against others 打敗; 贏: *Dan always beats me at tennis.* 丹和我打網球, 他總是贏我。**3** move again and again 跳動: *Her heart beat fast as she ran.* 她跑步時心跳得很快。**beating** *n.*: *The bad boy had a beating.* 那壞男孩子捱了一頓打。

beautiful /'bju:tɪfl/ *adj.* lovely; giving pleasure because it looks or sounds good, etc. 美麗的; 可愛的: *a beautiful flower* 一朵美麗的花 **beautifully** *adv.*: *Belinda sings beautifully.* 碧琳達唱歌十分動聽。

beauty /'bju:tɪ/ *n.* **1** (no *pl.*) being lovely 美; 美麗: *San Francisco is a city of great beauty.* 三藩市是非常美麗的城市。**2** (*pl.* beauties) someone or something that is very lovely or very fine 美人; 美的東西; 美好的事物: *Susan is a beauty.* 素珊是個美人兒。*These apples are beauties.* 這些蘋果真好。

because /bɪ'kɒz/ *conj.* for the reason that 因爲: *My sister is in bed because she is ill.* 我的姐姐躺在牀上, 因爲她病了。***because of***, as a result of something 由於; 因爲: *He walked slowly because of his bad leg.* 他走得慢, 因爲腿有毛病。

beckon /'bekən/ *v.* call someone by moving your hand (用招手等方式)招呼; 召喚

become /bɪ'kʌm/ *v.* (*past part.* become, *past tense* became /bɪ'keɪm/) **1** grow to be; develop into 成爲; 變成; 發展成: *This little puppy will become a big dog.* 這隻小狗將長成大狗。**2** change 變化; 改變: *We became very brown when we were on holiday.* 假期裏我們都曬黑了。***become of***, happen to someone or something 結果; 情況: *I can't find Joe. What has become of him?* 我找不到喬, 他怎麼啦?

bed /bed/ *n.* **1** thing that you sleep on 牀: *I was so tired that I went to bed.* 我太累了, 就上牀睡覺。***make a bed***, put the coverings neatly on to a bed 鋪牀 **2** bottom of the sea or a river 海底; 河牀 **3** piece of ground where you grow plants 苗圃; 菜圃: *flower beds* 花圃

bed-clothes /'bed kləʊðz/ *n.* (*pl.*) sheets, blankets, etc. 牀上用品(如牀單、氈子等)

bedroom /'bedrʊm/ *n.* room where you sleep 卧室; 睡房

bee /bi:/ *n.* small, flying insect which makes honey 蜜蜂

beef /bi:f/ *n.* (no *pl.*) meat from an ox, a cow, or a bull 牛肉
beehive /'bi:haɪv/ *n.* box where bees live 蜂箱; 蜂房
been /bi:n/ *past part.* of *v.* be 動詞 be 的過去分詞
beer /bɪə(r)/ *n.* **1** (no *pl.*) sort of alcoholic drink 啤酒 **2** (*pl.* beers) glass or can of beer 一杯(罐)啤酒: *Three beers, please.* 請來三杯啤酒。
beetle /'bi:tl/ *n.* insect with hard, shiny wings 甲蟲
beetroot /'bi:tru:t/ *n.* sweet, round, red vegetable 甜菜根
before [1] /bɪ'fɔ:(r)/ *adv.* at an earlier time; in the past 以前: *I've never seen him before.* 我以前從未見過他。
before [2] *conj.* at an earlier time than 在…之前: *I said goodbye before I left.* 我離開前, 先道別。
before [3] *prep.* **1** earlier than 早於: *the day before yesterday* 前天 **2** in front of 在…前面: *He made a speech before a large audience.* 他在很多聽衆面前演講。
beforehand /bɪ'fɔ:hænd/ *adv.* earlier; before a happening 事先: *When I travel by ship, I take a tablet beforehand.* 我乘船之前, 先吃一片藥。
beg /beg/ *v.* (*pres. part.* begging, *past part. & past tense* begged /begd/) **1** ask for food, money, etc. 乞求; 乞討: *He was so poor that he had to beg for his meals.* 他那麼窮, 只好討飯吃。**2** ask for something with strong feeling 央求; 懇求: *She begged me to wait for her.* 她央求我等她。
began /bɪ'gæn/ *past tense* of *v.* begin 動詞 begin 的過去式
beggar /'begə(r)/ *n.* someone who does not work and who asks people for money and food 乞丐; 叫化子
begin /bɪgɪn/ *v.* (*pres. part.* beginning, *past part.* begun, *past tense* began) start to do something; start to happen 開始; 着手: *School begins again in September.* 學校九月又開學了。
beginner /bɪ'gɪnə(r)/ *n.* someone who is starting to do or to learn something 生手; 初學者
beginning /bɪ'gɪnɪŋ/ *n.* start 開頭; 起始; 開端
begun /bɪ'gʌn/ *past part.* of *v.* begin 動詞 begin 的過去分詞
behalf /bɪ'hɑ:f/ *n.* ***on behalf of, on someone's behalf***, in the place of someone 代表…: *Mr. Smith is away, so I am writing to you on behalf.* 史密斯先生不在, 所以我代表他寫信給你。
behave /bɪ'heɪv/ *v.* be good or bad; do things well or badly 舉止; 行動; 爲人: *Did the children behave well?* 孩子們表現好嗎? ***behave yourself***, be good 規矩些; 乖乖地

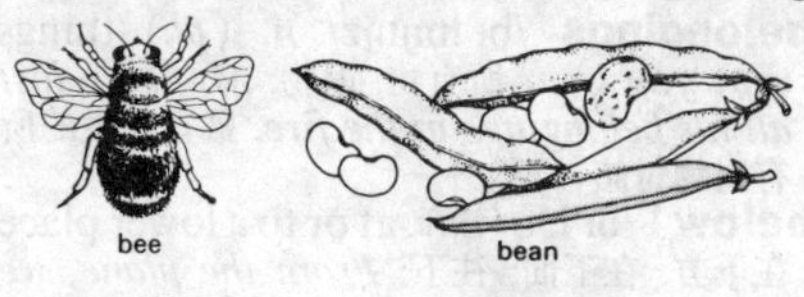

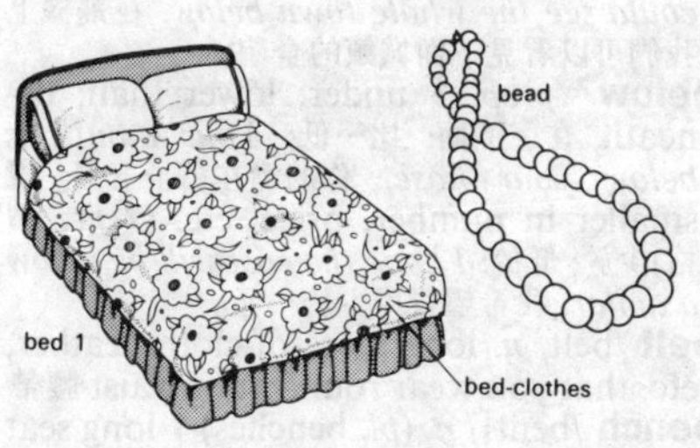

behaviour /bɪ'heɪvɪə(r)/ *n.* how you are 舉止; 表現; 行爲: *Robert was pleased with his dog's good behaviour.* 洛培對他那隻狗的表現很滿意。
behind [1] /bɪ'haɪnd/ *adv.* coming after; at the back 在後面: *The man walked in front and the children followed behind.* 那人在前面走, 孩子們在後面跟着。
behind [2] *prep.* **1** at the back of 在…後面: *Oliver hid behind a tree.* 奧立富藏在一棵樹後。**2** slower in work, etc. than 慢於; 落後於…: *Barbara is often ill, so she is behind other girls in her school work.* 巴巴拉常生病, 所以在學業上落後於别的女孩子。
being [1] /'bi:ɪŋ/ *n.* person 人: *Men and women are human beings.* 男人和女人都是人。
being [2] *pres. part.* of *v.* be 動詞 be 的現在分詞
belief /bɪ'li:f/ *n.* sure feeling that something is true 相信; 信念; 信仰: *belief in God* 對上帝的信仰
believe /bɪ'li:v/ *v.* think that something is true or right 相信: *Long ago, people believed that the world was flat.* 很久以前, 人們相信地球是扁平的。
bell /bel/ *n.* hollow, metal thing that rings when you hit it 鐘; 鈴: *church bells* 教堂的鐘; *a doorbell* 門鈴
bellow /'beləʊ/ *v.* make a loud noise; roar; shout 轟鳴; 吼叫; 怒吼: *A bull bellows when it is angry.* 公牛生氣時就怒吼。
belly /'belɪ/ *n.* (*pl.* bellies) part of the body below the waist and above the legs; stomach 肚子; 腹部; 胃
belong /bɪ'lɒŋ/ *v.* have its right place, etc. 應歸入; 原位在: *This book belongs on the top shelf.* 這本書應放在最高的架子上。***belong to,*** (***a***) be owned by someone or something 屬於: *That bike belongs to me.* 那輛自行車是我的。(***b***) be a member of a group, etc. 是…的成員: *She belongs to the tennis club.* 她是網球俱樂部的成員。

belongings /bɪˈlɒŋɪŋz/ *n.* (*pl.*) things that you own 所有物; 財物: *Mr. Day lost all his belongings in the fire.* 戴宜先生的所有財物付諸一炬。

below[1] /bɪˈləʊ/ *adv.* at or to a lower place 在下方; 在下面; 往下: *From the plane, we could see the whole town below.* 在飛機上我們可以看見下面城鎮的全貌。

below[2] *prep.* **1** under; lower than; beneath 在…下面; 比…低: *Your mouth is below your nose.* 你的嘴在鼻子下面。**2** smaller in number, price, etc. (數量、價格)少於; 低於: *I hope the cost will be below a dollar.* 我希望費用少於一元。

belt /belt/ *n.* long piece of cloth, leather, etc. that you wear round your waist 腰帶

bench /bentʃ/ *n.* (*pl.* benches) **1** long seat of wood or stone 長椅; 長櫈 **2** work table of a carpenter, shoemaker, etc. (木工、鞋匠)的工作台

bend[1] /bend/ *n.* curve; line or shape that is not straight 彎曲; 彎曲處: *I can't see if there is a car coming because there is a bend in the road.* 我看不見是否有汽車駛過來, 因爲路上有個拐彎。

bend[2] *v.* (*past part. & past tense* bent) **1** become curved; make something curved 彎曲; 使彎曲: *It is difficult to bend an iron bar.* 要把鐵棒扭彎很困難。**2** make your body curve forward and down 彎腰; 屈身: *Enid bent down to put on her sandals.* 伊妮彎下腰穿上涼鞋。

beneath /bɪˈni:θ/ *prep.* under; lower than; below 在…下方; 在…下面: *The river flows beneath the old bridge.* 小河從那古老的橋下流過。

benefit /ˈbenɪfɪt/ *v.* help someone or something; make someone better, happier, etc. 獲益; 對…有利: *This sunshine will benefit the farmers.* 這樣的陽光將對農民有利。***benefit from***, be helped by something 受益於: *The factory benfited from the new machines.* 這家工廠獲益於新機器。**benefit** *n.*

bent /bent/ *past tense* of *v.* bend 動詞 bend 的過去式

berry /ˈberɪ/ *n.* (*pl.* berries) small, juicy fruit with no stone 漿果: *a strawberry* 草莓; *a blackberry* 黑莓

berth /bɜ:θ/ *n.* **1** bed on a train or ship (船、車等)卧鋪 **2** place in harbour or river for a ship or boat (船隻)停泊處

beside /bɪˈsaɪd/ *prep.* at the side of; close to 在…旁邊; 靠近: *Come and sit beside me.* 過來坐在我旁邊。

besides[1] /bɪˈsaɪdz/ *adv.* also 而且; 還有: *I don't like this cloth and, besides, it costs too much.* 我不喜歡這種布, 而且也太貴。

besides[2] *prep.* as well as; if you do not count 除…之外(還有…): *There are many rivers in England besides the Thames.* 除了泰晤士河外, 英國還有許多河流。

besiege /bɪˈsi:dʒ/ *v.* go round a place and attack it from all sides 圍攻; 包圍; 圍困

best[1] /best/ *adj.* (good, better) very good; of the most excellent kind 最好的: *This is the best ice-cream I have ever eaten!* 這是我吃過的冰淇淋中最好的!

best[2] *adv.* **1** in a very good way; in the most excellent way 最好地: *I work best in the cool weather.* 天氣涼爽時我工作得最好。**2** most; more than all others 最: *Of all games, I like chess best.* 在所有運動中, 我最喜歡國際象棋。

best[3] *n.* (no *pl.*) very good person or thing; most excellent person or thing 最好的人或東西: *Frank is the best in his* class. 富林是班上最好的學生。***do your best***, do what you can; try hard 盡力; 盡最大努力

best man /ˈbest mæn/ *n.* (*pl.* best men) man who helps the bridegroom at his wedding 男儐相

bet /bet/ *v.* (*pres. part.* betting, *past part. & past tense* bet, betted /ˈbetɪd/) **1** say what you think will happen and then get money if you are right 打賭: *I bet you $20 that Neil will win.* 我和你賭二十元, 尼爾會贏。**2** say you are sure about something 相信; 敢說: *I bet you can't climb that tree.* 我敢說你爬不上那棵樹。**bet** *n.*: *Mr. Ellis placed a bet on that horse.* 艾利斯先生在那匹馬上下了賭注。

betray /bɪˈtreɪ/ *v.* **1** be untrue to someone who was your friend 出賣; 背叛: *The guards betrayed their king and let the enemy into the castle.* 衛兵背叛了他們的國王, 放敵人進了城堡。**2** tell a secret, etc. 洩漏(秘密); 暴露

better /ˈbetə(r)/ *adj.* (good, best) **1** more good 較好的; 更好的: *I think this looks better than that one, don't you?* 我認爲這個比那個好看, 對嗎? **2** less ill 病好一些; 身體好一些: *Jack was ill but he's better now.* 傑病了, 但現在好些了。**better** *adv.*: *Alan speaks Italian better than I do.* 艾倫的意大利語比我講得好。***better off***, richer, happier, etc. 景況較好: *I think we'd be better off in the shade on this hot day.* 我認爲在這種大熱天, 在蔭涼處會舒服一些。

between /bɪˈtwi:n/ *prep.* **1** after one place and before the next place; with something on one side and something else on the other side 在(兩者)之間; 在…中間: *The letter B is between A and C.* 字母 B 在 A 和 C 之間。**2** after one time and before the next time (指時間)在…之間: *Please come to my house between 1 o'clock and 2 o'clock.* 請在一點到兩點之間到我家來。**3** more than one thing but less than the other thing (指數量)介於…之間:

I think the coat costs between $80 and $90. 我認爲這件上衣價值八十至九十元之間。**4** to and from two places (來往於)…之間: *This ship sails between Calais and Dover*. 這隻船行駛於加來與多佛之間。**5** for or by two people or things 爲…共有: *You may share the sweets between you*. 你們可以把這些糖果分了。 **6** word for comparing two things or people (用於比較)…之間: *What is the difference between these two dogs?* 這兩隻狗之間有什麼不同?
between *adv. **in between***, in the middle; in the middle of other or people 在中間; 在…之間: *A sandwich is two pieces of bread with food in between*. 三明治是兩片麵包中間夾有餡兒。

beware /bɪˈweə(r)/ *v. **beware of***, be careful of someone or something 提防; 留神; 當心: *Beware of that dog – it bites!* 當心那隻狗——牠會咬人!

bewilder /bɪˈwɪldə(r)/ *v*. make someone not know what is happening 迷惑; 使茫然: *The big city bewildered the old woman from the country*. 大城市把這位鄉下老太太弄糊塗了。

bewitch /bɪˈwɪtʃ/ *v*. use magic on someone 施魔力於; 使着迷: *The fairy bewitched the man and turned him into a frog*. 仙女在那男子身上施法術, 把他變成一隻青蛙。
bewitching *adj*. very lovely 有魅力的; 迷人的

beyond¹ /bɪˈjɒnd/ *adv*. farther on; on the other side 在遠處; 在…那邊: *Pippa climbed the wall and looked into the garden beyond*. 平帕爬上牆, 向牆外的花園裏張望。

beyond² *prep*. at or on the farther side of, further than 在(或向)…那邊; 遠於: *Penzance is 180 kilometres beyond Exeter*. 彭薩比愛塞特遠一百八十公里。

bib /bɪb/ *n*. cloth that a child wears under its chin when it is eating (小孩的)圍涎; 圍嘴

bicycle /ˈbaɪsɪkl/ *n*. machine with two wheels, which you ride 自行車; 腳踏車

big /bɪg/ *adj*. (bigger, biggest) **1** large 大的: *Manchester is a big city*. 曼徹斯特是一個大城市。**2** important 重要的: *I have some big news!* 我有重要消息!

bike /baɪk/ *abbrev*. bicycle 自行車

bill /bɪl/ *n*. **1** piece of paper that shows how much money you must pay for something 帳單: *After the meal I asked for the bill*. 飯後我要帳單付款。**2** plan for a new law 議案; 法案 **3** hard part of a bird's mouth (鳥類的)嘴

bin /bɪn/ *n*. container, with a lid, for keeping coal, grain, flour, bread, rubbish, etc. (裝糧、煤、垃圾等)箱子

bind /baɪnd/ *v*. (*past part. & past tense* bound /baʊnd/) put a piece of string,

rope, etc. round something to hold it firm 捆; 綁: *They bound the prisoner's legs together so that he could not run away*. 他們把囚犯雙腳綁在一起, 這樣他就無法逃跑。***bind up***, put a bandage round someone's arm, leg, etc. 包紮: *The doctor bound up Kay's finger*. 醫生替凱宜包紮手指。

binoculars /bɪˈnɒkʊləz/ *n*. (*pl*.) special glasses that help you to see things that are far away (雙筒)望遠鏡

biography /baɪˈɒgrəfɪ/ *n*. (*pl*. biographies) book that tells the story of someone's life 傳記

biology /baɪˈɒlədʒɪ/ *n*. (no *pl*.) study of the life of animals and plants 生物學 **biologist** /baɪˈɒlədʒɪst/ *n*. someone who studies biology 生物學家

bird /bɜːd/ *n*. animal with feathers and wings 鳥: *Swallows and gulls are birds*. 燕和鷗都是鳥。

biro /ˈbaɪrəʊ/ *n*. pen that has a small ball at the end; ballpoint 圓珠筆

birth /bɜːθ/ *n*. being born; coming into the world 出生; 誕生: *the birth of a baby* 嬰兒的誕生 ***give birth to***, have a baby 生孩子: *My sister gave birth to twins last week*. 我的姐姐上星期生了雙胞胎。

birthday /ˈbɜːθdeɪ/ *n*. day when you came into the world 生日: *Each year I celebrate my birthday*. 我每年都慶祝生日。

biscuit /ˈbɪskɪt/ *n*. kind of thin, dry cake 餅乾

bishop /ˈbɪʃəp/ *n*. important Christian priest who controls a district of the church (基督教)主教

bit /bɪt/ *n.* small piece of anything 一點; 小片: *He took a bit of paper and a few bits of wood and made a fire.* 他拿了一小片紙、幾塊小木頭, 生了火。***a bit***, (*a*) a short time 一會兒: *They waited a bit before the bus came.* 他們等了一會, 公共汽車就到了。(*b*) a little, rather 有點兒; 相當: *I'm a bit tired.* 我有點兒累。***a bit of a***, rather a 有點兒: *That boy's a bit of a clown!* 那男孩有點兒滑稽! ***bit by bit***, slowly 慢慢地; 一點一點地: *The old lady was tired but she climbed the hill bit by bit.* 那老太太累了, 但她一步一步慢慢地爬上山。***come*** or ***fall to bits***, break into small pieces 摔碎; 碎裂: *The chair fell to bits when the fat lady sat on it.* 當那胖女人往椅子上一坐, 椅子破裂了。

bite[1] /baɪt/ *n.* **1** cutting something with teeth 咬; 一口(食物): *Susan took a bite from her apple.* 素珊咬了一口蘋果。**2** sore place on skin made by teeth 咬傷: *a snake bit* 蛇咬的傷口 **3** sting 螫; 叮: *a mosquito bite* 蚊子叮的螫傷

bite[2] *v.* (*past part.* bitten /'bɪtn/, *past tense* bit) cut something with the teeth; sting 咬; 叮: *The dog has bitten my leg.* 狗咬了我的腿。

bitter /'bɪtə(r)/ *adj.* **1** with a sour, sharp taste 苦的; 味道苦: *This coffee is too bitter to drink.* 這咖啡太苦, 没法喝。**2** making you sad or angry 辛酸的; 痛苦的; 劇烈的: *a bitter quarrel* 大吵一場 **3** very cold 嚴寒刺骨的: *a bitter wind* 刺骨的冷風

black /blæk/ *adj.* **1** with the colour of night, coal, etc. 黑的; 漆黑的 **2** with a dark skin 黑皮膚的; 黑人的: *Martin Luther King was a famous black leader.* 馬丁路德金是著名的黑人領袖。**black** *n.*

blackberry /'blækbərɪ/ *n.* (*pl.* blackberries) small, soft, red fruit 黑莓

blackbird /'blækbɜ:d/ *n.* bird with shiny, black feathers, which you often see in the garden 烏鶇

blackboard /'blækbɔ:d/ *n.* piece of dark board where the teacher writes with chalk 黑板

blade /bleɪd/ *n.* **1** cutting part of a knife, sword, razor, etc. 刀刃; 刀口; 刀片 **2** long, thin leaf of grass, wheat, etc. 草片; (麥子等)葉片

blame /bleɪm/ *v.* say that it is because of someone or something that wrong happened 埋怨; 責怪; 責備: *When he arrived late, Mr. Drake blamed the bad traffic.* 德雷先生遲到, 抱怨交通太糟。 **blame** *n.* ***take the blame***, say that you are the person who did wrong 負責任; 承擔過錯

blank /blæŋk/ *adj.* **1** empty; with no writing on it 空白的; 没字的: *A new exercise book has blank pages.* 新練習本的頁子是空白的。**2** not showing feelings or understanding 無表情的; 茫然的: *There was a blank look on his face because he did not know the answer.* 他神情茫然, 因爲他不知道答案。

blanket /'blæŋkɪt/ *n.* thick, woollen cloth to cover someone in bed 氈子; 毛毯

blast[1] /blɑ:st/ *n.* **1** sudden rush of wind 一陣風; 疾風 **2** loud sound made by a musical instrument, such as a horn or trumpet 樂器(喇叭、小號)聲

blast[2] *v.* break up or destroy something with a big noise 炸開; 摧毁: *The hillside was blasted away so that a road could be built.* 山坡被炸掉, 以便修建公路。

blast-off /'blɑ:st ɒf/ *n.* moment when a rocket or spaceship leaves the ground (火箭或太空船的)發射起飛

blaze[1] /bleɪz/ *n.* bright fire, flame, or light 火; 火焰; 光亮: *The fire brigade put out the blaze.* 消防隊撲滅了火。

blaze[2] *v.* burn with bright flames; shine brightly and warmly 燃燒; 發光; 照耀: *The sun blazed in the blue sky.* 火紅的太陽在藍色的天空照耀着。

blazer /'bleɪzə(r)/ *n.* light jacket 外衣

bleat /bli:t/ *n.* cry of a sheep or goat (羊等)叫聲; 咩咩的叫聲 **bleat** *v.*

bleed /bli:d/ *v.* (*past part. & past tense* bled /bled/) lose blood 流血: *He was bleeding to death.* 他流血不止而將死去。

bless /bles/ *v.* ask God's help for someone or something 祈福; 爲…祝福: *The priest blessed the crops.* 神父祝願莊稼好。

blessed /'blesɪd/ *adj.* holy; sacred 神聖的

blessing /'blesɪŋ/ *n.* **1** prayer for good things from God; thanks to God before or after a meal (上帝的)賜福; 祝福; (飯前或飯後)感恩禱告 **2** something that brings happiness 福音; 神恩: *The rain was a blessing after the long, hot summer.* 漫長炎熱的夏季過後, 這場雨太好了。

blew /blu:/ *past tense* of *v.* blow 動詞 blow 的過去式

blind[1] /blaɪnd/ *adj.* not able to see 看不見的; 瞎; 盲: *The blind man had a dog to help him.* 那瞎子有一隻狗做幫手。 **blindness** *n.*

blind[2] *n.* roll of cloth or wooden strips that you can pull down to cover a window 百葉窗; 窗簾

blindfold /'blaɪndfəʊld/ *v.* cover someone's eyes with a cloth so that he cannot see 蒙住…的眼睛 **blindfold** *n.*

blink /blɪŋk/ *v.* shut and open the eyes quickly 霎眼: *We blinked when we came out of the dark shop into the bright street.* 從昏暗的商店走到明亮的街上時, 我們霎着眼睛。

blister /'blɪstə(r)/ *n.* small swelling under the skin, full of water 水泡; 泡: *Anita's new shoes were too big and made blisters* *on her heels*. 安妮妲的鞋子太大, 把她的腳後跟磨起了水泡。

blizzard /'blɪzəd/ *n*. snowstorm with a strong wind 暴風雪

block¹ /blɒk/ *n*. **1** big, heavy piece of stone, wood, concrete, etc. 大塊(石頭、木頭、混凝土等) **2** very big building 大厦; 大樓: *a block of flats* 一座大厦 **3** group of buildings joined together; distance along a group of buildings 街區: *The post office is two blocks away*. 郵局離這裏兩條街。**4** something that stops a thing or a person from passing 堵塞; 障碍物

block² *v*. stop a thing or person from passing 阻塞; 攔阻: *A fallen tree blocked the road*. 一棵樹倒下, 堵住了路。

blockade /blɒ'keɪd/ *v*. put soldiers, ships, etc. all round a place so that no people or goods can in or out 封鎖; 禁運 **blockade** *n*.

blond /blɒnd/ *adj*. with a light or fair colour 淡色的: *blond hair* 金髮 **blonde** /blɒnd/ *n*. woman with blond hair 金髮的女子

blood /blʌd/ *n*. (no *pl*.) red liquid flowing through the body 血; 血液

bloodshed /'blʌdʃed/ *n*. (no *pl*.) killing or wounding of people 流血; 殺戮: *There was no bloodshed when the army entered the town*. 軍隊進城時, 没有發生流血事件。

bloodthirsty /'blʌdθɜ:stɪ/ *adj*. cruel; wanting to kill 嗜血的; 殘忍的

bloody /'blʌdɪ/ *adj*. **1** bleeding; covered with blood 流血的; 血腥的: *a bloody nose* 出血的鼻子 **2** with much killing 血淋淋的; 殘忍的: *a bloody battle* 血戰

bloom /blu:m/ *n*. flower 花 **bloom** *v*. have flowers; open into flower 開花: *Tulips bloom in the spring*. 鬱金香在春天開花。

blossom /'blɒsəm/ *n*. (no *pl*.) all the flowers on a bush or tree 花叢 **blossom** *v*. open into flowers 開花: *The apple trees will blossom soon*. 蘋果樹很快就要開花。

blot¹ /blɒt/ *n*. spot of ink 墨水漬

blot² *v*. (*pres. part*. blotting, *past part. & past tense* blotted /'blɒtɪd/) **1** mark something by spilling ink 弄上墨漬: *He blotted his examination papers when his pen slipped*. 他的鋼筆滑了手, 把試卷弄上墨水點。**2** dry wet ink with special paper 吸乾墨水 **blotting-paper** *n*. paper that dries wet ink 吸墨紙

blouse /blaʊz/ *n*. piece of clothing that a woman or girl wears on the top part of her body (婦女穿的)短上衣; 女襯衫

blow¹ /bləʊ/ *n*. **1** hitting something or someone hard; being hit hard 打; 一擊; 挨打: *In the fight Mick got such a blow that he fell to the floor*. 在打鬥中, 敏挨了重重一擊, 倒在地板上。**2** sudden bad luck that makes you shocked and sad (精神上的)打擊; 不幸; 災禍: *His father's death was a great blow to him*. 父親離世, 給他沉重的打擊。

blow² *v*. (*past part*. blown /bləʊn/, *past tense* blew /blu:/) **1** move something quickly and strongly in the air; be moved strongly in the air (風)吹; 刮: *The wind blew Rose's hat along the road*. 風把珞詩的帽子刮得順馬路跑了。**2** send air out of the mouth 吹氣: *Uncle blew the dust off his book*. 叔叔吹掉書上的灰塵。**3** send air from the mouth into a musical instrument, etc. to make a noise 吹響(樂器等): *to blow a whistle* 吹哨子 ***blow up***, (***a***) explode; make something explode 爆炸; 炸掉: *This bomb will blow up a bridge*. 這顆炸彈能炸毁一座橋。(***b***) fill something with air 使充氣: *Gerald must blow up his bicycle tyres*. 基仁必須給腳踏車輪胎打氣。

blue /blu:/ *adj*. with the colour of a clear sky in the daytime 藍色的 **blue** *n*.

bluff /blʌf/ *v*. trick someone to make him believe something that is not true 嚇唬; 詐騙: *The thief said that he had a gun, but he was really bluffing*. 那賊説他有槍, 但他只是嚇唬人而已。**bluff** *n*.

blunt /blʌnt/ *adj*. with an edge or point that is not sharp 不鋒利的; 鈍的: *a blunt pencil* 一枝鈍的鉛筆

blush /blʌʃ/ *v*. become red in the face because of shame, shyness, etc. 臉紅; 羞愧 **blush** *n*.

boar /bɔ:(r)/ *n*. wild pig; male pig 野豬; 公豬

board¹ /bɔ:d/ *n*. **1** long, thin, flat piece of wood 木板: *Boards are used to make floors*. 木板是用來做地板的。**2** flat, square piece of wood fixed on to a wall, etc. 板子; 佈告板: *Please read the list on the notice board*. 請看佈告板上的名單。**3** group of people who control something 委員會; 董事會: *the Examination Board* 考試委員會 ***on board***, on a ship, aeroplane, bus, etc. 在船 (飛機、公共汽車) 上: *How many passengers are on board?* (船上等)有多少乘客?

board ² *v.* **1** sleep and eat at a place where you have paid 住宿搭伙: *Mr. Bond boards in guest houses when he travels for his work.* 邦德先生出差時, 在賓館吃飯住宿。**2** get on to a ship, plane, train, etc. 上船(飛機、火車等): *We boarded the plane at Gatwick.* 我們在蓋特威克機場上機。

boarder /'bɔːdə(r)/ *n.* **1** someone who pays for a room and food in another person's house 搭伙者; 房客 **2** child who lives at school 寄宿生; 住校生

boast /bəʊst/ *v.* praise yourself and what you do and have 自誇; 誇耀: *He boasted that he had the biggest house in the village.* 他自誇説他的房子是全村最大的。 **boast** *n.* **boastful** *adj.* **boastfully** *adv.*: *'Our team is better than yours!' said Carl boastfully.* "我隊比你隊强!" 卡爾自誇地説。

boat /bəʊt/ *n.* small ship 小船: *a rowing boat* 划船; *a motor boat* 汽艇

bob /bɒb/ *v.* (*pres. part.* bobbing, *past part. & past tense* bobbed /bɒbd/) move up and down quickly 上下跳動: *The duck bobbed up and down in the water.* 鴨子在水中上下跳動。

body /'bɒdɪ/ *n.* (*pl.* bodies) **1** all of a person or animal that you can see and touch 身體; 軀體: *Arms, legs, hands, and feet are parts of the body.* 臂、腿、手和腳是身體的部分。**2** dead person 屍體: *The murderer had put the body under some leaves.* 兇手已把屍體藏在樹葉下面。

bodyguard /'bɒdɪgɑːd/ *n.* man, or group of men, whose job is to keep danger away from an important person 警衛員; 保鏢

bog /bɒg/ *n.* wet, soft ground 泥塘; 沼澤 **boggy** *adj.*

boil /bɔɪl/ *v.* **1** heat water or other liquid until it bubbles and steams 煮沸 **2** become so hot that it bubbles and steams 達到沸點: *Water boils at 100 ℃.* 水在攝氏一百度煮沸。***boil over***, bubble over the edge of the pot 沸騰而溢出 **3** cook something in very hot water 煮; 燒煮: *I boiled the rice for fifteen minutes.* 我把米煮沸達十五分鐘。 **boiled** /bɔːɪld/ *adj.* that has been cooked in hot water 煮沸的; 煮熟了的: *boiled cabbage* 煮熟的卷心菜

boiler /'bɔɪlə(r)/ *n.* big, metal container for heating water, etc.; tank for storing hot water 煮器; 鍋爐; 熱水貯槽

bold /bəʊld/ *adj.* **1** with no fear, shame, shyness, etc. 大膽的; 勇敢的; 無畏的: *It was bold of him to make a speech in front of all those people.* 他在那麼多人面前演講, 真够大膽。**2** clear to see 醒目的; 清晰的: *the bold shape of a mountain* 高山清晰的輪廓 **boldly** *adv.* **boldness** *n.*

bolt /bəʊlt/ *n.* **1** a metal bar used to fasten a door or window 門閂; 窗閂 **2** thick, metal pin used with a nut for fastening things together 螺栓; 螺釘 **bolt** *v.* lock a door, etc. by putting a metal bar across it 用門閂住: *Bolt the door before you go to bed.* 睡前把門閂閂上。

bomb /bɒm/ *n.* something filled with an explosive that bursts and hurts people or things 炸彈 **bomb** *v.* break something or hurt someone with a bomb 轟炸: *The city was bombed.* 那城市遭到轟炸。

bomber /'bɒmə(r)/ *n.* aeroplane for dropping bombs 轟炸機

bone /bəʊn/ *n.* one of the hard, white things in the body of a person or animal 骨頭

bonfire /'bɒnfaɪə(r)/ *n.* big fire that you make outside 營火

bonnet /'bɒnɪt/ *n.* **1** child's hat tied under the chin, with ribbons, etc. (繫帶子的)童帽; 女帽 **2** cover of a motor-car engine 汽車發動機罩

bony /'bəʊnɪ/ *adj.* **1** full of bones 多骨的: *bony fish* 多骨的魚 **2** very thin 很瘦的: *a bony child* 非常瘦的孩子

book ¹ /bʊk/ *n.* **1** sheets of paper fastened together inside a cover, for reading or writing 書; 簿本: *a library book* 圖書館的書; *an exercise book* 練習本 **2** **books** (*pl.*) business accounts, records, etc. 簿記; 帳簿: *The clerk looks after the books.* 那職員保管帳簿。

book ² *v.* ask and pay for a seat for the theatre, a journey, etc. 預定(戲票、車票等): *He booked a seat on the aeroplane to London.* 他預定一張去倫敦的飛機票。 **booking office** /'bʊkɪŋ ɒfɪs/ *n.* place where you buy tickets at a station or theatre 售票處

bookcase /'bʊkkeɪs/ *n.* wooden cupboard, with shelves for books 書櫃; 書橱

book-keeper /'bʊk kiːpə(r)/ *n.* person in an office who keeps an account of money 記帳人; 簿記員

booklet /'bʊklɪt/ *n.* small book 小册子

boom /buːm/ *n.* deep, loud sound 隆隆聲; 轟轟聲: *the boom of guns* 槍炮的轟鳴

boot /buːt/ *n.* **1** heavy shoe that covers the ankle and sometimes part of the leg 高腰的鞋; 靴子: *football boots* 足球鞋 **2** place for luggage in a car or coach (汽車後部)行李箱

border /'bɔːdə(r)/ *n.* **1** line between two countries 國界; 邊界: *We stopped at the border and showed our passports.* 我們在邊界停下, 出示護照。**2** edge of something 邊緣: *the border of a cloth* 布的邊緣

bore ¹ /bɔː(r)/ *n.* someone or something that is not interesting 令人生厭的人或事物

bore ² *past tense* of *v.* bear 動詞 bear 的過去式

bore[3] *v*. **1** make a narrow, round, deep hole 鑽孔; 挖洞 **2** make someone tired because your talk is not interesting 使人厭煩: *His stories bore me*. 他的故事叫我厭煩。
bored /bɔ:d/ *adj*. not interested; unhappy because you have nothing interesting to do 煩悶; 感到無聊: *What can I do? I'm bored!* 我能幹些什麽呢? 我覺得無聊!
boring /'bɔ:rɪŋ/ *adj*. dull; not interesting 令人厭煩的; 沒有意思的: *What a boring book!* 多没意思的書啊!
born /bɔ:n/ *past part*. of *v*. bear 動詞 bear 的過去分詞 come alive 出生
borne /bɔ:n/ *past part*. of *v*. bear 動詞 bear 的過去分詞
borrow /'bɒrəʊ/ *v*. ask for something that belongs to another person and that you will give back 向别人借: *May I borrow your bicycle for a day while my car is at the garage?* 我的汽車在修理廠, 我可以借你的腳踏車用一天嗎?
boss /bɒs/ *n*. (*pl*. bosses) leader; chief person; important person in a business, office, etc. 領導者; 負責人; 老闆; 上司
bossy /'bɒsɪ/ *adj*. always telling other people what to do, etc. 愛指揮人的
botany /'bɒtənɪ/ *n*. (no *pl*.) study of plants 植物學 **botanist** /'bɒtənɪst/ *n*. someone who studies botany 植物學家
both[1] /bəʊθ/ *adj*. the two; not just one but also the other 兩; 雙: *Hold this heavy bag in both hands*. 用兩隻手拿住這個很重的包。
both[2] *pron*. (*pl*.) the two together 兩者; 兩人; 雙方: *Both of us want to go*. 我們兩人都想去。
bother[1] /'bɒðə(r)/ *exclam*. word that shows you are a little angry 討厭; 煩人
bother[2] *v*. **1** trouble someone; make someone cross or worried 煩擾; 使生氣; 傷腦筋: *Don't bother me with silly questions!* 不要用愚蠢的問題來打擾我! **2** give yourself extra work, etc. 費心; 麻煩: *Please don't bother to get up*. 您就别費事, 不用起來了。 **bother** *n*. something that gives you worry or trouble 煩擾, 麻煩: *We had a lot of bother on the journey because the trains were late*. 我們旅途中碰到不少麻煩, 因爲火車都誤點了。 **bothered** /'bɒðəd/ *adj*. worried; unhappy 心煩的; 不高興
bottle /'bɒtl/ *n*. glass or plastic container with a narrow neck, for holding liquids 瓶子: *a bottle of milk* 一瓶牛奶
bottom /'bɒtəm/ *n*. **1** lowest part of something 底部; 底: *He fell to the bottom of the stairs*. 他跌到樓梯底下。**2** last part; end 最後部分; 盡頭; 頂端: *The cinema is at the bottom of the street*. 電影院在街的盡

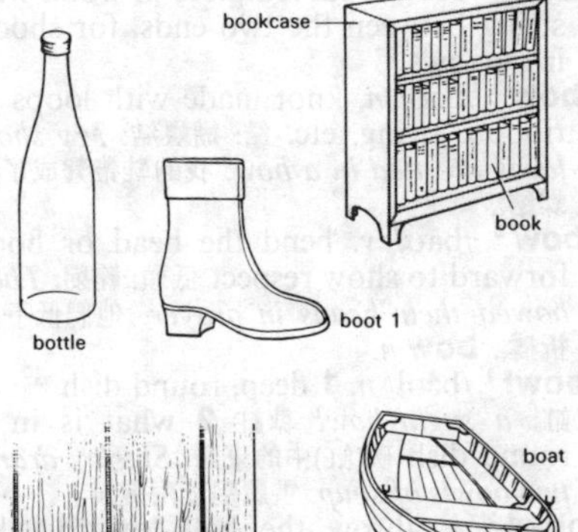

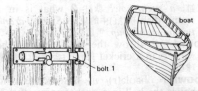

頭。**3** the part of the body on which you sit 屁股; 臀部 **bottom** *adj*. lowest 最低的; 最底下的: *the bottom shelf* 最下面那層架子
bough /baʊ/ *n*. big branch of a tree 大樹枝
bought /bɔ:t/ *past part*. & *past tense* of *v*. buy 動詞 buy 的過去分詞和過去式
boulder /'bəʊldə(r)/ *n*. big rock or stone 大的鵝卵石; 圓石
bounce /baʊns/ *v*. **1** spring or jump like a ball 跳躍; 蹦跳: *The children bounced on their beds*. 孩子們在牀上亂蹦亂跳。 **2** make something spring or jump 使跳躍; 拍(球): *Judy bounced her new ball*. 朱廸拍她的新皮球。
bound[1] /baʊnd/ *adj*. ***bound for***, on the way to a place 向…去: *This ship is bound for New York*. 這艘船是開往紐約去的。 ***bound to***, sure or certain to do something 肯定; 决心: *I must hide his present or he's bound to see it*. 我必須把他的禮物藏起來, 否則他肯定會看見的。
bound[2] *n*. **1** jump 跳動; 跳: *With one bound, the dog was over the fence*. 狗一跳, 就跳過了籬笆。**2 bounds** (*pl*.) limit, end 界限; 盡頭 ***out of bounds***, in a place where you are not allowed to go 不准進入; 到此止步: *The river is out of bounds for all pupils*. 這條河不許小學生去。
bound[3] *past part*. & *past tense* of *v*. bind 動詞 bind 的過去分詞和過去式
bound[4] *v*. jump; move or run in small jumps 蹦; 跳躍: *The dog bounded along the path*. 那狗沿着小路跑了。
boundary /'baʊndrɪ/ *n*. (*pl*. boundaries) line between two countries or other places; edge of a field, etc. 國界; 分界線; 田邊
bouquet /bʊ'keɪ/ *n*. bunch of flowers 花束

bow¹ /bəʊ/ *n.* curved piece of wood with string between the two ends, for shooting arrows 弓

bow² /bəʊ/ *n.* knot made with loops of ribbon, string, etc. 結; 蝴蝶結: *My shoelaces are tied in a bow.* 我的鞋帶繫成了蝴蝶結。

bow³ /baʊ/ *v.* bend the head or body forward to show respect 低頭; 鞠躬: *They bowed their heads in prayer.* 他們低下頭祈禱。**bow** *n.*

bowl¹ /bəʊl/ *n.* **1** deep, round dish 碗; 小缸: *a sugar-bowl* 糖缸 **2** what is in a round dish 碗(缸)中的東西: *Shirley drank two bowls of soup.* 雪麗喝了兩碗湯。

bowl² *v.* throw the ball towards the wickets in a cricket game (板球)投球給擊球員

bowler /ˈbəʊlə(r)/ *n.* **1** someone who bowls the ball in a cricket game (板球運動)投球手 **2** round, black hat that some businessmen wear in London 圓頂禮帽

box¹ /bɒks/ *n.* (*pl.* boxes) container made of wood, cardboard, metal, etc. 箱子; 盒子: *a box of matches* 一盒火柴

box² *v.* fight with the fists, in thick gloves, for sport 拳擊 **boxer** *n.* man who fights with his fists, as a sport 拳擊家; 拳擊運動員 **boxing** *n.* sport of fighting with the fists 拳擊; 打拳

box-office /ˈbɒks ɒfɪs/ *n.* place where tickets are sold in a theatre, cinema, etc. (影劇院等)售票處

boy /bɔɪ/ *n.* male child; young man 男孩; 少年 **boyfriend** *n.* boy who is the special friend of a girl 男朋友

bra /brɑː/ *n.* brassiere; piece of woman's clothing to cover and support the breasts 乳罩; 胸罩

bracelet /ˈbreɪslɪt/ *n.* pretty piece of metal or chain that you wear on the arm or wrist 手鐲

braces /ˈbreɪsɪz/ *n.* (*pl.*) straps that a man wears over his shoulders to keep his trousers up (褲子的)背帶; 吊帶

bracket /ˈbrækɪt/ *n.* punctuation mark (or) 括號

braid /breɪd/ *n.* sort of ribbon 辮; 編帶; (衣服上的)鑲邊

brain /breɪn/ *n.* the part inside the head of a person or animal, which thinks and feels 腦子 ***rack your brains***, try hard to think of something 絞腦汁: *Steve racked his brains to remember the address.* 思廸苦苦思索那個地址。

brake /breɪk/ *n.* thing in a motor-car, etc. that you move to make the car stop or go more slowly 煞車; 制動器: *Mr. Edwards put his foot on the brake and we stopped suddenly.* 愛德華茲先生踩了一下制動器, 我們突然停了下來。**brake** *v.* move the brake 制動; 煞車

branch /brɑːntʃ/ *n.* (*pl.* branches) **1** one of the arms of a tree grow out from the trunk 樹枝 **2** part of a business, company, etc. (企業、公司等的)分部; 分公司; 支線: *The bank has branches all over the country.* 這家銀行在全國各地都有分行。

brand /brænd/ *n.* **1** certain sort of goods; the name of the maker printed on the tin, packet, etc. (商品)商標; 牌子: *Which brand of tea do you buy?* 你買哪種牌子的茶? **2** piece of hot iron to mark something 打印用的烙鐵; 烙印 **brand** *v.*: *The farmer branded his sheep.* 那農夫在他的羊身上打烙印。

brand-new /ˌbrændɪ ˈnjuː/ *adj.* totally new 全新的

brandy /ˈbrændɪ/ *n.* **1** (no *pl.*) strong alcoholic drink 白蘭地酒 **2** (*pl.* brandies) glass of brandy 一杯白蘭地

brass /brɑːs/ *n.* (no *pl.*) bright yellow metal, made by mixing copper and zinc 黄銅 **brass** *adj.* made of brass 黄銅製的 *a brass letterbox* 黄銅信箱

brassiere /ˈbræsɪə(r)/ *n.* piece of woman's clothing to cover and support the breasts 乳罩; 胸罩

brave /breɪv/ *adj.* with no fear; not showing fear 勇敢的: *It was brave of him to enter the burning building.* 他進入燃燒着的屋裏, 真勇敢。**bravely** *adv.* **bravery** *n.*

bread /bred/ *n.* (no *pl.*) food made from flour, water, and yeast, and then baked 麵包: *a slice of bread* 一片麵包 **breadcrumbs** *n.* tiny bits of bread 麵包屑

breadth /bretθ/ *n.* being broad; how wide or broad something is 寬度

break¹ /breɪk/ *n.* **1** crack; place where something has been broken, etc. 破裂; 裂縫(口): *The sun is shining through a break in the clouds.* 太陽通過雲層的縫隙放射光芒。**2** short time when you stop doing something 短暫的休息時間: *Let's have a break from T.V.* 我們歇一會, 暫時別看電視吧。

break² *v.* (*past part.* broken /ˈbrəʊkən/, *past tense* broke /brəʊk/) **1** drop, hit, or pull something so that it is in pieces 打破; 折斷; 打碎: *He broke a window.* 他打破了一個窗子。**2** go into smaller pieces by falling, hitting, etc. 破; 碎; 斷裂; 壞掉: *The glass fell and broke.* 玻璃杯掉地打碎了。**3** harm something so that it will not work properly; be harmed 損壞; 損傷: *My watch is broken.* 我的錶壞了。***break down***, (***a***) go wrong and stop working 出毛病; 不運轉: *We are late because the car broke down.* 我們遲到了, 因爲汽車出毛病。(***b***) start to cry, etc. 開始哭起來: *He broke down when he heard that his horse was* *dead*. 當他聽説他的馬死去, 就哭了起來。 ***break in*** or ***into***, force a way in, to steal, etc. 破門而入; 闖進: *Robbers broke into the house*. 强盜闖進了那所房子。 ***break out***, (***a***) start suddenly 爆發; 突然發生: *Fighting broke out two days ago*. 戰鬥在兩天前爆發。(***b***) escape; get free 逃脱; 逃走: *The prisoners broke out of their cell*. 囚犯逃出了牢房。***break up***, (***a***) finish; stop happening 結束: *School breaks up in July*. 學校七月放假。(***b***) stop something happening 制止; 驅散: *Jim broke up the fight*. 阿吉制止了這場打鬥。***break the law***, not do what is right 犯法; 破壞法律: *If you steal money, you are breaking the law*. 如果你偷錢, 你就犯法。***break a promise***, not do what you said you would do 食言; 失信

breakable /ˈbreɪkəbl/ *adj*. not strong; that will easily break 易破碎的

breakdown /ˈbreɪkdaʊn/ *n*. total stop when a machine will not work (機械等)故障; 損壞: *There was a breakdown on the railway and all the trains were late*. 鐵路發生故障, 所有火車都誤點了。

breaker /ˈbreɪkə(r)/ *n*. big wave hitting the shore 激浪; 拍岸巨浪

breakfast /ˈbrekfəst/ *n*. first meal of the day 早飯; 早餐

breast /brest/ *n*. **1** part of a woman's or animal's body that gives milk 乳房 **2** person's chest 胸部

breaststroke /ˈbrestrəʊk/ *n*. (no *pl*.) way of swimming 俯泳

breath /breθ/ *n*. air that you take in and send out through the nose and mouth 呼吸; 氣息 ***catch your breath, hold your breath***, stop breathing for a short time because you are very excited, afraid, etc. (由於激動、害怕等) 屏息 ***out of breath***, needing to breathe more quickly than usual; panting 喘不過氣來: *He ran so fast he was soon out of breath*. 他跑得那麼快, 很快就喘不過氣來。

breathe /bri:ð/ *v*. take air into and send it out from your nose and mouth 呼吸

breathless /ˈbreθlɪs/ *adj*. having little breath because you are tired or excited (由於疲倦或激動)氣促的; 屏息的; 透不過氣的 **breathlessly** *adv*.: *They waited breathlessly for the news*. 他們屏息地等待着消息。

bred /bred/ *past part*. & *past tense* of *v*. breed 動詞 breed 的過去分詞和過去式

breed[1] /bri:d/ *n*. sort or group of animals (動物)品種: *This cow is of American breed*. 這母牛是美國種。

breed[2] *v*. (*past part*. & *past tense* bred) **1** make young ones 生育; 繁殖: *Birds breed in the spring*. 鳥類在春天繁殖。**2** keep animals or birds to make young ones 飼養; 使繁殖: *Julie breeds rabbits*. 珠麗養兔子。

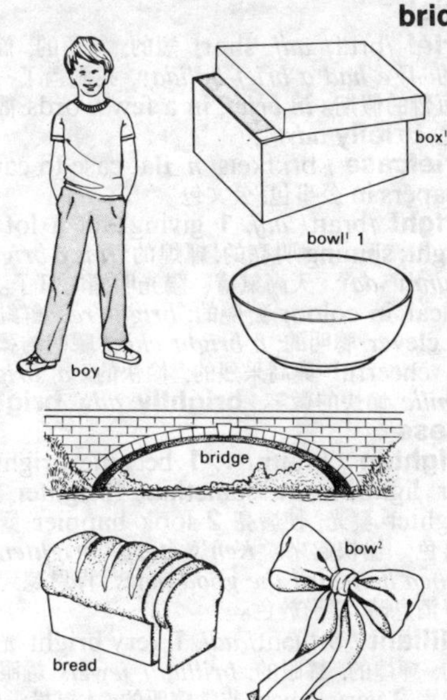

breeze /bri:z/ *n*. light wind 微風 **breezy** *adj*. windy 有微風的; 通風的

brew /bru:/ *v*. **1** make drinks such as tea; make beer 調製(飲料); 釀造(啤酒) **2** start to happen (風暴等的)醞釀; 發生: *A storm is brewing*. 風暴快要來臨。

brewery /ˈbrʊərɪ/ *n*. (*pl*. breweries) place where beer is made 酒廠; 釀酒廠

bribe /braɪb/ *n*. money or present that you give to someone to make him do something 賄賂; 行賄物 **bribe** *v*.: *The prisoner bribed the guard to let him free*. 那名囚犯賄賂監獄看守放他逃走。

brick /brɪk/ *n*. block of baked clay used for building 磚; 磚塊

bricklayer /ˈbrɪkleɪə(r)/ *n*. man whose job is to put bricks together to make walls, buildings, etc. 砌磚工人

bridal /ˈbraɪdl/ *adj*. of a bride or a wedding 新娘的; 婚禮的

bride /ˈbraɪd/ *n*. woman on her wedding-day 新娘

bridegroom /ˈbraɪdgru:m/ *n*. man on his wedding-day 新郎

bridesmaid /ˈbraɪdzmeɪd/ *n*. girl or woman who helps a bride at her wedding 女儐相

bridge /brɪdʒ/ *n*. (*pl*. bridges) way built for people to cross over a river, railway, or road 橋; 橋樑: *They walked over the bridge to get to the other side of the river*. 他們從橋上走過, 到達河的對岸。

bridle /ˈbraɪdl/ *n*. leather straps that you put over horse's head to control the horse 籠頭; 韁繩

brief /bri:f/ *adj.* short 短的; 短暫的; 簡短的: *We had a brief holiday.* 我們過了一個短暫的假期。***in brief***, in a few words 簡言之 **briefly** *adv.*

briefcase /ˈbri:fkeɪs/ *n.* flat case to carry papers in 公事包; 公文包

bright /braɪt/ *adj.* **1** giving out a lot of light; shining 明亮的; 輝煌的: *It is a bright, sunny day.* 天高氣清、陽光明媚的日子。**2** clear in colour 鮮艷的: *bright red* 鮮紅的 **3** clever 聰明的: *a bright child* 聰明的孩子 **4** cheerful 興高采烈的; 愉快的: *a bright smile* 愉快的微笑 **brightly** *adv.* **brightness** *n.*

brighten /ˈbraɪtn/ *v.* **1** become brighter or light; make something brighter or lighter 發光; 使發亮 **2** look happier 露出喜色; 愉快起來: *Ken's face brightened when he heard the good news.* 肯恩聽到那好消息時, 喜形於色。

brilliant /ˈbrɪlɪənt/ *adj.* **1** very bright 光輝的; 輝煌的; 耀眼的: *brilliant jewels* 耀眼的珠寶 **2** very clever 非常聰明的; 才氣橫溢的: *a brilliant student* 有才華的學生 **brilliantly** *adv.* **brilliance** /ˈbrɪlɪəns/ *n.*

brim /brɪm/ *n.* **1** edge of a cup or bowl (杯、碗等)邊; 緣 **2** the part of a hat that keeps the sun from the eyes 帽邊; 帽沿

bring /brɪŋ/ *v.* (*past part. & past tense* brought /brɔ:t/) **1** carry or take someone or something to the speaker 帶來; 拿來: *He brought me a cup of tea.* 他給我端來一杯茶。**2** make something happen 使發生; 導致: *Summer brings warmer weather.* 夏季到來, 天氣轉熱。***bring back***, (***a***) return something 歸還: *I have brought back the book you lent me.* 我把你借給我的書帶回來了。(***b***) make you remember something 使回憶起: *My photographs of Italy bring back memories of my holiday there.* 我在意大利拍的照片, 使我回憶起那段渡假的日子。***bring someone round***, make someone wake up after fainting 使恢復知覺 ***bring up***, (***a***) look after and educate children, etc. 教養; 教育: *Mr. Williams brought up his dead brother's children.* 威廉斯先生把他亡兄的孩子培育成人。(***b***) be sick 作嘔; 嘔出

brisk /brɪsk/ *adj.* active; moving quickly 輕快的; 活潑的: *Let's go for a brisk walk.* 我們輕快地散散步。

bristle /ˈbrɪsl/ *n.* short, stiff hair on an animal or in a brush (動物、刷子上的)硬毛; 豬鬃

brittle /ˈbrɪtl/ *adj.* that is hard but breaks easily 易碎的; 脆: *Eggshells are brittle.* 蛋殼易碎。

broad /brɔ:d/ *adj.* wide 寬的; 寬闊的: *a broad river* 一條寬闊的河流

broadcast /ˈbrɔ:dkɑ:st/ *v.* (*past part. & past tense* broadcast) send sounds out by radio or television 廣播; 播映: *The B.B.C. broadcasts news at 9 p.m.* 英國廣播公司於晚上九點廣播新聞。 **broadcaster** /ˈbrɔ:dkɑ:stə(r)/ *n.* someone whose job is to talk on radio or television 廣播員

broke /brəʊk/ *past tense* of *v.* break 動詞 break 的過去式

broken[1] /ˈbrəʊkən/ *adj.* not whole; in pieces; not working 破碎的; 不完整的; 壞的: *A broken clock will not show the right time.* 壞鐘不會報出正確的時間。

broken[2] *past part.* of *v.* break 動詞 break 的過去分詞

bronze /brɒnz/ *n.* (no *pl.*) metal made by mixing copper and tin 青銅 **bronze** *adj.* made of bronze 青銅的: *a bronze medal* 青銅獎章; 銅牌

brooch /brəʊtʃ/ *n.* (*pl.* brooches) pretty pin for fastening or wearing on clothes 胸針; 飾針

brook /brʊk/ *n.* small stream 小河;溪

broom /bru:m/ *n.* brush on a long handle 掃帚; 條帚: *Bill is sweeping up the leaves with a broom.* 標用掃帚清掃落葉。

brother /ˈbrʌðə(r)/ *n.* boy or man who has the same parents as another 兄弟: *my younger brother* 我的弟弟

brother-in-law /ˈbrʌðər ɪn lɔ:/ *n.* (*pl.* brothers-in-law) brother of your husband or wife; husband of your sister 大伯; 小叔; 內兄; 內弟; 姐夫; 妹夫

brought /brɔ:t/ *past part. & past tense* of *v.* bring 動詞 bring 的過去分詞和過去式

brow /braʊ/ *n.* part of the face above the eyes 眉; 眉毛

brown /braʊn/ *adj.* with the colour of coffee or cocoa 咖啡色的; 棕色的; 褐色的 **brown** *n.*

bruise /bru:z/ *n.* dark mark under the skin that comes after a blow 青腫; 瘀傷

brush[1] /brʌʃ/ *n.* (*pl.* brushes) bunch of strong hairs, nylon, wire, etc. fixed in a handle, used for cleaning, painting, making smooth, etc. 刷子; 毛刷: *a paintbrush* 刷漆刷子; *a hairbrush* (梳頭)髮刷; *a toothbrush* 牙刷

brush[2] *v.* do a job with a brush 刷; 擦; 拂: *He brushed the snow off the path.* 他把小路上的雪掃掉。

brutal /ˈbru:tl/ *adj.* very cruel 野蠻的; 殘忍的 **brutally** *adv.* 殘忍地: *He beats the donkey brutally.* 他殘忍地打驢子。

brute /bru:t/ *n.* **1** animal 獸; 畜生 **2** stupid and cruel person 人面獸心者; 殘忍的人

bubble /ˈbʌbl/ *v.* send up tiny balls of gas or air 冒泡: *When water boils it begins to bubble.* 水煮沸了, 就冒泡。**bubble** *n.* tiny balls of gas or air 氣泡

buck /bʌk/ *n.* male deer, hare, or rabbit 公鹿; 公兔

bucket /ˈbʌkɪt/ *n.* round container of metal or plastic, with a handle, for holding water, milk, etc. 桶; 水桶: *The children carried water from the sea in their buckets*. 孩子們用水桶到海裏提水。

buckle¹ /ˈbʌkl/ *n.* fastener for belt or strap 帶扣

buckle² *v.* **1** clip or fasten a belt, etc. with a buckle 扣上; 扣緊 **2** bend; become twisted because of heat or a heavy weight 彎曲; 變得不平: *The tin roof buckled in the fierce fire*. 錫製的屋頂被大火燒得彎曲了。

bud /bʌd/ *n.* leaf or flower when it starts growing 芽; 蓓蕾: *There are buds on the trees in the spring*. 春天樹上發芽。

budge /bʌdʒ/ *v.* move something a little 微微移動: *I can't budge this heavy rock*. 我一點也動不了這塊大石。

budget /ˈbʌdʒɪt/ *v.* make a plan about how to spend money in the best way 做預算: *If you budget carefully you will be able to save enough for a car*. 如果你們好好計劃一下開支, 就會節省下買汽車的錢。 **budget** *n.* plan for money 預算

budgie /ˈbʌdʒɪ/ *n.* small blue or green bird, which you keep in a cage 一種小鸚鵡(籠中餵養作觀賞用的藍色或綠色小鳥)

bug /bʌg/ *n.* **1** small insect 臭蟲; 蟲子 **2** germ; disease 病菌; 疾病: *She has caught some bug and is staying in bed*. 她得了病, 正躺在牀上。

bugle /ˈbju:gl/ *n.* sort of musical instrument that you blow 喇叭; 軍號

build /bɪld/ *v.* (*past part. & past tense* built) make something by putting parts together 建築; 造: *Grandpa is building a brick garage at the side of his house*. 祖父正在房子旁邊建造一個磚頭車房。

builder /ˈbɪldə(r)/ *n.* someone whose job is to make houses, etc. 建築工人; 建設者; 營造商

building /ˈbɪldɪŋ/ *n.* place that was made for people to live, work, play, etc. in 建築物; 房屋: *Houses, schools, shops, hotels and churches are all buildings*. 房屋、學校、商店、酒店和教堂都是建築物。

built /bɪlt/ *past part. & past tense of v.* build 動詞 build 的過去分詞和過去式

bulb /bʌlb/ *n.* **1** round part from which some plants grow 鱗莖; 球莖: *a tulip bulb* 鬱金香球莖 **2** round electric thing that makes light 電燈泡

bulge /bʌldʒ/ *v.* become bigger than usual; curve out 膨脹; 凸出: *My bag bulged with the fruit I had bought*. 我的袋子因裝滿了我買的水果而鼓起來。 **bulge** *n.*

bulging /ˈbʌldʒɪŋ/ *adj.* round; curving; swelling 圓的; 膨脹的; 鼓鼓的: *bulging pockets* 圓鼓鼓的口袋

bull /bʊl/ *n.* **1** big farm animal; male ox 公牛 **2** male of some other big animals 雄象(鯨等) **bullock** /ˈbʊlək/ *n.* young bull that cannot make young animals 小閹牛

bulldozer /ˈbʊldəʊzə(r)/ *n.* big machine that moves earth and makes land flat 推土機; 開土機

bullet /ˈbʊlɪt/ *n.* piece of lead that shoots out of a rifle or revolver 子彈

bully /ˈbʊlɪ/ *v.* hurt or frighten a weaker person 欺侮; 威嚇 **bully** *n.* someone who bullies people 惡棍; 恃强凌弱者

bump¹ /bʌmp/ *n.* **1** blow or knock when two things hit each other hard 撞擊; 碰; 撞: *a bump on the head* 頭撞了一下 **2** rough point on the road, etc. 路面隆起處: *The car hit a bump on the road*. 汽車在路上碰着一個土包。 **bumpy** /ˈbʌmpɪ/ *adj.* with many bumps (道路)崎嶇不平的: *We had a bad journey over the bumpy road*. 在崎嶇不平的路上, 我們一路很不順利。

bump² *v.* **1** hit or knock something or someone 碰; 撞; 衝擊: *The car bumped against the tree*. 汽車碰在樹上。 **2** hurt yourself when you hit against something hard 撞傷: *I bumped my head*. 我撞傷了頭。 ***bump into someone***, meet someone by chance 碰到某人

bumper /ˈbʌmpə(r)/ *n.* bar on the front and back of a car, lorry, etc. It helps to protect the car if it hits something (汽車)保險槓; 減震器

bumpy /ˈbʌmpɪ/ *adj.* rough; that shakes you 顛簸的: *We had a bumpy journey in the old car*. 我們坐在舊汽車裏顛簸而行。

bun /bʌn/ *n.* small, round cake 小圓麵包

bunch /bʌntʃ/ *n.* (*pl.* bunches) some things of the same kind that you tie together 束; 串: *a bunch of flowers* 一束花

bundle /'bʌndl/ *n.* number of things that you tie or wrap together 捆; 束; 包: *a bundle of washing* 一包待洗的衣服

bungalow /'bʌŋgələʊ/ *n.* house with only a ground floor 單層屋; 平房

bunk /bʌŋk/ *n.* narrow bed 牀鋪; 鋪位: *The beds in ships and trains are called bunks.* 船上和火車上的牀叫做牀鋪。

buoy /bɔɪ/ *n.* floating thing, put in water to show where there are dangerous rocks, etc. 浮標

burden /'bɜ:dn/ *n.* something that you carry; a heavy load 擔子; 負擔; 包袱: *A donkey can carry a heavy burden.* 驢子能馱很重的東西。

burglar /'bɜ:glə(r)/ *n.* person who breaks into a building to steal 竊賊; 夜盜 **burglary** *n.* breaking into a building to steal 偷竊 **burgle** *v.*: *They burgled the museum last Saturday.* 他們上星期六闖進博物館行竊。

burial /'berɪəl/ *n.* burying or putting a dead body in a grave 埋葬; 安葬

burn[1] /bɜ:n/ *n.* mark or scar that fire makes 燒傷; 灼傷

burn[2] *v.* (*past part. & past tense* burned /bɜ:nd/, burnt /bɜ:nt/) **1** give out flames or light; be on fire 燃燒; 發光; 着火: *All the lights are burning.* 所有燈都亮着。*Paper burns easily.* 紙容易燃燒。**2** use something to make light or heat 燒; 照明: *to burn coal, oil, candles, etc.* 燒煤, 燒油, 用蠟燭照明等 **3** hurt someone or something by fire or heat 燒傷; 燙傷: *She burnt her fingers on the stove.* 她被火爐燙傷了手。***burn down***, burn, or make a building burn, until it falls down 燃毀; 燒塌: *The Smiths have no home because their house has burned down.* 史密斯一家的房子燒毀了, 無家可歸。

burrow /'bʌrəʊ/ *n.* hole in the ground where rabbits live 兔窟; 兔窩 **burrow** *v.* make a hole 打洞; 掘穴

burst[1] /bɜ:st/ *n.* breaking; sudden hole or crack 破裂; 爆裂; 裂口: *a burst in the water pipe* 水管破裂處

burst[2] *v.* (*past part. & past tense* burst) **1** break open; make something break open suddenly 破裂; 使爆裂: *The bag was so full that it burst open.* 袋子因爲太滿而裂開了。**2** explode 爆炸: *The balloon burst.* 氣球爆了。**3** go, come, or do something suddenly 闖進; 突然做…: *Steven burst into the room.* 思廸文闖進了房間。***burst into laughter***, suddenly begin to laugh 突然大笑起來 ***burst into tears***, suddenly begin to cry 突然哭起來

bury /'berɪ/ *v.* put a person or thing in the ground, in a grave, etc. 埋葬; 掩埋

bus /bʌs/ *n.* (*pl.* buses) big road vehicle for many people to travel in 公共汽車

bus stop *n.* place where buses stop to let people get on and off 公共汽車站

bush /bʊʃ/ *n.* **1** (*pl.* bushes) plant like a short tree with many branches 灌木 **2** (no *pl.*) wild country with small trees 灌林地帶; 未開墾區

business /'bɪznɪs/ *n.* **1** (no *pl.*) buying and selling things 商業; 生意; 營業 *Business is good at Christmas when people buy presents.* 聖誕節人們買禮物, 令商店的生意好。**2** (*pl.* businesses) shop, factory, etc. 商號; 企業: *My uncle has a business in Leeds.* 我叔叔在里兹有一家商店。**3** something to talk about or do; what you must do 事情; 事務; 職責: *It's a mother's business to help her children.* 幫助孩子是母親的職責。***it's none of your business***, it has nothing to do with you 與你無關; 你管不着 ***mind your own business***, do your own work and do not be too interested in other people's work 别管閒事

businessman /'bɪznɪsmæn/ *n.* (*pl.* businessmen) man who works in an office and whose job is about buying and selling things 商人; 實業家

bust /bʌst/ *n.* upper front part of the body between the waist and neck; woman's breasts 半身像; 胸像; (婦女)胸部

busy /'bɪzɪ/ *adj.* **1** working; with a lot to do 忙碌; 忙: *Can you wait a minute? I'm busy.* 你能等一會兒嗎? 我忙着呢。**2** with many things happening 繁忙; 熱鬧; 熙熙攘攘的: *The streets of a big city are always busy.* 大城市的街道總是熙熙攘攘的。**busily** *adv.*

but[1] /bʌt/ *conj.* however 但是: *She is American but she lives in England.* 她是美國人, 但住在英國。

but[2] *prep.* except 除了: *Charles eats nothing but fruit.* 查理除了水果什麽也不吃。

butcher /'bʊtʃə(r)/ *n.* someone whose job is to cut or sell meat 屠夫; 肉商

butter /'bʌtə(r)/ *n.* (no *pl.*) soft, yellow food that comes from milk 黄油; 牛油: *Jane spread butter on her bread.* 珍把牛油塗在麵包上。**butter** *v.* put butter on to bread, etc. 抹牛油

butterfly /'bʌtəflaɪ/ *n.* (*pl.* butterflies) insect with big, pretty wings 蝴蝶

button /'bʌtn/ *n.* **1** small, round thing that you push through a hole to fasten clothes 鈕扣 **2** small round thing on a machine, which you push 按鈕(開關): *When you press this button, the radio will start.* 你按下這個按鈕時, 收音機就響了。**button** *v.* fasten a coat, etc. with buttons 扣住; 繫扣: *It's cold today so button your coat.* 今天天氣冷, 扣上大衣吧。**buttonhole** /'bʌtənhəʊl/ *n.* hole in clothes for a button 鈕扣孔

buy /baɪ/ *v.* (*past part. & past tense*

bought /bɔ:t/) get something for money 買; 購買: *I went to the dairy and bought some milk*. 我去奶品店買了一點奶。

buzz /bʌz/ *v*. make a humming sound like bees (蜂等)嗡嗡叫 **buzz** *n*.

by[1] /baɪ/ *adv*. past 經過: *He hurried by without stopping*. 他匆匆走了過去, 没有停留。***by and by***, later on 不久以後

by[2] *prep*. **1** near; at or to the side of 靠近; 在…旁: *Our house is by the river*. 我們的房子在河邊。**2** past 經過: *He walked by me without speaking*. 他走過我的身邊, 没有說話。**3** during 在…情況下; 在…時間: *Do you prefer travelling by day or by night?* 你喜歡在白天還是在夜晚上路? **4** not later than 不遲於: *Be here by four o'clock*. 四點以前來到這裏。**5** through; along; over 通過; 沿着: *We came through the fields, not by the road*. 我們是穿過田野而不是沿那條路來的。**6** word that shows the author, painter, etc. of (表示作者)被; 由: *a play by Shakespeare* 莎士比亞創作的一個劇本 **7** word that shows how (表示方法、手段)用: *The cooker works by electricity*. 這是個用電燒的鍋。**8** word that shows what kind of transport, etc. (指交通等)乘; 用: *to go by train* 乘火車; *to send a letter by post* 通過郵局寄信 **9** word that shows which part (表示部分)在…部位: *She led the child by the hand*. 她拉着孩子的手往前走。

bye-bye /ˌbaɪ ˈbaɪ/ *exclam*. goodbye 再見

Cc

cab /kæb/ *n*. **1** taxi 出租汽車 **2** part of a railway engine, lorry, bus, etc. where the driver sits (火車、貨車等)司機室

cabbage /ˈkæbɪdʒ/ *n*. vegetable with thick, green leaves 卷心菜; 洋白菜

cabin /ˈkæbɪn/ *n*. **1** room on a ship or an aeroplane 船艙; 飛機艙 **2** small, simple house 小屋

cabinet /ˈkæbɪnɪt/ *n*. cupboard; piece of furniture with shelves and drawers to keep things 橱櫃 **the Cabinet**, ministers who lead government work 內閣; 全體閣員

cable[1] /ˈkeɪbl/ *n*. **1** thick, strong rope, wire or chain 纜; 索; 鋼絲繩 **2** telegraph line at the bottom of the sea 電纜 **3** message that you send quickly by cable under the sea 電報

cable[2] *v*. send a message by cable 發電報: *I cabled good wishes to Martin in America yesterday*. 我昨天給在美國的馬丁發了問候電報。

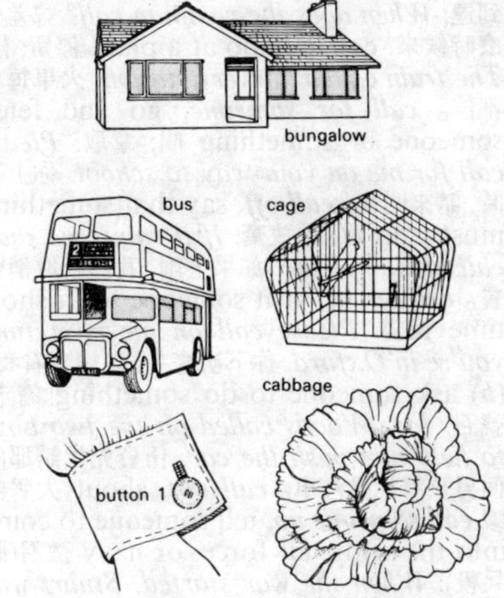

cactus /ˈkæktəs/ *n*. (*pl*. cacti) plant that can live in a hot, dry place 仙人掌

cadet /kəˈdet/ *n*. student who is training for the army, air force, navy, or police 軍校學員

café /ˈkæfeɪ/ *n*. place where people can buy and eat food and drink 餐館; 咖啡館

cage /keɪdʒ/ *n*. box or place with bars or a fence round it for keeping animals or birds 籠子; 獸籠; 鳥籠

cake /keɪk/ *n*. sweet mixture of flour, suger, butter, and eggs, etc. baked in an oven 餅; 糕; 糕點: *We had tea and cakes at 5 o'clock*. 我們在五點鐘吃茶點。

calculate /ˈkælkjʊleɪt/ *v*. find an answer by working with numbers 計算: *Can you calculate how much the holiday will cost?* 你能算出假期要花多少錢嗎? **calculation** /ˌkælkjʊˈleɪʃn/ *n*.

calculator /ˈkælkjʊleɪtə(r)/ *n*. machine that can add, subtract, etc. 計算機

calendar /ˈkælɪndə(r)/ *n*. list of the days, weeks, months, etc. of one year 日曆

calf /kɑ:f/ *n*. (*pl*. calves) young cow, whale, or elephant 小牛; (鯨、象等)幼小的動物

call[1] /kɔ:l/ *n*. **1** shout; cry 大叫; 大喊: *a call for help* 呼救 **2** short visit or stay 拜訪; 逗留: *I paid a call on Bob*. 我去拜訪阿寶。**3** using the telephone 打電話: *I made a call to Peter*. 我打電話給彼得。**4** cry of an animal or bird (鳥、獸的)叫;喊鳴; 吼

call[2] *v*. **1** speak loudly and clearly; shout 大聲說; 叫喊: *Will you come when I call?* 如果我叫你, 你願意來嗎? **2** send a message to someone; tell someone to come 呼喚; 請來: *Please call the doctor*. 請叫醫生來。**3** give a name to someone or something 稱呼; 取名: *They called the baby Sarah*. 他們替那嬰兒取名薩拉。**4** visit; arrive 訪問;

到達: *When does the postman call?* 郵差什麼時候來? ***call at***, stop at a place 停留; 停: *The train called at every station.* 火車每站都停。***call for someone***, go and fetch someone or something 叫; 拿取: *Please call for me on your way to school.* 你上學時, 請來叫我。***call off***, say that something must stop 取消; 放棄: *If it rains, we shall call off the picnic.* 如果下雨, 我們就取消野餐。***call on***, (***a***) visit someone for a short time 探望: *Please call on me next time you're in Oxford.* 你下次來牛津, 請來看我。(***b***) ask someone to do something 請求; 號召: *Mr. Woods called on the two boys to help him push the car.* 伍資先生請那兩個男孩幫他推汽車。***call out***, shout 大聲叫喊 ***call someone up***, tell someone to come into the army, air force, or navy 徵召(服兵役): *When the war started, Stuart was called up.* 戰爭開始時, 史都華被召入伍。

call-box /'kɔ:l bɒks/ *n.* (*pl.* call-boxes) public telephone box 公用電話亭

caller /'kɔ:lə(r)/ *n.* visitor 來訪者; 訪問者

calm /kɑ:m/ *adj.* **1** quiet; not excited; not showing fear, etc. 安寧; 鎮靜; 沉着: *Tina was frightened, but she stayed calm.* 婷娜嚇了一跳, 但仍保持鎮靜。**2** with no wind 無風的: *a calm day* 無風的日子 **3** with no big waves 無大浪的: *a calm sea* 風平浪靜的海 **calm** *n.* **calm** *v.* make someone quiet, less afraid, etc. 使安靜; 使鎮定: *The rider calmed the frightened horse.* 騎手把受驚的馬鎮定下來。***calm down***, become less afraid, excited, etc. 鎮定下來; 平靜下來

calmly /'kɑ:mlɪ/ *adv.* with no worry or fear 無憂無慮地; 鎮靜自若地

calves /kɑ:vz/ (*pl.*) of *n.* calf 名詞 calf 的複數

came /keɪm/ *past tense* of *v.* come 動詞 come 的過去式

camel /'kæml/ *n.* big animal with one or two humps on its back 駱駝: *He went across the Sahara on a camel.* 他騎駱駝穿過撒哈拉大沙漠。

camera /'kæmərə/ *n.* machine that makes photographs 照相機; 攝影機

camouflage /'kæməflɑ:ʒ/ *v.* hide the real shape of something or someone with paint, branches, etc. 僞裝; 掩飾: *The soldiers camouflaged the gun with leaves.* 士兵用樹葉掩護大炮。**camouflage** *n.*

camp /kæmp/ *n.* place where people live for a time in tents or huts 營; 露營; 宿營地: *a Scout camp* 童子軍營房 **camp** *v.*: *We walked all day and camped by a river at night.* 我們走了一天, 晚上在河邊露營。**camping** *n.* living in tents or huts, for a holiday, etc. 野營: *Camping isn't fun when it rains!* 下雨時野營, 並不有趣!

campaign /kæm'peɪn/ *n.* **1** plan for doing something special 運動: *a campaign to stop people drinking when they drive* 反酒後駕駛運動 **2** plan for fighting part of a war 戰役: *a campaign to take the enemy city* 攻克敵城的戰役

campus /'kæmpəs/ *n.* (*pl.* campuses) grounds of college or university (大學)校園: *The students at Keele live in houses on the campus.* 基勒的學生住在學校的房子。

can[1] /kæn/ *n.* metal container for keeping foods, etc.; tin 金屬容器; 罐頭: *a can of milk* 一罐牛奶

can[2] *v.* (*past tense* could /kʊd/) **1** be able to do something 能够: *Pat can write very fast.* 珮能够寫得很快。**2** be allowed to do something 可以: *Can I go swimming today, please, mum?* 媽媽, 我今天可以去游泳嗎? **3** be possible; be likely 可能; 會: *It can be very cold in Scotland.* 蘇格蘭天氣會很冷的。

canal /kə'næl/ *n.* channel cut through land for boats or ships, or to carry water to places that need it 運河: *the Suez Canal* 蘇伊士運河

canary /kə'neərɪ/ *n.* (*pl.* canaries) small, yellow bird which you keep in a cage 金絲雀

cancel /'kænsl/ *v.* (*pres. part.* cancelling, *past part. & past tense* cancelled /'kænsld/) stop a plan before it happens 取銷; 作廢: *We cancelled the party because I was ill.* 我們取銷了那次聚會, 因爲我病了。

cancellation /ˌkænsə'leɪʃn/ *n.*

cancer /'kænsə(r)/ *n.* (no *pl.*) dangerous illness; lump that grows in the body 癌症; 腫瘤

candidate /'kændɪdət/ *n.* **1** someone who asks for a job, position, etc. 候選人; 求職者: *When the officer leaves, there will be many candidates for the job.* 主任離職時, 將有很多人應徵這個職位。**2** someone who is taking an examination 投考者; 考生

candle /'kændl/ *n.* stick of wax that gives light when it burns 蠟燭 **candlestick** /'kændlstɪk/ *n.* holder for one candle 燭台; 蠟杆

cane[1] /keɪn/ *n.* **1** hollow stem of a sort of plant (籐、竹等)莖: *bamboo canes* 竹竿 **2** stick used to hit people who have done wrong 笞杖; 棍

cane[2] *v.* punish someone by hitting him with a stick 用笞杖打; 用棍打

canned /kænd/ *adj.* in a can or tin so that it will stay fresh 罐裝的: *canned meat* 罐頭肉

cannibal /'kænɪbl/ *n.* person who eats other people 吃人肉的人

cannon /'kænən/ *n.* big gun 大炮

cannot /'kænət/ = can not; be unable to do something; not know how to do something 不能; 不會: *I have hurt my leg and cannot walk*. 我的腿受傷了, 不能走路。

canoe /kə'nu:/ *n*. light boat that you move with paddles 獨木舟

can't /kɑ:nt/ = cannot 不能

canteen /kæn'ti:n/ *n*. room in a factory, school, etc. where people eat together (工廠、學校等的)飯堂

canvas /'kænvəs/ *n*. **1** (no *pl*.) strong cloth for sails, bags, tents, etc. 帆布 **2** (*pl*. canvasses) piece of strong cloth used by artists for oil-paintings 油畫布; 油畫

cap /kæp/ *n*. **1** sort of soft hat 便帽; 軍帽 **2** cover for the top of a tube, bottle, etc. (管、瓶等的)蓋; 套

capable /'keɪpəbl/ *adj*. clever, good at your work 有能力的; 有技能的: *a capable driver* 技術好的司機 ***capable of something***, (***a***) able to do something 能够: *John is capable of jumping higher if he tries*. 約翰努力的話, 可以跳得高一些。(***b***) likely to do something 可能: *That dog is capable of bitting if you go too near!* 如果你走得太近, 那狗可能咬你!

capacity /kə'pæsətɪ/ *n*. (no *pl*.) **1** amount that can fit into a container or holder 容積: *What is the capacity of this jug?* 這個壺的容積多大? **2** number of things or people that can fit into a place 容量; 收容力: *The seating capacity of this hall is 300*. 這個大堂可容納三百人。**3** being able to understand or do something 能力; 才能: *Gavin has the capacity to add numbers quickly in his head*. 高文能很快地做心算加法。

cape /keɪp/ *n*. loose piece of clothing, like a coat with no sleeves 披肩; 斗篷

capital /'kæpɪtl/ *n*. **1** (*pl*. capitals) most important city in a country or state 首都; 首府: *Paris is the capital of France*. 巴黎是法國的首都。**2** (*pl*. capitals) large letter of the alphabet 大寫字母: *A,B,C, etc. are capitals; a,b,c are not*. A, B, C 等是大寫字母; a, b, c 不是。

capsize /kæp'saɪz/ *v*. turn over in the water 傾覆; 翻船: *The boat hit a rock and capsized*. 船觸礁翻了。

captain /'kæptɪn/ *n*. **1** leader of a group of people 隊長: *the captain of a football team* 足球隊隊長 **2** officer in the army or navy; chief person on a ship 陸軍上尉; 海軍上校; 船長 **captain** *v*. lead people 做首領; 指揮: *to captain a team* 做隊長; 領導一隊

captive /'kæptɪv/ *n*. prisoner 俘虜; 被監禁的人 **captive** *adj*.: *captive lions in a zoo* 動物園籠子裏的獅子

captivity /kæp'tɪvətɪ/ *n*. (no *pl*.) being a prisoner; being in a place that you cannot leave 監禁; 束縛

capture /'kæptʃə(r)/ *v*. catch and hold

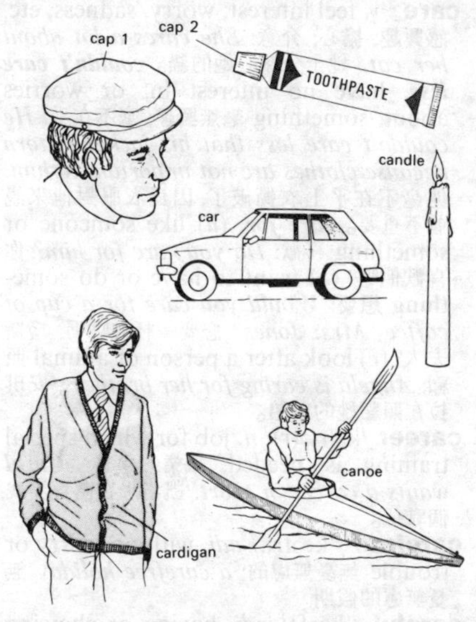

someone or something 捕獲; 俘獲: *Kate captured a butterfly in her hands*. 凱蒂用手捉住一隻蝴蝶。**capture** *n*.: *the capture of a thief* 竊賊被捕

car /kɑ:(r)/ *n*. motor-car; vehicle with four wheels for a small group of people 汽車 **car-park** *n*. place where you can put your car for a time 停車場

caravan /'kærəvæn/ *n*. small house on wheels that a car or horse can pull 有篷的車輛; 拖車; 可居住的活動車輛

card /kɑ:d/ *n*. piece of stiff, thick paper for writing on, etc. 卡; 卡片; 名片: *At Christmas we send Christmas cards to our friends*. 聖誕節我們給朋友送聖誕賀卡。**playing cards**, set of cards for playing games 撲克牌

cardboard /'kɑ:dbɔ:d/ *n*. (no *pl*.) thick, stiff card for making boxes, etc. 卡紙板; 硬紙板 **cardboard** *adj*.: *a cardboard box* 硬紙板箱

cardigan /'kɑ:dɪgən/ *n*. knitted woollen jacket with sleeves (開襟長袖)羊毛衫

care [1] /keə(r)/ *n*. **1** (no *pl*.) serious thought which helps you to do something well 小心; 謹慎; 注意: *Carry that glass with care*. 拿那隻玻璃杯要小心。***take care***, be careful 注意; 小心: *Please take care when you cross the road*. 過馬路要小心。**2** (no *pl*.) help, etc. 幫助; 照顧 ***take care of***, look after someone or something 照料; 照顧: *Angela is taking care of her brothers because her mother is ill*. 安琪拉在照顧弟弟, 因爲母親病了。 **3** (*pl*. cares) worry; sadness 憂慮; 煩惱; 牽掛: *A poor man has many cares*. 窮人煩惱多。

care² *v.* feel interest, worry, sadness, etc. 感興趣; 擔心; 介意: *She cares a lot about her cat.* 她十分關心她的貓。***couldn't care less***, have no interest in, or worries about, something 毫無興趣; 毫不在乎: *He couldn't care less that his jacket is torn because clothes are not important to him.* 他毫不在乎上衣撕破了, 因爲衣服對他來説並不重要。***care for***, (***a***) like someone or something 喜歡: *Do you care for him?* 你喜歡他嗎? (***b***) want to have or do something 想要: *Would you care for a cup of coffee, Mrs. Jones?* 您要一杯咖啡嗎, 瓊斯夫人? (***c***) look after a person or animal 照顧: *Angela is caring for her brothers.* 安琪拉在照顧她的弟弟。

career /kə'rɪə(r)/ *n.* job for which special training is needed 職業; 事業: *Carol wants a career in sport.* 凱洛想在體育界找個職位。

carefree /'keəfri:/ *adj.* with no worry or trouble 無憂無慮的: *a carefree holiday* 無憂無慮的假期

careful /'keəfl/ *adj.* having or showing serious thought which helps to do something well 謹慎的; 小心的; 仔細的: *With careful steps, the old man crossed the road.* 老人步步小心地橫過馬路。 **carefully** *adv.*

careless /'keəlɪs/ *adj.* not having or showing enough thought 粗心的; 疏忽的; 粗枝大葉的: *Careless drivers have accidents.* 粗心的司機會發生意外。**carelessly** *adv.* **carelessness** *n.*

caretaker /'keəteɪkə(r)/ *n.* someone whose job is to look after a building (建築物的)管理員

cargo /'kɑ:gəʊ/ *n.* (*pl.* cargoes) things that a ship or aeroplane carries (船、飛機載的)貨物: *a cargo of bananas* 一船(飛機)香蕉

carnival /'kɑ:nɪvl/ *n.* festival; time when many people come together in the streets for dancing, singing, etc. 狂歡節; 嘉年華會

carol /'kærəl/ *n.* song; Christmas hymn 聖誕頌歌

carpenter /'kɑ:pɪntə(r)/ *n.* man whose job is to make wooden tables, chairs, etc. and the wooden parts of buildings 木匠; 木工 **carpentry** /'kɑpɪntrɪ/ *n.* job of a carpenter 木工

carpet /'kɑ:pɪt/ *n.* big cloth of wool, hairs, etc. that covers a floor 地毯 **carpet** *v.* cover the ground or a floor with something 把…鋪在…上面: *Leaves carpeted the ground.* 樹葉鋪滿地面。

carriage /'kærɪdʒ/ *n.* **1** cart pulled by horses, for carrying people 馬車 **2** part of a train 火車車廂: *The engine was pulling five carriages.* 火車頭拖着五節車廂。

carriageway /'kærɪdʒweɪ/ *n.* 車道 **dual carriageway**, wide road with earth, bushes, etc. down the middle 雙車道公路

carried /'kærɪd/ *past part. & past tense* of *v.* carry 動詞 carry 的過去分詞和過去式

carrier /'kærɪə(r)/ *n.* box or rack on a bicycle, motor-cycle, etc. for carrying things (腳踏車等) 後架; 載重箱 **carrier bag** *n.* shopping bag made of strong paper or plastic (厚紙或塑料製的)裝物袋

carrot /'kærət/ *n.* long, yellow or orange vegetable 胡蘿蔔

carry /'kærɪ/ *v.* **1** take someone or something from one place to another 運送; 搬運; 帶: *The waiter carried the meat to the table.* 飯店侍應生把肉送到桌上。**2** hold or keep something up; bear the weight of something 支持; 支撐: *The walls of the house carry the roof.* 房子的牆壁支撐着屋頂。**3** contain; be able to have inside it 容納; 裝載: *The car will carry five people.* 這輛小汽車能載五人。***carry on***, go on doing something 繼續; 開展: *Carry on with your sewing while I read you a story.* 繼續做你的針線活兒, 我來給你讀一個故事。***carry out***, do or finish what you have planned 實現; 執行; 貫徹: *When can you carry out the repairs on my car?* 你什麼時候能修理我的車?

cart¹ /kɑ:t/ *n.* vehicle with two or four wheels, which horses, etc. pull (二輪或四輪)馬車或手推車

cart² *v.* move something or someone 用手推車運送: *We carted away the rubbish.* 我們用手推車把垃圾運走。

carton /'kɑ:tn/ *n.* thin cardboard box for holding things 紙板箱(盒): *a cigarette carton* 香煙箱子

cartoon /kɑ:'tu:n/ *n.* **1** funny drawing, often of well-known people 漫畫 **2** cinema film made with drawings, not with real people 卡通; 動畫片: *a Mickey Mouse cartoon* 米奇老鼠卡通片

cartridge /'kɑ:trɪdʒ/ *n.* small case with gunpowder or a bullet, which goes into a gun 彈藥筒; 子彈

carve /kɑ:v/ *v.* **1** cut wood or stone to make a picture or shape 刻; 雕刻: *Tony carved his name on a tree with a knife.* 東尼用刀把他的名字刻在樹上。**2** cut meat into pieces 切(熟的肉、雞等): *Father carved the chicken for supper.* 父親把雞切開作晚飯。 **carved** /kɑ:vd/ *adj.: a carved chair* 雕花椅子

case¹ /keɪs/ *n.* **1** what has really happened 情況; 事實; 實情 ***in case***, because something might happen 以防(萬一): *I shall take my umbrella with me in case it rains.* 我要帶雨傘, 以防下雨。***in any case***, whatever happens 無論如何: *If it rains,* *we won't have a picnic, but come in any case*. 如果下雨, 我們就不去野餐了, 不過無論如何你得來。***in that case***, if that happens 假如那樣的話 **2** example of a bad happening or something special 病例; 案例: *There are five cases of food poisoning in the hospital*. 這所醫院裏有五宗食物中毒的病例。**3** question for a law court to decide 訴訟; 案件 **4** problem for the police 案; 個案: *a murder case* 謀殺案

case[2] *n*. box; holder 盒子; 箱子: *a suitcase* 手提箱; *a book-case* 書櫃

cash[1] /kæʃ/ *n*. (no *pl*.) money in coins or notes 現金; 現款 **cash desk** *n*. place in a shop where you pay 收款處 **cash register** *n*. machine that holds money and adds up prices 現金出納機; 收銀機

cash[2] *v*. give or get coins or notes 兑現: *I cashed a cheque at the bank*. 我在銀行裏兑現了一張支票。

cashier /ˈkæʃɪə(r)/ *n*. person working in a bank, shop, etc. who takes in money and pays it out 出納員

cassette /kəˈset/ *n*. small, plastic case holding recording tape 裝錄音帶的盒子; 小盒子; 盒式錄音帶

castle /ˈkɑ:sl/ *n*. big, strong building that helped to keep the people inside safe from their enemies long ago 城堡; 古城堡: *Windsor Castle* 溫莎城堡

casual /ˈkæʒʊəl/ *adj*. **1** not planned 偶然的; 臨時的; 非計劃内的: *a casual meeting* 臨時會議 **2** that is not for a special, important time 不拘禮的; 非正式的; 隨便的 **casual clothes**, clothes that you wear when you want to be comfortable with family, friends, etc. 便服; 平常穿的衣服 **casually** *adv*.

casualty /ˈkæʒʊəltɪ/ *n*. (*pl*. casualties) person hurt or killed in an accident or in war (意外中或戰爭中)傷亡者: *There were many casualties when the train crashed*. 火車撞毀時, 很多人傷亡。

cat /kæt/ *n*. small, furry animal that often lives with people in a house 貓

catapult /ˈkætəpʌlt/ *n*. stick like the letter Y, with a piece of elastic, which children use for throwing stones 彈弓

catastrophe /kəˈtæstrəfɪ/ *n*. terrible thing that happens suddenly 大災難; 大禍: *The forest fire was a catastrophe*. 那場森林火災是場大災難。

catch[1] /kætʃ/ *n*. (*pl*. catches) **1** fish that have been taken out of water 捕獲的魚(量): *The boat brought back a big catch of herring*. 那艘船捕回大量的鯡魚。**2** something that keeps a door, gate, box, etc. shut (門等)掛鈎; 鎖環

catch[2] *v*. (*past part*. & *past tense* caught) **1** take hold of something to stop it moving; get something in your hands 截住; 接住: *Try and catch this ball!* 試試看, 接住這個球! **2** find and hold someone 捉住: *to catch a thief* 捉住賊 **3** find someone suddenly when he is doing a bad thing 突然撞見; 當場抓住: *Mr. Bishop caught us taking apples from his tree*. 比肖先生偶然碰見我們在摘他樹上的蘋果。**4** get on to a bus, train, etc. that is going to leave 趕上(車輛): *I caught a bus to town*. 我趕上一輛進城的公共汽車。**5** hold something fast 抓牢; 鉤住: *The nail caught my dress*. 釘子鉤住了我的衣服。**6** get a disease 得病: *Robin caught my cold last week*. 上星期洛彬受我傳染, 感冒了。***catch alight, catch fire***, start to burn 着火 ***catch up with***, reach or go past a person or thing that is going the same way 趕上(或超過): *Go on and I'll catch up with you in five minutes*. 你先走吧, 我五分鐘以後就會趕上你的。

caterpillar /ˈkætəpɪlə(r)/ *n*. long creature, like a worm with hairs, that changes into a moth or butterfly 毛蟲(蝴蝶等的幼蟲)

cathedral /kəˈθi:drəl/ *n*. big, important church with a bishop's chair (一個教區内的)總教堂; 大教堂

cattle /ˈkætl/ *n*. (*pl*.) cows, bulls, or oxen (總稱)牛 **cattle** *adj*.: *Mr. Price has a cattle farm*. 普賴斯先生有一個牛場。

caught /kɔ:t/ *past part*. & *past tense* of *v*. catch 動詞 catch 的過去分詞和過去式

cauliflower /ˈkɒlɪflaʊə(r)/ *n*. vegetable with a hard, white, round flower 菜花; 花椰菜

cause[1] /kɔ:z/ *n*. **1** thing or person that makes something happen 原因; 起因: *What was the cause of his death?* 他的死因是什麼? ***have cause***, have a good reason 有充分的理由: *Your brakes are working well so you have no cause to worry*. 你的制動器操作正常, 不必擔心。**2** something that people care about and want to help 事業; (奮鬥的)目標: *We like to give money to a good cause such as a new hospital*. 我們樂意爲慈善事業捐款, 例如興建醫院。

cause² *v.* make something happen 使産生; 使發生; 引起: *A burning cigarette caused the fire.* 這場火災由一枝點着的香煙引起。
caution /'kɔ:ʃn/ *n.* (no *pl.*) taking care to keep away from danger, not make mistakes, etc. 小心; 謹慎: *Handle that gun with caution.* 拿那枝槍要小心。
cautious /'kɔ:ʃəs/ *adj.* careful 小心的; 謹慎的 **cautiously** *adv.*
cave /keɪv/ *n.* hole in the side of a hill or under the ground 山洞; 穴: *Many years ago men lived in caves.* 很久以前, 人們住在山洞。
cavern /'kævən/ *n.* big hole under the ground or in the side of a hill 大洞穴; 大山洞
cease /si:s/ *v.* stop 停止; 平息: *It is quiet when we all cease talking.* 大家都停止說話後, 非常安靜。
cease-fire /ˌsi:s 'faɪə(r)/ *n.* time when soldiers stop fighting 停火
ceaseless /'si:slɪs/ *adj.* not stopping 不停的; 不絕的
cedar /'si:də(r)/ *n.* sort of tree 雪松
ceiling /'si:lɪŋ/ *n.* the part of the room over your head 天花板: *A light is hanging from the ceiling.* 天花板上吊着一盞燈。
celebrate /'selɪbreɪt/ *v.* do something to show that a day or a happening is special 慶祝: *The church bells ring to celebrate the wedding.* 爲慶祝婚禮, 教堂的鐘都響了。
celebration /ˌselɪ'breɪʃn/ *n.* party or ceremony for a special reason 慶祝會; 慶祝典禮: *a birthday celebration* 生日慶典
celery /'selərɪ/ *n.* (no *pl.*) vegetable with long stems which we often eat raw 芹菜
cell /sel/ *n.* **1** small room in a prison or a monastery 牢房; (修道院的)密室 **2** small, hollow space 盒; 槽; 蜜蜂的巢室: *Bees put honey into the cells of a honey-comb.* 蜜蜂把蜜釀在蜂窩的巢室裏。**3** very small part of a human, animal, or plant body 細胞
cellar /'selə(r)/ *n.* room in the ground under a house 地下室; 地窖
cello /'tʃeləʊ/ *n.* musical instrument with strings, like a big violin 大提琴: *Someone who plays a cello is called a cellist.* 拉大提琴的人稱爲大提琴手。
cement /sɪ'ment/ *n.* (no *pl.*) grey powder that becomes hard like stone when you mix it with water and then leave it to dry 水泥 **cement** *v.* fill holes with cement; stick things together with cement 用水泥堵上或黏合: *The builder cemented bricks together to make a wall.* 建築工人用水泥把磚塊叠成一道牆。
cemetery /'semɪtrɪ/ *n.* (*pl.* cemeteries) place where dead people lie in the ground 公墓; 墓地
centimetre /'sentɪmi:tə(r)/ *n.* measure of length 厘米: *There are 100 centimetres in one metre.* 一米是一百厘米。
central /'sentrəl/ *adj.* in the middle of something 中心的; 中央的: *Piccadilly is in central London.* 碧卡迪利廣場在倫敦市中心。
centre /'sentə(r)/ *n.* **1** middle part or point 中心; 中央: *There is a big stone in the centre of a peach.* 桃子中心有一個大核兒。**2** place where a lot of people go to do something special 中心(地區): *Shall we buy presents in the shopping centre?* 我們去購物中心買禮物好嗎?
century /'sentʃʊrɪ/ *n.* (*pl.* centuries) **1** a hundred years 一百年 **2** one of the periods of one hundred years before or after the birth of Christ 世紀: *We live in the twentieth century.* 我們生活在二十世紀。
cereal /'sɪərɪəl/ *n.* **1** grain such as wheat, maize, rice, etc. used for food (小麥等)穀類 **2** special breakfast food made from grain (穀類做的)早餐食品(如麥片粥、玉米片等)
ceremony /'serɪmənɪ/ *n.* (*pl.* ceremonies) special programme at an important happening 典禮; 儀式: *a prize-giving ceremony* 頒獎禮
certain¹ /'sɜ:tn/ *adj.* true; sure 確定的; 無疑的: *It is certain that the world is round.* 毫無疑問, 地球是圓的。***be certain***, feel sure 確信的; 有把握的: *I am certain that Clive knows the way because he has been there before.* 我確信克萊夫認得路, 因爲他以前去過。***make certain***, find out about something so that you are sure (把…)弄確實; 弄清楚: *Please make certain that the river is not deep before you swim there.* 請你弄清楚河水確實不深, 才去游泳。
certain² *adj.* some 某一; 一些: *Certain plants are good to eat but others are not.* 某些植物好吃, 而另一些則不好吃。
certainly /'sɜ:tnlɪ/ *adv.* **1** surely; with no doubt 一定; 無疑地: *The glass will certainly break if you drop it.* 如果你把玻璃杯掉在地上, 它一定會碎的。**2** yes 是的; 當然: *'Will you come with me?' 'Certainly.'* "你願意跟我一起去嗎?" "當然。" ***certainly not!*** no! 才不呢!
certainty /'sɜ:tntɪ/ *n.* (no *pl.*) being sure 必然; 必定; 無疑: *I do not know with certainty if Mark will be home tomorrow.* 我不確定馬可明天是否回到家裏。
certificate /sə'tɪfɪkət/ *n.* piece of paper with writing that tells something about someone 證書; 證明; 執照: *Your birth certificate says when and where you were born.* 你的出生證明書寫明你的出生時間和地點。
chain /tʃeɪn/ *n.* row of metal rings joined together 鏈; 鏈條: *Mr. Barlow keeps his*

dog on a chain. 巴洛先生用鐵鏈把狗拴住。

chain *v*. tie someone or something with a chain 用鏈條拴住: *I chained my bicycle to the tree*. 我把腳踏車用鏈條拴在樹旁。

chair /tʃeə(r)/ *n*. seat with a back 椅子

chairman /'tʃeəmən/ *n*. (*pl*. chairmen) man or woman who controls a meeting (會議)主席

chalk /tʃɔːk/ *n*. (no *pl*.) soft, white stuff for writing on a blackboard 粉筆: *a stick of chalk* 一枝粉筆

challenge /'tʃælɪndʒ/ *v*. **1** tell someone to say what he is doing, who he is, etc. 查問 **2** ask someone to fight or run against you because you want to see who will be the winner 向…提出挑戰; 要求比試: *The boys challenged the girls to a race*. 男孩子向女孩子挑戰, 進行賽跑。**3** ask someone to do something because you want to see if he is brave enough to do it 激(將); 問…敢不敢: *Ben challenged Frank to jump into the deep water*. 本恩問富林敢不敢往水深處跳。

champion[1] /'tʃæmpɪən/ *adj*. best in a sport, game, etc.; very good 最好的; 優勝的

champion[2] *n*. **1** someone who speaks or fights for other people or things 戰士; 鬥士 **2** someone who wins a race, game, or sport 優勝者; 冠軍: *an athletics champion* 體育運動冠軍

championship /'tʃæmpɪənʃɪp/ *n*. competition for first place in a sport, game, etc. 錦標賽: *a swimming championship* 游泳錦標賽

chance /tʃɑːns/ *n*. **1** (no *pl*.) happening that is not planned 偶然性; 偶然發生的事: *Harry telephoned by chance and found I was not at home*. 漢立偶然打電話來, 發現我不在家。**2** (*pl*. chances) hope, opportunity 希望; 機會; 可能性: *Gordon has no chance of winning the race because he has hurt his leg*. 國棟的腿受傷了, 所以沒有可能在賽跑中獲勝。***stand a good chance of***, be likely to get or do something 很有可能…; 大有希望: *Arthur stands a good chance of passing the exam*. 阿瑟大有希望通過這次考試。***take a chance***, do something without knowing if it will end well 冒險; 投機: *Don took a chance when he picked up the dog, but it didn't bite him*. 東冒險抱起那隻狗, 不過狗没有咬他。

change[1] /tʃeɪndʒ/ *n*. when a difference comes 變化; 改變: *a change in the weather* 天氣的變化 ***for a change***, because you want something new or different 改變一下: *We normally go to Spain for our holiday but this year we're going to Italy for a change*. 通常我們去西班牙渡假, 但今年改去意大利。

change[2] *n*. (no *pl*.) money that you give

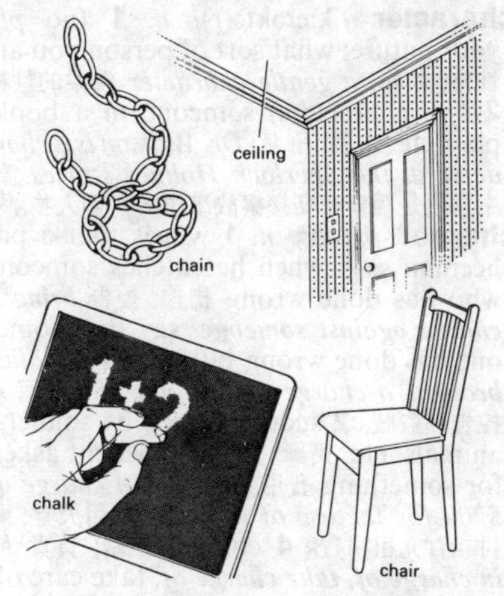

back when someone has paid you too much 找贖; 找回的錢: *I gave $5 but the jam cost $3 so there was $2 change*. 我給了五元, 而果醬只要三元, 所以找回二元。

change[3] *v*. **1** become different 變; 改變; 變化: *In autumn the leaves change from green to yellow*. 秋天, 樹葉由綠變黃。**2** make something different 改變: *Sheila has changed the colour of her hair*. 希拉改變了頭髮的顏色。**3** take or put one thing in place of another 以…換; 兌換: *Tony changed his books at the library*. 東尼在圖書館還了書, 又借了別的書。**4** put on different clothes 更衣: *I must change before I go to the party*. 我必須換了衣服才去參加聚會。***change buses, trains, etc.***, get off one bus, etc., and on to another 轉乘(公共汽車等) ***change a dollar, etc.***, take one dollar and give back the same money in coins of lower value, etc. 把一元換成零錢

channel /'tʃænl/ *n*. **1** narrow way where water can go 水渠: *They made a channel to take the water off the camp site*. 他們挖了一條水渠, 把營地的水排掉。**2** narrow passage of sea, etc. 海峽; 水道: *the English Channel* 英倫海峽

chaos /'keɪɒs/ *n*. (no *pl*.) when things happen wildly and with no control; when there is no order 混亂; 無秩序: *The strong wind left the garden in chaos*. 大風刮得花園零亂不堪。 **chaotic** /keɪ'ɒtɪk/ *adj*.

chap /tʃæp/ *n*. man; boy 傢伙; 男人; 小伙子

chapel /'tʃæpl/ *n*. room or small church where Christians go to pray and worship 小教堂

chapter /'tʃæptə(r)/ *n*. part of a book (書的)章; 回: *We start a book at chapter I*. 我們讀書從第一章開始。

character /ˈkærəktə(r)/ *n.* **1** (no *pl.*) your nature; what sort of person you are 性格; 品格: *a gentle character* 温柔的性格 **2** (*pl.* characters) someone in a book, play, etc. 人物; 角色: *Dr. Watson is a character in the Sherlock Holmes stories.* 華生醫生是福爾摩斯探案故事中的一個人物。

charge¹ /tʃɑːdʒ/ *n.* **1** words that a policeman says when he catches someone who has done wrong 指控; 控告 ***bring a charge against someone***, say that someone has done wrong 控告某人: *The police brought a charge against the thief.* 警方控告那盜賊。**2** sudden attack by soldiers, animals, etc. 衝鋒; 突襲 **3** payment asked for something 費用: *There is a charge of $200 for the use of the hall.* 使用大堂, 要付二百元租用費。**4** control 控制; 負責 ***be in charge of, take charge of***, take care of, and have power over, people or things 掌管; 負責: *The captain is in charge of the ship.* 船長掌管這艘船。

charge² *v.* **1** say in a law court, etc. that someone has done wrong 控告: *They charged him with murder.* 他們控告他犯了謀殺罪。**2** rush forward and attack someone or something 衝鋒; 猛衝: *The angry elephants charged the men.* 憤怒的象羣向那些人衝過去。**3** ask a price for something 收費; 要價: *The shopkeeper charged too much for this coffee.* 店主把咖啡的價錢定得太高。**4** put power into something 充電: *to charge a battery* 給電池充電

charity /ˈtʃærətɪ/ *n.* **1** (no *pl.*) help or money for people who are poor or in trouble 施捨; 賑濟 **2** (*pl.* charities) group of people who give help, money, food, etc. to others 慈善事業; 慈善團體: *The Red Cross is a charity.* 紅十字會是一個慈善團體。

charm¹ /tʃɑːm/ *n.* **1** (no *pl.*) being very pleasing, lovely, etc. 魅力; 魔力: *Linda has great charm.* 琳達非常迷人。**2** (*pl.* charms) something that is very pleasing, etc. 嫵媚; 誘人之處; 風韻: *Linda's happy smile is one of her charms.* 琳達愉快的微笑是她的風姿之一。

charm² *v.* please someone very much 迷人; 使着魔: *Linda's smile charmed everyone.* 琳達的微笑迷住了所有人。

charming /ˈtʃɑːmɪŋ/ *adj.* very pleasing; very lovely 迷人的; 可愛的

chart /tʃɑːt/ *n.* big drawing or map to give information 圖; 圖表

chase /tʃeɪs/ *v.* run after someone 追逐; 追趕; 追擊: *The police chased the thief.* 警察追趕小偷。**chase** *n.: a long chase* 長途追逐

chat /tʃæt/ *v.* (*pres. part.* chatting, *past part. & past tense* chatted /ˈtʃætɪd/) talk in a friendly way 閒談; 聊天; 非正式談話 **chat** *n.: Let's have a chat.* 我們聊聊吧。

chatter /ˈtʃætə(r)/ *n.* (no *pl.*) sound of people talking quickly 喋喋不休; 嘮叨 **chatter** *v.* **chatterbox** *n.* someone who talks a lot 嘮嘮叨叨的人; 話匣子

chauffeur /ˈʃəʊfə(r)/ *n.* someone whose job is to drive another person's car (受人僱用的)司機

cheap /tʃiːp/ *adj.* low in price; not costing a lot of money 便宜: *Food is cheap in the market.* 市場上的食品便宜。

cheat /tʃiːt/ *n.* someone who is not honest 騙子 **cheat** *v.* do something that is not honest 欺騙; 作弊: *He cheated in the exam when he copied his friends's work.* 他考試作弊, 抄襲朋友的答卷。

check¹ /tʃek/ *n.* looking to see if something is right, good, etc. 檢查; 檢驗; 核對: *The police are making a check on all cars to see that their brakes work.* 警察在檢查所有汽車, 以保證制動器正常。**check** *v.: I must check that your answers are correct.* 我必須檢查一下你的答案是否正確。 ***check up on***, find out if something is correct, right, or if a person is telling the truth, etc. 檢查; 核實; 查對

check² *n.* pattern made of crossed lines or squares 方格圖案 **checked** /tʃekt/ *adj.: Robert is wearing his checking suit.* 洛培身穿格子套裝。

checkout /ˈtʃekaʊt/ *n.* place in a shop where you pay (商店)付款處

cheek /tʃiːk/ *n.* part of the face below the eye and to the side of the nose 面頰; 臉蛋

cheeky /ˈtʃiːkɪ/ *adj.* too bold; not polite 厚臉皮的; 魯莽的; 無禮的 **cheekily** *adv.*

cheer /tʃɪə(r)/ *v.* **1** shout to show that you are pleased with someone 歡呼; 喝采: *The crowd cheered as the Queen drove past.* 女皇駕車經過時, 人羣發出了歡呼聲。**2** make someone happy 使高興; 使快慰 ***cheer up***, become happy; make someone happy 高興; 使振奮: *When I'm feeling sad my mother tells me funny stories to cheer me up.* 我感到憂傷時, 母親就給我講有趣的故事, 使我高興起來。 **cheer** *n.* **three cheers**, the call hip, hip, hooray! 三歡呼(即發出 'hip, hip, hooray!' 的叫聲): *Let's give three cheers for our football team!* 給我們的足球隊喝采叫好吧!

cheerful /ˈtʃɪəfl/ *adj.* happy; making you happy 快樂的; 高興的; 使人感到愉快的 **cheerfully** *adv.*

cheese /tʃiːz/ *n.* food made from milk 乳酪; 乾酪

chef /ʃef/ *n.* cook; chief cook in a hotel, etc. 廚師; (酒店等)主廚

chemical /ˈkemɪkl/ *n.* solid or liquid substance used in chemistry 化學藥品 **chemical** *adj.*

chemist /'kemɪst/ *n.* **1** someone who studies chemistry 化學家 **2** someone who makes and sells medicines 藥劑師; 藥品商

chemistry /'kemɪstrɪ/ *n.* (no *pl.*) study of gases, liquids, and solids to understand how they are made and what they do 化學

cheque /tʃek/ *n.* special piece of paper that you write on, telling a bank to pay money to someone for you 支票

cherry /'tʃerɪ/ *n.* (*pl.* cherries) small, round, red fruit 櫻桃

chess /tʃes/ *n.* (no *pl.*) game that two people play, with little figures on a board 國際象棋

chest[1] /tʃest/ *n.* front part of the body between the shoulders and above the waist 胸部

chest[2] *n.* big, strong, wooden box with a lid, for keeping things 櫃; 箱 **chest of drawers** *n.* big, wooden box with drawers, for keeping things 五屜櫃; 抽屜

chestnut /'tʃestnʌt/ *n.* shiny, brown nut that you can eat 栗子

chew /tʃu:/ *v.* crush and grind food into little bits in your mouth 嘴嚼; 嚼碎: *Dogs like to chew bones.* 狗喜歡嚼骨頭。

chewing-gum /'tʃu:ɪŋ gʌm/ *n.* (no *pl.*) sweet gum that people chew but do not swallow 橡皮糖; 口香糖

chick /tʃɪk/ *n.* baby hen or fowl 小雞; 小鳥

chicken /'tʃɪkɪn/ *n.* young hen; farm bird that lays eggs and that we eat 小雞; 母雞; 肉雞

chief[1] /tʃi:f/ *adj.* most important 主要的; 首要的; 最重要的: *Glasgow is one of the chief cities of Scotland.* 格拉斯哥是蘇格蘭的主要城市之一。

chief[2], **chieftain** /'tʃi:ftən/ *n.* leader or ruler; head of a group of people 領袖; 統治者

chiefly /'tʃi:flɪ/ *adv.* mostly; mainly 主要地; 首要地: *Bread is made chiefly of flour.* 麵包的成分主要是麵粉。

child /tʃaɪld/ *n.* (*pl.* children) young boy or girl 孩子; 兒童

childhood /'tʃaɪldhʊd/ *n.* (no *pl.*) time when you are a child 童年時代; 幼年時代: *I had a happy childhood.* 我的童年很幸福。

childish /'tʃaɪldɪʃ/ *adj.* like a young boy or girl; only for young boys and girls 幼稚的; 孩子氣; 孩子所特有的: *Now that Charlotte is 15, she thinks dolls are childish.* 夏綠蒂已經十五歲了, 覺得洋娃娃太幼稚。

chilled /tʃɪld/ *adj.* that has been made cool 已冷的; 冷卻了的: *Chilled drinks are nice on a hot day.* 熱天喝冰凍飲料很舒服。

chilly /'tʃɪlɪ/ *adj.* cold 寒冷的; 涼颼颼的

chime /tʃaɪm/ *v.* make a sound like bells 發出(似鐘的)響聲: *On Sundays we can hear the church bells chime.* 星期日我們能聽到教堂的鐘聲。 **chime** *n.*

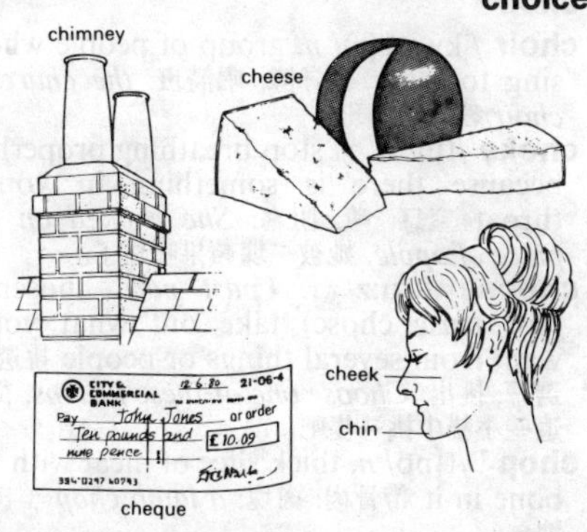

chimney /'tʃɪmnɪ/ *n.* sort of big pipe that takes smoke from a fireplace out of a building 煙囱; 煙筒

chimpanzee /ˌtʃɪmpæn'zi:/ *n.* sort of ape 黑猩猩

chin /tʃɪn/ *n.* part of your face below your mouth 下巴

china /'tʃaɪnə/ *n.* (no *pl.*) **1** special kind of white earth for cups, plates, etc. 瓷土 **2** cups, plates, etc. of china 瓷器 **china** *adj.*: *china plates* 瓷碟

chip[1] /tʃɪp/ *n.* small piece of wood, stone, etc., cut from a bigger piece 碎片; 碎石; 碎渣 **chip** *v.* (*pres. part* chipping, *past part. & past tense* chipped /tʃɪpt/) cut or break a small piece off something 碎裂; 削下碎片: *I chipped the plate when I dropped it.* 我把碟子打落時, 碟子掉下碎片兒。

chip[2] *n.* small piece of hot, fried potato 油炸馬鈴薯片

chirp /tʃɜ:p/ *n.* short, sharp sound made by birds, insects, etc. (鳥)啾啾聲; (昆蟲)唧唧聲 **chirp** *v.*

chocolate /'tʃɒklət/ *n.* **1** (no *pl.*) sweet food made from cocoa 巧克力; 朱古力糖: *I like chocolate.* 我愛吃巧克力。 **2** (*pl.* chocolates) piece of chocolate 巧克力糖塊: *Have a chocolate.* 吃一塊巧克力吧。 **chocolate** *adj.*: *a chocolate cake* 一塊巧克力糕點

choice /tʃɔɪs/ *n.* **1** (no *pl.*) taking the thing you want; choosing 選擇; 挑選: *There were so many cakes that it was difficult to make a choice.* 糕點那麼多, 以致挑選起來很困難。 **2** (no *pl.*) group of things from which you can take something 可供選擇的種類: *a big choice of books* 各種供選擇的書 **3** (*pl.* choices) person or thing that you want or like best 入選者; 最喜歡的人或物: *Amy bought a red bag but my choice was blue.* 艾美買了一個紅色的袋子, 可是我最喜歡的是藍色。

choir /'kwaɪə(r)/ *n.* group of people who sing together 歌詠隊; 唱詩班: *the church choir* 教堂唱詩班

choke /tʃəʊk/ *v.* stop breathing properly because there is something in your throat 窒息; 噎; 阻塞: *She choked on a piece of apple*. 她被一塊蘋果噎住了。

choose /tʃu:z/ *v.* (*past part.* chosen, *past tense* chose) take out what you want from several things or people 挑選; 選擇; 挑出: *Choose one of these kittens*. 從這些小貓中挑一隻吧。

chop¹ /tʃɒp/ *n.* thick slice of meat with a bone in it 帶骨肉; 肉塊: *a lamb chop* 羊肉塊

chop² *v.* (*pres. part.* chopping, *past part. & past tense* chopped /tʃɒpt/) cut something into pieces with an axe, knife, etc. 斬; 砍; 切細: *I chop up the vegetables before I put them in the stew*. 我先把蔬菜切好, 然後才煮。

choppy /'tʃɒpɪ/ *adj* rough; broken into small waves 波浪滔滔的; 有波浪的: *choppy sea* 波浪滾滾的大海

chorus /'kɔ:rəs/ *n.* (*pl.* choruses) **1** group of singers; group of dancers in the theatre 合唱團; (劇院)舞蹈團 **2** part of a song that is sung by everyone after each verse (歌曲的)合唱部分

chose /tʃəʊz/ *past tense* of *v.* choose 動詞 choose 的過去式

chosen /'tʃəʊzn/ *past part.* of *v.* choose 動詞 choose 的過去分詞

christen /'krɪsn/ *v.* **1** put holy water on someone to show that he or she belongs to the Christian Church 爲…施洗禮: *The minister christened the baby*. 牧師爲那嬰兒施洗禮。**2** give a first name to someone 取(教)名: *They christened her Mary*. 他們給她取教名瑪利。**christening** *n.*

Christian /'krɪstʃən/ *n.* someone who believes in Jesus Christ and what He taught 基督徒 **Christian** *adj.*: *the Christian Church* 基督教教堂

chuckle /'tʃʌkl/ *n.* small, soft laugh 輕聲的笑 **chuckle** *v.*

chum /tʃʌm/ *n.* close friend 密友

church /tʃɜ:tʃ/ *n.* (*pl.* churches) building where Christians go to pray and worship 教堂; 禮拜堂 ***the Church***, *all Christian people together* 全體基督徒

churn /tʃɜ:n/ *n.* **1** big farm can for fresh milk 大的盛奶罐 **2** machine for making butter (做牛油的)拌乳器

cider /'saɪdə(r)/ *n.* (no *pl.*) drink made from apples 蘋果汁; 蘋果酒

cigar /sɪ'gɑ:(r)/ *n.* roll of tobacco leaves for smoking 雪茄

cigarette /ˌsɪgə'ret/ *n.* tube of paper full of tobacco for smoking 香煙; 煙卷

cinder /'sɪndə(r)/ dry black or grey stuff that is left after something has burned 灰燼; 爐渣: *The roast meat was burned to cinders*. 那塊烤肉被烤焦了。

cine-camera /'sɪnɪ kæmərə/ *n.* machine for taking moving photographs 電影攝影機

cinema /'sɪnəmə/ *n.* place where people go to see films 電影院

circle /'sɜ:kl/ *n.* **1** ring; something round 圓; 圓圈; 環狀物 **2** group of people who like the same thing 圈子; 團體; 集團: *a circle of friends* 一批朋友

circular /'sɜ:kjʊlə(r)/ *adj.* round; making a line that goes round 圓形的; 環狀的: *A wheel is circular*. 輪子是圓形的。

circulate /'sɜ:kjʊleɪt/ *v.* go or pass round something 循環: *Blood circulates through our bodies*. 血液在我們體内循環。 **circulation** /ˌsɜ:kjʊ'leɪʃn/ *n.*

circumstances /'sɜ:kəmstənsɪz/ *n.* (*pl.*) the facts of a happening; where, when, how, and why something happens 情況; 形勢; 環境; 事實 ***in*** or ***under the circumstances***, because things are as they are 在這種情況之下; 既然如此: *There was a snow storm and, under the circumstances, they decided to stay at home*. 暴風雪來臨了, 在這種情況下, 他們決定留在家裏。***in*** or ***under no circumstances***, not at all; never 無論如何不; 决不: *Under no circumstances must you swim in the deep river!* 你無論如何也不可在那條深的河裏游泳!

circus /'sɜ:kəs/ *n.* (*pl.* circuses) show given by clowns, animals, acrobats, etc. 馬戲表演; 馬戲團

citizen /'sɪtɪzn/ *n.* someone who belongs to a country or town 公民; 市民: *the citizens of Cardiff* 加地夫市市民

city /'sɪtɪ/ *n.* (*pl.* cities) big, important town 城市 **city hall** *n.* building with offices and meeting rooms for the people who control a city 市政廳

civic /'sɪvɪk/ *adj.* of a town 城市的: *a civic centre* 市中心

civil /'sɪvl/ *adj.* belonging to the people of a place 公民的; 市民的; 民用的 **civil rights** *n.* things that everyone in a country can have, do, and ask for 公民權 **the civil service** *n.* people who do government work 政府的文職機關 **civil war** *n.* war between the people in one country 内戰

civilian /sɪ'vɪlɪən/ *n.* someone who is not in the army, the navy, the air force, etc. 平民; 老百姓: *Civilians and soldiers were killed during the war*. 戰爭中不少軍民喪命。**civilian** *adj.*: *civilian dress* 便服(有别於軍警制服)

civilization /ˌsɪvəlaɪ'zeɪʃn/ *n.* people living together at a certain time in a certain way 文明; 文化: *the Roman civiliza-*

tion 羅馬文化

claim /kleɪm/ *v.* **1** say that something belongs to you; say that you should have something 提出要求; 認領: *Did anyone claim the lost umbrella?* 有誰認領那被人遺下的雨傘嗎? **2** say that something is true 聲稱; 説: *Nigel claimed that he had done all the work without help.* 勵哲聲稱工作全是他幹的, 没有人幫助。 **claim** *n.*: a claim for more pay 要求加薪

clamber /ˈkæmbə(r)/ *v.* use your hands and feet to climb over something 爬上; 攀登: *The children clambered over the rocks.* 孩子們爬到石塊上。

clan /klæn/ *n.* large family group of people in a place (*esp.* in Scotland) 氏族; 部族: *the Macdonald clan* 麥克唐納部族

clang /klæŋ/ *n.* loud, ringing noise made by pieces of metal banging together 鏗鏘聲: *the clang of a fire bell* 火警的鐘聲 **clang** *v.*

clap¹ /klæp/ *n.* sound made by hands hitting together 拍手聲; 鼓掌聲 **clap of thunder**, sudden, sharp noise of thunder 霹靂聲; 雷鳴

clap² *v.* (*pres. part.* clapping, *past part. & past tense* clapped /klæpt/) hit your hands together to show you are pleased, etc. 鼓掌; 拍手: *The boys clapped when their team won the match.* 他們的隊伍比賽獲勝時, 男孩子鼓掌喝采。

clash /klæʃ/ *v.* **1** quarrel; fight 争執; 衝突: *The two armies clashed.* 那兩支隊伍發生衝突。**2** make a loud, banging noise 碰撞作響: *The soldiers' swords clashed.* 士兵的刀劍撞擊作響。**3** happen at the same time (時間上)衝突: *The meeting clashed with my swimming lesson so I could not go.* 會議同我的游泳課在時間上衝突, 我不能去了。 **clash** *n.*

clasp¹ /klɑ:sp/ *n.* something that holds two things together 扣子; 扣環: *the clasp of a necklace* 項鏈的扣環

clasp² *v.* hold someone or something tightly 緊握; 扣緊: *She clasped my hand.* 她緊握我的手。

class /klɑ:s/ *n.* (*pl.* classes) **1** group of children or students who learn together 班; 年級: *a ballet class* 芭蕾舞班 **2** group of people or things that are in the same way 階級; 種類: *the working class* 工人階級 **classroom** *n.* room where children have lessons 教室

classic /ˈklæsɪk/ *n.* book, picture, or piece of music that lasts for always because it is very good 經典作品: *Shakespeare's plays are classics.* 莎士比亞的劇作是經典作品。

classical /ˈklæsɪkl/ *adj.* **1** best; that people have thought was the best for many years 第一流的; 古典的: *the classical music of Beethoven* 貝多芬古典音樂 **2** of ancient Greek and Roman times 古希臘和古羅馬時期的; 古典式的: *The Parthenon is a classical building.* 巴台農神廟是古典式建築。

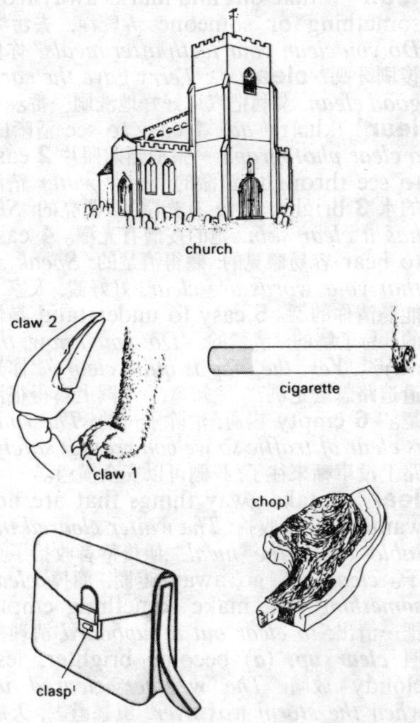

clatter /ˈklætə(r)/ *n.* (no *pl.*) loud noise of hard things banging together (硬物撞擊時)巨大響聲; 得得(或卡嗒)作響 **clatter** *v.*: *Hailstones clattered down on to the roof.* 冰雹得得地打在屋頂上。

clause /klɔ:z/ *n.* part of a sentence with its own verb 分句; 子句: *I was angry* (= main clause) *because he came late* (= dependent clause). 我生氣了(主句), 因爲他遲到(從句)。

claw /klɔ:/ *n.* **1** one of the pointed nails on the feet of some animals and birds (鳥獸)爪; 腳爪: *Cats have very sharp claws.* 貓有鋒利的腳爪。**2** hand of a crab, etc. (蟹等)鉗; 螯

clay /kleɪ/ *n.* (no *pl.*) heavy earth that is sticky when it is wet and becomes hard when it is dry 黏土; 陶土: *Pots are made from baked clay.* 盆和罐都是用黏土製成的。

clean¹ /kli:n/ *adj.* **1** fresh; free from dirt 清潔的; 乾淨的: *clean nails* 乾淨的指甲 **2** new; not yet used 新的; 未用過的: *I have made a mistake so I want a clean sheet of paper.* 我寫錯了一個地方, 所以我想要一張乾淨的紙。

clean² *v.* take dirt and marks away from something or someone 弄乾淨, 去污垢: *Do you clean your teeth after meals?* 你飯後刷牙嗎? **clean** *n.*: *Terry gave the car a good clean.* 泰利把汽車好好地洗刷一番。

clear¹ /klɪə(r)/ *adj.* **1** easy to see 清晰的: *a clear photograph* 一張清晰的照片 **2** easy to see through 清澈的: *clear water* 清澈的水 **3** bright; pure 有光澤的; 明亮的: *She has a clear skin.* 她的皮膚有光澤。**4** easy to hear 容易聽見的; 聽得清楚的: *Speak so that your words are clear.* 好好說, 人家才能聽清你的話。**5** easy to understand 易懂的; 易了解的; 清楚的: *'Do you know the way?' 'Yes, the map is quite clear.'* "你知道這路怎麼走嗎?" "知道, 地圖上寫得很清楚。" **6** empty 暢通; 消除了…的: *The road is clear of traffic so we can cross it safely.* 路上没車輛來往了, 我們可以安全橫過。

clear² *v.* take away things that are not wanted 清除; 收拾: *The waiter cleared the table after the meal.* 飯後侍者收拾了桌子。***clear off***, go away 走開; 溜掉 ***clear something out***, make something empty 把…清出: *to clear out a cupboard* 清理櫥櫃 ***clear up***, (***a***) become brighter, less cloudy 放晴: *The weather cleared up when the storm was over.* 風暴過去, 天放晴了。(***b***) make a place tidy 收拾; 整理: *We must clear up the classroom before we go home.* 我們必須把教室整理好才回家。

clearly /'klɪəlɪ/ *adv.* **1** in a way that is easy to hear, see, etc. 清楚地: *Try to speak more clearly.* 講清楚一點。**2** with no doubt; certainly 無疑地; 當然地: *He is clearly wrong.* 他無疑是錯了。

clergy /'klɜːdʒɪ/ *n.* (*pl.*) priests; ministers (總稱) 牧師; 教士 **clergyman** *n.* priest 牧師; 教士

clerk /klɑːk/ *n.* someone who works in an office, keeping records, writing letters, etc. 文員; 書記; 辦事員

clever /'klevə(r)/ *adj.* quick to understand and learn 聰明的; 伶俐的; 學得快的 ***clever at***, able to do something well 擅長於: *Stuart is clever at arithmetic.* 史都華擅長於算術。**cleverly** *adv.*

click /klɪk/ *v.* make a short, sharp sound 發出卡嗒聲 **click** *n.*: *the click of knitting-needles* 織針的卡嗒聲

client /'klaɪənt/ *n.* someone who pays another person, such as a lawyer, builder, etc. to do a job for him 委托人; (律師的)當事人

cliff /klɪf/ *n.* high, steep, side of a hill, etc. 懸崖; 峭壁: *It is dangerous to walk near the edge of a cliff.* 在懸崖邊行走是危險的。

climate /'klaɪmɪt/ *n.* sort of weather a place has 氣候: *Britain has a colder climate than Italy.* 英國的氣候比意大利的冷。

climb /klaɪm/ *v.* **1** go higher 上升; 徐徐向上: *The road climbs into the hills.* 那條路蜿蜒通到山上。**2** go up or down with the help of both hands and feet 爬; 攀登: *We climbed the tree.* 我們爬上樹。**climb** *n.*: *a long climb up the mountain* 登山的長路 **climbing** *adj.* for walking in the mountains 爬山用的: *climbing boots* 登山靴

climber /'klaɪmə(r)/ *n.* someone who likes to go up and down rocks and mountains 爬山者; 爬山運動員

cling /klɪŋ/ *v.* (*past part. & past tense* clung /klʌŋ/) hold or stick tightly on to something or someone 緊靠着; 依附: *The little monkey is clinging to its mother.* 小猴子緊偎着母猴。

clinic /'klɪnɪk/ *n.* place where people go to get medicine, see a doctor, etc. 診所; 門診所; 醫務室

clip¹ /klɪp/ *n.* piece of metal for holding things together 夾子; 回形針; 鋼夾: *paper-clip* 萬字夾; *hair-clip* 髮夾

clip² *v.* (*pres. part.* clipping, *past part. & past tense* clipped /klɪpt/) **1** fasten things 夾住; 鉗牢: *to clip papers together* 把文件夾在一起 **2** cut hair or wool from a person or animal 剪; 修剪: *The barber clipped Murray's hair short.* 理髮師把敏瑞的頭髮剪短。

cloak /kləʊk/ *n.* big, loose piece of clothing, like a coat with no sleeves 斗篷; 披風

cloakroom /'kləʊkrʊm/ *n.* **1** place where you can leave coats, hats, and umbrellas 衣帽間 **2** lavatory; toilet 廁所

clock /klɒk/ *n.* instrument that shows the time of day. It stands on a shelf or floor, or hangs on a wall 鐘; 座鐘; 掛鐘

close¹ /kləʊs/ *adj.* **1** near 近的; 靠近的: *The shops are close to our home.* 商店離我們家很近。***close by***, near: 在…附近: *Alice lives close by.* 愛麗斯住在附近。***close together***, with little space between 稠密的; 緊靠一起的: *The forest trees are close together.* 森林的樹長得很密。**2** loving or liking each other 親密的; 密切的: *close friends* 親密的朋友 **3** almost happening 幾乎成真; 接近的: *'Did Bob win the race?' 'No, but it was close.'* "這場賽跑阿寶贏了嗎?" "没有, 但是雙方不相上下。"

close² /kləʊz/ *n.* (no *pl.*) end 結束; 終止: *We were all tired at the close of the day.* 到了黃昏, 我們都很累。

close³ /kləʊz/ *v.* **1** shut something 關; 閉; 封閉: *Please close the door.* 請關上門。***close up***, shut a place 關閉; 堵塞: *The caretaker closes up the school at 6 p.m.* 下午六點鐘看管人員關閉了校門。 **2** stop happening; end 停止; 終止; 結束: *All the men left when the meeting closed.* 會議結束; 各人便離開。***close down***, stop business

關閉; 倒閉; 停業: *The shop closed down when the owner died.* 店主死後, 店舖就關閉了。 **closed** /kləʊzd/ *adj.* not open; shut 關閉的; 閉合的

cloth /klɒθ/ *n.* **1** (no *pl.*) material; stuff made by weaving threads together 衣料; 布; 織品: *cotton cloth* 棉布 **2** (*pl.* cloths) piece of material that you use for a special job 布塊; 揩布; 枱布: *face-cloth* 面紗; *table-cloth* 桌布

clothes /kləʊðz/ *n.* (*pl.*) things that you wear to cover your body 衣服

clothing /ˈkləʊðɪŋ/ *n.* (no *pl.*) coverings for the body (總稱)衣服: *People wear warm clothing in cold weather.* 天氣冷時人們穿暖和的衣服。

cloud /klaʊd/ *n.* mass, made of tiny drops of water, that floats in the air 雲: *Those dark clouds will probably bring rain.* 那些烏雲很可能要降雨。 **cloudy** *adj.*: *a cloudy sky* 密雲

clown /klaʊn/ *n.* man in a circus or theatre who makes people laugh 小丑; 丑角; 滑稽演員

club[1] /klʌb/ *n.* heavy stick with a thick end 棍棒(通常指一端較粗的木棒)

club[2] *n.* group of people with the same interests 俱樂部: *a tennis club* 網球俱樂部 **club** *v.* (*pres. part.* clubbing, *past part. & past tense* clubbed /klʌbd/) ***club together***, join with other people to buy something 湊錢: *The children clubbed together to buy a present for their teacher.* 孩子們湊錢買了一份禮物給老師。

club[3] *n.* the shape ♣ on a playing card (紙牌)梅花; (一張)梅花紙牌

cluck /klʌk/ *n.* noise made by a hen (母雞)咯咯聲 **cluck** *v.*

clue /klu:/ *n.* thing, or piece of information, that helps to find the answer to a problem, a crime, etc. 線索; 提示: *The police looked for clues.* 警察尋找線索。 ***have no clue***, not understand something 迷惑不解; 不懂: *He hasn't a clue how to dance.* 他不懂跳舞。

clump /klʌmp/ *n.* small group of trees or plants (灌木等)叢; 簇

clumsy /ˈklʌmzɪ/ *adj.* not able to move easily or carefully 笨拙的; 不靈活的: *That clumsy child has just dropped the eggs!* 那個笨手笨腳的孩子剛把雞蛋掉在地上。 **clumsily** *adv.*

clung /klʌŋ/ *past part. & past tense* of *v.* cling 動詞cling的過去分詞和過去式

cluster /ˈklʌstə(r)/ *n.* group of things close together 串; 束; 簇: *a cluster of houses* 一排房子 **cluster** *v.* make a close group around something 集結; 緊圍在…四週: *We clustered round the fire.* 我們圍着那堆火。

clutch /klʌtʃ/ *v.* hold something tightly

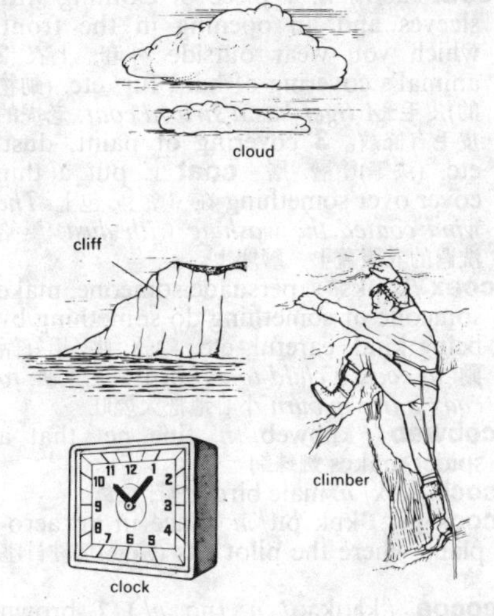

抓住; 攫住: *The drowning man clutched the lifebelt.* 那個快要淹死的人抓住了救生帶。

co- /kəʊ/ *prefix* together 共同; 一起; 相互: *A co-educational school has both boys and girls together.* 男女同校的學校有男孩, 也有女孩。

coach[1] /kəʊtʃ/ *n.* (*pl.* coaches) **1** vehicle, with seats inside, pulled by horses (四輪)大馬車; 公共馬車: *The Queen travelled through London in a golden coach.* 女皇乘坐一輛金黃色的四輪大馬車駛過倫敦。 **2** bus for taking a group of people on long journeys 長途旅遊車 **3** part of a train where people sit 火車客車車廂

coach[2] *n.* (*pl.* coaches) **1** teacher who gives private lessons to people 私人教師; 輔導者 **2** someone who teaches sport 教練: *The football coach makes his team practise every day.* 足球隊教練讓隊員每天練習。 **coach** *v.* teach someone 輔導; 訓練

coal /kəʊl/ *n.* **1** (no *pl.*) hard, black stuff from the ground, which gives heat when you burn it 煤 **2** (*pl.* coals) piece of coal 煤塊

coarse /kɔ:s/ *adj.* not smooth or soft 粗糙的; 粗劣的: *coarse cloth* 粗布

coast /kəʊst/ *n.* land by the sea 海岸; 海濱(地區): *Bournemouth is on the coast.* 波茅斯座落在海岸上。 **coastline** /ˈkəʊstlaɪn/ *n.* edge of the land next to the sea 海岸線

coastguard /ˈkəʊstgɑ:d/ *n.* man whose job is to watch the sea and ships carefully and see that all is well 海岸警衛隊隊員

coat /kəʊt/ *n.* **1** piece of clothing with sleeves and an opening in the front, which you wear outside 外套; 上衣 **2** animal's covering of hair, fur, etc. (動物的)皮毛: *A tiger has a striped coat.* 老虎的皮毛有條紋。**3** covering of paint, dust, etc. (漆等)塗層; 層 **coat** *v.* put a thin cover over something 在…塗上; 包上: *The wind coated the washing with dust.* 風給洗過的衣服蓋上一層塵土。

coax /kəʊks/ *v.* persuade someone; make someone or something do something by being kind, careful, etc. 勸誘; 哄; 用好話勸: *to coax a child to eat* 哄小孩吃東西; *to coax a fire to burn* 小心地把火燒旺

cobweb /ˈkɒbweb/ *n.* fine net that a spider makes 蜘蛛網

cock /kɒk/ *n.* male bird 公雞; 雄禽

cock-pit /ˈkɒk pɪt/ *n.* place in an aeroplane where the pilot sits (飛機)駕駛員座艙

cocoa /ˈkəʊkəʊ/ *n.* (no *pl.*) **1** brown powder from the beans of a tree, made into chocolate 可可粉 **2** drink that you make with cocoa powder and milk 可可茶

coconut /ˈkəʊkənʌt/ *n.* very big, brown nut that grows on palm trees and has sweet, white milk inside 椰子(果)

cod /kɒd/ *n.* (*pl.* cod) sort of sea-fish that you can eat 鱈

code /kəʊd/ *n.* **1** set of rules for a country or a group of people 法典; 法規; 準則: *Before Anne learned to drive, she read the Highway Code.* 安妮學習駕駛前, 讀了公路規則。**2** secret writing 密碼

coffee /ˈkɒfɪ/ *n.* **1** (no *pl.*) drink that you make with hot water and the crushed beans of a plant (總稱)咖啡 **2** (*pl.* coffees) cup of coffee 一杯咖啡 **coffee bar** *n.* place where you can buy and drink coffee, etc. 咖啡館

coffin /ˈkɒfɪn/ *n.* box in which a dead person lies 棺材; 棺木

coil /kɔɪl/ *n.* long piece of rope or wire, twisted round and round 卷; 繞圈; 盤管 **coil** *v.* twist something into rings; twist round something 捲; 盤繞: *The snake coiled round a branch.* 那條蛇盤繞在樹枝上。

coin /kɔɪn/ *n.* round piece of metal money 硬幣

coincidence /kəʊˈɪnsɪdəns/ *n.* when things happen at the same time or in the same place by chance 巧合; 巧合的事物: *What a coincidence! I was thinking about Roy when his letter arrived!* 多巧呀, 我正想起阿洛, 他的信就到了!

cold[1] /kəʊld/ *adj.* **1** not warm; that feels like snow, ice, etc. 冷: *cold water* 冷水; 涼水 **2** not friendly or cheerful 冷淡的; 不熱情的: *a cold smile* 冷淡的微笑 **coldly** *adv.* **coldness** *n.*

cold[2] *n.* **1** (no *pl.*) being not warm 寒冷: *The cold makes us shiver.* 冷得我們發抖。**2** (*pl.* colds) illness that makes you cough and sneeze 着涼; 感冒 ***catch a cold***, get a cold 傷風; 感冒

collapse /kəˈlæps/ *v.* fall down; break into pieces 倒塌; 垮下: *The walls of the burning house collapsed.* 着火房子的牆倒塌了。**collapse** *n.*

collar /ˈkɒlə(r)/ *n.* **1** the part of your clothes that goes round your neck 領子; 衣領 **2** band to put round the neck of a dog, horse, etc. (狗、馬等的)脖圈; 頸圈

colleague /ˈkɒliːg/ *n.* person who works with you 同事; 同僚: *When Robert left his job, his colleagues gave him a present.* 洛培離職時, 同事送給他一份禮物。

collect /kəˈlekt/ *v.* **1** take things from several people or places 收集; 採集: *The bus conductor collected money from the passengers.* 公共汽車售票員向乘客收錢。**2** go and fetch someone or something 領取; 接走: *to collect a child from school* 到學校接回孩子 **3** bring together things that are the same in some way, to study or enjoy them 搜集: *My niece collects stamps.* 我侄女集郵。

collection /kəˈlekʃn/ *n.* **1** number of things that have been gathered together 收藏; 收集物: *The Tate Gallery has a fine collection of modern pictures.* 泰特美術館收藏了一批現代名畫。 **2** money that people give at a church service, meeting, etc. 捐款

collector /kəˈlektə(r)/ *n.* someone who looks for and keeps things that he likes 收藏家; 採集者: *a stamp-collector* 集郵者

college /ˈkɒlɪdʒ/ *n.* **1** place where people go for more study, after they have left school (獨立)學院; 高等專科學校: *Student teachers study at a training college.* 實習教師在師範學院攻讀。**2** part of a university (綜合大學的)學院: *Merton is a college of Oxford University.* 默頓是牛津大學裏一間學院。

collide /kəˈlaɪd/ *v.* hit each other 相撞: *The two lorries collided.* 兩輛貨車相撞。 ***collide with***, hit something hard 碰撞: *The lorry collided with a tree.* 貨車撞在樹上。**collision** /kəˈlɪʒn/ *n.*

colon /ˈkəʊlən/ *n.* punctuation mark (:) that divides sentences into two or more parts 冒號(:)

colonel /ˈkɜːnl/ *n.* army officer (陸軍)上校

colony /ˈkɒlənɪ/ *n.* (*pl.* colonies) **1** country that is ruled by another country 殖民地 **2** group of people from one country who go and live in a new land 僑民

colossal /kəˈlɒsl/ *adj.* very big 龐大的
colour /ˈkʌlə(r)/ *n.* **1** what we see when light is broken up into parts 顏色; 色彩: *Blue, red, yellow, and green are colours.* 藍、紅、黃、綠都是顏色。**2** paint 顏料 **colour** *v.* put colour on to something 給…着色; 染: *to colour a drawing* 給圖畫着色
coloured /ˈkʌləd/ *adj.* **1** with a colour 有色的: *Water has no colour, but beer is coloured.* 水沒有顏色, 而啤酒則有色。**2** not black or white 彩色的: *Nick sent a coloured postcard to his parents.* 阿立給他父母寄去一張彩色明信片。**3** with a dark skin 有色人種的: *Africans and Indians are coloured people.* 非洲人和印第安人是有色人種。
colourful /ˈkʌləfl/ *adj.* bright 繽紛的; 多色彩的: *Gardens are colourful in summer.* 夏天花園裏五彩繽紛。
column /ˈkɒləm/ *n.* **1** tall pillar of wood, stone, etc. to hold up a building or to make people remember something or someone 柱; 支柱; 圓柱: *Nelson's Column in Trafalgar Square* 特拉法加廣場的納爾遜紀念柱 **2** part of a page (書刊)欄: *There are two columns of this page.* 這一頁有兩欄。
comb /kəʊm/ *n.* the thin piece of metal, plastic, bone, etc. with teeth, for making your hair smooth and tidy 梳子 **comb** *v.* use a comb 梳理; 梳頭: *Susan combed her hair.* 素珊梳了頭髮。
combat /ˈkɒmbæt/ *v.* fight; fight against something 戰鬥; 反對: *The police combat crime.* 警方與罪惡戰鬥。**combat** *n.*: *The two armies were in combat.* 兩軍作戰。
come /kʌm/ *v.* (*past part.* come, *past tense* came /keɪm/) **1** move towards or near the person who is speaking 來: *The dog came when I called him.* 我叫那隻狗, 牠就來了。**2** arrive 來到: *When is the train coming?* 火車什麼時候到? **3** be; happen 是, 出現(於): *May comes between April and June.* 四月和六月之間是五月。***come about***, happen 發生: *How did the accident come about?* 意外是怎樣發生的? ***come across***, find something when you are not looking for it 偶然發現; 碰見; 邂逅: *I came across my old radio yesterday.* 昨天我偶然找到了我的舊收音機。***come apart***, break into pieces 拆開; 破掉: *If you sit on that chair it will come apart!* 如果你坐那把椅子, 它就會破掉! ***come from***, was born or lived in a place 出生(於); 來(自): *Joe comes from York.* 喬是約克郡人。***come in useful***, be useful 有用的 ***come on***, follow; hurry 跟上; 快: *Oh do come on or we'll be late!* 嘿, 快點, 要不我們便遲到了! ***come to nothing***, not happen 沒實現: *All my holiday plans came to nothing.* 我所有的假期

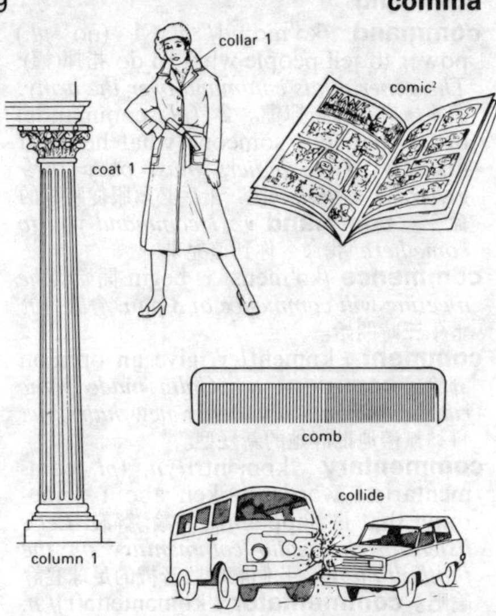

計劃都告吹了。***come true***, be real; happen (希望、理想等)實現; 達到: *Her dream of visiting Australia came true.* 她旅遊澳洲的夢想實現了。***to come***, in the future 未來的; 將來的: *I think she'll be a famous dancer in years to come.* 我認爲不久將來, 她將成爲著名的舞蹈家。
comedian /kəˈmi:dɪən/ *n.* actor who plays funny parts; someone who makes people laugh 喜劇演員; 丑角
comedy /ˈkɒmədɪ/ *n.* (*pl.* comedies) funny or light play in the theatre 喜劇
comfort /ˈkʌmfət/ *n.* **1** (no *pl.*) being free from worry, pain, etc. 舒適; 安逸: *We have enough money to live in comfort.* 我們有足够的錢舒舒服服地生活。**2** (*pl.* comforts) someone or something that brings help or kindness 給予慰藉的人或事物: *Your letter was a great comfort to me.* 你的信使我感到非常安慰。**comfort** *v.* make someone feel better, happier, etc. 安慰; 使舒服: *The mother comforted her crying child.* 母親哄了哭鬧的孩子。
comfortable /ˈkʌmftəbl/ *adj.* **1** pleasant and easy to sit in, wear, etc. 舒適的: *a comfortable bed* 一張舒適的牀 **2** with no pain or worry 無痛苦或焦慮的: *The nurse made the sick man comfortable.* 護士使病人感覺舒服。**comfortably** *adv.*
comic¹ /ˈkɒmɪk/, **comical** /ˈkɒmɪkl/ *adj.* funny, making you smile and laugh 滑稽的; 好笑的; 喜劇的
comic² *n.* children's magazine with picture stories 兒童連環圖畫册
comma /ˈkɒmə/ *n.* punctuation mark (,) that makes a short stop in a sentence 逗號(,)

command /kəˈmɑːnd/ *n.* **1** (no *pl.*) power to tell people what to do 指揮(權): *The general has command over the army.* 將軍擁有軍隊指揮權。**2** (*pl.* commands) order that tells someone what he must do 命令: *The soldiers must obey their general's commands.* 士兵必須服從將軍的命令。**command** *v.*: *I command you to come here!* 我命令你到這兒來!

commence /kəˈmens/ *v.* begin 開始: *The meeting will commence at 3 p.m.* 會議將於下午三時開始。

comment /ˈkɒment/ *v.* give an opinion 評論 **comment** *n.*: *Colin made some rude comments about her new hairstyle.* 科林無禮地批評她的新髮型。

commentary /ˈkɒməntrɪ/ *n.* (*pl.* commentaries) words spoken about something that is happening 評論; 解說: *Let's listen to the radio commentary on the football match.* 我們聽聽收音機的足球賽評論吧。**commentator** /ˈkɒmənteɪtə(r)/ *n.* someone who gives commentaries on radio, television, etc. 評論員; 現場廣播員

commerce /ˈkɒmɜːs/ *n.* (no *pl.*) buying and selling; trade 買賣; 商業; 貿易

commercial /kəˈmɜːʃl/ *adj.* of trade 商業的; 商務的: *commercial news* 商業新聞 **commercial** *n.* short film that helps to sell something (廣播或電視上推銷商品的)商業廣告節目

commit /kəˈmɪt/ *v.* (*pres. part.* committing, *past part.* & *past tense* committed /kəˈmɪtɪd/) do something bad 犯(錯誤、罪行); 幹(壞事): *to commit murder* 謀殺; 犯謀殺罪

committee /kəˈmɪtɪ/ *n.* small group of people chosen by others to plan and organize 委員會: *the committee of the music club* 音樂俱樂部委員會

common[1] /ˈkɒmən/ *adj.* **1** belonging to, or done by, everyone in a group 共用的; 共同的; 共有的: *The English and Australians have a common language.* 英國人和澳洲人有共同的語言。***have something in common***, have some of the same interests as another person; be like another thing in some way 有共同點; 公有: *I have a lot in common with Paul.* 我和保羅有許多共同點。**2** happening often; that you often see, hear, etc. 平常的; 常見的; 普通的: *Double-decker buses are common in London.* 在倫敦雙層公共汽車很普遍。

common[2] *n.* piece of land that anyone can use 公共場地; 公地; 空地: *Let's go for a walk on the common.* 我們到空地上散散步吧。

commonwealth /ˈkɒmənwelθ/ *n.* group of countries that have the same interests and try to help one another 聯邦

communicate /kəˈmjuːnɪkeɪt/ *v.* ***communicate with***, talk, write, or send messages to someone 講話; 通訊; 傳送(消息、熱等): *A pilot communicates with an airport by radio.* 飛行員用無線電與飛機場通話。

communication /kəˌmjuːnɪˈkeɪʃn/ *n.* message; what you tell or write 通訊; (意見等的)交流 ***in communication with***, sending or getting letters, telephone calls, etc. 與…通訊; 與…通信: *He's is in communication with his lawyer about this matter.* 就這件事他與律師保持聯繫。

communications /kəˌmjuːnɪˈkeɪʃnz/ *n.* (*pl.*) ways of joining places together, such as roads, railways, airways, radio, and telephone 通訊聯絡; 交通

community /kəˈmjuːnətɪ/ *n.* (*pl.* communities) group of people who live in one place, have the same interests, etc. 團體; 社區; 社會: *Newquay is a fishing community.* 紐基是一個漁業區。

commute /kəˈmjuːt/ *v.* travel a long way from home to work each day 通勤來往; 上下班每天乘搭火車或汽車 **commuter** *n.* someone who commutes 經常來往於某兩地間 (如住所與工作地點) 的人: *At 5 o'clock the London trains are full of commuters.* 倫敦火車上五點鐘, 就擠滿了持月票的乘客。

companion /kəmˈpænɪən/ *n.* someone who is with another person 同伴; 朋友

company /ˈkʌmpənɪ/ *n.* **1** (no *pl.*) being with other people 交往; 陪伴: *I am lonely if I have no company.* 沒有人作伴時, 我感到孤獨。***be good company***, be a nice or interesting companion 是好夥伴 ***keep someone company***, be or go with someone 陪伴; 陪同: *Please stay and keep me company for a while.* 請留下來陪伴我一會。**2** (*pl.* companies) group of people who work together in a business 公司; 商號: *a transport company* 運輸公司

comparative /kəmˈpærətɪv/ *adj.* form of adjectives and adverbs showing more of something: 比較的; 比較級的: *'Longer' is the comparative form of 'long'.* Longer 是 long 的比較級形式。

comparatively /kəmˈpærətɪvlɪ/ *adv.* when you see or think about other things 比較地: *Standing next to the small children, Alice looks comparatively tall.* 站在小孩旁邊時, 愛麗斯個子顯得高些。

compare /kəmˈpeə(r)/ *v.* think about, or look at, two or more things or people so that you can see the differences 比較; 對照: *Compare your answers with those at the back of the book to see if they are right.* 把你的答案同書後面的答案對照一下, 看看是否正確。**comparison** /kəmˈpærɪsn/ *n.* seeing or understanding how alike or different things are 比較; 對照 ***in*** or ***by comparison with***, when you see or think about another thing or person 與…比較:

A train is slow in comparison with a plane. 同飛機比較, 火車走得慢。

compartment /kəmˈpɑ:tmənt/ *n.* **1** room in a train 火車車廂 **2** separate part inside a box or bag 分隔層: *My school bag has a small compartment for pens.* 我的書包有放筆用的小分隔層。

compass /ˈkʌmpəs/ *n.* (*pl.* compasses) instrument with a needle that always points to the north 指南針; 羅盤

compel /kəmˈpel/ *v.* (*pres. part.* compelling, *past part. & past tense* compelled /kəmˈpeld/) make someone do something when he does not want to 强迫; 迫使: *The rain compelled us to come into the house.* 雨使我們不得不進屋來。

compete /kəmˈpi:t/ *v.* try to win; try to do better than other people 比賽; 競爭: *Twenty girls competed in the race.* 二十位女孩子參加了賽跑。

competition /ˌkɒmpɪˈtɪʃn/ *n.* **1** (*pl.* competitions) game, sport, or test that people try to win 比賽: *a swimming competition* 游泳比賽 **2** (no *pl.*) trying hard to be the winner, the best, etc. 競爭: *There was keen competition for the job.* 謀求這個職位的人衆多, 競爭激烈。

competitor /kəmˈpetɪtə(r)/ *n.* someone who tries to win in a race or competition 競爭者; 比賽者; 對手

complain /kəmˈpleɪn/ *v.* say angrily that you do not like something; say that you have pain, etc. 抱怨; 訴苦: *He complained of toothache.* 他抱怨牙痛。 **complaint** /kəmˈpleɪnt/ *n.*: *He didn't like the meal so he made a complaint to the manager of the restaurant.* 他不喜歡這頓飯, 於是向餐館經理投訴。

complete [1] /kəmˈpli:t/ *adj.* **1** finished; done 完結的; 完成的; 結束的: *She stopped when her work was complete.* 工作做完後, 她就停了下來。**2** with no parts missing 配齊的; 完整的: *James has arrived so our team is complete.* 展思已經到了, 那麼我們隊人都到齊了。 **3** total 完全的; 徹底的: *Gary's visit was a complete surprise!* 家禮的來訪, 可真完全出人意表!

complete [2] *v.* finish doing or making something 完成; 使圓滿: *The builders will complete the new sports centre next year.* 建築工人將在明年建成這座新的運動中心。

completely /kəmˈpli:tlɪ/ *adv.* totally 完全地

complicated /ˈkɒmplɪkeɪtɪd/ *adj.* difficult; not easy to do or understand 難懂的; 複雜的: *a complicated plan* 一項複雜的方案

compliment /ˈkɒmplɪmənt/ *v.* say that you think well of something or someone 稱讚; 祝賀: *May I compliment you on winning the race?* 你在賽跑中獲勝了, 我祝

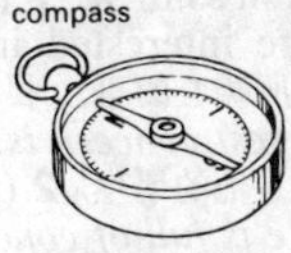

賀你。**compliment** *n.* ***pay a compliment***, praise someone 誇獎; 稱讚: *Simon paid his girlfriend a compliment on her new dress.* 西蒙讚賞他女朋友的新裙子。

complimentary /ˌkɒmplɪˈmentrɪ/ *adj.* **1** showing that you think well of something or someone 讚美的; 表敬意的: *complimentary remarks* 讚美的話語 **2** free 免費贈送的: *complimentary tickets for the match* 比賽贈券

compose /kəmˈpəʊz/ *v.* make up a poem, song, etc. 創作 (樂曲、詩歌等): *Bizet composed an opera called 'Carmen'.* 比賽特創作了歌劇《卡門》。***be composed of***, be made up of 由…組成: *The class is composed of twelve boys and eight girls.* 這班由十二個男孩和八個女孩組成。

composer /kəmˈpəʊzə(r)/ *n.* someone who makes up songs and music 作曲者; 作曲家: *Mozart was a famous composer.* 莫扎特是個著名的作曲家。

composition /kɒmpəˈzɪʃn/ *n.* piece of music or writing 樂曲; 作品; 作文

compound /ˈkɒmpaʊnd/ *adj.* made of two or more parts 混合的; 複合的: *'Fingerprint' is a compound word.* Fingerprint (指紋) 是一個複合詞。

comprehensive school /ˌkɒmprɪˈhensɪv sku:l/ *n.* secondary school for pupils of all abilities 綜合中學

compulsory /kəmˈpʌlsərɪ/ *adj.* that must be done 强制的; 義務的: *School is compulsory for all children over six.* 滿六歲的孩子必須上學。

computer /kəmˈpju:tə(r)/ *n.* machine that stores information and works out answers 計算機; 電子計算機; 電腦

comrade /ˈkɒmreɪd/ *n.* friend 同志; 朋友

conceal /kənˈsi:l/ *v.* **1** hide something 隱藏; 隱蔽: *He wears a wig to conceal his bald head.* 他戴假髮蓋住禿頭。**2** not tell about something 隱瞞: *He concealed his real name.* 他隱瞞了真實姓名。

conceited /kənˈsi:tɪd/ *adj.* thinking too well of yourself and what you can do 自負的; 驕傲自滿的

concentrate /ˈkɒnsntreɪt/ *v.* think hard about, or look hard at, something 集中; 全神貫注: *Please concentrate on your typing, Miss Brown, and stop looking out of the window!* 白朗小姐, 請你專心打字, 不要往窗外看! **concentration** /ˌkɒnsnˈtreɪʃn/ *n.*: *Tom paints with great concentration.* 阿棠全神貫注地刷漆。

concern[1] /kən'sɜ:n/ *n.* **1** (*pl.* concerns) what you are interested in or think is important 所關心的事; 掛念; 關懷: *A teacher's biggest concern is his pupils.* 教師最關心的就是他的學生。**2** (no *pl.*) worry 擔心; 憂慮: *He is full of concern about his sick mother.* 他非常掛念患病的母親。

concern[2] *v.* **1** interest someone; be about someone 關涉; 跟…有關係: *This report concerns you, John.* 約翰, 這個報告跟你有關。**2** be about something 涉及; 關於: *The next programme concerns the car industry.* 下一個項目是汽車製造業。***concern yourself with***, be interested in something 參與; 關心: *She concerns herself with church work.* 她關心教會工作。**3** worry someone 使擔心; 使關切: *The news of the flood concerns us a lot.* 洪水的消息使我們很不安。 **concerned** /kən'sɜ:nd/ worried 關切的; 擔心的

concerning /kən'sɜ:nɪŋ/ *prep.* about 關於: *I received a letter concerning the meeting.* 我收到了一封會議函件。

concert /'kɒnsət/ *n.* programme of music played or sung for many people 音樂會; 演奏會

conclude /kən'klu:d/ *v.* **1** stop happening; end 結束: *The film concluded with a big fight.* 電影以一場大搏鬥結束。**2** come to an idea after thinking 推斷出; 斷定: *When he ran away from me, I concluded he was afraid.* 他從我這裏跑掉, 可知他多害怕。**conclusion** /kən'klu:ʒn/ *n.*

concrete /'kɒŋkri:t/ *n.* (no *pl.*) hard, grey material for building 混凝土 **concrete** *adj.* made of concrete 混凝土製的: *a concrete path* 一條混凝土小路

condemn /kən'dem/ *v.* **1** say strongly that someone or something is bad or wrong 譴責; 指責: *My grandfather condemns all pop music.* 我祖父詆毀所有流行歌曲。**2** punish someone in a law court 宣告有罪; 判刑: *The judge condemned the thief to four years in prison.* 法官判那竊賊四年監禁。

condition /kən'dɪʃn/ *n.* **1** (no *pl.*) how a person, animal, or thing is 狀態; 情況: *Her teeth are in good condition.* 她的牙齒很健康。**2 conditions** (*pl.*) how things are around you 環境; 形勢: *Dad does not like driving in bad traffic conditions.* 爸爸不喜歡在交通不通暢時駕駛。**3** (*pl.* conditions) what must happen, be done, etc. before another thing can happen 條件 ***on condition that***, only if 只在…條件下: *You can visit the patient on condition that you only stay five minutes.* 你可以探望病人, 但只能逗留五分鐘。

conduct[1] /'kɒndʌkt/ *n.* (no *pl.*) way you behave 行爲; 品行; 舉動: *Our teacher praised our good conduct.* 老師稱讚我們品行好。

conduct[2] /kən'dʌkt/ *v.* **1** show someone where to go 引導; 帶領: *The guide conducted us round Westminster Abbey.* 導遊帶領我們參觀西敏寺。**2** stand in front of an orchestra or singers and control what they do 指揮 (樂隊、合唱等): *to conduct a choir* 指揮合唱團

conductor /kən'dʌktə(r)/ *n.* **1** someone whose job is to sell tickets on a bus, etc. (汽車等)售票員 **2** someone who leads a group of music players or singers (樂隊、合唱團)指揮

cone /kəʊn/ *n.* **1** thing that has one flat, round end and one pointed end 錐形物: *an ice-cream cone* 錐形的冰淇淋 **2** dry fruit of a tree with needle leaves (松樹等)球果; 球花: *a fir cone* 冷杉球果

confectionery /kən'fekʃənərɪ/ *n.* (*pl.*) sweets, chocolate, cakes, etc. (總稱)糖果; 甜點

conference /'kɒnfərəns/ *n.* meeting of many people to talk about important things 會議; 討論會: *a press conference* 記者招待會

confess /kən'fes/ *v.* **1** say that you have done wrong 供認; 認錯: *She confessed that she had taken the money.* 她供認錢是她拿走的。**2** say something that you did not want to say 承認: *I must confess that I'm afraid of spiders.* 我必須承認我怕蜘蛛。**confession** /kən'feʃn/ *n.*

confide /kən'faɪd/ *v.* tell a secret, your troubles, etc. 傾訴(秘密等): *She always confides in her mother when she has a problem.* 她有問題時, 總是向母親傾訴。

confidence /'kɒnfɪdəns/ *n.* (no *pl.*) **1** sure feeling that you can do something or that something will happen, etc. 信心; 自信; 把握: *The actress walked on to the stage with great confidence.* 女演員滿有自信地走上舞台。***have confidence in someone***, feel sure that someone is right and good 信任某人: *I have great confidence in my brother.* 我很信任哥哥。**2** telling a secret to someone who must not tell it to others 吐露的秘密: *I am telling you this news in confidence.* 我秘密地告訴你這個消息, 不要外傳。

confident /'kɒnfɪdənt/ *adj.* sure about yourself or about something 自信的; 有信心的: *Mike is confident that he will arrive in time.* 邁恪相信他會及時到達。

conflict /'kɒnflɪkt/ *n.* fight; quarrel 戰鬥; 傾軋; 衝突: *Three soldiers died in the conflict.* 在衝突中三個士兵死了。

confuse /kən'fju:z/ *v.* **1** mix your ideas so that you cannot understand 攪亂; 把…弄糊塗: *They asked me so many questions that they confused me.* 他們問我那麼多問題, 把我都弄糊塗了。**2** think one

thing is another 混淆; 弄亂: *Don't confuse the word 'weather' with 'whether'*. 不要把 weather (天氣)和 whether (是否)混同起來。
confusing *adj*. not clear; difficult to understand 混淆的; 使人迷惑的: *a confusing answer* 使人不解的回答
congratulate /kənˈgrætʃʊleɪt/ *v*. tell someone that you are pleased about a good thing he has done or had 祝賀: *My father congratulated me on passing the exam*. 父親祝賀我通過了考試。
congratulations /kənˌgrætʃʊˈleɪʃnz/ *n*. (*pl*.) words of joy and praise to someone who has done well, been lucky, etc. 祝賀詞; 祝賀: *Congratulations on your new job!* 祝賀你有了新工作!
conjunction /kənˈdʒʌŋkʃn/ *n*. word that joins other words or parts of a sentence 連接詞: *'And', 'or', and 'but' are conjunctions*. And, or 和 but 都是連接詞。
conjure /ˈkʌndʒə(r)/ *v*. do clever tricks that seem to be magic 變戲法 **conjuror** *n*. someone who does conjuring tricks 魔術師: *The conjurer pulled a rabbit out of his hat!* 魔術師從帽子裏提出一隻兔子!
connect /kəˈnekt/ *v*. join or fix one thing to another thing 連接; 連結: Geoff connected the caravan to the car. 傑富把旅行用的住屋拖車和汽車連接起來。
connection /kəˈnekʃn/ *n*. **1** place or part where things are joined together 連接(處); 聯繫: *The light goes on and off because there is a loose connection*. 電燈時明時暗, 因爲接觸不良。**2** when trains, ships, etc. meet so that people can change from one to another quickly (火車、輪船等的)聯運: *Ted's train was late so he missed the connection*. 達德坐的那輛火車誤點, 因此錯過了聯運。***in connection with***, about something 與…有關係; 關於: *I went to see the police in connection with the theft of my bicycle*. 我的腳踏車被人偷了, 我於是報警。
conquer /ˈkɒŋkə(r)/ *v*. win a fight against others and take their land, etc. 征服; 攻克; 戰勝: *In 1066 the Normans conquered England*. 1066年諾曼第人征服了英國。**conquest** /ˈkɒŋkwest/ *n*.
conqueror /ˈkɒŋkərə(r)/ *n*. someone who wins 征服者; 勝利者
conscience /ˈkɒnʃəns/ *n*. feeling inside your mind what is right and wrong 良心; 道德心 ***have a clear conscience***, feel that you have done nothing wrong 問心無愧 ***have a guilty conscience***, feel that you have done wrong 感到內疚; 問心有愧
conscious /ˈkɒnʃəs/ *adj*. awake and knowing what is happening 神志清醒的; 有知覺的: *The police cannot speak to him because he isn't conscious*. 他神志不清, 警察無法跟他談話。**consciousness** *n*. ***lose***

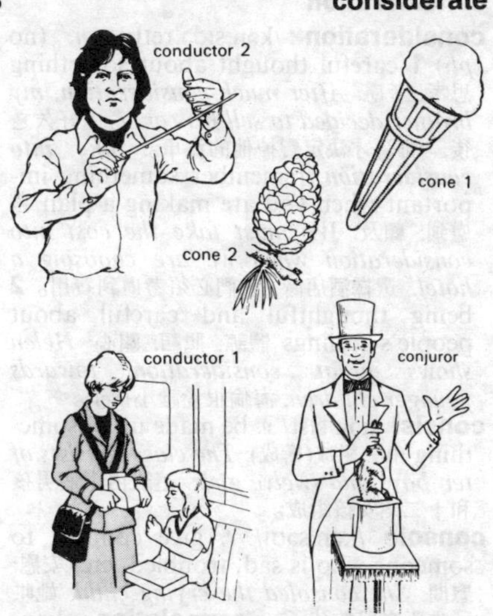

consciousness, faint 失去知覺: *He fell on his head and lost consciousness*. 他頭朝下跌倒, 失去了知覺。
consent /kənˈsent/ *v*. say 'yes' to what someone wants to do, etc. 同意; 贊成: *I'm pleased because he consented to my idea*. 我很高興, 因爲他同意我的意見。**consent** *n*.: *The town council gave its consent to the plan for a new swimming pool*. 市政委員會贊同興建新游泳池的計劃。
consequence /ˈkɒnsɪkwəns/ *n*. what happens because of something 結果; 後果: *Your cough is the consequence of smoking*. 你的咳嗽是抽煙的後果。***take the consequences***, be ready for the bad things that happen because of what you did 承擔後果: *If you drive so fast, you must take the consequences*. 如果你開快車, 你必須承擔一切後果。
consequently /ˈkɒnsɪkwəntlɪ/ *adv*. therefore; because of that 因而; 所以: *John ate too much and consequently was sick*. 約翰吃太多了, 因而感到不適。
consider /kənˈsɪdə(r)/ *v*. **1** think carefully about something or about what to do, etc. 考慮; 細想: *Matthew is considering my idea*. 馬修正在考慮我的意見。**2** believe something; think that something is true 認爲: *I consider that your bicycle is dangerous*. 我認爲你的腳踏車很危險。**3** be thoughtful about the feelings of other people 體諒; 照顧: *A good hotel manager considers his guests*. 好的酒店經理體諒客人。
considerate /kənˈsɪdərət/ *adj*. kind; thinking and caring about other people 體貼的; 替人着想的 **considerately** *adv*.: *He considerately gave me his seat*. 他體諒地把座位讓給我。

consideration /kənˌsɪdəˈreɪʃn/ *n.* (no *pl.*) **1** careful thought about something 思考; 考慮: *After much consideration, my brother decided to sell his car.* 考慮好久之後, 哥哥才決定賣掉他的汽車。 ***take into consideration***, remember something important when you are making a plan 考慮到; 顧及: *We must take the cost into consideration when we are choosing a hotel.* 選擇酒店時, 我們必須考慮到費用。 **2** being thoughtful and careful about people's feelings 體諒; 照顧; 關心: *Helen shows great consideration towards younger children.* 海倫很愛護小孩子。

consist /kənˈsɪst/ *v.* be made up of something 由…組成(構成): *The class consists of ten boys and twelve girls.* 這班由十個男孩和十二個女孩組成。

console /kənˈsəʊl/ *v.* give comfort to someone who is sad, troubled, etc. 安慰; 慰問: *She consoled the crying child.* 她哄了哄正在哭的孩子。 **consolation** /ˌkɒnsəˈleɪʃn/ *n.*

consonant /ˈkɒnsənənt/ *n.* a letter of the English alphabet that is not one of the vowels a,e,i,o,u 輔音字母; 輔音

conspicuous /kənˈspɪkjʊəs/ *adj.* very clear; so big, bright, different, etc. that people look at it 惹人注目的; 明顯的: *a conspicuous red hat* 一頂惹人注目的紅帽子 **conspicuously** *adv.*

conspiracy /kənˈspɪrəsɪ/ *n.* (*pl.* conspiracies) secret plan to do wrong 陰謀; 密謀: *a conspiracy to kill the Prime Minister* 一項殺害首相的陰謀 **conspire** /kənˈspaɪə(r)/ *v.*: *Guy Fawkes conspired to blow up the British Parliament.* 蓋伊福克斯秘密策劃炸掉英國議會。 **conspirator** /kənˈspɪrətə(r)/ *n.* someone who plans secretly with others to do wrong 陰謀者; 共謀者

constable /ˈkʌnstəbl/ *n.* policeman 警察

constant /ˈkɒnstənt/ *adj.* going on and on and not stopping 永恆的; 長久的; 不斷的: *the constant noise of traffic* 不斷的人車嘈雜聲 **constantly** *adv.*: *She is fat because she eats constantly.* 她不停地吃東西, 所以很胖。

constituency /kənˈstɪtjʊənsɪ/ *n.* (*pl.* constituencies) town or area that chooses one member of parliament 選舉區; 選區

constitution /ˌkɒnstɪˈtju:ʃn/ *n.* general law of a country 憲法

construct /kənˈstrʌkt/ *v.* make or build something 建造: *Brunel constructed railway bridges.* 布魯內爾造了多座鐵路橋。

construction /kənˈstrʌkʃn/ *n.* **1** (no *pl.*) building something 建造; 建築; 建設: *the construction of the Pyramids* 金字塔的建造 **2** (*pl.* constructions) building, bridge, etc. 建築物: *St. Paul's Cathedral is a fine construction.* 聖保羅大教堂是一座漂亮的建築物。

consul /ˈkɒnsl/ *n.* someone whose job is to live in a foreign town and help people from his own country 領事 **consulate** /ˈkɒnsjʊlət/ *n.* place where a consul has his office 領事館

consult /kənˈsʌlt/ *v.* ask someone, or read something, to learn what you want to know 請教; 諮詢; 找(醫生)看病: *If you are ill, consult a doctor.* 你病了, 就找醫生吧。

consultation /ˌkɒnslˈteɪʃn/ *n.* meeting to ask people what should be done, how, etc. 協商會; 商議

consume /kənˈsju:m/ *v.* eat, drink, or use up something 消耗; 吃喝: *They consumed a lot of food at the party.* 宴會上他們吃了很多東西。 **consumption** /kənˈsʌmpʃn/ *n.*: *Our new car has a large petrol consumption.* 我們的新汽車消耗大量汽油。

contact[1] /ˈkɒntækt/ *n.* **1** (*pl.* contacts) when two things touch each other 接觸: *an electric contact* 通電 **2** (no *pl.*) meeting or writing to people 交往; 聯絡 ***come into contact with***, *know or meet someone* 與…接觸: *A doctor comes into contact with many ill people.* 醫生與許多病人接觸。 ***be in, get into***, or ***make contact with***, write to, telephone, or go to see someone 與…接觸(聯繫): *When I visit York, I shall try to make contact with my friends there.* 我去約克郡旅遊時, 會找找那裏的朋友。

contact[2] *v.* go and see, write to, or telephone someone 接觸; 聯絡: *When I saw the broken window, I contacted the police.* 我見到窗户被人打碎, 就立即報警。

contain /kənˈteɪn/ *v.* hold something; have something inside it 包含; 容納: *Does this box contain biscuits?* 這個盒子裏有餅乾嗎?

container /kənˈteɪnə(r)/ *n.* something that can hold other things inside it 容器; 貯存器: *Baskets, boxes, bottles and bags are all containers.* 籃子、盒子、瓶子和提包都是容器。

contempt /kənˈtempt/ *n.* (no *pl.*) strong feeling that someone or something is no good 輕視; 輕蔑: *to feel contempt for a liar* 對説謊的人表示輕蔑

content /kənˈtent/ *adj.* pleased with what you have; not wanting more 滿足的; 滿意的 ***content to***, willing to do something 願意: *Are you content to eat later?* 你願意晚一會兒吃嗎? **contentment** *n.*: *'What a wonderful meal!' said Arthur with a smile of contentment.* 阿瑟滿意地笑道: "多麼豐盛的一頓飯啊!" **contented** /kənˈtentɪd/ *adj.* happy; pleased 心滿意足

的; 滿意的; 滿足的

contents /'kɒntents/ *n.* (*pl.*) **1** what is written or said in a book, etc. 內容; 目錄: *My mother smiled over the contents of her letter.* 母親在看信的內容時微笑了。 **2** what is inside a thing or place 裏面的東西: *the contents of a parcel* 包裹裏的東西

contest /'kɒntest/ *n.* game, sport, or test, that people try to win 競賽; 比賽: *a boxing contest* 拳擊比賽 **contest** /kən'test/ *v.* try to win in a sport, test, etc. 競賽; 爭奪: *Many nations contest for medals at the Olympic Games.* 在奧林匹克運動會上, 國與國爭奪獎牌。 **contestant** /kən'testənt/ *n.* someone who tries to win in a fight, sport, test, etc. 競爭者; 參加比賽者: *There were six contestants in the swimming race.* 有六個人參加游泳比賽。

continent /'kɒntɪnənt/ *n.* **1** one of the big land masses of the world 大陸; 陸地; 大洲: *Africa is a continent.* 非洲是一個大洲。 **2** the main part of Europe 歐洲大陸: *Our friends have gone to the continent for a holiday.* 我們的朋友去了歐洲大陸渡假。 **continental** /ˌkɒntɪ'nentl/ *adj.*

continual /kən'tɪnjʊəl/ *adj.* happening often; happening again and again 頻繁的; 連續的: *The journey was slow because of continual stops.* 由於常常停下來, 所以行程很慢。 **continually** *adv.*

continue /kən'tɪnju:/ *v.* **1** go on doing something and not stop 連續: *The rain continued all day.* 雨連續下了一整天。 **2** start again after stopping 續; 繼續: *We had a meal and then continued our journey at 3 p.m.* 我們吃過飯後, 在下午三時繼續上路。 **3** go farther 前進; 延伸: *She continued along the path until she came to the river.* 她沿着小路一直走到河邊。 **continuation** /kənˌtɪnjʊ'eɪʃn/ *n.*

continuous /kən'tɪnjʊəs/ *adj.* going on and on and not stopping 連續的; 持續不斷的: *a continuous line* 一條無盡頭的線; *continuous music* 連續不斷的音樂 **continuously** *adv.*

contract /'kɒntrækt/ *n.* **1** written agreement between people, countries, etc. 契約: *a marriage contract* 婚約 **2** business agreement 合約: *The company won a contract to build the new road.* 這公司獲得了新馬路的建築合約。

contrary /'kɒntrərɪ/ *adj.* opposite; not agreeing with 相反的: 相對的: *The rain was heavy but, contrary to our fears, our fields were not flooded.* 雨很大, 但是田沒有被淹, 與我們擔心的情況剛好相反。 **contrary** *n.* ***on the contrary***, strong words to show that the opposite is true 正相反; 恰恰相反: *'You look ill, Ben.' 'On the contrary, I feel fine!'* "本恩, 你的臉色不好。" "不, 我很好!"

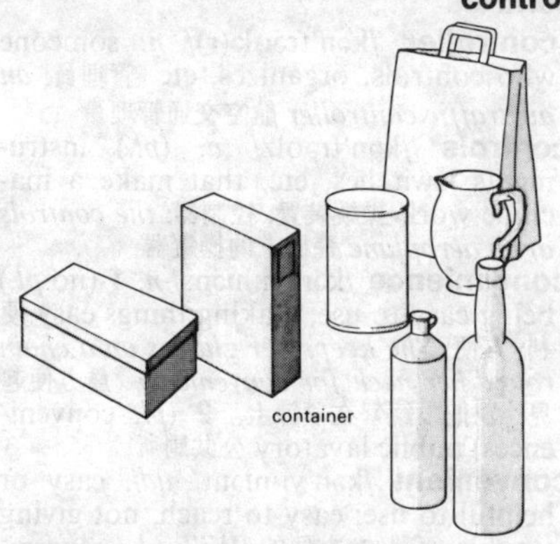
container

contrast /kən'trɑ:st/ *v.* look at, or think about, two or more things so that you can see the differences 對比; 對照: *When I contrasted the two bicycles, I saw that one was older.* 我對比兩輛腳踏車時, 看出其中一輛較舊。 **contrast** /'kɒntrɑ:st/ *n.* clear difference between two things 對比; 懸殊; 明顯差別: *There is a big contrast between summer and winter weather.* 夏季和冬季的天氣有很大差別。

contribute /kən'trɪbju:t/ *v.* give a part of something, often help or money 貢獻出; 捐贈: *Everyone contributed food for the picnic.* 人人都爲野餐貢獻了些食物。 **contribution** /ˌkɒntrɪ'bju:ʃn/ *n.* *We gave a contribution of clothing to the Red Cross.* 我們向紅十字會捐贈了一些衣服。

control[1] /kən'trəʊl/ *n.* (no *pl.*) power to make people or things do what you want 控制; 支配; 調節; 抑制: *A driver must have control of his car.* 司機必須控制住汽車。 ***get out of control***, behave in a wild way 失去控制; 不能操縱: *The noise frightened the horse and it got out of control.* 響聲使馬受驚而無法控制。 ***lose control***, (***a***) be unable to make people or things do what you want 失去控制: *The driver lost control and the bus went into the river.* 司機失去控制, 公共汽車掉進了河裏。 (***b***) be unable to keep calm; cry, shout, etc. 抑制不住: *When Ann saw the snake she lost control and screamed.* 安看見蛇時, 禁不住驚叫起來。 ***under control***, doing what you want it to do 在…控制之下; 被控制住: *Don't worry – everything is under control.* 不用擔心——一切都控制住了。

control[2] *v.* (*pres. part.* controlling, *past part. & past tense* controlled /kən'trəʊld/) **1** be at the head of something; make people do what you want 控制; 支配; 指揮: *Who controls the factory?* 誰管理這家工廠? **2** stop things or people being too wild, fast, free, etc. 管理; 操縱; 節制: *Please control your dog!* 請管束你的狗!

controller /kən'trəʊlə(r)/ *n.* someone who controls, organizes, etc. 管理員: *an air traffic controller* 航空交通管理員

controls /kən'trəʊlz/ *n.* (*pl.*) instruments, switches, etc. that make a machine work 操縱裝置; 控制器: *the controls of an aeroplane* 飛機上的操縱器

convenience /kən'vi:nɪəns/ *n.* **1** (no *pl.*) being easy to use; making things easy 便利; 方便: *She keeps her glasses on a chain round her neck for convenience.* 爲方便起見, 她把眼鏡繫在項鍊上。**2** (*pl.* conveniences) public lavatory 公共廁所

convenient /kən'vi:nɪənt/ *adj.* easy or helpful to use; easy to reach; not giving trouble 便利的; 方便的: *Will it be convenient for you to come at 5 p.m.?* 你下午五點鐘來, 方便嗎?

convent /'kɒnvənt/ *n.* **1** group of religious women, called nuns, who live together to serve the Christian God 女修道會 **2** building where nuns live and work 女修道院

conversation /ˌkɒnvə'seɪʃn/ *n.* talking between two or more people 會話; 談話: *I had an interesting conversation with my neighbour.* 我和鄰居進行了有趣的交談。

convey /kən'veɪ/ *v.* carry someone or something from one place to another 運送; 搬運: *A taxi conveyed us to the station.* 計程車把我們送到火車站。

convict[1] /'kɒnvɪkt/ *n.* someone who has done wrong and is in prison 罪犯; 囚犯

convict[2] /kən'vɪkt/ *v.* decide in a law court that someone has done wrong 宣判…有罪; 證明…有罪: *The court convicted him of murder.* 法院判他犯謀殺罪。

conviction /kən'vɪkʃn/ *n.* **1** deciding in a law court that someone has done wrong 定罪; 證明有罪: *He has had two convictions for drunken driving.* 他因酒後駕駛而兩次被定罪。**2** sure feeling that something is true 深信; 確信: *You will not change my father's conviction that all women are bad drivers!* 我父親堅信婦女都不擅長駕駛, 你休想改變他!

convince /kən'vɪns/ *v.* make someone believe something 使確信; 使信服: *Robin's playing convinces me that he is good enough for the team.* 洛彬的技術使我確信他合資格加入這隊了。***be convinced***, feel certain 深信; 確信: *I'm convinced that I'm right.* 我深信我是對的。

cook[1] /kʊk/ *n.* someone who makes food ready to eat 廚師

cook[2] *v.* make food ready to eat by heating it 烹調; 煮; 做飯菜: *My mother cooked the lunch.* 我母親做午飯。**cooking** *n.*

cooker /'kʊkə(r)/ *n.* stove; oven; thing in which you can cook food 炊具; 爐灶; 鍋

cookery /'kʊkərɪ/ *n.* (no *pl.*) making things ready to eat; studying how to make food 烹調; 烹飪術: *a lesson on cookery* 烹飪課

cool[1] /ku:l/ *adj.* **1** a little cold 涼; 涼快的: *a cool day* 涼快的一天 **2** calm; not excited 冷靜的; 沉着的: *Try to keep cool when you're in danger.* 遇到危險時, 要保持冷靜。

cool[2] *v.* make something less hot; become less hot 使冷卻; 使涼快; 變涼: *A swim in the lake cooled us.* 我們在湖裏游泳很涼快。***cool down***, (***a***) become less hot 變涼; 漸漸冷卻: *At night the air cools down.* 夜間空氣就涼下來。(***b***) become calm after you have been excited 平靜下來

co-operate /kəʊ'ɒpəreɪt/ *v.* work helpfully together with someone else 合作; 協力 **co-operation** /kəʊˌɒpə'reɪʃn/ *n.*: *The police thanked Mrs. Brown for her co-operation.* 警方感謝白朗太太的合作。

co-operative /kəʊ'ɒpərətɪv/ *adj.* willing to work helpfully with other people 合作的; 抱合作態度的

cop /kɒp/ *n.* policeman 警察

cope /kəʊp/ *v.* ***cope with***, do a difficult job 對付; 妥善處理: *How do you cope with six dogs?* 你怎樣照顧六隻狗的啊?

copper /'kɒpə(r)/ *n.* (no *pl.*) red-brown metal 紅銅 **copper** *adj.* made of copper 銅製的

copy[1] /'kɒpɪ/ *n.* (*pl.* copies) **1** something made to look exactly like another thing 複製品; 副本; 摹本; 拷貝: *The picture on my wall is a copy of a painting by Turner.* 我牆上那幅畫是特納油畫的複製品。**2** one example of a book or newspaper (書報等的)一本; 一册; 一份: *Is this your copy of the dictionary?* 這本詞典是你的嗎?

copy[2] *v.* **1** write or draw something to look like another thing 抄寫; 複製; 謄寫: *Please copy the sentence on the blackboard.* 請把句子抄在黑板上。**2** try to be like, or look like, another person 模仿: *Tom copied the clothes of the pop star.* 阿棠模仿流行歌星的服式。**3** cheat by looking at another person's work and writing what that person has written 抄襲(別人答案): *You must not copy in an exam.* 你在考試中不可抄襲。

cord /kɔ:d/ *n.* thick string; thin rope 粗線; 細繩

core /kɔ:(r)/ *n.* middle part of some kinds of fruit, where the seeds are 果實的核; 核心: *an apple core* 蘋果核

cork /kɔ:k/ *n.* **1** (no *pl.*) light, strong bark of the tree called the cork-oak 軟木 **2** (*pl.* corks) piece of cork used to close a bottle 軟木塞 **cork** *v.* put a stopper in a bottle 塞住: *I corked the bottle carefully so the wine would not run out.* 我小心地塞

住瓶口, 以免酒流出來。

cork-screw /ˈkɔ:k skru:/ *n.* instrument for taking corks out of bottles 開塞鑽; 瓶塞鑽

corn /kɔ:n/ *n.* (no *pl.*) seed of grain plants, such as wheat, oats, rye, and maize 穀物; 五穀

corner /ˈkɔ:nə(r)/ *n.* place where two lines, sides, walls, roads, etc. meet 角; 角落: *He walked round the corner into the next street.* 他走過彎角, 到了另一條街上。*The lamp stands in the corner of the room.* 燈立在房間的一隅。***in a tight corner***, in trouble 處於困境: *My father helped me when I was in a tight corner.* 我碰到困難時, 父親幫助了我。

cornflakes /ˈkɔ:nfleɪks/ *n.* (*pl.*) special breakfast food made from small pieces of dried corn (早餐時吃的)玉米片

coronation /ˌkɒrəˈneɪʃn/ *n.* crowning a king or queen 加冕(禮)

corporation /ˌkɔ:pəˈreɪʃn/ *n.* **1** group of people chosen to look after a town (英國)市政當局 **2** big group of people working together in a business (有限)公司; 團體

corpse /kɔ:ps/ *n.* body of a dead person 死屍; 屍體

correct[1] /kəˈrekt/ *adj.* with no mistakes; right; true 正確的; 對的: *a correct answer* 正確答案 **correctly** *adv.*

correct[2] *v.* **1** show what is wrong; mark mistakes 改正; 糾正; 修改: *to correct a pupil's homework* 批改學生作業 **2** put something right 校正; 矯正; 校準: *The clock was fast so I corrected it.* 這個鐘快了, 我把它校準。

correction /kəˈrekʃn/ *n.* right word, answer, etc. put in place of what was wrong 改正; 修改

correspond /ˌkɒrɪˈspɒnd/ *v.* ***correspond with***, write letters to, and get letters from, someone 通信: *I correspond with many friends in Canada.* 我和許多加拿大朋友通信。

correspondence /ˌkɒrɪˈspɒndəns/ *n.* (no *pl.*) writing letters; letters that have been written 通信(聯繫); 來往的信件: *My secretary reads my correspondence.* 我的秘書拆閱我的來往信件。

correspondent /ˌkɒrɪˈspɒndənt/ *n.* **1** someone who writes and gets letters 通信者 **2** someone whose job is to send news to a newspaper, radio, etc. 新聞記者; 通訊員: *the B.B.C. correspondent in Washington* 英國廣播公司駐華盛頓記者

corridor /ˈkɒrɪdɔ:(r)/ *n.* long, narrow passage in a building or train, with doors into rooms or compartments 走廊; 通道

cosmetic /kɒzˈmetɪk/ *n.* something that a woman uses to make her skin or hair more beautiful 化粧品: *Lipstick and face-powder are cosmetics.* 口紅和撲面粉是化粧品。

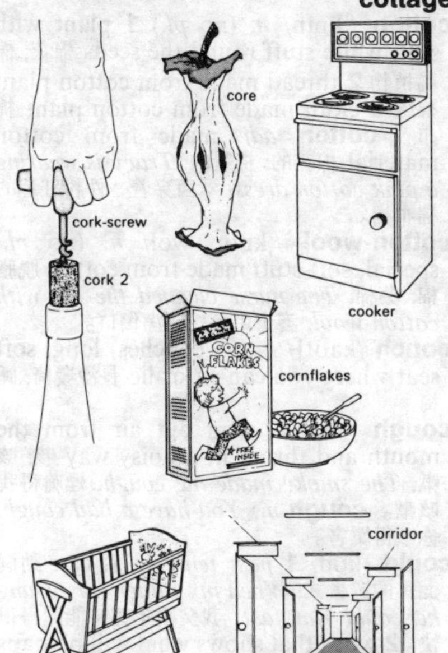

cost[1] /kɒst/ *n.* **1** price; money that you must pay for something 價錢; 價格; 費用: *the high cost of oil* 石油的高價 **2** loss; what is given to get another thing 損失; 代價; 犧牲: *The fire was put out at the cost of a fireman's life.* 這場火災終於撲滅, 但代價卻是犧牲了一位消防員的性命。***at all costs***, no matter what work, loss, or trouble is needed 無論如何; 不惜任何代價: *The thief must be caught at all costs.* 無論如何也要抓住這個盜賊。

cost[2] *v.* (*past part. & past tense* cost) **1** be the price of something 值(多少錢); 花費: *How much did the butter cost?* 這牛油多少錢? **2** make you lose something 使失去: *Bad driving may cost you your life.* 不小心駕駛, 可能會喪命。

costly /ˈkɒstlɪ/ *adj.* expensive 價值高的; 昂貴的: *a costly fur coat* 一件昂貴的皮大衣

costume /ˈkɒstju:m/ *n.* **1** sort of clothes worn in a country or at a certain time 服裝; 裝束: *national costume* 民族服裝 **2** woman's suit; jacket and skirt 套裝女服

cosy /ˈkəʊzɪ/ *adj.* warm; comfortable and friendly 暖和舒服的; 愜意的: *a cosy room* 舒適的房間

cot /kɒt/ *n.* baby's bed with high sides to stop it from falling out 嬰兒牀

cottage /ˈkɒtɪdʒ/ *n.* small house in the country 農舍; 村舍; 小屋

cotton /ˈkɒtn/ *n.* (no *pl.*) **1** plant with soft, white stuff round the seeds 棉花; 棉屬植物 **2** thread made from cotton plant 棉線 **3** cloth made from cotton plant 棉布 **cotton** *adj.* made from cotton material 棉花的; 棉製的: *Tracy is wearing a pink cotton dress.* 翠西穿着一件粉紅色的棉布裙。

cotton-wool /ˌkɒtn ˈwʊl/ *n.* (no *pl.*) special, soft stuff made from cotton 脱脂棉; 藥棉: *The nurse cleaned the cut with cotton-wool.* 護士用藥棉清潔傷口。

couch /kaʊtʃ/ *n.* (*pl.* couches) long, soft seat where you can sit or lie 長沙發椅; 睡椅

cough /kɒf/ *v.* send out air from the mouth and throat in a noisy way 咳; 咳嗽: *The smoke made me cough.* 煙嗆得我咳嗽。 **cough** *n.*: *You have a bad cough.* 你咳得厲害。

could /kʊd/ **1** *past tense* of *v.* can 動詞 can 的過去式: *When my father was young he could run fast.* 我父親年輕時能跑得很快。**2** word that shows what will perhaps happen 可能: *It could rain tomorrow.* 明天可能下雨。**3** word that you use when you ask a polite question (用於婉轉語氣) 能; 可以: *Could I have another cup of tea, please?* 我可以再喝一杯茶嗎?

couldn't /ˈkʊdnt/ = could not 不能

council /ˈkaʊnsl/ *n.* group of people chosen to work together and make rules 議會; 理事會; 委員會: *the town council* 市政議會 **councillor** /ˈkaʊnsələ(r)/ *n.* member of a council 理事(委員)會成員; 議會議員

count [1] /kaʊnt/ *n.* adding up numbers for a special reason 計算; 計數: *After an election there is a count of votes.* 選舉之後要計算選票。***lose count of***, stop knowing how many there are 數不清: *'I've lost count of the hours I've watched football,' said Steve.* 思廸說: "我數不清我看足球賽有多少個小時了。"

count [2] *n.* nobleman in some countries 伯爵

count [3] *v.* **1** add up numbers, etc. to see how much there is 數; 計數; 計算: *At the end of the day, the shopkeeper counted his money.* 一天過去了, 店主數一數錢。**2** say numbers one after the other in the right order 數數: *My little brother can count from 1 to 10.* 我的小弟弟能從一數到十。**3** be important 派用場; 有價值: *A university degree counts if you are looking for a teaching job.* 如果你想教書, 那麼大學學位是很有用的。 ***count on someone***, expect that someone will help you, etc. 依靠; 期待; 指望: *Can we count on Mrs. Benson to bring the food?* 我們能指望本森太太拿食物來嗎?

counter /ˈkaʊntə(r)/ *n.* long table in a shop, bank, or bar, where people buy things 櫃枱: *The baker put the bread on the counter.* 麵包師把麵包放在櫃枱上。

countess /ˈkaʊntɪs/ *n.* (*pl.* countesses) **1** wife or widow of a British earl (英國)伯爵夫人 **2** wife of a count 伯爵夫人; 女伯爵

countless /ˈkaʊntlɪs/ *adj.* too many to be counted 無數的; 不計其數的; 數不盡的: *countless stars* 數不盡的星星

country /ˈkʌntrɪ/ *n.* **1** (*pl.* countries) nation; state 國家: *Italy is a European country.* 意大利是個歐洲國家。**2** (no *pl.*) land not in towns 田野; 鄉下: *My uncle has a farm in the country.* 我叔叔在鄉下有個農場。

countryside /ˈkʌntrɪsaɪd/ *n.* (no *pl.*) the open land 鄉下; 農村: *In spring, the English countryside is green.* 春天英國的農村一片翠綠。

county /ˈkaʊntɪ/ *n.* (*pl.* counties) part of a country 縣; 郡: *Kent is an English county.* 肯特是英格蘭的一個郡。

couple /ˈkʌpl/ *n.* **1** two people or things of the same kind that are together 一對; 一雙: *a couple of friends* 一對朋友 **2** man and his wife; boyfriend and girlfriend 夫婦; 情侶: *We invited ten couples to the party.* 我們邀請了十對男女參加聚會。

coupon /ˈku:pɒn/ *n.* piece of paper that allows you to get something or to do something 配給券; 贈券: *petrol coupons* 汽油券

courage /ˈkʌrɪdʒ/ *n.* (no *pl.*) bravery; having or showing no fear 勇氣; 膽量; 英勇: *Trevor showed great courage when he saved the child from the burning house.* 德峰把孩子從失火的屋裏搶救出來, 非常英勇。

courageous /kəˈreɪdʒəs/ *adj.* brave 勇敢的; 有膽量的 **courageously** *adv.*

course [1] /kɔ:s/ *n.* **1** moving forwards 過程; 進程; 經過: *during the course of the day* 一天當中 **2** line in which something moves 路線, 道路: *We followed the course of the river.* 我們沿着河道前進。***change course***, start to go in a different way 改變方向: *The aeroplane had to change course because of the storm.* 由於暴風雨關係, 飛機不得不改變航線。***in due course***, later; at the right time 到(一定的)時候; 經相當的時候: *I wrote to my sister and her reply came in due course.* 我給姐姐寫了一封信, 不久她就回信。***of course***, certainly 當然; 自然: *Of course I'll help you.* 我當然會幫助你。

course [2] *n.* ground for sport 運動場地: *a golf-course* 高爾夫球場; *a race-course* 賽馬場

course [3] *n.* planned programme of study 課程; 學科: *Nigel is doing a law course at university.* 勵哲正在大學裏修讀法律課程。

course[4] *n.* part of a meal 一道菜: *The first course was soup.* 第一道菜是湯。

court /kɔ:t/ *n.* **1** place where judges and lawyers listen to law cases 法院; 法庭 **2** king or queen and all their followers 宮廷; 朝廷 **3** place where a king or queen and their followers meet 宮院; 宮庭 **4** piece of ground marked for a sport 球場: *a tennis court* 網球場

courteous /ˈkɜ:tɪəs/ *adj.* polite 有禮貌的; 謙恭的; 殷勤的 **courteously** *adv.*: *He courteously opened the door for me.* 他謙恭有禮地爲我開門。 **courtesy** /ˈkɜ:təsɪ/ *n.* being polite 禮貌; 謙恭; 殷勤

courtyard /ˈkɔ:tjɑ:d/ *n.* open space inside a big building or in front of it 院子; 庭院

cousin /ˈkʌzn/ *n.* child of your uncle or aunt 堂(或表)兄弟; 堂(或表)姐妹

cove /kəʊv/ *n.* small bay 小海灣

cover[1] /ˈkʌvə(r)/ *n.* **1** thing that you put over another thing 蓋子; 套子; 罩: *The cover of a pot is called a lid.* 蓋壺的蓋子叫作壺蓋。 **2** outside of a book 封面; 書皮; 封套 **3** place that keeps you safe 掩護物; 掩蔽處 ***take cover***, go into a safe place 躲避: *We took cover from the rain under a tree.* 我們躲在樹下避雨。

cover[2] *v.* **1** put one thing over another thing to hide it, keep it safe, keep it warm, etc. 蓋; 包; 掩蓋: *Pat covered her head with a scarf.* 珮用頭巾包住頭部。 **2** be all over something 覆蓋; 遮蓋: *Flood water covers our fields.* 洪水掩沒了我們的田地。 ***be covered with***, have something all over yourself or itself 爲…所覆蓋: *A bear is covered with fur.* 熊全身覆蓋着毛。 ***cover up***, **(*a*)** hide your mistakes 掩飾; 隱匿; 掩蓋 **(*b*)** put one thing over another 包裹: *She covered up the baby with a shawl.* 她用披巾裹住嬰兒。

covering /ˈkʌvərɪŋ/ *n.* something that you put over another thing or a person 覆蓋物; 套; 罩; 掩護物

cow /kaʊ/ *n.* big farm animal which gives milk 母牛; 乳牛

coward /ˈkaʊəd/ *n.* someone who shows fear 懦夫; 膽小鬼 **cowardly** *adj.*

cowboy /ˈkaʊbɔɪ/ *n.* man on a horse who looks after cattle in America (美國西部的)牛仔

crab /kræb/ *n.* sea-animal with a hard shell and big claws 蟹

crack[1] /kræk/ *n.* **1** line or thin hole where something is broken 裂縫; 破裂: *cracks in a wall* 牆上的裂縫 **2** sudden, loud noise made by a gun, whip, thunder, etc. 爆裂聲; 噼啪聲 **3** hard hit (砰的)猛擊: *a crack on the head* 對頭部的一擊

crack[2] *v.* **1** break something, but not into pieces 斷裂; 破裂: *The ball cracked the window.* 球打裂了窗子。 **2** make a sudden, loud noise 發出爆裂聲; 噼啪地響: *He cracked his whip.* 他把鞭子抽得噼啪作響。

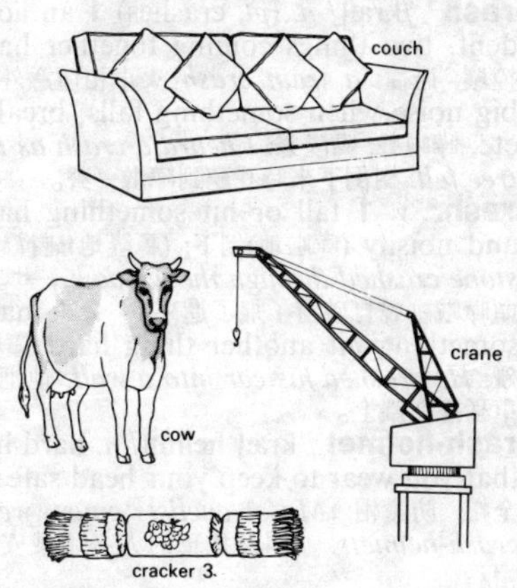

cracker /ˈkrækə(r)/ *n.* **1** kind of thin, dry biscuit 薄脆餅乾 **2** kind of firework 爆竹 **3** small roll of pretty paper, with a tiny present inside, which makes a noise when two people pull it apart 彩紙製的拉炮: *Christmas crackers* 聖誕節紙炮

crackle /ˈkrækl/ *v.* make small, sharp sounds 噼啪響: *The burning wood crackled.* 燃燒着的木頭噼噼啪啪地響。

cradle /ˈkreɪdl/ *n.* small bed for a baby 搖籃

craft /krɑ:ft/ *n.* **1** (*pl.* crafts) job that needs clever hands which have been trained for a long time 工藝; 手藝; (特殊技藝的)行業: *Weaving is a craft.* 編織是一種手藝。 **2** (*pl.* craft) boat, ship, or aeroplane 船; 飛機

craftsman /ˈkrɑ:ftsmən/ *n.* someone who has learned to use his hands cleverly 工匠; 名匠

crafty /ˈkrɑ:ftɪ/ *adj.* clever at tricking people 狡猾的; 詭計多端的 **craftily** *adv.*

crag /kræg/ *n.* high, sharp rock 峭壁; 危岩

cram /kræm/ *v.* (*pres. part.* cramming, *past part. & past tense* crammed /kræmd/) **1** make something too full 裝得過滿; 吃太多: *The hungry child crammed his mouth with food.* 飢餓的孩子嘴裏填滿了食物。 **2** push too much into a small space 塞滿; 塞進: *You can't cram eight people into that car!* 你不能把八個人全部塞進那輛汽車!

crane /kreɪn/ *n.* machine with a big arm for lifting heavy things 起重機: *The crane put the car on to the ship.* 起重機把汽車吊到輪船上。

crash [1] /kræʃ/ *n.* (*pl.* crashes) **1** an accident; two things coming together hard 撞壞; 碰撞: *a train crash* 火車相撞意外 **2** big noise when something falls, breaks, etc. 嘩啦聲; 轟隆聲: *I heard a crash as the tree fell.* 樹倒下來時我聽到嘩啦一聲。

crash [2] *v.* **1** fall or hit something hard and noisily (嘩啦地)倒下; (轟隆地)碰撞: *A stone crashed through the window.* 一塊石頭嘩啦一聲打破窗子飛了進來。 **2** make something hit another thing hard 撞壞; 碰: *He crashed his car into a wall.* 他把汽車猛撞在牆上。

crash-helmet /'kræʃ helmɪt/ *n.* hard hat that you wear to keep your head safe 安全帽; 防護帽: *Motor-cyclists must wear crash-helmets.* 開摩托車的人必須戴安全帽。

crate /kreɪt/ *n.* big, wooden box for goods 板條箱

crawl [1] /krɔ:l/ *n.* (no *pl.*) **1** moving slowly 爬行; 緩慢地行: *We drove at a crawl through the busy streets.* 我們緩慢地開車駛過擁擠的街道。**2** way of swimming 自由式游泳; 爬泳

crawl [2] *v.* **1** move slowly on your hands and knees 爬; 爬行: *Babies crawl before they walk.* 嬰兒先會爬, 後會走路。**2** pull the body along the ground 蠕動; 匍匐前進: *Worms and snakes crawl.* 蚯蚓和蛇蠕動前進。

crayon /'kreɪən/ *n.* soft, thick, coloured pencil 顏色筆; 蠟筆

craze /kreɪz/ *n.* sudden, strong liking for something 狂熱; 風行一時的東西: *a craze for playing marbles* 一股玩玻璃彈子的狂熱

crazy /'kreɪzɪ/ *adj.* mad; foolish 瘋狂的; 蠢的: *You must be crazy to ride a bicycle that has no brakes!* 你騎一輛沒有制動器的腳踏車, 一定發瘋了吧! ***crazy about***, very interested in something 着迷的; 狂熱的; 熱中於…: *Hugh's crazy about football.* 阿修對足球入了迷。**crazily** *adv.*

creak /kri:k/ *n.* noise of wood when it bends 嘎吱聲 **creak** *v.* **creaky** *adj.*: *creaky stairs* 嘎吱作響的樓梯

cream [1] /kri:m/ *adj.* **1** with a yellow-white colour 奶油色的; 米黄的 **2** with the fatty part of milk in it 奶油的: *a cream cake* 奶油蛋糕

cream [2] *n.* (no *pl.*) **1** yellow-white colour 米黄; 奶油色 **2** fatty part of milk that can be made into butter 乳脂; 奶油 **3** any thick, soft liquid 膏; 霜; 油: *face-cream* 面霜

creamy /'kri:mɪ/ *adj.* **1** smooth and soft 輕滑似乳脂的 **2** with cream in it 含奶油的

crease /kri:s/ *v.* **1** make paper or cloth full of lines when you fold it, crush it, etc. 使起折痕; 弄皺: *If you push your skirt into the drawer like that you'll crease it.* 如果你把裙子那樣塞進抽屜, 會把它弄皺的。**2** get too many lines in it 起皺: *Does your dress crease?* 你的衣服起皺嗎? **crease** *n.* line made by folding, etc. 折縫; 皺痕

create /kri:'eɪt/ *v.* **1** make something new 創造; 創作: *God created the world.* 上帝創造了世界。**2** make something happen 引起; 產生; 造成: *Oh do stop creating such a noise!* 哎呀, 請不要弄出這種嘈雜聲!

creation /kri:eɪʃn/ *n.* **1** (no *pl.*) making something 創造 **2** (*pl.* creations) something new that is made 創造物; 作品: *Mickey Mouse was the creation of Walt Disney.* 米奇老鼠是和路迪士尼的作品。

creator /kri:'eɪtə(r)/ *n.* someone who plans or makes new things 創造者; 創作者: *Walt Disney was the creator of Donald Duck.* 迪士尼是唐老鴨的創作者。

creature /'kri:tʃə(r)/ *n.* living animal or person 生物; 動物; (含有憐愛或輕蔑意思)人

credit /'kredɪt/ *n.* (no *pl.*) **1** letting someone take goods now but pay later 賒帳; 信用貸款: *The shop gives me credit.* 這家商店賒帳給我。**2** good name 信譽; 聲望; 榮譽 ***be a credit to***, bring a good name to someone 是…的光榮: *Alec is a credit to his family.* 亞歷光耀門楣。**credit card** *n.* card from a bank that lets you borrow money or buy goods and pay for them later 信用卡

creep /kri:p/ *v.* (*past part.* & *past tense* crept) move along close to the ground; move slowly, quietly, or secretly (身體貼着地面)爬行; 躡手躡腳地移動: *The cat is creeping towards the bird.* 貓悄悄地向小鳥走去。

creeper /'kri:pə(r)/ *n.* plant that spreads over the ground and climbs over things 爬籐: *The creeper is growing up the wall.* 爬籐正沿着牆往上生長。

crept /krept/ *past part.* & *past tense* of *v.* creep 動詞 creep 的過去分詞和過去式

crescent /'kresnt/ *n.* shape like a new moon 月牙; 新月狀(物)

crew /kru:/ *n.* group of people who work together on a ship or aeroplane (船或飛機上)全體工作人員

cricket [1] /'krɪkɪt/ *n.* brown, jumping insect 蟋蟀

cricket [2] *n.* (no *pl.*) ball game with two teams 板球運動 **cricketer** *n.* someone who plays cricket 板球運動員

cried /kraɪd/ *past tense* of *v.* cry 動詞 cry 的過去式

cries /kraɪz/ (*pl.*) of *n.* cry 名詞 cry 的複數 shouts 叫喊聲; 哭聲

crime /kraɪm/ *n.* something done that is against the law 罪惡; 罪行; 犯法: *Murder is a crime.* 謀殺是一種罪行。

criminal [1] /'krɪmɪnl/ *adj.* **1** against the law 犯罪的; 犯法的: *a criminal plan* 犯罪計

劃 **2** of crime 刑事上的: *She's studying criminal law.* 她在研習刑事法例。

criminal² *n.* someone who has broken the law 罪犯; 犯人

crimson /ˈkrɪmzn/ *adj.* deep red 深紅色的: *Blood is crimson.* 血是深紅色的。 **crimson** *n.*

cripple¹ /ˈkrɪpl/ *n.* someone who cannot walk or move well because he is sick or hurt 跛子; 殘廢者

cripple² *v.* hurt part of the body so that it cannot work well 使殘廢; 使喪失活動能力: *The accident crippled my right arm.* 這次意外使我的右臂殘廢了。 **crippled** /ˈkrɪpld/ *adj.* not able to move your arm or leg easily because it is hurt 殘廢的; 跛的

crisis /ˈkraɪsɪs/ *n.* (*pl.* crises) very serious time; time of great trouble, danger, etc. 危機; 危急存亡時刻: *War is a crisis.* 戰爭令局面危困。

crisp¹ /krɪsp/ *adj.* **1** hard and dry 脆的; 酥的: *a crisp biscuit* 鬆脆的餅乾 **2** firm, fresh 脆的; 鮮嫩的: *a crisp lettuce* 鮮嫩的生菜

crisp² *n.* thin slice of potato, fried in hot oil and then dried 炸薯片: *a packet of crisps* 一包炸薯片

critical /ˈkrɪtɪkl/ *adj.* **1** very serious 危急的: *His illness is critical.* 他的病情危急。**2** saying that something is wrong 批評(性)的; 批判(性)的: *a critical school report* 一份評語欠佳的學業成績表 **critically** *adv.*

criticize /ˈkrɪtɪsaɪz/ *v.* **1** say whether things or people are good or bad 品評; 評論: *Please criticize my painting.* 請評論我這張畫。**2** say that someone or something is bad or wrong 批評; 批判; 指責 **criticism** /ˈkrɪtɪsɪzəm/ *n.*

croak /krəʊk/ *n.* the noise that a frog makes 蛙叫聲 **croak** *v.*

crockery /ˈkrɒkərɪ/ *n.* (no *pl.*) plates, cups, etc. (總稱)陶器; 瓦器

crocodile /ˈkrɒkədaɪl/ *n.* long, dangerous reptile that lives in the rivers of Africa 鱷魚

crook /krʊk/ *n.* bad person; criminal 壞人; 騙子; 罪犯

crooked /ˈkrʊkɪd/ *adj.* **1** not straight; bent; twisting 彎的; 歪的: *a crooked path* 彎曲的小路 **2** not honest 不誠實的; 欺詐的: *a crooked shopkeeper* 騙人的店主

crop /krɒp/ *n.* all the plants of one kind that the farmer grows in one season 一季收成; 一次收穫(量): *a crop of potatoes* 一次收穫的馬鈴薯

cross¹ /krɒs/ *adj.* not pleased; rather angry 不高興的; 生氣的 **crossly** *adv.*

cross² *n.* (*pl.* crosses) mark like (+) or (×) 十字; × 號

cross³ *v.* go over something from one

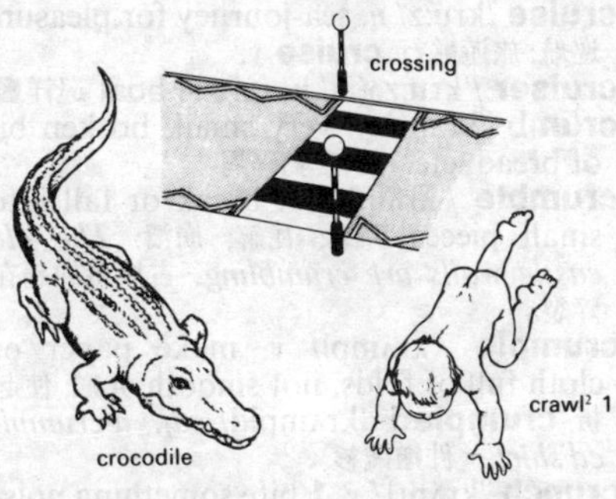

side to the other 穿過; 越過; 渡過: *to cross the road* 橫過馬路

cross-examine /ˌkrɒs ɪɡˈzæmɪn/ *v.* ask someone many important questions in a law court, etc. 盤問 **cross-examination** /ˌkrɒs ɪɡˌzæmɪˈneɪʃn/ *n.*

crossing /ˈkrɒsɪŋ/ *n.* (no *pl.*) special place where you can cross a road 行人橫道; 斑馬線

crossroads /ˈkrɒsrəʊdz/ *n.* (no *pl.*) place where two roads meet and go over each other 交叉路; 十字路口

crossword, crossword puzzle /ˈkrɒs-wɜːd pʌzl/ *n.* game with words on paper 填字遊戲

crouch /kraʊtʃ/ *v.* bend the body to make it lower 蹲伏; 蜷縮: *The cat was crouching in the grass, waiting for the bird.* 這隻貓蹲伏在草叢裏, 等着捉那隻鳥。

crow¹ /krəʊ/ *n.* big, black bird with a harsh cry 烏鴉

crow² *v.* make a cry like a cock when the sun rises 雞啼

crowd /kraʊd/ *n.* many people together 羣; 人羣: *There was a large crowd at the football match.* 有一大羣人在看足球賽。 **crowd** *v.* all come together 擁擠; 羣集: *They crowded into the hall.* 他們擠進了大堂。 **crowded** /ˈkraʊdɪd/ *adj.* full of people, etc. 擁擠的; 擠滿人羣的

crown /kraʊn/ *n.* special headdress that a king or queen wears at important times 皇冠; 冠冕 **crown** *v.* put a crown on someone who has become a king or queen 爲…加冕; 立…爲王

crucifix /ˈkruːsɪfɪks/ *n.* (*pl.* crucifixes) small copy of the Cross with the figure of Jesus on it 十字架; 耶穌釘在十字架上的圖像

crucify /ˈkruːsɪfaɪ/ *v.* kill someone by nailing him on to a cross 把…釘死在十字架上 **crucifixion** /ˌkruːsɪˈfɪkʃn/ *n.*

cruel /krʊəl/ *adj.* bringing pain or trouble to others; not kind 殘忍的; 殘酷的: *The cruel man was hitting the donkey.* 那人很殘酷, 在抽打驢子。 **cruelly** *adv.* **cruelty** /ˈkrʊəltɪ/ *n.*

cruise /kru:z/ *n.* sea-journey for pleasure 巡航; 旅遊航行 **cruise** *v.*

cruiser /ˈkru:zə(r)/ *n.* sort of boat 巡洋艦

crumb /krʌm/ *n.* very small, broken bit of bread, etc. (麵包等)碎屑

crumble /ˈkrʌmbl/ *v.* break or fall into small pieces 碎裂; 瓦解; 崩潰: *The old castle walls are crumbling.* 古城堡的牆在碎裂。

crumple /ˈkrʌmpl/ *v.* make paper or cloth full of folds, not smooth 弄皺; 使起折 **crumpled** /ˈkrʌmpld/ *adj.*: *a crumpled shirt* 一件皺襯衫

crunch /krʌntʃ/ *v.* **1** bite something noisily 嘎吱嘎吱地咬(嚼): *He was crunching nuts.* 他嘎吱嘎吱地咬堅果。**2** crush something noisily; be crushed noisily 碾壓; 踩得嘎吱響: *The dry leaves crunched under our feet as we walked.* 我們走過時乾樹葉在腳下嘎吱作響。

crush /krʌʃ/ *v.* press something hard and break or harm it 壓碎; 壓壞; 碾碎: *She stepped on my watch and crushed it.* 她踩在我的錶上, 把錶踩碎了。

crust /krʌst/ *n.* hard, outside part of bread 麵包皮 **crusty** /ˈkrʌstɪ/ *adj.*: *a crusty loaf* 硬皮長麵包

crutch /krʌtʃ/ *n.* (*pl.* crutches) long stick to go under the arm and help a hurt person to walk 拐杖: *After his accident he walked with a pair of crutches.* 他發生意外後就架着一雙拐杖走路。

cry [1] /kraɪ/ *n.* (*pl.* cries) call that shows pain, fear, sadness, etc.; loud or excited shout 哭叫; 喊聲: *a cry for help* 呼救聲 **cry-baby** *n.* child who cries often with no real reason 愛哭的孩子

cry [2] *v.* **1** make a loud noise; shout 喊; 叫: *'Help!' cried Beth, when she fell in the river.* "救命呀!" 蓓思掉進河裏時喊道。**2** weep 哭: *Ann cried when her dog died.* 安的小狗死時, 她哭了。

cub /kʌb/ *n.* young lion, bear, fox, tiger, etc. (獅、熊、狐、虎等) 幼獸

cube /kju:b/ *n.* solid shape with six equal, square sides 立方形; 立方體 **cubic** /ˈkjubɪk/ *adj.*

cuckoo /ˈkʊku:/ *n.* bird with a call like its name 布穀鳥; 杜鵑

cucumber /ˈkju:kʌmbə(r)/ *n.* long vegetable with a green skin 黄瓜

cuddle /ˈkʌdl/ *v.* hold someone close and lovingly in your arms 擁抱: *She is cuddling her baby.* 她抱着嬰兒。

cuff /kʌf/ *n.* end of a sleeve by the hand 袖口

culprit /ˈkʌlprɪt/ *n.* someone who has done wrong 罪犯; 犯過者: *Are you the culprit who broke this window?* 你就是打碎窗子的人嗎?

cultivate /ˈkʌltɪveɪt/ *v.* **1** make soil ready for growing plants 耕; 耕種 **2** keep and care for plants 栽培: *He works all day cultivating his vegetable garden.* 他整天在他的菜園耕作。**cultivation** /ˌkʌltɪˈveɪʃn/ *n.*

culture /ˈkʌltʃə(r)/ *n.* the customs, art, and beliefs of a group of people 文化; 文明: *He has studied the cultures of Eastern countries.* 他研究過東方國家的文化。

cunning /ˈkʌnɪŋ/ *adj.* clever at tricking people 狡猾的; 狡詐的: *a cunning trick* 詭計 **cunning** *n.*

cup /kʌp/ *n.* **1** small bowl with a handle for drinking 杯子 **2** drink in a cup 一杯飲料: *a cup of coffee* 一杯咖啡 **3** gold or silver bowl as a prize 獎杯; 優勝杯: *the school swimming cup* 學校游泳賽獎杯

cupboard /ˈkʌbəd/ *n.* piece of furniture, with shelves and doors, for keeping things in 橱櫃

curate /ˈkjʊərət/ *n.* Christian priest who helps a more senior priest in his church 副牧師

curb /kɜ:b/ *n.* edge of the pavement next to the road 路邊: *Ted parked his car at the curb.* 達德把汽車停在路邊。

cure [1] /kjʊə(r)/ *n.* **1** becoming well from an illness; making someone well 治好; 痊愈: *His cure took six weeks.* 治好他的病花了六個星期。**2** something that will end a problem or an illness 對策; 療法: *Aspirin is a cure for headaches.* 阿司匹靈是治頭痛的藥。

cure [2] *v.* make a sick person well 治愈: *The doctor cured the pain in my back.* 醫生治好了我的背痛。

curiosity /ˌkjʊərɪˈɒsətɪ/ *n.* (no *pl.*) wanting to know about things 好奇: *My little brother is full of curiosity.* 我的小弟弟充滿好奇心。

curious /ˈkjʊərɪəs/ *adj.* **1** wanting to know about something 好奇的; 很想知道的: *I am curious to know how that old clock works.* 我非常想知道那個古老的鐘是怎樣運轉的。**2** wanting to know too much 愛打聽的 **3** strange; unusual 古怪的; 稀奇的; 不尋常的: *What is this curious animal?* 這頭古怪的動物是什麼呀? **curiously** *adv.*

curl [1] /kɜ:l/ *n.* ring or twist of hair 鬈毛; 鬈髮 **curly** /ˈkɜ:lɪ/ *adj.*: *A lamb has a curly coat* 羔羊滿身是鬈毛。

curl [2] *v.* twist something into rings 使捲曲; 捲縮: *Jane curled her hair.* 珍把頭髮捲好。***curl up***, make yourself into a ball 卷; 蜷: *The cat curled up on my knee.* 小貓在我身上蜷作一團。

curler /ˈkɜ:lə(r)/ *n.* small thing that you wind hair round to make the hair curly 捲髮器

currant /ˈkʌrənt/ *n.* **1** small, sweet, dried fruit 無核小葡萄乾 **2** small, juicy fruit 紅

醋栗

currency /ˈkʌrənsɪ/ *n.* (*pl.* currencies) kind of money used in a country 貨幣: *The dollar is American currency.* 美元是美國的貨幣。

current /ˈkʌrənt/ *n.* **1** air or water that is moving along 流; 水流; 氣流: *We couldn't row against the strong current.* 我們不能划船逆急流而上。 **2** electricity running through a wire 電流

curry /ˈkʌrɪ/ *n.* (*pl.* curries) dish of food cooked with hot-tasting spices 咖哩(粉); 咖哩食品 **curried** /ˈkʌrɪd/ *adj.*

curse /kɜːs/ *n.* **1** strong wish for something bad to happen to someone 詛咒; 咒語: *The witch put a curse on the prince and he became a frog.* 巫婆對王子唸了咒語, 王子就變成一隻青蛙。 **2** rude, angry words 咒罵; 罵人話: *He gave a curse when he hit his head.* 他碰了自己的頭, 出言咒罵。 **curse** *v.*: *He fell off his bicycle and cursed loudly.* 他從腳踏車上跌了下來, 便大聲咒罵。

curtain /ˈkɜːtn/ *n.* piece of cloth that hangs in front of a window 窗簾 ***draw the curtains***, pull the curtains open or closed 拉開(或拉上)窗簾

curtsey /ˈkɜːtsɪ/ *v.* bend your knees to show respect for someone, e.g. a queen 行屈膝禮

curve /kɜːv/ *n.* bend; line or shape that is not straight 曲線; 彎曲 **curve** *v.* bend round 弄彎; 成曲形: *The river curves round the town.* 河流繞城而過。 **curved** /kɜːvd/ *adj.* bent 彎曲的; 曲線的

cushion /ˈkʊʃn/ *n.* small bag filled with something soft to sit on 墊子; 坐墊; 靠墊

custard /ˈkʌstəd/ *n.* sweet, yellow sauce that you eat with fruit or puddings 牛奶蛋糊; 蛋糕

custody /ˈkʌstədɪ/ *n.* (no *pl.*) **1** care; keeping something or someone safe 保管; 保護: *When Jack's parents died, he was put in the custody of his uncle.* 父母去世後, 傑由他的叔叔照顧。 **2** being in prison 拘留; 監禁: *The thief was taken into custody.* 小偷被拘留。

custom /ˈkʌstəm/ *n.* what a group of people usually do 風俗; 習慣: *It is a British custom to have a tree in the house at Christmas.* 聖誕節時在屋子裏放置一棵樹, 是英國人的風俗習慣。

customer /ˈkʌstəmə(r)/ *n.* someone who buys things from a shop 顧客; 主顧

customs /ˈkʌstəmz/ *n.* (*pl.*) **1** money that you pay when you bring new things into a country from another country 關稅: *I had to pay customs on my new camera.* 我要爲我的新照相機繳納關稅。 **2** people who collect tax on things that you bring into the country 海關: *We shall have to go through customs at the airport.* 我們必須在機場辦理海關手續。

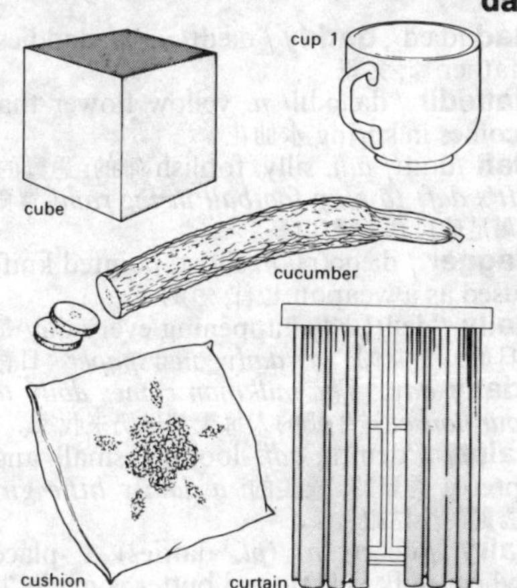

cut /kʌt/ *v.* (*pres. part.* cutting, *past part.* & *past tense* cut) **1** break something with a knife, scissors, etc. 切; 剪; 削; 砍: *Please cut this piece of string.* 請剪斷這根繩子。**2** open your skin 割; 刺破: *I cut my finger.* 我把手指割傷了。 **3** make something shorter: 截; 修剪: *to cut hair* 理髮 **4** take one piece from something bigger 切下; 割下: *to cut a piece of cake* 切一塊蛋糕 ***cut down***, chop something so that it falls down 砍倒: *to cut down a tree* 砍倒一棵樹 ***cut off***, stop something (突然) 中止; 中斷: *They cut off the electricity today.* 今天他們中斷了電力。***be cut off***, be kept alone, away from others 切斷; 使隔絕: *The village was cut off by the floods.* 村子被洪水隔絕了。**cut** *n.*: *I have a cut on my finger.* 我的手指割傷了。***a short cut***, a way that makes the journey quicker 近路; 捷徑 *Is there a short cut to the station?* 到火車站去有捷徑嗎?

cutlery /ˈkʌtlərɪ/ *n.* (no *pl.*) knives, forks, and spoons (西餐)餐具

cycle /ˈsaɪkl/ *n.* bicycle 腳踏車; 自行車 **cycle** *v.* ride a bicycle 騎腳踏車 **cycling** *n.* **cyclist** /ˈsaɪklɪst/ *n.* someone who rides a bicycle 騎腳踏車的人

cyclone /ˈsaɪkləʊn/ *n.* dangerous storm with very strong winds 旋風; 氣旋

Dd

dab /dæb/ *v.* (*pres. part.* dabbing, *past part.* & *past tense* dabbed /dæbd/) touch something quickly and gently 輕拍; 輕擦; 輕敷: *She dabbed her eyes with a handkerchief.* 她用手絹輕擦眼睛。

dad /dæd/, **daddy** /ˈdædɪ/ *n.* (*pl.* daddies) father 爹; 父親
daffodil /ˈdæfədɪl/ *n.* yellow flower that comes in spring 水仙花
daft /dɑːft/ *adj.* silly, foolish 笨的; 愚蠢的: *It's daft to play football in the rain!* 冒雨踢足球可真太傻了!
dagger /ˈdægə(r)/ *n.* short, pointed knife used as a weapon 匕首; 短劍
daily /ˈdeɪlɪ/ *adj.* happening every day 每日的; 日常的: *a daily newspaper* 日報 **daily** *adv.*: *The milkman comes daily to our house.* 送牛奶的人每天都送奶來我家。
dainty /ˈdeɪntɪ/ *adj.* looking small and pretty 秀麗的; 嬌美的: *a dainty little girl* 秀麗的小姑娘
dairy /ˈdeərɪ/ *n.* (*pl.* dairies) **1** place where milk is kept and butter is made 牛奶場; 奶品場 **2** shop that sells milk, eggs, butter, etc. 奶品店
daisy /ˈdeɪzɪ/ *n.* (*pl.* daisies) sort of flower 雛菊
dam /dæm/ *n.* wall built across a river, stream, etc. to hold the water 水壩
damage /ˈdæmɪdʒ/ *v.* break or hurt something 損害; 毀壞: *The fire has badly damaged the house.* 大火嚴重地燒壞了這座房子。**damage** *n.*
damp /dæmp/ *adj.* a little wet 潮濕的; 有濕氣的: *damp clothes* 潮濕的衣服
dance¹ /dɑːns/ *n.* **1** moving to music 舞蹈 **2** party where people dance 舞會
dance² *v.* move the body, usually to music 跳舞 **dancer** *n.* someone who dances 跳舞者; 舞蹈員
danger /ˈdeɪndʒə(r)/ *n.* **1** (no *pl.*) chance that something harmful will happen 危險: *You will be in danger if you walk on a railway line.* 你在鐵路軌道上行走很危險。**2** (*pl.* dangers) someone or something that may bring harm or trouble 威脅; 危險物: *The busy road is a danger to small children.* 交通繁忙的道路, 對小孩子很危險。
dangerous /ˈdeɪndʒərəs/ *adj.* that will probably bring harm 危險的: *Broken grass is dangerous.* 碎玻璃很危險。**dangerously** *adv.*
dare¹ /deə(r)/ *n.* something bold that you do because another person asks you 果敢行爲; 挑戰; 激將: *Roy tried to ride on a cow for a dare.* 阿洛試着騎到牛背上, 以示自己膽大。
dare² *v.* **1** be brave or bold enough to do something 敢: *Dare you swim across the river, John?* 約翰, 你敢游過河嗎? **2** ask someone to do something because you want to see if he is brave enough to do it 激(將); 估計…沒膽量: *'I dare you to climb on to the roof, Larry!' said Bill.* 標說: "我量你不敢爬上屋頂, 拉里!" ***how dare you***, how can you be so rude and bold 竟敢: *'How dare you take flowers from my garden!' he shouted angrily.* 他憤怒地叫道: "你竟敢偷我花園裏的花!" ***I dare say***, I think it is likely 我敢說; 我覺得可能: *I dare say it will rain today.* 我認爲今天要下雨。
daring /ˈdeərɪŋ/ *adj.* brave and bold 大膽的; 勇敢的: *a daring climber* 勇敢的爬山運動員
dark¹ /dɑːk/ *adj.* **1** with no light, or not much light 暗的; 黑暗的: *a dark night* 黑夜 **2** with a deep colour (顏色)深色的: *A police uniform is dark blue.* 警察的制服是深藍色的。**3** brown or black, not blond (頭髮、皮膚等)黑色的: *He has dark hair.* 他頭髮黑色。
dark² *n.* (no *pl.*) where there is no light 黑暗; 暗處: *The little boy was afraid of the dark.* 這個小男孩怕黑。***before*** or ***after dark***, before or after the sun goes down 在天黑前或天黑後
darkness /ˈdɑːknɪs/ *n.* (no *pl.*) where there is no light 黑暗 ***in darkness***, with no light 黑暗中: *Keith switched the light off and the room was in darkness.* 基賦關了燈, 屋裏一片漆黑。
darling /ˈdɑːlɪŋ/ *n.* dear or loved person 心愛的人; 寵兒; 寶貝: *That baby is a little darling.* 那個嬰孩真是個小寶貝。**darling** *adj.*
darn /dɑːn/ *v.* repair a hole in clothes with needle and thread 縫補: *My mother is darning Bob's socks.* 母親正在給阿寶縫補短襪。
dart¹ /dɑːt/ *n.* small, metal arrow, with feathers, which you throw at a round board in a game called **darts** 飛鏢
dart² *v.* move quickly and suddenly 飛奔; 急衝: *He darted across the road.* 他衝過馬路。
dash¹ /dæʃ/ *n.* (*pl.* dashes) sudden, quick run forwards 短跑; 猛衝: *We made a dash through the rain to the bus.* 我們冒雨向公共汽車猛奔過去。
dash² *n.* (*pl.* dashes) punctuation mark (–) 破折號 (——)
dash³ *v.* **1** run suddenly 猛衝; 突進: *I must dash or I'll be late for work.* 我得趕快跑, 否則上班要遲到了。**2** move something strongly and suddenly 猛推; 撞擊: *The sea dashed the boat on the rocks.* 海浪把船冲到岩石上。
date /deɪt/ *n.* **1** exact day of the month or year 日期: *Tracy's date of birth was 3 June 1966.* 翠西的出生日期是一九六六年六月三日。***out of date***, too old 過時的; 廢棄的 ***up to date***, modern 現代的; 時新的 **2** meeting that you have planned with someone 和…約會: *Karen has a date with Paul on Friday.* 星期五凱琳和保羅有個約會。**3** small, sweet, brown fruit of a tree

called the **date-palm** 棗子
daughter /ˈdɔ:tə(r)/ *n.* girl child 女兒: *Elizabeth is the daughter of Mr. and Mrs. Ellis.* 伊利莎白是艾利斯夫婦的女兒。
daughter-in-law /ˈdɔ:tər ɪn lɔ:/ *n.* (*pl.* daughters-in-law) wife of your son 兒媳
dawdle /ˈdɔ:dl/ *v.* walk slowly 閒蕩
dawn¹ /dɔ:n/ *n.* the time when day comes 黎明; 破曉: *Do you get up at dawn?* 天剛亮你就起牀嗎?
dawn² *v.* begin to be light 破曉: *When day dawned, we started our journey.* 天剛亮我們就起程。
day /deɪ/ *n.* **1** (*pl.* days) time of 24 hours (一)天; (一)日: *There are seven days in a week.* 一星期有七天。**2.** (no *pl.*) time between sunrise and sunset 白天; 白晝: *Most people work in the day and sleep at night.* 大多數人在白天工作, 晚上睡覺。**3 days** (*pl.*) times 時代: *There was no television in the days of Queen Victoria.* 維多利亞時代没有電視。***day after day***, every day; all the time 日復一日地: *The rain fell day after day.* 雨一天又一天地下個不停。***day in, day out***, continuously 天天: *The team trained day in day out for a month.* 整整一個月運動隊天天訓練。***I haven't got all day***, I'm in a hurry! 我現在很忙! ***the other day***, a few days ago 幾日前 ***one day***, (***a***) on a certain day in the past (過去) 某一天: *One day the temperature was 30°C.* 有一天溫度達到攝氏三十度。(***b***) at some time in the future 將來某一天: *One day, I'll be grown up.* 總有一天我會長大成人的。***some day***, at some time in the future 有朝一日 ***in a few days' time***, soon; after a few days 不久; 幾天後: *I am leaving for Sydney in a few days' time.* 過幾天我要到雪梨去了。
day-dream /ˈdeɪ dri:m/ *v.* have thoughts of pleasant things 作白日夢; 幻想 **day-dream** *n.*
daylight /ˈdeɪlaɪt/ *n.* (no *pl.*) time when it is light 白晝
daytime /ˈdeɪtaɪm/ *n.* (no *pl.*) time when it is day and not night 白天
daze /deɪz/ *v.* make someone not able to think clearly 使發昏; 使迷亂; 使茫然: *The fall dazed him.* 跌倒後他感到暈眩。**daze** *n.* ***in a daze***, not able to think clearly 迷亂; 茫然; 頭暈眼花
dazzle /ˈdæzl/ *v.* shine brightly in someone's eyes so that he cannot see clearly 使眼花; 使目眩: *The bright lights of the car dazzled me.* 汽車的明亮燈光使我眼花。
dead¹ /ded/ *adj.* **1** not living; with no life 死的; 無生命的: *Let's throw away those dead flowers and pick some fresh ones.* 我們把凋謝的花扔掉, 摘些新鮮的來罷。**2** very quiet 無動靜的, 寂靜的: *The streets are dead at night.* 夜裏街道上很寂

靜。***dead to the world***, deeply asleep 熟睡 **3** total; complete 完全的; 絶對的: *a dead stop* 完全停止
dead² *adv.* quite; totally 完全地; 絶對地: *Maurice was dead tired after the race.* 賽跑之後莫禮思累得要命。
dead³ *n.* (*pl.*) people who have died 死者: *They buried the dead after the battle.* 戰爭結束後他們把死者埋葬起來。***at*** or ***in the dead of night***, late at night when everything is still and quiet 深更半夜; 夜闌人靜
deadly /ˈdedlɪ/ *adj.* **1** likely to kill people or animals 致命的: *a deadly poison* 致命的毒藥 **2** full of hate 不共戴天的; 充滿仇恨的: *The two men are deadly enemies.* 他倆是不共戴天的仇敵。
deaf /def/ *adj.* not able to hear 聾的
deafen /ˈdefn/ *v.* make so much noise that you cannot hear well 震聾: *The noise of the aeroplane deafened us.* 飛機的噪音使我們震耳欲聾。
deal¹ /di:l/ *n.* **1** agreement, usually about buying, selling, or working 買賣; 交易: *The factory has made a new deal with a buyer in Canada.* 這家工廠與加拿大的一位買主新做了一筆買賣。**2** amount 數量 ***a good deal***, a lot; much 大量; 許多: *We have a good deal of snow in the winter.* 冬季我們這裏很多雪。 **a great deal**, very much 很多; 許多: *She's fat because she eats a great deal.* 她很胖因爲她吃得很多。
deal² *v.* (*past part. & past tense* dealt /delt/) ***deal in***, buy or sell certain goods 經營; 買賣: *This shop deals in electrical goods.* 這家商店經營電器商品。***deal out***, give a share to each person 分發; 分配; 分給: *She dealt out the cards for a game.* 她把紙牌發下去。***deal with***, (***a***) tell about something 論述; 涉及: *This book deals*

with music. 這本書論述音樂。(*b*) look after someone or something 處理; 安排; 從事: *How can I deal with my work when you play that loud music?* 你那樣大聲奏樂我怎麼進行工作?

dealer /di:lə(r)/ *n.* someone who buys and sells things 商人; 販子: *a car dealer* 汽車商人

dear /dɪə(r)/ *adj.* **1** loved; lovable 親愛的: *We were sad about the death of our dear grandfather.* 親愛的祖父去世了, 我們感到悲痛。**2** way to start a letter 用於書信開頭: *Dear Sarah* 親愛的薩拉 **3** costing a lot of money 貴的; 索價高的: *Bananas are very dear this week.* 這星期的香蕉很貴。

dearly /'dɪəlɪ/ *adv.* very much 非常; 深深地; 熱切地: *Kathy dearly loves ice-cream.* 凱茜非常愛吃冰淇淋。

death /deθ/ *n.* dying; end of life 死; 死亡: *The child fell to her death from the window.* 小女孩從窗子上掉下去跌死了。***put someone to death***, kill someone 處死; 殺死 **deathly** *adj.* like death 死一般的: *deathly pale* 像死人般蒼白

debate /dɪ'beɪt/ *v.* talk about something at a public meeting 争議; 辯論; 討論: *Parliament debates new laws.* 議會討論新法律。 **debate** *n.: United Nations debates* 聯合國的辯論

debt /det/ *n.* money that you must pay to someone 債; 債務; 欠款: ***in debt***, owing money 負債; 欠帳: *He's in debt to the bank because he bought that big house.* 他因買下那座大房子而欠銀行的債。 ***out of debt***, not owing money 不欠債

decay /dɪ'keɪ/ *v.* go bad 變壞; 腐爛: *If you do not clean your teeth they will decay.* 如果你不刷牙, 牙就會壞。**decay** *n.*

deceitful /dɪ'si:tfl/ *adj.* **1** ready to lie, trick, cheat, etc. 欺詐的; 愛說謊的: *a deceitful child* 愛撒謊的孩子 **2** that trick and cheat 騙人的: *deceitful words* 騙人的話

deceive /dɪ'si:v/ *v.* trick someone to make him believe something that is not true 欺騙; 詐騙: *Don't try to deceive me – I saw you taking the money!* 你休想騙我——我看見你拿走了錢!

December /dɪ'sembə(r)/ *n.* last month of the year 十二月

decent /'di:snt/ *adj.* **1** proper; right 正當的; 體面的; 合適的: *You must wear decent clothes when you go for a new job.* 你去就任新職務時, 要穿體面的衣服。**2** kind 大方的; 很好的: *It was very decent of you to lend me your bicycle.* 你真好, 把你的腳踏車借給了我。**decently** *adv.*

decide /dɪ'saɪd/ *v.* come to an idea or plan after thinking 決定: *I cannot decide which child sings better, Robert or Ian.* 洛培和毅恩兩個孩子, 我還定不下哪個唱得較好。*We have decided to go to France for our holidays.* 我們已經決定到法國渡假。

decision /dɪ'sɪʒn/ *n.* plan; firm idea 決定; 決心; 果斷: *His decision to leave school was a surprise to his parents.* 他決定退學, 使父母感到意外。***come to a decision***, decide 作決定

deck /dek/ *n.* floor of a ship or bus 甲板; (船的) 甲板; (公共汽車的) 一層車廂 **deck chair** *n.* folding chair that you can take outside 帆布折叠椅子

declare /dɪ'kleə(r)/ *v.* **1** say something firmly and clearly 宣佈; 宣告; 聲明: *The man declared that he was not the thief.* 這人聲言他不是賊。**2** tell the customs about something 申報: *When you come into England with a lot of wine, you must declare it.* 攜帶大量酒進英國, 必須申報。

declaration /ˌdeklə'reɪʃn/ *n.*

decorate /'dekəreɪt/ *v.* **1** put pretty things on something to make it look nice 裝飾; 裝璜: *The family decorate the Christmas tree with glass balls and lights.* 全家人用玻璃球和小燈泡裝飾聖誕樹。 **2** put paint or paper on to the walls of rooms 刷漆; 用紙糊牆; 佈置: *I decorated the room pink.* 我把房間刷(糊)成粉紅色。

decoration /ˌdekə'reɪʃn/ *n.* lights, flowers, pictures, etc. that make a place or a thing prettier and brighter 裝飾品: *At Christmas we put decorations in the house.* 聖誕節時, 我們在房子裏擺上裝飾品。

decrease /dɪ'kri:s/ *v.* become smaller, fewer, etc. 減少; 減小: *The number of people in the village has decreased from 150 to 100.* 這個村裏的人口已經從一百五十人減少到一百人。 **decrease** /'di:kri:s/ *n.*

deed /di:d/ *n.* something you do 行爲; 行動; 事蹟: *A Scout promises to do one good deed every day.* 童子軍許諾日行一善。

deep /di:p/ *adj.* **1** going a long way down 深的: *I cannot stand in the deep end of the swimming pool.* 在游泳池深水處, 我站立不住。**2** with a darker colour (顏色)深濃的: *deep blue* 深藍色 **3** with a low sound (聲音)低沉的: *Men usually have deep voices.* 男人的嗓子通常是低沉的。**4** total 非常的; 極度的; 完全的: *Mary was in such a deep sleep that she did not hear her mother call.* 敏麗酣睡得連母親叫她也沒聽見。**5** with strong feelings 深切的; 深厚的: *deep sadness* 深切的哀痛 **deeply** *adv.: deeply worried* 極度煩惱; *deeply grateful* 深深感激

deep-freeze /ˌdi:p 'fri:z/ *n.* box that keeps food very cold and fresh for a long time 冷藏箱; 冰櫃 **deep-frozen** /ˌdi:p 'frəʊzn/ *adj.*

deer /dɪə(r)/ *n.* (*pl.* deer) wild animal that has horns and long, thin legs 鹿

defeat¹ /dɪˈfiːt/ *n.* losing a game, fight, war, etc. 失敗; 戰敗; 挫折

defeat² *v.* win a fight or game against others 戰勝; 擊敗: *We cheered when our team defeated the other team.* 我隊戰勝對方時, 大家歡呼起來。

defence /dɪˈfens/ *n.* **1** (no *pl.*) fighting against people who attack; keeping away dangerous things or people 保衛; 防禦: *Most countries have armies for their defence.* 大多數國家都有防衛的軍隊。**2** (*pl.* defences) something that keeps away dangerous things or people 防禦物; 防禦設備: *The walls of York were strong defences.* 約克郡的城牆曾經是堅固的防禦設備。

defend /dɪˈfend/ *v.* **1** guard someone or something; fight to keep away dangerous things or people 防守; 保衛: *Jack picked up a stick to defend himself against the wild dog.* 傑撿起棍子防備野狗。**2** speak or write to help someone in trouble 聲援; 爲…辯護 **3** say in a court of law that someone has not done wrong 在法庭上爲…辯護 **4** stop the other team from scoring a goal 阻止對方得分; 防守

defender /dɪˈfendə(r)/ *n.* **1** someone who fights to send away attack 保護人; 防禦者 **2** player who must try to stop other players from scoring goals (體育)防守者

defiant /dɪˈfaɪənt/ *adj.* bold and not doing what someone tells you to do 挑戰的; 對抗的 **defiantly** *adv.*: *'I won't come!' shouted the child defiantly.* 那個孩子公然反抗地嚷道: "我不來!"

definite /ˈdefɪnɪt/ *adj.* clear; with no doubts; certain 明確的; 確切的; 肯定的: *I want a definite answer, 'Yes' or 'No'.* 我要求確切的答覆, "行" 還是"不行"。**definite article**, the 定冠詞 the

definitely /ˈdefɪnɪtlɪ/ *adv.* certainly; surely 明確地; 確切地; 肯定地: *You should definitely stay in bed if the doctor tells you to.* 如果醫生要你卧牀, 那你一定要卧牀。

definition /ˌdefɪˈnɪʃn/ *n.* group of words that tell what another word means 定義

defy /dɪˈfaɪ/ *v.* **1** go boldly against people who have control over you 公然反抗; 違抗; 蔑視: *to defy the law* 無視法律 **2** ask someone to do something that you think he cannot and will not do 激; 惹: *The boy ran away and defied his friends to catch him.* 小男孩跑開, 並且激他的同伴追他。

degree /dɪˈgriː/ *n.* **1** measure for angles (角的)度; 度數: *There are 90 degrees in a right angle.* 直角爲九十度。**2** measure for temperature (溫度)度數: *A person's normal temperature is 37 degrees Centigrade.* 人的正常體温是攝氏三十七度。**3** title that a university gives to a student who has passed an examination, etc. 學位; 學銜: *the degree of M.A.* 文學碩士學位

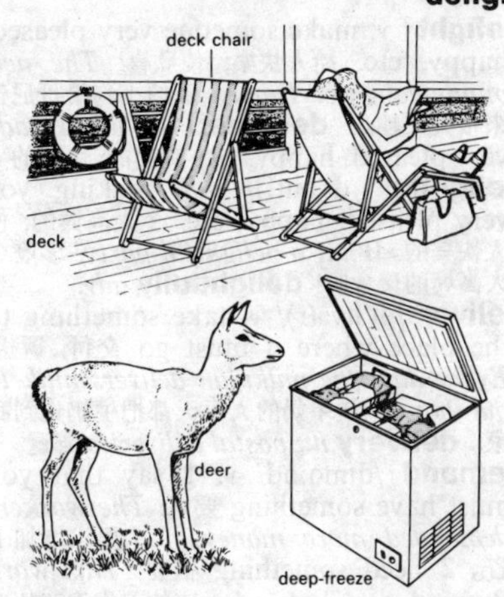

dejected /dɪˈdʒektɪd/ *adj.* sad 沮喪的; 情緒低落的: *Harry was dejected when he did not get the job.* 漢立没有得到那份工作, 感到沮喪。

delay¹ /dɪˈleɪ/ *n.* being late; time of being late 耽擱; 延誤; 延遲: *a delay of three hours* 延誤三小時 ***without delay***, at once 立即

delay² *v.* **1** make someone or something slow or late 耽擱; 延誤: *We arrived late because the bad traffic delayed us.* 交通不便延誤了時間, 所以我們來遲了。**2** not do something until a later time 延期: *We shall delay our holiday until the weather is better.* 我們要把假期延期到天氣好轉的時候。

deliberate /dɪˈlɪbərət/ *adj.* that you want to do or say 故意的; 蓄意的: *a deliberate lie* 蓄意説謊 **deliberately** *adv.*: *She broke my bicycle lamp deliberately.* 她故意弄壞了我的腳踏車燈。

delicate /ˈdelɪkət/ *adj.* **1** fine and soft 柔軟的; 嬌嫩的: *the delicate skin of a baby* 嬰孩嬌嫩的皮膚 **2** that will break easily 易破碎的: *delicate glass* 容易破碎的玻璃 **3** who becomes ill easily 體弱易病的: *a delicate child* 容易患病的孩子

delicious /dɪˈlɪʃəs/ *adj.* very good to eat or to smell 可口的; 美味的; 芬芳的: *a delicious stew* 美味的燉肉

delight¹ /dɪˈlaɪt/ *n.* **1** (no *pl.*) great pleasure or happiness 快樂; 欣喜 ***take delight in***, enjoy something 以…爲樂: *Children take great delight in music and dancing.* 兒童喜愛音樂和舞蹈。**2** (*pl.* delights) something that brings much pleasure 樂事; 樂處: *The lovely garden was a delight.* 這美麗的花園帶給人快樂。

delight² *v.* make someone very pleased, happy, etc. 給人快樂; 使欣喜: *The new puppy delighted Danny.* 新的小狗給丹尼帶來很大樂趣。 **delighted** /dɪˈlaɪtɪd/ *adj.* very pleased, happy, etc. 高興的; 快樂的

delightful /dɪˈlaɪtfl/ *adj.* making you very pleased, happy, etc. 令人高興的; 使人快樂的: *What a delightful party!* 多麼令人高興的聚會呀! **delightfully** *adv.*

deliver /dɪˈlɪvə(r)/ *v.* take something to the place where it must go 交付; 遞送: *Every day, the milkman delivers milk to our house.* 送牛奶的人每天都把牛奶送到我家。 **delivery** *n.: postal deliveries* 郵遞

demand /dɪmɑːnd/ *v.* **1** say that you must have something 要求: *The workers demanded more money.* 工人要求增加工資。 **2** need something 需要: *This work demands quick hands.* 這件工作需要快手來做。 **demand** *n.* ***in demand***, wanted by many people 需要的; 受歡迎的: *Cold drinks are in demand in the summer.* 夏季時清涼飲品很受歡迎。

demolish /dɪˈmɒlɪʃ/ *v.* break something totally, e.g. a building 拆除(建築物); 破壞: *They demolished six houses so that they could build a supermarket.* 他們拆毀了六棟房子, 以便興建一座超級市場。

demonstrate /ˈdemənstreɪt/ *v.* **1** show something clearly (用實例、實驗等)說明; 表演; 做示範: *He demonstrated how to mend a puncture.* 他示範如何修補車胎刺孔。 **2** walk or stand in public with other people to show that you have strong feelings about something 示威: *The students marched through London to demonstrate against the government.* 學生在倫敦遊行進行反政府示威。

demonstration /ˌdemənˈstreɪʃn/ *n.* **1** showing something 示範; 表演: *We watched a cookery demonstration at school.* 我們在學校觀看了烹飪示範。 **2** group of people walking or standing together in public to show that they feel strongly about something 示威: *a workers' demonstration for more money* 工人示威, 要求加薪

den /den/ *n.* **1** place where a wild animal lives, e.g. a cave 獸穴; 窩: **2** secret hiding-place 秘密藏身處: *a den of thieves* 賊窩

denim /ˈdenɪm/ *n.* **1** (no *pl.*) sort of strong, cotton cloth, usually blue 斜紋粗綿布; 藍色牛仔布 **2 denims** (*pl.*) trousers or jeans made from denim 工作服; 牛仔褲

dense /dens/ *adj.* **1** thick (煙、霧等)濃厚的: *Mr. Matthews lost his way in the dense fog.* 馬修斯先生在濃霧中迷了路。 **2** with many things or people close together 密集的; 稠密的: *There was a dense crowd at the match.* 比賽場上人山人海。 **densely** *adv.: a densely crowded street* 人山人海的街道

dent /dent/ *n.* hollow on something flat, which happens when you hit it 凹陷 **dent** *v.: A taxi drove into my car and dented it.* 計程車撞在我的汽車上, 撞了個凹痕。

dentist /ˈdentɪst/ *n.* someone whose job is to mend or take out bad teeth, etc. 牙科醫生 **dentistry** *n.* job of a dentist 牙科; 牙醫術

deny /dɪˈnaɪ/ *v.* say that something is not true 否認: *He denied that he had stolen the car.* 他否認偷了汽車。

depart /dɪˈpɑːt/ *v.* go away 離開; 開出: *The train departs from platform 5.* 這列火車從五號月台開出。 **departure** /dɪˈpɑːtʃə(r)/ *n.* leaving 啓程; 出發: *What is the time of departure?* 出發的時間是幾點?

department /dɪˈpɑːtmənt/ *n.* part of a big company, university, government, shop, etc. 處; 部門; 系; 研究室: *Professor Jenkins is the head of the English Department.* 詹金斯教授是英語系主任。 **department store** *n.* big shop that sells different goods in different departments 百貨公司: *Selfridges is a big London department store.* 塞爾佛里基是倫敦一家大百貨公司。

depend /dɪˈpend/ *v.* ***depend on*** or ***upon,*** (***a***) need someone or something 依靠; 依賴: *Children depend on their parents for food and clothing.* 兒童依靠父母供給衣食。 (***b***) trust someone; feel sure that another person or thing will do what you want 相信; 信賴; 信任: *You can depend on him to come if he says he will.* 如果他答應來, 你可以相信他會來的。 ***it depends, that depends***, words to show that something is not certain 要看情況而定: *I want to leave early but it depends.* 我想早些離開, 但要看情況而定。

dependable /dɪˈpendəbl/ *adj.* that you can trust 可靠的: *a dependable car* 可靠的汽車; *a dependable friend* 可信賴的朋友

dependent /dɪˈpendənt/ *adj.* needing someone or something 依靠的; 依賴的: *A baby is dependent on its mother.* 嬰孩依賴母親。

deposit¹ /dɪˈpɒzɪt/ *n.* **1** first payment for something 保證金; 定金: *I paid a deposit on a new bicycle and will pay the rest next week.* 我付了一輛新腳踏車的定金, 下星期再付餘數。 **2** money that you put in a bank 存款

deposit² *v.* **1** put something down 放下; 擱置: *He deposited the books on the table.* 他把書放在桌子上。 **2** put something somewhere to keep it safe 儲蓄; 存放: *You must deposit the money in a bank.* 你

必須把錢存入銀行。

depot /ˈdepəʊ/ *n.* station 站; 車庫: *the bus depot* 公共汽車站

depress /dɪˈpres/ *v.* make someone feel sad and dull 使沮喪; 使消沉: *This grey weather depresses me.* 這種陰沉的天氣使我感到沒精神。 **depressed** /dɪˈprest/ *adj.* 抑鬱的; 意志消沉的: *You look depressed.* 你看上去很抑鬱。

depth /depθ/ *n.* being deep; how far it is from the top of something to the bottom 深; 深度: *What is the depth of the well?* 這口井有多深?

derivative /dəˈrɪvətɪv/ *n.* word, etc. that is made from another 轉化字; 派生詞: *The name 'Cambridge' is a derivative of the name of the River 'Cam'.* Cambridge 這個名字是 Cam 河的轉化字。

descend /dɪˈsend/ *v.* come down; go down 下來; 降臨: *Murray descended the steps into the swimming pool.* 敏瑞沿梯級步下游泳池。 ***be descended from***, come from the family of 從…(傳)下來; 是…的後裔: *Black Americans are descended from West African people.* 美國黑人是西部非洲人的後裔。

descendant /dɪˈsendənt/ *n.* someone in a family who comes after you; children, grandchildren, etc. 子孫後代; 後裔: *Queen Elizabeth II is a descendant of Queen Victoria.* 伊利莎白女皇二世是維多利亞女皇的後裔。

descent /dɪˈsent/ *n.* way down; going down 下降; 斜坡: *It's a steep descent from the top of the mountain.* 從山頂下來的斜坡很陡峭。

describe /dɪˈskraɪb/ *v.* say what something or someone is like 描寫; 描繪; 形容: *I have no photograph of my brother but I can describe him to you.* 我沒有哥哥的照片, 但我可以給你描述一下他的樣子。 **description** /dɪˈskrɪpʃn/ *n.* 描繪; 敘述: *We listened to Philip's description of the wedding.* 我們聽菲力普描述婚禮的情形。

desert[1] /ˈdezət/ *n.* sandy country with little water and few plants 沙漠; 不毛之地: *the Sahara Desert* 撒哈拉大沙漠 **desert island** *n.* island with no people on it 無人煙的荒島

desert[2] /dɪˈzɜːt/ *v.* go away from a person, the army, etc., when it is wrong to go 拋棄; 離開: *The man deserted his family.* 這個人離開了家庭。

deserted /dɪˈzɜːtɪd/ *adj.* empty; with no people 空的; 無人(居住)的: *At night the streets are deserted.* 夜間街道空無人跡。

deserve /dɪˈzɜːv/ *v.* be worthy of something; have earned something 應受; 應得; 該有: *Jill deserves a holiday after so much work.* 姬兒幹了這麼多工作, 應享受一次假期。

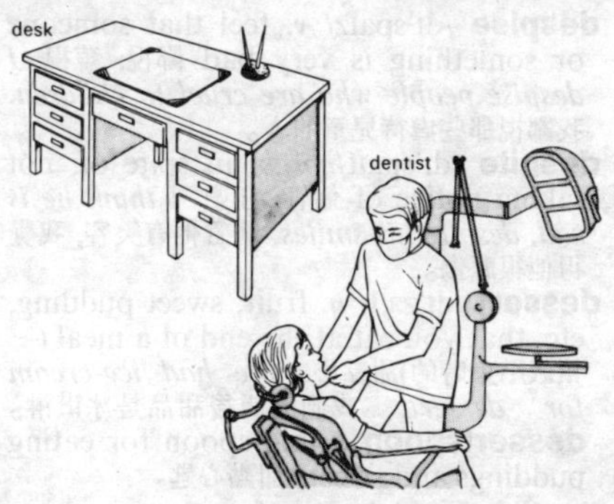

design[1] /dɪˈzaɪn/ *n.* **1** drawing or plan that shows how to make something 設計圖; 方案; 草案: *a design for a new aeroplane* 一種新型飛機的設計 **2** pattern 圖案; 圖樣: *The wallpaper has a pretty blue design.* 牆紙上有美麗的藍色圖案。

design[2] *v.* draw a plan that shows how to make something 設計; 繪製: *to design dresses* 設計婦女服裝

desire /dɪˈzaɪə(r)/ *n.* strong wish 渴望; 心願: **desire** *v.* want something very much 期望; 渴求

desk /desk/ *n.* table with drawers where you sit to write, do business, etc. 書桌; 辦公桌: *In the classroom the pupils sit at desks.* 教室裏學生坐在書桌前。

desolate /ˈdesələt/ *adj.* **1** empty and unfriendly 荒蕪的; 荒涼的: *desolate land* 荒蕪的土地 **2** sad and lonely 孤寂的; 凄涼的: *The foreigner felt desolate in the strange country.* 外國人住在異國, 感到孤寂。

despair /dɪˈspeə(r)/ *n.* (no *pl.*) feeling of no hope 絕望: *He was in despair when he spent the last of his money.* 他把最後一點錢都花掉以後, 感到絕望。

despatch, dispatch /dɪˈspætʃ/ *v.* send someone or something to a place for a special purpose 派遣; 發送; 派出: **despatch, dispatch** *n.* message or report 訊息; (電訊) 報導

desperate /ˈdespərət/ *adj.* **1** having no hope and ready to do any wild or dangerous thing (因絕望而)不顧一切的; 鋌而走險的; 孤注一擲的: *The desperate man jumped out of the window of the burning house.* 房子着火, 那個不顧死活的人竟從窗子跳了出來。 **2** very serious 極嚴重的: *There is a desperate need for food in poor countries.* 貧困國家急需食品。

desperation /ˌdespəˈreɪʃn/ *n.* (no *pl.*) feeling of no hope, which makes you do unusual things 絕望; 拚命; (不顧一切的)冒險: *In desperation, the old woman sold her ring to get some money for food.* 在絕望中, 老婦人賣掉戒指才有錢買食物。

despise /dɪ'spaɪz/ *v.* feel that someone or something is very bad 鄙視; 藐視: *I despise people who are cruel to children.* 我鄙視那些虐待兒童的人。

despite /dɪ'spaɪt/ *prep.* in spite of; not taking notice of 儘管; 任憑: *I think he is sad, despite his smiles.* 儘管他有笑容, 我覺得他很悲傷。

dessert /dɪ'zɜ:t/ *n.* fruit, sweet pudding, etc. that you eat at the end of a meal (一頓飯結束時的)甜點心: *We had ice-cream for dessert.* 我們的飯後甜品是冰淇淋。 **dessertspoon** *n.* big spoon for eating puddings and sweets 甜點心匙

destination /ˌdestɪ'neɪʃn/ *n.* place where a person or thing is going 目的地; 終點: *We shall not arrive at our destination before evening.* 傍晚前我們到不了目的地。

destroy /dɪ'strɔɪ/ *v.* totally break or put an end to something 破壞; 摧毀; 毀壞: *Fire destroyed the forest.* 大火燒毀了森林。

destruction /dɪ'strʌkʃn/ *n.* (no *pl.*) breaking something totally 毀滅; 破壞: *the destruction of a town in an earthquake* 地震中一個城鎮被毀

detach /dɪ'tætʃ/ *v.* unfasten one thing from another thing 拆開; 分離; 卸下: *At Derby they detached two coaches from the train.* 在德比車站, 他們把兩節客車拆離火車。

detail /'di:teɪl/ *n.* one of the small parts that make the whole 詳情; 細節: *I like your plan, now tell me all the details.* 我喜歡你的計劃, 請把全部細節告訴我。***in detail***, with all the facts 詳細地: *He told us about his plan in detail.* 他詳細地把計劃告訴了我們。

detective /dɪ'tektɪv/ *n.* policeman who finds out how a crime happened and then tries to find the person who did it 偵探

detergent /dɪ'tɜ:dʒənt/ *n.* sort of powder or liquid for washing things 洗滌劑; 清潔劑

determined /dɪ'tɜ:mɪnd/ *adj.* totally sure; with a firm plan 決意的; 決定了的: *Tom is working hard because he is determined to pass the exam.* 阿棠正在用功學習, 因爲他決心要考試合格。 **determination** /dɪˌtɜ:mɪ'neɪʃn/ *n.* strong will; having a firm plan 決心: *Tom shows great determination.* 阿棠表現出很大決心。

detest /dɪ'test/ *v.* hate someone or something very much 痛恨; 憎惡; 厭惡: *I detest dirty houses.* 我厭惡骯髒的房屋。

detour /'di:tʊə(r)/ *n.* way round when you cannot go by the usual road 彎路; 迂迴路: *There is a detour because the bridge is broken.* 橋斷了, 所以得繞一段路。

devastate /'devəsteɪt/ *v.* totally break or destroy something 破壞; 劫掠; 使成廢墟: *Fire devastated the town.* 大火使這個城鎮成了廢墟。

develop /dɪ'veləp/ *v.* **1** become bigger, fuller, or more complete 發育; 成長: *A boy develops into a man.* 男孩子長大了, 成爲男人。**2** make something bigger, etc. 發展; 開發: *He developed the little shop into a big store.* 他把小舖子發展成大商店。**3** treat a photographic film with chemicals so that you can see the picture 沖洗(照相)底片; 顯影

development /dɪ'veləpmənt/ *n.* **1** (no *pl.*) growing 成長; 生長: *Parents watch the development of a baby with interest.* 父母關切地留心嬰兒的生長。**2** (*pl.* developments) new happening 進展; 發展: *Tell me the latest developments in the strike.* 請把罷工的最新發展告訴我。

devil /'devl/ *n.* **1** wicked spirit; cruel or wicked person 魔鬼; 惡人 **2 the Devil**, Satan; the enemy of God 撒但; 魔鬼

devote /dɪ'vəʊt/ *v.* give a lot of time, money, etc. to something 致力; 獻(身); 把…奉獻: *Eric devotes all his free time to playing football.* 艾力把所有空餘時間用來踢足球。

devoted /dɪ'vəʊtɪd/ *adj.* loving 忠誠的; 忠實的; 深愛的: *a devoted friend* 忠實的朋友

devour /dɪ'vaʊə(r)/ *v.* eat all of something quickly 狼吞虎嚥地吃; 吞: *The hungry dog devoured the dish of meat.* 餓狗把那盤肉全吃光了。

dew /dju:/ *n.* (no *pl.*) drops of water that form on grass in the night 露; 露水: *In the morning the grass was wet with dew.* 早晨的青草沾滿露水。

diagram /'daɪəgræm/ *n.* drawing or plan that explains something 簡圖; 圖示; 圖解: *I made a diagram to show how the eye works.* 我畫了一張簡圖, 說明眼睛如何看東西。

dial /'daɪəl/ *n.* round, flat face, with numbers and a moving pointer, for showing weight, time, speed, etc. 鐘(錶)面; 刻度盤; 標度盤: *the dial of a clock* 鐘面 **telephone dial**, round part of a telephone, with numbers, which you turn to make a call to someone (電話機)撥號盤 **dial** *v.* (*pres. part.* dialling, *past part.* & *past tense* dialled /'daɪəld/) make a telephone call by turning the dial 撥(電話號碼): *She dailled the number.* 她撥了電話號碼。

diamond /'daɪəmənd/ *n.* **1** bright, precious stone 鑽石; 金剛石: *The ring has a diamond in it.* 戒指上鑲着一顆鑽石。**2** the shape ◆ on a playing card, etc. (撲克牌) 方塊; 方片

diary /'daɪərɪ/ *n.* (*pl.* diaries) book where you write what has happened each day 日記 ***keep a diary***, write in a diary every day 寫日記

dice /daɪs/ *n.* (*pl.* dice) small piece of wood, plastic, etc., which has dots from 1 to 6 for playing games 骰子

dictate /dɪk'teɪt/ *v.* say words aloud for another person to write down 口授; 讓人聽寫: *The manager dictated a letter to his secretary.* 經理向秘書口授一封信。 **dictation** /dɪk'teɪʃn/ *n.*

dictator /ˌdɪk'teɪtə(r)/ *n.* person who has total control of a country 獨裁者; 專政者: *Napoleon was a dictator.* 拿破崙是個獨裁者。

dictionary /'dɪkʃənrɪ/ *n.* (*pl.* dictionaries) book that gives word from A to Z and explains what each word means 詞典; 字典

did /dɪd/ *past tense* of *v.* do 動詞 do 的過去式: *What did you say?* 你剛才說什麼?

didn't /'dɪdnt/ = did not 不

die /daɪ/ *v.* **1** come to the end of life; stop living 死; 枯萎; 凋謝: *Plants and people die without water.* 沒有水, 植物和人都會死亡。 ***die for***, be killed while fighting for something or someone 爲…戰死: *Soldiers die for their country.* 士兵爲國捐軀。 ***die of***, stop living because of something 因…致死: *He died of smallpox.* 他死於天花。 **2** want something very much 渴望; 切望: *'I'm dying for a drink', said Tom when he had finished the race.* 賽跑過後阿棠說: "我口渴得要命。"

diesel /'di:zl/ (no *pl.*) engine that uses oil, not petrol 內燃機; 柴油機 **diesel oil** *n.* heavy sort of oil 柴油 **diesel train** *n.* train that runs with diesel oil 燒柴油的火車

diet /'daɪət/ *n.* **1** usual food 飲食; 食物: *Cows have a diet of grass.* 牛的食物是草。 **2** special programme of food for people who are ill, etc. 限制飲食 ***go on a diet***, eat only certain food 節食: *You must go on a diet because you are too fat.* 你太胖了, 必須節食。

difference /'dɪfrəns/ *n.* **1** being not alike 差異; 不同: *There is a difference between winter and summer weather.* 冬季和夏季的天氣有差別。 **2** how much things are unlike 差; 差額: *The difference between 5 and 7 is 2.* 五和七的差額是二。 ***make a difference***, bring a change 起作用; 發生影響: *Your help has made a big difference – I understand the work better now.* 你給予的幫助很有用——我現在對工作較熟悉了。

different /'dɪfrənt/ *adj.* **1** not alike 不同的; 差異的: *Boys and girls are different.* 男孩和女孩就是不同。 **2** many and not alike 各種; 各别: *There were six different sorts of ice-cream.* 有六種不同的冰淇淋。

difficult /'dɪfɪkəlt/ *adj.* **1** not easy to do or understand 困難的; 艱難的: *a difficult sum* 一道困難的算術題 **2** that gives trouble 麻煩的; 難弄的: *a difficult child* 不聽話的孩子

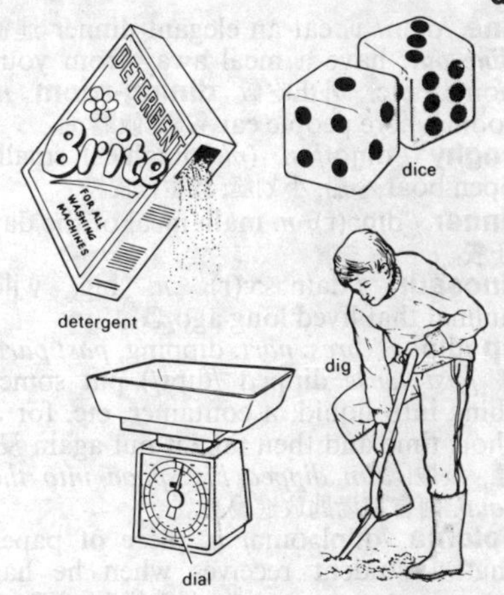

difficulty /'dɪfɪkəltɪ/ *n.* (*pl.* difficulties) problem; something that is not easy to do or understand 困難; 艱難: ***have difficulty***, have trouble 有困難: *I'm having difficulty with this work.* 我做這件工作有困難。 ***with difficulty***, not easily 困難地; 艱難地: *A small child writes with difficulty.* 年幼的孩子寫字有困難。

dig /dɪg/ *v.* (*pres. part.* digging, *past part.* & *past tense* dug /dʌg/) **1** break earth with a tool, machine, etc. 刨; 掘: *You must dig the garden before you can plant the seeds.* 你必須先把園子裏的地翻一翻, 才能播種。 **2** make a hole, etc. in the ground 挖(洞、溝等) *They are digging a tunnel through the mountain for the new railway.* 他們在爲新鐵路開鑿一條通山隧道。 ***dig up***, find something by breaking the ground 挖掘出; 發現: *The professor dug up a Roman villa near Bristol.* 這位教授在布里斯托附近挖掘出一座羅馬人的別墅。

dignifed /'dɪgnɪfaɪd/ *adj.* calm, quiet, and serious 可敬的; 高貴的: *a dignified old man* 一位可敬的老人

dim /dɪm/ **1** not bright 昏暗的; 暗淡的: *We can't read because the light is too dim.* 燈光太暗了, 我們無法看書。 **2** not clear 朦朧的; 模糊的; 不清楚的: *The old man had only dim memories of the time when he was a boy.* 這位老人對自己的童年只有模糊的記憶。 **dimly** *adv.*

diminish /dɪ'mɪnɪʃ/ *v.* become less or smaller 減少; 減小: *The water in the river diminished during the summer.* 夏季這條河的水減少了。

din /dɪn/ *n.* (no *pl.*) loud noise 喧鬧聲; 騷擾聲: *What a terrible din!* 多麼可怕的喧囂啊!

dine /daɪn/ *v.* eat an elegant dinner 進餐 ***dine out***, have a meal away from your home, etc. 外出吃飯 **dining-room** *n.* room where people eat 餐廳; 飯廳

dinghy /ˈdɪŋgɪ/ *n.* (*pl.* dinghies) small, open boat 小船; 小划艇; 救生橡皮筏

dinner /ˈdɪnə(r)/ *n.* main meal of the day 正餐

dinosaur /ˈdaɪnəsɔ:(r)/ *n.* big, wild animal that lived long ago 恐龍

dip /dɪp/ *v.* (*pres. part.* dipping, *past part. & past tense* dipped /dɪpt/) put something into liquid, a container, etc. for a short time and then take it out again 浸; 蘸; 汲取: *Jim dipped his spoon into the soup.* 阿吉把湯匙放進湯裏。

diploma /dɪˈpləʊmə/ *n.* piece of paper that a student receives when he has passed an examination 畢業證書; 文憑: *a teaching diploma* 教育文憑

diplomat /ˈdɪpləmæt/ *n.* someone whose job is to speak and act for his government in another country 外交官; 外交家 **diplomatic** /ˌdɪpləˈmætɪk/ *adj.*: *diplomatic talks* 外交會談

direct[1] /dɪˈrekt/ *adj.* **1** as straight as possible; not turning 直的: *If you are in a hurry, take the most direct road.* 如果你急於去, 就走最直的路吧。**2** with nothing or no one between 直接的: *The Prime Minister is in direct contact with the President.* 首相和總統直接聯繫。

direct[2] *adv.* not stopping; not going a long way round 直接地: *Max had no time in London because he flew direct from Paris to New York.* 馬思没有經過倫敦, 因他從巴黎直飛紐約。

direct[3] *v.* tell or show someone how to do something or to go somewhere 指引: *Can you direct me to the station?* 請問到車站的路怎樣走?

direction /dɪˈrekʃn/ *n.* **1** (*pl.* directions) where someone or something is going or looking 方向: *You must turn back because you are going in the wrong direction.* 你必須折回, 因爲你走錯方向了。**2 directions** (*pl.*) words telling where to go, what to do, or how to do something 指示; 用法説明; 説明書: *Before Pam made the cake she read the directions on the packet.* 芭美在做糕點之前, 看了一遍包裝上的説明。

directly /dɪˈrektlɪ/ *adv.* straight 一直地: *The teacher looked directly at Alan.* 老師直盯着艾倫。**2** immediately 馬上; 立即: *He left directly after the meeting.* 會後他立即離去。

director /dɪˈrektə(r)/ *n.* one of the chief managers of a business, etc. 領導人; 理事; 董事

directory /dɪˈrektərɪ/ *n.* (*pl.* directories) book of people's names, addresses, etc. 人名地址錄: *I can find his telephone number in the telephone directory.* 我可以從電話簿裏找到他的電話號碼。

dirt /dɜ:t/ *n.* (no *pl.*) mud, dust, or anything not clean 污物; 泥土; 骯髒: *The farmer came back from the fields with dirt on his boots.* 農民從田裏回來, 靴子沾上泥土。

dirty /ˈdɜ:tɪ/ *adj.* not clean; covered with mud, etc. 髒的: *Wash those dirty hands!* 洗洗那雙髒手! **dirty** *v.* make something dirty 弄髒: *She dirtied her new, white skirt.* 她把新的白裙子弄髒了。

dis- /dɪs/ *prefix* showing the opposite of something 表示否定; 相反: *'Disbelieve' is the opposite of 'believe'.* Disbelieve 是 believe 的反義詞。

disadvantage /ˌdɪsədˈvɑ:ntɪdʒ/ *n.* small problem; something that makes things hard to do, etc. 不便; 不利條件: *When you visit France, it is a disadvantage if you cannot speak French.* 你去法國旅行, 如果不會講法語, 那可是個不利條件。

disagree /ˌdɪsəˈgri:/ *v.* say that another person's idea is wrong; say that something is not true 不同意: *I disagreed with Len – he said the picture was good and I said it was bad.* 我不同意倫恩的意見——他説這張畫好, 而我説不好。 **disagreement** *n.*

disagreeable /ˌdɪsəˈgri:əbl/ *adj.* not pleasing; bad-tempered 不隨和的; 討厭的; 脾氣壞的

disappear /ˌdɪsəˈpɪə(r)/ *v.* go away so that it cannot be seen 消失; 失踪; 不見: *The train disappeared into the tunnel.* 火車隱没於隧道中。**disappearance** *n.*

disappoint /ˌdɪsəˈpɔɪnt/ *v.* make you sad because the things you hoped for do not happen 使失望: *Our football team disappointed us when they lost the match.* 我們的足球隊在比賽中輸了, 我們很失望。 **disappointed** /ˌdɪsəˈpɔɪntɪd/ *adj.*: *a disappointed look* 失望的神色

disappointment /ˌdɪsəˈpɔɪntmənt/ *n.* **1** sadness because you do not do, get, or have what you hope for 失望; 掃興: *To my great disappointment, I did not get a letter from him.* 使我大爲失望的是, 我没有收到他的來信。**2** person or thing that makes you sad because it is not what you hoped 使人失望的人; 令人掃興的事: *The holiday was a disappointment because the weather was bad.* 天氣不好, 假日過得掃興。

disapprove /ˌdɪsəˈpru:v/ *v.* think or say that someone or something is not good 不贊成; 不同意; 不許可: *Do you disapprove of smoking?* 你不贊成抽煙嗎?

disaster /dɪˈzɑ:stə(r)/ *n.* very bad happening 災難; 禍患: *Fires, floods, and earthquakes are disasters.* 火災、水災和地震都是災難。

disastrous /dɪˈzɑːstrəs/ *adj.* bringing great danger and trouble 災難性的; 造成嚴重損失的: *The heavy rain brought disastrous floods.* 豪雨帶來大水災，損失慘重。 **disastrously** *adv.*

disc, disk /dɪsk/ *n.* **1** thing that is round and flat 圓盤; 盤狀物 **2** gramophone record 唱片

discipline /ˈdɪsɪplɪn/ *v.* train someone; teach someone to do what he is told 訓練; 鍛煉: *In the army, officers discipline men to make them into good soldiers.* 在軍隊裏，軍官把士兵訓練成優秀戰士。 **discipline** *n.*

disc-jockey /ˈdɪsk dʒɒkɪ/ *n.* someone whose job is to talk about and play popular records on the radio, television, or at discos, nightclubs, etc. (電台、電視等)唱片節目主持人; 唱片騎師

discontented /ˌdɪskənˈtentɪd/ *adj.* not happy; not pleased 不滿的

disco /ˈdɪskəʊ/ **discotheque** /ˈdɪskətek/ *n.* place where people listen and dance to pop music on records 的士高(播放流行音樂供人跳舞的地方)

discourage /dɪˈskʌrɪdʒ/ *v.* make someone lose hope 使失去信心; 使洩氣: *The difficult work discouraged Alan and he left school.* 艱難的功課使艾倫失去信心，退學了。

discover /dɪˈskʌvə(r)/ *v.* find out something for the first time 發現: *Fleming discovered penicillin.* 佛來明發現了盤尼西林。 **discovery** *n.: the discovery of America* 美洲的發現

discuss /dɪˈskʌs/ *v.* talk about something 討論; 商議: *Shall we discuss where we are going for our holiday?* 我們商量一下假期到哪裏去好嗎? **discussion** /dɪˈskʌʃn/ *n.*

disease /dɪˈziːz/ *n.* illness 病; 疾病: *Malaria is a disease that mosquitoes carry.* 瘧疾是蚊子傳播的一種疾病。

disembark /ˌdɪsɪmˈbɑːk/ *v.* get off a ship or an aeroplane 下船; 下飛機: *When the ship arrived at Southampton, the passengers disembarked.* 輪船到達南安普敦時，乘客便上岸。

disgrace [1] /dɪsˈgreɪs/ *n.* (no *pl.*) person or thing that brings shame because it is so bad 丟臉的人或物; 恥辱: *Your dirty clothes are a disgrace.* 你衣服髒，太丟人了。

disgrace [2] *v.* bring shame to someone 使丟臉; 使受耻辱: *The girl disgraced her family by stealing.* 這個女孩子偷東西，給她家丟了臉。

disgraceful /dɪsˈgreɪsfl/ *adj.* shameful; very bad 丟臉的; 不光彩的; 不名譽的: *disgraceful behaviour* 不光彩的行爲

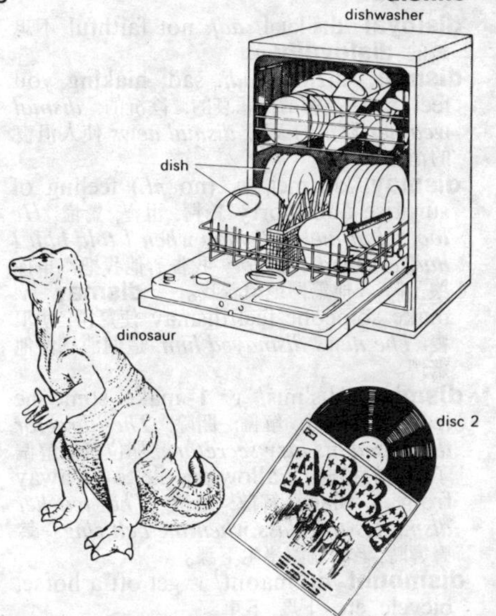

disguise /dɪsˈgaɪz/ *v.* make someone or something look different so that people will not know who or what it is 把…裝扮起來; 僞裝: *We disguised Tom as a clown for the party.* 晚會上我們把阿棠裝扮成小丑。 **disguise** *n.* special clothes, etc. to change how you look 僞裝物; 僞裝: *The guests came to the party in disguise.* 賓客化了裝來參加晚會。

disgust /dɪsˈgʌst/ *n.* (no *pl.*) strong feeling of dislike 厭惡; 憎惡: *To his disgust, he saw a dead dog in his garden.* 他在花園裏見到一隻死狗，感到作嘔。 **disgust** *v.* give someone a strong feeling of dislike 使作嘔; 使厭惡: *The dirty plates in the restaurant disgusted us.* 那家飯店的髒碟子使我們感到厭惡。 **disgusting** *adj.*

dish /dɪʃ/ *n.* (*pl.* dishes) **1** plate or bowl for holding food 碟; 碗; *a glass dish* 玻璃碟子 **2** a particular meal 一道菜: *Mother cooked a chicken dish for lunch.* 母親爲午飯煮了一隻雞。

dishonest /dɪsˈɒnɪst/ *adj.* not honest; ready to lie, cheat, steal, etc. 不誠實的; 騙人的; 不正直的

dishwasher /ˈdɪʃwɒʃə(r)/ *n.* machine that washes plates, cups, knives, forks, etc. 洗碗機

disinfectant /ˌdɪsɪnˈfektənt/ *n.* chemical that you use to make a place or a person free from germs 消毒劑

dislike /dɪsˈlaɪk/ *v.* not like someone or something; feel that someone or something is bad 不喜歡; 厭惡: *I don't eat nuts because I dislike them.* 我不吃堅果，因爲我不喜歡。 **dislike** *n.*

disloyal /dɪs'lɔɪəl/ *adj*. not faithful 不忠誠的 **disloyalty** *n*.
dismal /'dɪzməl/ *adj*. sad; making you feel sad 憂鬱的; 悲哀的; 陰沉的: *dismal weather* 陰沉的天氣; *dismal news* 使人沮喪的消息
dismay /dɪs'meɪ/ *n*. (no *pl*.) feeling of surprise and worry 驚愕; 沮喪; 驚慌: *He looked at me in dismay when I told him I had crashed the car*. 我告訴他我把汽車撞壞了時, 他驚愕地望着我。 **dismay** *v*. make someone feel dismay 使驚愕; 使沮喪: *The news dismayed him*. 這個消息使他驚愕。
dismiss /dɪs'mɪs/ *v*. **1** make someone leave his job 解僱; 開除: *The director dismissed his lazy secretary*. 那位董事解僱了懶惰的秘書。**2** allow people to go away from a place 解散; 遣散: *The teacher dismisses the class when the bell rings*. 鈴聲響時, 老師就讓學生下課。
dismount /dɪs'maʊnt/ *v*. get off a horse, bicycle, etc. 下馬; 下車
disobey /ˌdɪsə'beɪ/ *v*. not do what someone has told you to do 不服從; 不順從: **disobedient** /ˌdɪsə'bi:dɪənt/ *adj*. 不服從的; 不順從的: *a disobedient child* 不聽話的孩子 **disobediently** *adv*. **disobedience** /ˌdɪsə'bi:dɪəns/ *n*.
disorganize /ˌdɪs'ɔ:gənaɪz/ *v*. stop things working well 干擾; 打亂: *The strike disorganized the train service*. 這次罷工打亂了火車服務。
display /dɪ'spleɪ/ *v*. show something to people for selling or for interest 陳列; 展覽: *A baker displays his bread in the shop window*. 麵包師傅把他烤的麵包陳列在橱窗內。 **display** *n*.: *I watched my sister at the dancing display*. 在舞蹈表演會上, 我觀看了姐姐的舞姿。
displease /dɪs'pli:z/ *v*. make someone rather angry 惹怒; 使生氣; 使不愉快: *The bad food in the restaurant displeased him*. 這家飯店的飯菜差劣, 他很生氣。 **displeased** /dɪ'spli:zd/ *adj*. not happy; rather angry 不快的; 生氣的: *a displeased look* 生氣的神色
displeasure /dɪs'pleʒə(r)/ *n*. (no *pl*.) anger 生氣; 不滿: *a frown of displeasure* 因不滿而皺眉
dispose /dɪ'spəʊz/ *v*. ***dispose of***, throw away or give away something because you do not want it 處理; 處置; 打發掉: *Where can I dispose of an old car?* 我可以把舊汽車棄置在哪兒?
dispute /dɪ'spju:t/ *n*. quarrel; fight 爭論; 爭執; 爭端: *There is a pay dispute at the factory and the workers are on strike*. 工廠裏發生了工資爭端, 工人正在罷工。
dissatisfied /dɪ'sætɪsfaɪd/ *adj*. not pleased with what you or others have done 不滿意的: *I must do this work again because I am dissatisfied with it*. 我得重新做這件工作, 因爲我不滿意。
distance /'dɪstəns/ *n*. space between two things, places, etc. 距離: *The distance from my house to the station is two kilometres*. 從我家到車站的距離是兩公里。 ***in the distance***, far away 遠處
distant /'dɪstənt/ *adj*. **1** far away in space or time 遠方的; 久遠的: *If you are very quiet, you can hear distant music from the circus in town*. 如你們十分安靜, 就可以聽到遠處鎮上馬戲團的音樂聲。**2** not close in the family 遠房的: *distant cousins* 遠房堂(表)兄弟(姐妹) **distantly** *adv*.
distinct /dɪ'stɪŋkt/ *adj*. clear; easy to see, hear, or smell 明顯的; 清楚的: *There is a distinct smell of oranges in this room!* 這個房間裏有明顯的橙味!
distinction /dɪ'stɪŋkʃn/ *n*. **1** (*pl*. distinctions) small difference; what makes one thing different from another 差別; 區別: *What is the distinction between butterflies and moths?* 蝴蝶和蛾子有何區別? **2** (no *pl*.) being better than many others 卓越; 傑出: *an artist of distinction* 傑出的藝術家 **3** (*pl*. distinctions) special grade for very good work 榮譽(稱號); 優異成績: *Hugh had a distinction in his music exam*. 在音樂考試中, 阿修獲得了優異成績。
distinctly /dɪ'stɪŋktlɪ/ *adv*. clearly 清楚地; 清晰地: *Please speak distinctly so that Grandma can hear*. 請說清楚, 好讓祖母聽到。
distress¹ /dɪ'stres/ *n*. (no *pl*.) **1** great pain or sadness; suffering because of lack of money, etc. 悲痛; 貧困; 窮苦: *The old woman was in distress when her husband died*. 老婦人的丈夫去世, 她非常悲痛。 **2** trouble 危難; 不幸: *a ship in distress* 遇難船隻
distress² *v*. make someone unhappy 使憂傷; 使苦惱: *Her son's illness distresses her very much*. 她兒子的病使她很苦惱。
distribute /dɪ'strɪbju:t/ *v*. give out or send out things to each person 分發; 分配: *The teacher distributed the new books to the pupils*. 老師把新書發給學生。
district /'dɪstrɪkt/ *n*. part of a country or town 區; 行政區; 地區: *They have left this district and gone to live in Bristol*. 他們離開這個地區, 遷居到布里斯托了。
distrust /dɪs'trʌst/ *v*. feel that you cannot trust someone 不信任; 懷疑: *I don't lend money to people that I distrust*. 我不把錢借給我不信任的人。 **distrust** *n*. **distrustful** *adj*.
disturb /dɪ'stɜ:b/ *v*. **1** break the quietness of a place; stop someone thinking or working well 打擾; 擾亂; 妨礙: *The music disturbs me when I am working*. 我工作時,

音樂對我有妨礙。**2** move something from its place 移動; 弄亂: *You have disturbed this vase.* 你亂動過這個花瓶了。**3** make someone worried 使人擔心; 擾亂人心: *The news of the accident disturbed people.* 出事的消息使人們不安。

disturbance /dɪ'stɜ:bəns/ *n.* **1** breaking the quietness and order 騷動; 動亂: *The drunken man caused a disturbance in the street.* 那個醉漢在街上大鬧。**2** thing or person that breaks the quietness 干擾; 妨礙: *Loud music is a disturbance in the countryside.* 喧鬧的音樂對農村造成干擾。

disused /dɪs'ju:zd/ *adj.* not used 不用的; 廢棄的: *A bird has made its nest in that disused tractor.* 小鳥在廢棄的拖拉機上築巢。

ditch /dɪtʃ/ *n.* (*pl.* ditches) narrow channel in the fields or at the side of the road to carry away water, etc. 溝; 溝渠

dive /daɪv/ *v.* **1** jump into water, with your hands and arms first 跳水: *Pat dived into the lake.* 珮跳入湖裏。**2** go under water 潛水: *The submarine dived under the water.* 潛水艇進入水中。

diving-board *n.* high board for diving into a swimming-pool (跳水)跳板

diver /'daɪvə(r)/ *n.* person who works under water 潛水員: *a deep-sea diver* 深海潛水員

divert /daɪ'vɜ:t/ *v.* make something go another way 轉移; 使變換方向: *When the car crashed, the police diverted the traffic.* 那輛車失事後, 警察進行交通改道。 **diversion** /daɪ'vɜ:ʃn/ *n.*

divide /dɪ'vaɪd/ *v.* **1** split something into parts; go into parts 分; 劃分; 分開: *When the path divides you must follow the left way.* 小路分叉時, 你得走左邊的路。**2** share something into parts 分配; 分享: *Aunty divided the cake among the children.* 姨媽把蛋糕分給孩子。**3** find out how often one number will go into a bigger number 除(盡): *If you divide 20 by 4, the answer is 5.* 如果你把二十除以四, 答案是五。

divine /dɪ'vaɪn/ *adj.* of, from, or like God or a god 神的; 神聖的; 神妙的: *a divine plan* 神妙的計劃

division /dɪ'vɪʒn/ *n.* **1** (no *pl.*) cutting something into parts 分; 分割: *One of the three sons was not pleased with the division of the father's money.* 三個兒子當中, 有一個對父親的錢的分配不滿意。**2** (no *pl.*) finding out how often a number will go into a bigger number 除法 **3** (*pl.* divisions) one of the parts of something 部分; 區域; 師: *a division of the army* 陸軍的一師

divorce /dɪ'vɔ:s/ *n.* end of a marriage by law 離婚 **divorce** *v.*: *She divorced her husband.* 她和丈夫離婚了。

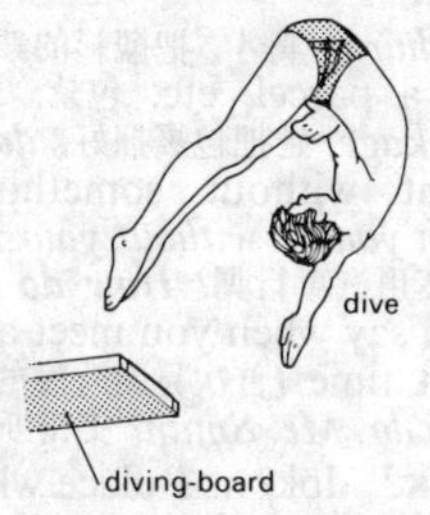

D.I.Y. /ˌdi: aɪ 'waɪ/ *abbrev.* do it yourself; mending or making something in the house yourself 自己動手; 自己裝配(修理)

dizzy /'dɪzɪ/ *adj.* feeling that everything is turning round and round and you are going to fall 暈眩的 **dizzily** *adv.* **dizziness** *n.*

d.j. /'di: 'dʒeɪ/ *abbrev.* disc-jockey (電台、電視等)唱片節目主持人; 唱片騎師

do /du:, də/ *v.* (*pres. part.* doing, *past part.* done /dʌn/, *past tense* did /dɪd/) **1** carry out an action 做; 幹: *Do the washing quickly.* 快把東西洗洗。**2** finish something; find the answer 解答; 算出: *I can't do this difficult sum.* 我解不出這道難題。**3** arrange or fix something 整理; 使整潔: *Carol did my hair for the party.* 爲了參加聚會, 凱洛給我做頭髮。**4** have a job 幹; 做事: *'Tell me what he does.' 'He's a doctor.'* "告訴我他是幹什麼的。" "他是位醫生。" **5** study something 學習; 研究; 攻讀: *Ken is doing economics at Oxford University.* 肯恩正在牛津大學攻讀經濟。**6** be all right; be enough 行; 足够: *This soup will do for six people.* 這湯够六個人喝了。**7** word that you put with a main verb when you want to say 'not' 構成否定句的助動詞: *Tom swims well but Dan does not.* 阿棠游得好, 丹則游得不好。**8** word that you put with a main verb to make a question 構成疑問句時的助動詞: *He likes ice-cream. Do you like it?* 他喜歡吃冰淇淋。你喜歡嗎? **9** word that you put before another verb to make it stronger 用於加强語氣: *I am surprised – you do run fast.* 我感到驚訝——你的確跑得很快。 ***could do with***, wish for or need something 需要; 想要得到: *Those curtains could do with a wash!* 那些窗簾該洗一洗了! ***do someone in***, kill someone 殺死 ***do someone out of something***, take something from someone wrongly 欺騙: *Ada's uncle did her out of the money her father had left her.* 愛達的父親留給她一筆錢, 她的叔叔卻把錢騙走了。***do up***, (***a***) clean and fix something 整修; 刷新: *We bought an old house and are doing it up.* 我們買了一所舊房子, 現正加以整修。(***b***) fasten something 扣(好): *Do up the buttons on your shirt,*

Richard. 潤才，把襯衫的鈕扣扣好。(*c*) tie up a parcel, etc. 包紮: *She did up the package*. 她把包裹捆好。***do without***, be all right without something 沒有…也行: *Can you do without your car today?* 你今天不用汽車行嗎? ***How do you do?*** words you say when you meet a person for the first time (首次見面時說的)您好: *How do you do, Mr. Smith?* 史密斯先生, 您好。

dock [1] /dɒk/ *n*. **1** place where ships come to land so that people can load and mend them 船塢: *London docks* 倫敦船塢 **2** place in a law court where the prisoner stands 法庭的被告席: *The thief stood in the dock*. 那個盜竊犯站在被告席上。

dock [2] *v*. sail into the place where it can be loaded, etc. 泊入船塢: *The ship docked at Liverpool*. 這艘輪船在利物浦靠近船塢。

docker /ˈdɒkə(r)/ *n*. workman in a port or harbour 船塢工人

doctor /ˈdɒktə(r)/ *n*. **1** someone whose job is to make sick people well again 醫生 **2** someone who has the highest university degree 博士

document /ˈdɒkjʊmənt/ *n*. written or printed paper with important information 文件; 公文: *a legal document* 一份法律文件

documentary /ˌdɒkjʊˈmentrɪ/ *n*. film that tells facts about something 紀錄影片

dodge /dɒdʒ/ *v*. **1** move quickly to get out of the way of something 躲閃; 躲開: *Ben threw a stone at me but I dodged it*. 本恩朝我扔了一塊石頭, 但我躲開了。**2** not do something that you should do 推托; 搪塞: *He dodged the work by saying he was ill*. 他說他病了, 把這件工作推掉。

does /dʌz/, /dəz/ part of *v*. do, used with 'he', 'she', and 'it' 動詞 do 的一種人稱形式, 與 he, she 和 it 連用

doesn't /ˈdʌznt/ = does not 不

dog /dɒg/ *n*. animal that you keep as a pet or on a farm 狗

doing /ˈduːɪŋ/ *pres. part*. of *v*. do 動詞 do 的現在分詞

doll /dɒl/ *n*. toy that looks like a person 玩具娃娃; 玩偶

dome /dəʊm/ *n*. round roof 圓屋頂; 穹窿: *the dome of St. Paul's Cathedral* 聖保羅大教堂的圓頂

domestic /dəˈmestɪk/ *adj*. **1** of the home or family 家裏的; 家庭的: *Cooking and cleaning are domestic jobs*. 做飯和打掃屋子都是家務。**2** not wild; that lives with man 養在家裏的; 馴養的: *Dogs and cats are domestic animals*. 狗和貓都是家畜。

dominate /ˈdɒmɪneɪt/ *v*. control someone; tell someone what to do because you are stronger 支配; 控制; 統治: *Roy dominates his younger brother*. 阿洛支配他的弟弟。

done /dʌn/ *past part*. of *v*. do 動詞 do 的過去分詞

donkey /ˈdɒŋkɪ/ *n*. animal like a small horse, with long ears; ass 驢

don't /dəʊnt/ = do not 不

door /dɔː(r)/ *n*. **1** way into a building 門; 通道: *Go through the door on your right and into the office*. 穿過右邊門到辦公室去。**2** piece of wood that closes across the way into a building 門; 門板: *Sheila knocked on the door*. 希拉敲了敲門。***answer the door***, go to open the door when someone knocks or rings (聽到敲門聲)去開門 ***from door to door,*** (***a***) from one exact place to another 從…(門口)到…(門口): *The journey from college in London to my house in Oxford takes two hours from door to door*. 從倫敦那個學院門口到牛津我家門口的路程是兩小時。(***b***) to all houses 逐家逐户地: *The trader goes round the village selling things from door to door*. 那個商人在全村逐家逐户地推銷商品。***next door***, in the next house 在隔壁: *Mr. and Mrs. Jones live next door to us*. 瓊斯夫婦住在我們隔壁。***out of doors***, outside in the open air 户外; 在外邊: *It's too cold to sit out of doors in the winter*. 冬天在户外坐着太冷了。

doorbell /ˈdɔːbel/ *n*. bell that a visitor rings to tell you that he is at the door 門鈴

doorway /ˈdɔːweɪ/ *n*. opening into a building 門道: *Alison was standing in the doorway when the taxi arrived*. 愛麗心正在門道站着, 計程車就來了。

dormitory /ˈdɔːmɪtrɪ/ *n*. (*pl*. dormitories) big bedroom for a lot of people 集體寢室; 宿舍: *Boys who live at school sleep in a dormitory*. 住校的男生在宿舍裏睡覺。

dose /dəʊs/ how much medicine you take at one time (藥的)劑量; 用量: *Take three doses every day*. 每天吃三次藥。**dose** *v*.: *She dosed herself with aspirin when she had a headache*. 頭痛時, 她就服用阿司匹靈。

dot /dɒt/ *n*. small, round mark 小點; 圓點: *The letter 'i' has a dot over it*. 字母 i 上方有個小圓點兒。

double [1] /ˈdʌbl/ *adj*. **1** two times as much; twice as much 兩倍的; 加倍的: *You are richer than I am because your pay is double my pay*. 你比我有錢, 因爲你的薪金多我一倍。**2** with two parts that are the same 雙的; 雙重的: *double doors* 雙重門 **3** for two people or things 供兩者用的: *a double bed* 雙人牀 **4** word to show that the same number comes twice 重複的: *My telephone number is 49811, four nine eight double one*. 我的電話號碼是 49811, 4-9-8 雙 1。

double² *n.* person or thing that looks just like another 極相似的人(或物): *Ann is the double of her twin sister.* 安酷似她的孿生姐姐。

double³ *v.* become twice as big; make something twice as big 增加一倍; 使…加倍: *The number of children in our school has doubled since 1970.* 從1970年以來, 我校的學生人數增加了一倍。

double-decker /ˌdʌbl ˈdekə(r)/ *n.* big bus with seats upstairs and downstairs 雙層公共汽車

doubt¹ /daʊt/ *n.* not being sure 懷疑; 疑惑; 疑問: *There is some doubt whether the film starts at 7.30 or 8.00.* 電影是在七點半抑或八點開映, 還有些疑問。***in doubt***, not sure 有懷疑的; 拿不準的: *When I am in doubt about the way, I look at a map.* 我不確定怎樣走時, 就看看地圖。***no doubt***, certainly 無疑地: *Walter isn't here but no doubt he will come later.* 華德現在不在這兒, 但無疑他一會兒就來。

doubt² *v.* not feel sure about something; not believe something 懷疑; 不相信; 拿不準: *You are late so I doubt if you will catch the bus.* 你已經晚了, 我懷疑你能不能趕得上公共汽車。**doubtful** *adj.* not sure 懷疑的; 疑惑的: *I hope you will like the film but I'm doubtful.* 我希望你喜歡這部電影, 可是我也說不準。**doubtfully** *adv.*

doubtless /ˈdaʊtlɪs/ *adv.* certainly; probably 無疑地: *Walter isn't here but doubtless he'll come later.* 華德現在不在這兒, 但是肯定他稍遲會來的。

dough /dəʊ/ *n.* (no *pl.*) mixture of flour, water, etc. for making bread, biscuits, etc. (揉捏好的)生麵團

down¹ /daʊn/ *adv.* **1** from a higher to a lower place 向下: *The sun goes down in the evening.* 傍晚太陽落山。 **2** from standing to sitting or lying 坐下; 躺下: *to lie down in bed* 躺在牀上 **3** in a way that is smaller, less strong, etc. (物價的)向下: *I'm pleased because the price of butter has gone down.* 我很高興牛油降價了。**4** on paper 抄下; 記下: *Write these words down in your notebooks.* 請在筆記本上把這些單詞抄下來。

down² *prep.* **1** at, in, near, or towards a lower part of something 下; 往下; 向下: *The ball is rolling down the hill.* 球正滾下山。**2** along 在…下方; 沿着(街道等): *Jim lives further down the road than Duncan.* 阿吉比頓康住在這條街更遠的地方。

downhearted /ˌdaʊnˈhɑ:tɪd/ *adj.* sad 消沉的; 沮喪的: *You look downhearted.* 你好像很消沉。

downhill /ˌdaʊnˈhɪl/ *adv.* to a lower place 向下; 傾斜: *A bicycle can go fast downhill.* 腳踏車下坡時, 可以跑得很快。

downpour /ˌdaʊnpɔ:(r)/ *n.* heavy fall of rain 傾盆大雨

downstairs /ˌdaʊnˈsteəz/ *adv.* to or on a lower floor of a building 在樓下; 往樓下: *We went downstairs from the kitchen to the cellar.* 我們從廚房走到樓下的地下室。

downstairs /ˈdaʊnsteəz/ *adj.* 樓下的: *the downstairs rooms* 樓下的房間

downward /ˈdaʊnwəd/ *adj.* moving, going, etc. to a lower place 向下的: *a downward path from the top of a hill* 從山頂下來的一條小路 **downwards** /ˈdaʊnwədz/ *adv.* 向下; 往下: *The lift went downwards from the sixth to the first floor.* 電梯從六樓降到一樓。

doze /dəʊz/ *v.* sleep lightly for a short time 打瞌睡; 打盹兒: *Grandfather often dozes in his chair.* 祖父常常坐在椅子上打瞌睡。**doze** *n.*

dozen /ˈdʌzn/ *n.* twelve 十二個; 一打: *Paul gave Andrea a dozen red roses.* 保羅給安德麗雅十二朵紅玫瑰。***dozens of***, very many 許多; 幾十: *Sarah is never lonely because she has dozens of friends.* 薩拉從不感到孤獨, 因爲她有許多朋友。

Dr. /ˈdɒktə(r)/ *abbrev.* Doctor 的縮寫: *If you're ill I'll telephone Dr. Miller.* 如果你病了, 我就給米勒醫生打個電話。

drag /dræg/ *v.* (*pres. part.* dragging, *past part. & past tense* dragged /drægd/) **1** pull something slowly along 拖; 拉: *He dragged the heavy sack of potatoes into the shop.* 他把那袋沉甸甸的馬鈴薯拖進商店。**2** seem to go slowly because it is dull 拖長: *Time drags when you are waiting for a bus.* 等公共車時, 時間過得很慢。

dragon /ˈdrægən/ *n.* big, dangerous animal with fire in its mouth, which lives only in stories 龍

drain¹ /dreɪn/ *n.* pipe that takes away dirty water, etc. 陰溝; 排水管; 下水道: *He poured the cold tea down the drain.* 他把冷茶倒進下水道。

drain² *v.* **1** make liquid flow away 排去(水等液體): *Dig a ditch to drain the water away from the garden.* 挖條溝把菜園裏的水排掉。**2** make a place or a thing dry by letting the water run off 滴乾; 流乾: *Kate washed the lettuce and drained it.* 凱蒂把生菜洗乾淨, 並且把水滴乾。

draining-board /'dreɪnɪŋ bɔ:d/ *n.* place beside a sink where you put wet dishes, etc. to dry 滴水板; 碗碟架

drama /'drɑ:mə/ *n.* **1** (*pl.* dramas) story written for people to act; play 劇本; 戲劇: *a drama by Shakespeare* 莎士比亞寫的一齣戲劇 **2** (no *pl.*) study of plays and acting 戲劇藝術; 戲劇研究: *a student of drama* 學戲劇的學生 **3** (*pl.* dramas) exciting thing that happens 戲劇性事件

dramatic /drə'mætɪk/ *adj.* **1** of plays 戲劇的; 演劇的: *a dramatic club* 戲劇俱樂部 **2** sudden or exciting 突然或激動人心的: *a dramatic jump from a window of a burning house* 從着火房間裏的窗子向外猛然一跳 **dramatically** *adv.*

dramatist /'dræmətɪst/ *n.* writer of plays 劇作家; 劇本作者: *George Bernard Shaw was a famous dramatist.* 蕭伯納是著名的劇作家。

drank /dræŋk/ *past tense* of *v.* drink 動詞 drink 的過去式

draper /'dreɪpə(r)/ *n.* shopkeeper who sells cloth, towels, etc. 布商: *Buy me some thread at the draper's shop.* 到布店去給我買些綫來。

draught /drɑ:ft/ *n.* cold air that comes into a room, etc. 通風; 氣流: *Let's shut the window because I can feel a draught.* 關上窗户吧, 我感到有股風吹來。**draughty** *adj.* 通風的; 漏風的: *a draughty house* 漏風的房屋

draughts /drɑ:fts/ *n.* (no *pl.*) game for two players with round, flat pieces on a board of black and white squares 西洋跳棋

draw[1] /drɔ:/ *n.* equal marks, etc. in a game or competition 平局; 不分勝負: *The football match ended in a 1-1 draw.* 足球賽結果是一比一平局。

draw[2] *v.* (*past part.* drawn /drɔ:n/, *past tense* drew /dru:/) **1** make pictures with a pen, pencil, etc. 畫; 繪製: *Degas drew wonderful pictures of horses.* 狄加的馬畫得好極了。**2** pull something to make it move 拉: *Two horses were drawing the cart.* 兩匹馬正在拉那輛車。**3** pull or take something out of a place 提取; 引出; 汲取: *I shall draw $50 from the bank.* 我要從銀行提取五十元。**4** come (向某一方向)移動; 來臨: *The end of the holidays is drawing near.* 假期的尾聲快要來臨了。***draw up***, come to a place and stop (車、馬等)停下: *A car drew up at the gate.* 一輛汽車在大門口停下。**5** end a game or competition with the same marks, etc. for both sides 打成平局; 不分勝負: *Did the school team win or draw yesterday?* 昨天校隊贏了還是打成平局?

drawer /drɔ:(r)/ *n.* part of a table, cupboard, etc. like a box that you can pull out and push in 抽屜

drawing /'drɔ:ɪŋ/ *n.* **1** (no *pl.*) making pictures with a pen, pencil, etc. 繪畫: *Do you study drawing at college?* 你在大學學習繪畫嗎? **2** (*pl.* drawings) picture made with a pen, pencil, etc. 鉛(鋼)筆畫; 素描: *a fine drawing* 精細的素描

drawing-pin /'drɔ:ɪŋ pɪn/ *n.* short pin with a flat top, which fastens papers to a wall, board, etc. 圖釘

drawn /drɔ:n/ *past part.* of *v.* draw 動詞 draw 的過去分詞

dreadful /'dredfl/ *adj.* **1** making you very afraid, very sad, or shocked 可怕的; 令人驚駭的: *a dreadful disaster* 可怕的災難 **2** bad 糟透的; 可惡的: *What dreadful weather!* 多麼討厭的天氣啊!

dreadfully /'dredfəlɪ/ *adv.* very 極端地; 十分: *I'm dreadfully sorry to hear your bad news.* 我聽到你們的壞消息, 十分難過。

dream /dri:m/ *v.* (*past part. & past tense* dreamed /dri:md/, dreamt /dremt/) **1** have a picture true or idea in your mind when you are asleep 做夢; 夢見 **2** hope for something nice in the future 夢想; 嚮往; 渴望: *She dreams she will marry a rich man.* 她夢想和一個富翁結婚。**dream** *n.*

dreary /'drɪərɪ/ *adj.* **1** not interesting 枯燥的; 無味的: *a dreary book* 一本枯燥的書 **2** not bright 陰沉的; 沉悶的: *dreary weather* 陰沉的天氣

drench /drentʃ/ *v.* make someone or something very wet 浸透; 使濕透: *The heavy rain drenched us.* 大雨把我們淋得濕透。

dress[1] /dres/ *n.* **1** (no *pl.*) clothing 服裝: *The group of dancers wore national dress.* 這羣舞蹈員穿着民族服裝。**2** (*pl.* dresses) piece of clothing for a woman or girl 女裝; 童裝: *Anita wears a dress for school.* 安妮妲穿裙子上學。

dress[2] *v.* **1** put on clothes 穿衣: *Dress quickly or you'll be late for school.* 快穿好衣服, 不然上學要遲到了。**2** wear clothes 穿着…(衣服): *The television news readers dress well.* 電視新聞報告員穿得很漂亮。**3** put clothes on to someone 給…穿衣 ***get dressed***, put on clothes 穿衣 ***dress up***, (***a***) wear your best clothes 穿上最好衣服: *Let's dress up and go out to the theatre.* 我們穿戴整齊到戲院看戲吧。(***b***) put on clothes in a game (給…)喬裝打扮: *The children are dressing up as pirates.* 孩子們正在裝扮成海盜。

dressing /'dresɪŋ/ *n.* bandage that you put on a hurt part of your body (繃帶等)包傷用品 *You must have a dressing on that cut.* 你必須用繃帶藥棉包紮傷口。

dressing-gown /'dresɪŋ gaʊn/ *n.* piece of warm clothes that you wear over your night-clothes 晨衣; 睡袍

dressing-room /ˈdresɪŋ rʊm/ *n.* room where you change your clothes for playing sport, acting in a play, etc. 化粧室; 更衣室

dressing-table /ˈdresɪŋ teɪbl/ *n.* bedroom table with a mirror 梳粧枱

drew /dru:/ *past tense* of *v.* draw 動詞 draw 的過去式

dried /draɪd/ *past tense* of *v.* dry 動詞 dry 的過去式

drier /ˈdraɪə(r)/ *n.* instrument for drying hair, clothes, etc. 吹髮器; 乾衣器

drift[1] /drɪft/ *n.* (*pl.* drifts) sand, snow, etc. that the wind has blown into a pile 吹積物; 雪堆; 沙堆: *The car was stuck in a snow drift.* 汽車被一堆雪阻塞住了。

drift[2] *v.* move slowly and without a plan 飄流; 飄泊; 游蕩: *The empty boat drifted on the sea.* 空船在海面上飄流。

drill[1] /drɪl/ *n.* tool for making holes 鑽; 鑽孔器; 錐: *a dentist's drill* 牙科醫生的鑽子 **drill** *v.*: *The workmen drilled a big hole in the High Street.* 工人在高街鑽了一個大洞。

drill[2] *n.* training someone by doing an exercise again and again 訓練; 操練: *army drill* 軍事訓練 **drill** *v.*: *The teacher drilled the English class until they knew the words well.* 英語課時老師訓練學生, 直到他們掌握了這些詞。

drink[1] /drɪŋk/ *n.* **1** (*pl.* drinks) some water, milk, tea, alcohol, etc. that you take in through the mouth 飲料: *a drink of water* 喝水 **2** (no *pl.*) *alcohol* 酒: *Too much drink makes him feel ill.* 他喝酒太多, 感到不適。

drink[2] *v.* (*past part.* drunk /drʌŋk/, *past tense* drank /dræŋk/) **1** take water, milk, coffee, etc. in through the mouth 喝; 飲: *Babies drink milk.* 嬰兒喝牛奶。**2** take in alcohol 喝酒; 酗酒: *He has drunk so much that he cannot stand.* 他喝得太多酒了, 站都站不住。***drink up***, finish all the liquid in a glass, etc. at once 喝乾; 一飲而盡: *Drink up and we'll hurry home.* 快喝吧, 然後我們趕快回家。

drip /drɪp/ *v.* (*pres. part.* dripping, *past part.* & *past tense* dripped /drɪpt/) **1** fall slowly in small drops 滴下; 流下: *Water dripped from the tap.* 水從龍頭裏慢慢流下來。**2** have water, etc. falling slowly from it: 滴水: *The tap was dripping.* 龍頭在滴水。

drive[1] /draɪv/ *n.* **1** journey in a car or bus 乘車; 開車: *It's a long drive from Glasgow to London.* 從格拉斯哥開車到倫敦要走很久。**2** road from the gate to the house 汽車道(尤指私人住宅内的): *Please park your car on the drive.* 請把你的汽車停在車道上。

drive[2] *v.* (*past part.* driven /ˈdrɪvn/, *past tense* drove /drəʊv/) **1** control a car, machine, etc. 駕駛; 操縱(機器等): *Mr. Collins drives a bus.* 柯林斯先生駕駛公共汽車。**2** travel in a car 開車; 駕車: *We drove to my grandmother's house for lunch.* 我們開車到祖母家吃午飯。***drive up***, drive near and stop 開近後停下: *He drove up and got out of his car.* 他把車開近後停下來, 然後下車。**3** make someone do something 驅使; 迫使: *His hunger drove him to steal food.* 飢餓驅使他去偷食物。**4** hit something hard 敲; 挖; 打入: *Colin drove a nail into the wall with his hammer.* 科林用錘子把一根釘子釘進牆裏。

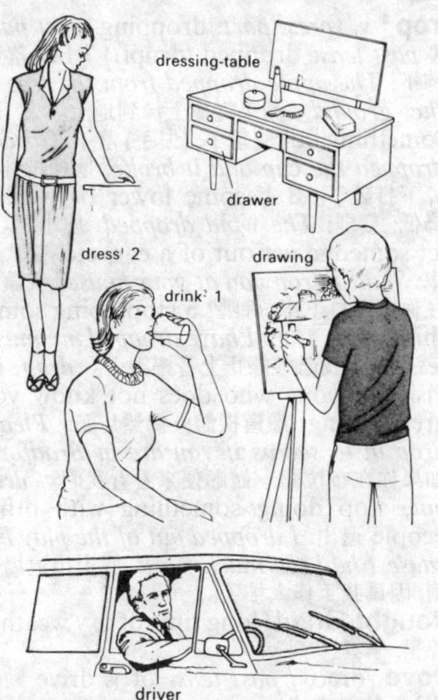

driver /ˈdraɪvə(r)/ *n.* someone who controls a car, bus, train, etc. 司機; 駕駛員: *Ralph is a taxi-driver.* 拉爾夫是一個計程車司機。

driving /ˈdraɪvɪŋ/ *n.* controlling a car, etc. 駕駛; 駕車: *I enjoy driving.* 我喜愛駕車。 **driving** *adj.*: *If you pass your driving test, you will have a driving-licence.* 如果你通過駕駛考試, 就可以取得駕駛執照。

drizzle /ˈdrɪzl/ *v.* rain lightly 下小雨; 下毛毛小雨 **drizzle** *n.*

droop /dru:p/ *v.* bend or hang down because of being tired or weak 低垂; 下垂; 枯萎: *The flowers are drooping because they have no water.* 由於缺水, 這些花都枯萎了。

drop[1] /drɒp/ *n.* **1** very small spot of liquid, etc. 滴: *a drop of rain* 一滴雨 **2** fall; going down 落下; 下降: *a drop in temperature* 溫度下降

drop² *v.* (*pres. part.* dropping, *past part.* & *past tense* dropped /drɒpt/) **1** fall 落下; 掉下: *The apple dropped from the tree to the ground.* 蘋果從樹上掉到地上。**2** let something fall 使落下; (失手) 落下: *Gordon dropped the cup and it broke.* 國棟把杯子掉下打破了。**3** become lower or weaker 降低; 變弱: *The wind dropped.* 風小了。**4** let someone get out of a car, etc. 讓人下車: *Shall I drop you at your house?* 我讓你在你家門口下車, 好嗎? **5** stop doing something 停止; 終止: *I have dropped my music lessons.* 我已經停止上音樂課了。***drop in***, visit someone who does not know you are coming 順道探訪; 偶然拜訪: *Please drop in to see us if you are in Bradford.* 如果你在布拉福, 請順便來看看我們。***drop out***, stop doing something with other people 退出: *I dropped out of the play because I had too much work.* 我退出這場表演, 因爲我工作太忙了。

drought /draʊt/ long time of dry weather 乾旱; 旱災

drove /drəʊv/ *past tense* of *v.* drive 動詞 drive 的過去式

drown /draʊn/ *v.* **1** die in water because you cannot breathe 淹死; 溺死: *The little girl fell into the lake and drowned.* 小女孩掉進湖裏淹死了。**2** kill someone or something by putting it in water 把…淹死: *There were too many kittens so the farmer drowned them.* 小貓太多了, 因此農夫把牠們淹死了。 **drowning** *adj.*: *John pulled the drowning man into the boat.* 約翰把那個快要淹死的人拉上船。

drug /drʌg/ *n.* **1** medicine that makes sick people well or that takes away pain 藥物: *The doctor gave my mother a new drug for her headaches.* 醫生給我母親開了一種治頭痛的新藥。**2** dangerous stuff that people eat or inject to make them sleep, or do things they usually do not do 麻醉藥品; 成癮性毒品: *Heroin is a dangerous drug.* 海洛英是一種危險的毒品。 **drug addict** *n.* someone who cannot stop taking drugs 吸毒者 **drug** *v.* (*pres. part.* drugging, *past part.* & *past tense* drugged /drʌgd/)

drum /drʌm/ *n.* **1** hollow instrument that you hit to make music 鼓 **2** container, with round sides, for holding oil, water, etc. 圓桶: *an oil drum* 油桶

drummer /ˈdrʌmə(r)/ *n.* someone who plays a drum 鼓手

drunk¹ /drʌŋk/, **drunken** /ˈdrʌŋkən/ *adj.* with too much alcohol inside you so that you cannot walk or talk well 醉: *He was drunk at the end of the party.* 宴會結束時, 他喝醉了。*There were many drunken men in the streets.* 街上有許多醉漢。

drunk² *past part.* of *v.* drink 動詞 drink 的過去分詞

drunkard /ˈdrʌŋkəd/ *n.* someone who often drinks too much alcohol 醉漢; 酒鬼

dry¹ /draɪ/ *adj.* **1** not wet 乾的; 乾燥的: *The wood will burn if it is dry.* 木頭乾燥就能燃燒。**2** with no rain 旱; 涸: *a dry day* 無雨的日子

dry² *v.* (*past part.* & *past tense* dried /draɪd/) **1** become dry 變乾: *The washing is drying in the sun.* 洗好的衣服在太陽下曬乾。**2** make something dry 使乾燥; 把…弄乾: *Sally dries her hair in front of the fire.* 莎莉在火前面把頭髮焙乾。***dry up***, (***a***) have no water 乾涸: *The river is drying up because there is no rain.* 因爲缺雨, 這條河漸漸乾涸。(***b***) dry dishes 抹乾碗碟: *Dad washes the dishes and Anne dries up.* 爸爸洗碗, 安妮給擦乾。

dry-clean /ˌdraɪ ˈkliːn/ *v.* make something clean without water 乾洗: *I had my suit dry-cleaned.* 我那套衣服乾洗過了。 **dry-cleaning** *n.*

dryer /ˈdraɪə(r)/ *n.* instrument for drying hair, clothes, etc. 吹髮器; 乾衣器: *At the hair-dresser's there are a lot of hair dryers.* 在理髮店裏有許多吹髮器。

duchess /ˈdʌtʃɪs/ *n.* (*pl.* duchesses) noblewoman; wife of a duke 公爵夫人; 女公爵

duck¹ /dʌk/ *n.* water-bird that you often see on a farm or in a park 鴨子

duck² *v.* **1** move down or to one side quickly 迅速低下頭(或彎腰)閃避: *The ball did not hit Roger because he ducked.* 球並沒有打着洛基, 因爲他急忙低下了頭。**2** go under water, or push someone under water, for a short time 潛入水中; 按入水中: *The big boy ducked all the small boys in the river.* 那個大個子男孩把所有小男孩按入河水裏。

duckling /ˈdʌklɪŋ/ *n.* young duck 小鴨

due /djuː/ *adj.* **1** that you must pay at once 到期的: *The rent is due at the beginning of each month.* 每月頭要交租金。**2** planned to come (車、船等) 預定應到的: *What time is the train due?* 火車什麼時刻到達? ***due to***, because of something 由於; 應歸於: *The accident was due to bad driving.* 這次意外起因於駕駛技術不佳。***due for***, ready for something 應當; 到…時候了: *My car is due for a service.* 我的汽車應該維修了。

duel /ˈdjuːəl/ *n.* fight between two people, with swords or guns 決鬥

duet /djuːˈet/ *n.* music for two people to sing or play on musical instruments 二重唱; 二重奏: *Bob and Jenny sang a duet.* 阿寶和珍妮表演了一首二重唱。

dug /dʌg/ *past part.* & *past tense* of *v.* dig 動詞 dig 的過去分詞和過去式

duke /djuːk/ *n.* nobleman 公爵: *The Duke*

of Edinburgh is the Queen's husband. 愛丁堡公爵是女皇的丈夫。

dull /dʌl/ *adj.* **1** not clear or bright 陰暗的; 沉悶的: *dull weather* 陰沉的天氣 **2** stupid; not clever 遲鈍的; 呆笨的: *a dull student* 笨學生 **3** not interesting 單調的; 枯燥的; 乏味的: *The book was so dull that I didn't finish it.* 這本書太枯燥了, 我沒有讀完。

duly /ˈdju:lɪ/ *adv.* at the right time; in the way that you expect 按時; 正好; 恰好: *The work was duly finished.* 這件工作按時完成了。

dumb /dʌm/ *adj.* not able to speak 啞的; 不能說話的

dump[1] /dʌmp/ *n.* place where you can leave things that you do not want 垃圾堆; 堆存處: *a rubbish dump* 垃圾堆 ***down in the dumps***, sad 憂鬱; 沮喪

dump[2] *v.* **1** put something down without care 抛下: *Can I dump my bags in your room?* 我可以把袋子留在你的房間裏嗎? **2** throw away things that you do not want 棄置; 抛棄

dune /dju:n/ *n.* low hill of sand 沙丘: *We walked over the dunes to the beach.* 我們越過沙丘到海灘去。

dungeon /ˈdʌndʒən/ *n.* dark prison under the ground 地牢; 土牢

during /ˈdjʊərɪŋ/ *prep.* **1** for all the time of 在…的期間; 在…過程中: *The sun gives us light during the day.* 白天太陽發光。**2** at some time in 當…之際; 在…的時候: *He came in during the film.* 他進來的時候, 正在放電影。

dusk /dʌsk/ *n.* (no *pl.*) evening; time when darkness is coming 黄昏: *Put the car lights on at dusk.* 黄昏時刻亮起車燈。

dust /dʌst/ *n.* (no *pl.*) dry dirt like fine powder 灰塵; 塵土 **dust** *v.* brush or wipe dust off something 去掉灰塵: *I dusted the furniture.* 我把家具上的灰塵掃掉。 **dusty** *adj.* covered with dust 滿是塵土的: *a dusty desk* 滿是灰塵的書桌

dustbin /ˈdʌstbɪn/ *n.* container for rubbish 垃圾箱: *Throw those empty bottles into the dustbin.* 把那些空瓶子扔進垃圾箱。

duster /ˈdʌstə(r)/ *n.* cloth for wiping things clean 揩布

dustman /ˈdʌstmən/ n. (*pl.* dustmen) someone whose job is to take away rubbish 清除垃圾的人; 清潔工人

dustpan /ˈdʌstpæn/ *n.* flat metal or plastic pan where you put dust from the floor, etc. 畚箕

duty /ˈdju:tɪ/ *n.* (*pl.* duties) **1** what you do in your job or in everyday life because it is right 責任; 義務; 本分: *A man has a duty to earn money for his family.* 男人有賺錢養家的責任。***on duty***, at work 值班; 上班: *Some nurses at the hospital are on duty all night.* 有些護士在醫院整夜值班。***off duty***, not at work 不當班; 下班: *Come and visit us when you're off duty.* 下班後請來看我們。**2** money that you pay to the government when you bring things into the country from another country 稅; 關稅: *import duty* 進口稅

duty-free *adj.* that you can bring into the country without paying money in tax to the government 免稅的: *duty-free cigarettes* 免稅香煙

dwarf /dwɔ:f/ *n.* person, animal, or plant that is smaller than usual 矮子; 矮小的動物或植物

dye /daɪ/ *n.* something that puts colour into cloth, paper, hair, etc. 染料: *My skirt is wet and the red dye has come out on to my legs.* 我的裙子濕了, 裙子上的紅染料染紅了我的腿。 **dye** *v.* change the colour of something 染色; 上色: *She has been dyeing her hair black for years.* 幾年來她一直把頭髮染成黑色。

dyed /daɪd/ *past part.* & *past tense* of *v.* dye 動詞 dye 的過去分詞和過去式

dynamite /ˈdaɪnəmaɪt/ *n.* (no *pl.*) strong explosive 炸藥: *The terrorists blew up the bridge with dynamite.* 恐怖分子用炸藥炸掉橋樑。

Ee

each /i:tʃ/ *pron.* (*pl.* all) **1** every person or thing in a group 每人; 每個: *There are four boys and I have four apples, so I can give an apple to each.* 這兒有四個男孩, 我有四個蘋果, 於是我每人給一個。**2** for one 每件; 每個: *The peaches cost $1 each.* 這些桃子每個一元。***each other:*** *Anne and Sue write letters to each other.* 安妮和素互通書信。 **each** *adj.: Each child has a chair and a desk.* 每個孩子都有一把椅子和一張書桌。

eager /ˈiːgə(r)/ *adj.* wanting something, or wanting to do something, very much 渴望的; 急切的: *Antony is eager to ride his new bicycle.* 安東尼急切想騎他那輛新腳踏車。**eagerly** *adv.: 'Oh, please let me go in your boat!' said Beth eagerly.* "噢, 讓我上你們的船吧!" 蓓思熱切地說。

eagle /ˈiːgl/ *n.* big bird that catches and kills other birds, small animals, etc. 鷹

ear /ɪə(r)/ *n.* one of the parts of a person's or an animal's head that hear 耳朵: *She put her hands over her ears because the music was too loud.* 她用手掩耳, 因爲音樂聲太響了。

earl /ɜːl/ *n.* British nobleman [英]伯爵

earlier /ˈɜːlɪə(r)/ *adj.* that comes before another 比較早的: *The ten o'clock train will be too late so come by the earlier train.* 十點鐘的火車太晚了, 坐早一班車來吧。**earlier** *adv.* before 在…之前: *Adam came earlier than Jack.* 亞當比傑來得早。

earliest /ˈɜːlɪəst/ *adj.* that comes first 最早的 **earliest** *adv.*

early /ˈɜːlɪ/ *adj.* **1** at the beginning 初期的; 開始的: *Spring is the early part of the year.* 春天是一年之初。**2** before the usual time 早的; 及早的: *An early passenger must wait for the train.* 早到的旅客要等火車。 **early** *adv.: The sun sets early in winter.* 冬天太陽落山早。

earn /ɜːn/ *v.* **1** get money for doing work 賺錢; 賺得: *The driver earns $4000 a month.* 這個司機每月賺四千元。**2** receive something because you have worked well or done something good 贏得; 獲得: *You've earned a holiday!* 你獲得了一個假期!

earnest /ˈɜːnɪst/ *adj.* serious 認真的; 誠摯的: *An earnest student works hard.* 認真的學生努力學習。**earnestly** *adv.*

earnings /ˈɜːnɪŋz/ *n.* (*pl.*) money that you receive for work 工資; 賺來的錢

earring /ˈɪərɪŋ/ *n.* pretty ring that you wear on your ear 耳環

earth /ɜːθ/ *n.* (no *pl.*) **1** this world; the planet where we live 地球: *The moon goes round the earth.* 月亮繞着地球旋轉。**2** land; ground 陸地; 地面: *Sam shot the bird and it fell to earth.* 阿山射中了那隻鳥, 鳥落在地上。**3** soil 泥土: *Flowers will not grow well in poor earth.* 土質差, 花就長不好。

earthquake /ˈɜːθkweɪk/ *n.* sudden strong shaking of the ground 地震

earthworm /ˈɜːθwɜːm/ *n.* long, thin worm that lives in the soil 蚯蚓

ease /iːz/ *n.* (no *pl.*) ***with ease***, with no trouble 輕易: *The cat climbed the tree with ease.* 那隻貓很容易就爬上樹了。

easel /ˈiːzl/ *n.* thing that holds a blackboard or a picture while the artist is painting it 黑板架; 畫架

easily /ˈiːzəlɪ/ *adv.* with no trouble 容易地; 輕而易舉: *Tom is a good runner and will easily win the race.* 阿棠跑得快, 這次賽跑他必定輕易勝出。

east /iːst/ *n.* (no *pl.*) where the sun comes up in the morning 東; 東方 **east** *adj.: When the wind blows from the east we call it an east wind.* 從東方吹來的, 我們稱爲東風。**east** *adv.* towards the east 向東(方)地: *The ship sailed east from Plymouth to Southampton.* 輪船從普利茅斯向東駛到南安普敦。 **easterly** /ˈiːstəlɪ/ *adj.* to or from a place that is east 向東方的; 從東方來的: *an easterly wind* 一陣東風 **eastern** /ˈiːstən/ *adj.* of, from or in the east part of a town, country, or the world 東的; 從東邊來的; 東部的: *Cambridge is in eastern England.* 劍橋在英國東部。 **eastwards** /ˈiːstwədz/ *adv.* towards the east 向東: *From Bristol we drove eastwards to London.* 我們從布里斯托向東開車到倫敦。

easy /ˈiːzɪ/ *adj.* **1** simple; that you can do or understand with no trouble 容易的; 不費力的: *I did the sum quickly because it was easy.* 這道算術題很容易, 我很快就做好了。**2** giving no trouble or pain 輕鬆的; 舒適的: *We are not tired because it was an easy journey.* 旅途輕鬆, 我們不感到累。**3** comfortable 安樂的; 舒服的: *An easy chair has soft arms, back, and seat.* 安樂椅的扶手、椅背和坐位都柔軟。***take things easy, take it easy***, not worry or work too much 別着急; 不要緊張

eat /iːt/ *v.* (*past part.* eaten /ˈiːtn/ *past tense* ate /et/) put food in your mouth and swallow it 吃: *She is fat because she eats a lot.* 她身體胖, 因爲吃得多。***eat up***, finish what you are eating 吃完; 吃光: *Eat up – we must leave soon!* 快吃罷, 我們得馬上走了!

echo /ˈekəʊ/ *n.* (*pl.* echoes) sound that a wall sends back so that you can hear it again 回聲 **echo** *v.: Our voices echoed when we shouted in the cave.* 我們在山洞裏大叫的時候, 傳來回聲。

economical /ˌiːkəˈnɒmɪkl/ *adj.* using money, goods, etc. well and carefully 節約的; 經濟的: *It is more economical to make your clothes than to buy them.* 做衣服比買衣服來得節省。**economically** *adv.*

economics /ˌiːkəˈnɒmɪks/ *n.* (no *pl.*) study of the way countries spend their money, use their goods, workers, etc. 經濟學; (國家的) 經濟情況 **economist** /ɪˈkɒnəmɪst/ *n.* someone who studies economics 經濟學家

economy /ɪˈkɒnəmɪ/ *n.* (*pl.* economies) **1** way that a country spends its money, uses its goods and workers, etc. 經濟; 經濟制度 **2** using money, goods, etc. well and carefully 節約; 節省 **economic** /ˌi:kəˈnɒmɪk/ *adj.*: *the European Economic Community* 歐洲經濟共同體

edge /edʒ/ *n.* **1** outside end of something 邊緣; 界線: *If you put that pot on the edge of the table it will fall off.* 你要是把罐子放在桌邊上, 它會掉下去的。**2** sharp, cutting part of a knife 刀刃; 鋒

editor /ˈedɪtə(r)/ *n.* someone who prepares or organizes a newspaper, periodical, or book 編輯; 编者

educate /ˈedʒʊkeɪt/ *v.* teach someone; show someone how to read, write, and think 教育; 培養: *He was educated at a good school.* 他在好學校裏受教育。 **education** /ˌedʒʊˈkeɪʃn/ *n.*: *the Minister of Education* 教育部長

eel /i:l/ *n.* long fish that looks like a snake 鰻; 鱔魚

effect /ɪˈfekt/ *n.* what happens because of something 結果; 效果; 影響: *The brown grass is the effect of the dry weather.* 草黃了是天氣乾旱的結果。 ***have an effect on something***, make something change 對…有影響; 使起變化: *Her illness has had a bad effect on her work.* 她的病對工作有很大影響。

efficient /ɪˈfɪʃnt/ *adj.* **1** who plans and works well 效率高的: *an efficient farmer* 能幹的農民 **2** that works well 功能好的: *an efficient machine* 一部高效能的機器 **efficiently** *adv.*

effort /ˈefət/ *n.* trying hard; hard work 努力; 奮力: *Hugh made a big effort to move the rock.* 阿修花了很大的勁兒去搬那塊大石頭。

e.g. /ˌi: ˈdʒi:/ *abbrev.* for example 例如

egg /eg/ *n.* round thing with a shell, that comes from a bird 蛋: *We had eggs and bacon for breakfast.* 我們早飯吃雞蛋和煙肉。

egg-cup /ˈeg kʌp/ *n.* small cup to hold a boiled egg when you are eating it (吃雞蛋用的)蛋杯

eiderdown /ˈaɪdədaʊn/ *n.* thick warm bed-cover 鴨絨被; 羽絨被

eight /eɪt/ *n.* number 8 八 **eight** *adj.*: *I have eight fingers.* 我有八隻手指(大拇指不算在內)。 **eighth** /ˈeɪtθ/ *adj.* 8th 第八: *I can find seven, but where is the eighth plate?* 我能找到七隻碟子, 第八隻在哪兒呢?

eighteen /ˌeɪˈti:n/ *n.* number 18 十八 **eighteen** *adj.*: *There are eighteen boys in the class.* 班上有十八個男孩。 **eighteenth** /ˌeɪˈti:nθ/ *adj.* 18th 第十八

eighty /ˈeɪtɪ/ *n.* (*pl.* eighties) number 80 八十 **eighty** *adj.*: *He has eighty cows.* 他有八十頭乳牛。 **eightieth** /ˈeɪtɪəθ/ *adj.* 80th 第八十

either[1] /ˈaɪðə(r)/ *adj.* **1** one of two (兩者中)擇一: *Sit on either chair.* 兩張椅子中隨便坐一張。**2** each (兩者中)每一方的: *There is a path on either side of the road.* 路的兩邊各有一條小道。 **either** *pron.* one of two people or things 二者之一: *There were two roses on the bush, but I did not pick either.* 那棵玫瑰樹上有兩朵玫瑰, 我一朵也没有摘。

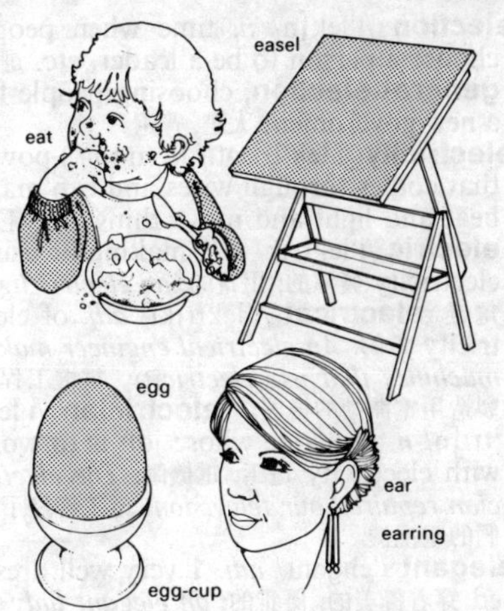

either[2] *adv.* also (after a verb with 'not') (用於否定句或否定詞組後) 也 (不): *Amy does not like the blue car and she does not like the red one either.* 艾美既不喜歡那輛藍車, 也不喜歡那輛紅的。 **either...or**, words to show two different things or people that you can choose 或是…或是…; 不是…就是…: *You can either go swimming or play tennis.* 你可以去游泳, 也可以打網球。

elastic /ɪˈlæstɪk/ *n.* (no *pl.*) material that you can pull or push into another shape. It will go back to its own shape afterwards 橡皮帶; 鬆緊帶: *His trousers stay round his waist because they have elastic in the top.* 他的褲腰裝了鬆緊帶, 所以褲子箍在腰上。 **elastic** *adj.*

elbow /ˈelbəʊ/ *n.* place in the middle of your arm where it bends 肘

elder /ˈeldə(r)/ *adj.* older of two people 年長的: *My younger son is four and my elder son is six.* 我的小兒子四歲, 大兒子六歲。 **elder** *pron.*

elderly /ˈeldəlɪ/ *adj.* rather old 上了年紀的; 中年以上的: *My parents are elderly and cannot walk very far now.* 我的父母都上了年紀, 不能走遠路。

eldest /ˈeldɪst/ *adj.* oldest of three or more people 最年長的: *George is the eldest of our six children.* 翹志是我家六個孩子中最年長的。 **eldest** *pron.*

elect /ɪˈlekt/ choose someone or some people 選舉; 推選: *to elect a chairman* 選舉主席

election /ɪ'lekʃn/ *n.* time when people choose a person to be a leader, etc. 選舉 **general election**, choosing people for a new government 大選; 普選

electricity /ɪˌlek'trɪsətɪ/ *n.* (no *pl.*) power that comes through wires and can make heat and light and move things 電; 電流 **electric** /ɪ'lektrɪk/ *adj.* making or using electricity 發電的; 用電的: *an electric light* 電燈 **electrical** /ɪ'lektrɪkl/ *adj.* of electricity 電的: *An electrical engineer makes machines that use electricity.* 電機工程師製造用電開動的機器。 **electrician** /ɪˌlek'trɪʃn/ *n.* someone whose job is to work with electricity 電工; 電機師: *The electrician repaired our television.* 電工修好了我們的電視機。

elegant /'elɪgənt/ *adj.* **1** very well dressed 穿着優美的; 優雅的: *an elegant lady* 一位文雅的女士 **2** beautiful 美麗; 漂亮: *an elegant vase* 漂亮的花瓶 **elegantly** *adv.*

elementary /ˌelɪ'mentrɪ/ *adj.* **1** of or for beginners 初級的; 基礎的: *an elementary dictionary* 初級詞典 **2** very easy to do or understand 淺易的; 基本的

elephant /'elɪfənt/ *n.* very big, wild animal, with a long, hanging nose called a trunk 象

eleven /ɪ'levn/ *n.* **1** number 11 十一 **2** cricket or football team (由十一人組成的) 板球隊; 足球隊 **eleven** *adj.: I saw eleven cows.* 我看見了十一頭母牛。 **eleventh** /ɪ'levnθ/ *adj.*

else /els/ *adv.* **1** more; extra 別的; 其他: *Did anyone else come with James?* 還有別的人和展思一起來嗎? **2** other; instead 另外; 此外: *The Grand Hotel was full so we stayed somewhere else.* 格蘭酒店已經客滿, 於是我們住在別處。 ***or else***, if not 否則; 不然: *You must leave now, or else you'll be late.* 你必須立刻離開, 要不然會遲到的。

elsewhere /'elsweə(r)/ *adv.* in or to another place 在別處; 向別處: *Mr. and Mrs. Houston lived next door but now they live elsewhere.* 豪斯頓夫婦本來住在隔壁, 現在搬到別處了。

embark /ɪm'bɑ:k/ *v.* **1** go on to a ship or aeroplane 上船; 上飛機: *They embarked at Liverpool.* 他們在利物浦上船。 **2** start to do something 着手; 從事: *When he left school, Frank embarked on a career in industry.* 富林畢業後, 就投身工業界。

embarrassment /ɪm'bærəsmənt/ *n.* worry about what other people will think 困窘; 窘迫; 難堪: *Jean's big feet are an embarrassment to her.* 琴的大腳使她難堪。 **embarrass** /ɪm'bærəs/ *v.* make you feel embarrassment 使窘迫; 使難堪: *Jean's big feet embarrass her.* 琴的大腳使她難堪。 **embarrassed** /ɪm'bærəst/ *adj.* feeling or showing embarrassment 感到窘迫; 苦惱 **embarrassing** /ɪm'bærəsɪŋ/ *adj.* making you feel embarrassment 令人感到窘迫; 讓人不好意思

embassy /'embəsɪ/ *n.* (*pl.* embassies) **1** group of people whose job is to speak and act for their own government in another country 大使館的全體人員 **2** place where embassy people live and work 大使館

embrace /ɪm'breɪs/ *v.* put your arms around someone to show love 擁抱 **embrace** *n.*

embroider /ɪm'brɔɪdə(r)/ *v.* make beautiful patterns and pictures with thread on cloth 刺綉 **embroidered** /ɪm'brɔɪdɪd/ *adj.: an embroidered blouse* 一件綉花女襯衫 **embroidery** *n.: We learn embroidery at school.* 我們在學校裏學刺綉。

emerald /'emərəld/ *n.* **1** (*pl.* emeralds) green jewel 綠寶石 **2** (no *pl.*) green colour 翠綠色 **emerald** *adj.*

emerge /ɪ'mɜ:dʒ/ *v.* come out from a place 出現; 露出: *The road was dark and then the moon emerged from behind the clouds.* 路上漆黑一片, 一會兒月自雲間展露。

emergency /ɪ'mɜ:dʒənsɪ/ *n.* (*pl.* emergencies) sudden, serious happening when people must give quick help 緊急情況; 突發事件 ***in an emergency***, when a problem suddenly comes 在緊急時: *I can lend you some money in an emergency.* 你急需錢用時, 我可以借一些給你。 **emergency** *adj.: When the fire started we left the theatre by the emergency exit.* 戲院起火時, 我們從太平門走出來。

emigrate /'emɪgreɪt/ *v.* go away from your country to live in another country 移居國外: *Many Italians emigrated to America.* 很多意大利人移居美國。 **emigration** /ˌemɪ'greɪʃn/ *n.* **emigrant** /'emɪgrənt/ *n.* someone who emigrates 移民

emotion /ɪ'məʊʃn/ *n.* strong feeling 情感; 情緒: *Love, hate, and fear are emotions.* 愛、恨和畏懼都是情感。 **emotional** /ɪ'məʊʃənl/ *adj.*

emperor /'empərə(r)/ *n.* king of a big country or a group of countries 皇帝

emphasize /'emfəsaɪz/ *v.* speak firmly to show that what you are saying is important 强調; 着重: *He emphasized that I must drive slowly.* 他强調說我要慢慢駕駛。

empire /'empaɪə(r)/ *n.* country or group of countries that a king or an emperor rules 帝國: *the Roman Empire* 羅馬帝國

employ /ɪm'plɔɪ/ *v.* pay someone to do work for you 僱用: *My brother employs twelve men.* 我哥哥僱了十二個人。 ***be employed***, have work 受僱於: *He's employed at the station.* 他在車站工作。

employee /ˌɪmplɔɪˈiː/ *n.* someone who is paid to work 受僱者; 僱員; 僱工
employer /ɪmˈplɔɪə(r)/ *n.* someone who pays other people to do work for him 僱用者; 僱主; 老闆
employment /ɪmˈplɔɪmənt/ *n.* (no *pl.*) job 職業; 工作: *When he left school he found employment as a lorry driver.* 他中學畢業後找到工作, 當貨車司機。
empress /ˈemprɪs/ *n.* (*pl.* empresses) queen of a big country or a group of countries; wife of an emperor 女皇; 皇后: *Queen Victoria was the Empress of India.* 維多利亞女皇當時是印度女皇。
empty[1] /ˈemptɪ/ *adj.* **1** with nothing inside 空的: *an empty purse* 空錢包 **2** with no writing on it 没寫字的: *an empty page* 一張空白頁
empty[2] *v.* take away everything from inside so that there is nothing left 使空; 騰空: *Mark drank until he had emptied his cup.* 馬可喝到杯子空了才不喝。
enable /ɪˈneɪbl/ *v.* make someone able to do something 使能够: *Your help enabled me to finish the job.* 你的幫助使我能够完成工作。
enamel /ɪˈnæml/ *n.* (no *pl.*) very hard paint for metal 搪瓷; 琺瑯; 釉藥 **enamel** *adj.* covered with enamel 上搪瓷的; 上釉的: *We have enamel plates when we go camping.* 我們野營時帶備搪瓷碟子。
enchant /ɪnˈtʃɑːnt/ *v.* **1** use magic on someone or something 用魔法迷惑 **2** please someone very much 使喜悦; 使心醉: *Fonteyn's dancing enchanted the audience.* 方婷的舞蹈使觀衆陶醉。 **enchanting** *adj.* very lovely 迷人的; 醉人的: *an enchanting face* 迷人的臉
enclose /ɪnˈkləʊz/ *n.* **1** shut a place in on all sides 圍住; 圈起; 關閉: *A high wall encloses the prison.* 一道高牆圍住了監獄。 **2** put something inside a parcel, letter, etc. 封入: *I enclose my photograph with this letter.* 我把照片放在這封信裏。
enclosure /ɪnˈkləʊʒə(r)/ *n.* **1** place that is shut on all sides 圍場; 圍欄; 圈子: *A cage is an enclosure for birds.* 圍住鳥的東西叫做鳥籠。 **2** something that you have put inside a parcel, letter, etc. 封入物; 附件
encourage /ɪnˈkʌrɪdʒ/ *v.* give someone hope, courage, support, etc. 鼓勵; 鼓舞; 贊助: *The big crowd encouraged their football team by cheering.* 那大羣人以歡呼聲給他們的足球隊打氣。 **encouraging** *adj.*: *We were pleased with Ann's encouraging school report.* 安的成績報告單令人鼓舞, 我們很高興。 **encouragingly** *adv.*
encouragement /ɪnˈkʌrɪdʒmənt/ *n.* (no *pl.*) help and support 鼓勵; 贊成: *My parents give me a lot of encouragement.*

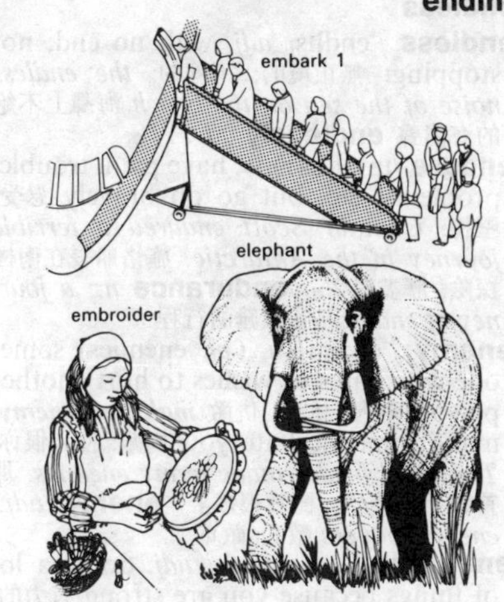

父母給我許多鼓勵。
encyclopaedia /ɪnˌsaɪkləˈpiːdɪə/ *n.* book or set of books telling the facts about many things 百科全書
end[1] /end/ *n.* **1** where something stops 末梢; 盡頭; 終點: *the end of the road* 路的盡頭 **2** when something stops 完結; 結束; 終結: *the end of a story* 故事的終結 **3** small piece that remains 殘片; 殘餘: *a cigarette end* 煙頭 ***at an end***, finished 結束; 完畢: *My holiday is at an end and I must go back to work tomorrow.* 我的假期結束了, 明天得回去工作。 ***come to an end***, stop 停止; 完了: *Jenny turned off the radio when the programme came to an end.* 節目完了, 珍妮關上收音機。 ***for days, weeks, months***, or ***years on end***, for a very long time 一連幾天(週、月或年); 長時間地: *In the winter it rains for days on end.* 冬天一連下幾天雨。 ***in the end***, at last 最後; 終於: *We looked everywhere and, in the end, we found the key.* 我們到處找鑰匙, 最後終於找着了。 ***make ends meet***, earn enough money for living 賺的錢剛够生活; 收支平衡: *When my father died my mother had to get work to make ends meet.* 我父親死後, 母親不得不找工作維持生計。 ***put an end to something***, stop something happening 結束; 終止: *The rain put an end to our netball game.* 我們的無網籃球賽因下雨而停止了。
end[2] *v.* **1** stop 結束; 終止: *When the concert ended we went home.* 音樂會結束後我們回家了。 **2** finish something 完了; 結束: *We ended our holiday with a visit to Stratford.* 我們的假期以遊覽斯特拉福鎮而告結束。 ***end up***, finish 告終; 結束: *The bad man ended up in prison.* 那個壞人最終進了監獄。
ending /ˈendɪŋ/ *n.* last part of a word, story, etc. 結尾; 結局; 末尾

endless /'endlɪs/ *adj.* with no end; not stopping: 無止境的; 不停的: *the endless noise of the sea on the beach* 海灘上不絕的海濤聲 **endlessly** *adv.*

endure /ɪn'djʊə(r)/ *v.* have pain, trouble, problems, etc. but go on bravely 忍受; 堅持: *Captain Scott endured a terrible journey in the Antarctic.* 施恪船長在南極探險, 歷盡艱辛。 **endurance** *n.*: *a journey of endurance* 艱難的行程

enemy /'enəmɪ/ *n.* (*pl.* enemies) someone who hates or wishes to hurt another person 敵人; 仇人; 仇敵 ***make an enemy***, make someone hate you 樹敵; 使人恨你: *The cruel leader made many enemies.* 那首領十分殘酷, 樹敵很多。 **enemy** *adj.*: *enemy soldiers* 敵兵; 敵軍

energetic /ˌenə'dʒetɪk/ *adj.* doing a lot of things because you are strong 有力的; 精力旺盛的: *an energetic man* 精力充沛的人

energy /'enədʒɪ/ *n.* (no *pl.*) **1** power of a person to do many things 精力; 力量; 氣力: *That man has so much energy that he can work as hard as three men!* 那個人精力真充沛, 一人可以幹三人的工作! **2** force or power to make things, machines, etc. move or work 能; 能量: *atomic energy* 原子能

engage /ɪn'geɪdʒ/ *v.* give work to someone 僱用; 聘請: *The manager of the restaurant engaged a new cook yesterday.* 飯店經理昨天僱了一個新廚師。

engaged /ɪn'geɪdʒd/ *past part.* of *v.* engage 動詞 engage 的過去分詞 ***be engaged*** **1** be busy 忙碌的: *I'm afraid the director can't see you – he's engaged.* 恐怕主任不能見你——他很忙碌。**2** be in use 在使用中: *I couldn't telephone my uncle because his telephone line was engaged.* 我不能給叔叔打電話, 因爲他的電話正講着。**3** have promised to marry someone 訂了婚的: *Jack and Jill are engaged.* 傑和姬兒訂婚了。

engagement /ɪn'geɪdʒmənt/ *n.* **1** promise to marry someone 婚約; 訂婚 **2** plan or promise to meet someone 約會; 約定: *I can't come at 3 o'clock because I have another engagement then.* 我三點鐘來不了, 因爲有別的約會。

engine /'endʒɪn/ *n.* **1** machine that gives power or that makes things move 引擎; 發動機: *car engine* 汽車發動機 **2** locomotive; part of the train that pulls the rest 機車; 火車頭

engine-driver /'endʒɪn draɪvə(r)/ *n.* driver of a railway train 火車司機

engineering /ˌendʒɪ'nɪərɪŋ/ *n.* (no *pl.*) **1** study of how machines work 工程學 **2** job of someone, called an **engineer**, who plans and makes machines 工程技術; 操縱

enjoy /ɪn'dʒɔɪ/ *v.* like something very much 欣賞; 喜愛: *Do you enjoy football?* 你喜歡足球嗎? ***enjoy yourself***, have a happy time 過得快樂: *I enjoyed myself at the party.* 這次聚會我很愉快。

enjoyable /ɪn'dʒɔɪəbl/ *adj.* pleasant; nice 愉快的; 快樂的; 有趣的: *Thank you for a most enjoyable party.* 感謝你主辦了令人十分愉快的聚會。**enjoyably** *adv.*

enjoyment /ɪn'dʒɔɪmənt/ *n.* (no *pl.*) pleasure 欣賞; 樂趣; 愉快

enlarge /ɪn'lɑ:dʒ/ *v.* make something bigger 擴大; 放大: *Can you enlarge this photograph for me?* 你能替我把這張照片放大嗎? **enlargement** *n.* photograph, etc. that someone has made bigger (照片等)放大

enormous /ɪ'nɔ:məs/ *adj.* **1** very big 巨大的; 龐大的: *An elephant is an enormous animal.* 象是一種巨大的動物。**2** very great 極大的: *The party was enormous fun!* 這次聚會有趣極了!

enormously /ɪ'nɔ:məslɪ/ *adv.* very much 巨大地; 非常: *London has changed enormously since 1900.* 1900年以來倫敦有很大的變化。

enough /ɪ'nʌf/ *adj.* as much as you need; as many as you need 足够的; 充分的: *There's enough food for everyone.* 有足够每個人吃的食物。 **enough** *n.*: *The poor man doesn't eat enough.* 這個窮人吃不飽。 **enough** *adv.*: *Is Carol old enough to go to school?* 凱洛到上學的年齡了嗎?

enquire /ɪn'kwaɪə(r)/ *v.* ask; try to get an answer by saying something 詢問; 探問; 問明: *'How are you feeling?' enquired my uncle.* "你感覺怎麼樣?" 我叔叔問。

enquiry /ɪn'kwaɪərɪ/ *n.* (*pl.* enquiries) asking about something 查詢; 詢問: *I want to make an enquiry about train times.* 我想查詢一下火車的時間。

enter /'entə(r)/ *v.* **1** come or go into a place 進; 入: *Please enter the house by the back door.* 請從後門進屋。**2** become a member of a group, etc. 加入; 參加: *to enter university* 上大學 **3** write down a name or other information 寫入; 登記: *Please enter your names on this list.* 請在這個表上填寫你們的名字。***enter for***, give your name for a competition, examination, etc. 報名參加: *Lloyd had entered for the big race on Saturday.* 勞艾德已經報名參加星期六盛大的比賽了。

enterprise /'entəpraɪz/ *n.* (*pl.* enterprises) plan to do something new that will perhaps be difficult or dangerous (艱巨或冒險的)事業; 計劃: *Building the Panama Canal was a bold enterprise.* 修建巴拿馬運河是一項大膽的計劃。

enterprising /'entəpraɪzɪŋ/ *adj.* being

brave enough and ready to do new things 有事業心的; 有進取心的; 有魄力的

entertain /ˌentəˈteɪn/ *v.* **1** give food and drink to visitors; have visitors in your home 招待; 款待; 請客: *Kay is busy cooking because we are entertaining this evening.* 凱宜忙着做飯, 因爲我們今晚請客。**2** make someone laugh or enjoy himself 使快樂; 使感到興趣: *Her funny stories entertained us.* 她講的滑稽故事使我們很開心。

entertaining /ˌentəˈteɪnɪŋ/ *adj.* amusing or interesting 使人快樂的; 有趣的: *an entertaining story* 有趣的故事

entertainment /ˌentəˈteɪnmənt/ *n.* show, party, concert, etc. that people enjoy 文藝表演; 聯歡會; 娛樂節目

enthusiasm /ɪnˈθjuːzɪæzəm/ *n.* (no *pl.*) great interest and liking 熱情; 熱心; 積極性: *I don't like golf, but my brother plays it with enthusiasm.* 我不喜歡高爾夫球, 但我兄弟很喜歡。**enthusiastic** /ɪnˌθjuːzɪˈæstɪk/ *adj.* with enthusiasm 熱情的; 熱心的: *an enthusiastic footballer* 熱心的足球運動員 **enthusiastically** *adv.*

entire /ɪnˈtaɪə(r)/ *adj.* whole; total; with all parts 整個的; 完全的; 全部的: *The ship sank with the entire crew.* 輪船及全體船員都沉没了。

entirely /ɪnˈtaɪəlɪ/ *adv.* totally 完全; 全部; 全然: *I entirely agree with you.* 我完全同意你的意見。

entrance /ˈentrəns/ *n.* **1** (*pl.* entrances) way into a place 入口; 進口; 門口: *The car is waiting at the front entrance.* 汽車在前門口等着。**2** (no *pl.*) right to go into a place 入場; 進口(權): *He was refused entrance to the country because he did not have a passport.* 他没有護照, 所以不獲進入這個國家。**3** (no *pl.*) becoming a member of a university or a club, etc. 上大學; 入會

entrance fee *n.* money that you pay when you become a member 入會(入學)費

entry /ˈentrɪ/ *n.* **1** (*pl.* entries) coming into a place 進入: *Pay on entry into the bus.* 上公共汽車時, 就要付車費。**2** (*pl.* entries) way into a place 入口

envelope /ˈenvələʊp/ *n.* paper cover for a letter 信封

envy /ˈenvɪ/ *n.* (no *pl.*) feeling of sadness and anger because you want what another person has 妒忌; 羡慕: *'You are so lucky to have a brother,' said the boy with envy.* "你真幸運, 有個哥哥。" 男孩羡慕地說。**envy** *v.*: *The poor man envied the rich man.* 窮人羡慕富人。**envious** /ˈenvɪəs/ *adj.*: *I am envious of your holiday in Madeira.* 我羡慕你們在馬德拉島渡假。

epidemic /ˌepɪˈdemɪk/ *n.* disease that goes quickly from one person to another

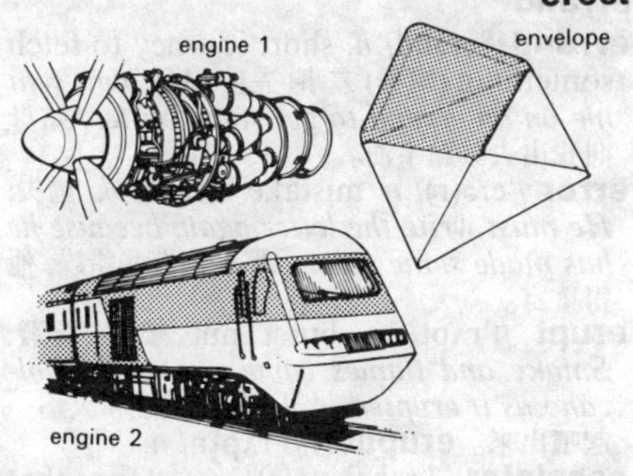

in the same place 流行病; 傳染病: *an epidemic of measles in the village* 村裏流行麻疹 **epidemic** *adj.*

equal¹ /ˈiːkwəl/ *adj.* same; as big, as much, or as good as another 同等的; 同樣的: *Women ask for equal pay because they work as hard as men.* 婦女要求與男人同酬, 因爲她們和男人一樣努力工作。

equal² *v.* (*pres. part.* equalling, *past part. & past tense* equalled /ˈiːkwəld/) **1** be exactly the same amount as something 等於: *Two plus two equals four.* 二加二等於四。**2** be as strong, good, etc. as someone 比得上; 敵得過: *Simon is younger but he equals his brother in all sports.* 西蒙年紀較小, 但各項運動都比得上哥哥。

equality /ɪˈkwɒlətɪ/ *n.* (no *pl.*) being the same; having the same rights 同等; 平等: *In some countries black people do not have equality with white people.* 在某些國家, 黑人没有和白人同等的權利。

equally /ˈiːkwəlɪ/ *adv.* **1** by the same amount 相等地; 平均地: *If we share the apple equally, we shall each have half.* 如果平分這蘋果, 我們就一人得一半。**2** in the same way 相同地; 同樣: *Chris swims well, but you are equally good.* 克利斯游泳很好, 但是你游得一樣好。

equator /ɪˈkweɪtə(r)/ *n.* (no *pl.*) line on maps around the middle of the world, from east to west 赤道

equip /ɪˈkwɪp/ *v.* (*pres. part.* equipping, *past part. & past tense* equipped /iːkwɪpt/) put in a place, or give someone, all the tools, instruments, etc. that are needed 裝備; 配備: *Alec equipped his boat for the long voyage.* 亞歷把船裝備好, 準備遠航。

equipment /ɪˈkwɪpmənt/ *n.* (no *pl.*) special things that you need to do a job 裝備; 設備; 器材: *Pens, pencils, and paper are writing equipment.* 鋼筆、鉛筆和紙是書寫用具。

erect /ɪˈrekt/ *v.* build something; put something up 建立; 樹立: *to erect a tent* 搭帳篷 **erection** /ɪˈrekʃn/ *n.*

errand /'erənd/ *n.* short journey to fetch something (短程) 差事; 差使: *My aunt sent me on an errand to get some butter.* 姑母叫我出去買點牛油。

error /'erə(r)/ *n.* mistake 錯誤; 謬誤; 過失: *He must write the letter again because he has made some errors.* 那封信有些錯誤, 他得重寫。

erupt /ɪ'rʌpt/ *v.* burst out 噴發; 爆發: *Smoke and flames came out of the volcano as it erupted.* 火山爆發, 濃煙和火焰一起噴出來。 **eruption** /ɪ'rʌpʃn/ *n.*

escalator /'eskəleɪtə(r)/ *n.* stairs that move and can carry people up or down 自動電梯

escape /ɪ'skeɪp/ *v.* **1** get free from something or someone 逃跑; 逃脫: *The bird escaped from the cage.* 鳥逃出了籠子。**2** find a way out of a place 漏出; 流出: *Water is escaping from the broken pipe.* 水從破管子裏往外流。**3** stay, keep, or get away from something that you do not like 擺脫; 躲避: *We went to the Bahamas to escape the cold weather in England.* 我們到巴哈馬羣島避過英國的寒冷天氣。 **escape** *n.* ***make your escape***, get free; get away from a place 逃跑; 擺脫; 逃避: ***have a narrow escape***, be safe from a danger that nearly happened 僥倖脱險; 九死一生

escort /'eskɔ:t/ *n.* people, ships, aeroplanes, etc. that go with others to keep them safe 警衛隊; 護航艦; 護航機: *The king had an escort of soldiers.* 皇帝有一隊衛兵。 **escort** /ɪ'skɔ:t/ *v.* go with someone 護衛; 護送; 陪同: *Jim escorted me to the concert.* 阿吉陪我去聽音樂會。

especial /ɪ'speʃl/ *adj.* better, more important, etc. than 特别的; 特殊的 **especially** *adv.* mainly; chiefly 格外; 尤其: *Kim loves all fruit, especially bananas.* 阿慶各種水果都喜歡, 尤其是香蕉。

essay /'eseɪ/ *n.* short piece of writing on a subject 小品文; 文章; 隨筆: *Our teacher asked us to write essays on 'My Summer Holidays'.* 老師叫我們作文, 題目是'我的暑假'。

essential /ɪ'senʃl/ *adj.* very important; that you must do or have 必要的; 不可缺少的: *Water is essential for plants.* 水是植物必需的。

estate /ɪ'steɪt/ *n.* piece of land that one person owns 地產; 地皮: *The Queen owns the estate of Balmoral.* 女皇擁有巴莫拉爾宮的地產。 **housing estate** *n.* large group of houses that one builder has made 住宅區 **estate agent** *n.* someone who buys and sells buildings and land for others. 房屋地產經紀

estimate /'estɪmeɪt/ *v.* work out how much, big, long, expensive, etc. something is 估計; 估量 **estimate** /'estɪmət/ *n.*: *We made an estimate of the cost of the holiday.* 我們估計了假期所需的費用。

estuary /'estʃʊərɪ/ *n.* (*pl.* estuaries) wide mouth of a river, where it meets the sea (河流的)入海口

etc. /ɪt'setərə/ *abbrev.* (Latin *et cetera*) and other things; and the rest 等等; 及其他: *The days of the week are Monday, Tuesday, Wednesday, etc.* 一週的日子有星期一、星期二、星期三等等。

eternal /ɪ'tɜ:nl/ *adj.* with no beginning or end; lasting for ever 永恆的; 永存的: *God is eternal.* 神是永存的。 **eternally** *adv.*: *I shall be eternally grateful to you for your help.* 對於你的幫助, 我將永誌不忘。

evacuate /ɪ'vækjʊ:eɪt/ *v.* take people or things away from a place to keep them safe 撤離; 疏散: *When the police heard that there was a bomb in the street, they evacuated everybody from the houses.* 警察聞報街上有顆炸彈, 就把所有人撤離房子。 **evacuation** /ɪˌvækjʊ:'eɪʃn/ *n.*

eve /i:v/ *n.* day or night before a special day (節日等的)前日或前夜; 前夕: *New Year's Eve is the day before 1 January.* 除夕是元旦的前一天。

even[1] /i:vn/ *adj.* **1** flat; smooth 平的; 平滑的: *She tripped and fell because the floor was not even.* 地板不平, 她跌倒了。**2** the same 一致的; 同樣的: *Each team had two goals, so they were even.* 每隊各進兩球, 打成平手。**3** that you can divide by 2 so that there is nothing left 雙數的; 偶(數)的: *4, 6, and 8 are even numbers but 5 and 7 are not even.* 四、六和八是偶數, 五和七不是。***be even, get even***, hurt someone because he has hurt you 報復: *Bill will try to get even because you took his bicycle.* 你拿了標的腳踏車, 他會想辦法報復的。

even[2] *adv.* word that makes what you say very strong 甚至…(也); 連…(都); 更: *This book is so easy that even a child can read it.* 這本書太淺易了, 連小孩都能看。 *Ben can run fast but I can run even faster.* 本恩跑得快, 我跑得更快。 ***even though***, although 即使; 縱然: *Even though he was tired, he helped me with my work.* 儘管他累了, 還幫我工作。

evening /'i:vnɪŋ/ *n.* end of the day, between afternoon and night 傍晚; 晚上

event /ɪ'vent/ *n.* **1** something that happens 事件; 事情: *The first day at school is a big event in a child's life.* 第一天上學在孩子一生中是件大事。**2** one of the races, competitions, etc. in a programme of sport (運動)項目; 比賽: *The next event will be the high jump.* 下一個比賽項目是跳高。

eventually /ɪ'ventʃʊəlɪ/ *adv.* in the end; after some time 最後; 終於: *We waited*

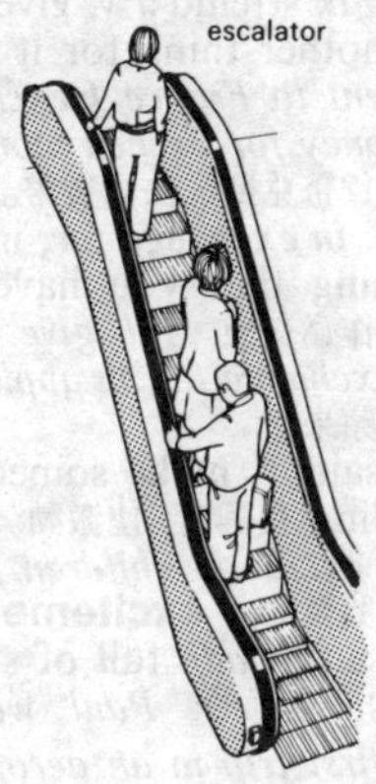

three days for the letter and eventually it came. 我們等了三天, 信終於來了。

ever /'evə(r)/ *adv.* at any time 無論何時; 曾經: *Have you ever climbed a mountain?* 你爬過山嗎? ***for ever***, always 永遠: *Christians believe that God will live for ever.* 基督徒相信神永遠活着。***ever since***, from the time when 從…以來: *I have liked reading ever since I was a child.* 我從小就喜歡閱讀。***ever so***, very 非常: *Jo is ever so clever!* 喬真聰明! ***ever such a***, a very 一個非常…的: *Jo is ever such a clever boy.* 喬是個非常聰明的孩子。***than ever***, than before 前所未有的: *This year records cost more than ever.* 今年的唱片比以往哪年都貴。

evergreen /'evəgri:n/ *adj.* with green leaves all the year 常青的; 常綠的: *Palm trees are evergreen.* 棕櫚是常青樹。

every /'evrɪ/ *adj.* each one of 每一的; 每個的: *Julia wears a ring on every finger, but I wear only one.* 朱麗亞的每隻手指都戴上戒指, 而我只戴一個。***every now and then, every so often***, sometimes 常常; 不時地 *Robert visits us every so often.* 洛培常來看我們。

everybody /'evrɪbɒdɪ/ *pron.* (no *pl.*) each person; all people 每人; 人人: *It will be a big party because everybody in the street is coming.* 聚會將很盛大, 因爲街上人人都來。

everyday /'evrɪdeɪ/ *adj.* done or happening each day 每日的; 日常的: *School is an everyday event for most children.* 對多數孩子來說, 上學是每天都要做的事。

everyone /'evrɪwʌn/ *pron.* (no *pl.*) each person; all people 每人; 人人: *The office is empty because everyone has gone home.* 辦公室空了, 因爲每個人都回家。

everything /'evrɪθɪŋ/ *pron.* (no *pl.*) each thing; all things 每件事; 事事

everywhere /'evrɪweə(r)/ *adv.* at, in, or to all places 到處; 處處; 無論哪裏

evidence /'evɪdəns/ *n.* (no *pl.*) proof; something that shows what has happened and why it has happened 證據; 證明: *His wet coat was evidence that he had been outside.* 他的外衣濕了, 證明他曾經外出。***give evidence***, tell what you know about someone or something in a law court 作證; 提供證據: *The woman gave evidence that she had seen the man steal the money.* 那個女子證明她看見那人偷錢。

evident /'evɪdənt/ *adj.* clear; easy to see; easy to understand 明顯的; 明白的: *It is evident that Jenny is happy, because she is smiling.* 珍妮顯然高興, 因爲她在微笑。**evidently** *adv.*

evil /'i:vl/ *adj.* wicked; very bad 邪惡的; 罪惡的; 極壞的

exact /ɪg'zækt/ *adj.* with no mistakes; totally correct 準確的; 全對: *an exact model of an aeroplane* 逼真的飛機模型

exactly[1] /ɪg'zæklɪ/ *adv.* **1** correctly 準確地: *Please tell me exactly what you saw.* 請如實告訴我你看見什麼。**2** just 恰恰; 正是: *This dress is exactly what I wanted.* 這正是我想要的裙子。

exactly[2] *exclam.* I quite agree; that is so (表示同意) 確實如此

exaggerate /ɪg'zædʒəreɪt/ *v.* say that something is bigger, better, worse, etc. than it really is 誇張; 誇大: *The boy exaggerated when he said he was so hungry he could eat an elephant!* 這孩子誇大其詞, 他說他餓得可以吃下一頭大象! **exaggeration** /ɪgˌzædʒə'reɪʃn/ *n.*

exam. /ɪg'zæm/ *abbrev.* examination 考試 examination 的縮寫形式

examination /ɪɡˌzæmɪˈneɪʃn/ *n.* **1** looking at something or someone carefully 檢查; 細看: *The doctor made an examination of the sick child.* 孩子生病了, 醫生替他檢查。**2** test of what someone knows or can do 考試; 測驗: *Linda has passed her summer examination.* 琳達夏季考試及格了。

examine /ɪɡˈzæmɪn/ *v.* **1** look at something or someone carefully 檢查; 細看 **2** ask someone questions to find out what he knows or can do; test someone 對…進行考試: *The teacher will examine the class on everything they have learnt this year.* 教師要考學生今年學過的所有東西。**examiner** /ɪɡˈzæmɪnə(r)/ *n.* someone who tests what people know 主考人; 檢查員

example /ɪɡˈzɑːmpl/ *n.* **1** something that shows how a rule works 例子; 實例: *The sentences in this dictionary give examples of how to use words.* 這本詞典中的句子, 提供了如何用詞的例子。**2** one thing that shows what others of the same kind are like 範例; 榜樣: *The Tower of London is a fine example of an English castle.* 倫敦塔是英國城堡的一個典範。***for example***, let me give you an example 例如: *Do you have a hobby – for example, painting?* 你有什麼嗜好——比方說, 喜歡繪畫嗎?

exasperate /ɪɡˈzæspəreɪt/ *v.* make someone rather angry 觸怒; 使氣惱: *The slow journey exasperated me.* 這緩慢的行程真使我氣惱。**exasperated** /ɪɡˈzæspəreɪtɪd/ *adj.* rather angry 惱怒的 **exasperation** /ɪɡˌzæspəˈreɪʃn/ *n.*

excavate /ˈekskəveɪt/ *v.* dig to make or uncover something 挖掘; 開鑿: *They are excavating a tunnel through the hill.* 他們在挖掘一條穿山隧道。

exceed /ɪkˈsiːd/ *v.* be more, greater, etc. than another; go beyond another 超過; 勝過: *My brother was fined for exceeding the speed limit.* 我弟弟因超速駕駛而遭罰款。

excellent /ˈeksələnt/ *adj.* very good 極好的; 傑出的: *an excellent film* 極好的電影 **excellently** *adv.*

except /ɪkˈsept/, **excepting** *prep.* but not 除…之外: *He works every day, except Saturday and Sunday.* 除了星期六和星期日之外, 他每天都工作。

exception /ɪkˈsepʃn/ *n.* something or someone that is not the same as others 例外; 除外 ***with the exception of***, without; not counting 除…外

exceptional /ɪkˈsepʃənl/ *adj.* not usual 例外的; 特殊的: *Hot weather is exceptional in England.* 在英國難得碰到天氣炎熱的日子。

exceptionally /ɪkˈsepʃənəlɪ/ *adv.* unusually; very 不尋常地; 特殊地; 極其: *an exceptionally fat man* 胖得出奇的男人

exchange /ɪkˈstʃeɪndʒ/ *v.* give one thing and get another thing for it 交換; 調換: *When I went to France I exchanged my English money for French money.* 我去法國時把英國貨幣兑換成法國貨幣。 **exchange** *n.* ***in exchange for***, in the place of something that you have given to someone 作爲交換: *I'll give you three sweets in exchange for an apple.* 我拿三塊糖換你一個蘋果。

excite /ɪkˈsaɪt/ *v.* make someone full of strong feeling 使興奮; 使激動: *The circus tickets will excite the children.* 馬戲入場券會使孩子們興奮的。 **excitement** *n.* **excited** /ɪkˈsaɪtɪd/ *adj.* full of strong feeling 興奮的; 激動的: *Paul was excited about his first trip in an aeroplane.* 保羅第一次乘飛機, 很興奮。 **exciting** *adj.* making you full of happy interest 令人興奮的; 使人激動的: *What exciting news!* 多麼激動人心的消息啊!

exclaim /ɪkˈskleɪm/ *v.* say something or cry out suddenly and loudly because you feel surprise, anger, pain, etc. (由於驚訝、憤怒、痛苦等而)大聲説; 呼喊: *'Look – there's a fire!' exclaimed Dan.* "看哪——着火了!" 丹驚呼道。 **exclamation** /ˌekskləˈmeɪʃn/ *n.* **exclamation mark**, punctuation mark (!) that you put at the end of a sentence to show loud or strong words 感嘆號; 驚嘆號(!)

exclude /ɪkˈskluːd/ *v.* keep out or shut out something or someone 排除在外: *Little Anita cried because the older children excluded her from their games.* 小安妮姐哭了, 因爲大孩子們不帶她一起玩遊戲。

excluding /ɪkˈskluːdɪŋ/ *pres. part.* of *v.* exclude 動詞 exclude 的現在分詞 without; if you do not count 除…之外; 不包括: *There are eleven months in the year, excluding January.* 除去一月, 一年還有十一個月。

excursion /ɪkˈskɜːʃn/ *n.* short journey to see something interesting or to enjoy yourself 短途旅行; 遊覽

excuse [1] /ɪkˈskjuːs/ *n.* what you say or write to explain why you have done something wrong 藉口; 辯解: *He made an excuse for being late.* 他爲遲到找了個藉口。

excuse [2] /ɪkˈskjuːz/ *v.* **1** forgive someone 原諒; 寬恕: *Please excuse me for being late.* 對不起, 我遲到了。**2** say that someone need not do something 免除: *The teacher excused me from sport because I had a headache.* 我頭痛, 老師同意我不參加體育運動。

execute /ˈeksɪkjuːt/ *v.* kill someone to punish him 處死; 處決 **execution** /ˌeksɪˈkjuːʃn/ *n.*

exercise¹ /ˈeksəsaɪz/ *n*. **1** (no *pl*.) moving your body to keep it strong and well 鍛煉; 運動: *I walk to work every day because it is good exercise*. 我每天步行上班, 因爲那是很好的運動。**2** (*pl*. exercises) special way of training your body to keep it strong and well 體操; 運動: *Have you done your exercises today?* 你今天做了體操嗎? **3** (*pl*. exercises) way of training soldiers, sailors, etc. 操練; 練習: *military exercises* 軍事操練 **4** (*pl*. exercises) way of training the mind; learning something 練習; 習題: *We do English exercises to help us learn good English*. 我們做英文練習以便學好英語。**exercise book** *n*. book of clean pages where a pupil writes 練習本

exercise² *v*. move your body, or make someone move his body, to keep strong and well 鍛煉; 運動: *Your dog will get fat if you do not exercise it*. 你的狗不加以訓練, 會長胖的。

exhaust /ɪgˈzɔːst/ *n*. **1** (no *pl*.) steam, gas, etc. that comes out of an engine 排氣; 排出 **2** (*pl*. exhausts) pipe that brings steam, gas, etc. out of an engine 排氣管

exhausted /ɪgˈzɔːstɪd/ *adj*. very tired 筋疲力盡的: *We were exhausted after the long walk*. 走了很遠的路, 我們累極了。

exhibit /ɪgˈzɪbɪt/ *v*. show something to people, for selling or for interest 展覽; 展出: *The gallery is exhibiting French paintings*. 美術館正在展出法國繪畫。

exhibition /ˌeksɪˈbɪʃn/ *n*. show; group of things for people to see 展覽會; 展出的物品: *an exhibition of paintings* 畫展

exile /ˈekzaɪl/ *n*. **1** (no *pl*.) being sent away from your own country as a punishment, etc. 流放; 放逐 **2** (*pl*. exiles) someone who must live far away from his own country 被流放者 **exile** *v*.

exist /ɪgˈzɪst/ *v*. be; live 存在; 生存; 生活: *Does life exist on other planets?* 別的行星上有生命嗎?

existence /ɪgˈzɪstəns/ *n*. (no *pl*.) being 存在 ***come into existcnce***, start to be, live, happen, etc. 出現; 產生: *We do not know when the world came into existence*. 我們不知道世界始於何日。

exit /ˈeksɪt/ *n*. **1** way out of a place 出口; 太平門 **2** going out of a place 退場; 退出

expand /ɪkˈspænd/ *v*. become bigger, make something bigger 膨脹; 擴大: *Elastic expands when you pull it*. 鬆緊帶一拉就伸長。**expansion** /ɪkˈspænʃn/ *n*.

expect /ɪkˈspekt/ *v*. **1** think that something will happen 預期; 預計: *Nick is tired so I expect he will go to bed early*. 阿立累了, 我估計他會早點去睡。**2** think that someone or something will come 盼望; 等待: *I can't go out because I am expecting visitors*. 我不能出去, 因爲我在等客人。**3** know that you will have a baby 懷孕: *She is expecting her first child next month*. 她下月生第一個孩子。**4** think that something is true 想; 認爲: *I expect the weather is cold in England at the moment*. 我認爲此時英國的天氣寒冷。***I expect so***, I think that is true; I think that will happen 我想對吧; 我認爲是這樣的 ***be expected to***, be supposed to do something; must do something 被期望; 應該: *I'm expected to arrive at work at 9 a.m.* 我應該上午九點上班。

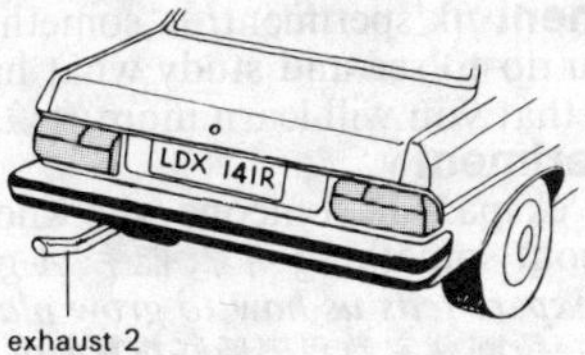

exhaust 2

exhibition

expedition /ˌekspɪˈdɪʃn/ *n*. journey to do something special or find out about something 遠征; 探險: *Scott's expedition to the South Pole* 施恪南極探險之行

expel /ɪkˈspel/ *v*. (*pres. part*. expelling, *past part. & past tense* expelled /ɪkˈspeld/) make someone go away from a place 驅逐; 開除; 趕出: *The headmaster expelled the boy from the school*. 校長開除了那個男學生。

expense /ɪkˈspens/ *n*. (no *pl*.) cost; how much money, time, etc. you spend on something 花費; 消耗(錢、時間等): *Laurie's holiday was a big expense*. 珞麗渡假花費很大。***at someone's expense***, with money from someone 由某人負擔(費用): *He was educated at his uncle's expense*. 他的叔叔供他讀書。

expensive /ɪkˈspensɪv/ *adj*. costing a lot of money 高價的; 昂貴的; 奢華的: *expensive clothes* 昂貴的衣服

experience /ɪkˈspɪərɪəns/ *n*. **1** (no *pl*.) knowing about things because you have done or seen them 經驗: *Has he got any experience of farming?* 他有耕種的經驗嗎? **2** (*pl*. experiences) something that happens to you 經歷; 體驗: *The car crash was a bad experience for her*. 車禍對她是不幸的經歷。

experiment /ɪk'sperɪmənt/ *n.* something that you do to see and study what happens so that you will learn more 實驗; 試驗 **experiment** *v.*

expert /'ekspɜ:t/ *n.* someone who knows a lot about something 專家; 能手: *A gardening expert tells us how to grow plants well.* 一位園藝家教我們種好花草的方法。 **expert** *adj.* clever, knowing a lot about something 能幹的; 內行

explain /ɪk'spleɪn/ *v.* **1** show, tell, etc. what something means 解釋; 説明: *This book explains the meaning of words.* 這本書是講解詞義的。**2** show why something happened 説明…理由(或原因): *Can you explain why this window is broken?* 這窗户怎麼破的, 你能講講嗎?

explanation /ˌekspləˈneɪʃn/ *n.* saying or showing what something means, why something was done, etc. 解釋; 説明: *'What is the explanation of this water on the floor?' she asked.* "地上這些水是怎麼回事?" 她問道。

explode /ɪk'spləʊd/ *v.* burst open dangerously, with a very loud noise 爆炸; 爆破: *Bombs explode.* 炸彈會爆炸。

explore /ɪk'splɔ:(r)/ *v.* go through or into a place to learn about it 探索; 考察; 探險: *Dr. Livingstone explored Africa.* 利文斯頓博士到非洲探險。 **exploration** /ˌeksplə'reɪʃn/ *n.*: *a journey of exploration* 探險旅行 **explorer** /ɪk'splɔ:rə(r)/ *n.* someone who explores 探險家; 考察者

explosion /ɪk'spləʊʒn/ *n.* bursting open with a very loud noise 爆炸; 炸裂

explosive /ɪk'spləʊsɪv/ *adj.* that can burst dangerously 爆炸(性)的; 爆發(性)的: *Bombs are explosive.* 炸彈會爆炸。 **explosive** *n.* thing that can explode 爆炸物; 炸藥: *Dynamite is an explosive.* 甘油炸藥是一種爆炸物。

export /'ekspɔ:t/ *n.* **1** (*pl.* exports) something that one country sells to another country 輸出品; 出口商品: *Tea is an Indian export.* 茶葉是印度的出口商品。**2** (no *pl.*) selling things to other countries 出口; 輸出: *Spain grows oranges for export.* 西班牙種植橙子出口。 **export** /ɪk'spɔ:t/ *v.* sell goods, etc. to another country 輸出; 出口: *Brazil exports coffee.* 巴西出口咖啡。

express[1] /ɪk'spres/ *adj.* that goes quickly 特快的; 快速的: *express mail* 快郵

express[2] *n.* (*pl.* expresses) fast train 快車

express[3] *v.* show or say something 表達; 表示: *I am writing a letter to express my thanks for a lovely holiday.* 我渡過愉快的假日, 寫信表示謝意。

expression /ɪk'spreʃn/ *n.* **1** look on your face that shows your feeling 表情; 臉色: *I could tell from his expression that he was angry.* 我從他的表情看出他生氣了。**2** word; group of words; way of saying something 詞語; 表達方式: *'Shut up!' is a rude expression.* "住口!" 是粗魯的詞語。

exquisite /'ekskwɪzɪt/ *adj.* finely made 美妙的; 精巧的; 高雅的: *an exquisite painting* 精美的繪畫 **exquisitely** *adv.*

extend /ɪk'stend/ *v.* **1** make something longer 使延長; 使延伸: *He extended his visit from one week to three weeks.* 他把訪問時間從一星期延長到三星期。**2** spread out 伸出; 伸展: *This park extends for a long way.* 這個公園伸展到遠處。

extension /ɪk'stenʃn/ *n.* **1** making something bigger or longer 擴大; 伸長; 延長: *I asked my boss for an extension of my holiday.* 我向老闆請求延長假期。**2** something that you add on 擴建的部分; 延長的部分: *We are building an extension on to our house so that my grandmother can live with us.* 我們擴建房子, 這樣祖母就能和我們同住。

extent /ɪk'stent/ *n.* (no *pl.*) how big, how long, etc. a place is 範圍; 廣延; 限度: *What is the extent of your farm?* 你的農場有多大?

exterior /ek'stɪərɪə(r)/ *adj.* on, of, in, or from the outside 外部的; 外表的; 外來的: *Roses grow over the exterior walls of our house.* 我們家外牆上長着玫瑰花。 **exterior** *n.* part or place outside 外部; 外表; 外面

external /ek'stɜ:nl/ *adj.* of, on, or for the outside 外的; 外部的; 在外的: *This medicine for insect bites is for external use only, so do not drink it!* 這種治蟲咬藥水只可外用, 不可内服! **externally** *adv.*

extinguish /ɪk'stɪŋgwɪʃ/ *v.* **1** put out a light 熄燈(或燭); 關閉: *We extinguished the lamp before we went to bed.* 我們睡覺前熄燈。**2** put out a fire 滅火: *The firemen extinguished the fire with water.* 消防隊員用水把火撲滅。

extinguisher /ɪk'stɪŋgwɪʃə(r)/ *n.* thing to stop a dangerous fire 滅火器

extra /'ekstrə/ *adj.* more than usual 額外的; 外加的: *I must buy extra bread because friends are coming to tea.* 我必須再買些麵包, 因爲朋友們要來吃茶點。 **extra** *adv.* more than usually 特別地; 格外地: *extra large* 特大

extract /ɪk'strækt/ *v.* take something out of the place where it was 取出; 拔出: *The dentist extracted my bad tooth.* 牙醫把我的壞牙拔出來。

extraordinary /ɪk'strɔ:dnrɪ/ *adj.* very unusual; very strange 特別的; 非凡的: *An elephant's nose is extraordinary – it is so long!* 象的鼻子很特別——那是很長很長的! **extraordinarily** *adv.*

extravagant /ɪk'strævəgənt/ *adj.* **1** spending too much money 浪費的; 奢侈的: *an extravagant man* 奢侈的人 **2** costing too much money 昂貴的: *an extravagant meal* 昂貴的一餐 **extravagantly** *adv.*

extreme /ɪk'stri:m/ *adj.* **1** farthest 盡頭的; 末端的: *I can't see the people at the extreme end of the hall.* 我看不見大廳裏最後頭的人。**2** very great 最大的; 極度的: *Thank you for your extreme kindness.* 感謝您的深情厚意。**3** with ideas that are too strong 急進的; 激烈的 **extremely** *adv.* very 非常; 極其: *I can't work because your radio is extremely loud.* 你的收音機太吵, 使我不能工作。

eye /aɪ/ *n.* **1** part of a person's or an animal's head that sees 眼睛: *Terry has blue eyes.* 泰利有一雙藍眼睛。***catch your eye***, make you look at it 引人注目: *The pretty girl caught Eric's eye.* 那個漂亮的女孩引起艾力的注意。***cry your eyes out***, cry very much 痛哭流涕: *She cried her eyes out when she lost her new sandals.* 她丟了新涼鞋, 痛哭了一場。***in someone's eyes***, as someone thinks 在某人眼裏, 在某人心目中: *In his mother's eyes, Richard is the best son in the world.* 潤才在他母親心目中, 是世界上最好的兒子。***keep an eye on***, look after or watch someone or something 照顧; 密切注視: *Will you keep an eye on my baby while I go to the shop?* 我到商店去的時候, 你照顧一下我的孩子好嗎? ***see eye to eye***, agree with someone 與…看法吻合: *Mr. Harper doesn't see eye to eye with his neighbour.* 哈珀先生和鄰居意見不合。***set eyes on***, see or meet someone 看到; 見到: *I've never set eyes on that man before.* 我從未見過這個人。***turn a blind eye to***, see or know about something that is not right, but not do anything about it 裝做没看見 **2** hole like an eye 孔; 眼狀物: *You put the thread through the eye of a needle.* 你把線穿過針眼。

eyebrow /'aɪbraʊ/ *n.* line of short hairs above the eye 眉毛

eyelashes /'aɪlæʃɪz/ *n.* (*pl.*) row of hairs on the eyelid 睫毛

eyelid /'aɪlɪd/ *n.* skin above and below the eye that moves and closes over the eye 眼瞼; 眼皮

eye-shadow /'aɪ ʃædəʊ/ *n.* (no *pl.*) colour that a girl puts on her eyelids to make her eyes look pretty 眼蓋膏

eyesight /'aɪsaɪt/ *n.* (no *pl.*) seeing 視力; 目力: *I wear glasses because my eyesight is not good.* 我視力不好, 所以戴眼鏡。

eye-witness /'aɪ wɪtnɪs/ *n.* (*pl.* eye-witnesses) someone who can tell what happened because he saw it 目擊者; 見證人: *The police are asking for eye-witnesses to the crime.* 警察在找尋這件罪案的目擊者。

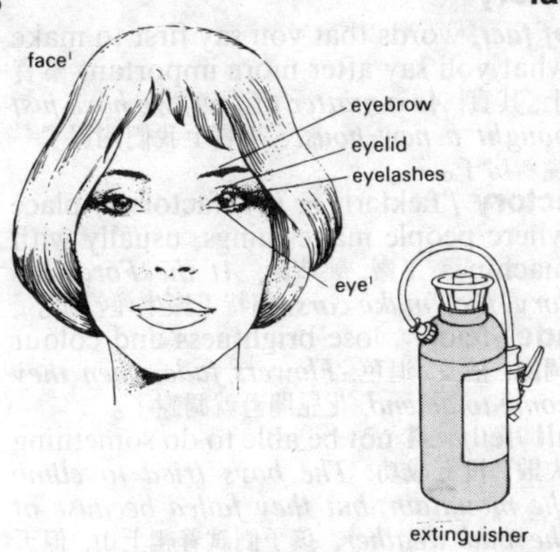

Ff

fable /'feɪbl/ *n.* short story that teaches something 寓言: *the fable of the hare and the tortoise* 龜兔賽跑的寓言

face¹ /feɪs/ *n.* front part of the head 臉; 面孔: *Have you washed your face?* 你洗臉了嗎? ***face to face***, looking straight at each other 面對面 ***keep a straight face***, not laugh at something funny 板着臉不笑: *I couldn't keep a straight face when he dropped his watch in the soup!* 他把錶掉到湯裏, 我實在忍不住笑了。***make a face, pull faces***, move parts of your face to show that you do not like something 做苦臉; 扮鬼臉: *She made a face when she saw the pile of work.* 看到一大堆工作, 她做了副苦相。

face² *v.* **1** have the face or the front towards something 面對; 面向: *The class faces the blackboard.* 學生面對黑板。*Our house faces the street.* 我家的房子朝着大街。**2** be brave enough to go to someone or something unfriendly or dangerous 大膽面對; 應付: *She had to face her angry boss.* 她不得不面對生氣的老闆。

face-cloth /'feɪs klɒθ/ *n.* small cloth for washing the face 面巾; 洗臉毛巾

fact /fækt/ *n.* something that is true or real 事實; 實情: *A judge listens to the facts of a crime before he decides how to punish the criminal.* 法官先聽取犯罪事實, 再決定如何懲治罪犯。***in fact***, really 實際上: *I thought Betty was in the garden, but in fact she was in her room.* 我以爲貝蒂在花園, 其實她在自己的房間裏。***as a matter***

of fact, words that you say first to make what you say after more important 事實上; 其實: *As a matter of fact, we have just bought a new house*. 事實上我們剛買了一幢新房子。

factory /ˈfæktərɪ/ *n*. (*pl*. factories) place where people make things, usually with machines 工廠; 製造廠: *At the Ford factory, they make cars*. 福特工廠生産汽車。

fade /feɪd/ *v*. lose brightness and colour 凋謝; 枯萎; 退色: *Flowers fade when they come to an end*. 花兒開過就凋謝了。

fail /feɪl/ *v*. **1** not be able to do something 失敗; 没有成功: *The boys tried to climb the mountain, but they failed because of the bad weather*. 孩子們試着爬上山, 但天氣不好没成功。**2** not pass an exam, test, etc. 不及格; 未能通過考試: *to fail a driving test* 駕駛測驗不及格 **3** not do as well as it should; be poor 不足; 缺乏; 歉收: *The crops failed because of the frost*. 由於霜凍, 農作物都歉收了。**4** not do what is right 不履行; 忽略: *You will be in trouble if you fail to stop at the red light*. 見到紅燈不停車, 你就會遇到麻煩。**fail** *n*. ***without fail***, for certain 必定; 務必: *Bring the money tomorrow without fail*. 明天務必把錢帶來。

failure /ˈfeɪljə(r)/ *n*. someone or something that does not do well 失敗: *Our holiday was a failure because we were all ill*. 我們假日並不理想, 因爲大家都病了。

faint[1] /feɪnt/ *adj*. **1** that you cannot see, smell, or hear clearly 微弱的; 不清楚的: *the faint sound of music from another room* 鄰室傳來微弱的音樂聲 **2** weak and tired, and feeling that you will fall 虚弱的; 要暈倒的 **faintly** *adv*.

faint[2] fall down suddenly because you are weak, ill, or shocked 暈倒; 昏厥: *She fainted when she heard the terrible news*. 聽到這個可怕的消息, 她暈倒了。

fair[1] /feə(r)/ *adj*. **1** honest; treating people in the right way 公正; 公平: *a fair boss* 公正的上司 **2** quite good but not very good 尚好; 中等: *Your work is good, but Derek's is only fair*. 你工作很好, 德禮卻是普通。**3** dry and sunny 晴朗的: *fair weather* 晴朗的天氣 **4** with a pale or light colour (頭髮)黄的; (皮膚)白皙的: *fair hair* 淡黄色的頭髮

fair[2] *n*. **1** special market 博覽會; 交易會: *We saw new kinds of farm machines at the agricultural fair*. 我們在農展會上看到各種新式的農業機器。**2** festival in the open air, where you can buy things, play games, hear music, etc. 市集; 廟會

fairly /ˈfeəlɪ/ *adv*. **1** in a way that is right and honest 公正地; 公平地: *She's a good boss – she treats her workers fairly*. 她公平地對待工人, 是位好上司。**2** quite; not very 相當; 尚: *His work is fairly good*. 他工作尚好。

fairy /ˈfeərɪ/ *n*. (*pl*. fairies) tiny, magic person with wings 仙女; 小妖精

fairytale /ˈfeərɪteɪl/, **fairy-story** /ˈfeərɪ stɔːrɪ/ (*pl*. fairy-stories) *n*. story about magic, for children 神話故事; 童話: *'Cinderella' is a fairy story*. 《灰姑娘》是個神話故事。

faith /feɪθ/ *n*. **1** (no *pl*.) feeling sure that you can trust someone or something 信任; 信心: *Do you have faith in Tim?* 你相信添嗎? **2** (*pl*. faiths) religion 宗教信仰: *the Christian faith* 基督教

faithful /ˈfeɪθfl/ *adj*. that you can trust; always ready to help 忠實的; 可靠的: *a faithful friend* 忠實的朋友

faithfully /ˈfeɪθfəlɪ/ *adv*. ***promise faithfully***, say firmly that you will do something 承諾 ***Yours faithfully***, way of ending a business letter 謹啓(信末的客套話)

fake /feɪk/ *n*. something copied as a trick 贋品; 假貨: *That's not a Roman vase – it's a fake*. 那不是羅馬花瓶——是假貨。**fake** *adj*.

fall[1] /fɔːl/ *n*. **1** sudden drop from a higher place to a lower place 落下; 跌倒: *a fall from a horse* 從馬上跌下來 **2** getting less, lower, etc. 下降; 降低: *There was a fall in the price of apples after the good harvest*. 蘋果豐收後, 價格下跌。**3** (usually *pl*.) place where a river drops suddenly over a high place 瀑布: *the Victoria Falls* 維多利亞瀑布

fall[2] *v*. (*past part*. fallen /ˈfɔːlən/, *past tense* fell /fel/) **1** go down to a lower place: drop 落下; 下跌: *The rain is falling*. 正在下雨。*Babies often fall when they start to walk*. 嬰兒學走路時, 常常跌倒。**2** become lower or less 下降; 減弱: *In winter the temperature falls*. 冬天氣温下降。**3** hang down 下垂; 向下: *Her long hair falls to her waist*. 她的長髮垂到腰部。**4** happen 正當(日子); 適逢: *My birthday falls on a Tuesday this year*. 今年我的生日在星期二。***fall asleep***, start sleeping 入睡: *He was so tired that he fell asleep in the car*. 他太累, 在汽車裏睡着了。***fall behind***, become slower than others 落後: *On the long walk, the small child fell behind her brothers*. 那次走遠路, 小女孩落到哥哥們的後面。***fall behind with***, do something more slowly than others 跟不上; 落後: *He fell behind with his school work because he played too much football*. 他没完成作業, 因爲花了太多時間踢足球。***fall for***, start to love someone 愛上; 傾倒: *Sam fell for the girl he met at the party*. 阿山愛上了聚會上遇見的那個女孩子。***fall ill***, become ill 生病 ***fall out with***, quarrel with someone

與…爭吵 ***fall over***, fall to the ground 掉下; 跌倒

false /fɔ:ls/ *adj.* **1** wrong; not true; lying 假的; 不真實的; 不老實的: *The thief gave a false name to the police.* 小偷給警察報了個假名字。**2** not real; not natural 人造的: *false teeth* 假牙 **falsely** *adv.*

fame /feɪm/ *n.* (no *pl.*) being well known 名氣; 聲譽

familiar /fə'mɪlɪə(r)/ *adj.* usual; that you often see, hear, etc. 熟悉的; 常見的; 慣用的: *the familiar faces of your parents* 你父母熟悉的面容 ***be familiar with***, know something well 熟悉; 通曉: *I can't drive this tractor because I'm not familiar with the controls.* 我不會開動這部拖拉機, 因爲不熟悉操縱器。

family /'fæməlɪ/ *n.* (*pl.* families) **1** mother and father and their children 家庭; 家人; 女子 **2** group of plants, animals, etc. 族; 科: *A lion belongs to the cat family.* 獅子屬於貓科。

famous /'feɪməs/ *adj.* well-known 著名的; 出名的: *Oxford is famous for its university.* 牛津因其大學而出名。

fan¹ /fæn/ *n.* something that moves the air so that you feel cool 扇子 **fan** *v.* (*pres. part.* fanning, *past part. & past tense* fanned /fænd/) make the air move 煽: *He fanned the fire to make it burn better.* 他煽了煽火, 讓它旺起來。

fan² *n.* someone who is very interested in something 迷: 狂熱者: *The football fans cheered their team.* 足球迷給他們的隊伍打氣。

fanatic /fə'nætɪk/ *n.* someone who believes too strongly and wildly in something and does not listen to other ideas 盲信者; 狂熱者 **fanatical** *adj.* **fanatically** *adv.*

fancy¹ /'fænsɪ/ *adj.* **fancy dress** *n.* funny or interesting clothes for a party, etc. 化裝舞會上穿的服裝

fancy² *exclam.* word that shows surprise 想不到: *Fancy Tom becoming a film star!* 真想不到阿棠成了電影明星!

fancy³ *n.* (*pl.* fancies) picture that you make in your head 幻想; 想像; 幻覺: *Did I really hear a voice or was it only my fancy?* 我是真的聽到聲音, 還是我的幻覺而已?

fancy⁴ *v.* **1** think something but not be sure 想像; 以爲: *I fancy I heard a noise.* 我好像聽到了什麼聲響。**2** think you would like something 愛好; 喜歡: *Do you fancy a swim?* 你想游泳嗎?

fantastic /fæn'tæstɪk/ *adj.* very strange; very unusual 離奇的; 古怪的: *The explorer told fantastic stories of his adventures.* 探險者講了關於他幾次冒險的離奇故事。**2** wonderful 奇妙的; 精彩的: *What a*

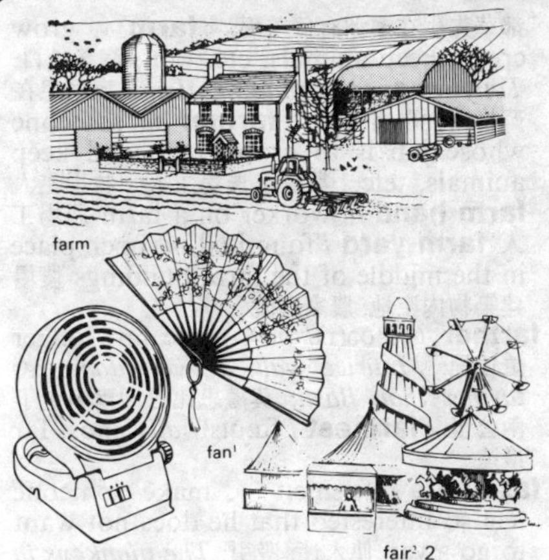

fantastic new motor-bike! 多好看的一輛新摩托車啊! **fantastically** *adv.*

far¹ /fɑ:(r)/ *adj.* **1** a long way off; not near 遥遠的; 遠(方)的: *a far country* 遥遠的國家 **2** other 另一; 另外的: *the far side of the table* 桌子的另一邊

far² *adv.* **1** how long or short something is 多遠: *How far did you walk today?* 你今天走了多遠? **2** a long way 遠; 很遠: *The ship sailed far across the sea.* 輪船遠航過海。***far and wide***, everywhere 到處: *People came from far and wide to watch the boat race.* 人們從四面八方來看賽船。***far apart***, a long way from each other 相距甚遠 ***far away***, a long way off 遥遠的: *Australia is far away from Europe.* 澳洲離歐洲很遠。***far behind with***, not doing something as fast or as well as others 落後很多: *Harry was ill for six weeks and now he is far behind with his work.* 漢立病了六個星期, 現在他的工作落後了許多。***far from***, not at all 遠遠不; 完全不: *I can't do this work because it is far from easy.* 這工作我幹不來, 因爲可不容易。***as far as***, to a place 遠到; 直到(某地): *We walked as far as the top of the hill.* 我們一直走到了山頂。***so far***, yet; up to now 到目前爲止: *He said he would telephone but we haven't heard from him so far.* 他說打電話來, 但我們到現在還沒有他的音訊。**3** much …得多: *London is far bigger than Leeds.* 倫敦比里茲大得多。

fare /feə(r)/ *n.* money that you pay to ride on a train, bus, etc. 車費: *How much is the fare from Bristol to Exeter?* 從布里斯托到愛塞特的車費是多少?

farewell /ˌfeə'wel/ *exclam.* goodbye 再見; 再會 **farewell** *adj.*: *a farewell party* 告別聚會; 歡笑會

farm /fɑ:m/ *n.* place where you grow crops and keep animals 農場; 農莊: *Mr. Stewart has a sheep farm in Australia.* 史

都華先生在澳洲有個羊場。 **farm** *v.* grow crops, keep animals, etc. 種田; 飼養牲口: *Tony wants to farm in Scotland.* 東尼想在蘇格蘭從事農牧業。 **farmer** *n.* someone whose job is to grow crops and keep animals, etc. 農民; 農場主人; 牧場主人 **farm hand** *n.* worker on a farm 農場工人 **farm-yard** /'fɑ:m jɑ:d/ *n.* open place in the middle of the farm buildings 農場建築物內空地; 農家庭院

farther /'fɑ:ðə(r)/ *adv.* more far; longer 更遠地: *Maurice walked two kilometres farther than Basil.* 莫禮思比巴澤爾多走了兩公里。 **farthest** /'fɑ:ðɪst/ *adv.* most far 最遠

fascinate /'fæsɪneɪt/ *v.* make someone feel so interested that he does not want to go away 使人迷; 吸引: *The monkeys in the zoo fascinated John.* 動物園裏的猴子使約翰着迷。

fashion /'fæʃn/ *n.* **1** way of dressing or doing something that people think best at a certain time 流行式様; 時髦: *In 1900 it was the fashion for all small children to wear white.* 在1900年小孩子都時興穿白色的衣服。 **2** way of doing, making, or saying something 方式; 派頭: *My dog has only three legs so he walks in a strange fashion.* 我的狗只有三條腿, 因此走起路來様子很怪。 **fashionable** /'fæʃnəbl/ *adj.* in the fashion of the time 流行的; 時髦的: *She always wears fashionable clothes.* 她總穿時髦的衣服。 **fashionably** *adv.*

fast[1] /fɑ:st/ *adj.* **1** quick 快的; 迅速的: *a fast car* 快車 **2** showing a time later than it really is (鐘錶)偏快的: *My watch is fast.* 我的錶快了。 **3** fixed; not easy to move 緊的; 牢的: *Julian made the boat fast to the bank.* 朱利安把船牢牢地拴在岸邊。

fast[2] *adv.* **1** quickly 迅速地; 快地: *I can't understand you when you talk so fast.* 你講得太快, 我就聽不懂。 **2** firmly fixed 緊緊地; 牢固地: *Our car was stuck fast in the mud so we had to walk home.* 汽車死陷在泥裏, 我們只得步行回家。

fast[3] *v.* not eat food for a certain time 禁食; 絶食; 齋戒: *Muslims fast during Ramadan.* 伊斯蘭教徒在齋月白天禁食。

fasten /'fɑ:sn/ *v.* **1** close something so that it will not come open 閂; 拴住; 扣住: *to fasten a door* 閂門; *to fasten a coat* 扣上大衣 **2** join together 連接; 紮; 繫: *This dress fastens at the front.* 這件女裝在前面繫扣。 ***fasten something to*** or ***onto***, join one thing to another thing 繫(捆、紮)某物於…: *He fastened a lamp to his bike.* 他在腳踏車上裝了一盞車燈。 **fastener** *n.* thing that joins clothes or paper together 扣件; 鈕扣; 銅釘: *Your blouse is open because the fastener is broken.* 你的襯衫鬆開了, 因爲鈕扣壞了。 **fastening** *n.* thing that fixes or closes something 扣拴物(鎖、拴、別針等): *A bolt is a fastening.* 插鎖是一種扣拴。

fat[1] /fæt/ *adj.* (fatter, fattest) with a lot of flesh 肥胖的: *He's fat because he eats so much.* 他身體肥胖, 因爲吃得太多了。

fat[2] *n.* **1** (no *pl.*) oily part of meat or flesh 肥肉 **2** (*pl.* fats) animal or vegetable oil that you use for cooking 脂肪; 油脂: *Butter and margarine are fats.* 牛油和人造牛油都是脂肪。

fatal /'feɪtl/ *adj.* **1** that brings death 致命的: *a fatal fall from a horse* 從馬上跌了致命的一交 **2** bad; that brings trouble 不幸的; 毀壞性的: *It is fatal to drive when you are very drunk.* 喝得爛醉時駕車非常危險。 **fatally** *adv.*

fate /feɪt/ *n.* (*pl.* fates) what will happen in the future 命運; 天命

father /'fɑ:ðə(r)/ *n.* male parent 父親

father-in-law /'fɑ:ðər ɪn lɔ:/ *n.* (*pl.* fathers-in-law) father of your wife or husband 岳父(妻之父); 公公(夫之父)

fault /fɔ:lt/ *n.* **1** something wrong or bad in a person 缺點; 毛病: *My secretary's only fault is being late.* 我的秘書唯一的毛病是上班遲到。 **2** something not correct in a thing or in work 錯誤; 過失: *Gail had a lot of faults in her homework because she did it too quickly.* 桂怡的作業有很多錯誤, 因爲做得太快了。 ***be someone's fault, be the fault of***, be bad, wrong, etc. because of someone or something …的過錯: *It is your fault that I am late because you hid my bike.* 我遲到要怪你, 因爲你藏了我的腳踏車。

faultless /'fɔ:ltlɪs/ *adj.* perfect; with nothing wrong, bad, etc. 完美的; 無缺點的 **faultlessly** *adv.*

faulty /'fɔ:ltɪ/ *adj.* wrong; not working well 有錯誤的; 不完善的: *Our car will not start because the engine is faulty.* 我們的汽車開不動, 因爲引擎有毛病。

favour[1] /'feɪvə(r)/ *n.* **1** (no *pl.*) liking or thinking well of someone or something 喜愛; 好感: *A mother must not show favour to one child more than another.* 母親不應偏愛某一個孩子。 ***be in favour of***, like the idea of something 贊同; 支持: *Alice is in favour of longer holidays!* 愛麗斯贊成假期長些! ***be in*** or ***out of favour with***, be liked or not liked by someone 得寵或失寵: *Oliver works hard so he is in favour with his boss.* 奥立富工作努力, 很得老闆歡心。 **2** (*pl.* favours) kind thing that you do for someone 恩惠; 幫忙: *Will you do me a favour and lend me your pencil?* 幫個忙把你的鉛筆借我用一下好嗎?

favour[2] *v.* give more help, kindness, etc. to one person than to others 偏袒; 偏愛: *Tilly is unhappy because her mother fa-*

vours her sister. 蒂莉很不愉快, 因爲媽媽偏愛妹妹。

favourable /ˈfeɪvərəbl/ *adj*. **1** good; showing that you like something or someone 優良的; 喜愛的: *a favourable school report* 優良的成績表 **2** good; helpful 有利的; 順利的: *The boat will go fast if the wind is favourable*. 只要順風, 船就會走得快。**favourably** *adv*.

favourite /ˈfeɪvərɪt/ *adj*. that you like best 最喜愛的: *Ice-cream is my favourite food*. 冰淇淋是我最喜歡吃的東西。**favourite** *n*. person or thing that you like more than others 特別喜愛的人或物: *I like all flowers but roses are my favourites*. 什麼花兒我都喜歡, 但最喜歡的還是玫瑰。

fear /fɪə(r)/ *v*. **1** be afraid of something or someone 畏懼: 害怕: *Do you fear the dark?* 你怕黑暗嗎? **2** have a feeling that there will be trouble, danger, pain, etc. 恐怕; 擔心; 擔憂 *I'll try to hurry but I fear I'll be late*. 我要趕快, 但恐怕我還是會遲到。**fear** *n*. ***for fear of***, because you are worried about something 生怕; 以免: *We talked softly for fear of waking the baby*. 我們小聲説話, 害怕吵醒嬰兒。

fearful /ˈfɪəfl/ *adj*. **1** bad 可怕的; 嚇人的: *a fearful car crash* 可怕的撞車事件 **2** afraid 害怕的; 膽怯的 **fearfully** *adv*.

fearless /ˈfɪəlɪs/ *adj*. not afraid 無畏的; 大膽的 **fearlessly** *adv*.

feast[1] /fi:st/ *n*. very good meal 盛宴; 筵席: *What a feast we had when we visited my aunt!* 我們探望姑母時吃的飯多豐富啊!

feast[2] *v*. eat a lot of good food 大吃大喝; 盛宴招待

feat /fi:t/ *n*. something you do that is clever, brave, and difficult 絕技; 功績: *Climbing Mount Everest is a great feat*. 攀登額菲爾士峰是了不起的事。

feather /ˈfeðə(r)/ *n*. piece of covering for a bird's body, like a thin stick with fine hairs 羽毛; 翎毛: A *swan has white feathers*. 天鵝有白色的羽毛。

feature[1] /ˈfi:tʃə(r)/ *n*. **1** **features** (*pl*.) the face 面貌; 相貌: *Stella has fine features*. 詩黛拉容貌端莊。**2** important part of something 特徵; 特色: *A feature of the holiday was a visit to a bull-fight*. 這次假期的重點節目是看鬥牛。

feature[2] *v*. have an important part for someone (電影)由…主演: *This film features Charlie Chaplin*. 這部電影由差利卓別靈主演。

February /ˈfebrʊərɪ/ *n*. second month of the year 二月

fed /fed/ *past part*. *& past tense* of *v*. feed 動詞 feed 的過去分詞和過去式 ***fed up***, cross because you have had or done too much of something 受够了; 厭煩了: *I'm fed up with work!* 我已經厭倦工作了!

federal /ˈfedərəl/ *adj*. joined in a group; united 聯盟的; 聯合的: *the Federal Republic of Germany* 德意志聯邦共和國

fee /fi:/ *n*. **1** money that you pay for some special work 酬金; 費用: *doctor's fees* 診療費 **2** (usually *pl*.) money that you pay for classes at a college, university, etc. 學費; 會費

feeble /ˈfi:bl/ *adj*. weak in the body 虛弱的; 無力的: *a feeble old man* 衰弱的老翁 **feebly** *adv*.

feed /fi:d/ *v*. (*past part*. *& past tense* fed) give food to a person or animal 餵 (養); 飼(養): *The mother feeds her baby with a spoon*. 母親用羹餵孩子。***feed on***, eat something 吃東西: *The sheep feed on grass*. 羊吃草。

feel /fi:l/ *v*. (*past part*. *& past tense* felt /felt/) **1** touch something; try to learn by putting your fingers on something 摸; 觸: *Feel this soft wool*. 摸摸這柔軟的羊毛。**2** be rough, smooth, wet, dry, etc. when you touch it 摸起來給人…的感覺: *My coat feels wet because it is raining outside*. 我的上衣摸起來很濕, 因爲外面下雨。**3** be 感到; 覺得: *Can we open the window? I feel hot*. 可以開窗嗎? 我覺得熱。**4** think something 認爲; 想: *I feel that I should work harder*. 我覺得我應該更努力工作。***feel as if, feel as though***, seem like 好像; 似乎: *I'm so hungry that I feel as if I haven't eaten for years!* 我餓得簡直好像幾年沒吃過飯! ***feel for something***, put out your hands or feet and try to touch or get something 摸索; 尋找: *I felt in my pocket for some matches*. 我用手在口袋裏摸火柴。***feel like***, (***a***) seem to be another person or thing 彷彿; 好像: *I'm so happy I feel like a king!* 我太高興了, 像當了國王似的! (***b***) want something 想要: *I'm so hot I feel like a swim*. 我太熱了, 想去游泳。

feeling /ˈfi:lɪŋ/ *n*. **1** (no *pl*.) power to learn by touching 觸覺; 知覺: *My hands were so cold that there was no feeling in them*. 我的手太冷了, 簡直失去了知覺。**2** (*pl*. feelings) what your body or head tells you about yourself 感覺; 心情: *a feeling of hunger* 餓的感覺 **3** (*pl*. feelings) idea that is not totally certain 看法; 感想: *I have a feeling that he is cross with me because he is not speaking to me.* 我感到他生我的氣, 因爲他不和我講話。***hurt someone's feelings***, do something that makes someone sad 傷某人的感情: *Andrew's unkind words hurt her feelings.* 安德魯説話刻薄, 傷了她的心。

feet /fi:t/ (*pl.*) of *n.* foot 名詞 foot 的複數 ***find your feet***, begin to do things without help 獨立; 適應: *It takes time to find your feet in another country.* 適應别國的環境, 需要相當的時間。***have*** or ***get cold feet***, be afraid of doing something 害怕; 膽怯: *He made an appointment with the dentist but then he had cold feet and didn't go.* 他本來和牙醫約好看牙, 但後來他膽怯, 没有去。***on your feet***, (***a***) standing 站立着: *I'm tired after being on my feet all day.* 我站了一整天, 累極了。(***b***) well again after being ill 痊愈 ***put your feet up***, rest 休息: *If you are tired, put your feet up and listen to the radio.* 你如果累了, 便休息一下, 聽聽收音機吧。***walk someone off his feet***, make someone walk until he is very tired 讓人走得很累

fell /fel/ *past tense* of *v.* fall 動詞 fall 的過去式

fellow[1] /'feləʊ/ *adj.* of the same kind; like yourself; from the same place, etc. 同類的; 同伴的; 同事的: *The captain of a team organizes his fellow players.* 隊長把隊友組織起來。

fellow[2] *n.* **1** man; boy 男人; 小伙子: *What a nice fellow he is!* 他真是個好人! **2** (usually *pl.*) people of the same sort; friends 同類; 伙伴; 朋友: *school-fellows* 同學

felt /felt/ *past part. & past tense* of *v.* feel 動詞 feel 的過去分詞和過去式

female /'fi:meɪl/ *n.* woman or girl; animal that can have baby animals; plant that has fruit 女子; 雌獸; 雌性植物 **female** *adj.: My father does not like female drivers.* 我父親不喜歡女司機。

feminine /'femɪnɪn/ *adj.* of or like a woman; right for a woman 女性化的; 女性的 **feminine** *n.* word for a female or a woman 陰性詞: *'Princess' is the feminine of 'prince'.* Princess 是 prince 的陰性詞。

fence /fens/ *n.* line of wood or metal posts that you build around a place to keep people and animals in or out 籬笆; 圍欄; 棚欄: *The dog jumped over the fence into the garden.* 狗跳過籬笆進了花園。**fence** *v.* put a fence all round a place 用籬笆把…圍起來: *We fenced our field.* 我們用籬笆把田地圍了起來。

fern /fɜ:n/ *n.* sort of plant 羊齒科植物

ferocious /fə'rəʊʃəs/ *adj.* very fierce; savage 兇惡的; 兇猛的; 殘忍的: *A leopard is a ferocious animal.* 豹是一種兇猛的動物。**ferociously** *adv.*

ferry /'ferɪ/ *n.* (*pl.* ferries) boat or aeroplane that takes people or goods across a river, channel, etc. 渡船; 渡運的飛機: *A channel ferry travels between Dover and Ostend.* 一艘海峽渡船行駛於多佛和奥斯坦德之間。**ferry** *v.* move a lot of people or goods from one place to another 渡運; 擺渡

fertile /'fɜ:taɪl/ *adj.* where plants grow well 肥沃的; 富饒的: *fertile land* 肥沃的土地

fertilizer /'fɜ:təlaɪzə(r)/ *n.* food for plants 肥料: *The farmer puts fertilizer on his land.* 農民把肥料加到地裏。

festival /'festɪvl/ *n.* time when many people come together for singing, dancing, etc. 節日; 喜慶日子: *the Edinburgh Festival* 愛丁堡節

festive /'festɪv/ *adj.:* for special, happy times 節日的; 歡慶的: *festive music* 節日音樂

fetch /fetʃ/ *v.* **1** go and get someone or something 取來; 請來: *I have no margarine. Can you fetch some from the shop?* 我没有人造牛油了。你去商店買點來好嗎? **2** bring a certain price when you sell it 賣得: *This house fetched $300 000.* 這座房子賣了三十萬元。

fête /feɪt/ *n.* special market to make money for a church, club, etc. (爲教堂等籌款而辦的)遊藝會; 賣物會

feud /fju:d/ *n.* quarrel between two people, families, etc. that goes on for many years 長期不和; 世仇

fever /'fi:və(r)/ *n.* (no *pl.*) **1** high temperature of the body 發燒; 發熱 **2** illness with a high temperature 熱病: *scarlet fever* 猩紅熱

feverish /'fi:vərɪʃ/ *adj.* **1** with a high temperature in the body 發燒的: *If she is feverish, telephone the doctor.* 如果她發燒, 就打電話給醫生。**2** wildly excited or worried 狂熱的; 焦急的 **feverishly** *adv.: Dennis was feverishly looking for his lost key.* 丹尼斯焦躁地尋找失掉的鑰匙。

few[1] /fju:/ *adj.* not many 不多的; 少數的: *Few people live to the age of 100.* 活到一百歲的人很少。***a few***, some but not many 一些; 幾個: *Can I have a few flowers for the table?* 可以給我一些花放在桌子上嗎? ***no fewer than***, as many as 多達; 不下於: *There are no fewer than a thousand people at the festival.* 參加節日活動的人不下一千。

few[2] *pron.* (no *pl.*) not many people, things, etc. 少數的; 不多的: *Few were at the seaside because it rained.* 海邊人很少, 因爲下雨了。

fiancé /fiːˈɒnseɪ/ *n.* man whom you are going to marry 未婚夫 **fiancée** *n.* woman whom you are going to marry 未婚妻

fib /fɪb/ *n.* small lie; saying something that you know is not true 小謊 **fib** *v.* (*pres. part.* fibbing, *past part. & past tense* fibbed /fɪbd/) **fibber** *n.* someone who tells small lies 撒小謊的人

fiction /ˈfɪkʃn/ *n.* (no *pl.*) stories that someone has made and that are not true 虛構的故事; 小說: *The Sherlock Holmes stories are fiction.* 福爾摩斯的故事都是虛構的。

fiddle /ˈfɪdl/ *n.* musical instrument with strings; violin 提琴類樂器; 小提琴

fidget /ˈfɪdʒɪt/ *v.* be restless 坐立不安; 煩躁

field /fiːld/ *n.* **1** piece of land with a fence or hedge round it, where crops grow or animals feed 農田; 牧場: *The sheep are grazing in the field.* 羊在牧場裏吃草。**2** piece of land where something special happens …場地: *The aeroplanes landed on the airfield.* 飛機在機場降落。**3** place where people find oil, coal, gold, etc. (礦產) 產地: *an oil-field* 油田

fierce /fɪəs/ *adj.* **1** savage: ready to hurt; making people afraid, etc. 兇猛的; 兇惡的: *a fierce dog* 惡狗 **2** very strong 强烈的: *a fierce wind* 狂風 **fiercely** *adv.*

fifteen /ˌfɪfˈtiːn/ *n.* **1** number 15 十五 **2** rugby team 橄欖球隊: *Stephen plays in the first fifteen.* 思廸文在第一隊打球。 **fifteen** *adj.* **fifteenth** /ˌfɪfˈtiːnθ/ *adj.* 15th 第十五: *This is my fifteenth visit to Europe.* 這是我第十五次訪問歐洲。

fifth /fɪfθ/ *adj.* 5th 第五: *May is the fifth month.* 五月是一年的第五個月。

fifty /ˈfɪftɪ/ *n.* (*pl.* fifties) number 50 五十 **fifty** *adj.* **fiftieth** /ˈfɪftɪəθ/ *adj.* 50th 第五十

fig /fɪg/ *n.* soft, sweet fruit, full of soft seeds 無花果

fight /faɪt/ *v.* (*past part. & past tense* fought /fɔːt/) use hands, guns, weapons, etc. against another person 交戰; 打鬥: *The English were fighting the French at the Battle of Waterloo.* 滑鐵盧戰役中, 英法兩國交戰。***fight for***, try very hard to do something 爲…而戰; 爲…努力: *She is very ill and the doctors are fighting for her life.* 她得了重病, 醫生盡力搶救她的生命。**fight** *n.: a dog fight* 狗打架; 狗咬狗

fighter /ˈfaɪtə(r)/ *n.* **1** someone who likes to fight others 戰士; 士兵; 好鬥者 **2** aeroplane that shoots down other aeroplanes 戰鬥機; 殲擊機

figure /ˈfɪgə(r)/ *n.* **1** sign that shows a number 數字: *2, 4 and 6 are figures.* 二、四和六是數目字。**2** how much money something costs 價格: *We bought the*

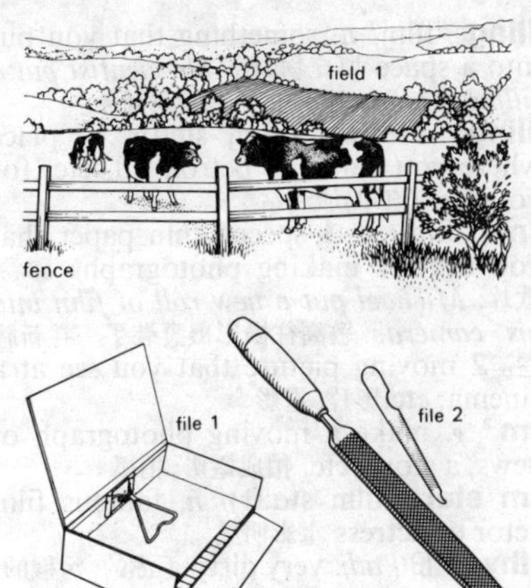

house for a high figure. 我們以高價買了這棟房子。**3** shape of the body 體型; 體態: *She has a good figure.* 她身段好看。**4** shape of a person or animal in stone, metal, or wood 塑像; 雕像 **5 figures** (*pl.*) sums; arithmetic 計算; 算術 **figure of speech** *n.* words that you use in an unusual way to make your meaning stronger 修辭手法: *To say 'he's as brave as a lion' is a figure of speech.* "他和獅子一樣勇敢" 是比喻法。

file[1] /faɪl/ *n.* **1** cardboard cover for keeping papers in 文件夾; 卷宗 **2** metal instrument with rough sides for making things smooth 銼(刀): *a nail-file* 指甲銼 **3** line of people 行列 ***in single file***, one behind the other 單行; 魚貫而行: *The travellers walked in single file through passport control.* 旅客通過護照檢查站時, 排成單行前進。

file[2] *v.* **1** put papers in a file 歸檔: *The secretary filed the letters.* 秘書把信件歸了檔。**2** make something smooth with a metal file 銼平: *I filed my nails.* 我用指甲銼銼指甲。**3** walk in a long line 排成一行前進: *The cows filed into the field.* 母牛一頭跟着一頭走到田裏去。

fill /fɪl/ *v.* **1** become full 滿; 充滿: *Her eyes filled with tears.* 她的眼裏充滿淚水。**2** put things inside something; use all the space inside something 裝滿; 填滿: *Clive filled his pockets with apples.* 克萊夫將口袋裝滿了蘋果。***fill in***, put facts or answers in the spaces that have been left for them 填充; 填寫: *If you want tickets for the ferry, please fill in this booking form.* 你如果想買渡船的票, 請填寫訂票單。***fill up***, make something totally full 裝滿; 注滿: *Jim filled up the tank with petrol.* 阿吉將油箱灌滿了汽油。

filling /ˈfɪlɪŋ/ *n.* something that you put into a space 填充物; 餡: *The dentist put a filling into my tooth.* 牙醫給我補牙。

filling station /ˈfɪlɪŋ steɪʃn/ *n.* place where you can buy petrol, oil, etc. for your car (汽車)加油站

film [1] /fɪlm/ *n.* **1** special thin paper that you use for making photographs 膠卷; 軟片: *Michael put a new roll of film into his camera.* 敏高往攝影機裏裝了一卷新膠卷。**2** moving picture that you see at a cinema, etc.影片; 電影

film [2] *v.* make a moving photograph of news, a story, etc. 拍成電影; 拍攝

film star /ˈfɪlm stɑ:(r)/ *n.* famous film actor or actress 電影明星

filthy /ˈfɪlθɪ/ *adj.* very dirty 不潔的; 污穢的

fin /fɪn/ *n.* one of the parts of a fish that move and help it to swim 鰭

final [1] /ˈfaɪnl/ *adj.* last; at the end 最後的; 最終的: *The final word in this dictionary is 'zoom'.* 這部詞典最後一個詞是 zoom。

final [2] *n.* **1** last match on a competition 決賽: *a football final* 足球決賽 **2** (often *pl.*) last examination 期終考試; 大考: *When do you write your finals?* 你們什麼時候考大考?

finally /ˈfaɪnəlɪ/ *adv.* at last; in the end 最後; 終於: *After a long time, they finally found the lost child.* 過了很久, 他們終於找到迷了路的孩子。

finance [1] /ˈfaɪnæns/ *n.* **1** (no *pl.*) money; planning how to use, get, and save money for a business, country, etc. 金融; 財政: *the Minister of Finance* 財政部長 **2** **finances** (*pl.*) money 資金; 財源; 收入

finance [2] /fɪˈnæns/ *v.* give money for someone to do something 供給經費; 出錢: *Gareth's father financed his visit to Canada.* 加勒思的父親出錢讓他去加拿大旅行。

financial /faɪˈnænʃl/ *adj.* of or about money 財政的; 金融的: *a financial report* 財政報告 **financially** *adv.*

find [1] /faɪnd/ *n.* something pleasing that you get by chance or after looking, etc. 發現; 發現物: *There was an important find of old coins in the farmer's field.* 在那個農民的地裏挖到古錢, 這是重大的發現。

find [2] *v.* (*past part. & past tense* found /faʊnd/) **1** discover someone or something after looking 尋着; 找到: *I hope you will soon find your lost ring.* 但願你盡快找到遺失的戒指。**2** come to something or someone by chance 發現: *I found that the telephone was ringing when I arrived home.* 我回到家時發現電話在響。**3** learn something after much time, work, etc. 發覺; 得出: *Can you find the answer to this sum?* 你能解答這條算術題嗎? **4** think; have an idea of something because you have felt, tried, seen it, etc. 感到; 覺得: *I find this book very interesting.* 我覺得這本書很有趣味。***find someone guilty*** or ***innocent***, decide in a law court that someone has or has not done wrong 裁決某人有罪或無罪: *They have found the man guilty and he has been sent to prison.* 他們裁決那人有罪, 並把他關進監獄。***find someone out***, learn that someone has done wrong, etc. 查明; 揭發 ***find something out***, learn something by asking or studying 問明; 查出: *Please find out when the train leaves.* 請查明火車什麼時候開出。

fine [1] /faɪn/ *adj.* **1** bright; not raining 晴朗的: *a fine day* 晴朗的一天 **2** very pleasant; very good; well made 美好的; 優秀的; 精製的: *a fine painting* 精美的繪畫 **3** in very tiny bits 細小的; 纖細的: *fine sand* 細沙 **4** very thin 極細的: *fine thread* 細線 **5** very well (身體)很好: *'How are you feeling?' 'Fine, thanks.'* "你感覺怎麼樣?" "很好, 謝謝你。"

fine [2] *n.* money that you must pay because you have done wrong 罰款; 罰金: *a parking fine* 違反泊車規定的罰款 **fine** *v.*: *The police fined me for driving too fast.* 我超速駕駛, 給警察罰款。

finger /ˈfɪŋgə(r)/ *n.* one of the parts of the hand 手指: *Beth wears a ring on her little finger.* 蓓思在小指上戴了一個戒指。***have green fingers***, be able to make plants grow well 擅長園藝; 種花木的能手 ***keep your fingers crossed***, hope for the best 祝願; 祝福: *I'm keeping my fingers crossed that you'll win.* 我祝願你獲勝。***lay a finger on***, touch and perhaps hurt someone or something 觸; 打; 傷害: *If you lay a finger on my brother I'll tell my father.* 如果你碰我弟弟一下, 我就告訴爸爸。***not lift a finger***, not do anything to help 一點忙都不幫: *He didn't lift a finger when I was ill.* 我生病的時候, 他一點忙都不幫。

fingerprint /ˈfɪŋgəprɪnt/ *n.* mark that your finger makes when it touches something 指紋

finish [1] /ˈfɪnɪʃ/ *n.* (no *pl.*) last part; end 最後階段; 結束: *the finish of a race* 賽跑最後一段距離

finish [2] *v.* **1** stop happening 結束; 停止: *School finishes at 4 p.m.* 學校在下午四點放學。**2** stop doing something 停止做某事: *Have you finished your game?* 你們遊戲完畢了嗎? ***finish off***, do or eat something until there is no more 做完; 吃光: *He finished off all the milk and I had to drink black coffee.* 他把牛奶喝光了, 我只得喝黑咖啡。***finish up with***, have at the end 以…結束; 最後有: *We finished up our meal with ice-cream.* 我們飯後吃冰淇淋。***finish with***, not want or need someone or something any more 完成; 絶交: *Can I read this book when you have finished with it?* 這本書你看完後, 可以讓我看嗎?

fir /fɜ:(r)/ *n.* tree with cones and with leaves like needles 冷杉; 樅樹

fire[1] /ˈfaɪə(r)/ *n.* **1** (no *pl.*) burning with flames 火 ***catch fire***, start to burn 着火: *He knocked over the candle and the room caught fire.* 他把蠟燭打翻, 屋子就着了火。***put out a fire***, stop something from burning 滅火 ***set something on fire, set fire to***, make something begin to burn 使燃燒; 點燃: *A burning cigarette set the house on fire.* 一枝燃點着的香煙使房子着了火。**2** (*pl.* fires) burning wood, coal, etc. for cooking or for making a place warm 爐火: *Liz put the pot on the camp-fire.* 莉思把鍋放在營火上。**3** (no *pl.*) shooting 射擊; 放槍 ***cease fire***, stop fighting or shooting 停火: *The captain told his men to cease fire.* 上尉命令士兵停火。

fire[2] *v.* **1** shoot with a gun 射擊; 開火: *The soldiers fired at the enemy.* 士兵向敵人射擊。**2** make someone leave his job 解僱; 開除: *The manager fired Mr. Davies because he was always late for work.* 戴維斯先生上班總是遲到, 因此經理解僱了他。

fire-alarm /ˈfaɪər əlɑ:m/ *n.* bell that rings to tell people that there is a fire 火警; 報警鐘

fire-brigade /ˈfaɪə brɪgeɪd/ *n.* group of men whose job is to stop dangerous fires 消防隊

fire-engine /ˈfaɪər endʒɪn/ *n.* vehicle that takes men and machines to stop dangerous fires 救火車 **fire station** *n.* garage for fire-engines 消防局

fire-escape /ˈfaɪər ɪskeɪp/ *n.* stairs on the outside of a building for people who must get out quickly because there is a fire inside 太平梯

fire-extinguisher /ˈfaɪər ɪkstɪŋgwɪʃə(r)/ *n.* metal container full of chemicals for stopping a fire 滅火器

fireman /ˈfaɪəmən/ *n.* (*pl.* firemen) man whose job is to stop bad fires 消防隊員

fire-place /ˈfaɪə pleɪs/ *n.* place in a room where you can have a fire for heating or cooking 壁爐

fireside /ˈfaɪəsaɪd/ *n.* (no *pl.*) part of the room near the fire 爐邊: *A cat likes to sit by the fireside.* 貓喜歡坐在爐邊。

firework /ˈfaɪəwɜ:k/ *n.* special thing that burns with bright colours or a big noise 焰火; 煙花

firm[1] /fɜ:m/ *adj.* **1** hard; that will not move 牢固的; 穩固的: *You must hang the picture on a firm nail or it will fall.* 你得把畫掛在牢固的釘子上, 否則會掉下來。**2** showing that you will make people do what you want 嚴格的; 堅決的: *Nigel was firm with the puppy.* 勵哲嚴格對待那小狗。

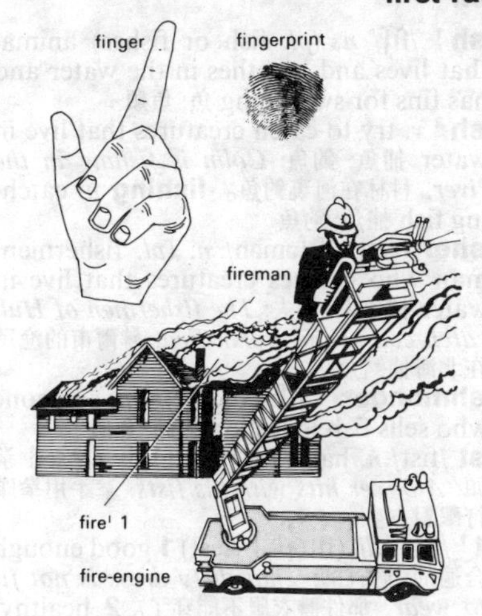

firm[2] *n.* group of people working together in a business 商行; 公司: *My father works for a building firm.* 我父親在一家建築公司工作。

first[1] /fɜ:st/ *adj.* before all others 第一: *January is the first month of the year.* 一月是一年中的第一個月。

first[2] *adv.* **1** earliest in place 第一: *He came first in the race.* 他賽跑得第一。**2** earliest in time 首次; 最初: *Ben first walked when he was 15 months old.* 本恩長到十五個月時開始走路。***first of all***, before anything else 首先; 第一: *I am going to the market but, first of all, I must find my purse.* 我要去市場, 不過得先找到我的錢包。

first[3] *n.* (no *pl.*) time that is earliest 開始; 開端: ***at first***, at the beginning 起先; 開始的時候: *At first she was afraid of the water, but she soon learned to swim.* 起初她怕水, 但很快就學會游泳了。

first[4] *pron.* (no *pl.*) someone or something that comes earliest or before all others 第一名; 第一個: *They were the first to arrive at the party.* 晚會上他們最早到達。

first aid /ˌfɜ:st ˈeɪd/ *n.* (no *pl.*) quick help that people give to an injured person before the doctor comes 急救

first-class /ˌfɜ:st ˈklɑ:s/ *adj.* very good; the very best 頭等的; 第一流的: *What a first-class concert that was!* 那真是第一流的音樂會啊! **first-class** *adv.* ***travel first-class***, travel in one of the most expensive seats, etc. in a train, bus, ship, etc. (乘)頭等車(艙等)

first-rate /ˌfɜ:st ˈreɪt/ *adj.* very good 第一流的; 優秀的; 極好的

fish[1] /fɪʃ/ *n.* (*pl.* fish or fishes) animal that lives and breathes in the water and has fins for swimming 魚; 魚類
fish[2] *v.* try to catch creatures that live in water 捕魚; 釣魚: *Colin is fishing in the river.* 科林在河裏釣魚。 **fishing** *n.* catching fish 捕魚; 釣魚
fisherman /ˈfɪʃəmən/ *n.* (*pl.* fishermen) man who catches creatures that live in water 捕魚人; 漁夫: *The fishermen of Hull catch cod in the North Sea.* 赫爾市的漁民在北海捕鱈魚。
fishmonger /ˈfɪʃmʌŋgə(r)/ *n.* someone who sells fish in a shop 魚商: 魚販
fist /fɪst/ *n.* hand that is tightly closed 拳頭: *A boxer hits with his fists.* 拳手用拳頭打擊對方。
fit[1] /fɪt/ *adj.* (fitter, fittest) **1** good enough 合適的; 適宜的: *That dirty dress is not fit to wear.* 那件髒衣服不能穿了。 **2** healthy; well 健康的; 身體好: *Exercise keeps us fit.* 運動使我們健康。
fit[2] *n.* **1** sudden illness (疾病)突然發作 **2** doing something suddenly 一陣; 突發(脾氣等): *He was in fits of laughter.* 他一陣又一陣地哈哈大笑。 **3** way clothes look and feel on someone (衣服鞋帽)合身; 合適: *My old shoes are a tight fit.* 我的舊鞋很合穿。 ***in fits and starts***, starting and stopping; not happening all the time 時冷時熱地; 間歇地: *to work in fits and starts* 工作忽冷忽熱
fit[3] *v.* (*pres. part.* fitting, *past part. & past tense* fitted /ˈfɪtɪd/) **1** be the right size and shape 合身; 合適: *Do your new shoes fit well?* 你的新鞋合穿嗎? **2** put something into its place 使適合; 裝配: *Mr. Unwin fitted a new lock on the door.* 安文先生在門上裝了一把新鎖。 ***fit in***, (***a***) find time to do something 擠出時間: *Can you fit in a visit to me?* 你能找個時間來看我嗎? (***b***) find space for something 找到地方: *Can you fit in another person? Is there room in the car?* 再擠個人進來行嗎? 車裏還有空嗎? ***fit in with***, do what someone wants at the right time 順應; 適合: *I'll fit in with your plans.* 我會配合你們的計劃的。
five /faɪv/ *n.* number 5 五 **five** *adj.: Andrew has five sisters.* 安德魯有五個姊妹。
fix[1] /fɪks/ *n.* ***in a fix***, in trouble 陷入困境; 進退維谷: *I've lost my keys so I'll be in a fix if the door is locked.* 我的鑰匙遺失了, 門要是鎖着的話, 就麻煩了。
fix[2] *v.* **1** put something in place so that it will not move 使固定; 安裝: *to fix a pipe to the wall* 在牆上裝個管子 **2** mend something 修理: *Can you fix my broken sandal?* 我的涼鞋破了, 你能修理嗎? **3** arrange something; make a plan 確定; 安排; 定(計劃): *Let's fix a time for the party.* 我們給聚會定個時間吧。 ***fix someone up with something***, give someone what he needs 提供; 安排; 配備: *Can you fix me up with a job?* 你能給我安排工作嗎?
fixed /fɪkst/ *adj.* firm; that will not move or change 固定的; 不變的
fizz /fɪz/ *v.* make a hissing noise and send out tiny bubbles 發出嘶嘶聲並起泡沫 **fizzy** *adj.: Coca-cola is a fizzy drink.* 可口可樂是一種有泡沫的飲品。
flag /flæg/ *n.* piece of cloth with a special pattern to show a country, club, etc. 國旗; 旗: *The British flag is red, white, and blue.* 英國國旗有紅、白、藍三種顏色。 **flagpole** /ˈflægpəʊl/ *n.* tall pole where a flag hangs 旗竿
flake /fleɪk/ *n.* small, light piece of something 薄片; 片: *a flake of snow* 一片雪花; *cornflakes* 玉米片
flame /fleɪm/ *n.* a finger of fire 火焰; 火舌: *a candle-flame* 蠟燭的火焰 ***in flames***, burning 燃燒; 着火: *The house was in flames when the fire-engine arrived.* 救火車到達的時候, 房子正在燃燒。
flap /flæp/ *n.* **1** flat piece that hangs down to cover an opening (袋)蓋; (帽)邊; 信封口蓋: *He stuck down the flap of the envelope.* 他把信的封口黏住了。 **2** moving up and down 擺動; 飄動: *I can hear the flap of wings.* 我能聽見翅膀拍動的聲音
flap *v.* (*pres. part.* flapping, *past part. & past tense* flapped /flæpt/): *The bird flapped its wings.* 鳥兒拍動翅膀。
flare[1] /fleə(r)/ *n.* flames or bright light 火焰; 亮光
flare[2] *v.* burn brightly 閃耀; 閃亮 ***flare up***, (***a***) burn suddenly and brightly 突然燒起來 (***b***) become suddenly angry, etc. 突然發怒; 光火: *He flared up.* 他勃然大怒。
flash /flæʃ/ *v.* **1** send out a sudden light 閃光; 閃亮: *He flashed his torch into the dark room.* 他用手電筒往黑暗的房裏照。 **2** come and go suddenly 飛馳; 掠過: *An aeroplane flashed across the sky.* 一架飛機在空中掠過。 **flash** *n.: a flash of lightning* 一道閃電 ***in a flash***, very quickly 剎那間
flask /flɑːsk/ *n.* bottle for holding liquid 瓶: *We brought tea in a thermos flask.* 我們用保温瓶攜帶茶水。
flat[1] /flæt/ *adj.* smooth; not going up and down 平的; 平坦的: *A table has a flat top.* 桌子有一個平滑的桌面。 **a flat tyre**, a tyre with no air inside 漏了氣的輪胎
flat[2] *n.* group of rooms in a building, where you can live 住宅單位; 套間 **block of flats**, big building with many flats, one on top of another 公寓樓房
flatten /ˈflætn/ *v.* make something flat 把…弄平
flatter /ˈflætə(r)/ *v.* **1** try to please some-

one by saying too many nice things about him that are not totally true 阿諛;奉承 **2** make someone look better than he really does 美於; 勝過: *This photograph flatters me*. 這張相片比我本人漂亮。 ***be flattered***, be pleased 感到高興: *I was flattered by the invitation to speak at the dinner*. 我蒙邀請在宴會上講話, 不勝榮幸。

flattery /ˈflætərɪ/ *n*. (no *pl*.) saying too many nice things to someone so as to please him 奉承; 恭維

flavour /ˈfleɪvə(r)/ *n*. the taste of food 味; 味道; 滋味: *This pudding has a delicious flavour*. 這布丁味道鮮美。

flea /fliː/ *n*. very small insect that lives on animals and people 蚤

flee /fliː/ *v*. (*past part*. & *past tense* fled /fled/ run away 逃; 逃走

fleet /fliːt/ *n*. big group of ships 艦隊

flesh /fleʃ/ *n*. (no *pl*.) soft part of a person's or animal's body, under the skin 肉: *The flesh of a cow is called beef*. 牛身上的肉叫做牛肉。

flew /fluː/ *past tense* of *v*. fly 動詞 fly 的過去式

flex /fleks/ *n*. (*pl*. flexes) piece of covered wire that brings electricity to lamps, etc. 花線; 皮線

flick /flɪk/ *v*. touch, move, or hit something quickly and lightly 輕彈; 輕拂; 輕擊: *She flicked the fly off her sleeve*. 她拂走袖子上的蒼蠅。 **flick** *n*.

flicker /ˈflɪkə(r)/ *v*. shine or burn on and off in a weak way 閃爍; 忽隱忽現: *The candle flickered and went out*. 蠟燭閃了閃, 便熄滅了。 **flickering** *adj*.: *a flickering light* 忽明忽暗的亮光 **flicker** *n*.: *a flicker of lightning* 一道閃電

flight /flaɪt/ *n*. **1** (no *pl*.) flying 飛; 飛翔 **2** (*pl*. flights) journey in an aeroplane 飛機的航程; 班機: *a flight from Paris to London* 從倫敦到巴黎的班機 **3** (*pl*. flights) group of steps 樓梯; 階梯: *a flight of stairs* 一段樓梯 **4** (no *pl*.) running away 逃跑; 逃走: *the man's flight from prison* 該名男子越獄

fling /flɪŋ/ *v*. (*past part*. & *past tense* flung /flʌŋ/) throw something quickly and strongly 扔; 丢; 擲: *Did he fling a stone through the window?* 他有没有從窗子扔進一塊石頭?

flirt /flɜːt/ *v*. be playful with a boyfriend or girlfriend; pretend to love someone 調情; 賣俏: *Stella flirts with all the boys*. 詩黛拉愛跟男孩子調情。

float /fləʊt/ *v*. **1** stay on top of a liquid 浮; 漂浮; 浮動: *Cork floats on water*. 軟木漂浮在水上。**2** stay up in the air 飄(在空氣中); 飄揚: *The balloon floated in the sky*. 氣球在空中飄浮。

flock /flɒk/ *n*. group of birds or animals

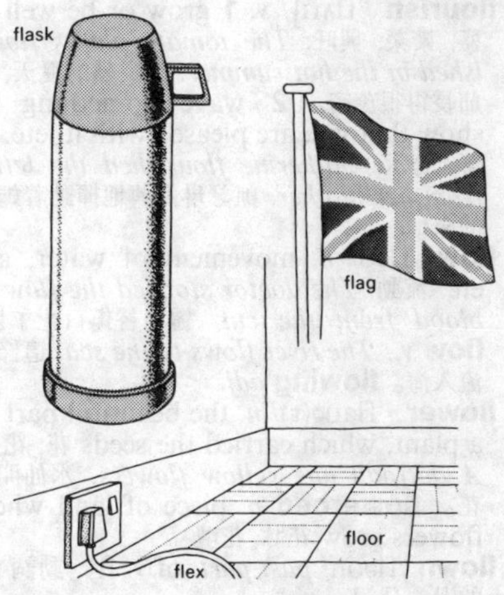

(鳥、牛、羊)羣: *a flock of sheep* 一羣羊

flog /flɒg/ *v*. (*pres. part*. flogging, *past part*. & *past tense* flogged /flɒgd/ hit a person or animal very hard and often 鞭打; 抽打: *The cruel man flogged his horse*. 那狠心的人抽打自己的馬。

flood /flʌd/ *n*. **1** a lot of water that spreads over land 洪水; 水災: *After the heavy rain there was a big flood and water came into our house*. 那場大雨後, 洪水冲進了我們的房子。 ***in flood***, with so much water that it spills on to the land (河流等)泛濫: *The river is in flood*. 河水泛濫了。**2** a lot of something 大批; 大量: *I had a flood of letters on my birthday*. 我生日那天收到一大堆信件。 **flood** *v*.: *The river flooded the village*. 河水淹没了全村。

floor /flɔː(r)/ *n*. **1** the part of a room on which you walk 地面; 地板: *There were no chairs so we sat on the floor*. 當時没有椅子, 所以我們坐在地板上。**2** all the rooms at the same height in a building 層; 樓層: *We went upstairs to the restaurant on the top floor*. 我們上樓到頂層的餐館去。

flop /flɒp/ *v*. (*pres. part*. flopping, *past part*. & *past tense* flopped /flɒpt/) **1** fall down weakly (無力地)落下; 坐下; 躺下: *Mother flopped into a chair after her busy day*. 母親忙了一天, 無力地坐到椅子上。**2** fail; not be as good as it should be 失敗: *The party flopped because there was no music*. 由於没有音樂, 晚會並不成功。 **flop** *n*. happening that is not a success 失敗: *What a sad flop that party was!* 那次聚會真太糟糕了!

florist /ˈflɒrɪst/ *n*. someone who sells flowers 賣花者; 花商

flour /ˈflaʊə(r)/ *n*. (no *pl*.) soft, white stuff that we use to make bread, cakes, etc. 麵粉

flourish /'flʌrɪʃ/ *v.* **1** grow or be well 茂盛; 繁榮; 興旺: *The tomato plants flourished in the hot summer.* 在炎熱的夏天, 番茄長得很茂密。**2** wave something to show that you are pleased with it, etc. 揮舞; 誇示: *Catherine flourished the letter from her mother.* 凱瑟琳高興地揮動着媽媽的來信。

flow /fləʊ/ *n.* movement of water, air, etc. 流動: *The doctor stopped the flow of blood from the cut.* 醫生替傷口止了血。**flow** *v.: The river flows to the sea.* 這條河流入海。**flowing** *adj.*

flower /'flaʊə(r)/ *n.* the beautiful part of a plant, which carried the seeds 花; 花卉: *A daffodil has yellow flowers.* 水仙開黃花。**flowerbed** *n.* piece of land where flowers grow 花牀; 花壇

flown /fləʊn/ *past part.* of *v.* fly 動詞 fly 的過去分詞

fluent /'flu:ənt/ *adj.* able to speak easily and smoothly 流利的; 流暢的: *Jeremy is fluent in Italian.* 哲里米的意大利語說得很流利。**fluently** *adv.: Hans speaks English fluently.* 漢斯的英語說得流利。

fluid /'flu:ɪd/ *adj.* that can flow 流動的: *Ice becomes fluid when it melts.* 冰融化了就會流動。**fluid** *n.* anything that flows 流體; 液體: *Water is a fluid.* 水是液體。

flung /flʌŋ/ *past part. & past tense* of *v.* fling 動詞 fling 的過去分詞和過去式

flush /flʌʃ/ *v.* **1** become red in the face (臉)發紅: *He flushed with anger.* 他氣得滿臉通紅。**2** send water through a pipe, etc., to clean it 通過管子用水冲洗: *to flush the lavatory* 用水冲洗廁所

flute /flu:t/ *n.* sort of musical instrument that you blow 長笛

flutter /'flʌtə(r)/ *v.* move quickly to and fro in the air 飄動; 飄揚; (鳥)拍翅: *The curtains fluttered in the wind.* 窗簾隨風飄動。**flutter** *n.: the flutter of wings* 翅膀的拍動

fly [1] /flaɪ/ *n.* (*pl.* flies) sort of flying insect 蒼蠅

fly [2] *v.* (*past part.* flown /fləʊn/, *past tense* flew /flu:/) **1** move through the air 飛; 飛行: *In the autumn some birds fly to warmer lands.* 有些雀鳥在秋天飛到比較暖和的地方去。**2** travel in an aeroplane 乘飛機旅行: *I'm flying to Brussels tomorrow.* 我明天乘飛機去布魯塞爾。**3** move quickly 飛跑; 飛奔: *Amanda flew to the telephone.* 娥曼達朝電話飛奔過去。 ***send something flying***, hit something so that it falls over 碰撞某物使其四處亂拋: *Maurice bumped into the table and sent the cups flying.* 莫禮思撞到桌子上, 把杯子全都打翻了。***fly off the handle, fly off the deep end, fly into a rage***, suddenly become very angry 突然大怒

flying /'flaɪɪŋ/ *adj.* moving through the air; able to move through the air 飛的; 能飛的: *A flying boat is an aeroplane that can land on water.* 飛船是能在水上降落的飛機。 **flying saucer** *n.* round flying machine that some people think they see 飛碟

flyover /'flaɪəʊvə(r)/ *n.* bridge that carries a road over houses, other roads, etc. 架空天橋

foal /fəʊl/ *n.* young horse or donkey 馬駒; 驢駒

foam /fəʊm/ *n.* (no *pl.*) white mass of tiny bubbles that comes when you move liquid quickly 泡沫

focus /'fəʊkəs/ *v.* move parts of a camera, microscope, etc. so that you can see things through them sharply 調焦距; 對焦: *He focused the camera and took a photo.* 他對好焦距, 照了一張相。

foe /fəʊ/ *n.* enemy 敵人

fog /fɒg/ *n.* thick mist that stops you seeing clearly 霧 **foggy** *adj.: a foggy day* 有霧的一天 **fog-horn** *n.* thing that makes a loud noise to warn ships in fog 霧角(濃霧時吹的號角)

fold /fəʊld/ *v.* bend something so that one part is on top of another 摺疊; 折合: *I folded the letter and then put it into the envelope.* 我把信摺好後放進信封。**fold** *n.* line made when you bend something 摺痕 **folding** *adj.: A deck chair is a kind of folding chair.* 甲板上的躺椅是一種摺椅。

folder /'fəʊldə(r)/ *n.* cover of thick, stiff paper, for keeping loose papers, etc. 文件夾

folk /fəʊk/ *n.* (*pl.*) people 人們: *Some folk like beer and some don't.* 有的人喜歡啤酒, 有的不喜歡。**folk-dance** *n.* old dance of the people of a particular place 民間舞蹈; 土風舞 **folk-song** *n.* old song of the people 民歌

follow /'fɒləʊ/ *v.* **1** come or go after someone or something 跟隨; 追隨: *Thursday follows Wednesday.* 星期三後面是星期四。*A dog follows its master.* 狗跟在主人後面。**2** go along a road, etc. 沿着…路前進: *Follow this path until you reach the village.* 沿這條路一直走到村子。**3** understand what someone says 領會; 聽懂: *I couldn't follow that French film.* 我聽不懂那部法國電影。**4** do what someone says, does, etc. 聽從; 遵循: *I followed your advice.* 我聽從你的勸告。***as follows***, as you will now hear or read 如下: *The football team will be as follows: Smith, Jenkins, Brown...* 足球隊成員如下: 史密斯、詹金斯、白朗…

following /'fɒləʊɪŋ/ *adj.* next 接着的; 下一個: *On Saturday we watched football and on the following day we went to* *church*. 星期六我們看足球賽, 次日去教堂做禮拜。

fond /fɒnd/ *adj*. loving; kind 親愛的; 慈愛的: *a fond mother* 慈祥的母親 ***be fond of***, love or like someone or something 喜愛; 愛好: *I'm very fond of dancing*. 我很喜歡跳舞。

food /fu:d/ *n*. (no *pl*.) what people and animals eat so that they live and grow 食物; 食品: *Tim is very hungry because he has had no food for ten hours*. 添很餓, 因爲他已經十小時没有吃東西了。

fool[1] /fu:l/ *n*. someone who is stupid or does something silly 蠢人; 傻子: *He's a fool because he leaves his door open when he goes out*. 他是個傻瓜, 因爲他外出時把門開着。***make a fool of***, do something that makes someone look silly 愚弄(或欺騙)某人: *You made a fool of me when you took away the ladder and left me on the roof*. 你拿走了梯子, 把我留在房頂上, 真捉弄了我。***play the fool***, do silly things for fun 做傻事; 裝傻樣

fool[2] *v*. **1** do silly things 作滑稽動作; 胡鬧: *Stop fooling and listen to what I am saying*. 別胡鬧了, 聽我説話。**2** trick someone and make him think something that is not true 愚弄; 欺騙: *You can't fool me! I don't believe you*. 你騙不了我! 我不相信你。

foolish /'fu:lɪʃ/ *adj*. stupid; silly 愚蠢的; 傻的 **foolishly** *adv*.

foot /fʊt/ *n*. (*pl*. feet) **1** part of the leg that you stand on 腳; 足: *I wear sandals on my feet*. 我腳上穿着涼鞋。***on foot***, walking 走路: *Shall we go by car or on foot?* 我們坐車還是走路去? **2** lowest part; bottom 最下部; 底部: *the foot of the mountain* 山腳下 **3** measure of length = 30.5 centimetres 1 呎 = 30.5厘米: *This fish is one foot long*. 這條魚長一呎。

football /'fʊtbɔ:l/ *n*. **1** (no *pl*.) ball game with two teams of eleven players 足球運動 **2** (*pl*. footballs) ball for this game 足球 **football pitch** *n*. piece of ground where you play football 足球場

footpath /'fʊtpɑ:θ/ *n*. narrow path across fields or at the side of a road 小路; 行人道

footprint /'fʊtprɪnt/ *n*. mark that your foot makes when you walk on soft ground 腳印; 足跡

footstep /'fʊtstep/ *n*. sound of someone walking 腳步聲: *I heard footsteps, then a knock on the door*. 我聽到腳步聲, 隨後是敲門的聲音。

for[1] /fɔ:(r)/ *conj*. because 因爲; 由於: *She went to bed for she was tired*. 她睡覺去了, 因爲她累了。

for[2] *prep*. **1** word that shows how far or how long (表示時間、距離)計; 達: *We walked for three hours*. 我們步行了三小時。**2** word that shows where someone or something is going 開往; 向: *Is this the train for Glasgow?* 這是開往格拉斯哥的火車嗎? **3** word that shows who will get or have something 給; 與; 適於: *These flowers are for you*. 這些花是給你的。**4** word that shows whom you are talking about 就…而言: *It is dangerous for a small child to cross the road alone*. 小孩子獨自過馬路易生危險。**5** word that shows why you are doing something 爲了; 供: *I will bring the letter for you to see*. 我把信拿來給你看。**6** word that shows how unusual something is (表示異常、特殊) 就…來看: *It is very cold for October*. 十月裏這樣的天氣真是很冷。**7** word that shows that you like an idea 贊成; 支持: *Some people were for the strike and others were against it*. 有些人贊成罷工, 另一些人反對。**8** on the same side in a sport or fight (比賽或戰鬥時)代表; 代; 替: *Tim plays tennis for his school*. 添代表學校參加網球賽。**9** word that shows how much something is 價格; 交換: *I bought this bag for $30*. 我花三十元買了這袋子。**10** because of 由於; 因爲: *He got a medal for swimming well*. 他泳術很好, 得了一面獎牌。

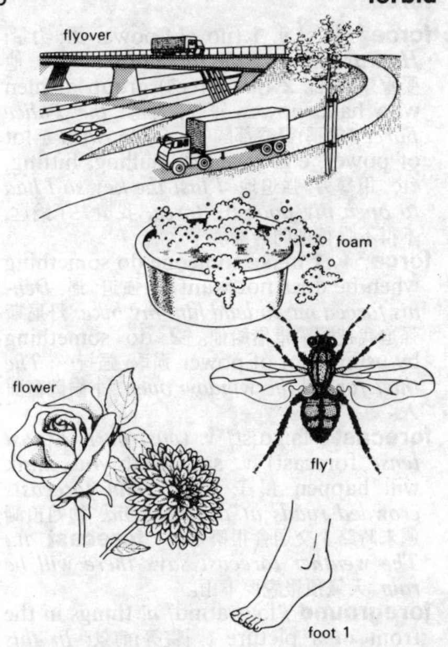

forbid /fə'bɪd/ *v*. (*pres. part*. forbidding, *past part*. forbidden /fə'bɪdn/, *past tense* forbade /fə'bæd/) say that someone must not do something 禁止; 不許: *The guard forbade us to look out of the window when the train was moving*. 火車開動時, 警衛禁止我們把頭伸到窗外。

force [1] /fɔ:s/ *n.* **1** (no *pl.*) power 力; 力量: *He was killed by the force of the blow.* 他受重擊而死。**2** (*pl.* forces) group of men who have power 軍隊; 部隊: *the Police Force* (總稱)警察部隊 ***by force***, with a lot of power, e.g. pushing, pulling, hitting, etc. 用暴力; 强迫地: *I lost the key so I had to open my door by force.* 我遺失了鑰匙, 不得不强行把門弄開。

force [2] *v.* **1** make someone do something when he does not want to 强迫; 逼: *Dennis forced me to lend him my bike.* 丹尼斯强迫我把腳踏車借給他。**2** do something by using a lot of power 强取; 强行…: *The thief forced the window open.* 小偷破窗而入。

forecast /'fɔ:kɑ:st/ *v.* (*past part. & past tense* forecast) *v.* say what you think will happen 預言; 預測: *John forecasts crowded roads at the weekend.* 約翰預測週末時路上交通會很擠塞。 **forecast** *n.*: *The weather forecast says there will be rain.* 天氣預報説要下雨。

foreground /'fɔ:graʊnd/ *n.* things in the front in a picture (圖畫等)前景: *In this photograph I am in the foreground and our house is behind me.* 這張照片裏在前面的是我, 後面是我們家的房子。

forehead /'fɒrɪd/ *n.* part of your face above the eyes 前額

foreign /'fɒrən/ *adj.* of or from another country or race 外國的; 外來的: *You cannot buy things in England with foreign money.* 你在英國用外幣買不了東西。 **foreigner** *n.* someone from another country 外國人

foreman /'fɔ:mən/ *n.* (*pl.* foremen) leader of group of workers 工頭; 領班

forest /'fɒrɪst/ *n.* big piece of land with very many trees 森林: *We lost our way in the forest.* 我們在森林裏迷路了。

forever /fə'revə(r)/ *adv.* always; at all times 永遠; 總是: *I can't read because you are forever talking!* 你們總在說話, 我沒法看書了。

forgave /fə'geɪv/ *past tense* of *v.* forgive 動詞 forgive 的過去式

forge [1] /fɔ:dʒ/ *n.* place where a worker heats metal so that he can beat it into another shape 鍛鐵場; 鐵匠舖

forge [2] *v.* shape metal with a hot fire and a hammer 打製; 鍛造: *The blacksmith forged horseshoes.* 鐵匠打了馬蹄鐵。

forge [3] make a copy of something because you want to trick people 僞造; 假造: *He forged money.* 他僞造錢幣。 **forger** /'fɔ:dʒə(r)/ *n.* someone who makes very good copies of things that will trick people 僞造者

forgery /'fɔ:dʒərɪ/ *n.* **1** (no *pl.*) copying something to trick people 僞造; 假造 **2** (*pl.* forgeries) something copied as a trick 僞造品: *This picture is not really by Picasso. It is a forgery.* 這張畫並非畢加索畫的, 是僞造品。

forget /fə'get/ *v.* (*pres. part.* forgetting, *past part.* forgotten, *past tense* forgot) **1** not remember; no longer have something in mind 忘記; 忘卻: *I forget the address so I must look in my address book.* 我忘了地址, 得查查通訊錄。**2** stop thinking about something 不再去想: *Let's forget our quarrel.* 忘掉我們吵架的事吧。 **forgetful** *adj.*

forgive /fə'gɪv/ *v.* (*past part.* forgiven /fə'gɪvn/, *past tense* forgave /fə'geɪv/) say or show that you are not angry with someone any more 原諒; 寬恕: *Mrs. Jones forgave Ron for breaking the window because he gave her some flowers.* 瓊斯太太原諒洛恩打碎了玻璃窗, 因爲他送花賠罪。 ***forgive me***, I am sorry 對不起; 請原諒: *Forgive me for waking you.* 對不起, 把你弄醒了。

forgot /fə'gɒt/ *past tense* of *v.* forget 動詞 forget 的過去式

forgotten /fə'gɒtn/ *past part.* of *v.* forget 動詞 forget 的過去分詞

fork /fɔ:k/ *n.* **1** instrument with long points at the end, for lifting food to your mouth 叉; 叉子 **2** tool for digging soil, lifting plants, etc. 耙 **3** place where a road, river, etc. divides into two parts (路、河等)岔口; 岔流: *At the fork you must take the left road.* 到三岔路口, 你必須走左邊那條路。

forlorn /fə'lɔ:n/ *adj.* sad and lonely 可憐的; 孤獨的; 絕望的: *the forlorn face of a lost child* 迷路的孩子可憐的表情

form [1] /fɔ:m/ *n.* **1** shape of someone or something, not clearly seen 外形; 樣子: *We could just see the form of a man in the darkness.* 我們只能看見在暗處有個人影。**2** sort; kind 種類; 形式: *Football and tennis are forms of sport.* 足球和網球是運動的種類。**3** printed paper with spaces where you can write your name, etc. 表格; 格式紙: *an application form for a job* 求職申請表 **4** school class 年級: *Joe is in Form 4.* 喬唸中學四年級。

form [2] *v.* **1** make something; give a shape to something 構成; 排列: *The girls formed a line at the door.* 女孩子在門口站成一行。**2** think of something 想出; 作出: *The boys formed a plan to visit Stratford.* 男孩子定了參觀斯特拉福的計劃。 **3** take shape; grow 形成; 養成: *The idea began to form in his mind.* 他腦子裏開始形成這個意念。**4** start a group, etc. 組織; 建立: *Bill wants to form a football team.* 標想組織一隊足球隊。

formal /'fɔ:ml/ *adj.* that is for a special,

important time 正式的; 禮儀上的: *My mother wore a long dress because it was a formal meal.* 那是一次正式宴請, 因此母親穿起了長禮服。

former /ˈfɔːmə(r)/ *adj.* of an earlier time; that came before 以前的; 原先的: *William went to university and forgot his former friends.* 威廉進了大學, 便忘記了舊朋友。 **formerly** *adv.* **former** *pron.*

fort /fɔːt/ *n.* strong building that helped to keep the people inside safe from their enemies long ago 堡壘; 要塞: *The Romans built a fort at York.* 羅馬人在約克郡建了一座堡壘。

fortieth /ˈfɔːtɪəθ/ *adj.* 40th 第四十: *my father's fortieth birthday* 我父親的四十歲生日

fortification /ˌfɔːtɪfɪˈkeɪʃn/ *n.* strong walls and banks of earth that help to keep a place safe from the enemy 防禦工事(如城池、碉堡等)

fortify /ˈfɔːtɪfaɪ/ *v.* built walls etc. round a place to make it strong 築防禦工事; 設防

fortnight /ˈfɔːtnaɪt/ *n.* two weeks 兩星期: *I'm going on holiday for a fortnight.* 我要休假兩星期。 **fortnightly** *adj.* done or happening every two weeks 兩週一次的: *a fortnightly visit* 兩週一次的拜訪 **fortnightly** *adv.*

fortress /ˈfɔːtrɪs/ *n.* (*pl.* fortresses) strong building or town that helped to keep the people inside safe from their enemies long ago 古城堡; 堡壘

fortunate /ˈfɔːtʃənət/ *adj.* luckly 幸運的 **fortunately** *adv.*: *His car was smashed but fortunately he wasn't killed.* 他的車撞壞了, 幸而他没喪命。

fortune /ˈfɔːtʃuːn/ *n.* **1** what happens to someone or something as life goes on 命運; 運氣: ***tell someone's fortune***, say what will happen to someone in the future 算命: *The old lady looked at my hand and told my fortune.* 老婦人看看我的手, 替我算命。 **2** good luck 好運; 走運 **3** a lot of money 財富: *My grandfather made a fortune and was very rich when he died.* 我祖父發了財, 死的時候很有錢。

forty /ˈfɔːtɪ/ *n.* (*pl.* forties) number 40 四十 **forty** *adj.*: *There are forty houses in this street.* 這條街上有四十幢房子。

forward¹ /ˈfɔːwəd/ *adj.* **1** onward; to the front 向前的; 前進的: *Mick went forward to get his prize.* 敏走上前領奬。 **2** onwards in time 早的; 預期的 ***look forward to***, think with pleasure about something that will happen 期待; 盼望: *I'm looking forward to my holiday next week.* 我期待下週休假。

forward² n. front-line player in football, hockey, etc. (足球、曲棍球等)前鋒

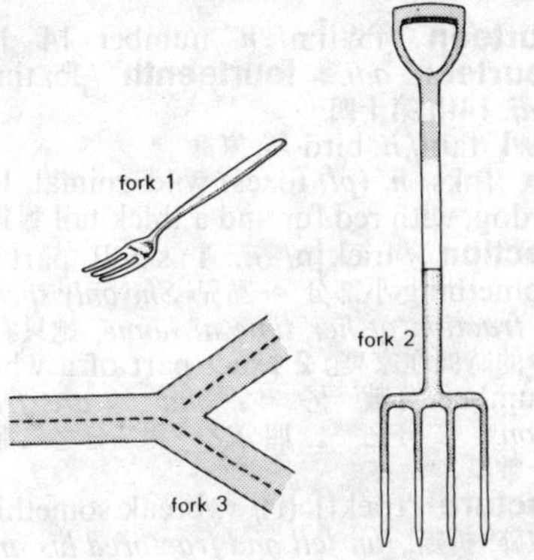

forward³ *v.* send letters, etc. to someone's new address 轉寄(信件等): *Please forward my post to me while I'm in Liverpool.* 我在利物浦期間, 請將信件轉寄給我。

forwards /ˈfɔːwədz/ *adv.* to the front 向前; 朝前方: *When you are driving a car you must look forwards.* 開車時要向前看。

fought /fɔːt/ *past part. & past tense* of *v.* fight 動詞 fight 的過去分詞和過去式

foul¹ /faʊl/ *adj.* **1** dirty; with a bad smell or taste 骯髒的; 難聞的: *a foul stink* 難聞的臭味 **2** bad 卑鄙的; 下流的: *foul language* 下流話; 粗話 **3** wicked; evil 罪惡的; 邪惡的: *Murder is a foul crime.* 謀殺是邪惡的罪行。 **4** stormy; rainy 暴風雨的; 險惡的: *foul weather* 惡劣的天氣

foul² *v.* do something against the rules of a game, e.g. football (比賽中)犯規: *He was sent off the field for fouling.* 他因犯規被罰出場。 **foul** *n.*

found¹ /faʊnd/ *past part. & past tense* of *v.* find 動詞 find 的過去分詞和過去式

found² *v.* start a group, school, business, etc. 建立; 創辦: *Henry VIII founded the Church of England.* 亨利八世創建了英國國教。 **founder** *n.* someone who starts a group, etc. 始創人; 創立者: *Baden-Powell was the founder of the Boy Scout Movement.* 巴敦鮑威爾是童軍運動的創始者。

foundation /faʊnˈdeɪʃn/ *n.* **1** (no *pl.*) starting a group, building, etc. 建立; 創辦: *the foundation of a new school* 創辦一所新學校 **2**, **foundations** (*pl.*) strong parts of a building which you build first under the ground 地基; 基礎

fountain /ˈfaʊntɪn/ *n.* water in a garden or park that springs high in the air and falls down again 噴泉

fountain-pen /ˈfaʊntɪn pen/ *n.* pen with a tube of ink inside 自來水筆; 鋼筆

four /fɔː(r)/ *n.* number 4 四 ***on all fours***, on your hands and knees 匍匐; 爬行: *Babies crawl on all fours.* 嬰兒爬行。 **four** *adj.*: *A chair has four legs.* 椅子有四條腿。

fourth /fɔːθ/ *adj.* 4th 第四

fourteen /ˌfɔːˈtiːn/ *n.* number 14 十四 **fourteen** *adj.* **fourteenth** /ˌfɔːˈtiːnθ/ *adj.* 14th 第十四

fowl /faʊl/ *n.* bird 鳥; 家禽

fox /fɒks/ *n.* (*pl.* foxes) wild animal, like a dog, with red fur and a thick tail 狐狸

fraction /ˈfrækʃn/ *n.* **1** small part of something 小部分; 一點兒: *She only spends a fraction of her time at home.* 她只有很少的時間在家裏。**2** exact part of a whole number 分數: *½, ¼, and ⅔ are fractions.* 二分之一、四分之一和三分之二都是分數。

fracture /ˈfræktʃə(r)/ *v.* break something 破碎; 折斷: *Ian fell and fractured his arm.* 毅恩跌了一交、胳臂骨折斷了。**fracture** *n.*

fragile /ˈfrædʒaɪl/ *adj.* that will break easily 易碎的: *fragile glass* 易碎的璃玻

fragment /ˈfrægmənt/ *n.* small piece that has broken off something 碎片; 斷片: *Lorraine dropped the vase but we picked up all the fragments.* 羅瑞茵摔了花瓶, 我們把碎片都拾了起來。

frail /freɪl/ *adj.* weak in the body 虛弱的; 體弱的: *a frail old man* 體弱的老人

frame /freɪm/ *n.* **1** strong bars of wood, metal, etc., that give the main shape to something 骨架; 構架: *A modern tent has cloth walls over a metal frame.* 現在帳蓬都是在金屬架上蓋布作牆。**2** thin edge of wood, metal, etc. round a picture, door, mirror, or the glass in spectacles 框子; 框架

frantic /ˈfræntɪk/ *adj.* wild with anger, pain, joy, etc. (因憤怒、痛苦等)發狂的; 狂亂的: *We heard frantic cries for help.* 我們聽到求救的狂呼聲。**frantically** *adv.*

fraud /frɔːd/ *n.* **1** (no *pl.*) doing things in a way that is not honest 欺騙; 欺詐: *The bank clerk got money by fraud.* 那個銀行職員騙取金錢。**2** (*pl.* frauds) something done that is not honest; something that is not what someone says it is 欺詐行爲; 詭計: *This medicine is a fraud – it's only water.* 這藥是騙人的東西——只是水而已。**3** (*pl.* frauds) someone who is not what he seems 騙子: *He says he's a policeman but I think he's a fraud.* 他說他是警察, 但我看他是個騙子。

frayed /freɪd/ *adj.* worn or ragged 磨損的; 破舊的: *old, frayed clothes* 破舊的衣服

freckle /ˈfrekl/ *n.* tiny, brown mark on the skin 雀斑; 斑點: *People with red hair often have freckles on their faces.* 紅頭髮的人臉上往往有雀斑。

free¹ /friː/ *adj.* **1** able to do what you want and go where you want; not in prison; not in the control of another person 自由的; 不受約束的 **2** not fixed 不固定的: *Tie one end of the rope to the tree and leave the other end free.* 將繩子的一端繫在樹上, 另一端不繫。**3** that costs nothing 免費的; 免稅的: *a free ticket* 一張免費的票 **4** not busy; not working, etc. 不忙的; 空閒的: *Will you be free this afternoon?* 你今天下午有空嗎? ***free from***, not having something 沒有…的: *'Well done, Robert, your sums are free from mistakes today!'* "洛培, 你今天算術做得好, 沒有錯誤。" ***free to***, allowed to do something that you want to do 隨…的意; 無拘束的: *When the work is finished you are free to go home.* 工作幹完後, 你可以隨便回家。***free with***, ready to give a lot of something 大方的; 不吝嗇的: *He is free with his money.* 他用錢很大方。***set free***, let a person or animal go out of a prison, etc. 釋放; 使自由

free² *v.* **1** let a person or animal go out of a place where it was a prisoner 釋放; 使自由: *I wish I could free that bird from its cage.* 我要是能把那隻鳥從籠子裏放掉就好了。**2** make someone free from control of another person 使擺脫; 解放

freedom /ˈfriːdəm/ *n.* (no *pl.*) being free 自由: *In 1863 Lincoln gave freedom to all American slaves.* 1863年林肯使美國所有的奴隸都獲得了自由。

freeze /friːz/ *v.* (*past part.* frozen /ˈfrəʊzn/, *past tense* froze /frəʊz/) **1** be so cold that it turns to ice or is hard like ice 結冰; 凝固: *In Russia, the sea sometimes freezes in winter.* 在俄國, 海水到冬天有時結成冰。**2** feel very cold 感到極冷: *I must put a warm pullover on because I'm freezing.* 我都凍壞了, 得穿件暖和的羊毛衫。***freeze to death***, be so cold that you die 凍死 **3** stay very still 不動地呆着: *The cat froze when it saw the bird.* 貓看見鳥, 一動也不動。

freezer /ˈfriːzə(r)/ *n.* machine that makes food very cold, like ice, so that it will stay fresh for a long time 冰箱; 冷藏庫

freight /freɪt/ *n.* (no *pl.*) goods that a ship or train, etc. transports (船、火車等運的)貨物

frequent /ˈfriːkwənt/ *adj.* happening often 時常發生的; 頻繁的: *My girlfriend writes frequent letters to me.* 我的女朋友常常寫信給我。**frequently** *adv.*

fresh /freʃ/ *adj.* **1** not old; newly made, grown, etc. 新鮮的: *These are fresh eggs that I bought from the farm today.* 這些新鮮雞蛋是我今天從農場買回來的。**2** not out of a tin 非罐頭製品: *fresh fruit* 新鮮水果; **3** new; not used 新的; 未用過的: *I'll write my letter on a fresh piece of paper.* 我要用一張乾淨的紙寫信。**4** cool; clean 涼爽的; 清爽的: *fresh air* 新鮮空氣 **fresh water**, not sea water 淡水

Friday /ˈfraɪdeɪ/ *n.* sixth day in the week 星期五

fridge /frɪdʒ/ *abbrev.* refrigerator; cold cupboard for food 冰箱; 冷藏箱
fried /fraɪd/ *adj.* cooked in hot oil 油炸的: *fried fish* 炸魚
friend /frend/ *n.* someone whom you know and like well 朋友: ***make friends with***, become a friend of someone 與…交朋友 **friendship** *n.* being friends; having someone as your friend 友情; 友誼
friendly /'frendlɪ/ *adj.* kind; helpful; showing that you like someone 友善的; 和氣的: *a friendly smile* 友善的微笑
fright /fraɪt/ *n.* sudden fear 驚嚇; 恐怖
frighten /'fraɪtn/ *v.* make someone afraid 嚇唬; 使驚恐: *Don't shout or you'll frighten the baby.* 別大聲嚷, 你會嚇着孩子的。 **frightened** /'fraɪtnd/ *adj.*: *She is crying because she is frightened.* 她正在哭, 因爲被嚇着了。
frightening /'fraɪtnɪŋ/ *adj.* making people afraid 嚇人的: *frightening news from the war* 從戰場傳來的可怕消息
frightful /'fraɪtfl/ *adj.* **1** very bad; terrible 可怕的; 嚇人的: *a frightful crash* 一次可怕的撞車意外 **2** not pleasing; ugly 討厭的; 醜陋的: *What a frightful hat that is!* 那頂帽子多醜啊!
fringe /frɪndʒ/ *n.* **1** edge of loose, hanging threads, etc. 毛邊; 穗子: *The table-cloth has a white fringe.* 這桌布有白色穗子。 **2** short hair that hangs over the forehead 劉海 **3** edge of a place 邊緣: *Our house is on the fringe of the forest.* 我們的房子座落在森林的邊緣。
fro /frəʊ/ *adv.* ***to and fro***, backwards and forwards 來來回回; 來來往往: *The bus travels to and fro between London and Brighton.* 這趟公共汽車來往於倫敦與布來頓之間。
frock /frɒk/ *n.* dress for a woman or girl 女裝上衣
frog /frɒg/ *n.* small, jumping animal that lives in water and on land 蛙
from /frɒm/ *prep.* **1** word that shows where someone or something starts (表示起點) 從; 自: *We travelled to London from Edinburgh.* 我們從愛丁堡旅行到倫敦。 **2** word that shows when someone or something starts (表示開始的時間)從…起: *He works from nine o'clock until five o'clock.* 他從九點工作到五點。**3** word that shows how far away something is (表示距離)距; 離: *The house is two kilometres from the village.* 這所房子離村子兩公里遠。 **4** word that shows who gave or sent something (表示來源)從…來: *a letter from Trevor* 從德峰來的信 **5** word that shows the place where you find something (表示發源地)從; 由: *water from the tap* 龍頭裏流出來的水 **6** word that shows how something is changing (表示轉變): *The sky changed from blue to grey.* 天空由藍變灰。**7** word that shows why (表示原因) 由於; 因爲: *The child cried from hunger.* 這孩子餓得哭了起來。**8** word showing the lowest number, price, etc. (表示最小數目、價格等): *Our handbags cost from $50 to $800.* 本店的手提包最便宜的五十元, 最貴的八百元。

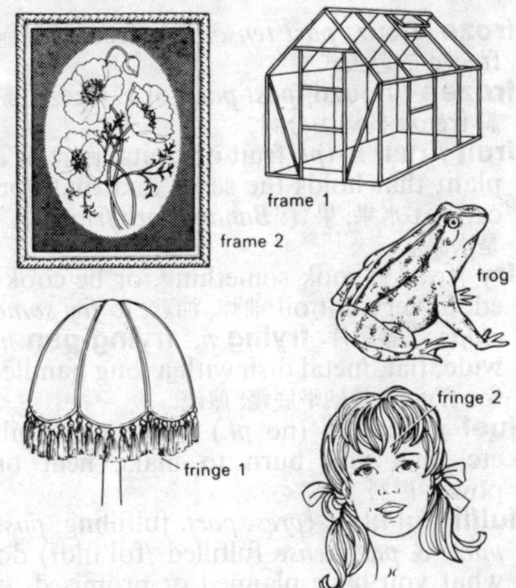

front¹ /frʌnt/ *adj.* furthest from the back; first 最前部; 前面: *the front row of desks* 前排的桌子
front² *n.* part that looks forwards; part that is ahead of others 前面; 前部: *She found a seat at the front of the train.* 她在火車前頭找到一個座位。 ***in front of***, (***a***) facing someone or something 在…前面: *Brian was sitting in front of the television.* 布萊恩坐在電視機前面。 (***b***) when certain other people are there 當着…的面: *Don't cry in front of your friends.* 别在你的朋友面前哭。
frontier /'frʌntɪə(r)/ *n.* border; where one country meets another country 邊界; 國境: *We must show our passports at the frontier.* 在邊境我們必須出示護照。
frost /frɒst/ *n.* (no *pl.*) thin, white cover of ice on the ground, plants, etc. in very cold weather 霜: *The frost kills flowers.* 霜把花凍死了。 **frosty** *adj.*: *frosty air* 寒冷的空氣 **frost-bite** /'frɒst baɪt/ *n.* where frost damages the body 霜害; 凍傷
froth /frɒθ/ *n.* (no *pl.*) white mass of tiny bubbles 泡沫: *the froth on a glass of beer* 浮在啤酒上的泡沫 **froth** *v.* **frothy** *adj.*: *frothy water* 有泡沫的水
frown /fraʊn/ *v.* move the eyebrows together when angry, worried, thinking, etc. 皺眉: *Frank frowned when he saw the scratch on his new car.* 富林看見他的新汽車上劃了一道痕, 皺起了眉頭。 **frown** *n.*

froze /frəʊz/ *past tense* of *v.* freeze 動詞 freeze 的過去式

frozen /'frəʊzn/ *past part.* of *v.* freeze 動詞 freeze 的過去分詞

fruit /fru:t/ *n.* (*pl.* fruit or fruits) part of a plant that holds the seeds and that you can eat 水果; 果實: *Bananas are fruit.* 香蕉是水果。

fry /fraɪ/ *v.* cook something, or be cooked, in very hot oil 油炸; 油煎: *to fry some chips* 炸點薯片 **frying** *n.* **frying-pan** *n.* wide, flat, metal dish with a long handle, for frying 長柄平底鍋; 煎鍋

fuel /'fju:əl/ *n.* (no *pl.*) wood, coal, oil, etc. that you burn to make heat or power 燃料

fulfil /fʊl'fɪl/ *v.* (*pres. part.* fulfilling, *past part. & past tense* fulfilled /fʊl'fɪld/) do what you have planned or promised 完成; 履行: *When Stephen grew up, he fulfilled his hopes and became a doctor.* 思廸文長大成人後, 實現了當醫生的願望。

full /fʊl/ *adj.* **1** holding as much as it can 滿的; 充滿的: *We can't go into the theatre because it is full.* 電影院滿座了, 我們不能進去。**2** complete; with nothing missing 完全的; 完整的: *Please tell me the full story.* 請將事情的始末告訴我。**3** as much, great, etc. as possible 盡可能多(大); 十足的: *The train was travelling at full speed.* 火車全速前進。***in full***, saying everything and not leaving out anything 全部地; 詳細地: *Please tell me the story in full.* 請將這件事情從頭到尾講給我聽。***full up***, with no space for others 全滿; 滿座: *The bus was full up so we waited for the next one.* 那趟公共汽車裏擠得滿滿的, 所以我們等下一輛。

full stop /ˌfʊl 'stɒp/ *n.* punctuation mark (.) that shows the end of a sentence 句號

full-time /'fʊl taɪm/ *adj.* that takes all your working hours 全部時間的: *My brother has a full-time job but I work only in the mornings.* 我哥哥整日工作, 我只在上午工作。

fully /'fʊlɪ/ *adv.* totally; completely 完全地; 十分: *I fully agree with you.* 我完全同意(你的意見)。

fumble /'fʌmbl/ *v.* move the hands in an unsure way, to do or get something 亂摸; 摸索: *In the dark, I fumbled for the key.* 我在黑暗中摸索着找鑰匙。

fun /fʌn/ *n.* (no *pl.*) what you like doing, seeing, or hearing 娛樂; 樂趣: *We had such fun at the festival!* 節日裏我們玩得快樂極了! ***in fun, for fun***, as a joke 開玩笑地; 爲了好玩: *I didn't want to make Sue cry – I shut her in the cupboard for fun.* 我並不想讓素娥哭, 我把她關在櫥裏只是開開玩笑。***make fun of***, laugh at someone in an unkind way 取笑; 開玩笑: *They made fun of Robert's big ears.* 他們拿洛培的大耳朵開玩笑。

function¹ /'fʌŋkʃn/ *n.* **1** special work done by someone or something 功能; 作用: *The function of the heart is to send blood round the body.* 心臟的功能就是向全身輸送血液。**2** event; happening 集會; 儀式: *Our sports day is the most important function of the year.* 運動日是我們一年裏最盛大的活動。

function² *v.* work 起作用; 運行: *I couldn't ring you because the phone wasn't functioning.* 我没法打電話給你, 因爲電話壞了。

fund /fʌnd/ *n.* sum of money for something special 專款; 基金: *The money from the school concert will go into the swimming-pool fund.* 學校舉行音樂會的收入, 將作爲建游泳池的基金。

funeral /'fju:nərəl/ *n.* burying or burning a dead person 喪葬; 葬禮

funnel /'fʌnl/ *n.* place where smoke comes out of a railway engine, ship, etc. (火車、輪船等)煙囱

funny /'fʌnɪ/ *adj.* **1** making you smile and laugh 滑稽可笑的; 有趣的: *a funny story* 趣事 **2** strange 稀奇的; 古怪的: *That meat has a funny smell.* 那塊肉有股怪味。 **funnily** *adv.* strangely 奇怪地

fur /fɜ:(r)/ *n.* **1** (no *pl.*) soft, thick hair on animals (獸類的)軟毛 **2** (*pl.* furs) animal skin with the fur on it, which you wear 毛皮 **furry** *adj.*

furious /'fjʊərɪəs/ *adj.* very angry 狂怒的; 激烈的: *Adam was furious with me when I broke his watch.* 我把亞當的錶摔壞了, 他對我大發雷霆。 **furiously** *adv.* wildly 瘋狂地; 狂暴地

furnace /'fɜ:nɪs/ *n.* very hot fire in a closed place for making steel, glass, etc. 爐子; 高爐; 熔爐

furnish /'fɜ:nɪʃ/ *v.* put tables, chairs, etc. into rooms (用家具)佈置 **furnished** /'fɜ:nɪʃt/ *adj.* with furniture 備有家具的: *a furnished flat* 備有家具的出租套間

furniture /'fɜ:nɪtʃə(r)/ *n.* (no *pl.*) tables, chairs, beds, cupboards, etc. (總稱)家具: *Mr. and Mrs. Shaw have bought some modern furniture for their living-room.* 蕭家夫婦買了些新式家具佈置客廳。

further¹ /'fɜ:ðə(r)/ *adj.* more; extra 更多的; 另外的: *Do you need any further help?* 你還需要其他幫助嗎?

further² *adv.* a longer way 更遠; 較遠地: *I was too tired to go further so I stopped.* 我太累不能再往前走, 所以停了下來。

fury /'fjʊərɪ/ *n.* (no *pl.*) **1** great anger 狂暴; 狂怒: *To my fury, I saw that the dog had taken our meat.* 看見狗把肉叼走了, 我勃然大怒。**2** being strong and wild 劇烈; 猛烈: *the fury of the storm* 暴風雨的狂怒

fuse /fju:z/ *n.* part of an electrical system

保險絲; 熔絲

fuss /fʌs/ *n.* (no *pl.*) **1** worry or trouble about small things 大驚小怪; 忙亂: *She makes a fuss when I'm five minutes late.* 我遲到了五分鐘, 她就大驚小怪。**2** happy excitement 興奮; 激動 ***make a fuss of someone***, give a lot of help, care, etc. to someone 多方幫助; 備加照顧: *When Eric came out of hospital his friends made a great fuss of him.* 艾力從醫院出來後, 朋友們對他照顧備至。**fuss** *v.*: *Don't fuss over your children too much.* 不要過分關心你的孩子。**fussy** *adj.*: *a fussy mother* 一位操心瑣事的媽媽

future /ˈfjuːtʃə(r)/ **1** (no *pl.*) time that is coming 將來; 未來 **2** (*pl.* futures) what will happen in coming time 前途: *I wish you a happy future.* 祝你前程錦繡。***in future***, from now 將來; 從此以後: *In future meetings will start ten minutes earlier.* 今後會議要提前十分鐘開始。**future** *adj.* of the time that will be 未來的; 將來的: *Peter's future wife* 彼得的未來妻子 **future tense**, form of a verb that shows future time (語法)將來式: *In 'David will arrive tomorrow', the verb is in the future tense.* 在 David will arrive tomorrow 這句話中, 動詞是將來式。

Gg

gabble /ˈgæbl/ *v.* talk quickly and not clearly 急促不清地說話 **gabble** *n.*

gag /gæg/ *n.* something that you put over someone's mouth to stop him speaking 塞口物; 堵口物 **gag** *v.* (*pres. part.* gagging, *past part.* & *past tense* gagged /gægd/) put a gag on someone 以物塞住…的嘴: *The thieves gagged the bank manager.* 劫匪用東西堵住了銀行經理的嘴。

gaiety /ˈgeɪətɪ/ *n.* (no *pl.*) being or looking happy and full of fun 歡樂; 愉快: *Christmas is a time of gaiety.* 聖誕節是歡樂的日子。

gaily /ˈgeɪlɪ/ *adv.* happily; brightly 愉快地; 華麗地: *She smiled gaily.* 她愉快地笑了。

gain /geɪn/ *v.* **1** get what you want or need 獲得; 贏得: *Bill gained first prize for swimming.* 標游泳贏得第一。**2** get more of something 增加; 漸增 *She was weak after her illness but is now gaining strength.* 她病後虛弱, 不過現時體力正在恢復。

gala /ˈgɑːlə/ *n.* special day for sports, shows, etc. 節日; 盛會: *a swimming gala* 游泳比賽大會

gale /geɪl/ *n.* very strong wind 强風

gallant /ˈgælənt/ *adj.* **1** brave 勇敢的 **2** polite and kind to women (對女子)獻殷勤的 **gallantly** *adv.*

gallery /ˈgælərɪ/ *n.* (*pl.* galleries) **1** long room in a big house or palace 長廊: 走廊 **2** room or building for showing pictures 畫廊: *the Tate Gallery* 泰特畫廊

gallon /ˈgælən/ *n.* measure of liquid = 4.5 litres 加侖(=4.5升): *This car tank holds 8 gallons of petrol.* 這輛汽車的油箱能裝八加侖汽油。

gallop /ˈgæləp/ *v.* ride or run very fast 飛跑; 奔馳: *The horses galloped along the road.* 那幾匹馬沿着公路疾馳。**gallop** *n.*

gallows /ˈgæləʊz/ *n.* (*pl.*) place where criminals were hanged in the past 絞刑架; 絞臺

gamble /ˈgæmbl/ *v.* **1** play games of chance for money 賭博: *He lost all his money when he gambled at Monte Carlo.* 他在蒙地卡羅賭博時把錢輸光了。**2** take a chance in business, etc. 投機; 冒險 **gamble** *n.* risk 冒險: *This new plan is a gamble.* 這個新計劃很冒險。

gambler /ˈgæmblə(r)/ *n.* someone who plays games of chance for money 賭博者; 賭徒

game¹ /geɪm/ *n.* **1** playing something with rules 遊戲; 運動: *a game of cards* 紙牌遊戲 **2** secret plan or trick 策略; 花招: *I wonder what his game is?* 我不知他耍什麼花招? ***give the game away***, tell or show a secret 洩露秘密: *I didn't tell her about the accident, but the blood on my jacket gave the game away.* 我並沒有告訴她出了事, 但我衣服上的血跡暴露了秘密。

game² *n.* (no *pl.*) animals and birds that people shoot and eat 獵物; 野味 **big game**, big animals that people shoot for sport 大獵物

games /geɪmz/ *n.* (*pl.*) sports; sports competition 運動會: *the Olympic Games* 奥林匹克運動會

gang [1] /gæŋ/ *n.* **1** group of people working togehter (勞動者)隊; 組: *a gang of road menders* 一羣修路工人 **2** group of people who do bad things together (歹徒)幫: *a gang of robbers* 一幫盜賊 **3** group of friends 一夥人

gang [2] *v.* get together in a group 聯羣結隊 ***gang up on*** or ***against someone***, get in a group against another person 聯合起來對付某人: *Rick was unhappy because the other boys were ganging up on him.* 阿禮很不高興, 因爲其他男孩聯合起來對付他。

gangster /ˈgæŋstə(r)/ *n.* one of a group of bad people who use guns 暴徒; 歹徒: *Al Capone was a Chicago gangster.* 阿爾坎布恩是芝加哥的一名歹徒。

gangway /ˈgæŋweɪ/ *n.* bridge that you put from the side of a ship to the land (船的)跳板; 舷梯

gaol /dʒeɪl/ *n.* jail; prison 監獄 **gaol** *v.* put someone in prison 監禁; 囚禁: *The judge gaoled the thief for two years.* 法官判處小偷兩年徒刑。 **gaoler** *n.* someone whose job is to stop people getting out of prison 監獄看守

gap /gæp/ *n.* opening, break, or empty place where something usually is 缺口; 空隙: *The sheep got out through a gap in the fence.* 羊從籬笆的裂縫鑽出去了。

gape /geɪp/ *v.* look at something with your mouth open because you are surprised 張口驚視: *Colin gaped when he saw the huge aeroplane.* 科林看見巨大的飛機, 吃驚得目瞪口呆。 **gaping** *adj.* wide open 張口; 裂開: *a gaping hole* 大得驚人的坑

garage /ˈgærɑ:ʒ/ *n.* **1** building where you keep a car 汽車房 **2** place where you take a car to buy petrol and have repairs, etc. 修車廠

garden [1] /ˈgɑ:dn/ *n.* **1** piece of open land by your house where you grow flowers, fruit, and vegetables (花、果、菜) 園子: *They are playing with a ball in the garden.* 他們在花園裏玩球。 **2 gardens** (*pl.*) public park 公園: *Kensington Gardens* 肯辛頓公園

garden [2] *v.* grow flowers, etc. 種花; 種菜 **gardening** *n.*: *My mother enjoys gardening.* 我母親喜歡園藝。 **gardener** *n.* someone who grows plants 園林工人; 園丁

garlic /ˈgɑ:lɪk/ *n.* (no *pl.*) plant with a strong taste and smell, that you put in cooking 大蒜

garment /ˈgɑ:mənt/ *n.* piece of clothing 衣服; 服裝: *Socks, blouses, and skirts are all garments.* 短襪、女襯衫和裙子都是衣着用品。

gas /gæs/ *n.* **1** (*pl.* gases) anything like air that you cannot see 氣體 **2** (no *pl.*) something like air, that burns to make light and heat 煤氣: *She cooks with gas.* 她用煤氣燒飯。

gash /gæʃ/ *n.* (*pl.* gashes) long, deep cut in the body (深長的) 傷口 **gash** *v.*: *He gashed his leg on the broken bottle.* 他的腿被破瓶子刺了一道很深的傷口。

gasp /gɑ:sp/ *v.* **1** take in a short, quick breath with the mouth open because you are surprised (因驚愕) 透不過氣; 屏息: *The crowd at the circus gasped when the lion jumped on the trainer.* 看馬戲的觀衆見獅子撲到馴獸師身上, 都屏住了呼吸。 **2** try to get breath 喘氣; 喘息: *He was gasping when they pulled him out of the water.* 人們把他從水中撈出來時, 他只有奄奄一息。 **gasp** *n.*: *a gasp of surprise* 驚嘆

gate /geɪt/ *n.* thing that closes over an opening in a wall outside 大門; 籬笆門: *Please close the gate so that the cattle cannot get out of the field.* 請把圍欄門關好, 免得牛隻跑到牧場外。

gateway /ˈgeɪtweɪ/ *n.* opening that can be closed with a gate 大門口; 外門入口處

gather /ˈgæðə(r)/ *v.* **1** meet; come together in a group 聚集; 集合: *Thousands of people gathered for the pop festival.* 成千上萬的人聚集來參加流行音樂會。 **2** bring people or things together 採集; 收穫: *In September the farmers gather the corn.* 農民九月份收割玉米。 **3** understand something 推測; 了解: *Did you gather what Eric was saying?* 你聽出艾力說什麼嗎?

gathering /ˈgæðərɪŋ/ *n.* meeting of many people 集會; 聚集

gaudy /ˈgɔ:dɪ/ *adj.* with too many colours; too bright 華麗的; 俗艷的: *gaudy clothes* 過於華麗的衣服 **gaudily** *adv.*

gauge [1] /geɪdʒ/ *n.* instrument that measures how big, long, fast, etc. something is 量規; 量器; 表: *a rain gauge* 雨量器

gauge [2] *v.* measure something exactly (用量具) 測量; 測定

gave /geɪv/ *past tense* of *v.* give 動詞 give 的過去式

gay /geɪ/ *adj.* **1** happy; full of fun; making you happy, etc. 歡樂的; 愉快的: *We can hear gay music and laughter from the party.* 我們聽得到晚會上傳來愉快的音樂和笑聲。 **2** with a lot of colour 鮮亮的; 艷麗的: *gay flowers* 鮮艷的花朵

gaze /geɪz/ *v.* look at someone or something for a long time 凝視; 盯: *In a train I like to sit and gaze out of the window.* 在火車上我喜歡坐着凝視窗外。

gear /gɪə(r)/ *n.* **1** (*pl.* gears) set of wheels, with teeth that work together, in a machine. In a car they connect the road wheels to the engine 齒輪; 排擋: *You change gear when you want to go faster or more slowly.* 你要加速或減速時就換擋。 **2** (no *pl.*) special clothes or things that you need for a job or sport 工作服; 工具: *He can't play cricket because he has left his gear at home.* 他打不成板球, 因爲他把球拍等用品都遺留在家裏。

geese /giːs/ (*pl.*) of *n.* goose 名詞 goose 的複數

gem /dʒem/ *n.* jewel; precious stone 珠寶; 寶石: *Diamonds and rubies are gems.* 鑽石和紅寶石都是寶石。

gender /ˈdʒendə(r)/ *n.* being masculine, feminine, or neuter in grammar (語法) 性: *'She' is a pronoun of the feminine gender.* She 是陰性的人稱代詞。

general[1] /ˈdʒenrəl/ *adj.* **1** of all, not just of one 普遍的; 全體的: *In a general election, we choose all the members of parliament.* 大選時, 我們選舉所有的國會議員。**2** usual; happening everywhere or all the time 一般的; 常有的; 普通的: *Cold weather is general in Britain in the winter.* 冬天英國的氣候一般都很寒冷。**3** not in detail 大體的; 籠統的: a general report 概括的報告 ***in general***, usually 一般地; 大體上

general[2] *n.* senior army officer 將軍

generally /ˈdʒenrəlɪ/ *adv.* usually; mostly 通常地; 一般地: *British children generally have lunch at school.* 英國兒童一般都在學校裏吃午飯。

generation /ˌdʒenəˈreɪʃn/ *n.* **1** the children, or the parents, or the grandparents, in a family 世代; 一代: *Three generations live in our house.* 我家三代人住在一起。**2** all the people who were born at about the same time 一代人: *The older generation doesn't like pop music.* 老一輩的人不喜歡流行音樂。

generosity /ˌdʒenəˈrɒsətɪ/ *n.* (no *pl.*) liking to give things to others 大方; 慷慨

generous /ˈdʒenrəs/ *adj.* **1** liking to give things to people 大方的; 慷慨的: *Aunt Isabel is generous and gives us a lot of presents.* 伊莎蓓姨媽很大方, 給我們許多禮物。**2** large 豐富的; 豐盛的: *a generous meal* 豐盛的一餐 **generously** *adv.*

genius /ˈdʒiːnɪəs/ *n.* (*pl.* geniuses) very clever person 天才; 英才: *Einstein was a genius.* 愛因斯坦是天才。

gentle /ˈdʒentl/ *adj.* **1** kind and soft; not rough or wild 温和的; 温柔的: *Mothers are gentle with their babies.* 母親對嬰兒總是温柔體貼的。**2** that moves softly; that feels soft 輕柔的; 柔和的: *a gentle breeze* 微風; 和風 **gently** *adv.* **gentleness** *n.*

gentleman /ˈdʒentlmən/ *n.* (*pl.* gentlemen) **1** man who is kind, polite, and honest 彬彬有禮的人; 紳士; 有教養的人 **2** any man 男人

genuine /ˈdʒenjʊɪn/ *adj.* true; real 真正的; 名副其實的: *Those aren't genuine diamonds – they're pieces of glass!* 那不是真鑽石——是幾塊玻璃! **genuinely** *adv.*

geography /dʒɪˈɒgrəfɪ/ *n.* (no *pl.*) study of the earth, its mountains, rivers, plants, animals, etc. 地理學; 地理

geology /dʒɪˈɒlədʒɪ/ *n.* (no *pl.*) study of the history of rocks, soil, etc. 地質學; 地質

geometry /dʒɪˈɒmətrɪ/ *n.* (no *pl.*) mathematics of lines, shapes, etc. 幾何(學)

germ /dʒɜːm/ *n.* tiny, living thing that may bring illness 細菌; 病菌: *flu germs* 感冒病菌

gesture /ˈdʒestʃə(r)/ *n.* moving the hand or head to show what you want, feel, think, etc. 姿勢; 手勢: *A nod is a gesture.* 點頭是一種姿勢。

get /get/ *v.* (*pres. part.* getting, *past part. & past tense* got /gɒt/) **1** have something 有; 得到: *Nick's got blue eyes.* 阿立有一雙藍眼睛。**2** buy or take something 買: *We must get some more butter.* 我們要再買點牛油。**3** fetch someone or something 接人; 取東西: *Jenny will get the children from school.* 珍妮會到學校接孩子放學。**4** receive something 收到; 受到: *I got a lot of presents for my birthday.* 我收到了許多生日禮物。**5** catch an illness 感染(疾病): *Sarah got mumps from her brother.* 薩拉的弟弟患腮腺炎, 傳染給她了。**6** understand something 理解; 懂: *I don't get what you are saying.* 我不明白你說什麼。**7** become 變得; 成爲: *I'm getting cold – please close the window.* 我冷起來了, 請把窗子關上。**8** come or go somewhere 到; 抵達: *When will the train get to Cambridge?* 火車什麼時候到劍橋? **9** make someone or something move 移動; 弄來(去) *Quick, get the children out of the burning house!* 快點, 把孩子從着火的屋子裏弄出來! ***get about***, go or travel to many places 走動; 旅行: *The old man doesn't get about much these* *days.* 老人近來不怎麼走動了。***get at***, be able to reach or come to a place 拿得到; 到達: *I tried to pick the apple but I couldn't get at it.* 我想摘那蘋果, 但是拿不到。***get away***, leave; escape 離開; 逃脱: *Two tigers got away from the zoo last night.* 兩隻老虎昨夜逃出了動物園。 ***get away with,*** (***a***) do something safely, which usually brings trouble 幹壞事而未被發現: *He cheated in the exam and got away with it.* 他考試作弊, 並且避開懲罰。(***b***) steal or take something 偷; 帶走: *The thief got away with $50 000.* 那個盜賊偷走了五萬元。***get back***, return 回來: *I got back from my holiday yesterday.* 我昨天休完假回來。***get in***, come to a place 抵達: *The train got in late.* 火車遲了到站。***get someone in***, ask someone to come to the house 請…來家: *We got the doctor in to see our sick child.* 我們請醫生來家給孩子看病。***get into***, put clothes on 穿上衣物: *My shoes are too small – I can't get into them.* 我的鞋子太小了, 穿不進去。***get off,*** (***a***) leave 離開: *We must get off at once or we'll be late.* 我們必須馬上走, 否則要遲到了。(***b***) not be seriously punished, hurt, etc. 逃脱處罰或險境: *The thief got off with only a month in jail.* 那小偷只被囚了一個月就没事了。***get on***, words that show how work or a job is going 進展: *Philip is getting on well at school.* 菲力普在學校裏學習得不錯。***get on for***, be nearly 接近: *It's getting on for twelve o'clock.* 快到十二點了。***get on with someone***, work or live in a friendly way with someone 融洽相處: *Are you getting on with your new neighbours?* 你和新鄰居相處得融洽嗎? ***get on with something***, go on doing something 繼續: *Stop talking, and get on with your work!* 別講話了, 繼續工作吧! ***get out of***, not do something that you do not like 逃避; 躲掉: *I'll come swimming with you if I can get out of cleaning my bedroom.* 我要是能躲掉, 不用打掃房間, 就和你去游泳。***get your own back on someone***, do something to hurt someone who has harmed you 報復; 報仇: *She broke my watch and I got my own back on her by hiding her sandals.* 她把我的錶摔壞了, 我藏起她的涼鞋作爲報復。 ***get something ready***, prepare something 準備好: *Have you got the dinner ready?* 你把晚飯預備好了嗎? ***get through,*** (***a***) pass an examination, etc. 通過(考試); 及格: *Did you get through your driving test?* 你通過駕駛考試了嗎? (***b***) spend money 花費: *I got through $2 000 on holiday.* 我假期用了兩千元。(***c***) be able to speak to someone on the telephone (電話)打通: *I tried to ring Anne but I couldn't get through.* 我打電話給安妮, 可是打不通。***get to***, come to an idea or feeling 漸漸變得: *At first I didn't like my new job, but after a while I got to enjoy it.* 起初我不喜歡我的新工作, 但過了一段時間就漸漸喜愛了。***get someone to do something***, make someone do something, 讓某人做某事: *My boss got me to train the new secretary.* 我的老闆讓我訓練新來的秘書。***get a thing to do something***, make a thing do something 使得: *I can't get my car to start.* 我没辦法發動汽車。***get together***, meet; come together in a group 相聚; 聚集: *The whole family got together for Christmas.* 全家人團聚過聖誕節。***get up***, stand up; get out of bed 起立; 起牀: *It's time to get up, children!* 孩子們, 該起牀了! ***get up to,*** (***a***) do something, usually bad 幹(壞事); 亂鬧: *I must go and see what the children are getting up to.* 我得去看看孩子們在鬧些什麼。(***b***) come to a place in a book, etc. 談到; 唸到: *We got up to page 17 in our story today.* 這個故事我們今天唸到第十七頁。***have got to***, must do something 必須; 不得不: *I have got to leave soon.* 我馬上要走了。

ghastly /ˈgɑːstlɪ/ *adj.* **1** making you very afraid, very sad, or shocked 可怕的; 恐怖的: *a ghastly crash* 可怕的撞車意外 **2** very bad 很壞的; 糟透的: *a ghastly meal* 極差的一餐

ghost /gəʊst/ *n.* spirit of a dead person that a living person thinks he sees 鬼 **ghostly** *adj.* **1** very pale; like a ghost 蒼白的; 死人般的 **2** very strange 非常奇怪的: *a ghostly noise* 怪聲

giant /ˈdʒaɪənt/ *n.* **1** very big, tall man in stories (童話中的) 巨人: *the giant Goliath* 巨人歌利亞 **2** any person, animal, or plant that is bigger than usual 龐然大物; 大個子 **giant** *adj.*

giddy /ˈgɪdɪ/ *adj.* feeling sick in the head so that everything seems to be turning around you 頭暈的

gift /gɪft/ *n.* **1** present; something that you give to someone 禮物: *birthday gifts* 生日禮物 **2** something that you can do well, without learning it 天賦; 才能; 天資: *Nora has a gift for singing.* 諾拉有唱歌的天賦。

gigantic /dʒaɪˈgæntɪk/ *adj.* very big 巨大的

giggle /ˈgɪgl/ *v.* laugh in a silly way 傻笑 **giggle** *n.*

ginger[1] /ˈdʒɪndʒə(r)/ *adj.* with a light brown colour 淡赤黄色的: *a ginger cat* 一隻黄貓 **ginger** *n.*

ginger[2] *n.* plant with strong taste in cooking 薑 **gingerbread** *n.* dark brown cake with a hot taste 薑餅

gipsy /ˈdʒɪpsɪ/ *n.* (*pl.* gipsies) someone with dark hair and eyes who lives in a caravan and never stays long in one

place 吉普賽人
giraffe /dʒɪˈrɑːf/ *n.* big, wild animal with a very long neck and legs 長頸鹿
girl /gɜːl/ *n.* female child; young woman 女孩子; 姑娘 **girlfriend** *n.* girl who is the special friend of a boy or man 女朋友 **Girl Guide** *n.* member of a special club for girls 女童軍
give /gɪv/ *v.* (*past part.* given /ˈgɪvn/, *past tense* gave /geɪv/) **1** hand something to someone 遞給; 給: *Mother gave me a glass of milk.* 媽媽遞給我一杯牛奶。**2** let someone have something 給予: *They gave us a lovely holiday.* 他們讓我們渡過愉快的假期。**3** pay money for goods 付出: *I gave $60 for my new watch.* 我花了六十元買了這個新錶。**4** bring a feeling, etc. to someone 引起; 帶來: *The old car is giving a lot of trouble.* 這輛舊車總是出故障。**5** make or bring something 產生; 供給: *The sun gives light and heat.* 太陽發出光和熱。**6** send out a sound, noise, movement, etc. 出聲; 做…動作: *Diana gave a cry when she opened the letter.* 黛安娜一打開信就叫了一聲。**7** say that someone may have or do something 允許: *I'll give you ten minutes to change.* 我給你十分鐘換衣服。**8** use all your time, power, etc. to do something 獻出: *Schweitzer gave his life to helping sick people.* 史懷哲爲救助病者而獻上一生。**9** pass a sickness to someone else 傳染給: *Robert gave me his cold.* 洛培把傷風傳染給我了。**10** become weaker and less firm 垮下; 變弱: *The branch of the tree gave, but it did not break.* 樹枝經不住了, 但没有斷。***give someone away,*** (***a***) tell a secret about someone 出賣; 洩露: *I'm going to hide from my brother behind the tree – please don't give me away!* 我要藏在樹後讓弟弟找, 請你別出賣我。(***b***) hand a bride to her bridegroom at a wedding 在婚禮上把新娘交給新郎: *Alice's father will give her away.* 愛麗斯的爸爸將在婚禮上把她交給新郎。 ***give something away,*** (***a***) let someone have and keep something 送掉: *St. Francis gave all his money away.* 法蘭西斯把錢都送給人了。(***b***) share things out to people 分發: *The headmaster gave away the prizes.* 校長分發獎品。(***c***) let people have things free 免費贈送: *They're giving away free glasses at the supermarket.* 超級市場在免費贈送玻璃杯。***give something back***, return something 歸還; 送回: *Please give me back the book I lent you.* 請將我借給你的書還給我。***give in***, stop trying to do something because you are not strong enough, etc. 屈服; 讓步: *Tom always gave in to his big brother.* 阿棠總是屈從於他的哥哥。 ***give something in***, give work, etc. to someone 交; 遞交: *'Please give in your essays now,' said the teacher.* 老師說: "現在請你們把作文交上來。" ***give out,*** (***a***) give things to each person 分發: *Please give out the books.* 請你分發這些書。(***b***) come to an end 用完; 耗盡: *The car stopped when the petrol gave out.* 汽油耗盡, 車就停了。***give up***, stop trying to do something or answer a question 放棄; 認輸: *I give up – what's the answer?* 我認輸了, 答案是什麼? ***give yourself up***, let someone catch you 自首: *The thief gave himself up to the police.* 小偷向警察自首。***give something up***, stop doing, using, or eating something 停止; 戒掉; 放棄: *The fat girl is giving up sugar.* 那個胖女孩不再吃糖了。 ***give way,*** (***a***) agree with someone after not agreeing 讓步; 退讓: *After a long argument, he gave way.* 經過冗長的辯論後, 他讓步了。(***b***) break 斷; 塌下: *The branch gave way and Sheila fell.* 樹枝斷了, 希拉跌了下來。(***c***) let another person or thing go first 讓…先走: *'Give way to the left' means that cars coming in from the left side can go first.* "讓左邊的先走" 意思是從左邊過來的汽車可以先開走。

glacier /ˈglæsɪə(r)/ *n.* river of ice 冰河
glad /glæd/ *adj.* (gladder, gladdest) happy; pleased 高興的; 樂意的: *I'm so glad to see you.* 見到你我太高興了。 **gladly** *adv.* with pleasure 愉快地; 高興地: *I'll gladly help you.* 我很樂意幫助你。
glance /glɑːns/ *v.* look quickly at something 看一眼; 粗略一看: *Beth glanced at her watch.* 蓓思看了一下錶。**glance** *n.*
glare /gleə(r)/ *v.* **1** shine strongly 炫光; 發出强光: *The sun glared down from a blue sky.* 太陽從藍天裏發出强烈的光芒。**2** look angrily 怒視; 瞪眼: *He glared at the naughty children.* 他瞪了那些頑皮的孩子一眼。**glare** *n.* **glaring** *adv.*

glass /glɑ:s/ *n.* **1** (no *pl.*) hard, clear stuff, that you can see through 玻璃: *We make windows from glass.* 我們用玻璃做窗子。**2** (*pl.* glasses) a glass thing that you drink from 玻璃杯: *a glass of milk* 一杯牛奶 **3 glasses** /'glɑ:sɪz/ (*pl.*) round pieces of glass that you wear over the eyes so that you can see better 眼鏡: *Granny put on her glasses and started to read.* 祖母戴上眼鏡, 開始看書。

gleam /gli:m/ *v.* shine softly 閃爍; 發光: *The cat's eyes were gleaming in the dark.* 貓的眼睛在黑暗中閃閃發光。**gleam** *n.*

glide /glaɪd/ *v.* move along smoothly 滑行; 溜: *The boat glided down the river.* 小船順流而下。

glider /'glaɪdə(r)/ *n.* aeroplane with no engine, which is pulled up into the air and then moves along on the air 滑翔機 **gliding** *n.: Gliding is an exciting sport.* 滑翔是一種刺激的運動。

glimmer /'glɪmə(r)/ *n.* small, weak light 微光; 閃光 *the glimmer of a candle* 蠟燭的閃光 **glimmer** *v.* send out a weak light 發出微光

glimpse /glɪmps/ *v.* see someone or something quickly, but not clearly 看一下; 瞥見: *I just glimpsed the aeroplane between the clouds.* 我從雲層的縫隙中瞥見了飛機。**glimpse** *n.* ***catch a glimpse of***, see someone or something quickly but not clearly 一瞥; 瞥見

glisten /'glɪsn/ *v.* shine because the light falls on something wet 反光; 閃光: *Helen's body glistened when she climbed out of the swimming-pool.* 海倫從游泳池爬出來時, 身上的水閃閃發光。

glitter /'glɪtə(r)/ *v.* shine brightly with small flashes of light 閃閃發光; 閃爍: *The broken glass glittered in the sun.* 碎玻璃在太陽光下閃閃發光。**glitter** *n.* **glittering** *adj.: glittering diamonds* 閃光的鑽石

globe /gləʊb/ *n.* **1** anything round like a ball 球狀物; 地球 **2** round thing with a map of the world on it 地球儀

gloomy /'glu:mɪ/ *adj.* sad; with no hope 憂鬱的; 無望的 **gloomily** *adv.: 'I shan't pass my examination,' he said gloomily.* "我考試不會合格的," 他失望地說。

glorious /'glɔ:rɪəs/ *adj.* **1** with great honour 光榮的; 輝煌的: *a glorious history* 光榮的歷史 **2** wonderful; very pleasing 非常高興的; 令人愉快的: *I had a glorious holiday.* 我的假期過得很愉快。**gloriously** *adv.*

glory /'glɔ:rɪ/ **1** (no *pl.*) fame and honour that you win when you do great things 榮譽; 光榮 **2** (*pl.* glories) being beautiful; something beautiful 瑰麗; 壯觀: *the glory of a sunset* 落日的瑰麗

glossy /'glɒsɪ/ *adj.* smooth and shiny 光滑的; 有光澤的: *The horse has a glossy coat.* 這匹馬滿身光澤。

glove /glʌv/ *n.* cover of leather, wool, etc. for the hand 手套: *a pair of gloves* 一雙手套

glow /gləʊ/ *v.* send out soft light and heat with no flame 發光; 發熱: *The hot metal glowed.* 灼熱的金屬發光。**glow** *n.: the glow of a dying fire* 快熄滅的火發出的餘光

glue¹ /glu:/ *n.* (no *pl.*) stuff that sticks things together 膠; 膠水

glue² *v.* stick one thing to another thing 膠合; 黏貼: *George glued the pieces of broken vase together.* 翹志把打破了的花瓶碎片黏在一起。

glum /glʌm/ *adj.* sad and dull 悶悶不樂; 抑鬱: *Cheer up – don't look so glum!* 鼓起勁來, 別那麼悶悶不樂! **glumly** *adv.*

gnarled /nɑ:ld/ *adj.* rough and twisted 粗糙的; 多木節的; 扭曲的: *the gnarled hands of an old man* 老人粗糙的雙手

gnaw /nɔ:/ *v.* bite at something for a long time with the front teeth 咬; 啃: *The dog was gnawing a bone.* 那隻狗在啃一根骨頭。

go¹ /geʊ/ *n.* (*pl.* goes) your turn to do something 機會; 輪到…: *Give the ball to me – it's my go.* 把球給我吧——輪到我了。***at one go***, with one try 試一次: *He blew out all the candles on his birthday cake at one go.* 他一口氣把生日蛋糕上的蠟燭全吹熄了。***have a go at***, try to do something 試一試: *It's not a difficult game – have a go at it.* 這遊戲不難——試一試吧。***on the go***, very busy; moving around, etc. 忙碌; 到處跑: *My mother is on the go all day.* 我媽媽整天都很忙。

go² *v.* (*past part.* gone /gɒn/, *past tense* went /went/) **1** move from one place to another 去: *I usually go to school at 9 o'clock but yesterday I went early.* 我平常九點上學, 不過昨天很早便出門。**2** travel 旅行; 到達: *Are you going by train or by bus?* 你坐火車走還是坐汽車? **3** leave 離去: *The train goes at 11.30.* 火車十一點半開出。**4** last 够…之用; 支持: *I hope my money will last until next week but I'm afraid it will not go so far.* 我希望這錢能維持到下星期, 只是恐怕不够用到那個時候。**5** become 變爲; 成爲: *This meat has gone bad.* 這塊肉變壞了。**6** belong somewhere 屬於: *This pot goes on the top shelf.* 這個罐該放到架子的頂層。**7** break 垮; 斷: *My roof will go if there's another storm.* 再來一場風暴, 我的屋頂就要塌了。**8** work; function 運轉; 開動: *Gareth dropped my watch and now it doesn't go.* 加勒思把我的錶掉在地上, 現在不走了。**9** happen; be; do 進行; 活動: *How's your work going?* 你工作情況怎樣? **10** be sent or throw away 送

走; 扔掉: *My car is no good – it must go.* 我的汽車不行——該扔了。**11** die 死: *My grandmother is very ill and I think she'll go soon.* 祖母病得很重, 我看她快要死去。**12** have certain words, music, etc. 唱: *How does the new song go?* 這首新歌怎麼唱? **13** make a certain sound 發聲: *Cats go 'miaow'.* 貓叫是'喵'。**14** be or live in a certain way 處於…狀態: *Poor people often go hungry.* 窮人經常捱餓。**15** disappear 消失; (時間)過去: *Take a tablet and your headache will go.* 吃一片藥你的頭就不疼了。**16** be sent, kicked, thrown, etc. 被踢; 被扔: *The ball went through the window.* 球踢進了窗子。***be going to***, shall or will do something 將要做: *He's going to arrive at 10 o'clock tomorrow.* 他明天上午十點到達。***go about something***, do something 着手; 進行: *How do you go about making beer at home?* 你在家裏怎樣自製啤酒? ***go about with***, be often with someone 在一起; 交往: *Ken goes about with his brother a lot.* 肯恩常常和他哥哥在一起。***go after***, try to catch or have something 追求; 尋求: *Alan is going after a new job.* 艾倫在尋找新工作。***go against***, say or do things that are not what someone wants 違背; 反對: *He went against my wishes.* 他違背了我的意願。***go ahead,*** (***a***) start to do something; continue to do something 開始幹; 幹下去: *Here is the book – now go ahead and read it.* 書在這兒——你讀吧。(***b***) move in front of someone; leave before someone 走到…前面; 先走: *You can go ahead to the station and I'll see you there later.* 你可以先到車站去, 我隨後到那裏找你。***go along with someone***, go with someone to a place 陪伴; 一起去: *I'll go along to the film with you.* 我陪你去看電影。***go and do something***, go to do something 去做: *Please go and shut the door.* 請你關上門。***go away***, leave 離去; 走開: *My brother went away on holiday yesterday.* 我哥哥昨天渡假去了。***go back***, return to a place 回去: *We're going back to school tomorrow.* 我們明天返校。***go by***, pass 過去, 消逝: *Time goes by so slowly when you're waiting for a train.* 等火車的時候, 時間過得特別慢。***go down with***, catch an illness 患病: *Poor Dick has gone down with mumps.* 可憐的廸可患上流行性腮腺炎。***go down well***, be a success; please someone 成功; 受歡迎: *The story went down well with the children.* 這個故事很受孩子歡迎。***go far,*** (***a***) buy a lot 經用; 有用: *One dollar doesn't go far these days.* 這年頭一元買不了多少東西。(***b***) do well; become an important person 成功: *Sandra is very clever and will go far.* 珊德拉很聰明, 將來會成功的。***go for someone,*** (***a***) be very

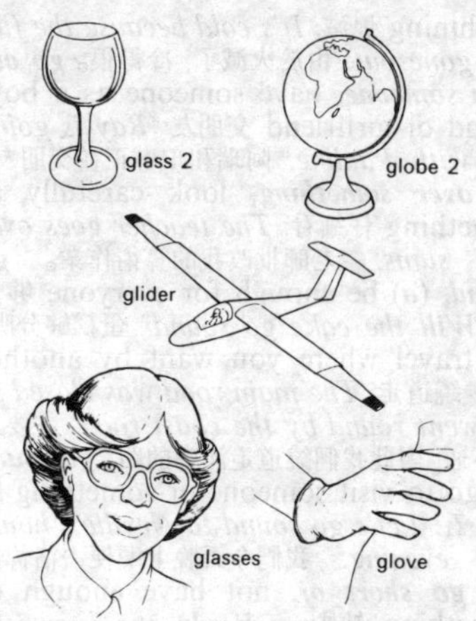

angry with someone; rush at someone to hurt him 對…憤怒; 襲擊: *The dog went for the thief and bit him.* 那隻狗向小偷撲過去咬他。(***b***) go and fetch someone 去請; 去找: *Shall I go for a doctor?* 要我去請醫生嗎? ***go for something,*** (***a***) cost 售價爲; 賣: *The house is going for $300 000.* 這所房子要賣三十萬元。(***b***) go out to do something 出外做某事: *Let's go for a walk.* 我們出去散步吧。***go in for***, give your name for a competition, examination, etc. 參加(比賽、考試等): *I'll go in for the swimming race.* 我將參加游泳比賽。***go into,*** (***a***) enter a place 進入: *Let's go into the museum.* 我們進博物館吧。(***b***) fit inside something 裝入: *This small umbrella will go into a handbag.* 這把小傘可以放進手提包。(***c***) start a job, etc. 從事; 成爲: *Andrew has gone into the police.* 安德魯當了警察。***go off,*** (***a***) explode; be fired 爆炸; 發射: *The gun went off with a bang.* 砰的一聲槍響了。(***b***) become bad 變壞: *Meat goes off quickly in hot weather.* 熱天肉壞得快。***go off well, badly, etc.***, happen in a good or bad way 進行(好或壞): *Did your party go off well?* 你們的晚會開得成功嗎? ***go off with someone*** or ***something***, go away with someone or something that is not yours 拐走; 抄走: *The thief went off with my earrings.* 盜賊搶走了我的耳環。***go on,*** (***a***) happen 發生: *What's going on?* 發生了什麼事? (***b***) behave; do things 表現; 做下去: *If you go on like that I shall be angry.* 你再這麼下去, 我就要生氣了。(***c***) continue; not stop 繼續: *Stop talking and go on with your work.* 別講話了, 繼續工作吧。***go out,*** (***a***) leave a building, etc. 出去: *He went out into the street.* 他出門到街上。(***b***) spend time away from home for amusement 出門去玩: *Are you going out tonight?* 你今晚出去嗎? (***c***) stop burning or shining 熄滅: *It's cold because the fire has gone out.* 由於火滅了, 冷得很。***go out with someone***, have someone as a boyfriend or girlfriend 交朋友: *Ray is going out with Pauline.* 阿瑞和珀琳正在交朋友。***go over something***, look carefully at something 仔細看: *The teacher goes over my sums.* 老師批改我的算術作業。***go round,*** **(*a*)** be enough for everyone 够分配: *Will the cake go round?* 蛋糕够分嗎? **(*b*)** travel where you want by another way 繞道走: *The main road was closed so we went round by the coast road.* 主要道路不通, 因此我們繞道走海旁的路。***go round to***, go to visit someone or something 順路去看: *Let's go round to Neville's house this evening.* 我們今天晚上順便去洛偉家吧。***go short of***, not have enough of something 缺少; 不足: *In the snow the animals went short of food.* 冰天雪地裏動物沒有足够的食物。***go through,*** **(*a*)** suffer 受苦: *She went through a lot when she was ill.* 她生病時受了不少苦。**(*b*)** look inside something carefully; search something 仔細檢查; 搜查: *The policeman went through the thief's pockets.* 警察搜查了小偷的口袋。***go to someone***, be given to someone 給予; 授予: *The first prize goes to Martin.* 頭獎授給馬丁。***go to***, lead to; end in 通向; 到…止: *This road goes to Bradford.* 這條路通往布拉福。***go together***, look good when they are together 相配: *Those pink shoes and yellow socks do not go together.* 那雙粉紅鞋和黄襪子不相配。***go up,*** **(*a*)** climb 攀登: *They went up the mountain.* 他們爬上了山。**(*b*)** become higher in price 漲價: *Eggs have gone up this month.* 這個月雞蛋漲價了。***go with something***, be or look right when it is next to something 與…相配: *Pink shoes do not go with yellow socks.* 粉紅鞋與黄襪子不相配。***go without***, not have something you want or need 缺少; 没有: *Poor people often go without new clothes.* 窮人常常没有新衣服穿。

goal /gəʊl/ **1** place where a ball must go to win a point in a football match, etc. 球門: *He kicked the ball into goal.* 他踢進了一球。**2** point that a player wins when he sends the ball between the posts 得分; 進球: *Liverpool has won by three goals to one.* 利物浦隊以三比一獲勝。

goalie /ˈgəʊlɪ/, **goalkeeper** /ˈgəʊlkiːpə(r)/ *n.* player in football, etc., who must stop the ball from going between the posts 守門員

goat /gəʊt/ *n.* sort of farm animal 山羊

god /gɒd/ *n.* **1 God** (no *pl.*) the one great being who made the world and controls all things 上帝; 天主 **2** (*pl.* gods) any being that people think has power over them and nature 神: *Mars was the Roman god of war.* 瑪爾斯是羅馬戰神。

goddess /ˈgɒdɪs/ n. (*pl.* goddesses) female god 女神

goes /gəʊz/ part of *v.* go 動詞 go 的單數第三人稱形式

goggles /ˈgɒglz/ *n.* (*pl.*) big, round glasses that motor-cyclists and divers etc. wear to keep dust or water from their eyes 風鏡; 護目鏡

going /ˈgəʊɪŋ/ *pres. part.* of *v.* go 動詞 go 的現在分詞 ***be going to***, will happen; will do something 將; 就要: *Come inside – it's going to rain.* 進來罷, 快要下雨了。

gold /gəʊld/ *n.* (no *pl.*) **1** shiny, yellow metal of great value 金; 黄金: *My earrings are made of gold.* 我的耳環是金的。**2** with the colour of gold; bright yellow 金色; 金黄色 **gold** *adj.: a gold watch* 金錶

golden /ˈgəʊldən/ *adj.* **1** made of gold 金製的 **2** with the colour of gold 金色的; 金黄色的: *golden hair* 金黄色的頭髮

goldfish /ˈgəʊldfɪʃ/ *n.* (*pl.* goldfish) small, yellow fish that you keep as a pet 金魚

golf /gɒlf/ *n.* (no *pl.*) sport where the player hits a small ball into a hole with a long stick called a **golf-club** 高爾夫球 **golf-course** *n.* grassy land where you play golf 高爾夫球場

gone /gɒn/ *past part.* of *v.* go 動詞 go 的過去分詞

gong /gɒŋ/ *n.* musical instrument that you hit with a stick 鑼

good [1] /gʊd/ *adj.* (better, best) **1** being right; that does what you want 好; 良好: *A good knife cuts well.* 好刀鋒利。**2** pleasing; that you enjoy 愉快的: *a good party* 愉快的聚會 **3** kind; doing what is right 善良的; 親切: *a good mother* 好母親 **4** strong; working well 强健的; 起作用的: *good eyes* 視力好的眼睛 **5** able to do something well 熟練的; 有效的: *a good driver* 熟練的司機 **6** total 完全的; 滿意的: *He had a good wash after tennis.* 打完網球他痛痛快快地洗了個澡。**7** hard; strong 實在的; 充足的: *Harry went for a good walk.* 漢立步行了很多路。***a good***, a whole one and perhaps more 足足; 整整: *We waited a good hour.* 我們等了整整一小時。***as good as***, almost the same as; almost like 幾乎等於; 差不多: *This car is two years old but it looks as good as new.* 這輛車買了兩年, 看上去還和新的一樣。***good for***, making you well, healthy, happy, etc. 有益於: *Fresh fruit is good for you.* 新鮮水果對身體有益。

good [2] *exclam.* word that shows that you are pleased 好; 妙

good [3] *n.* (no *pl.*) something that is right, helpful, valuable, etc. 好事; 好處; 善舉:

do good, do things that are kind, helpful, etc. 做好事: *Mrs. Moore does a lot of good in the village.* 摩爾夫人在村裏做了許多好事。***do someone good,*** (***a***) make someone well, happy, healthy, etc. 對…有益: *A holiday will do you good.* 休假會對你有好處的。(***b***) make someone learn 給…一個教訓: *He's too boastful – losing a race will do him good.* 他太會吹牛了——比賽輸了會教訓他的。***for good***, for ever; for always 永久地; 永遠: *My uncle went to America for good.* 我的叔叔去了美國, 不再回來了。***it's no good***, it's useless 没有用處: *It's no good telling the rain to stop.* 雨是不會叫停就停的。

good afternoon /ˌgʊd ɑːftəˈnuːn/ *exclaim.* word that you say to someone in the afternoon 午安

goodbye /ˌgʊdˈbaɪ/ *exclaim.* word that people say when someone goes away 再見; 再會: *Goodbye, Ann, see you soon!* 安, 再見!

good evening /ˌgʊd ˈiːvnɪŋ/ *exclaim.* word that you say to someone in the evening 晚安

good-looking /ˌgʊd ˈlʊkɪŋ/ *adj.* handsome; beautiful 漂亮的; 好看的: *What a good-looking boy!* 這男孩多英俊啊!

good morning /ˌgʊd ˈmɔːnɪŋ/ *exclaim.* word that you say to someone in the morning 早上好; 早安

good-natured /ˌgʊd ˈneɪtʃəd/ *adj.* kind; friendly 善良的; 性情温和的

goodness [1] /ˈgʊdnɪs/, **goodness me** *exclaim.* words that show surprise (表示驚訝)天哪: *Goodness! What a dirty dress!* 哎呀! 多髒的衣服呀! **my goodness!** *exclam.* words that show strong feeling (表示强烈感情)哎喲: *My goodness, it's hot today!* 哎喲, 今天可熱了! **goodness knows**, no one knows; I don't know 天曉得: *Goodness knows what time it is – I haven't a watch.* 天知道幾點了——我没有錶。

goodness [2] *n.* (no *pl.*) being kind; doing what is right 好意; 善行: *I wrote to thank Carol for her goodness to me.* 我給凱洛寫了一封信, 感謝她對我的好意。

good night /ˌgʊd ˈnaɪt/ *exclaim.* word that you say when you leave someone at night 晚安(夜晚分别時用語)

good-tempered /gʊd ˈtempəd/ *adj.* not often cross or angry 脾氣好的; 和氣的

goods /gʊdz/ *n.* (*pl.*) **1** things that you sell or buy 商品 **2** things that a train or lorry carries 貨物

goose /guːs/ *n.* (*pl.* geese) big waterbird, with a long neck, that you can eat 鵝

gooseberry /ˈgʊzbərɪ/ *n.* (*pl.* gooseberries) small, round, green fruit with hairs 醋栗; 鵝莓

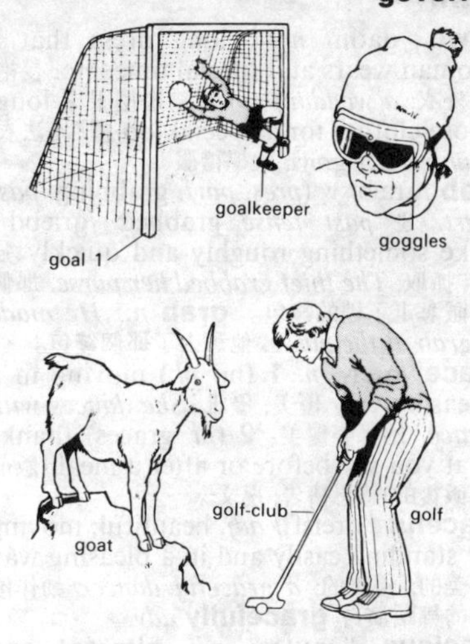

gorgeous /ˈgɔːdʒəs/ *adj.* **1** with bright colours; beautiful 燦爛的; 絢麗的: *a bird with gorgeous feathers* 羽毛美麗的鳥 **2** wonderful; enjoyable 極好的; 令人滿意的: *a gorgeous party* 特棒的聚會 **gorgeously** *adv.*

gorilla /gəˈrɪlə/ *n.* sort of very big ape 大猩猩

gosh /gɒʃ/ *exclam.* word that shows surprise (表示驚訝)天哪; 哎呀: *Gosh! Just look at that huge man!* 哎呀! 瞧那個大個子呀!

gossip /ˈgɒsɪp/ *n.* **1** (no *pl.*) talk, often unkind, about other people 閒話; 流言 **2** (*pl.* gossips) someone who often talks unkindly about other people 愛講閒話的人 **gossip** *v.*: *The girls were gossiping about Jane's new boyfriend.* 女孩子在議論珍新交的男朋友。

got /gɒt/ *past part. & past tense* of *v.* get 動詞 get 的過去分詞和過去式

govern /ˈgʌvn/ *v.* rule a country, etc. 管理; 統治: *Parliament governs Britain.* 國會治理英國。

governess /ˈgʌvənɪs/ *n.* (*pl.* governesses) woman who teaches all the children of one family in their home 家庭女教師

government /ˈgʌvənmənt/ *n.* (*pl.* governments) group of people who rule a country 政府 **local government**, group of people who control a town, state, etc. 地方政府

governor /ˈgʌvənə(r)/ *n.* someone who rules a state or province 州長; 省長; 總督: *Who is the Governor of Hong Kong?* 香港總督是誰?

gown /gaʊn/ *n.* **1** long dress that a woman wears at a special time, etc. 長袍; 長外衣: *a wedding-gown* 結婚禮服 **2** long, loose clothes for a special job 禮服; 法衣: *a university gown* 大學禮服

grab /græb/ *v.* (*pres. part.* grabbing, *past part. & past tense* grabbed /græbd/) take something roughly and quickly 强奪; 抓取: *The thief grabbed her purse.* 那個盜賊奪走了她的錢包。 **grab** *n.: He made a grab at the purse.* 他奪去了那個錢包。

grace /greɪs/ *n.* **1** (no *pl.*) moving in a pleasing way 優美; 優雅: *She dances with grace.* 她舞姿優美。**2** (*pl.* graces) thanks that you say before or after a meal (飯前或飯後的)感恩禱告; 祝文

graceful /ˈgreɪsfl/ *adj.* beautiful; moving or standing easily and in a pleasing way 優美的; 優雅的: *a graceful dancer* 動作優美的舞蹈演員 **gracefully** *adv.*

gracious /ˈgreɪʃəs/ *adj.* pleasant and kind 和善的; 客氣的: *a gracious lady* 大方的女士 **graciously** *adv.*

grade¹ /greɪd/ *n.* rank; sort 等級; 級別: *High grade petrol is expensive.* 高級汽油價格昂貴。

grade² *v.* sort things into sizes, kinds, etc. 分級; 分類: *They grade eggs before they send them to the shops.* 她們先把雞蛋分類, 再送往商店。

gradual /ˈgrædʒʊəl/ *adj.* happening a little at a time; slow 逐漸的; 緩慢的: *A gradual hill is not steep.* 傾斜度小的山不陡。 **gradually** *adv.: We all become gradually older.* 我們都漸漸變老。

graduate¹ /ˈgrædʒʊət/ *n.* someone who has a university degree 大學畢業生 : *a graduate of Oxford* 牛津畢業生

graduate² /ˈgrædʒʊeɪt/ *v.* get a university degree 大學畢業; 獲得學位: *Richard graduated from Leeds University.* 潤才畢業於里茲大學。

grain /greɪn/ *n.* **1** seed of a food-plant 穀粒 ;穀類: *grains of wheat; grains of rice* 麥粒; 稻粒 **2** tiny, hard bit of something 細粒; 顆粒: *grains of sand* 沙子; 沙粒

gram /græm/ *n.* measure of weight (重量單位)克

grammar /ˈgræmə(r)/ *n.* (no *pl.*) study of the right way to put words together when we speak and write 語法; 文法 **grammatical** /grəˈmætɪkl/ *adj.* that you have written or said in the right way 符合語法規則的; 語法上的: *It is not grammatical to say 'They is'.* 說 They is 不符合語法規則。 **grammatically** *adv.* **grammar-school** *n.* secondary school for pupils who learn academic subjects 文法學校

gramme /græm/ *n.* measure of weight (重量單位)克

gramophone /ˈgræməfəʊn/ *n.* machine that plays records 留聲機

grand /grænd/ *adj.* **1** very big, rich, fine, etc. 雄偉的; 富麗堂皇的; 極好的: *a grand palace* 富麗堂皇的宮殿 **2** very enjoyable 有趣的; 愉快的: *Thanks for a grand holiday.* 感謝您使我們過了個愉快的假日。 **grandly** *adv.* in a fine, important way 顯赫地; 高貴地 **grand piano** *n.* very big piano 大鋼琴

grandchild /ˈgræntʃaɪld/ *n.* (*pl.* grandchildren) the child of your child 孫子(女); 外孫子(女)

granddaughter /ˈgrændɔːtə(r)/ *n.* the daughter of your child 孫女; 外孫女

grandfather /ˈgrænfɑːðə(r)/ **grandpa** /ˈgrænpɑː/ *n.* the father of your father or mother 祖父; 外祖父

grandmother /ˈgrænmʌðə(r)/, **grandma** /ˈgrænmɑː/ *n.* the mother of your father or mother 祖母; 外祖母

grandparents /ˈgrænpeərənts/ *n.* (*pl.*) the mother and father of your mother or father 祖父母; 外祖父母

grandson /ˈgrænsʌn/ *n.* the son of your child 孫子; 外孫子

grandstand /ˈgrændstænd/ *n.* rows of seats, with a roof over them, where people sit to watch a sport 看台

granny, grannie /ˈgrænɪ/ *n.* child's word for grandmother (兒語)奶奶; 外婆; 姥姥

grant¹ /grɑːnt/ *n.* money that you give for a special reason 贈款; 獎學金; 助學金: *The government gives a grant to every student so that he can buy books.* 政府給每個學生助學金來買書。

grant² *v.* give what someone has asked for 同意; 准許; 允許: *My boss granted me free time when my mother was ill.* 我母親生病時, 老闆允許我不上班。

grape /greɪp/ *n.* juicy, green or purple fruit, which we can eat or make into wine 葡萄

grapefruit /ˈgreɪpfruːt/ *n.* (*pl.* grapefruit) fruit like a big, yellow orange 西柚; 葡萄柚

grasp /grɑːsp/ *v.* **1** hold something tightly 抓住; 抓緊: *Grasp my hand and I will pull you over the wall.* 抓住我的手, 我就把你拉過牆來。**2** understand 掌握; 領會: *I can't grasp this maths question.* 我不理解這道數學題。 **grasp** *n.: The ball fell from his grasp.* 球從他手裏跑掉了。

grass /grɑːs/ *n.* **1** (*pl.* grasses) plant with thin, green leaves that cows eat 草; 牧草 **2** (no *pl.*) place that is covered with grass 草地: *We played cricket on the grass in the park.* 我們在公園的草地上打板球。 **grassy** *adj.* covered with grass 長滿草的: *a grassy hill* 長滿草的小山

grate /greɪt/ *v.* rub something into small bits 磨碎: *Mother grated the cheese.* 媽媽把乳酪磨碎。

grateful /'greɪtfl/ *adj.* thankful; showing thanks 感激的; 感謝的: *I am grateful to you for your help.* 感謝您幫忙。 **gratefully** *adv.: She smiled gratefully when I gave her my seat.* 我讓座給她時, 她微笑答謝。

gratitude /'grætɪtju:d/ *n.* (no *pl.*) feeling or showing thanks 感激; 謝忱: *Tony wrote a letter of gratitude for my help.* 東尼寫了一封信感謝我的幫助。

grave¹ /greɪv/ *adj.* bad; serious 重大的; 嚴重的: *He made a grave mistake.* 他犯了一個嚴重的錯誤。 **gravely** *adv.: He is gravely ill in hospital.* 他病重住院了。

grave² *n.* hole that you dig in the ground for a dead person 墳墓; 墓穴 **gravestone** /'greɪvstəʊn/ *n.* stone that you put on a grave, with the name of the dead person 墓碑 **graveyard** /'greɪvjɑ:d/ *n.* place where dead people lie in the ground 墓地

gravel /'grævl/ *n.* (no *pl.*) small stones and sand 礫石; 砂礫 **gravel** *adj.: a gravel path* 礫石小路

gravy /'greɪvɪ/ *n.* (no *pl.*) **1** juice that comes from meat when it is cooking 肉汁 **2** thin, meat sauce that you put on food 調味肉汁; 肉湯

gray /greɪ/ *adj.* grey 灰色的

graze¹ /greɪz/ *v.* **1** go close to something 擦碰; 掠過: *The car grazed the wall.* 汽車擦牆而過。 **2** rub along something; rub the skin off part of the body 輕擦; 擦破: *He fell and grazed his arm.* 他跌了一交, 把胳臂擦傷了。 **graze** *n.*

graze² *v.* eat grass 吃草; 放牧: *The sheep are grazing in the field.* 羊羣在田裏吃草。

grease¹ /gri:s/ *n.* (no *pl.*) animal fat; any stuff that is oily, fatty, etc. 動物脂肪; 油脂狀物

grease² *v.* put oil, etc. on to something 塗油脂

greasy /'gri:sɪ/ *adj.* sticky; slippery; covered with oil, fat, etc. 沾有油脂的; 油污的: *My fingers were greasy after the meal.* 我吃完飯後滿手油膩膩的。

great¹ /greɪt/ *adj.* **1** much; a lot of; more than usual 大量的; 很多的; 超常的: *Take great care when you cross the road.* 過馬路時要特別小心。 **2** special; important 偉大的; 重要的: *Schweitzer was a great man.* 史懷哲是位偉人。 **3** very good 很好的: *They are great friends.* 他們是好朋友。 **4** wonderful; enjoyable 美好的; 快樂的: *It was a great party.* 晚會開得好極了。 ***a great many***, very many 許多許多: *He made a great many mistakes.* 他犯了許多錯誤。

great-² *prefix* showing some parts of a family (表示隔兩代的親屬關係)曾: *My mother's grandmother is my great-grandmother and I am her great-grandson.* 我母親的祖母是我的外曾祖母, 我是她的外曾孫。

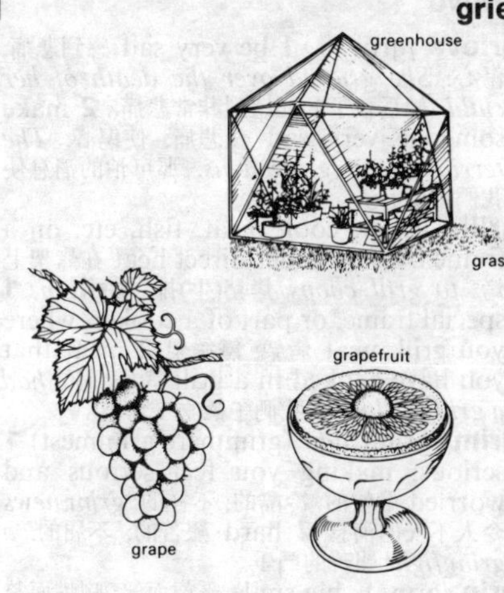

greatly /'greɪtlɪ/ *adj.* much; very 很; 極; 非常: *I was greatly surprised to see him!* 見到他我非常吃驚!

greedy /'gri:dɪ/ *adj.* wanting too much 貪心的: *My greedy brother has eaten all the sweets.* 我那貪吃的弟弟把糖都吃光了。

green¹ /gri:n/ *adj.* **1** with the colour of grass 綠色的; 青的: *Laura has green eyes.* 珞拉有一雙綠色的眼睛。 **2** not ripe; not ready 未熟的; 生的: *green bananas* 未熟的香蕉

green² *n.* **1** (no *pl.*) colour of grass 綠色 **2** (*pl.* greens) piece of open, grassy land in the middle of an English village 綠地; 草地 **green** *adj.* with the colour of grass 綠色的

greenhouse /'gri:nhaʊs/ *n.* building with glass walls and roof, where plants grow 温室; 暖房

greet /gri:t/ *v.* say hello 打招呼; 問候: *Amy greeted us with a smile when we arrived.* 我們到達時, 艾美微笑相迎。

greeting /'gri:tɪŋ/ *n.* **1** words that you say when you meet someone 問候; 致意: *'Good morning!' is a greeting.* "早安!" 是一種問候。 **2** words that you write to someone at a special time 問候語; 賀辭: *a birthday greeting* 生日的祝賀

grenade /grɪ'neɪd/ *n.* small bomb 手榴彈

grew /gru:/ *past tense* of *v.* grow 動詞 grow 的過去式

grey, gray /greɪ/ *adj.* with the colour of ashes, or a winter sky, or an elephant 灰色的; 灰白的: *The old man's hair is grey.* 老翁的頭髮灰白。 **grey** *n.*

grief /gri:f/ *n.* (no *pl.*) great sadness 悲痛; 悲傷: *Her grief was great when her father died.* 她父親去世了, 她非常悲痛。

grieve /gri:v/ *v.* **1** be very sad 感到悲痛; 傷心: *She grieved over the death of her child.* 她爲孩子的死感到非常悲痛。**2** make someone very sad 使悲痛; 使傷心: *The terrible news grieved us.* 那可怕的消息使我們很傷心。

grill /grɪl/ *v.* cook meat, fish, etc. on a frame over or under direct heat 在烤架上烤: *to grill chops* 烤豬(牛)排 **grill** *n.* **1** special frame, or part of a cooker, where you grill meat 烤架; 鐵絲架 **2** meat that you have cooked in a grill 烤肉: *We had a grill for lunch.* 我們午飯吃了烤肉。

grim /grɪm/ *adj.* (grimmer, grimmest) **1** serious; making you feel serious and worried 嚴峻的; 冷酷的; 不祥的: *grim news* 令人不安的消息 **2** hard 艱苦的; 不屈的: *a grim fight* 艱苦的鬥爭

grin /grɪn/ *n.* big smile 露齒而笑; 咧嘴而笑 **grin** *v.* (*pres. part.* grinning, *past part. & past tense* grinned /grɪnd/)

grind /graɪnd/ *v.* (*past part. & past tense* ground /graʊnd/) **1** crush something into very small bits or powder 軋(碎); 碾(碎): *Will you grind the coffee for me?* 你幫我把咖啡碾碎好嗎? **2** sharpen a knife, tool, etc. on a hard stone, etc. 磨光; 磨快

grip /grɪp/ *v.* (*pres. part.* gripping, *past part. & past tense* gripped /grɪpt/) hold something tightly 緊握; 抓緊: *She gripped the rail as she climbed the steep stairs.* 她緊抓住扶手爬上陡直的樓梯。**grip** *n.* ***lose your grip***, stop holding on to something 失手鬆脱; 抓不住: *He lost his grip on the rocks and fell into the sea.* 他抓住岩石, 失手鬆脱後就掉到海裏了。

gripping /ˈgrɪpɪŋ/ *adj.* very exciting 吸引人的; 扣人心弦的: *a gripping story* 扣人心弦的故事

grit /grɪt/ *n.* (no *pl.*) tiny, hard bits of stone, sand, etc. 粗砂; 砂粒: *Give me your handkerchief – I have a piece of grit in my eye.* 借你的手帕給我用一下——我眼睛裏進了一顆砂子。

groan /grəʊn/ *v.* make a deep sound to show that you are hurt, sad, etc. 呻吟; 嘆氣 **groan** *n.*: *He gave a groan of pain.* 他因疼痛而呻吟了一聲。

grocer /ˈgrəʊsə(r)/ *n.* someone who has a shop that sells tea, coffee, sugar, and all food in tins and packets 食品商 **grocery** *n.* grocer's shop 食品店

groceries /ˈgrəʊsərɪz/ *n.* (*pl.*) food in tins, packets, jars, boxes, etc. (罐、袋、瓶、盒裝的)食品

groom /gru:m/ *n.* **1** someone whose job is to look after horses 馬夫 **2** man on his wedding-day 新郎

groove /gru:v/ *n.* long cut 槽; 轍; 紋道: *The needle moves along a groove in the record.* 唱針沿着唱片上的紋道走。

grope /grəʊp/ *v.* move the hands in an unsure way, to do or get something 摸索; 探索: *I groped in the darkness for the door.* 我在黑暗中摸索着門口。

ground¹ /graʊnd/ *n.* **1** (no *pl.*) earth; soil 土地; 土壤: *After frost the ground is too hard to dig.* 霜凍後地硬得挖不動。**2** (no *pl.*) top part of the earth 地面: *An apple fell to the ground.* 一個蘋果掉到地上了。**3** (*pl.* grounds) piece of land for a special use 場地: *a football ground* 足球場 ***break new*** or ***fresh ground***, do or find something new 創新; 開拓: *Dr. Jenner broke new ground in medicine.* 詹納博士在醫學上開拓新領域。***suit someone down to the ground***, please someone in every way 讓…完全滿意: *This house will suit us down to the ground.* 這所房子將會使我們十分滿意。**ground** *adj.* **ground floor** *n.* all the rooms in a building at the same height as the street〔英〕(樓房的)底層(= 美 first floor)

ground² *past part. & past tense* of *v.* grind 動詞 grind 的過去分詞和過去式

ground³ *v.* make an aeroplane stay on the ground 使停飛: *The fog has grounded many planes at Gatwick.* 大霧使許多飛機停在蓋特威克機場, 不能起飛。

grounds /graʊndz/ *n.* (*pl.*) land around a building 庭園; 場地: *the school grounds* 校園

group /gru:p/ *n.* **1** number of people or things together 羣; 批: *a group of houses* 一排房子 **2** club for people who have a special interest 小組; 團體: *a drama group* 戲劇組

grow /grəʊ/ *v.* (*past part.* grown /grəʊn/, *past tense* grew /gru:/) **1** become bigger, taller, longer, etc. 生長; 發育: *Oranges will not grow well in England.* 橙在英國長不好。**2** keep and care for plants 種植; 栽: *The farmer grows potatoes in this field.* 農民在這塊地種馬鈴薯。**3** let something get bigger, longer, etc. 使生長; 養; 留: *Annette is growing her hair.* 安妮特在留長頭髮。**4** become 漸漸變得: *Put the light on – it's growing dark.* 開燈吧——天漸漸黑了。***grow out of***, become too big to do or wear something 長大後穿不下; 變得不適應: *She's grown out of her shoes.* 她的腳長大了, 鞋子穿不下。***grow up***, become an adult; change from a child to a man or a woman 成長; 長大成人: *I want to be a pilot when I grow up.* 我想長大以後當飛行員。

grower /ˈgrəʊə(r)/ *n.* farmer, someone who grows things 種植者; 栽培者

growl /graʊl/ *v.* make a low, angry sound in the throat 咆哮; 怒吼: *The dog growled at the strange man.* 那狗對陌生人吠叫。**growl** *n.*: *The dog gave a growl.*

狗叫了一聲。

grown /grəʊn/ *past part*. of *v*. grow 動詞 grow 的過去分詞

grown-up /ˈgrəʊn ʌp/ *n*. an adult; a man or a woman, not a child 成年人 **grown-up** *adj*.: *She has a grown-up son*. 她有一個長大成人的兒子。

growth /grəʊθ/ *n*. (no *pl*.) getting bigger, etc. 生長; 成長; 發育: *the growth of a baby* 嬰兒的發育成長

grubby /ˈgrʌbɪ/ *adj*. dirty 污穢的; 骯髒的: *Go and wash your grubby hands!* 去把你那雙髒手洗乾淨!

grudge /grʌdʒ/ *n*. ***have*** or ***bear a grudge***, have a bad feeling, such as envy, hate, etc., against someone 怨恨; 妒忌: *He bore me a grudge because I got better marks than he did*. 他妒忌我, 因爲我分數比他高。

grumble /ˈgrʌmbl/ *v*. say angrily that you do not like something 抱怨; 發牢騷: *You're always grumbling about the weather!* 你總是抱怨天氣不好! **grumble** *n*.: *She's always full of grumbles*. 她總是怨天尤人。 **grumbler** *n*. someone who grumbles a lot 愛抱怨的人; 愛發牢騷的人

grumpy /ˈgrʌmpɪ/ *adj*. rather angry; not friendly for the moment 脾氣壞的; 暴躁的 **grumpily** *adv*.

grunt /grʌnt/ *v*. make a noise like a pig (豬)發出呼嚕聲 **grunt** *n*.

guarantee /ˌgærənˈti:/ *n*. **1** promise 保證: *Arnold has given me a guarantee that he will come back on Sunday*. 阿諾向我保證他星期日回來。**2** special promise on paper that a maker will replace or mend goods that go wrong 保養單: *This watch has a two-year guarantee*. 這個錶保養兩年。**guarantee** *v*. make a promise 保證; 擔保

guard¹ /gɑ:d/ *n*. **1** (no *pl*.) keeping a place or people safe from harm or attack 守衛; 警戒 ***keep*** or ***stand guard***, stand at a building, etc. to watch for attack 站崗 ***on guard***, ready for attack 戒備着; 提防 **2** (*pl*. guards) someone who watches a prisoner or keeps a building safe 看守人員; 警衛; 哨兵: *a prison guard* 監獄看守 **3** (*pl*. guards) someone whose job is to look after people and goods on a train (火車)列車長

guard² *v*. keep someone or something safe from harm 保衛; 守衛; 警衛: *Two big dogs guard the farm*. 農場由兩隻大狗看守。***guard against***, keep away danger 預防; 提防: *My grandfather walks with a stick to guard against falling*. 我祖父走路時用一根拐杖, 以防跌倒。

guardian /ˈgɑ:dɪən/ *n*. someone who looks after a young child with no parents 監護人

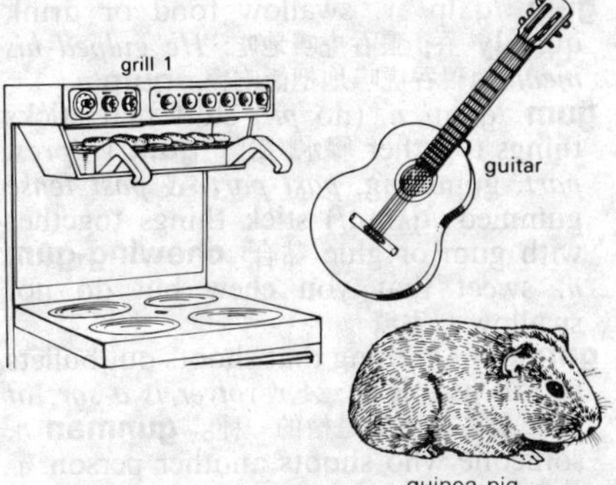

guerrilla /gəˈrɪlə/ *n*. secret fighter 游擊隊員

guess /ges/ *v*. give an answer without really knowing about it 猜; 猜測: *Can you guess his age?* 你猜得着他多大年紀嗎? **guess** *n*.: *She made a guess, but was wrong*. 她猜了一次, 可是猜錯了。

guest /gest/ *n*. someone who stays or eats in another person's house, hotel, etc. 客人; 來客: *We had six guests to dinner*. 我們有六位客人吃飯。

guidance /ˈgaɪdəns/ *n*. (no *pl*.) help 指導; 指引: *I made a dress with my mother's guidance*. 在我母親的指導下, 我做了一件連衣裙。

guide¹ /gaɪd/ *n*. **1** someone who shows people where to go, and tells them about a place, etc. 嚮導; 導遊: *The guide took us round Berkeley Castle*. 導遊領我們遊覽了伯克萊城堡。**2** book that tells you how to do something 指南; 入門: *a guide to farming* 耕作指南 **3** something that helps you to do things, etc. 指引物; 導向裝置: *Signposts are a guide to drivers*. 路標是司機的嚮導。**4** member of a special club for girls 女童軍: *a Girl Guide* 女童軍 **guidebook** *n*. book that tells people about a town, country, etc. 旅遊指南

guide² *v*. **1** show someone where to go, etc. 引導; 指引: *The dog guided the blind man across the road*. 那狗領盲人過馬路。**2** teach or help someone 指導; 帶領

guilt /gɪlt/ *n*. (no *pl*.) feeling that you have done wrong; having done wrong 內疚; 有罪: *The court is sure of his guilt*. 法庭肯定他有罪。

guilty /ˈgɪltɪ/ *adj*. **1** having done wrong 有罪的; 犯罪的: *He was guilty of stealing $2 000*. 他犯了偷竊兩千元的罪行。**2** feeling or showing that you have done wrong 自覺有錯; 內疚的: *He had a guilty look on his face*. 他臉上露出內疚的神色。 **guiltily** *adv*.

guinea-pig /ˈgɪnɪ pɪg/ *n*. small animal that you keep as a pet 豚鼠; 天竺鼠

guitar /gɪˈtɑ:(r)/ *n*. musical instrument with strings 吉他; 結他; 六弦琴

gulp /gʌlp/ *v*. swallow food or drink quickly 吞; 狼吞虎嚥地吃: *He gulped his meal*. 他狼吞虎嚥地把飯吃完。**gulp** *n*.

gum /gʌm/ *n*. (no *pl*.) stuff that sticks things together 膠水; 樹膠 **gum** *v*. (*pres. part*. gumming, *past part. & past tense* gummed /gʌmd/) stick things together with gum or glue 黏合 **chewing-gum** *n*. sweet that you chew but do not swallow 口香糖

gun /gʌn/ *n*. thing that shoots out bullets to kill people 槍: *A revolver is a sort of gun*. 轉左輪手槍是槍的一種。**gunman** *n*. someone who shoots another person 帶槍者

gunpowder /'gʌnpaʊdə(r)/ *n*. (no *pl*.) powder for guns, bullets, fireworks, etc. that explodes when you put fire to it 黑色火藥

gush /gʌʃ/ *v*. burst or flow out strongly 噴出; 湧出: *Water was gushing from the tap*. 水從龍頭裏湧出來。

gust /gʌst/ *n*. sudden, strong wind 一陣狂風 **gusty** *adj*. stormy; windy 陣風的; 起大風的: *a gusty day* 大風天

gutter /'gʌtə(r)/ *n*. channel under the edge of a roof or at the side of a road to take away rain-water 水槽; 街溝

guy /gaɪ/ *n*. **1** man; fellow 人; 傢伙: *He's a nice guy!* 他是個好人! **2** sort of big doll that English children burn on Guy Fawkes Day (英國兒童在蓋伊福克斯日焚燒的)模擬像

gym /dʒɪm/ *abbrev*. gymnastics; gymnasium 體育(課); 體操; 體育館

gymnasium /dʒɪm'neɪzɪəm/ *n*. room or building where you do physical exercise, sports, etc. 體育館

gymnastics /dʒɪm'næstɪks/ *n*. (*pl*.) exercises for the body 體操

gypsy /'dʒɪpsɪ/ *n*. (*pl*. gypsies) person with dark hair and eyes who lives in a caravan and never stays long in one place 吉普賽人

Hh

habit /'hæbɪt/ *n*. what you usually do 習慣: *It's my habit to get up early every morning*. 我習慣每天早起。

hack /hæk/ *v*. cut something roughly 劈; 砍

had /hæd/ *past part. & past tense* of *v*. have 動詞 have 的過去分詞和過去式 ***you had better***, it is best for you to do something 最好; 還是…好: *We had better go into the house because it is raining*. 外面正下雨, 我們最好進屋子裏去。

haddock /'hædək/ *n*. (*pl*. haddock) sort of sea-fish that you can eat 黑線鱈

ha! ha! /'hɑ: hɑ:/ *exclam*. words that show laughing (笑聲)哈哈

hail /heɪl/ *n*. (no *pl*.) frozen drops of rain 雹子; 冰雹 **hailstone** *n*. small ball of ice that falls from the sky 冰雹 **hail** *v*.: *It was so cold yesterday that it hailed*. 昨天冷至下冰雹了。

hair /heə(r)/ *n*. **1** (*pl*. hairs) fine thread that grows on the skin of animals and people 毛; 汗毛 **2** (no *pl*.) what grows on the head 頭髮: *Rose combed her hair*. 珞詩梳頭髮了。***make your hair stand on end***, make you very frightened 使人毛骨悚然: *That spy film made my hair stand on end!* 那部間諜片看得我毛骨悚然! ***not turn a hair***, not show that you are worried or afraid 不動聲色

haircut /'heəkʌt/ *n*. **1** cutting the hair 理髮: *I need a haircut*. 我該理髮了。**2** way your hair is cut; hairstyle 髮型: *a short haircut* 短髮型

hairdresser /'heədresə(r)/ *n*. someone whose job is to cut and arrange hair 理髮師

hairpin /'heəpɪn/ *n*. pin that holds your hair in place 髮夾

hairstyle /'heəstaɪl/ *n*. way of doing your hair 髮式; 髮型

hairy /'heərɪ/ *adj*. covered with hair 多毛的: *hairy legs* 多毛的腿

half /hɑ:f/ *n*. (*pl*. halves) one of two equal parts of something 半; 一半: *Half of 6 is 3*. 六的一半是三。**half** *adv*. **1** 50 per cent 一半: *This bottle is only half full*. 這個瓶子只裝了一半東西。**2** partly 部分地: *This work is only half done*. 這項工作只是完成了一半。***half past the hour***, 30 minutes after the hour …點半: *It is half past six*. 現在六點半鐘。

half-term /ˌhɑ:f 'tɜ:m/ *n*. short school holiday in the middle of term 學期中短假

half-time /ˌhɑ:f 'taɪm/ *n*. (no *pl*.) short break in the middlle of a game of football, etc. (足球賽等)半場休息

half-way /'hɑ:f 'weɪ/ *adv*. in the middle of a journey or job 中途: *I am half-way through my book*. 這本書我看完了一半。

hall /hɔ:l/ *n*. **1** big room or building for meetings, concerts, etc. 大廳; 禮堂: *the Town Hall* 市政廳 **2** room in a house, with doors to other rooms 門廳; 穿堂

hallo /hə'ləʊ/ *exclaim*. friendly word that you say when you meet someone or talk on the telephone 哈囉; 喂; 你好

halt /hɔ:lt/ *v*. stop moving; make something stop moving 停住; 停止; 使停止: *He halted the car at the traffic lights*. 他在紅綠燈前停車。**halt** *n*. ***come to a halt***, stop

住; 停止

halve /hɑ:v/ divide something into two parts that are the same size 對分; 平分: *There are two of us, so you must halve the orange.* 我們兩個人, 那麼你得把橙平分。

halves /hɑ:vz/ *(pl.)* of *n.* half 名詞 half 的複數形式

ham /hæm/ *n.* (no *pl.*) salted or smoked meat from a pig's leg 火腿

hamburger /ˈhæmbɜ:gə(r)/ *n.* round sandwich with hot meat in it 漢堡包(圓麵包夾煎熟的牛肉)

hammer [1] /ˈhæmə(r)/ *n.* tool with a handle and a metal head for hitting nails 鐵錘; 槌

hammer [2] *v.* **1** hit something with a hammer 錘打 **2** hit something hard with the hand 重擊; 敲: *He hammered on the door to wake us.* 他使勁地敲門叫醒我們。

hammock /ˈhæmək/ bed of canvas or knotted rope that hangs up between two trees, etc. 吊牀

hand [1] /hænd/ *n.* **1** part of the body at the end of the arm 手 ***hands up***, (*a*) put your hand in the air if you can answer the question 舉手(回答問題) (*b*) put your hands in the air because I have a gun 舉手投降 ***by hand***, without using a machine 用手: *Pam made the dress by hand.* 芭美用手縫製這件衣服。 ***change hands***, be given or sold by one person to another 易手; 轉手: *That car has changed hands many times.* 那輛汽車幾經易手。***give*** or ***lend a hand***, help someone 給予幫助: *Please give me a hand with this heavy box.* 這個箱子很重, 請幫我拿一下。 ***have your hands full***, be very busy; have many things to do 很忙; 手頭工作滿滿的 ***in good hands***, well cared for 照顧得好: *Don't worry – your son is in good hands.* 别擔心, 你的兒子得到很好的照顧。***lay your hands on***, get or find something 得到; 找到: *Do you know where I can lay my hands on a pen?* 你知道哪兒可找到一枝鋼筆嗎? ***off your hands***, no longer in your control 不再負責; 脱手: *'I'll be glad when this old car is off my hands!' said John.* "這輛舊車一脱手, 我就高興了!" 約翰説。***get out of hand***, behave in a wild way 難以控制; 管不住: *My horse got out of hand when I was away.* 我不在的時候, 我的馬不受控制。 ***shake hands with***, give your hand to someone when you meet him 與…握手 ***wait on someone hand and foot***, do everything for someone 盡心侍候: *Mrs. Law waits on her lazy son hand and foot.* 勞太太無微不至地侍候她那個懶兒子。**2** worker in a factory, etc. 工人; 人手; 船員: *farm hands* 農場工人 **3** pointer on a clock or watch (鐘錶)指針: *At midday both hands point to twelve.* 正午時分, 兩枝指針都指向十二。**4** one side 方面 ***on the one hand, on the other hand***, words that show the good and bad sides of an idea 一方面…, 另一方面…: *On the one hand the hotel is near the sea, but on the other hand it costs a lot.* 這酒店的優點是靠近海邊, 但租金太貴。

hand [2] *v.* put something into someone's hand 遞; 給: *Please hand me that book.* 請把那本書遞給我。***hand down***, pass a thing, story, etc. on to people who live after you 傳給後人: *This story has been handed down in my family for many years.* 這個故事是我家多年傳下來的。 ***hand in***, give something to someone 交出: *'Hand in your essays now, children,' said the teacher.* "孩子們, 把作文交上來吧," 老師説。***hand over***, give something, which you do not want to give, to someone 被迫交出: *'Hand over that knife!' said the policeman.* "把刀交出來!" 警察説。

handbag /ˈhændbæg/ *n.* woman's bag that holds small things 女用手提包

handcuffs /ˈhændkʌfs/ *n.* (*pl.*) pair of metal rings with a chain, which you put on a prisoner's arms so that he cannot use his hands well (常用複數)手銬

handful /ˈhændfʊl/ *n.* **1** what you can hold in one hand 一把 **2** small number 少數; 一小撮: *Only a handful of people came to the meeting.* 只有少數人到會。

hand-grenade /ˈhænd grɪneɪd/ *n.* small bomb that you throw by hand 手榴彈

handicap /ˈhændɪkæp/ *n.* something that stops you doing well 障礙; 困難; 不利條件: *Bad eyesight is a handicap to a student.* 視力不好對學生是不利的。**handicap** *v.* (*pres. part.* handicapping, *past part. & past tense* handicapped /ˈhændɪkæpt/) stop you doing well 妨礙; 受到障礙; 造成不利

handkerchief /ˈhæŋkətʃɪf/ *n.* square piece of cloth that you use to wipe your nose 手帕; 手絹

handle [1] /ˈhændl/ *n.* the part of a thing that you hold 柄; 把手: *I can't carry the bucket if the handle is broken.* 桶的把手要是壞了, 我就提不動。

handle [2] *v.* **1** touch something with the hands 觸; 摸; 拿: *Please wash your hands before you handle the food.* 拿食物前請洗手。**2** control a person or animal 操縱; 駕馭: *A child can't handle that big dog.* 小孩子管不了那隻大狗。**3** look after something 管理; 處理: *The clerk handles all letters.* 文員處理各類信件。

handlebar /ˈhændlbɑ:(r)/ *n.* bar that the rider holds at the front of a bicycle or motor-cycle (腳踏車等)把手

hand-made /ˌhænd ˈmeɪd/ *adj.* made by a person, not by a machine 手製的

handsome /ˈhænsəm/ *adj.* good-looking 英俊的; 美觀的: *a handsome boyfriend* 英俊的男朋友

handwriting /ˈhændraɪtɪŋ/ *n.* (no *pl.*) the way you write 筆跡; 書寫; 書法: *Colin has clear handwriting.* 科林的字體端正。

handy /ˈhændɪ/ *adj.* **1** good with the hands 手巧的: *a handy workman* 雙手靈巧的工人 **2** useful 有用的; 便利的: *My box of tools is very handy.* 我這箱工具很方便。**3** near; easy to find 近便的; 在手邊的: *I always have an extra shirt handy.* 我手邊總多備一件襯衣。

hang /hæŋ/ *v.* **1** (*past part. & past tense* hung /hʌŋ/) fix something at the top so that the lower part falls freely 懸; 掛; 吊: *Hilary is hanging her washing on the line.* 希拉瑞把洗過的衣物掛在繩子上。**2** (*past part. & past tense* hung) be fixed at the top so that it falls freely 懸掛; 吊着: *Curtains hang at the windows.* 窗簾掛在窗上。**3** (*past part. & past tense* hanged /hæŋd/) kill someone by holding him above the ground with a rope round his neck 絞死; 吊死: *They hanged him for murder.* 他們把他絞死, 因爲他犯了謀殺罪。***hang about***, stand around doing nothing 閒呆着; 徘徊: *Why is he hanging about in the streets?* 他幹嗎在街上閒逛? ***hang back***, show that you don't want to do something 猶豫; 退縮: *The big boys jumped into the river but little Ned hung back.* 那些大男孩子都跳進河裏了, 但小立德畏縮不前。***hang on***, wait 等着: *Hang on – don't go yet!* 等着——先別走! ***hang on to***, hold something firmly 緊緊抓住: *Hang on to my arm in the crowd.* 在擁擠的人羣裏抓緊我的手臂。

hangar /ˈhæŋə(r)/ *n.* big shed for aeroplanes 飛機棚; 飛機庫

hanger /ˈhæŋə(r)/ *n.* bar with a hook for holding clothes 衣架; 掛鉤: *a coat-hanger* 掛大衣的鉤; 衣架

hankie, hankey /ˈhæŋkɪ/ *abbrev.* handkerchief 手帕; 手絹

happen /ˈhæpən/ *v.* be; take place 發生: *The accident happened at 3 p.m.* 意外在下午三點發生。***happen to***, do something by chance 碰巧: *You happened to be out when I came to your house.* 我上你家時碰巧你出去了。 **happening** *n.* something that happens; event 事件

happy /ˈhæpɪ/ *adj.* glad; content 高興的; 幸福地: *Mary smiled because she was happy.* 敏麗高興得笑了。 **happily** *adv.* **happiness** *n.*

harbour /ˈhɑ:bə(r)/ *n.* place where ships come to land safely 港; 港口

hard [1] /hɑ:d/ *adj.* **1** not soft ; firm 硬的; 堅固的: *Rock is hard.* 岩石是堅硬的。**2** difficult; not easy to do or understand 困難的; 難懂的: *hard work* 困難的工作 **3** giving trouble, pain, etc. 艱難的; 痛苦的: *He's had a hard life.* 他曾過着艱苦的生活。**4** not kind, strict 無情的; 嚴厲的: *a hard father* 嚴厲的父親 ***be hard on***, be strict with someone 嚴厲對待; 苛求 ***hard up***, poor; not having much money 窮困; 缺錢

hard [2] *adv.* **1** strongly 猛烈地; 重重地: *Geoff hit Mike hard.* 傑富狠狠地打了邁恪一頓。**2** a lot 努力地; 辛勤地: *You must work hard.* 你必須努力工作。

hard-hearted /ˌhɑ:d ˈhɑ:tɪd/ *adj.* cruel; not kind 狠心腸的; 冷酷的

hardly /ˈhɑ:dlɪ/ *adv.* only just; not well 僅; 才; 幾乎不: *She speaks so quietly I can hardly hear her.* 她講話聲音那麼輕, 我幾乎聽不見。

hardy /ˈhɑ:dɪ/ *adj.* strong; able to bear bad conditions 强壯的; 能吃苦的: *Sheep must be hardy to live on the hills in winter.* 羊要很强壯, 冬天才能在山上生活。

hare /heə(r)/ *n.* small animal like a rabbit, with long ears 野兔

harm [1] /hɑ:m/ *n.* (no *pl.*) hurt; damage 傷害; 損害 ***come to harm***, be hurt 受害; 遭遇不幸

harm [2] *v.* hurt someone or something 傷害; 危害: *Hot water will harm the plants.* 熱水會傷害花草。 **harmful** *adj.* dangerous 有害的 **harmfully** *adv.* **harmless** *adj.* not dangerous 無害的 **harmlessly** *adv.*

harness /ˈhɑ:nɪs/ *n.* (*pl.* harnesses)

leather straps and metal pieces that a horse wears 馬具

harp /hɑ:p/ *n.* big musical instrument with strings, which you play with your fingers 豎琴

harsh /hɑ:ʃ/ *adj.* **1** rough and unpleasant 粗糙的; 刺耳的: *a harsh voice* 刺耳的聲音 **2** cruel 嚴厲的; 苛刻的: *a harsh master* 嚴厲的主人 **harshly** *adv.*

harvest /ˈhɑ:vɪst/ *n.* the time when you gather vegetables, corn, or other crops 收穫(物); 收穫期: *The apple harvest comes in September.* 九月是蘋果收成的時分。

harvest *v.* gather crops 收穫; 收割: *When will you harvest your wheat?* 你什麼時候收割小麥?

has /hæz/ part of *v.* have 動詞 have 的第三人稱單數現在式: *Edna has an egg.* 愛娜有一個蛋。

hasn't /ˈhæznt/ = has not 沒有

haste /heɪst/ *n.* (no *pl.*) speed; hurry 急促; 匆忙 ***in haste***, quickly; in a hurry 急促地; 匆忙地: *He left in haste because he was late.* 他匆匆離去, 因爲他晚了。

hasten /ˈheɪsn/ *v.* move or do something quickly 趕忙; 急忙: *He hastened to catch the train.* 他急忙去趕火車。

hasty /ˈheɪstɪ/ *adj.* **1** that you do quickly 匆匆的; 急忙的: *We ate a hasty meal.* 我們匆匆地吃了飯。**2** that you say or do too quickly 急促的; 輕率的: *I'm sorry now that my words were so hasty.* 很對不起, 我當時説話太輕率了。**hastily** *adv.*

hat /hæt/ *n.* something that you wear on your head 帽子

hatch /hætʃ/ *v.* come out of an egg; bring young ones out of an egg 孵; 孵出: *When will the hen's eggs hatch?* 那些雞蛋什麼時候孵出小雞?

hate [1] /heɪt/, **hatred** /ˈheɪtrɪd/ *n.* (no *pl.*) very great dislike 恨; 憎恨; 憎惡: *He looked at me with hate.* 他以憎恨的目光看着我。

hate [2] *v.* **1** feel that someone or something is very bad 討厭: *Cats hate water.* 貓討厭水。**2** feel sorry about something 不願; 不喜歡: *I hate to trouble you.* 我真不願麻煩你。

hatred /ˈheɪtrɪd/ *n.* (no *pl.*) very great dislike; hate 憎恨; 憎惡; 敵意: *He looked at me with hatred.* 他以憎恨的目光看着我。

haul /hɔ:l/ *v.* pull something heavy 拖曳; 用力拖: *The elephants were hauling logs.* 那些大象在拖圓木。

haunt /hɔ:nt/ *v.* **1** come as a spirit to a place (鬼怪)出沒; 鬧鬼: *A ghost haunts the castle.* 這個城堡鬧鬼。**2** visit a place often 常去; 常到: *Tony haunts the sports centre.* 東尼常去運動中心。**3** come to your mind 縈繞心頭: *Memories of the past haunt her.* 她總是想起過去。

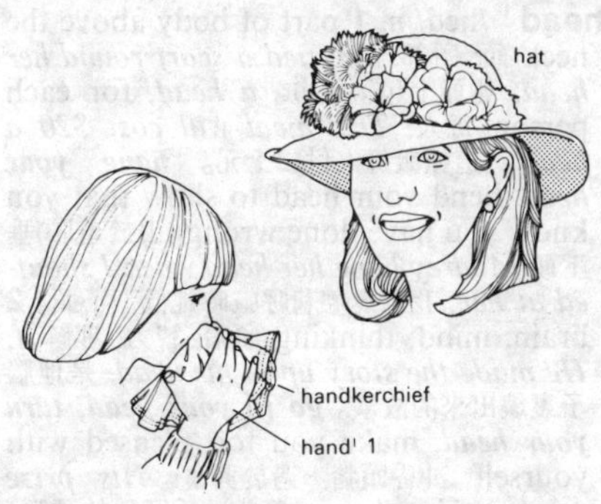

haunted /ˈhɔ:ntɪd/ *adj.* often visited by spirits 鬼常出現的: *a haunted house* 鬧鬼的房子; 凶宅

have /hæv/ *v.* (*past part. & past tense* had /hæd/) **1** own or keep something 有; 持有: *Susan has red hair.* 素珊的頭髮是紅色的。*I have a small car.* 我有一輛小汽車。**2** word that helps to form perfect tenses of verbs (用於構成完成式)已經: *I have finished.* 我完成了。**3** eat or drink something 吃; 喝: *Do you have tea or coffee in the morning?* 你早上喝茶還是喝咖啡? **4** feel something 感覺; 身受: *I have a bad pain in my back.* 我背痛得厲害。**5** keep something in your mind 記住; 了解: *Have you any idea where he lives?* 你知道他住在哪兒嗎? ***will not have***, will not allow something to happen 不允許; 不能容忍: *I won't have you pulling the cat's tail.* 我不許你拉貓尾巴。***have to***, must 必須; 不得不: *I have to go to school on Monday.* 我星期一要去上學。***have someone do something***, make someone do something 使(某人做某事): *I had the mechanic examine the car brakes.* 我請機械師檢查了汽車的刹車掣。***have something done***, arrange for something to be done 安排…; 讓…完成: *Pat is having her hair cut by the hairdresser.* 珮正讓理髮師給她理髮。

haven't /ˈhævnt/ = have not 沒有

hawk /hɔ:k/ *n.* big bird that catches and kills smaller birds 鷹

hay /heɪ/ *n.* (no *pl.*) dried grass that the farmer gathers to feed his animals in the winter 乾草 **haystack** /ˈheɪstæk/ *n.* big heap of hay 乾草堆

hazard /ˈhæzəd/ *n.* risk; danger 冒險; 危險: *Ice is a hazard for drivers.* 冰雪對駕駛人士不利。**hazardous** *adj.*

haze /heɪz/ *n.* (no *pl.*) thin mist 薄霧 **hazy** *adj.*: *a hazy day* 有霧的日子

hazel nut /ˈheɪzl nʌt/ *n.* sort of nut that you can eat 榛子

he /hi:/ *pron.* (*pl.* they) word for any male person 他: *Where is your brother? He is at home.* 你弟弟在哪兒? 他在家。

head[1] /hed/ *n.* **1** part of body above the neck 頭; 頭部: *She tied a scarf round her head.* 她頭上包了頭巾。***a head***, for each person 每人: *This meal will cost $20 a head.* 這頓飯每人付二十元。***hang your head***, bend your head to show that you know you have done wrong (由於羞恥)垂下頭: *Audrey hung her head when I shouted at her.* 我對奧德莉呼喊時她低下了頭。**2** brain; mind; thinking 頭腦; 智力; 理解力: *He made the story up in his head.* 是他腦子裏編出來的故事。***go to your head, turn your head***, make you too pleased with yourself 冲昏頭腦; 過於興奮: *His prize went to his head.* 獎賞冲昏了他的頭腦。***keep your head***, stay calm 保持鎮靜: *You must try to keep your head when you are in danger.* 遇到危險時要保持鎮靜。***lose your head***, become too excited to think 情緒衝動; 失去理智; 不知所措: *She lost her head and ran in front of a car.* 她失去了理智, 跑到一輛汽車前面。***put heads together***, think about something with other people 商量; 交換看法: *Let's put our heads together and find a plan.* 我們商量一下, 訂出計劃。***use your head***, think 動腦筋; 思考 **3** front; front part 前頭; 最前面的部分: *the head of the queue* 隊首 **4** chief person 首領; 首腦; 首長: *The Pope is the head of the Roman Catholic Church.* 教皇是羅馬天主教的首領。

head[2] *v.* be at the front or top of a group 以…爲首; 率領; 在…的前頭: *Michael's name heads the list.* 敏高的名字在名單的最前頭。***head for***, go towards 向…走去: *Let's head for the river.* 我們往河那邊走吧。

headache /'hedeɪk/ *n.* pain in the head 頭痛

heading /'hedɪŋ/ *n.* title; word or words at the top of a piece of writing to show what it is about 標題; 題目

headlamp /'hedlæmp/, **headlight** /'hedlaɪt/ *n.* big, strong lamp at the front of a car, etc. (汽車等的)前燈

headline /'hedlaɪn/ *n.* words in big letters at the top of some writing in a newspaper (報刊的)大字標題

headmaster /ˌhed'mɑ:stə(r)/ *n.* man in charge of a school 校長

headmistress /ˌhed'mɪstrɪs/ *n.* (*pl.* headmistresses) woman in charge of a school 女校長

headphones /'hedfəʊnz/ *n.* (*pl.*) things that fit over the head and ears for listening to a radio, etc. 聽筒; 耳機

headquarters /ˌhed'kwɔ:təz/ *n.* (*pl.*) main offices where the leaders work 司令部; 指揮部

heal /hi:l/ *v.* become well again 治愈; 復原: *His burns healed quickly.* 他的燒傷很快便痊愈了。

health /helθ/ *n.* (no *pl.*) how the body is; how well you are 健康; 健康狀況: *My uncle is in poor health.* 我叔叔的健康狀況不佳。***drink someone's health***, have a drink and say you hope someone will stay well 爲某人的健康乾杯

healthy /'helθɪ/ *adj.* **1** well; not ill 健壯的; 健康的: *Those puppies look very healthy.* 那些小狗看上去長得很健康。**2** that will make or keep you well 有益健康的: *The seaside has a healthy climate.* 海邊的氣候對健康有益。

heap /hi:p/ *n.* pile of things 堆: a heap of bricks 一堆磚頭 ***heaps of***, lots of; plenty 許多; 大量: *We have heaps of books and toys.* 我們有許多書和玩具。**heap** *v.* put things in a pile 堆積; 裝滿: *Mother heaped food on to my plate.* 媽媽用食物裝滿我的碟子。

hear /hɪə(r)/ *v.* (*past part. & past tense* heard /hɜ:d/) **1** notice sounds with the ears 聽到: *I can hear the neighbour's radio because it is so loud.* 我能聽到隔壁收音機的聲音, 因爲太響了。**2** recieve information 聽說; 得知: *Have you heard the news?* 你聽到了這個消息嗎? ***hear from***, get a letter, etc. from someone 接到信: *Have you heard from your sister?* 你收到你妹妹的信没有? ***hear of***, know about someone or something 聽說: *Who is he? I've never heard of him.* 他是誰? 我從來没有聽說過他。***will not hear of***, will not agree to something 不同意; 拒絕考慮; 不答應: *My boss won't hear of my leaving work early.* 我的老闆不同意我提早下班。

hear! hear! *exclam.* words that show you agree 說得對! 說得對!

hearing /'hɪərɪŋ/ *n.* **1** (no *pl.*) noticing sound 聽覺: *Speak loudly because his hearing is not good.* 大聲點說話, 他耳朵不太靈。**2** (no *pl.*) how far you can hear 聽距 ***out of hearing***, *too far away to hear* 在遠處聽不到: *I called her but she was out of hearing.* 我叫她, 但她在遠處聽不見。

heart /hɑ:t/ *n.* **1** thing inside the chest, that pumps blood round the body 心; 心臟: *When I run, my heart beats fast.* 我跑步的時候心跳得很快。**2** your feelings 心地; 心腸: *Oliver has a kind heart.* 奧立富心地善良。***break someone's heart***, make someone very sad 使某人很傷心 ***by heart***, so that you know every word 記住: *I have learned this poem by heart.* 我記熟了這首詩。***cry your heart out***, cry very much 痛哭 ***have a change of heart***, change your feelings about something 改變看法: *Let's ask him again – he may have a change of heart.* 我們再問問他吧——他可能改變看法。***have your heart in your mouth***, be afraid 非常吃驚; 害怕 ***have***

your heart set on, want something very much 渴望: *Ann has her heart set on going to the festival.* 安渴望參加慶祝會。 ***lose heart***, feel less brave and hopeful 喪失勇氣; 灰心 ***take heart***, feel more hopeful 鼓起勇氣 ***with a heavy heart***, sadly 心情沉重 **3** centre; middle part 中心; 内部: *the heart of the forest* 森林的中心 **4** the shape ♥ on a playing card etc. 撲克牌的紅桃

heartbroken /'hɑ:tbrəʊkən/ *adj.* very sad 心碎了的; 悲痛的:

hearth /hɑ:θ/ *n.* fireplace 爐邊; 爐牀: *Cats like to sit by a warm hearth.* 貓喜歡蹲在暖和的爐邊。

heartless /'hɑ:tlɪs/ *adj.* cruel; not kind 硬心腸的; 無情的 **heartlessly** *adv.*

hearty /'hɑ:tɪ/ *adj.* **1** very friendly 誠懇的; 友善的; 熱烈的: *They gave me a hearty welcome.* 他們熱烈地歡迎我。**2** strong and healthy 强健的; 健壯的: *a hearty child* 身體健壯的孩子 **3** big 大量的; 豐盛的: *Howard ate a hearty meal.* 豪偉飽餐了一頓。

heat¹ /hi:t/ **1** (no *pl.*) hotness; the feeling that comes from the sun 熱; 熱氣 **2** (*pl.* heats) one race in a sports competition (一次)賽跑; (一番)努力

heat² *v.* become hot; make something hot 變熱; 加熱: *Pat heated some milk in a saucepan.* 珮用鍋熱了一些牛奶。

heater /'hi:tə(r)/ *n.*, something that gives heat to make a place warm 火爐; 暖氣設備; 加熱器: *an oil-heater* 燒油的爐子

heating /'hi:tɪŋ/ *n.* (no *pl.*) **central heating**, system to heat a building 暖氣設備

heather /'heðə(r)/ *n.* (no *pl.*) sort of plant 石南屬植物

heave /hi:v/ *v.* lift or pull something heavy 使勁提起; 用力推

heaven /'hevn/ *n.* (no *pl.*) home of God, where many people believe they will go when they die 天堂; 天國 **heavens** (*pl.*) sky (常用複數)天; 天空: *The stars shine in the heavens.* 星星在天空閃爍。

heavy /'hevɪ/ *adj.* **1** with a lot of weight; not easy to lift or move 重的; 沉甸甸: *I can't carry this bag because it's heavy.* 這個袋子太重了, 我拿不動。**2** much; a lot of 多的; 大量的: *heavy rain* 大雨 **3** strong 有力的; 沉重的: *a heavy blow* 沉重的打擊 **heavily** *adv.*

hectare /'hektɑ:(r)/ *n.* measure of land = 10 000 square metres 公頃(等於 10 000 平方米)

hedge /hedʒ/ *n.* row of bushes that make a wall at the edge of a garden, field, or road (矮樹)樹籬

hedgehog /'hedʒhɒg/ *n.* small animal covered with sharp needles 猬

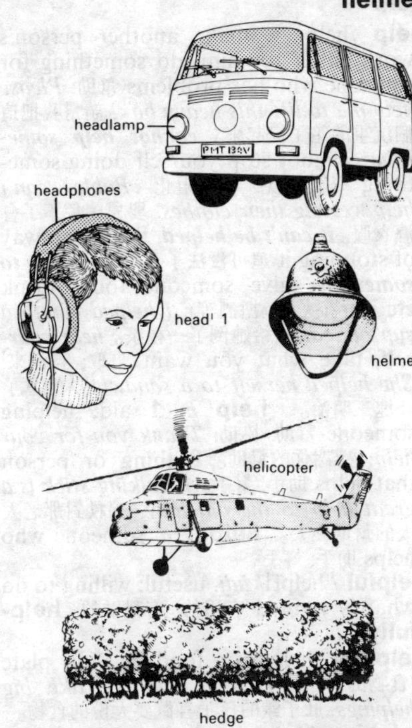

heel /hi:l/ *n.* back part of the foot, sock, or shoe (腳、襪、鞋的)後跟: ***at*** or ***on someone's heels***, close behind someone 緊跟在…後面; 緊追

height /haɪt/ *n.* **1** being high; how far it is from the bottom of something to the top 高; 高度: *What is the height of the room?* 這個房間有多高? **2** high place 高處; 高地: *the mountain heights* 山岡 **3** greatest or strongest time 頂點; 極度: *The storm was at its height.* 那時風暴刮得最厲害。

heir /eə(r)/ *n.* someone who receives the money, goods, title, etc. when another person dies 繼承人; 嗣子: *Prince Charles is Queen Elizabeth's heir.* 查理斯王子是伊利莎白女皇的繼承人。 **heiress** /'eərɪs/ *n.* female heir 女繼承人; 嗣女

held /held/ *past part. & past tense* of *v.* hold 動詞 hold 的過去分詞和過去式

helicopter /'helɪkɒptə(r)/ *n.* sort of aeroplane with big, turning blades on top 直升飛機

hell /hel/ *n.* (no *pl.*) place where bad people go after they are dead 地獄

he'll /hi:l/ = he will 他會

hello /hə'ləʊ/ *exclam.* friendly word that you say when you meet someone or talk on the telephone (哈囉)喂

helmet /'helmɪt/ *n.* hard hat that keeps the head safe 頭盔; 鋼盔: *Firemen wear helmets.* 消防員戴鋼盔。

help /help/ *v.* make another person's work easier for him; do something for someone who has problems 幫助: *Please help me to lift this heavy box.* 請幫我把這個沉重的箱子提起來。***cannot help something***, cannot stop yourself doing something 不能避免; 不可阻止: *Babies can't help wetting their clothes.* 嬰兒總免不了會濕衣服。***it can't be helped***, there's no way of stopping it 這可沒法子 ***help someone to something***, give someone food, drink etc. 款待(挾菜、斟酒等): *I helped her to a cup of tea.* 我給她倒了一杯茶。***help yourself***, take what you want 自取; 自己來: *She helped herself to a sandwich.* 她拿了一塊三明治。 **help** *n.* **1** aid; helping someone 幫助; 協助: *Thank you for your help.* 感謝你的幫助。**2** thing or person that helps 助手; 幫手: *A walking-stick is a great help to the old lady.* 拐杖對那老太太的幫助極大。 **helper** *n.* someone who helps 助手; 幫手

helpful /'helpfl/ *adj.* useful; willing to do what is wanted 有用的; 有幫助的 **helpfully** *adv.*

helping /'helpɪŋ/ *n.* food on your plate (食物的)一份: *Hungry children like big helpings.* 肚子餓的孩子喜歡要大份的食物。

helpless /'helplɪs/ *adj.* not able to take care of yourself 不能自助的; 孤弱的: *A baby is totally helpless.* 嬰兒完全不能照顧自己。**helplessly** *adv.*

hem /hem/ *n.* neat end of a piece of clothing (衣服等的)折邊: *The skirt is too short – let down the hem.* 裙子太短了, 把折邊放下來吧。

hen /hen/ *n.* **1** female bird 雌禽 **2** farm bird that lays eggs and that we eat 母雞

her¹ /hɜ:(r)/ *adj.* of a woman or girl 她的: *That is her book.* 那是她的書。

her² *pron.* (*pl.* them) word that shows a woman or girl 她: *Where is Kathy? I can't see her.* 凱茜在哪兒? 我看不見她。

herb /hɜ:b/ *n.* plant, usually with a strong smell and taste, used in medicine or in cooking 草藥; 香草

herd /hɜ:d/ *n.* group of animals (牛、馬等)羣: *a herd of cattle* 一羣牛

here /hɪə(r)/ *adv.* in, at, or to this place 這裏; 在這裏: *Don't go away – come here.* 別走——過來。*Here is my car.* 我的車在這兒。***here and there***, in different places 各處; 處處: *There were boats here and there on the sea.* 海上到處都有船。

hero /'hɪərəʊ/ *n.* (*pl.* heroes) **1** very brave man or boy 英雄; 勇士: *David was a hero when he killed Goliath.* 大衛是個英雄, 他殺死了巨人歌利亞。**2** most important man in a story, play, etc. (小說、戲劇中)男主角

heroic /hɪ'rəʊɪk/ *adj.* very brave 英雄的; 英勇的: *heroic deeds* 英雄事蹟

heroine /'herəʊɪn/ *n.* **1** very brave woman or girl 女英雄; 女勇士 **2** most important woman in a story, play, etc. (小說、戲劇中)女主角

herring /'herɪŋ/ *n.* sort of sea-fish that you can eat 鯡魚

hers /hɜ:z/ *pron.* (*pl.* theirs) thing that belongs to a woman or girl 她的(東西): *This book is mine and that book is hers.* 這本書是我的, 那本書是她的。

herself /hɜ:'self/ *pron.* (*pl.* themselves) **1** word that describes the same woman or girl that you have just talked about 她自己: *Sarah hurt herself when she fell.* 薩拉跌傷了。**2** she and no other person 她親自; 她本人: *Sue made a cake herself, without her mother's help.* 素娥自己做了一個蛋糕, 不用母親幫忙。***by herself***, alone 她獨自地; 她獨立地: *Patricia is playing by herself in the garden.* 珮翠莎獨自在花園裏玩耍。

hesitate /'hezɪteɪt/ *v.* stop for a moment to show that you are not sure about what you are doing 猶豫; 躊躇: *Andrew hesitated before he took the last cake.* 安德魯拿最後一塊蛋糕之前猶豫了一下。**hesitant** /'hezɪtənt/ *adj.* **hesitantly** *adv.* in an unsure way 猶豫地; 躊躇地 **hesitation** /ˌhezɪ'teɪʃn/ *n.*

hey /heɪ/ *exclam.* word to make someone hear you or to show surprise 嘿(喚起注意或表示驚訝) *Hey! What are you doing?* 嘿! 你在做什麼?

hiccup, hiccough /'hɪkʌp/ *n.* sudden loud noise in the throat that comes again and again 打嗝; 打呃; 打呃聲: *If you eat too fast you'll have hiccups.* 你如果吃得太快了就會打呃。 **hiccup, hiccough** *v.*

hide /haɪd/ *v.* (*past part.* hidden /'hɪdn/, *past tense* hid /hɪd/) **1** be in a secret place; put something in a secret place 隱藏; 把…藏起來: *Peggy hid the broken cup behind her back.* 佩姬把打碎的杯子藏在背後。**2** not tell someone about something 隱瞞 **hide-and-seek** *n.* children's game when one child hides and others try to find him 捉迷藏

hideous /'hɪdɪəs/ *adj.* very ugly 醜陋的; 可憎的

hiding /'haɪdɪŋ/ *n.* (no *pl.*) ***be in***, or ***go into hiding***, be in, or go into, a place where other people will not see or find you 躲藏(起來): *The prisoners escaped and went into hiding.* 犯人逃跑了, 並且匿藏起來。

high¹ /haɪ/ *adj.* **1** how far from top to bottom; tall 高度的; 高的: *The table is two metres high.* 這張桌子兩米高。**2** going up a long way 很高; 高聳: *Mount Everest is very high.* 額菲爾士峰極高。**3** at the top of sound 高音調的: *high notes* 高音符 **4** costing a lot of money 昂貴的; 奢侈的: *high prices* 高價 **5** senior 高級的; 高等的: *a high school* (英國)大學預科; (美國)中學

high² *adv.* far up 高; 高高地: *The plane flew high above the clouds.* 飛機在雲層上飛行。***high and low***, everywhere 到處; 處處: *Bill looked high and low for his lost shoe.* 標到處找他丟了的那隻鞋。

hi-fi /'haɪ faɪ/ *n.* sort of record-player 高度傳真的電唱機

highlands /'haɪləndz/ *n.* (*pl.*) part of a country with hills or mountains 山地; 高地

highly /'haɪlɪ/ *adj.* very much; greatly 非常; 很; 高度地: *The teacher thinks very highly of Frank's work.* 老師認爲富林的作業做得非常好。

Highness /'haɪnɪs/ *n.* (*pl.* Highnesses) title for a royal person (對皇室成員的尊稱)殿下: *Your Highness* 殿下(直接稱呼時用)

high school /'haɪ sku:l/ *n.* secondary school (美國)中學; (英國)大學預科

highway /'haɪweɪ/ *n.* main road 公路; 大路

highwayman /'haɪweɪmən/ *n.* (*pl.* highwaymen) man who stopped travellers and robbed them in old times (古時攔路搶劫的)强盗

hijack /'haɪdʒæk/ *v.* **1** stop a car, lorry, etc., on the road and steal from it 攔路搶劫 **2** make the driver of a car or the pilot of an aeroplane take you somewhere 劫持 **hijacker** *n.* someone who hijacks a vehicle 劫持者

hike /haɪk/ *v.* go for a long walk in the country 遠足 **hike** *n.* long walk 遠足 **hiker** *n.* someone who is walking far in the country 遠足者

hill /hɪl/ *n.* **1** low mountain 小山; 丘陵: *the Cotswold Hills* 科次窩德山(在英格蘭西南部) **2** slope on a road, etc. 路上的斜坡; 坡路: *They pushed their bicycles up the hill.* 他們推着腳踏車上斜坡。

him /hɪm/ *pron.* (*pl.* them) word that shows a man or boy (用作賓格)他: *Where is Jim? I can't see him.* 阿吉在哪兒? 我看不見他。

himself /hɪm'self/ *pron.* (*pl.* themselves) **1** word that describes the same man or boy that you have just talked about (反身代詞)他自己: *Bernard hurt himself when he fell over.* 伯納跌傷了。**2** he, and no other person 他獨自地: *Michael made this box himself, without his father's help.* 這箱子是敏高自己做的, 不用他爸爸幫助。 ***by himself***, alone 他獨自地; 他獨立地

hind /haɪnd/ *adj.* back 後面的; 後部的; 在後的: *the hind legs of a dog* 狗的兩條後腿

hinder /'hɪndə(r)/ *v.* make another person's work more difficult for him 阻止; 妨礙: *Don't hinder me when I am trying to work.* 我要工作的時候别妨礙我。

hint /hɪnt/ *v.* say something, but not directly 暗示; 示意: *Una closed her eyes to hint that she was tired.* 尤娜閉上眼示意她累了。**hint** *n.*

hip /hɪp/ *n.* place where the leg joins the side of the body 臀部: *A cowboy wears his gun on his hip.* 牛仔把槍掛在腰上。

hippopotamus /ˌhɪpə'pɒtəməs/ *n.* (*pl.* hippopotami or hippopotamuses) big river animal with a thick skin 河馬

hire /'haɪə(r)/ *v.* pay to use something, or to use someone's help 租用; 僱用: *Can I hire a car for three days?* 我能租輛車用三天嗎? ***hire out***, let someone hire something from you 出租: *Mr. Jackson hires out bicycles.* 傑遜先生出租腳踏車。 **hire** *n.: Have you any bikes for hire?* 你們有腳踏車出租嗎?

his¹ /hɪz/ *adj.* of a man or boy (he 的所有格) 他的: *That is his book.* 那是他的書。

his² *pron.* (*pl.* theirs) thing that belongs to a man or boy (he 的物主代詞)他的: *That book is his, not yours.* 這本書是他的, 不是你的。

hiss /hɪs/ *v.* make a long sound like 's' 發嘶嘶聲: *The snake hissed.* 蛇發出嘶嘶聲。 **hiss** *n.: the hiss of steam* 水蒸汽的嘶嘶聲

historic /hɪ'stɒrɪk/ *adj.* important in past times 歷史上著名的; 有歷史意義的: *1066 was an historic year for England.* 1066年是英國富有歷史意義的一年。 **historical** /hɪ'stɒrɪkl/ *adj.* of past times 歷史的; 歷史上的: *an historical film* 歷史電影

history /'hɪstrɪ/ *n.* **1** (*pl.* histories) things that happened in the past 歷史 **2** (no *pl.*) study of the past 歷史學: *Our next lesson is history.* 下一節是歷史課。

hit¹ /hɪt/ *n.* **1** blow; stroke 一擊; 擊中: *The batsman made a good hit.* 擊球員打了一個好球。**2** song or film that most people like 風行一時的歌曲、電影等: *That pop group has had many hits.* 那隊流行樂隊唱了多首風行一時的歌曲。 **hit parade** *n.* list of pop records that sell best 暢銷流行唱片榜

hit² *v.* (*pres. part.* hitting, *past part. & past tense* hit) knock someone or something hard 打; 打擊; 揍: *She cried when he hit her.* 他打她, 她就哭了。

hitch-hike /ˈhɪtʃ haɪk/, **hitch** /hɪtʃ/ *v.* travel by asking for free rides in cars and lorries 搭便車 **hitch-hiker** *n.* someone who hitch-hikes 搭便車的人

hive /haɪv/ *n.* box where bees live 蜂房; 蜂箱

hoard¹ /hɔ:d/ *n.* store of money, food, etc. 貯藏的錢、食物等等

hoard² *v.* save and keep things secretly 貯藏; 私藏: *The old man hoarded the gold in a stocking under his bed.* 老翁把金子放在襪子裏藏在牀下。

hoarse /hɔ:s/ *adj.* not clear; rough 嘶啞的: *The preacher talked for such a long time that his voice became hoarse.* 傳道士說了很久, 嗓子都嘶啞了。 **hoarsely** *adv.*

hoax /həʊks/ *n.* (*pl.* hoaxes) trick that you play on someone for a joke 惡作劇; 戲弄 **hoax** *v.*

hobble /ˈhɒbl/ *v.* walk painfully and slowly 跛行; 蹣跚: *The old man hobbled along with a stick.* 老人拄着拐杖蹣跚而行。

hobby /ˈhɒbɪ/ *n.* (*pl.* hobbies) interest; what you like to do when you are not working 嗜好; 愛好: *My hobby is collecting stamps.* 我的嗜好是集郵。

hockey /ˈhɒkɪ/ *n.* game with two teams of players who hit the ball with long, curve sticks 曲棍球

hoe /həʊ/ *n.* garden tool that breaks the soil 鋤頭 **hoe** *v.* work with a hoe 鋤

hoist /hɔɪst/ *v.* lift or pull something up to a higher place, with ropes, etc. 升起; 扯起: *to hoist a flag* 升起一面旗子

hold¹ /həʊld/ *n.* place at the bottom of a ship, where you keep the goods 貨艙

hold² *n.* having something in the hands 抓住; 掌握 ***get*** or ***take hold of***, catch something 抓住; 得到 ***lose hold of***, let something go 鬆手: *She lost hold of the rope and fell.* 她放開了抓着繩子的手, 因而跌下來。

hold³ *v.* (*past part.* & *past tense* held /held/) **1** have something in the hand or arms 拿着; 握住: *The mother is holding her baby.* 母親抱着嬰兒。 **2** keep something in place with the hand 按住; 握牢: *Val is holding her hat on her head because the wind is so strong.* 婉兒按住她頭上的帽子, 因爲風太大了。 **3** contain; be able to have something inside itself 容納; 裝下; 包含: *How much water will that bucket hold?* 那個桶能裝多少水? **4** have or own something 擁有; 佔有: *Desmond holds a British passport.* 德斯蒙持英國護照。 **5** make something happen 舉行; 進行: *to hold a meeting* 開會 **6** control something; keep something in a certain way 控制; 約束: *When it started to snow, I couldn't hold the car on the road.* 開始下雪時, 我在路上無法控制汽車。 **7** be strong enough to carry something 承受重量; 支持: *That branch won't hold you – it will break!* 那樹枝承不起你——它會斷的! ***hold someone back***, stop someone from moving forward 攔住; 擋住: *The police held back the crowd.* 警察攔住人羣。 ***hold on, hold tight***, grip something and not let it go 抓牢: *Hold tight when we go round the corner.* 我們拐彎時你要抓緊了。 ***hold up***, stop something for a time 妨礙; 使停頓: *Rain held up the cricket match.* 下雨使板球賽不能進行。

hole /həʊl/ *n.* opening, gap, or space in something 洞; 孔; 窟窿: *The dentist filled a hole in my tooth.* 牙醫填好了我牙上的一個洞。

holiday /ˈhɒlədeɪ/ *n.* day or time of rest from work 假日; 假期: *school holidays* 學校假期 ***on hoilday***, not at work, school, etc. 在渡假; 在假期中 **public holiday** *n.* day when everyone in a country has a holiday 公衆假期; 例假

hollow /ˈhɒləʊ/ *adj.* empty; with nothing inside 空的; 空心的: *A drum is hollow.* 鼓是空心的。

holly /ˈhɒlɪ/ *n* . (*pl.* hollies) tree with prickly, green leaves and red berries 冬青屬植物

holy /ˈhəʊlɪ/ *adj.* **1** of God or religion 神聖的; 神的: *the Holy Bible* 聖經 **2** religious; very good and pure 聖潔的; 至善的: *The priest is a holy man.* 那個牧師是聖潔的人。

home¹ /həʊm/ *adv.* **1** to the place where you live 到家; 回家: *Go home quickly!* 快回家去! **2** to your country 回本國: *John went home after three years in Holland.* 約翰在荷蘭住了三年後回國。

home² *n.* **1** place where you live 家: *I leave home at 8 a.m. every day.* 我每天上午八點出門。 ***at home***, in your house 在家: *Sandra stayed at home because she was tired.* 珊德拉累了, 所以留在家裏。 ***feel*** or ***make yourself at home***, be as easy as you would be in your own house 不要客氣 (就像在自己家裏一樣) **2** place where they look after old people, children who have no parents, etc. 養老院; 收容所 **home** *adj.* of your home 家庭的: *What is your home address?* 你家的地址在哪兒?

homeless /ˈhəʊmlɪs/ *adj.* with nowhere to live 無家可歸的: *The floods made many people homeless.* 水災使許多人無家可歸。

home-made /ˌhəʊm ˈmeɪd/ *adj.* made in your house, not in a shop 家製的; 自製的: *home-made bread, cakes, etc.* 自製的麵包、蛋糕等

homesick /ˈhəʊmsɪk/ *adj.* sad because you are away from home 想家的; 患思鄉病的

homework /ˈhəʊmwɜ:k/ *n.* (no *pl.*) work

that a teacher gives a pupil to do at home 課外作業; 家課
honest /'ɒnɪst/ *adj.* saying what is true; not stealing or cheating 誠實的; 可靠的: *An honest man does not tell lies.* 誠實的人不說謊。**honestly** *adv.* truely 真的; 説真的: *Tell me honestly if you like my new dress.* 説實話, 你喜不喜歡我的新裙子。
honesty /'ɒnɪstɪ/ *n.*
honey /'hʌnɪ/ *n.* (no *pl.*) sweet food that bees make 蜂蜜; 蜜
honeymoon /'hʌnɪmu:n/ *n.* holiday that a new husband and wife have just after their marriage 蜜月
honour /'ɒnə(r)/ *n.* (no *pl.*) good name; respect 榮譽; 光榮 ***in honour of***, to show you think a lot of someone 爲向…表示敬意; 爲慶祝…; 爲紀念…: *There is a party tonight in honour of the new chairman.* 爲向新主席表示敬意, 今晚將舉行晚會。
hood /hʊd/ *n.* part of a jacket or coat that goes over the head 兜帽
hoof /hu:f/ *n.* (*pl.* hoofs or hooves) hard foot of a horse, sheep, cow, etc. (馬、羊、牛等)蹄
hook /hʊk/ *n.* curved or bent piece of metal 鈎 **1** for catching something 釣物用: *a fish-hook* 釣魚鈎 **2** for hanging something 掛物用: *a picture hook* 畫鈎
hook *v.* fasten or hold something with a hook or hooks 用鈎鈎住: *She hooked her dress at the back.* 她把衣服反掛着。
hoop /hu:p/ *n.* ring of wood or metal 箍; 鐵圈; 鐵環
hoot /hu:t/ *n.* **1** cry of an owl 貓頭鷹叫聲 **2** sound that a car-horn makes 汽車喇叭響聲 **hoot** *v.*
hooves /hu:vz/ (*pl.*) of *n.* hoof 名詞 hoof 的複數形式
hop /hɒp/ *v.* **1** jump on one foot 單腳跳 **2** jump a short way, with both feet together 跳躍: *The birds were hopping in the garden.* 鳥兒在花園裏跳躍。**hop** *n.* little jump 蹦跳
hope [1] /həʊp/ *n.* **1** (no *pl.*) thinking that your wish will happen, but not being sure 希望: *He is full of hope.* 他心中充滿希望。**2** (*pl.* hopes) good thing that you think will happen 願望; 盼望: *What are your hopes for the future?* 你對未來有什麼盼望? **3** (no *pl.*) chance that a good thing will happen 達成願望的機會: *He has not worked so there is not much hope that he will pass the exam.* 他根本没有用功, 所以不大有希望考試合格。***lose hope, give up hope of***, stop thinking that your wish will happen 喪失希望: *When the postman passed my door, I gave up hope of a letter.* 郵差走過家門後, 我就對收信不抱希望了。***raise someone's hopes***, make someone think that his wish will happen 增加

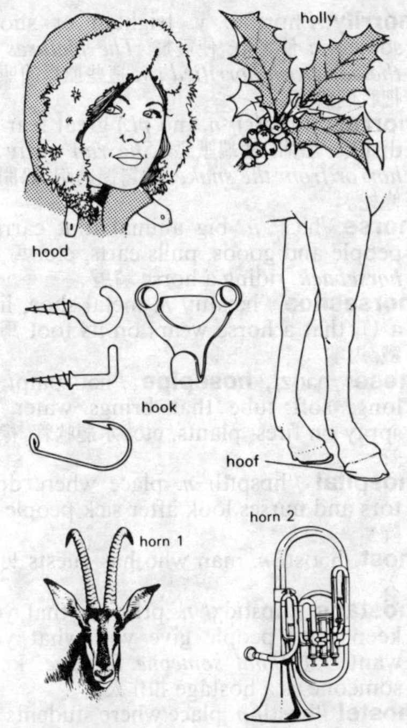

某人的信心 **hopeful** *adj.* with hope 有希望的; 懷有希望的 **hopefully** *adv.*
hope [2] *v.* wish for something to happen; think that something nice will happen but not be sure 希望; 盼望: *I hope to see him soon.* 我希望不久能見到他。***I hope so***, I think that will happen but I am not sure 希望如此: *'Will you be at the party?' 'I hope so.'* "你會參加晚會嗎?" "希望去。"
hopeless /'həʊplɪs/ *adj.* **1** with no hope 無希望的; 絶望的 **2** very bad; useless 無可救藥的: *He's hopeless at football.* 他絶不可能踢好足球的。**hopelessly** *adv.*
horizon /hə'raɪzn/ *n.* line where the earth or sea seems to meet the sky 地平線: *The sun sank below the horizon.* 太陽落到地平線以下。
horn /hɔ:n/ *n.* **1** one of a pair of sharp things on an animal's head (動物的)角 **2** musical instrument that you blow 號管; (管樂器)喇叭 **3** thing in a car that makes warning sounds (汽車)喇叭: *The taxi-driver blew his horn to tell us that he had arrived.* 計程車司機按喇叭告訴我們他到了。
horrible /'hɒrəbl/ *adj.* **1** making you very afraid, very sad, or shocked 可怕的; 恐怖的: *Murder is a horrible crime.* 謀殺是一種恐怖的罪行。**2** very bad 極討厭的; 糟透的: *What horrible weather.* 這討厭的天氣。**horribly** *adv.*
horrid /'hɒrɪd/ *adj.* horrible 可怕的

horrify /'hɒrɪfaɪ/ *v.* frighten or shock someone 使害怕; 使震驚: *The pictures of the car crash horrified us.* 這些撞車的照片把我們嚇壞了。

horror /'hɒrə(r)/ *n.* (no *pl.*) great fear or dislike 恐怖; 極端厭惡: *She ran away in horror from the snake.* 她驚惶逃跑, 躲開那條蛇。

horse /hɔ:s/ *n.* big animal that carries people and goods, pulls carts, etc. 馬 ***on horseback***, riding a horse 騎馬

horseshoe /'hɔ:sʃu:/ *n.* metal shoe, like a U, that a horse wears on its foot 馬蹄鐵; 馬掌

hose /həʊz/, **hosepipe** /'həʊzpaɪp/ *n.* long, soft tube that brings water to spray on fires, plants, etc. 水龍軟管; 橡皮管

hospital /'hɒspɪtl/ *n.* place where doctors and nurses look after sick people 醫院

host /həʊst/ *n.* man who has guests 男主人

hostage /'hɒstɪdʒ/ *n.* prisoner that you keep until people give you what you want 人質. ***hold someone hostage***, keep someone as a hostage 扣作人質

hostel /'hɒstl/ *n.* place where students or travellers can get meals and rooms 旅店; 招待所; (英國)大學生宿舍

hostess /'həʊstɪs/ *n.* (*pl.* hostesses) woman who has guests 女主人

hostile /'hɒstaɪl/ *adj.* like an enemy; not friendly 敵對的; 敵方的; 敵意的: *a hostile army* 敵軍

hot /hɒt/ *adj.* (hotter, hottest) that feels like the sun; with great heat 熱的: *hot weather* 炎熱的天氣

hotel /həʊ'tel/ *n.* building where you can buy a meal and hire a bedroom 旅館; 酒店

hot-water-bottle /'hɒt 'wɔ:tə bɒtl/ *n.* rubber thing full of hot water, which you put in a bed to warm it 熱水袋

hour /'aʊə(r)/ *n.* **1** sixty minutes 小時: *a journey of three hours* 三小時的路程 **2** time of day 時間; 時刻: *He came at an early hour.* 他早就來了。 **hours**, time when you do something, e.g. work (工作、學習等)時間: *school hours* 上課時間

hourly /'aʊəlɪ/ *adj.* done or happening every hour 每小時的; 每小時一次的: *an hourly train* 每小時一班的火車 **hourly** *adv.*

house /haʊs/ *n.* **1** building where a person or a family lives 房子; 住宅: *How many rooms are there in your house?* 你家的房子有幾個房間? **2** building for some special purpose 議院; 作特殊用途的建築物: *The House of Commons is part of the British Parliament.* 下議院是英國議會的一部分。

household /'haʊshəʊld/ *n.* the people in a house 家庭; 户: *There are four in our household.* 我家有四口人。

housekeeper /'haʊski:pə(r)/ *n.* woman whose job is to look after a house, do the shopping, etc. 主婦; 女管家

house-wife /'haʊs waɪf/ *n.* (*pl.* house-wives) wife or mother who looks after a home 主婦

hover /'hɒvə(r)/ *v.* stay in the air in one place 盤旋; 翱翔: *A bird hovered over the field, looking for a mouse.* 一隻鳥在田野上空盤旋, 尋找老鼠吃。

hovercraft /'hɒvəkrɑ:ft/ *n.* special boat that travels across the top of water on a cushion of air 氣墊船

how[1] /haʊ/ *adv.* **1** in what way 怎樣; 如何: *She doesn't know how to make tea.* 她不知道如何泡茶。**2** word that you use to ask questions 多少; 幾何: *How much does that cost?* 那個東西多少錢? *How old is David?* 大衛幾多歲? ***how are you? how do you feel?*** do you feel well? 你身體怎樣? ***how do you do***, words that you say when you meet someone for the first time (初次見面時用, 比較正式)您好!

how[2] *exclam.* word that shows surprise or strong feeling 多麼; 何等: *How big that elephant is!* 那隻象很大啊!

however[1] /haʊ'evə(r)/ *adv.* **1** no matter how 不管怎樣; 無論如何: *He won't win however hard he tries.* 不管他如何努力, 都不可能取勝。**2** how? in what way? 怎樣? 以什麼方法? *However did that happen?* 那是怎麼發生的?

however[2] *conj.* but; still 可是; 仍然: *I want to go to the party – however, I have no transport.* 我想去參加晚會, 可是没有交通工具。

howl /haʊl/ *n.* **1** long, loud cry that a wolf or dog makes (狼或狗)嚎叫 **2** sound that strong wind makes (狂風)怒吼; 怒號 **3** sound that a person makes when he is hurt, angry, or amused (人)哀號; 狂笑 **howl** *v.*: *The wind howled in the trees.* 風在林間怒號。

huddle /'hʌdl/ *v.* crowd together 擠在一起

hug /hʌg/ *v.* (*pres. part.* hugging, *past part. & past tense* hugged /hʌgd/) put your arms round someone 擁抱; 摟: *He hugged his mother.* 他緊緊擁抱他的母親。 **hug** *n.*

huge /hju:dʒ/ *adj.* very big 巨大的; 龐大的

hullo /hə'ləʊ/ *exclam.* friendly word that you say you meet someone or talk on the telephone 哈囉; 喂

hum /hʌm/ *v.* (*pres. part.* humming, *past part. & past tense* hummed /hʌmd/) **1** make a sound like bees (似蜜蜂)發嗡嗡聲

2 sing with closed lips 哼; 哼曲子: *She hummed a song*. 她哼了一首歌。

human /'hju:mən/ *adj*. of man; not animal 人的; 人類的 **human being** *n*. a person 人

humble /'hʌmbl/ *adj*. **1** not thinking too well of yourself and what you can do 謙卑的; 謙虛的: *He made a humble apology*. 他謙虛地道歉。**2** simple; poor 低下; 微賤: *a humble home* 清貧的家庭 **humbly** *adv*.

humorous /'hju:mərəs/ *adj*. funny; making you smile and laugh 有幽默感的; 詼諧的 **humorously** *adv*.

humour /'hju:mə(r)/ *n*. (no *pl*.) being funny or amusing 幽默; 詼諧: *a story full of humour* 充滿幽默的故事 ***have a sense of humour***, be able to understand the funny things in life 有幽默感

hump /hʌmp/ *n*. round lump 圓丘; 駝峰: *a camel's hump* 駝峰

hundred /'hʌndrəd/ *n*. number 100 百 **hundred** *adj*.: *two hundred people* 兩百人 **hundredth** /'hʌndrədθ/ *adj*.: *a hundredth birthday* 一百歲生日

hung /hʌŋ/ *past part*. & *past tense* of *v*. hang, used for things, not people 動詞 hang (懸掛)的過去分詞與過去式: *Father hung the picture on the wall*. 爸爸把畫掛在牆上。

hunger /'hʌŋgə(r)/ *n*. (no *pl*.) wanting food 飢餓: *Ted was weak with hunger*. 達德餓得全身無力。

hungry /'hʌŋgrɪ/ *adj*. wanting food 飢餓的: *a hungry child* 飢餓的孩子 **hungrily** *adv*.

hunt /hʌnt/ *v*. chase wild animals for food or sport 打獵; 狩獵 ***hunt for***, try to find something 尋求; 搜尋: *Don hunted everywhere for his lost cap*. 東到處找他遺失的帽子。**hunt** *n*. looking for something 追尋; 搜尋 **hunting** *n*. chasing wild animals 打獵

hunter /'hʌntə(r)/ *n*. someone who chases wild animals for food or sport 獵人; 狩獵者

hurl /hɜ:l/ *v*. throw something strongly 猛投; 猛擲

hurrah /hʊ'rɑ:/, **hurray** /hʊ'reɪ/ *exclam*. word that shows joy, praise, etc. 好哇: *Hurrah for the team!* 我隊打得好哇!

hurricane /'hʌrɪkən/ *n*. dangerous storm with very strong winds 颶風; 暴風

hurry /'hʌrɪ/ *v*. move or do something quickly 匆忙; 急忙 ***hurry up***, be quick 趕快 **hurry** *n*. ***in a hurry***, wanting to do something quickly 匆忙地: *I can't stop because I'm in a hurry*. 我不能停下來因爲我正忙着哩。**hurried** /'hʌrɪd/ *adj*. that you do quickly 匆忙的; 急促的: *We ate a hurried meal*. 我們匆忙吃了飯。

hurt /hɜ:t/ *v*. (*past part*. & *past tense* hurt) **1** break, damage, or give pain to someone or something 傷害; 損傷; 使疼痛: *Ben hurt his leg when he fell*. 本恩跌了一交, 腿受傷了。**2** feel pain 感到疼痛: *My shoes are so tight that my feet hurt*. 我的鞋太小, 腳都痛了。

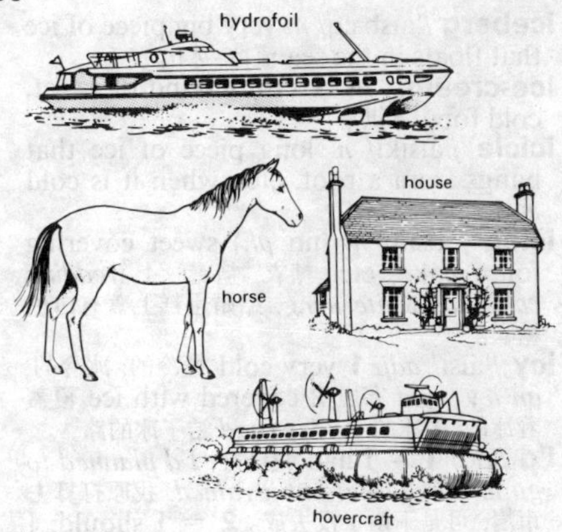

husband /'hʌzbənd/ *n*. man to whom a woman is married 丈夫: *Mr. Kent is Mrs. Kent's husband*. 肯特先生是肯特夫人的丈夫。

hush /hʌʃ/ *exclam*. be quiet! 噓! 別出聲!

hut /hʌt/ *n*. small wooden or stone house with one room 棚屋; 小屋

hydrofoil /'haɪdrəfɔɪl/ *n*. sort of speedboat that moves quickly on top of the water 水翼船

hymn /hɪm/ *n*. song of praise to God 讚美詩; 聖歌

hyphen /'haɪfn/ *n*. punctuation mark (-) that joins words, e.g. in 'motor-car' 連字號, 如 motor-car 中用的(-)符號

hypnotize /'hɪpnətaɪz/ *v*. put someone into a sort of deep sleep so that he will do what you want 施催眠術; 使着迷

Ii

I /aɪ/ *pron*. (*pl*. we) word for myself 我: *I am happy*. 我很快樂。

ice¹ /aɪs/ *n*. **1** (no *pl*.) water that has become hard because it is very cold 冰: *In winter there is ice on the pond*. 冬天池塘裏結冰。**2** (*pl*. ices) an ice-cream 冰淇淋

ice² *v*. **1** make drinks, etc. very cold 冰凍; 冰鎮 **2** put a sweet covering on a cake (在糕點上)塗上糖霜(糖衣): *Mother is icing my birhtday cake*. 媽媽在我的生日蛋糕上塗糖霜。**iced** /aɪst/ *adj*.: *iced water* 冰鎮的水; *iced biscuits* 冰凍餅乾

iceberg /ˈaɪsbɜːg/ *n.* very big piece of ice that floats in the sea 流冰; 冰山

ice-cream /ˌaɪs ˈkriːm/ *n.* kind of sweet, cold food 冰淇淋

icicle /ˈaɪsɪkl/ *n.* long piece of ice that hangs from a roof, etc., when it is cold 冰柱

icing /ˈaɪsɪŋ/ *n.* (no *pl.*) sweet covering for a cake, etc. 糖衣; 糖霜: *A wedding cake has white icing.* 結婚蛋糕上蓋有白色糖衣。

icy /ˈaɪsɪ/ *adj.* **1** very cold 極冷的; 冰冷的: *an icy wind* 寒風 **2** covered with ice 覆蓋着冰的; 多冰的: *an icy road* 結了冰的路

I'd /aɪd/ **1** = I had 我已經: *I'd planned to go to the market but it rained.* 我原打算去市場, 可是下雨了沒去成。**2** = I should; I would 我應當; 我願意: *I'd like another cup of tea, please.* 請再給我來一杯茶。

idea /aɪˈdɪə/ *n.* **1** new thought; plan 主意; 打算: *It was a good idea to give Dad a pen for his birthday.* 送一枝鋼筆給爸爸作生日禮物是個好主意。**2** what you believe 思想; 概念: *My grandmother has very strict ideas about the time when children should go to bed.* 我的祖母對孩子該什麼時候睡覺, 看得很嚴。**3** picture in your mind 想像; 知道: *Rita's letter gave us a good idea of her new job.* 麗達的來信使我們清楚了解她的新工作。

ideal /aɪˈdɪəl/ *adj.* very best; exactly right 完美的; 理想的: *This place is ideal for a picnic.* 在這個地方野餐最理想。

identical /aɪˈdentɪkl/ *adj.* exactly the same 完全相同的: *The twins are identical.* 這對雙胞胎長得一模一樣。

identify /aɪˈdentɪfaɪ/ *v.* say or show who someone is or what something is 認出; 識別; 鑒定: *Can you identify your brother in this picture?* 你能在這張照片上認出你哥哥嗎? **identification** /aɪˌdentɪfɪˈkeɪʃn/ *n.*

identity /aɪˈdentətɪ/ *n.* (*pl.* identities) who someone is 身份; 本身; 本人 **identity card** *n.* piece of paper that shows who you are 身份證

idiom /ˈɪdɪəm/ *n.* group of words with a special meaning 慣用語; 成語: *'To get into hot water' is an English idiom that means to be in trouble because of behaving badly.* To get into hot water 是一個英語成語, 意思是'因行爲不好而惹來麻煩'。

idiomatic /ˌɪdɪəˈmætɪk/ *adj.* in the everyday language of a group of people or a country 符合語言習慣的; 慣用的: *If you live in England, you will soon learn to speak idiomatic English.* 如果你住在英國, 很快就可以學會説地道的英語。**idiomatically** *adv.*

idiot /ˈɪdɪət/ *n.* someone who is stupid or does something silly 白痴; 極蠢的人 **idiotic** /ɪdɪˈɒtɪk/ *adj.* foolish 白痴的; 愚蠢的: *It is idiotic to go shopping with no money.* 去買東西而不帶錢是很愚蠢的。

idle /ˈaɪdl/ *adj.* **1** not working 閒着的: *The machines in the factory were idle when the men were on holiday.* 工人休假時, 工廠裏的機器都閒着没用。**2** lazy 懶惰的: *an idle student* 懶學生 **idly** /ˈaɪdlɪ/ *adv.*

i.e. /ˌaɪˈiː/ *abbrev.* (of Latin *id est*) that is to say; this is what I mean 即; 就是: *My best friends, i.e. Robert and Phil, went to the match with me.* 我最好的朋友, 即洛培和菲爾, 跟我一起去看比賽。

if /ɪf/ *conj.* **1** on the condition that 如果: *I'll help you today if you help me tomorrow.* 如果你明天幫我, 今天我就幫你。**2** supposing that 假設; 要是: *If your feet were smaller, you could borrow my shoes.* 你的腳要是小一些, 就可以借我的鞋了。*If you visited us, we could show you the photographs.* 你要是來探望我們, 我們就能給你看那些照片了。**3** whenever 無論如何; 每當: *If I am ill, I stay in bed.* 我每次生病就卧牀休息。**4** whether 是否: *Do you know if Grace is at home?* 你知道葛瑞絲在不在家嗎? ***as if***, in a way that makes you think something 好像; 似乎; 彷彿: *Fiona is walking slowly as if she were tired.* 翡奥娜慢慢走着, 好像累了似的。***if only***, words that show you want something very much 但願; 要是…就好了: *If only we could go to the festival today!* 要是我們今天能去參加慶祝會就好了!

ignorant /ˈɪgnərənt/ *adj.* knowing little; not knowing enough 無知的; 無知識的: *That ignorant girl doesn't know where Scotland is.* 那個無知的女孩不知道蘇格蘭在哪裏。**ignorantly** *adv.* **ignorance** /ˈɪgnərəns/ *n.*

ignore /ɪgˈnɔː(r)/ *v.* know about something but not do anything about it 忽視; 不顧; 不理: *Dennis ignored the warning and put his hand into the lion's cage.* 丹尼斯不聽警告, 把手放進了獅籠裏。

I'll /aɪl/ = I shall; I will 我將: *I'll meet you tomorrow.* 我明天會見到你。

ill [1] /ɪl/ *adj.* sick; with bad health 生病的; 不健康的: *Jill is in bed because she is ill.* 姬兒生病卧牀了。***fall ill, be taken ill***, become sick 生病: *Gordon fell ill on holiday.* 國棟休假時生病了。**illness** *n.*

ill- [2] *prefix* bad 壞的: *He has ill-health.* 他身體不好。 **ill-tempered** /ˌɪlˈtempəd/ *adj.* often angry 壞脾氣的; 易生氣的

illegal /ɪˈliːgl/ *adj.* wrong; not allowed by law 不合法的; 違法的: *In Britain, it is illegal to drive when you are drunk.* 在英國, 醉酒駕駛是違法的。**illegally** *adv.*

ill-treat /ˌɪl ˈtriːt/ *v.* be cruel to a person or animal 虐待: *I don't like him because he ill-treats his dog.* 他虐待狗, 我不喜歡

他。**ill-treatment** *n.*

illuminate /ɪˈluːmɪneɪt/ *v.* give light to something 照亮; 照明: *The table was illuminated by candles.* 蠟燭照亮了桌子。

illustrate /ˈɪləstreɪt/ *v.* draw a picture to show something more clearly 圖解; 用圖説明: *The teacher illustrated the history lesson with pictures of castles.* 教師利用城堡圖畫講解歷史課。 **illustration** /ˌɪləˈstreɪʃn/ *n.* picture 插圖 **illustrated** /ˈɪləstreɪtɪd/ *adj.* with pictures 有插圖的: *This is an illlustrated book.* 這是一本有插圖的書。

I'm /aɪm/ = I am 我是: *I'm twelve years old.* 我十二歲。

image /ˈɪmɪdʒ/ *n.* **1** someone or something that looks exactly like another 像; 肖像; 酷似物: *Janet is the image of her mother.* 珍尼特的相貌活像她的母親。 **2** shape of someone or something in stone, metal, or wood 雕像; 塑像

imaginary /ɪˈmædʒɪnərɪ/ *adj.* not real; only in the mind 不真實的; 想像中的; 虛構的: *an imaginary illness* 假想的病

imagination /ɪˌmædʒɪˈneɪʃn/ *n.* **1** (*pl.* imaginations) making pictures in your mind 想像; 幻想: *You didn't really see a ghost – it was only your imagination.* 你並沒有真正看到鬼, 那是你的想像而已。 **2** (no *pl.*) thinking of new ideas 想像力: *Mark has the imagination to make good new games.* 馬可具有設計新鮮好玩遊戲的想像力。 **imaginative** /ɪˈmædʒɪnətɪv/ *adj.*

imagine /ɪˈmædʒɪn/ *v.* **1** have a picture of something in your mind 想像; 設想: *Can you imagine life on a desert island?* 你能想像荒島上的生活情形嗎? **2** think that something will probably happen 設想; 預料; 估計: *I imagine that we shall have a holiday in the summer.* 我估計我們會在夏天放假。

imitate /ˈɪmɪteɪt/ *v.* copy someone or something; try to do the same as someone or something else 模仿; 仿效

imitation /ˌɪmɪˈteɪʃn/ *n.* copy; something that you make to look like another thing 仿製品; 僞造品: *The diamond in that ring is only a glass imitation.* 那隻戒指上的鑽石只是玻璃的仿製品。 **imitation** *adj.* not real 僞造的; 冒充的: *imitation leather* 人造皮革

immediate /ɪˈmiːdɪət/ *adj.* happening at once 立即的: *I can't wait so you must give me an immediate answer.* 我不能等, 所以你得立即給我答覆。 **immediately** *adv.*: *Take off your muddy shoes immediately!* 馬上把你那雙沾滿泥的鞋脱下來!

immense /ɪˈmens/ *adj.* very big 極大的; 巨大的: *an immense building* 巨大的建築物。

immensely /ɪˈmenslɪ/ *adv.* very much 非常; 極其: *We enjoyed the party immensely.* 我們非常喜歡這次聚會。

immigrate /ˈɪmɪgreɪt/ *v.* come from your own country to live in another country 移居; 遷入某國: *Many Pakistani people have immigrated to Britain.* 許多巴基斯坦人移居英國。 **immigration** /ˌɪmɪˈgreɪʃn/ *n.* **immigrant** /ˈɪmɪgrənt/ *n.* someone who immigrates 移民

imp /ɪmp/ *n.* little devil; child who plays tricks 小魔鬼; 頑童

impatient /ɪmˈpeɪʃnt/ *adj.* not wanting to wait 不耐煩的; 急躁的: *The hungry children were impatient for their meal.* 肚子餓的孩子急於要吃飯。 **impatiently** *adv.*: *'Hurry up!' said Richard impatiently.* "快一點!" 潤才不耐煩地説。 **impatience** /ɪmˈpeɪʃns/ *n.*

impertinent /ɪmˈpɜːtɪnənt/ *adj.* too bold; not polite 魯莽的; 無禮的: *The impertinent boy put his tongue out at me.* 那個粗魯的男孩對我吐舌頭。 **impertinently** *adv.* **impertinence** /ɪmˈpɜːtɪnəns/ *n.*

implore /ɪmˈplɔː(r)/ *v.* ask someone for something with strong feeling 懇求; 哀求; 乞求: *The mother implored the doctor to save her sick child.* 孩子的媽媽哀求醫生救救她生病的孩子。

impolite /ˌɪmpəˈlaɪt/ *adj.* not polite; talking or acting in a way that makes other people sad, angry, etc. 不禮貌的; 不客氣的; 粗魯的: *It is impolite to sing while I'm talking to you.* 我跟你講話的時候你唱歌是不禮貌的。 **impolitely** *adv.*

import /ɪmˈpɔːt/ *v.* bring in goods, etc. from another country 進口; 輸入: *Britain imports oranges from Spain.* 英國從西班牙進口橙。 **import** /ˈɪmpɔːt/ *n.* something that is imported 進口(貨); 輸入 **importer** *n.* person or company that imports goods 進口商; 輸入者

importance /ɪmˈpɔːtns/ *n.* (no *pl.*) power; great value 重要; 重要性: *Oil is of great importance to industry.* 石油對工業是極爲重要的。

important /ɪmˈpɔ:tnt/ *adj.* **1** powerful; special 重要的; 顯要的: *The prime minister is an important person.* 總理是很重要的人物。**2** that you must do or have 必需的; 不可缺少的: *Milk is an important food for babies.* 牛奶是嬰兒不可缺少的食物。

impossible /ɪmˈpɒsəbl/ *adj.* that cannot happen 不可能的; 做不到的: *It is impossible for elephants to fly!* 象是不可能飛的! **impossibility** /ɪmˌpɒsəˈbɪlətɪ/ *n.*

impostor /ɪmˈpɒstə(r)/ *n.* someone who pretends to be a person he is not 冒充者; 騙子: *We knew he was an impostor because he spoke with a foreign accent.* 我們知道他是假冒的, 因爲他說話帶外國口音。

impress /ɪmˈpres/ *v.* fix itself firmly in your mind because it is so good, big, fine, etc. 留下深刻印象; 銘刻: *Diana's singing impressed him so much that he asked her to sing on the radio.* 黛安娜的歌聲使他留下了深刻的印象, 於是他請她去電台唱歌。 **impressive** /ɪmˈpresɪv/ *adj.*: *impressive work* 令人佩服的工作; *an impressive castle* 給人留下深刻印象的城堡

impression /ɪmˈpreʃn/ *n.* thoughts or feelings that you have about something 感想; 印象: *What was your first impression of London?* 你對倫敦頭一個印象是什麼? ***make an impression***, give someone a certain idea of yourself 給人留下…印象: *Frank made a good impression so the manager gave him the job.* 富林給經理留下了好印象, 因此經理讓他負責這項工作。

imprison /ɪmˈprɪzn/ *v.* put a person, animal, etc. in a place that he cannot leave 監禁; 關押: *The bird was imprisoned in a cage.* 鳥關在一個籠子裏。 **imprisonment** *n.*: *two years' imprisonment* 監禁兩年

improbable /ɪmˈprɒbəbl/ *adj.* not likely 未必會的; 不大可能的: *When the sky is blue, it is improbable that it will rain.* 當天空呈藍色時, 不大可能會下雨。

improve /ɪmˈpru:v/ *v.* become better; make someone or something better 改進; 改善; 增進: *You must improve your cooking before you invite your aunt to dinner.* 你得先改善烹飪技術, 再請你的姑母來吃飯。

improvement /ɪmˈpru:vmənt/ *n.* **1** (no *pl.*) becoming better 進步; 改善: *The teacher is pleased with the improvement in my work.* 老師爲我功課的進步感到高興。**2** (*pl.* improvements) something that is better 進步; 改善: *The new school is a great improvement on the old one.* 新學校比舊學校大有改進。

impudent /ˈɪmpjʊdənt/ *adj.* too bold; not polite 厚臉皮的; 無禮的; 無恥的: *The impudent boys put their tongues out at us.* 那些厚臉皮的男孩子朝着我們伸舌頭。 **impudently** *adv.* **impudence** /ˈɪmpjʊdəns/ *n.*

in¹ /ɪn/ *adv.* **1** word that shows where someone or something is going 向內; 進; 入: *Come in.* 進來。**2** word that shows where someone or something is 在內; 在家; 在辦公室: *Is your brother in or has he gone to the match?* 你弟弟是在家還是看球賽去了? **3** popular; liked by most people 時髦; 流行: *This year, short skirts are in.* 今年時興短裙。***in for***, likely to have something bad 定會倒霉: *I'm afraid we're in for a storm.* 恐怕我們會遇到暴風雨。***in and out***, coming and going 進進出出: *The children were in and out all afternoon.* 孩子們整個下午都進進出出。***have it in for***, feel angry with someone and want to hurt him 欲向某人報復

in-² *prefix* **1** showing the way something is coming, etc. 表示 '進'; '入'; '向'; '朝': *Incoming flights land on this side of the airport.* 入境的飛機停在機場這一邊。**2** not 表示'不'; '非'; '無': *The word 'inexpensive' means 'not expensive'.* Inexpensive 一詞的意思是'不貴'。

in³ *prep.* **1** word that shows where or what place 在…裏; 在…中: *Glasgow is in Scotland.* 格拉斯哥在蘇格蘭。**2** word that shows where to 進; 入: *Ray put his hand in the water.* 阿瑞把手放進水中。**3** word that shows when 在; 於(時間): *Margaret started school in 1973.* 瑪格麗從1973年開始上學。**4** word that shows how long 在…(時間)以內: *I'll be ready in an hour.* 我一小時以內準備好。**5** word that shows how someone is 在…(情況)中: *My mother is in good health.* 我的母親身體很好。*Emma was in tears.* 愛瑪哭了。**6** word that shows what sort of clothes 穿; 戴: *The policeman is in uniform.* 警察穿着制服。**7** word that tells about what is happening around us 在…(環境)下: *We walked in the rain.* 我們冒雨行走。*They slept in the shade.* 他們睡在樹蔭下。**8** word that shows what way, what language, etc. 以…(方式); 用…(語言): *It is written in ink.* 這是用墨水寫的。*He spoke in Italian.* 他講話用意大利語。**9** word that shows where someone belongs 從事(職業); 參加(活動): *He's in the army.* 他在軍隊裏。***in all***, altogether 總共; 一共: *We were fifteen in all.* 我們一共十五個人。

inability /ˌɪnəˈbɪlətɪ/ *n.* (no *pl.*) not being able to do something 無能; 不能: *She does not learn much because of her inability to listen.* 她學不到多少東西, 因爲她聽不見。

inaccurate /ɪnˈækjʊrət/ *adj.* wrong, with mistakes 錯誤的; 不準確的: *She never knows the right time because her watch is inaccurate.* 她從來不知道準確的時間, 因爲

她的錶不準。**inaccurately** *adv*.

inadequate /ɪn'ædɪkwət/ *adj*. not enough; not as much as you need 不充足的; 不妥的: *His thin clothes will be inadequate in the winter*. 他的衣服單薄, 在冬天不足以禦寒。**inadequately** *adv*.

inaudible /ɪn'ɔːdəbl/ *adj*. that you cannot hear 聽不見的: *Diane speaks so quietly that she is inaudible*. 黛安妮的聲音太低, 聽不清她說什麼。**inaudibly** *adv*.

incapable /ɪn'keɪpəbl/ *adj*. ***incapable of***, not able to do something 無能的; 不會的: *I'm incapable of walking far today because I've hurt my foot*. 我今天不能走遠, 因爲腳受了傷。

inch /ɪntʃ/ *n*. (*pl*. inches) measure of length = 2.54 centimetres 英寸: *She is 26 inches round the waist*. 她的腰圍是二十六英寸。

incident /'ɪnsɪdənt/ *n*. happening that is not very important 小事件; 插曲; 事變: *There was a funny incident when the fat woman couldn't get out of the car!* 那位胖婦人下不了汽車, 真是一件滑稽的事!

incidentally /ˌɪnsɪ'dentlɪ/ *adv*. word that shows you are going to tell a new thing that is not important but perhaps interesting 附帶地; 偶然地; 順便提提: *Incidentally, did you know that my uncle is visiting us?* 順便說一下, 你知道我叔叔來看我們嗎?

incline /ɪn'klaɪn/ *v*. ***inclined to***, ready and wanting to do something 傾向於; 想要: *I am inclined to leave at once because you are so rude*. 我想馬上就離開, 因爲你太無禮了。

include /ɪn'kluːd/ *v*. **1** have someone or something as part of the total 包含; 連…在內: *The class of twenty includes seven girls*. 全班二十人中包括七個女生。**2** think of or count someone or something as part of the total 包括; 把…算在內: *Did you include me when you made the list?* 你列名單時, 把我算在內了嗎?

including /ɪn'kluːdɪŋ/ *pres. part*. of *v*. include (動詞 include 的現在分詞) with; counting 包括; 算在內: *I have seen all his films, including the last*. 他主演的所有電影, 包括最後一部在内, 我都看過了。

income /'ɪŋkəm/ *n*. money that you receive for your work, etc. 收入; 所得: *He is changing his job because he wants a bigger income*. 他在轉換工作, 因爲想增加收入。 **income tax** *n*. money that the goverment takes from your income 所得税

incomplete /ˌɪnkəm'pliːt/ *adj*. **1** not finished 未完成的: *The artist's picture is incomplete*. 畫家的這張畫未完成。 **2** with some parts missing 不完全的; 不完善的: *This set of plates is incomplete*. 這套盤子不齊全。**incompletely** *adv*.

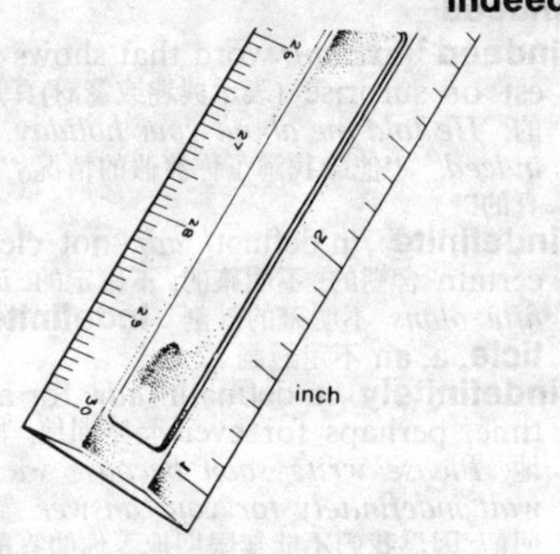

inconsiderate /ˌɪnkən'sɪdərət/ *adj*. not thinking or caring about other people 不替别人着想; 不體諒别人的: *It is inconsiderate of you to make so much noise when people are asleep*. 你太不顧及别人了, 人們都睡着了, 你還這麼吵。**inconsiderately** *adv*.

inconvenience /ˌɪnkən'viːnɪəns/ *n*. **1** (no *pl*.) trouble 不方便; 麻煩: *The deep snow made a lot of inconvenience for drivers*. 雪很深, 給司機很多不便。**2** (*pl*. inconveniences) something that gives trouble to someone 不方便的事; 麻煩的事: *This broken light is an inconvenience*. 這燈破了引起麻煩。**inconvenience** *v*.: *Am I inconveniencing you if I park my car in front of your house?* 如果我把車停在你家門前, 是否會妨礙你? **inconvenient** /ˌɪnkən'viːnɪənt/ *adj*.: *He came at an inconvenient time*. 他在不方便的時候來了。**inconveniently** *adv*.

incorrect /ˌɪnkə'rekt/ *adj*. with mistakes; wrong 不正確的; 錯誤的: *To say 2+2=5 is incorrect*. 說二加二等於五是不正確的。**incorrectly** *adv*.

increase /ɪn'kriːs/ *v*. become bigger or more; make something bigger or more 增加; 增多; 擴大: *People want more money because prices are increasing*. 人們想有更多錢, 因爲物價上漲。 **increase** /'ɪnkriːs/ *n*.: *There has been a big increase in road accidents*. 交通意外增加了很多。

incredible /ɪn'kredəbl/ *adj*. difficult to believe; amazing 難以置信的; 不可思議的: *Michael told us an incredible story about his grandmother catching a thief*. 敏高給我們講了他祖母抓小偷的故事, 聽來令人難以置信。**incredibly** *adv*.

indeed[1] /ɪn'diːd/ *adv*. **1** very; truly 的確; 真正地: *I am very glad indeed to hear that you are better*. 聽說你身體好得多了, 我的確非常高興。**2** I agree (表示同意)確定; 可不是: *'She's a good rider.' 'Yes, indeed she is!'* "她是一個好騎手。" "確實如此!"

indeed [2] *exclam.* word that shows interest or surprise (表示興趣或驚訝)真是; 真的: *'He told me about your holiday.' 'Oh, indeed!'* "他給我講了你渡假的情況。" "哦, 真的!"
indefinite /ɪn'defɪnət/ *adj.* not clear or certain 含糊的; 不明確的; 不確定的: *indefinite plans* 不明確的計劃 **indefinite article**, a, an 不定冠詞 a, an
indefinitely /ɪn'defɪnətlɪ/ *adv.* for a long time, perhaps for ever 長時間地; 無限期地: *Please write soon because we can't wait indefinitely for your answer.* 請盡快回信, 因爲我們不能無限期地等你的答覆。
independent /ˌɪndɪ'pendənt/ *adj.* **1** free; not controlled by another person, thing, or country 自主的; 獨立的: *An independent school is not controlled by the state.* 獨立的學校不受政府管轄。**2** liking to do things for yourself 有主見的; 自主的: *an independent girl* 有主見的女孩子 **independence** /ˌɪndɪ'pendəns/ *n.*: *In 1948 India received its independence from Britain.* 印度於1948年脱離英國獲得獨立。
index /'ɪndeks/ *n.* (*pl.* indexes) list of names, subjects, etc., from A to Z, at the end of a book or in a library, etc. 索引
indicate /'ɪndɪkeɪt/ *v.* **1** point to something 指示; 指出: *He indicated the door with his finger.* 他用手指指着門口。**2** show something; be a sign of something 暗示; 象徵: *The marks on his face indicate that he's been fighting.* 他臉上的痕跡表明他一直在打架。 **indication** /ˌɪndɪ'keɪʃn/ *n.*: *The black sky was an indication of rain.* 黑沉沉的天是要下雨的跡象。
indicator /'ɪndɪkeɪtə(r)/ *n.* something that tells you what is happening 指示器: *The indicator on a car is a flashing light which tells you that the driver is going to turn.* 汽車上的指示燈是一種閃光燈, 告訴你司機要轉變方向。
indignant /ɪn'dɪgnənt/ *adj.* angry about something wrong, unfair, etc. 憤慨的; 憤憤不平的: *She was indignant when I said she was lying.* 我説她在撒謊, 她非常憤慨。 **indignantly** *adv.* **indignation** /ˌɪndɪg'neɪʃn/ *n.*
indirect /ˌɪndɪ'rekt/ *adj.* not straight; not direct 迂回的; 曲折的; 不直接的: *We had an indirect journey because the main road was closed.* 我們走了曲折的路, 因爲大路不通。
individual [1] /ˌɪndɪ'vɪdʒʊəl/ *adj.* for one person or thing only 單獨的; 個別的: *She didn't read well so her teacher gave her individual help.* 她讀得不好, 因此老師給她個別幫助。**individually** *adv.* to, by, for, etc. each one 分别的; 各個的; 各自的: *We packed the cups individually so they would not bang together.* 我們把杯子一個個分開包裝, 免得互相擠碰。
individual [2] *n.* each person, by himself, not with others 個人; 個體: *We travelled together, but each individual bought his own ticket.* 我們一起旅行, 但各人買個人的票。
indoor /'ɪndɔ:(r)/ *adj.* that happens inside a building 室内的; 户内的: *Table tennis is an indoor game.* 乒乓球是室内遊戲。
indoors /ˌɪn'dɔ:z/ *adv.* in or into a building 在户内; 進入室内: *Catherine stayed indoors because it was raining.* 凱瑟琳留在家裏, 因爲外面在下雨。
industrial /ɪn'dʌstrɪəl/ *adj.* **1** with many factories 工業的: *Manchester is an industrial city.* 曼徹斯特是一個工業城市。**2** of industry 工業的: *industrial workers* 工人
industry /'ɪndəstrɪ/ *n.* (*pl.* industries) making goods in factories, etc. 工業: *the car industry* 汽車工業
inexpensive /ˌɪnɪk'spensɪv/ *adj.* cheap; not costing a lot of money 便宜的; 廉價的 **inexpensively** *adv.*
infant /'ɪnfənt/ *n.* baby; very young child 嬰兒; 幼兒
infect /ɪn'fekt/ *v.* give a disease to someone 傳染; 感染: *When you have measles, you must stay at home or you will infect the class.* 你如果得了麻疹就應該留在家裏, 否則會傳染全班同學。**infected** /ɪn'fektɪd/ *adj.* full of germs 感染; 發炎: *That cut in your hand will become infected if you don't keep it clean.* 你手上的傷口如果不保持清潔就會感染。 **infectious** /ɪn'fekʃəs/ *adj.* that goes from one person to another 傳染的; 有傳染性的: *an infectious illness* 傳染病
infection /ɪn'fekʃn/ *n.* illness 傳染病; 感染
inferior /ɪn'fɪərɪə(r)/ *adj.* worse; not as good, clever, important, etc. as another 差的; 次(等)的; 劣(等)的: *Anna's work is so good that the other children feel inferior to her.* 安娜的作業做得太好了, 使别的孩子都感到不如。
infertile /ɪn'fɜ:taɪl/ *adj.* where plants grow badly 不肥沃的; 貧瘠的; 不毛的: *infertile land* 貧瘠的土地
infinite /'ɪnfɪnət/ *adj.* with no end; too many to be counted 無盡的; 無窮的; 無數的: *There is an infinite number of stars in the sky.* 天上有無數的星星。
infinitely /'ɪnfɪnətlɪ/ *adv.* very 無限的; 無比的: *A snail moves infinitely slowly.* 蝸牛爬得無比緩慢。
infinitive /ɪn'fɪnətɪv/ *n.* simple form of a verb 動詞不定式: *'To go' is an infinitive.* To go 是動詞不定式。
inflammable /ɪn'flæməbl/ *adj.* that will start to burn easily 易燃的: *Petrol is very inflammable.* 汽油很易燃燒。
inflate /ɪn'fleɪt/ *v.* fill something with air

使充氣; 灌氣: *George mended the tyre and then inflated it.* 翹志先修好輪胎, 然後打氣。

inflatable /ɪnˈfleɪtəbl/ *adj.* that you can inflate 可充氣的: *an inflatable rubber boat* 可充氣的橡皮船

influence¹ /ˈɪnflʊəns/ *n.* **1** (no *pl.*) power to change what someone believes or does 影響; 作用: *Television has a strong influence on people.* 電視對人有很大的影響。**2** (*pl.* influences) person or thing that can change someone or something 有影響或權威的人或事: *Dick is a big influence on his young brother.* 迪可對他的弟弟有很大影響。**3** (no *pl.*) power that someone has because of his money, job, etc. 勢力; 權勢: *Tony got a job in the factory because his uncle had influence there.* 東尼在那所工廠裏找到了一份工作, 因爲他叔叔在那裏有權勢。

influence² *v.* change someone or something; make someone do what you want 影響; 感化; 左右

influenza /ˌɪnflʊˈenzə/ *n.* (no *pl.*) illness with fever, pain in the muscles, sneezing, etc. 流行性感冒

inform /ɪnˈfɔːm/ *v.* ***inform someone***, tell something to someone 告訴; 通知: *Have you informed your boss that you will not be at work tomorrow?* 你告訴了老闆你明天不上班嗎?

informal /ɪnˈfɔːml/ *adj.* that is not for a special, important time; casual 非正式的; 不拘禮節的: *informal clothes* 便服 **informally** *adv.*

information /ˌɪnfəˈmeɪʃn/ *n.* (no *pl.*) what you tell someone; facts; news 通知; 消息; 資料: *Please give me some information about trains to Edinburgh.* 請給我提供一些去愛丁堡的火車的資料。

infrequent /ɪnˈfriːkwənt/ *adj.* not happening often 稀少的; 罕見的 **infrequently** *adv.*: *We go to the theatre infrequently because tickets cost so much.* 我們很少去看戲, 因爲票價太貴了。

ingredient /ɪnˈgriːdɪənt/ *n.* one of the parts of a mixture 成分; 配料: *Eggs are the main ingredients of omelettes.* 煎蛋卷的主要成分是雞蛋。

inhabit /ɪnˈhæbɪt/ *v.* live in a place 居住; 棲息 ***be inhabited***, have people or animals living in it 有人居住; 有鳥棲息: *The South Pole is not inhabited.* 南極没有人居住。

inhabitant /ɪnˈhæbɪtənt/ *n.* someone who lives in a place 居民; 住户: *Our village has five hundred inhabitants.* 我們村裏有五百名居民。

inherit /ɪnˈherɪt/ *v.* receive a house, money, title, etc. from someone who has died 繼承(房屋、錢財、頭銜等): *The children inherited their father's land.* 孩子們繼承了父親留下的土地。**inheritance** /ɪnˈherɪtəns/ *n.*: *The inheritance will make him a rich man.* 這筆遺產將使他成爲富翁。

initial¹ /ɪˈnɪʃl/ *adj.* first 最初的; 開始的; 起首的: *'d' is the initial letter of the word 'day'.* Day 一詞的起首字母是 d。

initial² (usually *pl.*) first letter or letters of someone's name 姓氏的開頭字母: *John F. Kennedy's initials were J.F.K.* John F. Kennedy 的開頭字母是 J.F.K.。

inject /ɪnˈdʒekt/ *v.* put medicine, etc. into the body with a special needle 注射 **injection** /ɪnˈdʒekʃn/ *n.*

injure /ˈɪndʒə(r)/ *v.* hurt someone or something 傷害; 損害: *John fell down from the tree and injured his back.* 約翰從樹上跌下來, 傷了背部。**injured** /ˈɪndʒəd/ *adj.* hurt 受了傷的: *After the crash, an ambulance took the injured man to hospital.* 撞車之後, 一輛救護車把傷者送到醫院。 **injury** /ˈɪndʒərɪ/ *n.*: *He fell off the ladder and had serious injuries.* 他從梯子上跌下來受了重傷。

injustice /ˌɪnˈdʒʌstɪs/ *n.* **1** (no *pl.*) being unfair, not right 不公平; 非正義 **2** (*pl.* injustices) unfair thing 不公平的事情; 非正義的行爲

ink /ɪŋk/ *n.* coloured liquid for writing and printing 墨水; 油墨: *Write your homework in ink, not in pencil.* 用鋼筆做功課, 不要用鉛筆。

inland /ˈɪnlənd/ *adj.* not by the sea 内地的; 内陸的: *Birmingham is an inland city.* 伯明翰是内陸城市。**inland** /ɪnˈlænd/ *adv.* away from the sea; in or towards the middle of a country 在内地; 到内地: *We left the coast and travelled inland to Cambridge.* 我們離開海邊向内地行進, 到了劍橋。

inn /ɪn/ *n.* house or small hotel where you can buy meals and drinks, and sometimes hire a bedroom 小旅店; 客棧 **inn-keeper** /ˈɪnkiːpə(r)/ *n.* man who controls an inn 小旅店老闆

inner /ˈɪnə(r)/ *adj.* of the inside; in the centre or middle 內部的; 中心的: *Inner London* 舊倫敦中心區

innings /ˈɪnɪŋz/ *n.* (*pl.* innings) time when a cricket player or team is batting (板球等)進攻一次; (一)局

innocent /ˈɪnəsnt/ *adj.* not having done wrong 無罪的; 清白的: **innocently** *adv.* **innocence** /ˈɪnəsns/ *n.: The friends of the prisoner were sure of his innocence.* 犯人的朋友肯定他是無罪的。

inquire /ɪnˈkwaɪə(r)/ *v.* ask; try to get an answer by saying something 詢問; 查問: *At the station my father inquired what time the train left.* 我父親在車站詢問火車什麽時候開出。 ***inquire into***, try to learn more about something that has happened 調查; 查問: *The police are inquiring into the murder.* 警察在調查這樁謀殺案件。

inquiry /ɪnˈkwaɪərɪ/ *n.* (*pl.* inquiries) question 問題 ***make an inquiry***, ask questions about something 詢問; 探問: *When I lost my umbrella, I made inquiries about it in all the shops that I had visited.* 我遺失了雨傘，於是我走進剛才去過的商店去問問。

inquisitive /ɪnˈkwɪzətɪv/ *adj.* wanting to know too much; asking too many questions 好奇的; 好管閒事的 **inquisitively** *adv.: 'What have you got in your handbag?' she asked me inquisitively.* 她好管閒事地問我, "你手提包裏裝了什麽?"

insane /ɪnˈseɪn/ *adj.* mad; foolish 瘋狂的; 愚蠢的: *It was insane to take the boat on the sea in that storm.* 在那麽大的風暴下乘小船出海, 簡直是瘋了。 **insanely** *adv.*

insect /ˈɪnsekt/ *n.* small animal with six legs 昆蟲: *Ants, flies, and wasps are insects.* 螞蟻、蒼蠅和黄蜂都是昆蟲。

insecure /ˌɪnsɪˈkjʊə(r)/ *adj.* not safe; not firm 不安全的; 不牢固的: *A broken ladder is insecure.* 破梯子是不安全的。 **insecurely** *adv.: The picture fell because it was insecurely fixed to the wall.* 畫没釘牢在牆上, 所以掉下來。

inside[1] /ˈɪnsaɪd/ *adj.* on, near, or in the centre 裏面的: *the inside pages of a newspaper* 報紙的内頁

inside[2] /ɪnˈsaɪd/ *adv.* in 在裏面: *Come inside because it's raining.* 進來吧, 外面正下雨。 ***inside out***, **(*a*)** with the inner side out 裏面朝外: *The wind blew my umbrella inside out!* 風把我的傘吹翻了! (***b***) very well; totally 徹底地; 完全地: *He knows his homework inside out.* 家課他全都會做。

inside[3] /ˈɪnsaɪd/ *n.* the parts in something 裏面; 內部: *You must see the inside of a house before you buy it.* 你買房子前必須看看裏面。

inside[4] /ɪnˈsaɪd/ *prep.* in 在…裏面: *Don't let the dog come inside the house.* 别讓狗進屋。

insist /ɪnˈsɪst/ *v.* say something again and again, very strongly, although people do not believe you 堅持; 堅決主張: *Daniel insisted that he had seen a ghost.* 丹尼爾硬説他看見了鬼。 ***insist on***, say strongly that you must do something; say firmly that something must happen 重要; 堅決要求: *I said I'd walk to the station, but he insisted on driving me there.* 我說我自己走到車站，但他堅持要用車送我去。

insolent /ˈɪnsələnt/ *adj.* too bold; not polite 傲慢的; 無禮的: *An insolent boy stuck his tongue out at us.* 一個無禮的男孩對我們伸出了舌頭。 **insolently** *adv.* **insolence** /ˈɪnsələns/ *n.*

inspect /ɪnˈspekt/ *v.* **1** look at something carefully 審查; 詳細看: *Ted inspected the car before he bought it.* 達德仔細查看了那輛車之後才買。 **2** visit people or places to see that work is done well 視察; 參觀: *Someone is coming to inspect the school next week.* 下星期有人來學校視察。 **inspection** /ɪnˈspekʃn/ *n.: to make an inspection* 進行調查

inspector /ɪnˈspektə(r)/ *n.* **1** someone who visits schools, factories, hospitals, etc. to see that all is well 檢查員; 督察 **2** police officer 巡官

inspiration /ˌɪnspəˈreɪʃn/ *n.* **1** (no *pl.*) thought or idea that helps someone to write a book or music, paint pictures, etc. 靈感; 啓示: *Many artists get their inspiration from nature.* 許多藝術家從大自然中獲得靈感。 **2** (*pl.* inspirations) sudden good idea 靈機; 妙想

inspire /ɪnˈspaɪə(r)/ *v.* **1** put ideas into someone's mind 激起; 鼓舞: *The good weather inspired me to work in the garden.* 晴朗的天氣使我想起在花園裏做些工作。 **2** make someone want to write or paint, etc. 給予靈感: *The islands of Scotland inspired Mendelssohn to write some lovely music.* 蘇格蘭的島嶼爲孟德爾松帶來靈感, 寫出了一些優美的樂曲。

install /ɪnˈstɔːl/ *v.* put a new thing in its place 安裝; 設置: *He installed a washing-machine in the kitchen.* 他在廚房裏安裝了一部洗衣機。

instalment /ɪnˈstɔːlmənt/ *n.* **1** one part of a long story, etc., on the radio or television or in a magazine (分開播放或刊載的)部分; 集: *Did you watch the last instalment?* 你看過上一集嗎? **2** part of the cost of something which you pay over a long time 分期付款: *He is paying for his new car in twelve monthly instalments.* 他買這輛新車, 分十二個月付款。

instance /ˈɪnstəns/ *n.* example 例子 ***for instance***, as an example 例如: *He's a* *greedy boy – yesterday, for instance, he ate all our biscuits!* 他是個貪吃的孩子——比如, 昨天他就把我們的餅乾都吃了!

instant [1] /ˈɪnstənt/ *adj.* **1** immediate; happening at once 立刻的; 立即的: *He gave an instant answer to my question.* 他立刻回答了我的問題。**2** that you can use quickly and easily 立即可用(食)的 **instant coffee** *n.* coffee that you make with coffee powder and hot water 即溶咖啡 **instantly** *adv.* at once 立刻地; 立即地

instant [2] *n.* very short time; moment 剎那; 瞬間; 頃刻: *I'll be with you in an instant.* 我立時就來。

instead /ɪnˈsted/ *adv.* in the place of something 代替; 頂替: *I couldn't find a nice dress so I bought a blouse and skirt instead.* 我找不到好看的連衣裙, 就買了一件上衣和一條裙子。

instead of *prep.* in place of; rather than 代替; 而不是…: *He has been playing all afternoon instead of studying.* 他玩了一下午, 而没有温習。

instinct /ˈɪnstɪŋkt/ *n.* natural feeling, natural thought, etc. 本能; 直覺: *Birds fly by instinct.* 鳥生來會飛。**instinctive** /ɪnˈstɪŋktɪv/ *adj.*: *Animals have an instinctive fear of fire.* 動物生性怕火。**instinctively** *adv.*

institute /ˈɪnstɪtjuːt/ *n.* **1** group of people who often meet for a special reason, to talk or do something together 學會; 學院; 研究所: *the Women's Institute* 婦女協會 **2** building or office for meetings of a group of people 會址; 院址; 所址

instruct /ɪnˈstrʌkt/ *v.* **1** teach someone 教導; 訓練: *My uncle instructs people how to drive cars.* 我叔叔教別人駕駛汽車。**2** tell someone what he must do 指示; 告訴: *My boss instructed me to type the letters quickly.* 我的老闆指示我趕快打好這些信件。

instruction /ɪnˈstrʌkʃn/ *n.* **1** (no *pl.*) teaching 教授; 指導: *Mr. Rivers gives swimming instruction.* 里弗斯先生教授游泳。**2** (*pl.* instructions) words that tell how to use or do something 指示; 說明: *Read the instructions on the bottle before you take the medicine.* 先看瓶子上的說明才吃藥。

instructor /ɪnˈstrʌktə(r)/ *n.* someone who teaches or trains 指導者; 教師: *a driving instructor* 駕駛訓練員

instrument /ˈɪnstrəmənt/ *n.* tool; thing for doing a special job 工具; 器具; 儀器

insufficient /ˌɪnsəˈfɪʃnt/ *adj.* not enough; not as much or as many as you need 不够的; 不足的: *One sandwich is insufficient for a hungry man.* 一塊三明治不够一個餓漢吃。**insufficiently** *adv.*

insult /ɪnˈsʌlt/ *v.* be rude to someone 侮

辱: *You insulted Ralph when you called him a pig.* 你把拉爾夫叫做豬, 你侮辱了他。**insult** /ˈɪnsʌlt/ *n.*

insure /ɪnˈʃʊə(r)/ *v.* pay a small sum of money regularly to a company so that it will give you a lot of money if you have an accident, etc. 保險: *Have you insured your house against fire?* 你給你家的房子買了火險没有? **insurance** /ɪnˈʃʊərəns/ *n.*: *When my car crashed, the insurance paid for the repairs.* 我的汽車撞壞之後, 保險公司付了修理費。

intelligent /ɪnˈtelɪdʒənt/ *adj.* clever; learning and understanding well 智力高的; 理解力强的: *an intelligent pupil* 聰明的學生 **intelligently** *adv.* **intelligence** /ɪnˈtelɪdʒəns/ *n.*

intend /ɪnˈtend/ *v.* plan to do something 想要; 打算; 計劃: *When do you intend to go to London?* 你打算什麼時候去倫敦? ***be intended for***, be for 給…用的; 爲…寫(買)的: *Small children don't like books that are intended for adults.* 小孩不喜歡爲成人而寫的書。

intense /ɪnˈtens/ *adj.* very great or strong; that you can feel or hear clearly 强烈的; 劇烈的; 非常的: *intense heat* 酷熱 **intensely** *adv.*

intention /ɪnˈtenʃn/ *n.* plan; what you are going to do 用意; 目的; 意圖: *He went to Paris with the intention of learning French.* 他去巴黎, 目的是學法語。

intentional /ɪnˈtenʃənl/ *adj.* that you want to do or say; planned 有意的; 故意的: *I'm sorry I hurt you – it was not intentional.* 很對不起, 我碰傷了你——但不是故意的。**intentionally** *adv.*

interest [1] /ˈɪntrəst/ *n.* **1** (no *pl.*) wanting to know or learn about something or someone because it is important to you 興趣; 關心: ***take an interest in***, want to know about something 關心…; 對…感興

趣: *Farmers always take an interest in the weather*. 農民對天氣總是很關心。**2** (*pl.* interests) something you do often because it pleases you 愛好; 嗜好: *Football and pop music are Alan's two great interests*. 足球和流行音樂是艾倫的兩大愛好。

interest² *v.* make someone want to know more about it or him 使…感興趣; 引起關心: *I talked to the sailor for a long time because he interested me*. 我和那個水手談了很久, 因爲他使我很感興趣。***be interested in***, like something; want to know more about something 對…感興趣: *Nigel is interested in aeroplanes*. 勵哲對飛機有興趣。

interesting /ˈɪntrəstɪŋ/ *adj.* making you want to know more about it or him: 有趣的; 有意思的; 引人入勝的: *He found the film so interesting that he saw it again*. 他發現那部電影很有意思, 所以又看了一遍。**interestingly** *adv.*

interfere /ˌɪntəˈfɪə(r)/ *v.* **1** take part in someone's affairs when he has not asked you to or does not want you to 干預; 干涉; 干擾: *Don't interfere! I want to find the answer myself*. 不要打擾! 我要自己找到答案。**2** do something that makes trouble 妨礙; 惹事: *My bicycle chain is stuck. Have you been interfering with it?* 我的自行車鏈子卡住了。你亂動過吧? **3** stop something from being done well 干擾; 衝突: *Do you let sport interfere with your studies?* 你讓運動干擾你的學習嗎? **interference** *n.*: *Go away! I don't want any interference while I'm working!* 走開! 我工作的時候不許有任何打擾!

interior /ɪnˈtɪərɪə(r)/ *adj.* on, of, in, or from the inside 裏頭的; 內部的: *We put paper on the interior walls of our house*. 我們在房子的裏牆上糊紙。**interior** *n.*

intermediate /ˌɪntəˈmiːdɪət/ *adj.* coming between; in the middle 中級的; 中間的: *An intermediate class is more difficult than a beginner's class but easier than an advanced one*. 中級班比初級班難些, 比高級班容易些。

internal /ɪnˈtɜːnl/ *adj.* of, on, or for the inside 內部的; 體內的; 內的: *He had internal injuries to his stomach*. 他胃部有內傷。**internally** *adv.*

international /ˌɪntəˈnæʃnəl/ *adj.* between countries 國際的; 世界的: *international trade* 國際貿易

interpret /ɪnˈtɜːprɪt/ *v.* say in one language what someone has said in another language 口譯; 翻譯: *I couldn't speak Italian so I asked Maria to interpret for me in the shop*. 我不會說意大利語, 所以在商店裏我請瑪麗亞給我翻譯。**interpreter** *n.* someone who can interpret 口譯者; 譯員: *Maria was my interpreter*. 瑪利亞是我的翻譯員。

interrogate /ɪnˈterəgeɪt/ *v.* ask someone questions because you want to find out whether he has done wrong, etc. 審問; 質問: *The police interrogated the man who had a knife in his pocket*. 警察審問口袋裏有把刀的那個人。**interrogation** /ɪnˌterəˈgeɪʃn/ *n.*

interrupt /ˌɪntəˈrʌpt/ *v.* **1** stop something for a time 中斷; 阻礙: *The floods interrupted railway services*. 洪水使鐵路運輸中斷。**2** speak while someone else is speaking or doing something 打斷; 打擾: *She interrupted me to ask a question*. 她打斷我的話, 問我一個問題。**interruption** /ˌɪntəˈrʌpʃn/ *n.*: *I can't finish this work because there are so many interruptions*. 我不能完成這項工作, 因爲打岔的事太多了。

interval /ˈɪntəvl/ *n.* **1** space between two things 間歇; 間隔 ***at intervals***, with short spaces or times between: 相隔不遠; 不時: *Lamp-posts stand at intervals in the street*. 街上相隔不遠就有燈柱。**2** short time between two parts of a play or concert 幕間休息; 休息時間

interview /ˈɪntəvjuː/ *n.* meeting when you can talk to someone to find out more about him or her 面談; 會見; 面試: *I have an interview for a new job tomorrow*. 我要找新的工作, 明天有次面試。**interview** *v.*: *How many people have you interviewed for the job?* 你面試了多少個申請這工作的人? **interviewer** *n.* someone who interviews another person 會見者; 面談者; 記者

into /ˈɪntuː/, /ˈɪntə/ *prep.* **1** word that shows the way inside something 到…內; 向內: *Come into the house*. 到屋裏來。**2** word that shows that something is changing 成爲; 轉爲: *When it is very cold, water turns into ice*. 天非常冷時, 水變成冰。**3** word in arithmetic (數學)除: *If you divide 4 into 12 you will get 3*. 12除以4得3。

introduce /ˌɪntrəˈdjuːs/ *v.* bring people together for the first time and tell each of them the name of the other 介紹: *He introduced his new girlfriend to his mother*. 他把新交的女朋友介紹給母親認識。

introduction /ˌɪntrəˈdʌkʃn/ *n.* **1** bringing people together to meet each other: 介紹 **2** piece of writing at the beginning of a book to tell what the book is about 前言; 引論

invade /ɪnˈveɪd/ *v.* go into a country to attack it 侵略; 侵入: *William the Conqueror invaded England in 1066*. 征服者威廉1066年入侵英格蘭。**invasion** /ɪnˈveɪʒn/ *n.* **invader** *n.* person or people who invade 侵略者; 侵入者

invalid /ˈɪnvəlɪd/ *adj.* **1** weak because of

illness or accident 病弱的; 傷病的: *She looks after her invalid mother.* 她照顧體弱的母親。**2** for weak and sick people 病弱者用的: *an invalid chair* 病人用椅 **invalid** *n.* weak or sick person 病人; 病弱者

invent /ɪnˈvent/ *v.* **1** plan or make something new 發明; 創造: *Who invented aeroplanes?* 飛機是誰發明的? **2** make a story 編造; 虛構: *When Colin's mother asked him why he was late, he invented a story about football practice.* 科林的母親問他爲什麼回家晚了, 他假稱練足球去了。**invention** /ɪnˈvenʃn/ *n.*

inventor /ɪnˈventə(r)/ *n.* person who plans or thinks of something new 發明者; 創製者: *Alexander Graham Bell was the inventor of the telephone.* 貝爾是電話的發明者。

inverted commas /ɪnˌvɜːtɪd ˈkɒməz/ *n.* (*pl.*) punctuation mark (" ") or (' ') that you put around a word or sentence 引號(" ")或(' ')

invest /ɪnˈvest/ *v.* put money into a business so that you will get more money back 投資: *He invested all his money in a boat so that he could catch fish and sell them.* 他把所有錢投資到一條船上, 這樣他便可以打魚來賣。 **investment** /ɪnˈvestmənt/ *n.*

investigate /ɪnˈvestɪgeɪt/ *v.* study something with care 調查; 偵查: *The police are investigating the fire.* 警察正調查這場火災。 **investigation** /ɪnˌvestɪˈgeɪʃn/ *n.*: *The police are holding an investigation into the fire.* 警察正調查這場火災。

invisible /ɪnˈvɪzəbl/ *adj.* that you cannot see 看不見的: *Wind is invisible.* 風是看不見的。

invite /ɪnˈvaɪt/ *v.* ask someone to come somewhere, or to do something 邀請; 招待: *Mrs. Roberts invited me to tea.* 羅伯茨太太邀請我去吃茶點。 **invitation** /ɪnvɪˈteɪʃn/ *n.*: *Judith sent me an invitation to her party.* 朱廸思給我送來請帖, 要我去參加她的聚會。

invoice /ˈɪnvɔɪs/ *n.* list of goods that have been sold, with the prices that must be paid; bill 發票; 裝貨清單

involve /ɪnˈvɒlv/ *v.* ***be involved with*** or ***in something***, be very busy with something 陷入; 專注: *Jill does not want to come because she's too involved in her sewing.* 姬兒不想來, 因爲她忙於縫紉。**involvement** *n.*

inward /ˈɪnwəd/, **inwards** /ˈɪnwədz/ *adv.* towards the inside 向内: *The door opened inwards, so I pushed it.* 那扇門往裏開, 所以我就推門。

iron¹ /ˈaɪən/ *n.* **1** (no *pl.*) strong, hard metal 鐵 **2** (*pl.* irons) instrument that you heat for smoothing clothes, etc. 熨斗; 烙鐵 **iron** *adj.* made of iron 鐵製的 *an iron gate* 鐵門

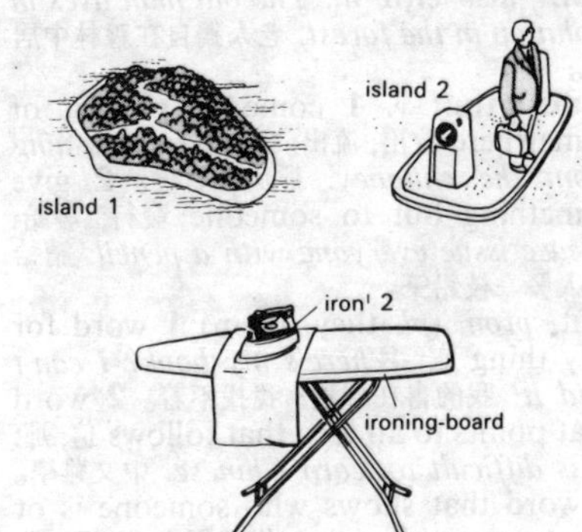

iron² *v.* make clothes smooth after washing them, etc. 熨; 熨平: *Mother is ironing father's shirts.* 媽媽在熨爸爸的襯衣。 **ironing** *n.* things that you must iron 要熨的衣物: *There's a pile of ironing on the table.* 桌上有一堆要熨的衣物。 **ironing-board** *n.* special table where you iron clothes 熨衣板

irregular /ɪˈregjʊlə(r)/ *adj.* that does not follow the usual rule 不規則的; 無規律的: *'Mice' is an irregular plural.* Mice 是個不規則複數名詞。

irresponsible /ˌɪrɪˈspɒnsəbl/ *adj.* whom you cannot trust to be wise, etc. 不負責任的; 不可靠的 **irresponsibly** *adv.*

irritable /ˈɪrɪtəbl/ *adj.* easily becoming angry 易激怒的; 煩躁的

irritate /ˈɪrɪteɪt/ *v.* **1** make someone rather angry 激怒; 使惱怒: *The slow journey irritated me.* 行程太慢使我惱火。**2** make part of the body a little hurt 刺激; 使難受: *The cigarette smoke irritates my eyes.* 香煙的煙霧刺得我眼睛難受。 **irritated** /ˈɪrɪteɪtɪd/ *adj.* rather angry 被激怒的; 生了氣的 **irritation** /ˌɪrɪˈteɪʃn/ *n.*

is /ɪz/ part of *v.* be 動詞 be 的一種形式: *Michael is a boy.* 敏高是個男孩子。

island /ˈaɪlənd/ *n.* **1** piece of land with water all round it 島; 島嶼: *Malta is an island.* 馬爾他是個島。**2** something like an island because it stands on its own 島狀物; 孤立地區: *a traffic island* 行人安全島

isle /aɪl/ *n.* island 島; 小島: *the British Isles* 不列顛羣島

isn't /ˈɪznt/ = is not 不是: *It isn't true.* 那不真實。

isolate /ˈaɪsəleɪt/ *v.* put something away from other things 隔離; 孤立: *Snow has isolated many villages in Scotland.* 大雪使

蘇格蘭的許多村落與外界隔絕了。**isolation** /ˌaɪsəˈleɪʃn/ *n.*: *The old man lives in isolation in the forest.* 老人獨自在森林中居住。

issue /ˈɪʃuː/ *v.* **1** come or go out of somewhere 放出; 流出: *Smoke was issuing from the chimney.* 煙囱在冒煙。**2** give something out to someone 發行; 發給: *Please issue everyone with a pencil.* 請給每人發一枝鉛筆。

it /ɪt/ *pron.* (*pl.* they, them) **1** word for any thing 它: *Where's my book? I can't find it.* 我的書在哪裏? 我找不着。**2** word that points to an idea that follows 這; 那: *It is difficult to learn Chinese.* 中文難學。**3** word that shows who someone is or what something is (指某個人或東西)那: *Who's at the door? It is your mother.* 門外是誰? 那是你母親。*What's that? It is a radio.* 那是什麼? 那是一架收音機。**4** word at the beginning of a sentence about the time, weather, distance, etc. 作句首的主語, 表示時間、天氣、距離等: *It is six o'clock.* 六點了。*It is hot today.* 今天真熱。*It is 100 kilometres to Bradford.* 到布拉福是一百公里。

itch /ɪtʃ/ *v.* have a feeling on the skin that makes you want to scratch 發癢: *These socks make my legs itch.* 這雙襪子使我的腿發癢。**itch** *n.* **itchy** /ˈɪtʃɪ/ *adj.* that makes you itch (發)癢的

item /ˈaɪtəm/ *n.* **1** one in a list of things 條; 條款; 項目: *Which items are you bringing for the picnic?* 你帶什麼東西去野餐? **2** piece of news (新聞)一條; 一則: *Are there any interesting items in the newspaper today?* 今天報紙上有什麼有趣的新聞嗎?

it's /ɪts/ = it is 這是: *It's hot today.* 今天真熱。

its *adj.* of it 它的; 牠的: *The dog wagged its tail.* 狗搖尾巴。

itself /ɪtˈself/ *pron.* (*pl.* themselves) **1** word that describes the same thing, animal, or baby that you have just talked about 它自己; 它本身: *The baby hurt itself when it fell out of its cot.* 嬰兒從小牀掉下來, 受了傷。**2** it and no other 自身; 本身: *Did you see the explosion itself?* 你看到爆炸了嗎? ***by itself***, alone 單獨地; 孤零地: *The house stands by itself in the forest.* 房子孤零零地座落在森林中。

I've /aɪv/ = I have 我有

ivory /ˈaɪvərɪ/ *n.* **1** (no *pl.*) pale yellow-white colour 乳白色; 象牙色 **2** (no *pl.*) hard, white bone from the tusks of elephants, which we make into ornaments, etc. 象牙 **ivory** *adj.*: *an ivory brooch* 一枚象牙胸針

ivy /ˈaɪvɪ/ *n.* (*pl.* ivies) climbing plant with dark, shiny leaves 常春藤

Jj

jab /dʒæb/ *v.* (*pres. part.* jabbing, *past part. & past tense* jabbed /dʒæbd/) push something strongly into or at another thing (猛)刺; (猛)戳: *John jabbed a knife into the meat.* 約翰把刀戳進肉裏。**jab** *n.*: *He gave me a jab with his finger.* 他用手指戳了我一下。

jacket /ˈdʒækɪt/ *n.* **1** short coat with sleeves 短上衣 **2** loose paper cover for a book (書籍的)護封

jagged /ˈdʒægɪd/ *adj.* with sharp points and rough edges: 鋸齒狀的; 參差不齊的: *jagged rocks* 鋸齒狀的岩石

jaguar /ˈdʒægjʊə(r)/ *n.* wild animal like a big cat 美洲虎

jail /dʒeɪl/ *n.* prison 監獄: *The thief went to jail for two years.* 小偷坐了兩年牢。**jailer** *n.* someone whose job is to stop people from getting out of prison 監獄看守

jam¹ /dʒæm/ *n.* (no *pl.*) sweet food made from fruit and sugar 果醬: *I'd like some jam on my bread, please.* 我要些果醬塗在麵包上。

jam² *n.* (no *pl.*) crowd of things or people that cannot move because there are too many 停頓; 阻塞 **traffic jam** *n.* long line of cars, etc. that cannot go on 交通阻塞 ***in a jam***, in trouble 處於困境: *We must help Ernest because he is in a jam.* 我們得幫助歐内斯, 因爲他陷入了困境。

jam³ *v.* (*pres. part.* jamming, *past part. & past tense* jammed /dʒæmd/) **1** press something tightly between other things; be pressed tightly 把…擠進; 塞進: *She jammed the bottle into the basket.* 她把瓶子塞進籃子。**2** become stuck; not be able to move 堵塞; 卡住: *The door jammed and we could not open it.* 門卡住了, 我開不動。

jangle /ˈdʒæŋgl/ *v.* make a loud, ringing noise like big bells or other metal things 發出不和諧的聲音: *Roy was jangling some keys.* 阿洛幌動鑰匙鐺鎯亂響。**jangling** *adj.*

January /ˈdʒænjʊərɪ/ *n.* first month of the year 一月

jar /dʒɑː(r)/ *n.* pot that holds food 罐子; 瓶子: *a jam-jar* 果醬瓶

jaunt /dʒɔːnt/ *n.* short journey to enjoy yourself 短途游覽; 遠足

jaw /dʒɔː/ *n.* **1** lower part of the face 頷; 顎: *He hit the thief in the jaw.* 他猛擊小偷的頷。**2 jaws** (*pl.*) mouth; parts of the head that hold the teeth, etc. 嘴巴; 上下顎: *The dog had a bird in its jaws.* 狗的嘴

裏銜着一隻小鳥。

jazz /dʒæz/ *n.* (no *pl.*) popular music with strong rhythms 爵士音樂

jealous /ˈdʒeləs/ *adj.* with angry and sad feelings because you are afraid of losing someone's love or because you want what another person has 妒忌的; 嫉妒: *Margaret is jealous when Charles talks to other girls.* 每當查理同別的女孩子談話時, 瑪格麗就妒忌。

jeans /dʒi:nz/ *n.* (*pl.*) trousers of strong blue, cotten cloth 斜紋布工裝(褲); 牛仔褲

jeep /dʒi:p/ *n.* small, strong, open car that can go well on bad roads or rough land 吉普車; 小型越野汽車

jeer /dʒɪə(r)/ *v.* laugh rudely at someone 嘲笑: *The big boys jeer at Tim because he is so small.* 高大的男孩子們嘲笑添, 因爲他個子很矮小。 **jeer** *n.* **jeering** *adj.*

jelly /ˈdʒelɪ/ *n.* (no *pl.*) soft, sweet food made of fruit juice and sugar 果子凍; 啫喱

jelly-fish /ˈdʒelɪfɪʃ/ *n.* (*pl.* jelly-fish or jellyfishes) sea-animal like jelly, that you can see through 水母; 海蜇

jerk /dʒɜ:k/ *v.* move suddenly; make something move suddenly: 急扭(擺); 顛簸; 猛推(拉): *The bus jerked along the rough road.* 公共汽車在不平的路上顛簸而行。 **jerk** *n.: The bus has stopped with a jerk.* 公共汽車顛了一下停住了。 **jerky** *adj.*

jersey /ˈdʒɜ:zɪ/ *n,* piece of woollen clothing that you wear on the top half of your body 毛線衫; 運動衣

jet /dʒet/ *n.* **1** strong stream of gas, water, etc. which comes very fast out of a small hole 噴射; 注流; 射流: *a jet of water from the fireman's hose* 從消防員的水龍頭噴出的水流; *a gas jet* 氣體噴出 **2** aeroplane that flies because the engines send out jets of hot gas 噴氣式飛機

jetty /ˈdʒetɪ/ *n.* (*pl.* jetties) strong, wide wall built from the land into the sea, so that the harbour is safe 防波堤

jewel /ˈdʒu:əl/ *n.* **1** valuable stone, e.g. a diamond 寶石 **2** ring or other ornament with a jewel in it 寶石戒指或飾物 **jewellery** /ˈdʒu:əlrɪ/ *n.* necklaces and other ornaments with jewels in them 珠寶; 珠寶飾物 **jeweller** *n.* someone who sells jewels 珠寶商

jigsaw puzzle /ˈdʒɪgsɔ: pʌzl/ *n.* picture in many small parts that you must put together 拼圖玩具

jingle /ˈdʒɪŋgl/ *v.* make a soft, ringing sound like small bells or other metal things 叮噹響: *The money jingled in his pocket.* 硬幣在他的衣袋裏叮噹作響。 **jingling** *adj.*

job /dʒɒb/ *n.* **1** piece of work 事務; 工作: *I have some jobs to do before we go out.* 我們外出之前我有幾件事要做。 ***odd jobs***, bits

of work of different kinds 散工; 雜務 **2** work that you do for money 工作; 職位: *Guy has left school and started his first job.* 貴頤不上學了, 開始幹第一份工作。 ***a good job***, a lucky thing 幸運事: *It's a good job I was at home when you telephoned.* 你打電話來時, 我正巧在家。 ***make a good job of something***, do something well: 把某事做好: *The hairdresser made a good job of my hair.* 理髮師把我的頭髮理得很好。 ***be out of a job***, have no paid work 失業

jockey /ˈdʒɒkɪ/ *n.* someone whose job is to ride in horse-races 職業騎師

jog /dʒɒg/ *v.* (*pres. part.* jogging, *past part. & past tense* jogged /ˈdʒɒgd/) **1** shake, or give a small push, to something or someone 輕輕搖動; 輕推: *He jogged my elbow and some coffee spilt on to my dress.* 他碰了我肘部一下, 咖啡洒到了我的衣服上。 **2** move in a shaking way 搖晃着前進: *We jogged up and down along the bad roads on the old bus.* 我們坐在破舊的公共汽車裏沿着崎嶇不平的公路顛簸而行。 **3** run slowly, for exercise 慢跑 **jogger** *n.* someone who jogs 慢跑的人

join /dʒɔɪn/ *v.* **1** fix or stick one thing to another thing 接合; 結合: *We joined the caravan to the car.* 我們把旅行用的拖車同小汽車掛在一起。 **2** bring two things together by putting something between them 連結; 膠合: *A bridge joins the two banks of the river.* 一座橋把河的兩岸連在

一起。**3** come together 相遇; 會合: *The roads join in two miles.* 這幾條路在兩英里後會合。**4** come and do something with someone 參加; 和…作伴: *He joined us for a walk.* 他和我們一起去散步。**5** become a member of a group 加入: *Amanda has joined the tennis club.* 娥曼達加入了網球會。***join in***, do something with other people 參加; 同…一起: *Kay joined in the game.* 凱宜參加遊戲。***join up***, become a soldier, etc. 入伍; 參軍

joint[1] /dʒɔɪnt/ *adj.* that people do together 聯合的; 共同的: *Tina and Jane gave a joint party.* 婷娜和珍聯合舉辦了一次聚會。

joint[2] *n.* **1** place where two parts of something come together 接合處: *the joints of a chair* 椅子上的接榫 **2** something that holds two parts together 榫; 關節; 接頭: *finger joints* 手指關節 **3** big piece of meat that you cook (牛、羊等)腿肉(或肩肉、大塊肉): *a joint of beef* 一大塊牛肉

joke /dʒəʊk/ something that you say to make people laugh 笑話: *He told us a joke about a fat man.* 他給我們講了一個胖子的笑話。***play a joke on someone***, do something to someone to make people laugh 開某人的玩笑 **practical joke** *n.* trick that you do to make someone look silly 惡作劇 **joke** *v.*: *I didn't really mean what I said – I was only joking.* 我的講話不是真的那個意思, 我只是開玩笑而已。

jolly[1] /'dʒɒlɪ/ *adj.* full of fun: friendly; happy 有趣的; 友好的; 快活的: *a jolly woman* 快活的女子

jolly[2] *adv.* very 怪; 非常: *Jolly good!* 太好了!

jolt /dʒəʊlt/ *v.* move something roughly; move quickly and roughly 搖動; 顛簸: *The cart jolted along the rough road.* 馬車在崎嶇不平的道路上顛簸前行。**jolt** *n.* sudden bump 震揺

jostle /'dʒɒsl/ *v.* push roughly against someone 推撞; 擁擠: *The crowd jostled us in the market.* 在市場裏, 人羣擁擠我們。

jot /dʒɒt/ *v.* (*pres. part.* jotting, *past part. & past tense* jotted /'dʒɒtɪd/) ***jot down***, write something quickly 迅速寫下: *Before I go shopping, I must jot down a list of things.* 去買東西以前, 我必須把要買的東西列一張清單。

journal /'dʒɜ:nl/ *n.* newspaper or magazine 報紙; 雜誌

journalist /'dʒɜ:nəlɪst/ *n.* someone whose job is to write for newspapers or magazines 撰稿人; 新聞記者

journey /'dʒɜ:nɪ/ *n.* going from one place to another 旅行; 旅程: *Is it a long journey from Glasgow to London?* 從格拉斯哥到倫敦路途遠嗎?

joy /dʒɔɪ/ *n.* **1** (no *pl.*) very happy feeling 歡樂; 喜悦: *Rita is full of joy because she has a new baby sister.* 麗達十分高興, 因爲她有了個剛出生的妹妹。**2** (*pl.* joys) something that makes you happy 樂事; 樂趣: *Your letter was a joy when I was in hospital.* 我住院時, 你的來信使我很欣喜。

joyful /'dʒɔɪfl/ *adj.* very happy 興高彩烈的; 喜悦的 **joyfully** *adv.*

jubilee /'dʒu:bɪli:/ *n.* special time when you celebrate something important that happened many years before (許多年前的重大事件)紀念; 慶祝: *A silver jubilee comes after 25 years.* 銀婚紀念日是在婚後二十五年。

judge[1] /dʒʌdʒ/ *n.* **1** person in a law court who decides how someone will be punished 審判官; 法官: *The judge sent the thief to prison for two years.* 法官判處竊賊兩年徒刑。**2** someone who decides the winner in a sports contest or competition, etc. 裁判員

judge[2] *v.* decide if something is right or wrong, good or bad, etc. 審判; 判斷; 評價: *I can't judge which picture is best.* 我無法判斷哪張畫最好。

judgement, judgment /'dʒʌdʒmənt/ *n.* **1** what a judge says 審判; 裁判; 判決: *The prisoner listened to the judgement.* 那個囚犯聽着判決。**2** what you think about something 判斷; 評價: *In my judgement Arthur will be a good doctor.* 我相信阿瑟會成爲一個好醫生。

judo /'dʒu:dəʊ/ *n.* (no *pl.*) sort of fighting sport 柔道

jug /dʒʌg/ *n.* pot with a handle, for holding and pouring liquid 大壺; 瓶: *a milk jug* 牛奶瓶

juggle /'dʒʌgl/ *v.* do clever tricks by throwing things into the air and catching them 玩雜耍; 變戲法 **juggler** *n.* someone who juggles 玩雜耍的人; 魔術師

juice /dʒu:s/ *n.* liquid part of fruit and vegetables (水果、蔬菜)汁; 液: *a glass of orange juice* 一杯橙汁 **juicy** *adj.* with a lot of juice 多汁的: *a juicy orange* 多汁的橙

July /dʒʊ'laɪ/ *n.* seventh month of the year 七月

jumble /'dʒʌmbl/ *n.* a lot of different, old things 舊貨 **jumble sale** *n.* market for selling old things to make money for poor people, etc. 舊貨拍賣市場

jump /dʒʌmp/ *v.* **1** spring; move quickly off the ground, with both feet in the air 跳; 跳躍: *The cat jumped on to a wall.* 貓跳上了牆。**2** move quickly 跳; 蹦: *He jumped into a car.* 他跳進一輛汽車。**3** move suddenly because you are surprised, frightened, etc. (因吃驚、驚嚇等)躍起; 跳動: *When the door banged, he jump-*

ed. 門砰地一聲響, 他突然跳了一下。***jump at***, say 'yes' to something at once 欣然接受: *Bob jumped at the invitation to watch tennis at Wimbledon*. 阿寶欣然接受邀請, 到温布爾頓看網球。**jump** *n*. **long jump, high jump**, sports competitions where you jump as far or as high as you can 跳遠; 跳高

jumper /ˈdʒʌmpə(r)/ *n*. jersey 工作服; 海員服; (婦女)套頭外衣

junction /ˈdʒʌŋkʃn/ *n*. place where roads, rivers, railway lines, electric cables, etc. meet 道路交叉點; 河流滙合處; 鐵路聯軌點(站): *Turn right at the next junction*. 到下一個路口轉右。

June /dʒu:n/ *n*. sixth month of the year 六月

jungle /ˈdʒʌŋgl/ *n*. thick forest in hot countries 熱帶叢林

junior /ˈdʒu:nɪə(r)/ *adj*. **1** younger 年少的; 較年幼的: *a junior class* 低年級班 **junior school** *n*. school for young pupils 初級小學 **2** less important 資歷較淺的; 等級較低的: *a junior officer* 低級軍官 **junior** *n*.: *I'm 12 and Jo is 10, so he is my junior by two years*. 我十二歲, 喬十歲, 所以他比我少兩歲。

jury /ˈdʒʊərɪ/ *n*. (*pl*. juries) group of people who sit in a law court and say whether they think someone has done wrong or not 陪審團: *The jury decided that the man was guilty of stealing and the judge sent him to prison*. 陪審團裁定那人犯了偷竊罪, 法官判處他入獄。

just[1] /dʒʌst/ *adj*. fair and right 公正的; 正直的: *a just man* 正直的人 **justly** *adv*.

just[2] *adv*. **1** exactly; not more or less 正好; 恰好: 不多不少: *It's just two o'clock*. 現在正好兩點。**2** a very short time before 剛才; 方才: *The dog is still very wet because he has just come out of the river*. 狗剛剛從河裏上來, 所以渾身濕透。 **3** at the moment; now 現在: *We are just going out*. 我們正要出去。**4** by a little 勉强地; 差一點就…: *They just missed the train by a few minutes*. 他們只差幾分鐘没趕上火車。**5** only 僅僅: *I came here just to see you*. 我來這裏只是爲了看看你。 **6** word that helps to point to what you are saying 試請; 且請: *Just look at this funny picture!* 請看這張有趣的畫! ***just as***, (***a***) exactly as 正如: *Laura is just as pretty as Jean*. 珞拉同琴一樣漂亮。(***b***) at the same time as 與…同時; 正當…的時候: *I arrived just as the match started*. 我到達時, 比賽正好開始。***just now***, (***a***) now 現在 (***b***) a very little time ago 剛才

justice /ˈdʒʌstɪs/ *n*. (no *pl*.) **1** being fair and right 公平; 正當: *to treat someone with justice* 公正待人 **2** the law 司法; 審判: *British justice* 英國法律的制裁

Kk

kangaroo /ˌkæŋgəˈru:/ *n*. Australian wild animal that jumps along on its big, back legs 袋鼠

keen /ki:n/ *adj*. **1** sharp 鋒利的: *a knife with a keen edge* 鋒利的刀 **2** cold 寒冷的: *a keen wind* 寒風 **3** that can see well 敏鋭的: *keen eyes* 敏鋭的眼睛 **4** liking something; wanting to do something: 熱心的; 渴望的: *a keen student* 勤奮的學生 ***keen on***, interested in someone or something 愛好; 渴望: *Most girls aren't keen on football*. 大多數女孩子不愛好足球。 **keenly** *adv*.

keep[1] /ki:p/ *n*. (no *pl*.) the cost of food, home, clothes, etc. 衣食; 生計: *The gardener works hard for his keep*. 園丁努力工作以維持生計。***for keeps***, for ever 永遠: *Paul doesn't want this pen so it's mine for keeps*. 保羅不要這枝鋼筆了, 所以這筆永遠是我的了。

keep[2] *v*. (*past part*. & *past tense* kept /kept/) **1** have something and not give it away 保持; 保存; 拿着: *Please keep these keys while I am on holiday*. 我去渡假時, 請你保管這些鎖匙。**2** stay, remain, not change 保持(某種狀態): *Keep still when I photograph you*. 我給你拍照的時候, 你不要動。**3** continue; not stop 繼續不斷: *Keep knocking until someone opens the door*. 繼續敲門不要停, 一直到有人來開門爲止。**4** take care of someone or an animal; give food, clothes, and a home to someone 貯養; 供養; 飼養: *My father keeps a big family*. 我父親要養活一個大家庭。**5** own or control a shop, business, etc. 經營; 開店: *Mr. Smith keeps a fruit shop*. 史密斯先生經營一家水果店。**6** have something to sell 經售; 備有(商品): *'Do you sell pens?' 'No, we don't keep them.'* "有鋼筆賣嗎?" "没有, 我們不賣鋼筆。" **7** write things often in a book, etc. 記(日記、賬等): *to keep a diary* 寫日記 **8** stay fresh or good (食物)保鮮: *Will this meat keep until tomorrow?* 這肉能留到明天不壞嗎? **9** take someone's time 留住; 妨礙: *I mustn't keep you when you are so busy.* 你這麼忙, 我也不該留你了。***keep at***, go on working at something 堅持做: *He kept at the job until it was finished.* 他繼續做那工作, 直到完成爲止。***keep someone at something***, make someone go on working 使某人繼續做: *His coach kept him at his training.* 他的教練讓他繼續受訓。***keep something back***, not tell about something 隱瞞: ***keep someone*** or ***something from***, stop someone or something from doing something 阻止; 使免於: *Keep your little brother from playing on the road.* 別讓你小弟弟在馬路上玩耍。***keep going***, continue; not stop 繼續: *Robert was tired but he kept going until the end of the race.* 洛培累了, 但他繼續跑下去直到終點。***keep someone in***, make a child stay in school because he has been bad 把(學生)留堂作爲處罰 ***keep off***, stay away 躲開; 不接近: *I hope the rain keeps off for sports day.* 我希望開運動會那天不會下雨。***keep someone*** or ***something off***, make someone or something stay away 把…驅開; 不讓…接近: *Keep your hands off that wet paint!* 你的手別碰那未乾的油漆! ***keep on,*** (***a***) go farther 往前走: *Keep straight on and you'll come to the market.* 一直往前走, 就到市場。(***b***) continue; not stop 繼續: *Laurie was tired but he kept on working.* 珞麗累了, 但仍繼續工作。***keep something to yourself***, not tell others about something 保密: *Ron kept the bad news to himself.* 洛恩沒有把壞消息告訴別人。***keep out***, stay outside 在外; 不入內 ***keep someone*** or ***something out***, stop someone or something from coming in 關在外面: *We put a fence round the garden to keep the dogs out.* 我們用籬笆把園子圍住, 不讓狗進來。***keep to***, stay somewhere 保持: *In Britain, cars keep to the left.* 在英國, 車輛靠左行駛。***keep up with***, walk or drive as fast as another person or thing so that you are together 跟上: *The children can't keep up with you when you walk so quickly.* 你走得太快, 孩子跟不上。

keeper /'ki:pə(r)/ *n.* guard; someone who looks after something 看守人; 飼養員: *The keeper looks after the animals in the zoo.* 飼養員照管動物園的動物。

kennel /'kenl/ *n.* small hut where a dog sleeps 狗窩

kept /kept/ *past part. & past tense* of *v.* keep 動詞 keep 的過去分詞和過去式

kerb /kɜ:b/ *n.* edge of a path or pavement 路邊; 行人道的邊緣: *Don't step off the kerb until the road is clear.* 馬路上還有車子的時候, 不要走下行人道。

ketchup /'ketʃəp/ *n.* (no *pl.*) tomato sauce in a bottle (瓶裝)蕃茄醬

kettle /'ketl/ *n.* metal pot with a handle on the top, for boiling water 水壺

key /ki:/ **1** piece of metal that opens a lock 鑰匙: *I turned the key and opened the door.* 我轉動鑰匙, 打開了門。 **keyhole** /'ki:həʊl/ *n.* hole where you put a key 鎖眼; 鑰匙孔 **2** set of answers to tests, etc. 題解; 答案: *Check your answers with the key at the back of the book.* 把你的答案同書後的答案核對一下。**3** part of a piano, a typewriter, etc. that you press with a finger (鋼琴、打字機等的)鍵: *A piano has black and white keys.* 鋼琴上有黑白鍵。

khaki /'kɑ:kɪ/ *adj.* with a yellow-brown colour 黃褐色的 **khaki** *n.* yellow-brown cloth for soldiers' uniforms 卡其布

kick [1] /kɪk/ *n.* **1** moving the foot up suddenly; hitting something or someone with the foot 踢: *Roger gave the ball a kick.* 洛基踢了球一下。**2** exciting feeling 快感; 興奮: *Stuart gets a kick out of fast cars.* 史都華從開快車中得到樂趣。

kick [2] *v.* **1** move the foot or feet up suddenly 踢: *The baby was kicking and screaming.* 嬰孩又踢腿又尖叫。 **2** hit something or someone with the foot 踢: *Dick kicked the ball to Jon.* 廸可把球踢給喬恩。***kick off***, start a game of football (足球)開球 ***kick someone out***, make someone go away 把人趕走; 解僱: *They kicked him out of the party because he was drunk.* 他們把他趕離聚會, 因爲他醉了。

kid /kɪd/ *n.* **1** young goat 小山羊 **2** child 小孩

kidnap /'kɪdnæp/ *v.* (*pres. part.* kidnapping, *past part. & past tense* kidnapped /'kɪdnæpt/) take and hide someone so that his family and friends will pay money to you 綁架; 誘拐 **kidnapper** *n.* someone who kidnaps 綁架者

kidney /'kɪdnɪ/ *n.* **1** part of a person's or an animal's body 腎 **2** animal's kidney that you can eat (食用的動物)腰子

kill /kɪl/ *v.* make a living person, animal, or plant die 殺死; 屠宰: *We kill animals for food.* 我們把動物殺來吃。 **killer** *n.* someone who kills 殺人者; 兇手

kilo [1] /'ki:ləʊ/ *abbrev.* kilogram 公斤

kilo- [2] /'kɪlə/ *prefix* 1 000 (前綴)一千: *A kilometre is a thousand metres.* 一公里等於一千米。

kilogram /'kɪləgræm/ *n.* measure of weight (重量單位)公斤; 千克

kilometre /'kɪləmi:tə(r)/ *n.* measure of length (長度單位)公里; 千米

kilt /kɪlt/ *n.* short skirt that Scotsmen sometimes wear (蘇格蘭男子穿用的)短裙

kin /kɪn/ *n.* (*pl.*) family; relatives 家屬; 親戚 ***next of kin***, nearest relative or relatives 最近的親屬

kind [1] /kaɪnd/ *adj.* friendly; good to other

people 友好的; 和善的; 仁慈的: *A kind woman helped the old man to cross the road.* 一個善良的女子扶那老人横過馬路。 **kind-hearted** *adj.* friendly; showing love for others 仁慈的; 善良的 **kindness** *n.*

kind² *n.* sort; type 種; 類: *What kind of dog is that?* 那是隻什麽品種的狗? *He's the kind of boy who is always fighting.* 他是那種老愛打架的男孩。 ***kind of***, words that you use about a thing, idea, etc., when you are not sure 有幾分; 稍稍: *He looked kind of angry.* 他看上去有點生氣了。

kindle /ˈkɪndl/ *v.* start to burn; make something start to burn 着火; 點燃: *This wood won't kindle because it's wet.* 這塊木頭是濕的, 點不着。

kindly¹ /ˈkaɪndlɪ/ *adj.* friendly and kind 友好的; 厚道的; 親切的: *a kindly smile* 親切的微笑

kindly² *adv.* **1** in a friendly way; gently 親切地; 和藹地; 禮貌地: *You must treat your new puppy kindly.* 你要好好飼養新得到的小狗。 **2** please 請: *Kindly close the window.* 請把窗子關上。

king /kɪŋ/ *n.* man who rules a country and who belongs to a royal family 國王: *King Arthur* 亞瑟王

kingdom /ˈkɪŋdəm/ *n.* country where a king or queen rules 王國: *the United Kingdom* 聯合王國(即英國)

kiosk /ˈki:ɒsk/ *n.* **1** small, open shop where you can buy newspapers, cigarettes, etc. (兼賣紙煙)報攤; 報刊亭: *I bought a magazine at the station kiosk.* 我在車站報攤上買了一本雜誌。 **2** little building in the street where you can telephone 公用電話亭子

kipper /ˈkɪpə(r)/ *n.* fish that has been dried or smoked 熏魚(鮭、鯡)

kiss /kɪs/ *v.* touch someone with your lips to show love or to say hello or goodbye 吻; 親吻: *Rosalind kissed her mother good night.* 羅莎琳吻了一下母親道晚安。 **kiss** *n.*: *He gave her a kiss.* 他吻了她一下。

kit /kɪt/ *n.* (no *pl.*) **1** special clothes or things that you need for a job or sport 工作服; 運動服 **2** set of tools that a workman has for his job 全套工具; 應用器具

kitchen /ˈkɪtʃɪn/ *n.* room where you cook food 廚房; 灶間

kite /kaɪt/ *n.* toy that children fly in the wind, at the end of a long piece of string 風箏

kitten /ˈkɪtn/ *n.* young cat 小貓

knapsack /ˈnæpsæk/ *n.* bag for food, clothes, etc., that you carry on your back (裝食物、衣物等)背包

knead /ni:d/ *v.* press, pull, and roll

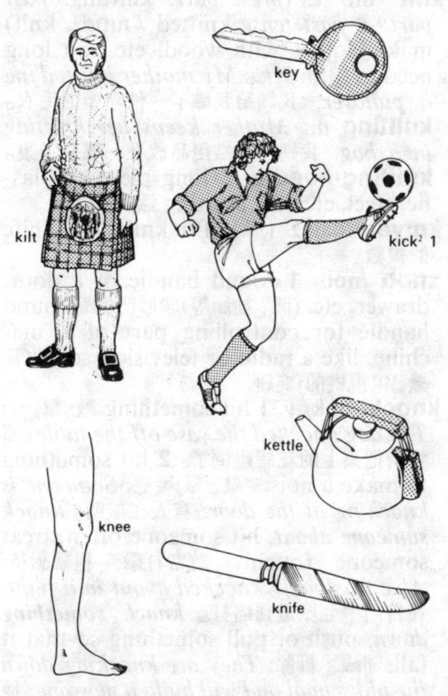

something with the hands until it is soft 揉; 捏(麵粉、陶土等): *She kneaded the dough to make bread.* 她揉麵粉做麵包。

knee /ni:/ *n.* **1** place in the middle of your leg where it bends 膝蓋: *She was on her knees planting flowers in the garden.* 她在花園裏跪着種花。 **2** top part of your leg when you are sitting (坐姿時)腿部: *The baby sat on my knee.* 嬰孩坐在我的腿上。

kneel /ni:l/ *v.* (*past part. & past tense* knelt /nelt/) go down on your knees 跪下: *She knelt and looked under the bed.* 她跪在地上, 往牀底下看。

knew /nju:/ *past tense* of *v.* know 動詞 know 的過去式

knickers /ˈnɪkəz/ *n.* (*pl.*) piece of woman's or girl's underclothing; pants (女用)內褲

knife /naɪf/ *n.* (*pl.* knives) instrument with a sharp edge and a handle, for cutting or fighting (有柄)小刀; 匕首

knight /naɪt/ *n.* **1** noble soldier on a horse in old times (歐洲中世紀時)騎士; 武士: *the knights of King Arthur* 亞瑟王的武士 **2** man who has the title 'Sir' 爵士(名前稱號用 Sir) **knight** *v.* make a man a knight 把…封爲爵士: *Queen Elizabeth knighted Francis Chichester after he had sailed alone around the world.* 奇切斯特單獨作環球航行後, 伊利莎白女皇封他爲爵士。

knit /nɪt/ *v.* (*pres. part.* knitting, *past part. & past tense* knitted /ˈnɪtɪd/, knit) make clothes with wood, etc., on long needles 編織; 針織: *My mother knitted me a pullover.* 我媽給我織了一件套頭的毛衣。 **knitting** *n.*: *Mother keeps her knitting in a bag.* 我媽把針織用品放在一隻袋子裏。 **knitting-needle** *n.* long piece of plastic, steel, etc., for knitting 織針

knives /naɪvz/ (*pl.*) of *n.* knife 名詞 knife 的複數

knob /nɒb/ **1** round handle of a door, drawer, etc. (門、抽屜等)球形門把 **2** round handle for controlling part of a machine, like a radio or television set (收音機、電視機的)旋鈕

knock /nɒk/ *v.* **1** hit something 敲; 擊; 打: *The dog knocked the vase off the table.* 那隻狗把桌上的花瓶碰倒了。**2** hit something to make a noise (敲、擊)發聲: *Someone is knocking at the door.* 有人在敲門。***knock someone about***, hit someone often; treat someone roughly 時常打擊; 粗暴對待: *Alec was badly knocked about in a fight.* 在打鬥中亞歷遭到痛打。***knock something down***, push or pull something so that it falls 拆毀; 拆除: *They are knocking down the old school and will build a new one.* 他們正在拆掉舊校舍, 要蓋一座新的。 ***knock someone down***, hit someone so he falls to the ground 擊(撞)倒在地: *The bus knocked a child down.* 那輛公共汽車撞傷一個小孩。***knock off***, stop work 下班; 收工: *I knock off at 5 p.m.* 我下午五點下班。***knock someone out***, hit someone so that he falls and lies still 打昏過去 **knock** *n.*: *Tony got a knock on the head.* 東尼頭上挨了一擊。*Did you hear a knock on the door?* 你聽到有人敲了門一下嗎?

knocker /ˈnɒkə(r)/ *n.* piece of metal on a door, for knocking to tell people you are there 門環

knot[1] /nɒt/ *n.* **1** place where you have tied two pieces of string, etc. together tightly (繩子等)結: *Put the string around the parcel and make a knot.* 用這繩子捆包裹, 然後打個結。**2** measurement of how fast ships go 節(海里/小時); 海里; 浬: *The ship sailed at 20 knots.* 這艘船每小時航行二十海里。

knot[2] *v.* (*pres. part.* knotting, *past part. & part tense* knotted /ˈnɒtɪd/) tie or fasten two pieces of string, rope, etc. 打結; 捆扎: *He knotted the tie round his neck.* 他把領帶繫在頸子上。

know /nəʊ/ *v.* (*past. part.* known, *past tense* knew /nju:/) **1** understand; have something in your head because you have learned it 懂得; 了解; 知道: *We all know that two and two make four.* 我們都知道二加二等於四。**2** have a picture of someone or something in your head because you have seen it, etc. 熟悉; 認識; 了解: *Do you know Canterbury?* 你熟悉坎特布里嗎?

knowledge /ˈnɒlɪdʒ/ *n.* (no *pl.*) what you have learned 知識; 學問: *He has a good knowledge of mathematics.* 他的數學很好。 **general knowledge** *n.* knowing about many different things 一般知識; 常識

known /nəʊn/ *past part.* of *v.* know 動詞 know 的過去分詞: *They sent the letter back because he is not known there.* 他們不知道這個人, 就把信退回了。 **well-known** *adj.* famous 著名的; 衆所周知的 ***be known as***, have a special name 以…知名; 給認爲是: *Kent is known as 'the garden of England'.* 肯特以'英格蘭的花園'著稱。

knuckle /ˈnʌkl/ *n.* finger-joint 指(關)節: *I hit him with my fist and hurt my knuckles.* 我用拳頭打他, 傷了指關。

koala /kəʊˈɑ:lə/ *n.* small, wild animal that lives in Australia 考拉(澳大利亞小野獸, 貌似小熊, 無尾, 棲於樹上)

Ll

label /ˈleɪbl/ *n.* small piece of paper or metal that you fix on something to give information about it 標簽; 簽條: *I don't know what is in this tin because it has no label.* 我不知道這是個什麼罐頭, 因爲沒有標簽。 **label** *v.* (*pres. part.* labelling, *past part. & past tense* labelled /ˈleɪbld/) put a label on something 貼標簽於: *She labelled the case with her name and address.* 她在箱子上貼上有自己姓名地址的標簽。

laboratory /ləˈbɒrətrɪ/ *n.* (*pl.* laboratories) place where scientists work and study 實驗室; 研究室

labour /ˈleɪbə(r)/ *n.* (no *pl.*) **1** hard work that you do with your hands 勞動 **2** workers in a factory, etc. 勞方; 工人: *We must have extra labour for the post at Christmas.* 我們必須僱用臨時工人應付聖誕節的郵件。 **labour** *v.* work hard with your hands 使勁地幹; 勞動

labourer /ˈleɪbərə(r)/ *n.* someone who does heavy work with his hands 體力勞動者: *farm labourers* 農場工人

lace /leɪs/ *n.* **1** (no *pl.*) fine cloth with patterns of tiny holes (帶有圖案的)精細網織品; 透孔織品; 花邊: *a handkerchief with lace round the edge* 帶花邊的手帕 **2** (*pl.* laces) string that fastens a shoe 鞋帶: *She bent down to tie her shoe laces.* 她彎下身子去繫鞋帶。

lack /læk/ *v.* **1** not have something important or necessary 缺乏; 欠缺: *In the hot summer the plants lacked water.* 在炎熱的夏天, 植物缺水。**2** not be there, not be enough 不在; 不足 **lack** *n.*: *I haven't finished the painting for lack of time.* 由於時間不够, 我的畫還未完成。

lad /læd/ *n.* boy; young man 男孩; 少年; 小伙子

ladder /ˈlædə(r)/ *n.* tall thing made of wooden or metal poles with steps between for climbing 梯子: *Jim went up the ladder to mend the roof.* 阿吉從梯子爬上去修理屋頂。

laden /ˈleɪdn/ *adj.* ***be laden with***, be carrying a lot of something 裝滿的: *The porter at the station was laden with cases.* 車站上那個搬運工人拿着好些箱子。

ladle /ˈleɪdl/ *n.* big, deep spoon for taking soup, stew, etc. from a pot 長柄勺子 **ladle** *v.* take out soup, etc. with a ladle 舀; 盛: *The cook ladled the soup into bowls.* 廚師用勺把湯盛到碗裏。

lady /ˈleɪdɪ/ *n.* (*pl.* ladies) **1** woman who is kind, polite, and honest 淑女 **2** any woman 婦女 **3 Lady**, title for the wife and daughter of some noblemen (英國某些貴族的妻子或女兒的尊稱)…夫人; …小姐

lager /ˈlɑːgə(r)/ *n.* **1** (no *pl.*) light beer 一種淡啤酒 **2** (*pl.* lagers) glass or can of lager (一杯、罐)淡啤酒

laid /leɪd/ *past part. & past tense* of *v.* lay 動詞 lay 的過去分詞

lain /leɪn/ *past part.* of *v.* lie 動詞 lie 的過去分詞

lake /leɪk/ *n.* big area of water, with land all round it 湖: *Lake Windermere* 温德米湖

lamb /læm/ *n.* **1** (*pl.* lambs) young sheep 羔羊; 小羊 **2** (no *pl.*) meat from a lamb 羔羊肉: *roast lamb* 烤羔羊肉

lame /leɪm/ *adj.* not able to walk easily because your leg or foot is hurt 跛的: *He walks with a stick because he is lame.* 他用拐杖走路, 因爲他是跛的。**lamely** *adv.*

lamp /læmp/ *n.* thing that gives light 燈: *She switched on the lamp because it was dark.* 她開亮了燈, 因爲天黑了。

lamp-post /ˈlæmp pəʊst/ *n.* post that holds a street lamp 路燈柱; 燈柱

lampshade /ˈlæmpʃeɪd/ *n.* cover for a lamp 燈罩

land¹ /lænd/ *n.* **1** (no *pl.*) part of the earth that is not water 陸地: *After the bad boat journey we were glad to arrive on land.* 經過艱苦的水上旅行, 終於上岸了, 我們非常高興。**2** (no *pl.*) ground: earth 地面; 土地: *good land* 肥沃的土地; *stony land* 多石的土地 **3** (*pl.* lands) country 國土; 國家: *Japan is an eastern land.* 日本是個東方國家。

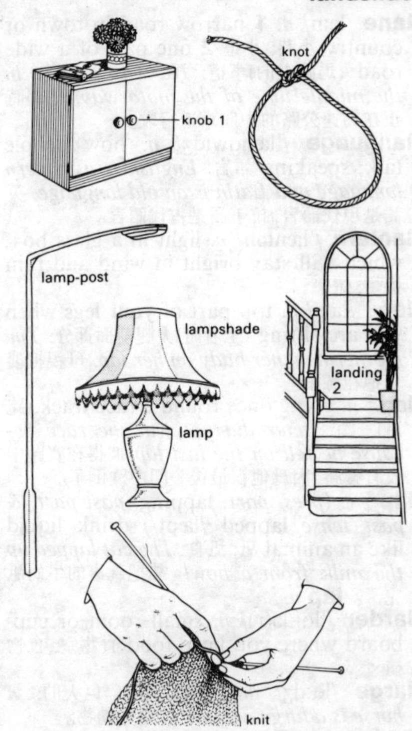

land² *v.* **1** come on to the ground from the air or from water 降落; 登陸: *The aeroplane landed at Gatwick.* 飛機在蓋特威克降落。**2** put an aircraft on to the ground 使飛機降落: *The pilot landed the plane.* 飛行員把飛機降落了。

landing /ˈlændɪŋ/ *n.* **1** coming on to the land; bringing an aircraft on to the land 降落; 上岸; 登陸: *The spaceship made a safe landing on the moon.* 宇宙飛船在月球上安全着陸。**2** flat place at the top of stairs in a house or hotel 樓梯平台

landlady /ˈlændleɪdɪ/ *n.* (*pl.* landladies) **1** woman who has a house and lets people live there, for money 女房東 **2** woman who controls a hotel or pub (旅館、酒店)女店主

landlord /ˈlændlɔːd/ *n.* **1** man who has a house and lets people live there, for money 男房東 **2** man who controls a hotel or pub (旅館、酒店)男店主

Landrover /ˈlændrəʊvə(r)/ *n.* strong car that can drive well on bad roads or over the fields 越野汽車

landscape /ˈlændskeɪp/ *n.* view of the countryside 風景; 景色

landslide /ˈlændslaɪd/ *n.* earth, rock, etc. that falls from the side of a hill or mountain 山崩; 山泥傾瀉

lane /leɪn/ *n.* **1** narrow road in town or country 小巷; 小道 **2** one part of a wide road (馬路上的)車道: *He was driving in the middle lane of the motorway.* 他那時正在高速公路的中間車道行駛。

language /'læŋgwɪdʒ/ *n.* how people talk; speaking 語言: *English is a modern language and Latin is an old language.* 英語是現代語言, 拉丁語是古代語言。

lantern /'læntən/ *n.* light in a glass box, which will stay bright in wind and rain 提燈; 燈籠

lap [1] /læp/ *n.* top part of your legs when you are sitting (坐着時)大腿前面部分: *The mother held her bady on her lap.* 母親把嬰兒抱在膝上。

lap [2] *n.* going once round a race track (跑道)一圈: *Peter did not win the race because he fell on the last lap* 彼得在賽跑中沒有獲勝, 因爲他在最後一圈中跌倒了。

lap [3] *v.* (*pres. part.* lapping, *past part. & past tense* lapped /læpt/) drink liquid like an animal 舐; 舐食: *The cat lapped up the milk from a bowl.* 貓把碗裏的牛奶舐完了。**lap** *n.*

larder /'lɑ:də(r)/ *n.* small room or cupboard where you keep food 食物室; 食物櫃

large /lɑ:dʒ/ *adj.* big 大的; 巨大的: *A horse is a large animal.* 馬是大動物。

lash /læʃ/ *v.* **1** hit something or someone hard 猛打; 抽打: *The rider lashed his horse with a whip.* 騎士用鞭子抽馬。**2** wave something suddenly and quickly 猛甩: *The lion lashed its tail angrily.* 獅子生氣地使勁甩着尾巴。

lass /læs/ *n.* (*pl.* lasses) girl; young woman 女孩; 少女

lasso /læ'su:/ *n.* (*pl.* lassoes or lassos) long rope with a loop at one end, which a cowboy carries for catching horses and cows (捕馬; 捕牛用的)套索

last [1] /lɑ:st/ *adj.* **1** at the end, after all others 最後的: *December is the last month in the year.* 十二月是一年中最後一個月。**2** coming just before the present 剛剛過去的; 緊接前面的: *It's June now, so last month was May.* 現在是六月, 所以上個月是五月。**3** only one left 唯一剩下的: *This is your last chance.* 這是你僅有的一次機會。**lastly** *adv.* as the last thing 最後; 末了

last [2] *adv.* **1** after all others 最後: *He came last in the race.* 賽跑中他是最後一個。**2** at a time before the present 上一次; 最近一次: *When did you last see Penelope?* 你最近一次是什麼時候看到珮利諾的?

last [3] *n.* (no *pl.*) what comes at the end 最後的人(東西): *These roses are the last of the summer.* 這些玫瑰花是今年夏天最後一批了。***at last***, in the end, after some time 終於; 最後: *We had a long journey by train, then at last we reached Aberdeen.* 我們乘火車走了很長時間後, 終於到了亞伯丁。

last [4] *v.* **1** go on 持續; 耐久: *The film lasted for three hours.* 那部電影演了三個小時。**2** be enough 够用; 維持: *Will this loaf of bread last until tomorrow?* 這塊麵包够吃到明天嗎?

latch /lætʃ/ *n.* (*pl.* latches) thing for closing a door, gate, or window 門閂; 窗閂 **latch** *v.*: *If you don't latch the gate, the cows will get out.* 你要是不閂上大門, 母牛會跑出去的。

late [1] /leɪt/ *adj.* **1** coming at the end 晚的: *In summer the sun goes down in late evening.* 夏天, 太陽很晚才落下去。**2** coming after the usual time 遲的; 遲到: *There was no food left for the late arrivals.* 沒有剩下什麼食物給遲來的人吃。***at the latest***, not later than that time 最遲; 至遲: *Be here by twelve o'clock at the latest.* 最遲十二點來到這裏。**3** no longer alive 已故的; 過世的: *her late husband* 她的已故丈夫

late [2] *adv.* after the right or usual time 遲; 晚了: *We always go to bed late on Saturday night.* 星期六晚上我們總是很晚才睡。***later on***, afterwards; at a later time 以後; 後來: *I'll see you later on.* 我以後看你吧。***sooner or later***, some time or other 遲早

lately /'leɪtlɪ/ *adv.* recently; not long ago 最近; 不久前: *Have you seen Mark lately?* 你最近見過馬可沒有?

latest /'leɪtɪst/ *adj.* newest 最新的: *Irene has all the latest pop records.* 最新的流行歌曲唱片艾琳都有。

latter /'lætə(r)/ *adj.* last 後面的; 末了的: *October and November come in the latter half of the year.* 十月和十一月是在下半年。**latter** *pron.*

laugh /lɑ:f/ *v.* show that you are pleased, amused, or happy by opening your mouth and making a noise 笑; 大笑: *The children laughed when the clown's trousers fell down.* 丑角的褲子掉下時, 孩子們開懷大笑。***laugh at someone*** or ***something***, laugh to show that you think someone or something is funny or silly 因…而笑; 笑話; 嘲笑: *All the children laugh at Colin's big ears.* 孩子都笑科林的大耳朵。***burst out laughing***, suddenly start to laugh loudly 突然大笑 **laugh** *n.*: *Dennis has a very loud laugh.* 丹尼斯的笑聲很響亮。**laughter** /'lɑ:ftə(r)/, **laughing** /'lɑ:fɪŋ/ *n.*: *John and Nina roared with laughter.* 約翰和尼娜高聲大笑。

launch [1] /lɔ:ntʃ/ *n.* (*pl.* launches) fast motor-boat 汽艇

launch [2] *v.* **1** put a ship or boat into the

water 使(船)下水 **2** start something 開始; 發動: *The enemy launched an attack.* 敵人發起了一次進攻。**3** send a spacecraft or rocket into the air 發射(宇宙飛船或火箭)

launching-pad /'lɔ:ntʃɪŋ pæd/ *n.* starting place for a spaceship (宇宙飛船的)發射台

launderette /ˌlɔ:ndə'ret/ *n.* shop where you can pay to put your clothes in a washing machine (付款後顧客自行操作洗衣機的)自動洗衣店

laundry /'lɔ:ndrɪ/ *n.* **1** (*pl.* laundries) place where you send clothes, sheets, etc. for washing and ironing 洗衣店 **2** (no *pl.*) clothes that must be washed and ironed 該洗熨的衣服

lavatory /'lævətrɪ/ *n.* (*pl.* lavatories) toilet; W.C. 廁所; 盥洗室

law /lɔ:/ *n.* **1** rule for all the people of a country 法律; 法令: *There is a law against murder.* 有一條針對謀殺的法律。***pass a law***, make a law in parliament 制定法律 **the law**, all the laws of a country (國家的)法律: *If a man murders someone, he is breaking the law.* 誰如果謀殺人就是犯了法。 **law court** *n.* place where judges and lawyers listen to law cases 法院; 法庭 **2** rule of a game 比賽規則: *the laws of football* 足球規則

lawful /'lɔ:fl/ *adj.* allowed by the law 合法的; 守法的 **lawfully** *adv.*

lawn /lɔ:n/ *n.* area of short grass in a garden or park 草地; 草坪 **lawn-mower** /'lɔ:n məʊə(r)/ *n.* machine that cuts grass on lawns 割草機

lawyer /'lɔ:jə(r)/ *n.* someone who has studied law; someone whose job is to help people with the law or talk for them in court 法律家; 律師

lay¹ /leɪ/ *past tense* of *v.* lie 動詞 lie 的過去式

lay² *v.* (*past part. & past tense* laid /leɪd/) **1** put something on top of another thing 放; 置: *She laid the papers on my desk.* 她把文件放在我書桌上。**2** make an egg 下(蛋); 產卵: *Birds, fishes, and insects lay eggs.* 鳥下蛋, 魚和昆蟲產卵。***lay something out***, put something ready so that you can use it or see it 擺開; 拿出: *Tessa laid out her best dress to wear at the party.* 黛莎擺出她最好的衣服, 準備在聚會時穿。

layer /'leɪə(r)/ *n.* one of several things on top of each other 層: *I have three layers of blankets on my bed in winter.* 我冬天在牀子上鋪三層毯子。

laze /leɪz/ *v.* do nothing 什麼也不幹; 懶散: *He lazed on the beach all day.* 他在海邊懶散了一整天。

lazy /'leɪzɪ/ *adj.* not wanting to work; not working 懶惰的; 懶散的: *My lazy brother*

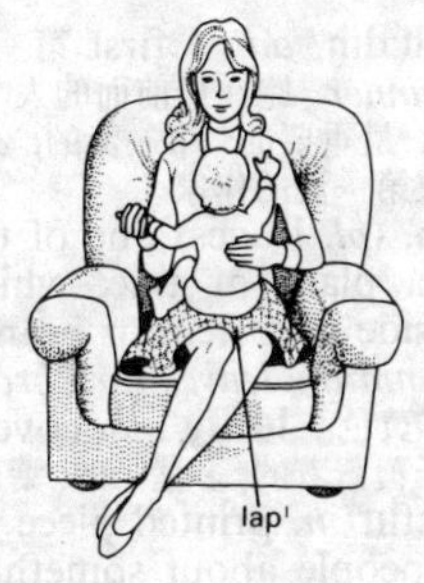

never cleans his car. 我弟弟懶, 從來不洗擦他的汽車。**lazily** *adv.* **laziness** *n.*

lb *abbrev.* pound, in weight 磅: *1 lb sugar and 2 lbs butter* 一磅糖和兩磅牛油

lead¹ /led/ *n.* (no *pl.*) **1** heavy, grey metal for making water-pipes, etc. 鉛 **2** the black part in the middle of a pencil 鉛筆心 **lead** *adj.* made of lead 鉛製的

lead² /li:d/ *n.* **1** (no *pl.*) going in front; doing something first 領導; 引導; 榜樣 ***take the lead***, go first; show others what to do 帶頭; 領導: *Godfrey takes the lead because he is oldest.* 國輝帶頭, 因爲他最年長。**2** (no *pl.*) first place 首位 ***be in the lead***, be in front 處於首位; 領先: *Harry was in the lead from the beginning of the race.* 漢立比賽一開始就領先。**3** (no *pl.*) how far someone is in front 領先的程度(或距離): *Harry had a lead of two metres.* 漢立領先兩米。

lead³ *n.* rope or chain that you tie to an animal so that it walks with you (牽狗等用的)繩索; 皮帶

lead⁴ *v.* (*past part. & past tense* led /led/) **1** walk in front of someone to show him the way 引路; 帶領: *Sidney led us through the wood.* 西德尼帶着我們穿過了樹林。**2** take someone or something by holding the hand, by a rope, etc. 牽; 拉; 扯: *The dog led the blind man across the road.* 狗領着盲人過了馬路。***lead someone astray***, make someone do something wrong 引入歧途 **3** be the person who gives orders to others 率領; 領導; 指揮: *The captain leads his team.* 隊長領導他的球隊。**4** be first in something 領先; 居首位: *Who's leading in the race?* 誰在賽跑中領先? **5** be a way to somewhere 通向: *This path leads to the next village.* 這條小路通到下個村子。

leader /'li:də(r)/ *n.* **1** someone who goes in front 率領者; 領導者; 領袖 **2** chief person 首領; 主要人員

leadership /'li:dəʃɪp/ *n.* (no *pl.*) leading or controlling people 領導人員; 領導: *The club is under new leadership.* 俱樂部換了新領導。

leading /ˈliːdɪŋ/ *adj.* **1** first 第一位的: *the leading runner* 跑在最前面的人 **2** most important 最重要的; 第一流的: *a leading writer* 一位第一流的作家

leaf /liːf/ *n.* (*pl.* leaves) one of the green parts of a plant or tree, which grow from the side of a stem or branch 葉; 葉子: *In autumn the leaves turn brown.* 秋天葉子變成了黄色。 **leafy** *adj.* covered with leaves 葉子覆蓋着的; 多葉子的; 葉茂的

leaflet /ˈliːflɪt/ *n.* printed piece of paper that tells people about something 傳單; 活頁

league /liːg/ *n.* **1** group of people or countries that have agreed to work together for something 協會; 同盟; 聯盟: *the League of Nations* 國際聯盟 **2** group of teams that play against one another (運動)競賽聯合會; 社團: *Our team is top of the football league this year.* 我隊是今年足球聯賽中最好的一隊。

leak /liːk/ *v.* flow slowly in or out through a small hole 漏: *Oil was leaking from the bottom of the car.* 汽車底部漏油了。 **leak** *n.*: *There's a leak in the roof.* 房頂上有個漏洞。 **leaky** *adj.* that leaks 漏的; 有漏洞的: *a leaky pipe* 漏管子

lean[1] /liːn/ *adj.* **1** thin 瘦的: *a lean man* 瘦子 **2** with no fat 無肥肉的: *lean meat* 瘦肉

lean[2] *v.* (*past part. & past tense* leaned /liːnd/, leant /lent/) **1** bend yourself or itself (使)傾斜; 屈身: *Nora leaned out of the window.* 諾拉彎腰探身窗外。 **2** put something against another thing 依; 靠; 把…靠在…: *The window-cleaner leaned the ladder against the wall.* 擦窗户的人把梯子靠在牆上。

leap /liːp/ *v.* (*past part. & past tense* leaped /liːpt/, leapt /lept/) make a big jump 跳; 躍: *The cat leapt from the wall to the tree.* 貓從牆上跳到了樹上。 **leap** *n.* a big jump 跳躍 ***by leaps and bounds***, very quickly 飛躍地; 極迅速地: *A clever child will learn by leaps and bounds.* 聰明的孩子學習上突飛猛進。

learn /lɜːn/ *v.* (*past part. & past tense* learned /lɜːnd/, learnt /lɜːnt/) **1** get to know something, or how to do something by studying or practising 學習; 學會: *Anita is learning to swim.* 安妮妲正在學游泳。 **2** hear about something; find out something 聽説; 獲悉: *I learnt from her letter that she was ill.* 我從她信裏得知她病了。

learner /ˈlɜːnə(r)/ *n.* someone who is learning 學習者; 學生: *This dictionary is for learners of English.* 這部辭典是供學英語的人士使用的。

least[1] /liːst/ *adj.* smallest in amount; less than all others 最小的; 最少的: *Which shirt costs the least money?* 哪件衣服最便宜? **least** *adv.* less than all others 最少地: *That shirt's the least expensive.* 那件襯衣最便宜。

least[2] *n.* (no *pl.*) smallest amount, etc. 最少量; 最少: *Andrey has a little money, Brenda has less, and Rita has the least.* 奥德莉有少許錢, 布倫黛少些, 麗達最少。 ***at least***, no less than 至少; 起碼: *That book will cost at least $60.* 那本書至少花六十元。 ***not in the least***, not at all 一點也不; 毫不: *He's not in the least angry.* 他一點也不生氣。

leather /ˈleðə(r)/ *n.* (no *pl.*) animal skin for making shoes, bags, etc. (熟)皮; 皮革 **leather** *adj.*

leave[1] /liːv/ *n.* **1** (no *pl.*) allowing someone to do something 許可; 准許: *She gave me leave to borrow her book.* 她允許我借她的書。 **2** (*pl.* leaves) holiday from work 准假; 假期: ***on leave***, having a holiday 休假 *My uncle is on leave for a month.* 我叔叔正在休假, 爲期一個月。 ***take your leave of***, say goodbye to someone 告别; 辭行

leave[2] *v.* (*past part. & past tense* left /left/) **1** go away from somewhere 離開: *What time will you leave home to go to the station?* 你什麼時候離家去火車站? **2** go away from someone or something and never come back 永遠離去; 永别: *Colin left his job in May.* 科林五月份離職了。 **3** let someone or something stay in the same place or way 聽任; 讓…處於: *Did you leave the window open?* 你讓窗户開着的嗎? **4** cause something to remain 留下; 剩下: *3 from 7 leaves 4.* 七減三剩四。 **5** give something to someone when you die 遺留: *My father left me his farm.* 我父親把他的農場遺留給我。 ***leave someone alone***, let someone be in peace 讓某人安靜; 不打擾: *Please leave me alone – I'm busy.* 請不要打擾我——我正忙着呢。 ***leave something alone***, not touch or take something 别摸; 勿動: *Leave my sewing alone!* 别動我的針線活兒! ***leave someone or something behind***, not take someone or something 忘記攜帶; 留下: *Mike left his money behind when he went shopping.* 邁恪去買東西時忘記帶錢。 ***leave for***, start a journey to a place 去(某地): *We're leaving for the festival soon.* 我們很快就去參加聯歡會了。 ***leave go***, stop holding something 放開; 鬆手: *Don't leave go or you'll fall.* 别鬆手; 不然你會跌倒的。 ***leave off***, stop 停止: *Has the rain left off yet?* 雨停了没有? ***leave out***, not put someone or something in 不算在内; 省略; 遺漏: *We left Bob out of the team because he is ill.* 我們没有把阿寶算作隊員, 因爲他病了。 ***leave something to someone***, (*a*) say that someone will have your money, house, goods, etc. when you die 把某物遺留給某人 (*b*) let someone do a job for you 讓人替你工作: *Can I leave the arrangements to Wendy?* 我可以把準備工作交給溫蒂做嗎?

leaves /li:vz/ (*pl.*) of *n.* leaf 名詞 leaf 的複數

lecture /'lektʃə(r)/ *n.* planned talk to teach a group of people something 演講; 講課: *The students were at a history lecture today.* 今天學生在上歷史課。**lecture** *v.* **lecturer** *n.* someone who lectures 演講者; 講師

led /led/ *past part.* & *past tense* of *v.* lead 動詞 lead 的過去分詞和過去式

ledge /ledʒ/ *n.* narrow shelf 壁架; 突出面: *a window-ledge* 窗台

leek /li:k/ *n.* vegetable like a long onion 韮菜

left¹ /left/ *adj.* opposite of right 左: *I always kick the ball with my left foot.* 我老是用左腳踢球。 **left** *adv.*: *Turn left when you reach the church.* 走到教堂再往左轉。**left** *n.*: *In England we drive on the left.* 在英國我們靠左邊行駛。

left² *past part.* & *past tense* of *v.* leave 動詞 leave 的過去分詞和過去式

left-hand /'left hænd/ *adj.* **1** for your left hand 左手用的: *a left-hand glove* 左手手套 **2** on the left side 左邊的: *She was sitting on the left-hand side of the room.* 她坐在房間的左邊。**left-handed** /ˌleft 'hændɪd/ *adj.* using your left hand more easily than the right 習慣用左手的

leg /leg/ *n.* **1** one of the long parts of the body for walking and standing 腿: *A man has two legs and a horse has four legs.* 人有兩條腿, 馬有四條腿。***pull someone's leg***, try, for fun, to make someone believe something that is not true (開玩笑而)愚弄某人: *Colin was pulling your leg when he said that sausages grow on trees.* 科林說香腸是樹上長的, 那是騙你的。**2** part of a chair, table, etc. on which it stands (桌、椅等)腿

legacy /'legəsɪ/ *n.* (*pl.* legacies) money that someone leaves to another person when he dies 遺產

legal /'li:gl/ *adj.* **1** of the law 法律上的: *a legal case* 法律問題 **2** allowed by the law 合法的: *It is not legal to drive without lights at night.* 在夜間駕駛而不亮燈是不合法的。**legally** *adv.*

legend /'ledʒənd/ *n.* old story 傳說; 傳奇

legislate /'ledʒɪsleɪt/ *v.* make laws 制定法律; 立法

leisure /'leʒə(r)/ *n.* (no *pl.*) time when you are not working and can do what you want 空閒; 閒暇時間

leisurely /'leʒəlɪ/ *adj.* slow and pleasant 不慌不忙的; 從容不迫的: *We had a leisurely lunch.* 我們從容地吃了午飯。

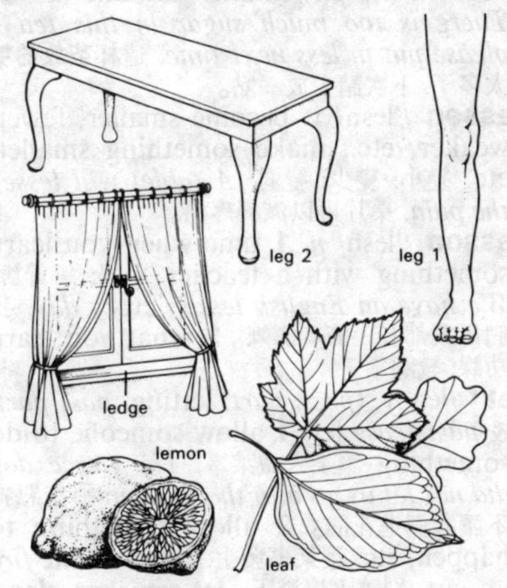

lemon /'lemən/ *n.* yellow fruit with a sour taste 檸檬

lemonade /ˌlemə'neɪd/ *n.* (no *pl.*) drink made from lemon juice and sugar 檸檬汽水

lend /lend/ *v.* (*past part.* & *past tense* lent) give something to someone for a time 把…借給; 借出: *Please lend me your bicycle for an hour, Andrew.* 安德魯, 請把你的自行車借給我用一小時。

length /leŋθ/ *n.* **1** being long; how long something is 長; 長度: *What is the length of the car?* 這輛車有多長? **2** piece of cloth, etc. 節; 段: *a length of silk* 一塊絲綢

lengthen /'leŋθən/ *v.* become longer; make something longer 變長; 使變長: *to lengthen a dress* 把衣服加長

lengthy /'leŋθɪ/ *adj.* very long; too long 冗長的; 過長的: *a lengthy telephone call* 冗長的電話通話

lens /lenz/ *n.* (*pl.* lenses) special piece of glass in a camera, microscope, or pair of spectacles 透鏡; 眼鏡片; (照相機)鏡頭

lent /lent/ *past part.* & *past tense* of *v.* lend 動詞 lend 的過去分詞和過去式

leopard /'lepəd/ *n.* big, wild animal with yellow fur and dark spots 豹

less¹ /les/ *adj.* not so much; smaller in amount 更少的; 較少(小)的: *I have less money than you.* 我的錢比你的少。

less² *adv.* word that makes an adjective of adverb weaker 更少(小)地; 較少(小)地; 不如: *Jack was careful but Peter was less careful.* 傑很細心, 彼得卻比不上他細心。*Harry swims fast but Tom swims less fast.* 漢立游得快, 阿棠游得較慢。***less than***, not so much as 不像…那樣: *I like bananas less than apples.* 我喜歡蘋果多於香蕉。

less [3] *n.* (no *pl.*) smaller amount 較少量: *There is too much sugar in this tea – please put in less next time.* 這杯茶放的糖太多了, 下次請少放一點。

lessen /'lesn/ *v.* become smaller, fewer, weaker, etc.; make something smaller, etc. 變小; 變少; 變弱: *A tablet will lessen the pain.* 藥片可以減輕疼痛。

lesson /'lesn/ *n.* **1** time when you learn something with a teacher 上課; 一節課: *We have an English lesson every day.* 我們每天都有一節英語課。**2** what you learn 功課; 教訓

let [1] /let/ *v.* (*pres. part.* letting, *past part. & past tense* let) **1** allow someone to do something 讓某人做某事: *The fierce dog did not let us go into the garden.* 那隻惡狗不讓我們進花園。**2** allow something to happen, etc. 讓某事發生: *Don't let the fire go out.* 別讓火熄滅了。***let someone alone***, leave someone in peace 讓某人安靜; 不打擾: *Let me alone – I'm reading.* 別打擾我, 我在看書。***let someone down***, break a promise 失信; 使失望: *I've let you down – I said I would help you but I didn't.* 我使你失望了, 我說過要幫助你, 卻沒有這樣做。***let go of***, stop holding someone or something 放手; 鬆手: *He let go of the coat and it fell in the water.* 他的手一鬆, 手裏的外衣就掉到水裏了。***let off***, fire a gun; light a firework so that it explodes 開槍; 放鞭炮: *We let off rockets on Guy Fawkes Day.* 我們在蓋伊福克斯日放沖天炮。***let someone off***, not punish someone 不懲罰某人; 寬恕 ***let's, let us***, I suggest that we 我建議我們…; 讓我們…: *Let's go to the cinema this evening.* 我建議我們今晚去看電影。

let [2] *v.* allow someone to live in your house or use your land if he pays you 出租(房子或土地): *Have you any rooms to let?* 你有房間出租嗎?

letter /'letə(r)/ *n.* **1** sign in writing 字母: *Z is the last letter in the English alphabet.* Z 是英語字母表上最後一個字母。**2** piece of writing that one person sends to another 信; 函件: *I must post the letter to my boyfriend.* 我必須把這封信寄給我的男朋友。

letter-box /'letə bɒks/ *n.* (*pl.* letter-boxes) **1** box in the street where you put letters for the post 信箱; 郵筒 **2** hole for letters in the door of a house 投信口; 信箱

lettuce /'letɪs/ *n.* green plant that you eat in salads 萵苣; 生菜

level [1] /'levl/ *adj.* **1** flat; smooth 水平的; 平的: *We need level ground for a tent.* 我們需要塊平地來搭帳蓬。**2** equal 平均的; 相等的: *The two teams are level with 40 points each.* 兩隊平分秋色, 各得四十分。

level [2] *n.* **1** where something is 平面; 水平面: *The cellar is below road level.* 地下室在路面以下。**2** how high something is 高度; 級別; 水平: *The river level rose after the rain.* 雨後河裏的水面升高了。

level crossing /ˌlevl 'krɒsɪŋ/ *n.* place where a railway line goes over a road 鐵路和公路平面交叉處

lever /'li:və(r)/ *v.* lift something heavy or force something open with a strong bar 用杠杆抬起或撬開: *They levered the lid off the box with an iron bar.* 他們用鐵棍撬開了箱蓋。

liar /'laɪə(r)/ *n.* someone who does not tell the truth 說謊的人; 骗子: *Don't believe him – he's a liar.* 别信他的, 他是個骗子。

liberal /'lɪbərəl/ *adj.* **1** giving things freely 大方的; 慷慨的; 隨便的: *He is liberal with his money and buys a lot of presents.* 他用錢大方, 買了許多禮物。**2** freely given 大量的; 豐盛的: *liberal help* 大量的幫助 **3** not strict 要求不嚴的; 開明的: *liberal parents* 開明的父母 **liberally** *adv.*

liberate /'lɪbəreɪt/ *v.* make someone free 使獲自由; 解放: *Lincoln liberated American slaves.* 林肯解放了美國奴隸。

liberty /'lɪbətɪ/ *n.* (no *pl.*) being free 自由: *Lincoln gave liberty to black slaves.* 林肯給了黑奴自由。***at liberty,*** (***a***) free to do what you want 自由; 有權: *You are at liberty to use my bicycle.* 我的腳踏車你可以隨便用。(***b***) not in prison 不在監獄; 不受監禁

library /'laɪbrərɪ/ *n.* (*pl.* libraries) room or building for books 圖書館; 圖書室 **librarian** /laɪ'breərɪən/ *n.* someone who works in a library 圖書管理員

licence /'laɪsns/ *n.* piece of paper showing that the law allows you to do or have something 許可證; 執照: *You must have a driving licence before you can drive a car.* 你必須先取得駕駛執照, 才能駕車。**license** /'laɪsns/ *v.*: *You must license your dog every year.* 你必須每年爲你的狗領取許可證。

lick /lɪk/ *v.* pass the tongue over something 舔: *The cat was licking its paws.* 貓正在舔牠的爪子。**lick** *n*: *He gave the envelope a lick and closed it.* 他把信封舔了一下就黏住了。

lid /lɪd/ *n.* **1** cover for a box, pot, etc. 蓋子: *Where's the lid of the teapot?* 茶壺蓋在哪裏? **2** skin above and below the eye, which moves and closes over the eye 眼瞼

lie [1] /laɪ/ *v.* say something that you know is not true 說謊: *Don't believe her because she always lies.* 別信她, 因爲她總是說謊。**lie** *n.*: *He told me a lie.* 他對我說了個謊。

lie [2] *v.* (*pres. part.* lying, *past part.* lain /leɪn/, *past tense* lay /leɪ/) **1** put the body flat on something; rest flat (平)躺; 卧: *Kathy lay on the bed and read.* 凱茜躺在牀上看書。**2** rest flat; be on something 平放; 在某物上: *In the autumn, leaves lie on the ground.* 秋天, 地上有樹葉。

lieutenant /lef'tenənt/ *n.* officer in the army or navy 陸軍中尉; 海軍上尉

life /laɪf/ *n.* **1** (no *pl.*) what animals and plants have but stone, metal, and water do not have 生命(現象): *Is there any life on the moon?* 月球上有生命嗎? **2** (*pl.* lives) being alive 性命: *Many people lost their lives in the fire.* 很多人在火災中失去了生命。***lead a life***, live in a certain way 過着…生活: *We lead a quiet life in the country.* 我們在鄉下過着寧静的生活。***not on your life!*** certainly not 根本不行; 無論如何不行: *'Shall we walk home?' 'Not on your life – it's too far!'* "我們步行回家吧?" "絶對不行, 太遠了!" ***run for your life***, run very fast away from something dangerous 逃命; 拚命跑開 ***spare someone's life***, not kill someone when you could 饒命 **3** (*pl.* lives) time that you have been alive 一生; 壽命: *Have you lived in Scotland all your life?* 你這一輩子都住在蘇格蘭嗎? **4** (no *pl.*) the way you live 生活方式; 生活: *Do you like life in the country better than town life?* 你喜歡鄉間生活多於城市生活嗎? **5** (*pl.* lives) story of someone's life in a book, etc. 傳記: *Have you read the life of Albert Schweitzer?* 你讀過亞伯特史懷哲的傳記嗎? **6** (no *pl.*) energy; being busy and interested 活力; 生氣: *The children are full of life.* 那些孩子生氣勃勃。

lifebelt /'laɪfbelt/ *n.* special ring that you can put round yourself to stop you from drowning 救生圈; 救生帶

life-boat /'laɪf bəʊt/ *n.* boat that helps people or ships in trouble at sea 救生艇

life-jacket /'laɪf dʒækɪt/ *n.* jacket that you wear in a boat to stop you from drowning if you fall into the water 救生衣

lifeless /'laɪflɪs/ *adj.* **1** still 無生氣的; 無活力的 **2** dead 死的; 没有生命的

lifetime /'laɪftaɪm/ *n.* all the time that you are alive 一生; 終身: *There were no aeroplanes in Napoleon's lifetime.* 拿破崙活着的時候没有飛機。

lift¹ /lɪft/ *n.* **1** journey in another person's car 搭便車: *Can you give me a lift to the station?* 你能讓我搭便車去火車站嗎? **2** machine that takes people or goods up and down in a high building 電梯: *Shall we go up the stairs or take the lift?* 我們是走上樓呢, 還是坐電梯?

lift² *v.* **1** take something or someone up 抬; 舉: *He lifted the lid and looked into the box.* 他揭開蓋子, 往裏頭看了看。**2** go up and away 消散: *The cloud has lifted and we can see the mountains.* 雲散了, 我們可以看見高山。

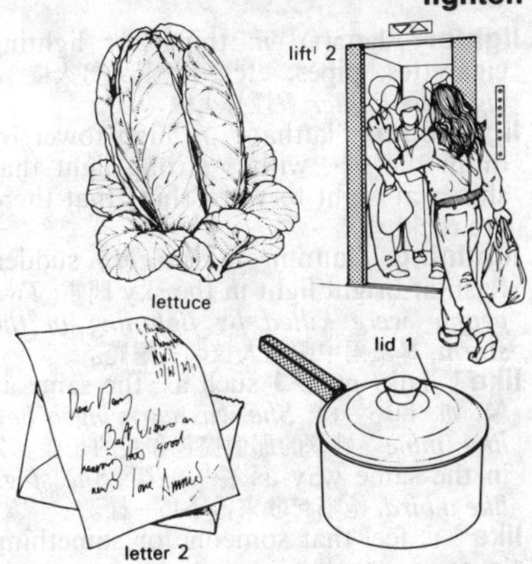

light¹ /laɪt/ *adj.* **1** bright; not dark 明亮的: *This room has a lot of windows and is very light.* 這房間有很多窗户, 非常明亮。**2** with a pale colour 淺色的; 淡色的: *Blue and white make light blue.* 藍色和白色合在一起成了淺藍色。

light² *adj.* **1** with little weight; easy to lift or move 輕的; 輕便的: *The little girl is so light I can lift her with one hand.* 這個小女孩很輕, 我一隻手就能舉起她。**2** a little; not much 一點; 少量的: *light rain* 微雨 **3** gentle; not strong 輕微的; 微弱的: *Your footsteps were so light I didn't hear them.* 你的腳步太輕了, 我没有聽見。 **lightly** *adv.* ***get off lightly***, be punished less than you expect 輕易過關; 處罰不重

light³ *n.* **1** (no *pl.*) where there is no darkness; brightness 光; 光亮: *The sun gives us light.* 太陽給我們光。**2** (*pl.* lights) instrument or thing that makes brightness for us; lamp, etc. 發光體; 燈: *Turn off the lights when you go out of the room.* 離開房間時關上燈。**3** (*pl.* lights) fire from a match, etc. (火柴等發出的)火; 火花: *Can you give me a light for my cigarette?* 你能給個火點枝煙嗎?

light⁴ *v.* (*past part. & past tense* lighted /'laɪtɪd/, lit /lɪt/) **1** make something start to burn or shine 生火; 點燃: *Please light the fire.* 請點火吧。**2** give light to something so that you can see it clearly 照亮; 照明: *He carried a torch to light the way.* 他拿火把照路。

lighten /'laɪtn/ *v.* **1** become brighter; make something brighter 變亮; 使明亮: *When the sun rises the sky lightens.* 太陽一出來天就亮了。**2** become less heavy; make something less heavy 變輕; 減輕: *It will lighten the basket if I take out the potatoes.* 我要是把馬鈴薯拿出來, 籃子就輕了。

lighter /'laɪtə(r)/ *n.* thing for lighting cigarettes, pipes, etc. 引燃器; 打火機: *a cigarette lighter* 香煙打火機

lighthouse /'laɪthaʊs/ *n.* high tower by or in the sea, with a strong light that shines at night to warn ships that there are rocks 燈塔

lightning /'laɪtnɪŋ/ *n.* (no *pl.*) sudden flash of bright light in the sky 閃電: *Two people were killed by lightning in the storm.* 暴風雨中兩個人被閃電擊斃。

like[1] /laɪk/ *prep.* **1** such as; the same as 像; 如; 和…一樣: *She was carrying a bag like mine.* 她拿的那個提包和我的一樣。**2** in the same way as 像…一樣: *She sings like a bird.* 她唱起歌來像小鳥一樣。

like[2] *v.* feel that someone or something is good, lovely, interesting, etc.; enjoy something 喜歡; 喜愛: *Grace drinks a lot of milk because she likes it.* 葛瑞絲喝很多牛奶, 因爲她喜歡牛奶。

likeable /'laɪkəbl/ *adj.* pleasing 討人喜歡的; 可愛的: *a likeable girl* 一位可愛的姑娘

likely /'laɪklɪ/ *adj.* probable; almost certain 很可能的; 幾乎可以肯定的: *Tony is the most likely winner of the race.* 這次賽跑東尼最有可能獲勝。*Tony is likely to win.* 東尼很可能獲勝。**likely** *adv.* ***most likely, very likely***, probably 很可能地; 大概

likeness /'laɪknɪs/ *n.* (no *pl.*) being the same 像; 相似: *There's not much likeness between you and your brother.* 你和你弟弟不大相似。

liking /'laɪkɪŋ/ *n.* (no *pl.*) ***have a liking for***, be fond of someone or something 喜歡; 喜愛 ***to your liking***, in a way that pleases you 合意; 投其所好: *Is the coffee to your liking?* 這咖啡合你意嗎?

lily /lɪlɪ/ *n.* (*pl.* lilies) sort of flower 百合花

limb /lɪm/ *n.* leg or arm 腿; 臂; 肢

lime /laɪm/ *n.* round, green fruit like a lemon 酸橙; 青檸 **lime-juice** *n.* drink made from limes 酸橙汁; 青檸汁

limit /'lɪmɪt/ *n.* **1** edge 邊界; 界限: *That fence shows the limit of my garden.* 那個籬笆就是我花園的界限。**2** the most that is allowed 極限; 限度: *a speed limit* 速度限制 **limit** *v.* allow only a certain amount, number, sort, etc. 限制; 限定: *He must limit the number of cigarettes he smokes.* 他必須限制他抽煙的數目。

limp[1] /lɪmp/ *adj.* soft; not stiff or firm 柔軟的; 軟弱的 **limply** *adv.*: *The washing hung limply on the line.* 洗過的衣服軟軟地掛在繩子上。

limp[2] *v.* walk with one foot that is hurt or stiff 一瘸一拐地走; 蹣跚而行: *She hurt her ankle and limped back home.* 她傷了腳踝, 瘸着走回家。**limp** *n.*: *He walks with a limp.* 他走路一瘸一拐的。

line[1] /laɪn/ *n.* **1** piece of string, rope, or wire 繩; 索; 鐵絲: *We hang our washing on a clothes-line.* 我把洗好的衣服掛在曬衣繩上。**2** long, thin mark 線; 線條: *He drew a line with his pencil and ruler.* 他用鉛筆和尺子劃了一條線。**3** row of people or things 排; 行列: *Please stand in a straight line.* 請排成直行。**4** row of written or printed words (詩、文的)一行: *There are 58 lines on this page.* 這一頁有五十八行。

line[2] *v.* stand or be in rows along a street, etc. 站隊; 排成: *Crowds of people lined the streets to see the Royal Wedding.* 很多的人站在大街兩邊觀看皇室結婚儀式。***line up***, stand, or make people stand, in a row 排隊; 集合: *The customers lined up at the counter.* 顧客在櫃台前邊排隊。

lined /laɪnd/ *adj.* **1** with another piece of cloth, etc. on the inside 有襯裏的: *a lined dress* 有襯裏的衣服 **2** with lines across it 有線條的: *lined paper* 有橫線的紙

linen /'lɪnɪn/ *n.* (no *pl.*) **1** sort of cloth 亞麻布 **2** things made from linen cloth 亞麻布製品: *table linen* 亞麻布桌布

liner /'laɪnə(r)/ *n.* big ship that carries people 郵船; 班輪

linger /'lɪŋgə(r)/ *v.* stay near a place 徘徊; 逗留: *A hungry dog lingered around the dustbin and looked for food.* 一隻餓狗在垃圾箱附近徘徊, 尋找食物。

link[1] /lɪŋk/ *n.* **1** one of the rings in a chain (鎖鏈中的一個)鏈環 **2** something that holds things or people together 聯繫; 紐帶: *Letters are a link with friends who live far away.* 書信是同住在遠方朋友的一種聯繫。

link[2] *v.* **1** join one thing to another thing 連接; 聯結: *The friends linked hands.* 朋友們手拉着手。**2** join two things by putting something between them 用某物把兩個東西連在一起: *A bridge links the two banks of the river.* 橋把河的兩岸連接起來。

lino /'laɪnəʊ/, **linoleum** /lɪ'nəʊlɪəm/ *n.* (no *pl.*) sort of smooth, hard covering for the floor 亞麻油地氈

lion /'laɪən/ *n.* sort of big, wild animal 獅子

lioness /'laɪənes/ *n.* (*pl.* lionesses) female lion 母獅子

lip /lɪp/ *n.* one of the two soft front edges of the mouth 嘴唇: *She had a cigarette between her lips.* 她嘴裏叼着一枝香煙。

lipstick /'lɪpstɪk/ *n.* pink or red colour that women put on their lips 唇膏; 口紅

liquid /'lɪkwɪd/ *n.* anything that flows, and is not a solid or a gas 液體: *Oil and water are liquids.* 油和水是液體。**liquid** *adj.*

list /lɪst/ *n.* a lot of names or things that you have written one under another 表; 目錄; 名單: *a shopping list* 購物單 **list** *v.*

write things in a list 列表; 編目錄

listen /ˈlɪsn/ *v.* ***listen to***, hear sounds carefully; try to hear sounds 仔細聽; 傾聽: *Did you listen to the news on the radio this morning?* 今天早上你有没有聽新聞廣播? **listener** *n.* someone who listens 聽者; 收聽者: *The announcer tells the listeners what programme comes next.* 廣播員告訴聽衆下一個是什麼節目。

lit /lɪt/, **lighted** /ˈlaɪtɪd/ *past part. & past tense* of *v.* light 動詞 light 的過去分詞和過去式

literature /ˈlɪtrətʃə(r)/ *n.* (no *pl.*) **1** writing books, plays, poetry, etc. 文學作品 **2** books and writing of a country or a time (一國或一個時代的)文學: *French literature* 法國文學

litre /ˈliːtə(r)/ *n.* measure of liquid 升(容量單位)

litter¹ /ˈlɪtə(r)/ *n.* **1** (no *pl.*) bits of paper, bottles, etc. that people do not want and leave lying on the ground (到處亂扔)廢紙破瓶; 廢物: *Litter covered the cinema floor after the film.* 電影完了, 影院的地上丢滿了廢物。**2** (*pl.* litters) family of new young animals 一胎新生的小獸; 一窩: *a litter of puppies* 一窩小狗

litter² *v.* make a place untidy by leaving things everywhere; lie everywhere in an untidy way 亂丢東西; 胡亂放: *Books and papers littered his desk.* 他的書桌上堆滿書本和紙張。

little¹ /ˈlɪtl/ *adj.* **1** small 小的: a little village 小村子 **2** young 年紀小的: *little children* 小孩子 **3** not much 少的: *A busy farmer has little free time.* 一個忙碌的農民只有很少空閒時間。***a little***, some but not much 一些; 一點: *I can speak a little French.* 我可以說一點法語。

little² *adv.* not much 很少地: *I am tired because I slept very little last night.* 我累了, 因爲我昨夜睡得很少。

little³ *n.* (no *pl.*) not much; only a small amount 少許; 少量; 一點: *He did very little on his first day at work.* 他頭一天上班工作做得很少。***a little***, (***a***) in a small way 小規模地; 一點: *Try to help your mother a little.* 盡力幫你媽媽一點忙吧。(***b***) slightly; rather 稍微; 有點: *This dress is a little too short for me.* 這件衣服對我來說短了點。***for a little***, for a short time or distance 一會兒; 短距離 ***little by little***, slowly 慢慢地: *Little by little, our English is getting better.* 我們的英語正慢慢地進步。

live¹ /laɪv/ *adj.* **1** having life; not dead 有生命的; 活的: *You won't see live animals in a museum.* 在博物館你是看不到活動物的。**2** happening now; not recorded 正在發生的; 現場播送的: *The concert is live from the Royal Festival Hall.* 音樂會是皇家音樂廳現場轉播。**3** burning 燃燒着的: *live coals* 正燃燒着的煤 **4** full of electricity 充電的; 帶電的: *live wires* 帶電的電線

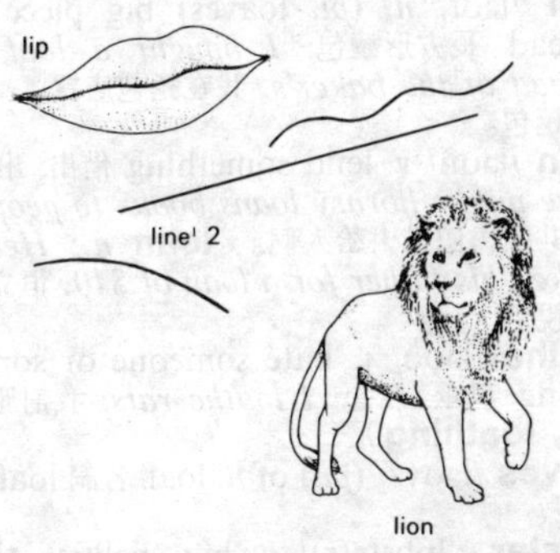

live² /lɪv/ *v.* **1** be alive, not dead 活着; 活; 生存: *Samuel's grandfather lived until he was 90.* 森勉的祖父活到九十歲。**2** have your home 居住: *Where do you live? I live in Norwich.* 你住在哪裏? 我住在諾里奇。**3** spend your life in a certain way 生活; 過活: *We live very quietly.* 我們生活得很平靜。***live on***, eat or drink only one thing 只吃(或喝)一種東西; 靠…維生: *Sheep live on grass and babies live on milk.* 羊吃草, 嬰兒吃奶。

lively /ˈlaɪvlɪ/ *adj.* full of life; moving quickly 有生氣的; 活躍的: *lively kittens* 活潑的小貓

liver /ˈlɪvə(r)/ *n.* **1** part inside a person's or an animal's body 肝; 肝臟 **2** animal's liver that you can eat (可食用的)動物肝

lives /laɪvz/ (*pl.*) of *n.* life 名詞 life 的複數

livestock /ˈlaɪvstɒk/ *n.* (no *pl.*) all the animals on a farm 家畜; 牲畜

living¹ /ˈlɪvɪŋ/ *adj.* **1** alive 活的; 有生命的: *a living creature* 生物 **2** of or for life; for living in 生活的; 維持生活的: *poor living conditions* 生活條件不好

living² *n.* **1** (no *pl.*) way of life 生活; 生活方式 ***standard of living***, rich or poor way of living 生活水平 **2** (*pl.* livings) ***earn your living, make a living***, work to pay for the things that you need 謀生: *Most people in this city earn their living by working in the car factory.* 這個城市的大多數人都是在汽車廠工作來謀生的。

living-room /ˈlɪvɪŋ rʊm/ *n.* main room of a house 起居室; 客廳

load¹ /ləʊd/ *n.* something that you carry 擔子; 重載; 負擔: *The lorry had a load of wood.* 汽車上載的是木材。

load² *v.* **1** put things on to a vehicle or ship 裝; 裝貨; 裝載: *The two men loaded the furniture on to the van.* 那兩個人把家具裝到運貨車上了。**2** put bullets into a gun 裝子彈: *Have you loaded your gun?* 你的槍上了子彈嗎?

loaf /ləʊf/ *n.* (*pl.* loaves) big piece of bread 長方形麵包: *I bought a loaf of bread at the baker's.* 我在麵包店買了一大條麵包。

loan /ləʊn/ *v.* lend something 借出; 出借: *The public library loans books to people.* 公共圖書館借書給人們。 **loan** *n.*: *Henry asked his father for a loan of $10.* 恒立向父親借十元。

loathe /ləʊð/ *v.* hate someone or something 討厭; 厭惡: *I loathe rats.* 我討厭老鼠。 **loathing** *n.*

loaves /ləʊvz/ (*pl.*) of *n.* loaf 名詞 loaf 的複數

lobster /ˈlɒbstə(r)/ *n.* big shellfish that you can eat 龍蝦

local /ˈləʊkl/ *adj.* of that place 當地的; 本地的; 地方的: *We go to the town for clothes but we buy food in local shops.* 我們到城裏買衣服, 在本地商店買食品。 **locally** *adv.*

lock¹ /lɒk/ *n.* thing that keeps a door, gate, drawer, etc. closed, so that you cannot open it without a key 鎖 ***under lock and key***, locked up in something 被鎖着; 被監禁

lock² *v.* **1** close something with a key 鎖住: *At night we lock the door.* 夜裏我們鎖上門。 **2** have a lock; become locked 上了鎖; 鎖上: *This suitcase won't lock because it is too full.* 這個箱子鎖不上, 因爲裝得太滿了。 ***lock something away***, put something away in a locked place 把某物鎖藏起來 ***lock someone out***, lock the door from inside so that someone cannot come in 把某人鎖在外邊 ***lock something up***, lock something in a place so that it will be safe 把某物鎖藏起來: *We lock up our house when we go out.* 我們外出時就把房子鎖起來。 ***lock someone up***, put someone in a place that he cannot leave 監禁; 鎖起來 **locked** /lɒkt/ *adj.*: *a locked door* 鎖着的門

locker /ˈlɒkə(r)/ *n.* small cupboard with a lock for one person's things (供單人用裝鎖的)小櫃: *At the swimming pool I put my clothes in a locker.* 在游泳池, 我把衣服放到小櫃裏。

locomotive /ˌləʊkəˈməʊtɪv/ *n.* railway engine 火車頭; 機車

lodge /lɒdʒ/ *v.* pay to live in rooms in another person's house 寄宿; 租房: *In the summer a foreign student lodged in our house.* 夏天有個外國學生住在我們家。

lodger /ˈlɒdʒə(r)/ *n.* someone who pays to live in another person's house 房客; 寄宿者 **lodgings** /ˈlɒdʒɪŋz/ *n.* room or rooms in a family house where you pay to live 出租的民房; 住處: *Does your brother have good lodgings in London?* 你弟弟在倫敦租的住處好嗎?

loft /lɒft/ *n.* room where you store things at the top of a house, under the roof 閣樓; 頂樓

log /lɒg/ *n.* piece of a tree that has fallen or that you have cut; short, thick piece of wood for a fire 圓木; 大塊木柴

loiter /ˈlɔɪtə(r)/ *v.* walk slowly, often stopping; stand and not do anything 閒逛; 徘徊: *Why is that boy loitering at the street corner?* 那個男孩爲什麼在街角閒逛呢?

lollipop /ˈlɒlɪpɒp/, **lolly** /ˈlɒlɪ/ *n.* (*pl.* lollies) big sweet on a stick 棒糖

lonely /ˈləʊnlɪ/ *adj.* **1** sad because you are alone, with no friends 孤獨的; 寂寞的: *Sarah felt lonely when her best friend left the town.* 薩拉自從她最好的朋友離城以後, 感到很寂寞。 **2** far away from other places 偏遠的; 人跡罕至的: *a lonely farm* 偏僻的農場 **loneliness** *n.*

long¹ /lɒŋ/ *adj.* **1** from one end to the other 有…長的(遠的): *The snake is a metre long.* 這條蛇長一米。 **2** from beginning to end 長久的; 長期的: *Our holidays are two weeks long.* 我們的假期共有兩週。 **3** far from one end to the other 長的: *long hair* 長髮 **4** lasting a lot of time 時間很久的: *a long film* 一部長片子 ***no longer***, not now 不再: *He's no longer living in Edinburgh.* 他已經不在愛丁堡住了。

long² *adv.* for a lot of time 長期地; 長久地: *We are in a hurry, so we can't stay long.* 我們很忙, 所以不能久留。 ***so long as, as long as***, if 如果; 只要: *You may borrow this book so long as you keep it clean.* 這本書你只要能保持整潔, 就可以借給你。 ***long before***, at a time much before 很久以前: *Mark learned to read long before he started school.* 馬可早在入學前已學會了看書。 ***long after***, at a time much after 很久以後

long³ *n.* (no *pl.*) ***before long***, soon 不久以後; 很快: *I shall see you before long.* 我不久就會來看你。

long⁴ *v.* ***long for***, want something very much 渴望; 極想要: *We're longing for the holidays.* 我們渴望假期的到來。 ***long to***, want very much to do or have something 極想做; 極想得到: *I'm longing to see you.* 我極想見你。 **longing** *adj.*: *a longing look* 渴望的目光 **longingly** *adv.*: *Nora looked longingly at the cakes in the shop window.* 諾拉渴望地看着商店櫥窗裏的糕點。 **longing** *n.* strong wish 强烈的願望: *After two weeks in London Una had a longing for her family in Scotland.* 尤娜在倫敦過了兩週後, 非常想念在蘇格蘭的家人。

look¹ /lʊk/ *n.* **1** seeing 看 ***have*** or ***take a look at***, try to see something 看一看: *Let me have a look at your new dress.* 讓我看看你的新衣服。 **2** appearance; how something or someone seems 外表; 外觀; 樣子:

I don't like the look of the weather. 我不喜歡這種天氣。**3 looks** (*pl.*) appearance of the face and body 面貌; 容貌: ***good looks***, beauty 美貌

look² *v.* **1** watch; try to see 觀看; 看: *You must look both ways before you cross a road.* 橫過馬路之前, 你一定要看看路的兩邊。***look after***, take care of someone or something 照料; 照顧: *A nurse looks after sick people in a hospital.* 醫院裏護士照顧病人。***look as if, look as though***, be probable or likely that 看來像是; 似乎: *It looks as though he will win the race.* 看來他會贏這場賽跑。***look at***, watch someone or something 看; 觀看: *The children are looking at television in their room.* 孩子正在他們房間裏看電視。***look for***, try to find someone or something 尋找: *Grace is looking for a job.* 葛瑞絲正在找工作。***look forward to***, wait for something with pleasure 盼望; 期待: *I'm looking forward to our holiday next week.* 我正期待着下週的假日。***look into***, study something carefully 研究; 檢查: *to look into a problem* 調查一個問題 ***look on*** or ***upon***, think of someone or something 看待; 認爲: *He looks upon me as his best friend.* 他把我當做他的最好朋友。***look out for***, watch and wait for someone or something 留心; 注意尋找 ***look out!*** be careful! 當心! ***look something up***, try to find the meaning of something in a book, etc. 查: *I looked up the word in a dictionary.* 我在詞典裏查了這個詞的意思。**2** appear; seem to be 顯得; 似乎是: *You're looking cheerful today.* 你今天看來很高興。***look like***, (***a***) seem to be 似乎是; 好像是: *That looks like an interesting film.* 那好像是一部有趣的電影。(***b***) have the appearance of 有…的外貌; 像: *She looks like her mother.* 她像她的母親。

look-out /ˈlʊk aʊt/ *n.* **1** (no *pl.*) watching 注視; 視察 ***on the look-out for***, looking for something 尋找; 物色: *I am on the look-out for a good, cheap bicycle.* 我在物色一輛價廉物美的腳踏車。**2** (*pl.* look-outs) place where you can watch for something coming 瞭望台; 監視哨

loom /lu:m/ *n.* machine for weaving cloth 織布機

loop /lu:p/ *n.* round shape of a piece of string, ribbon, etc. when it crosses itself (線、絲、帶等)圈; 環: *A bow has two loops.* 蝴蝶結有兩個圈。

loose /lu:s/ *adj.* **1** free; not tied, etc. 無約束的; 鬆開的: ***get loose***, become free 使自由; 鬆開了: *The dog broke its chain and got loose.* 狗掙斷了繩子跑了。**2** not tight 不緊的; 寬大的: *Loose clothes are more comfortable than tight ones.* 寬大的衣服比緊小的衣服舒服。 **loosely** *adv.* **loosen** /ˈlu:sn/ *v.* become loose; make something loose 變鬆; 使鬆開: *The knot is so tight that I can't loosen it.* 這個結太緊了, 我鬆不開。

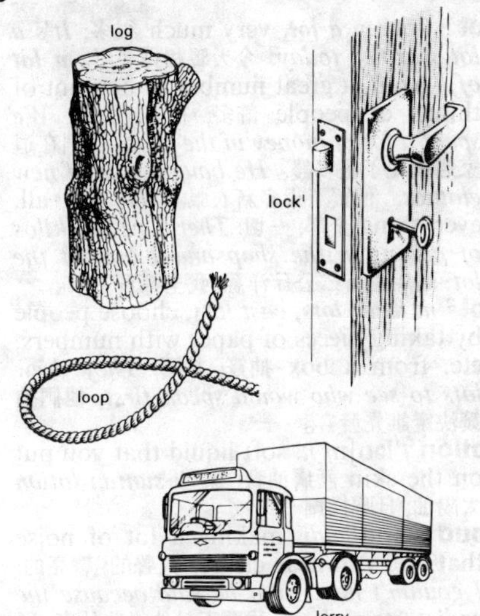

lord /lɔ:d/ *n.* **1** nobleman 貴族: *the House of Lords* 上議院 **2 the Lord**, God; Christ 上帝; 基督

lorry /ˈlɒrɪ/ *n.* (*pl.* lorries) big vehicle that carries heavy loads; truck 貨車; 卡車

lose /lu:z/ *v.* (*past part.* & *past tense* lost /lɒst/) **1** not have something or someone that you had before 失去; 喪失: *Paul has lost his job because the factory has closed.* 保羅因工廠倒閉而失業。**2** not be able to find something 遺失; 找不到: *I can't open the door because I've lost the key.* 我打不開門, 因爲我失掉了鑰匙。**3** not win 輸; 失敗: *Our team is losing the match.* 這場比賽我隊落後了。

loser /ˈlu:zə(r)/ *n.* one who is not the winner 失敗者

loss /lɒs/ *n.* (*pl.* losses) **1** losing 喪失; 遺失: *He told the police about the loss of his car.* 他告訴警察他的汽車遺失了。**2** something that is lost; waste 損失; 浪費: *The wrecked ship was a serious loss.* 那船沉了, 損失嚴重。***at a loss***, for less money than you paid for it 賠錢; 虧本: *If you buy a house for $220 000 and sell it for $200 000, you are selling at a loss.* 如果你買房時花了二十二萬元, 賣時賣了二十萬元, 那麼就虧本了。***be at a loss***, be uncertain 困惑; 不知所措: *I'm at a loss to know what to do.* 我不知道做什麼好。

lost /lɒst/ *past part.* & *past tense* of *v.* lose 動詞 lose 的過去分詞和過去式 ***be lost***, not know where you are 迷失方向; 迷路: *I can't find my way home – I'm lost.* 我找不着回家的路, 我迷失方向了。

lot¹ /lɒt/ *n.* ***a lot***, very much 很多: *It's a lot warmer today.* 今天暖和得多了。***a lot of, lots of***, a great number or amount of things or people 許多; 很多; 大量: *We spent a lot of money in the shop.* 我們在這家店裏花了很多錢。*He bought lots of new clothes.* 他買了很多新衣服。***the lot***, all, everything 全部; 一切: *There are two kilos of onions in the shop and I bought the lot.* 商店裏有二公斤洋葱, 我全都買下來。

lot² *n.* ***draw lots, cast lots***, choose people by taking pieces of paper with numbers, etc. from a box 抽簽; 拈鬮: *They drew lots to see who would speak first.* 他們抽簽決定誰先發言。

lotion /ˈləʊʃn/ *n.* soft liquid that you put on the skin 護膚油膏; 搽劑: *suntan lotion* 太陽油; 日曬搽劑

loud /laʊd/ *adj.* making a lot of noise that you can hear clearly 大聲的; 響亮的: *I couldn't hear what he said because the radio was so loud.* 我聽不見他說些什麼, 因爲收音機的聲音太大了。**loud** *adv.*: *Speak louder, I can't hear you.* 大聲點, 我聽不到你說什麼。**loudly** *adv.*

loud-speaker /ˌlaʊd ˈspiːkə(r)/ *n.* part of a radio, etc. from which you hear sound 揚聲器; 喇叭

lounge /laʊndʒ/ *n.* room in a house or hotel, where you can sit comfortably 休息室

lovable /ˈlʌvəbl/ *adj.* that people love very much 可愛的; 討人喜歡的: *a lovable child* 可愛的孩子

love /lʌv/ *v.* **1** have a warm feeling for someone; like someone very much 愛; 熱愛: *I love my parents.* 我敬愛父母。**2** like something very much 很喜歡: *I'd love to come and see you again.* 我很願意再來看你。**love** *n.* ***be in love with***, love someone 和…戀愛 ***fall in love with***, begin to love someone 愛上(某人) **loving** *adj.* feeling or showing love 愛的; 表示愛的 **lovingly** *adv.*

lovely /ˈlʌvlɪ/ *adj.* **1** giving pleasure because it looks or sounds good, etc. 秀麗的; 可愛的: *a lovely woman* 秀麗的婦人 **2** that you enjoy very much 歡樂的; 使人愉快的: *a lovely party* 歡樂的聚會 **loveliness** *n.* beauty 秀麗; 美麗

low¹ /ləʊ/ *adj.* **1** not high 低; 矮: *She jumped over the low wall.* 她跳過了那道矮牆。**2** not loud 低聲的; 聲音小的: *I can't hear her because she has a low voice.* 我聽不見她的話, 因爲她的聲音小。

low² *adv.* down; in or to a place that is not high 向下; 在下邊: *They bowed low to the Queen.* 他們向女皇深深鞠躬。

lower /ˈləʊə(r)/ *v.* take something or someone down 使降下; 放下; 放低: *to lower a flag* 降旗 **lower** *adj.* that is under another; bottom 在下邊的; 最底下的: *my lower lip* 我的下嘴唇

loyal /ˈlɔɪəl/ *adj.* true and faithful 忠實的; 忠誠的: *He is loyal to his firm.* 他忠於他的公司。**loyally** *adv.* **loyalty** /ˈlɔɪəltɪ/ *n.*: *loyalty to your friends* 對朋友的忠誠

l.p. /ˌel ˈpiː/ *abbrev.* long-playing record 密紋唱片

luck /lʌk/ *n.* (no *pl.*) chance; what happens to someone or something 運氣; 僥倖: *Please wish me good luck for my exams!* 請祝我考試幸運! ***be in luck***, have good things happen 運氣好; 走運 ***be out of luck***, have bad things happen 運氣不好 ***for luck***, so that good things will happen 祈福; 祝福: *Cross your fingers for luck!* 把中指和食指交叉, 求求福吧! ***hard luck***, bad luck 運氣不好

lucky /ˈlʌkɪ/ *adj.* **1** having good luck 好運氣的; 走運的: *You're lucky to own a car.* 你有一輛汽車真幸運。**2** bringing good luck 帶來好運的; 吉利的: *a lucky number* 幸運數字 **luckily** *adv.*: *I got to the station late, but luckily the train was still there.* 我到車站時已經晚了, 幸好火車還没開。

luggage /ˈlʌgɪdʒ/ *n.* (no *pl.*) bags, trunks, suitcases, etc. for travelling 行李

lull /lʌl/ *n.* short time when it is quiet 暫停; 間歇: *a lull in the storm* 暴風雨的間歇

lullaby /ˈlʌləbaɪ/ *n.* (*pl.* lullabies) song to make a baby go to sleep 催眠曲; 摇籃曲

lump /lʌmp/ *n.* **1** hard piece of something 塊; 團: *a lump of sugar* 一塊糖 **2** swelling or hard place in part of your body 腫塊; 疱: *a lump on the head* 頭上的疱 **lumpy** *adj.* full of lumps 多塊的; 成塊的: *lumpy sauce* 成團的調味汁

lunatic /ˈluːnətɪk/ *n.* mad person; someone who does very foolish things 瘋子; 愚人

lunch /lʌntʃ/ *n.* (*pl.* lunches) meal that you eat in the middle of the day 午餐; 午飯 **lunch** *v.* eat lunch 吃午飯

lung /lʌŋ/ *n.* part of the body with which you breathe 肺; 肺臟

lurch /lɜːtʃ/ *v.* move suddenly and clumsily to one side 突然傾斜; 蹣跚而行: *The drunken man lurched along the street.* 那醉漢在街上蹣跚而行。**lurch** *n.*: *A big wave came and the ship gave a lurch.* 一個巨浪打來, 船突然傾斜。

lurk /lɜːk/ *v.* hide and wait 埋伏; 潛伏: *The cat lurked behind the tree and watched the bird.* 貓埋伏在樹後看着鳥兒。

luxurious /lʌgˈʒʊərɪəs/ *adj.* **1** comfortable, rich, and pleasant 舒適的; 豪華的: *a luxurious house* 一座豪華的房子 **2** expensive 昂貴的; 貴重的: *luxurious clothes* 昂貴的衣服 **luxuriously** *adv.*

luxury /ˈlʌkʃərɪ/ *n.* **1** (no *pl.*) way of living when you have all the rich things that you want 豪華; 奢侈: *He lives in luxury*. 他過着奢侈的生活。**2** (*pl*. luxuries) something pleasant that you do not really need 奢侈品: *Wine is a luxury in England*. 在英國, 酒是一種奢侈品。**luxury** *adj*.: *a luxury hotel* 豪華的酒店

lying /ˈlaɪɪŋ/ *pres. part*. of *v*. lie 動詞 lie 的現在分詞

Mm

ma /mɑː/ *n*. mother 媽媽

mac /mæk/ *abbrev*. mackintosh 雨衣

machine /məˈʃiːn/ *n*. instrument with many parts that move together to do work 機器; 機械 *a sewing-machine* 縫紉機; 衣車

machine-gun /məˈʃiːn ɡʌn/ *n*. gun that can fire many bullets, one after another 機關槍

machinery /məˈʃiːnərɪ/ *n*. (no *pl*.) **1** parts of a machine 機械部件: *the complicated machinery of a lift* 電梯的複雜部件 **2** group of machines (一組)機器: *We need heavy machinery to build the new road*. 我們需要重型機器來修建新公路。

mackintosh /ˈmækɪntɒʃ/ *n*. (*pl*. mackintoshes) raincoat 雨衣

mad /mæd/ *adj*. (madder, maddest) **1** with a sick mind 神經錯亂的; 發瘋的 ***go mad***, become mad 發瘋 ***like mad***, wildly 瘋狂地: 猛烈地: *He ran like mad*. 他發瘋似地奔跑。**2** very foolish 很傻; 糊塗: *You're mad to go out in this thunderstorm!* 你真太傻, 下這麼大的雷雨你還往外走! **3** having very strong feelings 入迷的; 狂熱的: *to be mad with excitement* 激動得不得了 **4** very angry 惱火的; 生氣的: *He was mad with me for losing his watch*. 我遺失了他的手錶, 所以他對我很生氣。***drive someone mad***, make someone angry 使人生氣 ***mad about***, very fond of something 非常喜歡; 着迷於: *Julie is mad about pop music*. 珠麗非常喜歡流行音樂。**madly** *adv*. very 非常; 很: *madly excited* 非常激動 **madness** *n*.

madam /ˈmædəm/ *n*. polite word that you say when you speak to a woman who is a stranger or when you write a business letter to a woman 夫人; 女士: *Can I help you, madam?* 夫人, 我來幫你好嗎?

made /meɪd/ *past part*. & *past tense* of *v*. make 動詞 make 的過去分詞和過去式

magazine /ˌmæɡəˈziːn/ *n*. book with a paper cover which comes every week, month, etc. 雜誌; 期刊: *Have you read the articles in this magazine?* 你看過這本雜誌上的文章嗎?

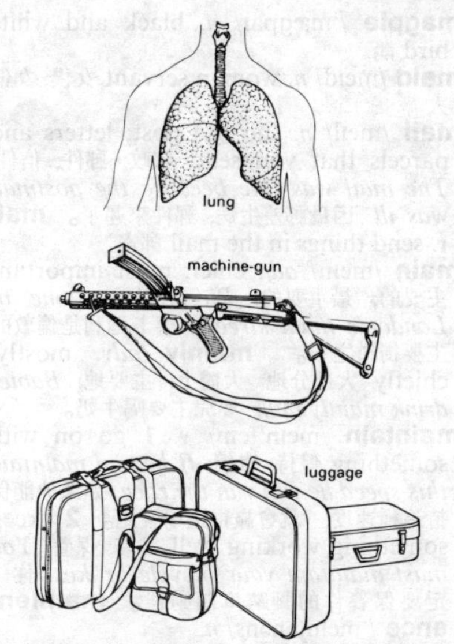

magic /ˈmædʒɪk/ *n*. (no *pl*.) **1** strange powers that make wonderful or unusual thing happen 魔法; 魅力: *The good fairy made Cinderella's coach come by magic*. 善良的仙女使用魔法帶來了灰姑娘的馬車。**2** clever tricks that a person can do to surprise people 魔術; 戲法 **magic, magical** *adj*. **magically** *adv*.

magician /məˈdʒɪʃn/ *n*. **1** someone who does strange things 術士: *The magician turned the boy into a frog*. 術士把那個小男孩變成了青蛙。**2** someone who does clever tricks to make people laugh, etc. 魔術師

magistrate /ˈmædʒɪstreɪt/ *n*. sort of judge in a law court that looks at small crimes (地方)法官: *The magistrate fined him $500 for driving too fast*. 他因爲超速駕駛被法官罰了五百元。

magnet /ˈmæɡnɪt/ *n*. piece of iron that can pick up other pieces of metal 磁鐵; 吸鐵石 **magnetic** /mæɡˈnetɪk/ *adj*.

magnificent /mæɡˈnɪfɪsnt/ *adj*. very great, fine, or beautiful 宏大的; 輝煌的; 漂亮的: *a magnificent palace* 一座華麗的宮殿 **magnificently** *adv*. **magnificence** /mæɡˈnɪfɪsns/ *n*.

magnify /ˈmæɡnɪfaɪ/ *v*. make something look bigger 放大 **magnifying-glass** *n*. a special glass that can magnify things 放大鏡: *He looked at the little insect through a magnifying-glass*. 他用放大鏡看那隻小昆蟲。

magpie /'mægpaɪ/ *n.* black and white bird 鵲

maid /meɪd/ *n.* woman servant 女僕; 女傭人

mail /meɪl/ *n.* (no *pl.*) post; letters and parcels that you send 郵政; 郵件; 信件: *The mail was late because the postman was ill.* 因爲郵差生病, 郵件來遲了。 **mail** *v.* send things in the mail 郵寄

main /meɪn/ *adj.* chief; most important 主要的; 最重要的: *Piccadilly is one of London's main streets.* 碧卡迪利是倫敦的主要街道之一。 **mainly** *adv.* mostly; chiefly 大部分地; 大體上; 主要地: *Babies drink mainly milk.* 嬰兒主要喝牛奶。

maintain /meɪn'teɪn/ *v.* **1** go on with something 保持; 繼續: *If he can maintain this speed he will win the race.* 如果他能保持這種速度, 就會贏得這場賽跑。 **2** keep something working well 維修; 保養: *You must maintain your bicycle brakes.* 你一定要保養你的腳踏車制動器。 **maintenance** /'meɪntənəns/ *n.*

maize /meɪz/ *n.* (no *pl.*) plant with big, yellow seeds that we use for food 玉米; 玉蜀黍

majesty /'mædʒəstɪ/ *n.* (*pl.* majesties) word that you say when you speak to or about a king or queen 陛下: *Her Majesty will arrive at 10 o'clock.* 女皇陛下將於十點鐘到達。 **majestic** /mə'dʒestɪk/ *adj.* like a king or queen; looking very rich and important 高貴的; 威嚴的 **majestically** *adv.*

major[1] /'meɪdʒə(r)/ *adj.* bigger; most important; very great 較大的; 主要的; 重大的: *Liverpool is a major British port.* 利物浦是英國的一個重要港口。

major[2] *n.* army officer 陸軍少校

majority /mə'dʒɒrətɪ/ *n.* (no *pl.*) most things or people in a group 多數; 大多數: *The majority of British people have television.* 英國大多數人都有電視。

make[1] /meɪk/ *n.* sort; kind 種類; 樣式: *What make of car do you have?* 你的汽車是什麼樣式的?

make[2] *v.* (*past part. & past tense* made /meɪd/) **1** build something by putting parts together 做; 製造; 建造: *I bought some wood and made a house for my rabbit.* 我買了一些木料, 給我的小家兔造了個窩。 **2** cause something to appear or to happen; produce something 造成; 引起; 產生: *The plane made a loud noise when it landed.* 飛機着陸時發出很大的聲響。 **3** prepare something; put something in order 準備; 整理: *He got up and made his bed.* 他起牀後叠好被子。 **4** cause someone to feel something 使…覺得: *Do birthdays make you happy?* 生日能使你高興嗎? **5** cause something to be 使成爲: *The sun made the washing dry.* 太陽曬乾了洗好的東西。 **6** put someone in a job 任命; 推選: *The club made him secretary.* 俱樂部選派他爲秘書。 **7** cause someone to do something 使得; 弄得: *The onions made me cry.* 洋葱使我流淚了。 **8** force someone to do something 迫使; 强迫: *The government makes us pay tax.* 政府强迫我們交税。 ***make do with***, use something that is not the best for the job 湊合着用: *We had no table, but we made do with boxes.* 我們没有桌子, 用箱子湊合着。 ***make for***, go straight to something 走向; 向…前進: *When the children have money, they make straight for the sweet shop.* 孩子們有了錢就直奔糖果店去。 ***make off***, hurry away 匆忙離去; 逃走 ***make off with someone*** or ***something***, go away with someone or something that is not yours 拐走; 攜…潛逃: *The thief made off with her watch.* 竊賊偷走了她的手錶。 ***make out***, be able to see or understand something that is not clear 理解; 弄懂: *The night was so dark that he couldn't make out the path.* 夜裏太黑了, 他看不見路。 ***make sure***, ***make certain***, find out about something so that you are sure, certain 弄清楚; 查明: *Please make sure that the door is locked.* 請弄清楚門確實是鎖上了。 ***make up***, (***a***) think of a story; imagine something that is not true 编造; 虛構: *No one believes that story – he made it up!* 没人相信那件事, 是他捏造的! (***b***) end a quarrel 調停; 和解: *The brothers quarrelled last year, but now they have made it up.* 他們兄弟去年吵架, 但現在已和好了。 (***c***) put something on the skin to make it look more beautiful or different 化裝; 打扮 **maker** /'meɪkə(r)/ *n.* someone who has made something 製造人; 創造者: *If your watch does not work, send it back to the makers.* 如果你的手錶不走, 就送回給製造商吧。

make-up /'meɪk ʌp/ *n.* (no *pl.*) something that women and actors put on the skin to make it different or more beautiful 化粧用品; 化裝(術): *Lipstick and face-powder are kinds of make-up.* 口紅和撲面粉是化粧品。

male /meɪl/ *n.* man or boy; animal that cannot have baby animals; plant that does not have fruit 男人; 雄性動物; 雄性植物 **male** *adj.*: *A cock is a male bird.* 公雞是雄性家禽。

mama, mamma /mə'mɑ:/ *n.* mother 媽媽

man[1] /mæn/ *n.* **1** (*pl.* men) grown-up male person 成年男子: *Boys become men when they grow older.* 男孩長大了就是男人。 **2** (*pl.* men) male person who is strong and brave 男子漢; 大丈夫: *Don't cry – be a man!* 不要哭, 要像個男子漢! **3** (*pl.* men) male worker or soldier 男工; 男兵: *The builder said his men would start work the next day*. 建築商說男工次日開始工作。**4** (no *pl.*) all human beings 人類; 人: *How long has man lived on this earth?* 人類在地球上居住了多久? **5** (*pl.* men) any person 任何人: *All men must have water to live*. 人必須有水才能生存。

man² *v.* (*pres. part.* manning, *past part. & past tense* manned /mænd/) get enough people for a job 給…提供人員; 配備人手: *We need twelve people to man the ship*. 我們需要十二人以配備這船的人手。

manage /ˈmænɪdʒ/ *v.* **1** control someone or something 控制; 操縱; 駕馭: *Only a good rider can manage this horse*. 只有好騎手才能駕馭這匹馬。**2** be able to do something that is difficult 設法應付; 能做到: *The box was heavy but he managed to carry it*. 箱子很重, 但是他設法扛動了。**3** be able to eat or drink something 能吃(喝): *Can you manage another cup of tea?* 你能再喝一杯茶嗎?

management /ˈmænɪdʒmənt/ *n.* **1** (no *pl.*) control of a business, factory, etc. 經營; 管理; 處理: *The old director has left and the firm is under new management*. 老主管走了, 公司實行新管理法。**2** (*pl.* managements) all the people who control a firm, business, etc. 管理人員; 經理部; 資方

manager /ˈmænɪdʒə(r)/ *n.* someone who controls a business, a bank, a hotel, etc. 經理; 管理人; 主事人 **manageress** /ˌmænɪdʒəˈres/ *n.* female manager 女經理; 女管理人

managing director /ˌmænɪdʒɪŋ daɪˈrektə(r)/ *n.* the top person in a big business 董事總經理; 常務董事

mane /meɪn/ *n.* long hair on the neck of an animal 鬃毛

maniac /ˈmeɪnɪæk/ *n.* wild, mad person; someone who does very foolish things 瘋子; 狂人: *Be careful! That man is driving like a maniac!* 當心! 那個人駕車像瘋子一樣!

mankind /ˌmænˈkaɪnd/ *n.* (no *pl.*) all human beings; all the people in the world 人類; 全世界的人

manner /ˈmænə(r)/ *n.* **1** (no *pl.*) way something happens; way you do something 方式; 方法: *He was walking in a strange manner because he was drunk*. 他走路的樣子很怪, 因爲他喝醉了。**2** (no *pl.*) way that you talk to someone 態度; 擧止: *The boy has an unfriendly manner*. 那男孩的態度不友善。**3 manners** (*pl.*) general way you behave when other people are there 禮貌; 規矩: *It's bad manners to talk with a full mouth*. 嘴裏含着東西說話是不禮貌的。**ill-mannered** *adj.* rude 粗魯的 **well-mannered** *adj.* polite 有禮貌的

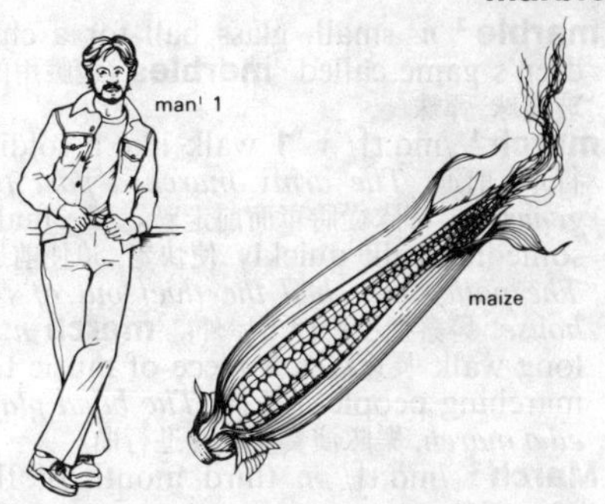

mansion /ˈmænʃn/ *n.* very big house 大厦; 公館

mantelpiece /ˈmæntlpiːs/ *n.* shelf above a fireplace in a house 壁爐台

manual¹ /ˈmænjʊəl/ *adj.* that you do with the hands 手工的; 用手做的: *manual work* 體力勞動 **manually** *adv.*

manual² *n.* small book that tells you how to do something 手册; 指南

manufacture /ˌmænjʊˈfæktʃə(r)/ *v.* make things with machines in a factory (用機器)製造: *BL manufactures cars*. 英國雷蘭德汽車公司製造汽車。**manufacture** *n.*: *Japan is famous for the manufacture of radios*. 日本以生產收音機而著名。**manufacturer** *n.* person or business that makes things with machines 製造人; 製造商; 製造廠: *Cadburys are famous chocolate manufacturers*. 吉百利是有名的巧克力製造商。

manuscript /ˈmænjʊskrɪpt/ *n.* book, speech, etc. 手稿; 底本; 原稿

many¹ /ˈmenɪ/ *adj.* a lot of 許多; 很多: *There are many flats in this block*. 這一座大厦有很多住宅單位。***how many***, what number of 多少: *How many cups are there?* 有多少茶杯?

many² *n.* (*pl.*) lots of things, animals, or people 許多(東西、動物或人): *All the children play tennis and many play netball too*. 孩子都打網球, 很多也打無網籃球。***a good many, a great many***, a lot of 許多; 很多: *A good many people go on holiday in August*. 很多人在八月渡假。***many a***, many 許多; 很多: *I've had many a good meal in that restaurant*. 我在那個餐館裏吃過很多次可口的飯菜。

map /mæp/ *n.* flat plan of the world, a country, or a town 地圖: *Sue looked at the map to find the way to Sheffield*. 素看地圖尋找去設菲爾德的路。

marble¹ /ˈmɑːbl/ *n.* (no *pl.*) hard stone for statues and special buildings 大理石 **marble** *adj.* made of marble 大理石的

marble[2] *n.* small, glass ball for a children's game called **marbles** (遊戲用的)玻璃球; 彈珠

march[1] /mɑːtʃ/ *v.* **1** walk like a soldier 行軍; 前進: *The army marched past the general.* 部隊從將軍面前走過。**2** make someone walk quickly 使快走; 迫使前進: *The police marched the thief out of the house.* 警察把小偷押出屋外。**march** *n.* **1** long walk 長途跋涉 **2** piece of music for marching people 進行曲: *The band played a march.* 樂隊演奏了一首進行曲。

March[2] /mɑːtʃ/ *n.* third month of the year 三月

marg. /mɑːdʒ/ **margarine** /ˌmɑːdʒəˈriːn/ *n.* (no *pl.*) soft food, like butter, that you put on bread or in cooking 人造牛油; 代黃油

margin /ˈmɑːdʒɪn/ *n.* space with no writing or printing round the edges of a page or sheet of paper 頁邊的空白處

mark[1] /mɑːk/ *n.* **1** line, scratch, spot, etc. that spoils something 痕跡; 斑點; 污點: *What are those dirty marks on your shirt?* 你襯衫上的那些污點是什麼呀? **2** spot, shape, etc. on something or someone 記號; 符號: *Roger's horse has a white mark on its head.* 洛基的馬在頭上有一個白色記號。**3** point that your teacher gives for a piece of work, examination paper, etc., to show how good you are 分數: *Irene got good marks for her essay.* 艾琳的作文得了好分數。

mark[2] *v.* **1** put a sign on something by writing on it, etc. 作記號; 標出: *Can you mark your house on this map?* 你能在這張地圖上標出你的房子嗎? **2** spoil something with a line, spot, etc. 弄髒; 弄壞: *Your pen has marked my blouse.* 你的鋼筆弄髒了我的襯衫。**3** put a number, √, or × on written work to show whether it is right or wrong 給分數; 批改(作業): *In the test the teacher marked all my answers right.* 考試中老師在我的答題上都劃了對號。**4** be a special sign of something 標誌; 紀念: *A Silver Wedding marks 25 years of marriage.* 銀婚表示着結婚二十五年了。

market /ˈmɑːkɪt/ *n.* group of shops or pens in the open air where people go to buy and sell goods 市場; 市集: *There is a cattle market in the middle of town every Friday.* 每星期五在鎮中心有一個牲口市場。***be on the market***, be for sale 上市; 出售: *There is a new sort of record-player on the market.* 現在有一種新式唱機上市。

marmalade /ˈmɑːməleɪd/ *n.* (no *pl.*) orange jam that British people eat at breakfast 果醬; 桔子醬

marrow /ˈmærəʊ/ *n.* sort of vegetable 冬瓜

marry /ˈmærɪ/ *v.* **1** take someone as a husband or wife 結婚; 嫁; 娶: *Samuel is going to marry my sister.* 森勉要和我姊姊結婚。**2** join a man and woman as husband and wife 使結爲夫妻; 主持婚禮: *The priest married Derek and Jane last month.* 上個月牧師主持了德禮和珍的婚禮。***get married***, marry 結婚: *Sue and Mike got married last month.* 素和邁恪上個月結婚了。**married** /ˈmærɪd/ *adj.* **marriage** /ˈmærɪdʒ/ *n.* time when a man and a woman are married 結婚; 婚姻; 婚姻生活

marsh /mɑːʃ/ *n.* (*pl.* marshes) wet, soft ground 濕地; 沼澤

marvel /ˈmɑːvl/ *n.* wonder; wonderful and surprising happening or person 奇蹟; 使人驚奇的事或人: *It's a marvel that you weren't killed in the car crash.* 你在車禍中沒撞死真是奇蹟。**marvel** *v.* (*pres. part.* marvelling, *past part. & past tense* marvelled /ˈmɑːvld/) be very surprised 驚奇; 驚嘆: *We marvelled at his excellent piano playing.* 我們驚嘆他那絕妙的鋼琴演奏。

marvellous /ˈmɑːvələs/ *adj.* wonderful; that pleases and surprises very much 絶妙的; 奇異的: **marvellously** *adv.*

masculine /ˈmæskjʊlɪn/ *adj.* of or like a man; right for a man 男性的; 男子氣概的; 雄赳赳的 **masculine** *n.* word for a male or a man 陽性詞; 陽性: *'Prince' is the masculine of 'princess'.* Prince 是 princess 的陽性詞。

mash /mæʃ/ *v.* crush or squash food to make it soft 壓碎; 搗爛

mask /mɑːsk/ *n.* **1** cover that you put over the face to hide it 假面具; 面罩: *The thief was wearing a mask.* 那賊帶着面具。**2** covering for the face to stop gas, smoke, or germs 防護面罩; 口罩 **mask** *v.* cover the face with a mask 戴面具

mass /mæs/ *n.* (*pl.* masses) crowd; many things or people together 羣; 塊; 片; 團: *There were masses of dark clouds in the sky.* 天上佈滿團團烏雲。

massacre /ˈmæsəkə(r)/ *v.* kill a big group of people in a cruel way 大屠殺; 殘殺 **massacre** *n.*

massive /ˈmæsɪv/ *adj.* very big and heavy 大而重的: *We needed six men to lift the massive table.* 我們需要六個人來抬起這張又大又重的桌子。

mast /mɑːst/ *n.* **1** tall, straight piece of wood or metal that stands on a boat to hold the sails, flag, etc. 桅桿 **2** very tall, steel post to send out radio or television signals (廣播、電視的)天線塔(柱)

master[1] /ˈmɑːstə(r)/ *n.* **1** chief man; head of the family 主人; 家長; 東家 **2** male teacher 男教師: *Mr. Davies is our maths master.* 戴維斯先生是我們的數學教

師。**3** male owner of a horse, dog, etc. (馬、狗等的)男主人 **4** expert; someone who is the best in his sort of work 名家; 大師: *Rembrandt was a master of painting*. 倫勃朗是一個繪畫大師。**5** title for a boy 少爺: *Master John Smith is seven years old*. 約翰史密斯少爺七歲了。

master [2] *v.* learn how to do something 掌握; 精通: *You will soon master French when you live in Paris*. 你住在巴黎後很快就會精通法語的。

masterpiece /ˈmɑːstəpiːs/ *n.* very good piece of work; fine piece of writing, music, painting, etc. 傑作; 名著; 名畫

mat /mæt/ *n.* small piece of covering for the floor 席子; 墊子: *Wipe your feet on the door mat before you go in*. 在門口蹭鞋墊上擦擦鞋然後才進去。

match [1] /mætʃ/ *n.* (*pl.* matches) special small stick that makes fire when you rub it on a rough place 火柴: *He struck a match to light his cigarette*. 他擦着一根火柴點煙。

match [2] *n.* (*pl.* matches) **1** game between two people or teams 比賽: *a boxing match* 拳擊比賽; *a football match* 足球賽 **2** someone who is as strong, clever, etc. as another 對手; 敵手 ***meet your match***, find someone who is as good as, or better than, you in a sport, etc. 遇到對手: *Roy was the best tennis player until he met his match in Barry*. 阿洛遇到巴利這個對手前, 一直是最佳網球員。**3** something that is the same shape, colour, size, etc. 匹配; 配對物 ***be a good match***, be nearly the same colour, etc. as each other 相配; 配得好: *Ruth's skirt and blouse are a good match*. 露芙的裙子和襯衫很相配。

match [3] *v.* be the same in colour, size, shape, etc. (在顏色、大小、形狀等方面)相配; 相適合: *Ruth's blouse matches her skirt*. 露芙的襯衫和她的裙子很相配。 **matching** *adj.: matching gloves* 相配的手套

mate /meɪt/ *n.* **1** friend; someone who works or learns, etc. with you 朋友; 同事; 同學: *a classmate* 同班同學 **2** one of two animals that come together to make young ones 配偶: *The tiger and his mate had three cubs*. 這隻虎和他的配偶生了三隻小虎。**3** husband or wife 丈夫; 妻子; 配偶

material /məˈtɪərɪəl/ *n.* **1** cloth 布; 料子: *If you buy some material I will make the dress for you*. 如果你買衣料, 我給你做這件裙子。**2** what you are working with 原料; 材料: *Wood and stone are building materials*. 木材和石頭是建築材料。*Soap is a cleaning material*. 肥皂是洗滌材料。

mathematics /ˌmæθəˈmætɪks/ *n.* (no *pl.*) study of numbers, sizes, and shapes 數學 **mathematical** /ˌmæθəˈmætɪkl/ *adj.*: *a mathematical problem* 數學題 **maths**

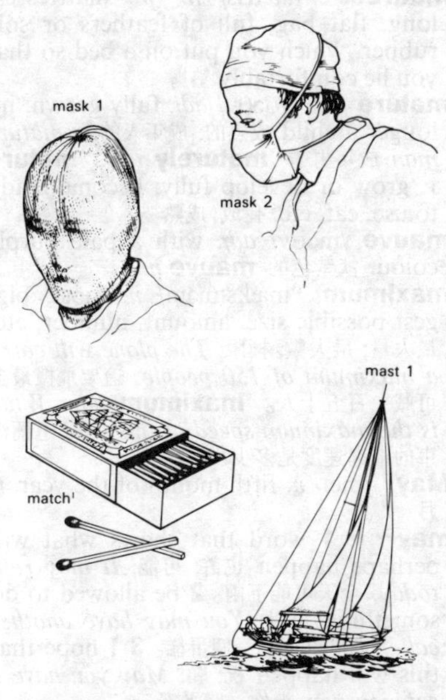

/mæθs/ *abbrev.* mathematics 數學

matinée /ˈmætɪneɪ/ *n.* afternoon show at a cinema or theatre (電影院、戲院)下午場; 日場

matron /ˈmeɪtrən/ *n.* **1** female housekeeper in a school or college (學校的)女總管; 女舍監 **2** chief nurse in a hospital 護士長

matter [1] /ˈmætə(r)/ *n.* **1** (no *pl.*) what everything is made of 物質 **2** (*pl.* matters) affair; something to talk about or do 事情; 問題: *There is a business matter I must talk to you about*. 我有一個業務問題必須和你談一談。 ***as a matter of fact***, words that you say when you are going to tell someone a new, true, and interesting thing 事實上; 實際上; 其實: *I'm going home early – as a matter of fact it's my birthday*. 我打算早點回家, 你知道吧, 今天是我的生日。***what's the matter?*** what is wrong? 出了什麼事? **3** (no *pl.*) being important 大事; 要事 ***no matter***, it's not important 不重要 ***no matter how***, in any way 無論如何 ***no matter who***, whoever it is 無論誰: *Don't open the door – no matter who knocks*. 不管是誰敲門, 也不要開門。***no matter what***, whatever happens 無論發生了什麼事 ***no matter why***, whatever the reason 無論什麼理由

matter [2] *v.* be important 要緊; 有關係: *It doesn't matter that you came late*. 你來晚了, 但沒關係。

mattress /ˈmætrɪs/ *n.* (*pl.* mattresses) long, flat bag, full of feathers or soft rubber, which you put on a bed so that you lie comfortably 墊褥

mature /məˈtʃʊə(r)/ *adj.* fully grown; no longer a child 成熟的; 成年人的: *a mature man* 成年男子 **maturely** *adv.* **mature** *v.* grow or develop fully; become ready to use, eat, etc. 長成; 成熟

mauve /məʊv/ *adj.* with a pale purple colour 淡紫色的 **mauve** *n.*

maximum /ˈmæksɪməm/ *n.* most; biggest possible size, amount, number, etc. 最大量; 最大數; 極限: *The plane will carry a maximum of 150 people.* 這架飛機最多可載一百五十人。 **maximum** *adj.*: *What is the maximum speed of this car?* 這輛汽車的最高速度是多少?

May[1] /meɪ/ *n.* fifth month of the year 五月

may[2] *v.* **1** word that shows what will perhaps happen 也許; 可能: *It may rain today.* 今天可能下雨。**2** be allowed to do something 可以: *You may have another cake.* 你可以再吃一個蛋糕。**3** I hope that this will happen 祝; 願: *May you have a safe journey.* 祝你一路平安。

maybe /ˈmeɪbi:/ *adv.* perhaps; possibly 可能; 大概

mayor /meə(r)/ *n.* chief person of a city or town 市長 **mayoress** /ˌmeəˈres/ *n.* female mayor; wife of a mayor 女市長; 市長的妻子

me /mi:/ *pron.* (*pl.* us) word for myself 我: *I was thirsty so Susan gave me a drink.* 我口渴了, 所以素珊給我一杯飲品。

meadow /ˈmedəʊ/ *n.* field of grass for cows, etc. to eat 牧場; 草地

meal /mi:l/ *n.* food that you eat at a certain time 膳食; 一頓飯

mean[1] /mi:n/ *adj.* **1** wanting to keep everything for yourself 吝嗇的; 自私的: *She is mean and never invites people to meals.* 她很吝嗇, 從不請人吃飯。**2** unkind; unfriendly 壞心眼的; 不友好的: *It was mean of you to tease the little boy.* 你戲弄那個小男孩, 你真壞。 **meanness** *n.*

mean[2] *v.* (*past part. & past tense* meant /ment/) **1** say something in different words 意味着; 意謂: *'Tag' in German means 'day' in English.* 德語的 tag 就是英語的 day。***mean something to someone***, be important to someone 關係重大: *My friends mean a lot to me.* 朋友對我來說是重要的。**2** want or plan to do something 意欲; 計劃: *I didn't mean to hurt you.* 我無意傷害你。**3** make something likely 可能造成; 預示: *This snow means no sport this afternoon.* 這場雪使今天下午的體育活動不能舉行。

meaning /ˈmi:nɪŋ/ *n.* what a word or person is saying 意思; 意義: *This dictionary gives the meaning of many words.* 這部詞典解釋了許多詞的意義。 ***what is the meaning of this?*** why have you done this? 爲什麼這樣做? *'What is the meaning of this?' asked Trish, when she saw the water on the carpet.* 翠詩看到地毯上的水就問道: "這是怎麼搞的?"

means /mi:nz/ *n.* (no *pl.*) **1** way; how you can do something; how you can go somewhere 方式; 方法; 途徑: *Mrs. Taylor can't go to church because she has no means of transport.* 泰勒夫人不能去做禮拜, 因爲她没有交通工具。 ***by means of***, with the help of something 借助於; 依靠: *The thief got into the house by means of a ladder.* 竊賊用梯子爬進屋内。***by all means***, certainly 當然; 可以 ***by no means***, not at all; certainly not 決不; 絶非 **2** money 錢; 財産: ***a man of means***, a rich man 富人

meant /ment/ *past part. & past tense* of *v.* mean 動詞 mean 的過去分詞和過去式

meantime /ˈmi:ntaɪm/ *n.* (no *pl.*) ***in the meantime***, meanwhile 同時; 在此期間: *Please find a taxi, and in the meantime I'll pack some food.* 請你找一輛計程車, 在此期間我就包一些食物。 **meantime** *adv.*: *I'll pack the food meantime.* 當其時我得包好這些食物。

meanwhile /ˌmi:nˈwaɪl/ *adv.* in the time between two happenings; in the time that something else is happening 其間; 同時: *Jane was painting the walls and meanwhile Pat was watching T.V.* 珍在油漆牆壁時, 珮在看電視。

measles /ˈmi:zlz/ *n.* (no *pl.*) illness with small, red spots on the skin 麻疹

measure[1] /ˈmeʒə(r)/ *n.* **1** way of saying the size, amount, etc. of something 計量制度; 度量法: *A metre is a measure of length.* 米是長度的單位。**2** something that helps you to find out how long, heavy, etc. something is 度量器具; 量器: *Don't guess how tall she is – fetch a tape-measure.* 不要猜她有多高了, 拿把卷尺量一量吧。

measure[2] *v.* **1** find the size, amount, etc. of something or someone 量; 計量; 測量: *The tailor measured Harry for a new jacket.* 裁縫量了漢立的尺寸給他做新上衣。**2** be a certain length, etc. 有…長(寬、高、重): *This room measures 5 metres across.* 這房間寬五米。

measurement /ˈmeʒəmənt/ *n.* how long, wide, high, etc. something is 長度; 寬度; 高度: *I will make the dress for you if you give me your measurements.* 如果你把你的尺寸給我, 我替你做這件衣服。

meat /mi:t/ *n.* (no *pl.*) flesh of animals (用食)肉

mechanic /mɪˈkænɪk/ *n.* someone whose

job is to make or work with machines 機械工人; 技工

mechanical /mɪˈkænɪkl/ *adj.* of or with a machine 機械的; 用機械的: *a mechanical pump* 機械泵 **mechanically** *adv.*

mechanics /mɪˈkænɪks/ *n.* (no *pl.*) the study of how machines work 力學; 機械學

medal /ˈmedl/ *n.* piece of metal, like a coin, that you give someone to show that he has done something special 紀念章; 獎章; 勳章: *In the Olympic Games the winner will get a gold medal.* 在奧運會上優勝者得到一枚金牌。

meddle /ˈmedl/ *v.* take part in someone's affairs when he has not asked you to or does not want you to 管閒事; 干預: *Who has been meddling with my books?* 誰動過我的書?

medical /ˈmedɪkl/ *adj.* of medicine, hospitals, or doctors 醫學的; 醫院的; 醫生的: *a medical student* 醫科學生

medicine /ˈmedsn/ *n.* **1** (no *pl.*) study of health and illness 醫學: *Sandra studied medicine for five years before she became a doctor.* 珊德拉學了五年醫學, 才當上醫生。**2** (*pl.* medicines) tablets, pills, special drinks, etc. that help you get better when you are ill 藥; 内服藥(劑): *Penicillin is a medicine.* 盤尼西林是一種藥。

medium /ˈmi:dɪəm/ *adj.* middle; not big and not small 中等的; 不大不小的: *a man of medium height* 中等身材的男子 **medium** *n.*

meet /mi:t/ *v.* (*past part. & past tense* met /met/) **1** come to someone 碰見; 遇到: *I met Mr. Butler in the library.* 我在圖書館碰見巴特勒先生。**2** come together at a place 相聚; 集合: *Shall we all meet at my house?* 大家在我家會合好嗎? **3** join at a place 加入; 滙合: *The river Humber meets the sea at Grimsby.* 亨伯河在格里姆斯比流入大海。**4** get to know someone 認識; 見過面: *I don't think we have met before – what's your name?* 我想我們以前没有見過, 你叫什麽名字? ***meet with***, have or find something 遇到; 碰上: *We met with a storm on our way here.* 我們來這裏的路上遇到暴風雨。

meeting /ˈmi:tɪŋ/ *n.* **1** many people who come together at a planned time and place 會議; 集會: *There will be a committee meeting at the club this evening.* 今天晚上在會社召開委員會會議。 **2** any coming together 聚會; 相遇: *an unexpected meeting at the bus-stop* 在公共汽車站不期而遇

megaphone /ˈmegəfəʊn/ *n.* special horn that makes the voice louder so that one man can speak to a big crowd, etc. 喇叭筒; 擴音器; 傳聲筒

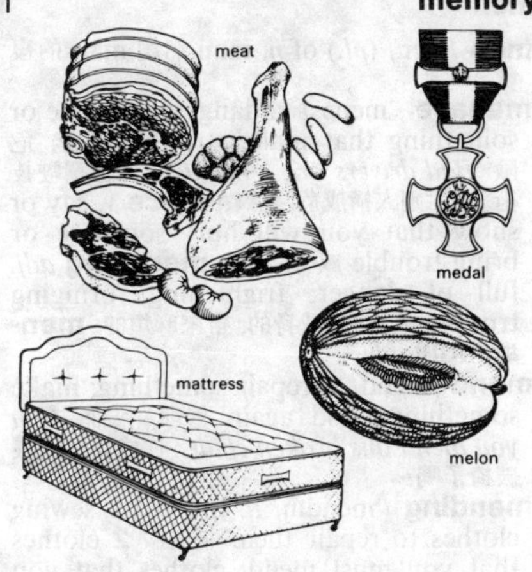

melody /ˈmelədɪ/ *n.* (*pl.* melodies) sweet piece of music; tune 優美的音樂; 曲調; 旋律

melon /ˈmelən/ *n.* big, round, juicy fruit 瓜; 甜瓜

melt /melt/ *v.* become liquid in heat; make something liquid with heat 融化; 熔化: *The ice quickly melted in the sunshine.* 冰在太陽下很快便融化了。

member /ˈmembə(r)/ *n.* someone who is in a group 成員; 會員: *Gordon is a member of the football team.* 國棟是足球隊員。

membership *n.* belonging to a group 會員資格: *You must pay $100 a year for membership of the club.* 你一年必須付一百元會費。

memorable /ˈmemərəbl/ *adj.* so special that you will remember it for a long time 難忘的; 值得紀念的: *a memorable day* 難忘的日子

memorandum /ˌmeməˈrændəm/ (*pl.* memoranda), **memo** /ˈmeməʊ/ *n.* note that you write to help you remember something 備忘錄

memorial /mɪˈmɔ:rɪəl/ *n.* building or statue to remind people of someone or something 紀念館; 紀念碑(物): *The theatre at Stratford-on-Avon is a memorial to Shakespeare.* 亞芳河畔的斯特拉福劇院是紀念莎士比亞的。

memorize /ˈmeməraɪz/ *v.* learn every word exactly 記住; 熟記; 背: *An actor must memorize his part in a play.* 演員必須背熟自己在劇中的台詞。

memory /ˈmemərɪ/ *n.* **1** (*pl.* memories) power to remember things 記憶力; 記性 ***have a good memory***, be able to remember things well 記憶力好 ***have a bad memory***, forget things easily 記憶力差 **2** (*pl.* memories) what you remember 記憶的東西; 回憶: *happy memories of a lovely holiday* 美好假期愉快的回憶

men /men/ (*pl*.) of *n*. man 名詞 man 的複數

menace /ˈmenəs/ *n*. danger; someone or something that makes trouble 威脅; 危險: *Bad drivers are a menace*. 司機駕駛技術差, 對別人構成危險。 **menace** *v*. say or show that you will hurt someone or bring trouble 威脅; 恐嚇 **menacing** *adj*. full of danger; frightening; bringing trouble 危險的; 威脅的; 帶來麻煩的 **menacingly** *adv*.

mend /mend/ *v*. repair something; make something good again 修理; 修補: *Can you mend this broken chair?* 你能修好這張破椅子嗎?

mending /ˈmendɪŋ/ *n*. (no *pl*.) **1** sewing clothes to repair them 補衣服 **2** clothes that you must mend; clothes that you are mending 該補的衣服; 待補的衣服: *a basket full of mending* 一整籃待補的衣服

mental /ˈmentl/ *adj*. of the mind 內心的; 思想上的; 精神上的: *mental illness* 精神病 **mentally** *adv*.

mention /ˈmenʃn/ *v*. speak or write a little about something 談到; 寫到; 提及: *When my father wrote, he mentioned that my young brother had a new bicycle*. 父親在信中提到我弟弟買了一輛新腳踏車。 ***don't mention it***, words that you say when someone thanks you 不用謝; 不必客氣: *'You are so kind,' said Mrs. Grafton. 'Don't mention it,' said Mrs. Goddard*. 萊頓夫人說: "太感謝你了。"郭達德夫人說: "不用謝。" **mention** *n*.: *I am surprised that there is no mention of the accident in the newspaper*. 我感到很奇怪, 報紙上竟没有提到這次意外。

menu /ˈmenju:/ *n*. list of food dishes for a meal in a restaurant, hotel, etc. 菜單: *What sort of soup is on the menu today?* 今天菜單上是什麼湯?

merchant /ˈmɜ:tʃənt/ *n*. trader; someone whose job is to buy and sell goods, especially from other countries 商人(尤指國際貿易商人): *The Horniman family were famous tea-merchants*. 霍尼曼家族是有名的茶葉商。

mercy /ˈmɜ:sɪ/ *n*. (no *pl*.) kindness; not punishing someone when you have the right or power to punish him 仁慈; 憐憫; 寬恕: *The judge had mercy on the young criminal*. 法官憐憫這個年輕罪犯。***be at the mercy of***, be in the power of someone or something 聽任…擺佈; 在…掌握中: *Farmers are at the mercy of the weather*. 農民靠天吃飯。**merciful** *adj*. with kindness 仁慈的; 寬大的 **mercifully** *adv*. **merciless** *adj*. cruel; with no kind feelings 殘忍的; 冷酷無情的 **mercilessly** *adv*.

mere /mɪə(r)/ *adj*. not more than; only 不過; 僅僅: *The new king was a mere child*. 新國王只是個孩子。

merely /ˈmɪəlɪ/ *adv*. only 僅僅; 只: *I didn't stop to speak to him – I merely smiled*. 我没有停下來和他說話——我只是微微一笑。

merit¹ /ˈmerɪt/ *n*. what is good in someone or something 優點; 價值: *Don't buy that painting because it hasn't much merit*. 别買那張畫, 它没多少價值。

merit² *v*. deserve something; be worthy of something 應得; 值得: *This good work merits a prize*. 這件佳作值得獲獎。

mermaid /ˈmɜ:meɪd/ *n*. girl in children's stories, who lives in the sea and has a fish's tail 美人魚

merry /ˈmerɪ/ *adj*. happy; cheerful 高興的; 歡樂的: *a merry laugh* 一陣歡樂的笑聲 **merrily** *adv*. **merriment** *n*.

merry-go-round /ˈmerɪ gəʊ raʊnd/ *n*. round machine where children can ride wooden horses, etc. at a fair 旋轉木馬; 轉動的遊戲裝置

mess¹ /mes/ *n*. (*pl*. messes) many things, all in the wrong place, untidy and dirty 混亂; 髒亂: *After the party there was a terrible mess in the room*. 聚會完了, 房間裏亂得一塌糊塗。***in a mess***, (***a***) untidy 不整齊: *The room was in a mess*. 這房間亂七八糟。(***b***) in trouble 在困境中: *Can you help me? I'm in a mess*. 你能幫我個忙嗎? 我碰到困難了。

mess² *v*. ***mess about, mess around***, do something in a silly way; play when you should be working 浪費時間; 瞎弄; 閒逛: *You'll never finish this job if you mess about*. 你這麼瞎弄, 這事永遠也完不了。***mess something up***, make something go wrong 搞亂; 弄糟: *The pilots' strike messed up our holiday*. 飛機師罷工, 打亂了我們的假期計劃。

message /ˈmesɪdʒ/ *n*. piece of information, order, or question, etc. that one person sends to another 消息; 訊息; 電文: *Please give Julia a message to say that we shall be late*. 請帶個消息給朱麗亞, 告訴她我們晚點到。 **messenger** /ˈmesɪndʒə(r)/ *n*. someone who carries a message from one person to another 通信員; 信差; 使者: *The hotel messenger told me that my friend was waiting in the bar*. 酒店信差告訴我, 我的朋友在酒吧間等着呢。

messy /ˈmesɪ/ *adj*. **1** dirty; untidy 髒的; 不整齊的; 混亂的: *a messy kitchen* 髒亂的廚房 **2** that makes you dirty 弄髒人的: *Cleaning the car is a messy job*. 清潔汽車是件骯髒的工作。

met /met/ *past part*. & *past tense* of *v*. meet 動詞 meet 的過去分詞和過去式

metal /ˈmetl/ *n*.: *Tin, iron, silver and gold are metals*. 錫、鐵、銀和金都是金屬。

metal *adj.* made of metal 用金屬製造的: *a metal ring* 金屬戒指 **metallic** /məˈtælɪk/ *adj.* like metal 金屬似的; 金屬質的: *the metallic sound of bells* 金屬似的鐘聲

meter /ˈmiːtə(r)/ *n.* machine that counts things 測量儀表; 計量器: *A man comes to read the gas meter to find out how much gas you have used.* 有個人來看煤氣表, 看你用了多少煤氣。

method /ˈmeθəd/ *n.* way of doing something 方法; 方式: *What's the best method of cooking beef?* 用什麼方法烹調牛肉最好?

metre /ˈmiːtə(r)/ *n.* measure of length = 100 centimetres 米; 公尺(=100厘米)

metric /ˈmetrɪk/ *adj.* that you count in tens 十進制的: *There are 1 000 grams in a kilogram, which is the metric way of saying how heavy something is.* 一公斤分爲一千克, 這是表示重量的十進制單位。

mice /maɪs/ (*pl.*) of *n.* mouse 名詞 mouse 的複數

microphone /ˈmaɪkrəfəʊn/ *n.* electrical instrument that makes sound louder or sends it a long way, as in a radio or a telephone 麥克風; 擴音器

microscope /ˈmaɪkrəskəʊp/ *n.* instrument with a special glass that makes very small things look much bigger 顯微鏡: *Under a microscope a hair looks like a thick stick.* 在顯微鏡下, 一根頭髮看上去像根粗大的棍子。

mid- /mɪd/ *adj.* in the middle of 中間的; 在…中間的: *mid-June* 六月中旬

midday /ˌmɪdˈdeɪ/ *n.* 12 o'clock in the day 白天十二點; 正午

middle /ˈmɪdl/ *n.* centre 中心; 中央: *There is a stone in the middle of a peach.* 桃子的中心有一個核。***in the middle of***, busy doing something 正忙於: *I can't help you because I am in the middle of cooking dinner.* 我不能幫你, 因爲我正忙着做飯。 **middle** *adj.*: *There are three houses and ours is the middle house.* 有三座房子, 我們的房子在中間。

middle-aged /ˌmɪdl ˈeɪdʒd/ *adj.* not old and not young 中年的: *a middle-aged man of 47* 一位四十七歲的中年男子

midnight /ˈmɪdnaɪt/ *n.* 12 o'clock at night 夜間十二點; 半夜; 子夜

midst /mɪdst/ *n.* middle part 中部; 中間 ***in the midst of***, in the middle of; in the centre of a group 在中部; 在中間: *I couldn't see the pop star because he was in the midst of a crowd of fans.* 我看不見那個流行音樂明星, 因爲他給一羣樂迷圍在中間。***in our midst***, among us; with us 在我們中間; 和我們一起

mid-way /ˌmɪd ˈweɪ/ *adv.* half-way 中途; 半路

might¹ /maɪt/ *n.* (no *pl.*) great power; strength 威力; 力量: *He had to work with all his might to move the big rock.* 他不得不用盡全身力氣才能移動那塊大石頭。

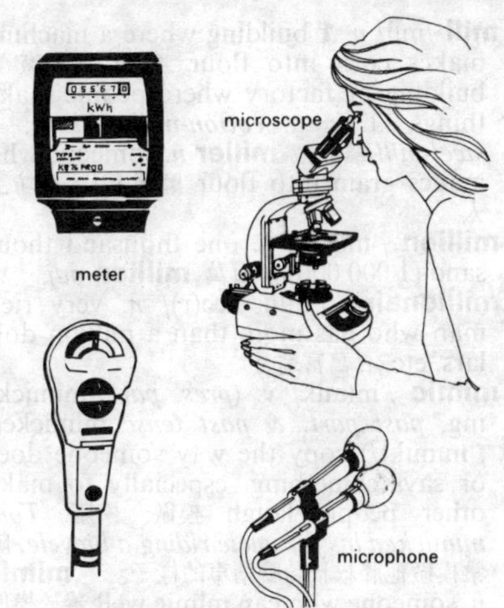

mighty *adj.* great; strong; powerful 巨大的; 强大的; 强而有力的: *The Atlantic is a mighty ocean.* 大西洋是個浩瀚的海洋。

might² **1** *past tense* of *v.* may 動詞 may 的過去式: *I said he might borrow my car.* 我說過他可以借我的汽車。 **2** very polite way of asking for something (客氣的請求): *Might I come past, please?* 請讓路好嗎? **3** word that shows what will perhaps happen 也許; 可能: *Don't run because you might fall.* 別跑, 你可能會跌倒。

mike /maɪk/ *abbrev.* microphone 麥克風; 話筒

mild /maɪld/ *adj.* **1** gentle; moving softly 温和的; 緩慢的: *a mild breeze* 和風 **2** not hot and not cold 温暖的; 暖和的: *Spring brings mild weather after the cold winter.* 寒冬過後, 春天帶來了温暖的氣候。

mile /maɪl/ *n.* measure of length = 1.6 kilometre 英里(= 1.6 公里)

military /ˈmɪlɪtrɪ/ *adj.* of soldiers 軍人的; 軍事的: *a military camp* 軍營

milk¹ /mɪlk/ *n.* (no *pl.*) white liquid that a mother makes in her body to give to a baby. People drink the milk that cows make 乳; 奶; 牛奶: *Have a glass of milk with your lunch.* 吃午飯時喝杯牛奶吧。 **milk** *adj.* made from milk 奶製的: *milk chocolate* 牛奶巧克力 **milky** *adj.* with a lot of milk in it 多奶的; 摻奶的: *milky coffee* 牛奶咖啡

milk² *v.* take milk from an animal 擠奶: *When does the farmer milk the cows?* 那農民什麼時候擠牛奶?

milkman /ˈmɪlkmən/ *n.* (*pl.* milkmen) man whose job is to take milk to people's homes 送牛奶的人

mill /mɪl/ *n.* **1** building where a machine makes corn into flour 磨坊; 麵粉廠 **2** building or factory where people make things 工廠: *a cotton-mill* 棉紡廠; *a steel-mill* 鋼鐵廠 **miller** *n.* someone who makes grain into flour 磨麵工人; 磨坊主人

million /ˈmɪlɪən/ *n.* one thousand thousand (1 000 000) 一百萬 **million** *adj.*

millionaire /ˌmɪlɪəˈneə(r)/ *n.* very rich man who has more than a million dollars, etc. 百萬富翁

mimic /ˈmɪmɪk/ *v.* (*pres. part.* mimicking, *past part. & past tense* mimicked /ˈmɪmɪkt/) copy the way someone does or says something, especially to make other people laugh 模倣; 模擬: *Tom mimicked his fat uncle riding a bicycle.* 阿棠模倣他胖叔叔騎脚踏車的樣子。 **mimic** *n.* someone who can mimic well 善於模倣人的人

mince /mɪns/ *v.* cut up meat, etc. into very small pieces 切碎; 剁碎 **mince** *n.* meat in very small pieces 剁碎的肉; 肉餡

mind¹ /maɪnd/ *n.* **1** part of you in your head that thinks, feels, and remembers 頭腦; 內心; 精神 ***out of your mind***, mad or foolish 瘋; 傻; 精神失常: *He's out of his mind to smoke so many cigarettes.* 他抽那麼多煙, 真是發瘋了。***take someone's mind off something,*** make someone stop thinking about something 使人不去想; 移開注意力: *The music took her mind off her problem.* 音樂使她不再想她的問題。 **2** opinion; ideas; what you think 意見; 主張; 想法 ***change your mind***, have an idea and then decide to do something different 改變主意: *I planned a holiday in May but then I changed my mind and went in June.* 我原計劃五月休假, 但是後來改變了主意, 六月才去。***give someone a piece of your mind***, tell someone angrily what you think about him 直言相告, 斥責 ***make up your mind***, decide 下決心; 決定: *Ken's made up his mind to become a doctor.* 肯恩已決定當醫生。

mind² *v.* **1** take care of someone or something; look after someone 關心; 照料: *I must mind the baby while Mum goes to the shops.* 媽媽去買東西時我必須照顧嬰兒。***mind! mind out!*** be careful 當心; 注意: *Mind out! There's a car coming.* 當心! 汽車來了! **2** have a feeling against something 反對; 介意: *I don't mind cigarette smoke.* 我不介意香煙的味道。***do you mind, would you mind***, please would you 請你: *It's cold – do you mind closing the window?* 這裏很冷, 請你關上窗户好嗎?

mine¹ /maɪn/ *n.* big hole in the ground that people make when they are looking for coal, metal, diamonds, etc. 礦井; 礦坑 **mine** *v.* dig for coal, gold, etc. in the ground 採礦 **miner** *n.* someone who works in a mine 礦工

mine² *n.* sort of bomb that you hide under the ground or sea 地雷; 水雷 **mine** *v.* put bombs and mines in a place; blow up something with a mine 佈雷於; 炸毀: *The ship was mined, and sank in five minutes.* 那船被水雷炸毀了, 五分鐘後便沉沒。

mine³ *pron.* (*pl.* ours) thing that belongs to me 我的(東西): *You do your work and I do mine.* 你做你的工作, 我做我的。

mineral /ˈmɪnərəl/ *n.* coal, tin, ore, gold, etc. that comes from under the ground 礦物; 礦石 **mineral water** *n.* special sort of water with minerals in it 礦泉水

mingle /ˈmɪŋgl/ *v.* mix; go among 混合; 交往: *The president mingled with crowds at the football match.* 總統混在人羣中看足球賽。

mini- /ˈmɪnɪ/ *prefix* very small or very short 極小的; 超短的: *The club bought a minibus which can carry 14 people.* 會社買了一輛可乘十四人的小型客車。

miniature /ˈmɪnɪtʃə(r)/ *adj.* very small 極小的; 小型的: *The doll's house had miniature tables and chairs.* 洋娃娃的房子裏有小型的桌子和椅子。

minimum /ˈmɪnɪməm/ *n.* least; smallest possible size, amount, number, etc. 最少量; 最小數; 最低限度 **minimum** *adj.*

minister /ˈmɪnɪstə(r)/ *n.* **1** one of the chief people in a government 部長; 大臣 *the Minister of Education* 教育部長 **2** Christian priest (基督教)牧師

ministry /ˈmɪnɪstrɪ/ *n.* (*pl.* ministries) government department (政府的)部: *He works in the Ministry of Health.* 他在衛生部工作。

minor /ˈmaɪnə(r)/ *adj.* smaller; not very important 較小的; 不重要的: *a minor road* 一條次要的路; *a minor accident* 一次小意外

minority /ˌmaɪˈnɒrətɪ/ *n.* (no *pl.*) small part of a group 少數; 少數派(票)

mint /mɪnt/ *n.* (no *pl.*) small plant with leaves that you put in cooking and drink 薄荷 **mint** *adj.*: *mint tea* 薄荷茶

minus /ˈmaɪnəs/ *prep.* less; when you take away 減; 去掉: *Nine minus four is five (9 – 4 = 5).* 九減四等於五。

minute¹ /maɪˈnju:t/ *adj.* very small 微小的: *minute grains of sand* 小細沙粒

minute² /ˈmɪnɪt/ *n.* part of an hour 分: *There are sixty minutes in one hour.* 一小時有六十分鐘。*It's three minutes past six.* 現在是六點零三分。***in a minute***, soon 很快; 馬上: *I'll be ready in a minute.* 我馬上就準備好。***just a minute!*** wait! 等一下: *Just a minute – there's someone at the door.* 你

等一下，門口有人。***the minute***, at the exact time that 一…就…: *I'll tell Robert the news the minute he comes home.* 洛培一回家我就把這消息告訴他。

miracle /ˈmɪrəkl/ *n.* wonderful and surprising happening 奇蹟: *It was a miracle that she did not die when she fell from the window.* 她從窗户上跌下來而没有死真是奇蹟。**miraculous** /mɪˈrækjʊləs/ *adj.*: *a miraculous escape from the burning aeroplane* 從着火的飛機上奇蹟般的逃生 **miraculously** *adv.*

mirror /ˈmɪrə(r)/ *n.* piece of glass where you can see yourself 鏡子: *Margaret combed her hair in front of the mirror.* 瑪格麗在鏡子前梳頭髮。

mis- /mɪs/ *prefix* bad; badly; wrong; wrongly 壞的; 壞地; 錯的; 錯地: *misunderstood* 誤解

misbehave /ˌmɪsbɪˈheɪv/ *v.* be naughty; behave badly 頑皮; 舉止不端: *The referee sent the player off the field because he misbehaved.* 裁判員逐出這個運動員，因爲他動作粗野。

mischief /ˈmɪstʃɪf/ *n.* (no *pl.*) trouble 搗蛋; 惡作劇 ***be up to mischief, get into mischief***, do silly or bad things that make trouble 胡鬧; 闖禍: *I hope that the children are not up to mischief.* 但願孩子們不是在胡鬧。**mischievous** /ˈmɪstʃɪvəs/ *adj.*: *a mischievous child* 頑皮的孩子 **mischievously** *adv.*

miser /ˈmaɪzə(r)/ *n.* someone who keeps a lot of money and never spends it 守財奴; 吝嗇鬼 **miserly** *adj.*

miserable /ˈmɪzrəbl/ *adj.* **1** very bad; feeling very sorry for yourself 糟糕的; 難受的: *He was miserable when he failed his driving test.* 他没有通過駕駛考試，感到很難受。**2** making people unhappy 使人難受的; 糟糕的: *It's raining again – what miserable weather!* 又下雨了，多煩人的天氣! **miserably** *adv.*: *The little boy was crying miserably.* 這個小男孩哭得很傷心。

misery /ˈmɪzərɪ/ *n.* (no *pl.*) being very unhappy, poor, ill, lonely, etc. 痛苦; 貧窮; 疼痛; 寂寞

misfortune /ˌmɪsˈfɔːtʃuːn/ *n.* something bad that happens; bad luck 災難; 不幸: *What a misfortune that you were ill on the day of the party.* 聚會那一天你病倒了，真是不幸。

mislay /ˌmɪsˈleɪ/ *v.* (*past part. & past tense* mislaid /ˌmɪsˈleɪd/) forget where you have put something 忘記放在何處; 遺失: *I often mislay my umbrella.* 我常常記不起雨傘放在那裏。

Miss [1] /mɪs/ *n.* (*pl.* Misses) title for a girl or an unmarried woman 小姐: *Mrs. Baker and her daughter, Miss Baker* 貝克夫人和她的女兒貝克小姐

miss [2] *v.* **1** feel sad when someone has gone away 想念; 惦記; 懷念: *We shall miss Rachel when she goes to live in Canada.* 瑞琪去加拿大定居後，我們會想念她。**2** learn that something is lost or is not there 發現某物遺失: *When did you miss your shopping bag?* 你什麼時候發覺你的購物袋遺失了? **3** not hit, hold, catch, or see what you want 未擊中; 未抓住; 未看見; 錯過: *I threw the ball to Colin but he missed it and it broke the window.* 我把球擲給科林，但是他没有接住，結果打破了窗户。*Their house is at the end of the road – you can't miss it.* 他們的房子在路的盡頭，你不會看不見的。***miss something out***, not put something in 遺漏; 脱落: *The letter did not arrive because she missed out part of the address.* 信没寄到，因爲她把地址寫漏了一部分。**missing** *adj.* that you cannot find 遺失的; 下落不明的: *The police are looking for the missing child.* 警察正在尋找那個失踪孩子。

missile /ˈmɪsaɪl/ *n.* something that you throw or fire from a gun to hurt someone 投擲物; 導彈: *The missile that killed Goliath was a stone.* 打死歌利亞的投擲物是塊石頭。

mission /ˈmɪʃn/ *n.* journey to do a special job 使命; 傳教; 使節; 代表團

missionary /ˈmɪʃənrɪ/ *n.* (*pl.* missionaries) someone who goes to a foreign country to tell people about his religion 傳教士 **missionary** *adj.*

mist /mɪst/ *n.* sort of thin cloud near the ground 薄霧: *We had to drive slowly because of the mist.* 由於有霧，我們不得不慢駛。**misty** *adj.*: *a misty morning* 有霧的早晨

mistake [1] /mɪˈsteɪk/ *n.* something that you do or say wrongly 錯誤; 過失: *If you say that 2 + 2 = 5 you are making a mistake.* 如果你説2+2=5，那就錯了。***by mistake***, done wrongly but not planned 錯誤地(不是故意): *I took your book by mistake.* 我誤拿了你的書。

mistake [2] *v.* ***be mistaken***, have the wrong idea 誤解; 誤會; 弄錯: *I said she was 20 but I was mistaken because she is only 18.* 我説她二十歲，其實我弄錯了，她只有十八歲。

mistletoe /'mɪsltəʊ/ *n.* (no *pl.*) plant with white berries that British people put in the house at Christmas 槲寄生(一種有白色醬果的植物, 英國人在聖誕節用作裝飾品)

mistress /'mɪstrɪs/ *n.* (*pl.* mistresses) female teacher 女教師: *Mrs. Williams is our history mistress.* 威廉斯太太是我們的歷史教師。

misunderstand /ˌmɪsʌndə'stænd/ *v.* (*past part. & past tense* misunderstood /ˌmɪsʌndə'stʊd/) not understand something correctly 誤解; 誤會; 曲解 **misunderstanding** *n.* **1** thinking wrongly 誤解 **2** angry talk between people that comes because one has understood the other wrongly (因誤解而發生的)爭吵

mitten /'mɪtn/ *n.* cover of leather, wool, etc. for the hand 連指手套; (女用)露指手套

mix /mɪks/ *v.* **1** put different things together; bring different people together 混合; 攙和: *You mix flour, yeast, and water to make bread.* 你把麵粉、發酵粉和水攙在一起就能做麵包。**2** stay together 結合; 相合: *Oil doesn't mix with water.* 油和水不能混合。**3** spend time together 相處; 交往: *Do the boys mix with the girls in your class?* 你們班裏的男生和女生有交往嗎? ***mix one thing up with another thing,*** (***a***) put things together so that you do not know which is which 混淆; 弄混: *You have mixed up all our pencils and I can't find mine.* 你把我們的鉛筆混在一起, 我找不出我的了。(***b***) think one thing or person is another; not know which of two things or people it is 分不清: *I always mix Susan up with Yvonne because they are both blonde.* 我總是分不清素珊和怡芳, 因爲她們都是白皮膚、黄頭髮、藍眼睛。

mixed /mɪkst/ *adj.* of many different kinds 雜拌的; 混合的: *mixed sweets* 什錦糖

mixer /'mɪksə(r)/ *n.* machine that mixes things 攪拌機: *a food mixer* 食物攪拌機

mixture /'mɪkstʃə(r)/ *n.* group or mass of different things 混合物(體): *a cake mixture* 蛋糕粉

moan /məʊn/ *v.* **1** make a long, sad sound to show that you are hurt, unhappy, etc. 哀聲嘆氣; 呻吟: *After the car hit him, the boy lay on the ground and moaned.* 這個男孩被汽車撞倒後, 躺在地上呻吟。**2** say how sad, unlucky, etc. you are; talk about your troubles; ask for pity 怨訴; 悲嘆: *He is always moaning about his bad luck.* 他總是抱怨運氣不好。 **moan** *n.: a loud moan* 高聲長嘆

moat /məʊt/ *n.* deep ditch round a castle, etc., filled with water, to keep enemies away 護城河

mob /mɒb/ *n.* big, noisy crowd of people, who have come together to shout, fight, etc. 暴徒; 烏合之衆: *The police arrived to control the football mob.* 警察到來控制足球場鬧事的羣衆。

mobile /'məʊbaɪl/ *adj.* that can move easily from place to place 流動的; 機動的; 活動的: *A mobile clinic visits this village every week.* 流動醫療隊每週來這村一次。

mock /mɒk/ *v.* laugh at someone in an unkind way 嘲笑; 嘲弄: *The other boys mocked the fat pupil in the sports lesson.* 體育課上别的孩子嘲笑那個胖學生。 **mocking** *adj.: a mocking laugh* 嘲笑

model[1] /'mɒdl/ *adj.* copied in a small size 模型的: *a model aeroplane* 飛機模型

model[2] *n.* **1** small copy of something 模型: *On the table we have a model of the Eiffel Tower.* 我們在桌子上放了一個艾斐爾鐵塔模型。**2** first example from which you make other copies 原型; 式樣: *Have you seen the latest Volkswagen model?* 你看到最新款的福士牌汽車嗎? **3** someone who sits or stands so that an artist can paint a picture of him, etc. (供畫家畫像的)模特兒 **4** someone whose job is to wear clothes at a special show so that people will see them and buy them 時裝模特兒

model[3] *v.* (*pres. part.* modelling, *past part. & past tense* modelled /'mɒdld/) **1** copy something; make a shape of something out of clay, etc. 做模型; 塑造; 模倣: *The sculptor modelled a horse.* 這位雕刻家雕了一匹馬。**2** get money by putting on and showing new clothes, etc., for sale 當時裝模特兒 *Kate models dresses for a shop in Paris.* 凱蒂在巴黎替一家商店做時裝模特兒。

moderate /'mɒdərət/ *adj.* in the middle; not too big and not too small; not too much and not too little 中等的; 適度的; 温和的: *moderate heat* 適中的熱度 **moderately** *adv.*

modern /'mɒdn/ *adj.* of the present time; of the sort that is usual now 現代的; 時新的: *modern furniture* 新式家具

modest /'mɒdɪst/ *adj.* **1** not thinking too well of yourself 謙虚的: *You are modest – you didn't tell me you could swim so well.* 你真謙虚, 你可没有告訴我你的泳術這麼好。**2** not very big or very grand 樸素的: *He is a rich man, but he lives in a modest little house.* 他是個有錢人, 但是住在一座簡樸的小房子裏。 **modestly** *adv.* **modesty** *n.*

moist /mɔɪst/ *adj.* a little wet 潮濕的; 微濕的: *A healthy dog has a moist nose.* 健康的狗有個濕鼻子。

moisture /'mɔɪstʃə(r)/ *n.* (no *pl.*) a little wetness; tiny drops of water in the air or on something 潮濕; 濕氣

mole /məʊl/ *n.* small animal that lives

under the ground and makes tunnels 鼹鼠 **mole-hill** *n.* little pile of earth that a mole has made 鼹鼠丘; 鼹鼠窩

moment /ˈməʊmənt/ *n.* very short time 一會; 片刻: ***the moment***, at the exact time that; as soon as 就在⋯時刻; 一⋯就: *The moment I saw Andrew's smile, I knew he'd won the prize.* 我一看見安德魯的笑臉, 就知道他獲獎了。***at the moment***, now 現在; 此刻: *At the moment she's on holiday, but she'll be back tomorrow.* 現在她放了假, 不過明天就回來。***in a moment***, very soon 很快; 立即: *I'll be with you in a moment.* 我很快就去你處。

monarch /ˈmɒnək/ *n.* king, queen, emperor, or empress 君主(國王、女王、皇帝、女皇) **monarchy** *n.* country that has a king, emperor, etc., at the top 君主國(政體)

monastery /ˈmɒnəstrɪ/ *n.* (*pl.* monasteries) place where a group of men live to serve a religion (基督教)男修道院; 寺院

Monday /ˈmʌndeɪ/ *n.* second day of the week 星期一

money /ˈmʌnɪ/ *n.* (no *pl.*) metal coins and paper banknotes 錢; 貨幣 ***make money***, get or earn money 賺錢; 發財 **money-box** *n.* box with a hole in the top where you put money when you want to keep it for a time 錢箱; 撲滿

monk /mʌŋk/ *n.* man who lives with a group of other men to serve a religion 修道士; 僧侶

monkey /ˈmʌŋkɪ/ *n.* sort of animal that is most like man 猴; 猿: *A chimpanzee is a sort of monkey.* 黑猩猩是猿的一種。

monotonous /məˈnɒtənəs/ *adj.* dull because it does not change; not interesting 單調的; 千篇一律: *It is monotonous to do the same work each day.* 天天做同樣的工作真單調。

monster /ˈmɒnstə(r)/ *n.* **1** very big person or animal, with a strange shape 龐然大物; 怪物 **2** very bad, cruel person or animal 惡人; 猛獸 **monster** *adj.* very big 巨大的: *a monster potato* 巨大的馬鈴薯

monstrous /ˈmɒnstrəs/ *adj.* very cruel, terrible, ugly, etc. 殘忍的; 可怕的; 畸型的 **monstrously** *adv.*

month /mʌnθ/ *n.* one of the twelve parts of a year 月: *December is the last month of the year.* 十二月是一年中最後的一個月。

monthly /ˈmʌnθlɪ/ *adj.* done or happening every month 按月的; 每月的; 月度的: *Our club has a monthly meeting.* 我們的會社每月開一次會。**monthly** *adv.*

monument /ˈmɒnjʊmənt/ *n.* building, statue, or stone to remind people of someone or something 紀念館; 紀念像; 紀念碑: *There is a tall monument in London at the place where the Great Fire of London started.* 在當日倫敦大火燒起的地方, 現在有一座高大的紀念碑。

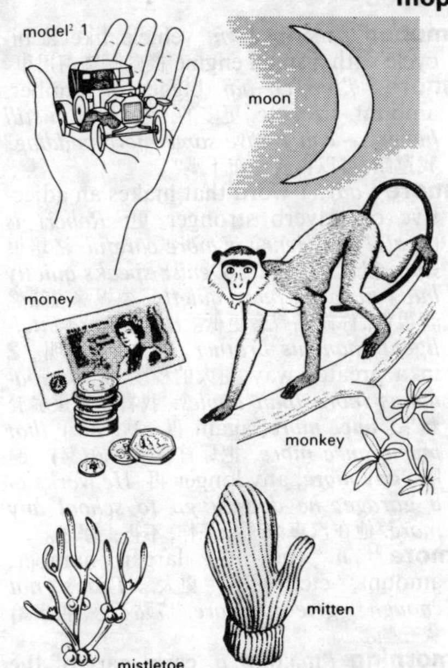

mood /mu:d/ *n.* how you feel 心情; 情緒: *Is the boss in a good mood today?* 老闆今天的心情好嗎? ***be in the mood for***, wanting something 想要; 有⋯心境: *I'm in the mood for music.* 我想聽音樂。

moon /mu:n/ *n.* **the moon**, the big, round thing that shines in the sky at night 月亮 **full moon**, time when you can see all the moon 滿月; 望月 **new moon**, time when you can only see the first thin part of the moon 新月 **moonbeam** /ˈmu:nbi:m/ *n.* line of light from the moon (一道)月光 **moonlight** /ˈmu:nlaɪt/ *n.* light from the moon 月光 **moonlit** /ˈmu:nlɪt/ *adj.* full of moonlight 月照的: *the moonlit countryside* 月光下的鄉村

moor¹ /mʊə(r)/, **moorland** /ˈmʊələnd/ *n.* open, rough land on hills where only sheep can feed 荒野; 高原沼地

moor² *v.* tie up a boat, ship, etc. to a post, stone, etc. to keep it in one place 把船繫住; 停泊: *Have you moored the dinghy safely?* 你把救生艇繫住了嗎?

moorings /ˈmʊərɪŋz/ *n.* (*pl.*) place where you tie up a boat or ship 繫船處; 停泊處

mop¹ /mɒp/ *n.* sort of soft brush for washing floors, etc. 拖把

mop² *v.* (*pres. part.* mopping, *past part. & past tense* mopped /mɒpt/) clean or wipe something 擦乾淨 ***mop up***, take up a lot of liquid, water, etc. with a cloth 擦乾: *I mopped up the milk that I'd spilled.* 我擦乾了我潑出的牛奶。

moped /ˈməʊped/ *n.* vehicle like a bicycle with a small engine 機動腳踏兩用車

more ¹ /ˈmɔː(r)/ *adj.* bigger in number, amount, size, etc. 更多的; 更大的: *I'm still hungry – can I have some more pudding?* 我還餓, 可以再要些布丁嗎?

more ² *adv.* **1** word that makes an adjective or adverb stronger 更: *Robert is careful but Henry is more careful.* 洛培很細心, 但恒立更細心。*Denise speaks quietly but you speak more quietly.* 德妮絲説話聲音很低, 你説話聲音更低。*He is more intelligent than his brother.* 他比哥哥聰明。**2** in a greater way 更大的程度: *I like bananas more than apples.* 我喜歡香蕉多於蘋果。***once more***, again 再一次: *Play that music once more.* 把那首音樂再放(奏)一遍吧。***any more***, any longer 再: *He works in a garage; he doesn't go to school any more.* 他在汽車修理廠工作, 不再上學了。

more ³ *n.* (no *pl.*) larger number, amount, etc. 更多; 更大: *That's not enough – give me more.* 這點不够, 再多給我一些。

morning /ˈmɔːnɪŋ/ *n.* early part of the day; time between sunrise and midday 早上; 上午: *I start work at nine in the morning.* 我上午九點開始工作。**morning** *adj.: morning newspapers* 早報

mosque /mɒsk/ *n.* building where Muslims go to worship 清真寺

mosquito /məˈskiːtəʊ/ *n.* (*pl.* mosquitoes) flying insect that bites people and drinks blood 蚊子

moss /mɒs/ *n.* (*pl.* mosses) soft, green plant that grows like a carpet on walls, trees, etc. 苔; 蘚 **mossy** *adj.* covered with moss 生苔的; 長滿苔的

most ¹ /məʊst/ *adj.* biggest in number, amount, etc. 最多的; 大部分的: *Most children like ice-cream but a few don't.* 大多數孩子都喜歡冰淇淋, 但有一些孩子不喜歡。

most ² *adv.* **1** more than all others 最; 最爲: *That's the most helpful book.* 那是本最有用的書。*I liked the last song most.* 我最喜歡最後那首歌。**2** very 很; 頗: *It is most kind of you to help me.* 你很好, 幫了我的忙。

most ³ *n.* (no *pl.*) biggest number, amount, part, etc. 最大多數; 大部分: *He was ill for most of last week.* 上週他大半時間都病了。***at most, at the most***, but not more 不多於; 最多; 最大: *We can stay for two days at most.* 我們最多能逗留兩天。***make the most of***, use something in the best way 盡量利用; 充分利用: *We have only one free afternoon, so we must make the most of it.* 我們只有一個下午的自由時間, 所以我們必須充分利用。

mostly /ˈməʊstlɪ/ *adv.* mainly; chiefly 主要地; 大多: *Cows eat mostly grass.* 母牛主要吃青草。

moth /mɒθ/ *n.* insect that flies at night near lights 蛾

mother /ˈmʌðə(r)/ *n.* female parent 母親; 媽媽

mother-in-law /ˈmʌðər ɪn lɔː/ *n.* (*pl.* mothers-in-law) mother of wife or husband 岳母; 婆婆

motion /ˈməʊʃn/ *n.* (no *pl.*) ***in motion***, moving 移動; 運動: *Don't put your head out of the window while the train is in motion.* 火車開的時候不要把頭伸出窗外。

motive /ˈməʊtɪv/ *n.* reason why you do or say something 動機; 目的: *What was the murderer's motive?* 殺人犯的動機是什麼?

motor /ˈməʊtə(r)/ *n.* **1** machine or engine that makes something move 馬達; 發動機 **2** motor-car 汽車

motor-bike /ˈməʊtə baɪk/, **motor-cycle** /ˈməʊtə saɪkl/ *n.* vehicle like a heavy bicycle with a strong engine 摩托車

motor-cyclist *n.* someone who rides a motor-cycle 騎摩托車的人

motor-boat /ˈməʊtə bəʊt/ *n.* small boat with an engine 汽艇

motor-car /ˈməʊtə kɑː(r)/ *n.* vehicle with four wheels for a small group of people 汽車

motorist /ˈməʊtərɪst/ *n.* someone who drives a car, etc. 駕駛汽車的人; 汽車司機

motorway /ˈməʊtəweɪ/ *n.* wide, modern road where cars and lorries can travel a long way fast 高速公路: *The M4 is the motorway from London to the West.* 第四號高速公路是從倫敦向西行。

mould ¹ /məʊld/ *n.* what grows on food when you leave it too long in the cupboard 霉; 霉菌 **mouldy** *adj.: mouldy cheese* 發了霉的乾酪

mould ² *v.* give something a shape; make a shape out of something soft 造型; 塑造: *The children moulded animals out of clay.* 孩子們用泥做了許多小動物。**mould** *n.* shape for making things 模子; 模型: *They poured the hot metal into the mould.* 他們把熔化了的金屬倒進模子裏。

mound /maʊnd/ *n.* small hill; pile of earth, etc. 小山; 小土墩

mount ¹ /maʊnt/ *n.* mountain; very high hill 高山; 山峰: *Mount Everest* 額菲爾士峰

mount ² *v.* **1** go up something 攀登; 爬上: *to mount a ladder* 爬梯子 **2** get on to a horse, bicycle, etc. 上馬; 上車; 騎上: *Dave mounted his horse and rode away.* 廸富騎上馬跑開了。

mountain /ˈmaʊntɪn/ *n.* very high hill 高山: *Everest is the highest mountain in the world.* 額菲爾士峰是世界上最高的山。

mountainous *adj.* **1** with many mountains 多山的: *a mountainous country* 多山

的國家 **2** very big 巨大的; 山一般的: *mountainous waves* 巨浪

mountaineer /ˌmaʊntɪˈnɪə(r)/ *n.* someone who likes to climb mountains 喜歡爬山的人; 登山運動員 **mountaineering** *n.* sport of climbing mountains 登山運動

mourn /mɔːn/ *v.* feel or show that you are sad because someone is dead, something is lost, etc. 哀痛; 哀悼; 悲痛: *He mourned his dead dog.* 他爲死去的狗而悲痛。 **mourner** *n.* family member or friend who is sad about someone's death 哀悼者; 守喪的人; 送葬者

mourning /ˈmɔːnɪŋ/ *n.* (no *pl.*) **1** great sadness because someone has died 哀痛; 哀悼 **2** black clothes, etc. that you wear to show that you are sad when someone has died 喪服; 表示哀悼的服飾: *The family was dressed in mourning for the funeral.* 全家都穿了喪服去參加葬禮。

mouse /maʊs/ *n.* (*pl.* mice) small animal with a long tail, which lives in a hole 鼠; 耗子: *The cat was chasing a mouse.* 貓正在追捕老鼠。

moustache /məˈstɑːʃ/ *n.* hair on a man's top lip, below his nose 髭; 小鬍子

mouth /maʊθ/ *n.* **1** part of the face that holds the teeth, tongue, etc. 嘴 **2** end of a river, where it comes to the sea 河口: *the mouth of the Thames* 泰晤士河口

mouthful /ˈmaʊθfʊl/ *n.* as much as you can put into your mouth at one time 一口; 滿口

mouth-organ /ˈmaʊθ ɔːgən/ *n.* small musical instrument that you blow 口琴

move¹ /muːv/ *n.* **1** going from one place to another; change of position 移動; 搬動: *If you make a move, you will frighten the bird away.* 你要是一動就會把鳥嚇跑。 ***get a move on***, hurry 趕快; 動起來: *Get a move on, or you'll be late for work!* 快點吧! 要不你上班就要遲到了! **2** changing from one house to another 遷居; 搬家: *We must hire a big van for the move.* 我們這次搬家必須租一輛大的客貨車。

move² *v.* **1** go from one place to another 移動: *This is my seat – will you move, please?* 這是我的座位, 請你移動一下好嗎? **2** put something in another place 放置; 挪動: *It's cold – move your chair nearer to the fire.* 天冷, 把你的椅子移近火一點。 **3** change the position of part of your body 改變(身體或四肢)位置: *Please move your head so that I can see the screen.* 請你把頭移一下, 好讓我看得見銀幕。 **4** change your house 搬家; 遷居: *We're going to move next week.* 我們打算下週搬家。***move in***, go into a house, etc. to live there 搬遷; 遷入 ***move out***, leave a room, house, etc., where you have been living 遷出

moving /ˈmuːvɪŋ/ *adj.* not still; that is going 非靜止的; 移動的: *Don't get off a moving bus.* 當公共汽車行駛時, 不要下車。

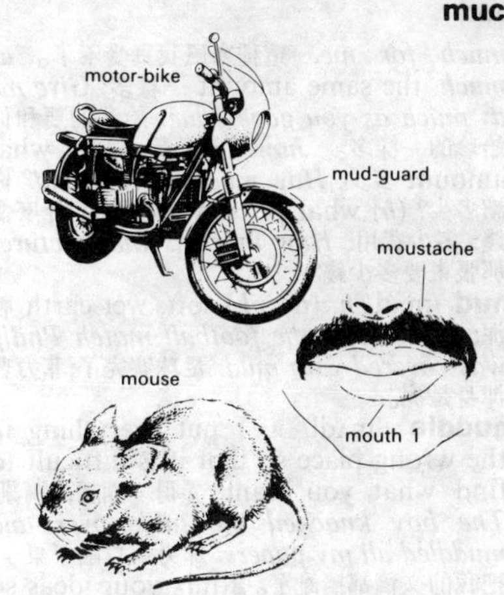

movement /ˈmuːvmənt/ *n.* moving or being moved 運動; 活動: *I stopped because I saw a movement in the grass.* 我停下來, 因爲我看到草裏有動靜。

movie /ˈmuːvɪ/ *n.* film that you see at a cinema 電影; 影片

mow /məʊ/ *v.* (*past part.* mown /məʊn/, *past tense* mowed /məʊd/) cut grass short 把草割短: *Larry is mowing the lawn.* 拉里正在草坪上割草。 **mower** *n.* machine that cuts grass 割草機

Mr. /ˈmɪstə(r)/ *abbrev.* Mister; title for a man 先生: *Mr. John Williams* 約翰威廉斯先生

Mrs. /ˈmɪsɪz/ *abbrev.* Mistress; title for a married woman 夫人; 太太: *Mrs. Dorothy Williams* 桃樂西威廉斯太太

Ms. /mɪz/ title for any woman, instead of 'Miss' or 'Mrs' 女士

Mt. /maʊnt/ *abbrev.* mount; word before the name of a mountain 山(用於山名前): *Mt. Kilimanjaro* 吉力馬札羅山(非洲最高峰)

much¹ /mʌtʃ/ *adj.* large in number, size, amount, etc.; a lot of 大量的; 許多: *There was so much food that we couldn't eat it all.* 食物太多了, 我們吃不完。 ***how much***, what amount of 多少: *How much paper do you want?* 你要多少紙?

much² *adv.* a lot 多; 大大地: *After a good sleep I felt much better.* 舒適地睡了一覺以後, 我感到好多了。

much³ *n.* (no *pl.*) a lot; plenty 許多; 大量 ***this much, that much***, words that you say when you show how much with your hands 這麼多; 那麼多: *I'd like this much, please.* 請給我這麼多。***be too much for***, be too difficult, too clever, etc. for someone 非…所能對付: *This cold wind is too* *much for me*. 這種寒風我真受不了。***as much***, the same amount 一樣多: *Give me as much as you gave Jane*. 給我的要和你給珍的一樣多。 ***how much***, (***a***) what amount 多少: *How much do you read?* 你讀多少? (***b***) what price; what cost 什麼價錢; 多少費用: *How much is that picture?* 那張畫要多少錢?

mud /mʌd/ *n*. (no *pl*.) soft, wet earth 軟泥; 稀泥: *After the football match Philip was covered with mud*. 足球賽完了,菲力普渾身是泥。

muddle /ˈmʌdl/ *v*. **1** put everything in the wrong place so that it is difficult to find what you want 弄得一團糟; 搞亂: *The boy knocked the table over and muddled all my papers*. 那男孩打翻了桌子,把我的文稿都搞亂了。**2** mix your ideas so that you cannot understand 使糊塗: *The lesson was not clear and it has muddled me*. 這一課不清楚,把我弄糊塗了。**muddle** *n*.

muddy /ˈmʌdɪ/ *adj*. covered with earth and dirt 沾滿污泥的: *muddy shoes* 沾滿污泥的鞋子

mud-guard /ˈmʌd gɑ:d/ *n*. cover over the top of a bicycle wheel, which keeps mud, etc. off the rider 擋泥板

mug[1] /mʌg/ *n*. big cup or glass with a handle 帶柄的大杯子: *a mug of cocoa* 一大杯可可

mug[2] *v*. (*pres. part*. mugging, *past part. & past tense* mugged /mʌgd/) hit or attack someone and take his money 行兇搶劫

mule /mju:l/ *n*. animal that is part horse and part donkey 騾子

multi- /ˈmʌltɪ/ *prefix* with many 很多的 **multi-coloured** *adj*. with many colours 有多種顏色的; 五彩繽紛的 **multi-storey** *adj*. with many floors 多層的: *The new multi-storey car-park holds 200 cars*. 這座新建的多層停車場可停二百輛汽車。

multiply /ˈmʌltɪplaɪ/ *v*. make something bigger by a certain number of times 乘: *2 multiplied by 3 is 6; 2 × 3 = 6*. 二乘三等於六。**multiplication** /ˌmʌltɪplɪˈkeɪʃn/ *n*.

mum /mʌm/, **mummy** /ˈmʌmɪ/ (*pl*. mummies) *n*. mother 媽媽

mumble /ˈmʌmbl/ *v*. say something in a voice that is not loud and clear 不清不楚地說; 含糊地說: *I couldn't hear what she said because she was mumbling*. 我聽不清她說些什麼,因爲她聲音小而且不清楚。

mumps /mʌmps/ *n*. (no *pl*.) illness that makes the neck fat 流行性腮腺炎

murder /ˈmɜ:də(r)/ *v*. kill someone on purpose 謀殺: *Macbeth murdered the king with a knife*. 馬克白用刀殺死了國王。**murder** *n*. **murderer** *n*. man who has murdered someone 謀殺者; 兇手 **murderess** *n*. woman who has murdered someone 女謀殺者; 女兇手

murmur /ˈmɜ:mə(r)/ *v*. say something very quietly; make a low, gentle sound 輕輕地說; 發出低微的響聲: *He murmured a prayer*. 他輕聲禱告。**murmur** *n*.: *the murmur of a stream* 小河的潺潺流水聲: *the murmur of voices in the next room* 隔壁房間的悄悄說話聲

museum /mju:ˈzɪəm/ *n*. building where we keep beautiful, old, and interesting things, so that people can see them 博物館; 陳列館: *the Victoria and Albert Museum* 維多利亞和艾伯特博物館

mushroom /ˈmʌʃrʊm/ *n*. plant with no leaves, which we can eat 蘑菇; 食用菌

music /ˈmju:zɪk/ *n*. (no *pl*.) **1** pleasant sounds that pianos, harps, drums, etc. or singing voices, etc. make; making these sounds 音樂: *Let's listen to some music on the radio*. 我們聽聽電台廣播的音樂吧。**2** signs on paper to show people what to sing or play 樂譜; 樂曲: *I can't play because I have lost my music*. 我不能演奏,因爲我遺失了樂譜。

musical /ˈmju:zɪkl/ *adj*. **1** of music 音樂的: *musical instruments* 樂器 **2** fond of music; clever at making music, singing, etc. 愛好音樂的; 精於音樂的: *a musical child* 愛好音樂(或有音樂才能)的孩子 **musical** *n*. musical play 歌舞片; 歌舞劇

musician /mju:ˈzɪʃn/ *n*. someone who writes music or plays a musical instrument 音樂家; 作曲家; 樂師

Muslim /ˈmʊzlɪm/ *n*. someone who believes in Muhammad and what he taught 伊斯蘭教徒; 回教徒

must /mʌst/ *v*. word to tell someone what to do; word that tells what is necessary 必須; 需要: *You must have a passport before you go abroad*. 你必須有一張護照才能出國。***must be***, certainly is; probably is 一定是; 很可能: *You must be tired after your long journey*. 你走了這麼遠的路, 一定很累。***must have done something***, words that show what probably happened 必定; 諒必: *If you were at the party you must have seen Colin*. 你如果參加了這次聚會, 必定看見科林。

mustard /ˈmʌstəd/ *n*. (no *pl*.) very thick, yellow sauce, with a strong taste, which you make from powder and eat on meat 芥末

mustn't /ˈmʌsnt/ = must not 不許; 絕對不可

mutiny /ˈmju:tɪnɪ/ *n*. (*pl*. mutinies) time when soldiers or sailors attack their own leaders and officers 兵變; 叛變 **mutiny** *v*.

mutter /ˈmʌtə(r)/ *v*. say words in a low voice so that other people will not hear

低聲說話; 輕聲低語; 咕噥 **mutter** *n*.

mutton /ˈmʌtn/ *n*. (no *pl*.) meat from a sheep 羊肉

my /maɪ/ *adj*. of me 我的: *I brushed my teeth*. 我刷了牙。

myself /maɪˈself/ *pron*. (*pl*. ourselves) **1** word that you say when you talk about yourself 我自己: *I hurt myself*. 我傷了自己。**2** I and no other person 我本人; 我親自: *I can do it myself*. 我自己會做。***by myself***, alone 獨自地: *I live by myself*. 我獨自生活。

mysterious /mɪˈstɪərɪəs/ *adj*. strange; that you do not know about or understand 神秘的; 奇怪的; 難以理解的: *There were mysterious lights at night in the empty house*. 晚上那座空房子裏有神秘的亮光。 **mysteriously** *adv*.: *She smiled mysteriously when I asked her about my birthday present*. 當我問及我的生日禮物時, 她神秘地微笑了。

mystery /ˈmɪstərɪ/ *n*. (*pl*. mysteries) strange happening or person that you cannot understand or explain 難以理解的人或事; 神秘; 奧妙: *Have you heard about the mystery of the ship that disappeared?* 你聽到該艘船神秘失踪的事嗎?

Nn

n. *abbrev*. for noun in this dictionry 本詞典中 noun 的縮寫

nail¹ /neɪl/ *n*. **1** hard part at the end of the finger or toe 指甲: *Norah paints her finger-nails red*. 諾拉把她的手指甲染成紅色。**2** small piece of metal with one pointed end, which you hit into wood to fasten things together 釘子

nail² *v*. fasten or fix something with a nail 釘; 釘住: *David nailed the broken box together again*. 大衛把那個破箱子釘好了。

naked /ˈneɪkɪd/ *adj*. with no clothes 光身的; 裸體的

name /neɪm/ *n*. **1** word or words that we give to a person or animal when they are born 名字; 姓名; 名稱: *His name is Colin Brown*. 他的名字叫科林白朗。***call someone names***, say bad, unkind words about someone 謾罵; 罵人 **2** being famous 名譽; 名聲 ***make a name for yourself***, become well-known 出名: *Henry Ford made a name for himself building cars*. 亨利福特製造汽車出了名。 **name** *v*. **1** give a name to someone or something 起名; 命名: *They have named their new baby Sophie*. 他們已經給他們的新生嬰兒起

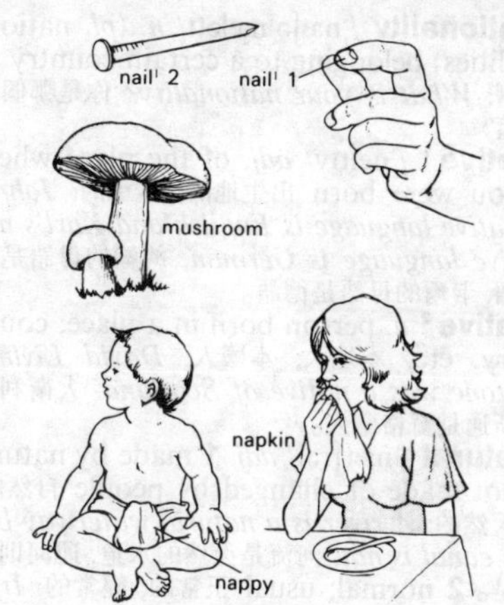

名蘇菲。**2** know and say the name or names of someone or something 叫得出名字; 列舉: *Can you name all the flowers in your garden?* 你能叫得出你花園裏所有花朵的名字嗎?

namely /ˈneɪmlɪ/ *adv*. that is to say 即; 也就是: *Only one boy, namely Nicholas, was late*. 只有一個男孩遲到了, 就是尼古拉斯。

nanny /ˈnænɪ/ *n*. (*pl*. nannies) woman whose job is to look after the small children of a rich family 保姆

nap /næp/ *n*. short sleep 小睡; 打盹

napkin /ˈnæpkɪn/ *n*. small piece of cloth that each person has at the table to keep his clothes clean, and wipe his fingers on, etc. 餐巾

nappy /ˈnæpɪ/ *n*. (*pl*. nappies) special cloth that you put round a baby's bottom 尿布

narrow /ˈnærəʊ/ *adj*. not wide; not far from one side to the other 狹窄的: *The road was so narrow that two cars could not pass*. 路太窄了, 兩輛車就駛不過去。

narrowly /ˈnærəʊlɪ/ *adv*. only just 僅僅地; 險些; 勉强地: *The bus narrowly missed me because I jumped to one side*. 公共汽車差一點撞着我, 幸好我跳到一邊去了。

nasty /ˈnɑːstɪ/ *adj*. not pleasant; bad 令人難受的; 糟糕的: *Bad meat smells nasty*. 壞肉的氣味很難聞。*a nasty accident* 一件嚴重意外 **nastily** *adv*. **nastiness** *n*.

nation /ˈneɪʃn/ *n*. big group of people who live in one country, under one government; country 民族; 國家: *France is a European nation*. 法國是個歐洲國家。

national /ˈnæʃənl/ *adj*. of a country 國家的: *The British national flag is red, white and blue*. 英國國旗是紅、白、藍三色。 **national** *n*. someone who belongs to a certain country 國民: *His passport shows that he is a British national*. 他的護照證明他是英國公民。

nationality /ˌnæʃəˈnælətɪ/ *n.* (*pl.* nationalities) belonging to a certain country 國籍: *What is your nationality?* 你是哪個國籍?

native[1] /ˈneɪtɪv/ *adj.* of the place where you were born 出生地的; 本土的: *John's native language is English and Karl's native language is German.* 約翰的母語是英語, 卡爾的母語是德語。

native[2] *n.* person born in a place, country, etc. 本地人; 本國人: *David Livingstone was a native of Scotland.* 大衛利文斯通是蘇格蘭人。

natural /ˈnætʃrəl/ *adj.* **1** made by nature, not made or changed by people 自然的; 天然的: *A river is a natural waterway but a canal is not.* 河流是天然的水道, 運河則不是。**2** normal; usual 正常的; 經常的: *It is natural to laugh when you are happy.* 高興時笑是正常的。

naturally /ˈnætʃrəlɪ/ *adv.* **1** by nature 天生地; 自然地: *Kittens are naturally playful.* 小貓天生好玩。**2** in an ordinary way, not trying too hard 自然地(非做作地): *Just smile naturally while I take your photograph.* 我給你拍照時要笑得自然些。**3** of course 當然: *Naturally I want to pass the exam!* 我當然想考試合格!

nature /ˈneɪtʃə(r)/ *n.* **1** (no *pl.*) the sun, the stars, the sky, etc., and everything in the world that was not made by people; the power that makes all things live, die, and change 自然界; 大自然; 造化: *Nature makes most trees lose their leaves in winter.* 大自然使多數樹木在冬天落葉。**2** (*pl.* natures) how someone or something is 本性; 天性: *It is a lion's nature to kill.* 殺生是獅子的本性。**3** (*pl.* natures) character; what sort of person you are 性情; 性格: *She has a sweet nature.* 她的性情溫柔。**good-natured** *adj.* kind; pleasant 善良的; 友好的 **ill-natured** *adj.* unkind; unfriendly 兇狠的; 不友善的; 脾氣壞的

naughty /ˈnɔːtɪ/ *adj.* behaving badly; making trouble 頑皮的; 淘氣的; 不聽話的: *naughty children* 頑皮的孩子 **naughtily** *adv.* **naughtiness** *n.*

naval /ˈneɪvl/ *adj.* of a navy 海軍的: *Admiral Nelson was a naval officer.* 納爾遜上將是個海軍軍官。

navigate /ˈnævɪgeɪt/ *v.* **1** control the way that a ship or aeroplane must go 駕駛(船或飛機) **2** sail in a ship 乘船航行 **navigator** /ˈnævɪgeɪtə(r)/ *n.*: *Columbus was a famous navigator.* 哥倫布是個有名的航海家。

navy /ˈneɪvɪ/ *n.* (*pl.* navies) all the warships of a country, with officers and men 海軍: *The British navy beat the French navy at the Battle of Trafalgar.* 在特拉法加戰爭中英國海軍打敗了法國海軍。

navy-blue /ˌneɪvɪ ˈbluː/ *adj.* dark blue 深藍色; 海軍藍

near[1] /nɪə(r)/ *adj.* **1** not far; close 近的: *The station is near so we shall get there soon.* 車站很近, 所以我們很快就到了。**2** close in family, feelings, etc. 近親的; 親密的: *A brother is a near relation.* 兄弟是近親。

near[2] *adv.* not far; close 附近; 鄰近: *Do you live near?* 你住在附近嗎? ***draw near***, come closer 走近; 臨近: *They became excited as the holidays drew near.* 假期快到了, 他們很興奮。

near[3] *prep.* close to 靠近: *I don't need a car because I live near the city centre.* 我不需要汽車, 因爲我住得靠近市中心。

near[4] *v.* come closer; go closer 走近; 逼近: *It's nearing the end of summer.* 夏天快結束了。

nearby /ˈnɪəbaɪ/ *adj.* close 附近的: *the nearby village* 附近的村子 **nearby** /nɪəˈbaɪ/ *adv.*: *Let's visit Tim – he lives nearby.* 我們去看看添吧, 他住在附近。

nearly /ˈnɪəlɪ/ *adv.* almost 幾乎; 差不多: *It's nearly lunchtime so we must go home.* 快到午飯時間了, 我們必須回家。***not nearly***, not at all 相差很遠: *Robin has $200 but that's not nearly enough to buy a new bicycle.* 洛彬有二百元, 但是那遠遠不够買一輛新脚踏車。

neat /niːt/ *adj.* **1** tidy; in good order 整潔的; 整齊的: *neat clothes* 整潔的衣服 **2** doing things carefully; liking to have things in good order 做事嚴謹的; 喜歡整齊的: *Carol is a neat writer and her letters are carefully written.* 凱洛寫字很整潔, 每個字母都寫得很認真。**neatly** *adv.*: *neatly dressed* 穿着整潔 **neatness** *n.*

necessary /ˈnesəsərɪ/ *adj.* that you need; important 需要的; 重要的: *Food and water are necessary to man.* 食物和水是人所不可少的。**necessarily** /ˈnesəserəlɪ/ *adv.* *Big men are not necessarily strong.* 大個子不一定力氣大。

necessity /nɪˈsesətɪ/ *n.* (*pl.* necessities) something that you need; what you must have 必需品: *Food and clothes are necessities of life.* 衣服和食物是生活必需品。

neck /nek/ *n.* **1** part of the body between the shoulders and head 頸; 脖子: *Elsie wears a gold chain round her neck.* 愛茜頸上帶着一條金項鏈。***neck and neck***, exactly equal in a race, etc. 不分上下; 並駕齊驅: *The horses were running neck and neck.* 這些馬跑得不分上下。**2** thin part at the top of a bottle, etc. 瓶頸; 頸狀物

necklace /ˈneklɪs/ *n.* string of beads, jewels, etc. that you wear round your neck 項鏈

need /ni:d/ *v.* want something important and necessary that is not there; must have something 需要; 必需: *The leaves of this plant are yellow because it needs water.* 這植物的葉子黄了, 因爲缺水。***need to***, must 必須: *Colin's very ill – he needs to go to hospital.* 科林病得很重, 必須入醫院。**need** *n.* ***in need of***, wanting something important 需要: *You are tired – you are in need of sleep.* 你累了, 需要睡覺。

needle /'ni:dl/ *n.* **1** very small, thin piece of steel with a sharp point at one end, for sewing 縫衣針: *I'll mend the hole in your blouse if you give me a needle and thread.* 你要是給我針和線, 我就替你補好罩衫的洞。**2** long, thin piece of wood, plastic, or metal with a pointed end, for knitting 編織針: *knitting needles* 編織針 **3** any small, sharp thing like a sewing needle 針狀物: *the needle on a record-player* 唱針

needless /'ni:dlɪs/ *adj.* that is not useful, etc. 没有用的; 不需要的: *It is needless to sweep a clean floor.* 乾淨的地板不用掃。**needlessly** *adv.*

needn't /'ni:dnt/ = need not 不必要

negative /'negətɪv/ *n.* piece of film in which dark things are light and light things are dark, which we use to make photographs (攝影)底片

neglect /nɪ'glekt/ *v.* not take enough care of something; not do what you should do for someone 疏忽; 忽視: *He neglects his dog and it is always dirty and hungry.* 他對狗兒疏於照顧, 所以牠總是又髒又餓。**neglect** *n.* **neglected** /nɪ'glektɪd/ *adj.*: *a dirty, neglected house* 一所無人打理的髒房子

negro /'ni:grəʊ/ *n.* (*pl.* negroes) someone with a black skin 黑人: *American negroes* 美國黑人 **negress** /'ni:grɪs/ *n.* negro woman or girl 女黑人

neigh /neɪ/ *n.* cry of a horse 馬的嘶叫聲 **neigh** *v.*

neighbour /'neɪbə(r)/ *n.* someone who lives in the next house or near you; thing or country that is near another 鄰居; 鄰接的東西; 鄰國: *Holland is one of Germany's neighbours.* 荷蘭是德國的鄰國之一。**neighbouring** *adj.* that is near 鄰近的; 附近的: *We went to a cinema in the neighbouring town.* 我們去鄰近的鎮上看電影了。

neighbourhood /'neɪbəhʊd/ *n.* the streets or land around a place 附近地區; 四鄰: *There are not enough doctors in this neighbourhood.* 這一帶没有足够的醫生。

neither[1] /'naɪðə(r)/ *adj.* not one and not the other of two people, things, etc. (兩者)都不的: *Neither book was very interesting.* 兩本書都不是很有趣味。 **neither** *pron.*: *Neither was very interesting.* 兩者都没有多大意思。

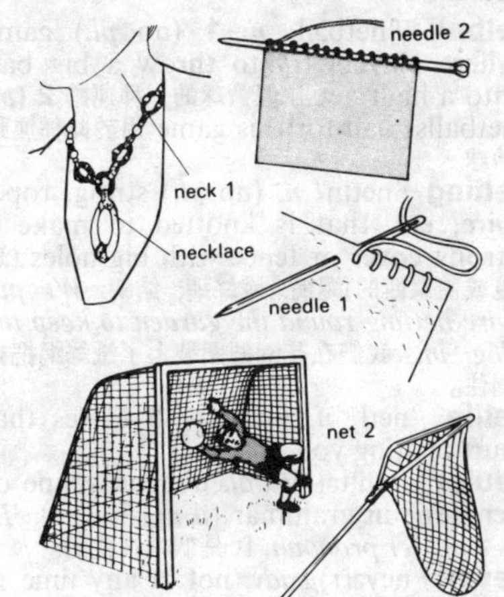

neither[2] *conj.* (after a verb with 'not' 用於動詞否定式後) then not 也不: *If you do not go, neither will I.* 如果你不去, 我也不去。***neither ... nor***, not ... and not 既不…也不…: *He neither wrote nor telephoned.* 他没有寫信, 也没有打電話。

nephew /'nevju:/ *n.* son of your brother or sister 侄兒; 外甥

nerve /nɜ:v/ *n.* **1** (*pl.* nerves) thing that carries feelings and messages through the body 神經 **2** **nerves** (*pl.*) feelings 情緒; 神經緊張 ***get on your nerves***, annoy, upset you, etc. 使人心煩; 使人不安: *The noisy children got on my nerves.* 孩子們吵吵鬧鬧, 令我神經緊張。**3** (no *pl.*) being brave and bold 勇敢; 膽量 ***lose your nerve***, become afraid 膽小起來; 害怕

nervous /'nɜ:vəs/ *adj.* **1** of the nerves 神經的: *the nervous system of the human body* 人體的神經系統 **2** afraid; worried 害怕的; 緊張的: *Are you nervous when you are alone in the house?* 你一個人在房子裏害怕嗎? **nervously** *adv.* **nervousness** *n.*

nest /nest/ *n.* **1** home of a bird; place where a bird lays its eggs 鳥窩; 鳥巢: *Alan found a bird's nest in the tree.* 艾倫發現樹上有個鳥巢。**2** place where some insects, snakes, etc. lay their eggs and keep their babies 窩; 穴: *an ants' nest* 螞蟻窩 **nest** *v.* make and live in a nest 築巢而居; 做窩: *The ducks are nesting by the river.* 那些鴨子在河邊做窩。

net /net/ *n.* **1** (no *pl.*) cloth of threads that are knotted together with big holes between 網 **2** (*pl.* nets) thing made of this cloth, for a special job 網; 網狀物: *a hairnet* 髮網; *a football net* 足球網; *a fishing net* 魚網 **net** *adj.*: *net curtains* 有網眼的窗廉

netball /ˈnetbɔ:l/ *n.* **1** (no *pl.*) game where players try to throw a big ball into a high net 類似籃球的一種運動 **2** (*pl.* netballs) ball for this game 用於此種運動的球

netting /ˈnetɪŋ/ *n.* (no *pl.*) string, rope, wire, etc. that is knotted to make a strong cover or fence with big holes (籬笆或蓋東西的)繩網; 鐵絲網; 結網: *We put wire netting round the garden to keep the dog in.* 我們在花園週圍裝上了鐵絲網把狗圈住。

nettle /ˈnetl/ *n.* plant with leaves that hurt or sting you 蕁麻

neuter /ˈnju:tə(r)/ *adj.* not masculine or feminine in grammar (法語上)中性的: *'It' is a neuter pronoun.* It 是個中性代詞。

never /ˈnevə(r)/ *adv.* not at any time 從來没有; 決不: *Children in Nigeria never see snow.* 尼日利亞的孩子從來没有見過雪。 ***never mind***, don't worry about it 没關係; 不要介意: *It's too late to go to the film now – never mind, we'll go tomorrow.* 現在去看電影太晚了, 不過没關係, 我們明天去吧。 ***well I never!*** I'm very surprised 我很吃驚; 真没想到: *'Well I never!' said John's father when he won the prize.* 約翰得獎時, 他的父親說: "真没想到!"

nevertheless /ˌnevəðəˈles/ *conj.* but; however; still 但是; 然而: *Freda knew that she would not win; nevertheless she went on trying.* 弗麗達知道她不會取勝, 但仍繼續嘗試。 **nevertheless** *adv.*

new /nju:/ *adj.* **1** that has just been made or bought; fresh 新的; 剛做(買)的; 新鮮的: *I must buy a new pen because this one is broken.* 我必須買一枝新鋼筆, 因爲這一枝折斷了。**2** that you are seeing, hearing, etc. for the first time 第一次看(聽)見的; 新奇的: *I've started learning a new lauguage – Italian.* 我已開始學習一種新語言——意大利語。**3** starting again 重新開始的: *the new moon* 新月 **new** *adv.*: *a newborn baby* 新生嬰兒 ***new to***, at a place, or doing something, for the first time 生疏的; 不熟悉的: *Will you help Janet – she is new to the school?* 你關照一下珍尼特好嗎? 她是初入這間學校的。

new-comer /ˈnju: kʌmə(r)/ *n.* someone who has just come to a place 新來的人: *On the first day of term the headmaster welcomed all the new-comers.* 新學期的第一天校長對全體新生表示歡迎。

newly /ˈnju:lɪ/ *adj.* **1** not long ago; just 最近; 新近: *Mr. and Mrs. Owen are newly married.* 歐文夫婦新近才結婚。**2** in a different way 重新; 再度: *a newly painted room* 剛油漆過的房間

news /nju:z/ *n.* (no *pl.*) report or programme that tells about things that have just happened 新聞; 報導; 消息: *We heard about the air crash on the news.* 我們從新聞報導裏聽到飛機失事的消息。 ***break the news***, tell someone about something important that has happened 告以重大消息(一般指壞消息): *When will you break the news to your family?* 你什麼時候把這件事告訴你的家人?

newsagent /ˈnju:zeɪdʒənt/ *n.* shopkeeper who sells newspapers, magazines, etc. 賣報刊的人

newspaper /ˈnju:speɪpə(r)/ *n.* sheets of printed paper with news and advertisements, which you can buy every day or every week 報紙: *The 'Guardian' and 'Daily Telegraph' are newspapers.*《衛報》和《每日電訊報》都是報紙。

next[1] /nekst/ *adj.* **1** nearest 最近的; 緊挨着的: *Our bus could not stop and bumped into the next bus.* 我們坐的公共汽車停不下來, 撞向了旁邊的公共汽車。**2** the first that comes after; following 下一個的; 隨後的: *We missed the 5 o'clock train so we caught the next one.* 我們誤了五點鐘的火車, 所以坐了下一班。***next to nothing***, very little 極少; 幾乎没有: *When she was ill Helen ate next to nothing.* 海倫生病時幾乎什麼都没吃。

next[2] *adv.* afterwards; then 隨後; 然後; 下一步: *I've done this job – what shall I do next?* 這件事我已做完了, 跟着做什麼呢? ***next to***, at the side of, beside 在…的旁邊; 貼近: *My best friend sits next to me in class.* 上課時, 我最好的朋友坐在我的旁邊。

next[3] *n.* (no *pl.*) **1** person or thing that is nearest 最近的人或物: *This is the Carters' house and ours is the next.* 這是卡特家的房子, 我們的房子就在隔壁。**2** person or thing coming just after 下一個人或物: *Amy was the first to arrive and Mary was the next.* 艾美第一個到, 敏麗是第二個。

next door /ˌnekst ˈdɔ:(r)/ *adv.* in the nearest house 隔壁; *Who lives next door?* 誰住在隔壁? **next-door** *adj.*: *the next-door garden* 隔壁的花園

nib /nɪb/ *n.* pointed piece of metal at the end of a pen 鋼筆尖

nibble /ˈnɪbl/ *v.* take very small bites of something 啃; 一點一點地咬: *The mouse nibbled the bread.* 老鼠啃掉了麵包。 **nibble** *n.*

nice /naɪs/ *adj.* pleasant; good 令人愉快的; 美好的: *It's a nice day for a walk.* 今天是散步的好日子。***nice and ...***, nice because ... 好…; …得很: *Your bedroom is nice and tidy.* 你的宿舍很整潔。 **nicely** *adv.*

nickname /ˈnɪkneɪm/ *n.* name that you give to someone instead of his real name 綽號; 别名: *They gave John the nickname 'Fatty' because he was so fat.* 他們給約翰起了個綽號叫'肥仔', 因爲他太胖了。

niece /ni:s/ *n.* daughter of your brother or sister 侄女; 外甥女

night /naɪt/ *n.* **1** time when it is dark because there is no light from the sun 夜間; 黑夜: *We sleep at night.* 我們夜裏睡覺。***all night***, for the whole of the night 整夜 ***night and day***, all the time 日以繼夜地: *Elsie studied night and day before the exams.* 愛茜在考試前日以繼夜地温習。**2** evening 晚上: *We want to go to a film on Friday night.* 我們想在星期五晚上去看電影。***first night***, first time a play or film happens 電影(戲劇)的首映(演); 首場

nightdress /ˈnaɪtdres/ (*pl.* night-dresses), **nightie** /ˈnaɪtɪ/ *n.* long, loose dress that a woman or girl wears in bed 女裝睡衣

nightingale /ˈnaɪtɪŋgeɪl/ *n.* small bird that sings sweetly 夜鶯

nightly /ˈnaɪtlɪ/ *adj.* done or happening every night 每夜的 **nightly** *adv.*: *We have to feed the baby twice nightly.* 每天夜裏我們要給嬰兒餵奶兩次。

nightmare /ˈnaɪtmeə(r)/ *n.* bad dream 惡夢; 夢魇

night-watchman /ˌnaɪt ˈwɒtʃmən/ *n.* (*pl.* night-watchmen) man whose job is to look after a building, factory, etc. at night 守夜人

nil /nɪl/ *n.* (no *pl.*) nothing 零; 無: *Our team won the football match three-nil.* 我們的球隊以三比零贏了足球比賽。

nine /naɪn/ *n.* number 9 九 **nine** *adj.*: *a train with nine coaches* 一列九節車廂的火車 **ninth** /naɪnθ/ *adj.* 9th 第九: *the ninth time* 第九次

nineteen /ˌnaɪnˈti:n/ *n.* number 19 十九 **nineteen** *adj.*: *Jeff is nineteen years old.* 傑賦十九歲了。**nineteenth** /ˌnaɪnˈti:nθ/ *adj.* 19th 第十九

ninety /ˈnaɪntɪ/ *n.* (*pl.* nineties) number 90 九十 **ninety** *adj.* **ninetieth** /ˈnaɪntɪəθ/ *adj.* 90th 第九十

nip /nɪp/ *v.* (*pres. part.* nipping, *past part. & past tense* nipped /nɪpt/) take something tightly between fingers or teeth, etc. 夾; 掐; 咬住: *A crab nipped my toe while I was walking in the sea.* 我走在海邊淺水處時, 一隻螃蟹夾住了我的腳趾。**nip** *n.*

no¹ /nəʊ/ *adj.* not a; not one; not any 沒有; 不; 無: *There is no money in my purse – it is empty.* 我的錢包裏沒有錢, 是空的。**no** *adv.* in no way; not any 並不; 毫不: *He could walk no faster because he was tired.* 他不能走得更快了, 因爲他很累。

no² *exclam.* word to show that you do not agree; not yes 不; 不是

noble /ˈnəʊbl/ *adj.* **1** of the family of a king; of high rank 貴族的; 顯貴的: *a man of noble birth* 出身高貴的人 **2** fine and good 高尚的; 崇高的: *noble thoughts* 高尚的想法 **3** great; fine; beautiful 宏偉的; 美好的; 美麗的: *a noble building* 雄偉的建築 **nobly** *adv.* **the nobility** /nəʊˈbɪlətɪ/ *n.* all the people of noble families 貴族

nobody /ˈnəʊbədɪ/ *pron.* (no *pl.*) no person 無人; 沒有人; 誰也不: *Nobody met me when I arrived so I was alone.* 我到達時沒有人接我, 所以只得我一個人。

nod /nɒd/ *v.* (*pres. part.* nodding, *past part. & past tense* nodded /ˈnɒdɪd/) **1** bend your head forward quickly, to show that you know someone or that you agree with something 點頭(表示認識或同意): *He nodded when I asked if he understood.* 我問他是否明白時, 他點了點頭。**2** let your head fall forward when you are going to sleep in a chair, etc. 打盹; 打瞌睡: *He gave me a nod as we passed each other in the street.* 我們在街上迎面走過時, 他向我點了點頭。

noise /nɔɪz/ *n.* **1** sound 聲音; 響聲: *I think there's a mouse in the cellar because I heard a little noise.* 我覺得地下室裏有隻老鼠, 因爲我聽到響聲。**2** loud sound that you do not like 噪音; 雜音: *Don't make so much noise!* 别那麼大聲吵鬧! **noiseless** *adj.* silent; with no sound 寂靜的; 無聲的 **noiselessly** *adv.*: *The cat walked noiselessly through the grass.* 貓一聲不響地走過草坪。

noisy /ˈnɔɪzɪ/ *adj.* **1** making a lot of loud sound 吵鬧的: *noisy children* 吵鬧的孩子 **2** full of loud sound 喧嘩的; 熙熙攘攘的: *a noisy restaurant* 嘈雜的飯館 **noisily** *adv.*

non- /nɒn/ *prefix* not; that is not, does not, etc. 不; 非; 無: *We took a non-stop train from London to Oxford.* 我們乘從倫敦到牛津的直達火車。

none¹ /nʌn/ *adv.* ***none the worse for***, not hurt or damaged by something 未受傷或損壞; 一點也不: *Adrian was none the worse for his car crash and went to work next day.* 艾德里恩在車禍中沒有受傷, 第二天便去上班。

none² *pron.* (no *pl.*) not any things or people; not one thing or person 沒有任何東西或人; 一個也無: *You can't have an apple because there are none in the house.* 你吃不到蘋果了, 因爲家裏一個也沒有。

nonsense /ˈnɒnsns/ *n.* (no *pl.*) silly ideas 胡說; 傻話; 廢話: *It's nonsense to say that eggs grow on trees!* 説雞蛋是樹上長出來的, 真是荒謬!

noon /nu:n/ *n.* 12 o'clock in the day 中午; 正午

no one /ˈnəʊ wʌn/ *pron.* (no *pl.*) no person 沒有人; 無人: *No one met me when I arrived so I was alone.* 我到達時沒有人接我, 所以只得我一個人。

nor /nɔ:(r)/ *conj.* (after a verb with 'not')

then not (用在帶 not 的動詞後)也不: *If Jack doesn't go, nor will Jill.* 如果傑不去, 姬兒也不去。***neither ... nor***, not ... and not 既不…也不…: *Neither Tom nor Jerry can swim.* 阿棠不會游泳, 家麗也不會。

normal /ˈnɔːml/ *adj.* usual; ordinary 正常的; 普通的: *Will you be late for lunch or will you have it at the normal time?* 你會晚點吃午飯, 還是照平常的時候呢? **normally** *adv.* usually; mostly 通常; 多數情況下: *Hilda normally goes to bed at nine o'clock.* 希爾達通常九點鐘睡覺。

north /nɔːθ/ *n.* (no *pl.*) one of the points of the compass 北; 北方: *England lies to the north of France.* 英國在法國的北面。**north** *adj.*: the North Pole 北極 **north** *adv.*: *They travelled north from England to Scotland.* 他們從英格蘭向北旅行到了蘇格蘭。**northerly** /ˈnɔːðəlɪ/ *adj.* **1** in or to a place that is north 在北方; 向北方: *a northerly direction* 朝北的方向 **2** from the north 來自北方的: *a northerly wind* 北風

northern /ˈnɔːðən/ *adj.* of the north part of a town, country, the world, etc. 北部的: *Leeds is in northern England.* 里兹在英國的北部。 **northwards** /ˈnɔːθwədz/ *adv.* towards the north 向北方: *From London we drove northwards to Birmingham.* 我們從倫敦駕車向北開到伯明翰。

nose /nəʊz/ *n.* **1** part of the face that breathes and smells 鼻子 ***blow your nose***, blow air through your nose to empty it, into a piece of cloth called a handkerchief 擤鼻子 ***under your nose***, in front of you 在你的面前: *I thought I'd lost my pen, but it was right under my nose!* 我原以爲我的鋼筆丟了, 其實就在我的面前。**2** part like a nose, on the front of something (在物體前部的)鼻狀物: *the nose of an aeroplane* 飛機的頭部

nosy /ˈnəʊzɪ/ *adj.* wanting to know too much; asking too many questions 好打聽事的; 愛管閒事的

not /nɒt/ *adv.* word that gives an opposite meaning to another word or sentence 不: *He likes bananas but I do not like them.* 他喜歡香蕉, 可是我不喜歡。***not at all***, (***a***) polite words that you say when someone has thanked you, etc. 不用謝; 别客氣: *'It was kind of you to help me.' 'Not at all.'* "你幫了我的忙, 謝謝你。" "別客氣。" (***b***) no; not a little bit 不; 一點也不: *'Are you tired?' 'Not at all.'* "你累嗎?" "一點也不累。"

note[1] /nəʊt/ *n.* **1** few words that you write down to help you remember something 筆記; 摘記: *Sally made a note of the meeting in her diary.* 莎莉在日記上扼要記下了這次會議的情況。***take note of***, listen to or watch something carefully so that you will not forget it 注意到 **2** short letter 短信; 便條: *a note of thanks* 一封簡短的感謝信 **3** piece of paper money 紙幣: *a ten-dollar note* 一張十元的紙幣 **4** one sound in music; mark that shows a sound in music 音調; 音符

note[2] *v.* **1** write something so that you remember it 記下; 寫下: *The policeman noted the driver's name and address.* 警察記下了司機的名字和地址。**2** listen to or watch something carefully 注意: *Drivers must note road signs.* 司機必須注意路標。

notebook /ˈnəʊtbʊk/ *n.* small book where you write things that you want to remember 筆記本

note-paper /ˈnəʊt peɪpə(r)/ *n.* (no *pl.*) paper for letters 信紙; 便條紙

nothing[1] /ˈnʌθɪŋ/ *adv.* not at all 一點也不: *He's nothing like his brother.* 他一點也不像他的哥哥。

nothing[2] *n.* (no *pl.*) not anything 沒有東西; 無; 零: *There's nothing in this purse – it's empty.* 這錢包裏什麼也沒有, 是空的。***come to nothing***, not happen 沒有發生; 沒有結果: *Jim's holiday plans came to nothing because he didn't have enough money.* 阿吉的假日計劃沒有實現, 因爲他沒有足够的錢。***for nothing***, (***a***) with no payment; free 不付錢; 免費: *You can have these apples for nothing.* 你可以拿走這些蘋果, 不用付錢。(***b***) without a good result 白白; 徒勞: *He went to the station for nothing because she wasn't on the train.* 他到車站白走了一趟, 因爲她沒有坐那班火車。***have nothing on***, have no clothes on, 沒穿衣服; 光着身子: *I can't open the door because I have nothing on.* 我不能打開門, 因爲我沒穿衣服。***have nothing to do with someone***, (***a***) stay away from, and not talk to, someone 不打交道; 和…不來往: *He is a bad man and you must have nothing to do with him.* 他是個壞人, 你切勿和他來往。(***b***) not be the business of someone 與…無關: *What I do in my free time has nothing to do with the teacher.* 我在課餘時間裏做什麼和老師沒有關係。***mean nothing to***, not be important to someone 對…不足道: *Money means nothing to him so he gives most of it away.* 錢對他無關重要, 所以他把大部分錢都送給人。

notice[1] /ˈnəʊtɪs/ *n.* **1** (*pl.* notices) piece of writing to tell people something 告示; 公告; 佈告: *There's a notice on that gate saying 'NO PARKING'.* 那個大門上貼着一張告示, 寫着'不准泊車'。**2** (no *pl.*) warning telling someone that something will happen 預先通告; 警告: *I must have notice when you want me to do the work.* 如果你要我做這件事, 你得先通知我。 ***at short notice***, with very little time to get ready

準備時間很少; 很倉卒: *We went on holiday at such short notice that I didn't say goodbye to Eric*. 我們動身渡假之前十分倉卒, 我來不及向艾力告别。***hand in***, or ***give in, your notice***, tell your boss that you will be leaving your job 通知老闆你要離職 **3** (no *pl.*) looking at, or listening to, something carefully; attention 留意; 注意 ***take no notice of***, not listen to, or look at, someone or something 不理睬: *Take no notice of his angry words – he's not well*. 别理他那些憤怒的説話, 他身體不舒服。

notice² *v.* see something or someone 看到; 注意到: *Did you notice that Mr. Bennet was driving a new car?* 你注意到没有, 貝内特駕駛的是一輛新汽車?

noticeable /ˈnəʊtɪsəbl/ *adj.* clear; easy to see 清楚的; 顯而易見的: *I've had no time to wash my hair – is it noticeable?* 我一直没有時間洗頭髮, 看得出來嗎? **noticeably** *adv.*: *She is noticeably thinner after her illness*. 她生病後明顯地瘦了。

notice-board /ˈnəʊtɪs bɔ:d/ *n.* flat piece of wood fixed on to a wall, etc., where you can put papers to tell people about things 佈告欄(牌)

notorious /nəˈtɔ:rɪəs/ *adj.* famous because he or it is so bad 臭名遠播的; 聲名狼藉的: *a notorious criminal* 臭名遠播的罪犯

nought /nɔ:t/ *n.* the number 0; zero 零

noun /naʊn/ *n.* word that is the name of a person, thing, idea, etc. 名詞: *The words 'boy', 'cat', 'pen', and 'lesson' are nouns*. 詞語 boy, cat, pen, 以及 lesson 都是名詞。

novel /ˈnɒvl/ *n.* book that is one long story 小説: *'David Copperfield' is a novel by Charles Dickens*. 《塊肉餘生》是查理士狄更斯寫的一部小説。 **novelist** *n.* someone who writes novels 小説家: *Charles Dickens was a famous novelist*. 查理士狄更斯是位著名的小説家。

November /nəʊˈvembə(r)/ *n.* eleventh month of the year 十一月

now /naʊ/ *adv.* **1** at the present time 現在: *You can't see Trevor because he is at school now*. 你見不到德峰, 因爲他正在上課。**2** at once; immediately 立刻; 馬上: *Don't wait – do it now!* 别等了, 馬上就做吧! ***from now on***, after this; in future 從此以後; 今後: *This is the last time I go with you – from now on you must go alone*. 這是最後一次我陪你了, 以後你得自己去了。***now and then, now and again***, sometimes 有時; 不時地: *Susan comes to see me now and then but not very often*. 素珊有時來看我, 但是不很經常。

nowadays /ˈnaʊədeɪz/ *adv.* at the present time 目下; 現今: *There were no television when my grandmother was a child but nowadays most people have one*. 我祖母小時候還没有電視, 而現今大多數家庭都有一部。

nowhere /ˈnəʊweə(r)/ *adv.* at, in, or to no place; not anywhere 任何地方都不: *He went to look for Maurice but could find him nowhere*. 他去找莫禮思, 但是哪兒也找不到。

nudge /nʌdʒ/ *v.* touch or push someone gently with your elbow 用肘輕推: *Nudge me if I fall asleep in the film, will you?* 如果我看電影時睡着了, 請你推我一下好嗎? **nudge** *n.*: *He gave me a nudge*. 他輕輕推了我一下。

nuisance /ˈnju:sns/ *n.* person or thing that gives you worry or trouble 討厭的人或東西; 麻煩: *The rain is a nuisance when we want to have a picnic*. 我們正想去野餐, 卻下了一場雨, 真討厭。

numb /nʌm/ *adj.* with no feeling 麻木的; 没有感覺的: *My hands were numb because they were so cold*. 我的手麻木了, 因爲太冰涼。

number¹ /ˈnʌmbə(r)/ *n.* **1** word or figure like '2', 'two', '40', 'forty', etc. 數; 數字: *There is a large number of boys in this class*. 這班有很多男孩子。**2** group of more than one person or thing 一羣; 一些; 若干 ***a number of***, some; a lot of 一些; 許多: *I have a number of letters to write*. 我有一些信要寫。

number² *v.* put a figure on something; give a figure to someone 給…編號: *Number the pages of your exercise book*. 把你的練習簿編上頁碼。 **numbered** /ˈnʌmbəd/ *adj.* with a number 有號碼的: *The seats in a theatre are usually numbered*. 劇院裏的座位通常是有編號的。

number-plate /'nʌmbə pleɪt/ *n.* flat piece of metal at the front and back of a car, which shows the car's licence number 車牌; 號碼牌: *The number-plate on my car is BC 6533.* 我的車牌號碼是 BC 6533.

numeral /'nju:mərəl/ *n.* number; figure 數字; 數目: *'2', '7', and '140' are numerals.* 2,7, 以及140都是數字。

numerous /'nju:mərəs/ *adj.* very many 爲數衆多的: *She writes a lot of letters because she has numerous friends.* 她寫很多信, 因爲她有很多朋友。

nun /nʌn/ *n.* woman who lives with a group of other women to serve a religion 修女; 尼姑 **nunnery** /'nʌnərɪ/ *n.* place where nuns live and work 女修道院; 尼姑庵

nurse [1] /nɜ:s/ *n.* **1** someone whose job is to look after people who are sick or hurt 護士: *In hospital the nurses helped me to wash.* 在醫院裏護士幫我清洗。 **2** woman or girl whose job is to look after babies and small children 保姆 **nursing** *n.* **nursing** *adj.*

nurse [2] *v.* look after people who are sick or hurt 護理; 看護: *Mother nursed Bob until he was well again.* 媽媽照料阿寶, 直到他恢復健康。

nursery /'nɜ:sərɪ/ *n.* (*pl.* nurseries) **1** special room for small children 育嬰室; 幼兒室 **2** place where a baby or small child can stay while the mother goes out to work 托兒所 **nursery rhyme** *n.* poem or song for young children 兒歌; 童謠 **nursery school** *n.* school for very young children 幼兒園

nut /nʌt/ *n.* **1** hard fruit of a tree or bush 堅果: *walnuts* 胡桃; *peanuts* 花生; *hazelnuts* 榛子 **nutshell** /'nʌtʃel/ *n.* hard outside case of a nut 堅果的外殼 ***be nuts***, be mad 發瘋 **2** small piece of metal with a hole that you can put on the end of a screw or bolt to hold it tightly 螺母; 螺帽: *nuts and bolts* 螺母和螺拴

nylon /'naɪlɒn/ *n.* (no *pl.*) strong thread, made by machines, for making cloth, brushes, etc. 尼龍 **nylon** *adj.* **nylons** /'naɪlɒnz/ *n.* women's stockings (婦女穿的)尼龍長襪

Oo

O, oh /əʊ/ *exclam.* word that shows any strong feeling (表示强烈感情)哦; 哎呀: *Oh what a lovely rose!* 啊, 多好看的玫瑰! **Oh dear!** *exclam.* words to show that you are surprised or not happy (表示驚訝或不高興)哎呀; 哎喲: *Oh dear! I've broken a cup!* 哎呀!我打破了茶杯!

oak /əʊk/ *n.* **1** (*pl.* oaks) sort of tree 櫟樹 **2** (no *pl.*) wood of an oak tree 櫟木 **oak** *adj.*: *an oak table* 櫟木桌子

oar /ɔ:(r)/ *n.* long piece of wood, with one flat end, for rowing a boat 槳; 櫓

oasis /əʊ'eɪsɪs/ *n.* (*pl.* oases) place with water and trees in a desert (沙漠中的)綠洲

oath /əʊθ/ *n.* serious promise 誓言; 誓約: *He took an oath on the Bible to tell the truth in court.* 在法庭裏, 他手放在聖經上發誓要講實話。

oats /əʊts/ *n.* (*pl.*) plant that we use for food 燕麥: *We make porridge from oats.* 我們用燕麥片做粥。

obey /ə'beɪ/ *v.* do what someone has told you to do 服從; 執行: *A good dog obeys his master.* 好狗聽主人的話。 **obedient** /ə'bi:dɪənt/ *adj.*: *an obedient child* 聽話的孩子 **obediently** *adv.* **obedience** /ə'bi:dɪəns/ *n.*

object [1] /'ɒbdʒɪkt/ *n.* **1** thing that you can see or touch 實物; 物體: *There are three objects on my desk: a book, a pencil, and a ruler.* 我的書桌上有三件東西: 一本書、一枝鉛筆和一把尺子。 **2** what you plan to do 目的、目標: *The object of the journey was to visit Grandma.* 這次出門的目的是探望祖母。 **3** *In the sentence 'Frank kicked the ball', the word 'ball' is the object of the verb 'kicked'.* 在 Frank kicked the ball 一句中, ball 是動詞 kicked 的賓語。

object [2] /əb'dʒekt/ *v.* say that you are against something; say that you do not like something 反對; 不喜歡: *He objects to muddy shoes in the house.* 他反對把沾有爛泥的鞋穿進房子。 **objection** /əb'dʒekʃn/ *n.* ***have an objection to***, be against something 反對: *Have you any objection to my smoking?* 你反對我抽煙嗎?

oblige /ə'blaɪdʒ/ *v.* ***be obliged to***, have to do something 不得不做; 被迫: *I was obliged to walk home because the car would not start.* 我不得不走路回家, 因爲汽車啓動不了。

oblong /'ɒblɒŋ/ *n.* shape with four straight sides and four right angles 長方形 **oblong** *adj.*: *Most envelopes are oblong.* 大多數信封都是長方形的。

observation /ˌɒbzə'veɪʃn/ *n.* (no *pl.*) watching carefully; being watched carefully 觀察; 注視 ***be under observation***, be watched 被觀察; 被監視: *The sick man is under observation in hospital.* 病人在醫院裏接受觀察。 ***keep someone under observation***, watch someone carefully 密切觀察; 監視: *The detective was keeping the house under observation because he thought the* *murderer lived there.* 偵探正密切注視着這座房子的動靜, 因爲他認爲殺人犯住在裏面。

observe /əb'zɜ:v/ *v.* see or watch someone or something carefully 觀察; 監視: *The trainer observed the players as they trained on the field.* 運動員在操場上練習時, 教練仔細觀察着。

obstacle /'ɒbstəkl/ *n.* something that stands in your way so you must get over or round it before you can go on 障礙物: *He jumped over the obstacle and ran on.* 他跳過了障礙物, 繼續往前跑。

obstinate /'ɒbstɪnət/ *adj.* not willing to change your ideas 固執的; 頑固的: *The obstinate donkey would not walk any further.* 那頑固的驢不肯再往前走。 **obstinately** *adv.*

obstruct /əb'strʌkt/ *v.* stand in the way of something 阻礙; 堵塞: *A bus broke down and obstructed the traffic.* 一輛公共汽車壞了, 阻塞交通。 **obstruction** /əb'strʌkʃn/ *n.* something that obstructs 堵塞(物); 障礙(物): *The train had to stop because of an obstruction on the line.* 火車不得不停下來, 因爲鐵路上出現了障礙物。

obtain /əb'teɪn/ *v.* get or buy something 得到; 買到: *Where can I obtain tickets for the boxing match?* 我到哪裏能買到拳擊賽的票?

obvious /'ɒbvɪəs/ *adj.* very clear; easy to see or understand 清楚的; 易懂的; 明顯的 **obviously** *adv.* in a way that is easy to see or understand 顯然; 易懂地; 顯而易見地: *She was obviously thirsty because she drank a lot of water.* 她顯然是渴了, 因爲她喝了很多水。

occasion /ə'keɪʒn/ *n.* **1** a certain time; time when something happens 機會; 時機: *I have travelled in an aeroplane on three occasions.* 我坐飛機旅行已經三次了。 **2** special time (重大的)時刻; 場合; 盛事: *A wedding is a big family occasion.* 婚禮是家庭中一件大事。

occasional /ə'keɪʒənl/ *adj.* happening sometimes, but not very often 有時的; 偶然的; 非經常的 *an occasional visit* 一次偶然的探訪 **occasionally** *adv.* sometimes 偶然地: *I occasionally play badminton but I don't often have time.* 我偶爾打打羽毛球, 但不是常常有時間打。

occupation /ˌɒkjʊ'peɪʃn/ *n.* **1** (*pl.* occupations) job 工作; 職業: *What is your father's occupation?* 你父親做什麼工作? **2** (*pl.* occupations) anything that keeps you busy 使你忙碌的事情; 消遣: *Swimming and canoeing are my favourite occupations.* 游泳和划船是我喜愛的活動。 **3** (no *pl.*) living in a house, country, etc. 居住; 佔據: *Their occupation of the flat lasted only for six months.* 他們在這個住宅單位只居住了六個月。 **4** taking and keeping a country, town, etc. in war 佔領

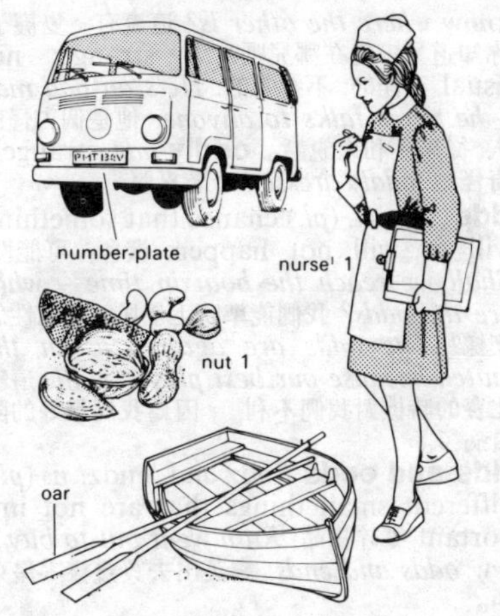

occupy /'ɒkjʊpaɪ/ *v.* **1** live in a place 居住: *Grandmother occupies the room on the ground floor of our house.* 祖母住在我們家地下一層的房間裏。 **2** take and keep a country, town, etc., in war 佔領: *The Normans occupied England from 1066.* 諾曼第人於1066年佔領英格蘭。 **3** fill time; take someone's time 佔時間; 從事於: *The repair occupied him for five hours.* 修理工作佔了他五個小時。 **occupied** /'ɒkjʊpaɪd/ *adj.* busy 忙碌的: *I can't come for a moment – I'm occupied.* 我現在不能來, 我正忙着。

occur /ə'kɜ:(r)/ *v.* (*pres. part.* occurring, *past part. & past tense* occurred /ə'kɜ:d/) happen 發生; 出現: *The accident occurred when the bus hit the big lorry.* 公共汽車碰撞大貨車, 因而發生交通意外。 ***occur to***, come into your mind 想到; 想起: *It occurred to me that she didn't know our new address.* 我想起了, 她不知道我們的新住址。

ocean /'əʊʃn/ *n.* great sea 海洋; 大海: *If you go from England to America by ship, you will sail across the Atlantic Ocean.* 你如果從英國坐船到美國去, 你就會橫渡大西洋。

o'clock /ə'klɒk/ *adv.* word that shows what hour of the day it is 點鐘: *What time is it? It's six o'clock.* 現在幾點了? 六點了。

October /ɒk'təʊbə(r)/ *n.* tenth month of the year 十月

odd /ɒd/ *adj.* **1** that you cannot divide exactly by 2 奇數的; 單數的: *1, 3, 5, and 7 are odd numbers; 2, 4, 6, and 8 are even numbers.* 1, 3, 5, 7是奇數; 2, 4, 6, 8是偶數。 **2** not with the other of the pair 單個的; 不成對的: *Here's an odd sock – do you* *know where the other is?* 這裏有一隻襪子, 你知道另一隻在哪兒嗎? **3** strange; not usual 奇怪的; 不尋常的: *He's an odd man – he never talks to anyone.* 他是個古怪的人, 從來不和人説話。 **oddly** *adv.* strangely 奇怪地: *oddly dressed* 奇裝異服

odds /ɒdz/ *n.* (*pl.*) chance that something will or will not happen 機會; 可能性: *Shall we reach the boat in time – what are the odds?* 我們能準時上船嗎? 可能性怎麼樣? *The odds are against us in the match because our best player is ill.* 這次比賽的時機對我們不利, 因爲我們最好的隊員病了。

odds and ends /ˈɒdz ənd ˈendz/ *n.* (*pl.*) different small things that are not important 零碎物品: *Ruth went out to buy a few odds and ends.* 露芙出去買幾樣零星東西。

of /ɒv/ *prep.* **1** word that shows what you have and own (表示所有和佔有)…的: *a book of mine* 我的一本書 **2** word that shows what you are to another person 表示和別人的關係: *a cousin of ours* 我們的一個表兄; *a friend of my mother's* 母親的一個朋友 **3** word that shows amount 表示數量: *a pound of butter* 一磅牛油 **4** word that shows what is inside a thing 表示內容: *a cup of tea* 一杯茶 **5** word that shows what sort 表示種類: *a piece of wood* 一塊木料 **6** word that shows how something is made 表示材料: *a ring of gold* 一隻金戒指 **7** word that describes 用於描寫: *a man of wealth* 有財富的人 **8** word that shows place 表示地點: *the end of the road* 路的盡頭 **9** word that shows how far 表示距離: *20 kilometers north of Bradford* 布拉福以北二十公里 **10** word that shows who has written something 表示作者: *the plays of Shakespeare* 莎士比亞寫的戲劇 ***of course***, certainly 當然

off[1] /ɒf/ *adv.* **1** not on; away from the place where it was 脱開; 去掉: *Carol took her clothes off to have a bath.* 凱洛脱下衣服洗澡。**2** not on; out, so that it is not working 關上; 斷絶: *Please put the lights off when you leave the room.* 請你離開房間時關上電燈。**3** away 在遠處: *We can walk to the station because it is not far off.* 我們可以步行去火車站, 因爲離這裏不遠。**4** away to another place 離開: *He went off by train at 11 o'clock.* 他十一點坐火車走了。**5** apart; not joined 分開; 不在一起: *The cup's handle broke off.* 茶杯的把折斷了。**6** not at work 不工作: *The cook is having a day off today.* 廚師今天休息。**7** not fresh 不新鮮: *This meat is going off.* 這肉不新鮮了。***badly off***, poor 窮 ***on and off, off and on***, from time to time 時作時輟; 斷斷續續地 ***well off***, rich 富

off[2] *prep.* **1** from; down from; away from 從; 從…向下; 從…離開: *He fell off the roof on to the ground.* 他從房頂掉到地上。**2** near 在…附近; 靠近: *an island off the coast* 靠近海岸的一個島 **3** joining 連着: *a track off the main road* 一條連着大路的小道 **4** not wanting; not liking 不想; 不喜歡: *I'm off my food.* 我不想吃東西。**5** free from 不當班; 不值勤: *A policeman does not wear a uniform when he is off duty.* 警察休班時不穿制服。

offence /əˈfens/ *n.* **1** (*pl.* offences) something that you do against the law or against the rules; crime 犯法; 犯規; 罪過: *Driving without lights at night is an offence.* 夜間無燈行車是違例的。**2** (no *pl.*) feeling upset and angry 冒犯; 觸怒 ***take offence***, become angry 生氣; 發怒: *He took offence when I said his car was dirty.* 我説他的汽車很髒, 他就生起氣來。

offend /əˈfend/ *v.* make someone angry; hurt the feelings of someone 使生氣; 觸犯; 冒犯: *I offended him when I said he was fat.* 我觸怒了他, 因爲我説他胖。

offender /əˈfendə(r)/ *n.* someone who does something wrong 冒犯者; 罪犯

offer /ˈɒfə(r)/ *v.* **1** hold out something that you want to give to someone 奉送; 拿出: *Gail offered me a chocolate.* 桂怡送我一塊巧克力。**2** say that you will give, do, or pay something if the other person wants it 許諾; 提供: *At the end of the interview they offered me a job.* 面試結束時, 他們答應給我一份工作。 **offer** *n.: Thank you for your offer of help.* 謝謝您的幫助。

office /ˈɒfɪs/ *n.* **1** room or rooms where you do business 辦公室; 辦事處: *My sister is a secretary in the office of a school.* 我的姐姐在一間學校的辦公室裏當秘書。 **office block** *n.* big building with many offices 辦公大樓 **2** building for government work 政府機關(部、局、處等): *a post office* 郵政局 **3** important job in the government, in a society, etc. 公職; 要職 ***take office***, get an important job 就職; 上任: *The new prime minister has just taken office.* 新總理剛剛就職。

officer /ˈɒfɪsə(r)/ *n.* **1** someone who gives orders to others in the army, navy, etc. 軍官 **2** someone who does important work, especially for the government 公務員; 官員: *a customs officer* 海關官員; *police officers* 警官

official[1] /əˈfɪʃl/ *adj.* from a person with authority 官方的; 正式的: *an official report* 一則官方報導 **officially** *adv.: We think he has got the job but they will tell him officially on Friday.* 我們認爲他已經得到了這份工作, 不過他們星期五才正式通知他。

official[2] *n.* someone who does important work, especially for the government

官員; 政府官員: *An official at the railway station said the train would arrive late.* 火車站的一位官員說這列火車將晚點到達。

often /'ɒfn/ *adv.* many times 多次; 經常: *We often play football after school.* 放學後我們常踢足球。***every so often***, sometimes 有時

oh, O /əʊ/ *exclam.* word that shows any strong feeling (表示强烈感情)哦; 哎呀

oil /ɔɪl/ *n.* **1** fatty liquid that comes from plants or animals 油: *She cooked the fish in oil in a pan.* 她把魚放在平底鍋上用油煎。**2** thick liquid that comes from under the ground 石油: *I must put some more oil in the car.* 我得給汽車再加點油。***strike oil***, find oil in the ground 發現油礦 **oil** *v.* put oil on to a machine, etc. 加油; 上油: *Rachel oiled her bicycle.* 瑞琪給她的腳踏車上了油。

oil-colours /'ɔɪl kʌləz/, **oils** /ɔɪlz/ *n.* (*pl.*) oily sort of paint for painting pictures 油畫顏料

oil-drilling /'ɔɪl drɪlɪŋ/ *n.* (no *pl.*) digging for oil under the ground 鑽探石油

oil-painting /'ɔɪl peɪntɪŋ/ *n.* picture painted with oily paints 油畫

oil-rig /'ɔɪl rɪg/ *n.* special building with machines that dig for oil under the sea or on land 石油鑽塔

oil-tanker /'ɔɪl tæŋkə(r)/ *n.* ship or big lorry that carries oil 油輪; 運油車

oil-well /'ɔɪl wel/ *n.* deep hole in the ground, where petroleum oil comes from 油井

oily /'ɔɪlɪ/ *adj.* **1** of oil; like oil 油的; 油狀的: *Butter gets oily on a hot day.* 熱天牛油變成液體狀。**2** covered with oil, fat, etc. 沾滿油的; 油膩的: *oily fingers* 沾滿油的手指

ointment /'ɔɪntmənt/ *n.* cream that you put on the skin, etc. to make it well 藥膏; 油膏; 軟膏

O.K., okay /ˌəʊ'keɪ/ *exclam.* yes; all right 好; 行: *'Will you come with me?' 'O.K. I will.'* "你和我一起去嗎?" "好, 我跟你一起去。" **O.K., okay** *adj.* all right 行; 可以: *Is it O.K. to park my car here?* 我可以在這兒停車嗎?

old¹ /əʊld/ *adj.* **1** of age; long since birth ... …歲的: *How old are you?* 你幾歲(多大)了? *I am twelve years old.* 我十二歲。**2** not young; having lived a long time: 年老的: *My great-grandfather is very old.* 我的曾祖父很老了。**3** not new; that was made or bought long ago; not fresh 舊的; 古(老)的; 不新鮮的: *She gave away her old coat and bought a new one.* 她把舊大衣送給別人, 又買了一件新的。**4** known a long time 早已相識的; 老: *Grace is an old friend; I have known her since we first went to school.* 葛瑞絲是我的老朋友, 我們自從開始上學就認識了。

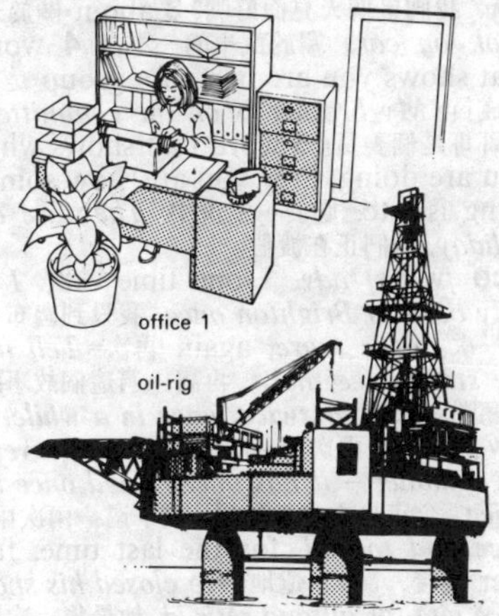

old² *pron.* (*pl.*) **the old**, old people 老年人

old-fashioned /ˌəʊld 'fæʃnd/ *adj.* not modern; old in style 過時的; 老式的: *Clothes of 20 years ago look very old-fashioned today.* 二十年前的衣服現在看起來款式很舊。

omelette /'ɒmlɪt/ *n.* eggs that you beat together and cook in butter 炒雞蛋; 煎蛋餅

omit /ə'mɪt/ *v.* leave something out 省略; 遺漏: *When we sing the next hymn, we shall omit the second verse.* 我們唱下一首聖詩時, 不唱第二節。

on¹ /ɒn/ *adv.* **1** word that shows where 在上: *It's cold, so put a warm coat on.* 天氣冷, 穿上一件暖和的大衣吧。**2** so that it is working (電燈水管等)接通了: *It's dark, so put the lights on.* 天黑了, 開電燈吧。**3** moving forward or ahead 向前: *You can't park here, so drive on.* 你的車不能停在這裏, 請往前駛。**4** happening 發生中: *We'll go to the cinema if there's a good film on.* 如果有好電影上映, 我們就去看電影。***from now on***, after this 今後; 從現在起: *He's left school and will go to work from now on.* 他已經離開學校, 從今以後就要工作了。***and so on***, and other things of the same kind; et cetera 等等: *Grandma knits pullovers, gloves, scarves, and so on.* 祖母編織套頭衫、手套、圍巾等等東西。***on and on***, without stopping 不停地; 一直進行着: *It was a very long concert; the music went on and on.* 那是一個很長的音樂會, 音樂一直不停地演奏着。

on² *prep.* **1** word that shows where (表示地點)在…上: *The boat is on the river.* 那艘船在河上。*The number is on the door.* 號碼在門上。**2** word that shows when (表示時間)在…的時候: *Shall we meet on Sun-*

day? 我們星期天見面好嗎? **3** about 關於: *a book on cars* 關於汽車的一本書 **4** word that shows you are part of a group 是…的成員: *My brother is on the committee.* 我哥哥是個委員。**5** word that shows what you are doing, how you are, how something is, etc. 處於…情況中: *They are on holiday.* 他們正在渡假。

once /wʌns/ *adv.* **1** one time 一次: *I've only been to Brighton once.* 我只到過布來頓一次。***once more***, again 再次: *Tell me the story once more.* 再講一遍這個故事給我聽吧。***once or twice, once in a while***, a few times 一兩次; 幾次: *It has been a very dry summer – it has only rained once or twice.* 今年夏季非常乾旱, 只下過一兩次雨。***once and for all***, for the last time; for ever 最後一次; 永遠地: *He closed his shop once and for all and retired.* 他最後一次關上他的商店大門後, 就退休了。***at once***, (***a***) now; immediately 立刻; 馬上: *Come here at once!* 馬上來! (***b***) at the same time 同時: *I can't do two things at once.* 我不能同時做兩件事情。***all at once***, suddenly 突然: *All at once, a bird flew out of the bushes.* 突然, 一隻鳥從樹叢中飛了出來。**2** at some time in the past 從前; 曾經: *Once he lived in America but now he lives in England.* 他從前住在美國, 但是現在住在英國。***once upon a time***, a long time ago 很早以前; 從前 **3** as soon as 一旦; 一…就: *Once you learn to ride a bicycle you can go to school on it.* 你一旦學會了踏腳踏車, 就可以騎車上學了。

one[1] /wʌn/ *adj.* **1** a 一: *I am going away for one week.* 我打算離開這裏一個星期。**2** single 獨一的: *I can only find one sandal.* 我只找到了一隻涼鞋。**3** the same 同一的: *The birds all flew away in one direction.* 鳥都朝着一個方向飛走了。

one[2] *n.* number 1 一: *One and one make two (1+1=2).* 一加一等於二。***one by one***, one after the other; one at a time 一個接一個地; 一次一個地: *The cows walked through the gate one by one.* 母牛一頭接一頭地進了大門。

one[3] *pron.* (no *pl.*) **1** a single thing 一個: *I'll have one of those oranges, please.* 請給我一個那種橙吧。**2** a person; any person 一個人; 任何人: *One can fly to America in Concorde in three hours.* 乘和諧式飛機三小時就能到美國。***one another***, each other 彼此; 相互: *The three men never speak because they don't like one another.* 那三個人從來不交談, 因爲他們誰也不喜歡誰。**3** word that we have instead of a person or thing (用來代替人或物): *Two boys were playing and the fat one hit the thin one.* 兩個男孩在玩, 胖的打了瘦的。

oneself /wʌn'self/ *pron.* (no *pl.*) a person's own self 自身; 自己: *One can see oneself in the mirror.* 照鏡子可以看見自己。***by oneself***, alone 獨自地

onion /'ʌnɪən/ *n.* round vegetable with a strong smell and taste 洋葱

only[1] /'əʊnlɪ/ *adj.* **1** that is the one person, thing, or group of a certain sort 唯一的; 僅有的: *Jeremy is the only friend who lives near; all my other friends live far away.* 哲里米是我唯一住得近的朋友; 其餘的都住得遠。***an only child***, a child with no brothers or sisters 獨生子(女) **2** best 最好的: *The only thing to do on a hot day is to go swimming.* 在熱天, 唯一可以做的事只有游泳。

only[2] *adv.* **1** no one more than; nothing more than; exactly 只; 僅僅: *Only five children came to the party because the others are all sick.* 只有五個孩子來參加聚會, 因爲其餘的都病了。**2** just 只是; 才: *He only walks to save money – he doesn't really like walking.* 他只是爲了省錢而步行, 並不是真的喜歡步行。

only[3] *conj.* but 但是: *The bag is just what I want, only it costs too much.* 這個提包正是我想要的, 但是太貴了。

on to /'ɒn tu:/, /'ɒntə/ *prep.* to a place 向; 朝; 到: *I threw a log on to the fire.* 我把一根木頭投到火裏去。

onward /'ɒnwəd/, **onwards** /'ɒnwədz/ *adv.* **1** to the front; forward 向前; 朝前: *He drove onwards.* 他把車向前駛。**2** after a certain time 某一時刻之後: *I shall be at home from 8 o'clock onwards.* 八點鐘以後我就在家。

ooze /u:z/ *v.* flow out slowly 慢慢流出; 滲出: *Blood oozed out when David cut his hand.* 大衛刺傷手後, 血慢慢地流出來了。

open[1] /'əʊpən/ *adj.* **1** not closed; so that people or things can go in and out 開着的: *Leave the windows open, so that fresh air can come into the room.* 讓窗户開着吧, 這樣新鮮空氣就能進到房間裏來。**2** not covered 無遮蓋的: *an open market* 露天市場 **3** not closed; so that you can look in 無封口的; 開口的: *an open box* 開口的盒子; *an open book* 攤開的書 **4** ready for business 在營業的: *When is the post office open?* 郵局什麼時候營業? **5** not for a special group 公開的; 開放的: *The competition is open to all children.* 所有孩子都可以參加這次比賽。

open[2] *n.* (no *pl.*) ***in the open***, in the open air; outside 露天的; 在户外; 在野外

open[3] *v.* **1** unfasten something so that people or things can go in, out, or through it 打開: *He opened the door so that I could come in.* 他開門讓我進來。**2** move so that you can see inside, underneath, etc. 掀開; 張開: *The baby's mouth opened and it began to cry.* 嬰兒張開嘴哭起來。**3** unfold something 展開; 鬆開:

Open your hand and let me see what you have in it. 你攤開手讓我看看你拿的是什麼。**4** begin; start to happen 開始: *The meeting opens at ten o'clock.* 會議十點鐘開始。***open fire***, start shooting 開槍; 開火 **5** say that something can begin or is ready 使開始; 開張: *The governor opened the new hospital.* 總督宣佈這所新醫院正式啓用。

opener /ˈəʊpnə(r)/ *n.* thing that takes the lid, etc. off something 起蓋器; 開瓶器: *a tin-opener* 開罐頭刀

opening /ˈəʊpnɪŋ/ *n.* **1** way in or out 開口: *The cattle got out of the field through an opening in the fence.* 牛從圍欄缺口跑出了牧場。**2** beginning 開始; 開端: *We were too late to see the opening of the game.* 我們來不及觀看比賽的開始。

openly /ˈəʊpənlɪ/ *adv.* not secretly; freely 公開地; 直率地

opera /ˈɒprə/ *n.* a play where the actors sing but do not speak much 歌劇 **opera house** *n.* theatre for operas 歌劇院; 劇院 **operatic** /ɒpəˈrætɪk/ *adj.: operatic music* 歌劇音樂

operate /ˈɒpəreɪt/ *v.* **1** function; work 起作用; 操作; 運轉: *How does this machine operate?* 這部機器是怎樣操作的? **2** make something work 操縱: *It is not difficult to operate a lift.* 控制電梯升降並不困難。**3** cut into someone's body to mend a part inside 開刀; 動手術: *The doctor will operate on her leg tomorrow.* 醫生明天給她的腿動手術。

operation /ˌɒpəˈreɪʃŋ/ *n.* **1** (no *pl.*) working; the way something works 工作; 運轉 **2** (*pl.* operations) doctor's work when he cuts into your body to mend a part inside 手術: *an operation to take out the appendix* 切除闌尾的手術

operator /ˈɒpəreɪtə(r)/ *n.* someone who makes something work 操作人員: *a telephone operator* 電話接線生

opinion /əˈpɪnɪən/ *n.* what you believe or think about something 意見; 看法: *What is your opinion of her work?* 你對她的工作有什麼意見?

opponent /əˈpəʊnənt/ *n.* someone with whom you fight, argue, or play a game 敵手; 對手: *The boxer beat his opponent.* 這位拳擊運動員打敗了對手。

opportunity /ˌɒpəˈtju:nətɪ/ *n.* (*pl.* opportunities) chance; what will perhaps happen; time for you to do something 機會; 時機: *I was in a hurry this morning so I had no opportunity to read my letters.* 我今天上午很匆忙, 所以没有時間看信。

oppose /əˈpəʊz/ *v.* be against someone or something; fight someone or something 反對; 反抗: *His father did not oppose his plan to study in America.* 他父親不反對他到美國讀書的計劃。

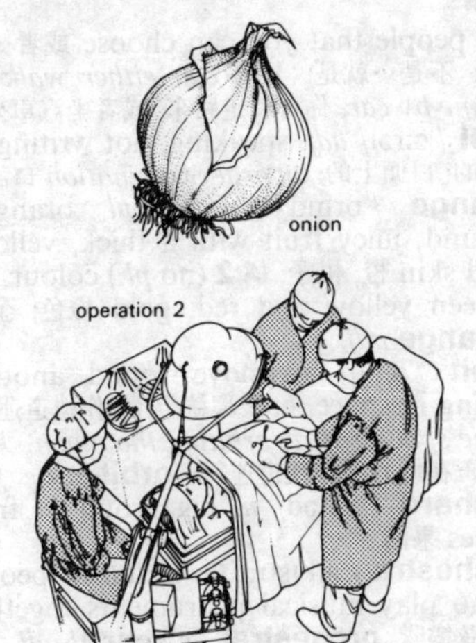

opposite[1] /ˈɒpəzɪt/ *adj.* **1** across from where you are; other 對面的: *You must cross the bridge if you want to get to the opposite bank of the river.* 如果你要到河的對岸, 你必須過橋。**2** totally different 相反的; 對立的: *North is the opposite direction to south.* 北是南的相反方向。 **opposite** *adv.: They don't live on this side of the road – they live opposite.* 他們不是住在馬路這邊, 他們住在那邊。

opposite[2] *n.* word or thing that is totally different 反義詞; 相反的事物: *Hot is the opposite of cold.* 熱是冷的反義詞。

optimist /ˈɒptɪmɪst/ *n.* someone who believes the best will happen, and is full of hope 樂觀主義者: *Don't worry about the exams – be an optimist.* 不要擔心考試, 做個樂觀主義者吧。 **optimistic** /ˌɒptɪˈmɪstɪk/ *adj.* **optimistically** *adv.: 'I'm sure I'll do well,' said Susan optimistically.* 素珊樂觀地說, "我肯定能做得好。"

option /ˈɒpʃn/ *n.* one of the things that you can do, choose, etc. 可選擇的事物: *If you want to learn a foreign language, French and German are the options.* 如果你想學一門外語, 可以選擇法語或德語。

optional /ˈɒpʃənl/ *adj.* that you can choose to do or have 選擇的; 隨意的: *All pupils must learn English but music is an optional subject.* 所有的學生都必須學英語, 音樂則是選修科。

or /ɔ:(r)/ *conj.* **1** word that shows another person, thing, idea, etc. 或者; 還是: *Is the light red or green?* 那燈是紅的還是綠的? **2** if not, then 要不; 否則: *Hurry or you'll be late.* 快點, 要不然你就遲到了。***or else***, if not, then 要不, 否則: *Hurry or else you'll be late.* 快點, 要不然你就遲到了。***either … or***, words to show two different things or people that you can choose 或者…或者; 不是…就是: *You can either walk or come by car.* 你可以走路來, 或者坐汽車來。

oral /ˈɔ:rəl/ *adj.* speaking, not writing 口述的; 口頭上的: *an oral examination* 口試

orange /ˈɒrɪndʒ/ *n.* **1** (*pl.* oranges) round, juicy fruit with a thick, yellow-red skin 橙; 柑子; 橘 **2** (no *pl.*) colour between yellow and red; gold 橙色; 金色 **orange** *adj.*

orbit /ˈɔ:bɪt/ *v.* move round another thing in space, etc. 環繞(天體)作軌道運行: *The spacecraft is orbiting the moon.* 太空船正在繞月亮作軌道運行。**orbit** *n.*

orchard /ˈɔ:tʃəd/ *n.* big group of fruit trees 果園

orchestra /ˈɔ:kɪstrə/ *n.* group of people who play musical instruments together 管弦樂隊 **orchestral** /ɔ:ˈkestrəl/ *adj.*: *an orchestral concert* 管弦音樂會

ordeal /ɔ:ˈdi:l/ *n.* time of great trouble or pain 折磨; 嚴峻考驗: *He had a terrible ordeal when he was lost in the mountains for a week with no food.* 他在深山裏迷路了一個星期, 又沒有食物, 經歷了可怕的考驗。

order¹ /ˈɔ:də(r)/ *n.* **1** (no *pl.*) way you arrange or place things or people 次序; 順序: *He wrote a list of children in order of age.* 他按年齡順序把孩子們列了一張表。**2** (no *pl.*) when things are placed with care, working well, etc. 整齊; 有條理: *There is always order on a good ship.* 頭等輪船上總是井井有條。***in order, in good order,*** (***a***) neat; tidy 整齊; 整潔 (***b***) as it should be 情況良好: *Sam always keeps his bicycle in good order.* 阿山總是把他的腳踏車保養得很好。***out of order***, not working 出了毛病; 發生故障: *I couldn't ring because the phone was out of order.* 我沒法打電話, 因爲電話機壞了。**3** (no *pl.*) when there is peace and calm and everyone is doing what is right 秩序: *Our boss likes order in the office.* 我們的上司喜歡辦公室裏有秩序。***keep someone in order***, control someone 控制某人: *The police kept the crowd in order.* 警察使羣衆守秩序。**4** (*pl.* orders) words that tell someone to do something 命令: *The officer gave the soldiers an order to march.* 軍官給士兵下達了行軍的命令。**5** (*pl.* orders) asking a shop, etc. to get or send something to you 定貨; 定貨單: *He sent an order for groceries.* 他定了一些食物雜貨。***in order that***, so that 以便; 爲了: *I posted the letter today in order that you'd get it tomorrow.* 我今天把信發了以便你明天能收到。***in order to***, so that you can do something 以便; 爲着: *He stood on the chair in order to take the book from the top shelf.* 他站在椅子上以便從書架最上層把那本書拿下來。***on order***, that you have asked a shop, etc. to get for you 已經定購: *My new bike is on order and should arrive next week.* 我定購了一輛新腳踏車, 下個星期應該送來。

order² *v.* **1** tell someone to do something 命令; 吩咐: *When Muriel was ill the doctor ordered her to stay in bed.* 穆麗兒生病時, 醫生吩咐她卧牀休息。**2** ask a shop, etc. to send something; ask for a meal in a restaurant, etc. 定貨; 叫飯; 點菜: *When the waiter came we ordered steak and chips.* 侍應生到來時, 我們要了牛排和炸薯片。

ordinary /ˈɔ:dnrɪ/ *adj.* usual; not special 普通的; 平常的: *On ordinary days I get up at 8 o'clock, but on my birthday I was up early.* 平時我八點起牀, 但在生日那天我起得更早。**ordinary** *n.* ***out of the ordinary***, unusual; strange 不平常的; 奇怪的: *Did you see anything out of the ordinary?* 你看到什麼不尋常的東西嗎? **ordinarily** *adv.* usually 普通的

ore /ɔ:(r)/ *n.* kind of rock or earth from which you get metal 礦石; 礦砂: *iron ore* 鐵礦; *tin ore* 錫礦

organ /ˈɔ:gən/ *n.* big musical instrument with keys like a piano 風琴: *There is usually an organ in a church.* 教堂裏通常有一座風琴。 **organist** /ˈɔ:gənɪst/ *n.* someone who plays an organ 風琴手

organization /ˌɔ:gənaɪˈzeɪʃn/ *n.* **1** (no *pl.*) planning something 計劃; 組織: *She's busy with the organization of her daughter's party.* 她正忙於籌劃她女兒的聚會。**2** (*pl.* organizations) group of people, countries, etc., who are working together for some purposes 組織; 團體: *United Nations Organization* 聯合國組織

organize /ˈɔ:gənaɪz/ *v.* plan something; control things or people 組織; 控制: *Our teacher has organized a class trip to Stratford-upon-Avon.* 老師安排我們一班同學到亞芬河畔的斯特拉福旅行。

oriental /ˌɔ:rɪˈentl/ *adj.* eastern 東方的: *China is an oriental country.* 中國是個東方國家。

origin /ˈɒrɪdʒɪn/ *n.* beginning; start of anything 由來; 起源: *What was the origin of Man?* 人類的始祖是什麼?

original¹ /əˈrɪdʒənl/ *adj.* **1** first; earliest 最早的; 最先的; 最初的: *I have the bicycle now but my sister was the original owner.* 我姐姐原是這輛腳踏車的物主, 但現在是我的了。**2** that is real, not a copy 原作的; 非仿製的: *original paintings* 原畫

original² *n.* thing of which there are copies 原作; 原版; 原稿; 原物: *This is a good copy of the painting – the original is in the National Gallery.* 這張畫是一幅很好的複製品, 原作保存在國家美術館裏。

originally /ə'rɪdʒənəlɪ/ *adv.* in the beginning; at first 原來; 當初: *This hotel was originally the house of a duke.* 這家酒店當初是一位公爵的房子。

ornament /'ɔ:nəmənt/ *n.* extra thing that you add to make something beautiful 裝飾品: *stone ornaments of animals in a garden* 花園裏的石製動物陳設品 **ornamental** /,ɔ:nə'mentl/ *adj.*

orphan /'ɔ:fn/ *n.* child whose parents are dead 孤兒 **orphanage** /'ɔ:fənɪdʒ/ *n.* home for orphans 孤兒院

ostrich /'ɒstrɪtʃ/ *n.* (*pl.* ostriches) very big bird from Africa that runs fast but cannot fly 駝鳥

other[1] /'ʌðə(r)/ *adj.* not the same; opposite 别的; 另外的; 對面的: *He walked across the road to the other side.* 他橫過馬路到了對面。***the other day***, not many days ago 幾天前: *I saw your brother the other day.* 我幾天前見到你哥哥。***some ... or other***, words that show you are not sure 某一: *I'll come and see you some time or other when I am free.* 我有空就來看你。

other[2] *pron.* (no *pl.*) someone or something that is not the same 另外的(人或物): *This book is mine and the other is Adrian's.* 這本書是我的, 另一本是艾德里恩的。

otherwise /'ʌðəwaɪz/ *adv.* **1** differently 别樣; 不同地: *My father wanted me to become a farmer, but I decided otherwise.* 我父親要我當農民, 但是我決定做别的職業。**2** apart from that; if you forget that 除此以外; 别的方面: *The house is small, but otherwise it is comfortable.* 房子雖小, 但很舒適。**otherwise** *conj.* if not 要不; 否則: *Walk slowly on the ice, otherwise you'll fall.* 你在冰上要走慢些, 以防滑倒。

ought /ɔ:t/ *v.* ***ought to***, (***a***) words that tell someone what is the right thing to do 應該: *It's late so I ought to go home.* 時間不早, 我該回家了。(***b***) words that show what you think will happen 該會; 理應: *Bruce is the fastest runner, so he ought to win the race.* 博思跑得最快, 所以這場賽跑他該會勝出。

ounce /aʊns/ *n.* measure of weight = 28.3 grams 安士(=28.3克)

our /ɑ:(r)/, /'aʊə(r)/ *adj.* of us 我們的: *Come and see us at our house.* 請到我們家來看看我們。 **ours** *pron.* thing that belongs to us 我們的(東西): *This house is ours.* 這座房子是我們的。

ourselves /ɑ:'selvz/, /aʊə'selvz/ *pron.* (*pl.*) **1** word that describes us when we have just been talked about 我們自己: *We hurt ourselves when we fell over.* 我們跌傷了。**2** we and no other people 我們自己(不是别人); 我們親自: *We made this ourselves.* 這是我們親手做的。***by ourselves***, alone 我們獨自地; 我們單獨地

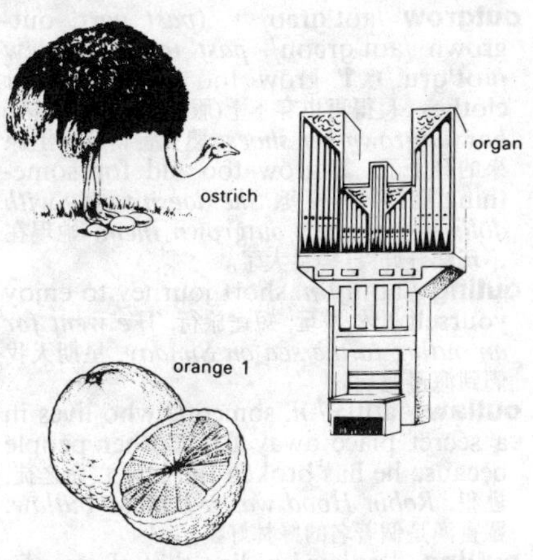

out /aʊt/ *adv.* **1** away from a place; from inside 離開; 向外: *When you go out, please close the door.* 你出去時, 請關上門。**2** not at home, in the office, etc. 不在裏邊; 在外: *Mr. Johnson is out and will be back in two hours.* 約翰遜先生出去了, 兩小時後回來。**3** open; that you can see clearly 顯露出來; 突出地: *It was hot when the sun came out.* 太陽出來後天氣很熱。**4** not shinning or burning 熄滅: *It was dark because the light had gone out.* 這裏很黑, 因爲電燈熄滅了。**5** loudly; clearly 大聲地; 清楚地: *He cried out in pain.* 他痛得大叫。**6** forwards; towards someone or something 向前; 朝: *Hold your hands out.* 把你的手伸出來。***all out, flat out***, doing the best you can 盡最大努力: *He can run 100 metres in fifteen seconds when he is going all out.* 當他悉力以赴時, 十五秒鐘就能跑完一百米。***out and out***, total 十足; 徹頭徹尾: *He's an out and out thief!* 他是個十足的賊!

outbreak /'aʊtbreɪk/ *n.* sudden beginning 爆發: *There was an outbreak of typhoid in the city.* 傷寒在這個城市突然蔓延開來。

outdoor /aʊt'dɔ:(r)/ *adj.* in the open air; that happens outside a building 露天的; 户外的: *Football and cricket are outdoor games.* 足球和板球都是户外運動。 **outdoors** *adv.* in the open air; outside 野外; 在室外: *We had our lunch outdoors.* 我們在户外吃午飯。

outer /'aʊtə(r)/ *adj.* of or for the outside; farther from the centre 外部的; 遠離中心的: *the outer parts of the city* 市郊

outfit /'aʊtfɪt/ *n.* set of clothes that you wear together, for sport or a special happening (運動、演出等場合穿的)套裝

outgrow /aʊt'grəʊ/ *v.* (*past part.* outgrown /aʊt'grəʊn/, *past tense* outgrew /aʊt'gruː/) **1** grow too big for your clothes 長得再也穿不上(服裝): *The baby has outgrown her shoes.* 嬰兒長得穿不上原來的鞋子了。**2** grow too old for something 因長大而放棄: *She doesn't play with dolls now – she's outgrown them.* 她現在不玩洋娃娃, 已經長大了。

outing /'aʊtɪŋ/ *n.* short journey to enjoy yourself 出外遊玩; 短途旅行: *We went for an outing to the sea on Sunday.* 星期天我們到海邊遊玩。

outlaw /'aʊtlɔː/ *n.* someone who lives in a secret place away from other people because he has broken the law 亡命之徒; 逃犯: *Robin Hood was a famous outlaw.* 羅賓漢是個著名的綠林好漢。

outline /'aʊtlaɪn/ *n.* line that shows the shape of something 輪廓; 外形: *We could see the outline of the castle through the fog.* 霧中我們能看見城堡的輪廓。

outnumber /aʊt'nʌmbə(r)/ *v.* be more in number than others 數量上超過; 多於: *Male doctors outnumber female doctors.* 男醫生在數量上超過女醫生。

out of /'aʊt əv/ *prep.* **1** words that show where 在…之外; 離開: *Fish cannot live out of water.* 魚離開水就不能活。**2** words that show where from 從…當中; 從…裏面: *It's time you got out of bed.* 你該起牀了。**3** words that show why 出於; 由於: *Audrey helped us out of kindness.* 奧德莉一番好意的幫助我們。**4** words that show part of a group; from among 在…之中; 來自: *Twenty out of a class of thirty children were ill.* 班裏三十個孩子中, 二十個病了。**5** with; from 用…製成; 從…得到: *He made a table out of an old box.* 他用一個舊箱子做了一張桌子。**6** without; not having 缺少; 没有: *We were out of breath after running up the hill.* 我們跑上山後上氣不接下氣。

out-of-date /ˌaʊt əv 'deɪt/ *adj.* **1** not modern 過時的; 不時髦的: *out-of-date clothes* 過時的衣服 **2** with old information 資料過了期的: *an out-of-date list* 一張舊清單

output /'aʊtpʊt/ *n.* (no *pl.*) amount of things that you have made 產量: *What is the output of the factory?* 這家工廠的產量是多少?

outside[1] /ˌaʊt'saɪd/ *adj.* on, near, or in the part away from the centre 外邊的; 遠離中心的: ***an outside toilet*** 室外厠所

outside[2] *adv.* out; from a place 在外邊; 向外: *He went outside to look at the garden.* 他到外邊看花園。

outside[3] *n.* outer part of something 外部; 外面: *The outside of the car is blue.* 那輛汽車的外殼是藍色的。

outside[4] *prep.* on or at the outer part of 在…的外部: *He parked his car outside the theatre.* 他把汽車停在戲院外。

outskirts /'aʊtskɜːts/ *n.* (*pl.*) outer parts of a town or city 郊區: *Heathrow Airport is on the outskirts of London.* 希斯羅機場在倫敦郊區。

outstanding /ˌaʊt'stændɪŋ/ *adj.* very good; much better than others 傑出的; 顯著的; 突出的: *Jeff is an outstanding boxer and will probably become a champion.* 傑賦是一位傑出的拳擊手, 很可能奪得冠軍。

outward /'aʊtwəd/, **outwards** /'aʊtwədz/ *adv.* towards the outside 向外: *Does that window open inwards or outwards?* 那個窗户是向裏開, 還是向外開?

oval /'əʊvl/ *n.* shape like an egg 卵形; 橢圓形 **oval** *adj.*

oven /'ʌvn/ *n.* inside part of a cooker; thing in which you can cook food 爐; 鍋灶; 烘爐

over[1] /'əʊvə(r)/ *adv.* **1** across 横過; 從一邊到另一邊: *Let's row over to the other side of the river.* 我們把船划到河那邊去吧。**2** from one place to another 從一處到另一處: *Come over and see us on Sunday.* 星期天請到我們這裏來玩。**3** in all parts 到處; 全部 ***all over***, everywhere 到處: *The dog went in the water and now it's wet all over.* 那隻狗走進水裏, 現在全身都濕了。**4** through; from beginning to end 自始至終: *I'll read the question over once more.* 我會把問題從頭到尾再讀一遍。 ***all over again, over again***, another time 又一次; 重新: *The audience liked the song so much that she sang it all over again.* 觀衆非常喜歡這首歌, 於是她又從頭唱了一遍。 ***over and over again***, many times 很多次; 一而再: *Say it over and over again until you remember it.* 反複多説幾次, 直到記住了爲止。**5** down 向下; 翻側: *He tripped and fell over.* 他絆倒了。**6** so that the other side is on top 翻轉過來: *Turn your books over.* 請把你們的書翻轉。**7** left; not used 剩餘; 未用過: *If there's any soup over, we can eat it tomorrow.* 如果有湯剩下, 我們可以明天吃。**8** more 更多: *The race is for children of ten and over.* 這次賽跑是爲十歲及以上的孩子而設的。**9** ended; finished 完了; 結束: *We'll go home when the class is over.* 下課後我們就回家。

over[2] *prep.* **1** on top of; covering 在…上邊; 覆蓋: *I put a blanket over the sleeping child.* 我在睡着的孩子身上蓋了一張毯子。**2** above; higher than 在…上方: *When it rains you carry an umbrella over your head.* 下雨時你在頭頂上打一把傘。 **3** across; to the other side of 横過; 到…的另一邊: *Can you jump over that wall?* 你能跳過那堵牆嗎? **4** in every part of 遍及: *all over the world* 世界各地 **5** more than 多

於; 超過: *He was away for over a month.* 他曾經離開這裏一個月。

overall /ˈəʊvərɔːl/ *n.*, **overalls** /ˈəʊvərɔːlz/ *n.* (*pl.*) piece of loose clothing that you wear over your normal clothes when you are doing a dirty job 工作服; 工裝褲

overboard /ˈəʊvəbɔːd/ *adv.* over the side of a boat and into the water 從船上掉下水: *They jumped overboard when the ship caught fire.* 那船着火時, 他們跳下水。

overcoat /ˈəʊvəkəʊt/ *n.* long coat that you wear over other clothes in cold weather 大衣; 外套

overcome /ˌəʊvəˈkʌm/ *v.* (*past part.* overcome, *past tense* overcame /ˌəʊvəˈkeɪm/) **1** beat someone because you are too strong for him 戰勝; 壓倒: *The army overcame the enemy.* 那支部隊戰勝了敵人。**2** find an answer to a difficult thing in your life 克服; 解決: *We overcame the problem.* 我們克服了這個難題。

overcrowded /ˌəʊvəˈkraʊdɪd/ *adj.* too full of people 太擠; 擁塞: *an overcrowded train* 一列過分擁擠的火車

overdue /ˌəʊvəˈdjuː/ *adj.* **1** late 晚; 遲到的: *The train is two hours overdue.* 火車誤點兩個小時。**2** not yet paid 到期未付(還)的: *The landlady is angry because the rent is overdue.* 女房東生氣了, 因爲房租過期未付。

overflow /ˌəʊvəˈfləʊ/ *v.* flow over the edge of something 漫出; 溢出: *The river overflowed its banks* 河水漫出了河岸。

overgrown /ˌəʊvəˈgrəʊn/ *adj.* covered with plants that have grown everywhere 雜草叢生的: *The garden of the empty house is overgrown with weeds.* 這座空房子的花園裏長滿雜草。

overhaul /ˌəʊvəˈhɔːl/ *v.* check something and mend it if necessary 檢修; 大修: *The garage will overhaul the car for you.* 汽車修配廠將替你檢修汽車。**overhaul** /ˈəʊvəhɔːl/ *n.*

overhead /ˌəʊvəˈhed/ *adv.* above your head 在頭頂上: *The sun is hottest when it is overhead.* 太陽當空時是最熱的時候。**overhead** *adj.* high above the ground 架空的; 高架的: *an overhead railway* 高架鐵道

overhear /ˌəʊvəˈhɪə(r)/ *v.* (*past part. & past tense* overheard /ˌəʊvəˈhɜːd/) hear something by chance when the speaker does not know that you are listening 偶然聽到; 偷聽

overjoyed /ˌəʊvəˈdʒɔɪd/ *adj.* very happy 非常高興的; 樂不可支

overlook /ˌəʊvəˈlʊk/ *v.* **1** look down at something from above 俯視; 俯瞰: *My room overlooks the sea.* 從我的房間可以俯瞰大海。**2** forget; not see something important 忽略; 漏看: *I overlooked this mistake in your paper the first time I read it.* 我第一次看你的卷子時沒有看出這個錯誤。**3** not be angry about a bad thing 寬容; 饒恕: *I will overlook your late arrival because it is the first time.* 我可以饒恕你遲到, 因爲這是第一次。

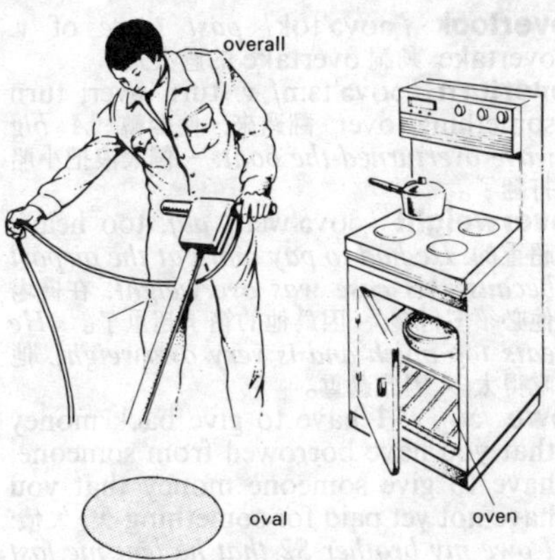

overnight /ˌəʊvəˈnaɪt/ *adv.* for the night 一夜; 隔夜: *They stayed at our house overnight.* 他們在我們家過了一夜。**overnight** *adj.*: *an overnight journey* 夜間旅行

overpower /ˌəʊvəˈpaʊə(r)/ *v.* beat someone because your are too strong for him 戰勝; 制服; 壓倒: *Three policemen overpowered the robber.* 三個警察制服了那個强盜。

overseas /ˌəʊvəˈsiːz/ *adj.* in, to, or from places across the sea; foreign 海外的; 外國的: *overseas news* 海外新聞 **overseas** *adv.* abroad 在國外: *He is living overseas.* 他住在國外。

oversleep /ˌəʊvəˈsliːp/ *v.* (*past part. & past tense* overslept /ˌəʊvəˈslept/) sleep too long; not wake at the right time 睡太久; 睡過頭

overtake /ˌəʊvəˈteɪk/ *v.* (*past part.* overtaken /ˌəʊvəˈteɪkn/, *past tense* overtook /ˌəʊvəˈtʊk/) go past someone or something that is going more slowly 超過: *I was riding my bicycle along the road when a car overtook me.* 我騎着腳踏車走在馬路上, 突然一輛汽車超越了我。

overthrow /ˌəʊvəˈθrəʊ/ *v.* (*past part.* overthrown /ˌəʊvəˈθrəʊn/, *past tense* overthrew /ˌəʊvəˈθruː/) conquer a ruler, country, etc. 顛覆; 推翻: *Oliver Cromwell overthrew King Charles I.* 克倫威爾推翻了國王查理一世。

overtime /ˈəʊvətaɪm/ *n.* (no *pl.*) extra time at work 加班 **overtime** *adv.*: *They will be home late because they are working overtime.* 他們正加班工作, 所以回家要晚了。

overtook /ˌəʊvəˈtʊk/ *past tense* of *v.* overtake 動詞 overtake 的過去式

overturn /ˌəʊvəˈtɜːn/ *v.* turn over; turn something over 翻過來; 使翻轉: *A big wave overturned the boat.* 一個大浪把小船打翻了。

overweight /ˌəʊvəˈweɪt/ *adj.* too heavy 超重的: *He had to pay more at the airport because his case was overweight.* 在機場他必須多付錢, 因爲他的箱子超重了。 *He eats too much and is very overweight.* 他吃得太多, 因此過重。

owe /əʊ/ *v.* **1** have to give back money that you have borrowed from someone; have to give someone money that you have not yet paid for something 欠; 欠債: *I owe my brother $2 that he lent me last week.* 我欠弟弟兩元, 這是他上星期借給我的。**2** feel that someone has done a lot for you 感激; 把…歸於: *She owes her life to that man who pulled her out of the river.* 那人把她從河裏拉出來, 她感激他的救命之恩。

owing to /ˈəʊɪŋ tʊ/ *prep.* because of 由於: *They call him 'Carrots' owing to his red hair.* 由於他的紅頭髮, 他們都叫他'胡蘿蔔'。

owl /aʊl/ *n.* bird that flies at night 貓頭鷹

own [1] /əʊn/ *adj.* word that shows that something belongs to a person or thing or is a special part of something 自己的; 特有的: *This is my own camera, which I bought with my own money.* 這個照相機是我自己的, 是我用自己的錢買的。 **own** *pron.*: *Those books belong to the library but this is my own.* 那些書是圖書館的, 但這本是我自己的。***get your own back on***, harm someone who has harmed you 報仇; 報復: *I'll get my own back on that boy who broke my watch!* 我要對那個弄壞了我手錶的男孩報復! ***of your own***, belonging to you and no one else 屬於自己的: *a home of my own* 我自己的家 ***on your own***, alone 獨自地: *He lives on his own.* 他一個人生活。

own [2] *v.* have something that is yours 擁有: *We don't rent our house; we own it.* 我們的房子不是租的, 是我們自己的。***own up to***, say that you have done something wrong 承認錯誤; 坦白: *No one owned up to the broken window.* 沒有人承認打破了這個窗户。

owner /ˈəʊnə(r)/ *n.* someone who has something 物主; 所有者: *Who is the owner of that red car?* 誰是那輛紅色汽車的主人?

ox /ɒks/ *n.* (*pl.* oxen) bull used for farm work 公牛; 耕牛

oxygen /ˈɒksɪdʒən/ *n.* (no *pl.*) gas in the air that we must breathe to go on living 氧氣

oz. *abbrev.* ounce 安士

Pp

p /piː/ *abbrev.* pence (英國貨幣)便士: *This lemon cost 10 p.* 這個檸檬要十個便士。

pa /pɑː/ father 爸爸

pace /peɪs/ *n.* **1** step 一步: *Take two paces forward!* 向前走兩步! **2** speed of walking or running 步速; 速度 ***keep pace with***, go as fast as someone 和某人一樣快地走; 跟…齊步前進: *The little boy can't keep pace with his big brothers.* 這個小男孩跟不上他哥哥們的步伐。

pack [1] /pæk/ *n.* **1** bag or bundle of things that you have tied together so that they are easy to carry 包; 背包; 包裹: *The hikers had packs on their backs.* 遠足者都背着背包。**2** group of animals that run and hunt together (動物)一羣: *a pack of wolves* 一羣狼 **3** group of people or things (人或東西)幫; 批: *a pack of thieves* 一幫盜賊 **a pack of cards**, a set of cards for playing games 一副紙牌

pack [2] *v.* **1** put things into a box, bag, etc. until it is full 打包; 捆紮 **2** put clothes into a case ready for a journey 收拾行李; 整裝: *I must pack quickly for my trip to London.* 我要去倫敦, 必須趕快準備行裝。**3** put something firmly into a tight place 壓實; 硬塞: *Frank packed earth round the fence-post.* 富林壓實了籬笆樁子週圍的泥土。***pack up***, stop doing something 停止; 收拾工具: *At 2 o'clock we'll pack up and go home.* 我們在兩點收工回家去。

package /ˈpækɪdʒ/ *n.* parcel; bundle 包裹; 包; 捆

packed /pækt/ *adj.* **1** full 滿的; 擠滿的: *The train was packed.* 火車擠滿人。**2** in a small parcel 盒裝的; 包裝的: *a packed lunch* 裝在飯盒裏的午餐

packet /ˈpækɪt/ *n.* small parcel or box 小包; 小盒: *a packet of cigarettes* 一包香煙

packing /ˈpækɪŋ/ *n.* (no *pl.*) **1** putting things into boxes, bags etc. 打包; 包裝: *Finish your packing and let's go.* 裝好你的東西, 我們走吧。**2** paper, straw, etc. that you put round something to stop it from breaking, etc. 襯墊物; 包裝填料: *Put plenty of packing round this vase before you post it.* 這個花瓶要包紮得很厚實才能郵寄。

pact /pækt/ *n.* agreement to do something 協定; 公約; 合同

pad /pæd/ *n.* **1** thick piece of soft stuff that you put on a wound or part of your body to keep it safe 紗布塊; 墊子; 護墊: *an eye-pad* 護眼罩; *cricket pads* 打板球的護腿 **2** a lot of new pieces of paper, fixed at one end 便箋簿; 本子: *a writing pad* 拍紙簿

paddle¹ /'pædl/ *n.* long piece of wood with a flat end, for making a canoe, etc. move through the water 短槳

paddle² *v.* **1** make a canoe, etc. move through the water with a paddle 划槳: *They paddled their boat up the river.* 他們划着小船往上游去。**2** play and walk in shallow water with bare feet 赤腳在淺水裏玩耍; 涉水: *The children were paddling in the sea.* 孩子們在海邊涉水玩耍。

paddock /'pædək/ *n.* small field for horses (賽馬前)馬匹聚集的圍場; (放牧、馴馬等)小牧場

padlock /'pædlɒk/ *n.* sort of lock 掛鎖; 扣鎖: *Dawn fastened her bike to the fence with a padlock and chain.* 道恩用掛鎖及鐵鏈把腳踏車鎖在圍欄上。

page¹ /peɪdʒ/ *n.* **1** piece of paper in a book, magazine, etc. (書刊的)一張紙; 專頁(欄) **2** one side of a piece of paper in a book, etc. (書上的)頁: *You are reading page 199 of this book.* 你正在看本書的第199頁。

page² *n.* boy servant to a king, queen, etc. long ago (從前國王、皇后等的)小侍從; 小聽差

paid /peɪd/ *past part. & past tense of v.* pay 動詞 pay 的過去分詞和過去式

pail /peɪl/ *n.* bucket 桶: *a pail of water* 一桶水

pain /peɪn/ *n.* hurt in the body or mind 疼痛; 痛苦; 悲痛: *His broken leg gave him a lot of pain.* 他的腿斷了, 使他非常疼痛。

painful /'peɪnfl/ *adj.* giving pain 疼(痛)的; 使疼(痛)的: *a painful bee sting* 一處疼痛的蜜蜂螫傷 **painfully** *adv.*

painless /'peɪnlɪs/ *adj.* not giving pain 不疼的; 無痛的 **painlessly** *adv.*

pains /peɪnz/ *n.* (*pl.*) ***take pains with*** or ***over***, spend a lot of time and care on someone or something 花費時間和精力; 費煞苦心: *Ann takes great pains over her hair.* 安在她的頭髮上費煞苦心。

paint¹ /peɪnt/ *n.* coloured liquid that you put on something with a brush to change the colour or make a picture 顏料; 油漆: *Wet paint – do not touch!* 油漆未乾, 切勿觸摸!

paint² *v.* **1** cover something with a coloured liquid 粉刷; 油漆: *We painted the door blue.* 我們把門漆成藍色。**2** make a picture with paints (用顏料)繪畫: *Picasso painted that picture.* 畢加索畫了那張畫。

painter /'peɪntə(r)/ *n.* **1** someone who paints pictures; artist 畫家; 藝術家: *Picasso was a painter.* 畢加索是個畫家。**2** someone whose job is to paint houses, ships, etc. 油漆工人

painting /'peɪntɪŋ/ *n.* **1** (no *pl.*) using paint; making pictures by using different colours 油漆; 繪畫: *The painting was a long job because the room was very big.* 這次油漆很費時, 因爲房間很大。 **2** (*pl.* paintings) pictures made with paint 油畫; 水彩畫

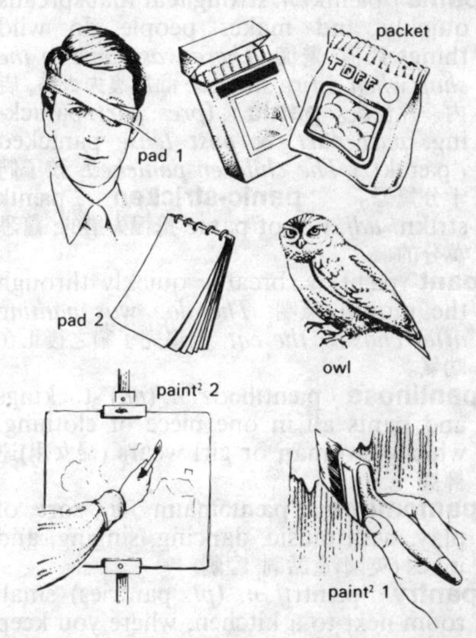

pair /peə(r)/ *n.* **1** two things of the same kind that are together 一雙; 一對: *a pair of socks* 一雙短襪 **2** thing with two parts that are joined together 一副; 一把; 一條: *a pair of trousers* 一條褲子; *a pair of scissors* 一把剪刀 **3** two people 一對(人): *a happy pair* 一對幸福夫妻

pal /pæl/ *n.* friend 朋友; 友好; 夥伴

palace /'pælɪs/ *n.* house of a king or other ruler; very big, beautiful house 宮殿; 華麗的房子

pale /peɪl/ *adj.* **1** with little colour in the face 蒼白 **2** not bright; with a light or weak colour 淡的; 暗淡的; 顏色淺的: *The sky is pale blue.* 天空是淡藍色。

palm¹ /pɑ:m/ *n.* inside, flat part of the hand 手掌; 掌心: *I put the coins into his palm.* 我把硬幣放在他的手心。

palm² *n.* sort of tree 棕櫚樹: *a coconut palm* 一棵椰子樹

pan /pæn/ *n.* flat dish for cooking 平底鍋: *a frying-pan* 長柄平鍋; 煎鍋

pancake /'pænkeɪk/ *n.* very thin, round cake that you make with milk, eggs, and flour and cook in a frying-pan 薄煎餅

pane /peɪn/ *n.* piece of glass in a window 窗格玻璃

panel /'pænl/ *n.* **1** flat piece of wood, glass, metal, etc. often part of a door or wall (門或牆上的)嵌板; 鑲板 **2** board or shelf on a machine, in a car, etc., with dials, switches, etc. 控制板; 操縱盤(台); 儀表盤: *an instrument panel* 儀器板

panic /ˈpænɪk/ *n.* strong fear that spreads quickly and makes people do wild things 恐慌; 驚慌: *There was panic in the shop when a fire started.* 商店裏失火時, 店內一片慌亂。 **panic** *v.* (*pres. part.* panicking, *past part.* & *past tense* panicked /ˈpænɪkt/) *The children panicked.* 孩子們十分驚恐。 **panic-stricken** /ˈpænɪk strɪkn/ *adj.* full of panic 驚惶失措的; 驚恐萬分的

pant /pænt/ *v.* breathe quickly through the mouth 氣喘: *The dog was panting after chasing the cat.* 狗追完了貓之後正在喘氣。

pantihose /ˈpæntɪhəʊz/ *n.* (*pl.*) stockings and pants all in one piece of clothing, which a woman or girl wears (婦女用)連褲襪

pantomime /ˈpæntəmaɪm/ *n.* sort of play, with music, dancing, singing, and jokes (英國)童話劇; 啞劇

pantry /ˈpæntrɪ/ *n.* (*pl.* pantries) small room next to a kitchen, where you keep food 食品室; 餐具室

pants /pænts/ *n.* (*pl.*) **1** trousers 褲子; 長褲 **2** piece of clothing that you wear on your bottom under a skirt or trousers 內褲

papa /pəˈpɑ:/ *n.* father 父親; 爸爸

paper [1] /ˈpeɪpə(r)/ *n.* **1** (no *pl.*) thin sheets of stuff for writing, printing, packing, etc. 紙: *This book is made of paper.* 這本書是紙做的。 **2** (*pl.* papers) newspaper 報紙: *Have you read today's paper?* 你看了今天的報紙嗎? **3 papers** (*pl.*) special pieces of paper that show who you are, what you do, etc. 證件; 身份證: *The police asked to see his papers.* 警察要看他的證件。 **4** (*pl.* papers) set of examination questions 考卷: *The history paper was easy.* 歷史試卷容易。

paper [2] *v.* stick paper on to a wall to make it pretty 糊牆紙; 裱糊

paperback /ˈpeɪpəbæk/ *n.* book with paper covers 平裝書

paper-clip /ˈpeɪpə klɪp/ *n.* small piece of wire that holds pieces of paper together 紙夾; 回形針; 曲別針

parachute /ˈpærəʃu:t/ *n.* thing like a big umbrella that you wear when you jump out of an aeroplane so that you will come down to earth safely 降落傘 **parachute** *v.* jump, or drop things, from an aeroplane with a parachute 跳傘; 用降落傘空投: *They parachuted slowly down on to the island.* 他們用降落傘慢慢地降落到島上。

parade /pəˈreɪd/ *v.* walk or march together on an important occasion 巡遊; 列隊行進: *The scouts paraded in front of the Queen.* 童子軍在女皇面前列隊行進。 **parade** *n.*: *Let's go and watch the Easter parade.* 我們去看復活節巡遊吧。

paradise /ˈpærədaɪs/ *n.* (no *pl.*) **1** heaven 天堂 **2** place where you are totally happy 樂園; 極樂世界

paraffin /ˈpærəfɪn/ *n.* (no *pl.*) oil from petrol, coal, etc., for lighting and heating 石蠟油; 煤油

paragraph /ˈpærəgrɑ:f/ *n.* group of lines of writing 段; 節

paralyse /ˈpærəlaɪz/ *v.* make someone or something lose the feeling or power to move 使麻痺; 使癱瘓: *The accident has paralysed his legs.* 那次意外使他的兩腿癱瘓了。 **paralysed** /ˈpærəlaɪzd/ *adj.*

parcel /ˈpɑ:sl/ *n.* thing or things that you wrap and tie up so that you can send it by post or carry it easily 小包; 包裹

pardon /ˈpɑ:dn/ *v.* say that you forgive someone for the wrong he has done 原諒; 饒恕: *Please pardon me for waking you.* 請原諒我吵醒你。 **pardon** *n.* **1** forgiving someone 原諒(別人) **2** being forgiven 得到原諒 ***beg someone's pardon***, say to someone that you are sorry for the bad or rude thing you have done 請原諒; 對不起: *I begged Jon's pardon for arriving late.* 我請喬恩原諒我來遲了。

parent /ˈpeərənt/ *n.* father or mother 父親; 母親; 家長 **parents** *n.* father and mother 父母

parish /ˈpærɪʃ/ *n.* (*pl.* parishes) one church and the area that it controls 教區: *The vicar visits all the old people in his parish.* 牧師訪問了他所管轄的教區裏所有的老人。

park [1] /pɑ:k/ *n.* public garden or place in a town where you can walk, sit, and play games 公園: *Hyde Park* 海德公園

park [2] *v.* put or leave a car, lorry, etc. somewhere for a time 停放(汽車等): *Where can we park the car?* 我們在哪裏停車呢? **parking** *n.* leaving cars, etc. for a time 停車: *You can't leave a car where it says 'No Parking'.* 不能在寫有'不准停車'的地方停車。 **parking-meter** *n.* machine that takes your money and shows the time that you can leave the car in the parking place 停車收費錶

parliament /ˈpɑ:ləmənt/ *n.* people who discuss and make the laws in a country 議會; 國會 **member of parliament** *n.* someone that people have chosen to be in their parliament 議員 **parliamentary** /ˌpɑ:ləˈmentrɪ/ *adj.*

parrot /ˈpærət/ *n.* bird that can copy what people say 鸚鵡

parsley /ˈpɑ:slɪ/ *n.* (no *pl.*) small plant with curly leaves that you put in cooking 洋芫荽; 香菜

parson /ˈpɑːsn/ *n.* Christian priest (基督教)牧師

part¹ /pɑːt/ *n.* **1** some, but not all, of a thing or things 部分: *We spend part of the day at school.* 我們在學校裏渡過白天的一部分。**2** one of several equal bits 等分; …分之一: *A minute is the sixtieth part of an hour.* 一分鐘是一小時的六十分之一。**3** someone's share in doing something 本分; 作用; 職責: *What's your part in the plan?* 你在這個計劃中起什麼作用?. ***take part in something***, work or play with other people in a particular happening 參加: *Please may I take part in your game?* 請讓我參加你們的遊戲好嗎? ***take someone's part***, help one side in a quarrel, etc. 支持一方; 袒護: *When the other boys teased me, my brother took my part.* 當别的孩子取笑我的時候, 哥哥就袒護我。**4** a person in a play, etc. 角色 ***play a part***, be in a play, film, etc. 扮演(角色): *Jane played the part of Cinderella in the school pantomime.* 珍在學校裏演出的童話劇中扮演灰姑娘。**5** one piece of a machine, watch, bicycle, etc. 零件; 部件: *The chain is an important part of a bicycle.* 車鏈是脚踏車的重要部件。**spare part**, piece of a machine that you keep to use when an old part breaks or wears out 備用零(部)件 **6 parts** (*pl.*) area; place 地方; 地區: *It never gets very cold in these parts.* 這一帶從來不會很冷。

part² *v.* go away from each other; make people leave each other 分離; 使分開: *He waved goodbye when we parted.* 我們分手時他揮手告别。***part with***, give something away 給出去; 花費; 放棄: *He hates to part with his money so he never buys any gifts.* 他極不願意把錢花掉, 所以他從不買任何禮物。***part your hair***, make a line or lines by combing the hair in different directions 把頭髮分界; 分頭髮

participate /pɑːˈtɪsɪpeɪt/ *v.* work or play with other people in a particular happening 參加; 參與: *Terry can't participate in the match because he has hurt his foot.* 泰利不能參加比賽, 因爲他脚部受傷。**participation** /pɑːˌtɪsɪˈpeɪʃn/ *n.*

participle /ˈpɑːtɪsɪpl/ *n.* form of a verb 分詞: *The present participle of 'hurry' is 'hurrying' and the past participle is 'hurried'.* Hurry 的現在分詞是 hurrying, 過去分詞是 hurried。

particular /pəˈtɪkjʊlə(r)/ *adj.* **1** one only, and not any other 特定的: *Are you interested in a particular radio or shall I show you several?* 你是對某一種收音機感興趣呢, 還是要我給你拿出幾種看看? **2** special 特殊的; 特別的: *Walk on the ice path with particular care.* 在結冰的路上行走要特别小心。**3** careful; wanting something to be

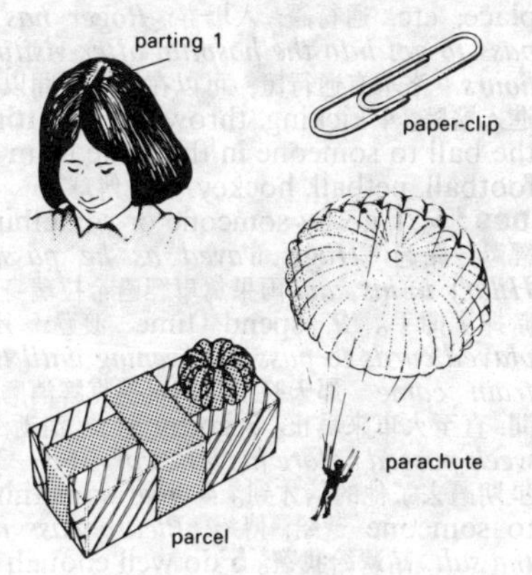

exactly right 細心的; 講究的; 挑剔的: *Grandad is very particular about his food.* 祖父吃飯很挑剔。

particularly /pəˈtɪkjʊləlɪ/ *adv.* especially 特別地: *I particularly want to see that new film.* 我特別想看那部新電影。

parting /ˈpɑːtɪŋ/ *n.* **1** line where the hair is combed in different directions (頭髮的)分界 **2** leaving 分離; 分别: *a sad parting* 悲傷的離别

partly /ˈpɑːtlɪ/ *adv.* in some way but not totally 部分地; 不完全地: *It was partly my fault, and partly yours.* 這事部分是我的錯, 部分是你的錯。

partner /ˈpɑːtnə(r)/ *n.* **1** other person, whom you play or dance with; husband or wife 夥伴; 舞伴; 拍檔; 配偶 **2** someone who shares a business with another 合股人; 合作者 **partnership** /ˈpɑːtnəʃɪp/ *n.*: *The two brothers are going into partnership in a shop.* 這兄弟倆要合股開設商店。

part-time /ˈpɑːt taɪm/ *adj.* that takes some, but not all, of your usual working hours 部分時間的; 非全日的; 兼職的: *a part-time job* 兼職工作

party /ˈpɑːtɪ/ *n.* (*pl.* parties) **1** meeting of friends to eat, drink, play games, dance, etc. (朋友一起吃、喝、玩、跳舞等的)聚會: *a birthday party* 生日會 **2** group of people who have the same political ideas 政黨; 黨派: *the Conservative Party* 保守黨 **3** group of people travelling or working together (一起旅行、工作的)一羣人: *a party of American tourists* 一批美國遊客

pass¹ /pɑːs/ *n.* (*pl.* passes) **1** narrow road or path through high hills or mountains 山間小道; 關口: *the St. Bernard Pass* 聖伯納德狹路 **2** doing well enough in an examination, test, etc. (考試)合格: *How many passes did you have in your exams?* 你的考試有幾科合格? **3** special piece of paper that says that you can go into a place, etc. 通行證; 入場券: *Roger has a pass to get into the hospital after visiting hours.* 洛基有通行證, 可以在探病時間以外進入醫院。**4** kicking, throwing, or hitting the ball to someone in the same team in football, netball, hockey, etc. 傳球

pass² *v.* **1** go by someone or something 經過; 路過: *Hugo waved as he passed Hilary in his car.* 雨果駕車經過希拉瑞身旁時揮了揮手。**2** spend time 渡過: *We played cards to pass the evening until the train came.* 那天晚上我們玩撲克牌消磨時間, 直至火車來爲止。**3** go by 過去; 消逝: *A week passed before his letter arrived.* 一個星期過去了他的信才到。**4** give something to someone 遞給; 傳給: *Please pass me the salt.* 請遞給我鹽。**5** do well enough in an examination, etc. 通過考試; 合格: *Arthur passed his driving test.* 阿瑟通過了駕駛考試。***pass on***, tell something to another person 轉告; 傳達: *Will you pass on a message to George for me?* 你替我傳達給翹志好嗎? ***pass out***, faint 昏倒; 失去知覺: *It was so hot that two girls passed out.* 天氣太熱, 兩個女孩昏倒了。***pass through***, go through a place 經過; 穿過: *The train passes through Reading on its way to Bristol.* 火車在去布里斯托的路上要經過雷丁。

passage /'pæsɪdʒ/ *n.* **1** narrow way in a building that leads to other rooms; corridor 通道; 走廊: *Go along this passage to the library.* 順這條通道可到圖書館。**2** part of a book, story, speech, etc. (書、演講等)一節; 一段: *an interesting passage* 有趣的段落

passenger /'pæsɪndʒə(r)/ *n.* someone who is travelling on a bus, train, ship, aeroplane, etc. 乘客; 旅客 **passenger** *adj.*: *a passenger train* 客車

passer-by /ˌpɑːsə 'baɪ/ *n.* (*pl.* passers-by) someone who passes you in the street 過路人; 行人: *When I fell down, a passer-by helped me to get up.* 我跌倒後, 一個行人把我扶起來。

passion /'pæʃn/ *n.* (no *pl.*) strong feeling of love, hate, or anger 强烈感情; 激情; 熱情

passive /'pæsɪv/ *adj.* form of a verb 被動語態的; 被動的: *In 'A dog bit Chris' the verb is active, but in 'Chris was bitten by a dog' the verb is passive.* 在 A dog bit Chris 中, 動詞是主動語態; 在 Chris was bitten by a dog 中, 動詞是被動語態。

passport /'pɑːspɔːt/ *n.* important little book with your name, photograph, etc. that shows which country you come from 護照

password /'pɑːswɜːd/ *n.* secret word that you say to show that you are a friend, not an enemy 口令; 暗語

past¹ /pɑːst/ *adj.* **1** of the time that has gone 過去的; 從前的: *Henry VIII was a past king of England.* 亨利八世是英國過去的一個國王。**2** last 剛過去的; 上一個的: *He has been ill for the past two weeks.* 兩週來他一直生病。**past tense**, form of a verb that shows past time (動詞)過去式: *In 'James sang in the choir yesterday,' the verb is in the past tense.* 在 James sang in the choir yesterday 中, 動詞是過去式。

past² *adv.* by 過: *We couldn't get on the bus because it drove past.* 我們搭不上公共汽車, 因爲它開走了。

past³ *n.* **1** (no *pl.*) the time before now; times long ago 從前: *In the past, people had candles to light their homes.* 過去人們家裏點蠟燭照明。**2** (*pl.* pasts) your life before now 往事; 經歷: *Tell me about his past.* 請告訴我他的過去。

past⁴ *prep.* **1** later than; after 晚於; 在…之後; 過: *It's seven minutes past three.* 現在是三點零七分。*It's past dinner-time and I'm hungry.* 過了開飯時間了, 我很餓。**2** by 從…處經過; 走過: *Marie took an apple as she walked past the tree.* 瑪麗在蘋果樹旁走過時摘了一個蘋果。

paste /peɪst/ *n.* (no *pl.*) stuff that sticks things together 漿糊 **paste** *v.* stick something on to another thing with paste 貼; 黏: *We pasted the paper on to the wall.* 我們把那張紙貼在牆上。

pastime /'pɑːstaɪm/ *n.* what you like to do when you are not working 消遣; 娛樂; 嗜好: *Dancing is Mary's favourite pastime.* 跳舞是敏麗最喜愛的一種娛樂。

past part. *abbrev.* for past participle in this dictionary 本詞典中過去分詞的縮寫形式

pastry /'peɪstrɪ/ *n.* **1** (no *pl.*) crust made of flour, fat, and water 糕點的皮 **2** (*pl.* pastries) cake or biscuit 糕餅; 點心

pat /pæt/ *v.* (*pres. part.* patting, *past part. & past tense* patted /'pætɪd/) touch something or someone gently with your hand several times 輕拍; 撫摸: *The little boy patted the dog.* 小男孩輕輕地拍那隻狗。**pat** *n.*: *a pat on the shoulder* 拍一下肩膀

patch¹ /pætʃ/ *n.* (*pl.* patches) **1** pieces of cloth that you put over a hole in clothing, sheets, etc. 補釘; 補片: *I sewed a patch over the hole in my jeans.* 我給我牛仔褲上的洞打了一個補釘。**2** small part of something that is a different colour 不同顏色的小片; 斑: *a dog with a white patch on its back* 一隻背上有塊白毛的狗 **3** place; small piece of ground 地方; 小塊地: *our vegetable patch* 我們的菜地

patch² *v.* put a piece of cloth over a hole or torn place; repair something 補; 縫補: *I am patching the elbows of his old pull-*

over. 我在補他的舊套頭衫的肘部。 ***patch something up***, mend something roughly 草率地修補 ***patch things up, patch up a quarrel***, become friends again after a quarrel 重新和好; 平息爭吵

path /pɑ:θ/ *n.* narrow way for people to walk on 小路; (路)徑

patience /ˈpeɪʃns/ *n.* (no *pl.*) being calm when you are waiting or when you have trouble, problems, etc. 耐心; 忍耐: *We must have patience until the exam results come out*. 考試結果公佈之前, 我們必須耐心等着。*The job needs a lot of patience*. 這工作需要極大的耐性。 ***lose patience with, be out of patience with***, become angry with someone who is slow or stupid 忍耐不住; 發怒: *He walked so slowly that his brother lost patience with him*. 他走得太慢了, 以致他哥哥不耐煩。

patient¹ /ˈpeɪʃnt/ *adj.* having or showing patience 有耐心的; 忍耐的 **patiently** *adv.*: *Mr. Scott stood patiently at the bus stop*. 施恪先生在公共汽車站耐心地站着。

patient² *n.* sick person whom a doctor is looking after 患者; 病人: *Dr. Dyson goes out to visit his patients at 11 o'clock*. 戴遜醫生十一點出去看他的病人。

patrol /pəˈtrəʊl/ *n.* **1** (no *pl.*) ***on patrol***, going round a town, camp, etc. to see that all is well 巡邏; 巡查: *Why are police on patrol at the airport?* 警察爲什麼在機場巡邏? **2** (*pl.* patrols) group of men, ships, aircraft, etc., that go around to look after a place 巡邏人員; 巡邏艇(機): *an army patrol* 部隊巡邏隊 **patrol** *v.* (*pres. part*. patrolling, *past part. & past tense* patrolled /pəˈtrəʊld/): *A guard patrols the gate at night*. 夜間一個警衛在大門口巡邏。

patter /ˈpætə(r)/ *v.* make quick, light sounds 發出急速而輕微的聲音; 啪噠地響; 淅瀝: *Rain was pattering on the windows*. 雨點打在窗户上滴嗒作響。**patter** *n.*

pattern /ˈpætn/ *n.* **1** plan that you can copy when you want to make something 式樣; (服裝)紙樣: *Stephanie bought a pattern and made a new dress*. 史黛芬妮買了一張紙樣, 做了一件新連衣裙。 **2** shapes and colour on something; design 圖案; 圖樣: *My new curtains have a pretty blue and red pattern*. 我的新窗簾有很好看的紅藍相間的圖案。

pause /pɔ:z/ *n.* short stop or wait 暫停; 中止 **pause** *v.*: *Pause before you cross the road*. 過馬路前要先停步。

pavement /ˈpeɪvmənt/ *n.* path of flat stones or concrete at the side of a road where people can walk (馬路旁邊的)行人道

pavilion /pəˈvɪlɪən/ *n.* building at the side of a sports field, where people can sit and watch and where players can wash and rest (運動場旁邊的)小亭子; 休息室

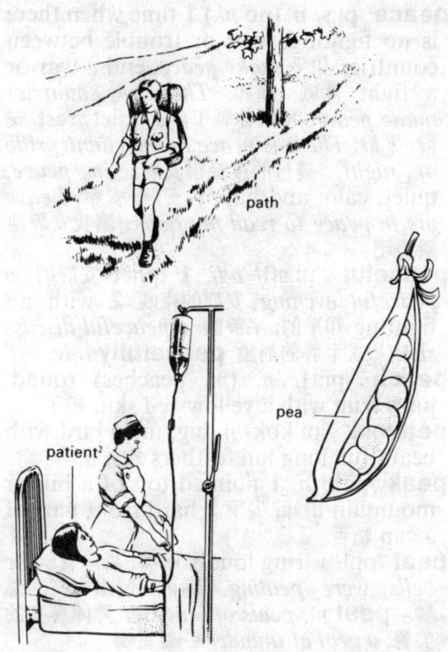

paw /pɔ:/ *n.* foot of an animal with nails or claws 爪子: *A cat has paws but a horse has hooves*. 貓有爪子, 馬有蹄。

pay¹ /peɪ/ *n.* (no *pl.*) money that you receive for work 工資; 薪水; 工錢

pay² *v.* (*past part. & past tense* paid /peɪd/) **1** give money for what you buy 付錢: *I paid $50 for this dress*. 我用五十元買這件衣服。 **2** give money to someone who has done work for you 發工錢; 給…報酬: *The builder pays his men on Fridays*. 建造商每星期五給他的工人發工錢。 ***pay back***, give back the money that someone has lent you 還錢; 還債 ***pay someone back***, harm someone who has harmed you 報仇; 報復: *One day I'll pay back that boy who broke my bike!* 那男孩弄壞我的腳踏車, 總有一天我要向他報復。 ***pay for***, (***a***) give money for what you buy 付錢; 支付 (***b***) be hurt or punished for doing wrong 付出代價; 受懲罰: *He paid for his laziness by not passing his exam*. 他的懶惰換來了考試不合格。

payment /ˈpeɪmənt/ *n.* **1** (no *pl.*) paying 支付; 付款: *This money is in payment for the work you have done*. 這筆錢是你工作的酬勞。**2** (*pl.* payments) sum of money that you pay 付出的錢: *I am buying my bicycle with monthly payments of $40*. 我買了這輛腳踏車, 月付四十元。

pea /pi:/ *n.* vegetable like a very small, green ball 豌豆

peace /pi:s/ *n.* (no *pl.*) **1** time when there is no fighting, war, or trouble between countries 和平 ***make peace***, end a war or a fight 休戰; 講和: *The two countries made peace.* 兩國休戰了。**2** quiet; rest 安靜; 平靜: *There is peace in the countryside at night.* 農村的夜晚很安靜。***in peace***, quiet; calm and happy 安靜; 安寧: *Leave me in peace to read my book.* 讓我安靜地看書吧。

peaceful /ˈpi:sfl/ *adj.* **1** quiet 安靜的: *a peaceful evening* 安靜的夜晚 **2** with no fighting 和平的; 平靜的: *a peaceful discussion* 一次平靜的討論 **peacefully** *adv.*

peach /pi:tʃ/ *n.* (*pl.* peaches) round, juicy fruit with a yellow-red skin 桃子

peacock /ˈpi:kɒk/ *n.* big, male bird with beautiful, long tail feathers 雄孔雀

peak /pi:k/ *n.* **1** pointed top of a hill or mountain 山峰; 尖頂 **2** hard front part of a cap 帽舌

peal /pi:l/ *v.* ring loudly 鳴響; 轟隆響: *The bells were pealing.* 鐘正在發出宏亮的聲響。**peal** *n.*: *peals of laughter* 陣陣響亮的笑聲; *a peal of thunder* 一聲雷鳴

peanut /ˈpi:nʌt/ *n.* sort of nut that you can eat 花生

pear /peə(r)/ *n.* juicy green or yellow fruit 梨

pearl /pɜ:l/ *n.* precious stone like a small, white ball, which comes from an oyster 珍珠 **pearl** *adj.* with a pearl in it 鑲有珍珠的; 珍珠的: *a pearl ring* 珍珠戒指

peasant /ˈpeznt/ *n.* poor person who lives in the country and works on his own small piece of land 農民

pebble /ˈpebl/ *n.* small, round stone on a beach or in a river 卵石

peck /pek/ *v.* eat or bite something with the beak 啄: *The hens pecked corn from the ground.* 母雞啄食地上的玉米。**peck** *n.*

peculiar /pɪˈkju:lɪə(r)/ *adj.* strange; not usual 奇怪的; 不尋常的: *a peculiar noise* 奇怪的聲響

pedal /ˈpedl/ *n.* part of a bicycle, or other machine, that you move with your feet 腳蹬; 踏板 **pedal** *v.* (*pres. part.* pedalling, *past part.* & *past tense* pedalled /ˈpedld/) move pedals with your feet 用腳踩踏板: *You must pedal hard when you ride a bicycle up a hill.* 騎腳踏車上山時得用勁踩踏板。

pedestrian /pɪˈdestrɪən/ *n.* someone who is walking in a street, etc. 行人; 步行者 **pedestrian** *adj.*: *A pedestrian crossing is a place where cars must stop so that people can walk over the road.* 汽車必須停下讓行人橫過馬路的地方就是行人橫道。

peel¹ /pi:l/ *n.* (no *pl.*) skin of some fruit or vegetables (水果或蔬菜等的)皮: *orange peel* 橙皮

peel² *v.* **1** take the skin off fruit, etc. 剝(削)皮: *I peeled the potatoes before boiling them.* 我把馬鈴薯削皮後才煮。**2** come off in thin pieces 脱皮; 脱落: *Your skin will peel if you lie in the sun too much.* 你如果在太陽底下躺得太久, 就會脱皮。

peep /pi:p/ *v.* **1** look at something quickly 瞥見; 偷看; 窺探: *She peeped through the keyhole.* 她從鎖孔裏偷看了一眼。**2** come out for a short time; be partly seen 顯露一會; 隱約可見: *The moon peeped out from behind the clouds.* 月亮從雲縫中顯露出來了。**peep** *n.*: *Can we have a peep at your holiday photographs?* 讓我們看一下你們假期裏拍的照片好嗎?

peer /pɪə(r)/ *v.* look at something closely because you cannot see well 盯; 凝視: *He had to peer at his book because the room was dark.* 房間裏很暗, 他看書時要瞇着眼。

peg¹ /peg/ *n.* **1** piece of wood, metal, or plastic on a wall or door, where you can hang clothes, etc. 衣帽鈎; 衣帽釘: *He put his hat on the peg.* 他把帽子掛在衣帽釘上。**2** wood or metal thing that you put into the ground to hold a rope 樁; 柱: *a tent-peg* 繫帳篷的樁 **3** wooden or plastic clip that holds wet clothes on a line when they are drying 衣夾

peg² *v.* (*pres. part.* pegging, *past part.* & *past tense* pegged /pegd/) fix something with pegs (用夾子等)固定; 繫: *I pegged the washing on the line.* 我用衣夾把洗過的衣物夾在曬衣繩上。

pen¹ /pen/ *n.* instrument for writing with ink 鋼筆; 自來水筆

pen² *n.* small place where you can keep sheep, cattle, etc. safe (家畜的)欄; 圈; 棚

penalty /ˈpenəltɪ/ *n.* punishment 處罰; 懲罰; 刑罰: *What is the penalty for speeding?* 超速駕駛有什麼懲罰?

pence /pens/ *n.* (*pl.*) pennies 便士

pencil /ˈpensl/ *n.* instrument for writing and drawing, made of a thin piece of wood with lead, etc. inside it 鉛筆

penetrate /ˈpenɪtreɪt/ *v.* go into or through something 穿過; 滲透: *A nail penetrated the car tyre.* 釘子穿入了汽車輪胎。

pen-friend /ˈpen frend/ *n.* someone in another country whom you write to but probably have never seen 筆友

penguin /ˈpeŋgwɪn/ *n.* bird that lives in cold places and can swim but not fly 企鵝

peninsula /pəˈnɪnsjʊlə/ *n.* long, narrow piece of land with water on three sides 半島: *Italy is a peninsula.* 意大利是個半島。

pen-knife /ˈpen naɪf/ *n.* (*pl.* pen-knives) small knife that folds, so that you can put it in your pocket (放在口袋裏的)小刀; 削鉛筆刀

penny /'penɪ/ *n.* (*pl.* pence or pennies) piece of British money 便士

pension /'penʃn/ *n.* money that you receive from a company or a government when you are old and do not work any longer 退休金; 養老金 **pensioner** *n.* someone who has a pension 領退休金者; 領養老金者

people /'pi:pl/ *n.* (*pl.*) persons; men, women, and children 人; 人們: *The streets were crowded with people.* 街上擠滿了人。

pepper /'pepə(r)/ *n.* (no *pl.*) powder with a hot taste, which we put on food 胡椒(粉) **pepper** *v.* put pepper on food 放進胡椒 **peppery** *adj.*: *a peppery dish* 加了胡椒的菜式

peppermint /'pepəmɪnt/ *n.* **1** (no *pl.*) sort of plant that gives an oil with a nice taste 薄荷 **2** (*pl.* peppermints) sort of sweet 薄荷糖

per /pɜ:(r)/ *prep.* for each; in each 每: *My car can do 140 kilometres per hour.* 我的汽車每小時能走一百四十公里。 **per cent %**, for each hundred 每一百; 百分之…: *If her answers are all correct, she'll get a mark of one hundred per cent.* 如果她的答案全對, 就會得一百分。

perch [1] /pɜ:tʃ/ *n.* (*pl.* perches) place where a bird sits 棲木

perch [2] *v.* **1** fly down and rest on something 棲息; 停歇: *The birds perched on the big tree.* 這些鳥棲息在大樹上。**2** sit or be on something high (坐)在高處: *Sandra perched on a tall stool in the coffee bar.* 珊德拉坐在咖啡館裏一張高櫈子上。

perfect /'pɜ:fɪkt/ *adj.* completely correct and good; with nothing wrong 完美的; 無瑕的; 極好的: *a perfect diamond* 一顆完美無瑕的鑽石 **perfect tense**, form of a verb that shows past time 動詞的完成式: *In the sentence 'He has seen the film', the verb is in the perfect tense.* 在 He has seen the film 中, 動詞是完成式。

perfectly /'pɜ:fɪktlɪ/ *adv.* **1** totally 完全地; 非常地: *He is perfectly happy in his new job.* 他對新工作非常滿意。 **2** extremely well 極好地: *Janet sings perfectly.* 珍尼特唱得好極了。

perform /pə'fɔ:m/ *v.* **1** do work, etc.; function 做工作; 起作用: *Is the new car performing well?* 這輛新汽車性能好嗎? **2** be in a play, film, concert, etc. 演出; 表演: *The clown performed tricks in the circus ring.* 在馬戲場裏小丑耍把戲。 **performer** *n.* someone who acts or sings 表演者; 演出(唱)者

performance /pə'fɔ:məns/ *n.* **1** doing work; something that you do 工作; 成績: *Val's poor performance at school.* 婉兒的學校成績不好。**2** being in a play, concert, etc. 演出; 演唱; 演奏: *The pianist gave a fine performance.* 鋼琴家演奏得很出色。**3** time when you can go to a play, etc. 演出的時間: *Shall we go to the afternoon or the evening performance of the ballet?* 這次芭蕾舞我們是看下午還是晚上的演出?

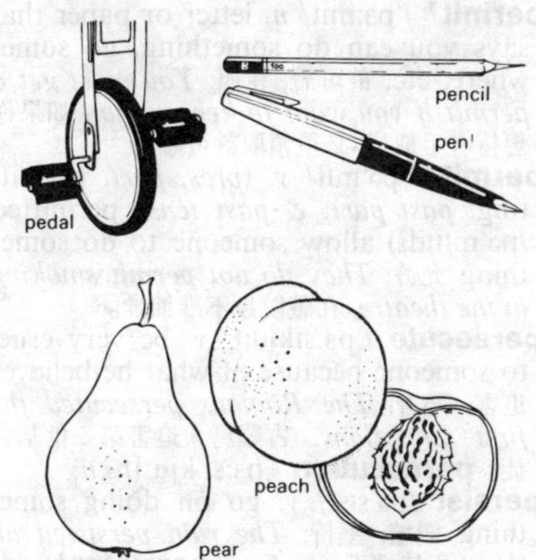

perfume /'pɜ:fju:m/ *n.* **1** scent; liquid with a sweet smell, which you put on your body 香料; 香水 **2** any sweet smell 香味: *the perfume of roses* 玫瑰的香味

perhaps /pə'hæps/ *adv.* maybe; possibly 也許; 可能: *Perhaps I'll see him tomorrow, but I'm not sure.* 也許我明天會見到他, 但我不能肯定。

peril /'perɪl/ *n.* **1** (no *pl.*) great danger 巨大危險; 危難: *He was in great peril when the wind sent his boat on the rocks.* 當大風把他的船刮到岩石上時, 他非常危險。**2** (*pl.* perils) something that brings great danger 危險的事物: *Ice is a peril on the road.* 路上的冰構成大危險。**perilous** *adj.* dangerous 危險 **perilously** *adv.*

period /'pɪərɪəd/ *n.* **1** length of time 時期; 一段時間: *One day is a period of twenty-four hours.* 一天有二十四小時。**2** certain time in a life of a person, in the history of a country, etc. 時期; 時代: *the Victorian period* 維多利亞時代 **3** lesson 一節課: *the maths period* 數學課

periodical /ˌpɪərɪ'ɒdɪkl/ *n.* newspaper or magazine that comes every week, month, etc. 期刊; 雜誌

perish /'perɪʃ/ *v.* die; come to an end 死亡; 消亡; 毀滅: *Many people perished in the fire.* 許多人在大火裏死去。

permanent /'pɜ:mənənt/ *adj.* for always; for a long time; not changing 永久的; 常任的; 不變的: *a permanent job* 永久的工作 **permanently** *adv.* always 永久地

permission /pə'mɪʃn/ *n.* (no *pl.*) allowing someone to do something 允許; 許可: *May I have permission to leave early?* 可以讓我早點走嗎?

permit¹ /ˈpɜːmɪt/ *n.* letter or paper that says you can do something, go somewhere, etc. 許可證; 執照: *You must get a permit if you want to keep a gun.* 如果你想持有手槍, 你必須領取許可證。

permit² /pəˈmɪt/ *v.* (*pres. part.* permitting, *past part. & past tense* permitted /pəˈmɪtɪd/) allow someone to do something 允許: *They do not permit smoking in the theatre.* 在戲院裏不准抽煙。

persecute /ˈpɜːsɪkjuːt/ *v.* be very cruel to someone because of what he believes 迫害; 殘害: *The Romans persecuted the first Christians.* 古羅馬人迫害第一批基督徒。 **persecution** /ˌpɜːsɪˈkjuːʃn/ *n.*

persist /pəˈsɪst/ *v.* go on doing something 繼續; 堅持: *The rain persisted all day.* 雨持續下了一天。 **persistent** *adj.* **persistently** *adv.*

person /ˈpɜːsn/ *n.* man, woman, or child 人: *We have room for another person in the car.* 我們的汽車還有空位多載一個人。 ***in person***, yourself 親自; 自己: *I was there in person, so I saw what happened.* 我自己在那兒, 所以看到了發生的事情。

personal /ˈpɜːsnl/ *adj.* private; of or for one person 私人的; 個人的: *This letter is personal, and I don't want anyone else to read it.* 這封信是私人的, 我不想任何人看。

personality /ˌpɜːsəˈnæləti/ *n.* (*pl.* personalities) **1** character; what sort of person you are 個性; 品格: *Ray has a happy personality.* 阿瑞的性格開朗。 **2** well-known person 名人: *Mohammed Ali is a boxing personality.* 默罕默德阿里是位拳擊名手。

personally /ˈpɜːsənəlɪ/ *adv.* speaking for yourself 就自己而言: *Personally, I like him, but many people do not.* 我個人喜歡他, 但是許多人不喜歡他。

perspire /pəˈspaɪə(r)/ *v.* sweat 流汗 **perspiration** /ˌpɜːspəˈreɪʃn/ *n.*

persuade /pəˈsweɪd/ *v.* make someone believe or do something by talking to him 説服; 勸導: *I persuaded Robert that the journey was too dangerous and he didn't go.* 我對洛培説旅途危險, 他給我説服了, 所以没有去。 **persuasion** /pəˈsweɪʒn/ *n.*

pessimist /ˈpesɪmɪst/ *n.* someone who believes the worst will happen 悲觀主義者 **pessimistic** /ˌpesɪˈmɪstɪk/ *adj.*: *That pessimistic boy thinks that he will fail his exams.* 那個悲觀的男孩認爲他考試將不合格。 **pessimistically** *adv.*

pest /pest/ *n.* **1** insect or animal that eats crops or damages them 害蟲; 有害的動物 **2** person or thing that gives you worry or trouble 討厭的人或事: *My little brother is a pest when he spoils my games.* 我的小弟弟破壞我的各種遊戲, 真討厭。

pester /ˈpestə(r)/ *v.* trouble someone; go to someone again and again and make him rather angry 煩擾; 糾纏: *Don't pester me with questions when I'm busy!* 我忙的時候别老是問問題, 煩死人!

pet /pet/ *n.* **1** animal, etc. that you like very much and keep in the garden or house 愛畜; 寵物: *Sammy has two pets – a goldfish and a cat.* 森明有兩樣寵物, 就是一條金魚和一隻貓。 **2** child that a parent or teacher likes best of all 寵兒; 愛子; 最受寵的學生

petition /pɪˈtɪʃn/ *n.* special letter from a group of people that asks for something 請願書: *Many people signed the petition for a pedestrian crossing.* 許多人在請願書上簽名要求設置行人横道。

petrol /ˈpetrəl/ *n.* (no *pl.*) sort of oil that makes car-engines go 汽油 **petrol station** *n.* place where you can buy petrol (汽油)加油站 **petrol tanker** *n.* big lorry that carries petrol 油罐車 **petrol** *adj.*: *a petrol tank* 油箱

petticoat /ˈpetɪkəʊt/ *n.* piece of clothing that a woman or girl wears under her dress, etc. 襯裙

phantom /ˈfæntəm/ *n.* ghost 鬼怪

philosophy /fɪˈlɒsəfɪ/ *n.* **1** (no *pl.*) study of life; thinking about life and man 哲學 **2** (*pl.* philosophies) what one person thinks about life 人生觀; 哲理 **philosopher** /fɪˈlɒsəfə(r)/ *n.* someone who studies philosophy 哲學家; 思想家

phone /fəʊn/ *abbrev.* telephone 打電話; 電話: *I phoned my sister last night.* 我昨天打電話給姊姊。 *She speaks quietly on the phone.* 她講電話時聲音很輕。 **phone box, phone booth** *n.* small building with a public telephone 電話亭; 電話間

phonetics /fəˈnetɪks/ *n.* (no *pl.*) study of the sounds of a language; the signs that you use to write the sounds of a language 語音學; 語音符號 **phonetic** *adj.*: *Each new word in this dictionary has phonetic symbols after it to show you how to say the word.* 這部詞典裏, 每個新單詞後都有音標, 告訴你如何發音。

phoney /ˈfəʊnɪ/ *adj.* that seems to be real or true but is not 假的; 僞造的: *a phoney story* 虚構的故事

photo /ˈfəʊtəʊ/, **photograph** /ˈfəʊtəgrɑːf/ *n.* picture that you make with a camera 照片; 相片 **photograph** *v.*: *They photographed the winning team.* 他們給得勝隊伍拍照。 **photographer** /fəˈtɒgrəfə(r)/ *n.* someone who takes pictures with a camera 攝影者; 攝影師 **photography** /fəˈtɒgrəfɪ/ *n.* **photographic** /ˌfəʊtəˈgræfɪk/ *adj.*

phrase /freɪz/ *n.* group of words in a sentence 短語; 詞組: *The words 'a quiet* *little village' make a phrase*. A quiet little village 幾個單詞是一個短語。

physical /'fɪzɪkl/ *adj*. **1** of things that you can see, touch, etc. 物質的; 有形的: *the physical world* 物質世界 **2** of the body 身體的; 肉體的: *physical pain* 肉體的疼痛 **physically** *adv*.

physician /fɪ'zɪʃn/ *n*. doctor of medicine 醫師; 內科醫生

physics /'fɪzɪks/ *n*. (no *pl*.) study of heat, light, sound, etc. 物理學 **physicist** /'fɪzɪsɪst/ *n*. someone who studies physics 物理學家

piano /pɪ'ænəʊ/ *n*. big musical instrument with black and white keys that you press to make music 鋼琴 **pianist** /'pɪənɪst/ *n*. someone who plays a piano 鋼琴家; 鋼琴演奏者

pick [1] /pɪk/ *n*. heavy instrument for breaking roads, stones, etc. 鶴嘴鋤; 鎬頭

pick [2] *n*. (no *pl*.) choosing; what you choose 挑選; 挑選的東西 ***take your pick***, choose what you like 任意挑選: *The greengrocer told me to take my pick of the apples, so I chose the big, ripe ones*. 果菜商告訴我蘋果可以挑選, 所以我挑了幾個又大又熟的。

pick [3] *v*. **1** take something up with the fingers; gather things 拾起; 採集: *Pat picked some flowers to put in a vase*. 珮摘了一些花放進花瓶裏。**2** choose someone or something 選擇; 挑選: *The sportsmaster picked the best boys for the team*. 體育老師挑選了最好的男生參加球隊。***pick someone*** or ***something out***, be able to see someone or something in a lot of others 區別出; 看出: *There's such a big crowd that I can't pick Samuel out*. 人太多了, 我找不到森勉。***pick up***, (***a***) lift someone or something from the ground 拾起; 抱起: *He picked up his crying child*. 他抱起了啼哭的孩子。(***b***) learn something without studying it especially (無意中)學會: *If you go to England, you'll soon pick up English*. 你如果到英國去, 很快就能學會英語。

picket /'pɪkɪt/ *v*. stand outside a factory, office, etc. trying to stop other people from going inside to work, when there is a strike (罷工時)擔任糾察 **picket** *n*. someone who pickets 糾察員: *Are there pickets outside the docks?* 港口外邊有(罷工)糾察員嗎?

pickpocket /'pɪkpɒkɪt/ *n*. someone who steals things from people's pockets 扒手

picnic /'pɪknɪk/ *v*. (*pres. part*. picnicking, *past part & past tense* picnicked /'pɪknɪkt/) eat a meal outside, away from home 野餐: *We picnicked on the beach yesterday*. 昨天我們去海邊野餐。**picnic** *n*.: *We had a picnic by the river*. 我們在河邊野餐。**picnic** *adj*.: *a picnic basket* 野餐籃子

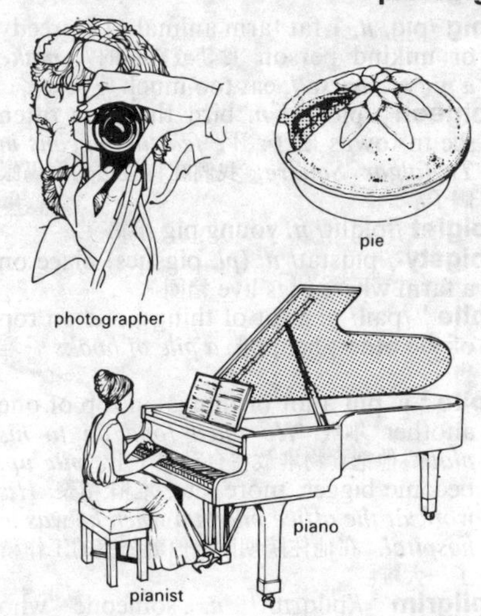

picture /'pɪktʃə(r)/ *n*. **1** drawing, painting, or photograph of someone or something 圖片; 相片; 圖畫: *Annette painted a picture of a flower*. 安妮特畫了一朵花的圖畫。***take a picture***, make a photograph 照相; 拍照 **2** film that you can see at a cinema 影片 **the pictures**, the cinema 電影院

pie /paɪ/ *n*. dish of meat or fruit covered with pastry and cooked 餡餅

piece /pi:s/ *n*. **1** bit or part of something 一塊; 一片: *Will you have a piece of cake?* 你要一塊蛋糕吧? ***give someone a piece of your mind***, tell someone angrily what you think about him 直言不諱; 責備 ***in pieces***, broken 破碎: *She has dropped the cup and it is now in pieces*. 她把杯子掉在地上, 現在杯子已成碎片了。***take something to pieces***, divide something into its parts 拆開: *He's taking his bicycle to pieces to see how it works*. 他正在拆卸他的腳踏車, 想看一看車的構造。**2** one single thing 一件(東西): *a piece of furniture* 一件家具 **3** coin 硬幣: *a $5 piece* 一個五元硬幣 **4** one of a set or group (一套中的)一件: *A three-piece suite has two chairs and a sofa*. 三件一套的家具有兩把椅子和一張沙發。

pier /pɪə(r)/ *n*. wall from the land into the sea, where people can get on and off boats (凸式)碼頭; 橋墩

pierce /pɪəs/ *v*. go into or through something; make a hole in something 刺穿; 穿孔: *The pin pierced his finger and it began to bleed*. 大頭針刺傷了他的手指, 流出血來。

piercing /'pɪəsɪŋ/ *adj*. sharp; very clear and loud 尖銳的; 刺耳的: *a piercing cry* 刺耳的叫聲

pig /pɪg/ *n.* **1** fat farm animal 豬 **2** greedy or unkind person 貪婪或殘忍的人 ***make a pig of yourself***, eat too much 吃得太多
pigeon /ˈpɪdʒɪn/ *n.* bird that you often see in towns 鴿子: *We fed the pigeons in Trafalgar Square.* 我們在特拉法加廣場餵鴿子。
piglet /ˈpɪglɪt/ *n.* young pig 小豬
pigsty /ˈpɪgstaɪ/ *n.* (*pl.* pigsties) place on a farm where pigs live 豬圈
pile¹ /paɪl/ *n.* a lot of things, one on top of the other; heap 堆: *a pile of books* 一堆書
pile² *v.* put a lot of things on top of one another 堆放: *He piled food on to his plate.* 他把食物堆放在自己盤子上。***pile up***, become bigger, more, etc. 堆積;積聚: *His work at the office piled up when he was in hospital.* 在他住院期間, 他辦公室的工作積了一大堆。
pilgrim /ˈpɪlgrɪm/ *n.* someone who travels a long way to a place because it is holy 朝拜聖地者; 香客 **pilgrimage** /ˈpɪlgrɪmɪdʒ/ *n.* journey of a pilgrim 朝聖者的旅程; 朝覲
pill /pɪl/ *n.* small, round hard piece of medicine, which you swallow 藥丸; 藥片
pillar /ˈpɪlə(r)/ *n.* tall, strong piece of wood, stone, etc., to hold up a building 柱子; 棟樑
pillar-box /ˈpɪlə bɒks/ *n.* (*pl.* pillar-boxes) tall letter-box in the street 信筒; 郵筒
pillow /ˈpɪləʊ/ *n.* soft thing where you put your head when you are in bed 枕頭 **pillow-case, pillow-slip** *n.* cover for a pillow 枕頭套
pilot /ˈpaɪlət/ *n.* **1** someone who flies an aeroplane 飛機駕駛員; 飛行員 **2** someone who guides a ship the safe way up a river into harbour, etc. 領港員 **pilot** *v.* fly an aeroplane; guide a boat 駕駛飛機; 領港
pimple /ˈpɪmpl/ *n.* small, sore place on skin 丘疹; 膿疱 **pimply** *adj.*
pin¹ /pɪn/ *n.* very small, thin piece of metal with a flat head at one end and a sharp point at the other, which holds together pieces of cloth, paper, etc. 大頭針 ***pins and needles***, funny feeling in part of your body 發麻; 麻木之感: *She had pins and needles in her hand after she had been lying on it.* 她躺着壓住了手, 過了一會, 手上有麻木的感覺。 **drawing-pin** *n.* short pin with a flat top, which fastens papers to a wall, board, etc. 圖釘 **safety-pin** *n.* pin with a cover over its point 安全別針
pin² *v.* (*pres. part.* pinning, *past part.* & *past tense* pinned /pɪnd/) **1** fasten things together with a pin or pins 釘住; 別住: *Judy pinned the pieces of cloth together before she sewed them.* 朱廸先把布片用大頭針別住, 然後再縫起來。**2** hold someone or something so that he or it cannot move away 卡住; 軋着: *The car turned over and pinned the driver underneath it.* 汽車翻了, 把司機壓在下面。
pinafore /ˈpɪnəfɔ:(r)/ *n.* apron; piece of clothing that a woman or girl wears over other clothes to keep them clean 圍裙; 圍涎
pinch¹ /pɪntʃ/ *n.* (*pl.* pinches) **1** holding or pressing something between your thumb and first finger 捏; 擰: *He gave my arm a pinch.* 他擰了我的手臂一下。**2** how much you can hold with your thumb and first finger 一撮: *a pinch of salt* 一撮鹽
pinch² *v.* **1** take something tightly between your thumb and first finger 捏; 擰: *Don't pinch me, it hurts!* 不要擰我, 疼着呢! **2** catch or trap something in a tight place 掩; 卡住: *Ow! I've pinched my fingers in the car door!* 哎喲! 汽車門夾着我的手指頭! **3** hurt someone because it is too tight 夾疼; 太緊而使人疼: *These shoes pinch.* 這雙鞋子夾腳。**4** steal something; take something without asking 偷: *Who has pinched my pencil?* 誰拿了我的鉛筆?
pine /paɪn/ *n.* tree that has leaves like long needles 松樹
pineapple /ˈpaɪnæpl/ *n.* big, juicy fruit 菠蘿
ping-pong /ˈpɪŋpɒŋ/ *n.* (no *pl.*) table-tennis; game where players hit a small white ball over a net on a big table 乒乓球 **ping-pong** *adj.*: *a pingpong ball* 乒乓球
pink /pɪŋk/ *adj.* with a pale red colour 粉紅色的 **pink** *n.*
pint /paɪnt/ *n.* measure of liquid = 0.57 litre 品脱(等於0.57升)
pioneer /ˌpaɪəˈnɪə(r)/ *n.* someone who goes to a new country to live or work 拓荒者; 開拓者: *The Pilgrim Fathers were pioneers.* 1620年移居美洲建立普利茅斯殖民地的英國清教徒是拓荒者。
pip /pɪp/ *n.* seed in a lemon, orange, apple, grapefruit, etc. (檸檬、柑桔、蘋果等的)果仁; 種子
pipe /paɪp/ *n.* **1** tube that takes water, oil, gas, etc. from one place to another 管子 **2** thing for smoking tobacco, etc. 煙斗 **3** sort of musical instrument 管樂器
piper /ˈpaɪpə(r)/ *n.* someone who makes music with a pipe or bagpipes 吹風笛的人
pirate /ˈpaɪrət/ *n.* someone who sails on the sea and robs other ships 海盜
pistol /ˈpɪstl/ *n.* small gun 手槍
pit /pɪt/ *n.* **1** deep hole in the earth 坑; 深

窪 **2** coal-mine 煤礦; 礦坑: *Gareth works down the pit*. 加勒思在煤礦工作。

pitch¹ /pɪtʃ/ *n*. **1** (*pl*. pitches) piece of ground where you play cricket 打板球的場地 **2** (*pl*. pitches) how high or low a voice or other sound is 音調; 音高

pitch² *v*. ***pitch a tent***, put up a tent 搭帳蓬

pitiful /ˈpɪtɪfl/ *adj*. making you feel pity 可憐的; 令人憐憫的: *The hungry dog was a pitiful sight*. 這條餓狗樣子可憐。**pitifully** *adv*.

pity¹ /ˈpɪtɪ/ *n*. (no *pl*.) sadness for the troubles, pain, etc. of another person 憐憫; 同情: *I felt pity for the blind child*. 我很同情那個瞎孩子。***take*** or ***have pity on***, feel sorry for someone and help him 可憐…: *She took pity on the beggar, and gave him some food*. 她可憐那個乞丐, 就給他一些食物。***it's a pity, what a pity***, it is sad 遺憾的是; 真可惜: *What a pity you can't come to the party*. 你不能來參加這次聚會, 真遺憾。

pity² *v*. feel sorry for someone 憐憫; 同情: *I pity people who cannot sleep at night*. 我同情夜裏失眠的人。

pl. *abbrev*. for plural in this dictionary 本詞典中 plural 的縮寫形式

placard /ˈplækɑːd/ *n*. big piece of card or paper with something written on it, which you put up or carry so that people can see it 公告; 招貼; 標語牌

place¹ /pleɪs/ *n*. **1** where something or someone is 地方; 處所: *That table is the best place for the flowers*. 那張桌子是擺花的最好地方。**2** town, village, etc. 地區: *What's the name of this place?* 這個地區叫什麼名字? **3** building or piece of land for something special 場所: *An office is a place of work*. 辦公室是工作的場所。**4** seat 座位: *Another boy was sitting in my place*. 另一個男孩坐在我的座位上了。**5** page that you are reading in a book (書刊)頁次; 段落: *I dropped the book and lost my place*. 我正看的書掉了, 找不着讀到那兒。**6** where you finish in a race (賽跑中的)名次: *Percy was first, and Jim was in second place*. 珀西第一名, 阿吉第二名。***in place***, where you want them; tidy 在適當的地方; 整齊: *Are all the chairs in place?* 椅子放整齊了嗎? ***in place of***, instead of 代替: *Sebastian became captain in place of Miles who had broken his leg*. 邁爾斯的腿骨折了, 塞巴斯蒂安代替他當了隊長。***take place***, happen; occur 發生; 出現: *When did the accident take place?* 意外是什麼時候發生的? ***take the place of***, do the job of someone 代替; 接替: *When his secretary went on holiday, Miss Tyson took her place for a week*. 他的秘書放假的時候, 太遜小姐替了她一個星期。

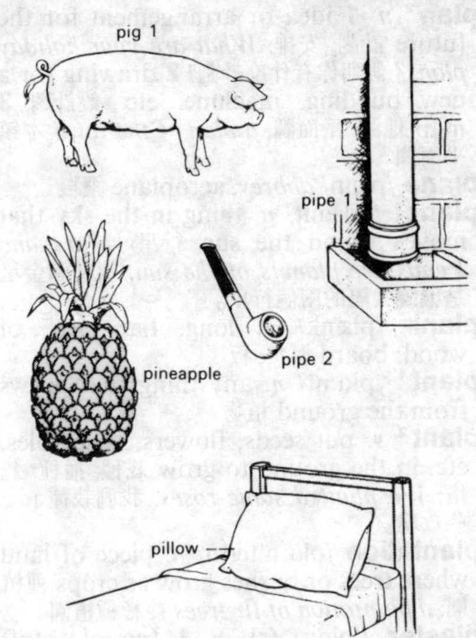

place² *v*. **1** put something somewhere 放置: *The waiter placed the meal in front of me*. 侍者把飯菜放在我面前。**2** give someone a certain job to do 給人工作; 任命: *They placed Giles in charge of the group*. 他們安排翟爾斯負責這個小組。**3** give an order to a shop, etc. 發出(訂單): *I've placed an order for a new car with a firm in Nottingham*. 我已向諾丁漢一家公司訂購了一輛新汽車。

plain¹ /pleɪn/ *adj*. **1** easy to hear, see, or understand; clear 簡單的; 清楚的; 易懂的: *It's plain that she doesn't like the job because she's trying to find another*. 她顯然不喜歡這個工作, 因爲她正在找別的工作。**2** ordinary; simple 普通的; 簡單的: *plain food* 普通的食物; 便飯 **3** not pretty 不漂亮的: *a plain girl* 一位長相一般的女孩 **4** with no pattern 素的; 無花紋的: *plain blue material* 純藍衣料 **plain-clothes** *adj*. not in uniform 穿便衣的: *a plain-clothes policeman* 便衣警察

plain² *n*. piece of flat country 平原

plainly /ˈpleɪnlɪ/ *adv*. clearly 清楚地; 明白地

plait /plæt/ *v*. take three or more pieces of hair, string, straw, etc. and weave or twist them together 編辮子; 搓繩: *Will you plait my hair for me?* 你給我編辮子好嗎? **plait** *n*.: *I wear my hair in plaits*. 我把頭髮編成辮子。

plan¹ /plæn/ *v*. (*pres. part*. planning, *past part. & past tense* planned /plænd/) think or say what you will do, how you will do it, etc. 計劃; 規劃: *We're planning a tour of Italy this summer*. 我們計劃今年夏天去意大利旅行。

plan² *n.* **1** idea or arrangement for the future 計劃; 安排: *What are your holiday plans?* 假期你有什麼計劃? **2** drawing for a new building, machine, etc. 設計圖 **3** map 地圖; 平面圖: *a plan of the town* 本鎮平面圖

plane /pleɪn/ *abbrev.* aeroplane 飛機

planet /'plænɪt/ *n.* thing in the sky that moves round the sun 行星: *Mars and Venus are planets of the sun.* 火星和金星是環繞太陽的兩個行星。

plank /plæŋk/ *n.* long, flat piece of wood; board 厚板; 板

plant¹ /plɑ:nt/ *n.* any thing that grows from the ground 植物

plant² *v.* put seeds, flowers, vegetables, etc. in the ground to grow 栽種; 播種; 栽培: *We planted some roses.* 我們栽種了一些玫瑰。

plantation /plɑ:n'teɪʃn/ *n.* piece of land where trees or bushes grow as crops 種植園: *a plantation of fir trees* 冷杉種植園

plaster /'plɑ:stə(r)/ *n.* **1** (no *pl.*) stuff that you put over bricks, etc. to make a smooth wall 灰泥 **2** (no *pl.*) stuff that you put round a broken leg, etc. It becomes hard and keeps the leg safe 石膏: *After the accident Dorothy's arm was in plaster for three weeks.* 意外發生後, 桃樂西的手臂用石膏固定三個星期。**3** (*pl.* plasters) piece of sticky cloth that you put over a cut to keep it clean and safe 膏藥; 橡皮膏

plastic /'plæstɪk/ *n.* (no *pl.*) light, strong stuff made in factories 塑料: *Our picnic plates are make of plastic.* 我們的野餐碟子是塑膠做的。**plastic** *adj.* made of plastic 塑膠做的: *plastic cups* 塑膠杯

plate /pleɪt/ *n.* round, flat dish for food (盛食物的)碟子

platform /'plætfɔ:m/ *n.* **1** part of a railway station where you get on and off trains 站台; 月台: *Which is the platform for the London train?* 往倫敦的火車停在哪個月台? **2** place higher than the floor or the ground where a speaker, etc. stands 講台; 平台: *Each pupil came up to the platform for his prize.* 每個小學生都走上講台領取獎品。

play¹ /pleɪ/ *n.* (no *pl.*) **1** games; what children do for fun 遊戲; 玩耍: *Is it time for play?* 該玩了嗎? **2** way of doing a game, sport, etc. 比賽作風; 運動方式: *There was a lot of rough play in the football match.* 這次足球賽中有許多粗野的動作。

play² *n.* story that you act on the stage, radio, etc. 劇本; 戲劇: *'Hamlet' is a play by Shakespeare.* 《哈姆雷特》是莎士比亞寫的一個劇本。

play³ *v.* **1** have fun; do things to enjoy yourself 玩耍; 遊戲: *The children are playing with their toys.* 孩子們正在玩玩具。**2** take part in a game 參加比賽; 打球: *Do you play tennis?* 你打網球嗎? ***play fair***, (***a***) keep the rules 遵守比賽規則 (***b***) be fair to people 待人公平 **3** make music with a musical instrument 奏樂; 演奏: *Do you play the piano?* 你會彈鋼琴嗎? **4** act a part in a play 扮演; 演出: *Quentin will play Hamlet.* 昆廷將扮演哈姆雷特。

player /'pleɪə(r)/ *n.* **1** someone who plays a game 運動員: *football players* 足球運動員 **2** someone who makes music on an instrument 演奏者: *the best player in the orchestra* 管弦樂隊中最好的演奏者

playful /'pleɪfl/ *adj.* wanting to play; not serious 愛玩的; 開玩笑的: *a playful puppy* 頑皮的小狗 **playfully** *adv.*

playground /'pleɪgraʊnd/ *n.* piece of ground where children play in a school, park, etc. 運動場; 遊戲場

playing-field /'pleɪɪŋ fi:ld/ *n.* field for games of cricket, football, etc. (足球、板球等)球場; 運動場

playmate /'pleɪmeɪt/ *n.* child who plays with another child 遊戲的夥伴; 遊伴

plea /pli:/ *n.* asking for something with strong feeling 請求; 懇求: *a plea for help* 請求幫助

plead /pli:d/ *v.* **1** beg; ask strongly 請求; 懇求 ***plead with***, ask someone for something, with strong feeling 懇求… **2** speak for your own case in a court of law 辯護 ***plead guilty***, say that you did the crime 承認有罪; 服罪 ***plead not guilty***, say that you did not do the crime 不承認犯罪; 不服罪

pleasant /'pleznt/ *adj.* nice; that you enjoy 美好的; 合意的; 令人愉快的: *We had a pleasant evening at Alan's house.* 我們在艾倫家過了一個愉快的晚上。**pleasantly** *adv.*: *It is pleasantly warm in May.* 五月的天氣溫暖宜人。

please /pli:z/ *v.* **1** word that you say when you ask for something politely 請: *Will you give me an apple, please?* 請你給我一個蘋果好嗎? **2** make someone happy; satisfy someone 使人高興; 使滿意: *That picture pleases me.* 那張畫合我意。***as you please***, as you wish 隨你的意思: *Stay as long as you please.* 你愛停留多久就停多久。

pleased /pli:zd/ *adj.* glad; happy 高興; 愉快: *I'm pleased to see you, Adam.* 亞當, 很高興見到你。

pleasing /'pli:zɪŋ/ *adj.* nice; that you like or enjoy 美好的; 討人喜歡的; 令人愉快的: *pleasing music* 悅耳的音樂

pleasure /'pleʒə(r)/ *n.* **1** (no *pl.*) feeling of being happy; enjoyment 快樂; 愉快: *I go sailing for pleasure.* 我駕駛帆船作樂。

take pleasure in, enjoy something 喜歡; 以…爲樂: *I take pleasure in gardening*. 我喜愛園藝。***with pleasure***, gladly 高興地: *I'll help you with pleasure*. 我很高興幫助你。**2** (*pl*. pleasures) thing that gives happiness 令人愉快的事; 樂事: *His work leaves him no time for pleasures*. 他工作很忙, 没有時間娛樂消遣。

pleated /'pli:tɪd/ *adj*. with regular folds 打摺的: *a pleated skirt* 百摺裙

plenty /'plentɪ/ *n*. (no *pl*.) a large number; as much as you need 豐富; 大量; 充足: *I didn't hurry because I had plenty of time*. 我没有趕忙, 因爲有充分時間。**plentiful** /'plentɪfl/ *adj*.: *Tomatoes are plentiful in the summer*. 夏天西紅柿很多。**plentifully** *adv*.

pliers /'plaɪəz/ *n*. (*pl*.) instrument for holding things tightly, pulling nails out of wood, etc. 鉗子; 老虎鉗

plod /plɒd/ *v*. (*pres. part*. plodding, *past part. & past tense* plodded /'plɒdɪd/) walk slowly, in a heavy, tired way 沉重地走; 步履艱難

plot¹ /plɒt/ *n*. **1** secret plan, usually to do wrong 秘密計劃; 陰謀: *a plot to rob the bank* 搶劫銀行的陰謀 **2** small piece of land 小塊地: *a vegetable plot* 一小塊菜地 **3** what happens in a story or play 情節; 結構: *an exciting plot* 緊張的情節

plot² *v*. (*pres. part*. plotting, *past part. & past tense* plotted /'plɒtɪd/) make a secret plan for doing wrong 策劃; 密謀: *Guy Fawkes plotted to blow up parliament* 蓋伊福克斯密謀炸毀國會大厦。

plough /plaʊ/ *v*. cut and turn over the soil 犂地; 耕地: *The farmer ploughed the field before he planted the corn*. 農民先犂田, 然後種玉米。**plough** *n*. thing that a tractor pulls to plough soil 犂

pluck /plʌk/ *n*. (no *pl*.) courage; bravery 膽量; 勇氣 **plucky** *adj*.

plug /plʌg/ *n*. **1** round thing that you put in the hole in a wash-basin or bath 塞子; 拴: *Take the plug out of the sink and let the water out*. 把水槽裏的塞子拔出來, 把水放了。**2** thing that joins a lamp, machine, etc. to the point in the wall where there is electricity 插頭 **plug** *v*. (*pres. part*. plugging, *past part. & past tense* plugged /plʌgd/) **1** fill a hole in something with a plug 用塞子塞住 **2** ***plug in***, put the electricity plug of a machine, etc. into the electric point in the wall 插上插頭: *The lamp will not work until you plug it in*. 電燈不接上插頭是不會亮的。

plum /plʌm/ *n*. round, juicy fruit 李子; 梅子

plumber /'plʌmə(r)/ *n*. someone whose job is to put in and mend water-pipes, wash-basins, etc. 裝修水管的人; 鉛管工人

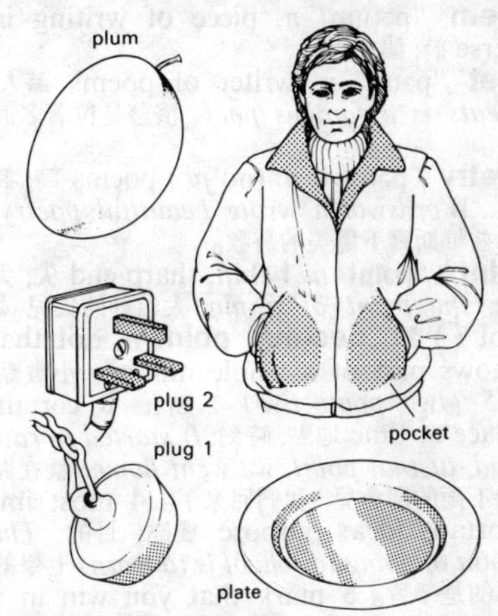

plump /plʌmp/ *adj*. round and fat 圓胖的; 豐滿的: *plump cheeks* 圓胖的面頰

plunge /plʌndʒ/ *v*. jump down suddenly; fall fast 跳下; 急降; 投入: *Rebecca plunged into the pool*. 麗蓓嘉跳進游泳池。**plunge** *n*.

plural /'plʊərəl/ *n*. form of a word that shows that there is more than one 複數: *The plural of 'dog' is 'dogs'*. dog 的複數形式是 dogs。**plural** *adj*.: *'Dogs' is a plural noun*. Dogs 是一個複數名詞。

plus /plʌs/ *prep*. and; added to 加; 加上: *Four plus five is nine*. 四加五等於九。

p.m. /ˌpi: 'em/ *abbrev*. (Latin *post meridiem*) between midday and midnight 下午: *Our friends came at 5 p.m.* 我們的朋友下午五點來了。

pneumonia /nju:'məʊnɪə/ *n*. (no *pl*.) serious illness of the lungs 肺炎

poach¹ /pəʊtʃ/ *v*. cook food gently in water or other liquid 水煮; 燉 **poached** /pəʊtʃt/ *adj*.: *a poached egg* 水煮荷包蛋

poach² *v*. kill and steal animals, fish, or birds from another person's land 偷獵; 偷漁 **poacher** *n*. someone who poaches 偷獵者; 偷漁者

P.O.Box /'pi: əʊ bɒks/ *abbrev*. Post Office Box; box in a post office to take the letters of one person or office 郵政信箱

pocket /'pɒkɪt/ *n*. small bag in your clothes for carrying things 衣袋; 口袋: *I have a handkerchief in my pocket*. 我口袋裏有一條手帕。***pick someone's pocket***, steal from someone's pocket 扒竊

pocket-money /'pɒkɪt mʌnɪ/ *n*. (no *pl*.) money that parents give to a child each week to buy small things 零用錢

pod /pɒd/ *n*. long, narrow part of a plant, that holds peas, beans, and other seeds 豆莢; 莢

poem /'pəʊɪm/ *n.* piece of writing in verse 詩; 韻文

poet /'pəʊɪt/ *n.* writer of poems 詩人: *Keats is a famous poet.* 濟慈是位著名詩人。

poetry /'pəʊɪtrɪ/ *n.* (no *pl.*) poems 詩; 詩集: *Wordsworth wrote beautiful poetry.* 華兹華斯寫下優美的詩歌。

point[1] /'pɔɪnt/ *n.* **1** thin, sharp end 尖; 尖端: *the point of a pin* 大頭針的尖兒 **2** dot (.) 點 **decimal point** *n.* dot that shows part of a whole number 小數點: *2.5 (two point five)* 二點五: **3** certain place or time 地點; 時刻: *It started to rain and, at that point, we went home.* 就在開始下雨的那會兒, 我們回家了。**4** most important idea; purpose 要點; 目的: *The point of going to school is to learn.* 上學的目的是學習。**5** mark that you win in a game or sport (比賽中所得的)分: *Our team scored five points.* 我隊得了五分。**points of the compass**, 32 marks on a compass that show direction 羅盤上表示方向的三十二個刻度(即主方位) ***point of view***, way of thinking about something 觀點; 看法: *I understand your point of view.* 我明白你的觀點。***miss the point***, not understand what someone is trying to say 不解其意; 抓不住要點 ***on the point of***, just going to do something 正要…的時候: *I was on the point of going out when the phone rang.* 我正要出去, 電話響了。***there's no point in***, there's no good reason for doing something 沒有充分理由去… *There's no point in hanging out washing when it is raining.* 天下雨時, 沒有理由把洗好的衣服掛出去。

point[2] *v.* show with your finger, arm, stick, etc. where something is 指; 指向: *I asked where the bank was and he pointed across the road.* 我問銀行在那裏, 他指向馬路對面。***point something at***, hold something towards someone or something 指向; 瞄準: *He pointed a gun at the deer.* 他用槍對準那隻鹿。***point out***, tell about or show something 說及; 指出: *Evan pointed out that my bag was open.* 綺芬說, 我的手提包開着口。

pointed /'pɔɪntɪd/ *adj.* with a sharp end 尖的: *a pointed stick* 一根尖棍

pointless /'pɔɪntlɪs/ *adj.* wasted; with no purpose 無意義的; 無目標的: *It is pointless to hang out washing when it is raining.* 下雨時把洗好的衣服掛出去是沒有意義的。

poison /'pɔɪzn/ *n.* thing that will kill you or make you very ill if you eat or drink it 毒物; 毒藥 **poison** *v.* use poison to kill or hurt someone 毒害; 使中毒; 放毒 **poisonous** *adj.* that will bring illness or death if you eat it 有毒的: *Some berries are poisonous.* 有些漿果有毒。

poke /pəʊk/ *v.* **1** push something or someone with your finger, a stick, etc. 戳; 刺 **2** move something to a place 移動; 伸出: *Poke your head through the door and see who is there.* 把頭探出門外看看誰在那兒。**poke** *n.*: *She gave the potatoes a poke to see if they were soft.* 她杵了杵馬鈴薯, 看看軟不軟。

poker /'pəʊkə(r)/ *n.* **1** (*pl.* pokers) long stick of metal for moving wood, coal, etc. in a fire 撥火棍 **2** (no *pl.*) sort of card game 樸克牌遊戲

polar /'pəʊlə/(r)/ *adj.* of the North or South Pole 北極的; 南極的: *a polar expedition* 極地探險

pole[1] /pəʊl/ *n.* tall piece of wood or metal that stands in the ground to hold something up 桿; 樁; 柱: *a flag pole* 一根旗桿; *telegraph poles* 電線桿

pole[2] *n.* **North Pole, South Pole**, the north and south points of the earth 北極; 南極

police /pə'li:s/ *n.* (*pl.*) group of men and women whose job is to keep order and see that people do not break the law of the country 警察部隊 **policeman** /pə'li:smən/, **policewoman** /pə'li:swʊmən/ *n.* member of the police 警察 **police-station** *n.* office of the police 警察局

policy /'pɒləsɪ/ *n.* (*pl.* policies) general plan of a government, business, company, etc. 方針; 政策: *What is the government's policy on education?* 政府的教育政策是怎樣的?

polish /'pɒlɪʃ/ *v.* rub something so that it shines 擦亮; 磨光: *She polished her dirty shoes.* 她把髒鞋擦亮了。 **polish** *n.* **1** polishing something 擦亮; 擦光: *I gave the window a polish.* 我把窗户擦亮了。**2** oily stuff that you use to polish something 擦光油; 上光蠟: *a tin of shoe-polish* 一盒鞋油

polite /pə'laɪt/ *adj.* not rude; talking and acting in a way that does not make other people sad, angry, etc. 有禮貌的; 客氣的: *It is polite to say 'Please' when you ask for something.* 當你向别人要東西時, 說聲'請'才有禮貌。 **politely** *adv.* **politeness** *n.*

political /pə'lɪtɪkl/ *adj.* of government 政治(上)的: *A political party is a group of people who have the same ideas about the government of their country.* 政黨就是對如何治理他們的國家持有相同觀點的一批人。 **politically** *adv.* **politician** /ˌpɒlɪ'tɪʃn/ *n.* someone who works in politics 政客; 政治家: *Members of Parliament are politicians.* 國會議員都是政客。

politics /'pɒlɪtɪks/ *n.* (no *pl.*) **1** work of

government 政治活動 **2** study of government 政治學

polytechnic /ˌpɒlɪˈteknɪk/ *n.* place where people go to study technical subjects 科技(工藝)學校

pond /pɒnd/ *n.* small lake 池塘

pony /ˈpəʊnɪ/ *n.* (*pl.* ponies) small horse 小馬

pool[1] /pu:l/ *n.* **1** hollow in the ground, where water lies 水池; 水坑: *There were pools of water on the road after the storm.* 暴風雨過後, 馬路上有許多水坑。**2** place for swimming 游泳池: *Perry dived into the pool.* 培理跳進游泳池。

pool[2] *v.* put money, etc. together for something that all can use 合夥經營; 集中(力量等): *The three brothers pooled their money to buy a car.* 兄弟三人合夥買了一輛汽車。

poor[1] /pʊə(r)/ *adj.* **1** with very little money 貧窮的: *She is too poor to buy a warm coat.* 她太窮了, 買不起一件暖和的大衣。**2** that makes you feel sad 可憐的: *That poor man has no friends.* 那位可憐的人没有朋友。**3** not good 差的; 壞的: *Vegetables don't grow well in poor soil.* 在貧瘠的土地上, 蔬菜是長不好的。

poor[2] *n.* (*pl.*) **the poor**, people who have very little money, etc. 窮人

poorly /ˈpʊəlɪ/ *adv.* badly 蹩腳地; 拙劣地; 差: *The streets were poorly lit.* 街道照明很差。***poorly off***, having very little money 没錢的; 貧窮的: *She was very poorly off when her husband died.* 丈夫死後她很窮。

pop[1] /pɒp/ *abbrev.* popular music 流行音樂 **pop stars, pop groups**, singers and players that make pop music 唱流行歌曲的明星; 彈奏流行音樂的人

pop[2] *n.* short, sharp sound 砰的一聲; 爆破聲: *The cork came out of the bottle with a pop.* 塞子砰的一聲從瓶子裏跳出來了。

pop[3] *v.* (*pres. part.* popping, *past part.* & *past tense* popped /pɒpt/) **1** burst with a short, sharp sound 爆開; 爆破: *The balloon will pop if you put a pin in it.* 用大頭針刺一下, 氣球就會爆破。**2** go quickly 疾走; 迅跑: *I'll pop over the road and buy an ice-cream.* 我飛奔到馬路那邊去買一塊冰淇淋。**3** do something quickly 迅速行動: *Kay popped a sweet in her mouth.* 凱宜迅速地把一粒糖塞進嘴裏。

popular /ˈpɒpjʊlə(r)/ *adj.* that many people like 衆人喜歡的; 受歡迎的; 大衆化的: *Football is a popular sport.* 足球是許多人都喜歡的運動。 **popularity** /ˌpɒpjʊˈlærətɪ/ *n.*

population /ˌpɒpjʊˈleɪʃn/ *n.* the number of people who live in a place, country, etc. 人口; 全體居民: *What is the population of London?* 倫敦的人口有多少?

porcelain /ˈpɔ:səlɪn/ *n.* (no *pl.*) sort of

white china 瓷(器) **porcelain** *adj.* made of porcelain 瓷製的

porch /pɔ:tʃ/ *n.* (*pl.* porches) roof and walls round the outside of a doorway 門廊; 入口處: *We sheltered from the rain in the church porch.* 我們在教堂的門廊裏避雨。

pork /pɔ:k/ *n.* (no *pl.*) meat from a pig 豬肉

porridge /ˈpɒrɪdʒ/ *n.* (no *pl.*) soft food made from oats and water, which British people eat for breakfast (英國人早餐吃的)麥片粥; 粥

port /pɔ:t/ *n.* town or city with a harbour 港口: *Liverpool is a big port.* 利物浦是個大港口。

portable /ˈpɔ:təbl/ *adj.* that you can carry about; not fixed 可攜帶的; 輕便的: *a portable radio* 手提式收音機

porter /ˈpɔ:tə(r)/ *n.* man in a hotel, station, or airport, who carries your baggage 搬運工人; 搬行李工人

porthole /ˈpɔ:thəʊl/ *n.* small, round window in the side of a ship or aeroplane 舷窗; 艙口

portion /ˈpɔ:ʃn/ *n.* share; how much one person gets 一份; 一部分

portrait /ˈpɔ:trɪt/ *n.* painting or picture of someone 畫像; 相片: *There is a portrait of the mayor in the city hall.* 市政廳裏有一幅市長的肖像。

position /pəˈzɪʃn/ *n.* **1** place where someone or something is 位置: *Can you show me the position of your village on the map?* 你能給我指一下你們村在地圖上的位置嗎? ***in position***, in the right place 在恰當的位置 ***out of position***, not in the right place 不在恰當的位置 **2** way in which someone or something is placed 姿勢; 方式: *Are you sitting in a comfort-*

able position? 你的坐姿舒服嗎? **3** how things are 境況; 情形: *He is in a difficult position because he hasn't enough money to finish his studies.* 他現在的處境困難, 因爲他没有足够的錢完成學業。**4** job 職務; 工作: *My brother has a position in a bank.* 我的弟弟在一家銀行工作。

positive /ˈpɒzɪtɪv/ *adj.* sure; certain 肯定的; 無疑的: *Are you positive that you put the key in your pocket?* 你肯定把鑰匙放到口袋裏了嗎? **positively** *adv.* definitely; certainly 肯定地; 當然地

possess /pəˈzes/ *v.* have or own something 具有; 擁有: *He lost all that he possessed when his house burned down.* 他的房子燒毀以後, 全部財產都完了。

possession /pəˈzeʃn/ *n.* **1** (no *pl.*) having or owing something 所有; 佔有 ***for possession of***, to get or take something 爲了得到: *The players fought for possession of the ball.* 運動員爲拿到球而爭奪。**2** (*pl.* possessions) something that you have or own 財産; 所有物: *We lost all our possessions in the floods.* 我們在水災中失去了所有財物。

possible /ˈpɒsəbl/ *adj.* that can happen 可能發生的; 可能的: *Is it possible to walk there in an hour?* 一小時内步行到那兒有可能嗎?

possibility /ˌpɒsəˈbɪlətɪ/ *n.* (*pl.* possibilities) something that can happen 可能發生的事; 可能性: *Take your umbrella because there's a possibility it will rain.* 帶你的傘子吧, 因爲可能會下雨。

possibly /ˈpɒsəblɪ/ *adv.* **1** in a way that can be done 可能地: *I'll come as soon as I possibly can.* 我會盡可能早來。**2** perhaps 也許; 大概: *Will it be ready tomorrow? Possibly.* 明天能弄好嗎? 也許。

post[1] /pəʊst/ *n.* tall piece of wood or metal that stands in the ground to hold something up or to mark something 椿; 柱; 桿: *a signpost* 招牌柱; 路標

post[2] *n.* (no *pl.*) letters or parcels that you send 郵件; 郵政: *I sent her birthday present by post.* 我送她的生日禮物是郵寄的。**postal** /ˈpəʊstl/ *adj.* of the post 郵政的: *postal charges* 郵費

post[3] *n.* **1** place where a soldier is on duty 哨所; 崗位 **2** job 職位; 工作: *a teaching post* 教職

post[4] *v.* **1** send letters, parcels, etc. by mail 郵寄 **2** send someone to a place to do a certain job 委派; 任命: *Sandra's firm has posted her abroad for two years.* 珊德拉的公司派她到國外工作兩年。

postage /ˈpəʊstɪdʒ/ *n.* (no *pl.*) money that you must pay when you send a letter, etc. 郵費: *What is the postage for a letter to Australia?* 寄一封信往澳洲要多少郵費? **postage stamp** *n.* small piece of paper that you stick on a letter, etc., to show how much you have paid to send it 郵票

post-box /ˈpəʊst bɒks/ *n.* (*pl.* post-boxes) box in the street where you put letters for the post 信箱; 郵筒

postcard /ˈpəʊstkɑːd/ *n.* card that you write a message on and send by post 明信片

poster /ˈpəʊstə(r)/ *n.* big piece of paper that you put where people can see it, to tell them about something 告示; 海報: *a poster about the pop festival* 一張關於流行音樂節的海報

postman /ˈpəʊstmən/ *n.* (*pl.* postmen) man whose job is to take letters, etc. to people's houses, offices, etc. 郵差

postmaster /ˈpəʊstmɑːstə(r)/, **postmistress** /ˈpəʊstmɪstrɪs/ (*pl.* postmistresses) *n.* someone who controls a post office 郵政局長; 女郵政局長

post office /ˈpəʊst ɒfɪs/ *n.* building where you can send letters and telegrams, buy stamps, etc. 郵政局

postpone /pəˈspəʊn/ *v.* not do something until a later time 推遲; 延期: *Because it was raining, we postponed the match until tomorrow.* 因爲下雨, 我們把比賽延期到明天舉行。

pot /pɒt/ *n.* **1** deep, round dish for cooking 鍋: *I put the potatoes in a pot and boiled them.* 我把馬鈴薯放到鍋裏煮。**2** jar that holds food 罐; 盆: *a pot of honey* 一罐蜂蜜

potato /pəˈteɪtəʊ/ *n.* (*pl.* potatoes) round, white vegetable that grows under the ground 土豆; 馬鈴薯

pottery /ˈpɒtərɪ/ *n.* **1** (no *pl.*) making dishes, jars, plates, etc. from clay 製陶(術); 陶藝: *We are learning pottery at school.* 我們在學校裏學習陶藝。**2** (no *pl.*) clay dishes, etc. 陶器: *I bought my sister some pottery.* 我給姐姐買了些陶器。**3** (*pl.* potteries) place where clay dishes, etc. are made 製陶廠

poultry /ˈpəʊltrɪ/ *n.* (*pl.*) farm birds that lay eggs and that you can eat 家禽; 雞鴨

pounce /paʊns/ *v.* ***pounce on*** or ***at***, jump on to someone or something 猛撲; 突襲: *The cat pounced on the mouse.* 貓向老鼠猛撲過去。**pounce** *n.*

pound /paʊnd/ *n.* **1** measure of weight = 0.4kg 磅(重量單位, 等於0.4千克) **2** unit of British money = £1 (英國貨幣單位)

pour /pɔː(r)/ *v.* **1** empty liquid from something; tip a jug, etc. so that liquid comes out 倒; 灌注: *She poured wine into my glass.* 她把酒倒進我的杯裏。**2** stream; flow fast 流出; 傾注: *The rain poured down for hours.* 傾盆大雨下了幾個小時。

poverty /ˈpɒvətɪ/ *n.* (no *pl.*) being poor 貧

窮 ***live in poverty***, live in a very poor way 生活貧窮; 過窮日子 **poverty-stricken** *adj*. very poor 貧窮不堪的

powder /ˈpaʊdə(r)/ *n*. any fine stuff like dust 粉末: *baking powder* 焙粉; 發酵粉; *soap-powder* 肥皂粉 **powder** *v*. put powder on someone or something 搽粉; 撒粉 **powdered** /ˈpaʊdəd/ *adj*. made into powder 製成粉的: *powdered milk* 奶粉

power /ˈpaʊə(r)/ *n*. **1** (no *pl*.) being strong; being able to do something 體力; 能力 ***do everything in your power***, try very hard 盡力; 竭力: *He did everything in his power to help me*. 他盡力幫助我。**2** (no *pl*.) energy; force that makes things work 力; 動力: *electric power* 電力 **power point** *n*. set of holes in a wall, where you can put an electric plug 插座 **power station** *n*. place where electricity, etc. is made 發電站 **3** (*pl*. powers) having the right to do something 權力: *A policeman has the power to arrest a criminal*. 警察有權逮捕罪犯。**4** (*pl*. powers) strong person or country 有權勢的人; 强國: *America and Russia are great powers*. 美國和蘇聯是兩大强國。

powerful /ˈpaʊəfl/ *adj*. **1** with a strong body; able to move heavy things easily 身强力壯的: *a powerful car* 馬力大的汽車 **2** that you can smell or hear clearly, or feel strongly 氣味濃的; 聲音大的; 感覺强烈的: *a powerful smell* 濃烈的氣味 **3** with the right to do important things; able to make other people do what you want 權力大的; 有勢力的: *a powerful president* 一位有權威的總統 **powerfully** *adv*.

powerless /ˈpaʊəlɪs/ *adj*. weak; not able to do something 軟弱的; 無能力的: *A bird with a broken wing is powerless to fly*. 斷翅的鳥不能飛。

practical /ˈpræktɪkl/ *adj*. **1** of doing 實踐的; 實際的: *a practical lesson* 實踐課 **2** able to do useful things 有實際經驗的; 實用的: *a practical leader* 一位有實際經驗的領導者 **3** sensible and possible 明智的; 可行的: *Rowing across the Atlantic is not a practical idea*. 划船横渡大西洋不是個明智的想法。

practically /ˈprætɪkəlɪ/ *adv*. almost; nearly 差不多; 幾乎: *Lunch is practically ready so come to the table*. 午飯差不多做好了, 請入座吧。

practice /ˈpræktɪs/ *n*. **1** (no *pl*.) doing something; training; doing something often, so that you will do it well 實踐; 練習; 熟練: *It takes a lot of practice to play the piano well*. 彈好鋼琴需要大量的練習。***in practice***, good at something because you have trained well 熟練的 ***out of practice***, not good at something, because

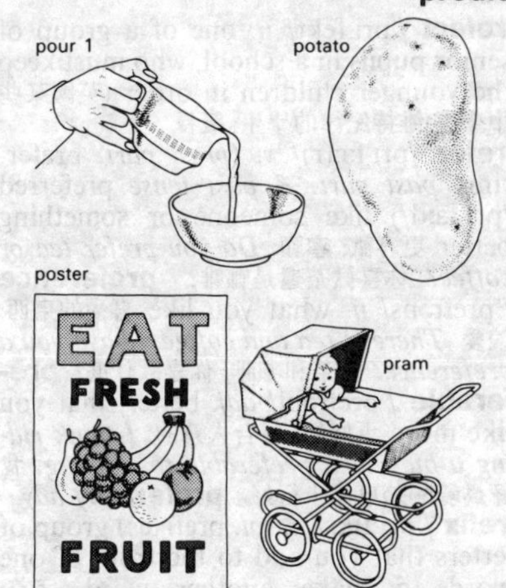

you have not trained much 疏於練習 **2** (*pl*. practices) work of a doctor or lawyer (醫生或律師的)開業; 業務: *Dr. Price has a large practice*. 普賴斯醫生有許多病人找他診治。

practise /ˈpræktɪs/ *v*. do something often so that you will be good at it 練習; 訓練: *The team is practising for the match on Saturday*. 這個隊正在爲星期六的比賽進行訓練。

praise /preɪz/ *v*. say that something or someone is good 表揚; 稱讚: *The teacher praised Mike's work*. 老師稱讚邁恪的作業。**praise** *n*.

pram /præm/ *n*. small cart that holds a baby 嬰兒車; 兒童車

pray /preɪ/ *v*. speak to God or a god 祈禱; 祈求: *He was kneeling down and praying*. 他跪着祈禱。**prayer** /preə(r)/ *n*.

preach /pri:tʃ/ *v*. talk about God to a group of people 佈道; 傳道 **preacher** *n*.

precaution /prɪˈkɔ:ʃn/ *n*. taking care so that something will not happen 預防; 警惕: *You should put lotion on yourself as a precaution against sunburn*. 你應該往身上抹些護膚液以防給太陽曬傷。

precious /ˈpreʃəs/ *adj*. **1** very valuable 寶貴的; 貴的: *Diamonds are precious stones*. 鑽石是一種寶石。**2** loved very much 親愛的; 寶貴的: *His children are very precious to him*. 他待孩子如珠如寶。

precipice /ˈpresɪpɪs/ *n*. high cliff or steep side of a mountain 懸崖; 峭壁

precise /prɪˈsaɪs/ *adj*. exact; not more or less 精確的; 恰好的: *precise orders* 精確的命令 **precisely** *adv*. exactly 準確地: *at twelve o'clock precisely* 十二點正

predict /prɪˈdɪkt/ *v*. say what you think will happen 預言; 預告: *He looked at the clouds and predicted rain*. 他看見密雲, 便預言將下雨。**prediction** /ˈprɪˈdɪkʃn/ *n*.

prefect /ˈpri:fekt/ *n.* one of a group of senior pupils in a school, who must keep the younger children in order (英國某些中學裏)維持紀律的學生; 級長

prefer /prɪˈfɜ:(r)/ *v.* (*pres. part.* preferring, *past part. & past tense* preferred /prɪˈfɜ:d/) like someone or something better 更喜歡; 寧願: *Do you prefer tea or coffee?* 你喜歡茶還是咖啡? **preference** /ˈprefrəns/ *n.* what you like 喜愛的東西; 偏愛: *There is tea and coffee – have you a preference?* 有茶和咖啡, 你喜歡什麼? **preferable** /ˈprefrəbl/ *adj.* better; that you like more 更好的; 較合人意的: *I think riding a bicycle is preferable to walking.* 我認爲騎腳踏車比步行好。 **preferably** *adv.*

prefix /ˈpri:fɪks/ *n.* (*pl.* prefixes) group of letters that you add to the front of one word to make another word 字首: *'Semi-' is a prefix that means 'half', so a semi-circle is half a circle.* Semi- 是解作'一半'的字首, 所以 semi-circle 意思是半圓。

pregnant /ˈpregnənt/ *adj.* having a baby in your body, before it is born 懷孕的

prejudice /ˈpredʒədɪs/ *n.* having a feeling against something before you know much about it 偏見; 成見: *Old people often have a prejudice against new ideas.* 老年人對新思想常常抱有偏見。 **prejudiced** /ˈpredʒədɪst/ *adj.* with strong and unfair ideas 有偏見的; 有成見的

preparation /ˌprepəˈreɪʃn/ *n.* **1** (no *pl.*) getting ready for something 準備 ***in preparation for***, ready for something 爲…作準備: *He packed his bags in preparation for the journey.* 他收拾行李, 爲旅行作準備。 **2 preparations** (*pl.*) what you do to get ready for something 準備工作; 準備: *What preparations have you made for the party?* 你爲這次聚會作了些什麼準備?

preparatory school /prɪˈpærətrɪ sku:l/, **prep school** /ˈprep sku:l/ *n.* private school for young pupils (英國)私立的預備學校; 小學

prepare /prɪpeə(r)/ *v.* make something ready 準備: *She is in the kitchen preparing the dinner.* 她在廚房準備晚餐。 ***prepared for***, ready to face something: 準備好應付: *Sit down and be prepared for a shock.* 坐下來, 準備好應付一次震驚。 ***prepared to***, ready and willing to do something 準備去做: *If the bus doesn't come, we must be prepared to walk.* 如果公共汽車不來, 我們必須準備步行。

preposition /ˌprepəˈzɪʃn/ *n.* word that you put in front of a noun or pronoun to show where, how, etc. 介詞; 前置詞: *The words 'in', 'from', 'out', and 'of' are prepositions.* In, from, out, 以及 of 都是介詞。

prescribe /prɪˈskraɪb/ *v.* say that someone must take a medicine 處方; 開(藥)方: *The doctor prescribed some tablets for her.* 醫生給她開了一些藥片。

prescription /prɪˈskrɪpʃn/ *n.* note from a doctor to a chemist to give some medicine to someone 藥方; 處方

presence /ˈprezns/ *n.* (no *pl.*) being in a place 出席; 出場 ***in the presence of***, with another person or other people there 在…面前; 當衆: *Anna and Neville got married in the presence of their family and friends.* 安娜和洛偉在他們親友面前舉行婚禮。

present[1] /ˈpreznt/ *adj.* **1** being here; being there 在場的; 在座的; 出席的: *Is all the class present?* 全班人都到了嗎? **2** being or happening now 現存的; 正發生的: *my present job* 我現在的工作 ***at the present time***, now 現在 **present** *n.* the time now 現在 ***at present***, now 現在 ***for the present***, for now; until later 目前; 暫時: *I've got enough money for the present, but I must go to the bank tomorrow.* 我的錢暫時還够用, 但我明天必須去銀行提款。

present[2] *n.* gift; something that you give to someone 禮物; 贈品: *a birthday present* 一件生日禮物

present[3] /prɪˈzent/ *v.* give something 贈; 送; 給: *Who will present the prizes to the winners?* 誰給優勝者頒獎? **presentation** /ˌpreznˈteɪʃn/ *n.*

presently /ˈprezntlɪ/ *adv.* soon 很快地; 馬上: *I'm busy now but I'll come presently.* 我現在正忙, 不過我馬上就來。

president /ˈprezɪdənt/ *n.* **1** head of a government, especially in a country that has no king or queen 總統 **2** head of a club, etc. (俱樂部等的)會長; 主席 **presidential** /ˌprezɪˈdenʃl/ *adj.* of a president or his work 總統的; 總統職務的

pres. part. *abbrev.* for present participle in this dictionary 本詞典中 present participle 的縮寫

press[1] /pres/ *n.* (*pl.* presses) **1** pushing something 按; 壓: *Give the doorbell a press.* 按一下門鈴。 **2** ironing clothes, etc. to make them smooth 熨: *Your trousers need a press.* 你的褲子該熨一熨了。 **3** machine for printing newspapers, books, etc. 印刷機 **4 the press**, newspapers and magazines, and the people who write them 新聞界; 出版界; 通訊社: *We read news in the daily press.* 我們每天閱讀報刊上的新聞。

press[2] *v.* **1** push something 按; 壓: *You must press this button to start the radio.* 你必須按這個按鈕才能開收音機。 **2** iron clothes, etc. 熨(衣服等): *to press trousers* 熨褲子 **3** try to make someone do something 力勸; 催促: *She pressed me to stay to lunch.* 她硬要我留下吃午飯。 ***press on***, go on doing something 繼續; 加緊: *I must press on with my work because it is late.* 我必須加緊工作, 因爲遲了。

pressure /ˈpreʃə(r)/ *n.* force 壓力: *the air pressure in a tyre* 輪胎裏的氣壓

pretend /prɪˈtend/ *v.* make it seem that something is true when it is not 假裝: *She didn't want to talk so she pretended she was asleep.* 她不想說話, 所以假裝睡着了。**pretence** /prɪˈtens/ *n.*

pretty¹ /ˈprɪtɪ/ *adj.* lovely 漂亮的; 俊俏的 **prettily** *adv.*

pretty² *adv.* quite; fairly 頗; 相當: *Your work is pretty good, but it could be better!* 你的工作做得不錯, 但是還可以再好些!

prevent /prɪˈvent/ *v.* **1** stop someone from doing something 阻止; 制止: *She closed the gate to prevent the dog from going out of the garden.* 她關上大門, 免得小狗從花園裏跑掉。**2** stop something happening 避免; 預防: *Bill stopped the car quickly and prevented a crash.* 標迅速煞住了車, 避免了一場撞車意外。**prevention** /prɪˈvenʃn/ *n.*: *the prevention of crime* 防止罪惡

previous /ˈpri:vɪəs/ *adj.* of an earlier time; that came before 先前的; 早先的: *I had already visited Italy on a previous holiday.* 在上一次假期, 我已去過意大利旅行。**previously** *adv.* before 預先; 以前

prey /preɪ/ *n.* (no *pl.*) animal or bird that another one kills for food 被捕食的動物: *The lion was eating its prey.* 獅子正在吃它捕獲的動物。

price /praɪs/ *n.* money that you must pay for something; cost 價錢; 價格: *What was the price of your new car?* 你那輛新汽車價錢多少?

prick /prɪk/ *v.* make a little hole in something, or hurt someone, with a sharp point 刺; 扎: *She pricked her finger with a needle.* 她用針刺傷了手指頭。**prick** *n.*

prickle /ˈprɪkl/ *n.* sharp point that grows on a plant or an animal (動植物上的)皮刺; 刺; 棘: *Holly leaves have prickles.* 冬青的葉上有小刺。**prickly** *adj.* covered with sharp points 滿是針刺的: *The holly is a prickly plant.* 冬青是一種多刺植物。

pride /praɪd/ *n.* (no *pl.*) **1** feeling pleased about something that you or others have done, own, etc. 自豪; 得意之感: *The parents took pride in their children's good work.* 父母爲孩子們的優異成績感到自豪。**2** thinking too much that you are good, clever, etc. 驕傲; 自大

priest /pri:st/ *n.* religious man who looks after a church and its people 教士; 牧師

primary /ˈpraɪmərɪ/ *adj.* first; earliest 第一的; 最早的 **primary school** *n.* school for young pupils 小學

prime minister /ˌpraɪm ˈmɪnɪstə(r)/ *n.* leader of the government in some countries 總理; 首相

prince /prɪns/ *n.* **1** son of a king or queen 王子; 太子; 親王 **2** ruler 君主; 諸侯

princess /prɪnˈses/ *n.* (*pl.* princesses) daughter of a king or queen; wife of a prince 公主; 王妃

principal¹ /ˈprɪnsɪpl/ *adj.* most important 最重要的; 首要的

principal² *n.* head of a school or college (中小學或專科學校的)校長

principally /ˈprɪnsɪplɪ/ *adv.* mainly; chiefly 主要地; 首要地

principle /ˈprɪnsɪpl/ *n.* rule for living 原則: *He has strong principles.* 他堅守原則。

print¹ /prɪnt/ *n.* **1** (no *pl.*) letters, etc., that a machine makes on paper 字體; 印刷: *The words in this book are in black print.* 本書的字是用黑字體印的。**2** (*pl.* prints) mark where something has pressed 痕跡: *footprints* 腳印 **3** (*pl.* prints) sort of picture 版畫; 曬圖

print² *v.* **1** make marks on paper, etc., by pressing it with a machine; make books, pictures, etc. in this way 印刷; 印行: *They print the newspaper daily.* 他們天天印刷報紙。**2** write words with separate letters, not with joined letters 一個一個字母地寫; 用印刷體寫: *Please print your name and address clearly.* 請把你的名字和住址用印刷體寫清楚。 **printer** *n.* person or firm whose job is to print books, etc. 印刷工人; 印刷公司

prison /ˈprɪzn/ *n.* place where they lock up criminals 監獄; 牢房: *The thief went to prison for six years.* 這個竊賊曾入獄六年。

prisoner /ˈprɪznə(r)/ *n.* **1** someone who is in a locked place 囚犯; 犯人 **2** enemy that soldiers catch in a war 戰俘; 俘虜 ***take someone prisoner***, catch someone 俘虜; 捉住

private /ˈpraɪvɪt/ *adj.* **1** of or for one person or a small group of people; secret 私人的; 私有的; 秘密的: *a private swimming pool* 私人游泳池 **2** not of your job 與工作無關的; 個人的: *In his private life, the president likes to play golf.* 在個人生活方面, 總統喜歡打高爾夫球。***in private***, alone; away from other people 單獨地; 私下地: *The boss wants to see me in private.* 老闆要單獨見我。

privilege /ˈprɪvəlɪdʒ/ *n.* special right; nice thing that only one or a few people can do 特權; 優惠: *The eldest boy has the privilege of going to bed later than his brothers.* 最大的男孩享有比弟弟們晚睡的權利。**privileged** /ˈprɪvəlɪdʒd/ *adj.*

prize /praɪz/ *n.* what you give to someone who has won a contest, competition, etc. 獎品; 獎賞 **prize-giving** /ˈpraɪz gɪvɪŋ/ *n.* time when a school gives prizes to pupils (中小學)優秀生頒獎儀式

probable /ˈprɒbəbl/ *adj.* likely; almost certain 很可能的; 大概的: *Rain seems probable so take your umbrella.* 看來很可能要下雨, 所以帶傘子去吧。**probably** *adv.*: *She is very ill and will probably die.* 她病得很重, 很可能會死。

problem /ˈprɒbləm/ *n.* **1** question that is hard to answer or understand 問題; 難題: *a mathematical problem* 一道數學題 **2** something that is difficult 困難; 難題: *Driving is a problem in deep snow.* 在深雪中駕車是個難題。

proceed /prəˈsiːd/ *v.* go on doing something 繼續做; 進行: *We stopped for lunch and then proceeded on our journey.* 我們停下來吃午飯, 然後繼續行程。

process /ˈprəʊses/ *n.* (*pl.* processes) how you do or make something; piece of work, step by step 製作方法; 程序: *He explained the process of building a boat.* 他解釋造船的程序。

procession /prəˈseʃn/ *n.* line of people, cars, etc. following one another (人、車輛等的)行列; 隊伍: *We watched the Royal procession on Jubilee Day.* 我們在狂歡節那天觀看了皇族巡遊隊伍。

prod /prɒd/ *v.* (*pres. part.* prodding, *past part. & past tense* prodded /ˈprɒdɪd/) push someone or something with your finger, a stick, etc. 戮; 刺: *Tracy prodded the potatoes with a fork to see if they were ready.* 翠西用叉子戮了戮馬鈴薯, 看煮熟了沒有。

produce[1] /ˈprɒdjuːs/ *n.* (no *pl.*) what you grow on a farm, etc. 農產品: *My cousin sells her garden produce in the market.* 我表姐在市場上出售自己菜園裏的蔬菜。

produce[2] /prəˈdjuːs/ *v.* **1** bring something out to show it 拿出; 展出; 出示: *The taxi driver produced his licence for the policeman.* 計程車司機拿出駕駛執照給警察看。**2** make something 做; 製造: *David produced a fine meal.* 大衛做了一頓很好吃的飯。**3** give fruit, crops, etc. 生產; 出產: *What does this farm produce?* 這個農場生產什麼? **4** have young ones 生育: *The cat produced six kittens.* 這隻貓生了六隻小貓。**5** make something happen 引起; 導致: *Eric's hard work produced good results.* 艾力用功學習, 因而取得好成績。**6** organize a play, etc. 演出(戲劇); (電影)製(片)

producer /preˈdjuːsə(r)/ *n.* someone who organizes a play, film, etc. (戲劇)演出人; (電影)製片人: *a TV producer* 電視製作者

product /ˈprɒdʌkt/ *n.* something that you have made or grown 產品; 農作物: *Coffee is Brazil's main product.* 咖啡是巴西的主要物產。

production /prəˈdʌkʃn/ *n.* **1** (no *pl.*) making things 生產; 製造: *the production of cars* 汽車製造 **2** (*pl.* productions) showing a play, drama, etc. 演出(戲劇等): *the school production of 'Macbeth'* 學校演出的《馬克白》

profession /prəˈfeʃn/ *n.* job that needs special training and a lot of thinking (尤指經過特殊訓練或從事腦力勞動的)專業; 職業: *He is a doctor by profession.* 他的職業是醫生。

professional /prəˈfeʃənl/ *adj.* **1** who belongs to a profession 專業的; 職業的: *A doctor is a professional man.* 醫生是專業人員。**2** who plays sport, music, etc. for money 職業的; 專門的: *a professional footballer* 職業足球員 **professionally** *adv.*

professor /prəˈfesə(r)/ *n.* senior teacher at a university 教授

profit /ˈprɒfɪt/ *n.* money that you make when you sell something for more than you paid for it 利潤: *If you buy a bike for $200 and sell it for $300, you make a profit of $100.* 你如果用二百元買一輛腳踏車, 轉手賣三百元, 就獲得一百元的利潤。

profitable /ˈprɒfɪtəbl/ *adj.* that brings money 有利的; 賺錢的: *profitable business* 賺錢的生意

programme /ˈprəʊgræm/ *n.* **1** list of things in a concert, etc. 節目表; 說明書: *Look at the programme and see who is singing.* 看一下節目表, 看唱歌的是誰。**2** plan or list of times when something will happen, be done, etc. 計劃; 方案; 程序表: *What is our programme for tomorrow?* 我們明天的計劃是什麼? **3** one piece on radio or television (廣播或電視的)節目: *Did you see that programme on animals?* 你看了那個關於動物的節目嗎?

progress /ˈprəʊgres/ *n.* (no *pl.*) **1** moving forward 前進: *The old lady made slow progress up the hill.* 老太太上山走得很慢。**2** how you are learning or working 進步; 進展: *my progress at school* 我的學業進度 ***in progress***, happening 正在發生; 進行中: *When we arrived, the match was in progress.* 我們到達時, 比賽正在進行。***make progress***, do quite well 進步; 進展: *Austin is making progress at school.* 奧斯丁在學習上有進步。

prohibit /prəˈhɪbɪt/ *v.* say that something must not happen 禁止: *Smoking is prohibited in the theatre.* 戲院裏禁止吸煙。

project /ˈprɒdʒekt/ *n.* big plan 計劃; 項目: *a building project* 一項建築計劃

projector /prəˈdʒektə(r)/ *n.* machine that shows films or slides on a wall, screen, etc. 電影放映機; 幻燈機

promenade /ˌprɒməˈnɑːd/ *n.* road that runs along by the sea in a seaside town 海濱大道; 散步場所

prominent /ˈprɒmɪnənt/ *adj.* **1** easy to

see because it is bigger than normal 顯眼的; 突出的: *prominent teeth* 虎牙 **2** important and well-known 卓越的; 著名的: *a prominent writer* 一位傑出的作家

promise /ˈprɒmɪs/ *v.* say that you will definitely do something 許諾; 答應: *Philip has promised to take me to the cinema tomorrow.* 菲力普答應明天帶我去看電影。 **promise** *n.* ***break a promise***, not do what you promised 違背諾言 ***keep a promise***, do what you promised 遵守諾言 ***make a promise***, say that you will definitely do something, etc. 許諾; 答應

promote /prəˈməʊt/ *v.* give someone a higher job, etc. 提升 **promotion** /prəˈməʊʃn/ *n.*

prompt /prɒmpt/ *adj.* quick 迅速的; 即時的: *a prompt answer* 即時答覆 **promptly** *adv.* on time, not late 準時; 迅速地: *David arrived promptly at 2 o'clock.* 大衛兩點鐘準時到達。

pron. *abbrev.* for pronoun in this dictionary 本詞典中 pronoun 的縮寫

pronoun /ˈprəʊnaʊn/ *n.* word in place of a noun 代詞: *'I', 'you', 'he', 'she', 'it', 'we', and 'they' are pronouns.* I, you, he, she, it, we 和 they 都是代詞。

pronounce /prəˈnaʊns/ *v.* make the sound of a letter or word 發音; 讀: *The phonetic signs in this dictionary tell you how to pronounce words.* 本詞典中的音標告訴你如何讀單詞。 **pronunciation** /prəˌnʌnsɪˈeɪʃn/ *n.* how you say a word or words 發音; 發音法

proof /ˈpru:f/ *n.* thing that shows what is true 證據; 證明: *His passport is proof that he comes from Canada.* 他的護照證明他是加拿大人。

propeller /prəˈpelə(r)/ *n.* thing that is joined to the engine on a boat or aeroplane. It goes round fast to make the boat or plane go forward (飛機、輪船上的)螺旋槳; 推進器

proper /ˈprɒpə(r)/ *adj.* right; correct 恰當的; 合適的: *You work better if you have the proper tools.* 如果你有合適的工具, 就會幹得更好。 **properly** *adv.*: *The wind blew the door open because you hadn't closed it properly.* 風吹開了門, 因爲你没有把門關好。

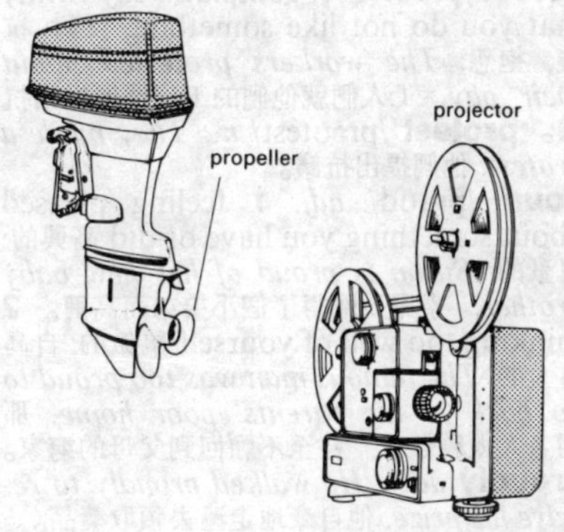

property /ˈprɒpətɪ/ *n.* **1** (no *pl.*) what belongs to you 所有物; 財產: *Those books are my property.* 那些書是我的財產。 **2** (*pl.* properties) piece of land; piece of land and buildings 地產; 房地產: *The family lives on a large property in Scotland.* 這一家人靠在蘇格蘭的一大筆地產過活。

prophet /ˈprɒfɪt/ *n.* someone from God who tells what will happen in the future 先知; 預言者

proportion /prəˈpɔ:ʃn/ *n.* size; measurement; how big something is 尺寸; 度量; 大小: *a building of huge proportions* 一座宏大的建築物

proposal /prəˈpəʊzl/ *n.* **1** plan 計劃; 提議: *a peace proposal* 一項和平倡議 **2** saying that you want to marry someone 求婚: *How many proposals has she had?* 她有多少人來求婚了?

propose /prəˈpəʊz/ *v.* **1** say what you will do or what you think should be done, etc. 提議; 建議: *I propose we should have another meeting.* 我提議我們再開一次會議。 **2** ask someone to marry you 求婚: *Mark proposed to Valerie.* 馬可向華萊麗求婚。

proprietor /prəˈpraɪətə(r)/ *n.* someone who owns a shop, hotel, school, etc. (商店、酒店、學校等的)所有人; 業主

prosperous /ˈprɒspərəs/ *adj.* rich 富裕的; 繁榮的; 昌盛的

protect /prəˈtekt/ *v.* keep something or someone safe 保護: *The sheepdog protects the sheep from danger.* 牧羊狗保護羊羣不受危害。 **protection** /prəˈtekʃn/ *n.*: *An umbrella is a protection against the rain.* 傘是一種防雨的東西。

protest /prə'test/ *v.* complain; say firmly that you do not like something 反對; 抗議; 抱怨: *The workers protested about their pay.* 工人們就他們的工資問題提出抗議。 **protest** /prəʊtest/ *n.: They made a protest.* 他們提出抗議。

proud /praʊd/ *adj.* **1** feeling pleased about something you have or did 高興的; 自豪的: *Susan is proud of her new baby brother.* 素珊爲剛得了個小弟弟而高興。 **2** thinking too well of yourself 驕傲的; 自高自大的: *The famous man was too proud to go back to his parents' poor home.* 那個名人太驕傲了, 甚至不願回到父母的窮家。 **proudly** *adv.: He walked proudly to receive his prize.* 他自豪地走過去領取獎品。

prove /pru:v/ *v.* (*past part.* proved /pru:vd/, proven /'pru:vn/) show that something is true 證明; 證實: *These footprints prove that someone came to the door.* 這些腳印證明有人到過門前。

proverb /'prɒvɜ:b/ *n.* wise saying 諺語; 格言: *'The early bird catches the worm' is an English proverb.* '早起的鳥吃到蟲'(捷足先登)是一句英國諺語。

provide /prə'vaɪd/ *v.* give things that someone needs 提供; 供應: *I'll provide food for the picnic.* 我提供野餐的食物。 **provision** /prə'vɪʒn/ *n.* **provisions** *n.* food for a journey, etc. 食物; 口糧; 給養

provided /prə'vaɪdɪd/, **providing** /prə'vaɪdɪŋ/ *conj.* if 如果: *I'll go, providing Pete can come with me.* 如果平德跟我一起去, 我就去。

province /'prɒvɪns/ *n.* part of a country; state 省; 州 **provincial** /prə'vɪnʃl/ *adj.*

provoke /prə'vəʊk/ *v.* make someone angry 激怒; 觸怒: *If you provoke that cat it will scratch you!* 你要是惹怒那隻貓, 牠會抓你的!

prowl /praʊl/ *v.* walk slowly and quietly like an animal that wants to kill (野獸)潛行覓食; 徘徊: *The cat prowled round the bird's cage.* 小貓在鳥籠週圍徘徊。 **prowl** *n.: A fox is on the prowl!* 一隻狐狸正在逡巡覓食!

prune /pru:n/ *n.* dried plum 梅乾; 洋李子脯

pry /praɪ/ *v.* ask too many questions; try to find out too much about other people 探問; 打聽

psalm /sɑ:m/ *n.* religious song or hymn 聖歌; 讚美詩

P.T.O. /ˌpi: ti: 'əʊ/ *abbrev.* please turn over; words that tell you to turn the page 請翻過來; 見後頁

pub /pʌb/, **public house** /ˌpʌblɪk 'haʊs/ *n.* building where you go to drink beer, etc. and to talk to friends 酒館

public [1] /pʌblɪk/ *adj.* of everyone; for all people 公共的; 公衆的: *public transport* 公共交通; *a public library* 公共圖書館 **public school** *n.* private school for pupils of 13 – 18 (英國私立)學校; 公學 **publicly** *adv.*

public [2] *n.* (no *pl.*) ***the public***, people in general 公衆; 民衆 ***in public***, where other people are; openly 當衆; 公開地: *She is too shy to sing in public.* 她很害羞, 不敢在衆人面前唱歌。

publish /'pʌblɪʃ/ *v.* prepare a book, magazine, newspaper, etc. for selling 出版; 刊行: **publisher** *n.* person or business that publishes books, magazines, etc. 出版人; 出版商

pudding /'pʊdɪŋ/ *n.* sweet food that you eat at the end of a meal 布丁(西餐最後吃的甜品)

puddle /'pʌdl/ *n.* small pool of dirty water, on the ground 水坑; 水窪

puff [1] /pʌf/ *n.* short, quick burst of air, wind, smoke, etc. 一口氣; 一陣風; 一縷煙: *A sudden puff of wind blew off his hat.* 突然刮來一陣風, 吹掉了他的帽子。

puff [2] *v.* **1** breathe quickly 喘氣: *He ran so fast that he was puffing.* 他因跑得太快而喘氣。 **2** send out a short burst of air, smoke, etc. 吹氣; 噴煙: *The wind puffed my hat over the wall.* 風把我的帽子吹到牆那邊去了。 ***puff out a candle, etc.***, blow on to a candle flame so that it goes out 吹滅蠟燭等

pull /pʊl/ *v.* move something strongly towards yourself 拉; 拖; 牽: *She pulled the drawer open.* 她拉出了抽屜。 ***pull something down***, take down a building 拆毀(建築物): *They pulled down the old school.* 他們拆毀了舊校舍。 ***pull in***, drive the car to the side of the road and stop 把車停在路邊; 進站: *Keith pulled in for a minute to look at the map.* 基賦把車靠路邊停了一會, 看了看地圖。 ***pull up***, stop the car 停車: *The bus pulled up because the lights were red.* 公共汽車停了, 因爲前面是紅燈。 **pull** *n.: He gave my hair a pull.* 他拉了一下我的頭髮。

pullover /'pʊləʊvə(r)/ *n.* jersey; sweater 套頭毛衣; 厚運動衫

pulpit /'pʊlpɪt/ *n.* place where the priest stands when he preaches in church 佈道壇; 講壇

pulse /pʌls/ *n.* beat of the heart that you feel in different parts of the body 脈搏: *The nurse felt the pulse in his wrist.* 護士在他的手腕上診脈。

pump /pʌmp/ *n.* machine that moves water, air, etc. into or out of something 泵: *a bicycle pump* 腳踏車打氣筒 **pump** *v.* move air, water, etc. with a pump 打氣; 抽水 ***pump up***, blow air into something with a pump 打氣: *I pumped up my bicycle tyre.* 我給腳踏車輪胎打了氣。

pumpkin /'pʌmpkɪn/ *n.* big, round vegetable with a hard, yellow skin 南瓜

punch /pʌntʃ/ *v.* **1** hit something or someone hard with the fist 用拳猛打: *He punched the boy in the face.* 他用拳頭猛打孩子的臉。**2** hit a hole in something with an instrument 用工具鑽孔: *The guard punched my ticket.* 剪票員在我的車票上打了孔。**punch** *n.*: *a punch on the chin* 在下巴上打一拳

punctual /'pʌŋktʊəl/ *adj.* at the right time 準時的; 守時的 **punctually** *adv.*: *The train came punctually.* 火車準時到達。

punctuate /'pʌŋktʊeɪt/ *v.* put marks such as (.)(,)(;)(:)(?) into a piece of writing 加標點 **punctuation** /ˌpʌŋktjʊ'eɪʃn/ *n.*

puncture /'pʌŋktʃə(r)/ *n.* small hole in something, which lets the air out (漏氣的)小孔; (輪胎)破裂: *He mended a puncture in his bicycle tyre.* 他給腳踏車的輪胎補洞。**puncture** *v.* make a puncture in something 刺破; 穿孔: *A piece of glass punctured our tyre.* 一塊玻璃刺破了我們的輪胎。

punish /'pʌnɪʃ/ *v.* make someone suffer because he has done wrong 懲罰; 處罰 **punishment** *n.*: *The thief was sent to prison as a punishment.* 竊賊被關進監獄, 是對他的懲治。

pupil /'pju:pl/ *n.* someone who is learning in school or from a private teacher (中小學)學生: *There are twenty pupils in the class.* 這班有二十個學生。

puppet /'pʌpɪt/ *n.* doll or toy animal, etc. that will move if you pull strings, or put your hand inside it 木偶; 玩偶; 傀儡

puppy /'pʌpɪ/ *n.* (*pl.* puppies) young dog 小狗

purchase /'pɜ:tʃəs/ *v.* buy something 買; 購買 **purchase** *n.* something that you have bought 買的東西 ***make a purchase***, buy something 買東西

pure /'pjʊə(r)/ *adj.* **1** totally clean; not mixed with any other thing 純淨的; 不混雜質的: *pure water from a spring* 純潔乾淨的泉水 **2** good; with no evil 純潔的; 無瑕的: *a pure mind* 純潔的心靈 **3** total; complete 完全的; 徹底的: *What you are saying is pure nonsense.* 你說的純粹是廢話。 **purely** *adv.* totally; only 完全地; 僅僅地

purple /'pɜ:pl/ *adj.* with a blue-red colour 紫紅的; 紫的: *purple grapes* 紫葡萄 **purple** *n.*

purpose /'pɜ:pəs/ *n.* plan; intention; what you are going to do 目的; 計劃; 意圖: *He went to the library with the purpose of finding a book about guns.* 他去圖書館爲了找一本關於槍械的書。 **purposely** *adv.* ***on purpose***, because you want to do; with a particular idea 特意地; 故意地:

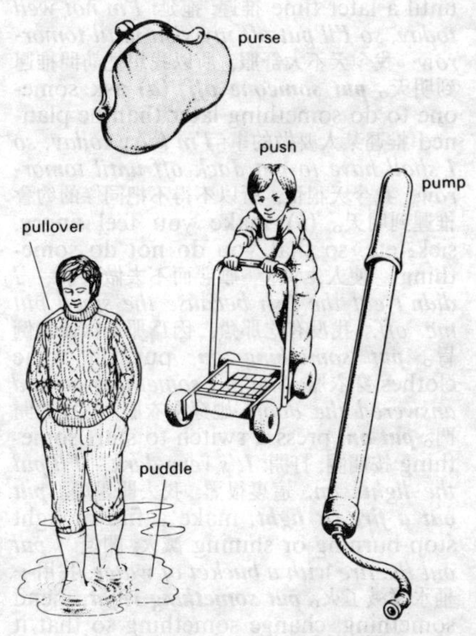

I came here purposely to see you. 我到這裏是特意來看你的。*Was it a mistake or did you kick him on purpose?* 你是無意還是故意踢他的呢? ***for the purpose of***, for this reason; to do a particular job 爲了…目的: *Scissors are for the purpose of cutting.* 剪刀是專門用來剪東西的。

purr /pɜ:(r)/ *v.* make the sound of a happy cat (貓高興時的)咪咪叫聲: *The cat purred when I gave it some milk.* 我給貓一點牛奶, 牠高興得咪咪叫。**purr** *n.*

purse /pɜ:s/ *n.* small bag where you keep money 錢包

pursue / pə'sju:/ *v.* chase or follow someone because you want to catch him 追捕; 跟踪: *They pursued the thief down the road.* 他們順着這條路追捕那個盜賊。 **pursuit** /pə'sju:t/ *n.*: *The policeman was in pursuit of the thief.* 警察在追捕那個盜賊。

push /pʊʃ/ *v.* move something strongly away from yourself 推; 推動: *She pushed the drawer shut.* 她推上了抽屜。**push** *n.*: *I fell because he gave me a push.* 我跌倒了, 因爲他推了我一下。 **push chair** *n.* seat on wheels for a small child 嬰兒推車

puss /pʊs/ (*pl.* pusses), **pussy** /'pʊsɪ/ (*pl.* pussies) *n.* cat 小貓咪

put /pʊt/ *v.* (*pres. part.* putting, *past part. & past tense* put) move something to another place 擺放; 放置: *He put his hat on his head.* 他把帽子戴在頭上。***put something away***, store something in its usual place 收藏起來; 放好: *I put my jacket away in the wardrobe.* 我把外套放在衣櫃裏。***put something off***, not do something until a later time 推遲; 拖延: *I'm not well today, so I'll put off my visit until tomorrow.* 我今天不大舒服，所以我想把訪問推遲到明天。***put someone off***, (***a***) ask someone to do something later than he planned 推遲某人要做的事: *I'm busy today, so I shall have to put Jack off until tomorrow.* 我今天很忙，所以不得不把同傑的約會推遲到明天。(***b***) make you feel angry, sick, etc. so that you do not do something 使人生氣、厭惡而不去做某事: *I didn't eat the fish because the smell put me off.* 我没有吃那魚，因爲那氣味使我倒胃。***put something on***, put on some clothes 穿衣服: *She put something on and answered the door.* 她穿上衣服，然後去開門。***put on***, press a switch to start something 按開關; 打開: *It's very dark – I'll put the lights on.* 這裏很黑，我去開電燈。***put out a fire*** or ***light***, make a fire or light stop burning or shining 滅火; 關燈: *I put out the fire with a bucket of water.* 我用一桶水撲滅了火。***put something right***, mend something; change something so that it is correct 修理; 改正: *My car won't start – can you put it right?* 我的汽車啓動不了，你能修理嗎? ***put up***, stay at a place 逗留; 住宿: *They put up at a hotel.* 他們住在一家酒店。***put someone up***, let someone sleep in your home 留宿; 接待: *When I was in Cardiff, my cousin put me up.* 我在加的夫時，表兄留我在他家住宿。***put up with***, bear something or someone 容忍; 忍受: *We can't change the bad weather, so we must put up with it.* 我們改變不了這種壞天氣，所以只好忍受。

puzzle [1] /pʌzl/ *n.* **1** problem; something that is difficult to understand 問題; 難懂的事: *His wife has disappeared – it's a puzzle.* 他的妻子失踪了，這是件難於理解的事情。**2** game where you must find an answer 謎 **3** jigsaw puzzle; picture in many small parts that you must put together 拼圖玩具; 測驗智力的玩具

puzzle [2] *v.* make you think a lot because you do not understand it 困惑; 苦思: *This mystery puzzles me.* 這件神秘事情使我百思不解。***puzzle over***, think hard about something 苦思 **puzzled** /ˈpʌzəld/ *adj.* not understanding something 苦思不解的: *She had a puzzled frown.* 她緊鎖眉頭，苦思不解。 **puzzling** /ˈpʌzlɪŋ/ *adj.* that you do not understand 費解的; 令人困惑的: *a puzzling letter* 一封莫名其妙的信

pyjamas /pəˈdʒɑːməz/ *n.* (*pl.*) loose jacket and trousers that you wear in bed 睡衣褲

pyramid /ˈpɪrəmɪd/ *n.* thing with a flat bottom and three or four sides that come to a point at the top 角錐體; 金字塔: *the pyramids of Egypt* 埃及金字塔

Qq

quack /kwæk/ *v.* make the sound of a duck (鴨子)嘎嘎地叫 **quack** *n.*

quake /kweɪk/ *v.* shake; tremble 震動; 顫動: *Gordon quaked with fear when he heard the lion roar.* 國棟聽到獅子吼叫時嚇得發抖。

qualified /ˈkwɒlɪfaɪd/ *adj.* with the right knowledge and training 合格的; 有資格的: *a qualified doctor* 一位合格醫生

qualification /ˌkwɒlɪfɪˈkeɪʃn/ *n.* what you must know in order to do special work 資格; 條件

quality /ˈkwɒlətɪ/ *n.* (no *pl.*) how good or bad something is 質量; 質: *I want meat of the best quality.* 我要質量最好的肉。

quantity /ˈkwɒntətɪ/ *n.* (*pl.* quantities) how much, how many, etc. of something; amount 量; 數量; 分量: *I can only eat a small quantity of rice.* 我只能吃少量的米飯。

quarrel /ˈkwɒrəl/ *v.* (*pres. part.* quarrelling, *past part. & past tense* quarrelled /ˈkwɒrəld/) argue; talk angrily because you cannot agree 爭論; 爭吵: *We were quarrelling because we both wanted to use the car.* 我們當時正在吵架，因爲兩人都想用那輛汽車。 **quarrel** *n.* fight; argument 爭吵; 吵架: *The two boys had a quarrel over a bicycle.* 這兩個孩子爲了一輛脚踏車爭吵起來。***pick a quarrel with someone***, find some reason to argue or fight with someone 故意和人爭吵 **quarrelsome** /ˈkwɒrəlsəm/ *adj.* often fighting or arguing 好爭吵的; 好爭論的

quarry /ˈkwɒrɪ/ *n.* (*pl.* quarries) place where you take stone from the ground for making buildings, roads, etc. 採石場; 石坑

quart /kwɔːt/ *n.* measure of liquid = 1.14 litre 夸脱(液量單位) = 1.14升

quarter /ˈkwɔːtə(r)/ *n.* **1** one of four equal parts of something 四分之一; 四等分 ***a quarter past the hour***, 15 minutes after the hour (某個鐘點)過了十五分鐘: *It's a quarter past two.* 現在是兩點一刻。***a quarter to the hour***, 15 minutes before the hour 差十五分鐘到(某個鐘點) **2** special part of a town 地區; 區: *the poor quarter of Glasgow* 格拉斯哥城的貧民區 **3 quarters** (*pl.*) place where you live or sleep 住所; 營房: *The captain sent the soldiers back to their quarters.* 上尉讓他的士兵回營房去。

quarterly /ˈkwɔːtəlɪ/ *adj.* done or happening every three months 每季的; 按季的: *a quarterly telephone bill* 每季電話費帳單 **quarterly** *adv.*

quay /kiː/ *n.* place in a harbour where you tie a boat or ship so that you can go on and off 碼頭

queen /kwiːn/ *n.* **1** woman who rules a country and who belongs to a royal family 女皇: *Elizabeth II is Queen of England.* 伊利莎白二世是英國女皇。**2** wife of a king 皇后

queer /kwɪə(r)/ *adj.* **1** strange; not usual 奇怪; 古怪: *You have some very queer ideas.* 你有一些奇怪的想法。**2** not well; sick 不舒服: *If you feel queer I will stop the car.* 如果你感到不舒服, 我就停車。 **queerly** *adv.*

quench /kwentʃ/ *v.* **1** stop fire 熄滅; 滅火: *The firemen quenched the flames.* 消防隊員把烈火撲滅。**2** end thirst 止渴: *Have a drink to quench your thirst.* 喝點東西解渴吧。

query¹ /ˈkwɪərɪ/ *n.* (*pl.* queries) question 問題; 疑問: *Have you any queries before you start your work?* 在開始工作前, 你有什麼問題嗎?

query² *v.* ask about something that you do not think is correct 提出疑問: *He queried the bill from the shop.* 他對商店的帳單提出疑問。

question¹ /ˈkwestʃən/ *n.* **1** what you ask 疑問; 詢問: *He did not answer my question.* 他沒有回答我的問題。**2** something to talk about; problem 問題: *the housing question* 房屋問題 ***in question***, that we are talking about 談論中的: *Where is the house in question?* 我們談到的那所房子在哪兒? ***out of the question***, impossible 不可能的; 辦不到的: *No, I won't give you any more money. It's out of the question!* 不, 我不會再給你錢了, 那是不可能的!

question² *v.* ask someone about something 詢問; 審問: *The police questioned him about the stolen car.* 警察就偷車一事向他查問。

question-mark /ˈkwestʃən mɑːk/ *n.* punctuation mark (?) that comes at the end of a sentence, to show that it is a question 問號

queue /kjuː/ *n.* line of people who are waiting to do something 行列; 長隊: *a queue at the bus-stop* 在公共汽車站排長隊等候的人 **queue** *v.* ***queue up***, stand in a queue 排隊等候: *We queued up for half an hour to get into the cinema.* 我們排隊等了半個小時才進入電影院。

quick /kwɪk/ *adj.* fast; that takes little time 快; 迅速的: *a quick worker* 工作敏捷的工人 **quick, quickly** *adv.*: *She finished before I did because she writes quickly.* 她比我先做完, 因爲她寫字快。 **quickness** *n.*

quiet /kwaɪət/ *adj.* **1** not loud; with a gentle sound; with no sound 安靜的; 輕聲的: *Be quiet – the baby is asleep.* 小聲點, 嬰兒在睡覺。**2** peaceful; with no trouble 和平的; 寧靜的: *a quiet life* 平靜的生活 **3** secret 暗中的; 秘密的 ***keep something quiet***, not tell other people about something 將某事保密 **quietly** *adv.*: *I didn't hear Jane because she came in so quietly.* 我没有聽到珍進來, 因爲她聲音很輕。 **quiet, quietness** *n.*: *I need quiet when I do my homework.* 我做功課時需要安靜的環境。

quilt /kwɪlt/ *n.* thick, warm bed-cover 被子

quite /kwaɪt/ *adv.* **1** totally 完全; 十分: *You're quite right.* 你完全正確。**2** rather; fairly; not very 相當; 頗; 或多或少: *It's quite warm today.* 今天天氣相當暖和。

quiver /ˈkwɪvə(r)/ *v.* shake; tremble 抖動; 顫動

quiz /kwɪz/ *n.* (*pl.* quizzes) game where you try to answer questions 問答比賽; 知識測驗

Rr

rabbit /ˈræbɪt/ *n.* small animal, with long ears, which lives in holes under the ground 兔子

race¹ /reɪs/ *n.* group of people of the same sort with the same colour of skin, etc. 人種; 種族; 民族 **the human race**, all people 人類 **racial** /ˈreɪʃl/ *adj.* of race 種族的; 人類的: *racial problems* 種族問題

race² *n.* competition or contest to see who can run, drive, ride, etc. fastest (速度上)比賽; 賽跑; 競爭: *Who will win the 200 metres race?* 誰會贏二百米賽跑? **the races**, horse-races 賽馬(會): *He lost a lot of money at the races.* 他在賽馬上輸了很多錢。 **race-course** *n.* place where you go to see horse-races 賽馬場

race³ *v.* **1** run, drive, etc. in a competition 賽跑; 賽馬: *Top drivers race at Brands Hatch.* 最好的賽車手在勃蘭芝哈奇進行賽車。**2** run fast 快跑; 疾走: *We raced to put out the fire.* 我們跑去滅火。**3** do something fast 快做(某事); 趕完: *Kim raced through his homework.* 阿慶匆匆做完功課。

racing /ˈreɪsɪŋ/ *n.* (no *pl.*) sport where horses, cars, etc. race against each other 賽馬; 賽車

rack /ræk/ *n.* sort of shelf or frame on the wall for holding things 擱(掛)物架; 行李架: *Put your case on the luggage rack.* 把你我的箱子放在行李架上。

racket, racquet /ˈrækɪt/ *n.* instrument for hitting the ball in tennis, etc. (網球、羽毛球等的)拍子

radar /ˈreɪdɑː(r)/ *n.* (no *pl.*) instrument in a ship or aeroplane that tells you where things are when you cannot see them 雷達; 無線電探測器

radiator /ˈreɪdɪeɪtə(r)/ *n.* **1** instrument that has hot water flowing through to heat the room 暖氣管; 散熱器 **2** part of a car that holds water to cool the engine (汽車的)水箱; 冷卻器

radio /ˈreɪdɪəʊ/ *n.* **1** (no *pl.*) sending people's voices, music, and other sounds a long way through the air by special waves 無線電廣播 **2** (*pl.* radios) instrument that receives sounds from the air and lets people hear them 無線電設備; 收音機: *We were listening to some music on the radio.* 我們開着收音機聽音樂。 **radio** *v.* send a message by radio 用無線電發送消息: *The pilot radioed the airport for help.* 飛機駕駛員用無線電向機場求救。

raft /rɑːft/ *n.* sort of flat boat with no sides and no engine 筏; 木排

rag /ræg/ *n.* **1** any small piece of cloth 碎布; 破布: *Can I have a rag to clean my bicycle?* 我能拿塊碎布擦腳踏車嗎? **2 rags** (*pl.*) clothes that are old and torn 破舊衣服: *The beggar was dressed in rags.* 那個乞丐衣服破爛。

rage /reɪdʒ/ *n.* great anger; fury 大怒; 盛怒: *Dad was in a rage when he found that thieves had taken his car.* 爸爸發現汽車被賊偷了, 十分生氣。***fly into a rage***, become very angry 勃然大怒

ragged /ˈrægɪd/ *adj.* **1** badly worn 破爛的: *a ragged coat* 破外衣 **2** wearing clothes that are old or torn 衣着破舊: *a ragged old man* 衣衫襤褸的老人 **3** with rough edges 參差不齊的; 蓬亂的: *ragged clouds* 殘雲

raid /reɪd/ *v.* make a sudden attack on a place 突然襲擊: *The fox raided the hen house.* 狐狸掏雞窩了。**raid** *n.* a bank raid 搶劫銀行 **raider** *n.* person, ship, aeroplane, etc. that raids 襲擊者; 進行偷襲的船隻、飛機等

rail /reɪl/ *n.* **1** long piece of wood or metal, fixed to a wall 橫欄; 欄杆; 扶手: *She hung her towel on the towel rail.* 她把手巾掛在毛巾架上。**2** long pieces of steel that are joined together to make a track where a train or tram can run 鐵軌; 軌道 **3** train transport 鐵路運輸(交通) **by rail**, in a train 乘火車: *I went from London to Leeds by rail.* 我乘火車從倫敦到里茲。

railing /ˈreɪlɪŋ/ *n.* fence made with thin rails 欄杆; 圍欄; 扶手

railway /ˈreɪlweɪ/ *n.* **1** rails where a train runs 鐵道; 鐵路: *a bridge over the railway* 架在鐵路上面的橋 **2** train service that carries people and goods 鐵路運輸: *a railway timetable* 火車時間表 **railway station** *n.* place where a train stops so that people can get on and off 火車站

rain /reɪn/ *n.* (no *pl.*) drops of water that fall from the sky 雨; 雨水: *Her coat is wet because she was out in the rain.* 她的外套濕了, 因爲她剛才在外面淋雨。 **rainy** *adj.* with a lot of rain 多雨的; 下雨的: *It's a rainy day, so we can't play outside.* 今天下雨, 所以我們不能在外面玩耍。 **rain** *v.* fall from the sky as water 下雨: *I wear a mac when it rains.* 下雨時我穿雨衣。

rainbow /ˈreɪnbəʊ/ *n.* half circle of bright colours that you see in the sky when rain and sun come together 虹; 彩虹

raincoat /ˈreɪnkəʊt/ *n.* coat that you wear when it rains 雨衣

raise /reɪz/ *v.* **1** lift something or someone up 舉起; 抬: *He raised the lid and looked into the box.* 他掀開蓋子, 往盒子裏看。**2** make prices, wages, etc. higher 提高; 增加: *The shopkeeper raised the price of sugar from $3 to $4.* 店主把糖價從三元提高到四元。**3** grow plants 種植; 種: *We raised a good crop of tomatoes this year.* 今年我們種的番茄長得很好。**4** keep animals to make young animals 飼養: *The farmer raises cattle.* 農場主人飼養牛。**5** have and bring up children 養育: *My grandmother raised a family of ten.* 我祖母養育十個子女。**6** fetch something; bring something together 召集; 籌集: *He ran to raise help.* 他跑去找人幫忙。

raisin /ˈreɪzn/ *n.* dried grape 葡萄乾

rake /reɪk/ *n.* garden instrument with a long handle, for making soil flat, etc. (長把的)耙子; 釘耙 **rake** *v.* 耙鬆; 耙: *Rake the dead leaves off the grass.* 把草地上的落葉耙掉。

rally /ˈrælɪ/ *n.* (*pl.* rallies) **1** big meeting of people who are asking for something 集會; 大會: *a peace rally* 和平大會 **2** big meeting of people who are all playing a sport 比賽: *a car-rally* 汽車競賽 **rally** *v.* gather; come together 集合; 團結

ram /ræm/ *v.* (*pres. part.* ramming, *past part. & past tense* rammed /ræmd/) push or hit something very hard 壓; 塞; 撞擊: *He rammed the cork into the bottle.* 他用力把塞子塞到瓶子裏。

ramble /ˈræmbl/ *v.* walk for pleasure in the country 到郊外漫步 **ramble** *n.*

rampart /ˈræmpɑːt/ *n.* wall or big bank of earth round a town, castle,. etc., to hold back enemies 防禦土牆; 壁壘

ran /ræn/ *past tense* of *v.* run 動詞 run 的過去式

ranch /rɑːntʃ/ *n.* (*pl.* ranches) big cattle farm 大牧場; 大牛場

rang /ræŋ/ *past tense* of *v.* ring 動詞 ring 的過去式

range¹ /reɪndʒ/ *n.* **1** line or row of things 系列; 行: *a mountain range* 山脈 **2** a lot of different sorts 一系列; 各式各樣: *This shop sells a wide range of bicycles.* 這家商店出售各式各樣的腳踏車。 **3** how far you can see, call, drive, shoot, etc. 範圍; 區域; 射程: *What is the range of these binoculars?* 這種雙筒望遠鏡的有效距離多大?

range² *v.* be at different points between two ends (在一定範圍內)變動; 變化: *The prices ranged from $2 to $10.* 價格從兩元到十元不等。

rank /ræŋk/ *n.* **1** line of soldiers who are standing side by side (軍隊)行列; 隊伍 **2** grade in the armed forces 軍階; 軍銜: *the rank of captain* 上尉軍銜 **3** social class 社會階層; 等級: *people of high rank* 社會地位高的人

ransom /ˈrænsəm/ *n.* money that you pay so that a criminal will free a person that he has taken 贖金: *The hijackers demanded a ransom of a million dollars before they would free the passengers.* 劫機者要贖金一百萬元才肯釋放旅客。

rap /ræp/ *v.* (*pres. part.* rapping, *past part. & past tense* rapped /ræpt/) hit something quickly and lightly 急拍; 叩擊: *He rapped on the door and waited.* 他輕輕敲了敲門, 然後等着。 **rap** *n.*

rapid /ˈræpɪd/ *adj.* quick; fast 快; 急速: *a rapid journey* 匆促的旅程 **rapidly** *adv.*

rare /reə(r)/ *adj.* not happening often; that you do not often see, hear, etc. 稀有的; 稀見的: *It is rare to see snow in summer.* 夏天極少見到雪。 **rarely** *adv.*: *My grandmother cannot walk far and rarely leaves her house.* 我祖母走不遠, 很少出門。

rascal /ˈrɑːskl/ *n.* **1** bad person whom you cannot trust 流氓; 無賴 **2** child or other person who likes to play tricks 小淘氣; 調皮鬼: *That young rascal has hidden his mother's purse!* 小淘氣把媽媽的錢包藏起來!

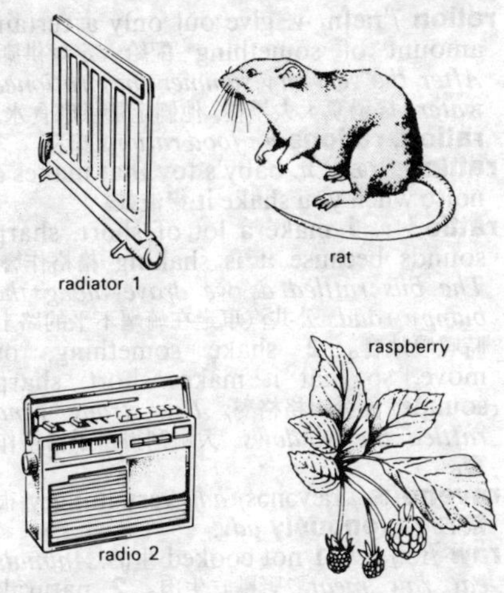

rash¹ /ræʃ/ *adj.* that you say or do too quickly, without thinking 輕率的; 魯莽: *It was rash of you to leave your job before you have found a new one.* 你没有找到新工作前就辭職, 太輕率了。 **rashly** *adv.*

rash² (*pl.* rashes) group of small, red spots on the skin (皮)疹

raspberry /ˈrɑːzbrɪ/ *n.* (*pl.* raspberries) small, soft, pink fruit 懸鉤子; 木莓; 山莓

rat /ræt/ *n.* animal like a big mouse 老鼠

rate /reɪt/ *n.* **1** speed 速度: *When he is excited he talks at a great rate.* 他激動起來說話很快。 **2** way of measuring how much something costs, how much pay you receive, etc. 價格; 費用: *$100 a week is a higher rate of pay than $90 a week.* 一星期收入一百元比一星期九十元來得高。 **rate of exchange**, how much money of one country you can buy with the money of another country 外滙兑換率 ***at this rate***, if this is true; if this goes on 這樣的話; 照這(那)樣下去: *We're working so slowly that, at this rate, we'll never finish the job.* 我們做得太慢了, 照這樣下去, 這工作永遠也做不完。 ***at any rate***, whatever happens 無論如何: *I hope to be back by 10 p.m. – at any rate I'll be back before midnight.* 我希望晚上十點前能回來——不管怎樣, 半夜以前一定回來。

rather /ˈrɑːðə(r)/ *adv.* fairly; quite; not very 相當; 頗; 甚: *We were rather tired after our long walk.* 步行了這麼遠, 我們都相當累了。 ***would rather***, would prefer to do something 寧可; 寧願: *I can come today but I would rather come tomorrow.* 今天我能來, 但是我寧願明天來。 ***rather than***, which is better than; instead of 倒不如; 是…而不…: *Shall we go for a walk rather than watch television?* 我們不看電視, 出去散散步好不好?

ration /'ræʃn/ *v.* give out only a certain amount of something 配給; 定量供應: *After the very dry summer they rationed water.* 經過夏天大旱後, 他們定量供應食水。 **ration, rations** *n.: food rations* 口糧

rattle[1] /'rætl/ *n.* baby's toy that makes a noise when you shake it 撥浪鼓

rattle[2] *v.* **1** make a lot of short, sharp sounds because it is shaking 格格作響: *The bus rattled as we drove along the bumpy road.* 公共汽車走在崎嶇不平的路上時嘎嘎地響。 **2** shake something, or move, so that it makes short, sharp sounds 使發出格格聲: *The strong wind rattled the windows.* 大風刮得窗子格格作響。

ravenous /'rævənəs/ *adj.* very hungry 很餓的 **ravenously** *adv.*

raw /rɔ:/ *adj.* **1** not cooked 生的: *Animals eat raw meat.* 野獸吃生肉。 **2** natural; just as it comes from the soil, from plants, etc. 天然狀態的; 未加工的: *raw cotton* 原棉

ray /reɪ/ *n.* line or beam of light, heat, etc. 光線; 輻射線: *the rays of the sun* 太陽光線 ***a ray of hope***, some hope 一線希望

razor /'reɪzə(r)/ *n.* sharp instrument for taking hair off the body 剃刀: *My father shaves his face with a razor every morning.* 父親每天早上用剃刀刮鬍子。 **razor blade** *n.* piece of metal with a sharp edge that you put in a razor 刀片

re- /ri:/ *prefix* again 再; 又: *The work was wrong, so I'll re-do it.* 那工作做錯了, 於是我得重做。

reach[1] /ri:tʃ/ *n.* (no *pl.*) how far you can put your hand 伸手觸得到的距離 ***beyond reach, out of reach***, too far away 拿不到: *We keep tablets out of the reach of young children.* 我們把藥片放在小孩子拿不到的地方。 ***within reach***, near enough to touch or go to 拿得到的; 在附近: *The station is within easy reach of my house.* 火車站就在我家附近。

reach[2] *v.* **1** put your hand out and touch something; be able to touch something 伸手及到: *I'm too short to reach the apples on the tree.* 我太矮, 取不到樹上的蘋果。 **2** get to a place; arrive somewhere 到達; 抵達: *Telephone me when you reach London.* 你到了倫敦就打電話給我。

read /ri:d/ *v.* (*past part. & past tense* read /red/) **1** look at words and understand them 閱讀; 看懂: *She was reading a book in her room.* 她在房裏看書。 **2** say aloud words that you can see 朗讀: *Will you read this letter to me?* 你給我讀讀這封信好嗎? ***read through***, study a book or piece of writing from the beginning to the end 讀完: *Please read through Chapter 1 for your homework.* 家課是讀完第一章。 ***read out***, read something aloud 讀出聲來: *The headmaster read out the list of names.* 校長宣讀了名單。

reader /'ri:də(r)/ *n.* **1** someone who is reading; someone who reads books a lot 讀者; 朗讀者; 看稿人 **2** story book for pupils 兒童讀物

readily /'redɪlɪ/ *adv.* **1** gladly 樂意地: *I'll readily help you.* 我樂意給你幫助。 **2** easily and quickly 快捷地; 容易地: *She answered the question readily.* 她很快就回答了問題。

ready /'redɪ/ *adj.* **1** prepared; waiting because you have done all that is necessary 作好準備的; 準備完畢: *I'll be ready to leave in five minutes.* 我五分鐘後就可以走。 ***get ready***, prepare for something 作好準備: *I must get ready for the party.* 我必須爲這次聚會作好準備。 **2** willing; happy to do something 願意的; 樂意的: *The teacher was always ready to help the children in their work.* 老師隨時都樂於幫助學生做功課。

real /'rɪəl/ *adj.* true; natural; not just in the mind 真的; 真實的; 實在的: *This is real gold, not cheap yellow metal.* 這是真金, 並不是低廉的黄色金屬。

realize /'rɪəlaɪz/ *v.* understand or know something 認識; 了解: *When Stephen heard the car, he realized his father had come home.* 思廸文聽到汽車響聲, 知道是父親回來了。 **realization** /ˌrɪəlaɪ'zeɪʃn/ *n.* understanding 認識; 理解

really[1] /'rɪəlɪ/ *adv.* truly 真正地; 實在: *What do you really want to do?* 你真的想做什麼呀?

really[2] *exclam.* word that shows surprise, interest, etc. 表示驚訝、關心等的感嘆詞: *'I'm going to China next year.' 'Really!'* "明年我要到中國去。" "真的!"

reap /ri:p/ *v.* cut and gather grain 收割; 收穫: *The farmer reaped the corn in September.* 農民九月裏收割玉米。

rear[1] /rɪə(r)/ *adj.* at the back 後部的; 背後的: *the rear lights of a car* 小汽車的尾燈

rear[2] *n.* back part 後部; 背後: *The kitchen is at the rear of the house.* 廚房在房子的後部。

rear[3] *v.* **1** keep animals to make young animals 飼養 **2** have and bring up children 撫養; 養育: *She reared a big family.* 她養育了很多孩子。 **3** lift something up 豎起: *The snake reared its head.* 蛇豎起頭。 **4** rise up on the back legs 用後腿站起: *The horse reared up when the car frightened it.* 那輛汽車嚇得馬兒前蹄騰空。

reason /'ri:zn/ *n.* **1** (*pl.* reasons) cause; why you do or say something 理由; 原因: *What is the reason for your hurry?* 你爲什麼這樣匆忙? **2** (no *pl.*) clear thinking; being able to put ideas together sensibly

理智; 道理: *Man is different from the other animals because he has reason.* 人與其他動物不同, 因爲人有理性。

reasonable /ˈriːznəbl/ *adj.* **1** willing to listen to what someone says; willing to think carefully about something 講道理的; 理智的; 有理性的: *You must be reasonable; I can't meet you at the station while I am at work.* 你得講道理啊, 我上班時候不能去車站接你。**2** fair; right 公道的; 合理的: *That seems a reasonable price.* 價錢似乎還不算貴。**reasonably** *adv.*

reassure /ˌriːəˈʃʊə(r)/ *v.* say something to make someone feel happier, safer, etc. 使放心; 保證: *The doctor reassured her that she was not very ill.* 醫生肯定說她没有什麼大病。**reassuring** *adj.* **reassuringly** *adv.*: *The doctor spoke reassuringly.* 醫生用使人放心的語氣說話。**reassurance** *n.*

rebel¹ /ˈrebl/ *n.* **1** someone who fights against the government of his country 反叛者; 叛逆 **2** someone who does not do what you tell him to do 不聽話的人; 造反者

rebel² /rɪˈbel/ *v.* (*pres. part.* rebelling, *past part.* & *past tense* rebelled /rɪˈbeld/) **1** fight against the government of your country 反叛; 造反 **2** not do what someone has told you to do 不服從指揮: *The dog rebelled against his master.* 那隻狗不聽主人的話。**rebellion** /rɪˈbelɪən/ *n.* **rebellious** /rɪˈbelɪəs/ *adj.* **rebelliously** *adv.*

recall /rɪˈkɔːl/ *v.* remember something 回想; 回憶: *What was the name of the hotel? I can't recall it.* 那酒店叫什麼? 我記不起來了。

receipt /rɪˈsiːt/ *n.* piece of paper that shows you have received money for goods, etc. 收據; 收條: *When Maurice paid for his bicycle, he got a receipt for his money.* 莫禮思付了腳踏車錢時, 人家給了他一張收據。

receive /rɪˈsiːv/ *v.* **1** be given something; get something 收到; 得到: *Did you receive many presents on your birthday?* 你生日時收到許多禮物嗎? **2** welcome someone 接待; 歡迎: *He received his visitors with a smile.* 他向來賓微笑表示歡迎。

receiver /rɪˈsiːvə(r)/ *n.* part of telephone that you pick up and hold next to your mouth and ear 電話聽筒; 接收器

recent /ˈriːsnt/ *adj.* that happened, etc. a short time ago 新近的; 近來的: *a recent letter* 最近的一封信 **recently** *adv.*: *She's very brown because she's been on holiday recently.* 她曬得很黑, 因爲最近剛放過假。

reception /rɪˈsepʃn/ *n.* **1** (*pl.* receptions) official party 招待會; 歡迎會: *There was a reception after the wedding.* 婚禮之後舉行

了招待會。**2** (no *pl.*) office in a big business, hotel, etc. where people go when they arrive 接待室; 服務台: *He went to reception for his room key.* 他到接待處取房間的鑰匙。

receptionist /rɪˈsepʃənɪst/ *n.* someone who helps people when they arrive at a hotel, doctor's surgery, hairdresser's, etc. (酒店、診所、理髮店等的)接待員

recipe /ˈresəpɪ/ *n.* piece of writing that tells you how to make food 烹飪法; 食譜: *a cake recipe* 蛋糕的做法

reckless /ˈreklɪs/ *adj.* not thinking about danger 不顧危險的; 妄動的 **recklessly** *adv.*: *He drove recklessly along the narrow road.* 他沿着狹窄的路胡亂駕駛。

reckon /ˈrekən/ *v.* **1** calculate an amount; work with numbers to find out how much, how many, etc. 數; 計算: *He reckoned the cost of the holiday.* 他計算了渡假所需的費用。**2** think, consider, or believe something 認爲; 當做; 料想: *I reckon I'll be too tired to go out tonight.* 我想今晚我會累得不想出外。

recognize /ˈrekəgnaɪz/ *v.* **1** know someone when you see him again; know something because you have seen it, heard it, etc. before 認出; 辨認; 認識: *You've grown so tall that I did not recognize you!* 你長這麼高了, 我剛才没認出來! **2** understand or guess what someone or something is 清楚知道; 認定: *You can recognize a tiger by its stripes.* 根據虎皮的條紋可以認出老虎。 **recognition** /ˌrekəgˈnɪʃn/ *n.*

recommend /ˌrekəˈmend/ *v.* **1** tell someone helpfully what to do or how to do it 建議; 勸告: *What can you recommend for taking this mark off my shirt?* 你能告訴我怎樣把我襯衫上的污點去掉嗎? **2** say that you think that a certain thing or person is good 推薦; 介紹: *Can you recommend a hotel in this town?* 你能推薦這城裏的一家酒店嗎? **recommendation** /ˌrekəmenˈdeɪʃn/ *n.* ***at*** or ***on someone's recommendation***, because someone recommends it 根據某人的推薦(介紹): *I bought this book on Jo's recommendation.* 在喬的推薦下, 我買了這本書。

record[1] /ˈrekɔːd/ *adj.* best, most, highest, lowest, fastest, etc. that has ever been done 創紀錄的: *He ran the race in record time.* 他賽跑的成績破了紀錄。

record[2] *n.* **1** exact notes about things that have happened 記錄; 記載: *A doctor keeps a record of his patients' illnesses.* 醫生保存病人的病歷。**2** round thing that you play on a gramophone when you want music, etc. 唱片 **3** the biggest, fastest, highest, lowest, etc. of its sort; the greatest that has ever been done 最高紀錄(成績): *Who holds the record for swimming 500 metres?* 誰是五百米游泳紀錄的保持者? ***beat*** or ***break the record***, do better in a sport than anyone has done before 打破紀錄

record[3] /rɪˈkɔːd/ *v.* **1** write notes about things that happen 記錄; 記載: *In his diary he recorded everything that he did.* 他在日記裏記下所作的一切事情。**2** put sound on a disc, tape, etc. so that you can hear it again 錄音: *I recorded the concert so that I can hear it tomorrow.* 我把音樂會錄了音, 準備明天聽。**3** take a photograph of something 錄影; 拍攝: *Film cameras recorded the president's arrival.* 電影攝影機錄影了總統到達時的情況。**recording** *n.: My sister in America sent a recording of her family.* 我在美國的姐姐把她一家人的錄音寄來了。

recorder /rɪˈkɔːdə(r)/ *n.* **1** musical instrument that you blow (英國的)一種八孔直笛 **2** something that records 錄音機; 記錄器: *a tape recorder* 磁帶錄音機

record-player /ˈrekɔːd pleɪə(r)/ *n.* machine that plays records; gramophone 電唱機

recover /rɪˈkʌvə(r)/ *v.* **1** find or get back something that you have lost 找回失物: *Someone stole my car, but the police have recovered it.* 我的車被偷去, 但是警察已替我找回來。**2** become well, happy, etc. again 恢復; 復原: *He is slowly recovering from his illness.* 他病好了, 正在慢慢康復。**recovery** *n.: I am glad to hear of his recovery.* 我欣聞他病愈了。

recreation /ˌrekrɪˈeɪʃn/ *n.* playing games; what you like to do when you are not working 娛樂; 消遣: *Playing the organ is his favourite recreation.* 彈風琴是他最喜愛的文娛活動。**recreation ground**, piece of land where you can play football, etc. 娛樂場所

recruit /rɪˈkruːt/ *n.* new soldier; new member of a group, etc. 新兵; 新成員 **recruit** *v.* find someone to join the army, a group, etc. 徵募(新兵); 招收(新成員): *They are recruiting young men for the police force.* 他們正在招募年輕人當警察。

rectangle /ˈrektæŋgl/ *n.* shape with four straight sides and four right angles 矩形; 長方形 **rectangular** /rekˈtæŋgjʊlə(r)/ *adj.: This is a rectangular page.* 這頁是長方形的。

red /red/ *adj.* with the colour of blood 紅色的 ***red-hot***, extremely hot 熾熱的 ***catch someone red-handed***, catch someone when he is doing something wrong 當場抓住: *The police caught the thief red-handed.* 警察當場捉住了那個盜賊。***see red***, become very angry 發怒 **red** *n.*

reduce /rɪˈdjuːs/ *v.* make something less or smaller 減少; 縮少: *She's too fat – she must reduce her weight.* 她太胖了, 必須減肥。**reduction** /rɪˈdʌkʃn/ *n.: a big reduction in prices* 大減價

reed /riːd/ *n.* sort of tall grass that grows in or near water 蘆葦

reel /riːl/ *n.* thing with round sides that holds thread, film, etc. 卷軸; 卷筒: *a reel of cotton* 一卷棉花

refer /rɪˈfɜː(r)/ *v.* (*pres. part.* referring, *past part. & past tense* referred /rɪˈfɜːd/) ***refer to,*** (***a***) go to a book or person for information 向…請教; 參考: *You can't refer to your book when you are in the exam.* 考試時不能查閱書本。(***b***) speak about something 談到; 涉及; 指: *When I said that some people are stupid, I wasn't referring to you!* 當我説有些人愚蠢的時候, 不是指你!

referee /ˌrefəˈriː/ *n.* someone who controls a sports match and sees that the players obey the rules 裁判員

refill /ˌriːˈfɪl/ *v.* fill a container again 再裝滿: *Your glass is empty – let me refill it.* 你的玻璃杯空了, 我給你再注滿吧。

reflect /rɪˈflekt/ *v.* **1** give back light, pictures, etc. 反射; 反映: *The glass reflected her face.* 玻璃杯映出了他的臉。**2** think carefully and deeply 考慮; 沉思: *He reflected on what he had read.* 他對讀過的東西進行思考。

reflection /rɪˈflekʃn/ *n.* **1** (no *pl.*) giving back light, pictures, etc. 反射; 反映: *the reflection of light from a white wall* 從白牆反射過來的光 **2** (*pl.* reflections) picture that a mirror, glass, or water gives back 映象; 反射光; 倒影: *Tessa looked into the pool and saw a reflection of herself.* 黛莎往池中看, 見到自己的倒影。**3** (no *pl.*) thinking carefully and deeply 沉思; 考慮: *After much reflection I decided to stay at home.* 經過深思熟慮後, 我決定留在家裏。

refresh /rɪˈfreʃ/ *v.* make someone feel brighter, less tired, cooler, etc. 使精神爽快; 使清涼: *A holiday refreshes us after a lot of work.* 緊張工作之後放假可以使人恢復精力。**refreshing** *adj.: a refreshing drink* 清涼飲料 **refreshingly** *adv.: a refreshingly cool breeze* 使人涼爽的微風

refreshments /rɪˈfreʃmənts/ *n.* snack; food or drink that you can buy in a public place 點心; 茶點: *We had refreshments in the interval.* 休息時我們用了茶點。

refrigerator /rɪˈfrɪdʒəreɪtə(r)/ *n.* cold cupboard for food 冰箱

refuge /ˈrefju:dʒ/ *n.* place where you are safe from danger, trouble, etc. 避難所; 藏身處 ***take refuge from something***, go to a safe place to get away from something 爲逃避…而躲進: *The bird took refuge from the cat in the tree.* 那隻鳥飛到樹上, 躲開了貓。

refugee /ˌrefjʊˈdʒi:/ *n.* someone who is running away from danger and trying to find a new, safe home 避難者; 難民

refuse /rɪˈfju:z/ *v.* say 'no' to what someone wants to do, etc. 拒絕: *I asked Donald to play with me, but he refused.* 我請唐納德和我玩耍, 但是他拒絕了。 **refusal** /rɪˈfju:zl/ *n.*: *I was sad at Donald's refusal.* 我對唐納德的拒絕感到不痛快。

regard[1] /rɪˈgɑ:d/ *n.* **1** (no *pl.*) care; thought 關心; 注意: *He drove with no regard for safety.* 他駕駛不注意安全。**2** (no *pl.*) what you think about someone or something 尊重; 尊敬: *I have a high regard for my uncle because he is a brave man.* 我很敬重伯父, 因爲他是一個勇敢的人。**3 regards** (*pl.*) kind thoughts and wishes 問候; 致意: *Please give my regards to your mother.* 請代我向你母親致意。

regard[2] *v.* **1** believe something 看待; 認爲; 當作: *Many people regard Martin Luther King as a hero.* 許多人認爲馬丁路德金是個英雄。***as regards***, **regarding** *prep.* concerning; about 關於; 説到; 至於: *I telephoned him regarding his invitation.* 關於他的邀請一事, 我打了電話給他。**2** look at someone or something 看; 注視; 凝視: *He regarded me with a smile.* 他面帶微笑地看了看我。

regiment /ˈredʒɪmənt/ *n.* part of an army 團(軍隊的一級)

region /ˈri:dʒən/ *n.* part of a country; part of the world 地區; 地帶; 區域: *Monkeys live in hot regions.* 猴子生活在氣候炎熱的地區。

register[1] /ˈredʒɪstə(r)/ *n.* list of names, etc. 登記表(或簿); 註册: *a register of voters* 選民登記表

register[2] *v.* **1** put a name, etc. on a list 登記; 註册: *New guests must register in the hotel book.* 新來的旅客必須在酒店住宿册上登記。**2** point to a number (儀表等)指示; 自動記下: *It was so hot that the thermometer registered 40 ℃.* 天氣十分熱, 温度計達到攝氏四十度了。**3** send a letter or parcel by special post so that you will get money back if it is lost (郵政)掛號

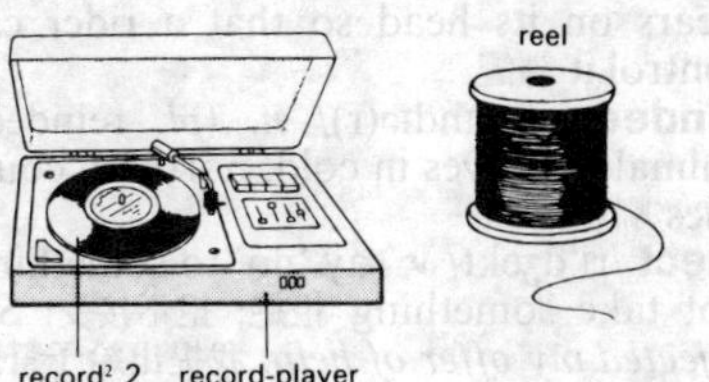

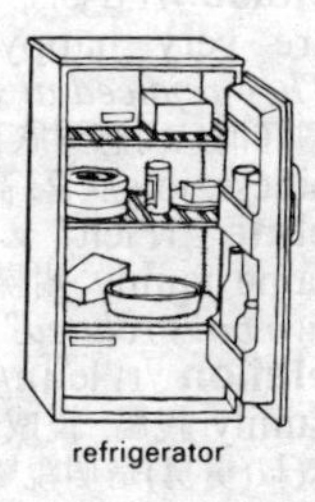

registration /ˌredʒɪˈstreɪʃn/ *n.*

regret /rɪˈgret/ *v.* (*pres. part.* regretting, *past part. & past tense* regretted /rɪˈgretɪd/) **1** feel sorry 抱歉; 後悔: *He regrets that he was rude to her.* 那回他對她態度不好, 現在很後悔。**2** say 'no' politely 表示遺憾; 抱歉: *I regret that we cannot give you the job.* 我們不能給你這份工作, 很抱歉。 **regret** *n.*

regular /ˈregjʊlə(r)/ *adj.* **1** happening again and again at the same time, or at fixed times, etc.; not changing or stopping 有規律的; 固定的: *regular heart-beats* 有規律的心跳 **2** usual 經常的; 定期的: *I have never seen him before – he's not one of my regular customers.* 我以前從未見過這個人——他不是我這兒的老主顧。**3** that follows the usual rule 規則的; 正規的: *regular verbs* 規則動詞 **regularly** *adv.*: *The milkman comes regularly every day.* 送奶的人每天都按時來。

regulation /ˌregjʊˈleɪʃn/ *n.* rule; order 規章; 規則; 條例: *traffic regulations* 交通規則

rehearse /rɪˈhɜ:s/ *v.* practise music, a play, etc. before doing it for other people 排練; 排演; 練習: *Anita rehearsed her song until it was perfect.* 安妮妲反覆練唱那首歌, 直到唱得最好爲止。 **rehearsal** /rɪˈhɜ:sl/ *n.*

reign[1] /reɪn/ *n.* time when someone is a king or queen (君主等的)統治時期: *The reign of Queen Elizabeth II began in 1953.* 伊利莎白女皇二世於1953年即位。

reign[2] *v.* be king or queen of a country (君主等的)統治: *Queen Victoria reigned for a long time.* 維多利亞女皇在位時間很久。

rein /reɪn/ *n.* long, thin strap that a horse wears on its head so that a rider can control it 繮繩

reindeer /ˈreɪndɪə(r)/ *n.* (*pl.* reindeer) animal that lives in cold, northern countries 馴鹿

reject /rɪˈdʒekt/ *v.* say 'no' to something; not take something 拒絕; 拒不接受: *She rejected my offer of help.* 我提出給予幫助, 她拒絕了。

rejoice /rɪˈdʒɔɪs/ *v.* feel or show that you are very happy 感到欣喜; 高興; 歡欣: *They rejoiced at the good news.* 他們爲這個好消息而感到欣喜。 **rejoicing** *n.* happiness; joy 欣喜; 高興; 喜悦

relate /rɪˈleɪt/ *v.* ***be related***, be in the same family 關聯; 有親屬關係: *Are those two boys related?* 那兩個男孩子是親戚嗎?

relation /rɪˈleɪʃn/ *n.* **1** someone in your family 親屬; 親戚: *An uncle is a relation.* 叔叔(舅舅)是個親屬。**2** what one person, group, country, etc. is to another 關係; 聯繫: *America and Britain have friendly relations.* 美國和英國保持友好的關係。

relationship /rɪˈleɪʃnʃɪp/ *n.* how people, things, or ideas are to each other 關係; 聯繫: *We have a good relationship with our neighbours.* 我們和鄰居的關係很好。

relative /ˈrelətɪv/ *n.* someone in your family 親屬; 親戚: *Aunts, uncles, and cousins are all relatives.* 姑媽姨母、伯父叔叔、堂(表)兄弟和姊妹等全都是親戚。

relax /rɪˈlæks/ *v.* **1** become less tight; make something less tight 放鬆; 使鬆弛; 放寬: *She relaxed her grip and let me go.* 她鬆開手把我放了。**2** rest from work, etc. 休息; 使輕鬆; 娛樂: *Let's relax for an hour and go for a swim.* 我們休息一小時才去游泳。**relaxation** /ˌriːlækˈseɪʃn/ *n.*

release /rɪˈliːs/ *v.* let someone or something go free 釋放; 解放: *We released the bird from the cage and it flew away.* 我們把鳥兒放出籠子, 小鳥飛走了。**release** *n.*

reliable /rɪˈlaɪəbl/ *v.* that you can trust 可信賴的; 可靠的: *a reliable car* 安全的汽車; *a reliable person* 可以信賴的人 **reliably** *adv.*

relied /rɪˈlaɪd/ *past part. & past tense* of *v.* rely 動詞 rely 的過去分詞和過去式

relief /rɪˈliːf/ *n.* (no *pl.*) **1** taking away pain, worry, etc. (痛苦等)解除; 減輕: *These tablets give relief from headaches.* 這些藥片可以減輕頭痛。**2** something that takes away pain, worry, etc. 安慰; 使人感到欣慰的事物: *The rain was a great relief after many weeks of hot, dry weather.* 經過幾週的乾熱天氣, 這場雨令人大感寬慰。**3** food, money, or other help 救濟品; 救濟: *Many countries sent relief for the people who lost their homes in the floods.* 許多國家都給水災後無家可歸的災民送來救濟品。

relieve /rɪˈliːv/ *v.* take away pain or worry 解除(疼痛、憂愁等); 使寬慰: *Take this pill to relieve your headache.* 吃下這片藥, 頭疼可以減輕。

relieved /rɪˈliːvd/ *adj.* glad that a problem has gone away 感到寬慰; 放心: *I am relieved that Gwen is better.* 我很高興, 葛雯的病好些了。

religion /rɪˈlɪdʒən/ *n.* **1** (no *pl.*) believing in a god 信教 **2** (*pl.* religions) one of the different ways of believing in a god 宗教: *Christianity and Islam are two of the great religions of the world.* 基督教和伊斯蘭教是世界上其中兩大宗教。 **religious** /rɪˈlɪdʒəs/ *adj.*

reluctant /rɪˈlʌktənt/ *adj.* not wanting to do something 勉强的; 不願意的: *Gillian enjoyed the party so much that she was reluctant to leave.* 姬蓮在聚會上玩得十分痛快, 不大想走。 **reluctantly** *adv.* **reluctance** /rɪˈlʌktəns/ *n.*

rely /rɪˈlaɪ/ *v.* ***rely on***, trust someone; be sure that someone will do what he says 相信; 信賴: *You can rely on him because he always keeps his promises.* 你可以信賴他, 因爲他一向守諾言。

remain /rɪˈmeɪn/ *v.* **1** stay after a part has gone 剩下; 遺留: *We ate and ate until nothing remained on the plates.* 我們一直吃到盤子裏什麼也没剩下爲止。**2** stay or continue in the same place (人)逗留; 留下: *We remain at home on Sundays.* 星期天我們留在家裏。**3** stay or continue in the same way; not change 保持; 依然: *I asked her a question but she remained silent.* 我問她一個問題, 但她保持沉默。

remains /rɪˈmeɪnz/ *n.* (*pl.*) what is there when most has gone 剩下的東西; 殘餘: *She couldn't finish her lunch so I threw the remains away.* 她吃不完午飯, 所以我把剩下的飯菜倒掉了。

remark /rɪˈmɑːk/ *v.* say something 評論; 談到: *Peter remarked that the pudding was too sweet.* 彼得説那個布丁太甜了。 **remark** *n.*: *They all made nice remarks about the good food.* 飯菜豐盛, 他們都讚賞。

remarkable /rɪˈmɑːkəbl/ *adj.* unusual and surprising 異常的; 非凡的: *a remarkable discovery* 一項不平常的發現 **remarkably** *adv.* very 非常: *a remarkably clever boy* 天資聰敏的男孩子

remedy /ˈremədɪ/ *n.* (*pl.* remedies) something that will end a problem or an illness 補救(辦法); 治療(法): *A long drink of water is a good remedy for hiccups.* 喝足够的水是治療打嗝的好辦法。

remember /rɪˈmembə(r)/ *v.* keep something in your mind; not forget something 記住; 不忘; 銘記: *Did you remember to post the letter?* 你記得把信寄出嗎? *Do* *you remember what we learned in class yesterday?* 我們昨天課堂上學了些什麽，你記得嗎? ***remember one person to another person***, take greetings from one person to another 代…致意; 替…問好: *Please remember me to your brother when you see him*. 見到你哥哥時請代我向他問好。

remind /rɪˈmaɪnd/ *v.* **1** make you think of someone or something 使想起: *These photographs remind me of our holiday*. 這些相片使我回想起我們的假期。**2** tell someone to remember something 提醒; 使記住: *Please remind me to buy a loaf of bread*. 請提醒我買一條麵包。 **reminder** *n.*

remote /rɪˈməʊt/ *adj.* far from other places 遙遠; 偏遠: *a remote farm* 偏遠的農場

remove /rɪˈmu:v/ *v.* take something or someone away 去除; 移開; 調動: *She washed her hands to remove the dirt*. 她把手洗乾淨, 去除污垢。 **removal** /rɪˈmu:vl/ *n.* **removal** *adj.: The removal van took our furniture to the new house*. 搬運汽車把我們的家具運到新房子。

rent /rent/ *v.* **1** pay to use something; pay to live or work in another person's house, office, etc. 租用; 租賃: *He rents a room near the office where he works*. 他在工作的辦公室附近租了一個房間。 **2** let someone use your rooms, land, etc. if he pays you for it 出租; 租出去: *We rent a flat to him for $1 000 a month*. 我們租給他一個住宅單位, 房租每月一千元。 **rent** *n.: How much rent do you pay for your house?* 你的房租多少?

repaid /rɪˈpeɪd/ *past part. & past tense* of *v.* repay 動詞 repay 的過去分詞和過去式

repair /rɪˈpeə(r)/ *v.* mend something 修理; 修補: *There is a hole in my shoe – can you repair it?* 我這隻鞋有個洞, 你能修補嗎? **repair** *n.* ***under repair***, being mended 正在修理: *The road is closed because it is under repair*. 修理道路, 禁止通行。

repay /rɪˈpeɪ/ *v.* (*past part. & past tense* repaid /rɪˈpeɪd/) **1** pay back money 付還; 賠還: *If you lend me $50, I'll repay you next week*. 你是否可以借給我五十元, 我下週還你。**2** do something to show your thanks to someone 報答; 回敬; 回報: *What can I do to repay you for your help?* 對於你給我的幫助, 我怎麼報答你才好呢? **repayment** *n.: the repayment of a loan* 賠還

repeat /rɪˈpi:t/ *v.* **1** say or do something again 重複; 反復; 再說: *I repeated my words because he had not heard*. 我把話重複了一遍, 因爲他沒聽見。 **2** tell other people what someone has told you 把(別人的話)講出去: *If I tell you a secret, you must promise not to repeat it*. 如果我告訴

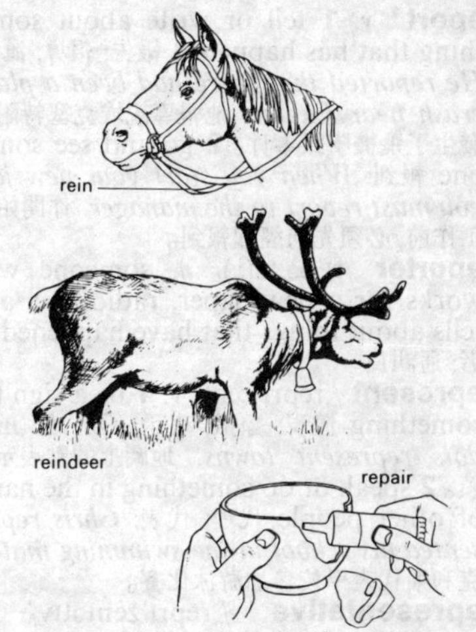

你一個秘密, 你要答應不說出去。**repeat** *n.* doing something again 重複; 再做

repeatedly /rɪˈpi:tɪdlɪ/ *adv.* again and again 再三; 屢次: *He knocked repeatedly but no one came to the door*. 他敲了好幾下, 但是沒有人來開門。

repetition /ˌrepɪˈtɪʃn/ *n.* (no *pl.*) saying or doing something again 重複; 反復; 重說(做)

replace /rɪˈpleɪs/ *v.* **1** put something back in its place again 放回原處: *When you have finished the book, please replace it on the shelf*. 書看完後請放回架上。**2** put one thing in place of another thing 替換; 取代; 輪換: *The gate was broken, so we replaced it with a new one*. 大門壞了, 因此我們換了新的。

replacement /rɪˈpleɪsmənt/ *n.* **1** (no *pl.*) putting something or someone in place of another 替換; 取代; 放回; 更換: *The replacement of the tyre was a dirty job*. 換輪胎是一件髒工作。**2** (*pl.* replacements) person or thing that you put in the place of another 替換物; 代替者: *This battery is finished and I need a replacement*. 這個電池沒電了, 我需要一個新的。

reply /rɪˈplaɪ/ *v.* answer 回答; 答覆: *'Yes, sir,' he replied*. "是的, 先生," 他答道。**reply** *n.* answer 回答; 答覆: *I asked if she was enjoying the music but I couldn't hear her reply*. 我問她是不是喜歡那些音樂, 但是聽不到她的回答。***in reply***, as an answer 作爲回答; 爲答覆…: *What did you say in reply to his question?* 你怎樣回答他的問題?

report[1] /rɪˈpɔ:t/ *n.* piece of news; telling about something that has happened, etc. 報導; 報告; 滙報: *Did you read the newspaper report of the match?* 你看了報紙對這次比賽的報導嗎?

report² *v.* **1** tell or write about something that has happened 報告; 報導; 滙報: *He reported that there had been a plane crash near Exeter.* 他報導説埃克塞特附近發生了飛機墜毁事件。**2** go and see someone 報到: *When you start your new job, you must report to the manager.* 你開始新工作前, 必須先向經理報到。

reporter /rɪˈpɔːtə(r)/ *n.* someone who works for a newspaper, radio, etc. and tells about things that have happened 記者; 通訊員

represent /ˌreprɪˈzent/ *v.* **1** be a sign for something 體現; 象徵; 表示: *On the map dots represent towns.* 地圖上的點表示城鎮。**2** speak or do something in the name of other people 代理; 代表: *Chris represented his school in the swimming match.* 克利斯代表學校參加游泳比賽。

representative /ˌreprɪˈzentətɪv/ *n.* someone whose job is to say or do something in the name of other people 代表; 代理人: *There is a representative of each class on the school committee.* 校委會裏每班都有一個代表。

reptile /ˈreptaɪl/ *n.* sort of animal with cold blood, which lays eggs 爬行動物; 爬蟲: *Snakes, lizards, crocodiles, are reptiles.* 蛇、蜥蜴和鱷魚都是爬行動物。

republic /rɪˈpʌblɪk/ *n.* country where there is a president and parliament that people choose 共和國

reputation /ˌrepjʊˈteɪʃn/ *n.* (no *pl.*) what people think or say about someone or something 聲譽; 名聲; 聲望: *Graham has the reputation for being greedy.* 葛雷恩以貪婪而出名。

request /rɪˈkwest/ *v.* **1** ask for something 請求; 要求; 需要: *The prisoner requested a cigarette.* 囚犯請求給他一枝香煙。**2** ask someone to do something 請求; 懇求; 要求: *The police requested drivers to take care on the icy road.* 警察要求司機在結冰的路上小心駕駛。**request** *n.*

require /rɪˈkwaɪə(r)/ *v.* need something 需要; 要求: *This job requires a clear head.* 幹這個工作需要頭腦清醒。 **requirement** *n.* something that you need 需要; 需要物(量); 必要條件

rescue /ˈreskjuː/ *v.* save someone or something from danger 救援; 救出: *Arthur jumped into the river and rescued the child from drowning.* 阿瑟跳進河裏救出遇溺的小孩。 **rescue** *n.* ***come*** or ***go to someone's rescue***, help someone 援救; 救助; 營救: *I was trapped in the burning house but the fireman came to my rescue.* 我被困在焚燒的房子裏, 消防隊員趕來救了我。

research /rɪˈsɜːtʃ/ *n.* (*pl.* researches) studying to find out more about things, life, etc. 研究; 調查; 探究: *medical research* 醫學研究

resemble /rɪˈzembl/ *v.* look like someone or something 像; 類似: *Lisa resembles her mother.* 麗莎的容貌像她母親。

resemblance /rɪˈzembləns/ *n.*

resent /rɪˈzent/ *v.* feel angry with someone or about something 不滿; 忿恨; 怨恨: *I resent your reading my letters.* 我不滿意你看我的信。 **resentful** *adj.* feeling or showing anger 表示不滿; 怨恨; 忿恨 **resentfully** *adv.*

reserve¹ /rɪˈzɜːv/ *n.* **1** something that you keep to use later 儲備(物); 保存(物) ***in reserve***, for later use 留待以後用: *We must keep some money in reserve because you never know what will happen.* 我們必須儲備一些錢, 因爲誰也不知道會發生什麼事情。**2** piece of land for a special reason 保留地; 專用地: *nature reserve* 自然保護區

reserve² *v.* **1** keep something for a later time 儲備; 保存 **2** arrange to have something; ask and pay for a seat for the theatre, a journey, etc. (劇場座位、車船票等)預定: *He reserved two seats on the train to Dover.* 他預定了兩張到多佛的火車票。 **reservation** /ˌrezəˈveɪʃn/ *n.* booking; arrangement to keep a seat in a train, a room in a hotel, etc. for someone (火車票、酒店房間等)預定: *We have reservations on the midday plane to Washington.* 我們預定了中午飛往華盛頓班機的票。

reservoir /ˈrezəvwɑː(r)/ *n.* lake where a town stores water 水庫; 蓄水池

residence /ˈrezɪdəns/ *n.* **1** (no *pl.*) living in a place 居住; 居留: *They took up residence in their new house.* 他們住進了新房子。**2** (*pl.* residences) house 住所; 住宅: *a residence in town* 在城裏的住所

resident /ˈrezɪdənt/ *n.* someone who lives in a place 居民: *I'm a visitor, not a resident.* 我是遊客, 不是這裏的居民。

resign /rɪˈzaɪn/ *v.* leave your job 辭職; 放棄: *The officer has resigned and a new one will take his place.* 主任辭職了, 將由一位新主任接替。***resign yourself to***, accept something you do not like 屈從於; 聽任; 忍受: *There were a lot of people at the doctor's so she resigned herself to a long wait.* 醫生那裏有很多人在候診, 所以她不得不等很長時間。 **resignation** /ˌrezɪgˈneɪʃn/ *n.* ***hand in*** or ***send in your resignation***, write a letter to say that you are leaving your job 提出辭呈; 遞交辭職信

resist /rɪˈzɪst/ *v.* **1** be against someone; try to stop someone who is attacking you 反抗; 抵抗; 對抗: *They tried to push Ken into the pool but he resisted.* 他們試圖把肯恩推進池裏, 但是他反抗。 **2** be strong and say 'no' to something 抵制;

忍得住: *Chocolates make me fat but I can't resist them.* 巧克力使我發胖, 但是我忍不住要吃。**resistance** *n.*

resolution /ˌrezəˈluːʃn/ *n.* plan; something that you decide to do 決心; 堅決; 果斷: *At New Year my father made a resolution to stop smoking.* 新年的時候我父親下決心戒煙。

resolve /rɪˈzɒlv/ *v.* decide; make a firm plan 決定; 下決心: *Mary resolved to work harder.* 敏麗決心更努力工作。

resort /rɪˈzɔːt/ *n.* **1** (no *pl.*) using something to help you; someone or something that you use to help you 憑藉; 依靠 ***the last resort***, the only thing or person left to help you 最後一着; 最後的手段: *No one else will lend me any money, so you are my last resort.* 誰也不肯借給我錢, 所以你是我最後的希望了。**2** (*pl.* resorts) place that many people visit for holidays 渡假勝地: *Brighton is a seaside resort.* 布來頓是海濱渡假勝地。

respect¹ /rɪˈspekt/ *n.* **1** (no *pl.*) good opinion; thinking well of someone 尊敬; 敬重: *I have no respect for a man who drinks too much.* 我看不起酗酒的人。**2 respects** (*pl.*) polite greetings 敬意; 問候: *Please give your father my respects.* 請代我向你父親問好。

respect² *v.* think well of someone 尊敬; 敬重: *Everyone respects a brave man.* 人皆尊敬勇者。

respectable /rɪˈspektəbl/ *adj.* proper; wearing the right kind of clothes and doing things in the right way 體面的; 高雅的 **respectably** *adv.*: *respectably dressed* 衣着體面

respond /rɪˈspɒnd/ *v.* do or say something in answer to someone 回應; 答覆; 響應: *When I said hello he responded by smiling.* 我向他問好, 他以微笑回答。 **response** /rɪˈspɒns/ *n.*

responsibility /rɪˌspɒnsəˈbɪlətɪ/ *n.* (*pl.* responsibilities) **1** having a duty to care for someone or something 責任; 職責: *It is the responsibility of parents to look after their children.* 照顧兒女是父母的責任。**2** what you must look after 任務; 負擔: *The dog is my sister's responsibility.* 我妹妹的任務是照顧那隻狗。

responsible /rɪˈspɒnsəbl/ *adj.* **1** with a duty to look after someone or something 有責任的; 應負責的: *The driver is responsible for the lives of the people on the train.* 司機應對火車上乘客的生命負責。 **2** whom you can trust to be good and wise 盡責的; 可靠的: *Leave the keys with Anne – she's very responsible.* 把鑰匙交給安妮, 她很盡責。***be responsible for something***, cause something; make something happen 引起某事; 使發生: *Who's responsible for this broken window?* 這個窗户破了, 是誰幹的? **responsibly** *adv.*

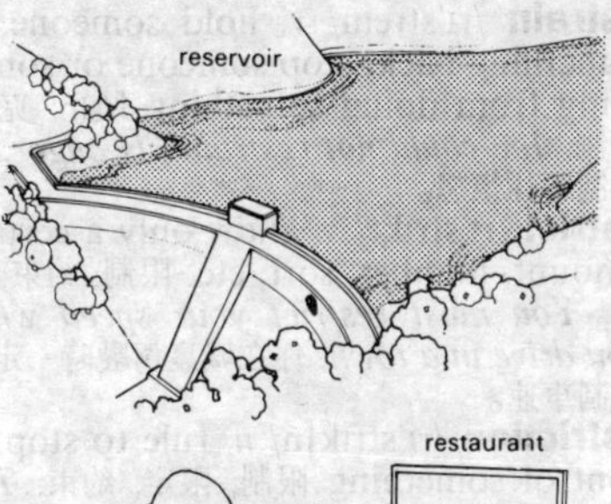

rest¹ /rest/ *n.* sleep; being still and quiet 睡眠; 休息: *After walking for an hour, we stopped for a rest.* 步行了一小時之後, 我們停下來休息。

rest² *n.* (no *pl.*) ***the rest***, (***a***) what is there when most has gone; the other things 剩餘部分; 其餘: *Eat what you want, and throw the rest away.* 你盡量吃, 吃剩的就丢掉。(***b***) the other people 其餘的人: *Sarah and I are going swimming – what are the rest of you going to do?* 薩拉和我要去游泳, 剩下你們想做什麼?

rest³ *v.* **1** be still or quiet 休息; 歇息: *We rested for an hour in the afternoon.* 下午我們歇了一小時。**2** let someone or something be still or quiet 使休息: *He stopped for an hour to rest his horse.* 他停了一小時讓馬休息一下。**3** lie 擱; 放: *Her arms were resting on the table.* 她的手臂放在桌子上。**4** put something somewhere 放置; 倚靠: *She rested her head on his shoulder.* 她把頭靠在他的肩膀上。

restaurant /ˈrestrɒnt/ *n.* place where you go to buy a meal and eat it 飯店; 餐廳; 餐館

restful /ˈrestfl/ *adj.* quiet; giving rest 安靜; 悠閒: *We had a restful day and didn't do any work.* 這天我們很悠閒, 什麼事也沒有做。**restfully** *adv.*

restless /ˈrestlɪs/ *adj.* never still or quiet; unable to sleep or be still 不安寧的; 得不到休息的: *The animals were restless because of the storm.* 牲畜因爲暴風雨而惶恐不安。**restlessly** *adv.* **restlessness** *n.*

restore /rɪˈstɔː(r)/ *v.* give or put something back 歸還; 恢復: *The police restored the lost child to its parents.* 警察把失踪的孩子送回他的父母。

restrain /rɪˈstreɪn/ *v.* hold someone or something back; stop someone or something from doing something 制止; 克制; 抑制: *Joe could not restrain his anger.* 喬抑制不住憤怒。

restrict /rɪˈstrɪkt/ *v.* allow only a certain amount, number, sort, etc. 限制; 約束; 限定: *You must restrict your speed when you drive in a town.* 你在城裏駕駛時一定要限制車速。

restriction /rɪˈstrɪkʃn/ *n.* rule to stop or control something 限制; 限定; 約束: *The coast is dangerous so there are restrictions on swimming.* 海濱地區危險, 所以游泳受到限制。

result /rɪˈzʌlt/ *n.* **1** what happens because of something; what follows from something 結果: *The accident was the result of bad driving.* 這次車禍是駕駛不當的結果。**2** what you have after hard work, study, and exam, etc. 效果; 成績: *Michael worked well and got good results.* 敏高努力學習, 成績優良。**3** score 積分: *football results* 足球賽的積分 **4** answer to a sum in mathematics, etc. 計算結果; 答案: *If you add 2 and 3, the result is 5.* 二加三等於五。

resume /rɪˈzjuːm/ *v.* begin doing something again after a break 恢復; 重新開始; 繼續: *We resumed work after lunch.* 吃過午飯以後我們繼續工作。

retire /rɪˈtaɪə(r)/ *v.* **1** go back; go away 退下; 離開: *The player was hurt and retired from the match.* 運動員受了傷, 所以退出比賽。**2** leave your work when you become old 退休; 退職; 退役: *My father retired when he was 65.* 我父親是六十五歲時退休的。 **retirement** *n.* **1** time when an old person leaves work for ever 退休; 退職; 退役 **2** rest of an old person's life after he has stopped work 退休(職、役)後的年月 **retired** /rɪˈtaɪəd/ *adj: a retired judge* 退休的法官

retreat /rɪˈtriːt/ *v.* move back; go away from a fight that you have lost 退卻; 退後; 敗退: *We won and the enemy retreated.* 我們擊退敵人, 打了勝仗。**retreat** *n.*

return[1] /rɪˈtɜːn/ *adj.* **1** for a journey to a place and back again 來回; 往返: *a return ticket* 來回票 **2** coming back 返回; 回來: *my return journey* 我的回程 **return match** *n.* another game against a team who have just played against you (兩隊之間)再次比賽; 回訪賽

return[2] *n.* **1** (no *pl.*) coming, going, taking, sending, or putting back 回來; 恢復: *a return to work* 復工 ***by return***, by the next post 回程郵遞; 立即作覆: *Please answer my letter by return.* 請立即覆信。***in return***, in exchange 作爲回報: *Lend me your bicycle, and you can borrow my radio in return.* 你借腳踏車給我, 我就借收音機給你。***many happy returns***, words that you say to someone on his birthday (生日賀詞)祝你長壽 ***on your return***, when you get back 你回來時: *I'll meet you at the airport on your return.* 你回來時我去機場接你。**2** (*pl.* returns) ticket for a journey to a place and back again 來回票

return[3] *v.* **1** come back; go back 回來; 回去: *When does he return from work?* 他什麼時候下班回家? **2** give, put, take, or pay something back 還; 歸還; 送回: *We must return these books to the library.* 我們必須把這些書還給圖書館。

reunion /ˌriːˈjuːnɪən/ *n.* meeting of old friends, etc. after a long time 久別重逢; 重聚; 團聚: *a family reunion at a wedding* 婚禮時家人團聚

Rev., Revd. /ˈrevərənd/ *abbrev.* Reverend 的縮略語: *The Revd. Mark Brown* 馬可白朗牧師

reveal /rɪˈviːl/ *v.* **1** show something that was hidden before 揭示; 顯示: *The clouds lifted and revealed the mountains.* 雲層散開後羣山顯現。**2** tell something that was a secret 透露; 洩露: *Please don't reveal the secret.* 請勿洩露秘密。

revenge /rɪˈvendʒ/ *v.* ***revenge yourself on***, harm someone who has harmed you or your friends 報仇; 報復: *He revenged himself on his wife's killers.* 他向殺死他妻子的人報了仇。 **revenge** *n.* ***take, have*** or ***get your revenge on someone***, harm someone who has harmed you or your friends 向…報仇; 對…進行報復: *If you spoil his picture, he'll get his revenge on you.* 你如果弄壞他的畫, 他會對你進行報復。

Reverend /ˈrevərənd/ *n.* title of a Christian priest (基督教)牧師: *the Reverend Mark Brown* 馬可白朗牧師

reverse /rɪˈvɜːs/ *v.* **1** turn something the other way round 顛倒; 倒轉; 翻轉 **2** go backwards in a vehicle; make something go backwards or in the other way 倒車使倒轉; 使…反向: *You can't drive forwards – you must reverse.* 你不能向前駛一定要倒退。**reverse** *n.* ***in reverse***, the other way round 相反方向; 顛倒

revise /rɪˈvaɪz/ *v.* **1** change or correct a plan, piece of writing, etc. 修改; 修訂; 校訂 **2** read school books or notes, etc again, before you do an exam 複習; 温習 **revision** /rɪˈvɪʒn/ *n.: You must do some revision before your exam, Bill.* 標, 考試前你必須複習一下功課。

revive /rɪˈvaɪv/ *v.* become better or stronger; make someone or something stronger 甦醒; 恢復活動; 振奮: *When Edna fainted, the cold water revived her.* 愛娜暈倒後, 涼水使她醒過來。

revolt[1] /rɪˈvəʊlt/ *n.* (no *pl.*) fighting

against the government of your country 反叛; 造反; 起義; 反抗: *The people were in revolt against their ruler.* 老百姓起來反對統治者。

revolt [2] *v.* **1** fight against the government of your country 造反; 反抗; 反叛 **2** shock someone; be so bad that it makes you feel sick 使厭惡(震驚); 使反感: *The restaurant food revolted me.* 這家餐館的飯菜使我大倒胃口。

revolting /rɪˈvəʊltɪŋ/ *adj.* horrible; shocking 令人厭惡(震驚)的: *a revolting crime* 一樁令人震驚的罪行

revolution /ˌrevəˈluːʃn/ *n.* **1** total change in the way of doing things 革命; 徹底改革: *the Industrial Revolution* 工業革命 **2** total change in the way of governing a country 革命: *the French Revolution* 法國大革命

revolutionary [1] /ˌrevəˈluːʃənərɪ/ *adj.* bringing or wanting total change 革命的; 大改革的: *revolutionary ideas* 革命性的想法

revolutionary [2] *n.* (*pl.* revolutionaries) someone who wants to change things totally 革命者; 革命分子

revolver /rɪˈvɒlvə(r)/ *n.* small gun 左輪手槍

reward /rɪˈwɔːd/ *n.* present or money that you give to thank someone for something 報酬; 酬謝; 報答: *There will be a reward for the person who finds my dog.* 誰找着我的狗將得到酬謝。 **reward** *v.*: *I shall reward the person who finds my dog.* 誰找到我的狗, 我將給予酬謝。

rhinoceros /raɪˈnɒsərəs/ *n.* (*pl.* rhinoceroses) big, wild animal with a horn on its nose 犀牛

rhyme [1] /raɪm/ *n.* **1** (no *pl.*) when two words have the same sound at the end, like 'bell' and 'well' 韻; 韻腳; 同韻的詞 (如 bell 和 well) **2** short poem where lines end in the same sounds 押韻的短詩; 有韻的詩: *Young children often learn nursery rhymes.* 小孩子常常學童謠。

rhyme [2] *v.* ***rhyme with***, have the same sound at the end as another word 使押韻; 步…的韻: *'Drip' rhymes with 'trip'.* Drip 和 trip 押韻。

rhythm /ˈrɪðəm/ *n.* regular beat in music 節奏: *I like the slow rhythm of that song.* 我喜歡那首歌的節奏。

rib /rɪb/ *n.* one of a set of bones round your chest 肋; 肋骨: *He fell off his bicycle and broke his ribs.* 他從腳踏車掉下來, 肋骨斷了。

ribbon /ˈrɪbən/ *n.* narrow band of cloth for tying things 帶; 帶狀物: *Anne tied her hair back with a ribbon.* 安妮用一根絲帶紮頭髮。

rice /raɪs/ *n.* (no *pl.*) plant that we use

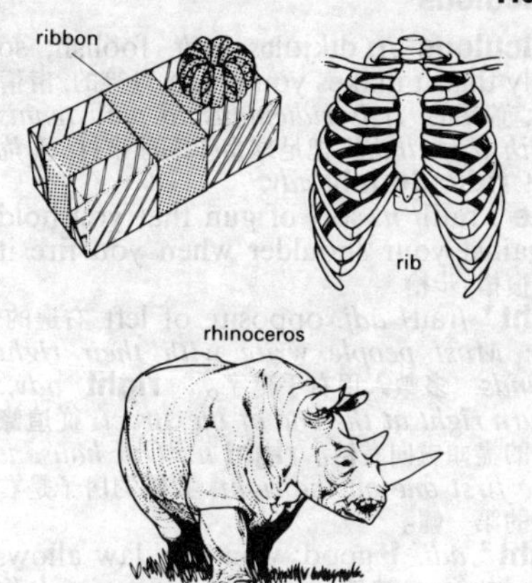

for food 稻; 米; 飯: *We eat curry with rice.* 我們吃咖喱飯。

rich /rɪtʃ/ *adj.* **1** with a lot of money, land, etc. 富裕的; 富有: *a rich man* 富人 **2** valuable; fine 貴重的; 華麗的: *a crown full of rich jewels* 綴滿珍貴寶石的王冠 **3** with a lot of fat, oil, sugar, etc. in it 油多的; 味厚的: *rich food* 油膩的食物 **richly** *adv.* beautifully; expensively 華麗地; 奢華地: *richly dressed* 衣着華麗 **richness** *n.*

riches /ˈrɪtʃɪz/ *n.* (*pl.*) much money, land, etc.; wealth 財寶; 財富

rid /rɪd/ *v.* (*pres. part.* ridding, *past part. & past tense* rid) ***get rid of***, (***a***) throw something away 拋掉; 除去: *Get rid of that old coat!* 把舊大衣扔掉吧! (***b***) free yourself from someone or something 擺脱: *That dog is always following me around, and I can't get rid of him.* 那隻狗總是到處跟着我, 我没法擺脱牠。

ridden /ˈrɪdn/ *past part.* of *v.* ride 動詞 ride 的過去分詞

riddle /ˈrɪdl/ *n.* game with words; trick question 謎; 謎語: *Here's a riddle: What has four legs but can't walk? The answer is 'a chair'.* 有謎語一個: 什麼東西有四條腿但是不會走路? 謎底是'椅子'。

ride /raɪd/ *v.* (*past part.* ridden /ˈrɪdn/, *past tense* rode /rəʊd/) **1** go on a horse or a bicycle 騎馬; 騎腳踏車: *Victor jumped on his bicycle and rode away.* 維克多跳上腳踏車就騎走了。**2** travel in a bus, car, etc. 乘車: *We rode in the back of the car.* 我們坐在汽車的後面。 **ride** *n.* journey on a horse, bicycle, etc., or in a bus, car, etc. 騎馬、騎車或乘車旅行 **rider** *n.* someone who rides 騎馬、騎車或乘車的人

riding /ˈraɪdɪŋ/ *n.* (no *pl.*) sport of riding horses 騎馬

ridge /rɪdʒ/ *n.* **1** long, narrow top of something 脊; 狹長的隆起部分: *the ridge of a roof* 屋脊 **2** long top of a hill or line of hills 嶺; 山脈: *a mountain ridge* 山脊

ridiculous /rɪˈdɪkjʊləs/ *adj.* foolish; so silly that it makes you laugh 可笑的; 滑稽的; 荒謬的: *It is ridiculous to play tennis with a football!* 把足球當作網球來打, 真荒謬! **ridiculously** *adv.*

rifle /ˈraɪfl/ *n.* sort of gun that you hold against your shoulder when you fire it 來復槍; 步槍

right [1] /raɪt/ *adj.* opposite of left 右邊的; 右: *Most people write with their right hands.* 多數人用右手寫字。 **right** *adv.*: *Turn right at the end of the street.* 從這條街的盡頭處向右轉。**right** *n.*: *Our house is the first one on the right.* 我們的房子是右邊的第一幢。

right [2] *adj.* **1** good; what the law allows 行; 對; 好; 合法的: *It's not right to steal.* 偷竊是犯法的。**2** true; correct 對; 正確: *the right answer* 正確的答案 *I was right and he was wrong.* 我對了而他錯了。**3** best; most suitable 理想的; 最合適的: *the right man for the job* 做這件事的理想人選 ***all right***, (***a***) good; well 行; 好: *Are you all right?* 你挺好吧? (***b***) yes, I agree 好的; 同意: *All right, I'll come.* 好的, 我一定來。

right [3] *adv.* **1** straight; directly 筆直; 直接地: *The wind blew right in our faces.* 風迎面吹來。**2** exactly 恰; 正好: *Our house is right in the middle of the town.* 我們的房子正好在城鎮中心。**3** all the way 一直: *Go right to the end of the road.* 一直走到這條路的盡頭。**4** correctly 對: *Did you guess right or wrong?* 你猜對了還是猜錯了? **rightly** *adv.* correctly 正確地; 合理地: *You rightly decided to leave early.* 你決定早走, 這是很正確的。

right [4] *n.* **1** (no *pl.*) what is good, true, etc. 正確; 對; 是: *Our parents teach us about right and wrong.* 父母教我們分辨是非。**2** (*pl.* right) being able to do something by law 權利: *All citizens have the right to a passport.* 所有公民都有獲得護照的權利。

right-hand /ˈraɪt hænd/ *adj.* **1** for your right hand 右手的: *a right-hand glove* 右手的手套 **2** on the right side 右邊的: *a right-hand bend* 向右轉的彎 **right-handed** /ˌraɪt ˈhændɪd/ *adj.* working with your right hand more easily than the left 慣用右手的

rim /rɪm/ *n.* **1** edge of something round (圓物的)邊: *the rim of a pot* 鍋的邊 **2** frame round the glass of spectacles 眼鏡片的框

rind /raɪnd/ *n.* hard skin of some fruit, and of bacon, cheeses, etc. 果殼(咸豬肉、乾酪等的)外皮

ring [1] /rɪŋ/ *n.* **1** round band of metal that you wear on your finger 戒 指: *a wedding-ring* 結婚戒指 **2** round band of any sort 環形物; 圈: *a key-ring* 鑰匙圈 **3** circle 圓圈: *Please stand in a ring.* 請站成一個圓圈。**4** place for a boxing-match, circus, etc. 拳擊場; (馬戲等)圓形場地: *The clowns ran into the ring.* 幾個小丑跑進了圓形場地。

ring [2] *n.* **1** (*pl.* rings) sound of a bell or a piece of metal when you hit it 鈴聲; 鐘聲; 敲擊金屬的響聲: *a ring at the door* 門鈴響聲 **2** (no *pl.*) telephone call 電話: *I'll give you a ring later.* 我遲些打電話給你。

ring [3] *v.* (*past part.* rung /rʌŋ/, *past tense* rang /ræŋ/) **1** make a sound like a bell (鈴、鐘等)鳴; 響: *The telephone is ringing.* 電話響了。**2** pull or move a bell so that it makes a sound 使鐘、鈴響: *She went to the door and rang the bell.* 她走到門前按了電鈴。**3** telephone someone 打電話: *I'll ring you tomorrow.* 我明天打電話給你。***ring off***, finish telephoning 掛斷電話 ***ring someone up***, telephone someone 打電話給某人: *When can I ring you up?* 什麼時候我可以打電話給你?

rink /rɪŋk/ *n.* place for skating (滑)冰場

rinse /rɪns/ *v.* **1** wash something away with water 用水洗滌: *Rinse the tea-leaves out of the teapot.* 用水把茶壺裏的茶渣刷掉。**2** wash something with clean water after washing it with soap 漂清; 用清水洗淨 **rinse** *n.*: *Give your hair a good rinse to wash the soap out.* 用清水好好沖洗一下頭髮, 把肥皂全洗掉。

riot /ˈraɪət/ *n.* **1** (*pl.* riots) fighting in a crowd of people 騷亂; 暴動 **2** (no *pl.*) being noisy and wild 狂歡; 放肆 ***run riot***, go wild; make a lot of noise and trouble 騷亂 **riot** *v.*: *The crowds were rioting all night.* 羣衆徹夜騷亂。 **rioter** *n.* someone who riots 騷亂者; 放蕩的人; 喧鬧作樂的人

rip /rɪp/ *v.* (*pres. part.* ripping, *past part.* & *past tense* ripped /rɪpt/) **1** pull or tear something quickly and roughly 撕; 扯剝: *He ripped the letter open with a knife.* 他用刀子把信裁開。**2** tear 撕裂; 扯破: *Her skirt ripped on a nail.* 她的裙子被釘子扯破。

ripe /raɪp/ *adj.* ready for picking and eating 熟的; 成熟: *A green banana is not ripe enough to eat.* 青香蕉未熟不能吃。

rise [1] /raɪz/ *n.* **1** becoming higher, more etc. 上升; 增長: *a rise in the price of sugar* 糖價上漲 **2** small hill 山崗; 高地: *a rise in the ground* 小山丘; 高地

rise [2] *v.* (*past part.* risen /rɪzn/, *past tense* rose /rəʊz/) **1** become higher or more 上升; 增漲: *After the heavy rain the river will rise.* 大雨後河水就會上漲。**2** stand up 起立: *He rose from his chair.* 他從椅子上站了起來。**3** get out of bed 起牀: *When do you rise in the morning?* 你早上什麼時候起牀?

risk /rɪsk/ *n.* danger; chance of being hurt or losing something 危險; 冒險: *Th* *water is not deep, so there is no risk of your drowning*. 水不深, 所以你不會淹死的。 ***take a risk***, do something although there is a chance of danger, loss, etc. 冒險 **risk** *v.* put someone or something in danger 冒…的危險: *Norman risked his own life when he saved the girl from the burning house*. 諾曼冒着生命危險, 把小女孩從着火的房子裏搶救出來。

risky /'rɪskɪ/ *adj.* dangerous 冒險的 **riskily** *adv.*

rival /'raɪvl/ *n.* someone who wants to do as well as you; someone who is trying to take what you want 匹敵者; 競爭者; 對手: *business rivals* 商業上的競爭者 **rival** *adj.*

river /'rɪvə(r)/ *n.* big stream of water that flows to the sea or to a big lake 江; 河; 水道: *the River Thames* 泰晤士河

road /rəʊd/ *n.* way from one place to another, where cars, buses, etc. can drive; street 路; 道路; 街道: *Is this the road to York?* 這條路是通往約克郡嗎? **main road**, big, important road between two towns (城市之間)主要道路; 幹線 ***by road***, in a car, bus, etc. 由公路: *Shall we go by road or by rail?* 我們從公路還是乘火車走? ***on the road***, travelling 在旅途中: *We were on the road for two days*. 我們在路上花了兩天。

roam /rəʊm/ *v.* wander; walk or travel about with no special plan 漫遊; 徘徊; 閒逛: *Wolves roam in the forest*. 狼在樹林裏徘徊。

roar /rɔ:(r)/ *n.* loud, deep sound 吼叫; 呼嘯: *the roar of a tiger* 虎嘯 **roar** *v.*: *They roared with laughter*. 他們高聲大笑。

roast /rəʊst/ *v.* cook meat or vegetables in a hot oven or over a fire 烤; 烘; 焙; 炙: *Shall we roast the potatoes?* 我們要烤馬鈴薯嗎? **roast** *adj.*: *roast beef* 烤牛肉 **roast** *n.* piece of meat that you have cooked in an oven, or over a fire 烤肉; 炙肉

rob /rɒb/ *v.* (*pres. part.* robbing, *past part. & past tense* robbed /rɒbd/) take something that is not yours 搶劫; 盜取: *The thief knocked him down and robbed him of his watch*. 强盗把他打倒在地, 然後搶走手錶。 **robber** *n.* thief 盜賊 **robbery** *n.* stealing 搶劫; 劫掠

robe /rəʊb/ *n.* long, loose piece of clothing 長袍; 大掛

robin /'rɒbɪn/ *n.* small, brown bird with a red front, which you often see in the garden 知更鳥; 歐鴝

rock[1] /rɒk/ *n.* **1** (no *pl.*) stone; very hard part of the ground 岩; 岩石 **2** (*pl.* rocks) big piece of rock 石塊; 礁石: *The ship went on the rocks and sank*. 船觸礁下沉。

rock[2] *v.* go, or move something, gently backwards and forwards, or from side to side 搖; 搖晃; 輕擺: *She rocked her baby to sleep*. 她把小孩子搖睡了。

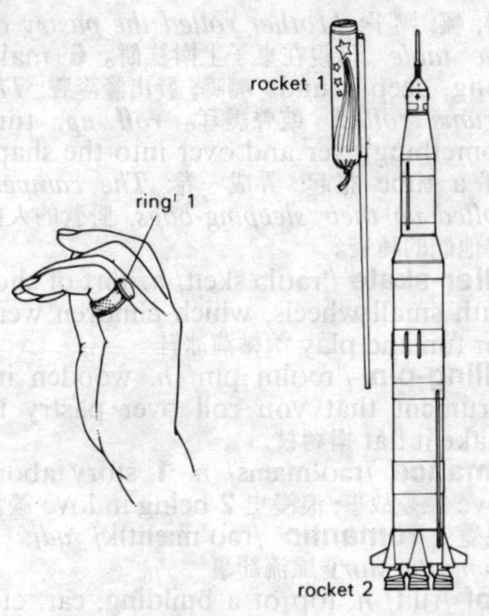

rocket /'rɒkɪt/ *n.* **1** firework that goes up into the air very fast and then bursts into fire with a loud noise 冲天炮 **2** engine that pushes a spacecraft up into space 火箭

rocky /'rɒkɪ/ *adj.* covered with stones and rocks 岩石的: *a rocky coast* 多岩石的海岸

rod /rɒd/ *n.* thin straight piece of wood or metal 桿; 竿; 棒: *a fishing-rod* 釣竿

rode /rəʊd/ *past tense* of *v.* ride 動詞 ride 的過去式

rogue /rəʊg/ *n.* bad person whom you cannot trust 無賴; 流氓

role /rəʊl/ *n.* one person's part in a play 角色: *the role of Hamlet* 哈姆雷特這個角色

roll[1] /rəʊl/ *n.* **1** (no *pl.*) moving from side to side; turning over 搖晃; 翻滾: *the roll of a ship* 輪船的搖擺晃動 **2** (*pl.* rolls) something that you have folded over and over 一卷; 卷狀物: *a roll of cloth* 一匹布 **3** (*pl.* rolls) list of names 名單: ***call the roll***, read a list of names to see who is there and who is not 點名 **4** (*pl.* rolls) small piece of bread baked in a ball 麵包卷; 卷餅

roll[2] *v.* **1** move along by turning over and over; make something go over and over 滾動; 打滾: *The coin rolled under the table*. 硬幣滾到桌子下面去了。**2** move on wheels 轉動; 滾動: *The cart rolled along the road*. 大車沿着大路前進。**3** move from side to side 搖擺; 搖晃: *The ship rolled in the big waves*. 輪船在巨浪中搖晃。**4** make something into the shape of a ball 捲; 繞; 團; 捲縮: *He rolled the clay into a ball*. 他把黏土滾成一個球。**5** push a round instrument over something to make it flat

擀; 輾; 壓平: *Mother rolled the pastry on the table.* 母親在桌子上擀糕餅。**6** make long, deep sounds 轟鳴; 發出隆隆聲: *The drums rolled.* 鼓聲震耳。***roll up***, turn something over and over into the shape of a tube 捲起; 弄成一卷: *The campers rolled up their sleeping-bags.* 野營的人捲起他們的睡袋。

roller-skate /ˈrəʊlə skeɪt/ *n.* sort of shoe with small wheels, which children wear for fun and play 滾軸溜冰鞋

rolling-pin /ˈrəʊlɪŋ pɪn/ *n.* wooden instrument that you roll over pastry to make it flat 擀麵杖

romance /rəʊˈmæns/ *n.* **1** story about love 戀愛故事; 浪漫史 **2** being in love 談情說愛 **romantic** /rəʊˈmæntɪk/ *adj.*: *a romantic story* 風流韻事

roof /ruːf/ *n.* top of a building, car, etc. 屋頂; 車頂; 頂子

room /ruːm/ *n.* **1** (*pl.* rooms) part of a house or other building 房間; 室: *We sleep in the bedroom and wash in the bathroom.* 我們在睡房睡覺, 在浴室浣洗。**rooms**, lodgings; rooms that you rent 住所; 租的房子: *My brother has rooms near the university.* 我哥哥在大學附近租有房子。**2** (no *pl.*) space; enough space 地方; 空間: *This big table takes up too much room.* 這個大桌子佔了太多地方。

root /ruːt/ *n.* the part of a plant, tree, etc. that is under the ground 根

rope /rəʊp/ *n.* very thick, strong string 繩; 索: *They tied the ship to the quay with ropes.* 他們用繩子把船拴在碼頭上。 **rope** *v.* tie something with rope 用繩拴住: *Father roped the cases on to the roof of the car.* 父親用繩子把箱子捆在汽車頂上。

rose¹ /rəʊz/ *n.* **1** (*pl.* roses) sort of flower 薔薇花; 玫瑰花 **2** (no *pl.*) pink or red colour 玫瑰紅; 玫瑰色 **rose** *adj.*

rose² *past tense* of *v.* rise 動詞 rise 的過去式

rosy /ˈrəʊzɪ/ *adj.* pink or red 玫瑰色的; 紅潤的: *rosy cheeks* 紅潤的臉頰

rot /rɒt/ *v.* (*pres. part.* rotting, *past part. & past tense* rotted /ˈrɒtɪd/) make something go bad; become bad, as things do when they die 腐爛; 腐敗; 腐化: *No one picked the apples so they rotted on the tree.* 蘋果沒有給摘下來, 所以就爛在樹上了。

rota /ˈrəʊtə/ *n.* list of people who do things in turn 值勤(班)表: *There is a rota of pupils to clean the blackboard.* 有一份學生擦黑板的值日表。

rotten /ˈrɒtn/ *adj.* **1** old and not fresh enough to use 腐爛的; 發臭的: *Rotten eggs smell horrible.* 壞了的蛋臭極了。**2** not pleasant; not good 糟糕的; 討厭的: *What rotten weather!* 這天氣糟透了! **3** not well 身體不適; 虛弱的: *I shall go to the doctor because I feel rotten.* 我要去看醫生, 因爲我覺得身體不適。

rough /rʌf/ *adj.* **1** not smooth; not flat 粗糙的; 不平的: *The bus bumped up and down on the rough road.* 公共汽車在崎嶇不平的路上顛簸得厲害。**2** not behaving gently 粗魯的; 粗野的: *a rough boy* 粗魯的男孩子 **3** not moving gently 狂暴的: *rough sea* 波濤洶湧的海 **4** not pleasant to hear (聲音)粗糙刺耳的: *a rough voice* 粗重的聲音 **5** that shakes and bumps you 顛簸的; 崎嶇的: *a rough ride* (騎馬、乘車或騎車)走了一段崎嶇的路 **roughness** *n.*

roughly /ˈrʌflɪ/ *adv.* **1** not gently; in a violent way 粗野地: *If you play with the baby so roughly, you'll hurt him!* 你要是這麼粗野地拿小嬰孩玩耍, 你會弄傷他的! **2** not finely 粗糙地: *a roughly made table* 手工粗糙的桌子 **3** about 粗略; 大概: *The holiday will cost roughly $2 000.* 這次渡假大約得花二千元。

round¹ /raʊnd/ *adj.* with the shape of a circle or a ball 圓的; 球形的: *a round plate* 圓形碟子

round² *adv.* **1** in a half-circle; in the opposite direction 轉過來; 相反方向: *She turned round and went back again.* 她掉頭回去了。*Turn your chair round.* 把椅子轉過來。**2** in a full circle 循環; 從頭至尾: *In one hour the minute-hand of a clock goes right round.* 鐘的分針一小時正好走一圈。***round and round***, round many times 一圈又一圈; 旋轉: *The dog chased the cat round and round the room.* 狗追着貓在房間裏團團轉。**3** making a ring or circle 週圍; 圍繞地: *The garden has a high wall all round.* 園子週圍有一堵高牆。**4** from one place or person to another 挨次; 逐一地: *Pass these pictures round so you can all look at them.* 把這些畫傳過去, 好讓大家都看看。**5** by a longer road, etc. 迂迴地: *If you can't get across the river, you'll have to go round by the bridge.* 你如果過不了河, 只好多走點路從橋上過去。**6** to a place where someone is 到某人所在(說)的地方: *When can you come round and fetch the eggs?* 你什麼時候可以來取雞蛋? **7** better after being ill 病愈; 好轉 ***come round***, (*a*) wake up, after fainting (暈倒後)醒來 (*b*) visit me; come to see me 來訪; 前來: *Come round at 2 o'clock.* 兩點來吧。***go round***, (*a*) be enough for everyone 足够分配; 够用: *Is there enough coffee to go round?* 每個人都有咖啡嗎? (*b*) visit someone; go somewhere 去看某人; 前去

round³ *n.* **1** piece of bread, etc. 一片麵包; 圓形物: *two rounds of toast* 兩片圓形烤麵包 **2** regular journey that is your daily job 巡迴; (日常工作的)一圈: *The postman starts his round at 8 o'clock.* 郵差八點[illegible]

始例行工作。**3** a single bullet; a single shot (彈藥)一發: *He fired his last round.* 他射出了最後一發子彈。**4** one part of a game, etc. (比賽等的)回; 合; 場: *the sixth round of the boxing match* 拳擊比賽的第六個回合

round⁴ *prep.* **1** going to all sides of something and coming back to the start 環繞一週; 圍着: *The earth moves round the sun.* 地球繞着太陽轉動。**2** turning left or right 拐彎; 繞過: *He followed me round the corner.* 他跟着我拐彎。**3** on all sides of 在…週圍: *They are sitting round the table.* 他們圍着桌子坐。**4** to all parts of 在各處; 向四週: *I looked round the room.* 我環顧房間的四週。***round about***, nearly; not exactly 差不多; 大約: *It costs round about $100.* 這東西大約值一百元。

roundabout¹ /ˈraʊndəbaʊt/ *adj.* longer than usual 迂迴的; 繞圈子: *The bridge had fallen down, so we had to go a roundabout way.* 那座橋已經塌了, 所以我們只好繞道走。

roundabout² *n.* **1** big, round machine where children can ride wooden horses, etc. at a fair (兒童遊樂場的)旋轉木馬 **2** crossroads where cars cannot drive straight forward but must drive round a circle in the middle (道路交叉處的)環形路; 迴旋處

rouse /raʊz/ *v.* wake someone up 喚醒; 使覺醒: *A knock at the door roused me.* 敲門聲把我弄醒了。

route /ru:t/ *n.* way from one place to another 路線; 路程: *Which is the quickest route from London to Paris?* 從倫敦到巴黎哪條路最快?

row¹ /rəʊ/ *n.* line of people or things 排; 行; 列: *We sat in the front row of seats at the theatre.* 我們坐在劇場第一排的座位上。

row² /raʊ/ *n.* **1** (no *pl.*) loud noise 吵鬧; 喧鬧: *What's that row in the street?* 街上在吵嚷什麼? **2** (*pl.* rows) noisy quarrel 吵架; 口角

row³ /rəʊ/ *v.* move oars to make a boat go; take something or someone in a boat with oars 划船: *Please row me across the river.* 請把我划到河對面去。

row *n.: Let's go for a row.* 我們去划船吧。

rowing *adj.: a rowing boat* 划艇

rowdy /ˈraʊdɪ/ *adj.* noisy and rough 吵鬧的; 粗暴的: *a rowdy party* 鬧哄哄的聚會

rowdily *adv.*

royal /ˈrɔɪəl/ *adj.* of a king or queen 皇家的; (女)皇的: *the Royal Family* 王室; 皇族

royally *adv.*

royalty /ˈrɔɪəltɪ/ *n.* (no *pl.*) kings, queens, and their families 皇族; 王室

rub /rʌb/ *v.* (*pres. past.* rubbing, *past part. & past tense* rubbed /rʌbd/) move something backwards and forwards on another thing 擦; 摩擦; 抹: *Rub oil on your skin before you sit in the sun.* 坐在太陽底下前先在皮膚上塗上油。***rub something out***, take marks, writing, etc. off something (把污跡、字跡等)擦掉: *Rub out the word you spelled wrongly and write it again.* 把你拼錯的單詞擦掉, 再寫一遍。

rub *n.*

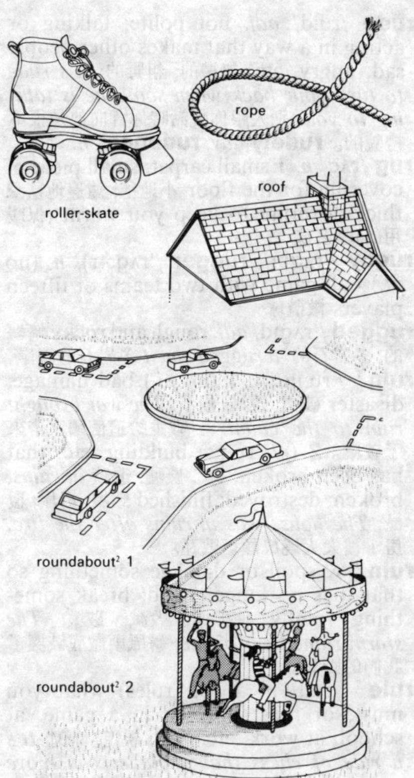

rubber /ˈrʌbə(r)/ *n.* **1** (no *pl.*) stuff from a special tree that we use for tyres, balls, etc. 橡膠; 橡膠狀物 **2** (*pl.* rubbers) small piece of rubber that takes away pencil marks, etc. 橡皮 **rubber** *adj.* made of rubber 橡膠製的: *a rubber band* 橡皮圈

rubbish /ˈrʌbɪʃ/ *n.* (no *pl.*) **1** things that you throw away because they are not useful 垃圾; 廢物: *Burn this rubbish on the fire.* 燒掉這些廢物吧。**2** nonsense; silly ideas 廢話; 瞎說: *He's talking a lot of rubbish.* 他在胡說八道。

rucksack /ˈrʌksæk/ *n.* bag for food, clothes, etc. that you carry on your back 帆布背包

rudder /ˈrʌdə(r)/ *n.* flat piece of wood at the back of a boat or ship that you move to make the boat go left or right (船的)舵; (飛機的)方向舵

rude /ruːd/ *adj.* not polite; talking or acting in a way that makes other people sad, angry, etc. 無禮的; 粗野的: *It's rude to turn your back when someone is talking to you.* 別人跟你說話時你背向他是很不禮貌的。**rudely** *adv.* **rudeness** *n.*

rug /rʌg/ *n.* **1** small carpet; small piece of covering for the floor 小地毯; 爐邊地毯 **2** thick covering to keep you warm (保暖用的)厚毛毯

rugby /ˈrʌgbɪ/, **rugger** /ˈrʌgə(r)/ *n.* (no *pl.*) ball game with two teams of fifteen players 橄欖球

rugged /ˈrʌgɪd/ *adj.* rough and rocky 崎嶇的; 多岩石的: *a rugged coast* 多岩石的海岸

ruin¹ /ˈruːɪn/ *n.* **1** (no *pl.*) bad damage; disaster 破壞; 毀滅; 崩潰: *The war brought ruin to the country.* 戰爭給這個國家帶來了破壞。**2** (*pl.* ruins) building, etc. that has been broken, etc. 廢墟; 遺蹟 ***in ruins***, broken; destroyed; finished 毀壞; 坍塌; 覆滅: *The house was in ruins after the fire.* 房子被大火燒成頹垣敗瓦。

ruin² *v.* spoil or damage something so that it is no longer good; break something totally 使毀壞; 毀滅; 破壞: *The storm ruined our picnic.* 暴風雨徹底破壞了我們的野餐。

rule¹ /ruːl/ *n.* **1** (*pl.* rules) what you must, or must not, do in a game, at school, at work, etc. 規則; 規定; 條例: *It's a rule of chess that a player can move only one piece at a time.* 下棋的一條規則是每次只能挪動一隻棋子。**2** (no *pl.*) what you usually do; what usually happens 習慣; 通例 ***as a rule***, usually 通常; 一般地說: *As a rule, I get up at six, but today I woke up late.* 我通常六點起牀, 但是今天醒來已經晚了。**3** (no *pl.*) government; control 統治; 控制; 管轄: *India was once under British rule.* 印度曾受英國統治。

rule² *v.* **1** be king, queen, etc.; be in control 統治; 管理; 控制: *Queen Victoria ruled for many years.* 維多利亞女皇統治了(國家)許多年。**2** say what is right; decide 裁決; 裁定: *The referee ruled that the player must leave the field.* 裁判裁定那個運動員必須離場。**3** draw a straight line on paper, etc. with an instrument (用尺等)在紙上劃(直線)

ruler /ˈruːlə(r)/ *n.* **1** someone who governs 統治者; 管理者: *A king is a ruler.* 國王是統治者。**2** long piece of wood, plastic, etc. that helps you to draw straight lines or to measure things 尺; 直尺

rum /rʌm/ *n.* (no *pl.*) sort of alcoholic drink 糖(蜜)酒

rumble /ˈrʌmbl/ *v.* make a long, deep noise 隆隆作響: *Thunder rumbled in the sky.* 空中雷聲隆隆。**rumble** *n.*

rumour /ˈruːmə(r)/ *n.* story that goes from person to person but that is perhaps not true 傳說; 謠言: *There is a rumour that our teacher is leaving.* 謠傳我們的老師要走了。

run¹ /rʌn/ *n.* **1** moving fast on your feet 跑; 奔: *Let's go for a run across the fields.* 我們去跑步, 跑過那片田野吧。**2** journey in a car, train, etc. 路程; 乘汽車、火車等旅行: *It's a long run from London to Edinburgh.* 從倫敦到愛丁堡的路途很遠。 **3** place where you keep birds, animals, etc. 飼養場: *a chicken run* 養雞場 **4** single point in cricket (板球)一分

run² *v.* (*pres. part.* running, *past part.* run, *past tense* ran /ræn/) **1** go with very fast steps 跑; 奔跑: *I was late for the bus so I ran to the bus-stop.* 我快趕不上公共汽車, 所以就跑到車站。**2** go; make a journey 行駛; 開: *The bus was not running because of the snow.* 因爲下雪公共汽車停開。**3** work; function 運轉; 進行: *Don't leave the engine of your car running too long.* 別讓汽車的引擎長時間運轉着。**4** flow; le[t] something flow 流; 淌; 滴: *Rivers run int[o] the sea.* 溪河流入大海。***run dry***, becom[e] dry 乾涸 **5** control or organize a business, club, etc. 管理; 經營; 指揮: *Who run[s] the business?* 誰管事? **6** **stand**; b[e] placed 延伸; 處於: *The fence runs all th[e] way round the garden.* 籬笆圍繞着花園。 ***run across, run into***, meet, by chance someone whom you did not expect t[o] meet 偶然碰見; 不期而遇 ***run after***, try t[o] catch a person or animal 追捕; 跟踪: *I ra[n] after the dog that had taken my hat.* 那狗叼走了我的帽子, 於是我追着牠。***run away*** go quickly away, and stay away, from [a] place 逃走; 潛逃: *He has run away fro[m] home.* 他離家出走。***run away with some one*** or ***something***, go away with some one or something that is not yours 私奔攜物潛逃: *Who's run away with my pen* 誰把我的鋼筆拿走? ***run someone down*** knock someone over 把人撞倒: *A lorr[y] ran the cyclist down.* 貨車把騎腳踏車的人撞倒了。***run out of***, have no more o[f] something 用完; 耗盡: *We've run out o[f] sugar, so I must buy some more.* 我們的糖吃完了, 我得再買一些。***run over***, driv[e] over someone or something (車輛等)輾過 *A bus ran over the cow and killed it.* 公共汽車把牛輾死了。***run wild***, be excited o[r] uncontrolled 胡鬧; 撒野: *The children ra[n] wild while their mother was away.* 媽媽外出時, 孩子們在家裏亂鬧。

runaway /ˈrʌnəweɪ/ *n.* person or anima[l] that has left home, escaped, etc. 逃跑者脫繮的馬 **runaway** *adj.*: *a runawa[y] horse* 一匹脫繮的馬

rung¹ /rʌŋ/ *n.* one of the steps of a ladder 梯級; 橫木

rung ² *past part.* of *v.* ring 動詞 ring 的過去分詞
runner /ˈrʌnə(r)/ *n.* person or horse that runs 賽跑的人(或馬): *How many runners are there in the race?* 有多少人(或馬)參加這次比賽?
runner-up /ˌrʌnərˈʌp/ *n.* (*pl.* runners-up) person or team that comes second in a race, etc. 亞軍; 第二名
running /ˈrʌnɪŋ/ *adj.* **1** happening one after the other 連續的: *We won three times running.* 我們連續贏了三次。**2** for sport, etc. 運動用的: *running shorts* 運動短褲
runway /ˈrʌnweɪ/ *n.* wide road where a plane takes off and lands (飛機升降用的)跑道
rush /rʌʃ/ *v.* **1** move, or do something, quickly; hurry 衝; 奔; 倉促地做: *The children rushed out of the classroom at the end of their lesson.* 下課後孩子們爭先恐後地走出教室。**2** make someone do something quickly 催促: *This is a difficult job – don't rush me.* 這事很難做, 別催我。**3** take someone or something quickly 急忙送去; 搶運: *They rushed him to hospital.* 他們急忙送他去醫院。**rush** *n.*: *There was a rush to get the best seats.* 人們爭着搶佔最好的座位。***the rush hour***, time when everyone is travelling to work, or back home again (公共交通)繁忙時間; 上下班擠擁的時間
rust /rʌst/ *n.* (no *pl.*) hard red-brown covering that forms on metals when they get wet 銹; 鐵銹 **rust** *v.*: *A bicycle will rust if you leave it in the rain.* 把腳踏車擱在雨中, 會生銹的。**rusty** /ˈrʌstɪ/ *adj.* covered with rust 長銹的: *a rusty nail* 生了銹的釘子
rustle /ˈrʌsl/ *v.* make a gentle, light sound 沙沙作響: *The leaves rustled in the wind.* 樹葉在風中沙沙作響。**rustle** *n.*
rut /rʌt/ *n.* deep line that wheels make in soft ground 車轍
ruthless /ˈru:θlɪs/ *adj.* cruel; with no kind feelings 冷酷的; 無情的; 殘忍的: *a ruthless killer* 兇殘的殺人犯 **ruthlessly** *adv.* **ruthlessness** *n.*

Ss

sabotage /ˈsæbətɑ:ʒ/ *v.* break machines, etc. so that the enemy cannot use them 故意破壞: *They sabotaged the railway lines so that the trains could not run.* 他們故意把鐵路破壞, 使火車不能開動。 **sabotage** *n.*
sack ¹ /sæk/ *n.* big bag of strong cloth or

paper for carrying heavy things (粗布或硬紙的)大袋子: *a sack of potatoes* 一袋馬鈴薯
sack ² *v.* make someone leave his job 解僱; 開除: *The manager sacked him because he stole some money.* 因爲他偷了錢, 經理把他解僱。**sack** *n.* ***get the sack***, lose your job 被解僱 ***give someone the sack***, make someone leave his job 把…解僱
sacred /ˈseɪkrɪd/ *adj.* of god or religion; holy 上帝的; 神聖的: *A church is a sacred building.* 教堂是神聖的建築物。
sacrifice /ˈsækrɪfaɪs/ *v.* **1** kill an animal, etc. as a present to a god 犧牲; 獻祭: *They sacrified a lamb.* 他們宰羊以祭神。**2** give up something important so that you can help someone 犧牲; 獻出: *He sacrificed his life to save the child.* 他爲了救小孩而獻出自己的生命。 **sacrifice** *n.*: *Harry made big sacrifices to send his brother to America.* 漢立作出重大犧牲, 把弟弟送去美國。
sad /sæd/ *adj.* (sadder, saddest) **1** unhappy 悲哀的: *The children are sad because their dog has died.* 狗死了, 孩子很傷心。**2** that makes you feel unhappy 使人悲傷的: *sad news* 令人悲傷的消息 **sadly** *adv.* **sadness** *n.*
saddle /ˈsædl/ *n.* seat for a rider on a horse, donkey, bicycle, etc. 鞍子; 馬鞍 **saddle** *v.* put a saddle on to a horse or other animal 給(馬等動物)裝上鞍子: *Will you saddle the black horse for me?* 請你替我把黑馬的馬鞍放好, 可以嗎?
safari /səˈfɑ:rɪ/ *n.* journey to see or hunt wild animals (指非洲東部等地)狩獵遠征
safe ¹ /seɪf/ *adj.* **1** not hurt; not in danger 安全的; 無危險的: *Will the baby be safe alone?* 擱下嬰兒一人安全嗎? **2** not dangerous 安全的: *A knife is not a safe toy.* 刀子可不是安全的玩具。 ***safe and sound***, not hurt or harmed 安然無恙: *They found the lost climber safe and sound in a cave.* 他們在山洞裏發現失踪的登山運動員安然無恙。**safely** *adv.*: *The children can play safely in the garden.* 孩子們可以在花園裏玩耍, 那裏很安全。 **safety** /ˈseɪftɪ/ *n.* being safe 安全; 穩妥
safe ² *n.* metal box with a strong lock, where you can keep money, jewels, etc. 保險箱
safety-belt /ˈseɪftɪ belt/ *n.* belt that a traveller wears in a car or aeroplane to keep him safe in an accident 安全帶
safety-pin /ˈseɪftɪ pɪn/ *n.* pin with a cover over the point (安全)別針

sag /sæg/ *v.* (*pres. part.* sagging, *past part. & past tense* sagged /sægd/) bend in the middle; hang down 中部下垂; 下墜: *The washing line sagged when I hung the wet clothes on it.* 我把濕衣服掛上去時, 曬衣服的繩子中間往下墜。

said /sed/ *past part. & past tense* of *v.* say 動詞 say 的過去分詞和過去式

sail[1] /seɪl/ *n.* **1** big piece of cloth on the mast of a boat. The wind blows it and moves the boat along 帆: ***set sail***, begin a voyage 啓航; 張帆待航: *When do you set sail for America?* 你們何時啓航赴美? **2** journey in a boat 乘船遊覽: *Let's go for a sail this afternoon.* 我們今天下午去乘船遊覽吧。

sail[2] *v.* **1** travel on the sea 航行: *The QE2 sails between New York and Southampton.* 伊利莎白女皇二號航行於紐約和南安普敦之間。**2** control a boat that sails 駕駛(船隻): *Where did you learn to sail?* 你在哪裏學會駕駛船的? **3** begin a voyage 啓航: *The ship sails at 11 o'clock.* 這條船十一點啓航。**sailing** *adj.*: *a sailing boat* 航行中的小船 **sailing** *n.*: *Sailing is a wonderful sport.* 駕駛帆船是很有益的運動。

sailor /'seɪlə(r)/ *n.* someone who helps to control a boat or ship 船員; 水手; 水兵

saint /seɪnt/ *n.* very good, holy person 聖人; 道德高尚的人: *Saint Peter* 聖彼德

sake /seɪk/ *n.* ***for the sake of, for someone's sake***, because of someone, to help someone 爲了…; 由於…的緣故: *Try to get home early for your mother's sake.* 爲了你的母親, 你要早回家。

salad /'sæləd/ *n.* dish of cold, raw vegetables 涼拌菜; 沙拉; 沙律

salary /'sæləri/ *n.* (*pl.* salaries) money that you receive every month for work 薪水; 薪金

sale /seɪl/ *n.* **1** (no *pl.*) selling something 賣; 出售 ***for sale***, to be sold 待售: *The Browns are leaving town, so their house is for sale.* 白朗一家要離開本城, 所以要賣掉房子。**2** (*pl.* sales) time when people come together in one room to buy things. Each thing goes to the person who will pay the most money for it 拍賣 **3** (*pl.* sales) time when a shop sells things at lower prices than normal 減價出售; 賤賣: *Harrods is holding a summer sale this month.* 哈羅公司本月正舉行夏季大減價。

salesman /'seɪlzmən/ (*pl.* salesmen), **saleswoman** /'seɪlzwʊmən/ (*pl.* saleswomen) *n.* someone whose job is to sell goods 售貨員; 推銷員

salmon /'sæmən/ *n.* (*pl.* salmon) big fish that lives in the sea and rivers 鮭

salt /sɔ:lt/ *n.* (no *pl.*) stuff like white sand, which we put on food to give it taste 鹽 **salty** *adj.* with the taste of salt 鹹的; 有鹽味的: *Sea-water is salty.* 海水是鹹的。

salute /sə'lu:t/ *v.* lift your hand to your head in a military sign 行軍禮; 致敬: *The soldier salute his officer.* 士兵向軍官行軍禮。**salute** *n.*

same[1] /seɪm/ *adj.* not different; that and no other 同一的: *I have no time to change so I shall wear the same clothes.* 我没有時間換裝, 所以就穿原來的衣服。

same[2] *pron.* ***the same***, not in a different way 同樣的人或事 ***all the same***, still; however 仍然; (雖然…)還是: *He's not very clever, but I like him all the same.* 他不太聰明, 但是我仍然喜歡他。***be all the same to***, not matter to someone 對…都一樣; 對…無所謂: *You can do it now or later – it's all the same to me.* 你現在做也行, 以後做也行, 對我無所謂。

sample /'sɑ:mpl/ *n.* small piece that shows what the rest is like; one example of a group of things 樣品; 貨樣: *a sample of curtain material* 窗簾布料的樣品

sand /sænd/ *n.* **1** (no *pl.*) fine white, yellow, or grey powder, really crushed stone, that you find in a desert, by the sea, or by a river 沙: *We swam in the sea and then lay on the sand.* 我們先在海裏游泳, 然後躺在沙灘上。**2 sands** (*pl.*) beach, where there is sand 海灘: *The children were playing on the sands.* 孩子們在海灘上玩耍。**sandy** *adj.* of sand; covered with sand 沙的; 多沙的: *a sandy beach* 沙灘

sandal /'sændl/ *n.* light, open shoe 涼鞋; 便鞋

sandwich /'sændwɪdʒ/ *n.* (*pl.* sandwiches) two pieces of bread with other food between 夾心麵包片; 三明治: *a ham sandwich* 火腿三明治

sane /seɪn/ *adj.* not mad; healthy in the mind 神志正常的

sang /sæŋ/ *past tense* of *v.* sing 動詞 sing 的過去式

sank /sæŋk/ *past tense* of *v.* sink 動詞 sink 的過去式

sarcastic /sɑ:'kæstɪk/ *adj.* with unkind words 挖苦的; 諷刺的 **sarcastically** *adv.*

sardine /sɑ:'di:n/ *n.* small fish that we usually buy in tins 沙丁魚

sat /sæt/ *past part. & past tense* of *v.* sit 動詞 sit 的過去分詞和過去式

satchel /'sætʃl/ *n.* bag for carrying school-books, etc. 書包; 小背包

satellite /'sætəlaɪt/ *n.* **1** thing that goes around a planet 衛星: *The moon is a satellite of the earth.* 月亮是地球的衛星。**2** spacecraft that goes around the earth and sends back radio and television signals, etc. to earth 人造衛星

satin /'sætɪn/ *n.* (no *pl.*) very shiny, smooth cloth 緞子

satisfaction /ˌsætɪs'fækʃn/ *n.* (no *pl.*) being pleased with what you or others have done 滿意; 稱心: *My garden gives me great satisfaction.* 我這花園使我感到十分滿意。

satisfactory /ˌsætɪs'fæktərɪ/ *adj.* good enough 良好的; 令人滿意的: *Is your new car satisfactory?* 你的新汽車令你滿意嗎? **satisfactorily** *adv.*

satisfy /'sætɪsfaɪ/ *v.* give someone what he wants or needs; be good enough to please someone 滿足; 使滿意; 符合(要求): *I hope this painting will satisfy my art teacher.* 我希望這張畫能使美術老師滿意。

satisfied /'sætɪsfaɪd/ *adj.* pleased with what you or others have done 感到滿意的: *She looked at the cake with a satisfied smile.* 她帶着微笑滿意地看了看糕點。

satisfying /'sætɪsfaɪɪŋ/ *adj.* that pleases you because it is what you want 令人感到滿意的; 使人滿足的: *a satisfying meal* 使人滿意的一餐

Saturday /'sætədeɪ/ *n.* seventh day of the week 星期六

sauce /sɔːs/ *n.* thick liquid that you eat with other food 調味汁; 醬油: *We eat pork with apple sauce.* 我們吃豬肉時蘸蘋果醬。

saucepan /'sɔːspən/ *n.* deep, round dish for cooking (長柄的)深平底鍋

saucer /'sɔːsə(r)/ *n.* small, round plate under a cup 茶托; 茶碟

sausage /'sɒsɪdʒ/ *n.* long roll of minced meat in a thin skin 香腸; 臘腸

savage /'sævɪdʒ/ *adj.* wild; very fierce 野蠻的; 兇猛的; 殘酷的: *The savage dog bit many people.* 惡狗咬傷了很多人。 **savagely** *adv.*

save /seɪv/ *v.* **1** take someone or something out of danger 救; 拯救; 搶救: *Help! Save the little boy!* 救命呀! 救救小男孩啊! **2** keep money, etc. for a later time 儲蓄; 貯存 ***save up for***, keep money to buy something later 儲錢; 積儲: *Jill is saving up for a bicycle.* 姬兒正存錢想買一輛腳踏車。**3** help you to find time, money, etc. for other things 節省; 省去: *If you make your own clothes, it will save you money.* 你如果自己做衣服, 就省錢。

savings /'seɪvɪŋz/ *n.* (*pl.*) money that you are keeping for later use 儲蓄; 存款: *Dick has $100 in his savings.* 廸可有存款一百元。 **savings account** *n.* money that you keep in the bank, etc. for some time 儲蓄户口

saviour /'seɪvɪə(r)/ *n.* someone who has saved you from sin or harm 拯救者

saw¹ /sɔː/ *n.* metal instrument with

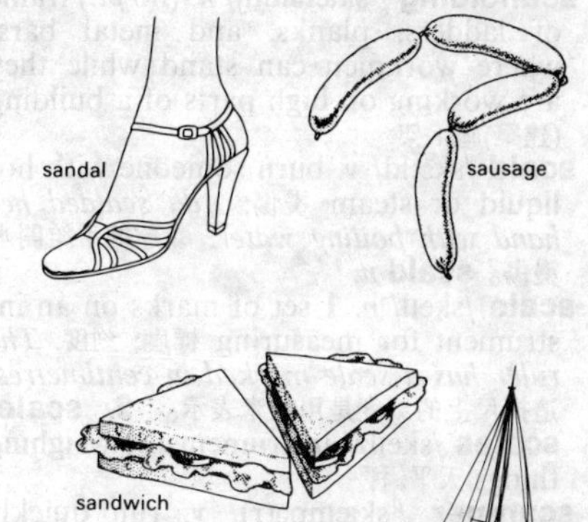

sharp teeth for cutting wood, etc. 鋸 **saw** *v.* (*past part.* sawn /sɔːn/, *past tense* sawed /sɔːd/): *He sawed the tree into logs.* 他把樹鋸成圓木。

saw² *past tense* of *v.* see 動詞 see 的過去式

sawdust /'sɔːdʌst/ *n.* (no *pl.*) fine powder that falls when you saw wood 鋸屑

sawn /sɔːn/ *past part.* of *v.* saw 動詞 saw 的過去分詞

saxophone /'sæksəfəʊn/ *n.* sort of musical instrument that you blow 薩克管(樂器)

say /seɪ/ *v.* (*past part.* & *past tense* said /sed/) **1** speak a word or words 說; 講; 說出: *Say 'please' when you ask for something.* 有求於人時要說聲'請'。**2** give information to someone 說; 表示意見: *She said that she was cold.* 她說她感到冷。***I say!*** exclam. words that show surprise or call someone 哎呀; 唷; 喂; 嘿: *I say! you look wonderful!* 嘿!你臉色真好啊! ***that is to say***, what I mean is … 那就是說; 我的意思是: *I'll see you in a week's time – that is to say, next Monday.* 我們一星期後見面吧, 也就是說下星期一。 **say** *n.* ***have your say, have a say***, give your opinion 發表意見; 把話說完: *Before your make any plans, I want to have my say!* 你們制訂任何計劃之前, 我得表達我的意見!

saying /'seɪɪŋ/ *n.* wise thing that people often say 格言; 俗語: *'Many hands make light work' is an English saying.* 英語有句俗語說: '人多好辦事'。

scab /skæb/ *n.* hard kind of skin that grows over a cut of sore on the body 疤; 痂

scaffolding /'skæfəldɪŋ/ *n.* (no *pl.*) frame of ladders, planks, and metal bars, where workmen can stand while they are working on high parts of a building (建築)施工架

scald /skɔ:ld/ *v.* burn someone with hot liquid or steam 燙傷: *Ada scalded her hand with boiling water.* 愛達的手給開水燙傷。**scald** *n.*

scale /skeɪl/ *n.* **1** set of marks on an instrument for measuring 標度; 刻度: *The ruler has a scale marked in centimetres.* 這把尺上的刻度是用厘米表示。 **2 scale, scales** /skeɪlz/ instrument for weighing things 天平; 秤

scamper /'skæmpə(r)/ *v.* run quickly with small steps 蹦跳; 輕快地跑

scandal /'skændl/ *v.* **1** (no *pl.*) unkind talk about a person, which gives you bad ideas about him 流言; 毀謗: *Don't listen to scandal!* 不要聽信流言! **2** (*pl.* scandals) bad thing that makes people angry 醜事; 醜聞; 恥辱: *The dirty trains are a scandal.* 那些火車很髒, 太不像話了。

scar /skɑ:(r)/ *n.* mark on the skin, which an old wound has left 傷疤; 傷痕 **scar** *v.* (*pres. part.* scarring, *past part. & past tense* scarred) make a scar 留下傷痕; 結疤: *The cut will scar his face.* 這個傷口會在他臉上留下疤痕。**scarred** /skɑ:d/ *adj.*: *a scarred face* 臉上有傷痕

scarce /skeəs/ *adj.* rare; difficult to find; not enough 稀有的; 不足够的; 罕見的: *Flowers are scarce in winter.* 冬天花兒很少。

scarcely /'skeəslɪ/ *adv.* only just 僅僅; 幾乎不: *He was so frightened that he could scarcely speak.* 他嚇得幾乎説不出話來。

scare /skeə(r)/ *v.* frighten someone; make someone afraid 驚嚇; 使害怕: *The thunder scared the children.* 雷聲驚嚇了孩子。**scare** *n.* **scared** /skeəd/ *adj.* frightened 驚嚇的; 受驚的

scarecrow /'skeəkrəʊ/ *n.* figure of sticks and old clothes, that a farmer puts in a field to frighten birds away from crops 稻草人

scarf /skɑ:f/ *n.* (*pl.* scarves) piece of cloth that you wear round your neck, over your shoulders, or over your head 圍巾; 披肩; 頭巾; 領巾

scarlet /'skɑ:lət/ *adj.* bright red 深紅色; 猩紅色 **scarlet** *n.*

scatter /'skætə(r)/ *v.* **1** go in different directions; send people in many directions 分散; 驅散: *The crowd scattered when the storm broke.* 暴風雨襲來時, 人羣散開了。**2** throw things here and there 撒; 散佈: *We scattered crumbs for the birds.* 我們把麵包屑撒給小鳥吃。

scene /si:n/ *n.* **1** place where something is happening or has happened (事件)發生地點: *The police arrived at the scene of the crime.* 警察來到了案發現場。**2** view; something that you can look at 景色; 景象: *a beautiful scene* 美麗的景色 **3** part of a play (戲劇等)一場: *'Hamlet', Act 1, Scene 2*《哈姆雷特》第一幕第二場 **4** background on the stage of a theatre 佈景; 場景: *The scene of the play is a kitchen.* 這齣戲的佈景是廚房。

scenery /'si:nərɪ/ *n.* (no *pl.*) **1** countryside; the look of the land 風景; 自然景色: *the mountain scenery of Scotland* 蘇格蘭的山景 **2** things on the stage of a theatre that make it look like a real place 舞台佈景

scent[1] /sent/ *n.* **1** (no *pl.*) sweet smell 香味; 香氣: *the scent of roses* 玫瑰的芳香 **2** (no *pl.*) liquid with a sweet smell, which you put on your body 香水: *a bottle of scent* 一瓶香水 **3** (*pl.* scents) smell of an animal or person, which another animal can follow 臭跡; 遺臭: *The hounds were on the scent of a fox.* 獵狗找到了一隻狐狸的臭跡。

scent[2] *v.* **1** smell something 聞到; 嗅出: *The dog scented a rat.* 那隻狗嗅出有一隻老鼠。**2** give out a sweet smell 發出香氣: *The rose scented the air.* 空氣中有玫瑰花的香味。

schedule /'ʃedju:l/ *n.* programme; plan or list of times when something will happen, be done, etc. 計劃表; 時間表: ***behind schedule***, late 落後於計劃或日程 ***on schedule***, at the right time 準時; 按計劃: *The train arrived on schedule.* 火車準時到達。

scheme[1] /ski:m/ *n.* plan 計劃; 方案: *'Meals-on-Wheels' is a scheme to bring hot food to old people.* '上門福利餐'是一個給老人送熱飯的計劃。

scheme[2] *v.* make secret plans to do something, usually wrong 密謀; 策劃(尤指不軌之事): *They were scheming to steal money from the bank.* 他們正策劃進銀行偷錢。

scholar /'skɒlə(r)/ *n.* **1** someone who is learning in school; student 學生 **2** someone who has learned a lot about something 學者: *a famous Latin scholar* 一位著名的拉丁語學者

scholarship /'skɒləʃɪp/ *n.* special sum of money to help a good student go on studying 獎學金: *Fergus won a scholarship to Cambridge.* 弗格斯獲得了入讀劍橋大學的獎學金。

school /sku:l/ *n.* **1** (*pl.* schools) place where people learn things 學校; 學堂: *primary and secondary schools* 中小學 **2** (no *pl.*) lessons 功課; 上學: *There will be no school tomorrow because it's a holi-*

day. 明天放假, 所以不用上課。 **schoolboy** /ˈsku:lbɔɪ/, **schoolgirl** /ˈsku:lgɜ:l/ *n*. boy or girl at school (中小學)男、女生 **schoolfellow** /ˈsku:lfeləʊ/, **schoolmate** /ˈsku:lmeɪt/ *n*. boy or girl in the same school as you (中小學)同學 **schooldays** /ˈsku:ldeɪz/ *n*. time when you are at school 學生時代

schoolmaster /ˈsku:lmɑ:stə(r)/ *n*. man teacher 男教師 **schoolmistress** /ˈsku:lmɪstrɪs/ *n*. (*pl*. schoolmistresses) woman teacher 女教師

science /ˈsaɪəns/ *n*. study of natural things 科學; 自然科學: *Biology, Chemistry, and Physics are sciences*. 生物、化學和物理是自然科學。 **science fiction** *n*. stories about what will perhaps happen in the future or may perhaps be happening in other parts of the universe 科學幻想小説 **scientific** /ˌsaɪənˈtɪfɪk/ *adj*. of science 科學的; 科學上的: *scientific instruments* 科學儀器 **scientifically** *adv*. **scientist** /ˈsaɪəntɪst/ *n*. someone who studies science or works with science 科學家; 科學工作者

scissors /ˈsɪzəz/ *n*. (*pl*.) instrument with two blades, for cutting 剪刀

scold /skəʊld/ *v*. speak angrily to a child because he has done something wrong 罵; 責罵; 責備: *Don't scold her – she's too young to understand*. 别責備她, 她太小, 不懂事。 **scolding** *n*.: *You'll get a scolding if you're late!* 如果你遲到, 就要挨駡!

scoop /sku:p/ *v*. **1** take something out or up with a spoon, etc. 用勺取出; 舀: *Miranda scooped the ice-cream out of the bowl*. 米蘭達從碗裏舀出冰淇淋。 **2** make a round hole in something 挖洞; 挖空; 挖出: *The baby scooped a hole in the sand*. 那嬰兒在沙裏挖了個洞。

scooter /ˈsku:tə(r)/ *n*. **1** light motorcycle with small wheels (小輪低座的)小摩托車 **2** toy on wheels, which a child can ride (兒童用的)踏板車

scorch /skɔ:tʃ/ *v*. **1** burn something lightly 燒焦; 烤焦: *The hot iron scorched the shirt*. 熨斗太熱, 把襯衫燙焦了。**2** make plants, etc. dry and brown 使枯萎; 曬乾: *The hot sun scorched the grass*. 熾熱的太陽把青草曬乾了。

score /skɔ:(r)/ *n*. number of points, goals, runs, etc. that you win in a sport (比賽時)得分; 成績: *What was the score at half-time?* 半場時雙方得分怎樣? ***keep the score***, write down the points; remember the points 記下分數 **score** *v*. **1** win a point 得一分; 獲勝: *Who scored the goal?* 這一球是誰射入的? **2** write down or remember the points (比賽中)記分: *Will you score for this match, Ralph?* 拉爾夫, 你來

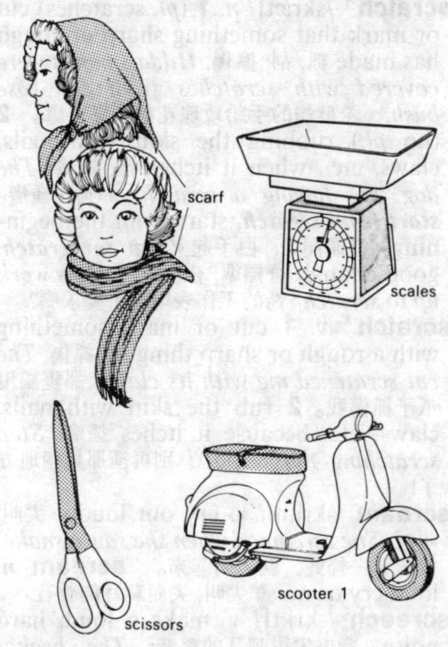

給這場比賽記分好嗎?

scorn /skɔ:n/ *v*. feel that someone or something is bad, weak, poor, etc. 輕蔑; 藐視: *I scorn people who cheat*. 我藐視騙子。 **scorn** *n*. **scornful** *adj*. with no respect 輕蔑的 **scornfully** *adv*.: *He looked at my old bicycle scornfully*. 他輕蔑地看看我的舊腳踏車。

scoundrel /ˈskaʊndrəl/ *n*. bad person 壞蛋; 惡棍

scout /skaʊt/ *n*. **1 Scout**, member of a special club for boys 童軍 **2** soldier, etc. who goes to find where the enemy is 偵察員; 偵察機(艦)

scowl /skaʊl/ *v*. look angry 沉下臉; 怒視 **scowl** *n*.

scramble /ˈskræmbl/ *v*. walk or climb with difficulty over rough land 爬行; 攀爬: *They scrambled up the side of the mountain*. 他們爬到山上。

scrambled eggs /ˌskræmbld ˈegz/ *n*. (no *pl*.) eggs that you beat with milk and cook in butter (摻牛奶的)炒雞蛋

scrap /skræp/ *n*. small piece of something 屑; 碎片 *a scrap of paper* 一片紙

scrape /skreɪp/ *v*. **1** rub or scratch something with a hard instrument, etc. so that you take something off it 刮掉; 擦去: *Scrape the mud off your shoes!* 把你鞋子上面的泥刮掉吧! **2** go too close to something 摩擦; 擦過: *The car scraped along the wall*. 汽車擦牆而過。 ***scrape through***, only just pass an exam, etc. 勉强通過考試等 **scrape** *n*.: *She fell and got a scrape on the knee*. 她跌了一交, 擦傷膝蓋。

scratch¹ /skrætʃ/ *n.* **1** (*pl.* scratches) cut or mark that something sharp or rough has made 抓; 刮; 擦傷: *Hilda's hands were covered with scratches from the rose bush.* 希爾達的手給玫瑰花叢刮傷多處。 **2** (no *pl.*) rubbing the skin with nails, claws, etc., when it itches 搔; 搔癢: *The dog was having a scratch.* 那狗在搔癢。 ***start from scratch***, start from the beginning, 從頭開始; 白手起家 ***up to scratch***, good enough 合標準; 合要求: *Is Jo's work up to scratch?* 喬的工作表現合乎要求嗎?

scratch² *v.* **1** cut or mark something with a rough or sharp thing 抓; 抓傷: *The cat scratched me with its claws.* 那隻貓用爪子抓傷我。 **2** rub the skin with nails, claws, etc. because it itches 搔癢: *Stop scratching those spots!* 别再搔那幾個地方了!

scream /skri:m/ *v.* cry out loudly 尖叫; 叫喊: *She screamed when she saw a snake.* 她看見一條蛇, 就尖叫起來。 **scream** *n.* loud cry or noise 尖叫; 尖而刺耳的聲音

screech /skri:tʃ/ *v.* make a loud, hard noise 發出尖銳刺耳的聲音: *The brakes screeched when the car stopped suddenly.* 汽車突然停住, 發出尖而刺耳的煞車聲。 **screech** *n.*

screen¹ /skri:n/ *n.* **1** piece of cloth, wood, etc. that you put in front of a place to keep away wind, light, etc. or to stop people from watching 簾; 屏風; 掩蔽物: *The nurse put a screen around his bed.* 護士在他牀四週擺了屏風。 **2** part of the television or cinema where the pictures appear (電視)熒光幕; 銀幕

screen² *v.* hide something from wind, bright light, or watchers 遮蔽; 掩蔽: *She put up her hand to screen her eyes from the sun.* 她舉起手擋住直射眼睛的陽光。

screw /skru:/ *v.* **1** twist something to open or close it 擰; 旋; 轉: *He screwed the lid on the jar.* 他把罐子的蓋擰上去。 **2** fasten something with a special sort of nail that you twist into the wood, etc. (用螺絲)擰緊: *He screwed the box together.* 他用螺絲把盒子擰緊。 **screw** *n.* sort of nail that you twist into wood, etc. 螺絲(釘) **screw-driver** /'skru:draɪvə(r)/ *n.* instrument for turning screws 螺絲起子

scribble /'skrɪbl/ *v.* write something quickly and carelessly 潦草書寫; 塗畫: *I'll scribble a note.* 我會草草寫張便條。

scripture /'skrɪptʃə(r)/ *n.* the Bible; a holy book 聖經; 經書

scrub¹ /skrʌb/ *n.* (no *pl.*) rough land with poor trees and bushes 叢林地; 灌木叢

scrub² *v.* (*pres. part.* scrubbing, *past part. & past tense* scrubbed /skrʌbd/) rub something hard with a brush and soap and water to clean it 擦洗; 用力擦淨: *He scrubbed the floor.* 他擦洗地板。 **scrub** *n.: This floor needs a good scrub.* 這地板得好好擦一擦。 **scrubbing-brush** *n.* hard brush for cleaning floors, etc. 硬毛刷子; 板刷

sculptor /'skʌlptə(r)/ *n.* someone who makes statues or other shapes from metal, wood, stone, etc. 雕塑家; 雕刻家

sculpture /'skʌlptʃə(r)/ *n.* **1** (no *pl.*) making statues or other shapes from metal, clay, wood, stone, etc. 雕刻; 雕塑(術) **2** (*pl.* sculptures) shape in metal, clay, etc. 雕刻品; 雕塑品

scurry /'skʌrɪ/ *v.* run quickly with small steps 匆匆地跑; 急趕: *The mouse scurried across the floor.* 老鼠一下子從地板這邊跑到那邊。

sea /si:/ *n.* **1** (no *pl.*) the salty water that covers most of the earth wherever there is no land 海; 海洋: *Fish swim in the sea.* 魚在海裏游。 **2** (*pl.* seas) particular area of sea (用於專名或局部)海: *the Mediterranean Sea* 地中海 ***at sea***, away from the land 在(茫茫)大海上: *We had a storm at sea.* 我們在海上遇到了風暴。 ***by sea***, in a ship 乘船; 由海路: *Did you fly to New York or did you go by sea?* 你去紐約是坐飛機呢, 還是乘船? ***go to sea***, become a sailor 去當海員

seagull /'si:gʌl/ *n.* sort of sea-bird 海鷗

seal¹ /si:l/ *n.* furry animal that lives in the sea and on the land 海豹

seal² *v.* stick something down so that it is tightly closed 封; 糊住; 密封: *She licked the envelope and sealed it.* 她舔了一下信封便把它封住了。

seam /si:m/ *n.* line of stitches where you have sewn two pieces of cloth together 縫口; 接縫處

seaman /'si:mən/ *n.* (*pl.* seamen) sailor 水手; 海員

search /sɜ:tʃ/ *v.* look carefully at a person or thing because you want to find something 搜尋; 檢查; 尋找: *The customs officer searched my bags for drugs.* 海關人員檢查我的行李, 看有没有毒品。 ***search for***, try to find someone or something 搜尋; 搜查; 尋找: *I searched everywhere for my pen.* 我到處尋找我的鋼筆。 **search** *n.: the search for the lost children* 尋找失踪兒童 ***in search of***, looking for something 尋找; 尋求: *We drove round the town in search of a good hotel.* 我們開車在城裏轉, 想找一家酒店。

seashell /'si:ʃel/ *n.* hard covering of some sea-animals 貝殼

seashore /'si:ʃɔ:(r)/ *n.* ground next to the sea; beach 海岸; 海濱: *We pulled the boat out of the water on to the seashore.* 我們把小船從水中拉上海邊。

seasick /ˈsiːsɪk/ *adj.* feeling sick because the boat moves up and down 暈船的 **seasickness** *n.*

seaside /ˈsiːsaɪd/ *n.* (no *pl.*) land by the sea 海邊; 海濱: *We always go to the seaside for our holidays.* 我們渡假時總是到海邊去。 **seaside** *adj.*: *Brighton is a seaside town.* 布來頓是一個海濱城市。

season /ˈsiːzn/ *n.* **1** one of the four parts of the year 季; 季節: *Winter is the coldest season in Britain.* 冬天是英國最冷的季節。 **2** special time of the year for something 旺季; 當令期: *the holiday season* 旅行旺季

seat¹ /siːt/ *n.* **1** chair; place where you sit 座位; 座: *We had good seats at the front of the theatre.* 我們在劇場弄到了前排座位。 ***take a seat***, sit down 坐下; 就座: *Please take a seat – the manager will soon be here.* 請坐, 經理一會兒就來。 **2** part of a chair where you sit (椅子的)座子: *Who has spilled water on the seat of this chair?* 這椅子的座子上面給誰撒上水了?

seat² *v.* have places where people can sit 有…座位; 坐得下…人: *The hall seats 200 people.* 這個大堂能坐二百人。 ***be seated***, sit down 坐: *'Please be seated,' said the chairman.* "大家請坐下," 主席說。 ***seat yourself***, sit down 坐下: *He seated himself in the corner.* 他坐在角落裏。

seat-belt /ˈsiːt belt/ *n.* belt that a traveller wears in a car or aeroplane to keep him safe in an accident 安全帶

seaweed /ˈsiːwiːd/ *n.* sort of plant in the sea and on rocks by the sea 海草; 海藻

second¹ /ˈsekənd/ *adj.* **1** next after the first 第二: *February is the second month of the year.* 二月是一年裏的第二個月。 **2** extra; another 又一的; 另外的: *Your shoes may get wet, so bring a second pair.* 你的鞋可能會弄濕, 所以另外帶上一雙備用。

second² *n.* person or thing that comes after the first 第二個人或事物: *Today is the first of May, so tomorrow will be the second.* 今天是五月一日, 所以明天就是五月二日。

second³ *n.* sixtieth part of a minute 分; 秒: *The winner's time was one minute and ten seconds.* 獲勝者的時間是一分十秒。 ***in a second***, soon 片刻: *I'll be ready in a second.* 我馬上就準備好了。

secondary school /ˈsekəndrɪ skuːl/ *n.* school for pupils of 11-18 (收十一至十八歲的學生)中學

second-best /ˌsekənd ˈbest/ *adj.* not the best 第二好的; 次位的: *my second-best coat* 我的次好的大衣。

second-class /ˌsekənd ˈklɑːs/ *adj.* not the best 二等的; 二流的 **second-class** *adv.* ***travel second-class***, travel in one of the usual seats, not in one of the most expensive 坐二等的座位; 乘普通的車(船或飛機)旅行

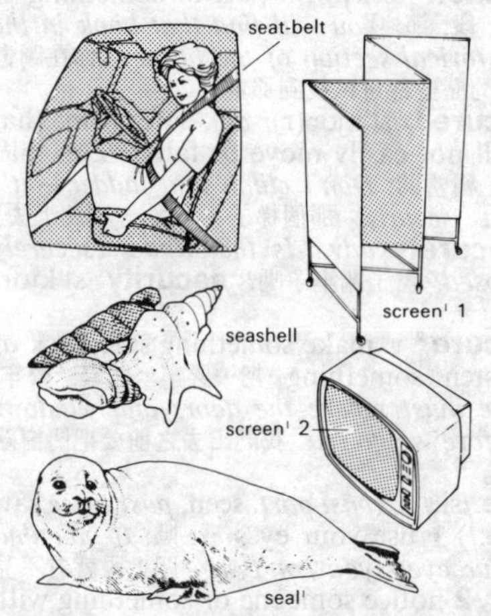

second-hand /ˌsekənd ˈhænd/ *adj.* not new; that another person has used before 舊的; 別人用過的: *second-hand books* 舊書

second-rate /ˌsekənd ˈreɪt/ *adj.* not very good; poor 二流的; 平庸的: *a second-rate restaurant* 一家二流的飯店

secret¹ /ˈsiːkrɪt/ *adj.* that other people do not know 秘密的; 暗藏的: *a secret hiding-place* 秘密的躲藏處 **secretly** *adv.* not telling other people; so that other people do not know about it 秘密地; 暗地裏: *Spies do their work secretly.* 間諜在暗地裏活動。 **secrecy** /ˈsiːkrəsɪ/ *n.* ***in secrecy***, secretly 秘密地; 偷偷地

secret² *n.* something that you do not tell other people 秘密; 機密 ***in secret***, so that others do not see it, hear it, etc. 秘密地: *They made their plans in secret.* 他們秘密制定計策。 ***keep a secret***, not tell other people about something 保守秘密 ***let someone into a secret***, tell someone about something that not many others know about 把秘密告訴某人

secretarial /ˌsekrəˈteərɪəl/ *adj.* of the work of a typist or secretary 秘書的; 書記的: *a secretarial college* 秘書學院

secretary /ˈsekrətrɪ/ *n.* (*pl.* secretaries) **1** someone whose job is to type letters, look after papers, answer the telephone, etc. 秘書; 幹事; 文書 **2** government minister 大臣; 部長: *the Secretary of State for Education* 教育大臣

secretive /ˈsiːkrətɪv/ *adj.* not wanting to tell other people about yourself, your plans, etc. 守口如瓶的; 隱秘的: *Why is he so secretive about his new job?* 他爲什麼不肯說及他的新工作呢? **secretively** *adv.*

section /ˈsekʃn/ *n.* part of something 部分; 段; 節: *You will find that book in the historical section of the library.* 你在圖書館的歷史部可以找到那本書。

secure[1] /sɪˈkjʊə(r)/ *adj.* safe; firm; that will not easily move or fall 安全的; 牢固的; 穩當的: *Don't climb that ladder – it's not secure.* 那個梯子不牢固, 別爬上去。 **securely** *adv.*: *Is the window securely closed?* 窗子關牢了嗎? **security** /sɪˈkjʊərətɪ/ *n.*

secure[2] *v.* make something safe; lock or fasten something 把…弄牢; 關緊; 繫牢: *We must secure the doors and windows before we go out.* 我們出去之前要把門窗關好。

see /si:/ *v.* (*past part.* seen, *past tense* saw /sɔ:/) **1** use your eyes 看; 瞧: *If you shut your eyes, you can't see.* 閉上眼就看不見了。**2** notice someone or something with your eyes 看到; 看見: *Did you see that aeroplane?* 你看見那架飛機嗎? **3** understand something 理解; 領會: *Do you see what I mean?* 你理解我的意思嗎? **4** find out about something 查看; 檢查: *Go and see whether the shop is open.* 你去看看商店有沒有開門? **5** visit someone 拜訪; 會見; 看望: *I went to see the doctor today about my cough.* 今天我去找醫生治療咳嗽。 **6** make certain about something; arrange something 落實; 安排; 照料: *I'll see that everything is ready.* 我一定把一切安排妥當。***see someone off***, go to a station, airport, etc. with someone who is going away 給某人送行: *I saw Vera off at 6 o'clock this morning.* 今晨六點我給維拉送行。***see to***, do what is necessary; mend something 料理; 修理: *I have to see to a puncture in my bicycle tyre.* 我的腳踏車輪胎破了, 必須修理好。 ***seeing that***, since; because 由於; 鑒於: *Stay in bed longer today, seeing that you were late last night.* 昨夜你睡晚了, 今天就多睡一會兒吧。

seed /si:d/ *n.* little thing that grows into a new plant or tree 種子

seek /si:k/ *v.* (*past part.* & *past tense* sought /sɔ:t/) **1** try to find something 尋找; 探索 **2** ask for something 尋求; 請求: *He sought help from a lawyer.* 他向律師求助。

seem /si:m/ *v.* make you think that something is so 似乎; 好像: *That apple is bad but this one seems all right.* 那個蘋果不好, 但這個似乎還好。***seem as if, seem as though***, be likely that 看來好像…: *It seems as though Ken will win the race.* 看來肯恩要跑第一了。

seen /si:n/ *past part.* of *v.* see 動詞 see 的過去分詞

seep /si:p/ *v.* flow out slowly 滲; 漏: *Water was seeping through the roof of the shed.* 水正從棚子的頂上往下滲。

seesaw /ˈsi:sɔ:/ *n.* special piece of wood that can move up and down when a child sits on each end 蹺蹺板(遊戲) **seesaw** *v.*

seize /si:z/ *v.* take something roughly and quickly 奪取; 抓住; 攫: *The thief seized my bag and ran away.* 那個賊奪了我的提包, 跑掉了。

seldom /ˈseldəm/ *adv.* not often 不常; 很少: *The old lady seldom leaves her house because she can't walk far.* 那個老太太很少出門, 因爲她走不遠。

select /sɪˈlekt/ *v.* choose someone or something 選擇; 挑選: *Hilary always selects the best fruit in the market.* 希拉瑞總是挑選市場上最好的水果。

selection /sɪˈlekʃn/ *n.* **1** (no *pl.*) choosing 選擇; 挑選 **2** (*pl.* selections) group of things from which you can choose; group of things that you have chosen 供選擇之物; 選擇; *Ricky has a good selection of records.* 禮祺有一批精選唱片。

self /self/ *prefix* by yourself; for yourself 自己; 自我: *He is self-taught and never went to school.* 他是自學的, 從沒有上過學。

selfish /ˈselfɪʃ/ *adj.* thinking too much about yourself and what you want; not thinking about other people 自私的; 不顧別人的: *That selfish boy won't let other children play with his toys.* 那孩子很自私, 不讓其他孩子玩他的玩具。 **selfishly** *adv.* **selfishness** *n.*

self-service /ˌself ˈsɜ:vɪs/ *adj.* where you can serve yourself 自助的: *There are no waiters in a self-service restaurant.* 自助餐廳裏沒有侍者。

sell /sel/ *v.* (*past part.* & *past tense* sold /səʊld/) **1** give something to someone who pays you money for it 賣; 出售; 銷售: *Ann sold me her old piano.* 安把她的舊鋼琴賣給我。**2** have things that you give people for money 賣出; 出售: *That shop sells bread.* 那所商店賣麵包。***sell out***, sell all that you have of something 賣光; 售罄: *We have those shoes in small sizes only – we've sold out all the bigger ones.* 那種鞋我們只有細碼的, 大碼的全售光了。 **seller** *n.* someone who sells things 銷售者; 賣方: *a bookseller* 書商

semi- /ˈsemɪ/ *prefix* half 半: *A semi-circle is a half circle.* Semi-circle 就是半圓。

semi-colon /ˌsemɪ ˈkəʊlən/ *n.* punctuation mark (;)分號

semi-final /ˌsemɪ ˈfaɪnl/ *n.* match that comes before the final match in a competition 半決賽; 準決賽

senate /ˈsenɪt/ *n.* one of the parts of parliament in some countries (美、法等)參議院 **senator** /ˈsenətə(r)/ *n.* member of a senate 參議員

send /send/ *v.* (*past part. & past tense* sent /sent/) **1** make someone go somewhere 打發; 派遣: *Peter's boss has sent him to New York.* 彼得的上司派他去紐約。 **2** make something go somewhere 送; 寄出: *Have you sent a letter to John?* 你有沒有寫信給約翰? **3** make someone feel something 使覺得…; 使處於: *The noise is sending me mad!* 噪音快把我弄瘋了! ***send for***, ask for someone or something 派人去找: *The manager sent for his secretary.* 經理派人去找秘書來。 ***send off***, post something 寄出: *Have you sent off Lesley's birthday present?* 你把雷思麗的生日禮物寄出了嗎? ***send out***, give out something 放出; 發送: *The sun sends out light and warmth.* 太陽發出光和熱。

senior /'si:nɪə(r)/ *adj.* **1** older 年長的: *a senior class* 高年級 **2** more important 地位(級別)較高的: *a senior officer* 高級軍官

sensation /sen'seɪʃn/ *n.* **1** feeling 感覺; 知覺: *a sensation of fear* 恐懼感 **2** great excitement and interest; something that makes people excited 轟動; 激動: *The news of the fire in the factory caused a sensation.* 那家工廠失火成了轟動一時的新聞。

sensational /sen'seɪʃənl/ *adj.* making people interested and excited 聳人聽聞的; 轟動的: *sensational news* 聳人聽聞的消息 **sensationally** *adv.*

sense /sens/ *n.* **1** (*pl.* senses) one of the powers of the body 感覺; 官能: *Sight, smell, hearing, taste, and touch are the main senses.* 視、嗅、聽、味和觸覺是主要的官能。**2** (no *pl.*) right and wise ideas 見識; 道理 **common sense**, natural good thinking 通達情理; 常識 **3** (*pl.* senses) meaning 意思; 意義: *The word 'bear' has several senses.* 詞語 bear 有幾個意思。 ***make sense***, have a meaning that you can understand 有意義; 講得通: *I can't follow these instructions – they don't make sense.* 我不明白這些指示, 根本講不通。

senseless /'senslɪs/ *adj.* **1** foolish; stupid 無意義的; 愚蠢的: *It is senseless to leave your house open at night.* 夜裏不關家門是愚蠢的。**2** unconscious 無知覺的; 無感覺的: *He was hit on the head and fell senseless to the ground.* 他頭部被擊中, 昏倒了。**senselessly** *adv.*

sensible /'sensəbl/ *adj.* **1** wise; knowing what is right and good 明智的; 明白事理的: *Let John decide – he's very sensible.* 讓約翰作主吧, 他是個明白人。**2** right and good; useful 合適的; 實用的: *Wear sensible shoes for a walk in the country.* 到鄉下郊遊得穿合適的鞋。**sensibly** *adv.: She was sensibly dressed.* 她穿着得體。

sensitive /'sensətɪv/ *adj.* feeling things

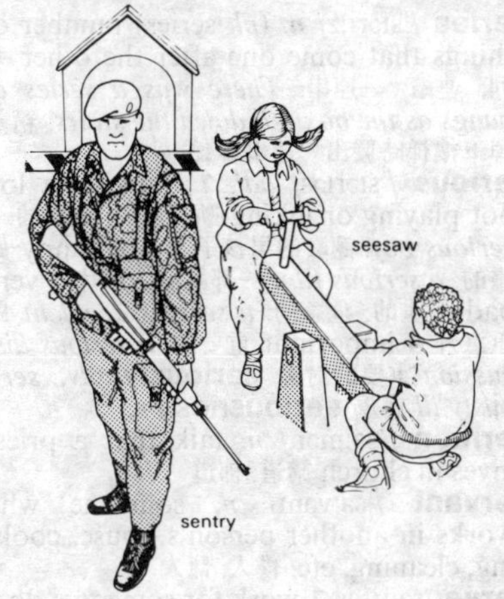

quickly and deeply; that you can easily hurt 敏感的; 易受傷害的: *Don't shout at her – she's very sensitive.* 別對着她大聲嚷, 她很敏感。**sensitively** *adv.*

sent /sent/ *past part. & past tense* of *v.* send 動詞 send 的過去分詞和過去式

sentence[1] /'sentəns/ *n.* group of words that you put together to tell an idea or ask a question 句子

sentence[2] *v.* give a punishment to someone in a law court 判決; 宣判: *The judge sentenced the thief to five years.* 法官判決那個盜賊五年徒刑。 **sentence** *n.: a sentence of five years in prison* 判處五年徒刑

sentry /'sentrɪ/ *n.* (*pl.* sentries) soldier who is guarding a building, camp, etc. 哨兵; 警衛

separate[1] /'seprət/ *adj.* **1** divided; not joined 分開的; 不相連的: *Will you cut the cake into separate pieces?* 你把蛋糕切成小塊好嗎? **2** different; not the same 各自的; 單獨的: *My brothers sleep together but my sister and I have separate rooms.* 我幾個弟弟一起睡, 而姊姊和我有自己的房間。 **separately** *adv.*

separate[2] /'sepəreɪt/ *v.* **1** divide something; keep things apart 分隔開; 使脱離: *The Mediterranean Sea separates Europe and Africa.* 地中海把歐洲和非洲分開。 **2** go in different ways 分散; 分手: *We went to the bank together, then said good-bye and separated.* 我們一起去銀行, 然後就分手了。**separation** /ˌsepə'reɪʃn/ *n.*

September /sep'tembə(r)/ *n.* ninth month of the year 九月

sergeant /'sɑ:dʒənt/ *n.* junior officer in the police or army 中士; 警官

serial /'sɪərɪəl/ *n.* story, play, etc. that comes in weekly parts on the radio or television or in a magazine (小説等)連載; (電視)連續劇

series /ˈsɪəriːz/ *n.* (*pl.* series) number of things that come one after the other 系列; 連續; 一連串: *There was a series of bangs as the box fell down the stairs.* 箱子掉下樓梯時發出一連串響聲。

serious /ˈsɪərɪəs/ *adj.* **1** thinking a lot; not playing or joking 動腦筋的; 認真的: *a serious boy* 認真的男孩子 **2** not funny 嚴肅的: *a serious film* 一部嚴肅的影片 **3** very bad 嚴重的; 危急的: *a serious accident* 嚴重意外 **4** important 重要的: *a serious discussion* 重要的討論 **seriously** *adv.*: *seriously ill* 病重 **seriousness** *n.*

sermon /ˈsɜːmən/ *n.* talk that a priest gives in church 講道; 佈道

servant /ˈsɜːvənt/ *n.* someone who works in another person's house, cooking, cleaning, etc. 僕人; 傭人

serve /sɜːv/ *v.* **1** work for someone; do a duty: 爲…服務; 服役: *He served in the army for three years.* 他服了三年兵役。**2** sell things to someone in a shop 招待(顧客): *Can I serve you, madam?* 太太, 你要點兒什麼? **3** put a meal on the table 端上(飯菜): *I shall serve lunch at 1 o'clock.* 我在一時正開午飯。***serve as***, be useful for something 起…的作用; 作爲: *This box will serve as a table.* 這個箱子可作桌子使用。***it serves him*** or ***her right***, it is right that this bad thing has happened to him 對某人應得的報應: *It serves her right that she feels sick – she ate too much.* 她吃了太多感到不舒服, 活該。

service /ˈsɜːvɪs/ *n.* **1** (*pl.* services) help 幫助 ***at your service***, ready to help you; ready for you 聽您吩咐; 爲您服務: *I am at your service if you need me.* 您需要我做什麼, 儘管吩咐吧。**2** (*pl.* services) work of someone who helps other people 幫忙; 服侍: *Do you need the services of a doctor?* 你需要醫生的診治嗎? **3** (no *pl.*) the staff and their work in a hotel or restaurant 酒店或餐廳的服務: *The food was good but the service was poor.* 飯菜很好, 但服務不行。**4** (*pl.* services) transport for the public 交通設施; 公共交通: *This town has a good bus service.* 這個城市的公共汽車服務辦得好。**5** (*pl.* services) meeting in a church for prayers, singing, etc. 宗教儀式; 禮拜: *Shall we go to the evening service?* 我們去參加晚堂崇拜嗎? **6** (*pl.* services) time when a car goes into a garage so that a mechanic can check it and oil it (汽車)檢修: *The car must have a service before we go on holiday.* 我們出發渡假之前, 汽車必須檢修一下。**7** (*pl.* services) set of plates, bowls, cups, etc. for the table 全套餐具或茶具: *a tea service of 22 pieces* 二十二件一套的茶具 **8** (usually *pl.*) **the services, the armed services**, the army, air force, and navy 海陸空三軍

serviette /ˌsɜːvɪˈet/ *n.* small piece of cloth or paper that each person has at the table to keep his clothes clean, wipe his fingers on, etc. 餐巾

set[1] /set/ *n.* **1** group of things of the same sort; group of things that you use together (一)套; (一)副: *a set of tools* 一整套工具 **2** radio or television instrument 接收機; 電子儀器: *We bought a new television set.* 我們新買了一部電視機。

set[2] *v.* (*pres. part.* setting, *past part.* & *past tense* set) **1** put something somewhere 擺放; 放置: *He set the suitcase on the floor.* 他把衣箱放到地板上。**2** fix something firmly in a tight place 鑲; 嵌: *The jeweller set a diamond in the ring.* 寶石匠在戒指上鑲了一粒寶石。**3** put something together in a certain way; make something ready 安置; 裝置; 安裝: *The farmer set a trap for rats.* 農夫安裝了一個老鼠夾子。***set a bone***, put a broken bone together so that it will mend 正骨; 接合斷骨: *The doctor set my arm.* 醫生把我的手臂接上了。**4** go down from the sky (日、月等)落: *The sun sets and night comes.* 太陽下山, 夜晚來臨。**5** make something happen; start something 使得…; 導致: *The book set me thinking.* 那本書使我深思。***set fire to something, set something on fire***, make something burn 放火燒; 使着火: *The cigarette set the house on fire.* 那根香煙把房子燒着了。***set someone free***, let someone go out of prison, etc. 把某人放出監牢; 釋放 **6** give work to someone to do 佈置; 分配(工作): *Our teacher is setting us an exam.* 老師正爲我們的考試命題。***set about***, begin to do something 着手進行; 開始: *How do I set about this job?* 我如何開始這份工作? ***set off, set out***, start a journey, race, etc. 出發; 動身: *Mr. Carter set out for London at 11 o'clock.* 卡特先生十一點動身去倫敦了。 ***set sail***, start a voyage 啓航; 揚帆: *The liner set sail for New York at 8:30.* 輪船在八時半啓航開往紐約。

settee /seˈtiː/ *n.* long, soft seat 長靠椅

settle /ˈsetl/ *v.* **1** stop and rest somewhere 停留; 停息: *The bird settled on a branch of the tree.* 鳥停在樹枝上。**2** be happy in a new job, position, etc. 安頓; 安心於: *Has Dick settled in his new job?* 廸可在新的工作中安頓下來了嗎? **3** make your home in a new place 定居; 落户: *Roy left England and went to settle in Australia.* 阿洛離開英國往澳洲定居。**4** end a discussion, argument, etc.; decide something after discussing it 解決; 調停: *to settle an argument* 調解爭端 **5** pay money that you owe 付錢: *to settle a bill* 結算; 付帳

settlement /ˈsetlmənt/ *n.* **1** agreeing

about something after discussing it 解決(方案): *After long talks about pay, the managers and workers reached a settlement.* 就工資進行長期談判後，勞資雙方達成決議。**2** group of homes in a place where no people have lived before 拓居地; 定居點; 新住處: *The Pilgrim Fathers made a settlement in America.* 首批清教徒在美洲開拓了一個殖民地。

seven /ˈsevən/ *n.* number 7 七 **seven** *adj.: There are seven days in a week.* 一星期有七天。**seventh** /ˈsevənθ/ *adj.* 7th 第七(個): *Saturday is the seventh day in the week.* 星期六是一週的第七天。

seventeen /ˌsevənˈti:n/ *n.* number 17 十七 **seventeen** *adj.: Tracy is seventeen.* 翠西十七歲了。**seventeenth** /ˌsevənˈti:nθ/ *adj.* 17th 第十七(個)

seventy /ˈsevəntɪ/ *n.* (*pl.* seventies) number 70 七十 **seventy** *adj.* 七十: *seventy years old* 七十歲 **seventieth** /ˈsevəntɪəθ/ *adj.* 70th 第七十(個)

several /ˈsevrəl/ *adj.* some, but not many 幾; 若干: *I've read this book several times.* 這本書我看過幾遍了。**several** *pron.: Several of us went to the theatre yesterday.* 我們有幾個人昨天去看戲。

severe /səˈvɪə(r)/ *adj.* **1** hard; strict 苛刻的; 嚴格的: *a severe boss* 苛刻的老闆 **2** that you feel strongly 劇烈的; 嚴厲的: *a severe pain* 劇痛 **severely** *adv.*

sew /səʊ/ *v.* (*past part.* sewn /səʊn/, sewed /səʊd/, *past tense* sewed) make stitches with a needle and cotton to put pieces of cloth together; make clothes 縫; 縫合; 縫製: *to sew a dress* 縫(婦女穿的)衣服 **sewing** *n.* **sewing-machine** *n.* machine that sews 縫紉機

sex /seks/ *n.* (*pl.* sexes) being a male or a female 性別: *What sex is the new baby?* 這個嬰兒是男的還是女的?

shabby /ˈʃæbɪ/ *adj.* **1** old and worn because you have used it a lot 破舊的; 失修的: *a shabby coat* 破舊的大衣 **2** with poor clothes 襤褸的: *a shabby man* 衣着襤褸的男子 **shabbily** *adv.: She was shabbily dressed.* 她衣衫破爛。

shack /ʃæk/ *n.* hut; small, rough house 棚屋; 小破房子

shade¹ /ʃeɪd/ *n.* **1** (no *pl.*) where it is dark because the sun does not shine directly there 蔭; 陰涼處: *Let's sit in the shade of the tree.* 我們坐在樹蔭下吧。**2** (*pl.* shades) thing that keeps strong light from your eyes 遮光物(罩); 簾: *a sunshade* 遮篷; (女用)陽傘 **3** (*pl.* shades) colour 色彩的濃淡: *a dress in several different shades of blue* 一件有深淺藍色的女服

shade² *v.* stop light from shining straight on to something 遮蔽: *He shaded his eyes with his hand.* 他用手遮擋眼睛。

shadow¹ /ˈʃædəʊ/ *n.* **1** (no *pl.*) darkness 陰暗; 陰影: *The north side of the mountain was in shadow.* 山的北面處在陰影之中。**2** (*pl.* shadows) area of shade where the sunlight cannot fall because someone or something is standing in the way 影子: *Our shadows get shorter as the sun goes higher.* 太陽升高, 我們的影子就變短。**shadowy** *adj.* **1** with shadows 多蔭的; 有影的: *a shadowy forest* 多蔭的樹林 **2** not clear; like a shadow 模糊的; 幽暗的: *a shadowy figure in the darkness* 黑暗中有個模糊的人影

shadow² *v.* follow and watch someone secretly 跟踪: *The spy was shadowed by a policeman wearing plain clothes.* 那個間諜被一個便衣警察跟踪。

shady /ˈʃeɪdɪ/ *adj.* not in bright sunshine; rather dark 背陰的; 多蔭的; 陰暗的: *the shady side of the street* 街的背陰一面

shake /ʃeɪk/ *v.* (*past part.* shaken /ˈʃeɪkən/, *past tense* shook /ˈʃʊk/) **1** move quickly, from side to side, up and down, etc.; tremble 搖; 發抖: *The house shook in the gale.* 大風吹得房子都搖晃了。*She was shaking with fear.* 她怕得發抖。**2** make something or someone tremble or move quickly from side to side, up and down, etc. 使搖; 使發抖: *An earthquake shook the city.* 地震使這個城市搖動了。*The cat shook the rat.* 那隻貓嚇得老鼠發抖。

shaky /ˈʃeɪkɪ/ *adj.* **1** shaking or trembling 搖晃的; 發抖的: *shaky hands* 抖動的手 **2** not firm; not strong 不穩定的; 不堅定的: *a shaky bridge* 搖晃的橋 **shakily** *adv.*

shall /ʃl/, /ʃæl/ *v.* **1** word that forms the future with other verbs; word that shows something is going to happen (和其他動詞一起用以表示將來)將要; 會: *I shall come tomorrow.* 我明天來。**2** word that you say when you are asking for advice (用來徵求意見)…好嗎? *'Shall I help him?' asked Rob.* 阿洛問: "要我幫助他嗎?"

shallow /ˈʃæləʊ/ *adj.* not deep; with not much water 淺; 水少的: *The river is shallow here – we can walk across.* 這段河水很淺, 我們可以涉水過去。

shame /ʃeɪm/ *n.* (no *pl.*) unhappy feeling because you have done something wrong or foolish 羞恥心; 羞愧; 遺憾的事: *She felt shame after she told the lie.* 她撒謊後感到羞慚。 ***it's a shame, what a shame***, it's sad 不像話; 憾事: *It's a shame to work on a nice day!* 好天氣得上班, 真遺憾!

shameful /ˈʃeɪmfl/ *adj.* very bad 可恥的; 丟臉的: *a shameful lie* 大謊話 **shamefully** *adv.*

shampoo /ʃæmˈpuː/ *n.* special sort of soap for washing hair 洗髮膏(劑) **shampoo** *v.* wash hair 洗頭髮: *Will you shampoo my hair for me?* 你給我洗頭髮嗎?

shan't /ʃɑːnt/ = shall not (表示將來時)將不; 不會

shape ¹ /ʃeɪp/ *n.* form 形狀; 樣子: *What is the shape of the table – round or square?* 那張桌子是什麼形狀——圓的還是方的? ***in good shape***, well 情況好 ***in bad shape***, in bad condition; not well 情況不好: *Roger is in bad shape after the accident.* 那次意外之後, 洛基的健康情況不好。

shape ² *v.* make something; give a form to something 製作; 使具有…形狀: *She shaped the dough into biscuits.* 她把麵團做成餅乾形狀。 ***shaped like***, with the form of something 具有…的形狀(樣子): *a brooch shaped like a flower* 花形胸針

share ¹ /ʃeə(r)/ *n.* how much one person gets or has 份; 分擔量: *Here is your share of the cake.* 這份蛋糕是你的。 *I did my share of the work.* 我幹完了分給我的工作量。

share ² *v.* **1** divide something and give parts to different people 分配; 分派: *Share this bag of sweets with your friends.* 這袋糖果你和你的朋友分着吃吧。 **2** have or use something with another person 分享; 共同具有: *I share a bedroom with my sister.* 我和姊姊共用一間睡房。

shark /ʃɑːk/ *n.* big, fierce fish 鯊魚

sharp ¹ /ʃɑːp/ *adj.* **1** with an edge that cuts easily 鋒利的; 快的: *a sharp knife* 一把快刀 **2** with a fine point; that makes holes easily 尖的; 銳利的: *a sharp needle* 尖利的針 **3** clear; that you can see or smell clearly 清楚的; 明顯的: *the sharp outline of mountains against the sky* 遠處天邊羣山清楚的輪廓 **4** that you hear loudly and suddenly 刺耳的; 尖銳的: *a sharp cry* 一聲尖叫 **5** that can see, hear, etc. well 敏銳的; 精明的: *sharp eyes; sharp ears* 敏銳的眼睛(耳朵) **6** angry; severe 易怒的; 尖刻的: *sharp words* 尖刻的說話 **sharply** *adv.* **sharpness** *n.* **sharpen** /ˈʃɑːpən/ *v.* become sharp; make something sharp or sharper 變尖; 削尖: *to sharpen a knife* 磨刀 **sharpener** *n.* thing for making something sharp 磨削器(石): *a pencil-sharpener* 鉛筆刀(刨)

sharp ² *adv.* **1** not later; exactly (指時間)正: *Come at six o'clock sharp.* 六點正來。 **2** with a big change of direction 急劇地; 突然地: *Turn sharp right.* 向右急轉彎。

shatter /ˈʃætə(r)/ *v.* break completely into small bits; break something into small bits 打碎; 粉碎: *The stone hit the window and shattered the glass.* 石頭打在窗上, 打碎了玻璃。

shave /ʃeɪv/ *v.* (*past part.* shaved /ʃeɪvd/, shaven /ˈʃeɪvn/, *past tense* shaved) cut hair off the face or body closely, with a razor 剃; 刮(鬍鬚等): *Father shaves every morning.* 爸爸每天早上都刮臉。 **shave** *n.* ***a close shave, a narrow shave***, a lucky escape from danger 僥幸脱險; 幸免 **shaving brush** *n.* brush for putting soap on the face before you shave 剃鬍子時用的刷子 **shaver** /ˈʃeɪvə(r)/ *n.* electric instrument for taking hair off the face 電動剃刀

shawl /ʃɔːl/ *n.* big piece of warm cloth that a woman wears round her shoulders or wraps round a baby (長)方形披巾; (女用)圍巾

she /ʃiː/ *pron.* (*pl.* they) word for any female person 她: *Where is Isabel? She is at home.* 伊莎蓓在哪兒? 她在家裏。

shear /ʃɪə(r)/ *v.* (*past part.* shorn /ʃɔːn/, sheared /ʃɪəd/, *past tense* sheared) cut the wool off sheep 剪羊毛; 修剪

shears /ʃɪəz/ *n.* (*pl.*) big scissors for cutting cloth, grass, sheep's wool, etc. (可剪布、剪草或羊毛的)大剪子

shed ¹ /ʃed/ *n.* building for animals, tools, etc. 棚; 小屋: *a cow-shed* 牛棚

shed ² *v.* (*pres. part.* shedding, *past part. & past tense* shed) take something off; let something fall 脱落(葉、毛等); 蛻(皮): *Some trees shed their leaves in autumn.* 有些樹秋天落葉

sheep /ʃiːp/ *n.* (*pl.* sheep) farm animal that gives us wool and meat 羊; 綿羊

sheer /ʃɪə(r)/ *adj.* **1** going straight up or down 陡峭的; 垂直的: *a sheer cliff* 陡峭的懸崖 **2** total 全然的: *a sheer waste of time* 白白浪費時間

sheet /ʃiːt/ *n.* **1** big piece of thin cloth for a bed 牀單 **2** big, flat piece of something thin 一張(片): *sheets of paper* 幾張紙

shelf /ʃelf/ *n.* (*pl.* shelves) flat piece of wood, etc. on a wall or in a cupboard, where things can stand 架子; 擱板: *Please put the book back on the shelf when you have read it.* 閱後請把書放回架上。

she'll /ʃiːl/ = she will 她會

shell /ʃel/ *n.* hard, outside covering of birds' eggs, nuts, peas, etc., and of crabs, lobsters, and some other animals 殼; 貝殼; 莢; 甲

shellfish /ˈʃelfɪʃ/ *n.* (pl. shellfish) crabs, shrimps, and other water-animals that have a hard, outside covering 貝; 甲殼類 (如蟹、蝦等)

shelter[1] /ˈʃeltə(r)/ *n.* **1** (no *pl.*) being safe from bad weather, danger, etc. 遮蔽; 庇護: *We took shelter from the rain under a tree.* 我們在樹下避雨。**2** (*pl.* shelters) place where you can be safe from bad weather, danger, etc. 躲避處; 避難所: *a shelter at a bus-stop* 公共汽車站避雨處

shelter[2] *v.* **1** make someone or something safe from bad weather, danger, etc. 遮蔽; 庇護: *The wall sheltered him from the wind.* 那堵牆替他擋住風。**2** go where you can be safe from bad weather, danger, etc. 躲避; 避難: *Let's shelter under this tree until the rain stops.* 我們在這棵樹下躲到雨停了再走。

shepherd /ˈʃepəd/ *n.* man who looks after sheep 牧羊人 **shepherdess** /ˌʃepəˈdes/ *n.* woman who looks after sheep 牧羊女

shield[1] /ʃiːld/ *n.* piece of metal, wood, etc. that a soldier carried in wars long ago to keep himself safe from arrows, swords, etc. 盾; 盾牌

shield[2] *v.* keep something or someone safe from danger, hurt, etc. 防護; 遮擋: *He shielded his eyes from the bright sun.* 他把手放在眼前擋着强烈的陽光。

shift[1] /ʃɪft/ *n.* **1** group of workers who begin work when another group finishes 班; 班組: *Each shift in the factory works for eight hours.* 工廠裏每班工作八小時。**2** time when one group of workers are working (指工作時間)班次: *the night shift* 夜班

shift[2] *v.* move to another place; move something to another place 轉移; 搬動: *Let's shift the beds so that we can sweep the floor.* 我們把牀移動一下, 然後才可以掃地。

shine /ʃaɪn/ *v.* (*past part. & past tense* shone /ʃɒn/) **1** give out light; be bright 照耀; 發光; 發亮: *The moon shines at night.* 月亮晚上發光。*The sun shines in the day.* 白天陽光照耀。**2** rub something to make it bright 使發光; 使發亮: *Go and shine your shoes.* 去把你的皮鞋擦一擦吧。 **shine** *n.* brightness 光亮 **shiny** *adj.* bright 光亮的: *a shiny, new bike* 一輛閃亮的新腳踏車

ship /ʃɪp/ *n.* big boat that sails on the sea 船; 艦 **ship** *v.* (*pres. part.* shipping, *past part. & past tense* shipped /ʃɪpt/) send something in a ship 用船裝運: *Australia ships meat to Britain.* 澳洲用船把肉類運往英國。

shipwreck /ˈʃɪprek/ *n.* accident when a ship breaks up in a storm or on the rocks 船隻失事 **shipwreck** *v.*: *Many boats have been shipwrecked on the dangerous coast of Cornwall.* 在危險的康沃爾海岸上, 許多船隻失事。

shipyard /ˈʃɪpjɑːd/ *n.* place where people build ships 船塢; 造船廠; 修船廠

shirt /ʃɜːt/ *n.* piece of thin clothing that a man wears on the upper part of his body, under a jacket (男裝)襯衣

shiver /ˈʃɪvə(r)/ *v.* shake because of cold, fever, or fear 顫抖; 哆嗦: *He shivered in the cold wind.* 他在冷風裏冷得發抖。

shock[1] /ʃɒk/ *n.* **1** strong blow or shaking 打擊; 震動: *earthquake shocks* 地震引起的震動 **2** sudden pain when electricity passes through the body (電流通過身體引起的)電震: *an electric shock* 電擊 **3** nasty surprise 震驚: *The news was a terrible shock.* 這消息令人震驚。

shock[2] *v.* **1** upset someone; give someone a nasty surprise 使震動; 震驚: *His murder shocked everyone.* 他被謀殺, 人人都感到震驚。**2** give someone a sudden pain by electricity 電擊; 使電震

shocking /ˈʃɒkɪŋ/ *adj.* surprising in a very bad way 駭人聽聞的: *a shocking crime* 駭人聽聞的罪行

shoe /ʃuː/ *n.* covering of leather, rubber, etc. that you wear on your foot 鞋: *a pair of shoes* 一雙鞋

shoe-lace /ˈʃu: leɪs/ *n.* string that fastens a shoe 鞋帶

shone /ʃɒn/ *past part. & past tense of v.* shine 動詞 shine 的過去分詞和過去式

shook /ʃuk/ *past tense of v.* shake 動詞 shake 的過去式

shoot [1] /ʃu:t/ *n.* bud; new, green point of a plant 芽; 苗; 嫩枝

shoot [2] *v.* (*past part. & past tense* shot /ʃɒt/) **1** send a bullet from a gun or an arrow from a bow; hurt or kill a person or animal with a bullet or arrow 發射; 射死: *He shot the dying horse.* 他開槍把垂死的馬打死。**2** move suddenly or quickly 迅速移動; 掠過: *The cat shot out of the house with the dog behind her.* 貓迅速跑出房子, 狗在後面緊追。**3** make a film 拍攝(電影): *They are shooting the last scene now.* 他們現在拍攝(影片的)最後一場。

shop [1] /ʃɒp/ *n.* building or part of a building where you buy things 商店; 店鋪

shop assistant *n.* someone who works in a shop and sells things to people 店員

shop [2] *v.* (*pres. part.* shopping, *past part. & past tense* shopped /ʃɒpt/) buy things 到商店買東西: *I always shop on Fridays.* 我逢星期五上街買東西。***go shopping***, go out to buy things 上街買東西: *Will you buy some butter for me when you go shopping?* 你買東西時, 可以替我買些牛油嗎? ***shopping*** *n.*: *She does her shopping after work.* 她下班後上街買東西。***shopper*** *n.* someone who is buying things 顧客; 購物的人

shopkeeper /ˈʃɒpki:pə(r)/ *n.* someone who owns a shop 店主

shore /ʃɔ:/ *n.* ground next to the sea or a big lake 岸; 濱 ***on shore,*** (***a***) on the land 在陸上: *Sailors enjoy their holidays on shore.* 水手喜愛在陸上渡假。(***b***) on to the land from a boat or ship 上岸: *We tied up our boat and went on shore.* 我們把船拴好, 就上岸了。

shorn /ʃɔ:n/ *past part.* of *v.* shear 動詞 shear 的過去分詞

short [1] /ʃɔ:t/ *adj.* **1** not long; very little from one end to the other 短的; 近的: *It's only a short way, so you can walk there in a few minutes.* 路途很短, 你走幾分鐘就到了。**2** very little from bottom to top; not tall 矮; 不高: *She's too short to reach the top shelf.* 她太矮了, 觸不到架子頂層。**3** less than usual 短缺的; 不足的 ***be*** or ***go short of***, not have enough 欠缺; 不夠用: *Hilary went to the bank because she was short of money.* 希拉到銀行去, 因爲她缺錢用。

short [2] *adv.* suddenly 突然地; 出其不意: *We stopped short because there was a big hole in the road.* 我們突然停下來, 因爲路上有一個大坑。

shortage /ˈʃɔ:tɪdʒ/ *n.* not enough of something 不足; 缺少: *After the hot summer, there was a shortage of water.* 炎熱的夏天過去後, 出現缺水現象。

shorten /ˈʃɔ:tn/ *v.* become shorter; make something shorter 弄短; 減少: *My dress is too long – I must shorten it.* 我的連衣裙太長了, 我得把它截短一些。

shorthand /ˈʃɔ:thænd/ *n.* (no *pl.*) way of writing quickly, with special signs 速記: *A secretary must learn shorthand and typing.* 秘書一定要學會速記和打字。

shorthand-typist *n.* someone who does shorthand and typing in an office 速記打字員

shortly /ˈʃɔ:tlɪ/ *adv.* soon 立刻; 不久: *We'll follow you shortly.* 我們馬上就跟你走。***shortly after***, soon after …之後不久: *He left shortly after six.* 他六點後不久就離開了。***shortly before***, not long before …前不久: *We arrived shortly before the film started.* 我們在電影開始前不久才到達。

shorts /ʃɔ:ts/ *n.* (*pl.*) short trousers 短褲: *Football players wear shorts.* 足球運動員穿短褲。

shot [1] /ʃɒt/ *n.* **1** firing a gun; noise made when a gun is fired 槍聲; 射擊: *We heard two shots.* 我們聽到兩聲槍響。***have a shot at***, try to do something 嘗試去做: *It's a difficult job but I'll have a shot at it.* 這工作很困難, 但我嘗試去做。**2** photograph 照相: *This is a good shot of the boat.* 這隻船的照片拍得很好。

shot [2] *past part. & past tense of v.* shoot 動詞 shoot 的過去分詞和過去式

should /ʃʊd/ *v.* **1** *past tense of v.* shall 動詞 shall 的過去式: *I said I should go to town.* 我說我將進城。**2** word that shows what you think will happen 可能; 該: *He should arrive soon.* 他該很快到達了。**3** word to tell someone what is the right thing to do 應當; 應該: *It's cold so you should wear a coat.* 外面很冷, 你應該穿上大衣。**4** word that you say when you are asking for advice (用於徵求意見)要: *Should I wear a coat?* 我要穿大衣嗎?

shoulder /ˈʃəʊldə(r)/ *n.* part where the arm joins the main part of the body 肩; 肩膀: *Her bag hangs over her shoulder.* 她把書包掛在肩膀上。

shouldn't /ˈʃʊdnt/ = should not 將不; 不該

shout /ʃaʊt/ *v.* cry words out loudly and strongly 呼喊; 喊叫: *I have to shout at granny because she's deaf.* 祖母耳聾, 我不得不大聲地說話。***shout for***, shout that you want something 高聲地喊着要: *He shouted for help.* 他高聲呼救。**shout** *n.*

shove /ʃʌv/ *v.* push someone or something 推; 塞 **shove** *n.*

shovel /'ʃʌvl/ *n.* spade; instrument for digging 鏟; 鐵鍬 **shovel** *v.* (*pres. part.* shovelling, *past part.* & *past tense* shovelled /'ʃʌvld/) move something with a shovel 鏟起; 鏟動: *Dad shovelled snow off the path.* 爸爸用鐵鍬把小路上的積雪鏟掉。

show¹ /ʃəʊ/ *n.* **1** group of things for people to see 展覽會: *the Boat Show* 船隻展覽 ***on show***, for people to see 展出: *There's a new car on show at the garage.* 在汽車修理廠有新車展覽。 **2** play, music and singing, etc. in a theatre, on radio or television, etc. 演出; 娛樂; 節目: *a film show* 一場電影 ***give the show away***, tell people about a secret plan 露出馬腳, 洩露內幕

show² *v.* (*past part.* shown /ʃəʊn/, showed /ʃəʊd/, *past tense* showed) **1** let someone see something 給…看; 出示; 顯示: *You must show your train ticket when the collector asks for it.* 當收票員要看車票時, 你一定要拿出來。 **2** appear; be seen 顯出; 看見: *Light was showing under the door.* 從門縫裏看得見亮光。 ***show someone round***, let someone see in a building, etc. 帶某人看; 帶領: *David showed me round his old school.* 大衛帶我參觀他的母校。 ***show that***, be a sign of something 表明; 指出: *His cough shows that he smokes too much.* 他患上咳嗽, 説明他抽煙太多。 ***show someone to a place***, take someone to a place 把某人送到某處: *He showed us to our room.* 他帶我們到屋裏去。 ***show off***, talk loudly, etc. because you want people to think you are important 炫耀; 賣弄 ***show something off***, let people see something new, beautiful, etc. 顯耀; 誇耀: *Sue wanted to show off her new dress.* 素要炫耀一下她的新衣。

shower /'ʃaʊə(r)/ *n.* **1** brief fall of rain 陣雨 **2** place where you can wash under water that falls from above 淋浴: *There is a shower in our bathroom.* 我們浴室裏有淋浴設備。 **3** washing yourself in a shower 淋浴: *Bob took a shower after the game of football.* 阿寶在足球賽後淋浴。

shown /ʃəʊn/ *past part.* of *v.* show 動詞 show 的過去分詞

shrank /ʃræŋk/ *past tense* of *v.* shrink 動詞 shrink 的過去式

shred /ʃred/ *n.* small piece that you tear off something 碎片; 碎條 ***tear something to shreds***, tear something totally 撕成碎片: *He angrily tore the letter to shreds.* 他很生氣, 把信撕得粉碎。

shriek /ʃri:k/ *v.* cry out loudly; scream 尖聲喊叫 **shriek** *n.*

shrill /ʃrɪl/ *adj.* with a high, sharp sound 尖聲的; 尖叫的: *a shrill whistle* 刺耳的氣笛聲

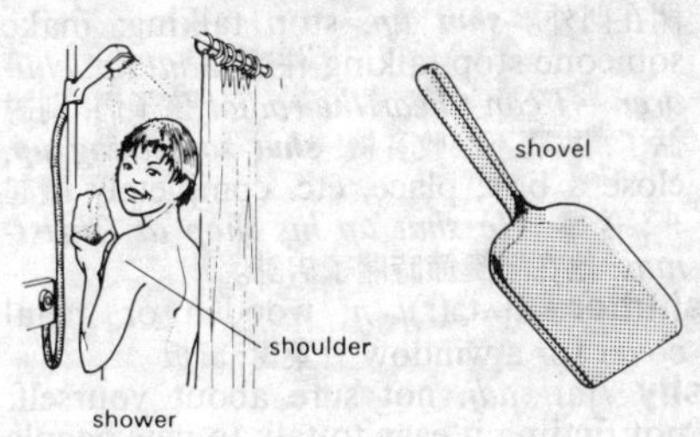

shrine /ʃraɪn/ *n.* holy place 聖地: *the shrine at Lourdes* 盧和德聖地(在法國南部)

shrink /ʃrɪŋk/ *v.* (*past part.* shrunk /ʃrʌŋk/, shrunken /'ʃrʌŋkən/, *past tense* shrank /ʃræŋk/, shrunk) become smaller; make something smaller 收縮; 皺縮: *Woollen clothes shrink in hot water.* 毛料衣服在熱水中會縮水的。

shrivel /'ʃrɪvl/ *v.* (*pres. part.* shrivelling, *past part.* & *past tense* shrivelled /'ʃrɪvld/) dry up and die; make something dry and die (使)皺縮; (使)枯萎: *The corn shrivelled in the hot wind.* 在熱風裏玉米都枯萎了。

shrub /ʃrʌb/ *n.* low bush 灌木

shrug /ʃrʌg/ *v.* (*pres. part.* shrugging, *past part.* & *past tense* shrugged /ʃrʌgd/) move your shoulders to show that you do not know or do not care about something (表示不知道、不在乎)聳(肩) **shrug** *n.*: *He answered my question with a shrug of the shoulders.* 他以聳聳肩來表示回答我的問題。

shrunk /ʃrʌŋk/, **shrunken** /'ʃrʌŋkən/ *past part.* of *v.* shrink 動詞 shrink 的過去分詞

shudder /'ʃʌdə(r)/ *v.* **1** shake because you are afraid or do not like something 震顫; 發抖: *He shuddered when he drank the horrible medicine.* 他喝了可怕的藥後就發抖。 **2** shake 震動: *The building shuddered when the bomb exploded.* 炸彈爆炸時大樓都震動了。 **shudder** *n.*

shuffle /'ʃʌfl/ *v.* drag your feet along the ground when you walk 拖着腳走: *The old man was shuffling along the road.* 老人沿着大路拖着腳步走。

shut /ʃʌt/ *v.* (*pres. part.* shutting, *past part.* & *past tense* shut) **1** close something 關上: *Please shut the door so that the dog cannot come out.* 請把門關上, 不讓狗出來。 **2** close 關門: *When does the supermarket shut?* 超級市場什麼時候停止營業? ***shut someone in*** or ***up***, keep a person or animal in a place 把…關住; 禁閉: *He shuts his dog in the flat when he goes to work.* 他上班時把狗關在住所裏。 ***shut someone out***, keep someone out of a place …關在外: *Shut the dog out of the room while we're eating.* 我們吃飯時, 把狗

關在門外。***shut up***, stop talking; make someone stop talking 住嘴: *Shut up, children – I can't hear the radio!* 孩子們, 別說話了, 我聽不到收音機! ***shut something up***, close a box, place, etc. completely 關起來; 停業: *He shut up his shop at Christmas.* 他在聖誕節時關了店鋪。

shutter /'ʃʌtə(r)/ *n.* wooden or metal cover for a window 百葉窗; 窗板

shy /ʃaɪ/ *adj.* not sure about yourself; not finding it easy to talk to new people 害羞; 膽怯: *The shy boy blushed when I spoke to him.* 我跟那害羞的男孩說話時, 他臉紅了。**shyly** *adv.*

sick /sɪk/ *adj.* ill 有病的: *Sick people go to see a doctor.* 病人找醫生診治。***be sick***, throw up food from the stomach 惡心; 嘔吐 ***be sick of***, be tired of something 厭倦; 發膩: *I'm sick of all this rain.* 老下雨, 我煩死了。**sickness** *n.* illness; disease 疾病

side[1] /saɪd/ *n.* **1** one of the outer parts of something that is not the top or bottom 邊; 旁邊; 側面: *A box has a top, a bottom, and four sides.* 一隻箱子有底、面和四個側面。*The front door was closed so we went in by a door at the side of the house.* 前門關上了, 所以我們從房子的側門進去。**2** the back or the front of a piece of paper, cloth, etc. (紙、布等)面; 方面: *There is printing on both sides of this paper.* 這張紙兩面都印有字。**3** inner or outer part of something (裏或外)面: *You've put your socks on with the wrong side out!* 你把襪子穿反了, 裏面朝外! **4** right or left part (動物的)半邊軀體: *He carries a gun at his side.* 他身邊帶着一枝槍。***by the side of***, next to 在…旁邊: *They built a house by the side of the river.* 他們在河邊建了一所房子。***side by side***, close together 緊挨着; 肩並肩地: *They walked side by side.* 他們肩並肩地走。**5** part of a thing, place, etc. that is away from the middle; edge 邊緣: *They rowed the boat to the side of the lake and got out.* 他們把船划到湖邊, 下了船。***on every side***, everywhere 在各方面; 到處: *In spring there are wild flowers on every side.* 春天, 到處都長着野花。***put something on one side***, keep something until later 把某物置於一邊; 先擱下: *Martha is too busy to finish her new dress this week, so she has put it on one side.* 瑪莎這星期太忙了, 不能做完新衣服, 就把它擱在一旁。**6** team of players in sport (比賽)隊: *Our school has a good football side.* 我們學校有一隊優秀的足球隊。**7** one of two groups of people who are quarrelling or fighting (敵對的)一派; 方面: *America and Japan were on different sides in the Second World War.* 第二次世界大戰中, 美國和日本站在敵對的地位。***on the side of***, with the same ideas as another person; helping another person in a quarrel 站在…一邊: *Mel said I was wrong, but Andy was on my side.* 梅爾說我錯了, 但是安廸站在我這邊。***take the side of someone***, help someone in a quarrel, fight, etc. (在爭論、鬥爭中)同意某人; 支持某人

side[2] *v.* ***side with***, help someone, or agree with someone, in a fight, quarrel, etc. 同意; 支持; 站…一邊: *Mel said I was wrong, but Andy sided with me.* 梅爾說我錯了, 但是安廸站在我這邊。

sideboard /'saɪdbɔ:d/ *n.* long, low cupboard in a dining-room, where you keep cups, plates, glasses, etc. 餐具櫃

sideways /'saɪdweɪz/ *adv.* **1** to one side 斜着: *She looked sideways at the girl in the next seat.* 她側視鄰座的女孩子。**2** with a side or edge first 一邊向前: *We can drive a car forwards or backwards, but not sideways.* 我們駕車可以向前或後退, 但不能側着駛。

siege /si:dʒ/ *n.* long attack on a town or camp so that people inside cannot get out or fetch help 包圍; 圍攻

sigh /saɪ/ *v.* take a long, deep breath when you are tired, sad, glad, etc. 嘆氣; 悲嘆: *She sighed when she saw the hole in her blouse.* 她看到襯衫上有個洞就嘆了口氣。**sigh** *n.*: *'I wish I had a friend,' she said with a sigh.* 她嘆了一口氣說: "我有個朋友就好了。"

sight /saɪt/ *n.* **1** (no *pl.*) seeing 視力; 見: *She wears glasses because she has bad sight.* 她戴眼鏡, 因爲視力不好。***catch sight of***, see someone or something suddenly 突然看到; 發現: *I caught sight of Tim's face in the crowd.* 我在人羣中看到添的臉。***come into sight***, come near so that you can see it 進入視域: *We ran to the bus-stop when the bus came into sight.* 我們看見公共汽車開來時, 便向車站跑去。***out of sight***, where you cannot see it 在看不見的地方: *We waved until the car was out of sight.* 我們一直招手, 直到看不見車爲止。**2** (*pl.* sights) something that you see 情景; 景象: *After the fire, the house was a terrible sight.* 大火之後的房子令人慘不忍睹。

sightseer /'saɪtsi:ə(r)/ *n.* someone who comes to look at an interesting building or happening 觀光者; 遊客: *The castle was full of sightseers.* 城堡裏到處都是觀光者。**sightseeing** *n.*: *a day's sightseeing in Stratford-on-Avon* 在亞芬河畔的斯特拉福遊覽一天

sign[1] /saɪn/ *n.* **1** mark, word, picture, or movement to show something 符號; 記號: *+ and – are signs for 'plus' and 'minus' in arithmetic.* '+'和'–'是算術裏加和減的符號。*The policeman made a sign for us to stop.* 警察示意叫我們停下。**2** something that tells you about another thing 徵兆; 跡象: *Dark clouds are a sign of rain.* 烏雲是下雨的徵兆。

sign [2] *v.* write your name in your own way on something 簽名; 署名: *His secretary typed the letter and he signed it.* 他的秘書把信打好, 他在信上簽了名。

signal /'sɪgnəl/ *v.* (*pres. part.* signalling, *past part. & past tense* signalled /'sɪgnəld/) tell people something by moving your hand, a flag, etc. or by putting on a light 給信號; 用手勢等表示: *The policeman signalled the children to cross the road.* 警察向孩子們做手勢, 叫他們過馬路。 **signal** *n.*: *A red light is usually a signal of danger.* 紅燈通常是危險的信號。

signature /'sɪgnətʃə(r)/ *n.* your name that you have written in your own way 署名; 簽名

significant /sɪg'nɪfɪkənt/ *adj.* with a meaning; important 有意義的; 重要的: *Do you think that her silence is significant?* 你認爲她保持沉默表示某種意思嗎? **significantly** *adv.*

signpost /'saɪnpəʊst/ *n.* sign by the road that shows the way to a place, how far the place is, etc. (路口等處的)路標

silence [1] /'saɪləns/ *n.* **1** (no *pl.*) total quiet 無聲; 寂靜: *I must have silence for my work.* 我的工作要求絶對安靜。 **2** (*pl.* silences) time of quiet, no talking, etc. 沉默; 肅靜: *There was a long silence before she answered the question.* 她回答問題之前, 沉默了許久。

silence [2] *v.* make someone or something quiet 使沉默; 使安靜: *The chairman silenced the meeting.* 主席使會議出席者保持安靜。

silent /'saɪlənt/ *adj.* **1** with no sound; quiet 安靜; 無聲: *The house was silent because everyone was asleep.* 所有人都睡覺了, 房裏很安靜。 **2** saying nothing; giving no answer 不作聲; 無言的 ***keep silent***, (***a***) say nothing 沉默不語 (***b***) keep a secret 保守秘密 **silently** *adv.*

silk /sɪlk/ *n.* (no *pl.*) fine, soft thread from an insect called a **silkworm**, which people make into cloth; cloth made of silk 蠶絲; 綢; 絲織品 **silk** *adj.* made of silk 絲的; 絲織的: *a silk scarf* 一條絲頭巾

sill /sɪl/ *n.* flat shelf at the bottom of a window 窗台: *The cat sat on the sill and looked out of the window.* 貓坐在窗台上, 從窗户往外看。

silly /'sɪlɪ/ *adj.* foolish; stupid 傻的;愚蠢的

silver /'sɪlvə(r)/ *n.* (no *pl.*) **1** shiny, white metal of great value 銀 **2** things made of silver 銀器 **silver** *adj.* **1** made of silver 銀做的: *a silver teapot* 銀茶壺 **2** with the colour of silver 銀色: *silver shoes* 銀色的

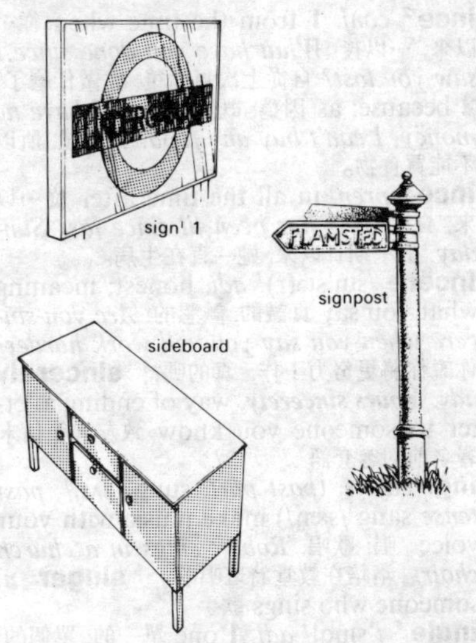

sign[1] 1

signpost

sideboard

鞋 **silvery** *adj.* like silver 似銀的; 有銀色光澤的

similar /'sɪmɪlə(r)/ *adj.* alike; almost the same 相似的; 類似的: *Rats and mice are similar animals.* 大老鼠和小老鼠是類似的動物。 **similarly** *adv.*

simple /'sɪmpl/ *adj.* **1** easy to do or understand 簡單的; 簡易的: *I did the work quickly because it was so simple.* 因爲這項工作很簡單, 所以我很快就做完。 **2** plain; ordinary 樸素; 簡樸: *a simple meal* 粗茶淡飯 **3** foolish; stupid 愚蠢的; 糊塗的: *She's so simple that she thinks babies grow on bushes!* 她太愚蠢了, 以至於認爲嬰兒是在灌木叢中長大的!

simplify /'sɪmplɪfaɪ/ *v.* make something easy to understand or do 簡化; 使易懂: *This dictionary tries to simplify the meanings of words.* 這本詞典力求把詞意簡化。 **simplification** /ˌsɪmplɪfɪ'keɪʃn/ *n.*

simply /'sɪmplɪ/ *adv.* **1** in a plain, ordinary way 簡單地; 單純的: *simply dressed* 衣著樸素 **2** really; quite 簡直; 完全: *Your French accent is simply terrible!* 你的法語口音實在可怕!

sin /sɪn/ *n.* breaking of God's laws; doing something wicked 罪; 罪惡 **sin** *v.* (*pres. part.* sinning, *past part. & past tense* sinned /sɪnd/) **sinful** *adj.* **sinner** *n.* someone who has sinned 罪人

since [1] /sɪns/ *adv.* from then until now 從那時以來: *Alan went away two years ago and we have not seen him since.* 艾倫兩年前走後, 我們再沒見過他。 ***ever since***, in all the time from then until now 從那時起一直到現在: *Jack went to Canada in 1974 and has lived there ever since.* 傑於一九七四年去加拿大, 至今一直住在那裏。

since² *conj.* **1** from the time when 從…以來; …以後: *What have you done since I saw you last?* 自從上次見面後, 你做什麼了? **2** because; as 因爲; 既然: *Since I have no money, I can't buy any food.* 我没錢, 所以不能買食物。

since³ *prep.* in all the time after 從…以來; 自從: *She has been ill since last Sunday.* 上星期日以來, 她一直在生病。

sincere /sɪn'sɪə(r)/ *adj.* honest; meaning what you say 真誠的; 誠懇的: *Are you sincere when you say you will work harder?* 你說你將更努力工作, 真的嗎? **sincerely** *adv.* ***Yours sincerely***, way of ending a letter to someone you know 致友人等信末署名前的客套語

sing /sɪŋ/ *v.* (*past part.* sung /sʌŋ/, *past tense* sang /sæŋ/) make music with your voice 唱; 歌唱: *Robert sings in a church choir.* 洛培在教堂詩班唱歌。 **singer** *n.* someone who sings 歌手

single¹ /'sɪŋgl/ *adj.* **1** one 單一的; 單個的: *I haven't a single enemy.* 我一個敵人都没有。**2** not married 獨身的: *a single man* 獨身男子 **3** for or by one person 單人的: *a single bed* 單人牀 **4** for a journey to a place but not back again 單程: *a single ticket* 單程票

single² *n.* **1** ticket for a journey to a place but not back again 單程票: *A single to London, please.* 請給我一張去倫敦的單程票。**2** record with one song on each side 每面只有一首歌的唱片

single-handed /ˌsɪŋgl 'hændɪd/ *adj.* by one person alone 獨自的 **single-handed** *adv.*: *He caught the thief single-handed.* 他獨自把賊捉到。

singular /'sɪŋgjʊlə(r)/ *n.* form of a word for one person or thing 單數: *'Chair' is singular; 'chairs' is plural.* Chair 是單數形式, chairs 是複數形式。 **singular** *adj.*: *a singular noun* 單數名詞

sink¹ /sɪŋk/ *n.* place in a kitchen where you wash dishes, etc. (廚房內洗菜、洗碗等的)洗滌槽

sink² *v.* (*past part.* sunk /sʌŋk/, *past tense* sank /sæŋk/) **1** go under water; make a ship, etc. go under water (船)下沉; 沉没: *He dropped a stone into the river and it sank to the bottom.* 他往河裏扔了一塊石頭, 石頭沉到河底。**2** go down; go lower (日、月)下降; 落: *The sun was sinking in the west.* 太陽從西邊落山。

sip /sɪp/ (*pres. part.* sipping, *past part. & past tense* sipped /sɪpt/) drink a little at a time 呷; 啜: *She sipped the hot tea.* 她呷一口熱茶。 **sip** *n.*: *Have a sip of my wine to see if you like it.* 喝一口我這種酒, 看看你是否喜歡。

sir /sɜː(r)/ *n.* **1** polite word that you say when you speak to a man who is older, more important, or a stranger, or when you write a business letter to a man (對上級、長輩、公函中尊稱)先生 **2 Sir**, word before the name of a knight 爵士: *Sir Winston Churchill* 邱吉爾爵士

siren /'saɪərən/ *n.* thing that makes a long, loud noise to warn people 汽笛; 警報器: *a fire siren* 救火車上的警報器

sister /'sɪstə(r)/ *n.* **1** girl or woman who has the same parents as you 姐妹; 姐; 妹 **2** nurse in a hospital 護士 **3** nun 修女; 尼姑 **sisterly** *adj.* of or like a sister 姐妹般的

sister-in-law /'sɪstər ɪn lɔː/ *n.* (*pl.* sisters-in-law) sister of your wife or husband; wife of your brother 夫或妻的姐妹; 嫂; 弟媳; 姨; 姑

sit /sɪt/ *v.* (*pres. part.* sitting, *past part. & past tense* sat /sæt/) put yourself down on your bottom; rest on your bottom 坐; 就座: *John sat on the most comfortable chair.* 約翰坐在最舒適的椅子上。***sit down***, sit when you have been standing 坐下: *He came in and sat down.* 他進來, 然後坐下。***sit up***, sit when you have been lying 坐起來: *She sat up in bed and looked at the clock.* 她從牀上坐了起來, 看了看鐘。

sitting-room /'sɪtɪŋ rʊm/ *n.* room in a house where you can sit comfortable 起居室

site /saɪt/ *n.* place where something is, was, or will be 地點; 場所: *London is on the site of a Roman fort.* 倫敦建築在羅馬碉堡的舊址上。*We put up our tent in the camp site.* 我們在營地上搭起帳蓬。

situated /'sɪtʃʊeɪtɪd/ *adj.* ***be situated***, be in a place 位於; 座落於: *The house is situated near the station.* 這所房子位於車站附近。

situation /ˌsɪtʃʊ'eɪʃn/ *n.* **1** place where a town, building, etc. is 地點; 位置: *The castle has a lovely situation on a hill.* 城堡座落在山上, 環境優美。**2** the way things are at a certain time 處境; 境遇: *The family was in a difficult situation when mother was in hospital.* 媽媽住醫院時, 家裏的處境困難。

six /sɪks/ *n.* (*pl.* sixes) number 6 六: *Alex was six today.* 亞歷士今天六歲。 **six** *adj.* **sixth** /sɪksθ/ *adj.* 6th 第六: *Alexander's sixth birthday* 亞歷山大的六歲生日

sixteen /sɪk'stiːn/ *n.* number 16 十六 **sixteen** *adj.* **sixteenth** /sɪk'stiːnθ/ *adj.* 16th 第十六

sixty /'sɪkstɪ/ *n.* (*pl.* sixties) number 60 六十 **sixty** *adj.* **sixtieth** /'sɪkstɪəθ/ *adj.* 60th 第六十

size /saɪz/ *n.* **1** (no *pl.*) how big or small something is 大小; 尺寸: *You can wear my dress because we are the same size.* 你可以穿我的衣服, 因爲我們的個子一樣。**2** (*pl.*

sizes) exact measurement 尺碼: *Her shoes are size 5.* 他穿五號鞋。

skate /skeɪt/ *n.* piece of metal with a sharp edge that is fixed under a boot for moving on ice 溜冰鞋: *a pair of skates* 一雙溜冰鞋 **skate** *v.* move on skates 滑冰; 溜冰: *The children skated over the frozen river.* 孩子們在結冰的河面溜冰。 **skating-rink** *n.* special place where you can skate 溜冰場

skateboard /'skeɪtbɔ:d/ *n.* long piece of wood or plastic on wheels. You stand on it while it runs quickly over the ground 滑板

skeleton /'skelɪtn/ *n.* bone frame in the body of an animal or person 骨胳; 骷髏

sketch /sketʃ/ *v.* draw something quickly 速寫; 畫略圖 **sketch** *n.* quick drawing 速寫; 略圖

ski /ski:/ *n.* one of two long pieces of wood that you fix under your boot for moving quickly and smoothly over snow 滑撬; 滑雪鞋: *a pair of skis* 一雙滑雪鞋 **ski** *v.* move over snow on skis 滑雪: *We skied down the hill.* 我們從山上滑雪下來。 **skiing** *n.* sport of moving over snow on skis 滑雪運動 **skier** *n.* person who skis 滑雪的人 **ski-slope** /'ski: sləʊp/ *n.* hill or mountain where you can ski 滑雪坡

skid /skɪd/ *v.* (*pres. part.* skidding, *past part. & past tense* skidded /'skɪdɪd/) move or slip dangerously to the side 煞着車滑行; 打滑; 滑向一側: *The car skidded on the wet road.* 汽車在泥濘的路面上打滑。 **skid** *n.*: *The car went into a skid.* 汽車打滑了。

skies /skaɪz/ (*pl.*) of *n.* sky 名詞 sky 的複數形式

skill /skɪl/ *n.* **1** (no *pl.*) being able to do something well and in the right way 技能; 技巧: *She plays the piano with great skill.* 她彈奏鋼琴很熟練。 **2** (*pl.* skills) something you can do well 擅長; 技藝 **skilful** *adj.*: *a skilful athlete* 靈巧的運動員 **skilfully** *adv.*

skilled /skɪld/ *adj.* trained; good because you have learned for a long time 熟練的; 有技能的: *a skilled workman* 熟練工人

skin /skɪn/ *n.* **1** (no *pl.*) thin stuff that covers the body of a person or animal 皮; 皮膚: *Most Africans have darker skins than Europeans.* 多數非洲人的皮膚比歐洲人黑。 ***by the skin of your teeth***, only just 幸免於難: *I passed the test by the skin of my teeth!* 我險些沒有通過考試! **2** (*pl.* skins) total outside covering of an animal 獸皮; 毛皮: *bear skins* 熊皮 **3** (*pl.* skins) outside covering of some vegetables and fruit (植物水果)外皮; 殼: *banana skins* 香蕉皮

skinny /'skɪnɪ/ *adj.* thin 極瘦的; 皮包骨的: *a skinny child* 皮包骨的孩子

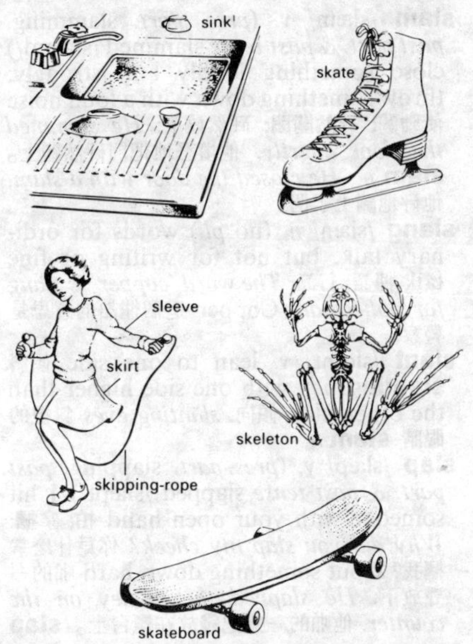

skip /skɪp/ *v.* (*pres. part.* skipping, *past part. & past tense* skipped /skɪpt/) **1** run, jumping lightly with each foot 跳躍; 蹦跳: *The little girl skipped down the road.* 小女孩蹦跳着往路那邊去了。 **2** jump again and again over a rope that you are swinging 跳繩 **skipping-rope** *n.* piece of rope for skipping 跳繩用的繩子 **skip** *n.* little jump 輕跳

skipper /'skɪpə(r)/ *n.* **1** captain of a boat or small ship 船長 **2** captain of football or cricket team (足球隊等)隊長

skirt /skɜ:t/ *n.* piece of clothing for a woman or girl, which hangs from the waist 女裙

skull /skʌl/ *n.* bones of the head 頭蓋骨; 顱骨

sky /skaɪ/ *n.* (*pl.* skies) space above the earth with the sun, moon, and stars 天空; 天: *a blue sky* 蔚藍的天空

skyline /'skaɪlaɪn/ *n.* the shape of the land or a town against the sky (土地、城市等)以天空爲背景映出的輪廓

skyscraper /'skaɪskreɪpə(r)/ *n.* very high building 摩天樓

slab /slæb/ *n.* big, flat piece of something 平板; 厚板: *a slab of concrete* 水泥板

slack /slæk/ *adj.* **1** lazy; not working hard 懶惰; 馬馬虎虎: *a slack student* 懶惰的學生 **2** with little work or business to do 蕭條的; 不景氣的: *February is a slack time for hotels by the sea.* 二月份是海濱酒店的淡季。 **3** loose; not tight 鬆弛的; 不緊的: *a slack rope* 鬆弛的繩子 **slackly** *adv.* **slackness** *n.*

slam /slæm/ *v.* (*pres. part.* slamming, *past part. & past tense* slammed /slæmd/) close something loudly and strongly; throw something down with a loud noise 使勁關; 砰然關閉; 砰然放下: *He slammed the door angrily.* 他憤怒地把門砰然關上。 **slam** *n.*: *He closed the door with a slam.* 他砰地關上了門。

slang /slæŋ/ *n.* (no *pl.*) words for ordinary talk, but not for writing or fine talk 俚語; 行話: *The word 'copper' is slang for policeman.* Copper 這個俚語的意思是警察。

slant /slɑ:nt/ *v.* lean to one side 傾斜 **slanting** *adj.* with one side higher than the other 傾斜; 傾向: *slanting eyes* 斜視的眼睛 **slant** *n.*

slap /slæp/ *v.* (*pres part.* slapping, *past part. & past tense* slapped /slæpt/) **1** hit someone with your open hand 拍; 掌摑: *Why did you slap my cheek?* 你爲什麼掌摑我? **2** put something down hard 啪的一聲放下: *He slapped the money on the counter.* 他啪的一聲把錢放在櫃台上。 **slap** *n.*

slash /slæʃ/ *v.* make a long cut in something 猛砍; (大幅度)削減 **slash** *n.*

slaughter /'slɔ:tə(r)/ *v.* **1** kill an animal for food 屠宰(牛、羊等): *to slaughter a lamb* 屠宰羔羊 **2** kill a big group of people 屠殺; 殺戮 **slaughter** *n.*

slave /sleɪv/ *n.* servant who belongs to a master and receives no money 奴隸 **slavery** *n.* **1** being a slave 奴隸身分: *They lived in slavery.* 他們過奴隸生活。 **2** having slaves 擁有奴隸: *William Wilberforce worked hard to end slavery.* 威廉威伯福斯爲結束奴隸制度而奮鬭。

sledge /sledʒ/ *n.* sort of cart that moves on long pieces of metal or wood over the snow 雪撬

sleep /sli:p/ *v.* (*past part. & past tense* slept /slept/) rest yourself totally, with your eyes closed, as in bed at night 睡覺 **sleep** *n.* ***go to sleep***, start to sleep 入睡; 睡着: *She will go to sleep quickly because she's very tired.* 她很累, 很快就會睡着的。 **sleeping bag** *n.* big, warm bag that you sleep inside when you are camping, etc. 睡袋(野營用) **sleepless** /'sli:plɪs/ *adj.* not able to sleep 失眠的; 不眠的

sleepy /'sli:pɪ/ *adj.* **1** tired; wanting to sleep 困倦的; 欲睡的: *I'm sleepy after my long walk.* 我走了一段長路後感到困倦。 **2** quiet; with not many things happening 寂靜的; 不活躍的: *a sleepy village* 寂靜的村莊 **sleepily** *adv.*: *Richard yawned sleepily.* 潤才感到困倦, 打了個呵欠。

sleet /sli:t/ *n.* (no *pl.*) falling snow with rain 雨雪

sleeve /sli:v/ *n.* part of a dress, shirt, coat, etc. that covers your arm 袖子

sleigh /sleɪ/ *n.* sort of cart that moves on long pieces of metal or wood over the snow 雪撬; 雪車

slender /'slendə(r)/ *adj.* nicely thin 細長的; 苗條的: *a slender girl* 苗條姑娘

slept /slept/ *past part. & past tense* of *v.* sleep 動詞 sleep 的過去分詞和過去式

slice /slaɪs/ *n.* thin piece that you cut off bread, meat, or other food 薄片; 片: *a slice of cake* 一片蛋糕 **slice** *v.* cut something into slices 切成片: *Heather sliced the ham for sandwiches.* 荷姿把火腿切成片, 好做三明治。

slide [1] /slaɪd/ *n.* **1** moving smoothly over or down something 滑行; 滑動: *The children were having a slide down the icy path.* 孩子們在結冰的道上滑行。 **2** special thing for children where they can climb up steps and slide down the other side 滑梯: *There are swings and slides in the children's playground.* 在兒童遊藝場裏有鞦韆和滑梯。 **3** piece of film that you put in a projector which shows the picture on a screen 幻燈片: *Have you seen the slides of our holiday?* 你看過我們渡假時拍的幻燈片嗎?

slide [2] *v.* (*past part. & past tense* slid /slɪd/) move smoothly; make something move smoothly 滑動; 使滑動: *The drawers of my desk slide in and out easily.* 我書桌的抽屜很容易拉進拉出。

slight /slaɪt/ *adj.* small; not important or bad 微小的; 輕微的: *a slight mistake* 微小的錯誤

slightly /'slaɪtlɪ/ *adv.* a little 少量的: *I'm feeling slightly better today.* 我今天感到好一點。

slim [1] /slɪm/ *adj.* (slimmer, slimmest) nicely thin 細長的; 苗條的: *slim legs* 細長的腿

slim [2] *v.* (*pres. part.* slimming, *past part. & past tense* slimmed /slɪmd/) try to get thinner by eating less food, etc. 減肥

sling [1] /slɪŋ/ *n.* piece of cloth that holds up a broken or hurt arm 懸帶

sling [2] *v.* (*past part. & past tense* slung /slʌŋ/) **1** throw something 投; 擲; 抛: *The boys were slinging stones into the river.* 孩子們正往河裏投石子。 **2** hang something in a place 掛; 吊起: *Molly slung her bag over her shoulder.* 茉莉把書包掛在肩上。

slink /slɪŋk/ *v.* (*past part. & past tense* slunk /slʌŋk/) walk quietly, with your head down, because you are in trouble 鬼鬼祟祟地走; 溜走: *The dog slunk under the chair when the boy kicked him.* 孩子踢那隻狗時, 狗溜到了椅子下。

slip [1] /slɪp/ *n.* **1** sliding and falling, or almost falling 滑行; 滑倒: *He had a nasty slip on the icy path.* 他在結冰的路上滑了一

大交。**2** small mistake that you make when you are not careful: 疏忽; 小錯誤: *There are too many slips in your work.* 你工作中有許多疏忽之處。**3** small piece of paper 一小片紙: *Paul gave me a slip with his telephone number.* 保羅給了我一張紙條, 上面有他的電話號碼。

slip² *v.* (*pres. part.* slipping, *past part.* & *past tense* slipped /slɪpt/) **1** fall or almost fall 滑倒; 幾乎滑倒: *She broke her leg when she slipped on the ice.* 她在冰上滑倒後, 跌斷了腿。**2** go quickly and quietly so that no one notices 溜走; 悄悄走開: *She slipped out of the room.* 她偷偷地溜出房間。**3** take something, or put something somewhere, quickly and quietly 偷偷地拿; 悄悄地放: *He slipped the money into his pocket.* 他偷偷地把錢放入口袋。***slip something on*** or ***off***, put something on or off quickly and easily 匆忙地穿上(脱下)衣服: *He slipped his coat on.* 他匆忙地穿上外衣。***slip up***, make a mistake 疏忽; 出錯

slipper /'slɪpə(r)/ *n.* light, soft shoe that you wear in the house 拖鞋; 便鞋: *a pair of slippers* 一雙拖鞋

slippery /'slɪpərɪ/ *adj.* so smooth, wet, etc. that you cannot hold it or stand on it easily 滑的: 易滑脱的: *The slippery fish dropped from his hands.* 這條魚從他手中滑了下去。

slit /slɪt/ *n.* long, narrow hole 狹長的開口: *Post the letter through the slit in the letter-box.* 把這封信投進信箱。**slit** *v.* (*pres. part.* slitting, *past part.* & *past tense* slit) make a slit 切開口: *to slit an envelope open* 撕開信封

slither /'slɪðə(r)/ *v.* slide; slip 滑動; 使滑行

slope /sləʊp/ *n.* **1** line that has one end higher than the other 斜面; 坡度: *the slope of a roof* 屋頂的傾斜度 **2** piece of ground that goes up or down 斜坡: *He skied fast down the mountain slope.* 他飛快地順着山坡往下滑雪。 **slope** *v.: The field slopes down to the river.* 這片地的地勢向河流傾斜。 **sloping** *adj.: sloping roofs* 傾斜的屋頂

slot /slɒt/ *n.* narrow hole where you can push something through 長孔; 狹縫

slot-machine /'slɒt məʃi:n/ *n.* machine that pushes out a packet of cigarettes, sweets, etc. when you put a coin through a hole 自動售物機(如自動售煙、售糖果機)

slow¹ /sləʊ/ *adj.* **1** not quick; that takes a long time 慢的; 緩慢的: *A slow runner will not win many races.* 跑得慢的人難在賽跑中獲勝。**2** showing a time earlier than it really is (在時間方面)慢於: *My watch is five minutes slow.* 我的錶慢了五分鐘。 **slow** *adv.* word that you usually put with an adjective 慢(通常在形容詞前): *a slow-moving train* 開得很慢的火車 **slow-**

sling¹

ly *adv.: The old lady walked slowly up the hill.* 老婦慢慢地向山上走去。 **slowness** *n.*

slow² *v.* ***slow down, slow up***, go slower; make something go slower 使慢下來: *The train slowed down as it came to the station.* 火車快進站時, 開始慢下來。

slum /slʌm/ *n.* poor building; part of a town where there are many poor, dirty houses 貧民窟; 貧民區

slung /slʌŋ/ *past part.* & *past tense* of *v.* sling 動詞 sling 的過去分詞和過去式

slunk /slʌŋk/ *past part.* & *past tense* of *v.* slink 動詞 slink 的過去分詞和過去式

slush /slʌʃ/ *n.* (no *pl.*) soft, melting snow; soft mud 半融的雪; 爛泥

sly /slaɪ/ *adj.* doing things secretly; ready to lie, trick, etc. 偷偷摸摸的; 狡詐的 **slyly** *adv.*

smack /smæk/ *v.* hit a person or animal with your open hand (用掌)摑; 拍: *She smacked the dog because it was on her chair.* 狗兒臥在椅子上, 她就猛打牠。 **smack, smacking** *n.: She gave it a smack.* 她猛打牠。

small /smɔ:l/ *adj.* **1** not big; little 小的; 少的: *A mouse is a small animal.* 老鼠是小動物。**2** young 年輕的: *small children* 年幼的孩子

smart /smɑ:t/ *adj.* **1** clean and neat; new and bright; elegant 俊俏的; 漂亮的: *a smart suit* 一套時髦的西服; *a smart new car* 一輛漂亮的新汽車 **2** clever; with a quick mind 伶俐的; 聰明的: *a smart pupil* 伶俐的小學生 **smartly** *adv.*

smash¹ /smæʃ/ *n.* (*pl.* smashes) **1** accident; two things coming together hard 意外; 猛撞: *a car smash* 撞車意外 **2** big noise when something falls, breaks, etc. 粉碎聲: *The vase fell with a smash.* 花瓶落在地上, 嘩啦一聲碎了。

smash² *v.* **1** drop or hit something and break it 打破; 搗破: *The ball smashed a window.* 球把窗户打破了。**2** break into pieces 打碎: *Did the glass smash when it fell?* 玻璃杯掉了,摔碎了嗎?

smashing /ˈsmæʃɪŋ/ *adj.* very good; wonderful 非常好; 出色: *a smashing film* 一部非常好的電影

smear /smɪə(r)/ *v.* **1** spread soft stuff on something 塗; 抹: *She smeared suntan oil on her legs.* 她往腿上抹了太陽油。**2** make dirty marks on something 弄髒; 塗污: *You smeared your face when you rubbed it.* 你擦臉時把臉弄髒了。**smear** *n.*

smell /smel/ *v.* (*past part. & past tense* smelt, smelled /smelt/) **1** notice something with your nose 嗅; 嗅到: *Can you smell smoke?* 你聞到煙味嗎? **2** give out something that you notice with your nose 發出…的氣味: *That fish smells bad.* 這魚發臭。*These roses smell lovely.* 這些玫瑰花散發芳香。**3** give out something that seems bad to the nose 散發臭氣: *Those dirty socks smell!* 這些髒襪子發出臭味! **smell** *n.* what you smell 氣味: *a smell of cooking from the kitchen* 廚房裏傳出做飯的香味。

smelly /ˈsmelɪ/ *adj.* with a bad smell 有臭味的: *dirty, smelly clothes* 骯髒的、發出臭氣的衣服

smile /smaɪl/ *v.* have a happy look on your face 微笑: *Lisa smiled because she was pleased to see us.* 麗莎見到我們高興地微笑了。**smile** *n.: She answered with a smile.* 她以微笑來回答。

smoke[1] /sməʊk/ *n.* **1** (no *pl.*) grey or black stuff that goes up into the air from fire, etc. 煙; 煙塵: *cigarette smoke* 香煙的煙 **2** (*pl.* smokes) having a cigarette, pipe, etc. 抽煙、雪茄: *They stopped work for a smoke.* 他們放下工作來抽煙。

smoke[2] *v.* **1** give out smoke 冒煙: *The chimney was smoking.* 煙囱正在冒煙。**2** have a lighted cigarette, pipe, etc. in the mouth 抽紙煙、煙斗: *He smoked a cigar after lunch.* 他午飯後抽一枝雪茄。**smoking** *n.: No smoking in the theatre.* 劇場裏禁止吸煙。

smoked /sməʊkt/ *adj.* dried over a wood fire so that it will keep for a long time 煙熏的: *smoked ham* 熏火腿; 煙肉

smoker /ˈsməʊkə(r)/ *n.* someone who smokes cigarettes or tobacco 吸煙者

smoky /ˈsməʊkɪ/ *adj.* **1** full of smoke 冒煙的; 多煙的: *a smoky room* 煙霧彌漫的房間 **2** giving out a lot of smoke 冒出很多煙: *a smoky fire* 冒煙的火

smooth /smu:ð/ *adj.* **1** not rough; flat 光滑的; 平滑的: *A baby has a smooth skin.* 嬰兒的皮膚光滑。**2** that does not shake or bump you; gentle 平靜的; 平穩的; 柔和的: *a smooth ride* 平穩的旅行 **3** not difficult; with no problems 沒有困難的; 沒問題: *a smooth meeting* 開得順利的會議 **smoothly** *adv.*

smother /ˈsmʌðə(r)/ *v.* **1** kill someone by stopping him breathing 使窒息; 把…悶死 **2** put out a fire by covering it with sand, etc. 用砂蓋熄; 悶住(火) **3** cover something totally or thickly 覆蓋: *The wind smothered the houses with dust.* 房子被風刮起的塵土所覆蓋。

smoulder /ˈsməʊldə(r)/ *v.* burn slowly with no flames 用文火悶燒: *The fire was still smouldering the next morning.* 第二天早上火仍然在悶燒着。

smuggle /ˈsmʌgl/ *v.* **1** take things secretly into a country and not pay tax 私運; 走私: *He hid a hundred gold watches in his car and smuggled them into the country.* 他在汽車裏藏了一百隻金錶, 並私運入境。**2** take something secretly into a place 偷帶: *She smuggled a gun to the man in prison.* 他把一枝槍偷偷地帶給獄中的人。 **smuggler** *n.* someone who smuggles 走私者

snack /snæk/ *n.* small, quick meal 小吃; 快餐 **snack-bar** *n.* place where you can buy and eat snacks 快餐部; 小吃店

snag /snæg/ *n.* small problem that you did not expect 意外的小困難: *The house will be ready next week if there are no snags.* 如果沒有任何意外的話, 這房子將在下星期準備好。

snail /sneɪl/ *n.* small, soft animal with a shell on its back 蝸牛

snake /sneɪk/ *n.* long reptile with no legs 蛇

snap[1] /snæp/ *v.* (*pres. part.* snapping, *past part. & past tense* snapped /snæpt/) **1** try to bite 咬: *The dog snapped at my leg.* 狗咬了我的腿。**2** break with a sharp sound 突然折斷: *Sam pulled the rubber band until it snapped.* 阿山把橡皮筋拉斷了。**3** say something quickly and angrily 怒氣沖沖地說話: *'Go away – I'm busy!' he snapped.* "滾開, 我忙着呢!" 他怒氣沖沖地說。**snap** *n.*

snap[2], **snapshot** /ˈsnæpʃɒt/ *n.* photograph 快照

snarl /snɑ:l/ *v.* show the teeth and make a low, angry sound 咆哮; 嗥叫: *The dog snarled at the stranger.* 狗向陌生人狂吠。**snarl** *n.*

snatch /snætʃ/ *v.* take something roughly and quickly 抓住; 奪得: *The thief snatched her handbag and ran off.* 賊把她的手提包搶走後跑掉了。

sneer /snɪə(r)/ *v.* talk or smile in a nasty way to show that you think someone is poor, weak, stupid, etc. 嘲笑; 譏笑: *The boys sneered at him because his family was poor.* 孩子們嘲笑他, 因爲他家裏很窮。**sneer** *n.*

sneeze /sni:z/ *v.* suddenly send out air from your nose and mouth 打噴嚏: *Ann had a cold and was sneezing and* *coughing*. 安患感冒，一直在打噴嚏和咳嗽。**sneeze** *n*.

sniff /snɪf/ *v*. **1** take air noisily through your nose because you do not have a handkerchief 用鼻吸氣而有聲音 **2** smell something 嗅出; 聞: *The dog sniffed the meat*. 狗聞了聞那塊肉。**sniff** *n*.

snip /snɪp/ *v*. (*pres. part*. snipping, *past part. & past tense* snipped /snɪpt/) cut something with scissors 剪; 剪斷: *to snip off the end of a thread* 剪去線的末端 **snip** *n*.

snooze /snu:z/ *v*. sleep for a short time 小睡; 瞌睡 **snooze** *n*.

snore /snɔ:(r)/ *v*. breathe roughly and noisily while you are asleep 打鼾 **snore** *n*.

snow /snəʊ/ *n*. (no *pl*.) soft, white stuff that falls from the sky when it is very cold 雪: *The road was blocked with snow*. 大雪把路封住了。**snowflake** /'snəʊfleɪk/ *n*. one piece of falling snow 雪片 **snow** *v*.: *It often snows in Scotland in the winter*. 冬天蘇格蘭經常下雪。***snowed up***, unable to leave a place because there is so much snow on the ground 被雪封住; 被雪困住

snowy /'snəʊɪ/ *adj*. **1** with a lot of snow 多雪的; 積雪的: *snowy weather* 下雪天 **2** white, like snow 雪白的: *a snowy beard* 雪白的鬍子

snug /snʌg/ *adj*. (snugger, snuggest) warm and comfortable 溫暖的; 舒適的

so[1] /səʊ/ *adv*. **1** word that you say when you tell how much, how big, etc. something or someone is (表示程度)這樣; 如此地: *The bag is so heavy that I can't carry it*. 這個袋子太重了，我拿不動。***so ... as***, words that you use with 'not' to show how different two things or people are (和 not 連用表示差別)不如⋯那麼: *He is not so tall as his brother*. 他不如他哥哥那樣高。**2** very 非常; 很: *Why are you so late?* 你爲什麼這樣晚呢? **3** in this way; in that way 這樣; 那樣: *Don't shout so!* 不要這樣大聲喊叫! **4** also 也; 同樣: *Carol is very pretty, so is her sister*. 凱洛很漂亮，她姐姐也很漂亮。**5** word to show that you agree (表示同意)是的: *'Tomorrow is a holiday.' 'So it is.'* "明天是假期。" "是的。" ***so as to***, in order to 爲的是;以便: *I'll get up early, so as to be ready when you come*. 我早些起牀，以便你來前可以把一切準備好。***so far***, up to now, etc. 到現在爲止: *So far, I have understood the lesson*. 到現在爲止，這課文我明白。***so that***, in order that 爲的是; 使得: *Speak loudly, so that I can hear what you say*. 說大聲點，這樣我才能聽見你的話。

so[2] *conj*. for this reason; for that reason 所以; 結果是: *The shop is closed, so I can't buy the bread*. 商店關門了，所以我買不到麵包。

so[3] *exclam*. word that shows you are a little surprised (感嘆詞)表示驚訝: *So you've come back again!* 好哇，你又回來了!

soak /səʊk/ *v*. **1** be in liquid; put something in liquid 浸; 泡; 浸透: *The dirty clothes were soaking in soapy water*. 髒衣服浸泡在肥皂水裏。**2** make something or someone wet 使濕; 使浸透: *The rain soaked us*. 雨使我們濕透了。**soaked** /səʊkt/, **soaking** *adj*. very wet 濕透的 ***soak up***, take in liquid 吸收; 吸: *Dry ground quickly soaks up water*. 乾燥的土地很快把水吸收了。

soap /səʊp/ *n*. (no *pl*.) stuff that you put with water for washing and cleaning 肥皂 **soap-powder** *n*. soap in the form of powder for washing clothes, etc. 皂粉 **soapy** *adj*. full of soap 含有肥皂的: *soapy water* 肥皂水

soar /sɔ:(r)/ *v*. fly; go up into the air 高飛; 翱翔: *The bird soared in the sky*. 鳥在天空飛翔。

sob /sɒb/ *v*. (*pres. part*. sobbing, *past part. & past tense* sobbed /sɒbd/) cry 啜泣; 嗚咽: *The child started to sob when he couldn't find his mother*. 孩子因找不見媽媽，哭起來了。**sob** *n*.

sober /'səʊbə(r)/ *adj*. not drunk 未喝醉的; 清醒的: *A driver must stay sober*. 司機不可喝醉。

soccer /'sɒkə(r)/ *n*. (no *pl*.) football 足球(英式)

social /'səʊʃl/ *adj*. of people together; of being with other people 社會的; 社交的: *Rosemary has a busy social life*. 珞詩敏麗社交生活繁忙。

society /sə'saɪətɪ/ *n.* **1** (no *pl.*) people living together 社會: *A murderer is a danger to society.* 殺人犯對社會構成威脅。**2** (*pl.* societies) club; group of people with the same interests 團體; 會; 社: *the Music Society* 音樂社

sock /sɒk/ *n.* piece of clothing that you wear on your foot, inside a shoe 短襪

socket /'sɒkɪt/ *n.* hole where something goes 穴, 孔; 插座: *She pushed the plug into the electric socket on the wall.* 她把插頭插入牆上的插座裏。

soda-water /'səʊdə wɔ:tə(r)/ *n.* (no *pl.*) water with gas-bubbles in it, which you drink 蘇打水; 汽水

sofa /'səʊfə/ *n.* long, soft seat 長沙發; 沙發

soft /sɒft/ *adj.* **1** not hard; not firm 軟的; 硬度低的: *Feet leave prints in soft ground.* 在鬆軟的土地上會留下腳印。**2** not rough; smooth 柔嫩的; 光滑: *soft hands* 細嫩的手 **3** not strong in colour (顏色)淡的; 柔和的: *soft blue* 淡藍色 **4** that you cannot see or hear clearly; not bright; not loud 模糊的; 聽不清: *a soft light* 柔和的光線 **5** too kind or gentle 和藹; 溫柔: *a soft person* 一位好心腸的人 **6** that does not move strongly 溫和的: *a soft wind* 和風 **7** with no alcohol 不含酒精的: *Lemonade is a soft drink.* 檸檬水是一種不含酒精的飲料。 **softly** *adv.* gently; quietly 溫和地; 安靜地: *Speak softly – the baby's asleep.* 小聲說話——嬰兒正在睡覺。

soft-hearted /ˌsɒft 'hɑ:tɪd/ *adj.* kind; gentle 心腸軟的; 好心腸的: *a soft-hearted mother* 一位軟心腸的母親

soggy /'sɒgɪ/ *adj.* very wet 濕透的; 很濕: *soggy ground* 濕透的地面

soil [1] /sɔɪl/ *n.* ground; earth 土壤; 地面: *Plants grow well in good soil.* 植物在肥沃的土壤裏長得很好。

soil [2] *v.* make something dirty 弄髒; 弄污

sold /səʊld/ *past part. & past tense* of *v.* sell 動詞 sell 的過去分詞和過去式 ***sold out***, with no more to sell 賣光了: *I'm sorry – the bananas are sold out.* 對不起, 香蕉都賣完了。

soldier /'səʊldʒə(r)/ *n.* person in an army 士兵; 軍人

sole [1] /səʊl/ *adj.* only; single 單獨的; 唯一的: *Her aunt is her sole relative – all the rest of the family are dead.* 姑媽是她唯一的親人——家裏其餘的人全都死了。

sole [2] *n.* the under part of a foot, or of a sock, shoe, etc. 腳底; 襪底; 鞋底

sole [3] *n.* flat sea-fish that you can eat 鰈

solemn /'sɒləm/ *adj.* **1** serious 莊嚴的; 嚴肅的: *a solemn face* 一副嚴肅的臉孔 **2** slow and sad 緩慢而哀傷的: *solemn music* 哀樂 **solemnly** *adv.*

solid /'sɒlɪd/ *adj.* **1** hard; not liquid or gas 固體的: *Ice is solid water.* 冰是固態的水。**2** with no hollow inside; the same all through 實心的; 純的: *a plate of solid gold* 一塊純金板 **3** strong 結實; 堅固: *I want a good, solid box that won't break easily.* 我需要一個完好而結實的盒子。

solitary /'sɒlɪtrɪ/ *adj.* alone; with no other people 單獨的; 獨居的: *He went for a solitary walk.* 他獨個兒去散步。

solo /'səʊləʊ/ *n.* music for one person to sing or play 獨奏; 獨唱: *a piano solo* 鋼琴獨奏曲 **solo** *adv.* alone 單獨地: *Has Mark flown solo yet?* 馬可已經單獨飛行了嗎? **soloist** /'səʊləʊɪst/ *n.* someone who sings or plays a musical instrument alone 獨奏者; 獨唱者

solve /sɒlv/ *v.* find the answer to a question or a problem 解答; 解決: *Will you help me to solve this puzzle?* 你能幫我解決這個疑難嗎? **solution** /sə'lu:ʃn/ *n.*: *The solutions to the questions are at the back of the book.* 在本書後面可以找到問題的答案。

some [1] /sʌm/ *adj.* **1** a number of; an amount of 一些; 若干: *Go to the supermarket and buy some tomatoes and some meat.* 到超級市場去買一些番茄和肉來。**2** part of a number or amount 有些; 一部分: *Some of these children can swim, but the others can't.* 這些孩子有的會游泳, 有的不會。**3** word to show that you do not know who or what 某一(人或物): *There's some man at the door – go and see what he wants.* 門口有人, 你去看看他有什麼事。 ***some more***, a little more; a few more 多一些 ***some time***, quite a long time 相當長時間: *We waited for some time, but Fay didn't come.* 我們等了好一會兒, 但是費宜沒來。

some [2] *pron.* (no *pl.*) an amount; a number 若干; 一些: *Those apples look lovely – can I have some?* 那些蘋果看起來很棒——能給我一些嗎?

somebody /'sʌmbədɪ/ *pron.* (no *pl.*) a person; a person whom you do not know 一個人; 某一個人: *Somebody knocked at the door.* 門口有人敲門。

someone /'sʌmwʌn/ *pron.* (no *pl.*) a person; a person whom you do not know 一個人; 某一個人: *Can someone answer the question?* 有哪人能回答這個問題嗎?

somersault /'sʌməsɔ:lt/ *n.* jumping and turning over completely and land on your feet again 翻筋斗 **somersault** *v.*

something /'sʌmθɪŋ/ *pron.* (no *pl.*) a thing; a thing that you cannot name 某事; 某物; 某東西: *There's something on the floor – what is it?* 地板上有個東西——那是什麼呀?

sometime /'sʌmtaɪm/ *adv.* at a time that you do not know exactly 某一時候; 某日:

I saw him sometime last year. 我去年某個時候見過他。

sometimes /ˈsʌmtaɪmz/ *adv*. not very often 不時; 有時: *We sometimes visit our grandmother*. 我們有時去看望祖母。

somewhere /ˈsʌmweə(r)/ *adv*. at, in, or to a place that you do not know exactly 在某處; 到某處: *I left my book somewhere near here*. 我把書遺留在附近某處。

son /sʌn/ *n*. boy child 兒子: *The man was walking with his son*. 那人和他的兒子一塊走着。

song /sɒŋ/ *n*. **1** (no *pl*.) singing; music of voices 歌唱; 聲樂: *bird-song* 鳥鳴 **2** (*pl*. songs) piece of music that you sing 歌曲; 歌詞: *'Greensleeves' is an old English song*.《綠袖子》是古老的英國歌曲。

son-in-law /ˈsʌn ɪn lɔː/ *n*. (*pl*. sons-in-law) husband of your daughter 女婿

soon /suːn/ *adv*. in a short time from now 很快; 不久: *Will Neville come home soon?* 洛偉很快就回家來嗎? ***as soon as***, when; at the exact time that 一…(就…), 如…一般快: *I'll leave as soon as I'm ready*. 我一準備好就離開。***soon after***, not long after a time 不久: *We arrived soon after three o'clock*. 三點鐘後不久, 我們就到了。***sooner or later***, some time or other 遲早: *I expect I'll see him again sooner or later*. 我想我遲早會再見到他的。 ***sooner than***, (***a***) earˈlier than 比…早一些時候: *Neville arrived sooner than we expected*. 洛偉比我們預計的早到。(***b***) rather than; which is better than 寧可; 寧願: *He'll change his job sooner than work for that boss*. 他寧願轉換工作, 也不爲那個老闆工作。***too soon***, too early 太早 *We got to the station twenty minutes too soon for the train*. 我們到達車站太早, 還有二十分鐘火車才開(或才進站)。

soot /sʊt/ *n*. (no *pl*.) black powder that comes from smoke in chimneys 煤煙; 煙灰

soothe /suːð/ *v*. make someone quiet or calm 安慰; 使平靜: *The rider soothed the frightened horse*. 騎馬的人使受驚的馬平靜下來。**soothing** *adj*.: *a soothing voice* 令人感到安慰的聲音 **soothingly** *adv*.

sore /sɔː(r)/ *adj*. giving pain 疼痛的: *My feet are sore after the long walk*. 長途跋涉後, 我的腳痛。

sorrow /ˈsɒrəʊ/ *n*. sadness 悲痛; 悲哀 **sorrowful** *adj*. **sorrowfully** *adv*.

sorry[1] /ˈsɒrɪ/ *adj*. sad 難過的; 惋惜: *I am sorry that your father has died*. 你的父親逝世了, 我感到很難過。

sorry[2] *exclam*. word to say 'no' politely 對不起; 抱歉: *Sorry – I can't help you*. 對不起, 我幫不了你的忙。

sort[1] /sɔːt/ *n*. kind; group of people or things that are the same 種類; 類別: *What

sort of music do you like best – pop or classical?* 你最喜歡哪種音樂——流行音樂還是古典音樂? ***sort of***, words that you use about a thing, idea, etc. when you are not sure 有幾分: *He looks sort of ill*. 他看起來有點病似的。

sort[2] *v*. put things in groups 把…分類; 整理: *I sorted the shoes into pairs*. 我把鞋一雙雙整理好。

S.O.S. /ˌes əʊ ˈes/ *n*. call for help from a ship, aeroplane, etc. that is in danger (船舶、飛機等的)呼救信號

sought /sɔːt/ *past part*. & *past tense* of *v*. seek 動詞 seek 的過去分詞和過去式

soul /səʊl/ *n*. **1** your spirit; the part of you that does not die with your body 靈魂; 心靈 **2** one person 一人: *Everyone had gone out and there was not a soul in the house*. 所有的人都出去了, 房子裏一個人也没有。

sound[1] /saʊnd/ *adj*. **1** healthy; strong 健康的; 强健的: *He has sound teeth with no holes in them*. 他的牙齒完好, 没有一個洞。**2** sensible 明智的; 正確的: *a sound idea* 明智的想法 **3** total; complete 徹底的; 完全的: *He's in such a sound sleep that he won't hear anything*. 他酣睡着, 以致什麽也聽不見。**soundness** *n*.

sound[2], **soundly** *adv*. totally 徹底地; 充分地: *to be sound asleep* 酣睡着

sound[3] *n*. **1** (*pl*. sounds) noise; what you can hear 噪音; 聲音: *I heard the sound of church bells*. 我聽到教堂的鐘聲。**2** (no *pl*.) thought or idea that you have when you hear about or read something 含意; 論調: *They say that food prices will soon go up – I don't like the sound of that*. 傳説食品價格將快上升——我不想聽到這種論調。

sound⁴ *v.* **1** make something give out a noise; make a noise 使發出響聲; 噪音: *The door bell sounded.* 門鈴響了。**2** seem 聽起來: *He told me about the book – it sounds interesting.* 他向我介紹這本書——聽起來很有趣。

soup /su:p/ *n.* liquid food that you eat with a spoon 湯

sour /'saʊə(r)/ *adj.* **1** with a sharp, bitter taste 酸味: *A lemon is sour.* 檸檬很酸。**2** bad, not fresh 變壞的; 酸腐的: *sour milk* 酸奶

source /sɔ:s/ *n.* **1** place where a river starts 河的源頭; 水源: *Where is the source of the Thames?* 泰晤士河源出何處? **2** place where something comes from 根源; 來源: *a source of information* 資料來源

south /saʊθ/ *n.* (no *pl.*) one of the points of the compass 南; 南方 **south** *adj.*: *a south wind* 南風 **south** *adv. England is south of Scotland.* 英格蘭在蘇格蘭的南面。**southerly** /'sʌðəlɪ/ *adj.* in or from a place that is south 向南方; 來自南方的: *We drove in a southerly direction from Manchester to London.* 我們開車向南駛, 由曼徹斯特到了倫敦。**southern** /'sʌðən/ *adj.* of, from or in the south part of a town, country, the world, etc. 南方的; 南部的: *Brighton is in southern England.* 布來頓在英格蘭的南部。**southwards** /'saʊθwədz/ *adv.* towards the south 朝南: *We drove southwards from Manchester to London.* 我們由曼徹斯特朝南駕車到了倫敦。

souvenir /ˌsu:və'nɪə(r)/ *n.* something that you buy or give because it will bring memories 紀念禮物; 紀念品: *He brought back a cowboy hat as a souvenir of America.* 他帶回一頂牛仔帽作爲遊覽美國的紀念。

sovereign /'sɒvrɪn/ *n.* ruler; king, queen, or emperor 統治者; 君主; 皇帝

sow /səʊ/ *v.* (*past part.* sown /səʊn/, sowed /səʊd/, *past tense* sowed) put seed in the earth 播(種); 播種於(土地): *The farmer sows the corn in the spring.* 春天農夫播種玉米。

space /speɪs/ *n.* **1** (no *pl.*) the sky and all that is beyond, where all the stars are 空間; 太空: *The men who landed on the moon travelled through space.* 登陸月球的人在太空漫遊。**spacecraft, spaceship** *n.* machine for travelling through space 太空船 **spaceman** *n.* man who travels in a spaceship 太空人 **spacesuit** *n.* special clothing for a traveller in space 太空衣 **2** (no *pl.*) enough room for someone or something 空地; 餘地: *Is there space for another bed in the room?* 房子裏還有地方再放一張牀嗎? **3** (*pl.* spaces) place 場地; 地方: *parking space* 停車場 **4** (*pl.* spaces) empty part between two or more things 空白; 距離; 間隔: *Leave a space after each word when you write.* 你寫的時候, 字與字之間空一格。

spacious /'speɪʃəs/ *adj.* big; with a lot of room 廣闊的; 寬敞的: *a spacious hall* 寬敞的大堂

spade /speɪd/ *n.* **1** instrument for digging 鏟; 鐵鍬 **2** the shape ♠ on a playing card 紙牌中的黑桃

spank /spæŋk/ *v.* hit a child on the bottom with your open hand (用手掌)打…的屁股

spanner /'spænə(r)/ *n.* instrument for holding and turning nuts and bolts 板鉗; 螺旋鉗

spare¹ /speə(r)/ *adj.* **1** free 空閒的: *spare time* 餘暇 **2** extra 備用的: *We always have a spare wheel in our car.* 我們的汽車常有一個備用輪胎。

spare² *n.* extra type or wheel for a car; extra part that you can put in a machine when a part breaks 備用輪胎; (機器的)備件: *Do you keep spares?* 你有備用件嗎?

spare³ *v.* **1** not hurt or kill someone when you could 饒恕; 寬容: *He spared his prisoner.* 他赦免了俘虜。**2** find enough money, time, etc. to give someone 抽出時間; 讓路: *Can you spare a few minutes – I can't carry this box on my own.* 你能不能抽出幾分鐘時間幫我忙——我一個人拿不動這個箱子。

spark /spɑ:k/ *n.* tiny bit of fire 火花; 火星

sparkle /'spɑ:kl/ *v.* give flashes of light 發出火花; 閃耀: *Diamonds sparkle in the light.* 鑽石在燈光下閃閃發光。**sparkle** *n.* **sparkling** *adj.*: sparkling eyes 閃亮的眼睛

sparrow /'spærəʊ/ *n.* small bird that you often see in towns 麻雀

spat /spæt/ *past part. & past tense* of *v* spit 動詞 spit 的過去分詞和過去式

speak /spi:k/ *v.* (*past part.* spoken /'spəʊkən/, *past tense* spoke /spəʊk/) **1** say words; talk to someone 說話; 講話: *She speaks very fast.* 她說話很快。*Did you speak to the doctor about your back?* 你背痛, 和醫生說了嗎? **2** know and use a language 講; 操(某種語言): *Martin speaks English, German, and French.* 馬丁會講英語、德語和法語。**3** make a speech 演講: *The chairman spoke for half an hour at the meeting.* 主席在會上作了半小時的演講。***speak up***, talk clearly and loudly 清楚而且大聲地說: *Speak up – I can't hear you!* 大聲點——我聽不見你的話!

speaker /'spi:kə(r)/ *n.* **1** someone who talks to a big group of people 說話者; 演講者 **2** part of a radio, etc. from which you hear the sound 揚聲器

spear /spɪə(r)/ *n.* long stick with a meta

point on the end, for hunting and killing 矛; 槍

special /'speʃl/ *adj.* **1** for a particular person or thing 專門的; 特別的: *You must have special boots for skiing.* 滑雪必須穿特別的靴子。**2** better, more important, etc. than others 特別親密的; 特好的: *Johnny is my special friend.* 約翰尼是我的摯友。**specially** *adv.* mainly; chiefly 主要地; 專門地: *I came here specially to see you.* 我特地到這兒來看你。

specialist /'speʃəlɪst/ *n.* **1** expert; someone who knows a lot about something 專家: *a specialist in racing bikes* 腳踏賽車專家 **2** doctor who knows a lot about one part of the body or one sort of disease 專科醫生: *an eye-specialist* 眼科專家

specialize /'speʃəlaɪz/ *v.* ***specialize in***, know or learn a lot about one thing so that you can do it well 專門研究; 專攻: *In the sixth form, Andrew specialized in Maths and Physics.* 在六年級, 安德魯專攻數學和物理。

specimen /'spesɪmən/ *n.* small piece that shows what the rest is like; one example of a group of things 樣本; 標本; 樣品: *a specimen of rock* 岩石標本

speck /spek/ *n.* tiny bit or spot of something 微粒; 斑點; 污點: *specks of dust* 灰塵

speckled /'spekld/ *adj.* with small, coloured marks on the skin, shell, feathers, etc. 有斑點的: *a speckled hen* 一隻有斑點的母雞

spectacle /'spektəkl/ *n.* something that a lot of people watch 景象; 奇觀: *The coronation was a wonderful spectacle.* 加冕典禮是壯觀的場面。

spectacles /'spektəkəlz/ *n.* (*pl.*) glasses; round pieces of glass that you wear over your eyes so that you can see better 眼鏡: *He put on his spectacles and started to read.* 他戴上眼鏡, 開始看書。

spectacular /spek'tækjʊlə(r)/ *adj.* wonderful to watch 壯觀的; 驚人的: *a spectacular jump* 一次引人注目的跳躍 **spectacularly** *adv.*

spectator /spek'teɪtə(r)/ *n.* someone who watches a happening 觀衆; 旁觀者: *There were 2 000 spectators at the match.* 有兩千名觀衆觀看這場比賽。

sped /sped/ *past part. & past tense* of *v.* speed 動詞 speed 的過去分詞和過去式

speech /spi:tʃ/ *n.* **1** (no *pl.*) speaking 言語; 說話: *A dog has no speech – he cannot tell you what he thinks.* 狗不會說話——牠不能告訴你牠在想什麼。**2** (*pl.* speeches) talk that you give to a lot of people 演說; 發言: *The president made a speech today.* 總統今天發表演說。

speechless /'spi:tʃlɪs/ *adj.* so surprised or angry that you cannot speak (因驚訝或氣憤)說不出話的

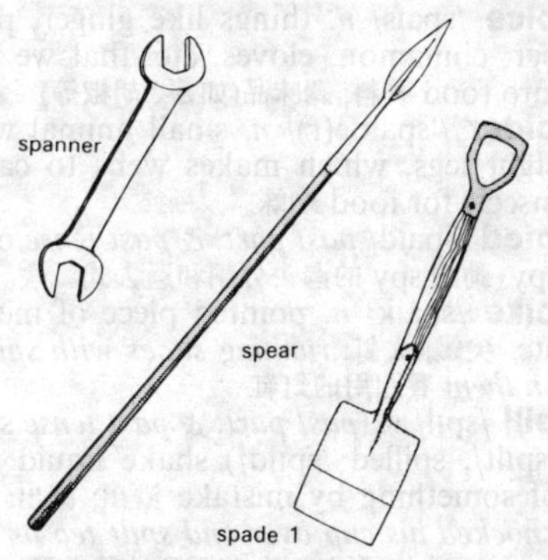

speed[1] /spi:d/ *n.* **1** (*pl.* speeds) how quickly something goes 速度: *We drove at a speed of 50 kilometres an hour.* 我們一小時開五十公里。**2** (no *pl.*) going fast 快; 迅速: *Please slow down – I don't like speed.* 請開慢一些——我不喜歡開快車。***at full speed***, as fast as you can 以最快速度; 全速 ***at high speed***, very fast 高速 **speed limit** *n.* the fastest that you may go 時速限制: *The speed limit in this town is 50 kilometers per hour.* 本市的時速限制是每小時五十公里。

speed[2] *v.* (*past part. & past tense* sped /sped/, speeded /'spi:dɪd/) **1** go quickly 快行; 迅速前進: *The cars were speeding along the road.* 汽車沿路飛奔着。**2** go too quickly 超速前進: *The policeman stopped him because he was speeding.* 警察截停他, 因爲他超速行駛。***speed up***, make something go more quickly 加速: *The driver speeded up the train.* 火車司機加速行駛。

speedy /'spi:dɪ/ *adj.* quick; fast 快的; 迅速: *a speedy journey* 一次飛快的旅行 **speedily** *adv.*

spell[1] /spel/ *n.* magic words 咒語; 符咒 ***put a spell on, cast a spell over***, say magic words to someone, which make him do what you want 用符咒迷惑; 迷住

spell[2] *n.* time 時間: *a long spell of wet weather* 天氣長期潮濕

spell[3] *v.* (*past part. & past tense* spelt /spelt/, spelled /speld/) give the letters of a word, one by one 用字母拼; 拼寫: *How do you spell your name?* 你的名字怎樣拼? **spelling** *n.* way of writing a word correctly 拼字; 拼法

spend /spend/ *v.* (*past part. & past tense* spent /spent/) **1** pay money for something 用錢; 花費: *Maisie spends a lot of money on records.* 梅西買唱片花了很多錢。**2** give time, energy, etc. to something 消磨時間; 耗廢精力: *George spends a lot of time listening to music.* 翹志用很多時間來聽音樂。

spice /spaɪs/ *n.* things like ginger, pepper, cinnamon, cloves, etc. that we put into food 香料; 調味品(如薑、胡椒等)

spider /'spaɪdə(r)/ *n.* small animal with eight legs, which makes webs to catch insects for food 蜘蛛

spied /spaɪd/ *past part. & past tense* of *v.* spy 動詞 spy 的過去分詞和過去式

spike /spaɪk/ *n.* pointed piece of metal, etc. 尖鐵; 大釘: *running shoes with spikes on them* 賽跑用的釘鞋

spill /spɪl/ *v.* (*past part. & past tense* spilt /spɪlt/, spilled /spɪld/) shake liquid out of something by mistake 溢出; 濺出: *He knocked his cup over and spilt tea on the carpet.* 他打翻了茶杯, 茶濺到地毯上了。

spin /spɪn/ *v.* (*pres. part.* spinning, *past part. & past tense* spun /spʌn/) **1** make thread by twisting cotton, silk, wool, etc. 紡; 紡棉花、絲、毛: *to spin wool* 紡羊毛 **2** make something with threads 結網: *The spider was spinning a web.* 蜘蛛正在結網。**3** go round fast; make something go round fast 旋轉; 使快速旋轉: *The skater spun round and round on the ice.* 滑冰者在冰上快速轉圈。

spine /spaɪn/ *n.* backbone 脊骨; 脊柱

spinster /'spɪnstə(r)/ *n.* woman who has never had a husband 未婚女子: 老處女

spiral /'spaɪərəl/ *adj.* that goes round as it goes up 盤旋的; 盤旋上升的: *a spiral staircase* 螺旋梯

spire /'spaɪə(r)/ *n.* tall, pointed roof of a church 教堂的尖頂

spirit /'spɪrɪt/ *n.* **1** (*pl.* spirits) your soul; the part of you that does not die with your body 精神; 心靈; 靈魂 **2 spirits** (*pl.*) how you feel 精神; 氣概: ***in high spirits***, very happy 情緒高漲; 興高彩烈 ***in low spirits***, sad 意志消沉 **3 spirits** (*pl.*) strong, alcoholic drink 烈酒; 酒精: *Whisky and brandy are spirits.* 威士忌和白蘭地是烈性酒。**4** (no *pl.*) alcohol for burning 燃燒酒精: *We put spirit in the lamp.* 我們把酒精放入燈裏。

spit /spɪt/ *v.* (*pres. part.* spitting, *past part. & past tense* spat /spæt/) **1** send liquid out from the mouth 吐唾沫; 吐痰: *She spat in the man's face.* 他往那個人的臉上吐唾沫。**2** throw food out of the mouth 吐(食物): *The baby spat out the egg.* 嬰兒把吃的雞蛋吐了出來。

spite /spaɪt/ *n.* (no *pl.*) wish to hurt someone 惡意; 怨恨: *She broke her brother's watch out of spite.* 她懷恨在心, 把哥哥的錶弄壞了。**in spite of**, not taking notice of, not caring about 不管; 不顧: *He slept well in spite of the noise.* 儘管吵得很, 他睡得很好。**spiteful** *adj.* **spitefully** *adv.*

splash /splæʃ/ *v.* **1** throw liquid on something; make someone or something wet 濺; 潑; 濺濕: *He splashed his sister with water.* 他用水潑姐姐。**2** move so that liquid flies in the air 使濺起水花(或泥漿): *The children splashed their way across the river.* 孩子們濺起水花, 過了河。**splash** *n.* place where liquid has fallen; sound of a sudden fall of water 濺潑聲; 飛濺: *There was a splash when May jumped into the river.* 梅跳入河裏時, 發出濺潑聲。

splendid /'splendɪd/ *adj.* very fine, beautiful, etc. 壯麗的; 輝煌的: *a splendid sunset* 壯麗的落日景象; *splendid robes* 漂亮的禮服 **splendidly** *adv.*

splinter /'splɪntə(r)/ *n.* thin, sharp piece of wood, glass, etc. that has broken off a bigger piece (木頭、玻璃等的)裂片; 碎片: *I pulled a splinter out of my finger.* 我從手指中取出一根刺。

split /splɪt/ *v.* (*pres. part.* splitting, *past part. & past* tense split) **1** break something into two parts 切開; 劈開: *He split the wood with an axe.* 他用斧子把木頭劈開。**2** break open 裂開; 撕開: *Your dress has split at the side.* 你的裙從邊上裂開了。**3** share something into parts 分攤; 平分: *They split the cost of the party between them.* 他們分攤了聚會所花的錢。 **split** *n.* breaking; place where something has broken or torn 裂開; 裂口: *a split in your trousers* 褲子上有裂口

spoil /spɔɪl/ *v.* (*past part. & past tense* spoilt /spɔɪlt/, spoiled /spɔɪld/) **1** damage or hurt something so it is no longer good 破壞; 糟蹋: *The baby tore my book and spoilt it.* 嬰兒把我的書撕了, 弄壞了。**2** give someone everything he wants so that he becomes greedy or difficult 溺愛; 寵壞: *Jenny spoils her little sister.* 詹尼把他的小妹妹寵壞了。 **spoilt** *adj.*: *a spoilt child* 寵壞的孩子

spoilsport /'spɔɪlspɔ:t/ *n.* someone who does something to stop the fun of other people 掃興的人

spoke[1] /spəʊk/ *n.* one of the thin bars from the middle to the edge of a wheel (輪)輻

spoke[2] *past tense* of *v.* speak 動詞 speak 的過去式

spoken /'spəʊkən/ *past part.* of *v.* speak 動詞 speak 的過去分詞

sponge /spʌndʒ/ *n.* soft thing that we use for washing and cleaning 海綿; 海綿狀物: *He was washing his car with a sponge.* 他用一塊海綿洗擦汽車。 **sponge** *v.* wash or clean something with a sponge 用海綿洗擦

spool /spu:l/ *n.* thing with round sides that holds thread, film, etc. 線軸; (照相膠片)卷軸

spoon /spu:n/ *n.* instrument with a round end, for putting food in your mouth, etc. 匙; 調羹: *We put sugar in our coffee with a spoon.* 我們用茶匙把白糖放到咖啡裏。

sport /spɔ:t/ *n.* **1** (no *pl.*) what you do for exercise and enjoyment; physical games 娛樂; 鍛練身體: *Do you like playing sport?* 你喜歡運動嗎? **2** (*pl.* sports) game 運動; 遊戲: *Football and swimming are popular sports in this country.* 足球和游泳是這個國家的流行運動。**3 sports** (*pl.*) meeting for running and jumping competitions, etc. 運動會: *the school sports* 學校運動會 **sportsman** /'spɔ:tsmən/ man who plays sport 運動員 **sportswoman** /'spɔ:tswʊmən/ *n.* woman who plays sport 女運動員

spot [1] /spɒt/ *n.* **1** small, round mark 點; 斑點: *A tiger has stripes and a leopard has spots.* 老虎身上有紋, 而豹有斑點。**2** dirty mark 污點; 疵點: *What are those spots on your clean shirt?* 你那乾淨襯衫上的斑點是什麼呀? **3** small, sore place on the skin 丘疹; 粉刺 **4** place 地點; 場所: *a shady spot under a tree* 樹下的蔭涼地方 **spotted** /'spɒtɪd/ *adj.* with small, round marks 有小圓斑點: *a spotted tie* 有小圓點的領帶 **spotty** *adj.* with small, sore places on the skin 長粉刺的: *a spotty face* 長粉刺的臉

spot [2] *v.* (*pres. part.* spotting, *past part. & past tense* spotted /'spɒtɪd/) **1** make a mark on something 弄髒; 留下污點: *The ink has spotted my clean shirt.* 墨水把我的乾淨襯衫弄髒了。**2** see someone or something 認出; 發現: *He spotted his friend in the crowd.* 他在人羣中認出了他的朋友。

spotless /'spɒtlɪs/ *adj.* very clean 無污點的; 純潔的 **spotlessly** *adv.*

spout /spaʊt/ *n.* short pipe on a teapot, watering-can, etc. where the liquid comes out (茶壺等的)嘴; 噴口

sprain /spreɪn/ *v.* pull or twist your arm or leg so that it is hurt 扭; 扭傷: *Scott fell over and sprained his ankle.* 施恪跌倒了, 扭傷踝骨。**sprain** *n.*

sprang /spræŋ/ *past tense* of *v.* spring 動詞 spring 的過去式

spray /spreɪ/ *n.* **1** (no *pl.*) liquid going through the air in tiny drops 浪花; 水花; 噴霧: *Clouds of spray rose from the sea as it crashed on the rocks.* 海水沖擊岩石, 團團浪花升到半空。**2** (*pl.* sprays) can with liquid that shoots out in fine drops when you press a button 噴霧器: *a hair spray* 頭髮噴霧器 **spray** *v.* shoot out in spray; make liquid shoot out 向…噴射: *He sprayed the plants to kill the insects.* 他給植物噴射殺蟲劑, 以殺死害蟲。

spread /spred/ *v.* (*past part. & past tense* spread) **1** become wider; open something to make it wider 伸開; 展開: *The*

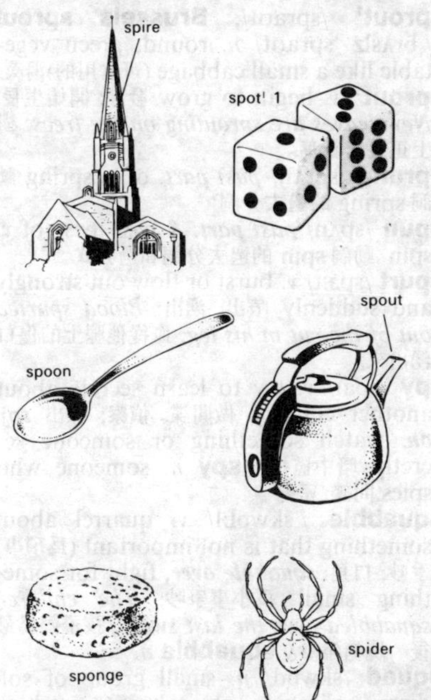

bird spread its wings and flew away. 鳥兒伸開翅膀, 飛走了。**2** open something and lay it down 鋪開; 攤開: *We spread a rug on the grass for the picnic.* 我們在草地上鋪上毯子, 準備野餐。**3** smear or rub soft stuff all over something 塗; 敷; 撒: *He spread butter on a piece of bread.* 他把牛油塗在麵包上。**4** go to other places; take something to other places 傳播; 散佈; 蔓延: *The boy's measles soon spread to other children in the class.* 那個孩子的麻疹很快傳染了班上其他孩子。 **spread** *n.* *Doctors try to stop the spread of disease.* 醫生努力遏止疾病的蔓延。

spring [1] /sprɪŋ/ *n.* **1** sudden, strong jump 跳躍; 彈回 **2** place where water comes out of the ground 泉; 源泉 **3** thin piece of metal or wire that is twisted round and round so that it will jump back into place if you pull or push it 彈簧

spring [2] *n.* time of the year after the winter, when the plants begin to grow 春天; 春季

spring [3] *v.* (*past part.* sprung /sprʌŋ/, *past tense* sprang /spræŋ/) jump suddenly and strongly 跳; 躍; 彈跳: *The cat sprang on the mouse.* 貓一躍撲向老鼠。

sprinkle /'sprɪŋkl/ *v.* throw little bits or drops on to something 撒; 灑: *Mother sprinkled salt on the potatoes.* 媽媽往馬鈴薯上撒鹽。

sprint /sprɪnt/ *v.* run 疾跑; 用全速跑

sprout¹ /spraʊt/, **Brussels sprout** /ˌbrʌslz ˈspraʊt/ *n.* round, green vegetable like a small cabbage (可食用的)湯菜
sprout² *v.* begin to grow 發芽; 開始生長: *New leaves are sprouting on the trees.* 樹上正長出新葉。
sprung /sprʌŋ/ *past part.* of *v.* spring 動詞 spring 的過去分詞
spun /spʌn/ *past part. & past tense* of *v.* spin 動詞 spin 的過去分詞和過去式
spurt /spɜ:t/ *v.* burst or flow out strongly and suddenly 噴出; 湧出: *Blood spurted out of the cut in his leg.* 血從他腿上的傷口湧出來。
spy /spaɪ/ *v.* try to learn secrets about another country 做間諜; 偵察; 探出 ***spy on***, watch something or someone secretly 暗中監視 **spy** *n.* someone who spies 間諜; 密探
squabble /ˈskwɒbl/ *v.* quarrel about something that is not important (爲瑣事)爭吵; 口角: ***squabble over***, fight for something small 爲小事爭吵: *The children squabbled over the last sweet.* 孩子們爲最後一塊糖爭吵。**squabble** *n.*
squad /skwɒd/ *n.* small group of soldiers, policemen, etc. who are working together 班; 小組; 小隊
square¹ /skweə(r)/ *adj.* with four sides of the same length and four right angles 正方形的; 矩形的: *a square table* 方桌
square² *n.* **1** shape like □, with four straight sides of the same length and four right angles 正方形; 方形物 **2** open space in a town with buildings round it 廣場; 四面圍繞房屋的空地: *Trafalgar Square* 特拉法加廣場
squash¹ /skwɒʃ/ *n.* (no *pl.*) game where two players hit a ball hard against a wall 軟式網球; 壁球
squash² *n.* (no *pl.*) too many people or things in a small space 擁擠: *It's a squash in this car with five people.* 五個人坐在這架汽車裏太擠了。
squash³ *n.* (*pl.* squashes) fruit drink (混合汽水的)果汁
squash⁴ *v.* **1** press something hard and break it or harm it 把…壓扁; 壓爛: *Don't sit on my hat or you'll squash it!* 别坐在我的帽子上, 你會把帽子壓扁! **2** push too much into a small space 塞進; 擠入: *He squashed three suits into the suitcase.* 他把三套西裝塞進箱子裏。
squashy /ˈskwɒʃɪ/ *adj.* soft and wet 又軟又濕: *squashy tomatoes* 易爛的番茄
squat /skwɒt/ *v.* (*pres. part.* squatting, *past part. & past tense* squatted /ˈskwɒtɪd/) sit on your heels 蹲; 蹲坐: *Betty squatted down to light the fire.* 貝蒂蹲下點火。
squeak /skwi:k/ *v.* make a short, high sound 發出短促的尖聲: *Mark put some oil on the door because it was squeaking.* 馬可往門上加點油, 因爲門吱吱作響。**squeak** *n.*: *the squeak of a mouse* 老鼠的吱吱叫聲 ***a narrow squeak***, a lucky escape from danger 九死一生的脱險 **squeaky** *adj.*
squeal /skwi:l/ *v.* make a loud, high sound 發出尖聲大叫: *Pigs squeal.* 豬發出尖聲大叫。**squeal** *n.*: *There was a squeal of brakes as the car suddenly stopped.* 汽車突然停下來, 煞車發出尖叫聲。
squeeze /skwi:z/ *v.* **1** press something hard 緊握; 擠壓: *The child squeezed his mother's hand.* 孩子緊握媽媽的手。**2** press something hard to get liquid out of it 榨出; 壓榨: *to squeeze a lemon* 榨檸檬汁 **3** get into a small space; push too much into a small space 擠入; 塞: *We squeezed into the crowded room.* 我們擠進擁擠的屋子裏。**squeeze** *n.*: *He gave my arm a squeeze.* 他擠了一下我的手臂。***a tight squeeze***, too many people or things in a small space 擁擠; 密集: *It's a tight squeeze with six people in this little car.* 六個人坐進這輛汽車, 擠得不得了。
squirrel /ˈskwɪrəl/ *n.* small grey, or brown animal with a big furry tail, which lives in trees 松鼠
squirt /skwɜ:t/ *v.* **1** burst or flow out suddenly 噴; 噴出: *Water was squirting out from a hole in the pipe.* 水從管子的小口噴出來。**2** make liquid, etc. shoot out 使噴出; 噴濕 **squirt** *n.*
St. *abbrev.* **1** /sɪnt/ saint (加在聖徒、教堂、學校等名前面)聖…: *St. Paul* (倫敦)聖保羅大教堂 **2** /stri:t/ street 街: *Oxford St.* 牛津大街
stab /stæb/ *v.* (*pres. part.* stabbing, *past part. & past tense* stabbed /stæbd/) push a knife or other sharp weapon into a person or thing 刺; 戳; 刺入 **stab** *n.*
stable¹ /ˈsteɪbl/ *adj.* firm; that will not move 穩定; 安定: *Don't sit on that chair — it's not stable.* 别坐在那張椅子上——那椅子不穩。
stable² *n.* building where you keep horses 廄; 馬廄。
stack /stæk/ *n.* big pile or heap of something 堆; 垛: *a stack of wood* 一堆木材; *a haystack* 一堆乾草 **stack** *v.* put things into a pile 堆積; 堆起: *I stacked the books on my desk.* 我把書堆在書桌上。
stadium /ˈsteɪdɪəm/ *n.* place for games and sports, with seats around the sides (週圍有看台的)露天大型運動場: *Wembley Stadium* 威伯利運動場
staff /stɑ:f/ *n.* (*pl.*) group of people who work together under a leader 工作人員; 職員: *The headmaster has a staff of twenty teachers.* 這位校長之下有教師二十名。
staff-room /ˈstɑ:f rʊm/ *n.* room in a

school where teachers can sit, talk, work, etc. 教員室

stag /stæg/ *n.* male deer 牡鹿

stage¹ /steɪdʒ/ *n.* part of the theatre where actors, dancers, etc. stand and move 舞台 ***go on the stage***, become an actor, etc. 上舞台; 做演員

stage² *n.* **1** certain point or time while things are happening or changing 階段; 時期: *The baby has reached the stage where he can stand up.* 嬰兒到了能站立的階段了。***at this stage***, now 目前 ***at a later stage***, later 過些時候; 日後 **2** part of a journey 一段行程: *We travelled the first stage by train; then we went by ship.* 我們旅行時先乘火車, 然後坐船。

stagger /'stægə(r)/ *v.* walk in an unsteady way 搖晃; 蹣跚: *The drunken man staggered across the room and fell.* 醉漢從屋子這邊搖搖晃晃地走過去, 後來跌倒了。

stain /steɪn/ *v.* make coloured or dirty marks on something 沾污; 沾染; 玷污: *The pen stained the cloth with ink.* 鋼筆裏的墨水把衣服沾污了。**stain** *n.: blood stains* 血跡

stair /steə(r)/ *n.* one of a group of steps that go from one floor to the next 樓梯: *She ran up the stairs to the bathroom.* 她跑上樓梯到了浴室。 **flight of stairs**, set of stairs 一段樓梯 **the foot of the stairs**, the bottom of a set of stairs 樓梯最下面的一級 **staircase, stairway** *n.* group of steps 樓梯; 扶梯

stake /steɪk/ *n.* strong post of wood or metal that stands in the ground (木頭或鐵的)樁; 標樁: *The farmer tied the bull to a stake in the field.* 農民把公牛拴在田裏的樁子上。

stale /steɪl/ *adj.* not fresh 不新鮮的; 陳舊的: *stale bread* 不新鮮的麵包; *stale air* 不流通的空氣

stalk /stɔ:k/ *n.* tall part of a plant that has leaves, flowers, fruit, etc. on it 主莖

stall /stɔ:l/ *n.* small, open shop in a street, railway station, etc.; table in a market (街道、火車站的)貨攤: *a flower stall* 賣花的小攤

stammer /'stæmə(r)/ *v.* say the same sounds several times when you are trying to say a word 結結巴巴地説; 口吃: *'G-g-go b-b-back,' he stammered.* "回—回—回去吧," 他結結巴巴地説。**stammer** *n.*

stamp¹ /stæmp/ *n.* **1** putting your foot down hard 用腳踏; 重踩 **2** small, hard instrument that you press on paper to make a mark or word 戳子; 印; 圖章: *a rubber stamp* 橡皮圖章 **3** small piece of paper that you stick on to a letter, etc. to show how much you have paid to send it 郵票

stamp² *v.* **1** put your foot down hard 用

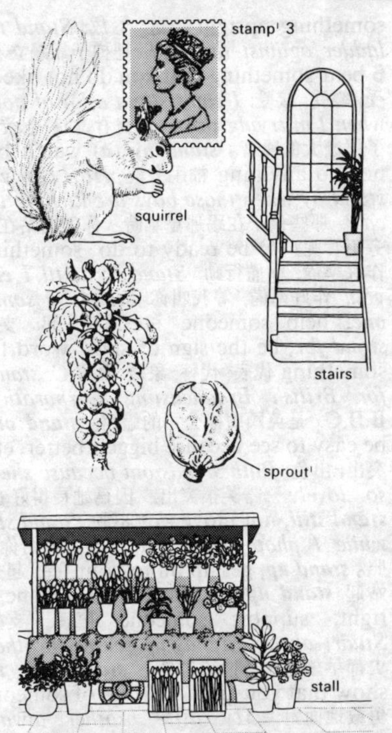

腳踩; 踩(腳): *Samuel stamped on the spider and killed it.* 森勉用腳把那隻蜘蛛踩死了。**2** press a small, hard instrument on a piece of paper, etc. to make a mark or word 蓋章於; 打上標記: *The potter stamped his sign on the bottom of the pot.* 陶工把他的標記壓印在陶罐底下。**3** put a small piece of paper on a letter, parcel, etc. to show how much money you have paid to send it 貼郵票: *You must stamp your letter before you post them.* 你寄信之前, 一定要貼上郵票。

stand¹ /stænd/ *n.* **1** upright piece of furniture that holds something 台; 架: *a hat-stand* 帽架 **2** place where people can sit or stand to watch races, sports, etc. 看台

stand² *v.* (*past part. & past tense* stood /stʊd/) **1** get up on to your feet 站起; 立起: *At the end of the concert, the audience stood and clapped the singer.* 音樂會結束時, 觀衆站起來鼓掌向歌手致意。**2** be on the feet or legs 站; 立: *All the seats in the bus were full so we had to stand.* 公共汽車的座位都被佔了, 我們只好站着。**3** move; go 移動: *He stood back so that I could pass.* 他向後站, 以便我能通過。**4** be in a certain place 座落; 位於: *The house stands on the hill.* 這房子座落在小山上。**5** put something upright 立起; 豎放: *Stand the ladder against the wall.* 把梯子靠牆立着。**6** bear something that you do not like 忍受; 經受; 接受: *I can't stand a lot of noise when I'm trying to read.* 我看書時, 忍受不了那麼大的噪音。***stand by*** (***a***) watch but not do anything 袖手旁觀: *How can you stand by when those boys are kicking the cat?* 那些孩子在踢那隻貓時, 你怎能站在一旁不管呢? (***b***) be ready to do something 作好準備; 準備行動: *Stand by until I call you!* 作好準備, 等我叫你! ***stand by someone***, help someone 和…站在一起; 支持 ***stand for***, be the sign or short word for something 代表; 代替; 象徵: *B.B.C. stands for British Broadcasting Corporation.* B.B.C. 是英國廣播公司的縮寫。***stand out***, be easy to see because bigger, better, etc. 突出; 出色: *Ruth stands out because she is so lovely.* 露芙很突出, 因爲她長得好看。***stand still***, not move 站着不動: *Stand still while I photograph you.* 別動, 我給你拍照。***stand up***, get up on to your feet 起立; 站起 ***stand up for***, say that someone is right; support someone 擁護; 支持: *Stuart always stands up for his brother.* 史都華總是支持他的哥哥。 ***stand up to***, show that you are not afraid of someone 勇敢地面對: *My little brother always stands up to the bigger boys.* 我的小弟弟總是勇敢地面對那些大男孩。

standard[1] /'stændəd/ *adj.* usual 標準的; 合規格的: *A standard bottle of milk holds one pint.* 標準的牛奶瓶能盛一品脫。

standard[2] *n.* **1** how good something or someone is 規範; 標準: *Her work is of a high standard.* 她的工作水準很高。 **standard of living**, rich or poor way of living 生活水平 **2** special flag 旗; 軍旗: *the Royal Standard* 皇室的旗幟 **standard lamp** *n.* lamp on a tall pole in a house 落地燈

standstill /'stændstɪl/ *n.* total stop 停止; 停頓; 停滯不前: *The traffic is at a standstill because of an accident.* 由於發生車禍, 交通停頓下來。

stank /stæŋk/ *past tense* of *v.* stink 動詞 stink 的過去式

star[1] /stɑ:(r)/ *n.* **1** one of the bright things that shine in the sky at night 星; 恒星 **2** shape with points, like a star 星狀物

star[2] *n.* famous actor, singer, sportsman, etc. 明星(戲劇、唱歌、運動等): *pop stars* 流行歌曲明星; *football stars* 足球明星 **star** *adj.: She has the star part in the film.* 她在電影裏擔任主角。 **star** *v.* (*pres. part.* starring, *past part. & past tense* starred /stɑ:d/) be the star 擔任主角: *She starred in the play.* 她在話劇裏擔任女主角。

stare /steə(r)/ *v.* **1** look at someone or something for a long time 盯; 凝視: *She was staring out of the window.* 她凝視着窗外。**2** look at someone or something with wide open eyes 瞪大眼瞧: *She stared at me with surprise.* 她驚訝地瞪大眼看着我。**stare** *n.: a rude stare* 無禮的凝視

starry /'stɑ:rɪ/ *adj.* full of stars 佈滿星星的: *a starry sky* 佈滿星星的天空

start[1] /stɑ:t/ *n.* **1** (*pl.* starts) beginning of a happening, journey, etc. 開始; 起點: *She came late after the start of the meeting* 會議開始後, 她才到。***make a start***, begin to do something or go somewhere 開始; 啓程: *We have a long way to go, so we'll make an early start.* 路途遥遠, 所以我們將早些出發。**2** (no *pl.*) extra help in a race, etc. 讓人先跑; 有利條件 ***give someone a start***, let someone begin ahead of you 讓人先開始: *Dennis is the smallest boy in the race, so we'll give him a start of 10 metres.* 這次賽跑丹尼斯是年紀最小的孩子, 所以我們讓他先跑十米。**3** (*pl.* starts) moving suddenly because you are surprised, frightened, etc. 驚動; 驚起: *Steve sat up with a start when I called him.* 思廸在我喊他時吃驚地坐了起來。

start[2] *v.* **1** begin to do something 開始; 着手: *She put up her umbrella when it started to rain.* 開始下雨時, 她打開雨傘。**2** begin to happen 開始發生: *Does the match start at 3 p.m?* 比賽是在下午三時開始嗎? **3** make something begin to work 開動; 使開始: *I can't start the car.* 我不能發動這輛車。**4** leave on a journey 出發; 動身; 啓程: *When do you start for Scotland?* 你們何時啓程去蘇格蘭? **5** move suddenly because you are surprised, frightened, etc. 驚動; 驚起: *Eric started when I banged the door.* 我猛敲門時, 艾力嚇了一跳。

startle /'stɑ:tl/ *v.* surprise or shock someone 使大吃一驚: *You startled me when you knocked on the window!* 你敲窗户時把我嚇了一跳!

starve /stɑ:v/ *v.* not have enough to eat; not give someone enough food 餓死; 挨餓 **starving** *adj.: a starving cat* 一隻餓得要死的貓 **starvation** /stɑ:'veɪʃn/ *n.: The dog died of starvation.* 狗餓死了。

state[1] /steɪt/ *n.* **1** (no *pl.*) how someone or something is, looks, etc. 狀態; 狀況; 情形: *The room was in an untidy state.* 屋子不整潔。 **2** (*pl.* states) country 國家: *France is a European state.* 法國是一個歐洲國家。**3** (*pl.* states) part of a country 州: *the state of Texas* 德薩斯州 **state** *adj.*

state[2] *v.* say or write something 陳述; 説明; 闡明 **statement** /'steɪtmənt/ *n.: Robert made a statement to the police about the robbery that he saw.* 洛培把目睹的搶劫經過向警察陳述。

statesman /ˈsteɪtsmən/ *n.* (*pl.* statesmen) important person in the government 政治家

station /ˈsteɪʃn/ *n.* **1** place where trains or buses stop for people to get on and off (汽車、火車)站: *a railway station* 火車站 **2** building for a particular sort of work (專用的房子)台; 所; 局: *a fire station* 消防局; *a police station* 警察局

stationary /ˈsteɪʃənrɪ/ *adj.* standing in one place; not moving 不動的; 靜止的; 固定的: *He crashed into a stationary bus.* 他撞了一輛停着不動的公共汽車。

stationery /ˈsteɪʃənrɪ/ *n.* (no *pl.*) paper, pens, and other things for writing, etc. 文具(總稱) **stationer** *n.* someone who sells stationery 文具商

statue /ˈstætju:/ *n.* stone, metal, or wooden figure of a person or animal 雕像; 塑像; 鑄像: *There is a statue of Nelson in Trafalgar Square.* 在特拉法加廣場有一尊納爾遜的塑像。

stay¹ /steɪ/ *n.* visit; time in a place 逗留; 停留: *Ed is back from a short stay with his uncle.* 愛德華在他叔叔家留了不多久, 現在回來了。

stay² *v.* **1** remain or continue in the same place 停留: *On Sundays we stay at home.* 星期日, 我們留在家裏。**2** remain or continue in the same way; not change 保持下去; 持久: *My sister stayed single and didn't marry.* 我姐姐一直是單身, 没有結過婚。**3** be a guest for a time (暫)住; 耽擱: *I stayed with my aunt when I was in London.* 我在倫敦時, 暫住在姑媽家裏。***stay behind***, not go with others 留下來: *My sisters have gone out but I am staying behind to do some work.* 我的姐姐都出去了, 但是我留下來做點東西。***stay up***, not go to bed 不去睡覺: *We stayed up until after midnight.* 我們到午夜之後才去睡覺。

steady /ˈstedɪ/ *adj.* **1** not moving; firm 穩固的; 平穩的: *Hold the ladder steady while I stand on it.* 我站在梯子上時, 請你把它扶住。**2** regular; not changing or stopping 不變的; 可靠的: *a steady wind* 刮個不停的風; *a steady worker* 踏實的工人 **steadily** *adv.*: *He walked steadily up the hill.* 他不停步地向山上走去。

steak /steɪk/ *n.* thick piece of meat or fish for cooking 肉排; 魚片

steal /sti:l/ *v.* (*past part.* stolen /ˈstəʊlən/, *past tense* stole /stəʊl/) **1** secretly take something that is not yours 偷; 竊取: *Someone has stolen my money.* 有人偷了我的錢。**2** move quietly, so that people do not hear you 悄悄地行動; 溜: *I was late for work so I stole past my boss's office.* 我上班遲到了, 所以悄悄地走過老闆的辦公室。

steam¹ /sti:m/ *n.* (no *pl.*) cloud of gas

steam-engine

that rises from very hot water 蒸汽; 水氣: *the steam from a boiling kettle* 從開着的壺冒出的蒸汽 **steaming** *adj.* very hot, with steam rising from it 蒸發; 冒熱氣: *a steaming cup of coffee* 一杯滾燙的咖啡 **steamy** *adj.* with steam on or in it 蒸汽的; 多蒸汽的: *steamy windows* 佈滿水蒸氣的玻璃窗

steam² *v.* **1** give out steam 蒸發; 冒熱氣: *The kettle was steaming on the stove.* 爐子上的壺正在冒熱氣。**2** move with steam (火車、輪船)行駛: *The train steamed into the station.* 火車噴着氣駛入車站。**3** cook something in steam 蒸; 煮: *Shall we steam or fry the fish?* 我們是清蒸還是炸這條魚?

steam-engine /ˈsti:m endʒɪn/ *n.* engine that works with steam 蒸汽機

steamer /ˈsti:mə(r)/, **steamship** /ˈsti:mʃɪp/ *n.* ship with engines that work with steam 汽船; 輪船

steel /sti:l/ *n.* (no *pl.*) strong, hard metal for making knives, tools, machines, etc. 鋼; 鋼鐵

steep /sti:p/ *adj.* with a sharp slope 險峻的; 陡峭的: *Sandy walked slowly up the steep hill.* 珊迪慢慢地向陡峭的山上走去。 **steeply** *adv.*

steeple /ˈsti:pl/ *n.* tall, pointed roof of a church (教堂的)尖頂

steer /stiə/ *v.* turn a wheel or handle to guide a boat, car, bike, etc. 駕駛; 掌舵 **steering-wheel** *n.* wheel that turns a boat, car, etc. left or right (輪船的)舵輪; (汽車的)方向盤

stem /stem/ *n.* stalk; tall part of a plant that has leaves, flowers, fruit, etc. on it 莖; (樹)幹; (葉)梗: *A rose has thorns on its stem.* 玫瑰花的莖上有刺。

step¹ /step/ *n.* **1** one movement forwards or backwards when you walk, dance, etc.; sound of walking, etc. 腳步; 步態; 腳步聲: *The dog barked when he heard steps in the garden.* 狗聽到花園裏有腳步聲, 就吠叫起來。***watch your step***, (***a***) be careful not to fall 小心走路 (***b***) be careful of trouble 謹慎從事: *Watch your step today – the boss is in a bad mood.* 你小心點, 今天老闆心情不好。**2** stair; place to put your foot when you go up or down stairs 台階; 梯級: *Walk carefully in the dark, because there are three steps down into the kitchen.* 黑暗裏走路要小心,

因爲下到廚房去有三個梯級。**3** one in a list of things that you must do 步驟: *What is the first step in planning a holiday?* 在計劃渡假時, 第一步是什麼? ***step by step***, slowly; doing one thing at a time 逐步的; 逐漸的

step [2] *v.* (*pres. part.* stepping, *past part. & past tense* stepped /stept/) move your foot to go forwards or backwards; walk 跨步; 散步: *Can you step across the stream, or is it too wide?* 你能跨過這條小溪嗎, 還是太寬跨不過去? ***step aside***, move to one side 走到一邊去; 避開: *She stepped aside to let me pass.* 她走到一邊, 讓我走過。

step- [3] *prefix* showing that a member of the family has come with a second marriage 表示'繼', '異': *A step-mother is the woman who married your father when your own mother was dead or divorced.* 當你的母親死了或離婚後, 你父親再娶的女子就是你的繼母。

step-ladder /'step lædə(r)/ *n.* short ladder 梯子

sterling /'stɜ:lɪŋ/ *n.* (no *pl.*) British money 英國貨幣

stern /stɜ:n/ *adj.* hard; strict 嚴厲的; 嚴格的: *a stern father* 嚴厲的父親

stew /stju:/ *v.* cook something slowly in water or juice 炖; 煨; 燜 **stewed** /stju:d/ *adj.*: *stewed beef* 炖牛肉; *stewed pears* 煮梨 **stew** *n.* dish of cooked meat, vegetables, etc. 炖肉、菜等。

steward /'stju:əd/ *n.* man who looks after passengers on a ship or aeroplane (輪船、飛機)服務員 **stewardess** /ˌstju:ə'des/ *n.* woman who looks after passengers on a ship or aeroplane 女服務員

stick [1] /stɪk/ *n.* **1** thin piece of wood 枝條; 枯枝: *Let's find some sticks to make a fire.* 我們找些樹枝來生火吧。**2** piece of wood that helps you to walk 拐棍; 手杖: *The old man walks with a stick.* 那老人扶着拐杖走路。**3** thin piece of something (細圓的)條狀物: *a stick of chalk* 一枝粉筆

stick [2] *v.* (*past part. & past tense* stuck /stʌk/) **1** go into something; push a pointed thing into something 刺; 戳: *Don't stick that needle into your finger!* 你不要把針刺入你的手指! **2** fix or fasten one thing to another thing with glue, paste, etc. 黏貼; 張貼: *She stuck a stamp on to the envelope.* 她在信封上貼上郵票。**3** become fixed or fastened; not be able to move 釘住; 插牢; 卡住: *The car stuck in the mud.* 汽車陷入泥潭。***stick at***, keep on doing something 堅持; 固守: *If you stick at that job, you'll soon finish it.* 如果你堅持做這工作, 你很快便會完成。***stick something out***, push or hold something out 伸; 伸出: *It's rude to stick out your tongue!* 伸出舌頭來是很不禮貌的! ***stick to something***, go on doing something 堅持做: *Stick to your work, Joe!* 喬, 堅持做你的工作! ***stick together***, stay together 聚在一起: *Let's stick together in the crowd.* 在人羣中我們可別走散了。***stick up for***, say that someone is right; support someone 維護; 支持: *The other children laughed at Godfrey, but Oliver stuck up for him.* 其他的孩子都嘲笑國輝, 奧立富卻支持他。

sticky /'stɪkɪ/ *adj.* **1** that stays on your finger, etc. when you touch it 黏性的; 膠黏的: *Jam is sticky.* 果醬很黏。**2** covered with stuff that you have touched 黏滿東西的: *sticky fingers* 黏糊糊的手指

stiff /stɪf/ *adj.* not bending easily 硬的; 挺的: *a stiff brush* 硬刷子 **stiffly** *adv.*

stile /staɪl/ *n.* step or steps for climbing over a fence 籬(或牆)兩邊的階梯(供人越過用)

still [1] /stɪl/ *adj.* not moving or making any sound 無聲的; 不動的: *The air is so still that the smoke is rising straight up from the fire.* 空氣完全靜止不動, 因此煙從火上垂直升起來。**stillness** *n.*

still [2] *adv.* without moving or making any sound; quietly 靜止; 無聲地: *Please sit still while I cut your hair.* 請坐好別動, 我給你理髮。

still [3] *adv.* **1** up to now; even now 現在; 到現在: *I can't go because I'm still busy.* 我還不能去, 因爲我仍舊很忙。**2** up to then and at that time 到那時; 那時候: *When I left the fire was still burning.* 我離開的時候, 火還在燃燒。**3** even; more 還要; 更: *Grace is tall, but Catherine is still taller.* 葛瑞絲個子高, 但是凱瑟琳更高。

still [4] *conj.* but; however 但是; 不過: *I don't want to get up – still, it's time for work.* 我不想起牀, 但是, 是上班的時候了。

stilts /stɪlts/ *n.* (*pl.*) long sticks for walking high above the ground 高蹺

sting [1] /stɪŋ/ *n.* **1** sharp part of an insect that pricks and hurts (昆蟲的)螫針; 刺: *The sting of a wasp is in its tail.* 黃蜂的螫針在尾部。**2** small hairs on the leaves of some plants that hurt you when you touch them (植物的)刺; 刺毛 **3** pain or sore place that an insect or a plant makes 刺痛; 螫傷: *Her face was covered with bee stings.* 她臉上滿是蜂螫的傷痕。

sting [2] *v.* (*past part. & past tense* stung /stʌŋ/) **1** pick or hurt someone 刺; 叮: *A wasp stung him.* 黃蜂螫了他一下。**2** feel sharp pain 刺痛; 感覺痛: *His face was stinging where Harry hit him.* 他的臉被漢立打得很痛。

stink /stɪŋk/ *n.* bad smell 惡臭; 臭氣 **stink** *v.* (*past part.* stunk /stʌŋk/, *past tense* stank /stæŋk/): *This bad fish stinks!* 這腐爛的魚臭極了!

stir [1] /stɜ:(r)/ *n.* (no *pl.*) **1** moving or being moved 攪拌: *He gave his coffee a stir with the spoon.* 他用匙攪動咖啡。**2** excitement and interest 騷動; 轟動: *The pop star's visit made a big stir in the village.* 流行歌星的訪問在村裏引起了轟動。

stir [2] *v.* (*pres. part.* stirring, *past part. & past tense* stirred /stɜ:d/) **1** move a little; make something move a little 搖動; 輕輕移動: *The wind stirred the leaves.* 風把樹葉吹動了。**2** move a spoon, etc. round and round to mix something 攪拌; 攪勻: *Have you stirred your tea?* 你的茶攪拌過了嗎?

stitch [1] /stɪtʃ/ *n.* (*pl.* stitches) one movement in and out with a needle when you are sewing or knitting (縫紉或編織的)一針

stitch [2] *v.* sew something 縫合; 縫: *Sheila stitched a patch on to her trousers.* 希拉在她的褲子上縫了一塊補釘。

stock /stɒk/ *n.* goods in a shop that you are keeping to sell 庫存; 存貨: *That shoe-shop has a big stock of boots.* 那個鞋店備有大批靴子。***in stock***, ready to sell 貯存; 有貨 ***out of stock***, not there to sell 脱銷: *I'm sorry – brown sugar is out of stock.* 對不起——紅糖賣完了。 **stock** *v.* keep a stock of something 貯存; 備有: *Does that shop stock raincoats?* 那個商店有雨衣賣嗎?

stocking /ˈstɒkɪŋ/ *n.* long, thin thing that a woman or girl wears to cover her leg 長(統)襪: *a pair of stockings* 一雙長襪

stole /stəʊl/ *past tense* of *v.* steal 動詞 steal 的過去式

stolen /ˈstəʊlən/ *past part.* of *v.* steal 動詞 steal 的過去分詞

stomach /stʌmək/ *n.* place in the body where food goes when you eat it 胃

stone /stəʊn/ *n.* **1** (no *pl.*) very hard part of the ground; rock 石; 石頭: *a wall of stone* 石牆 **2** (*pl.* stones) piece of stone 石塊; 石頭: *Don't throw stones at the cat.* 不要向貓扔石頭。**3** (*pl.* stones) jewel 寶石: *A diamond is a precious stone.* 鑽石是珍貴的寶石。**4** (*pl.* stones) measure of weight = 6.3 kilograms (英國重量單位)石 = 6.3 公斤。**5** (*pl.* stones) hard part in the middle of some fruit 果核

stony /ˈstəʊnɪ/ *adj.* covered with stones 多石的; 石質的: *a stony road* 鋪石塊的路

stood /stʊd/ *past part. & past tense* of *v.* stand 動詞 stand 的過去分詞和過去式

stool /stu:l/ *n.* small seat with no back 櫈子

stoop /stu:p/ *v.* bend forward and down 俯身; 彎腰: *She stooped to pick up her bag from the ground.* 她彎下腰拾起地上的提包。 **stoop** *n.* bending of the body 彎腰; 曲背: *The old woman walks with a stoop.* 這個老太太彎着腰走路。

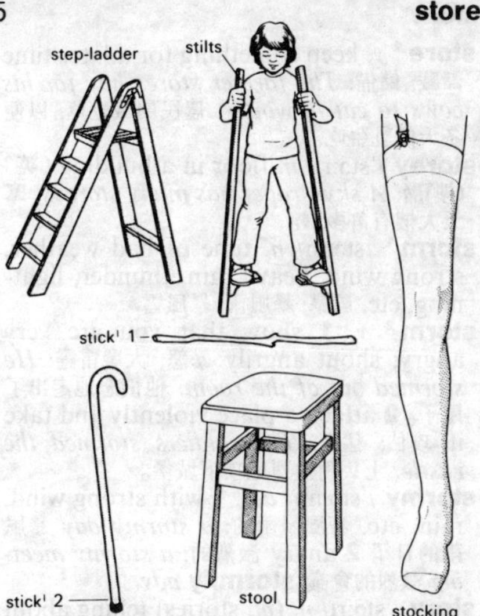

stop [1] /stɒp/ *n.* **1** the moment when someone or something no longer moves 停止; 終止; 停車: *The train came to a sudden stop.* 火車突然停了下來。***put a stop to***, make something end 使停下來: *We must put a stop to parking in this narrow street.* 我們必須禁止人們在這狹窄的街道上泊車。**2** place where buses, trains, etc. stop moving to let people on and off 停車站: *Please can I get off the bus at the next stop?* 我可以在下一站下車嗎? **3** punctuation mark (.) that shows the end of a sentence(標點符號)句點

stop [2] *v.* (*pres. part.* stopping, *past part. & past tense* stopped /stɒpt/) **1** end what someone or something is doing 使停止; 終止: *He stopped his car at the traffic lights.* 他把車停在紅綠燈處。***stop someone from doing something***, not allow someone to do something 阻止; 擋住: *He stopped the child from playing near the river.* 他阻止孩子在河邊玩耍。**2** finish moving; become still 停; 停下來: *The train stopped at the station.* 火車在車站停下了。**3** not do something, or not work, any more 停止; 終止: *We stopped talking.* 我們停止講話。

stopper /ˈstɒpə(r)/ *n.* round thing that you push into the top of a bottle to close it 瓶塞

store [1] /stɔ:(r)/ *n.* **1** big shop 百貨商店: *Selfridges is a London store.* 塞爾佛里基是倫敦一家百貨商店。**2** place for keeping a lot of things 倉庫; 貨棧: *a furniture store* 家具倉庫 **3** what you put away and keep for a later time 儲藏; 備用品: *a store of food* 儲存食品 **4 stores** (*pl.*) goods of a certain kind 儲存物; 補給品: *military stores* 軍需品

store² *v.* keep something for a later time 儲藏; 儲備: *The farmer stores hay for his cows to eat in winter.* 農民儲藏乾草, 以便冬天餵乳牛吃。

storey /'stɔ:rɪ/ *n.* floor in a building〔英〕(樓)層: *A skyscraper has many storeys.* 摩天大樓有許多層。

storm¹ /stɔ:m/ *n.* time of bad weather, strong wind, heavy rain, thunder, lightning, etc. 風暴; 暴風雨; 暴風雪

storm² *v.* **1** show that you are very angry; shout angrily 暴怒; 大發雷霆: *He stormed out of the room.* 他憤怒地走出了屋子。**2** attack a place violently and take it 攻佔; 猛衝: *The soldiers stormed the castle.* 士兵們猛烈地攻下城堡。

stormy /'stɔ:mɪ/ *adj.* **1** with strong wind, rain, etc. 狂風暴雨的: *a stormy day* 暴風雨的日子 **2** angry 激烈的: *a stormy meeting* 激烈的會議 **stormily** *adv.*

story /'stɔ:rɪ/ *n.* (*pl.* stories) telling about happenings that are true or untrue 故事; 小說; 傳記: *Hans Christian Anderson wrote stories for children.* 安徒生寫了許多兒童故事。*Granny tells us stories about her childhood.* 祖母給我們講了她童年的故事。

stove /stəʊv/ *n.* cooker or heater 爐; 火爐: *She warmed a pan of soup on the stove.* 她在爐子上把鍋裏的湯熱了一下。

stowaway /'stəʊəweɪ/ *n.* someone who hides in a ship or aeroplane so that he can travel without paying 偷乘船或飛機的人

straight¹ /streɪt/ *adj.* **1** not bent; with no curve or curl 直的; 筆直的: *straight hair* 直頭髮 **2** tidy 整齊; 有條理 ***put something straight***, make something tidy 把…整理好: *I put my desk straight before I went on holiday.* 去渡假之前, 我把書桌整理好。

straight² *adv.* **1** not in a curve; not bending 直; 一直地: *The smoke rose straight up because there was no wind.* 因爲沒有風, 所以煙筆直上升。**2** directly; by the shortest way, not stopping 直接地; 一直地: *Come straight home.* 直接回家來。***straight away***, now 立刻; 馬上: *I'll do it straight away.* 我馬上就去做。***straight on***, ahead; in the same direction 一直走下去: *Don't turn left – walk straight on.* 一直向前走, 不要向左轉。

straighten /'streɪtn/ *v.* become straight; make something straight 把…弄直; 使挺直

straightforward /ˌstreɪt'fɔ:wəd/ *adj.* easy to understand or do 易懂的; 易做的: *a straight forward task* 一項容易完成的任務

strain /streɪn/ *v.* **1** pull something as hard as you can 拉緊; 拖緊: *The dog was straining at his lead.* 他牽狗的皮帶被狗繃緊了。**2** try very hard 盡力使用(耳、目): *I strained to hear her quiet voice on the telephone.* 電話裏她的聲音很低, 我聽得很吃力。**3** damage part of your body because you have pulled or twisted it, or made it work too hard 扭傷; 損傷: *You'll strain your eyes if you read in bad light.* 如果你在不好的光線下讀書, 視力就會受損。**4** pass liquid, food, etc. through cloth or netting 濾 **strain** *n.*

strainer /'streɪnə(r)/ *n.* piece of metal or plastic net that you pour liquid or food through 濾器; 濾網; 篩網: *We pour tea through a strainer.* 我們把茶倒入濾器內。

strand¹ /strænd/ *n.* long piece of thread, hair, etc. (線、頭髮)股; 縷

strand² *v.* ***be stranded***, be left with no help 擱淺; 窘迫: *The car broke down and we were stranded on a lonely road.* 汽車壞了, 我們被困在一條偏僻的路上。

strange /streɪndʒ/ *adj.* that you do not know; surprising because it does not often happen 陌生的; 奇怪的: *What is that strange noise?* 那奇怪的聲音是什麼? **strangely** *adv.: She usually talks a lot, but today she was strangely quiet.* 她平時很愛說話, 但是今天卻異常沉默。

stranger /'streɪndʒə(r)/ *n.* **1** someone whom you do not know 陌生人: *There's a stranger at the door – who is he?* 門口有一位陌生人——他是誰呢? **2** someone in a place that he does not know 異鄉人: *I'm a stranger in this town.* 我在這個鎮上人地生疏。

strangle /'stræŋgl/ *v.* hold someone's throat so tightly that you kill him 扼死; 勒死

strap /stræp/ *n.* narrow piece of leather, etc. that holds things together or keeps something in its place 皮帶; 帶子: *A watch-strap holds a watch on your wrist.* 錶帶把手錶繫在手腕上。 **strap** *v.* (*pres. part.* strapping, *past part. & past tense* strapped /stræpt/) tie something with a strap 用皮帶束住: *Bill strapped his bag on to his bicycle.* 標用帶子把書包繫在腳踏車上。

straw /strɔ:/ *n.* **1** (no *pl.*) dry, cut stalks of wheat, etc. 稻草; 麥桿: *My rabbit sleeps on a bed of straw.* 我的兔子在稻草上睡覺。**2** (*pl.* straws) one dry stalk of a wheat plant, etc. (一根根的)麥桿 ***the last straw***, a bad thing which happens after so many other bad things that you lose hope 終於使人不能忍受的最後一擊 **3** (*pl.* straws) thin tube of paper or plastic for drinking a cold drink 麥管; 吸管: *He sucked Coke through a straw.* 他用吸管飲可口可樂。

strawberry /'strɔ:brɪ/ *n.* (*pl.* strawberries) small, soft, red fruit 草莓

stray[1] /streɪ/ *adj.* that has lost its way; that has left its correct place 迷路的; 離羣的: *a stray sheep* 迷路的羊 **stray** *n.* person or animal that has lost its way or has no home 迷路者; 流浪者

stray[2] *v.* leave the right place or road; lose your way 迷路; 走失: *Don't let the dog stray from the garden.* 不要讓狗從花園走失了。

streak /stri:k/ *n.* long, thin line 條紋; 紋理: *There are streaks of grey in Dad's hair.* 爸爸的頭髮裏夾着絲絲白髮。 **streak** *v.* mark something with streaks 在…上加條紋

stream[1] /stri:m/ *n.* **1** small river (小)河; 川; 溪流 **2** a lot of moving liquid or moving things 流出; 一連串: *Streams of cars were driving into the city.* 一連串的汽車開進城裏去。

stream[2] *v.* move like water; flow 流出; 流動: *Tears were streaming down her cheeks.* 熱淚從她的臉上流下來。

street /stri:t/ *n.* road in a town or village with buildings along the side 街; 街道: *Regent Street* 里肯街

strength /streŋθ/ *n.* (no *pl.*) being strong 力氣; 力量: *The little boy hasn't the strength to lift that heavy box.* 這小孩没有那麼大力氣提起這個笨重的箱子。

stress[1] /stres/ *n.* (*pl.* stresses) saying one word or part of a word more strongly than another 重音; 重讀: *The stress is on the first part of the word 'paper'.* Paper 這個詞的重音在前半部。

stress[2] *v.* **1** say one word or part of a word more strongly than another 重讀; 用重音讀: *You must stress the first part of the word 'London'.* London 這個詞前半部要重讀。**2** speak firmly to show that what you are saying is important 强調; 着重: *Mum stressed that Jacky should be home by ten o'clock.* 媽媽强調, 傑基一定要在十點鐘前回家。

stretch[1] /stretʃ/ *n.* (*pl.* stretches) **1** pushing your arms and legs out as far as you can 伸展; 伸長: *He got up with a stretch and a yawn.* 他起牀後伸伸懶腰, 打個呵欠。**2** time 時間 ***at a stretch***, without stopping 不停地; 一口氣地: *He can work for eight hours at a stretch.* 他可以一口氣連續工作八小時。**3** piece of land 連綿; 一大片: *long stretches of moorland* 連綿不絕的高沼地

stretch[2] *v.* **1** pull something to make it longer, wider, etc.; become longer, wider, etc. 伸長; 把…拉長: *Rubber bands stretch.* 橡皮筋可以拉長。**2** reach; be long enough 延伸; 够長: *Will this rope stretch round the box?* 這條繩子長度够繞盒子一圈嗎? **3** push your arms and legs out as far as you can 舒展身體: *The cat woke up and stretched.* 貓醒了, 伸伸懶腰。***stretch out***, lie down and spread arms and legs out 躺下並伸開手臂和腿: *He stretched out on the grass and went to sleep.* 他直躺在草地上睡着了。

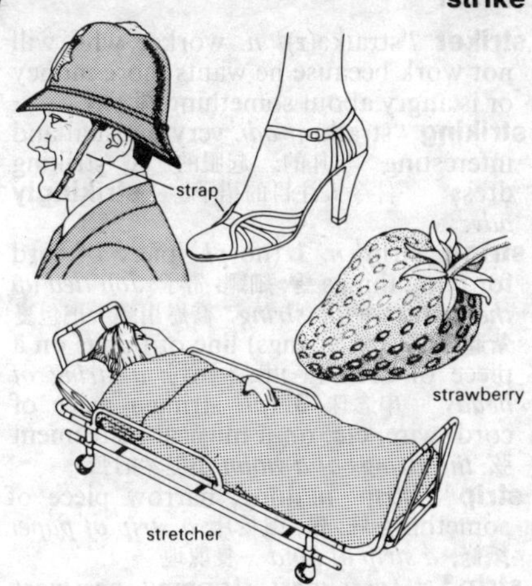

stretcher /'stretʃə(r)/ *n.* sort of light bed for carrying a sick person 擔架

strict /strɪkt/ *adj.* very firm with people; making people do what you want 嚴格的: *Our boss is very strict so we have to arrive on time.* 我們的老闆很嚴格, 所以我們必須準時上班。**strictly** *adv.* firmly; definitely 嚴格地; 精確的: *Swimming in the river is strictly forbidden – it's very dangerous.* 嚴禁在此河裏游泳, 因爲很危險。

stride /straɪd/ *v.* (*past part.* stridden /'strɪdn/, *past tense* strode /strəʊd/) walk with long steps 大步走; 邁進: *The farmer strode across his fields.* 農夫大步走過田野。**stride** *n.*

strike[1] /straɪk/ *n.* time when workers will not work because they want more money or are angry about something 罷工 ***on strike***, refusing to work 進行罷工: *There are no trains because the train-drivers are on strike.* 火車司機罷工, 所以没有火車行駛了。

strike[2] *v.* (*past part.* struck /strʌk/, stricken /'strɪkən/, *past tense* struck) **1** hit someone or something 打; 擊; 撞擊: *He struck me with a stick.* 他用一根棍子打我。**2** hit a bell to tell the hour (鐘)敲響報時: *At midday the clock strikes twelve.* 中午時, 鐘敲十二下。**3** stop working because you want more money or are angry about something 罷工: *The workers at the factory are striking for more pay.* 工廠工人正在罷工, 爭取加薪。**4** make someone think something 在某人看來 ***it strikes me***, I think 我認爲: *It strikes me that he is worried about something.* 我覺得他有心事。

striker /ˈstraɪkə(r)/ *n.* worker who will not work because he wants more money or is angry about something 罷工者

striking /ˈstraɪkɪŋ/ *adj.* very unusual and interesting 非凡的; 起眼的: a striking dress 一件令人注目的裙子 **strikingly** *adv.*

string /strɪŋ/ *n.* **1** (no *pl.*) piece of cord for tying things 線; 細繩; 帶子: *Jon tied up the parcel with string.* 喬恩用繩子把包裹紮起來。**2** (*pl.* strings) line of things on a piece of cord (一)串; (一)列: *a string of beads* 一串念珠 **3** (*pl.* strings) piece of cord, wire, etc. on a musical instrument 弦: *the strings of a violin* 小提琴的弦

strip[1] /strɪp/ *n.* long, narrow piece of something 條; 帶; 細長片: *a strip of paper* 紙條; *a strip of land* 一長塊地

strip[2] *v.* (*pres. part.* stripping, *past part. & past tense* stripped /strɪpt/) **1 strip** take away the outside part of something 剝; 剝去; 剝光: *He stripped the paper off the parcel.* 他把包裹上的紙剝去。**2 strip, *strip off*,** take off your clothes 脱光衣服: *He stripped off and got into the bath.* 他脱下衣服, 進到浴盆裏。

stripe /straɪp/ *n.* long, narrow band of colour 條紋; 條子: *The American flag has stars and stripes.* 美國國旗是星條旗。**striped** /straɪpt/ *adj.* with stripes 有條紋的: *a striped shirt* 條紋襯衫

strode /strəʊd/ *past tense* of *v.* stride 動詞 stride 的過去式

stroke[1] /strəʊk/ *n.* **1** hitting; blow 打; 擊; 敲: *He cut off the dragon's head with one stroke of his sword.* 他一刀就砍斷了龍頭。**2** way of moving arms or body in swimming, etc. 一划; 划法: *breaststroke* 俯泳(如蛙式、蝶式等) **3** sound of the bell in a clock (鐘的)鳴聲: *We have dinner on the stroke of twelve.* 鐘敲十二點時, 我們吃晚飯。**4** sudden illness, when the brain stops working 中風; 麻痹

stroke[2] *v.* move your hand gently across something, again and again, to show love 撫摸: *He stroked the horse's neck.* 他撫摸馬的脖子。

stroll /strəʊl/ *v.* walk slowly 散步; 漫步 **stroll** *n.*: *We had a stroll by the river before dawn.* 天亮之前, 我們沿着河邊散步。

strong /strɒŋ/ *adj.* **1** with a powerful body; able to move heavy things easily (身體)强壯的; 强健的: *He lifted the heavy box in his strong arms.* 他粗壯有力的雙手提起了笨重的箱子。**2** that will not break easily 堅固的; 牢固的: *Don't sit on that chair – it's not very strong.* 不要坐那張椅子——那椅子不結實。**3** that you can see, smell, taste, or feel very clearly 烈性的; 濃厚的; 沖鼻的: *a strong smell of oranges* 一股濃濃的橙味 **4** able to make other people do what you want 强有力的; 强大的: *a strong government* 强大的政府 **strongly** *adv.* *He swims strongly.* 他游泳很有勁。

struck /strʌk/ *past part. & past tense* of *v.* strike 動詞 strike 的過去分詞和過去式

structure /ˈstrʌktʃə(r)/ *n.* building; what you have put together 結構; 構造; 建築: *The Severn Bridge is a huge structure.* 塞維恩橋是一座巨大的建築。

struggle /ˈstrʌgl/ *v.* **1** fight 鬥爭; 搏鬥: *He struggled with the burglar.* 他同竊賊搏鬥。**2** try very hard to do something that is not easy 勉力; 掙扎: *She struggled to lift the heavy basket.* 她努力要把那沉重的籃子提起來。**struggle** *n.*: *In 1862 the American slaves won their struggle for freedom.* 1862年美國黑奴成功地爭取得自由。

stub /stʌb/ *n.* short end of a pencil, cigarette, etc. 鉛筆頭; 煙蒂

stubborn /ˈstʌbən/ *adj.* not willing to change; determined 頑固的; 不聽調動的: *A donkey is a stubborn animal.* 驢子是頑固的動物。**stubbornly** *adv.*

stuck /stʌk/ *past part. & past tense* of *v.* stick 動詞 stick 的過去分詞和過去式

student /ˈstju:dnt/ *n.* someone who is learning at college or university 大學生; 學員: *Medical students are training to be doctors.* 醫科學生接受訓練, 成爲醫生。

studio /ˈstju:dɪəʊ/ *n.* **1** room with a lot of light where a painter works (畫家)工作室 **2** room where people make films and radio or television programmes 製片廠; 播放室

study[1] /ˈstʌdɪ/ *n.* (*pl.* studies) **1** learning 學習; 研究: *When are you beginning your studies at college?* 你何時開始讀大學? **2** private room where you study, read, and write 書房; 書齋

study[2] *v.* **1** read about, think about, and learn something 學; 學習; 研究: *Miles is studying medicine because he wants to be a doctor.* 邁爾斯正在學醫, 因爲他想當醫生。**2** look at something carefully 細看; 考慮: *We must study the map before we start our journey.* 我們開始旅行之前一定要認真看地圖。

stuff[1] /stʌf/ *n.* (no *pl.*) sort of thing; material 東西; 材料: *What is this sticky stuff on the carpet?* 地毯上那塊黏東西是什麼?

stuff[2] *v.* **1** push a lot into a small space 裝; 塞; 把…塞進: *She stuffed the apples into her pockets.* 她把蘋果塞進口袋裏。**2** put special filling into a chicken, etc. before cooking it (鷄、鴨、肚子裏的)填餡

stuffing /ˈstʌfɪŋ/ *n.* (no *pl.*) **1** what you put inside a cushion, pillow, etc. 填料(裝進墊子、枕頭) **2** special filling that you put into a chicken, etc. before you cook it (鷄、鴨)填餡

stuffy /'stʌfɪ/ *adj.* with no fresh air 不通氣; 悶熱的: *a stuffy room* 悶熱的房間

stumble /'stʌmbl/ *v.* **1** hit your foot against something and almost fall 絆腳: *He stumbled over the doorstep.* 他在門前的石階絆了一下腳。 ***stumble upon***, find something that you did not expect 偶然碰見; 偶爾發現: *He was digging in the garden and stumbled upon a gold coin.* 他在花園裏挖土時, 偶然發現一塊金幣。**2** walk like an ill or drunk person 蹣跚地走路: *The old woman stumbled along the road.* 那位老太太沿着大路蹣跚地走。

stump /stʌmp/ *n.* what remains when the main part has gone 樹樁; 殘餘部分: *We sat on a tree stump.* 我們坐在樹樁上。

stun /stʌn/ *v.* (*pres. part.* stunning, *past part. & past tense* stunned /stʌnd/) **1** hit a person or animal on the head so hard that he cannot see, think, or talk for a while 把…打暈; 使暈眩: *The blow stunned him.* 他被打暈了。**2** shock or surprise someone 使大吃一驚; 使不知所措: *His father's death stunned him.* 他父親的逝世使他驚愕不已。

stung /stʌŋ/ *past part. & past tense* of *v.* sting 動詞 sting 的過去分詞和過去式

stunk /stʌŋk/ *past part.* of *v.* stink 動詞 stink 的過去分詞

stunning /'stʌnɪŋ/ *adj.* wonderful 極好的; 極漂亮的

stunt /stʌnt/ *n.* something that you do to make people look or watch 驚人的表演; 絶技: *The aeroplanes were flying upside down and doing other stunts.* 飛機正在表演倒飛等絶技。

stupid /'stju:pɪd/ *adj.* foolish; with very slow thinking 愚蠢的; 愚笨的 **stupidly** *adv.* **stupidity** /stju:'pɪdətɪ/ *n.*

stutter /'stʌtə(r)/ *v.* say the same sounds several times when you are trying to say a word 結結巴巴地說出: *'I c-c-can't talk prop-p-perly,' she stuttered.* "我說—說—說得不—不—不好," 她結結巴巴地說。 **stutter** *n.*

sty /staɪ/ *n.* (*pl.* sties) building where you keep pigs 豬圈; 豬欄

style /staɪl/ *n.* **1** way of doing, making or saying something 風格; 作風: *He writes in an amusing style.* 他的文筆風趣。**2** fashion 式樣; 類型: *the latest style* 最新式樣

subject /'sʌbdʒɪkt/ *n.* **1** someone who belongs to a certain country 國民; 臣民: *Nigel is a British subject.* 勵哲是英國國民。**2** something to talk or write about 題目; 主題; *What is the subject of that book?* 那本書的主題是什麼? **3** what you learn at school, college, etc. 學科; 科目:

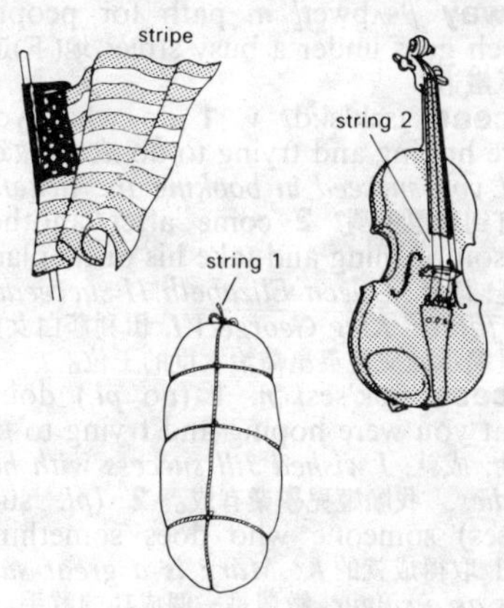

Maths and Geography are my favourite subjects. 數學和地理是我喜歡的學科。 **4** part of a sentence that goes with the verb (語法)主語: *In the sentence 'Barry likes chocolate', 'Barry' is the subject.* 在 Barry likes Chocolate 一句裏, Barry 是主語。

submarine /ˌsʌbmə'ri:n/ *n.* ship that can travel under the sea 潛水艇

subscribe /səb'skraɪb/ *v.* join with other people to buy something, etc. 捐獻; 分擔: *The children subscribed $1 each to buy a present for Nick in hospital.* 每個孩子捐一元爲在醫院裏的阿立買禮品。 ***subscribe to***, pay to get a newspaper, magazine, etc. at fixed times 預訂; 訂閱: *Mr. Murray subscribes to 'The Times'.* 馬瑞先生訂閱《時代》雜誌。

subscription /səb'skrɪpʃn/ *n.* money that each person gives for something; money that you pay to get a newspaper, etc. at fixed times, or to belong to a club 認捐額; 預訂費

substance /'sʌbstəns/ *n.* sort of thing; material 物質; 東西: *Stone is a hard substance.* 石頭是硬的東西。

substitute /'sʌbstɪtju:t/ *n.* person or thing that you put in the place of another 代替人; 代替物: *The goalkeeper was ill so we found a substitute.* 守門員病了, 所以我們找了一個人代替他。

subtract /səb'trækt/ *v.* take a number away from another number 減; 減去; 去掉: *If you subtract 6 from 9, you will have 3.* 九減六等於三。 **subtraction** /səb'trækʃn/ *n.*: *We do addition and subtraction in arithmetic.* 在算術裏, 我們作加減運算。

suburb /'sʌbɜ:b/ *n.* one of the outside parts of a town or city 郊區; 郊外: *Wimbledon is a suburb of London.* 温布頓是倫敦郊區。

subway /'sʌbweɪ/ *n.* path for people, which goes under a busy street 地(下)道; 地下鐵道

succeed /sək'si:d/ *v.* **1** do what you were hoping and trying to do 成功; 做到: *Did you succeed in booking the tickets?* 你訂到車票了嗎? **2** come after another person or thing and take his or its place 繼任; 繼承: *Queen Elizabeth II succeeded her father, King George VI.* 伊利莎白女皇二世繼承她父親英皇喬治六世的王位。

success /sək'ses/ *n.* **1** (no *pl.*) doing what you were hoping and trying to do 成功; 成就: *I wished Jill success with her studies.* 我願姬兒學業有成。**2** (*pl.* successes) someone who does something well 取得成就的人: *Mary is a great success as a singer.* 敏麗是一個成功的歌手。**3** (*pl.* successes) something that you have done well; something that pleases people 成功的事; 取得成就的人: *The new sports centre is a big success.* 新建的體育中心是一項重大成就。 **successful** *adj.: a successful actor* 出色的演員 **successfully** *adv.: Mr. Richards runs his business very successfully.* 理查兹先生的生意經營得很出色。

succession /sək'seʃn/ *n.* ***in succession***, that come one after the other 連續; 接續: *We won three matches in succession.* 我們連續贏了三場比賽。

successor /sək'sesə(r)/ *n.* someone who comes after another person or thing and takes his or its place 繼承人; 繼任者: *When the chairman leaves, who will his successor be?* 主席走後, 繼任者會是誰?

such /sʌtʃ/ *adj.* **1** of that sort 這樣的; 如此的: *I'd love a boat but such things are expensive.* 我喜歡一條船, 但這種東西太貴。**2** word that shows the cause of something 如此的…(以致): *It's such sweet tea that I can't drink it.* 茶那麼甜, 我喝不下去。***such a***, words that you say when you tell how much, how big, etc. something or someone is 這樣; 那樣: *Don't be in such a hurry!* 别這樣急急忙忙! *He's such a nice man.* 他是那麼好的一個人。***such as this***, like this; of this sort 像這樣; 這種樣的 ***such as that***, like that; of that sort 像那樣; 那種樣的: *I've never seen such a fruit as that before.* 我以前從來没有看到過像那樣的水果。**such** *pron.*

suck /sʌk/ *v.* **1** pull liquid, etc. into your mouth through your lips 吸; 吮; 啜: *A baby sucks milk from a bottle.* 嬰兒吸啜瓶子裏的牛奶。**2** hold something in the mouth and lick it 舔; 含食: *She was sucking a sweet.* 她正在吃糖果。

sudden /'sʌdn/ *adj.* happening quickly; that comes when you do not expect it 突然的; 忽然的; 意外的: *There was a sudden storm, and we all got wet.* 突然翻起暴風雨, 我們都淋濕了。***all of a sudden***, suddenly 突然; 冷不防 **suddenly** *adv.: Suddenly the doorbell rang.* 門鈴突然響了。

suffer /'sʌfə(r)/ *v.* have pain, sadness, etc. 受痛苦; 遭受: *He is suffering from toothache.* 他正患牙痛。

sufficient /sə'fɪʃnt/ *adj.* as much as you need; as many as you need 足够的; 充分的: *Is there sufficient time for a visit to the museum?* 到博物館去參觀, 時間還够嗎?

suffix /'sʌfɪks/ *n.* (*pl.* suffixes) group of letters that you add to the end of one word to make another word 後綴; 詞尾: *We add the suffix -ly to make the adjective 'quick' into the adverb 'quickly'.* 我們在形容詞 quick 後加 -ly 構成副詞 quickly

suffocate /'sʌfəkeɪt/ *v.* **1** breathe with difficulty 呼吸困難; 使人窒息: *I'm suffocating in this hot room.* 這屋裏熱得使我透不過氣來。**2** stop someone from breathing; stop breathing and die 悶死; 窒息: *The pillow suffocated the baby.* 枕頭把嬰兒悶死了。 **suffocating** *adj.* **suffocation** /ˌsʌfə'keɪʃn/ *n.*

sugar /'ʃʊgə(r)/ *n.* (no *pl.*) sweet stuff that comes from some sorts of plant 糖: *Do you have sugar in your tea?* 你的茶放了糖嗎?

suggest /sə'dʒest/ *v.* say what you think someone should do, etc. 建議; 提出(意見): *Sal suggested that we should go for a swim.* 莎爾建議我們去游泳。 **suggestion** /sə'dʒestʃn/ *n.: I don't know what to buy for her birthday – have you any suggestions?* 我不知道給他買什麼生日禮物——你有任何意見嗎?

suicide /'sju:ɪsaɪd/ *n.* (no *pl.*) killing yourself 自殺 ***commit suicide***, kill yourself 自殺: *He committed suicide by jumping out of a high window.* 他從高處的窗户跳下去, 自殺了。

suit¹ /su:t/ *n.* jacket and trousers, or jacket and skirt, that you wear together 套裝

suit² *v.* **1** please you; be right for you; be what you want or need 適合; 中…的意: *Will this car suit you or do you want a bigger one?* 這輛汽車合意嗎? 或是你要大一點的? **2** look well on you (衣帽等)合適; 適宜: *The blue dress doesn't suit me.* 這件藍色裙子我穿起來不好看。

suitable /'su:təbl/ *adj.* right for that person, happening, place, etc. 合適的; 適當的: *Thick clothes are not suitable for hot weather.* 厚衣服不適合熱天穿。 **suitably** *adv.* in the right way 適合地: *Val was not suitably dressed for a walk in the country.* 婉兒穿的衣服不適宜在鄉間散步。

suitcase /'su:tkeɪs/ *n.* thing that holds your clothes, etc., when you travel 手提

箱; 衣箱: *Have you packed your suitcase?* 你整理好衣箱了嗎?

suite /swi:t/ *n.* **1** set of furniture (一套)家具 **2** set of rooms in a hotel, etc. (一套)房間

sulk /sʌlk/ *v.* not speak because you are angry about something 生氣; 慍怒 **sulky** *adj.*: *a sulky face* 繃着臉 **sulkily** *adv.*

sullen /ˈsʌlən/ *adj.* unfriendly 不高興的; 慍怒的 **sullenly** *adv.*

sum /sʌm/ *n.* **1** piece of work in arithmetic 算術題: *Can you do simple sums in your head?* 你能做簡單的心算嗎? **2** answer that you have when you add two numbers 和數: *18 is the sum of 12 and 6.* 18是12加6的和。**3** amount of money 金額: *$20 000 is a large sum.* 兩萬元是一筆可觀的金額。

summer /ˈsʌmə(r)/ *n.* warm time of the year 夏天; 夏季

summit /ˈsʌmɪt/ *n.* top of a hill or mountain 山頂; 頂點

summon /ˈsʌmən/ *v.* call someone to you 傳喚; 召集: *The officer summoned his secretary.* 主任把他的秘書叫來。

sun /sʌn/ *n.* **1 the sun**, the big, round thing in the sky, which gives light and heat 太陽; 日 **2** (no *pl.*) light and heat from the sun 日光; 陽光: *It's too hot in the sun – we'll sit in the shade.* 在太陽光下坐着太熱——我們坐在陰涼處吧。

sunbathe /ˈsʌnbeɪð/ *v.* lie in the sun so that you become brown 沐日光浴: *We sunbathed on the beach.* 我們在海灘上作日光浴。

sunburn /ˈsʌnbɜ:n/ *n.* (no *pl.*) brown or red colour of your skin when you have been in the hot sun 日炙; 曬黑 **sunburned** /ˈsʌnbɜ:nd/, **sunburnt** /ˈsʌnbɜ:nt/ *adj.*: *sunburnt arms* 曬黑了的手臂

Sunday /ˈsʌndeɪ/ *n.* first day of the week 星期日; 禮拜日: *On Sunday many people go to church.* 星期天許多人去做禮拜。

sung /sʌŋ/ *past part.* of *v.* sing 動詞 sing 的過去分詞

sunglasses /ˈsʌnglɑ:sɪz/ *n.* (*pl.*) dark glasses that you wear in strong light 太陽眼鏡; 墨鏡: *a pair of sunglasses* 一副墨鏡

sunken /ˈsʌŋkən/ *adj.* that has gone under the water 沉没的; 水面下的: *a sunken ship* 沉船

sunlight /ˈsʌnlaɪt/ *n.* (no *pl.*) light from the sun 日光; 陽光 **sunlit** /ˈsʌnlɪt/ *adj.* full of sunlight 充滿陽光的: *a sunlit room* 一間陽光充足的房間

sunk /sʌŋk/ *past part.* of *v.* sink 動詞 sink 的過去分詞

sunny /ˈsʌnɪ/ *adj.* bright with light from the sun 晴朗的: *a sunny day* 晴朗的日子

sunrise /ˈsʌnraɪz/ *n.* (no *pl.*) time when the sun comes up in the east; beginning

of day 日出(時分): *The birds start to sing at sunrise.* 鳥兒在黎明時開始歌唱。

sunset /ˈsʌnset/ *n.* time when the sun goes down in the west; end of day 日落(時分)

sunshade /ˈsʌnʃeɪd/ *n.* sort of umbrella that keeps the sunlight off you 陽傘; 遮蓬

sunshine /ˈsʌnʃaɪn/ *n.* (no *pl.*) bright light from the sun 陽光; 日照

suntan /ˈsʌntæn/ *n.* brown colour of your skin when you have been in the hot sun 曬黑 **suntanned** /ˈsʌntænd/ *adj.*

super /ˈsu:pə(r)/ *adj.* wonderful; very big, great, etc. 傑出的; 特大的: *'That's a super new car!' said Robert.* 洛培說: "這是一輛頂好的新汽車。"

superb /su:ˈpɜ:b/ *adj.* wonderful; beautiful 極好的; 超等的 **superbly** *adv.*

superintendent /ˌsu:pərɪnˈtendənt/ *n.* **1** manager; someone who controls what other people do 監督人; 主管人 **2** senior police officer 警察局長

superior /su:ˈpɪərɪə(r)/ *adj.* better; cleverer, more important, etc. than another 優越的; 上級的: *Fresh coffee is superior to instant coffee.* 新鮮咖啡遠勝速溶咖啡。

superlative /su:ˈpɜ:lətɪv/ *adj.* form of adjectives and adverbs, showing the most of something (形容詞和副詞的)最高級的: *'Best' is the superlative form of 'good' and 'worst' is the superlative form of 'bad'.* Best 是 good 的最高級形式, worst 是 bad 的最高級形式。

supermarket /ˈsu:pəmɑ:kɪt/ *n.* big food shop where you collect things in a basket and pay when you leave 超級市場

supersonic /ˌsu:pəˈsɒnɪk/ *adj.* faster than the speed of sound 超聲速的; 超音速的: *Concorde is a supersonic aeroplane.* 協和式是一種超音速的飛機。

superstition /ˌsuːpəˈstɪʃn/ *n.* belief in magic; belief in good and bad luck because of signs that you see and hear 迷信; 迷信行爲: *It is a superstition to believe that breaking a mirror brings bad luck.* 相信打破鏡子會帶來不祥是一種迷信。 **superstitious** /ˌsuːpəˈstɪʃəs/ *adj.*: *a superstitious person* 迷信的人 **superstitiously** *adv.*

supervise /ˈsuːpəvaɪz/ *v.* watch to see that people are working correctly 監督; 管理 **supervision** /ˌsuːpəˈvɪʒn/ *n.*: *There is strict supervision of exams.* 考試時有嚴格的監督。

supper /ˈsʌpə(r)/ *n.* last meal of the day 晚餐; 晚飯: *We eat our supper in the evening.* 我們在晚上吃晚飯。

supplies /səˈplaɪz/ *n.* (*pl.*) goods; things that people need 供給; 供應; 補給: *A helicopter dropped supplies to farms cut off by the snow.* 直升飛機把供給品投給因爲大雪與外界隔絕的農場。

supply[1] /səˈplaɪ/ *n.* (*pl.* supplies) amount of something 供應; 生活用品 ***a good supply***, plenty 大量; 充裕: *Mother always has a good supply of food in the house.* 母親總是在家裏準備大量的食品。

supply[2] *v.* give or sell something that someone needs 供應; 提供: *Butchers supply us with meat.* 肉商供給我們肉類。

support /səˈpɔːt/ *v.* **1** keep something or someone up; hold the weight of something 支持; 支撐: *That small chair isn't strong enough to support that heavy man.* 那把小椅子承不起那個大胖子。 **2** help someone by giving money, etc. 資助; 維持 **3** give food, clothes, and a home to someone 供養; 養活: *Mr. Donovan has to support a large family.* 多諾萬先生要養活一個大家庭。**4** say that you think someone is best, right, etc. 擁護; 支持: *I supported Adam in the argument.* 辯論中我是支持亞當的。 **support** *n.* supporting someone or something; thing that gives support 支持; 擁護: *We cheered to show support for our team.* 我們歡呼以表示支持自己的隊伍。

supporter /səˈpɔːtə(r)/ *n.* someone who helps, shows interest, gives money, etc. 支持者; 擁護者; 供養者: *When our football team played in another town, all the supporters went to watch the game.* 我們球隊往別鎮參賽時, 所有支持者都去看。

suppose /səˈpəʊz/ *v.* **1** think that something is true when you are not totally sure 猜想; 料想: *It's late, so I suppose I must go home.* 時間晚了, 我想我必須回家。 **2** think that something will probably happen 設想; 假定

supposed /səˈpəʊzd/ *past part.* of *v.* suppose 動詞 suppose 的過去分詞 ***be supposed to***, be expected to do something; must do something 要; 應該: *Are you supposed to do homework every day?* 你們每天都要做家課嗎? ***not be supposed to***, not be allowed to do something 不許: *We're not supposed to smoke in the bus.* 我們不能在公共汽車上抽煙。

supposing /səˈpəʊzɪŋ/ *conj.* if 假如: *Supposing it rains, will we still go to the market?* 假如下雨, 我們仍會去逛市場嗎?

supreme /suːˈpriːm/ *adj.* most important 最高的; 至上的: *the Supreme Court* 最高法院

sure[1] /ʃʊə(r)/ *adj.* certain; knowing that something is true 肯定; 確信: *I am sure that the key is in the drawer because I put it there this morning.* 我肯定鑰匙在抽屜裏, 因爲我今天早上放在那裏的。***be sure to***, do not forget to do something 不要忘記; 務必: *Be sure to lock the door when you leave.* 你離開時, 不要忘記鎖好門。 ***make sure***, find out about something so that you are certain 查明; 弄確實: *I think the party begins at six o'clock, but I'll phone to make sure.* 我想晚會大概在六點開始, 但是我要打電話問清楚。

sure[2] *adv.* ***sure enough***, as you thought 果然; 果真: *I said it would rain, and sure enough it did.* 我說會下雨, 果然如此。***for sure***, certainly; definitely 確實; 毫無疑問地: *I don't know the number for sure – I'll look in the telephone book.* 我的確不知道電話號碼——我在電話簿裏查一下吧。

surely /ˈʃʊəlɪ/ *adv.* **1** certainly; with no doubt 確實; 無疑; 一定: *He works so hard that he will surely pass.* 他那樣勤奮, 一定會合格的。**2** word that you say when you think something must be true 諒必; 一定: *Surely you know where your brother works?* 你一定知道你的弟弟在什麼地方工作吧?

surf[1] /sɜːf/ *n.* (no *pl.*) white tops of big waves 拍岸浪花

surf[2] *v.* stand up on a long piece of wood, etc. and ride on the big waves that come up on to a beach 乘滑浪板; 作滑浪運動 **surfboard** *n.* piece of wood or plastic for surfing 滑浪板 **surfing** *n.* sport of riding on the tops of the waves 滑浪運動

surface /ˈsɜːfɪs/ *n.* **1** outside of something 面; 表面: *A tomato has a shiny, red surface.* 番茄表面呈紅色而且發亮。 **2** top of a liquid, a lake, the sea, etc. 水面: *He dived below the surface.* 他潛入水裏。

surgeon /ˈsɜːdʒən/ *n.* doctor who operates, and mends broken bones and parts inside you 外科醫生

surgery /ˈsɜːdʒərɪ/ *n.* **1** (no *pl.*) cutting into the body to mend a part inside 外科手術: *A bone in his foot is broken – he'l* *need surgery*. 他腳上一根骨頭斷了, 需要做手術。**2** (*pl.* surgeries) place where you go to see the doctor or dentist 診所

surname /ˈsɜːneɪm/ *n.* family name 姓; 姓氏: *Sam Brown's surname is Brown.* Sam Brown 的姓是 Brown。

surprise[1] /səˈpraɪz/ *n.* **1** (no *pl.*) feeling that you have when an unexpected thing happens 驚奇; 詫異: *She stared in surprise when she heard the news.* 她聽到這一消息時, 驚奇地瞪着眼。***take someone by surprise***, do something that someone is not expecting 使吃驚; 令人感到意外: *Your phone call took me by surprise because I thought you were on holiday.* 你打來的電話使我吃一驚, 因爲我想你正在渡假。***to my surprise***, I was surprised that 使我感到意外(驚異): *I thought he would be angry but, to my surprise, he smiled.* 我想他會生氣的, 但是想不到他微笑了。**2** (*pl.* surprises) an unexpected happening 使人驚奇的事: *My sister arrived suddenly from Canada – what a surprise!* 我的姐姐突然從加拿大來了——真是意想不到! ***give someone a surprise***, make someone feel surprise 使…感到詫異: *I went in quietly because I wanted to give her a surprise.* 我悄悄地進去, 因爲我想讓她感到意外。

surprise[2] *v.* do something that someone does not expect 使驚奇; 使詫異: *My good marks surprised my father.* 我獲得了好分數, 這使我父親感到詫異。**surprising** *adj.* that you do not expect 出人意外的: *surprising news* 令人驚奇的消息 **surprisingly** *adv.*

surrender /səˈrendə(r)/ *v.* stop fighting because you are not strong enough 投降: *After six hours on the roof, the gunman surrendered to the police.* 在房頂堅持了六小時之後, 持槍的歹徒向警察投降了。**surrender** *n.*

surround /səˈraʊnd/ *v.* be or go all round something 圍; 圍繞; 包圍: *Trees surrounded the lake.* 湖的週圍種滿了樹。

surroundings /səˈraʊndɪŋz/ *n.* (*pl.*) everything round a place, person, etc. 週圍的事物; 環境: *Animals in a zoo are not living in their natural surroundings.* 動物園裏的動物不是生活在自然環境之中。

survive /səˈvaɪv/ *v.* go on living through a difficult or dangerous time 幸存; 生存: *Camels can survive for many days with no water.* 駱駝許多天不喝水還能生存。**survival** /səˈvaɪvl/ *n. After eight days in an open boat with no food, his survival was a miracle.* 他在無遮檔的小船上八天, 又無食物, 還能活下來, 真是個奇蹟。**survivor** /səˈvaɪvə(r)/ *n.* someone who survives 幸存者; 生還者: *The government sent help to the survivors of the earthquake.* 政府救濟那次地震的生還者。

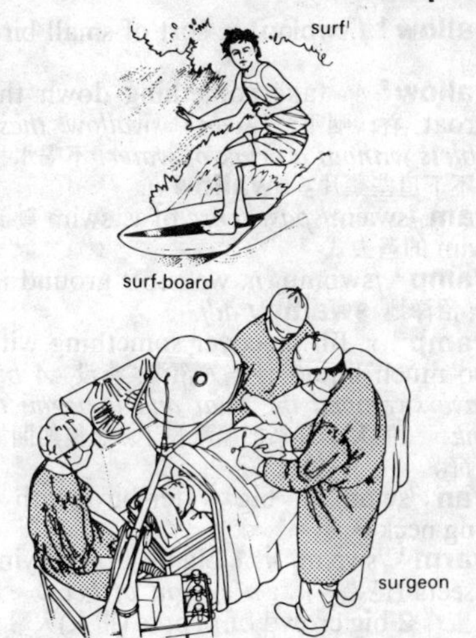

suspect[1] /ˈsʌspekt/ *n.* someone whom you think has probably done wrong 嫌疑犯; 可疑分子: *When the man was found dead, the police arrested two suspects.* 當發現那個人死後, 警察逮捕了兩名疑犯。

suspect[2] /səˈspekt/ *v.* think that something is true, but not be certain 猜想; 懷疑: *I suspect that she is ill, but I'm not sure.* 我猜想她病了, 但不肯定。***suspect someone of something***, think that someone has probably done something wrong 懷疑某人犯錯: *I suspect that girl of taking my book.* 我懷疑那個女孩子把我的書拿走了。

suspend /səˈspend/ *v.* hang something 吊; 懸; 使懸浮: *We suspended the lamp from the ceiling.* 我們把燈吊在天花板上。

suspense /səˈspens/ *n.* (no *pl.*) excitement or worry because you do not know what will happen 懸疑未決; 着急; 懸念: *They waited in suspense to hear the end of the story.* 他們着急地等着聽故事的結局。***keep someone in suspense***, make someone wait to hear news, etc. 賣關子; 使人等得着急: *Don't keep me in suspense – tell me what happened!* 别賣關子了, 告訴我所發生的事吧!

suspicion /səˈspɪʃn/ *n.* idea that is not totally certain 懷疑; 疑心; 猜疑: *I have a suspicion that he is lying.* 我疑心他說謊。**suspicious** /səˈspɪʃəs/ *adj.* **1** not believing; not trusting 疑心的; 可疑的: *I'm suspicious of his story because I know he sometimes tells lies.* 我對他的說法有懷疑, 因爲我知道他有時說假話。**2** strange; making you think that something is wrong 可疑的; 奇怪的: *a suspicious noise* 可疑的聲響 **suspiciously** *adv.: The dog sniffed suspiciously at the stranger.* 狗對陌生人有懷疑, 用鼻子嗅了一下。

swallow¹ /'swɒləʊ/ *n.* sort of small bird 燕子
swallow² *v.* take something down the throat 吞; 咽下: *I can't swallow these tablets without a drink of water.* 不喝水我咽不下這些藥片。**swallow** *n.*
swam /swæm/ *past tense* of *v.* swim 動詞 swim 的過去式
swamp¹ /swɒmp/ *n.* wet, soft ground 沼澤; 沼澤地 **swampy** *adj.*
swamp² *v.* fill or cover something with too much liquid 使陷入沼澤; 淹没: *A big wave swamped the boat and it began to sink.* 一個大浪打來把船淹没了, 然後船開始下沉。
swan /swɒn/ *n.* big water-bird with a long neck 天鵝
swarm¹ /swɔ:m/ *n.* **1** big group of flying insects (昆蟲等)羣: *a swarm of bees* 一大羣蜜蜂 **2** big crowd of people (指人)大羣
swarm² *v.* fly or hurry in large numbers 羣集; 蜂擁: *The children swarmed into the playground.* 孩子們擁進運動場。***swarm with***, be crowded with busy people, animals, etc. 擠滿人羣、動物等: *The streets are swarming with shoppers.* 街上擠滿了買東西的人。
sway /sweɪ/ *v.* move slowly from side to side or backwards and forwards; move something slowly to and fro 搖動; 搖擺; 使傾斜: *The trees were swaying in the wind.* 風把樹吹得左右搖擺。
swear /sweə(r)/ *v.* (*past part.* sworn /swɔ:n/, *past tense* swore /swɔ:(r)/ **1** make a strong promise; promise in the name of God 發誓; 誓言: *He swears that he's telling the truth.* 他發誓他講的都是實話。**2** say bad words 詛咒; 咒罵 **swear-word** *n.* bad word 詛咒; 罵人話
sweat /swet/ *n.* (no *pl.*) drops of water that come out of your skin when you are hot, afraid, etc. 汗 **sweat** *v. He was sweating after the race.* 賽跑後他出了一身汗。**sweaty** *adj.* wet with sweat; smelling of sweat 汗濕透的; 發汗臭的: *sweaty clothes* 有汗臭味的衣服
sweater /'swetə(r)/ *n.* jersey; pullover 毛衣
sweep¹ /swi:p/ *n.* **1** moving away dust, dirt, etc. with a brush or broom 掃; 打掃; 掃除: *I gave the room a sweep.* 我把房間打掃了一下。**2** man whose job is to brush away the dirt in chimneys 掃煙囱的人
sweep² *v.* (*past part. & past tense* swept /swept/) **1** clean a floor, by moving away dust, dirt, etc. with a brush or broom 掃; 打掃; 掃除: *She swept the floor.* 她掃了地。***sweep up***, move away something that is on the floor, ground, etc. with a brush or broom 掃掉; 清掃: *In the autumn we sweep up the fallen leaves in the garden.* 秋天我們掃掉花園裏的落葉。**2** push something along or away 沖走; 席卷: *The floods have swept the bridge away.* 洪水把橋沖走了。
sweet¹ /swi:t/ *adj.* **1** with a taste of sugar 甜的; 甜味的: *Honey is sweet.* 蜂蜜是甜的。**2** with a good smell 芳香的: *the sweet smell of roses* 玫瑰花的香味 **3** pleasant; nice 可愛的; 漂亮的: *What a sweet girl!* 多麼可愛的小姑娘! **sweetly** *adv.* **sweetness** *n.*
sweet² *n.* **1** small piece of sweet food 糖果: *Chocolates and toffees are sweets.* 巧克力和太妃糖都是糖果。**2** pudding; dessert; sweet food that you eat at the end of a meal 甜食; (餐後的)甜品(布丁等)
sweetheart /'swi:thɑ:t/ *n.* boyfriend or girlfriend 愛人
swell /swel/ *v.* (*past part.* swollen /'swəʊlən/, swelled /sweld/, *past tense* swelled) become bigger, thicker, fatter, etc. 膨脹; 增大: *He blew into the balloon and it swelled bigger and bigger.* 他吹氣球, 氣球越鼓越大。***swell up***, swell 腫起
swelling /'swelɪŋ/ *n.* place on the body that has become bigger, fatter, etc. 腫脹; 腫大: *She has a swelling on her head where she hit it when she fell.* 她跌倒了, 頭磕了一個大鼓包。
swept /swept/ *past part. & past tense* of *v.* sweep 動詞 sweep 的過去分詞和過去式
swerve /swɜ:v/ *v.* turn suddenly while you are driving or running 突然轉向; 急轉彎: *The car swerved when the driver saw a child in the road.* 當司機看到路上有一個小孩時, 他把汽車突然轉向。**swerve** *n.*
swift /swɪft/ *adj.* quick; fast 快的; 迅速的 **swiftly** *adv.: He ran swiftly up the stairs.* 他迅速跑上樓。
swim /swɪm/ *v.* (*pres. part.* swimming, *past part.* swum /swʌm/, *past tense* swam /swæm/) move your body through the water 游; 游泳: *Can you swim across the lake?* 你能游過這個湖嗎? **swim** *n.: Let's go for a swim.* 我們去游泳吧。**swimming** *n.: Swimming is my favourite sport.* 游泳是我最喜歡的活動。**swimming-pool** *n.* special place or building for swimming 游泳池 **swimmer** *n.* someone who is swimming 游泳者 **swimsuit** /'swɪmsu:t/ *n.* piece of clothing that a woman or girl wears for swimming 女裝泳衣
swindle /'swɪndl/ *v.* take money from someone by tricking him; cheat 詐取; 騙錢: *Don't buy a car from that garage – they will swindle you.* 不要買那個汽車修理廠的車——他們會騙你錢的。**swindle** *n.* **swindler** *n.* someone who swindles 騙子; 詐騙犯

swing [1] /swɪŋ/ *n.* **1** (no *pl.*) moving backwards and forwards through the air 搖擺; 晃動; 搖蕩 **2** (*pl.* swings) hanging seat for a child to move backwards and forwards through the air 鞦韆 **3** (no *pl.*) strong rhythm 韻律; 節奏: *Jazz music has a lot of swing*. 爵士音樂韻律很强。***go with a swing***, go well 順利進行: *The party went with a swing and we all enjoyed it*. 聚會進行得很順利, 我們大家玩得痛快。 ***in full swing***, happening; busy and going well 活躍; 正在全力進行: *The party was in full swing when we arrived*. 我們到達時, 聚會進行得正活躍。

swing [2] *v.* (*past part. & past tense* swung /swʌŋ/) **1** hang and move from side to side or backwards and forwards through the air 搖動; 搖擺: *The monkey was swinging by its tail from the tree*. 猴子把尾巴掛在樹上, 左右搖擺。**2** turn in a circle; make something turn through the air 回轉; 旋轉: *The cowboy swung the lasso round and round*. 牧童把套索來回旋轉。

switch [1] /swɪtʃ/ *n.* small handle, knob, or button that turns electricity on and off 開關; 電閘: *a light switch* 電燈開關

switch [2] *v.* **1** press a handle, knob, or button to turn electricity on or off 接通或切斷(電流) ***switch on***, press a knob, etc. to start something that works by electricity 接通電流 ***switch off***, press a knob, etc. to stop electricity 切斷電流: *When the programme finished, we switched the radio off*. 當節目完畢後, 我們就關上收音機。**2** change to something different 轉換; 改變: *He switched from a back seat to a front seat so that he could see more*. 他從後排椅子移到前排去, 以便看得清楚些。

switchboard /ˈswɪtʃbɔ:d/ *n.* machine with many small handles, for sending telephone calls to the right place, etc. (電話的)交換機; 交換台

swollen /ˈswəʊlən/ *adj.* fatter, thicker, or fuller than usual 膨脹的; 腫起的: *a swollen ankle*; 腫脹的足踝 *a swollen river* 漲滿水的河

swoop /swu:p/ *v.* come down quickly 猛撲; 下攫: *The bird swooped down on to the ground*. 鳥猛然撲到了地面。**swoop** *n.*

swop /swɒp/ *v.* (*pres. part.* swopping, *past part. & past tense* swopped /swɒpt/) give one thing and get another thing for it 交換; 交流; 用…作交易: *I swopped my knife for Kit's pen*. 我用刀子換了阿薺的鋼筆。

sword /sɔ:d/ *n.* very long, sharp knife for fighting 劍; 刀

swore /swɔ:(r)/ *past tense* of *v.* swear 動詞 swear 的過去式

sworn /swɔ:n/ *past part.* of *v.* swear 動詞 swear 的過去分詞

swot /swɒt/ *v.* (*pres. part.* swotting, *past part. & past tense* swotted /ˈswɒtɪd/) study hard 用功讀書; 苦讀: *Matthew is swotting for his exam*. 馬修正在努力讀書以應付考試。

swum /swʌm/ *past part.* of *v.* swim 動詞 swim 的過去分詞

swung /swʌŋ/ *past part. & past tense* of *v.* swing 動詞 swing 的過去分詞和過去式

syllable /ˈsɪləbl/ *n.* part of a word that has one vowel sound 音節: *The word 'big' has one syllable and the word 'Africa' has three syllables*. Big 這個詞只有一個音節, Africa 有三個音節。

symbol /ˈsɪmbl/ *n.* mark, sign, or picture that shows something 象徵; 符號; 記號: *+ and – are symbols for plus and minus in arithmetic*. '+'號和'–'號在算術裏代表加減號。

sympathize /ˈsɪmpəθaɪz/ *v.* feel sorry for someone; share a feeling with someone; understand someone's feelings 同情; 表示同情; 有同感: *I sympathize with you – I have a naughty little brother like yours*. 我同情你——我也有一個小弟弟像你的弟弟一樣頑皮。 **sympathy** /ˈsɪmpəθɪ/ *n.*: *She wrote me a letter of sympathy when Dad died*. 我的父親逝世時, 她給我寫了一封慰問信。 **sympathetic** /sɪmpəˈθetɪk/ *adj.*: *a sympathetic smile* 同情的微笑 **sympathetically** *adv.*: *'I'm so sorry you're ill,' he said sympathetically.* "聽説你病了, 我很難過," 他同情地說。

symptom /ˈsɪmptəm/ *n.* sign of an illness 症狀; 徵候: *A sore throat is a symptom of a cold*. 嗓子痛是感冒的症狀。

synthetic /sɪnˈθetɪk/ *adj.*: not natural; made by people 合成的; 人造的: *Nylon is synthetic, but wool is natural*. 尼龍是人造的, 但是毛是天然的。

syrup /ˈsɪrəp/ *n.* (no *pl.*) thick, sweet liquid made with sugar and water or fruit juice 糖漿; 糖汁; 果汁

system /ˈsɪstəm/ *n.* **1** group of things or parts that work together 系統; 體系: *the railway system* 鐵路系統 **2** set of ideas; way of doing things 制度; 體制: *a system of government* 政體

Tt

table /ˈteɪbl/ *n.* **1** piece of furniture that is a flat top on legs 桌子; 枱子: *Dinner is ready – come to the table.* 飯好了——請入座吧。***lay the table***, put things on the table ready for a meal 擺好飯桌 **2** list 表: *a table of weights and measures* 度量衡表

table-cloth /ˈteɪbl klɒθ/ *n.* piece of cloth that you put over a table when you have a meal 桌布; 枱布

table napkin /ˈteɪbl næpkɪn/ *n.* small piece of cloth that each person has at the table to keep his clothes clean, wipe his fingers on, etc. 餐巾

tablespoon /ˈteɪblspu:n/ *n.* big spoon for putting food on to the plate of each person 湯匙; 大調羹

tablet /ˈtæblɪt/ *n.* **1** flat piece of something 扁平物; 小塊: *a tablet of soap* 一塊肥皂 **2** small, round, hard piece of medicine, which you swallow; pill 藥片: *aspirin tablets* 阿司匹靈藥片

table tennis /ˈteɪbl tenɪs/ *n.* (no *pl.*) game where you hit a small, white ball over a net on a big table; ping-pong 乒乓球

tackle[1] /ˈtækl/ *n.* **1** (no *pl.*) special things that you need for a job or sport 用具; 器械; 裝備: *Did Ken take his fishing tackle with him to the river?* 肯恩把漁具帶到河邊去了嗎? **2** (*pl.* tackles) catching someone in a game and trying to take the ball from him (橄欖球)抱住; 阻擋

tackle[2] *v.* **1** start to do a difficult, nasty job 着手處理; 對付; 解決: *Please help me to tackle these sums.* 請幫我解決這幾道算術題。**2** try to catch and hold someone 抓住; 抱住: *The policeman tackled the thief.* 警察抓住了賊。**3** catch someone in a game and try to take the ball from him (橄欖球)抱住; 阻擋

tact /tækt/ *n.* (no *pl.*) knowing how and when to say things so that you will not hurt people 圓滑; 機智 **tactful** /ˈtæktfl/ *adj.* polite and careful with people's feelings 機敏的; 老練的: *Jack wrote me a tactful letter when I lost my job.* 我失業後, 傑寫了一封得體的信給我。 **tactfully** *adv.* **tactless** *adj.* rude and careless about people's feelings 不得體的; 不老練的 **tactlessly** *adv.*

tag /tæg/ *n.* small piece of paper or metal that you fix on something to give information about it 標簽: *I looked at the price tag to see what the dress cost.* 我看了一下價目標簽, 看這件裙子要多少錢。

tail /teɪl/ *n.* **1** part of an animal, bird, or fish that sticks out at the back and can move 尾巴: *The dog wagged his tail when I came home.* 當我到家時, 狗搖搖尾巴。**2** end or back part of something 末尾; 後部: *the tail of an aeroplane* 飛機的尾部

tailor /ˈteɪlə(r)/ *n.* someone whose job is to make suits, coats, etc. 裁縫

take /teɪk/ *v.* (*past part.* taken /ˈteɪkən/, *past tense* took /tʊk/) **1** get hold of something or someone; pick something up 抓起; 拾起: *Please take my hand.* 請拉住我的手。*The mother took the baby in her arms.* 母親把嬰兒抱在懷裏。**2** carry something 拿; 帶: *Shall I take that heavy basket home for you?* 我替你把那個沉甸甸的籃子拿回家去, 好嗎? **3** remove something; make something disappear; steal something 移動; 使不見; 偷竊: *Who has taken my bicycle?* 誰拿走了我的腳踏車? **4** lead or bring someone somewhere 帶領: *Geoff took me to the cinema.* 傑富帶我去看電影。**5** do or have something 做; 進行: *We took a walk in the park.* 我們在公園裏散步。**6** eat or drink something 吃; 喝: *Has James taken his medicine?* 展思吃藥了嗎? **7** travel in a vehicle 乘車: *I took a taxi.* 我乘了計程汽車。**8** receive or accept something 接受; 收到: *I'll take $50 for my old bicycle.* 我這輛舊腳踏車要賣五十元。**9** buy something often 租賃; 訂閱: *Mr. Moore takes two daily newspapers.* 摩爾先生訂兩份日報。**10** need something 需要; 耗費: *The journey will take two days.* 旅程需要兩天。*That dress will take four metres of cloth.* 做那件裙子需要四米布。***take after***, look like someone (相貌)像: *Sean takes after his father.* 肖恩長得像他的父親。***take something apart***, separate something into parts 拆卸: *He took the engine apart to mend it.* 他把發動機拆開來修理。***take something away***, (***a***) remove something 拿走; 移動: *I took the knife away from the baby.* 我把刀子從嬰兒手裏拿走了。(***b***) subtract a number from another number 減去 ***take something down***, write something on a piece of paper 記下; 寫下: *She took down my address.* 她記下我的住址。***take someone*** or ***something for***, think that someone or something is 以爲; 錯認爲: *I took him for a clever boy at first, but now I think he's rather stu-*

pid. 起初我認爲他是個聰明的孩子, 但是現在我覺得他很笨。 ***take something for granted***, be so sure of something that you do not think about it 認爲當然; 習以爲常: *I take it for granted that I'll always spend Christmas with my family*. 我總是和家人一塊過聖誕節, 已是習以爲常的了。 ***take someone in***, (***a***) let someone with no home stay in your house 收容 (***b***) trick someone 欺騙: *Don't believe him – he'll try to take you in*. 別相信他——他會騙你的。 ***take something in***, make a piece of clothing smaller, etc. (衣服等)改小: *The dress was too big, so I took it in*. 這件衣服太大了, 所以我把它改小。 ***take it that***, think or believe that 以爲; 相信: *When I did not hear from him, I took it that he was on holiday*. 我没收到他的信, 我以爲他在渡假。 ***take off***, leave the ground and start to fly 起飛: *The aeroplane took off an hour late*. 飛機起飛晚了一小時。 ***take someone off***, copy the way someone does things so that you make people laugh 學某人模樣以使人發笑: *Everyone laughed when Mary took off the angry farmer*. 敏麗學着農人生氣的樣子, 大家都笑了。 ***take something off***, remove a piece of clothing 脱掉: *He came in and took off his coat*. 他走了進來, 脱掉外衣。 ***take something on***, accept a job; promise to do something 接受; 答應: *Diana always takes on too much work*. 黛安娜總是擔起太多工作。 ***take something over***, look after a business, a machine, etc. when another person stops 接手; 接管: *Alan took over the farm when his father died*. 艾倫在父親去世後接管了農場。 ***take to something***, (***a***) start to do something often 開始; 染上: *When did Emma take to smoking?* 愛瑪什麽時候養成了抽煙的習慣? (***b***) go somewhere to escape from something 逃向; 委身於: *He ran away from prison and took to the forest*. 他從監獄裏跑出來, 逃到樹林裏。 ***take to someone***, begin to like someone 開始喜歡: *Have the staff taken to the new manager?* 工作人員開始喜歡這位新經理了嗎? ***take up***, fill a space 佔地方: *That big table takes up too much room*. 那張大桌子佔的地方太大了。 ***take a road, path, etc.***, go by a road, path, etc. 走路: *If you take that road you'll reach the village*. 你如果走那條路, 就能走到村裏。

take-away /ˈteɪk əweɪ/ *n*. shop or restaurant that sells hot food that you buy and take out with you (出售可以拿走的食物)商店或餐館 **take-away** *adj*.: *a take-away meal* 從餐館買來的飯食

taken /ˈteɪkən/ *past part*. of *v*. take 動詞 take 的過去分詞

take-off /ˈteɪk ɒf/ *n*. moment when an aeroplane or rocket leaves the ground (飛機或火箭的)起飛時刻

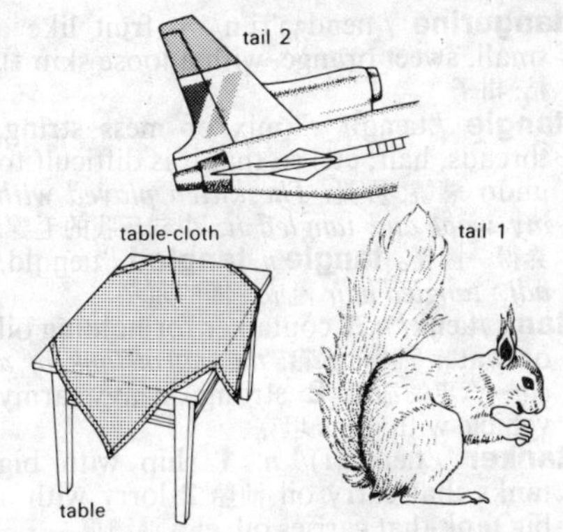

tale /teɪl/ *n*. story 故事: *the tale of the hare and the tortoise* 龜兔賽跑的故事 ***tell tales***, tell other people about the bad things that someone has done 講別人壞話; 搬弄是非

talent /ˈtælənt/ *n*. natural skill; something that you do naturally well 天才; 天資: *Amanda has a talent for painting*. 娥曼達有繪畫天才。

talented /ˈtæləntɪd/ *adj*. very clever in a special way 特别聰明; 天才的: *a talented footballer* 天才足球運動員

talk¹ /tɔːk/ *n*. **1** conversation between two or more people 談話; 聊天: *Dave and I had a long talk*. 我和廸富談了很久。 **2** speaking to a group of people 講話; 演講: *Professor Wilson gave an interesting talk on birds*. 威爾遜教授作了一個關於鳥類的演講, 很有趣味。

talk² *v*. say words; speaking to someone 説話; 對人講話: *She is talking to her boyfriend on the telephone*. 她正在電話裏和男朋友講話。 ***talk something over***, talk about something 談論某事; 商量

talkative /ˈtɔːkətɪv/ *adj*. talking a lot 好説話的; 多嘴的

tall /tɔːl/ *adj*. **1** high; from top to bottom 身高: *Ella is two metres tall*. 艾拉身高兩米。 **2** high; going up a long way 高大的: *Richard is a tall boy*. 潤才是個高大的男孩子。

tame /teɪm/ *adj*. not wild; that lives with people 馴服的: *a tame fox* 一隻馴服了的狐狸 **tame** *v*. make a wild animal tame 使野獸馴服; 馴養: *He tames lions for the circus*. 他替馬戲團馴獅。

tan /tæn/ *n*. **1** (*no pl.*) yellow-brown colour 黄褐色; 棕黄色 **2** (*pl*. tans) brown colour of your skin when you have been in the hot sun 曬黑的皮膚顏色 **tan** *adj*. with a yellow-brown colour 黄褐色的; 棕黄色的 **tanned** /tænd/ *adj*. brown from the sun 曬黑了的: *a tanned face* 曬黑了的臉

tangerine /ˌtændʒəˈriːn/ *n.* fruit like a small, sweet orange, with a loose skin 紅桔; 柑子

tangle /ˈtæŋgl/ *v.* mix or mess string, threads, hair, etc. so that it is difficult to undo 纏繞; 弄亂: *The kitten played with my wool and tangled it.* 小貓玩我的毛線, 弄得一團糟。 **tangle** *n.* **tangled** /ˈtæŋgld/ *adj.*: *tangled hair* 亂成一團的頭髮

tank /tæŋk/ *n.* **1** container for holding oil or water 油桶; 水箱: *the petrol-tank of a car* 汽車的油箱 **2** strong, heavy army vehicle with guns 坦克

tanker /ˈtæŋkə(r)/ *n.* **1** ship with big tanks that carry oil 油船 **2** lorry with a big tank that carries oil, etc. 油罐車

tap [1] /tæp/ *n.* sort of handle that you turn to let water, gas, etc. come out of a pipe 開關; 龍頭

tap [2] *v.* (*pres. part.* tapping, *past part.* & *past tense* tapped /tæpt/) touch or hit something quickly and lightly 輕敲; 拍打: *He tapped the window and she looked up.* 他輕輕地敲了一下窗户, 她抬頭看了看。 **tap** *n.*: *a tap on the window* 敲窗户

tape /teɪp/ *n.* **1** ribbon; long, narrow strip of cloth 絲帶; 布條 **2** long, narrow piece of sticky paper that you put on parcels, papers, etc. to fasten or mend them 膠紙 **3** long strip of special stuff that records voices and music in a machine 錄音帶

tape-measure /ˈteɪp meʒə(r)/ *n.* long, narrow band of cloth, plastic, or metal for measuring 皮尺; 帶尺; 卷尺: *The tailor put a tape-measure round his waist to see how big it was.* 裁縫用皮尺量了他的腰圍尺寸。

tape-recorder /ˈteɪp rɪkɔːdə(r)/ *n.* machine that can put sound on tapes and play it back later 錄音機

tar /tɑː(r)/ *n.* (no *pl.*) black stuff that is thick and sticky when it is hot, and hard when it is cold 焦油; 瀝青: *We use tar for making roads.* 我們用瀝青鋪路。

target /ˈtɑːgɪt/ *n.* what you are trying to hit when you shoot a bullet or arrow 靶; 目標

tariff /ˈtærɪf/ *n.* list of prices for meals, hotel rooms, etc. (飯菜、酒店房間等的)價目表

tarmac /ˈtɑːmæk/ *n.* (no *pl.*) mixture of sand, small stones, and tar, which makes a smooth covering for roads, etc. 鋪路面用的沙石瀝青混合物

tart /tɑːt/ *n.* piece of pastry with fruit or jam on it 果餡餅(上面有水果或果醬)

tartan /ˈtɑːtən/ *n.* special pattern on cloth that comes from Scotland 蘇格蘭的格子花呢 **tartan** *adj.*: *tartan trousers* 格子花呢褲子

task /tɑːsk/ *n.* job; piece of work 任務; 工作: *Cooking is an enjoyable task.* 做飯是件令人愉快的工作。

taste [1] /teɪst/ *n.* **1** (no *pl.*) feeling or recognizing food with the mouth 味覺: *When I have a cold, I lose my sense of taste.* 我感冒時吃東西没有味道。 **2** (*pl.* tastes) feeling that a certain food or drink gives in a mouth 滋味; 味道: *Sugar has a sweet taste and lemons have a sour taste.* 糖有甜味, 檸檬有酸味。 **3** (*pl.* tastes) small amount of something to eat or drink 一口; 一點: *I'll have a taste of the wine first, to see whether I like it.* 我得先嘗一嘗這種甜酒, 看看我喜歡不喜歡。 **4** (no *pl.*) a little of anything that you do or have 滋味; 體驗: *Did you like your first taste of riding a horse?* 你喜歡頭一次騎馬的滋味嗎? **5** (*pl.* tastes) what you like 愛好; 趣味: *She spends a lot of money on clothes because she has expensive tastes.* 她在衣服上花了很多錢, 因爲她喜歡貴東西。

taste [2] *v.* **1** feel or recognize a certain food or drink in your mouth 品嘗; 辨味: *I can taste onions in this dish.* 在這道菜裏我吃到了洋葱味。 **2** have a certain feeling when you put it in your mouth 具…味道: *This tea tastes too sweet.* 這茶太甜了。 **3** eat or drink a little of something 吃一點; 喝一口: *The cook tasted the stew to see if it had enough salt.* 廚師嘗了一點炖肉, 看看是否够鹹。

tasty /ˈteɪstɪ/ *adj.* good to eat 美味的; 可口的: *a tasty meal* 一頓美餐

tatters /ˈtætəz/ *n.* (*pl.*) rags 破布 ***in tatters***, full of holes; torn 襤褸的; 破舊的 **tattered** /ˈtætəd/ *adj.*: *a tattered coat* 一件破外套

tattoo /təˈtuː/ *v.* make a picture or pattern on someone's skin, with a needle and dyes 紋身; 刺花 **tattoo** *n.*: *The sailor had a tattoo of a ship on his arm.* 那個海員的手臂上刺了一隻船。

taught /tɔːt/ *past part.* & *past tense* of *v.* teach 動詞 teach 的過去分詞和過去式

tax /tæks/, **taxes** /ˈtæksɪz/ (*pl.*), **taxation** /tækˈseɪʃn/ (no *pl.*) *n.* money that the government takes from your pay or from the sale of some goods 税 **tax** *v.* make someone pay tax 徵税; 收税

taxi /ˈtæksɪ/ *n.* car, with a driver, that you can hire for short journeys 計程車 **taxi-rank** *n.* place where taxis wait for customers 計程車停車處

tea /tiː/ *n.* **1** (no *pl.*) drink that you make with hot water and the dry leaves of a plant 茶: *a pot of tea* 一壺茶 **2** (*pl.* teas) cup of tea 一杯茶 **3** (*pl.* teas) small afternoon meal with sandwiches, cakes, and cups of tea 午後茶點 **teapot** /ˈtiːpɒt/ *n.* pot for holding tea 茶壺

teach /ti:tʃ/ *v.* (*past part.* & *past tense* taught /tɔ:t/) **1** educate someone; tell or show someone how to do something 教; 教授: *My brother is teaching me to swim.* 我的哥哥正在教我游泳。**2** have a job in a school 教書: *Sue wants to teach when she grows up.* 素長大了打算教書。 **teaching** *n.* the job of teaching in a school 教書

teacher /'ti:tʃə(r)/ *n.* someone who gives lessons 教員; 老師

team /ti:m/ *n.* **1** group of people who play sports together on one side (運動)隊: *A football match is between two teams of players.* 足球比賽需要兩隊運動員參加。**2** group of people or animals working together 組; 羣: *a team of oxen* 一羣牛

tear¹ /tɪə(r)/ *n.* drop of water that comes from your eye when you are unhappy, etc. 淚 ***burst into tears***, suddenly start crying 突然哭起來 ***be in tears***, be crying 正哭着: *Why is Erica in tears?* 艾麗嘉爲什麼在哭? **tearful** *adj.* crying; wet with tears 含淚的; 淚汪汪的: *Erica's tearful face.* 艾麗嘉滿臉淚水。**tearfully** *adv.*

tear² /teə(r)/ *n.* rough hole or split in cloth, paper, etc. (布、紙等上的)洞; 裂縫: *Mother mended the tear in Andrew's trousers.* 媽媽替安德魯補好了褲子上的破洞。

tear³ *v.* (*past part.* torn /tɔ:n/, *past tense* tore /tɔ:(r)/) **1** pull something apart; make a rough hole in something 撕裂; 弄破: *Carol tore her dress on a nail.* 凱洛的衣服在釘子上撕破了。***tear something up***, pull something into small pieces 撕碎 **2** take something roughly away from a person or place 奪走; 撕下: *Tear a page out of your notebook.* 從你的筆記本上撕下一頁。**3** break; come apart 破; 碎: *Paper tears easily.* 紙很容易破爛。**4** run fast 跑; 奔; 衝: *The children tore out of the classroom when the bell rang.* 下課鈴一響孩子就衝出教室。

tease /ti:z/ *v.* laugh at someone; make fun of someone in an unkind way 取笑; 逗弄: *The girls were always teasing her because she was so fat.* 女孩子總是取笑她, 因爲她太胖了。**teasingly** *adv.*

teaspoon /'ti:spu:n/ *n.* small spoon for putting sugar into tea, etc. and stirring it 茶匙

technical /'teknɪkl/ *adj.* of special, practical knowledge 技術的; 技能的 **technical college** *n.* place where people go to study technical subjects 專科學院 **technically** *adv.*

technician /tek'nɪʃn/ *n.* expert who works with machines, instruments or tools 技術員; 技師

technique /tek'ni:k/ *n.* way of doing something 技術; 技巧: *Dick Fosbury had a new technique for doing the high jump.* 迪克福斯貝里有一項跳高的新技巧。

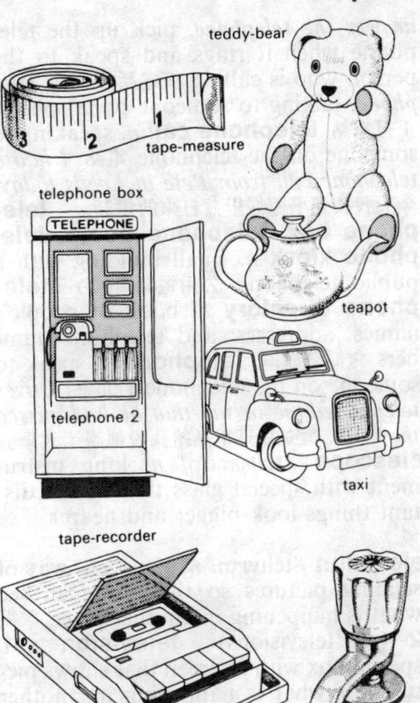

teddy-bear /'tedɪ beə(r)/ *n.* sort of doll like a bear 玩具熊

tedious /'ti:dɪəs/ *adj.* not interesting 没趣味的; 没意思的: *a tedious lecture* 沉悶的講話 **tediously** *adv.*

teenager /'ti:neɪdʒə(r)/ *n.* boy or girl between the ages of 13 and 19 十三歲到十九歲的青少年 **teenage** /'ti:neɪdʒ/ *adj.* 十多歲的: *a teenage girl* 十幾歲的女孩 **teens** /ti:nz/ *n.* the ages from 13 to 19 十三歲到十九歲的年齡: *boys and girls in their teens* 十多歲的男孩和女孩

teeth /ti:θ/ (*pl.*) of *n.* tooth 名詞 tooth 的複數形式 ***grit your teeth***, be brave when there is trouble, pain, etc. 咬緊牙關

telegram /'telɪgræm/ *n.* message that you send quickly by electric wires or by radio 電報

telegraph /'telɪgrɑ:f/ *n.* (no *pl.*) way of sending messages quickly by electric wires or by radio 電報(通訊方式) **telegraph** *v.*

telephone /'telɪfəʊn/ *n.* **1** (no *pl.*) way of talking to someone in another place by using electric wires or by radio 電話(指通訊方式): *I spoke to him by telephone.* 我和他通了電話。**2** (*pl.* telephones) instrument that you hold to talk to and listen to someone in another place 電話機

answer the telephone, pick up the telephone when it rings and speak to the person who is calling 接電話 ***on the telephone***, talking to someone by telephone 正打電話 **telephone call** *n.* speaking to someone on the telephone 電話: *I had a telephone call from Pete in Leeds today.* 今天我接到平德從里兹打來的電話。 **telephone box, telephone booth, telephone kiosk** *n.* small building with a public telephone 公用電話間(亭) **telephone directory** *n.* book of people's names, addresses, and telephone numbers 電話號碼簿 **telephone** *v.* speak to someone on the telephone 打電話: *Oliver telephoned me to say that he had missed the train.* 奥立富打電話給我說他誤了火車。

telescope /ˈtelɪskəʊp/ *n.* long instrument with special glass that makes distant things look bigger and nearer 望遠鏡

television /ˈtelɪvɪʒn/ *n.* **1** (no *pl.*) way of sending pictures so that you can see what is happening in another place 電視 **2** (*pl.* televisions) **television set**, special box with a screen that shows pictures of what is happening in another place 電視機

tell /tel/ *v.* (*past part. & past tense* told /təʊld/) speak to someone about something; inform someone 告訴; 說; 講: *Has she told you her new address?* 她把新地址告訴你了嗎? ***can tell***, can know, guess, or understand something 知道; 猜出; 懂得: *I can tell that she's unhappy because she's crying.* 我知道她不高興了, 因爲她在哭。***tell someone off***, speak angrily to someone because he has done something wrong 責備; 斥責: *My boss told me off for my careless work.* 老闆斥責我工作粗心大意。***there's no telling***, no one knows 誰也不知道; 天曉得: *There's no telling when the storm will end.* 天曉得風暴什麼時候停止。***you're telling me!*** I know that already; I agree 我已經知道了; 我同意: *'It's hot today!' 'You're telling me!'* "今天很熱!" "還用你說!"

telly /ˈtelɪ/ *abbrev.* television 電視; 電視機

temper /ˈtempə(r)/ *n.* how you feel 心情; 脾氣 ***fly into a temper***, become suddenly angry 突然發怒; 發火 ***in a bad temper***, angry 生氣; 發怒 ***in a good temper***, happy 高興; 心情好 ***keep your temper***, not become angry 不要生氣; 忍住脾氣 ***lose your temper***, become suddenly angry 突然發怒; 脾氣: *He lost his temper when Julia broke his new record.* 他大發脾氣, 因爲朱麗亞打破了他的新唱片。

temperature /ˈtemprətʃə(r)/ *n.* how hot or cold something is 温度: *On a very hot day, the temperature reaches 35°C.* 在炎熱的日子裏, 氣温達攝氏35度。***have*** or ***run a temperature, have*** or ***run a high temperature***, have a fever 發燒: *Jack was running a high temperature and his mother phoned the doctor.* 傑正發高燒, 媽媽給醫生打了電話。

temple /ˈtempl/ *n.* building where people pray and worship 廟宇; 寺院; 神殿

temporary /ˈtemprərɪ/ *adj.* for a short time 暫時的; 臨時的: *a temporary job* 一件臨時工作 **temporarily** *adv.*: *The road is temporarily closed while the workmen repair it.* 這條路在工人修路期間暫時關閉。

tempt /tempt/ *v.* **1** try to make someone do something wrong; give someone the idea of doing wrong 引誘; 教唆: *The open door tempted him to go in and rob the house.* 敞開的大門引誘他入屋偷竊。 **2** make someone want it 誘人; 吸引: *Those cream cakes tempt me!* 那些奶油蛋糕吸引我! **tempting** *adj.*: that you want 誘人的; 吸引人的: *a tempting offer* 一項吸引人的提議 **temptation** /tempˈteɪʃn/ *n.*

ten /ten/ *n.* number 10 十 **ten** *adj.*

tenant /ˈtenənt/ *n.* someone who pays money to live or work in another person's house, offices, etc. 房客; 佃户; 租户: *The tenants pay a monthly rent of $1 000 for their flat.* 房客們租那住宅單位, 每月付房租一千元。

tend /tend/ *v.* usually do something; be likely to do or be something 常做某事; 傾向於: *Boys tend to be bigger than girls.* 男孩往往比女孩的個子大。 **tendency** /ˈtendənsɪ/ *n.*

tender /ˈtendə(r)/ *adj.* **1** that you can bite or chew easily 嫩的: *tender meat* 嫩肉 **2** kind; gentle 仁慈的; 温柔的: *a tender mother* 慈母 **tenderly** *adv.* gently 温和地; 親切地

tennis /ˈtenɪs/ *n.* (no *pl.*) game for two or four players, with rackets and balls 網球 **tennis-court** *n.* piece of ground with lines on it where you play tennis 網球場 **tennis racket** *n.* instrument for hitting a tennis ball 網球拍

tense[1] /tens/ *adj.* **1** tightly pulled 拉緊的; 綳緊的: *tense muscles* 拉緊的肌肉 **2** excited because you are waiting for something to happen 緊張的; 激動的: *The audience was tense as they waited for the acrobat to jump.* 觀衆在等待雜技演員跳躍時, 心情很緊張。 **tensely** *adv.* **tension** /ˈtenʃn/ *n.*

tense[2] *n.* form of a verb that shows when something happens (文法)動詞的時態; 時式: *'I see' is present tense, 'I saw' is past tense, and 'I shall see' is future tense.* I see 是現在式, I saw 是過去式, I shall see 是將來式。

tent /tent/ *n.* house of cloth over poles,

which you can put up or take down quickly 帳蓬; 帳棚

tenth /tenθ/ *n.* 10th 第十 **tenth** *adj.*: *Bella's tenth birthday* 貝拉的十歲生日

term /tɜ:m/ *n.* **1** period of time 時期; 期限: *An American President's term of office is four years.* 美國總統的任期是四年。**2** time when schools, universities, etc. are open 學期: *The summer term runs from April to July.* 夏季學期從四月份到七月份。**3** word; group of words; way of saying something 詞; 短語; 術語 **4 terms** (*pl.*) conditions; things you promise and accept in a contract 條件; 條款: *What are the terms of the peace treaty?* 和約的條款是什麼? ***on good*** or ***bad terms with***, friendly, or not friendly, with someone 同某人的關係好或不好: *We're on good terms with our neighbours.* 我們同鄰居的關係很好。

terminal /'tɜ:mɪnl/ *n.* **1** end of a railway line, bus route, etc. (鐵路、公共汽車等的)終點(站) **2** place where the bus to the airport leaves and arrives 航空終點站

terminus /'tɜ:mɪnəs/ *n.* (*pl.* termini or terminuses) station at the end of a railway line; end of a bus or aeroplane route (火車、公共汽車或飛機的)終點站

terrace /'terəs/ *n.* **1** flat strip of ground along the side of a hill 梯田 **2** flat strip of concrete, etc. above the ground outside a house 平台; 露台: *We sat on the terrace and looked at the sunset.* 我們坐在平台上看日落。**3** line of houses joined together 一排房屋 **terraced** /'terəst/ *adj.* joined in a line 成排的; 成行的: *Terraced houses are joined together.* 成排的房屋連成一起。

terrible /'terəbl/ *adj.* **1** making you very afraid, very sad, or shocked 可怕的; 令人震驚的: *a terrible war* 可怕的戰爭 **2** very bad 極壞的; 很糟的: *They gave us terrible food at the hotel.* 酒店給我們吃的飯菜糟極了。

terribly /'terəblɪ/ *adv.* **1** in a terrible way 嚴重地; 極大地: *She was terribly injured in the crash.* 她在這次撞車中嚴重受傷。**2** very 非常: *I am terribly sorry!* 我非常抱歉!

terrific /tə'rɪfɪk/ *adj.* **1** very great, loud, etc. 極大的; 非常的: *a terrific storm* 一場特大風暴 **2** that pleases you very much; wonderful 極好的; 了不起的: *That was a terrific party!* 那是一次了不起的聚會! **terrifically** *adv.*

terrify /'terɪfaɪ/ *v.* make someone very afraid 使驚怕; 驚嚇: *The thunder terrified the small children.* 雷聲把小孩嚇壞了。**terrified** /'terɪfaɪd/ *adj.* very frightened 很害怕; 驚恐的

territory /'terətrɪ/ *n.* (*pl.* territories) land; land that belongs to one government 土地; 領土: *Angola was once a Portuguese territory.* 安哥拉曾經是葡萄牙的領土。

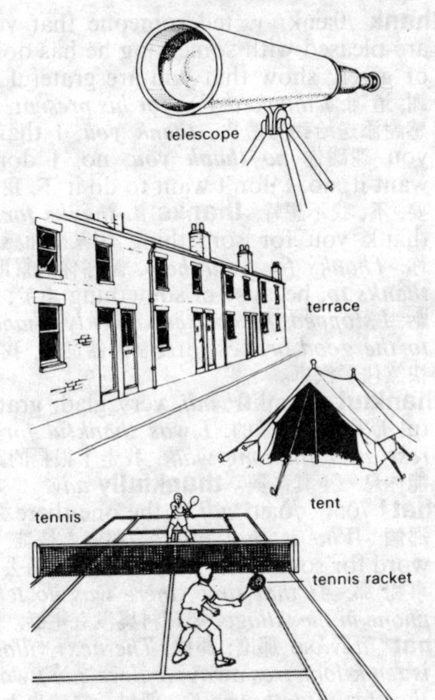

terror /'terə(r)/ *n.* **1** (no *pl.*) great fear 恐怖; 驚駭: *She screamed in terror.* 她驚恐地尖叫。**2** (*pl.* terrors) a particular fear 引起恐怖的事物(或人): *a terror of the dark* 對黑暗的害怕; 怕黑

terrorist /'terərɪst/ *n.* someone who frightens, hurts or kills others so that people will do what he wants 恐怖分子; 恐怖主義者 **terrorism** /'terərɪzəm/ *n.*

test /test/ *v.* **1** look at something carefully to find out how good it is; examine something 檢驗; 檢查: *The doctor tested my eyes.* 醫生檢查了我的眼睛。**2** use something to find out if it works well 試驗: *to test a new car* 試驗新汽車 **3** ask someone questions to find out what he knows or can do 考試; 測驗: *The teacher is testing our spelling tomorrow.* 明天老師測驗我們的拼寫。**test** *n.*: *a blood test* 驗血; a maths test 數學測驗

test-pilot /'test paɪlət/ *n.* someone who flies a new aeroplane to see whether it works (飛機)試飛員

test-tube /'test tju:b/ *n.* long, narrow glass bottle for chemistry, etc. 試管

textbook /'tekstbʊk/ *n.* book that teaches about something 課本; 教科書: *a history textbook* 歷史課本

than /ðən/, /ðæn/, *conj.* word that you use when you compare things or people 比: *Rob likes apples more than bananas.* 阿洛喜歡蘋果多於香蕉。

thank /θæŋk/ *v.* tell someone that you are pleased with something he has done or given; show that you are grateful 感謝; 道謝: *I thanked Tim for his present.* 我感謝添送給我的禮物。***thank you***, I thank you 謝謝你 ***no thank you***, no, I don't want it; no, I don't want to do it 不, 我不要; 不, 我不想幹 **thanks** *n.* ***thanks for***, I thank you for something 因某事而感謝你: *Thanks for your help.* 謝謝你的幫助。***thanks to***, because of something 由於; 幸虧: *I stopped the car very quickly, thanks to the good brakes.* 由於制動器良好, 我很快煞住了汽車。

thankful /'θæŋkfl/ *adj.* very glad; grateful 欣慰的; 感激的: *I was thankful for a rest after the long walk.* 我走了很長的路, 能休息一下真高興。**thankfully** *adv.*

that [1] /ðət/, /ðæt/ *adj.* **1** the one there 那; 那個: *Who is that man?* 那個人是誰? **2** word for something in the past (指過去的事物)那: *At that time, there was no telephone in the village.* 那時村裏沒有電話。

that [2] *adv.* so 那麼; 那樣: *The next village is ten kilometres away, and we can't walk that far in an hour.* 下一個村子離這裏十公里, 我們一小時走不了那麼遠。

that [3] *conj.* **1** word to show what 引導名詞子句: *Jo said that he would come.* 喬說過他要來。**2** word to show result, what happens, etc. 引導結果狀語子句: *Katy was so happy that she cried.* 凱蒂高興得哭了。**3** word to show purpose, why, etc. 引導目的狀語子句 ***so that***, in order that 爲了; 以便: *She packed the glass in straw so that it wouldn't break.* 她把玻璃用草包紮, 這樣就不會打碎了。

them /ðəm/, /ðem/ *pron.* (*pl.*) word that you say when you speak about other people or things 他們; 她們; 它們: *They are my flowers. Please give them to me.* 那些花是我的, 請拿給我。

theme /θi:m/ *n.* subject; something to talk or write about, etc. 主題; 題目: *What is the theme of the opera?* 這個歌劇的主題是什麼?

themselves /ðəm'selvz/, /ðem'selvz/ *pron.* (*pl.*) **1** word that describes the people or things that you have just talked about 他們自己; 她們自己; 它們本身: *They fell and hurt themselves.* 他們跌倒受傷了。**2** they and no other people 正是他們: *They did it themselves.* 是他們自己做的。***by themselves***, alone 獨自

then /ðen/ *adv.* **1** at that time; at a time that you have just spoken of 當時; 那時: *I was living at home then.* 我當時住在家裏。*I will be at college then.* 我那時將進大學了。**2** next; afterwards 然後; 後來; 接着: *I went home for dinner and then went to the cinema.* 我先回家吃飯, 然後去看電影。**3** if that is so 如果是那樣; 那麼: *You feel ill? Then go home.* 你覺得難受, 是嗎? 那麼回家吧。

theory /'θɪərɪ/ *n.* (*pl.* theories) idea that tries to explain something 理論; 思想; 意見: *In old times people had a theory that the world was flat.* 過去, 人們認爲地球是平的。

there [1] /ðeə(r)/ *adv.* **1** in, at, or to that place 在那兒; 往那兒: *Don't put the box here – put it there.* 別把箱子放在這兒——放在那兒吧。***here and there***, in different places 到處; 各處 **2** word to show something 表示存在: *There is a man at the door.* 門口有人。*In winter there are no leaves on the trees.* 冬天樹上没有樹葉。**3** word that you say with the verbs 'appear', 'seem', etc. 與 appear, seem 等動詞連用: *There seems to be a lot of noise in the street.* 街上似乎聲音嘈雜。

there [2] *exclam.* word to make people look or listen 用於引起注意: *There comes the train!* 火車來了! *There's the bell for our class!* 我們的上課鈴響了!

therefore /'ðeəfɔ:(r)/ *adv.* for that reason 因此; 所以: *Sue was on holiday and therefore couldn't come to our party.* 素去渡假了, 因此不能來參加我們的聚會。

thermometer /θə'mɒmɪtə(r)/ *n.* instrument that tells you how hot or cold something is 溫度計

these [1] /ði:z/ (*pl.*) of *adj.* this 形容詞 this 的複數形式

these [2] (*pl.*) of *pron.* this 代詞 this 的複數形式

they /ðeɪ/ *pron.* (*pl.*) word for more than one person or thing 他們; 她們; 它們: *Bob and Jean came at 11 a.m. and they left at 6 p.m.* 阿寶和琴上午十一點來, 下午六點離開。

they'll /'ðeɪəl/ = they will 他們將; 他們會: *They'll be here soon.* 他們很快就回來。

they're /'ðeɪə(r)/ = they are 他們是

thick [1] /θɪk/ *adj.* **1** wide; how far through from one side to the other 寬; 厚度: *The castle walls are 80 cm thick.* 城堡的牆厚度八十厘米。**2** not thin; far from one side to the other 不薄; 距離遠: *You'll need a thick coat in that icy wind.* 在那樣刺骨的寒風裏你要穿一件厚外衣。**3** with a lot of people or things close together 密集的; 稠密的: *a thick forest* 茂密的樹林 **4** that does not flow quickly 稠的; 濃的: *thick oil* 濃油 **thickly** *adv.* **thickness** *n.*

thick [2] *adv.* close together 密集地; 厚厚地: *Leaves lay thick on the ground.* 地上厚厚地蓋滿了樹葉。

thief /θi:f/ *n.* (*pl.* thieves) someone who steals 小偷; 盜賊: *A thief has taken my car.* 賊把我的汽車偷走了。

thigh /θaɪ/ *n.* part of your leg above the knee 股; 大腿

thimble /ˈθɪmbl/ *n.* metal or plastic cap that you wear on the end of your finger when you are sewing 頂針

thin /θɪn/ *adj.* (thinner, thinnest) **1** with little flesh; not fat 瘦的: *thin, starving cattle* 又瘦又餓的牛羣 **2** not thick; not far through 薄的: *thin cloth* 薄布 **3** like water 稀的: *thin stew* 菜肉稀湯 **4** not close together 稀疏的: *the thin hair of an old man* 老人稀疏的頭髮 **thinly** *adv. Sow the seed thinly.* 種子下得稀疏點。

thing /θɪŋ/ *n.* **1** an object 東西; 物體: *What is that thing in the sky?* 天上那個東西是什麼? **2 things** (*pl.*) possessions; what you own 財產; 物品; 用品: *Have you packed your things for the journey?* 你把旅行用品都收拾好了嗎? **3** happening; event 事情; 事件: *A funny thing happened today.* 今天發生了一件趣事。

think /θɪŋk/ *v.* (*past part. & past tense* thought /θɔ:t/) **1** work with your mind 想; 思考: *Think before you answer the question.* 你先想一下, 然後再回答問題。**2** believe something 認爲; 以爲: *I think it's going to rain.* 我看天要下雨了。***think about,*** (***a***) have something or someone in your mind 想起; 記着: *I often think about that day.* 我老是想着那一天。(***b***) consider whether to do something or not 考慮(是否去做): *Paul is thinking about becoming a doctor.* 保羅在考慮是否當醫生。***think badly of***, not like someone or something 看不起; 不喜歡 ***think better of***, think about something and then not do it 考慮之後决定不做: *I was going to play tennis but I thought better of it when I heard the weather forecast.* 我原打算去打網球, 但是聽了天氣預測後决定不去了。***think highly of, think well of***, like someone or something very much 看得起; 非常喜歡 ***think of,*** (***a***) have something in your mind 想起; 記得: *She cried when she thought of her dead cat.* 她想起她那死去的貓就哭了。(***b***) have an opinion about someone or something 認爲; 覺得: *What do you think of that record?* 你覺得那張唱片怎樣?

third /θɜ:d/ *n.* 3rd 第三 **third** *adj.: March is the third month of the year.* 三月是一年的第三個月。

thirst /θɜ:st/ *n.* (no *pl.*) wanting to drink something 渴: *The long walk gave him a thirst.* 長途跋涉使他很口渴。

thirsty /ˈθɜ:stɪ/ *adj.* **1** wanting something to drink 渴的: *Give me a glass of water because I'm thirsty.* 給我一杯水, 我渴了。**2** that makes you want to drink 使人口渴的: *Digging is thirsty work.* 挖地是一項使人口渴的工作。**thirstily** *adv.*

thirteen /ˌθɜ:ˈti:n/ *n. number* 13 十三 **thirteen** *adj.* **thirteenth** /ˌθɜ:ˈti:nθ/ *adj.* 13th 第十三

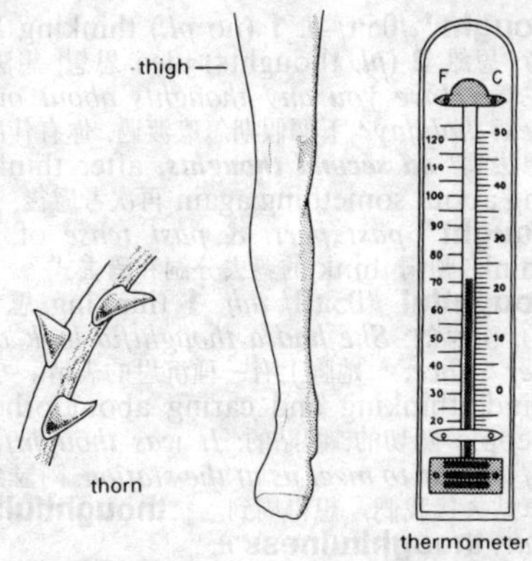

thirty /ˈθɜ:tɪ/ *n.* (*pl.* thirties) number 30 三十 **thirty** *adj.* **thirtieth** /ˈθɜ:tɪəθ/ *adj.* 30th 第三十

this /ðɪs/ *adj.* **1** the one here 這; 這個: *I like this dress better than that.* 我喜歡這件衣服多於那件。**2** word for something in the present 今; 本: *this morning* 今天上午; *this week* 本週 **this** *pron.: How much is this?* 這個要多少錢?

thistle /ˈθɪsl/ *n.* plant with leaves that have sharp points 薊; 薊屬植物

thorn /θɔ:n/ *n.* sharp point that grows on the stem of a plant 刺: *Roses have thorns on their stems.* 玫瑰的莖上有刺。**thorny** *adj.* with thorns 有刺的: *a thorny plant* 有刺的植物

thorough /ˈθʌrə/ *adj.* **1** complete; well done 完全的; 徹底的: *Grace gave the room a thorough cleaning.* 葛瑞絲徹底打掃了房間。**2** careful to do a job well 嚴謹認真; 一絲不苟: *Jeremy is very thorough in his work.* 哲里米對工作一絲不苟。**thoroughness** *n.*

thoroughly /ˈθʌrəlɪ/ *adv.* **1** done well and completely 完全地; 徹底地: *He cleaned the room thoroughly.* 他把房間打掃得很徹底。**2** totally 絶對地: *He's thoroughly honest.* 他絶對誠實。

those ¹ /ðəʊz/ (*pl.*) of *adj.* that 形容詞

those ² (*pl.*) of *pron.* that 代詞 that 的複數形式

though ¹ /ðəʊ/ *adv.* however 但是; 然而: *He said he would come; he didn't though.* 他説過要來, 但是没有來。

though ² *conj.* **1** although; in spite of the fact that 雖然; 儘管: *Though she was in a hurry, she stopped to talk.* 她雖然很匆忙, 但仍停下來説話。**2** even if; but 即使; 不過: *I thought it was right though I wasn't sure.* 我想那是對的, 不過我也不肯定。***as though***, in a way that makes you think something 好像; 彷彿: *He frowned as though he didn't understand.* 他皺着眉頭, 好像不懂似的。

thought[1] /θɔ:t/ *n.* **1** (no *pl.*) thinking 思考; 思維 **2** (*pl.* thoughts) idea 思想; 想法; 主意: *Have you any thoughts about our next holiday?* 下個假期怎麼渡過, 你有什麼想法嗎? ***on second thoughts***, after thinking about something again 再次考慮後

thought[2] *past part. & past tense* of *v.* think 動詞 think 的過去分詞和過去式

thoughtful /'θɔ:tfl/ *adj.* **1** thinking 思考的; 沉思的: *She had a thoughtful look on her face.* 她臉上有一種沉思的表情。 **2** kind; thinking and caring about other people 關切的; 體貼的: *It was thoughtful of Arthur to meet us at the station.* 阿瑟到車站去接我們, 想得周到。 **thoughtfully** *adv.* **thoughtfulness** *n.*

thoughtless /'θɔ:tlɪs/ *adj.* not thinking or caring about other people 自私的; 不顧及他人的 **thoughtlessly** *adv.* **thoughtlessness** *n.*

thousand /θaʊznd/ *n.* number 1 000 一千; 一千個 **thousand** *adj.* 1 000 一千的 **thousandth** /'θaʊzənθ/ *adj.* 1 000th 第一千

thrash /θræʃ/ *v.* hit a person or animal very hard and often 抽打; 痛打: *The cruel man was thrashing his horse.* 那個狠心的人在鞭打他的馬。**thrashing** *n.* beating 抽打

thread[1] /θred/ *n.* long, thin piece of cotton, silk, wool, etc. for sewing or weaving 線

thread[2] *v.* **1.** put a piece of cotton, silk, wool, etc. through a needle 穿線於(針)孔 **2** put beads, etc. on a piece of cord 用線穿(珠子等)

threat /θret/ *n.* **1** promise to hurt someone if he does not do what you want 威脅; 恐嚇 ***carry out a threat***, do the harmful thing that you promised 把威脅付諸行動; *Do you think that the workers will carry out their threat to go on strike?* 你認爲工人要罷工的威脅會付諸行動嗎? **2** sign of trouble, danger, etc. (麻煩、危險等的)預兆: *Dark clouds bring a threat of rain.* 烏雲是要下雨的預兆。

threaten /'θretn/ *v.* **1** promise to hurt someone if he does not do what you want 威脅; 恐嚇 **2** give a sign of something bad or dangerous 預示壞事或危險: *The clouds threaten rain.* 烏雲預示下雨。 **threatening** *adj.* **threateningly** *adv.*: *to speak threateningly* 說話帶威脅的語氣

three /θri:/ *n.* number 3 三; 三個 **three** *adj.*

threw /θru:/ *past tense* of *v.* throw 動詞 throw 的過去式

thrill /θrɪl/ *v.* excite someone 使激動: *The news of Paul's prize thrilled his mother.* 保羅得獎的消息使他母親非常興奮。 **thrill** *n.*: *The visit to the circus was a big thrill for the children.* 對孩子們來說, 看馬戲是很興奮的事。 **thrilled** /θrɪld/ *adj.* excited; very pleased, happy, etc. 激動的; 快樂的 **thrilling** *adj.* exciting 令人激動的

thriller /'θrɪlə(r)/ *n.* exciting story, play, or film 驚險小說(戲劇、電影)

throat /θrəʊt/ *n.* **1.** front part of the neck 喉頭 **2** tube that takes food from the mouth down into the body 咽喉; 喉嚨: *A bone stuck in the boy's throat and he couldn't swallow.* 骨頭卡在孩子的喉嚨裏了, 使他不能吞咽。

throb /θrɒb/ *v.* (*pres. part.* throbbing, *past part. & past tense* throbbed /θrɒbd/) beat hard and fast 激烈地跳動; 悸動: *His heart was throbbing with fear.* 他的心因恐懼而怦怦地跳。 **throb** *n.*: *the throb of an engine* 發動機的震動

throttle /'θrɒtl/ *v.* hold someone's throat so tightly that you kill him 扼死; 勒死

through[1] /θru:/ *adv.* **1** from one end to the other; from one side to the other 穿過; 跨過: *Drive round the town; don't drive through.* 駕車繞過城, 別穿過去。 **2** from the start to the end; completely 自始至終; 全部: *The book was too long – I couldn't read through.* 這本書太厚了, 我不能讀完。

through[2] *prep.* **1** from one end to the other of; from one side to the other of 穿過; 跨過: *We drove through the tunnel.* 我們駕車穿過了隧道。 **2** from the start to the end of 從開始到結束: *I must travel through the night.* 我要在夜裏趕路。 **3** from; because of 從; 由於: *I heard about the meeting through Tom.* 我從阿棠那兒聽說有這個會議的。

throughout[1] /θru:'aʊt/ *adv.* in every part; all the time 到處; 全部時間: *They painted the house throughout.* 他們把房子各處都油漆了一遍。

throughout[2] *prep.* in every part of; from the start to the end of 到處; 從開始到結束: *We laughed throughout the film.* 從電影開始到結束, 我們一直在笑。

throw /θrəʊ/ *v.* (*past part.* thrown /θrəʊn/, *past tense* threw /θru:/) **1** move your arm quickly to send something through the air 投; 擲; 扔: *The boys were throwing stones into the river.* 孩子們正在往河裏扔石子。 **2** do something quickly 猛地做(動作): *Don threw the door open.* 東猛地推開了門。 ***throw something away*** or ***out***, put something in the dustbin, etc. because you do not want it 扔掉: *He threw away the broken glass.* 他把破玻璃扔掉。 ***throw yourselves into***, begin to work hard at something 投身於; 全力去做

thrush /θrʌʃ/ *n.* (*pl.* thrushes) brown bird that you often see in the garden 畫眉鳥

thrust /θrʌst/ *v.* (*past part. & past tense* thrust) push something suddenly or strongly 塞; 插: *She thrust the money into my hand.* 她把錢塞到我手裏。**thrust** *n.*

thud /θʌd/ *n.* dull, heavy sound 重擊聲; 砰的一聲: *He fell on to the grass with a thud.* 他砰的一聲跌倒在草地上。

thug /θʌg/ *n.* someone who attacks and harms other people 兇手; 歹徒

thumb /θʌm/ *n.* short, thick finger on the inside of the hand 大姆指: *He pressed the drawing pin into the board with his thumb.* 他用大姆指把圖釘按進木板。***under someone's thumb***, always doing what another person wants 在別人的支配下; 任人驅使: *That girl is under her mother's thumb.* 那個女孩一切依從母親。

thump /θʌmp/ *v.* **1** hit something hard 重擊; 捶: *He thumped on the door.* 他使勁地捶門。**2** beat hard and fast 激烈跳動; 震動: *His heart was thumping with fear.* 他害怕得心怦怦直跳。**thump** *n.*

thunder /'θʌndə(r)/ *n.* (no *pl.*) **1** big noise in the sky when there is a storm 雷; 雷聲 **2** big noise 似雷之聲 **thunder** *v.*: *The lorries thundered down the street.* 貨車隆隆地沿大街駛下去。

thunderstorm /'θʌndəstɔːm/ *n.* storm with heavy rain, lightning, and thunder 雷雨

Thursday /'θɜːzdeɪ/ *n.* fifth day of the week 星期四: *Thursday comes before Friday.* 星期四在星期五之前。

thus /ðʌs/ *adv.* **1** in this way 用這種辦法; 這樣: *Do it thus.* 這樣做吧。**2** for that reason; for this reason 因此; 所以

tick¹ /tɪk/ *n.* **1** sound that a clock or watch makes (鐘錶的)滴答聲 **2** small mark (√) 勾號 (√): *The teacher puts a tick next to right answers and a cross next to wrong ones.* 老師在正確答案旁邊畫個勾號, 在錯的旁邊畫交叉。

tick² *v.* **1** make a sound like a clock or watch 滴答作響 **2** make a mark like (√) 畫勾號 ***tick someone off***, speak angrily to someone because he has done something wrong 訓斥; 斥責: *My boss ticked me off for arriving late.* 我的老闆訓斥我遲到。

ticket /'tɪkɪt/ *n.* small piece of card or paper that shows you have paid to travel on a train, bus, etc. or go to a cinema or theatre 車票; 入場券: *He bought a ticket at the railway station.* 他在火車站買了一張車票。 **ticket collector** *n.* someone whose job is to take tickets from people on trains, etc. 收票員 **ticket office** *n.* place where you buy tickets 售票處; 票房

tickle /'tɪkl/ *v.* **1** touch someone lightly so that he feels funny and laughs 輕搔使

發癢: *The mother tickled her baby's feet.* 母親輕輕地搔嬰兒的腳。**2** have an itching feeling 有癢的感覺: *My nose tickles.* 我的鼻子發癢。**tickle** *n.*

tide /taɪd/ *n.* rise and fall of the sea that happens twice a day 海潮; 潮汐

tidy /'taɪdɪ/ *adj.* **1** with everything in the right place; neat 整齊的; 整潔的: *a tidy room* 整潔的房間 **2** liking to have things in good order 愛整齊的: *a tidy boy* 愛整齊的男孩 **tidy** *v.* put things in their right places; make something clean and neat 使整齊; 弄整潔: *The waitress tidied the table.* 女侍應把飯桌抹擦乾淨。**tidily** *adv.* **tidiness** *n.*

tie /taɪ/ *n.* **1** long, narrow piece of cloth that a man wears round the neck of his shirt 領帶; 領結 **2** something that holds people together 聯繫; 關係: *He doesn't want to live in London because of his family ties in Newcastle.* 因爲他的家族聯繫都在紐卡斯爾, 所以不願住在倫敦。**3** equal marks, etc. in a game or competition (比賽中的)平局; 同分: *The match ended in a tie, 2—2.* 比賽以二比二的平局結束。

tie² *v.* **1** make a knot or bow with two ends of string, rope, etc. 打結: *Please tie a firm knot.* 請打一個死結。***tie someone up***, put a piece of rope round someone so that he cannot move 把人捆起來: *The robbers tied up the shopkeeper.* 强盜把店主捆起來。***tie something up***, put a piece of string, rope, etc. round something to hold it firm 把東西捆起來: *I tied up the parcel.* 我捆好包裹。**2** end a game or competition with the same marks, etc. for both sides 打成平局; 得分相同: *The two boys tied in the examination – each got 88%.* 這兩個孩子的考試分數相等, 都得了八十八分。

tiger /'taɪgə(r)/ *n.* big, wild animal with yellow fur and black stripes 老虎

tight /taɪt/ *adj.* firm so that you cannot untie or undo it easily 緊的; 牢固的: *This knot is so tight I cannot undo it.* 這個結太結實了, 我解不開。**tightly** *adv.*

tighten /ˈtaɪtn/ *v.* become tighter or firmer; make something tighter 變緊; 使更緊: *to tighten a screw* 上緊螺絲

tightrope /ˈtaɪtrəʊp/ *n.* piece of rope or wire above the ground, on which dancers and acrobats walk, etc. (雜技)鋼絲; 繃索

tights /taɪts/ *n.* (*pl.*) stockings and pants all in one piece of clothing, for a woman or girl or dancer 緊身衣; 褲襪

tile /taɪl/ *n.* thin piece of baked clay, etc. for making roofs, floors, etc. 瓦; 花磚

till [1] /tɪl/ *conj.* up to the time when 直到: *We'll wait till the rain stops.* 我們將一直等到雨停。

till [2] *n.* machine that holds money and adds up prices 錢櫃; 放錢的抽屜

till [3] *prep.* **1** up to a certain time 直到: *I'll be here till Monday.* 我在這裏一直留到星期一。**2** before 在…以前: *I can't come till Tuesday.* 我星期二以前不能來。

tilt /tɪlt/ *v.* lean to one side; move something so that it leans to one side 傾斜; 使傾斜: *If you tilt the table, the dishes will slide off on the floor.* 如果你使桌子傾斜, 碟子就會滑到地板上。**tilt** *n.*

timber /ˈtɪmbə(r)/ *n.* **1** (no *pl.*) wood that is ready for building, making things, etc. 木材; 木料: *We bought some timber to build a shed.* 我們買了些木料蓋棚子。**2** (*pl.* timbers) long piece of heavy wood that holds up a roof, part of a ship, etc. 棟木; 船骨

time [1] /taɪm/ *n.* **1** (no *pl.*) all the years, months, weeks, days, hours, and minutes 時間: *Time passes quickly when you're busy.* 繁忙的時候就覺得時間過得快。**2** (no *pl.*) length of time; period 一段時間; 時期: *We waited a long time.* 我們等了很久。**3** (no *pl.*) the hour of the day 時刻; 時候: *What time is it? It's six o'clock.* 幾點了? 六點了。**4** (*pl.* times) a certain moment or occasion 次; 回: *It's a long way – I'll go by bus next time.* 路很遠——下次我得坐公共汽車去。 **5 times** (*pl.*) multiplied by 乘以: *Three times four is twelve.* 三乘以四等於十二。**6 times** (*pl.*) certain years in history 時代; 時期: *There was a house in this field in Roman times.* 古羅馬時期這塊地有一座房子。 **7** (*pl.* times) experience; something that you do, etc. 經歷; 所做的事: *We had a lovely time on holiday.* 我們過了一個愉快的假期。**8** how quickly something happens 所需時間: *What was the winning runner's time?* 賽跑得勝者用的時間是多少? ***at a time***, together; on each occasion 同時; 一次: *He carried six boxes at a time.* 他一次拿六個箱子。***at one time***, in the past 過去: *At one time, Nigeria was a British colony.* 尼日利亞曾經是英國的殖民地。 ***at the time***, then 那時: *In 1969 the first men landed on the moon – I was twelve at the time.* 1969 年人類第一次登上了月球——那時我十二歲。***at times***, sometimes 有時: *I like Bob but he's very annoying at times.* 我喜歡阿寶, 但是他有時也很煩人。***for the time being***, now; for a short while 當前; 暫時: *She has a cold and is staying in bed for the time being.* 她感冒了, 現時在牀上躺着。***from time to time***, sometimes 有時; 不時: *We get letters from our uncle from time to time.* 我們不時收到叔叔的來信。***in a few days' time***, soon 很快 ***in time***, (*a*) not too late for something 不太晚; 及時: *If you hurry, you'll be in time for the bus.* 如果你快點, 還能趕上公共汽車。 (*b*) at some time in the future; as time passes 將來; 隨着時間的流逝: *Swimming is difficult but you'll learn in time.* 游泳很困難, 但你遲早會學會的。***in good time***, early 早; 及時地: *We want to get to the station in good time, so that we can buy our tickets.* 我們想早到車站, 以便能買到車票。***in no time***, very quickly 很快地: *She was very thirsty and drank her milk in no time.* 她渴得很, 把牛奶一飲而盡。***it's about time, it's high time***, it is very necessary 是…時候了; 該: *You're lazy – it's high time you started working hard.* 你太懶惰——該開始努力工作了。***have a good time***, enjoy yourself 玩得很愉快: *Have a good time at the party.* 祝你在聚會玩得愉快。***just in time***, at the last moment 在最後的時刻; 剛好: *I caught the child just in time before he fell into the river.* 這孩子就要掉進河裏的時候, 我抓住了他。***kill time***, find something to do while waiting 消磨時間: *Let's kill time with a game of football until the train comes.* 火車到站前; 我們踢一場足球消磨時間吧。***on time***, at the right time; not early and not late 準時; 不早不晚: *The train was on time.* 火車很準時。***spare time***, time free from work, when you can do other things 業餘時間: *Nick plays drums in his spare time.* 阿立業餘時間玩鼓。***spend time***, use a certain time to do something 花時間(做某事): *He spent a lot of time mending the car.* 他費了很多時間修理汽車。***take your time***, not hurry; do something slowly 不要着急; 慢慢地做: *Granny is tired, so she's taking her time to walk upstairs.* 祖母累了, 所以上樓走得很慢。***tell the time***, read a clock or watch correctly 會看鐘錶 ***time and time again***, often; again and again 經常; 一再

time [2] *v.* **1** plan something so that it will happen when you want it to 安排時間: *Tom timed his journey so that he would be home before dark.* 阿棠安排了他的旅行時間, 以便能在入夜前回到家。**2** measure how long something takes 計時; 紀錄時

間: *The teacher timed all the boys to see who could run the fastest*. 老師紀錄了各個孩子所用的時間, 看誰跑得最快。

timetable /ˈtaɪmteɪbl/ *n*. programme; plan or list of times when something will happen, be done, etc. 時間表; 時刻表: *The railway timetable shows the times when the trains arrive and depart*. 列車時間表告訴人們火車到站和開出的時間。

timid /ˈtɪmɪd/ *adj*. easily frightened; shy 膽小的; 害羞的: *That timid boy won't talk to anyone*. 那個害羞的孩子不和任何人講話。**timidly** *adv*.

tin /tɪn/ *n*. **1** (no *pl*.) soft, white metal 錫 **2** (*pl*. tins) can; metal container for keeping foods, etc. 罐頭;(盛食物的)金屬容器: *a tin of peaches* 一罐桃 **tinned** /tɪnd/ *adj*. in a tin or can so that it will stay fresh 罐裝的: *tinned milk* 罐裝牛奶

tinkle /ˈtɪŋkl/ *v*. make a sound like a small bell 使發出叮噹聲 **tinkle** *n*.: *the tinkle of bells* 鐘的叮噹聲

tiny /ˈtaɪnɪ/ *adj*. very small 極小的

tip¹ /tɪp/ *n*. **1** pointed end of something 尖端: *the tips of your fingers* 指頭尖端 **2** small piece at the end of something 裝在末端的東西: *an arrow with an iron tip* 裝有鐵鏃的箭

tip² *n*. **1** gift of money to a porter, waiter, etc. after he has done a job for you 小費; 賞錢: *How much should we leave as a tip at the restaurant?* 我們在飯店裏該給多少小費呢? **2** little piece of advice 指點; 提示: *He gave me some tips about gardening*. 他在園藝方面給我一些指點。

tip³ *v*. (*pres. part*. tipping, *past part. & past tense* tipped /tɪpt/) give extra money to someone after he has done a job 給小費; 給賞錢: *Shall I tip the porter?* 我給搬行李的服務員一點小費好嗎?

tip⁴ *v*. move something so that it leans to one side; lean to one side (使)傾斜: *She tipped the tray and all the cups slid on to the floor*. 她打翻了托盤, 所有杯子都滑到地上。***tip out***, turn something so that the things inside fall out 倒出: *Jack tipped the water out of his bucket*. 約克把桶裏的水倒出來。***tip over***, turn something over; turn over (使)翻過來: *The boat tipped over and we were all in the water*. 船翻了, 我們都掉到水裏。***tip up***, move up at one side or at one end; make something move up at one side 使翻倒; 使傾斜: *The tray tipped up and plates slid off*. 托盤傾斜了, 碟子都滑下來。

tiptoe /ˈtɪptəʊ/ *v*. walk quiety on your toes 踮起腳尖走路 **tiptoe** *n*.: *He walked on tiptoe*. 他踮起腳尖走路。

tire /ˈtaɪə(r)/ *v*. **1** make someone want to rest; become weary (使)疲勞: *The long walk tired the children*. 孩子走那麼長路累

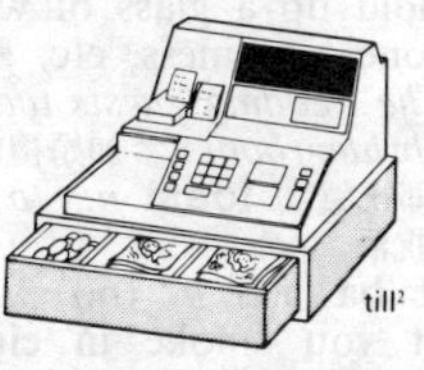
till²

極了。**2** want to stop doing something 想停止做某事; 厭煩: *She never tires of talking about her children*. 她總是不厭其煩地談她的孩子。***be tired of***, have had enough of something 厭倦於: *I am tired of this programme – let's switch it off*. 這個節目我看厭了, 關上吧。

tired /ˈtaɪəd/ *adj*. needing to rest 疲勞的; 疲累的: *The tired boy fell asleep at once*. 那個勞累的男孩立刻睡着了。***tired out***, totally tired 累極了

tissue /ˈtɪʃu:/ *n*. paper handkerchief 紙巾; 棉紙 **tissue paper**, thin paper for wrapping things (包裝用)薄紙

title /ˈtaɪtl/ *n*. **1** name of a book, film, picture, etc. 題目; 名稱 **2** word that we put in front of a person's name 稱呼; 頭銜: *'Sir', 'Mr.', and 'Miss' are titles*. Sir, Mr. 和 Miss 都是稱呼。

to¹ /tu:/ *adv*. ***to and fro***, backwards and forwards 來回地: *She swung to and fro on the swing*. 她在鞦韆上擺來擺去。

to² /tə/, /tʊ/, /tu:/ *prep*. **1** word that shows where someone or something is going, etc. 到; 向; 往: *We walk to town*. 我們走路進城。*Point to the blackboard*. 指着黑板。**2** word that shows who is receiving something (表示接受者)給: *I gave the book to Mary*. 我把書給了敏麗。**3** word that shows how many minutes before the hour (表示幾點差幾分)到; 缺: *It's ten minutes to six*. 五點五十分。**4** as far as; until 遠至; 直到: *She read the book from the beginning to the end*. 這本書她從頭到尾全都看了。**5** word that shows where (表示地點)在; 到: *He tied the donkey to the tree*. 他把驢拴在樹旁。**6** word that shows why (表示原因)為要: *He came to help me*. 他來幫我忙。**7** word that shows a change (表示變化)成為: *The sky changed from blue to grey*. 天空由藍變灰。**8** word that shows the highest number, price, etc. (表示最高數字、價格等)高達: *Coats cost from $400 to $1 000*. 大衣的價格從四百元到一千元不等。

toad /təʊd/ *n*. animal like a frog, with a rough skin 蟾蜍; 癩蛤蟆

toast¹ /təʊst/ *n*. (no *pl*.) piece or pieces of bread that you have grilled so that they are brown and crisp 烤麵包; 多士 **toaster** *n*. instrument for grilling bread 烤麵包器; 多士爐 **toast** *v*.

toast² *v.* hold up a glass of wine and wish someone happiness, etc. 舉杯祝願; 爲…乾杯: *The wedding guests toasted the bride and bridegroom.* 參加婚禮的客人舉杯向新娘新郎祝賀。 **toast** *n.*: *to drink a toast* 乾杯; 祝酒

tobacco /tə'bækəʊ/ *n.* (no *pl.*) dried leaves that you smoke in cigarettes, cigars, and pipes 煙葉; 煙草 **tobacconist** /tə'bækənɪst/ *n.* shopkeeper who sells tobacco 煙草商

toboggan /tə'bɒgən/ *n.* children's sledge for sliding down snowy slopes 平底雪橇 **toboggan** *v.*

today /tə'deɪ/ *n.* (no *pl.*) **1** this day 今天: *Today is my birthday.* 今天是我的生日。**2** now; present time 現在; 當前: *the young people of today* 現在的年輕人 **today** *adv.*: *I couldn't go yesterday but I am going today.* 我昨天不能去, 今天才去。

toe /təʊ/ *n.* **1** one of the five parts like fingers at the end of the foot 腳趾 **2** part of a sock, shoe, etc. that covers the end of the foot 鞋襪的前部

toffee /'tɒfɪ/ *n.* sort of sticky sweet 太妃糖

together /tə'geðə(r)/ *adv.* **1** next to each other; close 在一起; 緊密地: *Hold the sticks together and see which is longer.* 把這些小棍放在一起, 看看哪根長。**2** with each other 共同, 一起: *Grace and Catherine always walk to school together.* 葛瑞絲和凱瑟林總是一起步行到學校。**3** at the same time 同時: *All his troubles seemed to happen together.* 他的麻煩事似乎都同時發生。

toilet /'tɔɪlɪt/ *n.* lavatory; W.C. 厠所; 洗手間 **toilet paper** *n.* special paper that you use in the toilet 手紙; 衛生紙

token /'təʊkən/ *n.* sign or mark 標誌; 象徵: *This present is a token of our friendship.* 這件禮物是我們友誼的象徵。

told /təʊld/ *past part.* & *past tense* of *v.* tell 動詞 tell 的過去分詞和過去式 ***I told you so!*** I told you what would happen and now you see I am right 我不是跟你講過了嗎!

tomato /tə'mɑ:təʊ/ *n.* (*pl.* tomatoes) soft, round, red fruit which we cook or eat raw 番茄

tomb /tu:m/ *n.* grave 墳; 墓 **tombstone** *n.* stone that you put on a grave, with the name of the dead person 墓碑; 墓石

tomorrow /tə'mɒrəʊ/ *n.* (no *pl.*) the day after today 明天: *It's Sunday today, so tomorrow is Monday.* 今天是星期日, 明天是星期一。**tomorrow** *adv.*: *We'll go tomorrow.* 我們明天去。

ton /tʌn/ *n.* measure of weight = 1 016 kilograms 噸(重量單位, 一噸 = 1 016 公斤) ***tons of***, a lot of something; many 大量; 許多: *He has tons of money.* 他有很多錢。

tone /təʊn/ *n.* sound of voice or music 語氣; 音調: *He spoke in an angry tone.* 他説話的語調怒氣冲冲的。

tongs /tɒŋz/ *n.* (*pl.*) instrument for lifting and holding things 夾子; 鉗子: *a pair of coal tongs* 一把煤炭夾子

tongue /tʌŋ/ *n.* **1** the part inside the mouth that moves when you talk, eat, lick, etc. 舌頭 ***hold your tongue***, stop talking; not saying anything 停止説話; 住嘴: *She was angry but she held her tongue.* 她雖然生氣, 但什麼話也不説。**2** language 語言: *the English tongue* 英語

tonight /tə'naɪt/ *n.* (no *pl.*) this night 今天晚上: *Tonight will be fun.* 今天晚上將會很熱鬧。**tonight** *adv.*: *I'm going to a party tonight.* 我今天晚上去參加一個聚會。

tonne /tʌn/ *n.* measure of weight 公噸(一公噸 = 1 000 公斤)

too /tu:/ *adv.* **1** also; as well 也: *I want to go, too.* 我也想去。**2** more than you want; more than you can do, etc. 太; 過分: *That question is too hard – I can't answer it.* 那個問題太難——我回答不了。

took /tʊk/ *past tense* of *v.* take 動詞 take 的過去式

tool /tu:l/ *n.* instrument; thing for doing a job 工具; 用具: *A hammer is a tool for knocking nails into wood.* 錘子是用來把釘子打入木頭的工具。

tooth /tu:θ/ *n.* (*pl.* teeth) **1** one of the hard, white things in the mouth, which bite and chew 牙齒 ***have a tooth out***, let someone pull your tooth out because it is bad, etc. 拔牙 **toothache** /'tu:θeɪk/ *n.* pain in a tooth 牙痛 **toothbrush** /'tu:θbrʌʃ/ *n.* small brush for cleaning your teeth 牙刷 **toothpaste** /'tu:θpeɪst/ *n.* special stuff for cleaning your teeth 牙膏 **2** something like a tooth 齒狀物: *the teeth of a comb* 梳子齒; *the teeth of a saw* 鋸齒

top¹ /tɒp/ *adj.* **1** highest 頂; 頂端的: *the top shelf* 最高的架子 **2** best 最好的: *top marks* 最高的分數

top² *n.* **1** highest part 頂端; 最上部: *Clouds cover the top of the mountain.* 雲覆蓋了山頂。**2** cover; lid 蓋子: *Where's the top of the jam jar?* 果醬罐子的蓋在哪兒? ***at the top of your voice***, very loudly 大聲地: *He shouted at the top of his voice.* 他大聲叫喊。***on top***, at or on the highest part 在最高處; 在最上邊: *The cake had sugar on top.* 這塊蛋糕上有糖。***on top of***, over or covering something 在…之上: *We climbed on top of the wall.* 我們爬到了牆頂上。

top³ *n.* child's toy that goes round and round very fast in the same place 陀螺(玩具)

topic /'tɒpɪk/ *n.* something to talk or

write about 話題; 論題; 主題: *Football is his main topic of conversation.* 足球是他的主要話題。

topple /'tɒpl/ *v.* fall over; make something fall over 倒下; (使)倒塌: *The pile of books toppled.* 那堆書倒下了。

torch /tɔ:tʃ/ *n.* (*pl.* torches) small lamp, with batteries, that you carry to show the way in the dark 手電筒

tore /tɔ:(r)/ *past tense* of *v.* tear 動詞 tear 的過去式

torn /tɔ:n/ *past part.* of *v.* tear 動詞 tear 的過去分詞

tornado /tɔ:'neɪdəʊ/ *n.* (*pl.* tornadoes) dangerous storm with very strong winds 龍捲風; 旋風

torpedo /tɔ:'pi:dəʊ/ *n.* (*pl.* torpedoes) sort of bomb that travels under the water to blow up a ship 魚雷 **torpedo** *v.* hit and break up a ship with a torpedo 用魚雷攻擊船隻

torrent /'tɒrənt/ *n.* rush of water 洪流; 奔流: *After the rain, the river became a torrent.* 大雨過後, 河水奔流而下。**torrential** /tə'renʃl/ *adj.*: *torrential rain* 暴雨; 傾盆大雨

tortoise /'tɔ:təs/ *n.* animal with a hard shell on its back, which walks very slowly 龜; 烏龜

torture /'tɔ:tʃə(r)/ *v.* hurt someone terribly; give someone great pain 拷打; 折磨 **torture** *n.* **torturer** *n.* someone who tortures another person 拷打者; 虐待者

toss /tɒs/ *v.* **1** throw something quickly 拋: *Jim tossed the ball to me.* 阿吉把球傳給我。**2** move roughly; make something move roughly (使)顛簸: *The boat was tossing on the big waves.* 船在大浪裏顛簸着。***toss up, toss for it***, throw a coin into the air and let it fall to decide something 擲錢幣以定某事 **toss** *n.* ***win*** or ***lose the toss***, guess rightly or wrongly when a coin is thrown up 擲錢幣時猜對了或猜錯了: *Our captain won the toss, so our team batted first.* 我們的隊長擲錢幣時猜對了, 所以我隊先擊球。

total¹ /'təʊtl/ *adj.* complete; entire 完全的; 全部的: *No one spoke, and there was total silence in the room.* 沒有一個人講話, 屋子裏一點響聲也沒有。

total² *n.* complete amount 總數; 全部: *Add these figures together and find the total.* 把這些數目加在一起, 看總共是多少。**total** *v.* (*pres. part.* totalling, *past part. & past tense* totalled /'təʊtld/) add up to an amount 合計; 總計: *The cost of the trip totalled $30.* 這次旅遊費總計三十元。

totally /'təʊtəlɪ/ *adv.* completely 完全地: *A totally blind man can see nothing.* 完全瞎了的人什麼也看不見。

touch¹ /tʌtʃ/ *n.* **1** (*pl.* touches) contact; when two things come together 接觸; 碰; 觸摸: *The horse became quiet at the touch of my hand.* 這匹馬我用手一摸就靜下來了。**2** (no *pl.*) feeling in your hands, etc. that tells you about things 觸覺; 觸感: *A blind man reads by touch.* 盲人靠觸覺閱讀。***be in,*** or ***get in touch with***, write to, telephone, or go to see someone 有(或進行)聯繫: *I haven't been in touch with Mick since we left school five years ago.* 我和敏自從五年前畢業以來就沒有聯繫過。

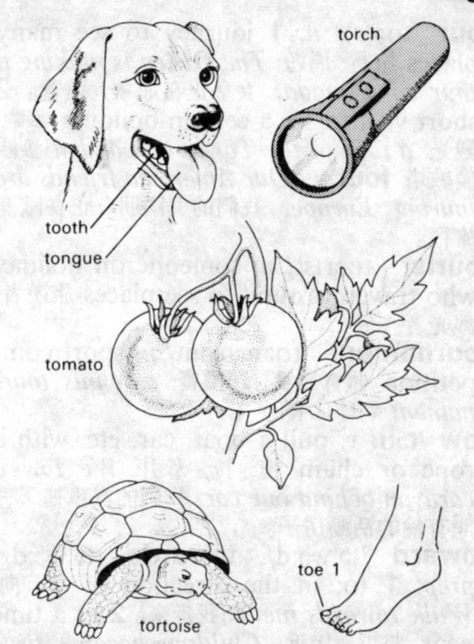

touch² *v.* **1** put a finger or another part of the body on or against something 觸摸: *Don't touch the paint until it's dry.* 油漆未乾, 請勿觸摸。**2** contact or meet something 接觸; 碰到: *Your jeans are dirty at the bottom because they touch the ground.* 你的牛仔褲下邊髒了, 因爲下邊碰着地。**3** take food or drink 吃一點; 喝少量: *The sick boy hasn't touched his lunch.* 這個有病的男孩中午飯一點也沒有吃。**4** make you feel sad or happy 感動; 觸動: *Her unhappy face touched me.* 她那悲傷的面容觸動了我。

touch-down /'tʌtʃ daʊn/ *n.* moment when an aeroplane or spacecraft comes down to the ground (飛機或太空船)着陸; 着陸時間

tough /tʌf/ *adj.* **1** strong in the body 健壯的; 結實的: *A mountain-climber must be tough.* 登山運動員必須身體健壯。**2** difficult; hard 困難的; 艱難的: *a tough job* 一件艱難的工作 **3** that you cannot bite or chew easily 硬; 咬不動的: *tough meat* 咬不動的肉 **4** that you cannot break or tear easily 堅硬的; 不易破的: *A leather bag is tougher than a paper bag.* 皮袋比紙袋堅固。

tour /tʊə(r)/ *n.* **1** journey to see many places 旅行; 周遊: *The Queen is making a tour of Canada.* 女皇正在加拿大遊覽。**2** short visit to see a certain building 參觀; 觀光: *a tour of the Tower of London* 參觀倫敦塔 **tour** *v.*: *Our American friends are touring Europe.* 我們的美國朋友正在歐洲旅行。

tourist /ˈtʊərɪst/ *n.* someone on holiday who travels around to see places 旅遊者; 觀光者

tournament /ˈtʊənəmənt/ *n.* sport competition 體育比賽; 錦標賽: *a tennis tournament* 網球比賽

tow /təʊ/ *v.* pull a boat, car, etc. with a rope or chain 拖; 拉; 牽引: *We tow a caravan behind our car.* 我們的汽車拖了一間有輪的活動房子。

toward /təˈwɔːd/, **towards** /təˈwɔːdz/ *prep.* **1** to; in the direction of 朝; 向: *Walk towards me.* 朝我走來。**2** at a time near 將近; 接近: *Children become tired towards evening.* 孩子們到天黑時就累了。**3** to help; to help pay for 有助於; 用於: *He saves $20 every week towards his new bicycle.* 他爲了買輛新腳踏車, 每週節省二十元。

towel /ˈtaʊəl/ *n.* cloth for drying something 毛巾: *He dried his hands with a towel.* 他用毛巾擦乾雙手。

tower /ˈtaʊə(r)/ *n.* tall, narrow building; tall part of a building 塔; 塔樓: *a church tower* 教堂塔樓 **tower** *v.* be very high 聳立; 屹立: *The tree towers above our house.* 那棵樹比我們的房子高很多。

tower-block /ˈtaʊə blɒk/ *n.* very high building 高層建築物; 多層高樓

town /taʊn/ *n.* place with houses, shops, offices, etc. 城鎮; 鎮: *Stratford-on-Avon is a small country town.* 亞芬河上的斯特拉福是一個鄉村小鎮。

town hall /ˌtaʊn ˈhɔːl/ *n.* building with offices and meeting rooms for the people who control the town 市政廳; 鎮公所

toy /tɔɪ/ *n.* plaything for a child 玩具

trace [1] /treɪs/ *n.* mark or sign that shows where someone or something has been 痕跡; 踪跡: *They couldn't find any trace of the lost children.* 他們一點也找不到失踪孩子的踪跡。

trace [2] *v.* **1** search for and find someone or something 尋找; 追踪; 查出: *The police have traced the stolen car.* 警察已查出那輛失車。**2** put thin paper over a map, picture, etc. and draw over the lines to make a copy 映描; 描摹

track [1] /træk/ *n.* **1** rough marks that people, animals, cars, etc. make when they go along (人、動物、汽車等留下的)足跡; 踪跡: *I could see the bicycle tracks in the mud.* 我看得出泥地裏的腳踏車印。***on the track of***, following someone to catch him 追踪; 跟踪: *The police are on the track of the thief.* 警察正在追踪那個竊賊。**2** rough, narrow road in the country 小徑; 鄉下小道 **3** rails where a train or tram runs 鐵路軌道; 有軌電車道: *The train stopped because there was a tree across the track.* 火車停了, 因爲路軌上橫着一棵樹 **4** special road for races 跑道: *a running-track* 跑道

track [2] *v.* follow an animal or criminal by the marks he makes, etc. 跟踪; 追踪: *They tracked the bear through the forest.* 他們在森林裏追踪那隻熊。

tracksuit /ˈtræksuːt/ *n.* special warm clothes for a sportsman or sportswoman to wear before or after a race, etc. 長袖運動套裝

tractor /ˈtræktə(r)/ *n.* strong farm vehicle that pulls ploughs, heavy carts, etc. 拖拉機

trade [1] /treɪd/ *n.* **1** (no *pl.*) buying and selling 買賣; 貿易: *foreign trade* 外貿 **2** (*pl.* trades) a business 行業; 生意: *the clothes trade* 服裝行業 **3** (*pl.* trades) job 工作; 職業: *Don is a plumber by trade.* 東的職業是鉛管工。

trade [2] *v.* buy and sell things 做生意: *Mr. Canon trades in furs.* 卡農先生經營毛皮衣。

trader /ˈtreɪdə(r)/, **tradesman** /ˈtreɪdzmən/ (*pl.* tradesmen) *n.* someone whose job is buying and selling goods 商人

trade union /ˌtreɪd ˈjuːnɪən/ *n.* group of workers who have joined together to talk to their bosses about the way they work, the pay, etc. 工會

tradition /trəˈdɪʃn/ *n.* custom; what a group of people have always done 傳統; 習慣: *In Britain it is a tradition to give children chocolate eggs at Easter.* 復活節時給孩子吃巧克力蛋是英國的傳統習俗。 **traditional** *adj.* **traditionally** *adv.*

traffic /ˈtræfɪk/ *n.* (no *pl.*) all the vehicles and people that are moving in the roads and streets; aeroplanes that are flying in the sky (路上來往的)車輛和行人; (空中正在飛的)飛機; 交通 **traffic jam** *n.* when a road is so full of cars, etc. that none of them can move 交通阻塞 **traffic lights** *n.* electric lights that change from green to yellow and red to control cars, etc. 交通燈; 紅綠燈

tragedy /ˈtrædʒədɪ/ *n.* (*pl.* tragedies) **1** sad or serious play for the theatre, cinema, etc. 悲劇: *'Hamlet' is a tragedy.*《哈姆雷特》是個悲劇。**2** very sad thing that happens 悲慘事件: *The child's death was a great tragedy.* 孩子的死令人十分悲傷。 **tragic** /ˈtrædʒɪk/ *adj.* very sad 極其悲慘的 **tragically** *adv.*

trail [1] /treɪl/ *n.* **1** line of marks that people, animals, cars, etc. make when they go along (人、動物、汽車等留下的)線索; 痕跡: *There was a trail of blood from the wounded animal.* 有一道受傷的野獸留下的血跡。**2** rough, narrow road in the country 鄉間小徑

trail [2] *v.* **1** pull something slowly behind; drag behind 拖; 拉; 曳: *Her long dress was trailing along the ground.* 她長長的衣服在地上拖着。**2** walk slowly 走得慢; 爬行: *The tired children trailed along behind their mother.* 疲倦的孩子跟在媽媽後面走得很慢。**3** follow a person or animal by the marks he makes 跟踪; 追踪

trailer /ˈtreɪlə(r)/ *n.* vehicle with no engine, which a car or lorry pulls 拖車

train [1] /treɪn/ *n.* engine with railway coaches behind 火車: *We travelled to Manchester by train.* 我們是坐火車去曼徹斯特。***catch a train***, get on a train to travel somewhere 趕上火車: *We caught a train to Hull.* 我們趕上了去赫爾的火車。***change trains***, go from one train to another 換乘火車 **goods train**, train that only carries goods 鐵道貨車 **passenger train**, train for people 鐵道客車

train [2] *v.* **1** teach a person or animal to do something well 教育; 訓練: *He's training a horse for the race.* 他正在訓練一匹馬準備參加比賽。**2** study, learn, or prepare for something 爲…而學習; 爲…而作準備: *He is training to become a doctor.* 他正在接受醫學訓練。

trainer /ˈtreɪnə(r)/ *n.* someone who teaches people a sport; someone who teaches animals to do something 體育教練; 馴獸師

training /ˈtreɪnɪŋ/ *n.* (no *pl.*) teaching 教育; 訓練 **training college** *n.* college where you learn how to teach 師範學院 ***in training***, strong and ready for a sport 訓練有素的: *You won't win the race if you're not in training!* 如果你不是訓練有素的話, 你就贏不了這場比賽!

traitor /ˈtreɪtə(r)/ *n.* someone who hurts his friend, his group, or his country, to help another person, group, or country 叛徒; 賣國賊: *The traitor told the enemy what our soldiers were planning.* 叛徒把我軍的部署告訴了敵人。

tram /træm/ *n.* electric bus that goes along rails in a street 有軌電車 **tramline** /ˈtræmlaɪn/ *n.* rails where a tram runs (有軌電車的)軌道

tramp [1] /træmp/ *n.* **1** (no *pl.*) sound of heavy steps (沉重的)腳步聲: *We heard the tramp of marching soldiers.* 我們聽到士兵行進的腳步聲。**2** (*pl.* tramps) long walk 長途跋涉; 走遠路: *a tramp over the mountains* 爬山越嶺 **3** (*pl.* tramps) poor person

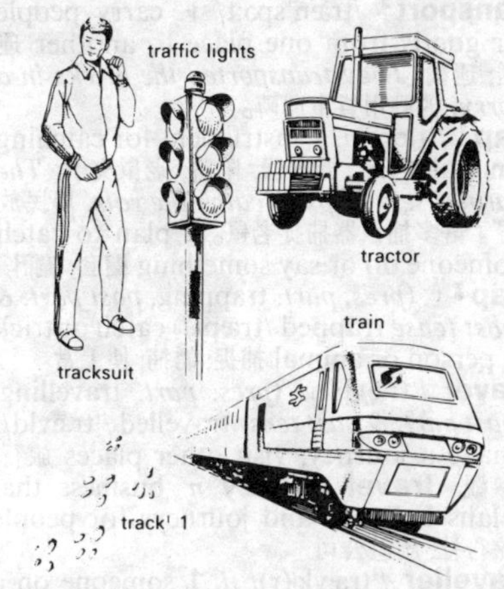

with no home or work, who walks from one place to another 流浪漢; 遊民

tramp [2] *v.* **1** walk with heavy steps 用沉重的腳步走 **2** walk a long way 走遠路; 步行: *They tramped all day.* 他們走了一整天。

trample /ˈtræmpl/ *v.* walk on something and push it down 踩; 踐踏: *Don't trample on the flowers!* 不要踐踏花朵!

transfer /trænsˈfɜː(r)/ *v.* (*pres. part.* transferring, *past part. & past tense* transferred /trænsˈfɜːd/) move something or someone to another place 移動; 調動: *Pete's boss transferred him to Scotland.* 平德的老闆把他調到蘇格蘭。

transfer /ˈtrænsfɜː(r)/ *n.*

transform /trænsˈfɔːm/ *v.* change the shape of someone or something; make something look different 改變(形態); 使變形: *Nature transforms a caterpillar into a butterfly.* 大自然使毛蟲變成蝴蝶。

transistor /trænˈzɪstə(r)/ *n.* **1** small instrument in radios, etc.. 晶體管 **2** small radio 晶體管(半導體)收音機; 小收音機

translate /trænzˈleɪt/ *v.* give the meaning of words in another language 翻譯: *Can you translate this German letter for me?* 你能替我把這封德文信翻譯一下嗎?

translation /trænzˈleɪʃn/ *n.* **1** (no *pl.*) putting a piece of writing into another language 翻譯 **2** (*pl.* translations) piece of writing that has been translated 譯文; 譯作

transparent /trænsˈpærənt/ *adj.* that you can see through 透明的: *The glass in a window is transparent.* 玻璃窗是透明的。

transport [1] /ˈtrænspɔːt/ *n.* (no *pl.*) **1** carrying people or things from one place to another 運送; 運輸: *We hired a van for transport.* 我們僱了一輛貨車運東西。**2** aeroplanes, cars, ships, etc. 運輸工具; 運輸機; 運貨船

transport² /træn'spɔ:t/ *v.* carry people or goods from one place to another 運送; 運輸: *They transported the bricks in a lorry.* 他們用貨車運磚。

trap¹ /træp/ *n.* **1** instrument for catching animals, etc. 捕捉器; 陷阱; 老鼠夾子: *The farmer sets traps to catch the rats.* 農民放置了許多捕鼠器捕捉老鼠。**2** plan to catch someone do or say something 圈套; 詭計

trap² *v.* (*pres. part.* trapping, *past part. & past tense* trapped /træpt/) catch or trick a person or animal 捕捉; 誘捕; 使上當

travel /'trævl/ *v.* (*pres. part.* travelling, *past part. & past tense* travelled /'trævld/) make a journey; visit other places 旅行; 參觀 **travel agency** *n.* business that plans holidays and journeys for people 旅行社; 旅遊公司

traveller /'trævlə(r)/ *n.* **1** someone on a journey 旅客; 旅行者 **2** someone whose job is to go round selling things 旅行推銷員 **traveller's cheque** *n.* special cheque for taking your money safely when you go to other countries 旅行支票

trawler /'trɔ:lə(r)/ *n.* fishing-boat 漁船; 拖網漁船

tray /treɪ/ *n.* flat piece of wood, plastic, etc., with higher edges, for holding or carrying things 托子; 盤子: *She brought the cups in on a tray.* 她用托盤端來了茶杯。

treacherous /'tretʃərəs/ *adj.* **1** whom you cannot trust 不可信任的; 奸詐的: *The treacherous servant told his master's enemies where they could find him.* 不忠的僕人把主人藏身之處告訴了敵人。 **2** more dangerous than it seems 暗藏危險的; 靠不住的: *Icy roads are treacherous.* 結冰的路是危險的。**treacherously** *adv.*

tread /tred/ *v.* (*past part.* trodden /'trɒdn/, *past tense* trod /trɒd/) **1** walk on something 踩; 踏: *Don't tread on my toes!* 別踩我的腳! **2** press something down with your feet 踩下去; 踏碎: *He trod his cigarette into the ground.* 他把煙頭踩到地裏去了。**tread** *n.* step 步; 步態

treason /'tri:zn/ *n.* (no *pl.*) hurting your own country to help another; telling the enemy secrets about your own country 叛國(罪); 通敵

treasure /'treʒə(r)/ *n.* **1** store of gold, silver, jewels, money, or other valuable things 金銀財寶; 寶藏: *The pirates hid the treasure in a cave.* 海盜把財寶藏在洞裏。**2** anything that is valuable to you 寶物; 珍品: *The photo of her dead father is her greatest treasure.* 她已故父親的照片是她最寶貴的東西。

treasurer /'treʒərə(r)/ *n.* someone who looks after the money of a club or society 司庫; 財務(出納)員

treat¹ /tri:t/ *n.* something unusual and special to please someone 殊遇; 樂事; 請客: *My aunt took me to the zoo as a treat.* 姑母請我去逛動物園。

treat² *v.* **1** behave towards someone or something 待; 對待: *Mr. Brown beats his dog and treats it unkindly.* 白朗先生經常打他的狗, 對牠很殘忍。***treat something as***, think about something as 把…當作: *He treated my plan as a joke.* 他把我的計劃看作笑話。**2** try to make a sick person better; try to cure an illness 治療; 醫治: *The doctors treated his fever with pills.* 醫生用藥片給他退燒。

treatment /'tri:tmənt/ *n.* **1** way you behave towards someone or something 對待; 待遇: *I don't like his cruel treatment of those poor horses.* 我不喜歡他對那些可憐的馬如此殘忍。**2** way of curing an illness; doctor's care 療法; 治療: *After the accident he had treatment in hospital.* 意外發生後他住院治療。

treaty /'tri:tɪ/ *n.* (*pl.* treaties) written agreement between countries; contract (國際間的)條約; 合同: *a peace treaty* 和約

tree /tri:/ *n.* big plant with one tall stem of wood 樹: *Apples grow on a tree.* 蘋果長在樹上。

trek /trek/ *v.* (*pres. part.* trekking, *past part. & past tense* trekked /trekt/) go on a long journey 長途跋涉 **trek** *n.*

tremble /'trembl/ *v.* **1** shake because you are afraid, cold, weak, etc. (因害怕、寒冷、體弱等而)發抖: *He was trembling with fear.* 他怕得發抖。**2** shake 搖動: *The bridge trembled when the heavy lorry drove over it.* 那輛重型貨車過橋時, 橋搖動了。**tremble** *n.*

tremendous /trɪ'mendəs/ *adj.* **1** very big; very great 巨大的; 極大的: *That aeroplane flies at a tremendous speed.* 那架飛機的速度極快。 **2** wonderful 絶妙的: *a tremendous singer* 極好的歌唱家

tremendously /trɪ'mendəslɪ/ *adv.* very 非常地; 極其

trench /trentʃ/ *n.* (*pl.* trenches) long hole that you have dug in the ground 溝; 渠; 戰壕

trespass /'trespəs/ *v.* go on private land without the owner's permission 未經許可而進入私人土地; 非法侵人: *There was a sign 'No Trespassing!' near the gate of the big house.* 大院的外門附近有一個牌子寫着'閒人免進!' **trespass** *n.* **trespasser** *n.* someone who trespasses 侵入者

trial /'traɪəl/ *n.* **1** test; using something to see if it works well 檢查; 試驗: *He gave the bicycle a trial before he bought it.* 他試騎過這輛腳踏車, 才把它買下來。 **2** examining someone in a law court to decide whether he has done a crime 審

問; 審判 ***on trial,*** (***a***) doing tests; for trying before you buy it 做試驗; 試用: *I've got a new car on trial.* 我正在試用一輛新汽車。(***b***) in a law court because you are accused of a crime 在受審: *He was on trial for theft.* 他因偷竊而受審。

triangle /'traɪæŋgl/ *n.* shape with three straight sides and three angles 三角形 **triangular** /traɪ'æŋgjʊlə(r)/ *adj.*

tribe /traɪb/ *n.* group of people with the same language, ancestors, and customs 部落; 種族 **tribal** *adj.: tribal dances* 部族的舞蹈

tribute /'trɪbju:t/ *n.* words, present, event, etc. to show respect for someone 頌詞; 禮物; 納貢: *They built a statue in London as a tribute to the explorer Captain Scott.* 他們在倫敦建了一個塑像, 以示對探險家施恪船長的尊敬。

trick[1] /trɪk/ *n.* **1** something dishonest that you do to get what you want from someone 騙局; 詭計; 謀略: *He got the money from me by a trick.* 他用詭計騙走了我的錢。**2** unkind game to make someone look silly 惡作劇: *The boys hid Jon's bike to play a trick on him.* 孩子們把喬恩的腳踏車藏起來捉弄他。**3** something clever that you do to entertain people or to make them laugh (使人歡樂的)把戲; 戲法: *card tricks* 用紙牌變的戲法

trick[2] *v.* do something that is not honest to get what you want from someone 欺騙; 搗鬼: *He tricked the girl and she gave him all her money.* 他騙取了那個女孩所有的金錢。 **trickery** *n.* telling lies; being dishonest 欺詐; 詭計

trickle /'trɪkl/ *v.* flow slowly or in drops 細流; 滴: *Tears trickled down her cheeks.* 眼淚從她面頰上流下來。 **trickle** *n.* thin line of running water 細流; 涓涓流水

tricky /'trɪkɪ/ *adj.* difficult; hard to do 困難的; 不好辦的: *a tricky job* 一件棘手的工作

tricycle /'traɪsɪkl/ *n.* cycle with three wheels 三輪腳踏車

tried /traɪd/ *past part. & past tense* of *v.* try 動詞 try 的過去分詞和過去式

trigger /'trɪgə(r)/ *n.* part of the gun that you pull with your finger to fire a bullet 扳機; 觸發器

trim /trɪm/ *v.* (*pres. part.* trimming, *past part. & past tense* trimmed /trɪmd/) cut something to make it tidy 修整; 修剪: *The barber trimmed George's hair.* 理髮師給翹志修剪頭髮。**trim** *n.*

trip[1] /trɪp/ *n.* journey 旅行; 遠足: *We had a trip to the coast last Saturday.* 上星期六我們到海邊旅行。

trip[2] *v.* (*pres. part.* tripping, *past part. & past tense* tripped /trɪpt/) catch your foot on something so that you fall or

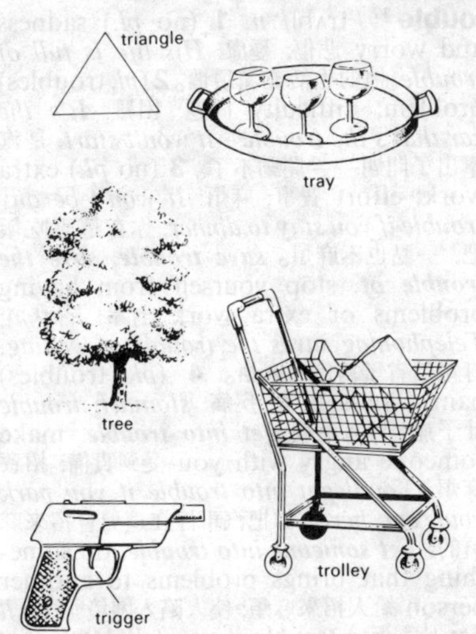

nearly fall 絆倒; 失足: *He tripped over the step.* 他在台階上絆倒了。***trip someone up***, make someone fall 使人絆倒: *Ken put out his foot and tripped me up.* 肯恩伸出腳把我絆倒。

triumph /'traɪʌmf/ *n.* **1** (*pl.* triumphs) victory; winning 勝利; 成功 **2** (no *pl.*) joy of winning 成功的喜悅; 得意洋洋: *There were shouts of triumph when our football team won the cup.* 當我們的足球隊獲得獎杯後, 響起了陣陣的歡呼聲。

triumphant /traɪ'ʌmfənt/ *adj.* happy because you have done something well, won something, etc. 取得勝利的; 喜悅的 **triumphantly** *adv.*

trod /trɒd/ *past tense* of *v.* tread 動詞 tread 的過去式

trodden /'trɒdn/ *past part.* of *v.* tread 動詞 tread 的過去分詞

trolley /'trɒlɪ/ *n.* **1** small table on wheels 裝有輪子的小桌子; 手推車 **2** metal basket on wheels for carrying things in a supermarket (超級市場裏的)小推車

troop /tru:p/ *n.* **1** group of people or animals 羣; 許多: *troops of children* 許多小孩 **2 troops** (*pl.*) soldiers 士兵; 部隊

trophy /'trəʊfɪ/ *n.* (*pl.* trophies) prize for winning a competition in sport (體育比賽等的)獎品: *a tennis trophy* 網球獎

tropic /'trɒpɪk/ *n.* **the tropics**, the hot parts of the world 熱帶 **tropical** /'trɒpɪkl/ *adj.* of or for hot countries 熱帶的

trot /trɒt/ *v.* (*pres. part.* trotting, *past part. & past tense* trotted /'trɒtɪd/) run or ride slowly, with short steps 小跑着走; 騎馬小跑: *The child trotted beside his mother.* 孩子在媽媽旁邊快步走。 **trot** *n.: go for a trot* 小跑

trouble[1] /'trʌbl/ *n.* **1** (no *pl.*) sadness and worry 悲傷; 憂慮: *His life is full of trouble.* 他的生活充滿煩惱。**2** (*pl.* troubles) problem; difficulty 問題; 困難: *It's the car that's the trouble – it won't start.* 是汽車出了問題——開動不了。**3** (no *pl.*) extra work; effort 費事; 麻煩: *It won't be any trouble if you stay to dinner.* 你在這裏吃飯吧, 一點也不麻煩。***save trouble, save the trouble of***, stop yourself from having problems or extra work 省事; 省麻煩: *Telephoning saves the trouble of writing.* 打電話省了寫信的麻煩。**4** (*pl.* troubles) pain; illness 疼痛; 疾病: *stomach trouble* 肚子痛; 胃有毛病 ***get into trouble***, make someone angry with you 受到責備; 招致麻煩: *You'll get into trouble if you park your car here.* 你把汽車停在這兒會招來麻煩的。***get someone into trouble***, do something that brings problems to another person 給人招來麻煩; 使人陷入困境: *You'll get me into trouble if you tell Mum that I've lost my watch.* 你要是告訴媽媽我遺失了手錶, 就會給我招來麻煩。***go to trouble, take trouble***, do extra work; do something with extra care 不怕麻煩; 特意去做: *He went to a lot of trouble to help me.* 他不辭勞苦幫我的忙。***be in trouble***, have problems; have people angry with you because you have done wrong 處於困難中; 受責備: *I'll be in trouble if I get home late.* 我回家晚了會受責備的。

trouble[2] *v.* **1** worry someone; give someone pain or sadness 使煩惱; 折磨: *His back is troubling him.* 他的背正折磨着他。**2** give yourself extra work, etc. 費力; 麻煩: *Please don't trouble to come with me – I can go by myself.* 請你别送了——我自己可以回去。**troubled** /'trʌbld/ *adj.* sad and worried 煩惱的; 不安的

trough /trɒf/ *n.* long, open box that holds food or water for animals 食槽; 水槽

trousers /'traʊzəz/ *n.* (*pl.*) piece of clothing for the legs and lower part of the body 褲子: *a pair of trousers* 一條褲子

trowel /'traʊəl/ *n.* small tool for digging, etc. 小鏟子; 抹刀: *Mrs. Mason dug up the plant with a trowel.* 梅森夫人用小鏟子把花草挖起來。

truant /'tru:ənt/ *n.* child who stays away from school without permission 逃學者; 曠課者 ***play truant***, stay away from school 逃學

truce /tru:s/ *n.* short time when two armies agree to stop fighting 休戰; 停戰

truck /trʌk/ *n.* **1** railway wagon for carrying heavy goods (鐵路上的)搬運車 **2** lorry; big vehicle that carries heavy loads 大貨車; 載重貨車

trudge /trʌdʒ/ *v.* walk slowly, in a heavy, tired way 步履沉重地走; 疲乏地走: *The old man trudged up the hill.* 老人步履艱難地往山上走。

true /tru:/ *adj.* **1** correct; right 真的; 對的: *Is it true that you have five brothers?* 你真的有五個兄弟嗎? ***come true***, really happen 實現: *Her dream came true.* 她的夢想實現了。**2** faithful; real 忠誠的; 實在的: *A true friend will always help you.* 忠誠的朋友會永遠幫助你的。

truly /'tru:lɪ/ *adv.* really 真正地: *Are you truly happy in your work?* 你真的對你的工作滿意嗎?

trumpet /'trʌmpɪt/ *n.* sort of musical instrument that you blow 喇叭; 小號

trunk /trʌŋk/ *n.* **1** main stem of a tree, that grows up from the ground 樹幹 **2** big strong box for carrying a lot of clothes, etc. when you travel (旅行用)大箱子 **3** long nose of an elephant 象鼻

trunk-call /'trʌŋk kɔ:l/ *n.* telephone call to a far place 長途電話

trunks /trʌŋks/ *n.* (*pl.*) short trousers for sport 運動褲: *swimming trunks* 游泳褲

trust[1] /trʌst/ *n.* (no *pl.*) faith; believing that someone or something is good, strong, right, honest, etc. 信賴; 信任 ***put your trust in***, believe in someone or something 相信; 信任: *Children put their trust in their parents.* 孩子信任父母。

trust[2] *v.* **1** feel sure that someone or something is good, right, honest, etc. 信任; 相信: *I shall lend him money because I trust him.* 我願意借錢給他, 因爲我相信他。**2** let someone have or do something, and not worry about him 放心讓某人做: *I trust Peter to go to the pool alone because he can swim well.* 我放心讓彼得一人去游泳, 因爲他會游泳。**3** hope 希望; 相信: *I trust that you are well.* 我希望你身體好。**trusting** *adj.* that shows trust 信任的; 不懷疑的 **trustingly** *adv.*

trustful /'trʌstfl/ *adj.* ready to believe other people 信任別人的; 深信不疑的 **trustfully** *adv.*

trustworthy /'trʌstwɜ:ðɪ/ *adj.* whom you can trust 可信任的; 可靠的: *A trustworthy person does not lie or steal.* 可靠的人不說謊、不偷東西。

truth /tru:θ/ *n.* (no *pl.*) being true; what is true 真實; 真相: *He is lying and there is no truth in what he says.* 他在撒謊, 没有一句真話。***tell the truth***, say what is true 說實話: *Are you telling me the truth?* 你講的是真話嗎?

truthful /'tru:θfl/ *adj.* **1** saying what is true 誠實的: *a truthful person* 誠實的人 **2** true 真實的: *a truthful story* 真實的故事 **truthfully** *adv.*

try[1] /traɪ/ *n.* (*pl.* tries) **1** attempt 試驗; 嘗試: *Can I have a try on your bike?* 我可以

試一試你的腳踏車嗎? **2** special score of three points in rugby (橄欖球)觸球

try ² *v.* **1** see if you can do something; attempt to do something 試一試; 努力去做: *I don't think I can mend this watch, but I'll try.* 我覺得我修不好這個錶, 不過我可以試一試。 ***try and do something***, try to do something 盡力去做: *Please try and come early.* 請盡量早來。 ***try for***, do your best to get or win something 盡最大努力: *He's trying for a job in the Post Office.* 他盡力想在郵局找一份工作。 **2** use something to see if it is good, nice, useful, etc. 試試; 試用: *Try this new soap.* 請試一下這種新肥皂。 ***try something on***, put on a piece of clothing to see whether it looks good, is big enough, etc. 試穿衣服: *He tried the jacket on before he bought it.* 這件短上衣他試過後才買的。 **3** examine someone in a law court to decide whether he has done a crime 審問; 審判: *They tried him for murder.* 他因殺人而受審。

T-shirt *n.* casual shirt with short sleeves and no collar 短袖圓領衫; T-恤

tub /tʌb/ *n.* bowl or pot 桶; 木盆; 浴盆

tube /tju:b/ *n.* **1** long, thin pipe of metal, glass, or rubber (金屬、玻璃等做的)管子 **2** container of soft metal, plastic, etc. with a hole and lid at one end 容器; 管狀物: *a tube of toothpaste* 一管牙膏 **3** underground railway 地下鐵道: *the London tube* 倫敦地下鐵道

tuck /tʌk/ *v.* put or push something tidily into a small space 捲緊; 塞進: *He tucked his shirt inside his trousers.* 他把襯衫塞到褲子裏。 ***tuck someone in*** or ***up***, put the covers tightly over a person in bed 給某人蓋好被子

Tuesday /ˈtju:zdeɪ/ *n.* third day of the week 星期二

tuft /tʌft/ *n.* group of hairs, feathers, etc. that are growing closely together (頭髮、羽毛等)束; 叢; 簇: *a tuft of grass* 一叢草

tug ¹ /tʌg/ *n.* **1** sudden hard pull 猛拉; 猛扯: *He unkindly gave his sister's hair a tug.* 他狠心地扯了一下妹妹的頭髮。 **2** small, strong boat that pulls big ships 拖船

tug ² *v.* (*pres. part.* tugging, *past part.* & *past tense* tugged /tʌgd/) pull something hard 用力拉: *The dog tugged at its lead.* 那隻狗用力拉脖上的帶子。

tuition /tju:ˈɪʃn/ *n.* (no *pl.*) teaching 教; 教導: *He needs extra tuition in English.* 他的英語需要特別輔導。

tumble /ˈtʌmbl/ *v.* fall suddenly 跌下; 跌倒: *He tumbled off his bicycle.* 他從腳踏車上跌下來。 ***tumble down,*** (***a***) fall down 跌下來 (***b***) become a ruin 坍; 倒塌: *The old house is tumbling down.* 那座舊房子正塌下。 **tumble-down** *adj.* ruined 搖搖欲墜的: *a tumble-down castle* 就要倒塌的城堡

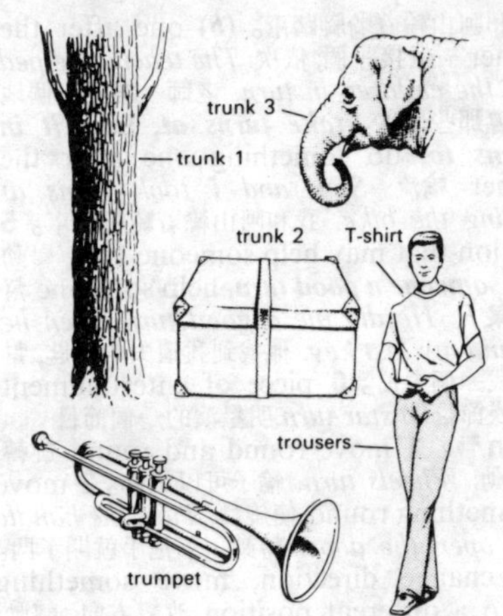

tumble *n.* sudden fall 突然落下; 猛跌

tumbler /ˈtʌmblə(r)/ *n.* a glass for drinks 玻璃酒杯

tummy /ˈtʌmɪ/ *n.* (*pl.* tummies) stomach 胃; 肚子

tune ¹ /tju:n/ *n.* group of notes that make a piece of music; melody 樂曲; 曲調: *He whistled a cheerful tune.* 他哼着歡快的曲調。

tune ² *v.* fix the strings of a musical instrument so that it makes the right sounds 調弦: *to tune a guitar* 調吉他 ***tune in***, turn a knob on the radio so that you can hear a broadcast 調台; 收聽: *I tuned in to Radio 4.* 我調到了收音機第四台。

tunnel /ˈtʌnl/ *n.* long hole through the ground for a road or railway 地道; 隧道

tunnel *v.* (*pres. part.* tunnelling, *past part. & parts tense* tunnelled /ˈtʌnld/) make a tunnel 挖地道; 開隧道: *The miners tunnelled through the mountain to find coal.* 礦工在山裏挖通隧道找煤。

turban /ˈtɜ:bən/ *n.* piece of cloth that you wind round your head 頭巾

turkey /ˈtɜ:kɪ/ *n.* big farm bird that we eat 火鷄

turn ¹ /tɜ:n/ *n.* **1** moving round 旋轉; 轉動: *a turn of the wheel* 輪子的一次轉動 **2** moving something round (使)轉動: *Give the knob a few turns.* 把那個旋鈕轉幾次。**3** change of direction; bend; curve 改變方向; 轉彎; 彎曲: *Drive on for a kilometre; then take a right turn.* 向前駛一公里, 然後向右轉。**4** time for you to do something; opportunity 時機; 機會: *Sam had a ride on the bike and then it was my turn.* 阿山先騎腳踏車, 然後輪到我騎。 ***in turn,*** (***a***) first one and then the other, then the first one again, etc.; alternately 交替地; 輪流地: *Sam and I rode the bike in turn.*

我和阿山輪着騎脚踏車。(*b*) one after the other 一個接一個; 依次: *The teacher helped all the children in turn.* 老師一個接一個地輔導那些學生。***take turns at, take it in turns to***, do something one after the other 輪流: *Sam and I took turns at riding the bike.* 我和阿山輪着騎脚踏車。**5** action that may help someone 行爲; 舉動 ***do someone a good turn***, help someone 幫助某人: *He did me a good turn when he found my lost key.* 他找到我遺失的鑰匙, 幫了我一個大忙。**6** piece of entertainment 文娛節目: *a star turn* 明星演的一個節目

turn² *v.* **1** move round and round 旋轉; 轉動: *Wheels turn.* 輪子可以旋轉。**2** move something round 使旋轉: *Turn the handle to open the door.* 轉動一下把手就開了門。**3** change direction; move something into a different position 改變方向; 轉動: *Turn right at the next corner.* 到下個街角往右轉。*Turn the page of your book.* 把書翻一頁。**4** make someone or something change 使變化: *The cold turned my nose red.* 寒冷的天氣把我的鼻子凍紅了。**5** become 變得; 變成: *The weather has turned cold.* 天氣變冷了。***turn against***, become unfriendly to someone 變得不友好; 反對: *Why has she turned against me?* 她怎麼變成反對我呢? ***turn down***, say no to what someone wants to do, give you, etc.; refuse 拒絕: *He turned down my invitation.* 他拒絕我的邀請。***turn in***, go to bed 睡覺: *It's getting late, so I think I'll turn in.* 天很晚了, 所以我該睡覺了。***turn into***, change into; become 變成; 變得: *In the winter, the water turns into ice.* 冬天水變成冰。***turn off***, stop something 停止; 關上: *Turn off the tap.* 關上水龍頭。***turn on***, start something 打開: *Turn on the television.* 打開電視。***turn out,*** (*a*) come outside to do something 到外邊來: *The whole town turned out to watch the procession.* 全城的人都出來觀看巡遊。(*b*) become 變成: *It's turned out cold today.* 今天轉冷了。(*c*) go 進行: *How did your party turn out?* 你們的聚會進行得怎麽樣? ***turn out a light, etc.***, switch off a light, etc. 關上燈等 ***turn out a place***, take everything out of a place 全弄出來; 翻遍: *I'm turning out the cupboard to look for a lost key.* 我翻遍衣櫃找遺失了的鑰匙。***turn someone out***, make someone leave a place 趕走; 驅逐: *He turned us out of his room because he wanted to study.* 他把我們逐出他的房間, 因爲他要讀書。***turn over***, move, or move something, so that the other side is on top 翻轉過來; 翻身: *He was lying on his chest and then turned over to look up at the sky.* 他先是趴着, 後來仰面朝天。***turn to***, go to someone 求助於: *The child turned to its mother for help.* 孩子找媽媽求援。***turn up***, come; arrive 來; 到達: *Has Jake turned up yet?* 傑還没有來嗎?

turnip /ˈtɜːnɪp/ *n.* sort of vegetable 蘿蔔; 蕪菁

turnstile /ˈtɜːnstaɪl/ *n.* gate that turns to let one person go through at a time (一次過一人的)旋轉門: *We went through the turnstile into the zoo.* 我們從旋轉門進了動物園。

turntable /ˈtɜːnteɪbl/ *n.* part of a record-player that holds the record (電唱機上放唱片的)轉盤

tusk /tʌsk/ *n.* long, pointed tooth that grows beside the mouth of an elephant, etc. (象等的又尖又長的)牙齒

tutor /ˈtjuːtə(r)/ *n.* **1** private teacher for one child or one family 家庭教師 **2** teacher at a university (大學生的)導師; 助教

T.V. /ˌtiː ˈviː/ *abbrev.* television 電視

tweed /twiːd/ *n.* (no *pl.*) thick, woollen cloth for coats and suits 粗花呢 **tweed** *adj.*: *a tweed suit* 一套厚毛呢衣服

tweezers /ˈtwiːzəz/ *n.* (*pl.*) small instrument for holding very small things 小鉗子; 鑷子: *She pulled the splinter out of her finger with a pair of tweezers.* 她用鑷子拔出了手指上的刺。

twelve /twelv/ *n.* number 12 十二; 十二個 **twelve** *adj.*: *Ali is twelve years old today.* 愛麗今天十二歲了。**twelfth** /twelfθ/ *adj.* 12th 第十二: *her twelfth birthday* 她的十二歲生日

twenty /ˈtwentɪ/ *n.* (*pl.* twenties) number 20 二十; 二十個 **twenty** *adj.* **twentieth** /ˈtwentɪəθ/ *adj.* 20th 第二十

twice /twaɪs/ *adv.* two times 兩次; 兩倍: *Twice two is four.* 二二得四。

twig /twɪg/ *n.* small, thin stick on a bush or tree 細枝; 枝椏

twilight /ˈtwaɪlaɪt/ *n.* (no *pl.*) time between daylight and darkness; half light 黎明; 黄昏

twin¹ /twɪn/ *adj.* **1** with a brother or sister of exactly the same age 雙生的; 孿生的: *my twin brother* 我的孿生弟兄 **2** two of the same kind 相像的; 成對的: *an aeroplane with twin engines* 一架帶有雙引擎的飛機

twin² *n.* one of two children who are born of the same mother at the same time 孿生兒之一

twinkle /ˈtwɪŋkl/ *v.* shine brightly on and off; sparkle softly 閃爍; 閃耀: *The stars twinkled.* 繁星閃爍。 **twinkle** *n.* **twinkling** *adj.*

twist /twɪst/ *v.* **1** turn something strongly 用力旋轉: *He twisted the lid off the jar.* 他旋掉了瓶子上的蓋。**2** turn in many directons; bend often 盤旋; 彎曲: *The path twisted and turned through the forest.* 小

路彎彎曲曲穿過了樹林。**3** wind a number of threads, etc. together 搓線; 擰繩: *He twisted the sheets into a strong rope and escaped.* 他把被單搓成一根結實的繩子, 然後攀着繩子逃跑了。 **twist** *n.* **twisted** /ˈtwɪstɪd/ *adj.*: *twisted roots* 盤根錯節

twitter /ˈtwɪtə(r)/ *n.* short, soft sounds that small birds make (小鳥)吱吱喳喳的叫聲 **twitter** *v.*

two /tu:/ *n.* number 2 二; 兩個 ***two by two***, in pairs 兩個兩個地; 成對地: *The children walked in two by two.* 孩子們兩個兩個地走進去。 **two** *adj.*

type¹ /ˈtaɪp/ *n.* **1** (*pl.* types) sort; kind 種類; 型號: *A bungalow is a type of house.* 平房是一種房子式樣。 **2** (no *pl.*) letters that a machine makes on paper 字體: *In this book, the headwords are in large type.* 本書裏的條目詞用大號字體。

type² *v.* make letters on paper, with a machine called a **typewriter** /ˈtaɪpraɪtə(r)/ (用打字機往紙上)打字: *His secretary typed the report.* 他的秘書用打字機打報告。 **typist** /ˈtaɪpɪst/ *n.* someone who types 打字員

typical /ˈtɪpɪkl/ *adj.* that is a good example of its kind 典型的: *We had a typical English breakfast – bacon, eggs, toast, and tea.* 我們吃了一頓典型的英國早餐——煙肉、蛋、烤麵包和茶。 **typically** *adv.*

typist /ˈtaɪpɪst/ *n.* someone who uses a typewriter 打字員

tyrant /ˈtaɪrənt/ *n.* someone who rules in a cruel way 殘暴的統治者; 暴君: *Nero was a tyrant.* 尼祿是個暴君。 **tyrannical** /tɪˈrænɪkl/ *adj.*

tyre /ˈtaɪə(r)/ *n.* rubber ring, full of air, that fits round the wheel of motor-car, bicycle, etc. 車胎; 輪胎 **flat tyre**, broken tyre with no air inside 没有氣的車胎

Uu

UFO /ˈju:fəʊ/ *abbrev.* Unidentified Flying Object; a flying object, not an aeroplane, that people think they have seen in the sky〔縮〕不明飛行物體; (人們在天上看到的, 而不是飛機的)飛行物; 飛碟

ugly /ˈʌglɪ/ *adj.* not beautiful; that does not please you when you look at it 難看的; 醜陋的; 討厭的: *an ugly old woman* 醜陋的老婦 **ugliness** *n.*

umbrella /ʌmˈbrelə/ *n.* special cover on a stick that you hold over you to keep off the rain, etc. 傘; 雨傘: *When it started to rain she opened her umbrella.* 下雨了, 她打起雨傘。

umpire /ˈʌmpaɪə(r)/ *n.* someone who controls a sports match 主持體育比賽的人; 裁判員 **umpire** *v.*: *He is umpiring a tennis match this afternoon.* 今天下午他擔任一場網球賽的裁判。

unable /ʌnˈeɪbl/ *adj.* not able to do something 不能的; 不會的; 無能爲力的: *Jamie was unable to go to work today because he was sick.* 傑米今天不能上班, 因爲他病了。

unaccustomed /ˌʌnəˈkʌstəmd/ *adj.* ***unaccustomed to***, not knowing something well, not used to something 不熟悉的; 不了解的; 不習慣的: *She was sick after the glass of wine because she is unaccustomed to drinking alcohol.* 她不習慣喝酒, 所以喝下那杯酒後就感到不舒服。

unafraid /ˌʌnəˈfreɪd/ *adj.* not afraid 不害怕的; 無懼色的

unanimous /ju:ˈnænɪməs/ *adj.* with the agreement of every person 全體通過的; 一致同意的; 意見一致的: *a unanimous vote* 全票(通過; 贊成) **unanimously** *adv.*: *The union decided unanimously to go on strike.* 工會一致同意舉行罷工。

unarmed /ˌʌnˈɑ:md/ *adj.* with no gun, etc. 非武裝的; 徒手的

unattractive /ˌʌnəˈtræktɪv/ *adj.* not pleasing to see, hear, etc. 不吸引人的; 不美麗的; 不悦耳的

unaware /ˌʌnəˈweə(r)/ *adj.* not knowing something 不知道的; 没有察覺到的: *The birds were eating the crumbs, unaware that the cat was coming nearer.* 鳥在吃麵包屑, 没有察覺到貓正向牠們襲來。

unawares /ˌʌnəˈweəz/ *adv.* when you are not expecting it 冷不防地; 出其不意地: *They attacked him unawares while he was reading.* 他們趁他看書不注意時襲擊他。

unbearable /ʌn'beərəbl/ *adj.* very unpleasant; that you do not like 使人感到不舒服的; 忍受不了的; 不討人喜歡的: *She left the room because the noise was unbearable.* 她受不了房間裏的噪音而走開了。 **unbearably** *adv.*

unbelievable /ˌʌnbɪ'li:vəbl/ *adj.* difficult to believe; amazing 令人難以相信的; 令人驚奇的: *What unbelievable luck!* 太走運了, 令人難以相信!

unbreakable /ˌʌn'breɪkəbl/ *adj.* that you cannot break; that will not break easily 打不破的; 折不斷的; 不易碎的: *Our camping plates are unbreakable.* 我們搭帳篷的板不容易折斷。

uncertain /ʌn'sɜ:tn/ *adj.* not sure; not definite 不肯定的; 未確定的: *My holiday plans are uncertain because I don't know how much money I shall have.* 我還不清楚自己有多少錢, 所以我的渡假計劃没有確定下來。

unchanged /ˌʌn'tʃeɪndʒd/ *adj.* as it was before; not different 無變化的; 未改變的; 老樣子: *The town was unchanged when Alan went back after ten years.* 十年後艾倫回去時, 這個鎮還是老樣子。

uncle /'ʌŋkl/ *n.* brother of your father or mother; husband of your aunt (父親的兄弟)叔叔; 伯伯; 舅舅;(姑或姨的丈夫)姑丈; 姨丈

uncomfortable /ʌn'kʌmftəbl/ *adj.* not comfortable; not pleasant 不舒服的; 不自在的; 令人不快的: *tight, uncomfortable shoes* 又緊又不舒適的鞋子 **uncomfortably** *adv.*

uncommon /ʌn'kɒmən/ *adj.* that you do not often see, hear, etc. 罕見的; 難得的; 不普通的: *an uncommon name* 不常用的名字

unconscious /ʌn'kɒnʃəs/ *adj.* not knowing what is happening 失去知覺的; 昏迷的: *A cricket ball hit him on the head and he was unconscious for three days.* 他的頭部給板球擊中, 昏迷了三天。 **unconsciously** *adv.* **unconsciousness** *n.*

uncontrolled /ˌʌnkən'trəʊld/ *adj.* not controlled 不受控制的; 不受約束的: *The uncontrolled car rolled down the hill and crashed into a wall.* 那輛失去控制的車從山上滾下去, 撞在一堵牆上。

uncooked /ˌʌn'kʊkt/ *adj.* raw; not cooked 生的; 未煮過的

unco-operative /ˌʌnkəʊ'ɒprətɪv/ *adj.* not willing to work helpfully with other people 不願合作的; 不肯配合的; 不隨和的: *It is difficult to dress an unco-operative child.* 給一個不聽話的孩子穿衣服很困難。

uncover /ʌn'kʌvə(r)/ *v.* **1** take away the cover, lid, cloth, etc. that is over something 拿掉覆蓋物; 揭開蓋子: *He lifted the stone and uncovered a worm.* 他掀起石頭, 下面有一條蟲子。 **2** find out about something that was a secret 發現秘密; 暴露: *The detective uncovered a plot to rob the bank.* 這位偵探發現了一個搶劫銀行的陰謀。

under[1] /'ʌndə(r)/ *adv.* in or to a lower place 在下; 到底下; *The canoes filled with water, then went under and sank.* 獨木舟注滿了水, 然後沉没。

under[2] *prep.* **1** below; at or to a lower place 在…之下; 在…的下面: *The boat sailed under the bridge.* 船在橋下行駛。 **2** less than something 小於; 少於; 不滿: *Children in primary schools are usually under 13 years.* 小學裏的孩子通常不到十三歲。 **3** in the control of 在…控制下; 在…統治下: *This team plays well under their new captain.* 這個隊伍在新隊長的帶領下表現出色。

underclothes /'ʌndəkləʊðz/ *n.* clothes that you wear next to your skin, under a shirt and trousers or under a dress (貼身穿的)内衣; 内褲

undergo /ˌʌndə'gəʊ/ *v.* (*past part.* undergone /ˌʌndə'gɒn/, *past tense* underwent /ˌʌndə'went/) have something done or happen to you 經歷; 經受: *Laura has undergone an operation in hospital.* 珞拉在醫院動了手術。

undergraduate /ˌʌndə'grædʒʊət/ *n.* student at a university 大學生; 本科學生

underground /'ʌndəgraʊnd/ *adj.* that is under the ground 地下的; 地面下的: *an underground tunnel* 地下隧道; 地道 **underground** *n.* underground railway 地下鐵道; 地鐵: *We went by underground from Trafalgar Square to Paddington station.* 我們從特拉法加廣場坐地鐵到帕丁頓車站。

undergrowth /'ʌndəgrəʊθ/ *n.* (no *pl.*) bushes, etc. that grow below the tall trees in a wood (生長在大樹下的)灌木叢

underline /ˌʌndə'laɪn/ *v.* draw a line under a word, sentence, etc. 在(詞、句子等下)劃線

underneath /ˌʌndə'ni:θ/ *adv.* below; in or to a lower place 在下; 在下面: *My hands are on top of the desk and my feet are underneath.* 我的手在桌面上, 腳在桌子下面。 **underneath** *prep.*: *Maurice is wearing a red sweater underneath his jacket.* 莫禮思在短外套下面穿着一件紅毛衣。

understand /ˌʌndə'stænd/ *v.* (*past part. & past tense* understood /ˌʌndə'stʊd/) **1** know what something means, why something happens, why people do things, etc. 明白; 理解; 懂得: *I don't understand this homework – can you explain it to me?* 這功課我不明白, 你可以給我講一下嗎? **2** know something because someone has told you about it 聽說; 知

道; 獲悉: *I understand that the plane from Geneva will be late*. 我聽説從日内瓦來的飛機要誤點。

understanding[1] /ˌʌndəˈstændɪŋ/ *adj*. who listens to other people's problems and tries to understand them 能理解人的; 能諒解的: *an understanding mother* 一位體諒兒女的母親

understanding[2] *n*. (no *pl*.) knowing about something or someone; sympathy 了解; 認識; 同情: *A teacher must have an understanding of children*. 教師必須了解學生。

understood /ˌʌndəˈstʊd/ *past part*. & *past tense* of *v*. understand 動詞 understand 的過去分詞和過去式 ***make yourself understood***, make people understand you 使人明白自己的意思: *He spoke very bad English so it was difficult to make himself understood at the station*. 他的英語講得很糟, 所以在火車站很難讓人聽懂他的意思。

undertake /ˌʌndəˈteɪk/ *v*. (*past part*. undertaken /ˌʌndəˈteɪkən/, *past tense* undertook /ˌʌndəˈtʊk/) agree to do something 承擔; 接受: *A local firm undertook the building*. 當地的一家公司承包了這項建築工程。

underwater /ˈʌndəwɔːtə(r)/ *adj*. that is below the top of the water 水面下的; 水中的: *underwater plants* 水生植物

underwear /ˈʌndəweə(r)/ *n*. (no *pl*.) clothes that you wear next to your skin under a shirt and trousers or under a dress, etc. (貼身穿的)内衣; 内褲: *Vests and pants are underwear*. 背心和内褲都是内衣物。

underwent /ˌʌndəˈwent/ *past tense* of *v*. undergo 動詞 undergo 的過去式

undid /ʌnˈdɪd/ *past tense* of *v*. undo 動詞 undo 的過去式

undo /ʌnˈduː/ *v*. (*past part*. undone /ʌnˈdʌn/, *past tense* undid) **1** make a knot or bow loose 解結: *Please undo this ribbon for me*. 請你幫我解開這根帶子的結。**2** take the string, rope, etc. off something 解開包紮的繩子: *Phil undid the parcel*. 菲爾解開了包裹。**3** open something that was tied or fixed 打開; 鬆解: *I can't undo these buttons*. 我無法解開這些鈕扣。

undoubtedly /ʌnˈdaʊtɪdlɪ/ *adv*. certainly; with no doubt 肯定地; 毫無疑問地: *Carol is undoubtedly the best swimmer in the class*. 凱洛無疑是班上游泳最好的學生。

undress /ʌnˈdres/ *v*. take off clothes 使脱衣服; 給…脱衣: *She undressed her baby*. 她給嬰兒脱衣服。

uneasy /ʌnˈiːzɪ/ *adj*. worried; feeling that something is wrong 擔心的; 心神不安的; 不自在的: *She felt uneasy when the children did not come home*. 孩子們没有回

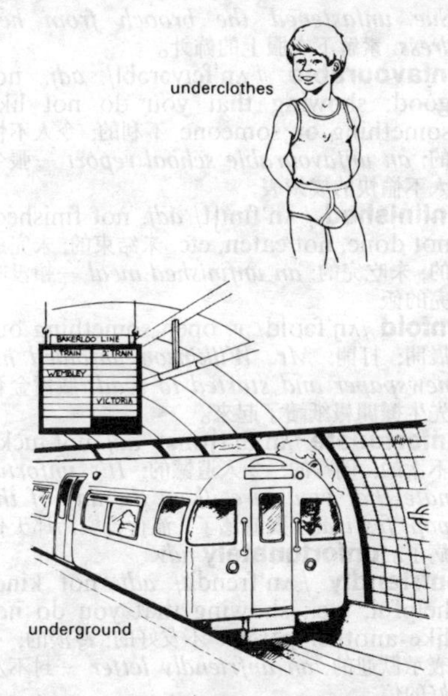

家, 她感到不安。**uneasily** *adv*.

unemployed /ˌʌnɪmˈplɔɪd/ *adj*. with no work 無工作的; 失業的: *unemployed men* 失業者

unemployment /ˌʌnɪmˈplɔɪmənt/ *n*. (no *pl*.) when people have no work 失業: *The factory closed and there was a lot of unemployment*. 這家工廠倒閉後有許多人失業。

uneven /ˌʌnˈiːvn/ *adj*. rough 不平坦的; 崎嶇的; 粗糙的: *The car bumped up and down on the uneven road*. 汽車在凹凸不平的路上上下顛簸。

unexpected /ˌʌnɪkˈspektɪd/ *adj*. that surprises you; that you do not expect 意外的; 意料之外的: *an unexpected visitor* 一位不速之客

unfair /ˌʌnˈfeə(r)/ *adj*. not fair; not treating people in the right way 不公平的; 不合理的: *an unfair decision* 不合理的決定

unfaithful /ˌʌnˈfeɪθfl/ *adj*. that you cannot trust 不可靠的; 不忠實的

unfamiliar /ˌʌnfəˈmɪlɪə(r)/ *adj*. strange; that you do not know 陌生的; 不熟悉的; 不了解的: *a room full of unfamiliar faces* 滿屋子都是陌生的人

unfashionable /ˌʌnˈfæʃnəbl/ *adj*. not fashionable 不時髦的; 過時的

unfasten /ˌʌnˈfɑːsn/ *v*. **1** open something that was tied or fixed 打開; 解開; 鬆開: *He unfastened his belt and took it off*. 他解下腰帶。*He unfastened the door*. 他打開門閂。**2** take off something that was fixed to another thing 解下; 摘下; 卸下:

Sue unfastened the brooch from her dress. 素解下衣服上的飾針。

unfavourable /ˌʌn'feɪvərəbl/ *adj.* not good; showing that you do not like something or someone 不利的; 令人不快的: *an unfavourable school report* 一張令人不愉快的成績表

unfinished /ˌʌn'fɪnɪʃt/ *adj.* not finished, not done, not eaten, etc. 未結束的; 未完成的; 未吃完的: *an unfinished meal* 一頓没吃完的飯

unfold /ʌŋ'fəʊld/ *v.* open something out 展開; 打開: *Mr. Wilkinson unfolded his newspaper and started to read.* 威爾金森先生攤開報紙讀了起來。

unfortunate /ʌn'fɔ:tʃʊnət/ *adj.* not lucky 不幸的; 倒霉的; 令人遺憾的: *It's unfortunate that you were ill on the day of the pop festival.* 太遺憾了, 流行音樂節那天你病了。 **unfortunately** *adv.*

unfriendly /ˌʌn'frendlɪ/ *adj.* not kind, helpful, etc.; showing that you do not like another person 不友好的; 冷淡的; 不表示歡迎的: *an unfriendly letter* 一封不友好的信

ungrateful /ʌn'greɪtfl/ *adj.* not showing thanks when someone has helped you or given you a present 不領情的; 不感恩的; 忘恩負義的: *I lifted the cat away from the dog and the ungrateful animal scratched me!* 我把貓從狗那裏提出來, 而這不知感恩的畜牲用爪子抓我!

unhappy /ʌn'hæpɪ/ *adj.* sad 不高興的; 不愉快的; 憂愁的: *The unhappy child was crying.* 那個可憐的孩子在哭。 **unhappiness** *n.*

unhealthy /ʌn'helθɪ/ *adj.* not well; that can make you ill 有病的; 不健康的; 對身體有害的: *Mining is an unhealthy job.* 採礦是一種對身體有害的工作。

unhelpful /ʌn'helpfl/ *adj.* not giving help 不給幫助的; 無益的; 無用的

uniform /'ju:nɪfɔ:m/ *n.* special clothes for a job, a school, a club etc. 統一的服裝; 制服: *A policeman wears a uniform when he is working.* 警察執行任務時身穿制服。

unimportant /ˌʌnɪm'pɔ:tnt/ *adj.* **1** not powerful; not special 不重要的; 一般的 **2** that you need not do or have 不需要的; 無價值的

uninhabited /ˌʌnɪn'hæbɪtɪd/ *adj.* where nobody lives 無人居住的; 無人煙的: *an uninhabited island* 荒島

uninteresting /ˌʌn'ɪntrəstɪŋ/ *adj.* dull; not interesting 無趣味的; 没有意思的; 無聊的

union /'ju:nɪən/ *n.* **1** (no *pl.*) coming together; putting things together 團結; 結合; 團圓: *Marriage is the union of a man and a woman.* 婚姻是男女的結合。 **2** (*pl.* unions) group of workers, etc. who have joined together 工會; 聯合會; 協會: *the National Union of Students* 全國學生聯合會

unique /ju:'ni:k/ *adj.* being the only one of its sort 唯一的; 獨一無二的: *a unique building* 一座風格獨特的建築物 **uniquely** *adv.*

unit /'ju:nɪt/ *n.* **1** one person; one thing; one group 一個(人、物、團體等); 單位 **2** a measurement (計量)單位: *A metre is a unit of length and a kilogram is a unit of weight.* 米是長度單位, 而公斤是重量單位。

unite /ju:'naɪt/ *v.* join together to become one; put two things together to become one 聯合; 團結; 統一: *In 1603 James I united England and Scotland.* 1603年詹姆斯一世統一英格蘭和蘇格蘭。 **united** /ju:'naɪtɪd/ *adj.*: *the United States* (美利堅)合衆國; 美國

universal /ˌju:nɪ'vɜ:sl/ *adj.* of all people; for all people 全人類的; 全球的; 全體的 **universally** *adv.*

universe /'ju:nɪvɜ:s/ *n.* **the Universe**, this world and all space 世界; 宇宙; 天地萬物

university /ˌju:nɪ'vɜ:sətɪ/ *n.* (*pl.* universities) place where people go to study more difficult subjects, when they have left school 大學; 綜合性大學: *Keith studied medicine at Edinburgh University and is now a doctor.* 基賦曾在愛丁堡大學攻讀醫學, 現在他是醫生。

unjust /ˌʌn'dʒʌst/ *adj.* not fair; not treating people in the right way 不公正的; 非正義的; 不合理的: *It's unjust to punish one naughty boy and not the other.* 只懲罰一個頑皮的男孩而不懲罰另一個是不公平的。

unkind /ʌn'kaɪnd/ *adj.* not kind; cruel 不和藹的; 不親切的; 殘忍的: *The unkind girl kicked the cat.* 那個狠心的女孩子用腳踢貓。

unknown /ˌʌn'nəʊn/ *adj.* **1** that you do not know 陌生的; 不了解的: *an unknown face* 一張陌生的臉 **2** not famous 不出名的; 藉藉無聞的: *an unknown painter* 藉藉無聞的畫家

unless /ən'les/ *conj.* if not 除非; 若不; 如果不: *You won't catch the bus unless you run.* 你如果不是跑步去, 就趕不上公共汽車。

unlike /ˌʌn'laɪk/ *prep.* not like; different from 不像; 和…不同: *He is unlike his brother who is much fatter.* 他長得不像比他胖的哥哥。

unlikely /ʌn'laɪklɪ/ *adj.* that you do not expect will happen; not probable 不太可能的; 未必的: *It is unlikely that we shall find a café there so bring sandwiches.* 我們不太可能會在那裏找到一家餐室, 所以得帶三明治。

unload /ʌn'ləʊd/ *v.* take things off a

vehicle or ship 卸(貨); 從…卸下貨物: *The greengrocer unloaded the potatoes from the van.* 蔬菜水果商把馬鈴薯從車上卸下來。

unlock /ˌʌnˈlɒk/ *v.* open something with a key 開…的鎖: *I've lost my key and can't unlock the front door.* 我遺失了鑰匙, 沒法打開前門的鎖。 **unlocked** /ˌʌnˈlɒkt/ *adj.* not closed with a key 未上鎖的

unlucky /ʌnˈlʌkɪ/ *adj.* **1** not having good things happen 不走運的; 不順利的: *She's unlucky – she never wins a game.* 她運氣不好——從未贏過一場比賽。 **2** not bringing good things; bad 不吉利的; 倒霉的: *Some people say it is unlucky to break a mirror.* 有些人說打碎鏡子是不吉利的。 **unluckily** *adv.*

unmarried /ˌʌnˈmærɪd/ *adj.* not having a husband or wife 未婚的; 獨身的

unnatural /ʌnˈnætʃrəl/ *adj.* not natural 不自然的; 不正常的

unnecessary /ʌnˈnesəsrɪ/ *adj.* that you do not need; not important 不需要的, 沒有必要的; 不重要的: *A coat is unnecessary on a hot day.* 大熱天不需要穿外衣。

unpack /ˌʌnˈpæk/ *v.* take all the things out of a box, bag, etc. 打開(箱子、包裹等); 開箱取出: *We arrived at the hotel and unpacked the luggage.* 我們到達酒店後打開行李取東西。

unpaid /ˌʌnˈpeɪd/ *adj.* not paid 未付的; 未繳納的; (債等)未還的

unpleasant /ʌnˈpleznt/ *adj.* not nice; that you do not enjoy 使人不愉快的; 不合意的; 討厭的: *the unpleasant smell of bad fish* 令人作嘔的臭魚味 **unpleasantly** *adv.*

unpopular /ˌʌnˈpɒpjʊlə(r)/ *adj.* not liked by many people 不得人心的; 不受歡迎的; 不流行的

unqualified /ʌnˈkwɒlɪfaɪd/ *adj.* without the right knowledge and training 不合格的; 不够條件的: *He's unqualified – we can't give him this job.* 他不合資格——我們不能讓他做這工作。

unreliable /ˌʌnrɪˈlaɪəbl/ *adj.* that you cannot trust 靠不住的; 不可靠的: *an unreliable car* 靠不住的汽車; *an unreliable man* 不可靠的人

unsatisfactory /ʌnˌsætɪsˈfæktərɪ/ *adj.* not good enough 不能令人滿意的; 不能解決問題的: *His work is unsatisfactory – I'm not pleased with it.* 他的工作不能令人滿意——我對此感到不高興。

unseen /ʌnˈsiːn/ *adj.* that you cannot see 看不見的; 未被發現的: *An unseen person makes the puppets dance.* 一個不被看見的人使木偶翩翩起舞。

unselfish /ˌʌnˈselfɪʃ/ *adj.* thinking about others, not about yourself 不謀私利的; 無私的; 慷慨的

unsteady /ˌʌnˈstedɪ/ *adj.* that may fall 不穩固的; 不平穩的; 搖擺的: *Don't climb on that ladder – it's unsteady.* 不要往那個梯子上爬——梯子不穩。 **unsteadily** *adv.*

unsuccessful /ˌʌnsəkˈsesfl/ *adj.* not doing what you were hoping and trying to do 不成功的; 失敗的

unsuitable /ˌʌnˈsuːtəbl/ *adj.* not right for something or someone 不合適的; 不適宜的: *This murder film is unsuitable for children.* 這部謀殺案影片不適宜兒童觀看。

unsympathetic /ˌʌnsɪmpəˈθetɪk/ *adj.* not sympathetic; not understanding another person's feelings 不表示同情的; 冷漠無情的; 不能體諒人的

untidy /ʌnˈtaɪdɪ/ *adj.* **1** not neat; not in good order 不整潔的; 亂糟糟的: *an untidy room* 一間不整潔的房間 **2** who does not keep things neat 不講求整潔的: *My untidy brother drops all his clothes on the floor.* 我那位不講整潔的弟弟把衣服全攤在地上。 **untidily** *adv.*

untie /ˌʌnˈtaɪ/ *v.* **1** make a knot or bow loose 解結: *to untie a ribbon* 解開帶子 **2** take the string, rope, etc. off something or someone 解開(捆紮的繩子等): *to untie a parcel* 解開包裹

until[1] /ənˈtɪl/ *conj.* up to the time when 直到…爲止: *Wait here until I come back.* 在這兒等到我回來。

until[2] *prep.* **1** up to a certain time 直到…爲止: *She will stay until Saturday.* 她要一直逗留到星期六。 **2** before 在…之前; 不到…(不): *I can't come until tomorrow.* 我要明天才能來。

untrue /ˌʌnˈtruː/ *adj.* not correct 不真實的; 不正確的: *an untrue story* 不真實的故事

untruthful /ˌʌnˈtruːθfl/ *adj.* **1** telling lies 愛說謊的; 不誠實的: *Don't believe him – he's untruthful.* 别相信他——他很不誠實。 **2** not true 不真實的; 假的: *an untruthful story* 不真實的故事

unusual /ʌnˈjuːʒl/ *adj.* strange; not happening often 罕有的; 異常的; 不常發生的: *It is unusual to see a cat without a tail.* 難得看見没有尾巴的貓。 **unusually** *adv.*

unwanted /ˌʌnˈwɒntɪd/ *adj.* not wanted 不需要的; 多餘的: *The farmer drowned the unwanted kittens.* 那位農民把不要的貓都溺死了。

unwelcome /ʌnˈwelkəm/ *adj.* not welcome; that you are not glad to receive, have, or see 不受歡迎的; 討厭的: *an unwelcome visitor* 不受歡迎的訪客

unwell /ˌʌnˈwel/ *adj.* ill; not well 有病的; 不舒服的: *I went to bed because I was unwell.* 我因爲感到不舒服, 所以上牀睡覺。

unwilling /ˌʌnˈwɪlɪŋ/ *adj.* that you do not do gladly 不願意的; 不情願的: *I was unwilling to lend her my comb.* 我不願把梳子借給她。 **unwillingly** *adv.*

unwrap /ˌʌnˈræp/ *v.* (*pres. part.* unwrapping, *past part. & past tense* unwrapped /ˌʌnˈræpt/) open something; take off the paper, cloth, etc. that is round something 打開; 拆開: *She unwrapped the parcel.* 她拆開包裹。

up¹ /ʌp/ *adv.* **1** from a lower to a higher place 向上地; 從下到上地: *Pull your socks up.* 把你的襪子往上拉拉。(〔俗〕鼓起勁來!) **2** from sitting or lying to standing 起立; 起來: *She stood up in the bus and gave her seat to the old lady.* 在公共汽車上, 她讓座給那位老太太。**3** out of bed 起牀: *When will you get up tomorrow?* 你明天什麼時候起牀? **4** totally (完全、徹底)…完; …光: *She ate the cake up and there was none for me.* 她把蛋糕吃光了, 一點也沒有剩給我。***up to***, doing something 從事於; 正在做: *What's that boy up to?* 那男孩子在做什麼? ***not up to much***, not very good 不怎麼樣; 不太好 ***What's up?*** What's happening? 發生什麼事啦?: *I heard a shout – what's up?* 我聽到一聲喊叫——發生了什麼事?

up² *prep.* **1** at, in, near, or towards a higher part 在、近、向(高處); 向(在)…上面: *We climbed up the mountain to the top.* 我們爬上了山頂。**2** along 沿着; 順着: *We walked up the road.* 我們順着路走去。**3** from the mouth of a river to its beginning 向…的上游; 逆着…的方向: *They went up the Severn from Bristol to Gloucester.* 他們向塞文河上游駛去, 從布里斯托港到格洛斯特。***up and down***, one way and then the other way 上上下下; 來回地: *The dog ran up and down the stairs.* 那隻狗在樓梯上來回跑。***up to,*** (***a***) as far as; until 直到; 以至; 以迄: *Andrew has worked hard up to now.* 直到現在安德魯一直努力工作。(***b***) good enough for something 勝任; 適於: *This old car isn't up to a long journey.* 這輛舊汽車不宜作長途旅行。

uphill /ˌʌpˈhɪl/ *adv.* up, towards the top of something 往上坡; 往上: *to walk uphill* 往上坡走

upon /əˈpɒn/ *prep.* on 在…上; 在…的時候; 關於…; 處於…情況中

upper /ˈʌpə(r)/ *adj.* that is above another; top 上頭的; 上面的; 頂上的: *Gary has a moustache on his upper lip.* 家禮的上嘴唇有一撮小鬍子。

upright /ˈʌpraɪt/ *adj.* that stands straight up 筆直的; 直立的; 垂直的: *The ladder was upright against the wall.* 梯子垂直靠在牆上。

uproar /ˌʌprɔː(r)/ *n.* loud noise from a lot of excited people 喧嘩聲; 吵鬧聲: *There was uproar when our team scored the goal.* 我們的隊伍進一球時, 全場人聲鼎沸。

uproot /ˌʌpˈruːt/ *v.* pull a plant from the ground with its roots 連根拔起: *The storm uprooted many trees.* 風暴將許多樹連根拔起。

upset /ˌʌpˈset/ *v.* (*pres. part.* upsetting, *past part. & past tense* upset) **1** knock something so that it turns over and spills out 打翻; 弄翻; 傾覆: *She upset her tea over the table.* 她把茶打翻在桌子上。**2** make someone feel sick, etc. 使(腸胃)不適; 使人感到噁心: *The rich food upset my stomach.* 油膩的食物使我的胃不舒服。**3** make someone feel sad 使難過; 使心煩意亂: *The bad news upset Gail.* 這個壞消息使桂怡很傷心。**4** spoil or stop something 打亂; 攪亂: *The bad weather will upset our plans for a picnic.* 這壞天氣會打亂我們野餐的計劃。**upset** /ˈʌpset/ *n.*: *a stomach upset* 腸胃不舒服

upside-down /ˌʌpsaɪd ˈdaʊn/ *adv.* with the top part at the bottom 顛倒; 倒置; 翻轉: *The baby held the cup upside-down and all the milk poured out.* 小寶寶翻轉拿着杯子, 牛奶全都倒了出來。

upstairs /ˌʌpˈsteəz/ *adv.* to or on a higher floor of a building 往(或在)樓上: *Our bedroom is upstairs.* 我們的臥室在樓上。**upstairs** *adj.*: *an upstairs room* 一間樓上的屋子

up-to-date /ˌʌp tə ˈdeɪt/ *adj.* **1** fashionable; modern 時新的; 時髦的; 現代的: *up-to-date furniture* 時新的家具 **2** with the newest information 最新的; 最近的: *an up-to-date list of prices* 一份最新的價目表

upturned /ˈʌptɜːnd/ *adj.* with the top part at the bottom 翻轉的; 底朝上的: *an upturned boat* 一艘底朝天的小船

upward /ˈʌpwəd/ *adj.* moving, going, etc. to a higher place 向上的; 上升的: *an upward journey to the top of the mountain* 向山頂攀登 **upward, upwards** *adv.*: *If you look upwards you see the sky.* 你如果向上看, 就會看到天空。

urge¹ /ɜːdʒ/ *n.* strong wish 迫切的要求; 强烈的慾望: *I was afraid of the boy and I had an urge to run away from him.* 我害怕那個男孩, 很想跑開。

urge² *v.* try and make a person or animal do something 力勸; 敦促; 驅策: *He urged me to drive carefully on the icy roads.* 他囑咐我在結冰的路上駕車要謹慎。

urgent /ˈɜːdʒənt/ *adj.* very important that cannot wait 非常重要的; 緊急的; 急迫的: *There was an urgent telephone call and the doctor rushed to his car.* 收到一個緊急電話後, 醫生急忙向自己的汽車跑去。**urgently** *adv.*: *The ship called urgently for help.* 這艘船緊急呼救。**urgency** /ˈɜːdʒənsɪ/ *n.*

us /əs/, /ʌs/ *pron.* (*pl.*) word that you say when you speak about yourself and other people together 我們: *We were pleased when he gave us a lift.* 他讓我們搭

便車, 我們很高興。

use[1] /ju:s/ *n.* **1** (no *pl.*) using 利用; 使用: *A playground is for the use of children.* 遊戲場是供兒童使用的。***go out of use***, finish; stop being used 廢棄; 不再被使用: *Shillings have now gone out of use.* 先令已經停用。***have the use of***, have the right to use something 有權使用: *I have the use of his bicycle.* 我有權使用他的腳踏車。***make use of***, take something and do a job with it, etc. 利用; 借用: *If you don't want that box I can make use of it.* 你如果不要那個盒子, 我可以加以利用。**2** (*pl.* uses) function; what you can do with someone or something 作用; 用途; 用法: *Water washes things; it also has many other uses.* 水可以洗東西, 此外還有許多其他用途。**3** (no *pl.*) value 價值; 效益; 用處 ***of no use***, not good for anything 没用; 無效: *These shoes are of no use – throw them away.* 這些鞋子没用了——把它們丢掉吧。

use[2] /ju:z/ *v.* do a job, etc. with something 用; 使用; 應用: *We use a pen for writing.* 我們用鋼筆寫字。***use up***, use something until there is no more left 用完; 耗盡: *We've used up all the sugar so we must buy some more.* 我們已經把糖吃完了, 所以我們得再買一些。

used[1] /ju:zd/ *adj.* not new 用過的; 舊的: *used clothes* 舊衣服

used[2] /ju:st/ *adj.* ***be used to***, know something well because you have seen, heard, tasted, done it, etc. a lot 習慣於…的; 熟悉於…的: *I'm used to walking because I haven't got a car.* 我習慣步行, 因爲我没有汽車。

used[3] /ju:st/ *v.* ***used to do something***, words that tell about something that often happened in the past 過去; 常常: *My grandmother used to dance a lot when she was young.* 我祖母年輕時經常跳舞。***used to be***, words that tell about something that existed in the past 過去曾有; 曾經是: *There used to be a green field here – now there's a supermarket.* 這兒過去是一片綠色田野——現在是個超級市場。

useful /'ju:sfl/ *adj.* good for certain jobs; helpful 有用的; 有益的; 有幫助的: *A torch is useful at night when you are camping.* 野營時, 手電筒晚上很有用。**usefully** *adv.* **usefulness** *n.*

useless /'ju:slɪs/ *adj.* **1** not good for anything 無用的: *A car is useless without petrol.* 汽車没有汽油便没用處。**2** not doing what you hoped 無益的; 徒勞的: *a useless attempt* 徒勞的嘗試 **uselessly** *adv.* **uselessness** *n.*

usual /'ju:ʒl/ *adj.* normal; happening often 平常的; 通常的; 慣常的: *It's usual to have a holiday in the summer.* 夏天去渡假是很平常的。***as usual***, as always 跟往常一樣; 像平常一樣: *Tony arrived late, as usual!* 東尼還是同往常一樣遲到了! **usually** *adv.* normally; mostly 平常; 經常: *I usually go to church on Sunday.* 我通常星期天去參加主日崇拜。

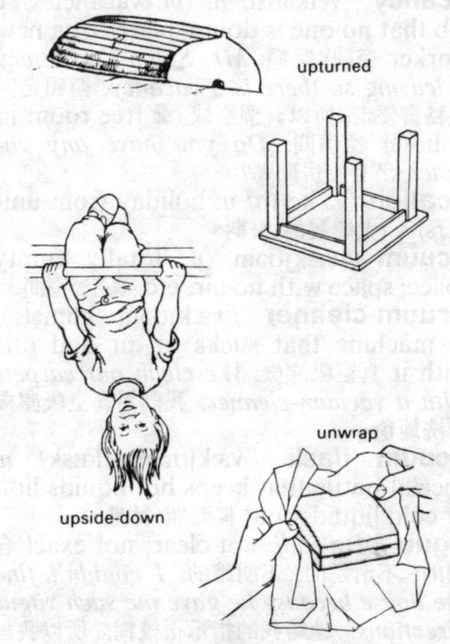

utensil /ju:'tensl/ *n.* instrument; thing that you use in housework, etc. 器皿; (家用)器具; 用具: *Pots and pans are kitchen utensils.* 罐和平底鍋是廚房用具。

utmost /'ʌtməʊst/ *adj.* greatest 最大的; 極度的: *a man of the utmost importance* 極其重要的人物 **utmost** *n.* ***do your utmost***, try very hard 竭盡全力: *Bill did his utmost to win the race.* 標爲了贏得這場賽跑, 盡了最大的努力。

utter[1] /'ʌtə(r)/ *adj.* total, complete 完全的; 徹底的: *The room was in utter darkness and I could not see anything.* 房間裏漆黑一片, 我什麼都看不見。**utterly** *adv.* totally; very 完全地; 徹底地; 十足地

utter[2] *v.* talk; make a sound with your mouth 發出(聲音等); 說; 表達: *She uttered a cry of pain.* 她發出疼痛的叫聲。

Vv

v /vi:/ *abbrev.* versus (比賽中)對: *Liverpool v. Manchester United.* 利物浦隊對曼徹斯特聯隊。

vacant /'veɪkənt/ *adj.* **1** empty; with no one inside; with no one staying there 空的; 未被佔用的; 無人居住的: *a vacant house* 一所空房子 **2** with no one working in it (職位)空缺的: *a vacant job* 職位空缺

vacancy /ˈveɪkənsɪ/ *n.* (*pl.* vacancies) **1** job that no one is doing; place for a new worker 空缺; 空額: *Mr. Seton's secretary is leaving so there is a vacancy.* 西頓先生的秘書要走, 所以有個空缺。**2** free room in a hotel 空房間: *Do you have any vacancies?* 有空房間嗎?

vacation /vəˈkeɪʃn/ *n.* holiday from university (大學裏的)假期

vacuum /ˈvækjʊəm/ *n.* totally empty space; space with no air, etc. 真空; 空間

vacuum-cleaner /ˈvækjʊəm kli:nə(r)/ *n.* machine that sucks in air and dirt with it 真空吸塵機: *We clean our carpets with a vacuum-cleaner.* 我們用真空吸塵機清洗地毯。

vacuum flask /ˈvækjʊəm flɑ:sk/ *n.* special bottle that keeps hot liquids hot, or cold liquids cold 保溫瓶; 冰瓶

vague /veɪg/ *adj.* not clear; not exact 含糊的; 不清楚的; 不明確的: *I couldn't find the house because he gave me such vague directions.* 他給我的指示很模糊, 所以我無法找到那座房子。**vaguely** *adv.*

vain /veɪn/ *adj.* **1** thinking too well of your looks, etc. 自負的; 自視過高的; 愛虛榮的: *a vain man* 虛榮心很强的人 **2** useless 徒勞的; 無用的; 無結果的: *They made a vain attempt to save him but he drowned.* 他們試圖救他, 結果失敗了, 他淹死了。***in vain***, with no success 徒勞; 失敗: *Shula knocked in vain – no one was at home.* 舒拉敲門白敲了——家裏沒有人。

valley /ˈvælɪ/ *n.* low land, usually with a river, between hills or mountains 山谷; 凹地; 峽谷 *the valley of the Nile* 尼羅河峽谷

valuable /ˈvæljʊəbl/ *adj.* **1** worth much money 值錢的; 貴重的: *valuable jewels* 貴重的寶石 **2** useful or important 有價值的; 重要的: *Thanks for your help – it's been very valuable.* 謝謝你的幫助——你的幫助太重要了。**valuable** *n.* something that is worth a lot 值錢東西; 貴重物品; 財寶: *She keeps her jewels, money, and other valuables in the bank.* 她把寶石、錢及其他貴重物品存放在銀行裏。

value¹ /ˈvælju:/ *n.* **1** (*pl.* values) how much money something is worth 價值; 價格: *What is the value of this picture by Rubens?* 這幅魯賓斯創作的畫價值多少? **2** (no *pl.*) how useful or important something is to you 有用性; 益處; 重要性: *Good books are of great value to students.* 好書對學生非常有用。

value² *v.* think very highly of something that you have 重視; 尊重: *She values her freedom.* 她珍視自己的自由。

van /væn/ *n.* **1** sort of big car or small, covered lorry for carrying goods 大篷貨車; 運貨車; 行李車: *The baker brings bread to our house in his delivery van.* 麵包商人用送貨車把麵包送到我們門口。**2** railway carriage for carrying goods 有棚蓋的鐵路貨車; 行李車

vanilla /vəˈnɪlə/ *adj.* **vanilla ice-cream**, plain with ice-cream 香草冰淇淋; 雲呢拿雪糕

vanish /ˈvænɪʃ/ *v.* go away so that it cannot be seen; disappear 逐漸消散; 消失: *The thief ran into the crowd and vanished.* 小偷跑進人叢中, 不見了。

vanity /ˈvænətɪ/ *n.* (no *pl.*) thinking too well of your looks, etc. 虛榮心; 自大; 自負

variety /vəˈraɪətɪ/ *n.* **1** (no *pl.*) change; being different 變化; 多樣化; 各種各樣: *My job is boring – there's no variety.* 我的工作很沉悶——沒有變化。**2** (no *pl.*) choice; number of different things 選擇; 種種: *There's a large variety of dishes on the menu.* 菜單上有許多種菜式。**3** (*pl.* varieties) sort; kind 種類; 品種: *This variety of apple is very sweet.* 這種蘋果很甜。

various /ˈveərɪəs/ *adj.* different 各種各樣的; 種種的; 不同的: *shoes of various sizes* 各種大小的鞋子

varnish /ˈvɑ:nɪʃ/ *n.* (*pl.* varnishes) clear paint with no colour, which you put on wood, pottery, etc. to make it hard and shiny 清漆; 罩光漆 **nail-varnish** *n.* coloured varnish that women put on their finger-nails 指甲油 **varnish** *v.* put varnish on to something 給…塗清漆; 給…上色: *Ellen varnishes her nails red.* 艾琳把指甲染成紅色。

vase /vɑ:z/ *n.* pretty pot for holding flowers 花瓶

vast /vɑ:st/ *adj.* very big 非常大的; 巨大的: *Africa is a vast continent.* 非洲是一塊非常大的陸地。**vastly** *adj.*

vault¹ /vɔ:lt/ *n.* room under the ground for keeping valuable or important things 地下室; 保管庫: *the vaults of a bank* 銀行的保管庫

vault² *v.* jump over or on to something, with hands or a pole (用手或竿支撐)跳越; 跳躍: *Dan vaulted over the fence.* 丹縱身跳過籬笆。**vault** *n.*

veal /vi:l/ *n.* (no *pl.*) meat from a calf (食用的)小牛肉

vegetable /ˈvedʒtəbl/ *n.* plant that we eat 蔬菜; 植物: *Potatoes, carrots, and beans are vegetables.* 馬鈴薯、胡蘿蔔和豆莢都是蔬菜。

vehicle /ˈvɪəkl/ *n.* any thing on wheels that transports people or goods (客運和貨運的)車輛; 運載工具: *Cars, buses, and lorries are all vehicles.* 汽車、公共汽車和貨車都是車輛。

veil /veɪl/ *n.* thin covering that a woman puts over her head or face (婦女用的)面紗; 頭巾: *The bride wore a veil at her wed-*

ding. 舉行婚禮時新娘蒙着面紗。

velvet /ˈvelvɪt/ *n.* (no *pl.*) sort of cloth that feels soft and thick on one side 天鵝絨; 絲絨 **velvet** *adj.* made of velvet 用絲絨製作的: *a velvet dress* 絲絨女服 **velvety** *adj.* soft like velvet 絲絨般的; 柔軟的: *the puppy's velvety fur* 小狗柔軟光滑的毛

vengeance /ˈvendʒəns/ *n.* (no *pl.*) revenge 復仇; 報復 ***take vengeance on***, harm someone who has harmed you or your friends 報仇; 報復

venture /ˈventʃə(r)/ *v.* be brave or bold enough to do something; put yourself in danger 敢幹; 冒…的危險: *Don't venture on the sea in that little boat.* 不要坐那隻小船冒險出海。 **venture** *n.* risk 冒險; 冒險行動: *Your journey to the Arctic is a brave venture.* 你去北極旅行是一個大膽的行動。

verandah /vəˈrændə/ *n.* covered place along the side of a building (屋檐下的)過道; 走廊: *It was so hot that we sat on the verandah.* 天氣太熱了, 所以我們坐在走廊上。

verb /vɜ:b/ *n.* word that tells what someone or something is, does, etc; word marked '*v.*' in this dictionary 動詞(在本詞典中標作 *v*) *'Go', 'sing', and 'swim' are all verbs. Go, sing* 和 *swim* 都是動詞。

verdict /ˈvɜ:dɪkt/ *n.* what a jury decides at the end of a case in a law court (陪審團的)裁決; 判定

verse /vɜ:s/ *n.* **1** (no *pl.*) poetry; piece of writing in lines that have a rhythm 詩; 韻文 **2** (*pl.* verses) group of lines in a poem, hymn, etc. 詩句; 詩行; 詩節: *a poem of five verses* 一首有五個詩節的詩歌 **3** (*pl.* verses) group of lines in the Bible (基督教《聖經》中的)經節; 經文

versus /ˈvɜ:səs/ *prep.* against; opposite; on the other side in a sport or fight (體育比賽或戰鬥中)對; 在對方; 與…相對: *Did you see the match yesterday – Manchester United versus Liverpool?* 你昨天有沒有看曼徹斯特聯隊對利物浦隊的比賽?

vertical /ˈvɜ:tɪkl/ *adj.* that stands straight up; upright 垂直的; 直立的: *a vertical line* 垂直線

very [1] /ˈverɪ/ *adj.* exact; same 正是那個; 恰好的; 同一的: *Ray! You are the very person I want!* 阿瑞, 你正是我所需要的人!

very [2] *adv.* word that makes the next word stronger (用以加强語氣)很; 甚; 極其; 非常: *London is a very big place.* 倫敦是個非常大的地方。

vest /vest/ *n.* piece of clothing that you wear next to the skin on the upper part of your body (貼身的)內衣; 汗衫; 汗背心

vet /vet/, **veterinary surgeon** /ˌvetrɪnrɪ ˈsɜ:dʒən/ *n.* doctor who looks after sick animals 獸醫

veto /ˈvi:təʊ/ *v.* say that something must not happen 否決; 禁止: *Grace's parents vetoed her plan to study in America.* 葛瑞絲父母否決了她去美國留學的計劃。 **veto** *n.*

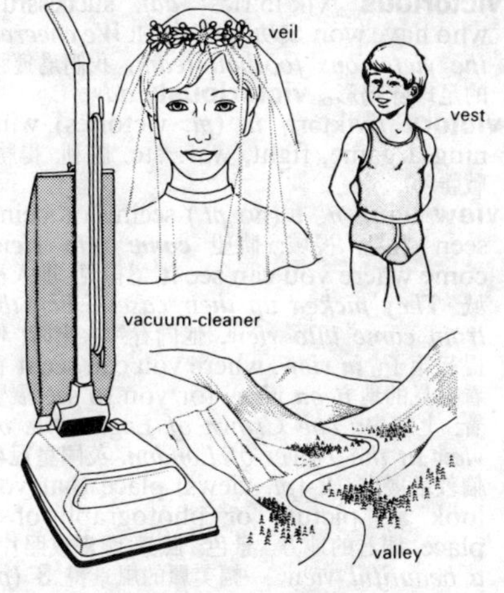

via /ˈvaɪə/ *prep.* through; by way of 通過; 經過; 經由: *We drove from London to Exeter via Bristol.* 我們駕車從倫敦經由布里斯托去埃克塞特。

vicar /ˈvɪkə(r)/ *n.* priest in the Church of England (英國國教的)教區牧師 **vicarage** /ˈvɪkərɪdʒ/ *n.* vicar's house 教區牧師的住宅

vice- /vaɪs/ *prefix* showing someone who is next to the leader 〔前綴〕'副'; '代理': *The vice-captain leads the team when the captain is ill.* 隊長有病時, 由副隊長領隊。

vicious /ˈvɪʃəs/ *adj.* cruel; nasty 殘忍的; 惡毒的: *The donkey gave him a vicious kick.* 這頭驢狠狠地踢了他一腳。 **viciously** *adv.*

victim /ˈvɪktɪm/ *n.* someone who suffers in an attack, murder, disaster, etc. 受害者; 犧牲者; 遇難者: *The ambulance took the victims of the car accident to hospital.* 救傷車把車禍的傷者送到醫院。

victor /ˈvɪktə(r)/ *n.* winner 勝利者; 得勝者: *Who was the victor of the boxing-match?* 誰是那場拳擊賽的獲勝者?

victorious /vɪk'tɔ:rɪəs/ *adj.* successful; who have won 成功的; 勝利的: *We cheered the victorious football team.* 我們爲獲勝的足球隊喝彩。**victoriously** *adv.*

victory /'vɪktərɪ/ *n.* (*pl.* victories) winning a game, fight, war, etc. 勝利; 得勝; 戰勝

view /vju:/ *n.* **1** (no *pl.*) seeing or being seen 看見; 視域; 眺望 ***come into view***, come where you can see it 望得見; 進入視域: *They picked up their cases when the train came into view.* 他們看到火車時, 便提起箱子。***in view***, where you can see it 在看得見的地方 ***on view***, for you to see 展覽着; 上映中: *The Crown of England is on view at the Tower of London.* 英國皇冠在倫敦塔展出。**2** (*pl.* views) place that you look at; picture or photograph of a place 觀看的地方; 景色; 風景(圖畫或照片): *a beautiful view* 一幅美麗的風景畫 **3** (*pl.* views) opinion; what you believe or think about something 觀點; 見解; 意見: *He holds strong views on race.* 他對種族問題的觀點很鮮明。***in view of***, because of something 鑒於; 考慮到; 由於: *I couldn't go to London in view of the train strike.* 由於鐵路罷工, 我未能前往倫敦。

viewer /'vju:ə(r)/ *n.* someone who is watching 觀看者; 觀衆: *television viewers* 電視觀衆

vigorous /'vɪgərəs/ *adj.* **1** strong and active 健壯的; 活潑的; 精力充沛的: *a vigorous man of 34* 一個三十四歲精力旺盛的男子 **2** needing a strong body 需要强壯的體質的: *Running is vigorous exercise.* 跑步是耗費體力的運動。**vigorously** *adv.* **vigour** /'vɪgə(r)/ *n.*

vile /vaɪl/ *adj.* very bad; horrible 壞透的; 令人厭惡的: *The medicine tastes vile!* 這藥真難吃!

villa /'vɪlə/ *n.* house 房屋; 别墅; 城郊小屋

village /'vɪlɪdʒ/ *n.* small town 小鄉鎮; 鄉村; 村莊 **villager** *n.* someone who lives in a village 鄉鎮居民; 村民

villain /'vɪlən/ *n.* bad person; criminal 壞人; 惡棍; 歹徒

vine /vaɪn/ *n.* plant where grapes grow 葡萄樹(藤)

vinegar /'vɪnɪgə(r)/ *n.* (no *pl.*) liquid with a sharp taste for cooking, etc. 醋: *We mix oil and vinegar to put on salad.* 我們把油和醋攙和在一起來拌沙律。

vineyard /'vɪnjəd/ *n.* piece of land where vines grow 葡萄園

viola /vɪ'əʊlə/ *n.* musical instrument like a big violin 中提琴; 中音小提琴

violent /'vaɪələnt/ *adj.* strong and dangerous 强烈的; 劇烈的; 兇猛的: *a violent wind* 暴風 **violently** *adv.* **violence** *n.*

violet /'vaɪələt/ *n.* **1** (*pl.* violets) small purple flower 紫羅蘭花 **2** (no *pl.*) purple colour 紫羅蘭色; 紫色 **violet** *adj.*

violin /ˌvaɪə'lɪn/ *n.* musical instrument with strings 小提琴; 四弦提琴 **violinist** /ˌvaɪə'lɪnɪst/ *n.* someone who plays a violin 小提琴家; 四弦提琴手

V.I.P. /ˌvi: aɪ 'pi:/ *abbrev.* very important person 非常重要的人物; 大人物; 要人: *The prime minister is a V.I.P.* 首相是要人。

visa /'vi:zə/ *n.* special piece of paper or stamp in your passport to show that you can go into a country (護照上的)背簽; (入境)簽證: *Foreigners must have visas when they visit the United States.* 外國人到美國必須持有入境簽證。

visible /'vɪzəbl/ *adj.* that you can see 看得見的: *Stars are only visible when the sky is dark.* 只有在天空黑漆時才看得見星星。

vision /'vɪʒn/ *n.* **1** (no *pl.*) sight; seeing 視力; 視覺: *He wears glasses because his vision is poor.* 他因視力差而配戴眼鏡。**2** (*pl.* visions) picture in your mind; dream 幻想; 想像; 夢想: *Tom has visions of becoming a pop star when he grows up.* 阿棠想像長大後成爲一名流行歌星。

visit /'vɪzɪt/ *v.* **1** go to see an interesting place; stay somewhere for a short time 參觀; 訪問;(短期)逗留: *Have you ever visited Westminister Abbey?* 你參觀過西敏寺嗎? **2** go to see a friend; stay with a friend for some time 拜訪; 探望; (去朋友家)作客: *Let's visit Pippa this weekend.* 週末我們一起去看看平帕。 **visit** *n.* ***pay someone a visit***, go to see someone 拜訪某人; 探望某人: *The doctor paid mother a visit when she was ill.* 母親生病時, 醫生來看過她。

visitor /'vɪzɪtə(r)/ *n.* someone who goes to see another person; someone who stays in a place 訪客; 來賓: *Visitors are coming to lunch today.* 今天客人要來吃午飯。

vital /'vaɪtl/ *adj.* very important; that you must do or have 極其重要的; 必不可少的: *It's vital that the doctor comes quickly – her life is in danger.* 她的性命垂危——醫生迅速趕來極爲重要。**vitally** *adv.*

vivid /'vɪvɪd/ *adj.* **1** very bright 鮮艷的; 明亮的: *vivid colours* 鮮艷的顏色 **2** clear 清楚的; 生動的: *I have a vivid memory of my first day at school.* 我還清楚記得第一天上學的情景。**vividly** *adv.*

vocabulary /və'kæbjʊlərɪ/ *n.* (*pl.* vocabularies) **1** all the words in a language 詞彙 **2** list of words in a lesson or book 詞彙表 **3** all the words that one person knows 詞彙量: *A young child has a small vocabulary.* 小孩子的詞彙量小。

voice /vɔɪs/ *n.* (*pl.* voices) sound that you make when you speak or sing 說話聲; 嗓音; 嗓子: *Alice has a very quiet voice.* 愛麗

斯的噪音很文靜。***raise your voice***, speak loudly; shout 大聲地說; 高聲叫喊

volcano /vɒlˈkeɪnəʊ/ *n.* (*pl.* volcanoes) mountain with a hole in the top where fire, hot rock, ash, and gas come out 火山: *Vesuvius is a volcano.* 維蘇威山是一座火山。 **volcanic** /volˈkænɪk/ *adj.*

volleyball /ˈvɒlɪbɔ:l/ *n.* (no *pl.*) game where players try to hit a ball over a high net 排球; 排球賽

volume /ˈvɒlju:m/ *n.* **1** (no *pl.*) amount of space that something fills; amount of space in something 容積; 容量; 體積: *What is the volume of that box?* 那隻盒子的體積多大? **2** (no *pl.*) sound; loudness 音量; 響度: *If you turn the volume down on your radio, it will be soft.* 如果你把收音機的音量調低, 聲音就會柔和些。 **3** (*pl.* volumes) a lot of something 大量; 許多: *volumes of smoke* 一團團的煙 **4** (*pl.* volumes) book 書本; 卷; 册

voluntary /ˈvɒləntrɪ/ *adj.* **1** that you do willingly 自願的; 志願的: *a voluntary confession* 自動招供 **2** willing and unpaid 情願的; 義務的; 無償的: *Mrs. Thomas is a voluntary helper in a children's hospital.* 湯瑪斯太太在一家兒童醫院義務幫忙。 **voluntarily** *adv.*

volunteer /ˌvɒlənˈtɪə(r)/ *v.* offer to do a job that is unpleasant, difficult, or dangerous 自願(從事一項討厭、艱難或危險的工作): *Two men volunteered to search for the missing climber.* 兩個人自告奮勇去尋找那位失踪的登山運動員。 **volunteer** *n.* someone who volunteers to do a job or to join the army 自願者; 志願兵; 義勇兵

vomit /ˈvɒmɪt/ *v.* be sick; bring back food from stomach through the mouth 惡心; 嘔吐

vote /vəʊt/ *v.* **1** put up your hand, etc. to show that you agree with a plan, etc. (舉手等)表決; 投票: *Did you vote yes or no?* 你投贊成票還是反對票? **2** mark a piece of paper to choose your member of parliament, etc. in an election 投票選舉 **vote** *n.* ***cast a vote***, choose someone in an election 投票: *When did you cast your vote?* 你什麼時候投了票? **voter** *n.* someone who votes 投票人; 選民

vow /vaʊ/ *n.* serious promise 誓約; 誓言; 許願 **vow** *v.*: *At his wedding, a man vows to look after his future wife.* 舉行婚禮時, 男的立下誓約愛護自己未來的妻子。

vowel /vaʊl/ *n.* one of the letters 'a', 'e', 'i', 'o', 'u' 元音字母; 元音

voyage /ˈvɔɪɪdʒ/ *n.* sea journey 航海; 航行: *a voyage from London to New York* 從倫敦到紐約的海上航行

vulgar /ˈvʌlgə(r)/ *adj.* not polite; rough and rude 庸俗的; 粗魯的; 粗俗的 **vulgarly** *adv.*

Ww

wade /weɪd/ *v.* walk through water: 涉水: *Can we wade across the river, or is it too deep?* 我們能涉水走過這條河嗎, 還是太深了?

wag /wæg/ *v.* (*pres. part.* wagging, *past part. & past tense* wagged /wægd/) move to and fro; make something move from side to side or up and down 搖擺; 上下或左右擺動: *The dog wagged his tail when he saw his master.* 這隻狗見到主人就搖尾巴。 **wag** *n.*

wage /weɪdʒ/ *n.* money that you receive for work 工資; 工錢: *His wages are $700 a week.* 他的工資是每週七百元。

wagon, waggon /ˈwægən/ *n.* **1** cart on four wheels, which a horse or an ox pulls 四輪馬車(牛車) **2** railway truck for goods (鐵路)貨車

wail /weɪl/ *v.* make a long, sad cry or noise 慟哭; 哀號: *The child wailed for his mother.* 這孩子哭着要媽媽。

waist /weɪst/ *n.* narrow part around the middle of the body 腰; 腰部: *Bob wears a belt around his waist.* 阿寶腰間繫着一根皮帶。

waistcoat /ˈweɪstkəʊt/ *n.* piece of clothing like a jacket with no sleeves 背心

wait /weɪt/ *v.* stay where you are until someone comes, something happens, etc.; not begin something for a while 等; 等候; 等待: *We waited at the bus-stop until the bus came.* 我們在公共汽車站一直等到車來。***wait for***, wait until someone or something comes, etc. 等候; 等待: *Please wait for me if I'm not ready.* 我要是沒有

準備好, 就請你等我一下。***keep someone waiting***, be late or busy so that someone has to wait for you 讓人等着: *The doctor kept me waiting for half an hour*. 這位醫生讓我等了半小時。***wait up***, not go to bed until someone comes home 熬夜等候: *She always waits up for her husband when he's home late*. 當她丈夫回家晚了, 她就不睡覺等候他。**wait** *n*.: *We had a long wait for the bus*. 我們等公共汽車等了很久。***lie in wait for***, hide somewhere to attack someone 埋伏以待; 伏擊: *The cat lay in wait for the bird*. 這隻貓一動不動地等着捉那隻鳥。

waiter /'weɪtə(r)/ *n*. man who brings food to a table in a restaurant, etc. (餐館裏的)侍者; 服務員

waiting-room /'weɪtɪŋ rʊm/ *n*. room in a railway station, doctor's surgery, etc., where people can wait 候車室; 候診室; 等候室

waitress /'weɪtrɪs/ *n*. (*pl*. waitresses) woman who brings food to a table in a restaurant, etc. 女侍者; 女服務員

wake /weɪk/ *v*. (*past part*. woken /'wəʊkən/, *past tense* woke /wəʊk/) **1** stop sleeping 醒; 醒來: *I usually wake at six o'clock*. 我經常六點鐘醒來。**2** make someone stop sleeping 使醒來; 喚醒: *The noise woke me*. 響聲把我吵醒了。***wake up***, stop sleeping 醒來 ***wake someone up***, make someone stop sleeping 使某人醒來; 叫醒: *The alarm clock rings to wake us up*. 鬧鐘響了, 把我們弄醒。

waken /'weɪkən/ *v*. make someone stop sleeping 使某人醒來; 喚醒

walk /wɔ:k/ *v*. go on foot but not run 走; 步行; 散步: *She walked slowly upstairs to bed*. 她慢慢地走上樓睡覺。 **walk** *n*. journey on foot 步行; 行走; 散步: *The shop is a short walk from our house*. 這家商店離我們家只有幾步路。***go for a walk***, walk somewhere for pleasure 散步: *It's a lovely afternoon – shall we go for a walk in the park?* 下午天氣真好, 我們去公園散散步, 好嗎?

walkie-talkie /ˌwɔ:kɪ 'tɔ:kɪ/ *n*. small radio that a policeman, etc. carries so that he can send and receive messages 步話機; 無線電通話機

wall /wɔ:l/ *n*. **1** side of a building or room 牆; 壁: *Clive hung a picture on the wall*. 克萊夫把一幅畫掛在牆上。**2** something that you build with stones, bricks, wood, etc. round a garden, field, town, etc. 圍牆; 城牆: *There is a high wall around the prison*. 監獄四週有高大的圍牆。 **wallpaper** *n*. pretty paper that covers the walls of a room 牆紙

wallet /'wɒlɪt/ *n*. small case for paper money, etc., which you carry in your pocket or handbag 皮夾子; 錢包

walnut /'wɔ:lnʌt/ *n*. sort of nut that you can eat 核桃

waltz /wɔ:ls/ *n*. (*pl*. waltzes) **1** dance for a man and woman together 華爾茲舞 **2** music for this kind of dance 華爾茲舞曲; 圓舞曲 **waltz** *v*.

wander /'wɒndə(r)/ *v*. walk slowly with no special plan 漫遊; 閒逛; 徘徊: *The boys wandered around the town with nothing to do*. 這些男孩無所事事, 在鎮上到處閒逛。

want[1] /wɒnt/ *n*. **1** (no *pl*.) not having something; not having enough 缺少; 需要; 不足: *The plants died from want of water*. 這些植物由於缺水而枯死。***in want of***, needing something 需要: *This broken fence is in want of repair*. 這個破籬笆需要修理。**2** (*pl*. wants) what you wish for or need to live, be happy, etc. 希望得到的東西; 必需品: *A mother looks after the wants of her baby*. 母親關心自己嬰兒的需要。

want[2] *v*. **1** desire or wish for something 慾望; 願望; 想要: *The horse wants an apple – I'll give it one*. 這匹馬想吃蘋果, 我給牠一個吧。**2** need something important or necessary that is not here 需要; 必要: *This dirty floor wants a scrub*. 地板髒了, 需要擦洗一下。

war /wɔ:(r)/ *n*. fighting between countries 戰爭; 交戰: *the Korean War* 朝鮮戰爭 ***at war***, fighting 作戰; 處於交戰狀態: *In 1775 England was at war with her American colonies*. 1775年英國與她的美洲殖民地交戰。***declare war***, start a war 發動戰爭; 宣戰: *In 1812 Napoleon declared war on Russia*. 1812年拿破崙對俄國宣戰。***go to war***, start fighting 開始作戰; 參軍 ***wage war on***, fight another country 向…發動戰爭; 向…開戰 **civil war**, war between people in one country 國內戰爭; 內戰 **war-like** /'wɔ:laɪk/ *adj*. ready to fight; liking to fight 好戰的; 尚武的

ward /wɔ:d/ *n*. room in a hospital or prison 病房; 牢房

warden /'wɔ:dən/ *n*. someone whose job is to control a hostel, public place, etc. 看守人; 管理員; (美國)監獄長

warder /'wɔ:də(r)/ *n*. man whose job is to guard people in prison 監獄看守人; 獄吏 **wardress** /'wɔ:drɪs/ *n*. (*pl*. wardresses) female warder 女看守; 女獄吏

wardrobe /'wɔ:drəʊb/ *n*. cupboard where you hang your clothes 衣櫃; 衣橱

ware /weə(r)/, **wares** (*pl*.) *n*. things that you see or buy 商品; 貨物: *We stopped at the stall to look at the wares*. 我們在貨攤前停下來看看擺出的商品。

warehouse /'weəhaʊs/ *n*. building where you store goods, furniture, etc. 貨倉; 倉庫

warm[1] /wɔ:m/ *adj*. **1** a little hot 暖的; 温

暖的; 暖和的: *It's warm near the fire.* 火旁邊暖和。 **2** that will make or keep you warm 保暖的; 保温的: *warm clothes* 保暖的衣服 **3** friendly; kind 熱情的; 親切的: *She has a warm heart.* 她是個親切的人。 **warmly** *adv.*: *Jill thanked me warmly.* 姬兒非常感謝我。

warm² *v.* become warm; make something warm 變熱; 使熱; 使暖和: *Walter warmed his hands by the fire.* 華德在火爐邊烤烤手。 ***warm up***, become warmer; make something hot or warmer 變得更暖和; 加熱: *Mum warmed up the stew for lunch.* 媽媽把燉肉加熱在中午吃。

warm-hearted /ˌwɔːm ˈhɑːtɪd/ *adj.* kind 熱情的; 熱心的

warmth /wɔːmθ/ *n.* (no *pl.*) **1** heat 熱; 暖; 暖和: *the warmth of a fire* 火爐發出的熱力 **2** friendless; kindness 熱情; 熱心

warn /wɔːn/ *v.* tell someone about danger or about a bad thing that will perhaps happen 告誡; 警告: *He warned me not to go near the horse because it kicks.* 他警告我不要靠近那匹馬, 因爲那隻馬會踢人。 **warning** *n.*: *The radio gave a warning of bad weather.* 廣播電台發出了壞天氣的警報。

warrant /ˈwɒrənt/ *n.* piece of paper that gives you the right to do something 授權書; 許可證; 令狀: *The policemen had a warrant to arrest the man.* 警察有那個人的拘捕令。

warship /ˈwɔːʃɪp/ *n.* ship for fighting 戰船; 軍艦

was /wɒz/ part of *v.* be, used with 'I', 'he', 'she', and 'it' in the past tense 動詞 be 的一種形式, 在過去式與 I, he, she 和 it 連用

wash¹ /wɒʃ/ *n.* (no *pl.*) **1** cleaning with water 洗; 洗滌; 冲洗: *Did you have a wash this morning?* 你今天早上洗澡了嗎? **2** dirty clothes, towels, etc. that you must clean 要洗的髒衣物: *I've got a very large wash today.* 今天我有一大堆衣服要洗。

wash² *v.* **1** make something clean with water 洗; 洗滌; 冲洗: *Wash those dirty hands, Pat!* 珮, 去洗洗你的髒手! ***wash down***, clean something with water from a bucket, hose, etc. 冲洗: *Frank washed down the car.* 富林把汽車冲洗了。***wash up***, clean pots, plates, etc. 刷鍋洗碗: *We washed up after breakfast.* 早飯後, 我們把餐具洗了。**2** move something with water 冲; 冲走; 捲走: *The sea washed pieces of wood on to the beach.* 海水把一些木頭冲上海灘。

washing /ˈwɒʃɪŋ/ *n.* (no *pl.*) dirty clothes, etc. that you must clean; clothes, etc. that you are cleaning 洗的衣物: *Pam hung the washing on the line to dry.* 芭美把洗淨的衣服晾在繩子上。 **washing-machine** *n.* machine for washing clothes 洗衣機 **washing-powder** *n.* soap powder for washing clothes, etc. 洗衣粉

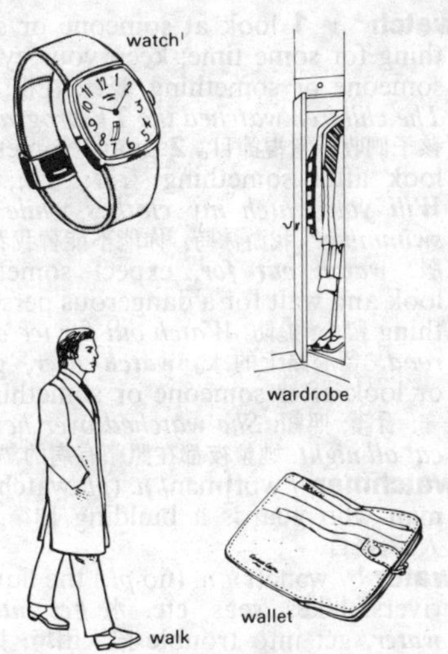

wasn't /ˈwɒznt/ = was not 不是

wasp /wɒsp/ *n.* flying insect that can sting people 黄蜂

waste¹ /weɪst/ *adj.* that you do not want; not useful 廢棄; 無用的: *Throw the waste paper in the basket.* 把廢紙扔到紙籮裏。 **wasteful** *adj.* throwing away something good 浪費的; 揮霍的; 耗費的 **wastefully** *adv.*

waste² *n.* (no *pl.*) **1** throwing away something good 浪費; 徒耗: *She never sings now – what a waste of a lovely voice.* 她現在再也不唱歌了, 這樣漂亮的嗓子不唱歌多可惜啊。 **2** things that you throw away because they are not useful 廢物; 廢料: *We put waste in the dustbin.* 我們把廢物扔進垃圾箱裏。***a waste of time***, time that you spend in a useless way 浪費時間: *It's a waste of time to water the garden when it is raining.* 下雨天給花園澆水真是浪費時間。

waste³ *v.* throw away something good; not use something in a useful way 浪費; 未充分利用: *You only need one piece of paper – don't waste any more.* 你只需要一張紙——別再浪費紙張了。

watch¹ /wɒtʃ/ *n.* (*pl.* watches) instrument that shows the time of day. You wear it on your wrist or carry it in your pocket 手錶; 掛錶

watch² *n.* (no *pl.*) guard; looking to see that everything is in order, etc. 看守; 監視; 照管 ***keep watch***, look out for danger 放哨; 看守: *The soldier kept watch at the gate.* 這士兵在門口值班。

watch³ *v.* **1** look at someone or something for some time; keep your eyes on someone or something 觀看; 注視; 監視: *The children watched the TV programme.* 孩子們收看電視節目。**2** guard something; look after something 看護; 守衛; 照顧: *Will you watch my clothes while I go swimming?* 我游泳時, 你能不能替我看守衣服? ***watch out for***, expect something; look and wait for a dangerous person or thing 留心; 提防: *Watch out for ice on the road.* 留心路上的冰。***watch over***, guard or look after someone or something 看守; 看護; 照顧: *She watched over her sick cat all night.* 她整夜都在照顧有病的貓。

watchman /'wɒtʃmən/ *n.* (*pl.* watchmen) man who guards a building 門衛; 看守人; 警衛員

water¹ /'wɔ:tə(r)/ *n.* (no *pl.*) the liquid in rivers, lakes, seas, etc. 水 ***get into hot water***, get into trouble 陷入困境; 招致麻煩: *You'll get into hot water if you take apples from Mr. Scott's tree.* 你如果從施恪先生的樹上摘蘋果, 會招來麻煩的。

water² *v.* **1** give water to something 澆水; 灑水; 供水: *The gardener waters his plants in the summer.* 園丁夏天給花草澆水。**2** fill with tears 淚汪汪; 流淚: *Our eyes watered in the smoke.* 煙熏得我們眼睛直流淚。

water-colour /'wɔ:tə kʌlə(r)/, **water-colours** /'wɔ:tə kʌləz/ (*pl.*) *n.* paints that you mix with water for painting pictures 水彩顏料

waterfall /'wɔ:təfɔ:l/ *n.* place where a river falls from a high place to a lower place 瀑布

watering /'wɔ:tərɪŋ/ *adj.* **watering can** *n.* can for pouring water on plants 噴壺; 灑水罐

waterproof /'wɔ:təpru:f/ *adj.* that does not let water through 防水的; 不透水的: *A raincoat must be waterproof.* 雨衣必須是不透水的。

wave¹ /weɪv/ *n.* **1** rough top of the water when the sea is not calm; rolling movement of the sea when it crashes on the beach 波浪; 波濤: *A big wave swept the man off the boat.* 巨浪把這個人捲下船去。**2** movement from side to side, up and down, etc. 搖擺; 揮動: *He gave a wave of the hand to say goodbye.* 他揮手告別。**3** gentle curve or bend 波浪形; 波狀物; 鬈曲: *Her hair has waves.* 她的頭髮鬈曲。**4** movement like a wave that carries heat, light, sound, etc. (熱、光、聲等的)波: *radio waves* 無線電波

wave² *v.* **1** move gently to and fro 波動; 起伏; 飄動: *The flag is waving in the wind.* 旗子迎風飄揚。**2** move something from one side to the other 揮動; 晃動: *Ada waved her hand as the train left.* 火車離開時愛達揮手告別。**3** make a sign to someone 揮手(旗等)示意: *The policeman waved the driver to stop.* 警察招手示意司機把車停下來。

wax /wæks/ *n.* (no *pl.*) soft stuff for making candles, etc. 蠟; 蜂蠟 **wax** *adj.*

way /weɪ/ *n.* **1** (*pl.* ways) road, street, path, etc. 路; 街道; 道路 **2** (*pl.* ways) route; how you go from one place to another 路線; 路途: *Do you know your way home from here?* 你認得回家的路嗎? **3** (*pl.* ways) direction; where someone or something is going or looking 方向: *Come this way.* 往這邊走。*Look that way.* 往那邊看。**4** (no *pl.*) distance 距離; 路程: *Glasgow is a long way from London.* 格拉斯哥離倫敦很遠。**5** (*pl.* ways) manner; how you do something 方法; 方式; 手段: *She smiled in a friendly way.* 她友善地微笑。***way of life***, how you live 生活方式: *A fireman has a dangerous way of life.* 消防隊員的謀生方式很危險。***by the way***, words that show you are going to tell a new thing that is not important but perhaps interesting 順便說; 附帶說一下 ***feel your way***, use your hands to find where to go 摸索着前進: *Sam felt his way to the door in the dark.* 阿山在黑暗中摸着走到門口。***find your way***, find where to go 没法到達: *If you have a map you will be able to find your way to the hotel.* 你如果有地圖, 就能够找到去酒店的路。***force your way in***, break open a door, etc. to get into a place 破門而入; 闖入: *The burglar forced his way in.* 夜盜破門而入。***be in the way, get in the way***, block the road; stop someone's work, etc. because you are in the wrong place 擋住去路; 妨礙; 阻礙: *Don't get in the way while I'm trying to sweep the floor!* 我擦地板時你别妨礙我! ***give way***, (***a***) agree with someone after not agreeing 讓步; 退讓: *After a long argument, Rob gave way.* 爭論了許久後, 阿洛作了讓步。(***b***) break 坍陷; 倒塌: *The ladder gave way and Larry fell to the ground.* 梯子斷了, 拉里跌倒在地上。(***c***) let another person or thing go first 讓路; 讓開: *Give way to cars that come from the left.* 給從左邊開過來的汽車讓路。***go a long way***, (***a***) do well in the future 大有作爲; 很有效: *That clever girl will go a long way.* 那個聰明的女孩會有出息。(***b***) be enough; buy much 足够; 能買許多東西: *His pay doesn't go a long way.* 他的工資花不了多少時候就完了。***a good way***, a long way 很遠; 頗有一段路: *It's a good way from here to the station, so you should get a taxi.* 從這兒到車站很遠, 所以你應該叫輛出租汽車。***lead*** or ***show the way to***, go in front of others so that they know where to go 帶路; 引路 ***lose your way***, become lost 迷路; 迷失: *Don't lose your way in the forest!* 小心在森林裏走迷路! ***make your way***, go 去; 前進; 行進: *Neil made his way to the station.* 尼爾去火車站了。***on the way***, while you are going somewhere 在途中; 在半路上: *She fell down on the way to work.* 她在上班的路上跌倒了。***tell someone the way***, tell someone where to go 告訴某人怎麼走; 指路: *Can you tell me the way to the station?* 請問去火車站怎麼走? ***the wrong way round***, back to front, inside out, etc. 前後顛倒了; 翻過來了: *Your hat's on the wrong way round!* 你的帽子反了!

wayside /ˈweɪsaɪd/ *n.* side of the road 路邊; 路旁 **wayside** *adj.: a wayside café* 路邊的一家飲食店

w.c. /ˌdʌblju: ˈsi:/ *n.* toilet; lavatory (沖水)厠所; 抽水馬桶

we /wi:/ (*pl.*) of *pron.* I 人稱代詞 I 的複數形式: *Joan and I are friends – we play together.* 瓊和我是朋友, 我們一起玩耍。

weak /wi:k/ *adj.* **1** not strong in the body; not able to move heavy things 弱的;虛弱的: *a weak old man* 衰弱的老人 **2** that will break easily 不結實的; 易碎的: *a weak chair* 一把不結實的椅子 **3** that you cannot see or hear clearly or taste easily 微弱的; 模糊的; 淡的: *weak tea* 淡茶 **4** not able to make people do what you want 軟弱的; 無力的: a weak ruler 軟弱的統治者 **weakly** *adv.*

weakness /ˈwi:knɪs/ *n.* **1** (no *pl.*) not being strong 弱; 虛弱: *the weakness of old age* 年老體弱 **2** (*pl.* weaknesses) fault 弱點; 短處: *Did Napoleon have any weaknesses?* 拿破崙有沒有弱點?

wealth /welθ/ *n.* (no *pl.*) a lot of money, land, etc. 財產; 財富: *A rich man has great wealth.* 富人有大量財產。 **wealthy** *adj.* rich 富庶; 富裕

weapon /ˈwepən/ *n.* instrument for fighting 武器; 兵器: *Guns and swords are weapons.* 槍炮和刀都是武器。

wear¹ /weə(r)/ *n.* (no *pl.*) **1** use; wearing 使用; 穿; 戴: *I have jeans for everyday wear and good trousers for special wear.* 我平時穿牛仔褲, 重要場合穿較好的褲子。**2** clothes in a shop (商店裏的)衣服; 服裝: *That store sells men's wear.* 那家商店出售男裝。**3** using something and making it old 磨損; 損耗; 用舊: *My bike gets a lot of wear.* 我的腳踏車磨損得很厲害。***the worse for wear***, not as good as it was because you have used it a lot 用舊了; 用破了; 破舊

wear² *v.* (*past part.* worn /wɔ:n/, *past tense* wore /wɔ:(r)/) **1** have clothes on your body 穿; 戴; 佩帶: *A policeman wears a uniform.* 警察身穿制服。**2** show a

feeling on your face (臉上)顯出; 呈現: *She was wearing a smile.* 她面帶笑容。**3** use something so much that it breaks, tears, becomes weak, or becomes poor 磨破; 磨損; 用壞: *Tony has worn his sock into holes.* 東尼把襪子穿破了。**4** last for a long time 耐用; 耐久: *Good leather will wear for years.* 好的皮革耐用, 許多年都不壞。***wear off***, become less 逐漸減弱; 消失; 變少: *The excitement of moving to a new town will soon wear off.* 新搬到一個市鎮的興奮心情不久就會消失。***wear out***, (*a*) use something until it is totally finished; become old and useless 耗盡; 用壞; 穿破: *I need some strong shoes that won't wear out quickly.* 我需要一些結實耐穿的鞋子。(*b*) make someone very tired 使疲乏; 使筋疲力竭: *That hard work will wear you out.* 那份辛苦的工作會使你筋疲力竭的。

weary /ˈwɪərɪ/ *adj.* tired 疲勞的; 困乏的: *I was weary after a long day.* 一整天下來, 我感到筋疲力盡。 **wearily** *adv.* **weariness** *n.*

weather /ˈweðə(r)/ *n.* (no *pl.*) how cold or hot it is; how much sunshine, rain, wind, etc. there is at a certain time 天氣: *I wear a raincoat in wet weather.* 雨天我穿雨衣。

weave /wi:v/ *v.* (*past part.* woven /ˈwəʊvn/, *past tense* wove /wəʊv/) **1** make threads into cloth by crossing them 織; 紡織 **2** make a basket, etc. with straw, cane, etc. 編(製) **weaving** *n.* making cloth, etc. 織布; 編帽等 **weaver** *n.* someone who weaves 織布工; 編織者

web /web/ *n.* fine net that a spider makes 蜘蛛網

wed /wed/ *v.* (*pres. part.* wedding, *past part.* wed, wedded /'wedɪd/, *past tense* wedded) marry someone 與…結婚; 娶; 嫁 **wedding** *n.* marriage; ceremony when a man and a woman marry 婚禮; 結婚

Wednesday /'wenzdeɪ/ *n.* fourth day of the week 每週第四天; 星期三: *Wednesday comes after Tuesday and before Thursday.* 星期三在星期二之後, 星期四之前。

weed /wi:d/ *n.* wild plant that grows where you do not want it 野草; 雜草; 莠草: *a garden full of weeds* 長滿野草的花園 **weed** *v.* take weeds out of the garden, etc. 除草; 鋤草: *I spent all day weeding the lawn.* 我花了一整天除去草坪的雜草。

week /wi:k/ *n.* **1** any time of seven days 星期; 週: *The work will take a week.* 這個工作需要一週的時間。**2** seven days from Sunday to Saturday 一星期; 一週: *this week* 這星期; *next week* 下星期 **3** Monday to Friday; Monday to Saturday 工作日; 平日: *The shops are open in the week but not on Sundays.* 商店平常日子營業, 星期日不營業。 **weekday** *n.* any day except Sunday 週日; 工作日; 平日

weekend /ˌwi:k'end/ *n.* Saturday and Sunday 週末 ***at the weekend***, on Saturday and Sunday (在)星期六和星期天; (在)週末: *Are you going away at the weekend?* 你這個週末要走嗎?

weekly /'wi:klɪ/ *adj.* done or happening every week 每星期的; 每週的: *a weekly wage of $900* 九百元的週薪 **weekly** *adv.*: *Mr. Davies pays me rent weekly.* 戴維斯先生每星期付我一次租金。

weep /wi:p/ *v.* (*past part. & past tense* wept /wept/) cry 哭泣; 流淚: *He wept when he heard the sad news.* 聽到這不幸的消息, 他哭起來。

weigh /weɪ/ *v.* **1** measure how heavy something is 稱; 稱…的重量: *The shopkeeper weighed the tomatoes.* 售貨員把番茄稱了一下。**2** show a certain number of kilos, etc. on the scales (秤上)顯示出重量: *The baby weighs three kilos.* 這嬰兒重三公斤。

weight /weɪt/ *n.* **1** how heavy something is 重; 重量; 份量: *The airline wants to know the weight of your suitcase.* 航空公司想知道一下你那個箱子的重量。**2** piece of metal that you put on scales 砝碼

weird /wɪəd/ *adj.* very strange; hard to understand or explain 離奇的; 古怪的; 神秘的: *What is that weird noise?* 那古怪的聲音是什麼?

welcome[1] /'welkəm/ *adj.* that you are glad to have, receive, or see 受歡迎的; 討人喜歡的: *A cool drink was welcome after the long, hot walk.* 走了很長一段路後感到很熱, 喝杯冷飲可合意了。***be welcome to***, be allowed to do or have something 被允許的; 可以隨便享用的: *You are welcome to use my pen if yours is broken.* 如果你的鋼筆壞了, 可以用我的。 ***make someone welcome***, look after a visitor very well 殷勤招待; 照顧週到

welcome[2] *v.* **1** show that you are pleased when someone or something comes 歡迎; 樂意接受: *Mr. Thomas welcomed us to his house.* 湯瑪斯先生高高興興地把我們接到他家。**2** show that you like something 喜歡; 贊成; 歡迎: *He welcomed my plan.* 他贊成我的計劃。**welcome** *n.*

well[1] /wel/ *adj.* in good health; not ill 健康的; 結實的: *I hope your family is well.* 祝你們全家身體健康。

well[2] *adv.* **1** in a good or right way 好; 令人滿意地: *He sang well and won the first prize.* 他唱得好, 榮獲第一名。**2** hard; thoroughly 完全地; 充分地; 徹底地: *Beat the eggs well.* 把雞蛋打勻。**3** very much; a lot 很; 甚; 頗多地: *It's well past midnight.* 半夜已過了很久。***as well***, also 也; 又; 同樣地: *Yvonne is learning French and English as well.* 怡芳在學法語, 也在學英語。***as well as***, and also 既…也(又); 不僅…而且: *Scott has a flat in London as well as a house in Edinburgh.* 施恪不僅在愛丁堡有座房子, 而且在倫敦有間住宅。***may as well***, there is no reason why you should not 還是…好; 不妨; 可以: *We've finished the work, so we may as well go home now.* 我們已經把工作做好了, 所以現在回家也不妨。

well[3] *exclam.* **1** word that you often say when you start speaking 喔; 噢; 這個: *Well, I'm tired – I'll go to bed.* 噢, 我累了—要去睡覺了。**2** word that shows surprise (表示驚訝)咳; 嘿; 唷: *Well, you have grown!* 唷, 你長高了!

well[4] *n.* (no *pl.*) something good 好; 美滿; 令人滿意的事物 ***wish someone well***, wish someone good luck 願某人事事如意; 祝某人一切順利

well[5] *n.* deep hole for getting water or oil from under the ground 井; 水井; 油井

we'll /wi:l/ = we will; we shall 我們將; 我們會

wellington boots /ˌwelɪŋtən 'bu:ts/ *n.* (*pl.*) rubber boots that you wear in the rain, mud, etc. 威靈頓長筒膠靴(深及於膝)

well-known /'wel nəʊn/ *adj.* famous 著名的; 聞名的: *a well-known sportsman* 一位著名的運動員

well-off /ˌwel 'ɒf/ *adj.* rich 富裕的; 有錢的

went /went/ *past tense of v.* go 動詞 go 的過去式

wept /wept/ *past part. & past tense of v.* weep 動詞 weep 的過去分詞和過去式

were /wɜ:(r)/ *part of v.* be, used with 'you', 'we', and 'they' in the past tense 動詞 be 的過去式, 與 you, we 和 they 連用。

weren't /wɜːnt/ = were not 不是
west /west/ *n.* (no *pl.*) one of the points of the compass 西; 西方; 西部: *The sun sets in the west.* 太陽從西面下山。 **west** *adj.*: *a west wind* 西風 **west** *adv.*: *Bristol is west of London.* 布里斯托在倫敦的西面。 **westerly** /'westəlɪ/ *adj.* from a place that is west 從西面來的; 西的: *a westerly wind* 西風 **western** /'westən/ *adj.* of the west 西方的; 在西面的: *Glasgow is on the western side of Scotland.* 格拉斯哥在蘇格蘭的西邊。 **westwards** /'westwədz/ *adv.* towards the west 向西
wet /wet/ *adj.* (wetter, wettest) **1** covered with water; full of water or other liquid 濕的; 潮的: *The ground is wet after rain.* 雨後地上是濕的。**2** with rain 下着雨的; 多雨的: *a wet day* 雨天 **wet** *n.* **1** water 水; 水分; 潮濕 **2 the wet**, rain 雨; 雨天: *Come in out of the wet.* 進來躲一躲雨吧。 **wet** *v.* (*pres. part.* wetting, *past part.* & *past tense* wetted /'wetɪd/) make something wet 把…弄濕; 把…尿濕: *The baby has wetted the bed.* 孩子把牀尿濕了。**wetting** *n.* becoming wet 變潮; 弄濕: *We had a wetting in the rain.* 我們給雨淋濕了。
whale /weɪl/ *n.* the biggest sea-animal 鯨
wharf /wɔːf/ *n.* (*pl.* wharves) place in a harbour where you tie a boat or ship so that you can take things on and off 碼頭; 停泊處
what¹ /wɒt/ *adj.* word that you say when you ask about something (表示疑問)什麼: *What time is it?* 什麼時候啦? *What colour is your car?* 你的汽車是什麼顏色的?
what² *exclam.* word that shows any strong feeling (表示感歎)多麼; 何等: *What a hot day!* 多熱的天氣啊!
what³ *pron.* (no *pl.*) word that you say when you ask about something (表示疑問)什麼: *What is that bird?* 那是什麼鳥? *What happened?* 出了什麼事? ***what about?*** words that you say when you suggest something (表示建議; 徵求意見)怎麼樣? *I'm thirsty – what about a drink?* 我渴了——來一杯, 怎麼樣? ***what … for?*** why? for what reason or job? 爲什麼? 幹什麼用? *What is this box for?* 這盒子幹什麼用? *It's for holding eggs.* 盛蛋用。***what … like?*** words that you say when you want someone to describe something 什麼樣的? *What is the hotel like?* 那間酒店是什麼樣的? *Very modern and comfortable.* 非常現代化, 非常舒適。***what's up?*** what is happening? what is wrong? 發生什麼事了? 怎麼啦? *You look pale – what's up?* 你的臉色蒼白, 出了什麼事?
whatever /wɒt'evə(r)/ *adj.* of any sort; however much 無論什麼樣的; 任何的 **whatever** *pron.*: *Do whatever you like.* 你喜歡做什麼就做什麼。

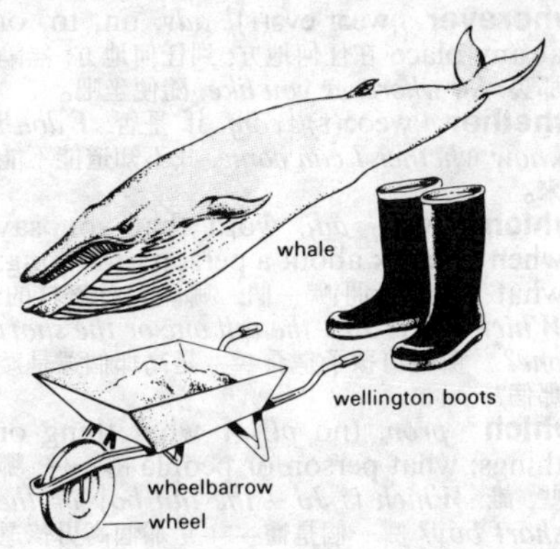

wheat /wiːt/ *n.* (no *pl.*) plant with grain that we make into flour 小麥
wheel /wiːl/ *n.* thing like a circle that turns round and round 輪子; 車輪; 機輪: *A bicycle runs on two wheels.* 腳踏車靠兩個輪子行駛。*A car runs on four wheels.* 汽車用四個輪子行駛。***at the wheel***, driving a car 駕駛車子; 開車: *Who was at the wheel when the accident happened?* 意外發生時是誰駕駛車子? **wheel** *v.* push or pull something on wheels 推或拉(帶輪子的東西): *Mary wheeled her bicycle up the hill.* 敏麗把腳踏車推上山去。
wheelbarrow /'wiːlbærəʊ/ *n.* small cart with one wheel at the front 單輪手推車: *The gardener put dead leaves in the wheelbarrow.* 園丁把落葉放到單輪手推車裏。
when¹ /wen/ *adv.* **1** at what time (疑問副詞)什麼時候; 何時: *When did he come?* 他什麼時候來的? *He came at three.* 他是三點鐘來的。**2** at which; on which (關係副詞)是…時候: *Sunday is the day when I get up late.* 星期日是我起牀晚的日子。
when² *conj.* at the time; during the time 正當…時; 在…時候: *It was raining when we arrived.* 我們到達時, 天正下着雨。
whenever /wen'evə(r)/ *adv.* **1** at any time 任何時候; 無論何時: *Come again whenever you like.* 什麼時候你高興, 請再來。**2** every time that 每當; 每次: *The boys fight whenever they meet.* 這些男孩子每次碰上就打架。
where /weə(r)/ *adv.* **1** in what place 在什麼地方; 何處: *I know where he lives – in Bath.* 我知道他住在什麼地方——在巴斯。**2** word that you say when you ask what place (表示疑問)在哪兒; 往哪裏; 從哪裏: *Where are you going to?* 你上哪兒去? *Where does he come from?* 他是從什麼地方來的(他是什麼地方人)? **3** in which; at which 在那裏; 往那裏; 從那裏: *This is the room where I work.* 這是我工作的房間。

wherever /ˌweərˈevə(r)/ *adv.* on, to, or at any place 在任何地方; 到任何地方; 無論那裏: *Sit wherever you like.* 隨便坐吧。

whether /ˈweðə(r)/ *conj.* if 是否: *I don't know whether I can come.* 我不知道能不能來。

which¹ /wɪtʃ/ *adj.* word that you say when you ask about a person or a thing; what (表示疑問)哪一個; 哪些; 什麼樣的: *Which boy is Jo – the tall one or the short one?* 哪個男孩子是喬——是高那個還是矮那個?

which² *pron.* (no *pl.*) **1** what thing or things; what person or people 哪一件; 哪些; 誰: *Which is Jo – the tall boy or the short boy?* 哪一個是喬——是那個高男孩還是那個矮個子? **2** that; and that 那一個; 那些: *They moved the fallen tree, which took a long time.* 他們把倒下的樹搬走, 費了不少時間。

whichever /wɪtʃˈevə(r)/ *adj.* any one 任何一個; 任何的: *Take whichever book you like.* 隨你拿哪一本書都行。 **whichever** *pron.*: *Here are two books – take whichever you like.* 這兒有兩本書, 隨你拿哪一本都行。

while¹ /waɪl/ *conj.* at a time during; for as long as; at the same time as 在(當)…的時候; 和…同時: *Gillian watched television while she ate her supper.* 姬蓮邊吃晚飯邊看電視。

while² *n.* (no *pl.*) length of time 一會兒; 一段時間: *I haven't seen him for a long while.* 我很久沒有見到他了。 ***once in a while***, sometimes; not often 有時; 偶爾: *Theatre tickets are expensive so we only go to the theatre once in a while.* 戲票很貴, 所以我們只是偶爾去看一場戲。 ***worth your while***, good enough for the time, effort, etc. that you spend (時間、精力等)值得的: *It isn't worth our while going swimming now, because the pool closes in half an hour.* 現在去游泳不合算了, 因爲半小時後游泳池就要關閉。

whilst /waɪlst/ *conj.* while 與…同時; 在…時候: *She sang whilst she worked.* 她一邊工作一邊唱歌。

whimper /ˈwɪmpə(r)/ *v.* make a soft cry of fear or pain 啜泣; 嗚咽: *The sick baby was whimpering in its cot.* 生病的嬰兒在搖籃裏哭着。 **whimper** *n.*

whine /waɪn/ *v.* make a long cry or sound 發哀鳴聲; 哭訴: *The dog was whining outside the door.* 那隻狗在門外悲哀地叫着。 **whine** *n.*

whip /wɪp/ *n.* long piece of leather, cord, etc. on a handle, for hitting people or animals 鞭子; 皮鞭 **whip** *v.* (*pres part.* whipping, *past part. & past tense* whipped /wɪpt/) **1** hit a person or animal with a whip 鞭笞; 抽打: *The rider whipped the horse to make it go faster.* 騎手策馬加速前進。 **2** beat cream, etc. with a fork to make it stiff 攪打 **whipping** *n.*

whirl /wɜːl/ *v.* move quickly round and round; make something or someone move round fast 使回旋; 旋轉; 捲走: *The skaters whirled round the ice rink.* 溜冰的人繞着溜冰場旋轉。 **whirl** *n.*

whisker /ˈwɪskə(r)/ *n.* **1** one of the hairs that grow on the sides of a man's face 連鬢鬍子; 頰鬚 **2** one of the long hairs that grow near the mouth of a cat, rat, etc. (貓、鼠的)髭鬚

whisky, whiskey /ˈwɪskɪ/ *n.* **1** (no *pl.*) sort of alcoholic drink 威士忌酒 **2** (*pl.* whiskies) glass of whisky 一杯威士忌酒

whisper /ˈwɪspə(r)/ *v.* speak very softly 低聲說; 耳語: *She whispered so that she would not wake the baby.* 她低聲說話, 免得把嬰兒吵醒。 **whisper** *n.*: *They were talking in whispers.* 他們在竊竊私語。

whistle¹ /ˈwɪsl/ *n.* **1** sound of air or steam when it goes through a small hole 哨聲; 笛聲; 嘯聲: *the whistle of a steam-engine* 汽笛聲; *the whistle of a bird* 鳥語 **2** small instrument that makes a sharp sound when you blow it 哨子: *The referee blew his whistle to end the match.* 裁判員吹哨子, 宣佈比賽結束。

whistle² *v.* blow through a small hole in an instrument, or through a small gap between your lips, to make a sound 吹哨子; 吹笛子; 吹口哨: *Dick whistled as he worked.* 廸可一邊工作一邊吹口哨。

white¹ /waɪt/ *adj.* **1** with the colour of snow or milk 白色的; 雪白的; 乳白的 **2** with a skin that is not black or brown 白皮膚的; 白種的: *a white man* 白人

white² *n.* **1** (no *pl.*) white colour 白色: *The bride was dressed in white.* 新娘穿白色禮服。 **2** (*pl.* whites) someone with a white skin 白皮膚的人; 白種人 **3** (*pl.* whites) part of an egg that is round the yellow middle 蛋白

whizz /wɪz/ *v.* move very fast 颼颼掠過; 發颼颼聲: *The bullet whizzed by his head.* 子彈颼颼地飛過他的頭。

who /huː/ *pron.* (no *pl.*) **1** word that you say when you ask about a person; what person? (疑問代詞)誰: *Who is that boy?* 那個男孩是誰? *I know who you are.* 我知道你是誰。 **2** that (關係代詞)那個人: *This is the man who wanted to meet you.* 這就是想要見你的那個人。

whoever /huːˈevə(r)/ *pron.* (no *pl.*) any person who; the person who 任何人; 不管是誰: *Whoever arrives early must wait.* 誰早到就要等一下。

whole¹ /həʊl/ *adj.* **1** all of; total 全部的; 整個的: *The whole class was quiet – no one spoke.* 全班安安靜靜, 沒有人說話。 **2**

not broken; with no parts missing 完整的; 齊全的: *He dropped the cup but luckily it's still whole.* 他把杯子掉在地上, 幸好沒有打碎。

whole² *n.* (no *pl.*) **1** something that is complete 整體; 全部: *Four quarters make a whole.* 四個四分之一等於一個整體。**2** all of something 整個; 整整: *He spent the whole of the year in Egypt.* 他在埃及住了整整一年。***on the whole***, in general 總的看來; 大體上; 基本上: *Living in town is pleasant but, on the whole, I like the country better.* 住在城裏是愉快的, 但是, 總的來看, 我更喜歡鄉郊。

wholly /ˈhəʊlɪ/ *adv.* completely; totally 完全地; 徹底地: *I wholly agree with you.* 我完全贊成你的意見。

whom /hu:m/ *pron.* (no *pl.*) **1** word that you say when you ask about a person (疑問代詞)誰; 哪個人: *To whom did you give the money?* 你把錢給了誰? **2** that (關係代詞)那(些)人; 他(她): *She's the woman whom I met in Greece.* 她就是我在希臘遇見的那個女人。

whose /hu:z/ *pron.* (no *pl.*) of whom; of which 誰的; 那個(些)人的; 他(她)的; 他(她)們的: *Whose house is this?* 這是誰的房子? *Is that the boy whose sister I met last week?* 那個男孩是我上星期見到的那個女孩的哥哥嗎?

why¹ /waɪ/ *adv.* for what reason 爲什麼; 什麼理由: *Why are you late?* 你爲什麼遲到?

why² *exclam.* word that shows surprise 表示驚奇的感歎詞: *Why, it's quite easy!* 啊, 可容易了!

wicked /ˈwɪkɪd/ *adj.* very bad; evil 很壞的; 邪惡的; 惡劣的: *Murder is a wicked crime.* 謀殺是惡劣的罪行。**wickedly** *adv.* **wickedness** *n.*

wicket /ˈwɪkɪt/ *n.* three sticks behind a batsman in the game of cricket (板球)三柱門 ***take a wicket***, defeat a batsman 擊敗一個擊球員

wide¹ /waɪd/ *adj.* **1** from side to side 寬的; 闊的: *The belt is 2 centimetres wide.* 這根帶子二厘米寬。**2** far from side to side; broad 寬闊的; 廣闊的: *a wide river* 一條寬闊的河流 **3** fully opened 充分張開的; 敞開的: *She stared at me with wide eyes.* 她睜大眼睛看着我。

wide² *adv.* fully 全部的; 充分的; 張得很大: *She opened the door wide.* 她把門完全打開。***wide apart***, a long way from each other 間隔很大; 相距很遠: *We planted the trees wide apart.* 我們把樹栽得很稀。***far and wide***, in many places 到處; 遍及各地: *He travelled far and wide.* 他遊遍了許多地方。

wide-awake /ˌwaɪd əˈweɪk/ *adj.* far from sleep 完全醒的; 毫無睡意的

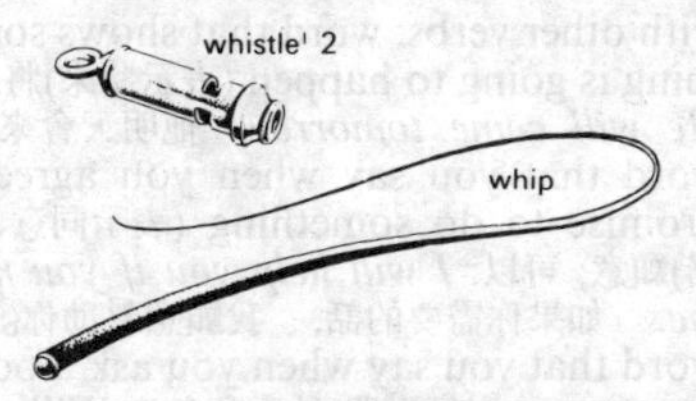

widen /ˈwaɪdn/ *v.* become wider; make something wider 變闊; 加寬; 擴大: *to widen a road* 擴寬路面

widespread /ˈwaɪdspred/ *adj.* that you find in many places 分佈廣的; 遍及各地的: *There is widespread snow in Britain today.* 今天英國許多地方下雪。

widow /ˈwɪdəʊ/ *n.* woman whose husband is dead 寡婦; 遺孀 **widower** *n.* man whose wife is dead 鰥夫

width /wɪdθ/ *n.* how wide something is; measurement from side to side 寬度; 闊度: *The corridor has a width of two metres.* 這條走廊有兩米寬。

wife /waɪf/ *n.* (*pl.* wives) woman to whom a man is married 妻子

wig /wɪg/ *n.* cap of hair that is not your own 假髮: *The boy wore a wig when he played the part of a princess.* 男孩扮演公主的角色時, 戴了假髮。

wild /waɪld/ *adj.* **1** that lives or grows in nature, not with people 野生的; 野的: *wild flowers* 野花; *wild animals* 野獸 **2** fierce and dangerous 兇狠的; 危險的: *a wild bull* 一頭很兇的公牛 **3** angry and excited 發怒的; 狂熱的: *He was wild with rage.* 他氣得發狂。**4** stormy 暴風雨的; 狂暴的: *a wild night* 暴風雨的夜晚 **wildly** *adv.* in an excited, violent way 狂熱地; 瘋狂地; 胡亂地: *He laughed wildly.* 他狂笑。

will¹ /wɪl/ *n.* **1** (*pl.* wills) power of your mind that makes you choose, decide, and do things 意志; 意志力; 決心: *He has a strong will, and nothing can stop him doing what he wants.* 他意志堅强, 想做的事任何力量都阻止不了。**2** (no *pl.*) wish; plan 願望; 目的: *He was very ill but he got better because he had a will to live.* 他的重病好轉過來, 因爲他有着求生的意志。***good will***, kind feelings 善意; 友好: *Christmas is a time of good will.* 聖誕節是親善友好的時候。***ill will***, unkind feelings 惡意 ***of your own free will***, because you wish to 出於自願; 甘心情願: *Nigel helped me of his own free will.* 勵哲自願幫助我。**3** (*pl.* wills) piece of paper that says who will have your money, house, goods, etc. when you die 遺書; 遺囑: *My aunt left me $20 000 in her will.* 我嬸嬸在遺書上將二萬元遺贈給我。

will² *v.* **1** word that forms the future with other verbs; word that shows something is going to happen (表示將來)將; 會: *He will come tomorrow.* 他明天會來。**2** word that you say when you agree or promise to do something (表示同意、允諾)願意; 可以: *I will help you if you need me.* 如果你需要的話, 我願意幫助你。**3** word that you say when you ask a polite question (客氣提問)是否願意: *Will you pass the salt?* 請你把鹽遞給我, 好嗎?

will³ *v.* wish 願意; 喜歡: *Come when you will.* 你什麼時候想來就來。

willing /ˈwɪlɪŋ/ *adj.* **1** ready and happy to do something 願意的; 樂意做的: *I'm willing to lend you money.* 我願意借錢給你。**2** that you do gladly 樂意的; 心甘情願的: *willing help* 樂意的幫助 **willingly** *adv.*: *I'll willingly wait.* 我願意等着。**willingness** *n.*

willow /ˈwɪləʊ/ *n.* sort of tree 柳樹

win /wɪn/ *v.* (*pres. part.* winning, *past part. & past tense* won /wʌn/) **1** do best in a game, competition, fight, etc. 贏; 獲勝; 戰勝: *Doug came first and won the race.* 道格跑在最前面, 贏了這次賽跑。**2** get or have something because you have worked well, tried hard, etc. 獲得; 達到: *Julie's courage won everyone's admiration.* 珠麗的勇氣獲得大家讚賞。***win someone over***, talk to someone and make him think the same way as you do 爭取; 說服 **win** *n.* doing best in a game, fight, etc. 贏; 勝利: *Our team has had five wins this year.* 我們的隊伍今年五次獲勝。**winner** *n.* someone who wins 得勝者; 獲獎者 **winning** *adj.*

wind¹ /wɪnd/ *n.* air that moves 風: *The wind blew my hat over the wall.* 風把我的帽子刮過牆去。**windly** *adj.* with a lot of wind 風大的; 有風的: *a windy day* 刮風的日子

wind² /waɪnd/ *v.* (*past part. & past tense* wound /waʊnd/) **1** bend; curve; go round 使彎曲; 迂迴; 蜿蜒地前進; 繞行: *The road wound down the mountain.* 公路蜿蜒地繞到山下。**2** make something go round; twist string, etc. round and round to make a ball 繞; 捲: *The nurse wound a bandage round my finger.* 護士用紗布包紮我的手指。**3** turn a key or handle to make a machine go 上弦; 扭緊(機器的)發條: *The clock will stop if you don't wind it.* 你如果不給鐘上發條, 鐘會停的。

windmill /ˈwɪndmɪl/ *n.* building with sails that the wind blows round so that the machinery inside will grind flour, etc. 風車; 風磨坊

window /ˈwɪndəʊ/ *n.* opening, usually covered with glass, in a wall 窗; 窗户: *The room is cold – please shut the window.* 這房間很冷——請把窗户關上。**window-pane** /ˈwɪndəʊ peɪn/ *n.* piece of glass for a window 窗玻璃 **window-sill** /ˈwɪndəʊ sɪl/ *n.* flat shelf at the bottom of a window 窗檻; 窗台

windscreen /ˈwɪndskriːn/ *n.* big window at the front of a car, etc. (汽車等的)擋風玻璃(屏) **windscreen-wiper** *n.* thing that cleans rain, etc. off the windscreen while you are driving (汽車擋風玻璃上的)刮水器

wine /waɪn/ *n.* alcoholic drink from grapes 葡萄酒; 酒

wing /wɪŋ/ *n.* part of a bird, insect, aeroplane, etc. that helps it to fly 翼; 翅膀: *A bird has two wings.* 鳥有雙翅。

wink /wɪŋk/ *v.* shut and open one eye quickly to make a friendly or secret sign 眨眼; 眨眼示意 **wink** *n.*

winner /ˈwɪnə(r)/ *n.* someone who does best in a game, fight, etc. 優勝者; 獲獎者; 成功者

winning /ˈwɪnɪŋ/ *adj.* best in a race, game, etc. 獲勝的; 贏的: *the winning team* 獲勝的隊伍

winter /ˈwɪntə(r)/ *n.* cold time of the year 冬季; 冷天 **winter** *adj.*: *winter sports* 冬季運動項目 **wintry** /ˈwɪntrɪ/ *adj.* cold 冬天似的; 寒冷的: *wintry weather* 寒冷的天氣

wipe /waɪp/ *v.* rub something with a cloth to clean or dry it 揩; 擦; 拭: *After you wash your hands, wipe them on a towel.* 洗手後, 請用毛巾擦乾。***wipe off***, take away something by rubbing 擦去; 擦掉: *He wiped the writing off the blackboard.* 他擦掉黑板上的字。***wipe out***, (***a***) clean the inside of something (把東西裏面)擦乾淨: *to wipe out a cup* 擦杯子 (***b***) kill people; totally destroy a place, etc. 消滅; 徹底摧毀: *The earthquake wiped out many villages.* 地震摧毀了許多村莊。***wipe up***, take up water, etc. with a cloth (用布把水)抹乾; 擦乾: *Wipe up that milk on the floor, please.* 請把地板上的牛奶擦掉。**wipe** *n.*: *Give your hands a wipe on this towel.* 用這塊毛巾擦一擦你的手。

wire /ˈwaɪə(r)/ *n.* **1** thread of metal 金屬線; 金屬絲; 電線: *telephone wires* 電話線 **2** telegram 電報: *He sent a wire to say that he has coming.* 他拍了電報說他要來。

wireless /ˈwaɪəlɪs/ *n.* (*pl.* wirelesses) radio 無線電收音機

wise /waɪz/ *adj.* **1** knowing many things; knowing what is right and good 博學的; 有見識的; 明智的: *a wise woman* 有見識的女人 **2** good; sensible 賢明的; 高明的; 好的: *a wise idea* 好主意 **wisely** *adv.* **wisdom** /ˈwɪzdəm/ *n.*

wish¹ /wɪʃ/ *n.* **1** (no *pl.*) wanting 想; 打算: *I have no wish to go.* 我不想去。**2** (*pl.*

wishes) what you want or desire 慾望; 願望; 希望: *I hope you get your wish.* 我希望你的願望實現。

wish[2] *v.* **1** want or desire something 想要; 需要; 渴望: *Where do you wish to sit?* 你想坐哪兒? **2** want something impossible or unlikely 但願; 要是…就好了: *I wish I could fly!* 但願我能飛! **3** hope that something will happen to someone 祝願; 願: *I wish you a pleasant journey.* 祝你旅途愉快。***wish for***, ask for; hope for 請求; 希望; 想得到: *He wished for a bicycle at Christmas.* 他希望聖誕節時能有一輛腳踏車。***wish someone well***, hope that someone will have good luck 祝某人事事如意

wit /wɪt/ *n.* **1** (*pl.* wits) sense 頭腦; 理智 ***be at your wits' ends***, not know what to do or say 智窮計盡; 不知所措 **2** (no *pl.*) saying things in a clever or funny way 戲謔話; 妙語; 風趣: *The audience laughed at the comedian's wit.* 喜劇演員的風趣使觀衆發笑。 **witty** *adj.* said in a funny way; amusing 措辭巧妙的; 俏皮的: *a witty joke* 俏皮的笑話 **wittily** *adv.*

witch /wɪtʃ/ *n.* (*pl.* witches) woman who uses magic to do bad things 巫婆; 女巫

with /wɪð/ *prep.* **1** having; carrying 具有; 帶有: *a coat with two pockets* 有兩個口袋的大衣; *a man with a gun* 持槍的人 **2** word that shows what you are using 用; 使用(工具; 手段等): *He was writing with a pencil.* 他用鉛筆在寫字。 **3** word that shows things or people are together 與…一起; 跟…一起: *Harriet is playing with her friend.* 海麗跟她的朋友一起玩。**4** on the same side; agreeing 在…一邊; 與…一致; 擁護: *Are you with us or against us?* 你是擁護我們還是反對我們? **5** against …對…; 與…對壘: *The dog was fighting with the cat.* 狗在同貓打架。**6** because of 由於; 因爲: *The baby was crying with hunger.* 嬰兒在哭, 因爲他餓了。**7** word that shows how something happens, how you do something, etc. (表示行爲、方式)以…; 帶着: *He spoke with anger.* 他生氣地說。**8** in the same way as; at the same time as 隨着: *A tree's shadow moves with the sun.* 樹蔭隨太陽移動。

withdraw /wɪð'drɔː/ *v.* (*past part.* withdrawn /wɪð'drɔːn/, *past tense* withdrew /wɪð'druː/) **1** take something out or away 取出; 提取: *I must withdraw some money from the bank.* 我必須到銀行取些錢。**2** move back or away 撤退; 撤回; 後退: *The enemy were withdrawing as our army moved forward.* 我軍向前推進, 敵人正在撤退。**3** leave a team, club, etc. 退出; 離開

wither /'wɪðə(r)/ *v.* dry up and die; make something dry up and die 枯萎; (使)乾枯; 凋謝: *The grass withered in the hot sun.* 草在烈日下枯死了。

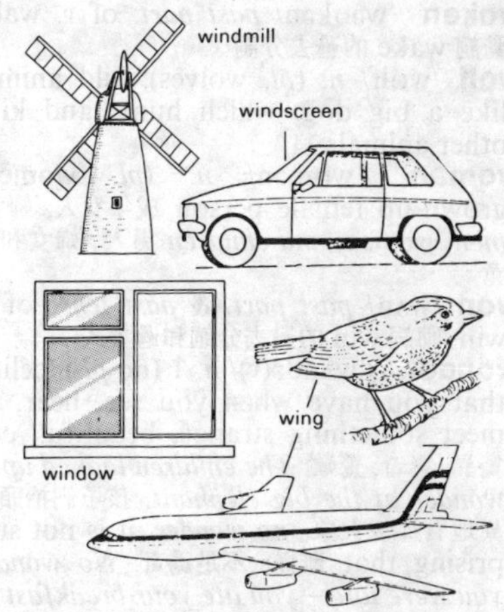

within /wɪð'ɪn/ *prep.* inside; before the end of; no further than, etc. 在…裏面; 在…範圍内; 不超出: *There are 400 prisoners within the prison walls.* 監獄圍牆内有四百名犯人。*I'll come within an hour.* 我一小時之内來到。

without /wɪð'aʊt/ *prep.* not having; not carrying 無; 没有: *You can't buy things without money!* 没錢就買不了東西! ***without doing***, and not do 没有做; 不幹: *You can't make an omelette without breaking eggs.* (諺語)有失才有得。 ***do without***, manage when someone or something is not there 没有…也行: *There's no sugar so we'll have to do without.* 没有糖了, 所以我們只得不用糖。

witness[1] /'wɪtnɪs/ *n.* (*pl.* witnesses) **1** someone who sees something happen 目擊者 **2** someone in a law court who tells about what he saw 證人; 見證人: *The witness said he heard shots.* 證人說他聽到槍聲。 **witness-box** *n.* place in a law court where a witness stands 證人席

witness[2] *v.* see something happening 目擊; 目睹: *He witnessed a murder.* 他目睹一件謀殺案。

witty /'wɪtɪ/ *adj.* funny; cleverly making you smile and laugh 詼諧的; 俏皮的; 風趣的

wives /waɪvz/ (*pl.*) of *n.* wife 名詞 wife 的複數形式

wobble /'wɒbl/ *v.* move unsteadily; make something move unsteadily 搖擺; 晃動: *The floor is rough so the table wobbles.* 地板不平, 所以桌子搖晃。 **wobbly** *adj.*

woe /wəʊ/ *n.* sadness; trouble 悲哀; 苦惱; 禍患

woke /wəʊk/ *past tense* of *v.* wake 動詞 wake 的過去式

woken /ˈwəʊkən/ *past part.* of *v.* wake 動詞 wake 的過去分詞

wolf /wʊlf/ *n.* (*pl.* wolves) wild animal like a big dog, which hunts and kills other animals 狼

woman /ˈwʊmən/ *n.* (*pl.* women) grown-up female person 成年女人; 婦女: *men, women, and children* 男人、婦女和兒童

won /wʌn/ *past part. & past tense* of *v.* win 動詞 win 的過去分詞和過去式

wonder[1] /ˈwʌndə(r)/ *n.* **1** (no *pl.*) feeling that you have when you see, hear, or meet something strange, beautiful, etc. 驚異; 驚奇; 驚歎: *The children looked up in wonder at the big elephant.* 孩子們抬頭驚異地看那隻大象。***no wonder***, it is not surprising that 難怪; 不足爲奇: *No wonder you were late – you ate your breakfast so slowly.* 難怪你遲到——早飯吃得這麼慢。**2** (*pl.* wonders) marvellous and surprising happening 奇蹟; 奇觀; 奇事: *the wonders of modern medicine* 現代醫學的奇蹟

wonder[2] *v.* **1** ask yourself; want to know 對…不了解; 想知道: *I wonder who that boy is.* 我想知道那個男孩子是誰。**2** feel surprised 對…感到吃驚: *He was so ill, I wonder he didn't die.* 他病得這麼厲害, 但沒有死, 我感到驚訝。

wonderful /ˈwʌndəfl/ *adj.* that pleases and surprises you very much 驚人的; 奇妙的; 精彩的: *What a wonderful present!* 多麼好的禮物呀! **wonderfully** *adv.*

won't /wəʊnt/ = will not 不會

wood /wʊd/ *n.* **1** (no *pl.*) stuff of a tree 木頭; 木材; 木柴: *He chopped the wood for the fire.* 他劈木頭燒火。**2** (*pl.* woods) big group of trees; small forest 樹林; 小森林: *We had a picnic in the wood.* 我們曾在樹林裏野餐。 **wooden** /ˈwʊdən/ *adj.* made of wood 木製的: *a wooden box* 木盒

woodland /ˈwʊdlənd/ *n.* land with many trees 林地; 樹林

wool /wʊl/ *n.* **1** (no *pl.*) soft hair of sheep 羊毛 **2** (*pl.* wools) thread, cloth, etc. made from sheep's hair 毛線; 毛織品; 毛料衣服 **woollen** /ˈwʊlən/, **woolly** *adj.* made of wool 羊毛(製)的: *a woollen jersey* 羊毛衫

word /wɜːd/ *n.* **1** (*pl.* words) a sound that you make or write for a thing or an idea 詞; 單詞; 話: *The baby's first word was 'mama'.* 嬰兒說的第一個詞是'媽媽'。***have a word with***, speak to someone 談話: *This bread is dry – I must have a word with the baker.* 這麵包太乾, 我要跟麵包師談談。***will not hear a word against***, will not let you say anything bad about someone or something 不允許別人說某人(事)的壞話。*She thinks her son is wonderful – she will not hear a word against him.* 她以爲她兒子非常好——不允許別人說他半句壞話。***in other words***, saying the same thing in another way 也就是說; 換句話說: *Joe doesn't like work – in other words, he's lazy!* 喬不愛工作——換句說話, 他懶惰! **2** (no *pl.*) news; message 消息; 音訊: *Ben sent me word that he had arrived safely.* 本恩來信說他平安到達了。**3** (no *pl.*) promise 諾言; 保證: *He gave me his word that he would not smoke.* 他向我保證不再抽煙了。***be as good as your word, keep your word, be true to your word***, do what you promised 守信; 言而有信; 信守諾言 ***break your word***, not do what you promised 失信; 爽約 ***take someone at his word***, believe that someone will do what he promised 相信某人的話; 聽信某人

wore /wɔː(r)/ *past tense* of *v.* wear 動詞 wear 的過去式

work[1] /wɜːk/ *n.* **1** (no *pl.*) making or doing something 工作; 勞動; (要做的)事情: *Digging is hard work.* 挖土是辛苦的工作。***get to work***, begin doing something 開始工作; 着手: *'Let's get to work,' said Gary and he picked up the spade.* "大家開始幹吧," 家禮邊說邊提起鐵鍬。**2** (no *pl.*) what you do to earn money; job 職業; 業務; 工作: *A teacher's work is teaching.* 教師的工作就是教學。***at work***, (***a***) at the place where you have a job 在工作: *I'm at work by 8 a.m.* 我上午八點開始工作。(***b***) busy doing something 從事於; 忙於: *Father's at work in his vegetable garden.* 父親正在菜園裏忙着。***out of work***, with no job that brings money 失業: *Colin is out of work and he's looking for a job.* 科林失業了, 正在尋找工作。**3** (no *pl.*) what you are doing 工作; 手頭的工作: *'We're going to eat now,' mother said, 'so please take your work off the table.'* "現在我們要吃飯了," 母親說, "所以, 請把桌上的東西拿開。" **4** (no *pl.*) what you have made or done 成果; 產品; 工藝品: *Mr. Baker paints pictures and sells his work to friends.* 貝克先生繪畫, 然後把作品賣給朋友。**5** (*pl.* works) book, painting, etc. 著作; 作品: *the works of Shakespeare* 莎士比亞的著作; *works of art* 藝術品 **6 works** (*pl.*) moving parts of a machine 活動的機件: *the works of a clock* 鐘的活動機件 **7 works** (*pl.*) factory; place where people make things with machines 工廠: *the steel works* (煉)鋼廠; *the gas works* 煤氣廠

work[2] *v.* **1** do or make something; be busy 工作; 幹活; 做: *David worked hard and painted the whole house in a day.* 大衛努力工作, 一天内把整個房子油漆了一遍。**2** go correctly; function 運轉; 轉動: *We can't watch the television because it's not working.* 我們看不成電視, 因爲電視壞了。**3** control or operate something; make someone or something go 使轉動; 開動; 操作: *Mother showed me how to work the sewing-machine.* 母親教我怎麼使用縫紉機。**4** have a paid job 從事某種職業: *Ken is working at the BBC.* 肯恩目前在英國廣播公司工作。***work out***, end well 實現; 成功: *Did your plan work out?* 你們的計劃成功了嗎? ***work something out***, (*a*) calculate an amount, etc. 算出: *He worked out the cost of the holiday.* 他把這次假期的費用算出來了。(*b*) find the answer to 解決: *I can't work out this sum.* 這道算術題我做不來。(*c*) think of 設計; 計劃: *The scientists worked out a way of sending men to the moon.* 科學家設計了一個把人送上月球的方法。

worker /'wɜ:kə(r)/ *n.* someone who works 工作者; 工人: *a factory worker* 工人

workman /'wɜ:kmən/ *n.* (*pl.* workmen) man who works with his hands, or with a machine 工人; 工匠

workshop /'wɜ:kʃɒp/ *n.* place where you make or repair things 車間; 工場: *The carpenter was hammering in his workshop.* 木匠正在工場裏錘打。

world /wɜ:ld/ *n.* **1** the earth; all countries and people 地球; 世界; 全人類 **2** all the people who do the same kind of thing 界: *the world of sport* 體育界 ***in the world***, at all 天下; 到底: *Nothing in the world would make me pick up a spider.* 天下任何力量都不能使我拾起一隻蜘蛛。***out of this world***, wonderful 極好; 非凡: *That meal was out of this world!* 那頓飯太好吃了! ***think the world of***, like or admire someone a lot 極其喜歡或欽佩: *Mr. Peters thinks the world of you.* 彼得斯先生對你評價極高。 **world, worldwide** /ˌwɜ:ld-'waɪd/ *adj.* that you find all over the world 遍及全球的; 世界範圍的: *Football is a worldwide game.* 足球是一項世界性的運動。

worm /wɜ:m/ *n.* small animal, like a long thread, which lives in the ground or inside other animals 蟲; 蠕蟲; 寄生蟲

worn /wɔ:n/ *past part.* of *v.* wear 動詞 wear 的過去分詞 ***worn out***, (*a*) old and totally finished because you have used it a lot 用壞了; 穿破的; 不能再用的: *I threw the shoes away because they were worn out.* 我把鞋子掉了, 因爲都穿破了。(*b*) very tired 筋疲力盡的: *She's worn out after a long hard day.* 幹了整整一天, 她筋疲力盡。

worry[1] /'wʌrɪ/ *n.* **1** (no *pl.*) feeling that something is wrong or will be wrong 憂慮; 擔心: *Her face showed signs of worry.* 她臉上現出不安的神色。 **2** (*pl.* worries) problem; something that makes you feel worried 煩惱事; 問題: *The leaking roof is a worry to Dad.* 屋頂漏水是爸爸的一個難題。

worry[2] *v.* **1** feel that something is wrong or will be wrong 煩惱; 擔心; 發愁: *I was worried when Barry didn't come back at the usual time.* 巴里到了往常的時間還沒有回來, 我很擔心。**2** make someone feel that something is wrong 使憂慮; 令人擔心: *Phil's bad health worries his parents.* 菲爾的身體不佳, 使他的父母擔心。**3** make someone rather angry 困擾; 煩人: *Oh do stop worrying me with all these questions!* 哦, 你別纏着我問這麼多問題了! **worried** *adj.: You look worried – is something wrong?* 你神色不安——出了什麼事?

worse /wɜ:s/ *adj.* **1** less good; more bad 更壞的; 更差的: *Killing is a worse crime than stealing.* 殺人是比偷竊更惡劣的罪行。**2** less good in health (病情)更重的: *Vera is going to the doctor because she is worse than she was yesterday.* 維拉正要去找醫生看病, 因爲她的病情比昨天嚴重了。 **worse** *adv.* more badly 更壞; 更糟; (病)更重 ***worse off***, poorer, more unhappy, etc. 情況更壞; 處境更糟 **worse** *n.* ***none the worse for***, not hurt or damaged by something 並不更差; 仍然; 還是: *Luckily he was none the worse for his fall.* 真幸運, 他跌了一交而沒有受傷。

worship /'wɜ:ʃɪp/ *v.* **1** believe in God or a god; pray to God or a god 禮拜; 相信上帝: *Christians worship in a church.* 基督徒在教堂裏做禮拜。**2** think that someone is wonderful 崇拜; 敬仰: *The girls worshipped the pop star.* 女孩子崇拜那個流行歌星。**worship** *n.*

worst[1] /wɜ:st/ *adj.* most bad 最壞的; 最差的; 最惡劣的: *The worst runner comes last in the race.* 最差的跑步運動員在賽跑中跑得最慢。 **worst** *adv.* ***worst of all***, most badly 最差地; 最惡劣地: *Jim and Tim played badly, but I played worst of all!* 阿吉和添玩得不好, 而我玩得最糟!

worst[2] *n.* (no *pl.*) most bad person or thing 最壞的人; 最壞的事; 最壞的情況(結果、行爲): *The worst of the weather comes in the winter.* 冬天的天氣最壞。***get the worst of it***, be beaten 捱打; 打敗: *The smallest boy usually gets the worst of it in a fight.* 打起架來, 最小的男孩總是捱打。

worth[1] /wɜ:θ/ *adj.* **1** having a value of 值…的; 相當於…的價值的: *The house cost us $400 000 but it is not worth so much.* 這幢房子花了我們四十萬元, 但實際不值這麼多錢。**2** good enough for; fine enough for 值得的; 有…價值的: *Is this book worth reading?* 這本書值得一讀嗎? ***for all you are worth***, as much as you can 竭盡全力; 拚命: *He was running for all he was worth.* 他拚命地跑。

worth[2] *n.* value 價值: *a book of little worth* 一本價值不大的書 ***worth of***, words that show how much you can buy for an amount 值一定金額的數量: *I bought $50 worth of petrol.* 我買了五十元的汽油。**worthless** *adj.* with no value 無價值的

worthwhile /wɜ:θ'waɪl/ *adj.* good enough for the time, effort, etc. that you spend 值得花時間(或精力)的: *The hard work was worthwhile because I passed the exam.* 我考試合格了, 所以刻苦努力還是值得的。

worthy /'wɜ:ðɪ/ *adj.* good enough; deserving something 值得的; 配得上的: *Danny is a good player and is worthy of a place in the team.* 丹尼是個好手, 作爲這個球隊一員是當之無愧的。

would /wʊd/ **1** *past tense* of *v.* will (動詞 will 的過去式)將; 會: *He said he would come tomorrow.* 他說他明天會來的。**2** word to show what is probable (表示推測)大概: *It would be difficult to stop a car without any brakes.* 要一輛没有煞車的汽車停下來大概是困難的。**3** word that you say when you ask a polite question (婉轉語氣)願: *Would you like a cup of tea?* 你要杯茶嗎? **4** word that you say after 'if' to show something possible but not likely (與 if 從句連用, 表示可能)將要; 就會: *If I were rich I would travel a lot.* 我要是有錢的話, 就到處旅遊。***would rather***, would prefer to do something 寧願; 寧可: *I would rather go tomorrow than today.* 我寧願明天去, 不願今天去。

wouldn't /'wʊdnt/ = would not 不會

wound[1] /waʊnd/ *past part. & past tense* of *v.* wind 動詞 wind 的過去分詞和過去式

wound[2] /wu:nd/ *v.* hurt someone (使)受傷; 傷害: *The bullet wounded him in the leg.* 子彈打傷了他的腿。**wound** *n.: a knife wound* 刀傷

wove /wəʊv/ *past tense* of *v.* weave 動詞 weave 的過去式

woven /'wəʊvn/ *past part.* of *v.* weave 動詞 weave 的過去分詞

wrap /ræp/ *v.* (*pres. part.* wrapping, *past part. & past tense* wrapped /ræpt/) put paper or cloth round something or someone 裹; 包; 纏: *The nurse wrapped the baby in a shawl.* 護士把嬰兒裹在一塊披巾裏。

wrapper /'ræpə(r)/, **wrapping** /'ræpɪŋ/ *n.* something for covering or packing 包裝物; 覆蓋物; 包紙(布): *She took the present out of its wrapping.* 她打開包裝紙取出禮品。

wreath /ri:θ/ *n.* ring of flowers or leaves 花圈; 花環: *They put wreaths on the grave.* 他們把花圈放在墳墓上。

wreck /rek/ *n.* broken ship, car, building, etc. 毀壞的船隻、汽車、建築物等 **wreck** *v.* totally break or destroy something 破壞; 摧毀: *The fire wrecked the hotel.* 大火燒毀了這座酒店。

wreckage /'rekɪdʒ/ *n.* (no *pl.*) broken remains of something (被毀物的)殘骸; 殘餘: *the wreckage of a crashed aeroplane* 一架墜落的飛機殘骸

wrench /renʃ/ *v.* **1** pull or twist something suddenly and strongly 猛扭(或擰): *He wrenched the bag from my hand.* 他突然把包裹從我手中奪了過去。**2** hurt something by twisting 扭傷: *Tony fell and wrenched his ankle.* 東尼跌倒, 扭傷了足踝。**wrench** *n.*

wrestle /'resl/ *v.* **1** fight with someone; fight for sport 與…角力; 摔交 **2** try hard to do something 全力對付; 努力解決: *He was wrestling with his sums.* 他正在努力做他的算術題。**wrestler** *n.* someone who wrestles as a sport 摔角手; 角力者 **wrestling** *n.* fighting for sport 摔交; 角力

wretched /'retʃɪd/ *adj.* **1** unhappy; ill 可憐的; 倒霉的; 悲慘的: *I feel wretched with this cold.* 我因傷風感到很不舒服。**2** poor; bad; making you feel unhappy 質量差的; 惡劣的; 令人極不滿意的: *wretched houses* 破爛的房子

wriggle /'rɪgl/ *v.* turn and twist quickly 蠕動; 扭動; 蜿蜒而行: *Worms wriggle.* 蟲子蠕動。

wring /rɪŋ/ *v.* (*past part. & past tense* wrung /rʌŋ/) twist something with your hands to make water come out 擰; 擠; 扭: *She wrung the clothes and put them on the line.* 她把衣服擰乾, 晾到繩子上。

wrinkle /'rɪŋkl/ *n.* line in your skin or in cloth, etc. 皺; 皺紋: *The old woman's face is covered with wrinkles.* 老婦人滿臉皺紋。**wrinkled** /'rɪŋkld/ *adj.: her wrinkled face* 她那佈滿皺紋的臉

wrist /rɪst/ *n.* place where the arm joins the hand 腕; 腕關節

wristwatch /'rɪstwɒtʃ/ *n.* (*pl.* wristwatches) watch that you wear on your wrist 手錶

write /raɪt/ *v.* (*past part.* written /ˈrɪtn/, *past tense* wrote /rəʊt/) **1** make words with a pen, pencil, etc. on paper, etc. 書寫; 寫下: *She wrote her name on the list.* 她在單子上寫下自己的名字。**2** send a letter 寫信; 函告: *My boyfriend writes to me every week.* 我的男朋友每星期寫信給我。**3** make a story, book, newspaper article, etc. 寫作; 编寫; 著述: *Wordsworth wrote poetry.* 華兹華斯寫詩。***write something down***, make a note of something 寫下; 記下: *She wrote down my telephone number in her diary.* 她把我的電話號碼記在她的筆記簿裏。 **writer** *n.* someone who writes books, stories, etc. 作者; 作家; 撰稿者: *Charles Dickens was a well-known writer.* 查理士狄更斯是一位著名的作家。

writing /ˈraɪtɪŋ/ *n.* **1** (no *pl.*) how you form words with a pen, etc. 書法; 筆蹟; 字蹟: *His small writing is very hard to read.* 他寫的小字十分難認。**2** (no *pl.*) putting words on paper 書寫; 信件: *Writing is slower than telephoning.* 書信比電話慢。***in writing***, on paper 書面形式; 文字 **3** **writings** (*pl.*) books 著作; 作品: *the writings of Jane Austen* 簡奥斯汀的作品 **writing pad** *n.* book of paper for writing letters 信箋簿; 便箋簿

written /ˈrɪtn/ *past part.* of *v.* write 動詞 write 的過去分詞

wrong¹ /rɒŋ/ *adj.* **1** bad; that the law does not allow 壞; 不法的; 邪惡的: *Crime is wrong.* 犯罪是法律所不容的。**2** not correct 不對的; 錯誤的: *It is wrong to say that 2+2=5.* 說2+2=5是錯誤的。**3** not the best 不適當的; 錯的: *We're late because we took the wrong road.* 因爲我們走錯路, 所以遲到了。

wrong² *adv.* not correctly 錯誤地; 不適當地: *You spelt my name wrong.* 你把我的名字拼錯了。***go wrong***, (*a*) go on a path or road that you do not want 走錯路 (*b*) not happen as you hope or wish 失敗; 事與願違: *All our plans went wrong.* 我們的計劃全都失敗了。(*c*) not work normally 出毛病; 失常: *Something has gone wrong with the engine.* 發動機出毛病了。

wrong³ *n.* (no *pl.*) what is bad, not right, etc. 錯誤; 壞事; 邪惡: *He did wrong to steal.* 他幹了偷竊的壞事。

wrongly /ˈrɒŋlɪ/ *adv.* not correctly 錯誤地; 不正確地: *The letter didn't arrive because it was wrongly addressed.* 信没有寄到是因爲地址寫錯了。

wrote /rəʊt/ *past tense* of *v.* write 動詞 write 的過去式

wrung /rʌŋ/ *past part.* & *past tense* of *v.* wring 動詞 wring 的過去分詞和過去式

Xx

Xmas /ˈkrɪsməs/ *n. abbrev.* Christmas 〔縮〕聖誕節

X-ray /ˈeks reɪ/ *n.* **1** (no *pl.*) instrument with rays that shows parts inside the body and takes photographs of them X光機 **2** (*pl.* X-rays) picture of things inside the body X光照片: *The doctor took some X-rays of Simon's broken arm.* 醫生給西蒙骨折的手臂拍了一些X光照片。

xylophone /ˈzaɪləfəʊn/ *n.* musical instrument that you hit with small, wooden hammers 木琴

Yy

yacht /jɒt/ *n.* **1** light sailing-boat 快艇; 輕舟 **2** very big motor-boat for a rich person who wants to cruise or race 遊艇; 賽艇: *the Royal Yacht 'Britannia'* 皇家遊艇'不列顛'號

yard¹ /jɑ:d/ *n.* measure of length = 90 centimetres 碼(=90厘米)

yard² *n.* piece of hard ground with a fence or wall around it, near a building 院子; 庭園; 天井: *We play games in the school yard.* 我們在校園裏遊戲。

yawn /jɔ:n/ *v.* open your mouth wide because you are sleepy, etc. 打呵欠: *He yawned because the lesson was boring.* 他打呵欠了, 因爲這堂課乏味。 **yawn** *n.*

year /jɜ:(r)/ *n.* **1** time of 365 days from 1 January to 31 December 年: *I was born in the year 1969.* 我生於1969年。***year in year out***, all the time; every year 年復一年; 不斷地; 始終: *Old Mr. Parkinson has worked here year in year out since he was a boy.* 帕金遜老先生從小時候起就一直在這兒工作。**2** any time of 365 days 年(不從元旦算起); 年歲: *He is 12 years old and he has been going to school for six years.* 他十二歲, 已經上了六年學。***all the year round***, through all the year 一年到頭: *He lives in a caravan all the year round.* 他一年到頭住在大篷車裏。

yearly /ˈjɜ:lɪ/ *adj.* done or happening once a year 每年一次的; 每年的: *Christmas is a yearly festival.* 聖誕節是一年一度的節日。 **yearly** *adv.: The sports club members pay the fee yearly.* 體育協會的會員每年交一次會費。

yearn /jɜ:n/ *v.* want something very much 渴望; 嚮往; 思慕: *David yearned to see his parents again.* 大衛渴望再次見到父母。

yeast /ji:st/ *n.* stuff that makes bread rise 酵母

yell /jel/ *v.* shout 叫喊; 叫嚷: *The crowd yelled when he scored a goal.* 他踢進一球時, 觀衆大聲叫喊。 **yell** *n.: a yell of fear* 驚叫聲

yellow /ˈjeləʊ/ *adj.* with the colour of the sun 黃(色)的: *Daffodils are yellow.* 水仙是黃色的。**yellow** *n.*

yelp /jelp/ *v.* make a short, sharp cry 發出(短促而尖銳的)叫聲: *The dog yelped when the boy kicked it.* 男孩踢那隻狗時, 狗便嗥叫。**yelp** *n.*

yes /jes/ *n.* (*pl.* yesses) word that you say when you agree 是; 好; 同意: *Have you the key?* 你拿着鑰匙嗎? *Yes, here it is.* 是的, 在這兒。

yesterday /ˈjestədeɪ/ *n.* (no *pl.*) the day before today 昨天; 昨日: *Today is Monday and yesterday was Sunday.* 今天是星期一, 昨天是星期日。 **yesterday** *adv.: We went swimming yesterday.* 昨天我們去游泳。

yet[1] /jet/ *adv.* **1** up to now 到目前爲止; 尚; 還: *I haven't finished the book yet.* 我尚未讀完那本書。**2** up to then 到當時爲止; 仍然: *He told me that his brother had not yet arrived.* 他告訴我他的弟弟那時還沒有到達。***as yet***, up to now 迄今; 直到目前: *As yet, I haven't decided what I'll do when I leave school.* 直到現在, 我還沒有決定畢業後做什麼。

yet[2] *conj.* but; however 但是; 然而; 而又: *He worked hard, yet he failed.* 他賣力氣幹, 但是失敗了。

yield /ji:ld/ *v.* **1** give fruit, crops, etc. 生產; 生長出; 結出: *The tree has yielded a lot of apples this year.* 這棵樹今年結了很多蘋果。**2** stop fighting because you are not strong enough; give in 讓步; 放棄; 屈服: *At first mother said no but in the end she yielded and let us go to the film.* 初時母親不同意, 但是最後她同意讓我們去看電影。

yield *n.* amount of fruit, crops, etc. 産量; 收穫量; 收成

yoghurt, yoghourt /ˈjɒgət/ *n.* (no *pl.*) sort of milk food 酸奶

yolk /jəʊk/ *n.* round, yellow part in an egg 蛋黃

you /ju:/ *pron.* (*pl.* you) **1** the person or people I am speaking to 你; 你們: *Come here and then I can see you.* 過來, 我才看得見你。**2** one; any person 一個人; 任何人: *You buy stamps at a post office.* 在郵局買郵票。

you'd /ju:d/ **1** = you had: *You'd better not be late!* 你最好別遲到! **2** = you would: *It's a marvellous film – I'm sure you'd enjoy it.* 這是一部非常好的電影——我肯定你會喜歡。

you'll /ju:l/ = you will: *You'll come, won't you?* 你會來的, 是嗎?

young[1] /jʌŋ/ *adj.* not old; in the early part of life 年輕的; 年幼的: *A child of one year old is too young to go to school.* 一歲的孩子太小了, 不宜上學。

young[2] *n.* (*pl.*) **1 the young**, children 青年們; 孩子們 **2** baby birds and animals (動物的)仔; 雛: *Birds build nests for their young.* 鳥爲牠的幼鳥做窩。

youngster /ˈjʌŋstə(r)/ *n.* child 小孩; 兒童; 少年

your /jɔ:(r)/ *adj.* belonging to you; of you 你的; 你們的: *Show me your hands.* 讓我看看你的手。

you're /jɔ:(r)/ = you are; *You're sure, are you?* 你敢肯定, 是嗎?

yours /jɔ:z/ *pron.* (*pl.* yours) thing that belongs to you 你的(東西); 你們的(東西): *That pencil is yours.* 那枝鉛筆是你的。***Yours …***, words that you write at the end of a letter (信末簽名前的套語): *Yours sincerely; Yours faithfully* 謹啓; 謹上

yourself /jɔ:ˈself/ *pron.* (*pl.* yourselves) **1** word that describes you, when I have just talked about you 你自己: *Did you hurt yourself when you fell over?* 你跌倒時, 有沒有受傷? **2** you and no other person 你親自; 你本人: *Did you make that dress yourself?* 這件衣服是你親手做的? ***by yourself***, alone 你獨自地; 一個人: *Do you live by yourself?* 你是獨自一人生活嗎?

youth /ju:θ/ *n.* **1** (no *pl.*) the time when you are young 青春; 青年時期; 少年時期 ***in my youth***, when I was young 在我青年時代 **2** (*pl.* youths) boy or young man 少年; 青年 **3** (*pl.*) young men and women 青年; 青年男女: *the youth of our country* 我國的

青年 **youth** *adj. youth clubs* 青年俱樂部
youth hostel *n.* cheap place where young travellers, or people on holidays, can say at night 青年旅舍

Zz

zebra /zi:brə/ *n.* big, wild animal like a horse, with stripes 斑馬 **zebra crossing** *n.* wide path of white stripes where people can walk safely over the road because cars must stop 斑馬線; (馬路上塗有白線條的)行人橫道
zero /ˈzɪərəʊ/ *n.* **1** the number 0; nought (數)零 **2** point between + and − on a thermometer, etc. (溫度計的)零度; 零位; 零點
zig-zag /ˈzɪg zæg/ *n.* line or path that turns sharply left and then right sharply 之字形線條(或道路等) **zig-zag** *adj.: a zig-zag line* 一條之字線
zinc /zɪŋk/ *n.* (no *pl.*) sort of metal 鋅
zip /zɪp/, **zipper** /ˈzɪpə(r)/, **zip-fastener** /ˌzɪpˈfɑ:snə(r)/ *n.* long fastener in clothes, bags, etc. You pull a small thing from one end to the other and this locks two sides together 拉鏈 **zip** *v.* (*pres. part.* zipping, *past part. & past tense* zipped /zɪpt/) open or close something with a zip 拉開(或扣上)…的拉鏈; 拉開(拉緊)拉鏈: *She zipped the bag shut.* 她把提包的拉鏈拉緊。 ***zip up***, close something with a zip 把…的拉鏈拉緊。*He zipped up his trousers.* 他拉上褲子的拉鏈。

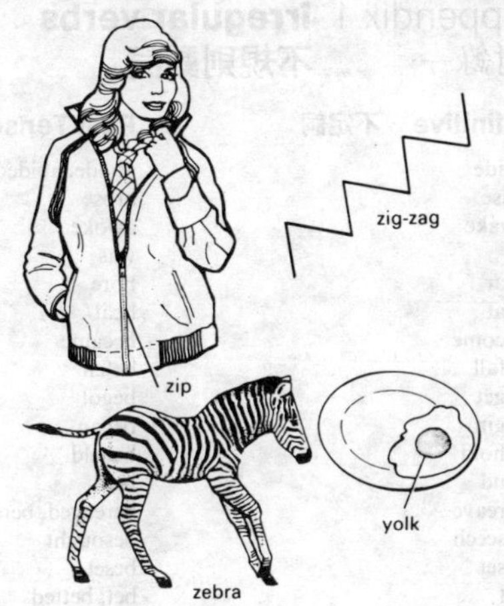

zone /zəʊn/ *n.* certain area 地帶; 地區; 範圍: *the border zone* 邊緣地帶; 邊境地區
zoo /zu:/ *n.* place where you can see many sorts of animals; zoological gardens 動物園
zoology /zəʊˈɒlədʒɪ/ *n.* (no *pl.*) study of animals 動物學 **zoological** /zəʊəˈlɒdʒɪkl/ *adj.* **zoologist** /zəʊˈɒlədʒɪst/ *n.* someone who studies animals 動物學家
zoom /zu:m/ *v.* move fast 迅速移動(並發出嗡嗡聲): *The cars zoomed up the motorway.* 汽車沿高速公路呼呼地飛馳而過。

Appendix 1 Irregular verbs
附錄一 不規則動詞

Infinitive 不定詞	Past Tense 過去式	Past Participle 過去分詞
abide	abode, abided	abode, abided
arise	arose	arisen
awake	awoke	awaked, awoken
be	was	been
bear	bore	borne
beat	beat	beaten
become	became	become
befall	befell	befallen
beget	begot	begotten
begin	began	begun
behold	beheld	beheld
bend	bent	bent
bereave	bereaved, bereft	bereaved, bereft
beseech	besought	besought
beset	beset	beset
bet	bet, betted	bet, betted
betake	betook	betaken
bethink	bethought	bethought
bid	bade, bid	bidden, bid
bind	bound	bound
bite	bit	bitten, bit
bleed	bled	bled
blend	blended, blent	blended, blent
bless	blessed, blest	blessed, blest
blow	blew	blown
break	broke	broken
breed	bred	bred
bring	brought	brought
broadcast	broadcast, broadcasted	broadcast, broadcasted
build	built	built
burn	burnt, burned	burnt, burned
burst	burst	burst
buy	bought	bought
cast	cast	cast
catch	caught	caught
chide	chided, chid	chided, chidden
choose	chose	chosen
cleave	clove, cleft	cloven, cleft
cling	clung	clung
clothe	clothed, clad	clothed, clad
come	came	come
cost	cost	cost
creep	crept	crept
crow	crowed, crew	crowed
cut	cut	cut
dare	dared, durst	dared
deal	dealt	dealt
dig	dug	dug
dive	dived; (US) dove	dived
do	did	done
draw	drew	drawn
dream	dreamt, dreamed	dreamt, dreamed
drink	drank	drunk
drive	drove	driven
dwell	dwelt	dwelt
eat	ate	eaten
fall	fell	fallen
feed	fed	fed
feel	felt	felt
fight	fought	fought
find	found	found
flee	fled	fled
fling	flung	flung

fly	flew	flown
forbear	forbore	forborne
forbid	forbade, forbad	forbidden
forecast	forecast, forecasted	forecast, forecasted
foreknow	foreknew	foreknown
foresee	foresaw	foreseen
foretell	foretold	foretold
forget	forgot	forgotten
forgive	forgave	forgiven
forsake	forsook	forsaken
forswear	forswore	forsworn
freeze	froze	frozen
gainsay	gainsaid	gainsaid
get	got	got; (US) gotten
gild	gilded, gilt	gilded
gird	girded, girt	girded, girt
give	gave	given
go	went	gone
grave	graved	graven, graved
grind	ground	ground
grow	grew	grown
hamstring	hamstringed, hamstrung	hamstringed, hamstrung
hang	hung, hanged	hung, hanged
have	had	had
hear	heard	heard
heave	heaved, hove	heaved, hove
hew	hewed	hewed, hewn
hide	hid	hidden
hit	hit	hit
hold	held	held
hurt	hurt	hurt
inlay	inlaid	inlaid
keep	kept	kept
kneel	knelt	knelt
knit	knitted, knit	knitted, knit
know	knew	known
lade	laded	laden
lay	laid	laid
lead	led	led
lean	leant, leaned	leant, leaned
leap	leapt, leaped	leapt, leaped
learn	learnt, learned	learnt, learned
leave	left	left
lend	lent	lent
let	let	let
lie	lay	lain
light	lit, lighted	lit, lighted
lose	lost	lost
make	made	made
mean	meant	meant
meet	met	met
melt	melted	melted, molten
miscast	miscast	miscast
misdeal	misdealt	misdealt
misgive	misgave	misgiven
mislay	mislaid	mislaid
mislead	misled	misled
misspell	misspelt	misspelt
misspend	misspent	misspent
mistake	mistook	mistaken
misunderstand	misunderstood	misunderstood
mow	mowed	mown; (US) mowed
outbid	outbid	outbid
outdo	outdid	outdone
outgo	outwent	outgone
outgrow	outgrew	outgrown
outride	outrode	outridden
outrun	outran	outrun

outshine	outshone	outshone
overbear	overbore	overborne
overcast	overcast	overcast
overcome	overcame	overcome
overdo	overdid	overdone
overhang	overhung	overhung
overhear	overheard	overheard
overlay	overlaid	overlaid
overleap	overleapt, overleaped	overleapt, overleaped
overlie	overlay	overlain
override	overrode	overridden
overrun	overran	overrun
oversee	oversaw	overseen
overshoot	overshot	overshot
oversleep	overslept	overslept
overtake	overtook	overtaken
overthrow	overthrew	overthrown
partake	partook	partaken
pay	paid	paid
prove	proved	proved, proven
put	put	put
quit	quitted, quit	quitted, quit
read	read	read
rebind	rebound	rebound
rebuild	rebuilt	rebuilt
recast	recast	recast
redo	redid	redone
relay	relaid	relaid
remake	remade	remade
rend	rent	rent
repay	repaid	repaid
rerun	reran	rerun
reset	reset	reset
retell	retold	retold
rewrite	rewrote	rewritten
rid	rid, ridded	rid, ridded
ride	rode	ridden
ring	rang	rung
rise	rose	risen
rive	rived	riven, rived
run	ran	run
saw	sawed	sawn, sawed
say	said	said
see	saw	seen
seek	sought	sought
sell	sold	sold
send	sent	sent
set	set	set
sew	sewed	sewn, sewed
shake	shook	shaken
shave	shaved	shaved, shaven
shear	sheared	sheared, shorn
shed	shed	shed
shine	shone	shone
shoe	shod	shod
shoot	shot	shot
show	showed	shown, showed
shrink	shrank, shrunk	shrunk, shrunken
shrive	shrove, shrived	shriven, shrived
shut	shut	shut
sing	sang	sung
sink	sank	sunk, sunken
sit	sat	sat
slay	slew	slain
sleep	slept	slept
slide	slid	slid
sling	slung	slung
slink	slunk	slunk

slit	slit	slit
smell	smelt, smelled	smelt, smelled
smite	smote	smitten
sow	sowed	sown, sowed
speak	spoke	spoken
speed	sped, speeded	sped, speeded
spell	spelt, spelled	spelt, spelled
spend	spent	spent
spill	spilt, spilled	spilt, spilled
spin	spun, span	spun
spit	spat	spat
split	split	split
spoil	spoilt, spoiled	spoilt, spoiled
spread	spread	spread
spring	sprang	sprung
stand	stood	stood
stave	staved, stove	staved, stove
steal	stole	stolen
stick	stuck	stuck
sting	stung	stung
stink	stank, stunk	stunk
strew	strewed	strewn, strewed
stride	strode	stridden
strike	struck	struck, stricken
string	strung	strung
strive	strove	striven
swear	swore	sworn
sweep	swept	swept
swell	swelled	swollen, swelled
swim	swam	swum
swing	swung	swung
take	took	taken
teach	taught	taught
tear	tore	torn
tell	told	told
think	thought	thought
thrive	throve, thrived	thriven, thrived
throw	threw	thrown
thrust	thrust	thrust
tread	trod	trodden, trod
unbend	unbent	unbent
unbind	unbound	unbound
underbid	underbid	underbid
undergo	underwent	undergone
understand	understood	understood
undertake	undertook	undertaken
undo	undid	undone
upset	upset	upset
wake	woke, waked	woken, waked
waylay	waylaid	waylaid
wear	wore	worn
weave	wove	woven
weep	wept	wept
win	won	won
wind	wound	wound
withdraw	withdrew	withdrawn
withhold	withheld	withheld
withstand	withstood	withstood
work	worked	worked
wring	wrung	wrung
write	wrote	written

Appendix 2 **Common abbreviations**
附錄二 通用略語

ˈA-bomb atomic bomb
ˈAˈA Alcoholics Anonymous; Automobile Association
ˈAAˈA Amateur Athletics Association
a/c account
acc(t) account
ad(vt) advertisement
ˈAˈD *Anno Domini* in the year of the Lord
ˈAGˈM Annual General Meeting
ˈaˈm *ante meridiem* before noon
amp ampere(s)
anon anonymous
appro /ˈæprəʊ/ approval
approx approximately
Apr April
arr arrival; arrives
ASEAN Association of South East Asian Nations
assoc associate; association
asst assistant
Aug August
ˈAˈV Audio-Visual; Authorised Version (of the Bible)
Av(e) Avenue
ˈb &ˈb bed and breakfast
ˈBˈA *(GB)* Bachelor of Arts; British Airways
ˈBBˈC British Broadcasting Corporation
ˈBˈC Before Christ; British Council
bldg(s) building(s)
ˈbˈo body odour; box office
Br Brother
Brit Britain; British
Bro(s) Brother(s)
B Sc /ˈbiesˈsi/ *(GB)* Bachelor of Science
ˈBSˈT British Summer Time
C Centigrade; (Roman) 100
c cent(s); century; *circa* about; cubic
ca *circa* about, approximately
Capt Captain
Cath Catholic
ˈcˈc cubic centimetre(s)
cc *capita* chapters; centuries
ˈCˈD *Corps Diplomatique* Diplomatic Service
cert certificate; certified
ˈcˈf *confer* compare with
cg centigram
ch central heating
ch(ap) chapter
ˈchˈw constant hot water
ˈClˈA *(US)* Central Intelligence Agency
ˈClˈD *(GB)* Criminal Investigation Department
cl class; centilitre(s)
cm centimetre(s)
Co (commerce) Company
c/o care of
ˈCOˈD Cash on Delivery
ˈC of ˈE /ˈsi əvˈi/ Church of England
COI *(GB)* Central Office of Information
Coll College
concl concluded; conclusion
Cons *(GB)* Conservative (political party)
cont contents; continued
Co-op /ˈkəʊ op/ Co-operative (Society)
Corp Corporation
cp compare with
Cres(c) Crescent
cu cubic
cwt hundredweight
D Roman 500
ˈDˈD Doctor of Divinity
ˈDDˈT (*D*ichloro-*d*iphenyl-*t*richloroethane) insecticide
Dec December
dec deceased
deg degree(s)
dep departs; departure; deputy
Dept Department
diag diagram
diff difference; different
Dip Diploma
Dip Ed /ˈdɪp ˈed/ Diploma in Education
Dir Director
ˈDˈJ dinner jacket; disc jockey
doz dozen
D Phil /ˈdi ˈfɪl/ Doctor of Philosophy
Dr Doctor; Drive (ie small road)
dr dram(s)
E east
ˈEEˈC European Economic Community (the Common Market)
EFTA /ˈeftə/ European Free Trade Association
ˈeˈg *exempli gratia* for example, for instance
encl enclosed
ENE east northeast
Eng Engineer(ing); England; English
ESE east southeast
ˈESˈP Extra-Sensory Perception
Esq Esquire
eta estimated time of arrival
et al /ˈet ˈæl/ *et alii* and other people; *et alia* and other things
etc /ˈetˈsetrə/ *et cetera* and the rest; and all the others
etd estimated time of departure
eve evening
excl excluding; exclusive
F Fahrenheit; Fellow
f foot; feet; female; feminine
ˈFˈA Football Association
ˈFAˈO Food and Agricultural Organisation
ˈFBˈI *(US)* Federal Bureau of Investigation; Federation of British Industries
Feb February
Fed Federal; Federated; Federation
fem female; feminine
fig figurative; figure
fl fluid; floor
ˈFˈO *(GB)* Foreign Office
fol(l) following
for foreign
Fr Father; Franc; France; French
Fri Friday
ft foot; feet
furn furnished
fwd forward
gal(l) gallon(s)
Gdn(s) Garden(s)

ˈGˈI *(US)* enlisted soldier
gm gram(s)
ˈGMˈT Greenwich Mean Time
gov(t) government
ˈGˈP General Practitioner (Medical Doctor)
ˈGPˈO General Post Office
gt great
ˈH-bomb Hydrogen bomb
H of C House of Commons
H of L House of Lords
Hon Honorary; Honorable
hosp hospital
ˈHˈP Hire Purchase; Horse Power
ˈHˈQ Headquarters
hr hour(s)
HRH His/Her Royal Highness
I Island; Roman one
ˈiˈe *id est* which is to say, in other words
ˈIMˈF International Monetary Fund
in inch(es)
Inc Incorporated
incl including; inclusive
Inst Institute
int interior; internal; international
intro introduction
ˈIOˈU I owe you
ˈIˈQ *Intelligence Quotient* comparative measure of intelligence
Is Islands
Jan January
Jnr; Jr Junior
Jul July
Jun June; Junior
kg kilogram(s)
ˈKGˈB Intelligence Agency of the USSR
km kilometre(s)
ˈkpˈh kilometres per hour
kw kilowatt(s)
L lake; little; Roman 50
Lab *(GB)* Labour (political party)
lang language
Lib *(GB)* Liberal (political party); Liberation
ˈLˈP long-playing (record)
ˈLSˈD *lysergic acid diethylamide* drug inducing hallucinations
Ltd Limited
lux luxury
m male; married; metre(s); mile(s); million
ˈMˈA Master of Arts
Mar March
masc masculine
math /mæθ/ *(US)* mathematics
maths /mæθs/ *(GB)* mathematics
max maximum
METO /ˈmitəʊ/ Middle East Treaty Organisation
mg milligram(s)
ˈMIˈ5 *(GB)* National Security Division of Military Intelligence
min minimum
misc miscellaneous
mkt market
ml mile(s), millilitre(s)
mm millimetre(s)
ˈMˈO Mail Order; Medical Officer; Money Order
mod moderate; modern
Mon Monday
ˈMOˈT *(GB)* Ministry of Transport (vehicle test).
ˈMˈP Member of Parliament (House of Commons); Military Police
mpg miles per gallon
mph miles per hour
M Sc /ˈem esˈsi/ Master of Science
Mt Mount
N north
NATO /ˈneɪtəʊ/ North Atlantic Treaty Organisation
ˈNˈB *nota bene* take special note of
NE northeast
ˈNHˈS *(GB)* National Health Service
NNE north northeast
NNW north northwest
no(s) number(s)
Nov November
nr near
ˈNSˈPCˈC *(GB)* National Society for the Prevention of Cruelty to Children
NT New Testament
NW northwest
ˈOAˈU Organisation for African Unity
Oct October
ono or nearest offer
opp opposite
OT Old Testament
oz ounce(s)
p page; penny, pence; per
pa *per annum* (for) each year
para(s) paragraph(s)
ˈPˈC Police Constable; *(GB)* Privy Councillor; *(US)* Peace Corps
pd paid
ˈPDSˈA People's Dispensary for Sick Animals
ˈPˈE physical education
ˈPˈG Paying Guest
Ph D /ˈpi eɪtʃ ˈdi/ Doctor of Philosophy
Pk Park
pkt packet
Pl Place
ˈPˈM Prime Minister
ˈpˈm *post meridiem* after noon; per month
PO Post Office; Postal Order
ˈPˈO Box Post Office Box
pop popular; population
poss possible; possibly
pp pages
pr pair; price
ˈPˈR Public Relations
Pres President
pro /prəʊ/ professional
pro tem /ˈprəʊˈtem/ *pro tempore* for the time being
Prof (*informally* /prof/) Professor
pron pronounced; pronunciation
Prov Province
Ps Psalm
ˈPˈS Postscript
pt part; payment; pint; point
ˈPˈT Physical Training
PTO Please turn over
qt quart
Qu Queen; Question
ˈqˈv *quod vide* which may be referred to
R River; Royal

r radius; right
'RA'F (*also* /ræf/) Royal Air Force
'R'C Red Cross; Roman Catholic
Rd Road
rec(d) received
ref referee /ref/; reference; refer(red)
Rep repertory /rep/; Representative; Republic(an)
ret(d) retired
rev revolution
Rev(d) Reverend
'RI'P *requiescat/requiescant in pace* may he/they rest in-peace
rm room
RM Royal Marines
'R'N Royal Navy
rpm revolutions per minute
'RSV'P *répondez s'il vous plaît* please reply
'RS'PC'A Royal Society for the Protection of Cruelty to Animals
rt right
Rt Hon Right Honourable
Rt Rev Right Reverend
S south
sae stamped addressed envelope
SALT /sɔlt/ Strategic Arms Limitation Talks
Sat Saturday
s/c self-contained
Sch School
SE southeast
SEATO /ˈsitəʊ/ South East Asia Treaty Organisation
sec second(ary); secretary
Sen Senate; Senator; Senior
Sept September
'S'F Science Fiction
sgd signed
Sn(r) Senior
Soc Society
Sq Square
Sr Senior; Sister
'SR'N State Registered Nurse
SSE south southeast
SSW south southwest
St Saint; Street
Str Strait; Street
sub(s) subscription; substitute
Sun Sunday
Supt Superintendent
SW southwest
'T'B Tuberculosis
Tech /tek/ Technical (College)
tel telephone
temp /temp/ temperature; temporary
Ter(r) Terrace; Territory
Thurs Thursday
'TN'T (*Tri-nitro-toluene*) explosive
trans translated
TU Trade Union
'TU'C *(GB)* Trades Union Congress
Tues Tuesday
'T'V television
UFO /ˈjufəʊ/ unidentified flying object
'U'K United Kingdom
'U'N United Nations
UNCTAD /ˈʌnktæd/ United Nations Conference on Trade Development
UNESCO /juˈneskəʊ/ United Nations Educational, Scientific and Cultural Organisation
UNICEF /ˈjunɪsef/ United Nations International Children's Emergency Fund (or United Nations Children's Fund)
Univ University
UNO /ˈjunəʊ/ United Nations Organisation
UNRRA /ˈʌnrə/ United Nations Relief and Rehabilitation Administration
V Roman 5; Victory; Volt
vac /væk/ vacation
VAT /væt/ Value Added Tax, ⇨ value (3)
'V'C Vice Chairman; Vice Chancellor
'V'D Venereal Disease
'VI'P very important person
viz /vɪz/ *videlicet* namely
vol volume
vs versus
'VS'O *(GB)* Voluntary Service Overseas
W west
w watt(s); week; width; with
'w'c water closet
WCC World Council of Churches
'WH'O /hu/ World Health Organization
wk week; work
WNW west northwest
wpm words per minute
'WRA'C Women's Royal Army Corps
'WRA'F Women's Royal Air Force
'WRN'S *also* /renz/ Women's Royal Naval Service
WSW west southwest
wt weight
X Roman 10; a kiss; an unknown number, thing, name, etc
Xmas Christmas
'YH'A Youth Hostels Association
'YMC'A Young Men's Christian Association
yr year; your
'YWC'A Young Women's Christian Association

Appendix 3 **Numbers, weights and measures**
附錄三 數字及度量衡

Numbers 數字

Cardinal 基數	Ordinal 序數
1 one	*1st* first
2 two	*2nd* second
3 three	*3rd* third
4 four	*4th* fourth
5 five	*5th* fifth
6 six	*6th* sixth
7 seven	*7th* seventh
8 eight	*8th* eighth
9 nine	*9th* ninth
10 ten	*10th* tenth
11 eleven	*11th* eleventh
12 twelve	*12th* twelfth
13 thirteen	*13th* thirteenth
14 fourteen	*14th* fourteenth
15 fifteen	*15th* fifteenth
16 sixteen	*16th* sixteenth
17 seventeen	*17th* seventeenth
18 eighteen	*18th* eighteenth
19 nineteen	*19th* nineteenth
20 twenty	*20th* twentieth
21 twenty-one	*21st* twenty-first
22 twenty-two	*22nd* twenty-second
23 twenty-three	*23rd* twenty-third
30 thirty	*30th* thirtieth
38 thirty-eight	*38th* thirty-eighth
40 forty	*40th* fortieth
50 fifty	*50th* fiftieth
60 sixty	*60th* sixtieth
70 seventy	*70th* seventieth
80 eighty	*80th* eightieth
90 ninety	*90th* ninetieth
100 a/one hundred	*100th* a/one hundredth
1000 a/one thousand	*1000th* a/one thousandth
10 000 ten thousand	*10 000th* ten thousandth
100 000 a/one hundred thousand	*100 000th* a/one hundred thousandth
1 000 000 a/one million	*1 000 000th* a/one millionth

Vulgar Fractions 普通分數	Decimal Fractions 小數
$\frac{1}{8}$ an/one-eighth	0.25 (ˈnought) point ˈtwo ˌfive
$\frac{1}{4}$ a/one quarter	0.33 (ˈnought) point ˈthree ˌthree
$\frac{1}{3}$ a/one third	0.5 (ˈnought) point ˌfive
$\frac{1}{2}$ a/one half	0.75 (ˈnought) point ˈseven ˌfive
$\frac{3}{4}$ three-quarters	

Collective Numbers 集合數字

6 a half dozen/half a dozen
12 a/one dozen (24 is *two dozen* not *two dozens*)
20 a/one score
144 a/one gross

Weights and measures 度量衡

Length 長度

METRIC 公制		GB & US 英美制
10 millimetres (mm) 公釐	= 1 centimetre (cm) 公分	= 0.3937 inches (in) 吋
100 centimetres 公分	= 1 metre (m) 公尺	= 39.37 inches 吋 or 1.094 yards (yd) 碼
1000 metres 公尺	= 1 kilometre (km) 公里	= 0.62137 miles 哩 or about $\frac{5}{8}$ mile 哩

Surface 面積

100 square metres (sq m) 平方公尺	= 1 are (a) 公畝	= 0.0247 acres 噉
100 ares 公畝	= 1 hectare (ha) 公頃	= 2.471 acres 噉
100 hectares 公頃	= 1 square kilometre 平方公里	= 0.386 square miles 平方哩

Weight 重量

10 milligrams (mg) 公絲	= 1 centigram (cg) 公毫	= 0.1543 grains 喱
100 centigrams 公毫	= 1 gram (公) 克	= 15.4323 grains 喱
1000 grams (公) 克	= 1 kilogram (kg) 公斤	= 2.2046 pounds 磅
1000 kilograms 公斤	= 1 tonne 公噸	= 19.684 cwt 英擔

Capacity 容量

1000 millilitres (ml) 公撮	= 1 litre (l) 公升	= 1.75 pints 品脫 (= 2.101 US pints 品脫)
10 litres 公升	= 1 dekalitre 公斗	= 2.1997 gallons 加侖 (= 2.63 US gallons 加侖

Time 時間

60 seconds 秒	= 1 minute 分	4 weeks, or 28 days	= 1 lunar month
60 minutes 分	= 1 hour 小時	4週或28日	= 1太陰月
24 hours 小時	= 1 day 日	52 weeks, 1 day; or 13 lunar months, 1 day	= 1 year
7 days 日	= 1 week 週	52週又1日, 或13太陰月又1日	= 1年
		365 days, 6 hours	= 1 (Julian) year
		365日又6小時	= 1(凱撒曆)年

Appendix 4 **Punctuation**
附錄四 **標點使用**

.　full stop 句點

(*US* = period), used to mark the end of a sentence: 用以表示一個句子的結束:
Edward walked into the hotel. 愛德華步入旅館。

?　question mark 問號

used at the end of a direct question: 用於 '直接問句' 之末:
Who was the last to arrive? 誰是最後到達的?
(*Note:* It is not used at the end of an indirect question: 注意: 問號不用於 '間接問句' 之末:
He asked who had been the first to arrive. 他問誰是最先到達的。)

!　exclamation mark 感嘆號

(*US* also exclamation point), used at the end of a sentence expressing anger, amazement or other strong emotion: 用於句末表示憤怒、驚異或其他強烈的感情:
Get out! 滾出去!
What a wonderful surprise! 這眞是一件令人驚喜的事!

,　comma 逗點

1 used to separate items in a list: 用以分開不同項目:
Red, pink, yellow and white flowers filled the vase. 花瓶內裝滿了紅的、粉紅的、黃的和白的花。
2 used after adverbial clauses and phrases, and phrases without a verb that come before the main clause: 用於主要子句前的副詞子句、片語及無動詞片語之後:
When the sun shines brightly, the world seems a happier place. 當太陽在天空中照耀時, 這世界似乎是一個更快樂的地方。
Happy and contented, she fell asleep. 又快樂又滿足, 她睡着了。
3 used before and after any element that interrupts the sentence: 用於任何打斷一句的部分之前後:
The fire, although it had been put out, was still very hot. 那火雖然已經熄滅, 但仍然很熱。
4 used before and after a part of a sentence which gives more information about the subject: 用於進一步說明主詞的句子部分之前後:
The Alps, which are the highest mountains in Europe, are a popular centre for skiers. 滑雪人士常到的阿爾卑斯山是歐洲最高的山脈。
5 sometimes used to separate main clauses joined by a conjunction: 有時用來分隔由一連接詞連接的主要句子:
We looked forward to meeting him, but found him very unpleasant. 我們曾渴望與他會面, 然而卻發現他極不友善。

:　colon 冒號

(*formal*) **1** used after a main clause where the following statement illustrates the content of the clause: (正式用法) 用於一主要子句後, 其後的陳述進一步說明該主要子句的含義:
The garden had been neglected: it was full of weeds. 那花園乏人照顧: 裏面長滿了雜草。
2 used before a long list: 用於一列項目前:
Your shopping list should include the following items: sugar, bread, coffee, meat, vegetables. 你的購物單應包括下列各項: 糖、麵包、咖啡、肉類、蔬菜。

; **semicolon 分號**

1 used to separate two parts of a sentence which are closely related: 用來分隔兩個關係密切的句子部分:

He had never been to Russia; it had always been his ambition. 他從沒有到過蘇聯; 這一直是他的目標。

2 used to separate parts of a sentence already separated by commas: 用於分隔業經由逗點分開的句中部分:

There are two facts to consider: first, the weather; second, the expense. 有兩項事情要考慮: 第一, 天氣; 第二, 費用。

– **dash 破折號**

1 used instead of a colon or semicolon to make the writing more dramatic: 用以代替冒號或分號, 使寫作較生動:

People crowded in, ambulances arrived, flames roared into the air—it was chaos. 人們湧進, 救護車到達, 火燄高張一那是一團混亂。

2 used to isolate part of a sentence as a comment or for extra information: 用以分隔開作為評論或額外說明的句子部分:

The idea—so I believe—came from my brother. 這主意一我相信一是我弟弟提出的。

' **apostrophe 省略號; 所有格符號**

1 used with 's' to indicate the possessive: 與 s 連用表示所有格:

(a) singular noun: 單數名詞:

the dog's bone. 狗的骨頭

(b) singular noun ending in 's': 字尾為 s 的單數名詞:

the princess's smile. 公主的微笑

(c) singular proper noun ending in 's' (two possible forms): 字尾為 s 的單數專有名詞 (兩種可能的形式)

King Charles's crown; King Charles' crown. 查理王的王冠

(d) plural noun: 複數名詞:

students' books. 學生們的書

irregular plural: 不規則的複數:

men's jackets. 男人的夾克

2 used in a contracted form to indicate the omission of letters or figures: 用於縮寫式, 表示省略字母、數字:

I'm (= I am); *he's* (= he is/has); *they'd* (= they would/had); *In '77* (= 1977).

3 used with 's' to form the plural of a letter, a figure or an abbreviation, when these are used as words in their own right. In modern usage it is often omitted after a figure or a capital letter: 當某一字母、數字或略語作普通字用時, 與 s 連用形成複數。在現代用法中, 在一數字或大寫字母後, 此號常被省去:

In the 1960's/the 1960s; 二十世紀六十年代

MP's/MPs;

He can't pronounce his r's. 他的 r 音發不出來。

- **hyphen 連字號**

(*Note:* It must not be confused with the dash, which separates parts of a sentence. The hyphen is half the length of the dash.) (注意: 連字號不可與破折號相混, 後者分隔句中的若干部分。連字號的長度為破折號的一半。)

1 used to form a compound from two other words: 用以連接兩個字形成一複合詞:

hard-hearted 無情的; *radio-telescope* 無線電望遠鏡; *fork-lift truck* 叉式起重車.

2 used to form a compound from a prefix: 用以連接一字首而形成一複合詞:

pre-recorded 預先錄音; *ex-president* 前任總統; *anti-Fascist* 反法西斯的.

3 used to form a compound word from two other words which are separated by a preposition: 用以連接中間加一介詞的兩個字, 而形成一複合詞:
mother-in-law 岳母; *out-of-date* 過時的.
4 (esp *GB*) sometimes used to separate a prefix ending in a vowel from a word beginning with that same vowel: (尤其是用於英國) 有時用以分隔一字首與一字, 若該字首的末尾字母與該字起首的字母爲相同的母音:
co-ordination 同等; *re-elect* 再選; *pre-eminent* 卓越的.
5 used in word-division at the end of a written line. 用於行末的斷字

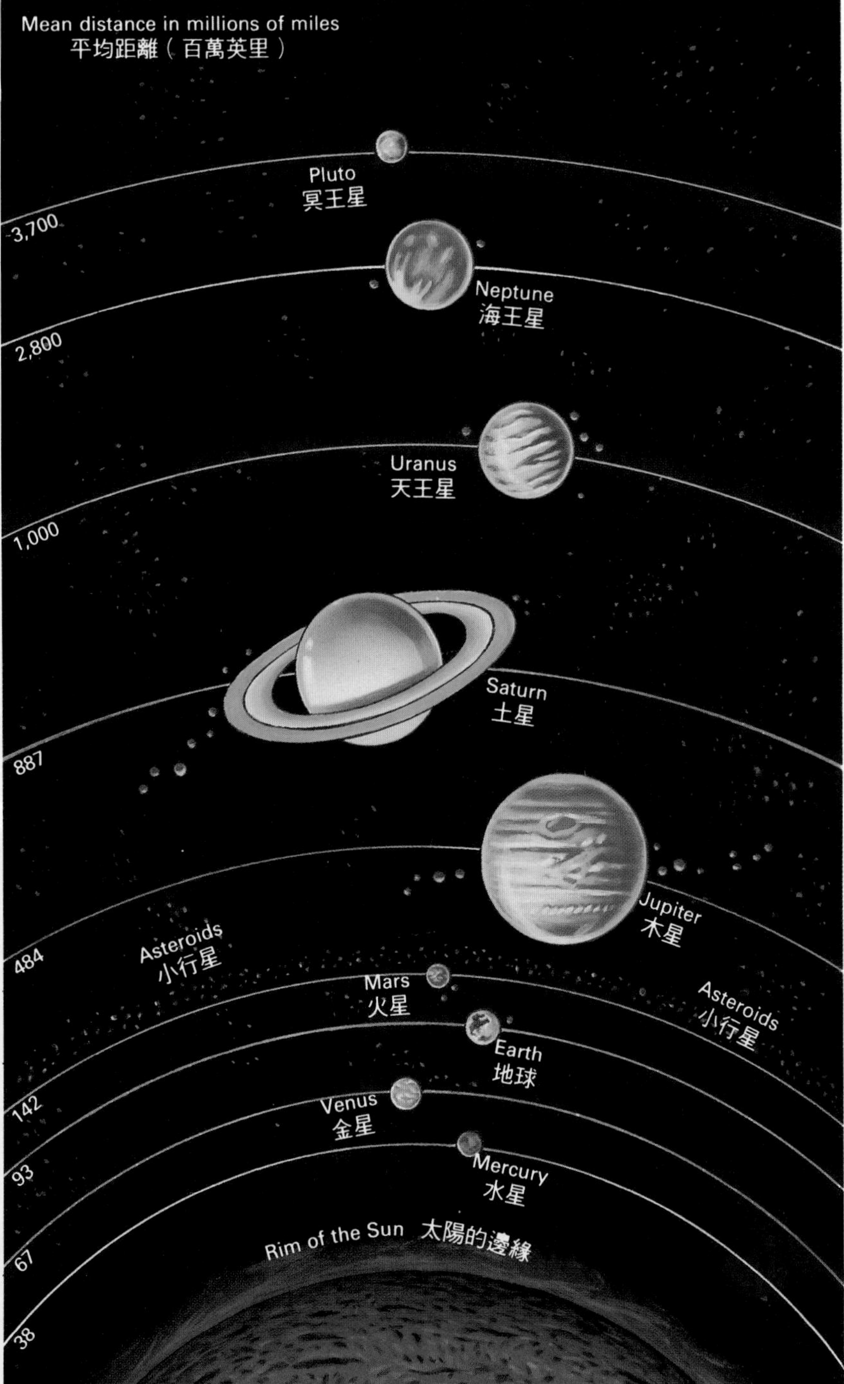
Mean distance in millions of miles
平均距離（百萬英里）
Pluto
冥王星
3,700
Neptune
海王星
2,800
Uranus
天王星
1,000
Saturn
土星
887
Jupiter
木星
484
Asteroids
小行星
Mars
火星
Asteroids
小行星
Earth
地球
142
Venus
金星
93
Mercury
水星
67
Rim of the Sun 太陽的邊緣
38

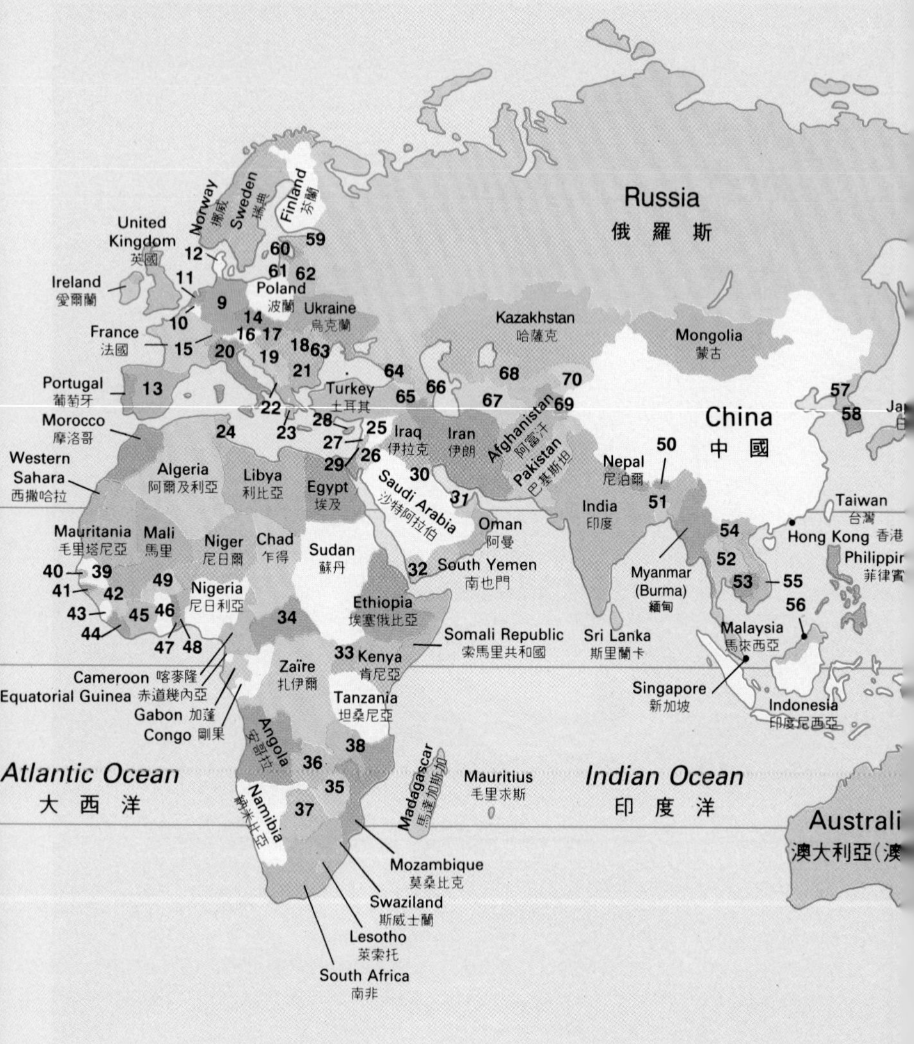

1 Belize 伯利茲
2 Costa Rica 哥斯達黎加
3 Panama 巴拿馬
4 Colombia 哥倫比亞
5 Ecuador 厄瓜多爾
6 Bolivia 玻利維亞
7 Paraguay 巴拉圭
8 Uruguay 烏拉圭
9 Germany 德國
10 Belgium 比利時
11 Netherlands 荷蘭
12 Denmark 丹麥
13 Spain 西班牙
14 Czechoslovakia 捷克
15 Switzerland 瑞士
16 Austria 奧地利
17 Hungary 匈牙利
18 Romania 羅馬尼亞
19 Yugoslavia 南斯拉夫
20 Italy 意大利
21 Bulgaria 保加利亞
22 Albania 阿爾巴尼亞
23 Greece 希臘
24 Tunisia 突尼斯
25 Syria 敍利亞
26 Jordan 約旦
27 Lebanon 黎巴嫩
28 Cyprus 塞浦路斯
29 Israel 以色列
30 Kuwait 科威特
31 United Arab Emirates 阿拉伯聯合酋長國
32 Yemen 也門
33 Uganda 烏干達
34 Central African Rep. 中非共和國

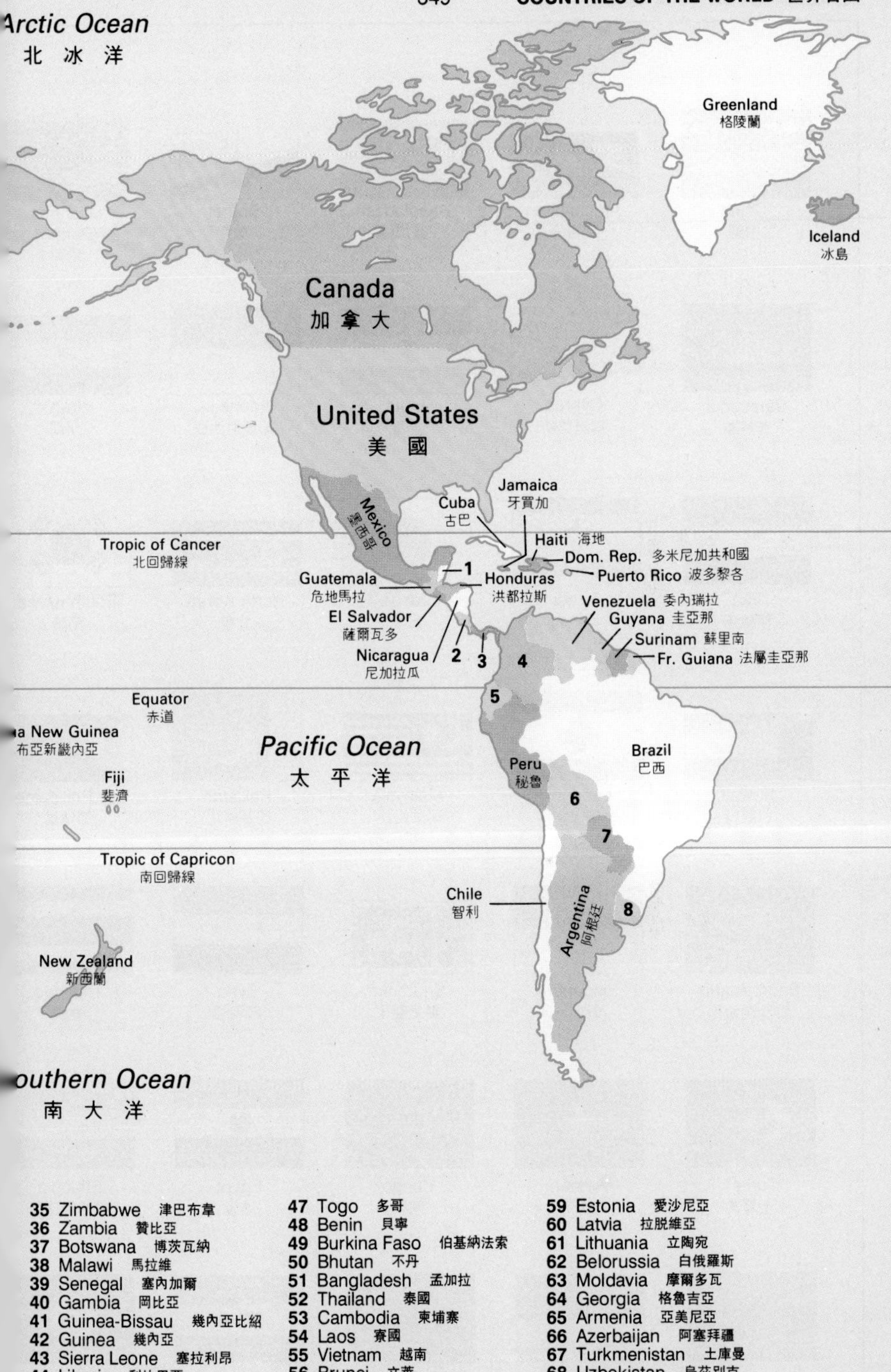

35 Zimbabwe 津巴布韋
36 Zambia 贊比亞
37 Botswana 博茨瓦納
38 Malawi 馬拉維
39 Senegal 塞內加爾
40 Gambia 岡比亞
41 Guinea-Bissau 幾內亞比紹
42 Guinea 幾內亞
43 Sierra Leone 塞拉利昂
44 Liberia 利比里亞
45 Ivory Coast 象牙海岸
46 Ghana 加納
47 Togo 多哥
48 Benin 貝寧
49 Burkina Faso 伯基納法索
50 Bhutan 不丹
51 Bangladesh 孟加拉
52 Thailand 泰國
53 Cambodia 柬埔寨
54 Laos 寮國
55 Vietnam 越南
56 Brunei 文萊
57 North Korea 北韓
58 South Korea 南韓
59 Estonia 愛沙尼亞
60 Latvia 拉脫維亞
61 Lithuania 立陶宛
62 Belorussia 白俄羅斯
63 Moldavia 摩爾多瓦
64 Georgia 格魯吉亞
65 Armenia 亞美尼亞
66 Azerbaijan 阿塞拜疆
67 Turkmenistan 土庫曼
68 Uzbekistan 烏茲別克
69 Tadzhikistan 塔吉克
70 Kirghizia 吉爾吉斯

China
中國

Afghanistan
阿富汗

Bangladesh
孟加拉

Brunei
文萊

Myanmar
(Burma)
緬甸

Cambodia
柬埔寨

Cyprus
塞浦路斯

India
印度

Indonesia
印度尼西亞

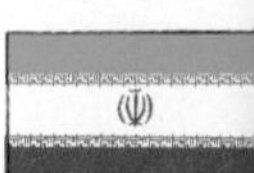
Iran
伊朗

Iraq
伊拉克

Israel
以色列

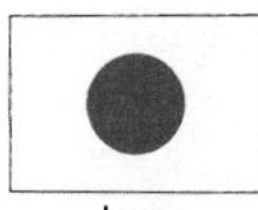
Japan
日本

North Korea
北韓

South Korea
南韓

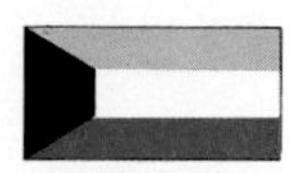
Kuwait
科威特

Lebanon
黎巴嫩

Malaysia
馬來西亞

Pakistan
巴基斯坦

The Philippine
菲律賓

Saudi Arabia
沙地阿拉伯

Singapore
新加坡

Sri Lanka
斯里蘭卡

Syria
敍利亞

Thailand
泰國

Turkey
土耳其

Vietnam
越南

Congo
剛果

Egypt
埃及

Ethiopia
埃塞俄比亞

Libya
利比亞

Mauritius
毛里求斯

Morocco
摩洛哥

South Africa
南非

Tunisia
突尼西亞

Uganda
烏干達

Austria
奧地利

Belgium
比利時

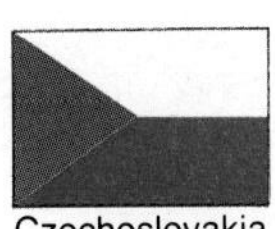
Czechoslovakia
捷克

Denmark
丹麥

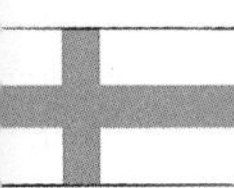
Finland
芬蘭

France
法國

Nepal
尼泊爾

Germany
德國

Greece
希臘

Hungary
匈牙利

Iceland
冰島

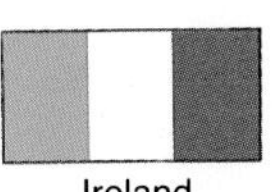
Ireland
愛爾蘭

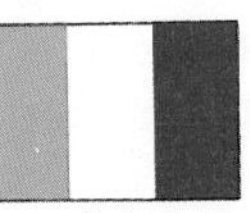
Italy
意大利

Malta
馬爾他

Holland
荷蘭

Norway
挪威

Poland
波蘭

Portugal
葡萄牙

Spain
西班牙

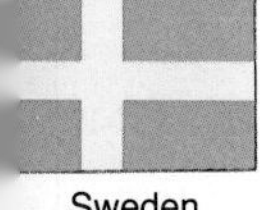
Sweden
瑞典

Switzerland
瑞士

United Kingdom
英國

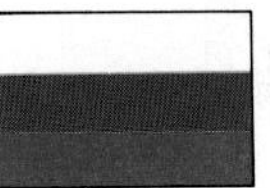
Russia
俄羅斯

Yugoslavia
南斯拉夫

Argentina
阿根廷

Brazil
巴西

Canada
加拿大

Chile
智利

Cuba
古巴

Mexico
墨西哥

Peru
秘魯

The United States of America
美國

Australia
澳洲

New Zealand
新西蘭

Camping 露營

Basketball 籃球

Running 跑步

1 ridge tent 脊形帳篷
2 flysheet 帳篷頂
3 tent peg 帳篷釘
4 mallet 槌
5 sleeping bag 睡袋
6 bellows 手用吹風機
7 charcoal 炭
8 charcoal grill 炭火烤架
9 water carrier 水袋
10 erected awning 帆布篷
11 air mattress 氣床墊
12 storm lantern 防風燈
13 backboard 籃板
14 basket 籃
15 basket ring 籃圈
16 basketball player shooting 投籃運動員
17 end line 底線
18 restricted area 禁區
19 free-throw line 罰球線
20 starting block 起步器
21 adjustable pedal 活動踏板
22 start 起跑
23 crouch start 蹲踞式
24 clearing the hurdle 過欄
25 hurdle 欄架

Cycle racing 腳踏車（自行車）競賽

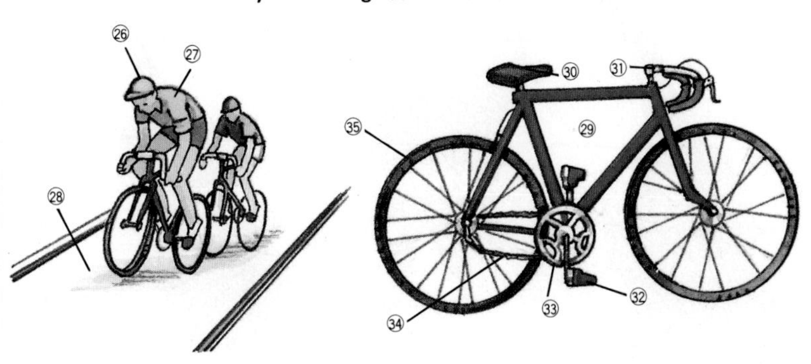

Swimming 游泳

Football 足球

26 crash hat 安全帽（防護帽）
27 racing jersey 競賽運動衣
28 cycling track 賽車場跑道
29 racing cycle (racing bicycle) 競賽用腳踏車（自行車）
30 saddle 車座
31 handlebar 把手
32 toe clip 腳踏套
33 strap 皮帶
34 chain 鏈條
35 tubular tyre 管式車胎
36 breaststroke 蛙泳
37 butterfly stroke 蝶泳
38 crawl stroke 爬泳（自由式）
39 backstroke 仰泳，背泳
40 diving (underwater swimming) 潛水
41 treading water 踩水
42 goal 球門
43 crossbar 球門橫木
44 goalpost 球門柱
45 goal-keeper 守門員
46 goal kick 球門球
47 penalty kick 罰球
48 wall 人牆
49 free kick 任意球（自由球）

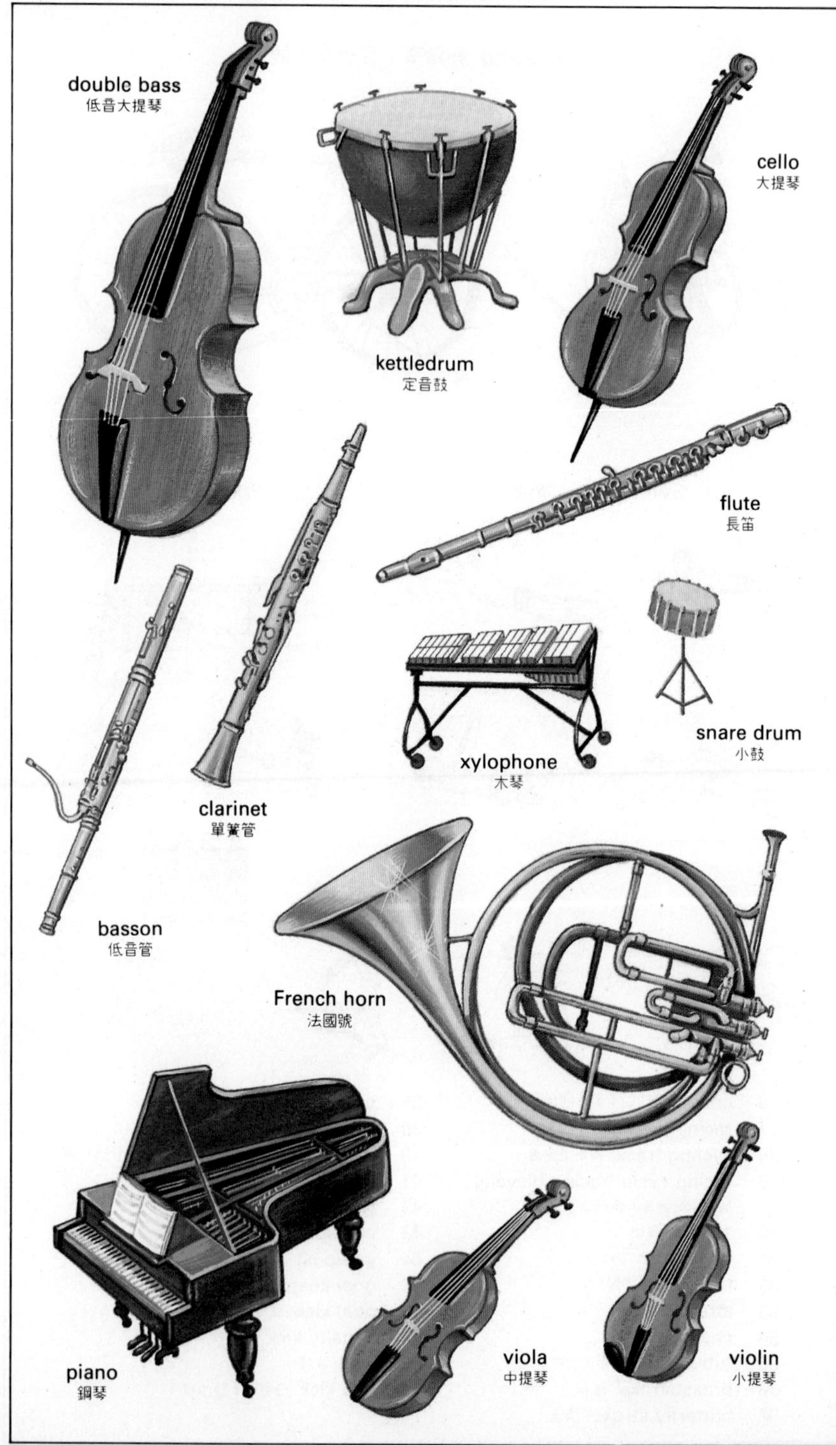
double bass
低音大提琴
kettledrum
定音鼓
cello
大提琴
flute
長笛
snare drum
小鼓
xylophone
木琴
clarinet
單簧管
basson
低音管
French horn
法國號
piano
鋼琴
viola
中提琴
violin
小提琴

accordian
手風琴
triangle
三角鐵
cymbals
鈸
harp
豎琴
bass drum
大鼓
tambourine
鈴鼓
saxophone
薩克管
trumpet
小號
tuba
大號
guitar
六弦琴（結他）

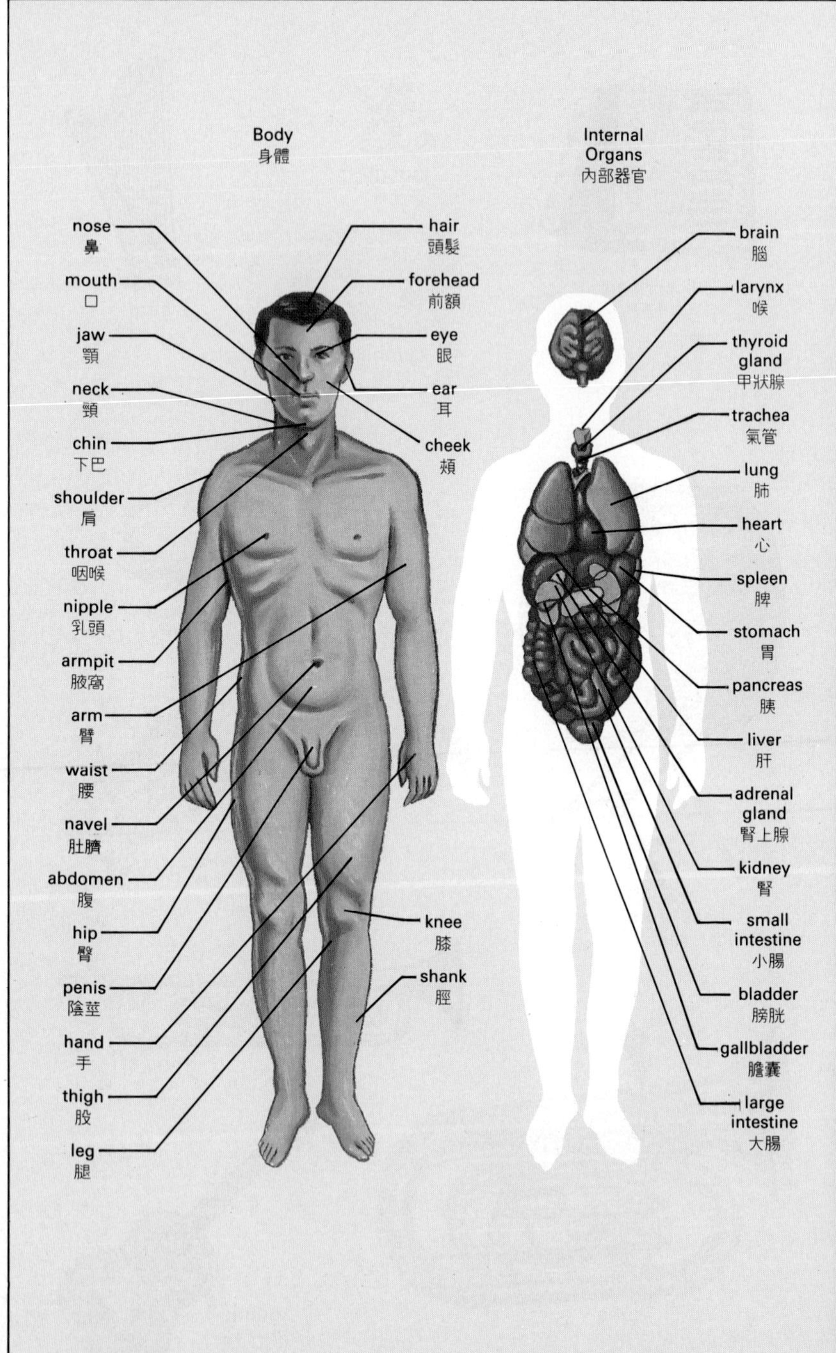
Body
身體
nose
鼻
mouth
口
jaw
顎
neck
頸
chin
下巴
shoulder
肩
throat
咽喉
nipple
乳頭
armpit
腋窩
arm
臂
waist
腰
navel
肚臍
abdomen
腹
hip
臀
penis
陰莖
hand
手
thigh
股
leg
腿
hair
頭髮
forehead
前額
eye
眼
ear
耳
cheek
頰
knee
膝
shank
脛
Internal Organs
內部器官
brain
腦
larynx
喉
thyroid gland
甲狀腺
trachea
氣管
lung
肺
heart
心
spleen
脾
stomach
胃
pancreas
胰
liver
肝
adrenal gland
腎上腺
kidney
腎
small intestine
小腸
bladder
膀胱
gallbladder
膽囊
large intestine
大腸

漢英小詞典

Chinese-English Minidictionary

漢英小詞典

Chinese – English Minidictionary

一、《漢英小詞典》共收錄了七千多個漢語詞條以及它們的英語翻譯。選詞標準乃根據現有的漢語詞頻統計結果，其中包括香港教育署《香港初中學生中文辭匯研究》等資料。英語翻譯方面，則主要參考《牛津初階英漢雙解詞典》的英漢部分。《漢英小詞典》由張日昇博士編寫。

二、本部分的內容主要配合《牛津初階英漢雙解詞典》英漢部分的程度，並嘗試加入若干較深的英文詞語，務求盡量提高學生的語文能力及豐富他們的詞彙。

三、檢索方法：

（1）先找出詞語第一個字的筆劃數目。如檢索「工業」這個詞時，須先算出「工」字共有三劃，然後翻到「三劃」的部分。

（2）再找出該字的第一筆屬於「、」點、「一」橫、「丨」豎、「丿」撇、「乛」折（包括「亅」、「㇆」、「乚」、「𡿨」等筆形）的哪一類，按此順序翻到所屬類別。如「工」字起筆爲「一」，故列於三劃的「一」類。

（3）如詞語的第一個字相同，則按第二個字筆劃的多少順序排列；第一和第二個字都相同的，再按第三個字的筆劃多少排列。例如，以「工業」兩字開首的詞語的排列次序是「工業」、「工業化」、「工業革命」、「工業區」。

（4）英文詞語方面，意思及詞性相同的以「，」分隔，意思不同或詞性不同的以「；」分隔。

一劃

[一]

一一 one by one, one after another
一下 once; in a short while
一口 a bite; with certainty
一切 all, everything
一片 a slice; a scene
一半 half
一旦 in a very short time; in case, once
一生 all one's life
一共 altogether, in all, in a total
一再 again and again, repeatedly, time and again
一同 together, at the same time
一向 consistently, all along
一如 the same as, just as
一次 once, one time
一百年 a century
一批 a batch
一些 certain, some, a little
一併 along with, in a lump
一卷 a roll; a volume
一季 a season, a quarter
一定 must; certainly, surely
一直 straight; always, all along
一度 once, on one occasion
一律 all, without exception, flat
一致 identical, consistent, unanimous
一時 for a short while; accidentally
一般 general, ordinary, common; generally
一起 together
一陣 a burst; a fit; a peal
一圈 a lap, a circuit
一帶 nearby areas
一貫 consistent; persistently, all along
一連串 a succession of, a series of
一部分 a fraction, a portion, a part
一會 in a little while; presently
一節課 a period, a lesson
一經 as soon as, once
一路 all the way; of the same kind
一對 a couple, a pair
一齊 at the same time, together, in unison
一樣 the same, equally, alike
一輩子 all one's life, a lifetime
一點 a bit, a little
一邊 one side

二劃

[一]

七 seven
七彩 colourful
九 nine
了不起 amazing, terrific, extraordinary
二 two
二位數 binary digit
刀 knife
刀片 razor blade
力 power, strength, force
力求 work hard for, strive, do one's best to
力量 power, strength, force
十 ten
十分 very, fully, extremely
十字 cross
十字軍 Crusade
十足 hundred per cent; sheer, downright
十進制 the metric system, the decimal system
十進數 denary number

[丿]

人 human being, person
人人 everybody, everyone
人力 manpower, labour
人口 population
人士 person, figure; people
人工 man-made, artificial
人才 talented person, able man, talent
人民 people
人生 life
人事 personnel matters, ways of the world, human affairs
人物 figure; character
人們 people
人員 personnel, staff
人格 personality; moral quality
人情味 genuine human warmth, human touch, human interest
人造 man-made, artificial, synthetic
人造衛星 satellite
人間 human world, man's world, the world
人猿 ape
人群 crowd, throng, multitude
人像 portrait
人選 candidate, person properly chosen
人類 mankind, humanity, human species

人體 human body
入 get into, enter; join
入口 entrance
入口貿易 import
入息 income
八 eight

[乛]
又 again, once more; on top of

三劃

[丶]
亡 run away; lose; die
亡國 cause a state to perish; a conquered nation
之下 under
之上 on
之內 within
之外 besides this; in addition to
之前 ago, before, prior to
之後 after, afterwards, later
之間 in the midst of, between
之際 when, during, on the occasion
之類 and his / her / its kind

[一]
三 three
三角形 triangle
三明治 sandwich
三腳架 tripod
下 under; inferior; time; next; get off; fall; give birth to
下一代 next generation
下午 afternoon
下巴 chin
下令 give orders, order
下列 following, listed below / hereunder
下旬 the last ten days of a month
下次 next time
下沉 sink
下車 get off (a train), get out (of a car)
下降 drop, fall, decline
下面 below, under; next; following
下挫 drop, fall; downturn
下班 stop work, knock off
下游 lower reaches (of a river)
下跌 drop, fall; downturn
下周 next week
下落 whereabouts; drop, fall
下端 the lower end
下課 class dismissed, class over
下頜 lower jaw
丈夫 husband; man
土 soil; land; native; homemade; old-fashioned
土地 land, soil, territory
土壤 soil
士人 scholar, educated man
士兵 the rank and file, soldiers, privates
士氣 morale, fighting spirit
大 big; heavy; loud; greatly, fully
大人 adult, grown-up; Your Excellency
大力 vigorously, energetically
大小 size; big and small; adults and children
大方 natural and poised; generous; in good taste
大地 the earth
大多數 the great majority, the bulk
大臣 minister
大自然 nature
大事 major event, important matter; in a big way
大使 ambassador
大拇指 thumb
大抵 in the main, on the whole, generally speaking
大門 main gate, front door
大型 large-sized, large-scale
大為 greatly, markedly
大約 approximately, about; probably
大致 generally, roughly, more or less
大軍 main forces; army; large contingent
大家 all, everybody; master
大師 master, authority
大氣層 atmospheric layer
大海 sea, ocean
大專 institutes of tertiary education, universities and colleges
大理石 marble
大眾 the masses, the people, the public
大陸 continent, mainland
大麥 barley
大量 large number, great quantity; generous
大廈 building, mansion
大會 conference, assembly, meeting
大概 probably; general idea; rough
大漢 big / hefty / burly fellow
大腿 lap
大學 university, college
大學生 university student
大聲 loudly, aloud
大膽 bold, daring, audacious
寸 inch
工 worker; work; industry
工人 worker, workman, labourer
工夫 time; skill; martial arts
工匠 craftsman
工作 work, job, task
工具 tool, instrument, implement
工商界 industrial and commercial circles
工商業 industry and commerce
工場 workshop
工程 engineering, project
工程師 engineer
工會 trade union
工業 industry; industrial
工業化 industrialization
工業區 industrial zone
工資 wages, salary, pay
工廠 factory, plant, works
干涉 interfere; interference
干預 intervene; interfere
才 just; only
才能 ability, talent
才智 ability and intelligence

[丨]
上 go up; go ahead; upper; preceding
上下 old and young; high and low; about
上午 morning
上升 rise, go up; ascend, climb
上古 pre-historic time
上司 superior, boss
上台 appear on stage; come to power
上市 go on the market; shares listed
上車 get into a car
上來 come up
上空 in the sky
上帝 God
上映 show a film
上述 above-mentioned

上班 go to work, be on duty
上陣 go into battle; pitch into the work
上進 go up; make progress
上演 put on the stage, perform
上端 the top end
上層 higher levels, higher leadership; top deck
上課 attend class; conduct a class
上學 go to school
上癮 be addicted
山 hill, mountain, mount
山火 hill fire
山地 mountainous region, hilly country
山谷 valley
山坡 hillside, mountain slope
山林 mountain forest, wooded mountain
山洞 cave
山峰 mountain peak
山脈 mountain range, mountain chain
山區 mountain area
山頂 the summit of a mountain, peak, hilltop
山頭 hilltop
口 mouth; opening
口角 quarrel, bicker, wrangle
口味 taste; flavour of food
口氣 tone; manner of speaking; implication

[ノ]

凡 any, all; ordinary; this mortal world
久 for a long time, long
乞丐 beggar
乞求 beg, supplicate, implore
千 thousand; a great number of
千米 kilometre
千克 kilogram
千萬 by all means; ten million
夕 sunset; evening; eve
川 river

[乛]

也 also, too, as well
也不 neither … nor
也許 perhaps, probably, maybe
叉 fork
女 girl, woman, female; daughter
女士 lady
女主角 leading lady
女巫 witch
女兒 daughter; girl
女性 female
女朋友 girl friend
女孩 girl
女皇 empress
女郎 young woman, maiden, girl
女校 school for girls
女神 goddess
女傭 maid
女演員 actress
女襯衫 blouse
子女 son and daughter, children
子弟 children, young dependents
子孫 descendants, offspring
子彈 bullet
小 small; young; for a short time
小丑 clown
小巴（方言） mini-bus, light bus
小心 careful, cautious; take care
小事 trivial matter, trifle, petty thing
小叔 husband's younger brother
小姐 Miss; young lady
小型 small-sized, miniature, small-scale
小孩 child
小屋 hut
小巷 lane
小島 isle
小徑 track, path, trail
小時 hour
小馬 pony
小偷 thief
小組 group
小販 pedlar, hawker, vendor
小鳥 bird
小麥 wheat
小提琴 violin
小量 a little, a few
小童 child
小路 track, path, trail
小睡 nap
小說 novel, fiction
小數 decimal
小學 primary school
小貓 kitten
小雞 chicken
小鬍子 moustache
弓 bow
己 self; oneself
已 already; stop
已知數 known number
已經 already

四劃

[、]

斗篷 cape, cloak
六 six
六邊形 hexagon
心情 state of mind, mood
心理 psychology, mentality
心理學 psychology
心境 mood
心算 mental arithmetic
心願 wish, aspiration, cherished desire
心臟 heart
心臟病 heart disease
心靈 soul, spirit
户 door; household; account
户口 households; registered residence
户主 household head
户外 outdoor
文 writing; language
文化 culture; education
文件 documents, papers
文字 words; characters; written language
文明 civilization; civilized
文法 grammar
文員 clerk
文章 article, essay; writings
文學 literature
文藝 art and literature
方法 method, way, means
方便 convenient; convenience; facilitate
火 fire; anger
火山 volcano
火災 fire
火車 train
火車頭 locomotive
火花 spark
火星 Mars
火炬 torch

火柴 match
火焰 flame
火葬 cremation
火腿 ham
火箭 rocket
火險 fire insurance
火藥 gunpowder
火警 fire alarm

[一]
不 not
不久 soon, before long; soon after
不及 not as good as; find it too late
不少 many
不止 more than, not only; without stop
不可能 impossible
不外 none other than, nothing more than
不必 need not, not have to, needless
不用 need not, not have to, needless
不同 different from, distinct from; various
不合法 illegal, unlawful, illicit
不在 absent, not around
不如 not as good as, inferior to
不但 not only
不免 unavoidable
不妨 no harm, might as well
不足 lack, insufficient, inadequate
不幸 misfortune; unfortunately
不服從 disobey
不便 inconvenient, unsuitable
不要緊 unimportant; does not matter, never mind
不重要 minor, unimportant, insignificant
不料 unexpectedly
不時 from time to time, now and then, occasionally
不能 cannot, unable
不高興 cross, unhappy
不停 non-stop; continuously
不規則 irregular
不單 not only
不堪 cannot bear, unbearable; extremely
不然 not so; otherwise, if not
不僅 not only
不禁 cannot help
不過 merely, no more than; but, however
不像 unlike
不滿 resent, be dissatisfied
不管 regardless of, no matter
不論 whether … or, regardless of, no matter
不獨 not only
不錯 right, correct; not bad
不斷 unceasing, continuous
云 say
井 well
互 mutual, each other
互相 mutual; mutually
互補 complement; complementary
五穀 food crops
元 dollar; chief; first
元音 vowel
元氣 vitality, vigour
元素 element
切 cut, slice
切勿 must never
友誼 friendship
卅 thirty
友 friend
友好 friendly, amicable; friend
友善 friendly, amicable
天 sky; day; Heaven
天下 the world
天子 emperor
天才 genius; talent, gift
天井 yard
天天 every day, each day, daily
天文 astronomy
天文台 observatory
天台 terrace
天平 balance
天生 born to be
天色 time of the day; weather; colour of the sky
天災 natural disaster, calamity
天使 angel
天花板 ceiling
天堂 heaven
天賦 gift
天鵝 swan
夫 husband; man
夫人 Mrs, Madame, Lady
夫妻 husband and wife
夫婦 husband and wife
太 excessively, too; very
太子 prince
尤其 especially, particularly, in particular
支付 pay, defray; payment
支出 expenses, expenditure; disburse
支持 support; backing; hold out
支持者 supporter, follower
支氣管 bronchi
支配 allocate, arrange; control
支票 cheque, check
支援 support, aid, assist
支撐 sustain, support, prop up
太太 Mrs, wife
太平 peace; peaceful
太空 outer space, space
太陽 sun; sunshine, sunlight
太陽光 sunshine, sunbeam
太陽系 solar system
太陽能 solar energy
太過 too, excessively; extremely
木 tree; wood; wooden
木片 wood chip
木匠 carpenter
木材 timber, lumber
木板 plank, board
木屋 squatter's hut
木炭 charcoal
木偶 puppet
木桶 bucket
木製 wooden
木箱 wooden trunk
牙痛 toothache
牙膏 toothpaste
牙齒 tooth
王子 prince
王室 royal family
王國 kingdom
王朝 dynasty

[丨]
中 middle; in, among
中午 noon, midday
中心 centre, heart; central
中文 the Chinese language
中央 centre, middle; central authorities
中年 middle-aged

中式 Chinese style
中和 neutralize
中性 neutral
中指 the middle finger
中毒 be poisoned; poisoning; toxic
中秋 Mid-Autumn Festival
中途 halfway, midway
中部 middle part, central part
中暑 sunstroke
中期 interim
中等 medium, moderate; secondary
中華 China
中間 among, between; centre, middle
中飯 lunch
中葉 middle period
中學 middle school, secondary school
中點 midpoint
中斷 suspend, break off, discontinue
中藥 traditional Chinese medicine
內 inner, within, inside
內心 heart, the bottom of one's heart, the inner world
內向 introvert
內地 inland, hinterland, interior
內疚 feel guilty, compunction
內政 internal / home / domestic affairs
內容 content, substance, ground
內部 inside, internal, interior
內戰 civil war
日出 sunrise
日落 sunset
日曆 calendar
曰 say
止 suspend, stop; till
片 piece; slice; chip
片刻 an instant, a moment, a short while
片段 extract, fragment, episode, part

[ノ]

仁 benevolence, kindheartedness, humanity
仁者 good-hearted person, benevolent person
仁慈 mercy; kind, merciful
仍然 still, yet
仍舊 still, yet; remain the same
今 present; now; modern
今午 this afternoon
今天 today
今日 today
今年 this year
今早 this morning
今次 this time
今夜 tonight
今後 from now on, in future, in the days to come
介乎 lie between
介紹 introduce; suggest, recommend
介意 feel hurt; care, mind
分 mark; separate; distribute
分子 numerator; molecule; member
分工 division of labour
分公司 branch, subsidiary company
分手 separate, say good-bye, part
分母 denominator
分成 divide into
分布 distribution; distribute, spread
分別 difference; part; respectively, separately
分貝 decibel
分享 share, partake
分明 clearly distinguished; clearly, plainly
分析 analyse; analysis
分泌 secrete
分派 assign; distribute
分為 divide into
分級 grade, classify, rate
分配 allocate, distribute; allocation, distribution
分做 divide into
分組 divide into groups
分割 cut apart, separate, carve up
分散 disperse, scatter, decentralize
分期付款 pay by instalments
分裂 split, break up
分量 amount; weight; significance
分開 separate, part
分解 resolve; decompose, breakdown
分數 fraction; mark
分辨 distinguish, differentiate
分離 separate, part
分類 classify, break down
分鐘 minute
分攤 split, share
公 public; fair; metric; male; official business
公元 A.D.
公元前 B.C.
公升 litre
公尺 metre
公斤 kilogram
公牛 bull
公司 company, firm, corporation
公平 fair, just, impartial
公共 public, common, communal
公式 formula
公布 announce, make public, promulgate
公里 kilometre
公務員 civil servant
公眾 the public
公頃 hectare
公寓 apartment
公共援助 public assistance
公開 make public; open, public
公園 park, garden
公認 generally recognized, universally acknowledged
勾 hook
勿 do not, be not allowed
化 convert; dissolve
化石 fossil
化合 chemical combination
化合物 compound
化妝 make up, apply cosmetics
化妝品 cosmetics
化學 chemistry
化學家 chemist
化簡 simplify
午 noon, midday
午夜 midnight
午後 afternoon
午飯 lunch, midday meal, luncheon
午餐 lunch, midday meal, luncheon
升 litre; move upward; promote
升降 the ups and downs
升起 rise; hoist
升高 go up, ascend
升學 enter a higher school
牛 ox; cow; cattle
牛奶 milk
牛肉 beef
牛油 butter
毛 hair; feather; ten cents

毛巾 towel
毛孔 pore
毛皮 fur
毛衣 woollen sweater
毛刷 brush
毛病 trouble; illness; defect
毛蟲 caterpillar
氏族 clan
反 turn over; oppose; in an opposite direction; inside out
反比 inverse ratio / proportion
反正 in any case, anyway, anyhow
反而 instead, on the contrary
反抗 resist, revolt, oppose
反叛 revolt, rebel; rebellious
反映 mirror, reflect; report
反常 unusual, abnormal, strange
反對 oppose, be against, object
反彈 bounce
反應 reaction, response, repercussion
反覆 fickle, not dependable; repeatly
手 hand
手冊 handbook, manual
手帕 handkerchief
手法 skill; trick; practice
手指 finger
手段 means, method; trick
手推車 trolley, cart
手術 surgical operation
手袋 handbag
手掌 palm
手腕 skill; wrist
手勢 gesture, signal, sign
手勢語 sign language
手電筒 torch (Gt. Brit.), flashlight (U.S.)
手錶 wrist watch
手臂 arm
手藝 craft; craftsmanship, workmanship
手續 procedures, formalities
手續費 service charge, commission
斤 catty, jin
月 month
月台 platform
月份 month
月光 moonlight
月亮 the moon
月球 the moon
月薪 monthly pay, monthly salary
欠缺 lack, be deficient in, be short of
欠債 owe, be in debt; debt, liabilities
爪 claw
父母 father and mother, parents
父親 father
乏 lack, shortage

[乛]
凶 fierce; terrible, fearful; inauspicious
允許 allow, consent, permit; permission
及 and
及早 at an early date, as soon as possible
及至 until, upto
及時 timely, in time for
尺 foot
尺寸 proportions; size
尺碼 size
巴士（方言） bus
幻想 day dream, fancy, fantasy
幻燈片 slide
幻覺 fancy, illusion

廿 twenty
引 lead; cause; attract
引用 quote, cite
引致 lead to
引起 give rise to, lead to, cause
引進 introduce
引誘 lure, seduce
引導 guide, lead
引擎 engine
孔 hole, opening
少 few, little; lack; young
少女 young girl
少年 youth; juvenile, young people
少於 below, less than
少許 a little
少數 a small number, minority
少數民族 national minority
毋須 need not, not necessary, needless
比 compare
比方 analogy, instance
比如 for example, for instance, such as
比例 ratio, proportion; scale
比起 compare with; compare to
比率 ratio, rate
比喻 analogy; metaphor; simile
比較 compare, contrast; comparatively; quite
比賽 match, competition, contest, race
水 water; liquid
水手 seaman, sailor
水平 standard, level; horizontal
水分 moisture
水池 pool
水災 flood, inundation
水果 fruit
水泥 cement
水星 Mercury
水流 current, flow; streams
水面 water surface
水庫 reservoir
水桶 pail, bucket
水壺 kettle
水晶體 crystal
水源 waterhead
水準 level, standard
水蒸氣 vapour, steam
水銀 mercury
水稻 rice; paddy

五劃

[丶]
主 master; God; main
主人 owner, master; host
主力 main force
主任 head, chief
主角 the leading role
主持 be in charge of; preside over
主要 main, major, chief
主席 chairman, chairperson; president
主動 initiative; of one's own accord; active
主張 view, proposition; hold
主控官 prosecutor
主教 bishop
主意 idea, plan, decision
主義 doctrine
主演 play the leading role; starring; feature
主辦 organize, sponsor
主題 topic, theme, subject
主題曲 theme song

主權 sovereignty
主體 main body, principal part; subject
主觀 subjective
半 half, semi-; halfway
它 it
市 market; city
市民 citizen, townsman
市面 business, market conditions
市區 urban district
市場 marketplace, market
市道 market conditions
市價 market price
市鎮 town
必 certainly; must, have to
必要 necessary, indispensable, essential
必然 inevitable, certain
必須 must, have to
必需 necessary, indispensable
永 perpetually, forever, always
永久 permanent, everlasting; forever
永遠 always, forever, ever
立 stand; establish; immediate
立方米 cubic metre
立方厘米 cubic centimetre
立方毫米 cubic millimetre
立方體 cube
立即 immediately, at once, promptly
立刻 immediately, at once, right away
立場 position, stand, stand point
立體 three-dimensional; solid

[一]
世 life; generation; era; world
世人 common people
世界 world
世紀 century
世間 in the world, on earth
刊 publish; print
刊物 publication; periodical
刊登 publish, carry
功 merit, achievement; result
功力 force and skill
功夫 time; workmanship; effort
功用 use, function
功臣 meritorious person
功效 efficacy, effectiveness
功能 function
功課 schoolwork, homework
功績 merits and achievements; contribution
去 go; leave; remove
去世 die, pass away
去年 last year
去到 arrive; get to
去過 have once been
可 approve, permit; may
可以 can, may; pretty good, okay
可行 practical, feasible
可見 it is thus clear that; foreseeable
可怕 fearful, terrible, frightful
可信 believable, credible
可是 but, yet, however
可笑 laughable, ridiculous, funny
可能 possible, probable; maybe
可能性 possibility, probability
可惜 it's a pity, it's too bad
可喜 gratifying, heartening, encouraging
可愛 lovable, lovely, likable
可敬 worthy of respect, respected
可憐 pitiful, poor; miserable
可靠 reliable, dependable, trustworthy
可觀 considerable, impressive, remarkable
古 ancient, old
古典 classical
古怪 odd, eccentric, strange
古書 ancient book
古董 antique, curio
古語 old saying
右 right, right side
右手 right hand; right-handed
巨大 huge, enormous, gigantic
巨型 large
巧 skilful, clever; by chance
左 left, left side
左手 left hand; left-handed
布 cloth; declare, proclaim
布丁 pudding
布景 setting, scenery, scene
布置 arrangement; arrange, decorate
平 flat, level; equal
平凡 ordinary, common, usual
平分 divide equally, go fifty-fifty, share and share alike
平手 tie with, draw
平民 common people
平地 flat ground
平安 safe and sound, well, without mishap
平行 of equal rank; parallel
平均 average; equally
平坦 level, smooth
平面 plane
平原 plain
平時 normal times
平常 common, ordinary; ordinary occasions
平淡 dull, prosaic, monotonous
平等 equality; equal
平滑 level and smooth
平衡 balance, equilibrium
平靜 calm, quiet, tranquil
平穩 smooth and steady
打 beat; fight; dozen
打字 type
打字員 typist
打字機 typewriter
打岔 interrupt, cut in
打扮 make up; dress up
打呵欠 yawn
打破 break, smash, upset
打鬥 fight
打掃 sweep
打發 send; send away; while away (the time)
打開 open
打碎 smash, break into pieces
打電話 ring, call, phone
打算 plan, intend
打賭 bet, gamble
打擊 hit, strike, attack
打翻 upset, overturn
本 root; foundation; capital; this
本人 I
本土 native
本地 local
本地人 native
本利和 principal and interest
本身 itself
本來 original; at first; in the first place
本金 capital, principal
本能 instinct
本領 skill, ability

本錢 capital
未 have not, not yet
未必 may not, not necessarily
未免 rather, a bit too, truly
未來 future; coming, next
未知數 an unknown; uncertainty
未曾 never, have not
末 end, tip; powder
末年 last years of a dynasty
末期 final phase, last stage
末端 the end
正 right; positive; rectify; main; due
正午 midday, high noon
正式 formal, official
正直 just, honest
正常 normal, regular
正統 orthodox, officially accepted
正規 regular, standard
正當 just when; appropriate, legitimate
正義 justice; just, righteous
正確 correct, right, accurate
玉 jade; handsome, beautiful
玉蜀黍 maize
瓦 tile
瓦礫 rubble, debris
石 stone, rock
石灰水 limewater
石油 petroleum, oil
石塊 boulder, rock, stone
石像 stone statue
示 show, instruct, notify
示範 demonstrate, exemplify

[|]
且 for the time being; both … and; even
以 use, take; according to; so as to
以及 as well as, along with, and
以至 up to; even; so … that
以免 in order to avoid; so as not to
以來 since
以往 formerly, in the past; before
以便 so that, in order to; so as to
以前 before, previously; former
以後 after, afterwards; later
以為 think, consider, believe
以致 as a result, so that
兄 elder brother, brother
兄弟 brothers; fraternal, brotherly
冊 copy; volume; book
凹 concave, hollow, depressed
凸 raised, convex
北 north
北岸 north bank
北風 north wind, northerly wind
北邊 north
卡片 card
卡車 lorry, truck
叫 cry, shout; call
另 another; separately; on another occassion
另外 besides; additionally; further
只 only, merely, solely
只好 have to, be forced to
只有 only, alone
只是 just, simply, but
只要 so long as
只得 have to, be obliged to, be forced to
史實 historical facts
四 four
四分之一 a quarter
四周 all around
四肢 the four limbs
四面 four sides, on all sides
四處 all around, everywhere
田 field, farmland
由 cause; by; from
由於 because, due to, owing to
甲 first; shell; armour
申 state, express, explain
申請 apply for, ask for; application
申請人 applicant
皿 household utensil
目 eye; item
目光 sight, vision
目的 purpose, aim, goal
目前 at present, at the moment
目睹 witness
目標 target, objective
目錄 catalogue, list; contents

[ノ]
付出 pay out, expend; devote
付款 make payments, pay
付給 pay; deliver
仔細 careful, cautious, attentive
他 he, she
他們 they
仗 battle, war; rely on, depend on
代 generation; replace; acting
代表 representative, delegate, deputy; represent
代表性 representative
代理商 agent
代替 replace, substitute; instead
代替物 substitute
代價 price, cost
代數 algebra
令 cause; decree; season; your
仙 immortal, celestial, divine; fairy
仙人 immortal, fairy; celestial
冬天 winter
包 wrap; surround; parcel
包子 steamed stuffed bun
包含 embody, contain; imply
包括 include, contain, consist of
包圍 surround, encircle; besiege
包袱 burden, load; cloth-wrapper
包裹 wrap up; bundle, parcel
匆匆 hurriedly, hastily; in a rush
匆忙 haste; hasty; in a hurry
句子 sentence
外 outside; foreign; besides
外人 outsiders
外公 (maternal) grandfather
外出 go out; be out of town
外交 diplomacy; foreign affairs
外交部 Ministry of Foreign Affairs
外地 outside; other parts of the country
外形 appearance
外來 foreign, external, outside
外表 look, appearance; surface
外星人 extraterrestrial being
外界 the outside world
外套 coat, overcoat, outer garment
外商 foreign businessman
外國 foreign country
外婆 (maternal) grandmother
外患 foreign aggression
外部 outer, exterior, external
外圍 periphery

外援 foreign aid; outside help, external assistance
外景 outdoor scene, scene shot on location
外殼 shell; husk; casing
外間 the outside, the outside world
外隊 foreign team, visiting team
外匯 foreign exchange
外資 foreign capital
外貌 appearance, look
失 lose; miss, let slip
失敗 failure, defeat; fail
失望 be disappointed; lose hope
失意 frustration, disappointment
失業 lose one's job, be unemployed; unemployment
失蹤 disappear, be missing
失戀 be lovelorn, be jilted
失靈 not work properly, out of order
犯 violate, offend; criminal
犯人 convict, prisoner, criminal
犯法 criminal; offence; violate the law
犯規 offence; break the rule
犯罪 commit a crime
瓜 melon, gourd
瓜子 melon seed
生 give birth to; raw; unfamiliar
生日 birthday
生平 one's life
生存 exist, live; survive
生成 inborn; produce
生命 life
生命力 vitality
生物 living things, living beings, organisms
生長 grow; be brought up
生活 life; livelihood; live
生計 livelihood
生氣 vitality; get angry
生病 fall ill
生涯 career, profession
生理 physiology
生產 produce, yield; production
生產者 producer
生殖 reproduction
生殖器官 reproductive organs
生意 business, trade
用 use, employ, apply
用不着 not necessary; need not
用心 concentrate on; attentively; intention
用功 hardworking, diligent
用法 use, usage; instructions
用品 articles for use, utensils
用途 use
白 white; blank; in vain
白人 white man / woman
白天 daytime, day
白髮 grey hair

[乛]
出入 in and out; discrepancy
出口 exit; export
出口貿易 export trade
出世 be born; renounce the world
出去 go out, get out
出外 go on a journey; go out
出生 be born; come into the world
出生率 birth rate
出任 take up / assume / hold the post
出色 outstanding, splendid, terrific
出身 family background; class origin
出來 come out, emerge, appear
出版 publish
出版社 publishing house
出門 go on a journey; be away from home; go out
出席 attend; presence, attendance
出動 start off, go into action; send out
出售 offer for sale, sell
出國 go abroad
出現 appear, emerge, arise
出產 produce
出發 set out; start from; leave
出路 way out, outlet; exit
出賣 sell; betray, barter away
出擊 attack, hit out; make a sally
加 add, increase; plus
加入 add, put in; join
加上 in addition; add, put in
加工 process
加法 addition
加倍 double, redouble; doubly
加息 rise / increase in interest
加强 strengthen, enhance, intensify
加速 quicken, speed up, accelerate
加溫 warm, heat
加緊 step up, speed up, tighten
加價 rise / increase in price
加薪 rise in salary / pay
召 call together; summon, send for
司儀 Master of Ceremonies
司機 driver, chauffeur
台 platform, stage; broadcasting station
台下 off-stage; audience
台上 on the stage
奴隸 slave
尼龍 nylon
幼 young, immature
幼小 young and small
幼年 childhood
幼苗 seedling
母 mother; female
母子 mother and son
母親 mother
母雞 hen
民 the people
民主 democratic; democracy
民生 the people's livelihood
民用 civil
民族 nation, nationality
民間 folk; non-governmental
民意 the will of the people
皮 skin; leather; naughty
皮包 briefcase, leather handbag
皮革 leather
皮帶 leather belt
皮球 rubber ball, ball
皮膚 skin
皮鞋 leather shoes
皮鞭 whip
矛盾 contradiction; contradict

六劃

[、]
充分 full, ample, enough
充任 fill the post, hold the position
充沛 plentiful, abundant, full of
充足 plenty, ample, sufficient
充裕 abundant, plentiful

充實 substantiate, enrich; rich
充滿 fill up; full / brimful of
交 hand in; deliver; associate with
交往 social contact
交易 business, trade, transaction
交流 exchange, interflow, interchange
交涉 negotiate, approach; make representations
交通 traffic, communication
交通工具 means of transport
交換 exchange, swop
交替 alternate; alternately; replace
交給 hand, give, pass
交際 social dealing, communication
交點 intersection
亦 also, too, as well
冰 ice
冰冷 icy, very cold
冰河 glacier
冰塊 pieces of ice
冰箱 refrigerator
字 character, word; name
字母 letters (of an alphabet)
字眼 wording, diction
字體 style of character or letter, typeface
守 guard, defend; keep watch; obey
守衛 guard, defend, protect
安 pacify; safe; be content with
安心 feel at ease, set one's mind at rest, be relieved
安全 safe, secure; safety
安定 stabilize; stable, settled
安排 arrange, plan; arrangement
安置 find a place for, settle
安裝 install, fix, set up
安頓 settle down
安寧 peaceful; calm, composed
安慰 comfort, console; reassuring
安靜 quiet, peaceful
州 state, prefecture, county
次 times; order; next
次序 order, sequence
次數 number of times, frequency
汗 sweat, perspiration
汗斑 tinea versicolor; sweat stain
池塘 pond, pool
污染 pollute, contaminate
米 metre; rice
羊 sheep
羊毛 wool; woollen
衣服 clothing, clothes, garment
衣料 dress material, cloth
衣着 clothing
衣裳 dress, clothing
衣領 collar

[一]
共 together; common, general
共同 together, jointly; common
再 again, once more; continue
再度 once more, a second time, once again
列 line up; list; row
列入 be included in; be classified as
列出 list, tabulate; set out
列强 the Great Powers
刑罰 penalty, punishment
划船 row, paddle
吏 official, mandarin
地 the earth; land; place
地上 on the ground
地下 underground, subterranean; ground
地平線 horizon
地位 position, status, standing
地利 geographical advantages; land productivity
地址 address
地形 topography
地步 condition, situation; plight
地板 floor; floor board
地面 the earth's surface, ground; floor
地區 area, district, region
地帶 region, zone
地球 the earth, the globe
地理 geography
地產 real estate, property
地殼 earth crust
地勢 relief, terrain
地雷 mine
地圖 map
地圖冊 atlas
地獄 hell, inferno
地震 earthquake
地氈 carpet
地點 place, site
地下鐵路 underground railway
在 exist; remain; rest with
在乎 care, mind; depend on
在位 in power, on the throne; reign
在場 present; attendance, presence
存 exist, live; store
存入 deposit
存户 depositor
存在 exist; existence, being
存放 leave in sb.'s care, leave with
存貨 stock, inventory
存款 deposit, bank savings, credit balance
宇宙 universe, cosmos
寺院 monastery, temple
式 type, style; formula
式樣 style, model, pattern
成 become; succeed; achievement
成人 adult, grown-up
成人教育 adult education
成分 composition, ingredient, component
成功 success; succeed; successful
成本 cost
成立 establish, set up, found; tenable
成交 conclude a transaction, strike a bargain
成因 contributing factor, cause of formation
成年 grow up, come of age
成衣 ready-made clothes, garment, apparel
成果 accomplishment, achievement, result
成長 growth; grow
成員 member
成敗 success or failure
成就 achievement, success, accomplishment
成熟 ripe, mature
成績 achievement, success, result
成藥 medicine retailed by a pharmacy
扣 fasten; withhold; detain
扣除 deduct
托兒所 nursery
旨 objective, purpose; decree
有 have; there is; available
有用 helpful, useful
有名 well-known, famous, celebrated
有利 of benefit, to one's advantage, favourable
有限 limited, finite, having bounds
有害 harmful, hazardous

有效 effective, valid
有時 sometimes, from time to time, occasionally
有益 beneficial, useful, profitable
有機 organic
有關 relate to, concern; relevant
死 die; dead; inflexible
死亡 die; death
死亡率 death rate
死者 the dead, the deceased
死後 after death
灰 ash; dust; grey
灰心 discouraged, disappointed; lose interest
灰白 grey
灰塵 dust, dirt
百 hundred; numerous, all kinds of
百分率 percentage
百姓 common people
百貨公司 department store
百萬富翁 millionaire
百葉窗 Venetian blind
老 old, aged; outdated; tough
老人 old people, elderly
老年 old age
老虎 tiger
老師 teacher
老婦 old woman
老鼠 mouse, rat
老實 honest; well-behaved; simple-minded
老闆 employer, boss
考 test; inspect; investigate
考試 examination
考慮 think over, consider, take into account
考驗 test, trial
而 and; but, yet
而且 and also, moreover, in addition
耳 ear
耳環 earrings
臣 official
至 reach; to the extent; until
至少 at least, at any rate, to say the least
西 west
西化 westernize
西方 the west; the Occident; western
西瓜 watermelon
西洋 the West, the Western World
西裝 Western-style clothes

[丨]

光 light; polished; only
光芒 rays of light, radiance
光明 bright, promising
光亮 bright, shiny
光能 light energy
光圈 diaphragm
光彩 splendour, brilliance, radiance
光陰 time
光景 circumstances; scene; about
光滑 smooth, glossy, sleek
光榮 glory, honour, credit
光線 light, ray
光輝 radiance, brilliance, glory
光澤 lustre, gloss, sheen
同 similar; the same as; with
同行 same trade, same occupation; travel together
同伴 companion, fellow
同事 colleague, fellow worker; work together
同性戀 homosexual
同時 at the same time, simultaneously; also
同情 sympathize; sympathetic; pity
同期 corresponding period, same period
同等 equal, same class, same rank
同意 agree, consent, approve
同盟 league, alliance
同樣 same, similar; equally
同學 fellow student, schoolmate
同類 the same kind
吊 suspend; lift up; hang
吊死 hang by the neck
吋 inch
吃 eat, live on; annex
吃苦 bear hardships
吃飯 eat, have a meal; make a living
因 because of, as a result of; reason
因此 therefore, consequently, for this reason
因果 cause and effect; preordained fate
因為 because, as, since
因素 factor. element
回 return; turn round; chapter
回去 return, go back, be back
回合 round
回佣 commission
回信 write back; reply
回家 go home
回教 Islam
回教徒 Muslim
回復 reply; recover, rehabilitate
回程 return journey
回答 answer, reply, response
回落 drop after a rise; downturn
回憶 recollect, recall
回頭 turn round, turn one's head; repent
回顧 look back, review
帆 sail
忙 busy, fully occupied; hurry
忙碌 busy, bustling about
早 morning; long ago; early
早晨 early morning, morning
早期 earlier period, early stage, early phase
早餐 breakfast
曲 music; song; bent
曲線 curve
曲調 tune, melody
此 this
此外 besides, moreover, in addition
此後 after this, hereafter, ever since
肉 meat, flesh
肉排 steak

[丿]

丟 lose; throw; put aside
乒乓球 table tennis, pingpong
仿 imitate, copy; resemble
伐 fell, cut down; attack
休 stop, cease; rest
休息 rest
件 piece
任用 appoint, assign somebody to a post
任由 let it be, let
任何 any, whatever, whichever
任命 appoint
任務 task, mission, assignment
任意 wilfully; arbitrarily; at will
任職 hold a post, be in office
企業 enterprise, business
企圖 attempt, try; scheme
兇惡 fierce
先 first, before; late

先天 congenital; innate
先生 teacher; Mr, sir
先進 advanced
全 entire, complete, whole
印 print; seal, chop
印刷 printing
印花稅 stamp duty, stamp tax
印象 impression
危害 harm, endanger, jeopardize
危機 crisis
危險 danger; dangerous, perilous
各 each, every
向來 always, all along, at all times
向着 face, turn towards; favour
名 name; famous; reputation
名次 position in a name list, place in a competition
名家 famous expert, master
名單 name list
名牌 famous brand; name tag, nameplate
名詞 noun; term
名貴 famous and precious, rare, priceless
名稱 name
名聲 fame, reputation, renown
名譽 fame, reputation; honorary
合 close; combine; suit
合同 treaty, contract, agreement
合作 cooperate, collaborate; cooperative
合併 combine, merge, amalgamate
合法 legal, lawful, legitimate
合約 contract, agreement
合計 total
合理 rational, reasonable, equitable
合照 group photo
合適 suitable, right, appropriate
多 exceed; many, much
多少 how many, how much; more or less
多數 majority, most
多樣 diverse, full of variety
多餘 surplus; unnecessary, uncalled-for
多謝 many thanks, thanks a lot
奶 breasts; milk
年 year; age; annual
年少 junior, young
年代 age, years, time
年份 year
年利率 annual interest rate, interest rate per annum
年底 the end of the year, year-end
年長 elder, senior
年青 young
年紀 age
年級 grade, year, form
年間 during the reign of; within the year of
年輕 young
年輕人 young people
年頭 year; times
年齡 age
竹 bamboo
肋骨 rib
肌肉 muscle
肌膚 skin
自 oneself; naturally; since
自大 arrogant
自己 oneself; own
自由 freedom, liberty; free
自立 independent
自行 by oneself; of one's own accord, voluntarily
自助餐 buffet
自私 selfish, self-centred
自來水 tap water, running water
自卑 inferiority complex; be self-abased, feel inferior
自信 self-confident; self-confidence
自負 vain, conceited; be responsible for one's action
自修室 self-study room
自動 automatic; voluntarily
自從 since, from
自殺 suicide
自尊 self-respect, pride, self-esteem
自然 nature; natural; of course
自誇 boast, sing one's own praises, crack oneself up
自稱 claim to be, call oneself, profess
自製 self-made
自豪 be proud of, take pride in; pride
自願 voluntary
自覺 be conscious of, be aware of; consciousness
舌頭 tongue
舟 boat
色 colour; kind; scene; woman's looks
色素 pigment
色彩 colour, hue
色澤 colour and lustre
血液 blood
血統 lineage, blood relationship
血管 blood vessel
行 walk; capable; travelling; be all right
行人 pedestrian
行人道 pavement, sidewalk
行李 luggage, baggage
行政 administration
行星 planet
行為 behaviour, conduct, act
行軍 march
行動 action, operation; move about
行程 itinerary
行業 profession, trade, industry
行駛 drive; sail; ride; run

[ㄱ]

好 good, nice; kind
好在 luckily
好奇心 curiosity
好的 alright, well, okay
好看 good-looking, nice; interesting
好處 benefit, advantage; gain
好意 good intention, kindness, goodwill
好感 good impression, favourable impression, good opinion
好像 seem, be like, look like
她 she
如 like, as if; if
如下 as follows; the following
如此 so, such, in this way
如何 how, what
如果 if, in case, in the event of
如意 comply with one's wishes, as one wishes
尖 sharp; point; the best of its kind
尖叫 scream
尖端 tip; sophisticated, advanced
尖銳 sharp; piercing; acute
收 receive; harvest; restrain
收入 income, revenue, earnings
收拾 tidy up; pack; settle with
收音機 radio, wireless

收容 take in, house, accept
收效 yield results, produce effects
收視率 viewing rate
收費 collect fees, charge; charges
收集 collect, gather
收養 adopt
收據 receipt
收縮 contract, shrink, become smaller
收藏 collection
收穫 results, gains; harvest
羽毛 feather
羽毛球 badminton; shuttlecock

七劃

[、]
兌現 cash; honour, make good one's promise
兌換 exchange, convert, change
冷 cold; rare
冷水 cold water; unboiled water
冷卻 cool off / down
冷氣機 air-conditioner
冷淡 cheerless; indifferent; treat coldly
冷落 treat coldly; unfrequented
冷鋒 cold front
冷靜 sober, calm, cool
判 judge, decide; condemn
判別 differentiate, distinguish
判決 sentence, court decision, judgement
判定 judge, decide, determine
判斷 judge, decide, determine
判斷力 judgement, ability to judge
吝嗇 mean, miserly
完 use up; finish; whole
完全 complete; wholly, fully
完成 accomplish, complete, fulfil
完美 perfect, flawless
完畢 finish, complete, end
完善 perfect, complete, well-equipped
完整 complete, integrated, intact
序 order; preface
序幕 prelude, prologue
序數 ordinal number
庇護 shelter
床 bed
弟弟 younger brother, brother
忘記 forget; overlook, neglect
沙 sand; powdered; hoarse
沙發 sofa
沙漠 desert
沙灘 beach
泛濫 flood, overflow; spread unchecked
沉 sink; be calm; heavy
沉沒 sink, drown
沉思 be lost in thought, contemplate, ponder over
沉重 heavy; serious, critical
沉悶 oppressive; depressed; dull
沉默 silent; silence; reticent
決 definitely, certainly; decide
決不 never
決心 determination, resolution; determine
決定 decision, resolution; decide
決策 policy decision; make a strategic decision, make policy
決賽 finals
沐浴 bathe, immerse; take a bath
沖洗 wash, rinse
沒有 not have, without; absence
汽水 soft drink
汽車 automobile, car, vehicle
汽油 petrol, gasoline
汲 draw water
牢固 firm, secure, strong
究竟 actually; after all; what actually happened
良 good, nice
良心 conscience
良好 good
言 word; say, talk
言行 one's words and deeds
言語 spoken language, speech
言論 opinion, expression, speech
辛苦 hard; work hard, undergo hardships
社 community, society
社長 president, director
社會 society, community; social
社會主義 socialism
社團 association, community
初 beginning; first; elementary
初中 junior high / secondary school
初步 initial, preliminary, tentative
初時 at the beginning, at an earlier stage
初級 elementary, primary
初期 initial stage, early days
初學者 beginner, novice
初賽 preliminary contest

[一]
克服 overcome, conquer; put up with
劫案 robbery
劫掠 loot; plunder
吾 I; we
否 deny, negate; no
否定 deny, negate; negative
否則 otherwise, if not, or else
否認 deny
均 without exception, all; equal, even
均勻 even, well-distributed
均衡 balanced, proportionate, harmonious
夾 press from both sides; clip; be mixed up with
弄 make, handle; play with
弄錯 make a mistake, misunderstand
形 shape, form
形式 form
形成 take shape, form
形狀 form, appearance, shape
形容 describe, delineate; appearance
形容詞 adjective
形象 image, form, appearance
形勢 situation, circumstances
形態 form, shape
志 will, aspiration; mark
志願 aspiration, ideal, wish; volunteer
戒指 ring
戒毒 give up drug-taking
戒毒所 rehabilitation centre for drug patients
戒毒者 drug patient
戒除 give up, drop, stop
抄寫 copy, make a copy, transcribe
抗 resist; defy; contend with
抗生素 antibiotic
抗戰 war against aggression
抗議 protest
技 skill, ability, trick
技巧 skill, technique
技能 technical ability, occupational skill
技術 skill, technique; technical
抉擇 choose, select, opt

把 grasp, hold; handle
把握 assurance, certainty; hold
找 look for; call on; give change
找不到 search in vain
找出 find out
找到 find
找尋 look for, seek
找錢 give change
批 batch, lot; criticize
批判 criticize
批准 approve, endorse, sanction
批發商 wholesaler
批評 criticism; criticize
折 break; discount; convert into
折扣 discount, rebate
折磨 torment
扮演 play the part of, act
投 throw, fling; agree with
投入 throw into, put into
投保 insure
投保者 policy holder, insurant
投降 surrender
投票 vote
投訴 complaint; complain
投資 investment; invest
投資者 investor
投機 speculate; congenial, agreeable
投機者 opportunist, speculator
投擲 throw, hurl
抓 seize; arrest; scratch
抑制 restrain, control; inhibition
攻 attack, take the offensive; specialize in
攻佔 storm, occupy
攻陷 storm, capture
更 more; further; change
更衣 change clothes
束 bundle, bunch; bind
束縛 tie, bind; hamper
材 material
材料 material, data
村 village
村莊 village, hamlet
村落 hamlet, village
杆 pole
求 beg, request; seek
求助 seek help
求取 try to get
求救 ask for rescue; ask for help
求學 pursue one's studies
求醫 seek medical advice
求證 seek proof of
汞 mercury
豆 bean
赤字 deficit
赤道 equator
赤裸 bare, naked; undisguised
走 walk, go; leave
走入 enter
走去 go to
走來 come
走到 walk over to
走近 get near to, approach
走動 walk about
走廊 corridor, passage
走進 walk into
走勢 trend
走路 walk
走過 pass

車 vehicle; machine
車子 vehicle
車夫 driver, chauffeur
車主 car-owner
車房 garage
車門 doors of a vehicle
車胎 tyre
車票 ticket
車廂 carriage, compartment, coach
車費 fare
車道 lane
車禍 traffic accident
車輛 vehicle, car
車輪 wheel
邪惡 evil, wicked

[|]
串 string together
別 leave; distinction; don't
別人 other people
別處 elsewhere, other place
別墅 villa
別緻 novel, interesting, lovely
助 help, assist, aid
助手 assistant
呆 slow-witted, dull; stay
呆滯 dull; idle; stagnation
呈 appear; submit, present
呈現 present, appear, emerge
吩咐 tell, bid, order
吹 blow; play (wind instruments); boast
吹口哨 whistle
吹氣 blow
吻 kiss; lips; animal's mouth
吸 inhale; absorb; attract
吸引 attract, draw, fascinate
吸引力 attraction
吸收 absorb; recruit
吸毒 take drugs
吸毒者 drug addict
吸食 suck, take in
吸煙 smoke
吸煙者 smoker
吵 make a noise; disturb; quarrel
吵鬧 noisy
吠 bark
吼叫 roar
困惑 puzzle
困境 difficult position, straits, trouble
困擾 worry, anxiety
困難 difficulty; straitened circumstances; hard
快 fast, quick; hurry up
快車 express
快門 shutter
快活 happy, merry, cheerful
快捷 fast, speedy
快速 fast, quick, high-speed
快樂 happy, joyful, cheerful
步 pace; step; situation
步行 go on foot, walk
步驟 step, procedure
男 male; man; boy
男人 man
男女同校 co-education
男性 the male sex
男校 boys' school
罕見 rare, scarce, rarely seen
見 see; meet; view
見面 meet, see

見證人 witness
見解 view, idea, opinion
見識 sense, knowledge, experience
貝殼 shell
足 sufficient, enough; foot
足球 soccer; football
足踝 ankle

[ノ]
位 location; position; digit
位置 place; position; location
住 live, stay; stop
住宅 residence, dwelling
住宅區 residential area / quarters / district
住宅樓宇 dwelling, apartment
住址 address
住宿 accommodation
伴 companion, partner; accompany
佛教 Buddhism
何 why; how; what
估 estimate, reckon, appraise
估計 estimate, reckon, appraise
伸 stretch, extend, lengthen
伸張 uphold, promote; stretch
佔 occupy; make up, account for
佔領 capture, occupy, seize
佔據 occupy, hold
似 seem, appear; similar
但是 but, yet, nevertheless
佣金 commission
作 do; act as; regard as
作文 composition; write a composition
作用 role, function; produce an effect on
作曲 compose, write music
作法 way of doing things, practice, technique
作者 author, writer
作品 works
作風 style of work, way of life
作家 writer, author
作答 reply, answer
作業 school assignment / exercise; operation
作戰 fight a battle
你 you
低 low; lower
低能 mental deficiency
低級 elementary; vulgar, low
低微 humble
低聲 low voice, whisper
余 I, we
兵力 military strength
兵士 soldier
利 benefit; profit, interest
利用 use; take advantage of, make use of
利害 terrible, formidable; gain and loss
利息 interest
利息稅 interest tax
利益 interest, benefit, profit
利率 interest rate
利潤 profit
ovum, egg, spawn
swallow
tell; accuse; announce
告示 notice
告別 leave, part from; say good-bye to
告知 inform, notify
告訴 tell, let know
告辭 take leave
keep in the mouth; contain
含量 content

含義 meaning, implication
坐 sit; travel by; the back towards
坐牢 be imprisoned
妥 properly; ready, settled
希望 hope, wish, expect
彷彿 seem; as if; be alike
我 I, me
每 each, every, per
每人 each one, every body
每日 every day, each day, daily
每月 monthly, every month
每年 yearly, annually, per annum
牠 it
狂 mad; violent; wild
狂風 strong wind, fierce wind
狂暴 wild, raging
狂熱 mad, crazy; fanaticism
私人 private, personal
禿 bald, bare
系列 set, series
系統 system
肘 elbow
肛門 anus
肚子 belly, abdomen
角 horn; corner; angle; ten cents
角力 wrestle
角色 role
角度 angle; point of view
角逐 contend for, compete
角膜 cornea
身 body; life; oneself
身分 status, capacity, identity
身分證 identity card
身材 stature, figure
身段 figure; posture
身旁 at / by one's side
身高 height
身軀 body, stature
身體 body; health
迄 up to, till

[ㄱ]
努力 try hard; effort
即位 ascend the throne
即使 even, even if
即是 equal to, same as; namely
即時 at once, immediately, right away
即將 about to, on the point of
君 monarch, sovereign; Mr
君子 man of noble character, gentleman
君主 monarch, sovereign
妨礙 interfere, obstruct, hinder
妙 wonderful; clever, subtle
局 game; situation; bureau
局面 situation
局部 partial; local
屁股 buttocks, bum
尾 tail; end; remaining part
尾數 balance
忌 be jealous of; avoid; fear
忍不住 unable to bear; cannot help (doing sth.)
忍受 bear, endure, tolerate
忍耐 patient; patience
改 change; correct, amend
改用 change to, switch over to, substitute
改良 improve, reform
改革 reform
改動 change, modify, alter
改善 improve; improvement

改進 improve, make better
改編 revise, rearrange
改變 change, alter, transform
改觀 get a new look, change in the appearance
災民 victim, refugee
迅速 speedy, rapid, fast
巡邏 patrol
那 that; then, in that case
那些 those
那個 that one
那裡 that place, there
那麼 like that; so; then, in that case
那樣 like that, such, of that kind
那邊 that place; on that side, over there
防止 prevent, guard against, avoid
防守 defend, guard
防治 prevention and cure
防禦 defend, guard against; defence

八劃

[、]

並 simultaneously, side by side; and
並且 besides, moreover, furthermore
並非 do not
享 enjoy
享用 have at one's disposal, enjoy
享有 enjoy
享受 enjoyment; enjoy
享福 enjoy a happy life, live in ease and comfort
京 capital
京師 national capital
刻 moment; a quarter of an hour; carve
刻意 with studious intent effort
刻劃 depict, portray
卒 finish; die; soldier
卷 roll; volume
夜 night, evening; nocturnal
夜校 evening school
夜總會 nightclub
宗 ancestor
宗旨 purpose, aim, objective
宗教 religion
定 decide; surely; definite; peaceful, stable
定居 settle down
定期 regular, periodical; fix a date
定義 definition
定價 price; fix a price
官 government official
官方 official
官吏 government official
官員 official
宜 should, ought to; suitable, appropriate
店 shop, store
店主 shopkeeper
底 bottom; background; duplicate
底片 negative
房 house; room; building
房東 landlord / landlady, owner of the house
房客 tenant, lodger
房屋 house; building
房間 room
放 put; set free; give way to
放入 put into
放下 put down, lay down, lower
放大 enlarge, magnify, amplify
放大鏡 magnifying glass
放心 feel relieved, set one's mind at rest
放任 laissez-faire; let alone, not interfere
放回 put back, return
放牧 graze, herd
放映 show, project
放棄 give up, abandon
放逐 exile, send into exile, banish
放進 put into
放開 loosen
放置 put, place; lay up
放學 return home from school
放鬆 relax, slacken, loosen
於 in; on; at; to
於是 thereupon, hence, consequently
注 pour; concentrate; annotate; stake
注重 lay stress on, emphasize
注射 inject; injection
注視 look attentively, gaze, stare
注意 attend to, notice, mind
注意力 attention
泳池 swimming pool
泥 mud, mire, soil
泥土 earth, soil; clay
泥沼 mire
泥漿 mud
河 river
河口 river mouth
河邊 river bank
沽 sell
沾 be stained with; wet; touch; get
波 wave, ripple; unexpected turn of event
波浪 wave
波紋 ripple; corrugation; curve
法 law; method
法文 French
法令 decree
法例 law, ordinance, regulation
法官 judge, justice
法則 rule, law
法律 law
法庭 court
法案 proposed law, bill
沸點 boiling point
沸騰 boil; seethe with excitement
油 oil, fat; be stained with grease; oily
油船 tanker
油畫 oil painting
油漆 paint; cover with paint
況且 moreover, besides
沿 along; follow; edge, border
沿用 continue to use
沿海 along the coast; coastal
沿着 along
治 govern; cure; punish; order
治水 regulate rivers, prevent floods by water control
治安 public order, public security
治理 administer, govern; bring under control
治療 medical treatment; treat
治癒 cure
泡 soak; bubble
泡沫 foam
炎熱 blazing hot, sweltering hot
炒 stir-fry, fry
盲 blind; blindly
空 empty; free time; in vain
空白 blank
空地 open space, open ground, vacant lot
空位 vacancy, space
空軍 air force
空氣 air; atmosphere

空間 space
空閒 leisure; free, idle
空想 fantasy, idle dream, hope in vain
空隙 crack, gap
空曠 open, wide, spacious
肩 shoulder; take on
祈求 earnestly hope, pray for
衹 only, merely
衹有 have to, have … only, be forced to
衹要 so long as, provided that
衫 garment, clothes

[一]
事 matter, business; trouble
事件 incident, event, happenings
事例 example, instance
事物 thing, object
事前 before the event, in advance, beforehand
事後 after the event, afterwards
事故 accident, mishap
事務 work, routine; general affairs
事情 affair, matter, business
事項 item, matter
事業 business, undertaking, enterprise
事跡 deed, achievement
事實 fact
亞 inferior, second; Asia
亞軍 second place, first runner-up
來 come, arrive; crop up
來回 make a round trip; back and forth, to and fro
來往 dealings, contact; come and go
來訪者 caller, visitor
來源 source, origin; originate, stem from
來臨 arrive, come, approach
兩 two; both; tael
兩次 twice
其 he, she, it, they; his, her, its, their; that
其中 among
其他 other, else
其次 next, secondly, then
其後 afterwards, later; behind
其間 in between, in the interval
其實 in fact, as a matter of fact, actually
其餘 the rest, the remainder
刺 stab; assassinate; thorn; sting
刺痛 sting; acute pain
刺激 stimulate; upset, irritate
到 arrive, reach; up to
到處 at all places, everywhere, wherever
到達 arrive, get to, reach
到過 been to
協助 assist, help
協會 association, society
協調 coordinate, concert, bring into line
協議 agreement; discuss, negotiate
取 take, get, fetch
取代 replace, substitute, supersede
取消 cancel, abolish, call off
取捨 accept or reject, make one's choice
垃圾 rubbish, garbage, refuse
坦白 frank and straightforward; confess
坦克 tank
奉 present / receive with respect
奇 strange, unusual; unexpected; surprise
奇異 fantastic, bizarre; curious
奇景 wonderful view, extraordinary sight
奇跡 miracle, wonder, marvel
奇數 odd number
奈何 to no avail, be helpless
奔 go straight towards, head for; flee
奔波 rush about, bustle and hustle
奔跑 run, rush, dash
妻子 wife
幸好 luckily, fortunately
幸運 lucky, fortunate; good fortune
幸福 happiness, well-being; happy
幸虧 luckily, fortunately
或者 perhaps, maybe; or, either … or
或許 perhaps, maybe; might
或然率 probability
拉 pull, draw, drag
拉開 pull open; draw apart
抹 wipe, rub, mop; erase; put on
拒 resist, repel, reject
拒絶 refuse, turn down
招 move; beckon; enrol
招收 recruit, take in, enrol
招呼 greet, say hello to; entertain
招待 receive, entertain, serve; hospitality
招待會 reception
招致 incur, give rise to, lead to
招牌 shop sign, signboard
披 drape over one's shoulders
抛 toss
抛售 sell things in big quantities
抛棄 discard, abandon; desert
抽 take out; draw; lash
抽中 win the draw
抽出 draw out; select from a lot
抽屜 drawer
抽象 abstract
抽煙 smoke
抽樣 sample
押 mortgage; take into custody; escort
押後 defer, remand
押解 send under escort; escort
拍 clap, pat, beat; bat, racket
拍手 clap, applaud
拍打 pat, slap
拍電影 film, shoot a movie
拍照 take a picture
拍賣 auction
拍擋 partnership; partner
拍攝 take (a picture), shoot
抵 support; resist; arrive; compensate
抵抗 resist, stand up to
抵制 resist, boycott
抵消 offset, cancel out, counteract
抵達 arrive, reach
抱 hold in one's arms, embrace, hug
抱怨 complain, grumble
拘捕 arrest
拘留 detain, be taken into custody
拘謹 overcautious, reserved
拖 pull, drag, haul
拖拉機 tractor
拖鞋 slippers
抬 lift, raise; carry
抬頭 raise one's head; rise
枕頭 pillow
東方 east
東西 east and west; thing
枝 branch, twig
枝葉 branches and leaves
林立 stand in great numbers
杯 cup; trophy

松樹 pine
武力 force; military force, armed force
武士 warrior, knight
武功 military achievements; acrobatic fighting skill
武術 martial arts
武器 weapon, arms
玩 play; employ; treat lightly; appreciate
玩弄 play with; dally with; employ tricks
玩具 toy, plaything
玩耍 play, have fun, amuse oneself
玩笑 joke, jest, prank
玩意 toy; activities for relaxation
直 direct; continuously; straight; upright
直升機 helicopter
直立 erect, vertical, upright
直至 until, up to, till
直到 until, up to, till
直流電 direct current
直徑 diameter
直接 direct, immediate
直線 straight line
直覺 intuition
臥 lie
表 surface; external; table; show
表示 show, express, indicate
表明 make known, make clear
表面 surface, face, appearance
表格 form, table
表情 expression; express one's feeling
表現 expression; performance
表達 express, convey, voice
表演 performance; perform, act
長 grow; increase; long; older, elder, senior; chief; strong at
長久 for long; lasting, permanent
長大 grow up, be brought up
長子 eldest son
長城 the Great Wall
長度 length
長笛 flute
長途 long-distance; long journey
長期 long-term; long period
長短 length; accident; right and wrong
長壽 longevity
長遠 long-term, long-range
長輩 elder member of a family
雨 rain
雨季 rainy season
雨量 rainfall
青 blue; green; black; young
青山 green mountain
青少年 teenager
青年 youth, young people
青葱 verdant
青春 youth
青春期 puberty
青蛙 frog
青銅 bronze
青檸 lime

[丨]

些 some; a little, a bit
具 possess, have; utensil, tool
具備 possess, have, be provided
具體 concrete, specific, particular
典型 typical case, model; typical, representative
典禮 ceremony, celebration
味 taste; smell; interest
味道 taste, flavour
味覺 sense of taste
呵 scold severely; breathe out
呵欠 yawn
咖啡 coffee
咖啡因 caffeine
咒語 curse; incantation, magic words
咒罵 curse, swear, abuse
呼 breathe out, exhale; call
呼吸 respiration, breathing; breathe
呼喊 exclaim, shout
呼應 echo, work in concert with
呼籲 appeal, call on
固 firmly, resolutely; solid
固定 fix, regularize; regular
固執 stubborn, obstinate; persist in
固然 no doubt, true, of course
固體 solid
尚 still, yet; highly regard
岸 bank, shore, coast
岸邊 shore
岩石 rock, stone
忠 loyal, devoted, honest
忠告 advise, admonish; advice
忠實 faithful, reliable, loyal
怪 blame; strange, odd; monster
怪物 monster; eccentric person
怕 fear, be afraid of; suppose
性 nature, character; sex
性別 sex
性格 nature, character, temperament
性能 function, performance
性情 temperament, temper, disposition
性教育 sex education
性質 nature, quality, properties
昌 prosperous, flourishing
昆蟲 insect
昂貴 very expensive
明 know; bright; clear; open
明天 tomorrow
明白 understand, realize, know; obvious
明年 next year
明明 obviously, undoubtedly, apparently
明亮 bright, well-lit; shining
明信片 postcard
明星 star
明晚 tomorrow night
明智 sensible
明朝 tomorrow morning
明確 clear and definite, clear-cut; make clear
明顯 clear, obvious, distinct
果 fruit; result; resolute; really
果子 fruit
果然 really, as expected, sure enough
果園 orchard
果實 fruit
果醬 jam
版 printing plate; edition; page
版本 edition
版圖 domain, territory
版權 copyright
肯 agree; be willing to
肯定 positive; definite, sure; affirm
芳香 sweet
芽 bud, sprout, shoot
花 flower; pattern; spend; multi-coloured; blurred
花卉 flowers and plants
花生 peanut

花朵 flower
花床 flowerbed
花紋 decorative pattern
花瓶 vase
花費 expense
花園 garden
花燈 decorative lantern
虎 tiger
門 door; entrance; family; school
門口 entrance, doorway
門户 door; gateway; sect
門券 admission ticket
門將 goal keeper
門票 entrance ticket

[ノ]

乖 well-behaved, obedient; clever
乳汁 milk
乳酪 cheese
乳頭 nipple
依 depend on; comply with; according to
依然 still, as before; remain unchanged
依照 according to, in the light of, in compliance with
依舊 as before, still; remain unchanged
佳 good, fine, beautiful
佳麗 a beauty
使 make, cause; send
使用 use, employ, apply
供 supply, provide; for (the use of)
供給 supply, provide, furnish
供養 support, provide for
例 example, instance; rule; regular
例子 example, case, instance
例外 exception
例題 example
例證 illustration, example
佩服 admire
免 exempt; dismiss; avoid
免稅額 tax allowance
兒女 sons and daughters
兒子 son
兒童 child
制 system; control
制止 check, stop, curb
制定 lay down, formulate
制服 uniform; subdue
制度 system, institution
制訂 formulate, work out
受 receive, accept; suffer
受害 be injured, suffer injury; be affected
受害者 victim, sufferer
受傷 be injured, be wounded
和 gentle; and; sum
和平 peace; mild
和善 kind and gentle, amiable
和諧 harmonious; tuneful, melodious
和藹 kind, affable; kindly
周 circumference; all over; week; cycle
周末 weekend
周年 anniversary
周圍 around; surroundings; circumference
命 life; fate; order
命令 order, command
命名 name
命運 destiny, fate
命題 assign a topic; proposition
委任 appoint
委員 committee member

委員會 committee, board, council
秀 elegant, beautiful, graceful
季軍 second runner-up
季節 season
延 extend; postpone, delay
延長 lengthen, prolong, extend
往 go; past; to, toward
往事 past events, the past
往來 come and go; contact
征 go on an expedition
征服 conquer, subjugate, tame
征服者 conqueror
彼此 each other, one another
忽 suddenly; neglect, ignore
忽略 neglect, overlook, lose sight of
忽然 suddenly, all of a sudden
忽視 ignore, overlook, neglect
念 think of; idea
念頭 thought, idea, intention
所 place; office, institute
所以 so, therefore, as a result; reason
所在 place, location
所有 what one possesses; all
所致 as a result of
所得 income, earnings, gains
所需 needs; requirements
昏 confused; dusk; faint
昏迷 coma
服 take; serve; be convinced; clothes; dose
服食 take
服務 service; serve
服從 obey; obedient
服裝 dress, garment, costume
服飾 dress and personal adornment
欣賞 enjoy, appreciate, admire
爬 crawl, creep; climb
爬山 climb a mountain
爭 contend, compete; argue
爭吵 quarrel
爭取 strive for, fight for
爭執 contention; disagree, dispute
爭奪 fight for
爭論 controversy; dispute, argue
爭辯 argue, debate
爸爸 pa pa, dad, father
牧師 clergy, priest, minister
物 thing, matter; substance
物主 owner
物理 physics; physical
物理學 physics
物業 property
物資 goods, material
物價 price
物質 matter, substance, material
物體 substance, object
狗 dog
的士（方言） taxi
的確 indeed, really
知 know; inform; knowledge
知名 well-known, famous, noted
知道 know, be aware of, realize
知識 knowledge
知識分子 intellectuals
知覺 consciousness; perception; feeling
肺 lungs
肺癌 lung cancer
肥 fat; fertile, rich; fertilizer
肥肉 fat

肥沃 fertile, rich
肥皂 soap
肥皂水 soap-suds
肥美 plump, well-fed; rich
肥胖 fat
肥料 fertilizer
肢 limb
肢體 limbs and trunk
股 thigh; share; puff
股市 stock market
股份 share, stock
股息 dividend
股票 share, stock
股價 share price
迎 greet, welcome, receive
迎合 cater to, meet, pander to
迎接 meet, greet
返回 return, come back
近 near; approaching; intimate; like; recent
近日 recently
近代 modern times
近年 recent years
近似 look like, be similar to; approximate
近來 recently, lately; recent
金 gold; golden; metals; money
金字塔 pyramid
金星 Venus
金魚 goldfish
金牌 gold medal
金價 gold price
金融 finance, banking; financial
金錢 money
金額 amount of money
金屬 metal
非 blame; not; wrong, evil doing
非法 illegal, unlawful, illicit
非金屬 non-metal
非常 extraordinary, unusual; very, extremely

[ㄱ]
刷新 renovate, refurbish; break
妹妹 younger sister, sister
姑娘 girl, lady
姐姐 elder sister, sister
始 start, begin; only then
始終 from beginning to end, from start to finish, throughout
姓 surname, family name
姓名 name, full name
姊妹 sisters
姊姊 elder sister, sister
孤獨 lonely, solitary
屈辱 humiliation, mortification
居民 resident, inhabitant
居住 live, reside, dwell
居然 unexpectedly; go so far as to
屆 session
屆時 when the time comes, at the appointed time, on the occasion
承 bear, hold, carry
承受 bear, sustain, withstand, endure
承認 admit, acknowledge, recognize
承擔 assume, undertake, bear
狀 shape; condition; written complaint; certificate
狀況 condition, state, situation
狀態 state, state of affairs, condition
糾正 correct, put right, redress
糾紛 dispute, issue
阻 block, hinder, obstruct
附 attach, enclose; be near
附近 nearby, close to; neighbourhood
附錄 appendix, annex; accessory
附屬 subsidiary, affiliated, attached

九劃

[丶]
亮 light; shining; loud and clear
剃 shave
削 cut, pare
前 front; forward; before; preceding; former
前人 forefathers, predecessors
前天 the day before yesterday
前言 introduction, preface, foreword
前來 come forward
前往 go to
前者 the former
前面 in front, ahead; above, preceding
前途 prospect, perspective, future
前景 prospect, perspective, future
前期 earlier stage
前程 future, prospect, career
前鋒 vanguard; forward
前臂 forearm
前額 forehead
叛 betray, rebel against
叛逆 rebel
叛亂 rebel; insurrection, rebellion
叛變 mutiny; turn traitor, defect
哀 sad, tragic; grief; mourning; pity
姿勢 gesture, posture, position
姿態 posture, carriage; attitude
宣布 declare, proclaim, announce
宣告 declare, proclaim
宣傳 publicize, propagate; propaganda
宣稱 assert, claim, declare
室 room
室內 indoors; indoor, interior
客 guest; traveller; customer
客人 visitor, guest
客氣 polite, courteous; modest
客棧 inn
客廳 drawing room, parlour
客觀 objective
帝 the Supreme Being; emperor, monarch
帝位 throne
帝國 empire
度 time; spend; degree; limit
施 put into practice; hand out; apply
染 dye; contaminate
染料 dyestuff, dye
洋 ocean; vast; foreign
洋白菜 cabbage
洲 continent; prefecture
洲際 intercontinental
洪水 flood
洞 hole, cavity, cave
洗 wash, clean
洗手間 lavatory, toilet, washroom (U.S.)
活 live; alive, living
活力 vigour, vitality, energy
活動 activity, movement; move about
活潑 lively, vivacious, vivid
活躍 active; invigorate; lively
派 faction; style; send
派出所 local police station
派遣 send, dispatch

派頭 fashion, manner
洩 discharge, release, vent
為 do, act as; become; for
為了 for the sake of
為甚麼 why, for what reason
炸彈 bomb
疫區 place in quarantine
疤痕 scar
穿 wear; penetrate; pass through
穿過 pass through, cross
突 sudden, abrupt; dash forward
突出 protruding; outstanding, prominent
突破 breakthrough; overcome
突然 suddenly, abruptly; unexpected
突襲 raid
美 beauty, perfection; pretty, beautiful
美人 beautiful woman
美人魚 mermaid
美元 US dollar
美好 happy; bright; fine
美妙 splendid, wonderful, beautiful
美味 delicious
美金 US dollar
美容 improve one's look
美術 art
美滿 happy, perfectly satisfactory
美麗 beautiful
美觀 beautiful, artistic
計 meter; plan; count
計有 namely
計時 time
計劃 plan, project; map out
計算 count, calculate; consideration, planning
計算機 calculator
訂 draw up; subscribe
訂户 subscriber
訂立 conclude, draw up
訂明 specify
訂閱 subscribe
訂購 order
郊外 outskirts, suburb, countryside
郊區 suburb, outskirts, suburban district
郊野 countryside
酋長 chieftain
音 sound; news
音波 sound wave
音量 volume
音樂 music; musical
音樂家 musician
音樂會 concert
音調 pitch, tone
音響 sound, acoustics
首 head; chief; first
首先 first; in the first place, above all
首次 for the first time, first
首相 prime minister
首要 principal
首席 seat of honour; chief
首都 capital
首期 down payment
祖父 grandfather
祖先 ancestor
祖母 grandmother
祖國 motherland
神 God; spirit, mind; supernatural
神仙 supernatural being, immortal
神色 expression, look
神奇 magical, mystical, miraculous
神秘 mysterious
神情 expression, look
神經 nerve; nervous
神聖 sacred, holy
神話 myth; mythical
神態 expression, carriage, bearing
祝 offer good wishes, wish
祝福 bless

[一]

勁 strength; vigour; strong
南 south
南瓜 pumpkin
南極 South Pole; polar
厚 thick; deep
咸 all
型 model, type, pattern
城 city; city wall; town
城市 town, city
城堡 castle
城鎮 cities and towns
契約 contract, deed
奏 play
威力 power, might
威脅 threat; threaten, menace
封 seal; confer; bank up
封建 feudalism; feudal
封面 cover
封閉 seal; close
封鎖 blockade, seal off
挖 dig, excavate
按 push down; restrain; in accordance with
按鈕 button
按照 according to, on the basis of, pursuant to
按摩 massage
拼合 put together
拼圖玩具 puzzle
持 hold; keep; manage
持續 continued, sustained; carry on
指 finger; point at; direct
指引 guidance; lead
指甲 nail
指示 order; indicate; instruct
指示器 indicator
指尖 finger tip
指定 appoint, assign, designate
指南 guide
指南針 compass
指針 pointer; guideline
指責 criticize, find fault with, make charges
指揮 command, conduct; director, conductor
指數 index
指導 guide, direct; instruction
指點 instruct, advise
拱門 arch
拯救 save, rescue
括號 brackets
挑 poke; stir up; choose; shoulder
挑戰 challenge
挑選 pick, select; choice
政 politics, political affairs
政局 political situation
政事 government affairs
政府 government
政府官員 official
政治 politics; political
政治制度 political system
政策 policy
政權 political power, state power

故 therefore; reason; incident; on purpose; old; die
故此 for this reason, on this account, therefore
故事 story, tale; plot
故鄉 native place, home town
故意 purposely, intentionally, deliberately
故障 breakdown, out of order, stoppage
春天 spring, springtime
柱子 pillar, column
柄 handle
查 check, inspect; investigate
查出 find out, discover
查問 inquire
查詢 inquire; inquiry
柳 willow
毒 poisonous; cruel; narcotics
毒品 narcotic drugs, narcotics
毒液 venom
毒癖 drug addiction
毒癮 drug addiction
泵 pump
玻璃 glass
玲瓏 exquisite; nimble
珍珠 pearl
珍惜 treasure, value, cherish
珍貴 valuable, precious
玳瑁 hawksbill turtle
甚 very, extremely; more than
甚至 even, go so far as to
甚麼 what; any, anything
皆 all, each and every
相 each other, mutually
相互 each other; mutual, reciprocal
相反 opposite, contrary
相比 compare; comparison
相片 photo, photograph
相交 intersect; make friends with each other
相同 identical, the same
相似 resemble, be similar to, be alike
相吸 attract each other
相近 close; neighbouring; similar
相信 believe, have faith in, be convinced of
相依 rely on each other, be interdependent
相差 differ, deviate; difference
相配 match
相處 get along with, get on with, be together
相連 be linked, be joined
相等 equal, equivalent
相距 apart, at a distance of, away from
相傳 according to legend; pass sth. on
相當 quite, considerably; equal to
相遇 meet each other
相對 opposite, face to face; relative
相撞 collide with each other
相鄰 neighbour
相機 camera; watch for the right time for action
相應 react in response; corresponding, relevant
相簿 photo album
相識 be acquainted with; acquaintance
相繼 in succession, one after another
砂 sand
研究 research; discuss, study
耐 endure
耐心 patience; patient
耐性 patience, endurance
耐煩 patient
耍 play
胡椒 pepper
胡亂 carelessly, casually, at random
胡說 nonsense
胡鬧 fool about, run wild; mischievous
要 demand; want; have to; important
要求 ask for, demand; request
要是 if, suppose, in case
要素 essential factor
要緊 important; be critical, matter
要點 main point, essential
赴 go to, attend
軌道 rail, track; orbit, course
述說 state, recount, narrate
面 face; surface; side
面子 reputation, face
面孔 face
面色 complexion
面具 mask
面前 in front of, in the face of, before
面值 face value, par value
面容 facial features, face
面部 face
面試 interview
面對 face
面貌 face; appearance, look
面積 area
面頰 cheek
面臨 be faced with, be confronted with, be up against
面龐 face
革命 revolution; revolutionize; revolutionary
革命軍 revolutionary army
頁 leaf, page
頁邊空白處 margin
厘米 centimetre

[|]

冒 emit; brave; falsely claim to be
冒犯 offend
冒泡 bubble
冒煙 smoke
冒險 adventurous; take a risk; adventure
冠 crest; crown; rank first
冠軍 champion; championship
則 standard; rule; item
咬 bite
咬傷 bite and hurt
咳嗽 cough
品行 conduct
品味 taste
品嘗 taste
品種 breed, variety
品德 moral character
品質 quality
哈哈 Aha; laugh heartily
咱們 we
幽默 humorous; humour
思考 think, ponder over, reflect on
思念 think of, long for, miss
思想 thought, thinking, ideology; think
思想家 thinker
思潮 trend of thought
恰 appropriate; just, exactly
恰好 just right
恰當 proper, appropriate
恨 hate; regret
恨不得 very anxious to, how one wishes one could, itch to
恢復 resume; recover; restore
恒星 star
恤 pity, sympathize with

恤衫 shirt
映 reflect, mirror, shine
是 correct, right; yes; be
是否 whether or not, whether, if
是非 right and wrong; quarrel, dispute
星 star
星球 star, planet
星期 week
昨 yesterday; the past
昨天 yesterday
炭 charcoal
界限 dividing line, limit, boundary
盼望 hope for, long for, look forward to
胃 stomach
胃口 appetite; liking
胃病 stomach trouble, gastric disease
背 back; learn by heart; violate
背脊 the back
背景 background
背影 the view of one's back
苦 hardship; painstakingly; bitter
苦悶 depressed, dejected, feeling low
苦痛 pain, suffering
苦澀 bitter; anguished, pained
苦難 suffering, misery, distress
若 like, seem, as if; if
若干 some, a few, several
若果 in case; if
若然 if, in case, suppose
英 a person of outstanding talent or wisdom
英里 mile
英俊 handsome, smart
英國 Britain; England; the United Kingdom
英國人 the British; the English
英雄 hero; heroine
英鎊 pound sterling
茁壯 sturdy, healthy and strong
虐待 maltreat, illtreat
虹 rainbow
軍 army, troops
軍人 soldier, serviceman
軍事 military; military affairs
軍官 officer
軍隊 army, troops, armed forces
軍艦 warship

[ノ]

信 letter; message; trust; believe
信心 confidence, faith
信件 mail
信任 trust, have confidence in, believe in
信仰 faith, belief, conviction
信奉 believe in
信念 belief
信封 envelope
信差 messenger
信徒 believer, disciple, follower
信號 signal
信箱 post-box
信賴 rely
侵 invade, intrude into
侵犯 intrude into / upon, encroach upon
侵略 invade, commit aggression against
侵襲 invade and attack
便 then; convenient, handy; plain
便利 convenient, easy
便宜 cheap; advantage
保 protect; preserve; guarantee; guarantor
保存 reserve, preserve
保守 conservative; guard
保佑 bless, protect
保持 keep, maintain
保留 retain; hold back
保密 keep secret; confidential
保單 insurance policy
保溫 keep warm
保障 protection; guarantee, safeguard
保衛 guard
保險 insurance; safe; be sure
保險絲 fuse
保險費 premium
保險箱 safe
保險額 insured amount
保證 pledge, guarantee, assure
保釋 release on bail; bail
保護 protect, safeguard, keep intact
促成 facilitate, help to bring about
促使 impel, spur, encourage
促進 promote, advance, accelerate
俗 popular, common; secular; custom
俗稱 commonly known as
俗語 proverb, popular saying
侮辱 insult, humiliate
係 be
係數 coefficient
兔 hare, rabbit
勉强 force; reluctantly, grudgingly
卻 but, yet, however; step back; decline
垂直 upright, vertical
很 very, quite, awfully
很像 alike
待 treat; await; about to
待遇 treatment; salary, remuneration
律師 lawyer, barrister, solicitor
後 behind, at the back; after
後人 future generations; descendants
後世 later ages; later generations
後代 later periods; later generations, descendants
後來 afterwards, later
後果 consequence, aftermath
後者 the latter
後悔 regret
後期 later period, later stage
急 worry; rapid; urgent; impatient
急忙 in a hurry
急促 hurried, rapid; pressing
急救 first aid, emergency treatment
急速 rapidly
急劇 rapid, sharp, sudden
怎 why; how
怎麼 why; how
怎麼樣 how
怎樣 how
怨 blame, complain; resentment
怨恨 resent
拜 make a courtesy call; prostrate
拜神 worship God; worship
段 section, part
泉 spring
皇冠 crown
皇帝 emperor
皇家 royal
盈利 profit, gain
盆 basin, tub, pot
盆地 basin

盆栽 potted plant
看 see, watch; read; think; look upon; look after; visit
看守 keep under detention; watch
看似 it looks as if
看作 regard as, consider
看法 view
看待 look upon, regard, treat
看管 take care of, look after; guard
盾 shield
科 section, division; subject
科目 subject, course
科技 science and technology
科學 science; scientific
科學家 scientist
科學實驗 scientific experiment
秒 second
秋 autumn
秋風 autumnal wind
胚胎 embryo
胎 foetus; tyre
胎盤 placenta
負 shoulder; lose; negative; suffer
負起 bear, undertake
負責 be responsible for; responsible, conscientious
負債 owe, be in debt
負擔 burden, load; support
迫 compel; approach; urgent
迫害 persecute
重 regard as important; heavy; important; serious; weight; over again
重大 great, major, significant
重工業 heavy industry
重心 core, focus; centre of gravity
重建 rebuild, redevelop, reconstruct
重要 important, significant, major; serious
重要性 importance, significance
重視 attach importance to, pay attention to, value
重量 weight
重新 again, anew, afresh
重複 repeat, duplicate; redundant
重疊 overlapping; overlap
風 wind; style, custom; information
風光 scene, view, sight
風車 windmill
風味 distinctive flavour, local colour
風度 manner, demeanour
風流 gifted and unconventional in life style; romantic
風格 style
風氣 general mood, common practice, atmosphere
風球 typhoon signal
風景 scenery, landscape
風琴 organ
風箏 kite
風暴 storm
食 meal, food; eat
食水 drinking water
食用 edible
食物 food, edibles
食品 foodstuff, food, provisions
食指 index finger
食料 foodstuff
食鹽 salt, table salt
香 fragrant; delicious; incense
香水 perfume
香料 spice
香草 herb
香煙 cigarette
香蕉 banana

[ㄱ]
勇 brave, courageous
勇氣 courage, nerve
勇敢 brave, courageous
孩子 child; son / daughter
屍體 corpse, dead body, remains
屋 house; room
屋邨 estate
屋頂 roof
建 build; establish; propose
建立 build, establish, set up
建國 found a nation
建設 developments, construction; build
建設性 constructive
建造 build, construct, make
建築 build, construct; building
建築物 building, structure, construction
建築學 architecture
建議 proposal, resolution; suggest
怒 angry, furious; anger
既 already; since; as well as
既然 since, as, now that
柔和 soft, gentle, mild
柔軟 soft
某 certain, some
架 put up; fend off; support; shelf
架子 shelf, frame; arrogant manner
架空天橋 flyover
省 economize; omit; province
眉 eyebrow
紅 red; bonus; dividend
紅銅 copper
紀念 souvenir; commemorate
紀律 discipline
紀錄 minutes, written records
約 invite; restrain; appointment; agreement; about
約會 appointment, engagement, date
限 limit, restrict; bounds
限制 restriction, control; limit, confine
限度 limit, limitation
限額 quota
陌生 strange, unfamiliar
降 drop, lower
降落 land
飛 fly, hover; swiftly
飛行物體 flying object
飛行員 pilot
飛揚 rise up and flutter; fly about
飛翔 hover
飛碟 flying saucer, unidentified flying object (UFO)
飛彈 missile, rocket
飛輪 flywheel
飛機 aeroplane, plane, aircraft

十劃

[、]
兼 double; simultaneously, concurrently
兼職 part-time job
凍 very cold; jellied food; frozen
凌晨 before dawn, in the small hours

准許 permit, allow, grant
烘 bake
烤 bake, roast, toast
烙印 brand
宰相 prime minister, premier
害 evil; harm; suffer from
害怕 fear, be afraid, be scared
家 family; home; specialist
家人 members of a family; servant
家事 family affairs
家具 furniture
家長 parent
家庭 family, household
家畜 domestic animals, livestock
家族 clan, family
家鄉 hometown, native place
家禽 domestic fowl, poultry
宴 feast, banquet; entertain at a banquet
宮殿 palace
容 contain; tolerate; appearance
容忍 tolerate, put up with, bear
容易 easy; easily, apt to
容納 accommodate, contain, hold
容許 permit, allow, tolerate
容量 capacity
容器 vessel, container
容積 volume
差 job; dispatch; wrong; bad
差不多 about the same; just about right, not bad
差別 difference, disparity, discrepancy
差異 difference, disparity, discrepancy
差距 difference, disparity; gap
庭 front courtyard; court
座 seat; stand
座位 seat
扇 fan; leaf
扇形 fan-shaped
拳 fist
拳擊 boxing
拳擊者 boxer
旁 side; other, else
旁人 others
旁邊 side; nearby
旅行 travel, journey, tour
旅行社 travel agent
旅行團 tour group
旅客 traveller, tourist
旅程 journey
旅遊 tour, tourism
旅遊業 tourist industry, tourism
效法 follow the example of, learn from, model oneself on
效果 effect, result, outcome
效能 efficacy, function, usefulness
效率 efficiency
料 material; anticipate
料理 arrange, manage, take care of
朗誦 read aloud, recite
案 case, law case; file
酒 wine, liquor
酒吧 bar, pub
酒店 hotel
會 cocktail party
精 alcohol
樓 restaurant
wave, billow
花 spray, spindrift
費 waste; extravagant, wasteful

消 disappear; remove, eliminate
消化 digest
消失 disappear, fade, vanish
消防員 fireman
消毒 disinfect, sterilize
消息 news, information, message
消耗 use up, consume; consumption
消除 eliminate, remove, wipe out
消費 consume; consumption
消費者 consumer
消極 negative; passive
消滅 wipe out, eliminate; perish
消遣 pastime, recreation; kill time
消磨 idle / fritter away, kill time
浸 soak, steep, dip
海 sea; large
海水 sea water
海外 overseas, abroad
海里 sea mile, nautical mile
海岸 coast, seashore
海岸線 coastline
海洋 ocean
海洛英 heroin
海軍 navy
海員 seaman, sailor, mariner
海豹 seal
海域 maritime space, sea area
海報 poster
海膽 sea urchin
海邊 seaside, beach
海灘 beach
海灣 bay, gulf
涉及 involve, relate to, touch upon
涉嫌 be suspected of
浮 float; unstable
浮現 appear in one's mind
浴 bath
浴室 bathroom
流 flow; current; class
流水 running water
流血 bleed
流行 popular, fashionable
流浪 roam about, lead a vagrant life
流動 flow; mobile
流通 circulate
流露 reveal unknowingly
畜生 beast; domestic animal
疾病 disease, illness
病 disease; ill, sick
病人 patient, invalid
病例 case of (illness)
病房 ward
病菌 germ, bacterium
病徵 symptom
症狀 symptom
疲乏 tired, weary, exhausted
疲倦 tired, weary, fatigued
疲弱 limp; weak (in trading)
疲勞 exhausted, weary; fatigue
疼痛 ache, sore; painful
疼愛 love dearly, dote on
益 benefit, advantage; increasingly
益發 all the more, increasingly
站 station, stop; stand
站立 stand up, rise to one's feet
粉末 powder
粉紅色 pink
粉筆 chalk

被 quilt
被動 passive
被告 defendant, the accused
被迫 be compelled, be forced
袖 sleeve
衰老 aging; old and weak
衰弱 weak, feeble
衰退 fail, decline; recession
衰微 on the decline
記下 note, write down, record
記住 bear in mind, remember, never forget
記者 reporter, journalist
記起 remember, recall
記得 remember
記號 mark, sign
記載 record, put down in writing
記憶 memory; remember
記憶力 memory
記錄 record, put down in writing
討 beg for; marry
討厭 dislike, hate; disgusting
討論 discuss, talk over
訊 message, dispatch; interrogate
訊號 signal
託 entrust, give pretext
訓練 training; train, drill
送 deliver; give; see somebody off
逆差 unfavourable balance
迷人 fascinating, charming, attractive
迷信 superstitious; blindly believe
高 tall, high
高尚 noble, lofty
高度 altitude, height; highly
高原 highland, plateau, tableland
高峰 peak, summit, height
高級 high-ranking; high-quality; advanced
高深 advanced, profound
高處 high place
高速 high speed
高等 higher, advanced
高貴 noble
高溫 high temperature
高達 as high as
高潮 high tide; climax
高興 glad, happy, pleased
高壓 high pressure; high voltage
高齡 advanced in years / age, elderly

[一]
致 send; result in
致力 devote oneself to, work for
匪徒 gangster, bandit, robber
原 original; raw
原子 atom
原子彈 atomic bomb
原本 originally; master copy
原因 cause, reason, justification
原有 possess originally
原作 original, original work
原來 original; it turns out to be …
原始 original; primitive
原始人 primitive man, prehistoric man
原則 principle
原料 raw material
原動力 original force, motive power, motivity
原理 principle, tenet, the fundamentals
原稿 original manuscript, master copy
原諒 forgive, pardon, excuse
哥哥 elder brother, brother
哲學 philosophy
哲學家 philosopher
唇 lips
埋 bury, cover up with
埋怨 complain, grumble, blame
埋葬 bury
夏天 summer
夏日 summer day; summer sun
夏季 summer
套 set; cover; loop; tie; coax the secret
套裝 suit
恥 be ashamed; shame
恐怖 terror; frightful, fearful
恐怕 I'm afraid; I think, perhaps
恐嚇 threaten, intimidate
恐懼 fear, dread, awe
振 flap; brace up; vibrate
捕捉 catch, seize; arrest
捕魚 catch fish; fishing
捕獲 capture
捉住 catch, arrest; grasp, get hold of
捉迷藏 hide-and-seek
挺 straighten up; endure; very
挫敗 frustrate, defeat; beating
挨 suffer, endure
晉升 promote to a higher office
校 school; check, proofread
校服 school uniform
校長 headmaster, principal
校規 school regulations
校園 campus
核子能 nuclear energy
核心 core
核計 assess, calculate, compute
核對 check, verify
框子 frame
根 root; origin
根本 foundation; basic; simply; thoroughly
根源 source, origin
根據 basis, grounds; according to
栗子 chestnut
栽培 cultivate; train, foster
栽種 plant, grow
格 square; shelf; style
格外 especially, exceptionally, particularly
格調 style
桃子 peach
班 class, team; shift
班機 scheduled flight
珠 bead; pearl
珠寶 jewellery, jewel
真 true, real; indeed
真切 vivid and truthful
真心 wholehearted, sincere, heartfelt
真正 true, real, genuine
真空 vacuum
真相 truth, fact, real situation
真假 true or false
真情 genuine feeling, real sentiments
真誠 sincere, true, genuine
真實 true, real, authentic
砝碼 weight
破產 go bankrupt; bankruptcy, insolvency
破裂 break, split, crack
破碎 tattered, broken
破舊 worn-out, old and shabby
破壞 destroy, undermine, spoil
素 plain; vegetable; usually

索引 index
索取 ask for, extort, demand
索性 without hesitation, simply
翅膀 wing
貢獻 contribution; contribute, dedicate
起 rise; appear; begin; build; remove
起用 reinstate, rehabilitate
起伏 rise and fall, undulate
起床 get up, rise, get out of bed
起事 rise in revolt
起來 get up, rise
起初 at first, in the beginning
起勁 vigorously, energetically, enthusiastically
起重機 crane
起飛 take off
起訴 sue, prosecute, charge
起源 origin; originate, stem from
起義 revolt, rise up; uprising
起點 starting point
辱罵 abuse, call somebody names
配 mate; match; worthy of; allocate
配件 accessory, fitting
配合 coordinate, cooperate, keep pace with
配備 allocate; equipment
配搭 arrangement; arrange, match
酌量 measure; consider, at one's discretion
馬 horse
馬上 at once, right away, immediately
馬廄 stable
馬鈴薯 potato

[|]
剛 just, exactly; strong
剛才 just now, a moment ago
剛好 just, exactly; it so happened that
哨子 whistle
哨聲 whistle
哭泣 cry, weep, sob
員 member
員工 staff, personnel
哪 which; what; any
哪兒 where; wherever
哪個 which one; who
哪裡 where; wherever
悄悄地 quietly, stealthily, silently
時 time; hour; current; occassionally
時分 time
時代 age, era, epoch
時光 time; times, days
時事 current affairs / events
時刻 moment; constantly, always
時候 time; moment
時常 often, frequently
時速 speed per hour
時期 period
時間 time
時節 season; time
時裝 fashionable clothes
時裝界 fashion circles
時髦 fashionable, stylish; in vogue
時機 opportunity, opportune moment
桌子 table, desk
茫茫 vast, boundless and indistinct, bleak
茫然 ignorant, at a loss, in the dark
荒淫 debauched, dissolute
荒野 moor, wilds
荒謬 absurd
草 grass; hasty
草地 meadow; lawn
草坪 lawn
草案 draft, bill
草根 grassroot
草莓 strawberry
草蜢 grasshopper
草擬 draft
茶 tea
茶匙 teaspoon; teaspoonful
茶碟 saucer
蚊 mosquito
財 wealth, money
財物 property, belongings
財政 finance; financial
財產 property, possession
迴轉 turn around
閃 dodge; flash, sparkle
閃亮 glimmer, glitter
閃電 lightning
閃爍 twinkle, glisten
閃耀 twinkle, glisten
鬥 fight; struggle against, denounce
鬥志 morale, will to fight
鬥爭 struggle, battle, fight
骨 bone
骨架 frame
骨骼 skeleton

[ノ]
乘 ride; multiply
乘客 passenger
乘飛機 fly, travel by air
乘機 seize the opportunity
倍 double, twice; times
倦 weary, tired
倆 two; some, several
值 value; worth; happen to; on duty
值得 worth; worthy of
借 borrow; lend
借書 borrow book; lend book
借書證 library card
借款 borrow money; lend money; loan
倚 lean on; rely on
倒 fall; close down; back; pour
倒退 back, regress
倒塌 collapse
倒置 set upside down
倒轉 reverse
倔强 obstinate, stubborn
俱 all, complete
俱樂部 club
個 a piece
個人 individual; oneself
個別 individual; very few
個性 individuality, personality
個體 individual
候 wait, await; inquire after; condition
倘若 if, supposing, in case
修 repair; trim
修正 revise, amend, correct
修改 revise, amend, alter
修訂 revise
修理 mend, repair
修養 accomplishment, training; self-cultivation
修築 build, construct
倉庫 warehouse, storehouse, godown
射入 shoot into
射中 hit the target
射程 range (of fire)
射擊 shoot, fire

師 teacher, master; army
師傅 master worker
徒勞 vain, fruitless, futile
拿 hold; take, bring; with
氣 air; gas; breath; angry
氣力 physical strength; effort
氣孔 stoma; spiracle; gas hole
氣味 smell, odour, scent
氣氛 atmosphere, tone, mood
氣泡 bubble
氣流 current
氣候 climate
氣息 breath; spirit
氣球 balloon
氣溫 air temperature
氣管 windpipe
氣質 temperament, disposition
氣餒 feel discouraged, lose heart, be dispirited
氣壓計 barometer
氣體 gas
氧氣 oxygen
氨 ammonia
烏 black, dark
烏雲 black cloud, dark cloud
烏鴉 crow
爹 father, dad
特 especially, specially, particularly
特出 outstanding, extraordinary, prominent
特地 specially, on purpose
特有 unique, peculiar
特色 exceptional quality, unique feature
特別 particular, special
特快 express
特使 special envoy
特定 specific; specially designated
特性 special quality / characteristic, property
特殊 special, exceptional, peculiar
特徵 characteristic, feature, earmark
特質 characteristic, special quality
特輯 special collection of articles, special programme
特權 privilege
狹小 narrow and small
狹窄 narrow, limited
留 remain, stay; reserve
留下 stay; leave behind
留心 be attentive / careful, look out
留待 wait until, leave over
留意 be attentive / careful, look out
留學 study abroad
留醫 hospitalize, stay in the hospital
秤 balance
租 rent, hire, lease
租金 rent, rental
秩序 order, sequence
秘書 secretary
秘密 secret, confidential
秘訣 secret
笑 smile, laugh; laugh at
笑容 smile, smiling face
笑話 joke, jest; nonsense
笑聲 laughter
缺 be short of, lack; shortage
缺口 breach, gap
缺少 lack, be short of; shortage
缺乏 lack, be short of; shortage
缺席 absence
缺陷 defect, drawback, flaw
缺點 shortcoming, weakness, defect
耕地 cultivated / ploughed land
耕種 till, cultivate, plough
耗 consume; waste time; message
脂肪 fat
胸部 breast, bosom, chest
胸懷 mind, heart
脈搏 pulse
脈搏率 pulse rate
脊 ridge
脊柱 backbone
脊椎骨 vertebra
脊椎動物 vertebrate
臭 smelly, foul, stinking
航行 sail; fly
航海 navigation
航線 route, course
般 like; kind, way
逃亡 flee from home, go into exile
逃走 run away, flee, escape
逃脱 make good one's escape; get clear of
逃避 escape, evade, avoid
追 pursue, chase after; seek
追求 pursue; woo, court
追蹤 trace, track
釘 nail; pin; follow closely
針 needle; stitch
針對 be directed against, counter; in the light of
針織 knitting; knit
飢餓 hunger, starvation
鬼 devil, ghost, spirit
鬼臉 funny face, wry face, grimace

[ㄱ]

剝 peel; skin; strip
娘 mother; young woman
娛樂 amusement, entertainment, recreation
孫 grandchild
孫女 granddaughter
孫子 grandson
展 open up; extend; exhibition
展覽 show, exhibition, display
弱 weak, feeble; inferior
書 book; letter; document; write
書包 schoolbag
書本 book, volume
書店 bookstore, bookshop
書法 calligraphy
書信 letter, correspondence
書院 college
書寫 write
書櫃 bookcase
書籍 book, volume
純 pure; sheer, all
純利 net profit
純淨 pure, clean
級 level, rank, grade; step
納税人 taxpayer
紙 paper
紙片 scraps of paper
紙板 cardboard
紙屑 bits and pieces of paper
紙條 slip; strip of paper
紛紛 one after another; numerous and confused
紡織 spinning and weaving; weave
紡織業 textile industry
紋 lines, grain
能 can; ability; energy
能力 ability, capability
能夠 can, be able to, be capable of

能量 energy
能幹 able, capable, competent
能源 energy source
退 retreat, withdraw; return
退休 retire; retirement
院 courtyard, compound
陣 battle array; a period of time
陣容 lineup; battle formation
陡峭 steep, precipitous
除 eliminate, remove; divide
除外 not including, excluding
除非 only if / when, unless

十一劃

[、]
剪 cut
剪刀 scissors
商 commerce, trade, business
商人 trader, businessman
商店 shop, store
商品 goods, commodity
商討 discuss; discussion
商埠 commercial port
商量 discuss, consult, talk over
商業 business, commerce; commercial
商業區 commercial area
商標 trade mark
婆婆 grandmother; mother-in-law; old woman
寄 entrust to; send
寄宿 be a boarder, lodge in
寂寞 lonely, lonesome, solitary
寂靜 silent, quiet, still
宿舍 dormitory, hostel
密 secret; intimate, close
密切 intimate, close; closely
密封 seal
密度 density
密集 concentrate, crowd together; intensive
密雲 cloudy
密碼 code, cipher
康復 rehabilitate, recover
康樂 recreation
啟 start, initiate; open
啟用 ready for use; be operational
啟用禮 opening ceremony
啟程 set out, start on a journey
族 clan, tribe
旋風 cyclone
旋轉 revolve; revolution
望 hope, expect; look at
望去 gaze into distance
毫 fine hair; ten cents
涼 cool, cold; disheartened
液體 fluid, liquid
淡 light; mild; slack; insipid
淡水 fresh water
淡忘 forget, fade from one's memory
添 add, increase
淺 shallow; superficial; elementary; light
清 clear; completely; remove
清水 clear water
清拆 demolish, pull down, destroy
清明節 Grave-sweeping Day
清脆 clear; melodious
清除 eliminate, get rid of, remove
清晨 early morning
清涼 fresh and cool
清理 clean up, put in order
清晰 clear, distinct
清新 delightfully fresh
清楚 clear; clearly
清澈 crystal-clear, clear, limpid
清潔 cleanliness; clean
淋浴 shower
淑女 lady
淹沒 drown, submerge
混 mix; pass off as; drift along
混合物 mixture
混淆 confuse, mix up; obscure
混亂 mess; confused, chaotic
混濁 dirty, muddy
淒涼 sad, forlorn, lonely
淚水 tear
淘汰 eliminate; die out
淪落 be reduced to, come down in the world
深 deep; difficult; very
深入 penetrate; thorough, deepgoing
深切 earnest, deep
深刻 acute; indelible
深夜 late in the night
深信 firmly believe
深度 depth
深得 totally win
深淺 depth; shade
深處 depths, the inner part
淨化 purify; purification
烹調 cook; cooking
牽 drag, lead along
率 lead; rate; ratio
率領 lead
瓶 jar, bottle, jug, vase, flask
瓶口 mouth of a bottle
瓶塞 stopper
瓶蓋 lid of a bottle
產 give birth; produce
產生 produce; cause, give rise to
產品 product
產量 volume of production, output
產業 real estate; industry
痕跡 trace, mark
痊癒 recover from an illness
粒 grain, particle
粗 rough; wide in diameter; coarse
粗心 careless, negligent, thoughtless
粗野 rough, rude, boorish
粗魯 rough, rude, boorish
粗糙 rough, coarse, crude
羞恥 shame; shameful
視 look; consider; inspect
視力 vision, eyesight
視察 inspect
視線 line of vision
視覺 sense of sight, vision
訪 call on, visit; interview
訪問 interview; visit
訪問團 visiting group
許 allow; promise; perhaps; about
許多 many, much, plenty, numerous
設 set up; suppose; work out
設法 try to, think of ways to
設施 provision, facilities
設計 design, plan; contrive; draw up
設備 provision, facilities, equipment
設想 imagine; be considerate; idea
設置 establish, install, set up

這 this
這些 these
這兒 here; now, then
這時 at this moment
這等 such, like this
這裡 here
這麼 so, thus
這樣 so, this way, this manner
這邊 here, over here
部 volume, part; ministry
部分 part, section; in part
部位 position, place
部長 minister, head of a department
部門 section, department
部族 tribe
部隊 troops; armed forces
部署 dispose, deploy; plan
部落 tribe; tribal village
章 chapter; regulations; seal; medal of award
竟 finally; to one's surprise
竟然 to one's surprise, actually
麻木 insensitive, be numbed
麻雀 sparrow
麻煩 troublesome; trouble; bother
麻醉 anaesthetize; narcosis
麻醉劑 narcotic, anaesthetic

[一]
乾 dry; futilely; nominal (kinship); dried food; heaven
乾旱 dry; drought
乾淨 clean; totally, completely
乾燥 dry, arid
副 set; deputy; subsidiary; fit
副本 copy, duplicate, transcript
副作用 side effect, by-effect
區 region, area; classify, subdivide
區別 distinguish between; distinction
區域 area, region
堅 firm; resolute; steadfastly
堅決 be determined; resolutely, firmly
堅固 strong, firm, unshakable
堅定 resolute, firm, determined
堅果 nut
堅持 insist, stick to, persist
堅強 strong, firm, tough
堅硬 hard, solid
堅毅 resolute, firm, determined
堆 heap, pile; pile up
基本 basis; fundamental, basic
基地 base
基於 on account of, in view of, because of
基金 fund
基督教 Christianity, Protestantism
基礎 foundation, base; fundamental
執 hold in hand; execute; stubborn
執行 execute
執法 execute the law; jurisdiction
執筆 draft, take down, write
執照 licence, permit, certificate
培養 train, foster; culture
奢侈 extravagant, luxurious
娶 marry
專 specially; speciality, expertise
專心 concentrate, be devoted
專利 monopoly, patent
專門 professional; specialized
專門化 specialization
專家 expert, specialist
專訊 news dispatch
專業 professional; profession
專欄 column, feature
帶 strip; belt; carry; lead
帶動 lead, initiate, bring along
帶領 guide, lead
掠過 flash
控 charge, accuse; control
控方 prosecutor
控制 control, manage
探 investigate; spy on; visit
探究 investigate, probe into, look into
探員 detective
探索 explore, probe
探討 study, investigate
探望 visit, call on
探測 probe, survey, sound
探險家 explorer, adventurer
接 catch; meet; receive
接到 receive
接受 receive, accept
接近 approximate, near; approach
接待 receive, entertain; reception
接納 accept
接替 take over, replace, succeed
接着 right after
接應 render support to
接獲 receive
接觸 contact
挽回 save, retrieve, redeem
挽救 save, rescue, remedy
捷 fast, quick; victory
措施 measure
掩飾 cover up
掩蓋 cover
掉 turn about; drop, fall; lose
掉換 exchange, swop
掃 sweep; broom
掃帚 broom
掛 keep in mind; hang; hang up
掛念 miss, worry about
掛號 register
推 push; promote; elect
推行 carry out, practise, pursue
推動 push, propel, give impetus to
推理 inference; reason
推測 calculate, predict, guess
推進 impel, push on, propel
推開 push away
推想 imagine, guess, reckon
推廣 promote, popularize, spread
推論 infer; corollary; reasoning
推銷 promote sales, market, peddle
推銷員 salesman
推翻 overthrow
推薦 recommend
掙扎 struggle
採 collect, mine; adopt
採石場 quarry
採訪 cover, gather information, interview
排 arrange in order; dispel; row; platoon
排出 discharge, release
排列 arrange, put in order
排除 exclude, push aside, overcome
排球 volleyball
排隊 line up, stand in a queue
掀起 lift up; bring about
救 help, assist, save

救援 assistance; rescue, salvage
救濟 give relief to; relieve, succour
救護車 ambulance
教 religion; teach, train
教士 priest, clergyman
教育 education; teach, educate
教皇 the Pope
教師 teacher, tutor
教徒 follower of a religion
教訓 moral; teach; reproach
教堂 church, cathedral; mosque
教授 professor; teach, instruct
教會 church
教練 coach; drill
教學 teaching; teach, educate
教導 teach, instruct, train
斬 chop; cut
棄 abandon, discard, give up
爽快 refreshed; straightforward; readily
球 ball; sphere
球拍 racket
球員 player of a ball team
球迷 fan
球場 field, court
球棒 bat
球隊 ball team
球賽 match, ballgame
理 reason; attend to; manage; texture
理由 reason, grounds
理科 science subject
理智 rational; reason; intellect
理想 ideal; satisfactory; aspiration
理會 attend to, take notice of, care
理解 understand, comprehend; comprehension
理論 theory; argue, debate
理髮師 barber, hair-dresser
現 show, reveal; now
現今 now, nowadays
現代 contemporary, modern
現代化 modernize; modernization
現在 now, today, at present
現狀 present conditions
現金 cash
現時 at present, now, at the moment
現場 scene; site, spot
現象 phenomenon
現實 practical, realistic; reality
盔甲 armour
盛 fill; great; prosperous; vigorous
盛世 prosperous age
盛行 popular, common, rife
盛宴 feast, grand banquet, sumptuous dinner
盛載 hold, contain
盛滿 be filled
票 ticket; ballot; bank note
票價 admission fee; ticket price
聆聽 listen
規定 regulate, prescribe, stipulate
規則 rule, regulation
規律 rule, law; regular pattern
規格 specification, standard, norm
規矩 established practice; behave well
規模 scope, scale, magnitude
責任 duty, responsibility, liability
責備 rebuke, reprimand, blame
責罵 chide, scold
軟 soft, yielding, weak
逗 tease, play with
逗留 stop over, stay
連 connect; in succession; including; even; company
連同 together with
連忙 without hesitation, at once, promptly
連串 a whole series of
連接 join, link, connect
連累 implicate, involve
連綿 unbroken, continuous, uninterrupted
連繫 connection
連續 continue; continuous, successive
速 quick, rapid; speed
速度 speed, velocity
速寫 sketch
逝去 pass; be gone
逐 pursue; drive out, expel
逐步 step by step, progressively
逐漸 gradually, by degrees
都 capital; city
都市 urban area, city
都市化 urbanize; urbanization
雪 snow
雪白 snow-white, snowy
雪茄 cigar
頂 top; carry on the head; prop up; substitute
頂點 top, apex, peak, summit
梳子 comb
梅花 plum; club
桶 pail, barrel

[I]

唱 sing; shout out
唱片 record
唱歌 sing
問 ask; question; consult
問候 ask after, send regards to; greetings
問題 problem; question, query
唯一 only, unique, sole
唯有 only
啤酒 beer
唸 read, chant
唸書 read a book; study
圈 circle; group; encircle
國 country, nation, state
國人 fellow countrymen
國土 land, territory
國王 king, emperor
國民 the people, citizen
國界 national boundaries
國家 nation, country; national
國庫 national treasury
國勢 national power, national strength
國會 national assembly, parliament, congress
國際 international
國籍 nationality
堂 hall; courtroom
堂上 parents
堂兄弟姊妹 cousins
崇拜 worship, adore
崎嶇 uneven, rough, rugged
崩潰 collapse, break down
崗位 office, post
常用 commonly used
常見 commonly seen, common
常常 often, frequently, constantly
常識 common sense / knowledge
帳單 bill
帳蓬 tent

患 worry about, contract illness; trouble
患者 patient, sufferer
情 affection, feeling, sentiment
情人 lover, sweetheart
情形 general condition, situation
情況 condition, circumstances
情侶 lovers
情感 sentiment, emotion, feeling
情節 plot
情緒 mood, morale, spirits
情願 be willing to; willingly; would rather
惟有 be obliged to, have no choice
敗 fail; be defeated; spoil
敗壞 spoil, destroy, corrupt
晚 night; late; younger
晚年 old age
晚間 evening, night
晚飯 supper, dinner
晨 morning
略 brief; slightly; ignore; strategy; seize
略去 leave out, delete, omit
畢竟 after all
畢業 graduate; graduation
畢業生 graduate
異 different; unusual, strange
異同 differences and similarities
異性 opposite sex
異常 unusual, abnormal, extraordinary
異樣 differences; strange, unusual
眾人 all people, the crowd, the multitude
眾多 numerous, a great number of
眼 eye; glance; hole
眼皮 eyelid
眼光 sight; foresight, insight
眼珠 eyeball
眼淚 tear
眼球 eyeball
眼眶 eye socket
眼睛 eye
眼睫毛 eyelash
眼鏡 spectacles; glasses
眺望 view
處 office, department; place
處方 prescription; prescribe
處死 sentence to death
處決 execute, put to death
處理 dispose of, arrange, handle
處境 circumstance, situation, position
處罰 punish
蛇 snake, serpent
蚯蚓 earthworm
趾 toe
野 wild; primitive; countryside; not in power; field
野心 ambition
野外 outdoor, wild
野生 wild
野草 weed
野獸 wild beast, wild animal
閉 close, shut
莖 stem
莊嚴 solemn, august, dignified
荷花 lotus
荷塘 lotus pond

[ノ]

偽 false, fake, forged
偽鈔 counterfeit banknote
停止 cease, stop, cut off
停車 stop; park
停泊 moor; park
停留 stop over, stay, remain
停頓 halt, pause, suspend
假 make use of; holiday; false
假日 holiday, vacation
假如 supposing, if, in case
假使 supposing, if, in case
假定 assume, suppose, if
假若 supposing, if, in case
假設 hypothesis; supposing
假期 holiday, vacation, leave
做 do, make, work at; be
做工 work; workmanship
做事 work
做到 accomplish, achieve, attain
偉人 great man
偉大 great, mighty
健全 in good health; in good order, sound
健康 health; healthy
偶 accidentally; occasionally; even; mate
偶然 accidentally, by chance; fortuitous
偶像 idol
偶爾 occasionally, once in a while
偵訊 investigation
側 slant, incline; side
側重 emphasize, stress
偷 steal; thief; secretly
偏 stubbornly; slanted; incline to one side
偏見 prejudice, bias
偏差 deviation, error
偏愛 favour, preference; favourite
動 move; arouse, excite
動人 attractive; touching, moving
動力 motive power, driving force
動手 start work; hit out
動用 draw on, employ
動作 action, movement, motion
動身 begin journey, set out, leave
動物 creature, animal
動物園 zoo
動物學 zoology
動畫 cartoon
動態 trend, development; dynamic
動機 motive, intention
售 sell
售票員 ticket-seller, booking-office clerk
售價 selling price
售賣 sell
夠 enough, adequate, sufficient
彩色 multicolour, colour
得 get, obtain, have
得分 score
得失 gain and loss
從 since; from; follow; join
從中 out of, therefrom
從此 from now on, since then
從而 thus, thereby
從事 be engaged in
從來 always, at all times, all along
從前 formerly, past
從容 slowly, leisurely
從業員 workers in the trade
徘徊 linger around, wander, loiter
御用大律師 King's / Queen's Counsel
悉 all; know, be aware of
悠悠 leisurely; slow; gentle

悠閒 unhurriedly, leisurely
您 you
敏捷 quick in response, agile
敏感 sensitive; allergic; allergy
敘述 narrate, state, relate
斜 slanting; slant slope
斜坡 slope
條件 condition, term
條例 regulation, rule, ordinance
條約 treaty, agreement, convention
欲望 wish, desire, want
欲睡的 sleepy
殺手 killer
殺死 kill, slaughter
猜 suspect; guess
猜測 guess, surmise
猜想 imagine; suspect; guess
猛烈 fierce, vigorous, violent
猛然 suddenly; fiercely
甜 sweet
甜美 sweet, luscious
甜蜜 sweet, happy
盒子 case, box
移 move; transfer; change
移民 immigrant; immigration; immigrate
移居 change residence, immigrate, migrate
笨 stupid, dull, foolish
笛 flute
第一 first, primary, foremost
第二 second
第三 third
符合 accord with, conform to, meet
符號 mark, symbol
脖子 neck
脱 take off; escape from
脱離 sever, separate from, drop out
船 boat, ship, vessel
船夫 boatman
船主 ship-owner
船員 seaman, sailor
船隻 boats and ships
船塢 shipyard
船艙 cabin
船頭 bows
術語 technical term, jargon
袋 bag, sack, pocket
貨 goods, commodity; sell
貨車 truck, lorry
貨物 goods, commodity, freight, cargo
貨倉 godown, warehouse
貨幣 currency, money
貨輪 freighter, cargo ship / vessel
貪心 greedy, rapacious, avaricious
貪婪 greedy, rapacious, avaricious
貧 poor, impoverished; poverty
貧窮 poor, needy, impoverished
造 build; make; cook up; call at
造成 result in; build up, create
透 penetrate, soak through; thoroughly
透明 transparent
透過 via, by way of; penetrate, infiltrate
透徹 thorough, in-depth, penetrating
透露 divulge, disclose, reveal
逢 meet, come upon
逛 stroll, wander about, visit
途 journey; road, path
途人 pedestrian
途徑 way, channel

釣魚 fishing
魚 fish
鳥 bird
鳥巢 nest
鳥籠 cage

[ㄱ]

參加 take part in, attend, join
參考 refer, consult; reference material
參與 take part in, participate in
參閱 consult, read for reference, refer to
參賽 participate in a competition
參賽者 competitor, participant
參議院 senate
參觀 tour; visit, look around
婦人 women
婚姻 marriage, wedding
婚紗 wedding gown
婚禮 wedding ceremony
將 military commander; by, with; will
將來 future; in future
將軍 general
張 piece; stretch; open
張揚 make public, publicize, spread
强 strong; better; by force
强度 strength; intensity
强迫 force, coerce, compel
强烈 strong, intense, violent
强盜 robber, bandit
强硬 unyielding, tough, strong
强調 emphasize, stress, underline
晝 daytime
統一 unify, unite
統治 rule, govern, dominate
統計 add up, count; statistics
統計學 statistics
細 slender; small, fine
細小 small, trivial, unimportant
細心 careful, attentive; handle with care
細胞 cell
細粒 grain, small particle
細菌 bacterium, germ
細節 details, particulars
細緻 fine, delicate; in detail
組 group, set; organize
組合 combination; make up, compose
組成 compose, form, make up
組別 set, group, category
組織 organize; organization
終 after all; die; end; whole
終日 all / whole day
終止 close, stop, cease, end
終生 all one's life, for life
終身 lifelong; all one's life
終於 finally, eventually, at last
終點 terminal, end; destination
翌年 next year
習 practise; be used to
習俗 custom, convention
習慣 habit; be used to; be accustomed to
習題 exercise
蛋 egg
蛋白質 albumen, protein
蛋糕 cake
通 communicate; understand thoroughly; lead to; open up; expert
通行 pass through; current, general
通行證 pass, permit

通往 go to, lead to
通知 inform, notify; notification
通信 correspond, communicate; communication
通航 open to sea or air traffic
通訊 communication; news dispatch; newsletter
通商 trade with foreign countries
通常 usually, ordinarily, normally
通貨膨脹 inflation
通道 thoroughfare, passage; passageway
通過 by means of, by way of; pass through
陪 accompany, keep sb. company
陪葬 be buried with the dead
陳列 exhibit, display, set out
陸 land; six
陸地 land
陸軍 army, land force
陸續 in succession, one after another
陰 shade; rainy; feminine
陰影 shadow
陰謀 conspiracy, plot, scheme
陶器 pottery
陶藝 art of pottery
陷 get stuck; be captured; sunken
陷害 frame up
陷阱 trap, pit, pitfall
雀斑 freckle
雀躍 overjoyed, greatly delighted

十二劃

[、]
割 cut
割據 set up a separatist regime by force
割讓 cede
勞工 worker, labourer
勞動 labour, work
寒冷 cold, icy, chilly
寒帶 frigid zone
富有 rich in, full of; wealthy
富翁 rich / wealthy man
富强 prosperous and powerful
富豪 rich / wealthy man
寓言 fable
尊 respect; senior; your
尊重 respect, esteem, value
尊敬 respect, esteem, honour
尊嚴 dignity, honour
就 only; move towards; at once; engage in
就業 obtain employment, get a job
就讀 study
廁所 lavatory, toilet, washroom
敦促 urge, press
普及 popularize, disseminate, spread
普通 ordinary, common, average
普遍 universal, widespread, common
曾經 once, formerly, some time ago
港口 port, harbour
港幣 Hong Kong dollar
游泳 swim
游擊隊 guerrilla
渡船 ferryboat, ferry
渡過 pass, cross, tide over
湧入 swarm into, crowd into, pour in
減 subtract, deduct; reduce
減低 decrease, reduce, lower
減輕 lighten, ease, alleviate
減價 slash price, mark down; sale
湖 lake
湖水 lake water
湯 soup, broth
湯匙 tablespoon
渴望 eager, wish, long for
渺小 tiny, negligible, insignificant
渺茫 remote and vague; uncertain
測 survey, measure; predict
測定 determine
測量 survey, measure
測驗 test
渾身 from head to foot, all over
滋生 breed, flourish
滋味 taste, flavour
滋潤 moisten
溫和 temperate, mild, moderate, gentle
溫度 temperature
溫度計 thermometer
溫柔 tender, soft
溫習 review, revise
溫暖 warm, lukewarm
痛 ache; pain; bitterly
痛快 overjoyed; to one's great satisfaction; straightforward
痛苦 pain, anguish, agony
痛楚 pain, anguish, agony
窗 window
窗簾 curtain
童工 child labour
童年 childhood
童軍 scout
善 friendly; apt to; good at
善意 good will, good intention
註 footnote, remark, annotation
註冊 register; registration
註明 indicate, explain with notes
評 comment, review; judge
評判 pass judgement on; judge
評論 comment, commentate
詞 word, term; speech
訴說 narrate, state, tell
診所 clinic
診斷 diagnose; diagnosis
裙 skirt, dress
補 mend, repair; fill
補充 replenish, supplement, complement
補救 remedy
補償 compensate, make up; compensation
裡面 inside, within

[一]
博 win; rich, abundant
博士 doctor
博物館 museum
喜悅 happy, joyous, delighted
喜訊 happy news, good news
喜愛 like, be fond of, enjoy
喜劇 comedy
喜歡 like, love, be fond of
喪失 lose, forfeit, be deprived of
場 site; farm; scene; field
場合 occasion, situation
場地 place, site, spot
場所 place
報 newspaper; bulletin; report; respond with
報名 sign up, enter one's name for
報告 report
報告書 report
報到 report for work; check in, register

報案　report to the police
報紙　newspaper
報章　newspaper
報酬　reward, remuneration, pay
報道　news reporting; story, coverage
報館　newspaper office
報警　report to the police
惡　vicious; fierce, ferocious
惡化　worsen, deteriorate
惡劣　bad, evil, disgusting
惡作劇　trick, practical joke, prank
描　trace, copy
描寫　describe, depict, portray
揀　select, pick out, choose
插入　insert; plug in
插座　socket
提　carry; raise; mention
提升　promote
提及　mention, refer to
提出　put forward, raise, bring up
提示　point out, prompt; hint
提早　in advance; earlier than expected
提供　provide, supply, offer
提取　extract; draw, collect
提前　in advance; move up (a date)
提倡　advocate, encourage, recommend
提醒　remind, warn, call attention to
提議　propose, suggest, move
握　hold, grasp
揭發　expose, unmask
揭開　uncover, reveal, open
揮動　wave, brandish
援助　aid, support, help
換　exchange; change
換言之　in other words
換取　exchange for, get in return
揚　raise; spread, make known
揚聲器　loud-speaker
揑　pinch; mould
搜出　search out, recover
搜查　search, ransack
搜索　search for, hunt for, look for
搜集　collect, gather
揶揄　tease
敢　dare
散　disperse; distribute
散布　spread, disseminate, scatter
散步　take a walk, go for a stroll
斑馬　zebra
斑馬線　pedestrian crossing
替　substitute, replace; for
期　period, stage; expect
期限　time limit, deadline
期望　expectation; hope, expect
期間　time, period, course
朝　morning; day; facing
朝代　dynasty
朝廷　imperial court; imperial government
棺材　coffin
棕色　tan, brown
棘　prickle, thorn
椅　chair
森林　forest
棒　stick, rod; good
棋子　chessman
棍棒　club, cudgel, bludgeon
植　plant, grow
植物　plant, flora
植物學　botany
棉　cotton
棉布　cotton cloth, cotton
棉花　cotton
棉紗　cotton, yarn
款　clause; money; entertain
款式　style, design
款待　entertain, treat; hospitality
欺負　deceive; bully
欺騙　deceive, cheat, swindle
殘　incomplete; remnant; remaining
殘忍　cruel, ruthless
殘缺　incomplete, fragmentary
殘酷　cruel, brutal, ruthless
殘廢　crippled, handicapped, disabled
殘餘　remains, survivals, vestiges
殘骸　remains, wreckage
殖民地　colony
殼　cell, outer layer
焚燒　burn, set on fire
煮　boil, cook
煮飯　cook rice, cook a meal
硬　hard, tough; strong; by force
硬幣　coin
腎　kidney
裁定　rule, sentence
裂縫　crack, gap
越　exceed, surpass; jump over
超　exceed, surpass, overtake
超級市場　supermarket
超越　surmount, transcend, surpass
趁　take advantage of, avail oneself of; while
軸　axis; axle, shaft
雄偉　grand, imposing, magnificent
雲　cloud
雲梯　scaling ladder
項　nape (of the neck); item
項目　item; project
黃　yellow
黃豆　soya bean
黃昏　sunset, dusk
黃花　chrysanthemum; day lily
黃金　gold
黃銅　brass

[I]

最　most
最少　least
最好　top, best
最低限度　minimum, lower limit; at least
最初　initial, original, first
最近　nearest; recently, newly
最後　at last, eventually; final
啼哭　cry, weep aloud
喊　shout, cry out; call
喊聲　cry
喝　shout, yell; drink
喝采　acclaim, cheer
單　sheet; bill; single; odd; only
單人　single
單元　unit
單位　unit
單車　bicycle
單純　simple; merely
單程　single journey, one-way
單數　singular / odd number
單調　monotonous, dull, drab
單獨　alone, by oneself, on one's own

喉嚨 throat
圍 surround, enclose
圍巾 muffler, scarf
圍欄 fence, railing, shed
幅度 range, scope, extent
帽 hat, cap
慨歎 sign with regret
愉快 pleased, happy, delighted
掌 palm; paw; shoe sole
掌心 palm
掌握 grasp, master, control
掌聲 clapping, applause
晴朗 fine, clear, sunny
晶體管 transistor
景 view, scenery, scene
景仰 respect and admire, hold in high esteem
景色 scenery, view, landscape
景物 scenery
景象 scene, sight, picture
暑假 summer vacation / holiday
紫色 purple, violet
紫羅蘭 violet
華 China; splendid
華人 Chinese
華僑 overseas Chinese
著 write, compose; written works
著名 famous, well-known
著作 works, writings, book
萌發 sprout, shoot, germinate
菌 fungus; bacterium, germ
菜 vegetable; dish, course
菜單 menu
虛偽 hypocritical, false, sham
虛構 make up, invent; imaginery
虛線 dotted line, line of dashes
蛙 frog
貯藏 store, lay in, stock
貼 paste, stick, glue
貼切 appropriate, proper, suitable
貴 expensive; valuable; noble
貴重 valuable
貴族 noble, aristocrat; nobility
買 buy, purchase
買方 buyer, purchaser, vendee
買家 buyer, purchaser, vendee
買賣 buying and selling, business, trade
距離 distance; gap, difference
跑 run; flee; walk
跑道 track, runway
跌 fall, tumble, drop
跛腳 lame
量 measure; capacity, quantity
量度 measure, survey; capacity of tolerance
悶 bored, low-spirited, depressed
開 start; open; away
開心 feel happy, rejoice, be delighted
開支 expenses, spending, expenditure
開水 boiling water; boiled water
開市 reopen for business
開始 begin, start; outset
開拓 open up, develop, exploit
開放 open to public
開明 liberal, enlightened
開玩笑 joke, make fun of, crack a joke
開花 blossom, bloom
開門 open the door
開動 start, set in motion
開埠 build a city
開啟 start, open
開設 set up, establish, open
開發 open up, develop, exploit
開會 hold / attend a meeting
開幕 open, inaugurate
開端 beginning, start
開辦 open, set up, start
開闢 open up, develop, exploit
間 between; separate; occassionally
間接 indirect; indirectly
閒 idle, unoccupied
閒談 chat
黑 black; dark; secret
黑人 the Black, Negro
黑房 dark room
黑社會 triad society, underworld society
黑暗 dark
黑影 shadow

[丿]

傍晚 toward evening, at nightfall, at dusk
備 provide, be equipped with; prepare
傑出 outstanding, prominent, distinguished
傀儡 puppet
傘 umbrella
創 initiate, start; wound
創立 found, originate, start
創作 literary and artistic creation; create
創記錄 record-breaking; set a record
創造 create, produce, bring about
創辦 found, originate, start
剩下 be left, remain
剩餘 surplus, remainder
勝 victory; conquer, win
勝利 victory, triumph
勝利者 victor, winner
堡壘 fort, fortress, blockhouse
復 again; return
復元 be restored to health, recover, get well
復活 come back to life, revive; the Resurrection
復甦 come back to life / consciousness; recovery
復興 revive, resurge, rejuvenate
循 follow, abide by, conform to
循環 circulate, cycle
悲哀 sad, grieved, sorrowful
悲劇 tragedy
悲觀 pessimistic
智力 intelligence; intellect
智慧 wisdom, intelligence
焦油 tar
焦點 focus, focal point
無 nil, not have, not available
無上 supreme, highest
無浪 calm
無形 invisible; imperceptible
無法 unable, incapable
無知 ignorant
無限 infinite, immeasurable, limitless
無能 incapable, impotent, incompetent
無能為力 powerless, incapable
無動於衷 indifferent, unmoved, unconcerned
無從 have no way to, not in a position to
無聊 bored; silly, stupid
無須 need not, not have to
無意義 meaningless, insignificant
無疑 beyond doubt, undoubtedly
無數 innumerable, countless
無窮 infinite, inexhaustible, endless
無線電收音機 wireless, radio

無線電廣播 radio broadcasting
無論 no matter what / how, regardless of
無聲 still, silent, quiet
無禮 rude, impolite
無關 have nothing to do with, irrelevant, not related to
然 but, however, nevertheless
然而 yet, but, however
然則 then, in that case
然後 then, after that, afterward
牌 plate; trademark; license
牌子 sign; brand
猶 just as, like; still
皓 white; bright
短 short, brief
短上衣 jacket
短缺 shortage, deficiency, insufficiency
短期 short term, short period
短語 phrase
短暫 of short duration, brief, transient
短襪 sock
稍後 shortly afterward, soon after, later
稍為 a little, slightly, a bit
程序 procedure; programme
程度 level, degree
稅 tax, duty; taxation
稅收 tax revenue
稅率 tax rate, tariff rate
稅款 tax payment
稀有 rare, uncommon
等 wait, await; class, grade
等於 be equal / equivalent to, amount to
等等 and so on, et cetera; wait a minute
等號 equality sign
策略 tactics, strategy, plan
策劃 plot, plan
筆 pen; stroke
筆者 author, writer
筆記 note
答 answer, reply; return
答案 answer, solution, key
答應 consent, promise, agree
答覆 reply, answer
腕 wrist
脾氣 temper; disposition, temperament
舒服 comfortable; feel well
舒適 comfortable, cosy; comfort
街道 street
街頭 street corner; street
象 elephant; appearance, image
象鼻 trunk
象徵 symbol, token
貿易 trade, commerce
貸款 loan, credit
進 move ahead; enter; submit
進入 enter, get into
進口 import
進化 evolution; evolve
進出 receipt and expenditure; get in and out
進行 be in progress; conduct
進攻 attack, assault, offensive
進步 advance, progress, improve
進度 rate of progress; schedule
進軍 march, advance
進修 further studies
進展 advance, improvement; make progress
郵件 mail, post, postal matter
郵票 stamp, postage stamp
郵船 liner; mailboat
郵筒 post-box
郵費 postage
鈕扣 button
集 set, collection; volume, part
集中 concentrate, focus, centralize
集合 gather, assemble, amass
集訓 bring people together for training
集會 assembly, rally, gathering
集團 group, circle, bloc
集體 collective, group
順 obey; in proper order; along; in the same direction as
順利 smoothly, successfully; favourable
順序 in sequence, in proper order; take turns
順便 incidentally, in passing
須 must, have to
飯 cooked rice; meal
飯碗 rice bowl; job
飲 drink
飲用 for drinking, drinkable
飲管 straw

[乛]
媒人 matchmaker, go-between
媒介 medium, vehicle
尋找 seek, search, look for
尋求 seek, look for, explore
尋常 usual, common, ordinary
幾 several, a few, some
幾乎 nearly, almost, practically
幾何學 geometry
畫 drawing, painting, picture; draw, paint
畫面 general appearance of a picture
畫家 painter, artist
登 reach, ascend; publish
登台 go on the stage
登記 register, check in, enter one's name
登陸 land, disembark
粥 porridge, congee
結 knot; tie; form; settle; conclude
結他 guitar
結交 associate with, make friends with
結冰 freeze, ice up
結合 join, unite; marry
結局 result, outcome, ending
結束 wind up, end, close
結果 outcome, result; bear fruit
結婚 marry
結構 construction, composition, structure
結算 settle accounts, close accounts
結論 summary, conclusion; conclude
結餘 balance
絕 cut off; extremely; unique
絕食 go on a hunger strike
絕望 give up all hope, despair; hopeless
絕對 absolutely, perfectly, definitely
絲 silk; a tiny bit, thread
絲巾 silk scarf
絲綢 silk cloth
絲織品 silk fabric
給 give; provide; for, to; by
費 fee, charge; cost
費用 cost, expenses, expenditure
賀 congratulate
逮捕 arrest, catch
鄉村 village, countryside, rural area
隊 team, group; troop

隊員 members of a team
階段 stage, phase
階級 social class
階層 social stratum
陽光 sunshine, sunlight
隆重 grand, ceremonious
疏忽 careless; neglect
發出 send out, issue; utter
發生 happen, occur, take place
發抖 tremble, shiver, shake
發育 growth, development
發言 speak, make a speech
發言人 spokesman
發明 invention; invent
發芽 sprout, shoot
發表 publish, issue; express an opinion
發洩 give vent to, vent
發音 pronunciation; pronounce
發射 shoot, launch
發展 develop, grow, expand
發財 get rich, make a fortune / pile
發動 start, launch; arouse (the mass)
發問 ask, question, enquire
發掘 excavate, unearth, explore
發現 find, discover, spot
發揮 bring into play; develop, elaborate
發達 developed, flourishing, prosperous
發電 generate electricity
發電報 send message by cable / telegram
發電廠 power plant, power station
發電機 generator
發誓 take an oath, vow, pledge
發熱 glow; have a fever
發癢 itch
發覺 find, realize, discover

十三劃

[、]
塞 fill in; stopper; be clogged
塑造 model, mould; portray
塑膠 plastic
塗 apply, smear, spread
塗去 paint / cross / blot out
廉 honest; cheap, inexpensive
意 meaning, idea; intention
意外 accident; unexpected; be surprised
意志 will, determination
意見 idea, view, opinion
意思 meaning; idea, opinion
意義 meaning, sense, significance
意願 wish, desire, aspiration
慈愛 affection, love; kindly
新 new, fresh, up-to-date
新年 New Year
新式 modern, new
新奇 novel, new and interesting, strange
新娘 bride
新陳代謝 metabolism
新聞 news
新聞界 press circle
新聞記者 journalist
新穎 novel, new and original
新鮮 fresh; new, strange
溢出 overflow, spill over
溢利 profit
溶液 solution
溶解 dissolve
溶質 solute
溝通 link up, communicate
滅 put out; destroy, wipe out
滅亡 perish, die out, be doomed
滑 slippery
滑倒 slip
滑雪 ski
滑稽 funny, comical, amusing
準決賽 semi-finals
準備 preparation; prepare; plan, intend
準確 precise, accurate, exact
溜冰 skate
溜走 slip away
滄桑 experience of vicissitudes of life / great changes
溪 small stream, brook
溪水 stream water
煎 fry
煙 smoke; tobacco; cigarette
煙草 tobacco
煩惱 worry; worried, vexed
煤 coal
煤氣 (coal) gas
義 justice, righteousness; meaning
義務 duty, obligation; voluntary
羨慕 admire, envy; admiration
該 that, the above mentioned; should
詳情 details, particulars
詳細 in every detail; detailed, minute
詳盡 detailed, exhaustive, thorough
試 try; trial; examination
試圖 attempt, try
試管 test-tube
試驗 trial, experiment, test
詩 poetry; verse, poem
詩人 poet
詼諧 humorous
誠意 sincerity
誠實 honest
誠懇 sincere
話 talk; message, word
話劇 modern drama, stage play
話題 topic of conversation
詭計 trick, crafty plot
詢問 ask about, inquire
資 capital, fund
資方 management
資本 capital
資助 subsidize, aid financially
資金 capital, fund
資料 information, data, material
資格 qualifications
資源 resources
遊 travel, roam, wander
遊人 visitor, sightseer, tourist
遊行 parade, march, demonstrate
遊客 visitor, sightseer, tourist
遊戲 game, sports; play
道 road; way; course; say; doctrine
道教 Taoism
道理 principle; reason, justification
道路 road, way, path
道歉 apologize
道德 morals, morality, ethics
遍 all around, everywhere
福 good fortune, blessing, happiness
福利 welfare, well-being
福氣 good fortune

禍 misfortune, disaster, calamity
禍害 disaster, curse, scourge

[一]
勤 hardworking, diligent; frequently
勤勞 hardworking, diligent, industrious
勢 power; situation; tendency
勢力 force, power, influence
匯率 exchange rate
塔 pagoda, tower
填寫 fill in, write
塊 piece, lump, cube, chunk
幹 do, work; trunk
幹線 main line, trunk line, artery
感 sense, feeling; feel
感人 moving, touching
感受 feel, sense, experience
感染 be infected with; affect
感染力 appeal, power of attraction
感動 be moved / touched; move
感情 emotion, sentiment; affection
感想 reflections, thoughts, impressions
感嘆 exclamation; sigh with feeling
感激 be grateful / thankful / indebted
感興趣 care, be interested
感應 reaction, response; induction
感謝 be grateful / thankful / indebted
感覺 feel, perceive, sense
想 think; suppose; want to
想念 miss, long for
想法 idea, opinion, mind
想像 imagine, fancy, visualize
想像力 imagination, imaginative power
搾 squeeze, extract; extort
搞 do; do mischief; engaged in
搭 put up; hang on; travel by; join
搬 move; remove; apply indiscriminately
搬運 carry, transport
搏鬥 wrestle, fight, struggle
損失 lose; damage, loss
損害 damage, harm, injure
損壞 damage, harm, injure
搶 snatch, grab; rob
搶劫 rob, loot, plunder
搶救 rescue, save, salvage
搖 sway, swing, rock
搖頭 shake one's head
搖擺 sway, swing, rock
搖籃 cradle
搗亂 make trouble, create a disturbance
極 pole; extremely; utmost
極力 do one's utmost, spare no effort, try hard
極好 excellent
極度 extremely, exceedingly; extreme
極限 the limit, the extreme, the utmost
極端 extraordinarily; extreme; radical
極點 the limit, the extreme, the utmost
椰子 coconut
概 all, without exception; general outline
概念 concept, notion, idea
楊柳 willow
盞 a small cup
碎 broken, fragmentary; smash
碰到 bump into / against; run into; come across
碰撞 collide, crash, run into
碗 bowl
禁 prohibit, forbid, ban
禁止 prohibit, ban, forbid
禁毒 drug prohibition
禁區 restricted / forbidden zone
聖經 the Bible
聖誕節 Christmas
聘請 engage, employ
較 comparatively, relatively; fairly
載 carry, hold; be filled with
達 reach; communicate
逼 force, compel, extort
雷 thunder; mine
雷達 radar
雷聲 thunderclap, thunder
電 electricity; an electric shock
電力 electric power, power
電子 electron; electronic
電台 radio / broadcasting station
電池 battery
電車 tram
電流 electric current
電風扇 electric fan
電動機 electric motor
電梯 lift, elevator
電荷 electric charge
電報 telegram, cable
電視 television
電視台 television / broadcasting station
電費 electricity charges
電腦 computer
電話 telephone
電路 circuit
電影 film, movie, motion picture
電影院 cinema
電線 electric wire
電器 electric appliance
電燈 electric light
電燈泡 light bulb
零 zero, nought; odd
零用錢 pocket money
零件 spare parts
零售商 retailer
靴子 boots
頑皮 naughty, mischievous
頓 pause, halt; suddenly
頓時 at once, immediately, instantly
馴服 tame
鼓掌 clap one's hands, applaud
鼓舞 inspire, hearten, encourage
鼓勵 encourage, urge; encouragement

[丨]
嗓子 voice
嗜好 hobby, addiction
嗚咽 sob, whimper
嗅 smell, sniff, scent
嗅覺 sense of smell
園丁 gardener
園藝 gardening, horticulture
圓 circle; round; dollar
圓滑 slick and sly
圓滿 satisfactory, complete
愚蠢 stupid, foolish, silly
惹 stir up; incite; provoke; cause
慎 careful, cautious, prudent
慎重 careful, prudent, discreet
業 trade, industry; profession
業務 business
敬 respect, honour; offer politely
敬業 respect work
暗 dark, dim; secretly
暗中 in secret, behind the scenes

暗示 hint, suggest, indicate
暇 free time, leisure
暈倒 faint
暖 warm
歇 rest
歲 year, age
歲月 years, times
歲晚 the late season of a year
照片 photograph, picture
照例 as a rule, as usual
照明 illumination, lighting
照相機 camera
照顧 look after, care for; consider
當押 pawn, pledge
當日 that day; in those days
當地 local; locality
當年 in those years
當作 regard / treat as
當局 the authorities
當初 originally, in the beginning, at first
當時 then, at that time
當晚 that evening
當然 of course, without doubt, certainly
當選 be elected
盟友 ally
督察 inspector
萬 ten thousand; a very great number, myraid
萬一 just in case; contingency, eventuality
萬物 the creation, all living things
置 put; set up; buy
罪 guilt, crime
罪犯 offender, criminal, culprit
罪名 charge, accusation
罪行 crime, guilt, offence
罪惡 crime, evil
署 government office
落 drop; go down; fall onto
落日 setting sun
落後 fall / lag behind; backward
落敗 be defeated, lose
落選 be not elected, lose an election
葫蘆 gourd
葉 leaf
葉綠素 chlorophyll
葡萄 grape
葡萄樹 vine
葡萄糖 glucose
董事 director
號 mark; number; size; date; horn
號碼 number
蜈蚣 centipede
蜂蜜 honey
賊 thief, burglar
跡象 sign, indication
跟 follow; heel; and
路 road; route; means
路旁 roadside
路程 distance travelled, journey
路線 route, itinerary; line
跳 jump, leap, spring
跳舞 dance
跳躍 jump, leap, bounce
跪 kneel
農人 farmer
農民 peasant; peasantry
農田 farmland, cultivated land, field
農作物 farm / agricultural produce, crops
農村 rural area, countryside; village
農舍 cottage, farmstead
農家 peasant family
農耕 agriculture, farming
農產品 farm / agricultural produce, crops
農業 agriculture, farming
農曆 lunar calendar
運 carry, transport; fortune
運用 utilize, apply, put to use
運河 canal
運氣 fortune, luck
運動 sports; motion; campaign
運動員 athlete, sportsman
運動場 athletic field
運動會 track and field meet, games
運算 calculation, operation; calculate
運輸 transportation, carriage; transport
遇見 meet, run into
遇到 come across, encounter
過 pass, cross; go beyond
過分 excessive; go too far, overdo
過去 former, previous, past
過失 error, fault, offence
過往 past
過於 too, unduly, excessively
過度 excessive, too much, over-
過後 afterwards, later, after
過程 process, course
過量 excessive, over
過濾 filter

[ノ]

亂 disorder, chaos, turmoil; confused
債 debt
債權 creditor's right
傳 pass; spread; hand down; summon
傳奇 legend, romance
傳染 infect; infectious, contagious
傳教 preach a religion, do missionary work
傳教士 missionary
傳統 tradition, convention
傳説 legend; it is said that; hearsay
傳遞 transmit, deliver, transfer
傳播 propagate, disseminate, spread
傳熱 transmit / conduct heat
僅 only, merely, barely
傾 incline, lean; do one's utmost
傾向 tend to; inclination; refer
傾倒 topple over; greatly admire; dump
傾斜 slant, slope, incline
催 hurry, urge, press
傷 wound; harm, injure, hurt
傷亡 casualties, injuries and deaths
傷口 wound, cut
傷心 sad, grieved, broken-hearted
傷者 the wounded / injured, victim
傷害 injure, harm, hurt
傷痕 scar, bruise
傷勢 condition of an injury / a wound
傻 stupid, muddle-headed
微小 small, minute, tiny
微生物 micro-organism, microbe
微型 miniature, mini-
微弱 faint, feeble, weak
微笑 smile
微粒 particle
愛 love; like; be apt to
愛人 spouse; sweetheart, lover
愛心 love, affection
愛好 interest, hobby; like

愛情 love
愛護 cherish, treasure, take care of
愁 sad; sorrow; worry
愈 recover, heal; increasingly
會 meeting; association; moment; understand; able to
會長 president, chairman
會計 accountancy; accountant; accounting
會員 member
會晤 meet
會話 conversation
會談 talks
會議 meeting, conference
毀滅 destroy, exterminate, wipe out
毀壞 destroy, damage
爺爺 grandfather, grandpa
猿人 ape
筷子 chopsticks
節 joint; part; festival
節日 festival, holiday
節目 programme, item
節奏 rhythm
節約 economize, save
節儉 thrifty, frugal
矮 short; low
腰 waist; middle
腰帶 belt, girdle
腰果 cashew
腳 foot
腳步 foot step, pace; gait
腳板 sole
腳趾 toe
腳踏車 bicycle
腹部 belly
腦 brain
腦筋 mind
艇 boat
解 untie; explain; solve; understand
解決 solve, settle; finish off
解放 liberate, emancipate; liberation
解除 remove, get rid of, eliminate
解答 answer, explain, reply
解開 untie, undo
解釋 explanation; explain, interpret
躲避 hide; avoid, evade
逾 exceed, go beyond
鉗 pincers, pliers, forceps
鉛 lead
鉛筆 pencil
頒發 issue; award
頒布 promulgate, issue, publish
飼養 raise, rear, feed
飽 be full; satisfied; fully
飾物 jewelry; ornament, decoration
鼠疫 plague
與 give; take part in; and

[一]
嫁 marry; shift, transfer
嫉妒 jealous
嫌 dislike; resentment; suspicion
嫌疑犯 suspect
媽媽 mama, mum, mother
媳婦 wife; daughter-in-law
經 longitude; scripture; pass through; after
經已 already
經紀 broker
經常 frequently, regularly, often
經理 handle, manage; manager
經費 funds, budget, expenditure
經過 process; pass through; after
經銷處 agency
經歷 experience; go through, undergo
經濟 economy; economic; financial condition; economical
經營 manage, run, engage in
經驗 experience
絹 silk fabric
綁 fasten, tie, bind
綁架 kidnap
綁架者 kidnapper
群 group, herd, flock
群眾 the masses
群雄 group of independent warlords
群體 community
裝 clothing; pretend; install
裝成 pretend
裝修 fix up
裝備 equipment, outfit; equip
裝置 installation, device; install, fit
裝飾 decoration; decorate, adorn
裝飾品 decoration, ornament
違反 violate, infringe, break
隔 separate; at an interval of; partition
隔絶 completely cut off, isolated
隔離 keep apart, isolate, segregate
預先 in advance, beforehand; prior
預防 prevent, guard against, take precautions against
預定 arrange in advance, schedule, book
預料 expect, predict, anticipate
預備 prepare, get ready; preparation
預期 expect, anticipate; desired
預測 calculate, forecast
預算 budget; budgetary; calculate

十四劃

[丶]
塵 dust, dirt
寧 rather; calm, peaceful
寧可 rather, would rather, prefer
寧靜 peaceful, tranquil, quiet
寧願 rather, would rather, prefer
實力 strength
實用 practical, pragmatic
實在 indeed, really; in fact; true
實行 carry out, practise, implement
實例 instance, example
實物 material object; in kind
實施 carry out, practise, implement
實現 realize, achieve, bring about
實際 practical; actual, concrete
實質 substance, essence
實踐 practise; practice
實驗 experiment, test
實驗室 laboratory
幣值 currency value
敲 knock, beat, strike
旗 flag, banner
榮耀 honour, glory
榮譽 honour
演出 perform, act; put on a play
演戲 play, act in a play
演講 give a lecture / talk, deliver a speech
演變 development; evolve, develop

滾 roll; get away
滴 drop; drip
漏 leak; divulge; leave out
漏斗 funnel
漂亮 handsome, good-looking, pretty
漢人 the Chinese people
漢族 the Han nationality
滿 expire; full; completely, entirely
滿足 feel satisfied, be content with; satisfy
滿意 satisfactory; satisfied, pleased
漸漸 gradually, little by little, by degrees
漲 rise, go up; swell
漫長 very long, endless
漁民 fisherman / fisherwoman
漁船 fishing boat, trawler
熔化 melt
熔解 melt, fuse
熔爐 furnance
熄 put out, extinguish
瘋 mad, insane; madness
瘋子 lunatic, mad man
瘋狂 wild, crazy
瘋狗 mad dog
瘋狗症 rabies
窩 nest
竭力 do one's utmost / best
精 essence; refined; skilled; demon
精力 energy, vigour
精子 sperm
精巧 exquisite, ingenious; ingeniously
精采 brilliant, splendid, wonderful
精明 shrewd, sagacious, astute
精美 exquisite, elegant
精神 vigour, vitality; spirited
精密 precise, accurate, sophisticated
精細 meticulous, fine, careful
精通 proficient in, have a good command of
腐化 corrupt, degenerate; decay
腐敗 corrupt, degenerate, dissolute
腐爛 rotten, decaying, decomposed
蜜月 honeymoon
蜜蜂 honeybee, bee
語 language, word; say
語言 language
語氣 tone, manner of speaking
認 recognize, identify; admit
認定 firmly believe; set one's mind on
認為 think, consider, believe
認真 coscientious, earnest, serious
認領 claim
認識 knowledge; know, understand
誤 miss; harm; mistake; by accident
誤會 misunderstanding; misunderstand, be mistaken
説 teaching, doctrine; say
説明 explanation, directions; explain
説服 persuade, convince
説服力 convincing; persuasion
説謊 lie
豪傑 person of outstanding ability, hero
豪華 luxurious, sumptuous
寬 generous, leniency; loose
寬恕 forgive
寬闊 broad, wide
瘦 thin, lean, slim
複利息 compound interest
複習 review, revise
複數 plural
複賽 semi-finals, intermediary heat
複雜 complicated, complex, mixed

[一]

厭惡 dislike, detest, be disgusted with
境內 within the border; in the country
境地 situation, condition, circumstances
境界 boundary; state
壽命 life-span, life
奪目 dazzling
奪取 seize, wrest; contend for, win
截 cut; stop; up to
摘取 pluck, pick; take off
撤退 withdraw, pull out, retreat
撤銷 cancel, revoke, rescind
摸 fumble; feel, touch
摺 fold
摧殘 wreck, destroy, devastate
摧毀 shatter, smash, destroy
榕樹 banyan
槓 pole, bar
槓桿 lever
構成 form, constitute, make up
構造 structure
槍 gun, rifle; spear
瑣碎 trifling, trivial
監視 keep an eye on, keep watch on
監獄 jail, prison, gaol
監製 supervise the manufacture of
磁力 magnetic force
磁帶 magnetic tape
磁鐵 magnetic iron, magnet
碟 plate, dish
碧綠 emerald green, jade green
緊急 urgent, critical, emergency
緊張 tense; nervous; in short supply
緊緊 closely, tightly, firmly
聚居 live in a compact community
聚集 gather, assemble, collect
聚會 get together; assembly, gathering
臺上 on the stage
臺下 off-stage
誓言 oath
趕 hurry, rush
趕上 in time for; overtake; keep pace with
趕走 drive away, throw out, expel
輔助 supplementary; assist, help
輔音 consonant
輔導 coach, give tutorial / guidance
輕易 easily; rashly, lightly
輕便 light; portable
輕率 hasty, rash, indiscreet
輕微 slight
輕鬆 in an easy manner
遠 far, distant, remote
遠山 distant mountain
遠古 remote antiquity
遠處 distant place; in distance
酵母 yeast
酸 acid; sour, tart
酸性 acidic; acidity
酷熱 extremely hot
需求 requirement, need, demand
需要 need, require; necessary
駁船 barge

[丨]

墓 tomb
蓆子 mat

墊子 mat, pad, cushion
夥 companion; worker; group; numerous
夢 dream
對 pair; check; right; toward
對不起 sorry, excuse; unfair to
對手 opponent, adversary; match
對比 contrast
對付 deal with, cope with, tackle
對外 external, foreign
對抗 resist, oppose; confrontation
對待 treat, handle, deal with
對面 opposite; right in front
對象 target, object; boy / girl friend
對照 compare, contrast, check against
對話 dialogue
對稱 symmetry; symmetrical
對調 exchange places
對應 corresponding, equivalent
對聯 Chinese couplet
幕 curtain, screen; act
幕前 on the stage
幕後 backstage, behind the scenes
慷慨 generous
慣 be used to; habitual, customary
慣常 customary, usual, habitual
慘 miserable, pitiful, tragic
暢通 clear, unblocked, unimpeded
瞄準 aim at, train on
睡衣褲 pyjamas
睡房 bedroom
punish, penalize
cover; receive
蒙受 suffer, sustain
cover; build; a protective cover
蓋子 lid, cover
蒸 steam
蒸汽 steam
蒸氣 vapour
蒸發 evaporate
蒸餾水 distilled water
蒸餾法 distillation
蒼白 pale
蒼蠅 fly
蜥蜴 lizard
蜘蛛網 web
send, dispatch; dispel
閣下 Yours Excellency; you
骯髒 dirty, filthy, foul
骰子 dice
express, voice, air
嘗試 attempt, try
嘆氣 sigh
團體 organization, group, team
picture; chart; pursue
圖片 picture, photograph
圖形 figure
圖表 chart, diagram, graph
圖書館 library
圖案 pattern, design
圖畫 drawing, picture, painting
圖解 diagram, illustration; illustrate
圖騰 totem

[丿]
徹底 thorough; utterly, thoroughly
種子 seed
種族 race
種植 plant, grow
種類 kind, sort, type

稱 fit; call; weigh
稱呼 call, address
稱讚 praise, acclaim, commend
管 in charge of; control; interfere
管口 mouth of pipe
管子 tube, pipe
管制 control; under surveillance
管理 management; manage, administer
管弦樂團 orchestra
筵席 feast, splendid meal
算 calculate; count; consider
算式 calculation formula
算術 arithmetic
翡翠 jade
腿 leg
舞台 stage; arena
舞會 ball, party
舞蹈 dance
製造 manufacture, make
製造商 manufacturer
遙遠 far, distant, remote
遞 hand over, pass, give
銀 silver
銀行 bank
銀河系 the Milky Way, the Galaxy
銀牌 silver medal
銀幕 screen
銀器 silverware
銅 copper, brass
領 lead; receive; understand
領土 territory
領先 be in the lead, lead
領事 consul
領域 scope, extent
領帶 necktie, tie
領袖 leader, chief, head
領隊 leader, guide
領導 lead; leadership
領導人 leader
颱風 typhoon
餅乾 biscuit
鼻 nose
鼻孔 nostril
僥倖 lucky, by luck / a fluke
僭建 construct illegally
僕人 servant
像 portrait; resemble; seem to be
僱主 employer
僱用 engage, employ, hire
僱員 employee
僧侶 monk

[乛]
凳子 stool
劃分 divide, cut into; differentiate
嫩 tender, delicate
屢 repeatedly, again and again
態度 manner; attitude
熊 bear; flaming
熊貓 panda
疑 doubt, suspect; undecided
疑犯 suspect
疑問 query, question, doubt
盡量 as far as possible
盡頭 extreme, end
綜合 sum up, consolidate; collective
綠化 afforest; afforestation
綠州 oasis
綠色 green

綠豆 green bean
網 net, network
網球 tennis; tennis ball
綵排 rehearse; rehearsal
維他命 vitamin
維持 keep, maintain, support
翠 emerald green, green
障礙 hinder, obstruct, hamper
頗 quite, rather, considerably
獎 award, prize
獎券 lottery ticket
獎金 money award, bonus, premium
獎品 prize, award, trophy
獎章 medal
獎勵 award, reward

十五劃

[、]

審 examine; interrogate, try
審判 judge; trial
審查 inspect, investigate, examine
審慎 cautious, careful, prudent
寫 write
寫信 write a letter
寫意 free and happy; freehand brushwork in painting
廢物 waste, trash, litter
廢料 useless material, waste, scrap
廢氣 waste gas
廢除 abolish, abrogate, abandon
廢話 nonsense
廚房 kitchen
廚師 cook
廣告 advertisement
廣泛 extensive, wide-ranging, widespread
廣場 public square
廣播 broadcast
廣闊 vast, wide, broad
廠 factory, plant, works
廠家 manufacturer
廠商 manufacturers and business firms
慶祝 celebrate; celebration
摩擦 rub; conflict; friction
敵人 enemy, foe
毅力 will-power, stamina
毅然 resolutely, firmly, determinedly
澄清 clear up, clarify; clear
潔白 clean and white
潔淨 clean, spotless
澆水 water, irrigate
潛水 dive
潛艇 submarine
潛質 potential, latent ability
潮 tide; upsurge
潮水 tide
潮流 tide, tidal current; trend
潮濕 moist, damp; moisture
熟 ripe; cooked; familiar; skilled; deeply
熟悉 well acquainted with, familiar
熟習 be versed in
熟睡 sleep soundly
熟識 know well, be familiar
窮 poor
窮人 the poor
糊塗 in a mess; muddle-headed
褲 trousers, pants
談天 chat
談判 negotiation, talk, bargain
談話 conversation, talk, discussion
談論 discuss, talk about
請 request, ask; please
請求 ask, request
請教 ask for advice, consult
請願 petition
諸侯 duke; prince
課 course; class; lesson
課外閱讀 reading for pleasure, leisure time reading
課本 textbook
課室 classroom
課程 course, curriculum
課餘活動 extracurricular activity
調 mix; adjust; mediate; tease
調子 song, melody
調查 investigation; investigate, survey
調動 transfer; move, shift
調換 interchange, change, swop
調節 regulate, adjust
調整 regulate, adjust
誰 who, whoever
論 discuss, talk about; consider
論證 demonstration, proof; prove
適中 moderate; appropriate
適用 applicable; suitable
適合 suit, fit; suitable
適宜 suitable, proper, appropriate
適當 suitable, proper, appropriate
適應 suit, adapt, fit
遮蓋 cover, hide, conceal
遮擋 shield, block
鄰居 neighbour
養 support, raise, foster
養成 form, acquire, cultivate
養育 rear, bring up
養料 nourishment, nutriment

[一]

厲害 severe, terrible; very
增大 enlarge, expand, increase
增加 increase, raise, gain
增長 increase, grow
增長率 rate of increase, growth rate
增強 strengthen, enhance, intensify
增添 add, increase
增設 add, newly install
增援 reinforce
增進 enhance, promote, further
墳墓 grave
憂 worry, anxiety
憂患 suffering, misery, hardship
憂愁 depressed, sad, worried
憂慮 worried, concerned, anxious
撞 clash, collide
撲 rush at; flap; throw oneself on
撥 poke; set aside, allocate
播放 broadcast
播音員 announcer
播種 sow, seed
撫摸 feel, stroke, touch
敷 apply; sufficient for
暫時 temporary, transient; for the time being
暫停 pause, suspend, be adjourned
樣子 appearance, shape, look
樣本 sample, specimen
樟腦 camphor
樁 pile

標明 mark, indicate, specify
標記 sign, mark, symbol
標準 standard, criterion
標誌 sign, mark, symbol
標題 title, heading
標簽 label
模式 model, pattern
模型 model, miniature
模倣 imitate, copy
模特兒 model
模樣 appearance, shape, look
模糊 blurred, unclear, hazy
樓 building; floor
樓上 upstairs
樓下 downstairs
樓宇 building, house
樓梯 stairs, staircase
歎氣 give / heave a sigh, sigh
毆鬥 fight; fighting
熱 heat; fever; rush; hot; ardent
熱心 warm-hearted, enthusiastic, ardent
熱水 hot water
熱烈 warm, enthusiastic, ardent
熱能 thermal energy
熱帶 tropic; tropical
熱情 enthusiasm, zeal, warmth
熱量 quantity of heat; calories
熱潮 fad, fashion, upsurge
熱鬧 lively, busy; liven up
磋商 consult, negotiate, exchange views
磅 pound; scale; weigh
確 firmly
確立 firmly establish
確定 fix, determine, decide on
確保 ensure, guarantee
確實 true, reliable; indeed
碼 yard
碼頭 wharf, dock, pier
豌豆 pea
豎立 stand, erect
豬 pig, swine
豬肉 pork
賢能 talented and virtuous
賣 sell; sale
賣座 draw a large audience
賣價 selling price, price
趣 interest, delight; interesting
趣味 interest; taste, liking
輟學 discontinue one's studies
輪 wheel; steamboat
輪船 steamer, steamship
輪廓 outline, contour, rough sketch
遭 sustain, suffer; time
遭受 sustain, suffer, undergo
遭遇 experience, lot; encounter
遷 move; change; migrate
遷就 accommodate, yield to, give in
醉 drunk
醋 vinegar; jealousy
震動 quiver, tremble, quake
震驚 shock, amaze, astonish
鞋 shoe
鞏固 consolidate, strengthen, solidify
駐 stay, be stationed
駕 sail; drive
髮 hair
髮型 hair style
鴉片 opium

[丨]

劇 drama, play; severe
劇本 script, scenario
劇烈 violent, acute, fierce
劇集 TV drama serial
嘲笑 laugh at, ridicule, deride
噴出 blow out, eject, spurt
噴泉 fountain
噴射機 jet aircraft / airliner
影 shadow; trace
影片 film, movie
影迷 movie fan
影像 image
影響 affect; influence, impact
憐憫 pity, have compassion for
憎恨 hate
憤怒 indignation, anger, wrath
憔悴 haggard, withered, be fading away
數 number; count; several
數目 number, amount
數字 numeral, figure, digit
數量 quantity, amount
數學 mathematics
數學家 mathematician
數據 data
暴 violent; cruel; hot-tempered
暴力 violence
暴露 expose, reveal, lay bare
瞎子 blind person
罵 scold, curse, swear
罷 stop; dismiss; finish
罷工 strike
蔽 cover, shelter, hide
蓮子 lotus seed
蓮花 lotus
蔓延 spread, extend
蓬勃 vigorous, flourishing, full of vitality
蝴蝶 butterfly
蝸牛 snail
蝙蝠 bat
賠償 compensate, pay for, make up for
賦 bestow on, endow with
賭博 gamble, bet
踢 kick
踢球 play football
踏 step on, tread, stamp
輝煌 brilliant, splendid, glorious
賜 grant, favour, gift
閱讀 read
鬧 stir up trouble; noisy
墨水 ink
齒 tooth
齒輪 gear

[丿]

德 virtue; kindness, favour
徵求 solicit, seek, ask for
樂 joy; music; happy
樂事 happy event
樂隊 orchestra, band
樂意 glad, willing, pleased
樂趣 delight, pleasure, fun
樂器 musical instrument
樂觀 optimistic, hopeful
皺紋 wrinkle, line
盤 tray, plate, dish
盤尼西林 penicillin
箭 arrow

箱 box, case, trunk, chest
範圍 scope, range, extent
篇 essay; chapter
篇幅 length; space
稿 draft, sketch; manuscript
稿費 contribution fee, author's remuneration
稻 paddy
稻米 rice
稻草 straw
稻草人 scarecrow
衞生 hygiene, sanitation; sanitary
衞星 satellite
衝 rush, dash; collide
衝突 conflict, clash; confrontation
衝破 break through
衝動 be excited / impetuous; impulse
膜 film, thin coating; membrane
膝 knee
膝蓋 knee cap
膠尺 plastic ruler
膠水 glue
膠塞 rubber stopper
膠管 rubber tube
質 nature, character; quality
質素 quality
質量 mass
質數 prime number
躺 lie, recline
輩 generation
鋅 zinc
銷 cancel; sell; spend
銷售 sell, market
銷量 sales volume
鋪 spread; pave, lay; shop
鋤頭 hoe
鋁 aluminium
鋭利 sharp, acute
鋒 sharp point /cutting edge
鋒利 keen, sharp
靠 lean on; get near; rely on
餓 starve; hungry; hunger
餘 surplus, spare; more than
餘下 remaining, residual
餘地 leeway
魅力 glamour, fascination, charm
億 a hundred million
儀式 ceremony, rite
儀器 instrument, apparatus
價 price; value; valence
價值 value, worth
價格 price
價錢 price

[ㄱ]
嬌小 petite, dainty
嬌嫩 tender and lovely; delicate
層 layer; storey, floor
層次 arrangement of ideas, structure; level
彈 bullet; shoot; play (stringed instruments); impeach
彈性 elasticity, flexibility
彈簧 spring
彈藥 ammunition
槳 oar
漿糊 paste
熨 iron
熨斗 iron
慰藉 comfort, console
練 practise, train, drill
編 weave; arrange; edit
編者 editor, compiler
編排 arrange, lay out
編號 serial number
編輯 editor
編織 knit
緣 reason; edge; along
緣份 predestination, luck to meet
緣故 cause, reason
線 thread; line; ray; route
線索 clue; thread
緩 delay, put off; slow
緩慢 slow, slowmoving
駕車 drive a car
駕駛 drive; pilot; sail

十六劃

[、]
凝固 solidify, freeze
凝結 condense, coagulate
導致 lead to, result in, bring about
導遊 guide
導演 director
導彈 guided missile
憲法 constitution
憑 lean on; rely on
澱粉質 starch
濃 thick, concentrated; strong
激光 laser
激烈 intense, sharp, fierce
激動 be excited, get worked up; inspiring
激情 strong emotion
熾熱 red-hot, sweltering
燒 burn; roast; run a fever
燒烤 barbecue
燈 lamp, light
燈光 lighting
燈泡 light bulb
燈塔 lighthouse
燃料 fuel
燃燒 burn; combustion
燃點 lit, burn, light
磨 grind, mill
磨練 temper, train
糕餅 pastry, cake
糖 sugar; candy
糖果 candy, sweet
親 kiss; personally, in person
親切 cordial, warm, amiable
親友 relatives and friends
親情 love between kins
親戚 relative, kin
親愛 dear, beloved
諱 taboo
謀 plan; consult; work for
謀生 make a living
謀求 seek, strive for, be in quest of
謀殺 murder
諮詢 seek opinion / advice, consult
謂 say; be called
諷刺 satirize, mock; sarcasm
辨別 differentiate, distinguish, discriminate
辨認 identify, recognize
辦 handle, manage; punish
辦公室 office
辦事 work, handle affairs
辦事處 office, agency

辦法 way, means, measure
辦理 handle, conduct, transact
遵守 observe, abide by, follow
龍 dragon
龍船 dragon boat

[一]

奮鬥 struggle, strive
擅長 good at, skilled in, expert at
擁有 possess, have, own
擁護 support, uphold, endorse
據 occupy; according to; evidence
據悉 it is reported that
據說 it is said that
操 drill; operate; speak
操心 worry about, be concerned
操練 drill, practice
撿 pick up, collect, gather
擔 undertake; carry on a shoulder pole
擔心 worry, anxiety; anxious
整 put in order; repair; whole
整個 entire, whole, throughout
整容 plastic surgery
整理 put in order, straighten out, arrange
整頓 rectify, reorganize, restructure
整齊 neat, tidy; regular
整潔 neat and clean
曆法 calendar
樸素 simple, plain
橙 orange
橙汁 orange juice
橫 harsh and unreasonable; horizontal
橫過 across; cross
橫樑 beam
橘子 tangerine, mandarin orange
樹 tree
樹皮 bark
樹林 woods, grove
橡皮圈 rubber hand
橋 bridge
機 machine; chance
機能 function
機密 secret, confidential
機械 machinery, machine; mechanical
機票 air ticket
機場 airport, airfield
機會 chance, opportunity
機構 organization, set-up
機緣 chance, opportunity
機器 machine, machinery, apparatus
機關 mechanism; office, body
歷代 past dynasties
歷史 history
歷時 last for
歷程 course
燕子 swallow
融化 melt, thaw
賴 depend on; deny one's error; go back on one's word
輻射 radiation
輸 lose, be defeated; transport
輸入 import; input
輸出 export; output
輸送 carry, transport, convey
醒 awake; wake up; regain consciousness
醒目 bold, eye-catching, smart
醒覺 come to realize, awake to the truth
靜 still, quiet, calm
靜止 static, motionless, still

頸部 neck
頭 head; chief
頭皮屑 dandruff
頭痛 headache
頭腦 brain, mind
頭獎 first prize
頭髮 hair
駱駝 camel

[丨]

嘴 mouth
嘴唇 lips
噸 ton
噪音 noise
器具 utensil, tool
器官 organ
懂得 understand, know
憶 recall
懊悔 regret, repent
戰 war, battle, fight
戰士 soldier, fighter
戰略 strategy, tactic
戰績 military success / feat
曉得 know, learn
縣 county, prefecture
螞蟻 ant
蹂躪 trample on, ravage
遺下 leave behind
遺失 lose
遺產 legacy
遺傳 heredity, inheritance
遺囑 will
頻率 frequency
頻繁 frequent, busy
餐 food, meal
餐廳 restaurant
鴨 duck
默然 silent, speechless
默默 quietly, silently
蔬菜 vegetables, greens
蕉 banana

[丿]

貓 cat
貓頭鷹 owl
勳章 medal
學 study, learn
學生 pupil, student
學位 academic degree
學者 scholar
學校 school
學院 college, institute
學問 learning, knowledge, scholarship
學習 study, learn
學術 academic
學期 term, semester
學費 tuition fee, tuition
學會 learn, master; society
學業 studies
學歷 educational background
學識 learning, knowledge
獨 alone; only
獨特 unique, distinctive, special
積 product; accumulate; pending
積雪 accumulated snow; snowy
積極 positive; active; energetic
積蓄 savings
築 build, construct

篡 usurp
膳食 meals, food
膨脹 expand, swell, inflate
興 prosper; popular
興建 build, construct
興起 rise
興盛 prosperous, flourishing
興緻 eagerness, enthusiasm
興趣 interest
興奮 be excited
興奮劑 stimulant
興辦 initiate, set up, establish
衡量 weigh, judge
鋸 saw
錶 watch
錯 mistake, error, fault
錯過 miss
錯誤 error; wrong, mistaken
錯覺 illusion, misconception
錢 money
錢包 purse, wallet
鋼琴 piano
鋼鐵 iron and steel
錫 tin
錄 record; employ
錄音 sound recording
錄音帶 recording tape
錄音機 tape-recorder
錄像 video recording
錄像磁帶 video tape
錄像機 video tape-recorder
錦標 prize, trophy, title
雕刻 carve, sculpture
雕像 statue
龜 tortoise, turtle
舉 raise; start; cite
舉止 behaviour, manner
舉出 enumerate, itemize, cite
舉行 hold, host, stage
儘管 though, in spite of
儒學 Confucian scholarship

[ㄱ]

壁 wall
壁爐 fire-place
選 select, elect, choose
選美 beauty contest
選擇 choice; choose, pick out
選擇題 multiple choice question
選舉 election; elect
遲 late; slow
遲疑 hesitate; hesitation
隧道 tunnel
隨 follow, come along
隨即 immediately, presently, at once
隨便 casual; do as one pleases; careless
隨後 soon afterwards, shortly after
隨時 any time, whenever
隨着 along with, in the wake of; accordingly
隨意 at will, as one pleases
險 dangerous; risk; narrow pass; nearly

十七劃

[丶]

應 answer, respond; should
應付 deal / cope with; payable
應用 apply, use; applied
應該 should, ought to
應酬 social appointment / party; treat with courtesy
斃命 get killed, die
氈 blanket
濫用 abuse, misuse, use indiscriminately
濕 wet, damp, humid
濕度 humidity
濕潤 moist
營 camp, barracks
營業 do business
營養 nutrition, nourishment
燦爛 bright, magnificient, splendid
癌症 cancer
謎 puzzle
謎語 riddle
謙虛 humble, modest
講 speak, say, tell
講師 lecturer
講解 explain
謠言 rumour
謝 thank; wither
豁免 exempt from; exemption
賽 match, game, contest, race
賽馬 horse race
賽跑 race, dash
禮 ceremony; etiquette; gift
禮物 gift, present
禮貌 courtesy; polite
禮儀 etiquette, rite

[一]

壓 press; suppress
壓力 pressure
壓迫 oppress, repress
尷尬 awkward, embarrassed
幫 help, assist; gang
戴 put on, wear
擊 beat, hit, strike
擊敗 defeat, beat
擠 squeeze; crowd, pack
擠奶 milk
擰 screw
擦 rub, wipe, brush
擦亮 polish
擬 draft; intend
檢查 check, inspect, examine
檢討 review, self-criticism
檢點 behave oneself; examine
檢驗 inspect, examine, test
環 ring, hoop; link
環境 environment, surroundings, circumstances
環繞 surround, encircle
環顧 look around
磷 phosphorus
聲言 profess, claim, assert
聲明 statement, declaration, announcement
聲波 sound wave, acoustic wave
聲音 sound, voice
聲稱 profess, claim, assert
聲調 tone, tune
聲譽 reputation, fame, prestige
聰明 intelligent, bright, clever
聯合 unite, ally, join together
聯結 join, connect, tie
聯絡 get in touch with, contact; liaison
聯想 associate / connect with
聯盟 alliance, union, league
聯賽 league matches

聯歡 have a get-together; party
臨 face; arrive; on the point of
臨時 temporary, provisional
艱苦 difficult, hard, tough
艱難 difficult, hard, tough
趨 tend to become; hasten
趨勢 trend, tendency
輾轉 toss about in bed; pass through many places
醜 ugly; scandalous
霜 frost

[丨]
嚇 frighten, scare, intimidate
嬰兒 baby, infant
懦夫 coward
戲 play, show; make fun of
戲劇 drama, play
瞳孔 pupil
瞧 look, see
瞭解 know well, understand; understanding
薪俸稅 salaries tax
薪酬 salary, wages, pay
薄 slight; unkind; thin
薄弱 weak, frail, vulnerable
薄霧 mist, haze
虧蝕 lose, deficit; loss
螺旋槳 propeller
螺絲起子 screwdriver
蟋蟀 cricket
賺 make a profit, gain, earn
購物 shop, buy, go shopping
購買 purchase, buy
還 return; repay; still; even; also
還是 nevertheless; had better; or
邁進 stride forward, advance with big strides
闊 wide, broad; rich
雖然 though, although
顆粒 grain
點 dot; point; a little; check
點心 light refreshments, snacks, dim-sum
點綴 embellish, adorn, decorate
點燃 light, kindle
點頭 nod
黝黑 dark

[丿]
優 excellent, outstanding
優良 good, excellent
優待 preferential treatment
優美 graceful, elegant
優異 excellent, outstanding, exceedingly good
優惠 preferential, favourable
優越 superior, advantageous
優勢 superiority, dominant position
優點 merit, virtue, advantage
儲存 store, put away, stockpile
儲備 reserve; store, lay in
儲蓄 save, deposit; savings
儲藏 store; storage
懇求 beg, implore, beseech
爵士 Sir; jazz
獲利 obtain / make profit
獲得 gain, acquire, achieve
獲勝 win, triumph
矯正 correct, rectify
繁多 numerous, many
繁忙 busy, in a bustle
繁殖 breed, reproduce
繁榮 flourishing, booming, prosperous
繁複 complex, complicated
膽 gall; courage
臉 face
臉色 look; facial expression
臉紅 blush
賸 remain, leave
輿論 public opinion
邀請 invite, offer
鎂 magnesium
錨 anchor
鍋 pot
餵 feed
鮮 fresh; bright-coloured; delicious
鮮花 fresh flower
鮭 salmon
黏土 clay
黏性 sticky

[乛]
彌補 make up, remedy, compensate
牆 wall
縮 shrink; withdraw
縮寫 abbreviate; abbreviation
績分 score, grade
縫 sew, stitch
總 total; head, general
總之 in a word, in short
總值 total value
總消費 total expenses / expenditure
總理 premier, prime minister
總統 president
總督 governor
總經理 general manager
總監 supervisor
總數 total amount
總額 total, sum
縱使 even if
縱橫 in length and breadth; crisscross; unrestrained
翼 wing
臂 arm
避 avoid, evade; prevent
避難所 shelter, asylum

十八劃

[丶]
濾紙 filter paper
瀑布 waterfall, falls
離 leave, part from
離家 leave home
離婚 divorce
謹慎 prudent, careful, cautious
雜物 miscellaneous article
雜誌 magazine, periodical
雜質 impurity
額 forehead; amount
顏色 colour; facial expression
糧食 grain, cereals, food
禱告 pray

[一]
擴大 enlarge, expand, extend
擴充 enlarge, expand, extend
擴展 extend, develop, spread
擴張 expand, enlarge; dilate
擴散 spread, diffuse
擲 throw, cast

擺 put, arrange; swing
擺架子 put on airs
櫃 chest
檸檬 lemon
檯椅 desk and chair
職 job; post; office
職位 position, post
職員 office worker, staff member
職務 duty, job, office
職責 duty, responsibility, obligation
職業 career, employment, occupation
覆亡 fall
覆蓋 cover
轉 turn, change; transfer
轉口 entrepot
轉身 turn round
轉動 turn, revolve
轉移 shift, transfer, divert
轉換 change, transform
轉彎 make a turn
轉變 change, transform, shift
醫生 doctor
醫治 cure, treat, heal
醫院 hospital
醫學 science of medicine; medical
醫療 medical treatment
醫藥費 medical expenses
騎 ride
鬆弛 limp; flaccid; relax

[丨]
叢林 jungle, forest
舊 past; old; former
藏 storing place; hide, store
藍 blue
藉 make use of
藉口 on the pretext of, excuse
蟲 insect, worm
豐盛 rich, sumptuous
豐富 rich, abundant, plentiful
蹤跡 trace, track
題 topic, title; inscribe
題目 title, topic; question
題材 subject matters, theme
顎 jaw

[丿]
歸 return, come back
歸納 sum up, conclude
簡 simple, simplified, brief
簡化 simplify
簡易 simple and easy
簡便 simple and convenient, handy
簡單 simple, uncomplicated, plain
簡稱 abbreviation, shorter form
簡潔 succinct, terse
翻 turn over; search; climb over
翻開 open
翻譯 translate, interpret; translation
軀體 body
鎮 town
鎮靜 calm, unruffled; compose
鎮壓 suppress, repress, put down
鎚 hammer
雙 pair; two, dual; even
雙方 both sides, two parties
雙數 even number
雙親 parents, father and mother
雛形 embryonic form
雞 chicken, hen
雞蛋 egg
鯉魚 carp

[㇕]
斷 break; stop; absolutely
斷定 form a judgement, conclude
斷絕 break off, cut off, sever
斷裂 crack
織 weave, knit
嚮往 yearn for, look forward to
繞 wind; move round; bypass

十九劃

[丶]
龐大 huge, enormous, big
爆發 erupt, burst out, outbreak
癡 silly; crazy about
識 know; knowledge
識別 distinguish, identify, discriminate
證 certificate; prove
證人 witness
證明 proof, identification; certify; prove
證券 securities, stock
證書 certificate, credentials
證實 verify, confirm
證據 evidence, proof, testimony
類 type, class, category
類似 similar, analogous
類別 classification, category
類型 type

[一]
壞 bad; break down; badly
攀爬 climb, crawl
攀登 climb, scale
繫 tie up; remember in mind
轎車 saloon car
難 hard, difficult
難民 refugee
難免 unavoidable; cannot help
難受 feel uncomfortable / bad; unbearable
難怪 no wonder; understandable
難為情 embarrassed; shy
難得 rarely, seldom; rare
難堪 embarrassed
難過 have a hard time; sad, sorrowful
難題 baffling problem, knot
難關 difficulty, crisis, barrier
霧 fog
願 wish, desire; be willing
願意 be willing to, be ready
騙 deceive; cheat
鬍子 beard; moustache; whiskers

[丨]
懷 bosom; mind; cherish
懷孕 be pregnant, conceive a child
懷念 cherish the memory of, miss
懷疑 doubt, suspect; suspicion
懶惰 lazy, idle
曝光 exposure; expose
曝曬 be exposed to sunlight
獸 beast; beastly
羅盤 compass
藝員 entertainer, performing artist
藝術 art
藝術品 work of art

藝術家　artist
藥　medicine, drug, remedy
贈　give as a present / gift; presentation
蹲下　squat
關　the Customs; turn off; lock up; close; barrier; concern
關心　be concerned about, care
關卡　barrier
關於　concerning, regarding, relating to
關注　attention, interest, care
關係　relation, relationship; ties
關節　joint
關聯　related, connected; relation
關鍵　key, crux
關懷　concern, solicitude

[ノ]
懲罰　punish, penalize; penalty
穩　steady, stable; certain
簽　sign, autograph
簽名　sign; signature, autograph
簽訂　conclude and sign
蟹　crab
贊成　approve, assent, agree
贊助　support, sponsor
贊助商　patron, sponsor
辭　decline; dismiss; resign; word
辭職　resign
邊　side; border; bounds
邊界　border, boundary
邊境　border, frontier
邊緣　edge; borderline
鏡子　mirror
鯨　whale

[乛]
繳　pay, hand in; capture
繳交　pay
繳稅　pay tax
繩　rope, cord, string
繪畫　drawing, painting; draw
繪圖　draw, paint

二十劃

[丶]
寵物　pet
寵壞　spoil
寶　treasure; precious
寶石　precious stone, gem, jewel
寶貴　valuable, precious
寶藏　treasure
瀰漫　fill the air, spread all over
爐　stove, oven
競爭　compete; competition, contest
競選　campaign for, run for; election
競賽　contest, competition, race
辮子　plait, pigtail
議員　councillor, congressman, parliamentarian
議會　council, congress, parliament
議論　comment, discuss; discussion
譯　translate, interpret
贏　win, beat

[一]
攔住　bar
礦物　mineral
飄　float, drift; flutter
騷擾　disturb, harass

麵包　bread
麵粉　flour

[丨]
耀眼　dazzling
嚷　cry, call out
嚴　strict, stern, severe
嚴重　serious, grave, critical
嚴密　tight, close, strict
嚴寒　severe / bitter cold
嚴肅　serious, solemn, earnest
嚴禁　strictly prohibit
嚴厲　strict, stern, severe
嚼　chew
懸　hang, suspend; outstanding
懸崖　cliff
懸掛　hang, fly
警　alarm; police
警方　the police
警告　warn, caution; warning
勸告　advise, urge, exhort
蘆葦　reed
蘋果　apple
警署　police station
警察　police, policeman
警鐘　alarm
闡釋　explain, expound, interpret
黨　political party; gang, faction
鹹　salty, salted

[ノ]
艦隊　fleet
籌備　prepare, arrange
籃子　basket
籃球　basketball
覺　sense, feel; sleep
覺悟　awareness; become aware of, be awakened
觸　touch
觸覺　sense of touch
釋放　free, release, set free
鐘　bell; clock
饑餓　be hungry, starve

[乛]
繽紛　in profusion / rich variety
繼　continue, succeed, follow
繼父　stepfather
繼位　succeed to the throne
繼承　inherit, carry on, succeed
繼續　continue, go on; continuous
譬如　for example / instance

二十一劃

[丶]
灌木　bush, shrub
灌溉　water, irrigate; irrigation
爛　worn-out; mashed
譴責　condemn, denounce, censure
護　protect, guard, shield
護士　nurse
護理　nursing; nurse
護照　passport
辯論　argue, debate
顧及　take into account, consider, attend to
顧客　customer, client
顧問　adviser, consultant
魔術　magic
魔術師　magician

[一]
攝影 take a photograph; shoot a film
攝影機 camera
攜帶 carry, take / bring along
櫻桃 cherry
欄 fence, railings; column
蠢人 fool
露天 open
露出 reveal, show, betray
露營 camp
驅使 order about; prompt, urge
驅逐 expel, banish, drive out

[丨]
懼怕 fear, dread
蠟 wax
蠟筆 crayon
蠟燭 candle
贓物 stolen goods, booty, spoils
躍 leap, jump
闢 open up, start
闢謠 refute rumours

[ノ]
犧牲 sacrifice, lay down one's life
譽 reputation, fame; praise
鐵 iron; unalterable
鐵片 metal plate
鐵匠 blacksmith, ironsmith
鐵絲網 entanglements
鐵路 railway, railroad
鐵鍊 iron chain
鐵罐 tin
鰭 fin

[乛]
屬下 subordinate
屬於 belong to, be part of
纏 twine; tangle
續 continue, extend; successive
響 sound, make a sound; loud
響應 respond
響聲 sound, noise

二十二劃

[、]
瀟灑 casual and elegant
彎 bend; crooked; curve
聾 deaf
顫動 quiver, vibrate, shake
襲擊 attack, raid
讀 read, read aloud
讀者 reader
讀書人 intellectual

[一]
權 right; power, authority
權力 power, authority
權利 right
權威 authority
權益 rights and interests
聽 hear, listen
聽從 accept, obey, comply with
聽眾 audience, listener
聽覺 sense of hearing
驕傲 arrogant, conceited; proud

[丨]
歡欣 joyful, happy, merry
歡迎 welcome, greet
歡喜 be fond of, delight in; delighted
歡樂 joyful, happy, merry
疊 pile; repetitious; fold

[ノ]
鑄造 cast
鑑定 identify, authenticate, appraise
鰻 eel

二十三劃

[、]
戀愛 love, love affair
變化 change, vary, transform
變成 change / turn into, become
變卦 go back on one's word
變動 change, alteration, modification
變質 go bad, deteriorate
變遷 change, vicissitude

[一]
攪 stir, mix; disturb
驗 examine, check, test
驗證 test and verify
驗算 check computations

[丨]
曬 shine upon; dry in the sun
蘸 dip in
顯出 show, reveal
顯示 show, demonstrate, manifest
顯得 look, seem, appear
顯然 obviously, evidently, apparently
顯著 marked, remarkable, outstanding
顯微鏡 microscope
驚 be frightened; startle, alarm
驚人 astonishing, amazing, alarming
驚奇 wonder, be surprised / amazed
驚動 alarm, startle
體 body; substance; style
體力 physical strength
體育 physical training, sports
體重 body weight
體溫 body temperature
體操 gymnastics, exercise
體積 volume, bulk
髒 dirty, filthy

[ノ]
籤 lot; label
鱗片 scale
黴菌 mould

[乛]
纖細 fine

二十四劃

[、]
讓 give in; let, allow
鷹 hawk, eagle

[一]
釀酒 brew wine
靈活 agile, quick, flexible
靈感 inspiration
靈魂 soul, spirit
驟 sudden, abrupt
鹽 salt

[丨]
鹼 alkali
鹼性 alkaline

[ノ]
罐頭 tin, can

二十五劃

[、]
廳 hall; office
蠻 quite; rough, fierce

[丨]
觀 look at, watch, observe
觀光 tour, visit, go sightseeing
觀念 idea, concept
觀眾 audience, spectator, viewer
觀感 impression
觀察 observation; observe, watch carefully
觀賞 watch and enjoy
觀點 viewpoint, standpoint

[ノ]
鑰匙 key

二十六劃

[、]
讚美 eulogize, praise, command

[一]
驢 ass

[乛]
纜 cable

二十七劃

[ノ]
鑽 diamond; drill; go through; dig into